lonely planet

美国西部

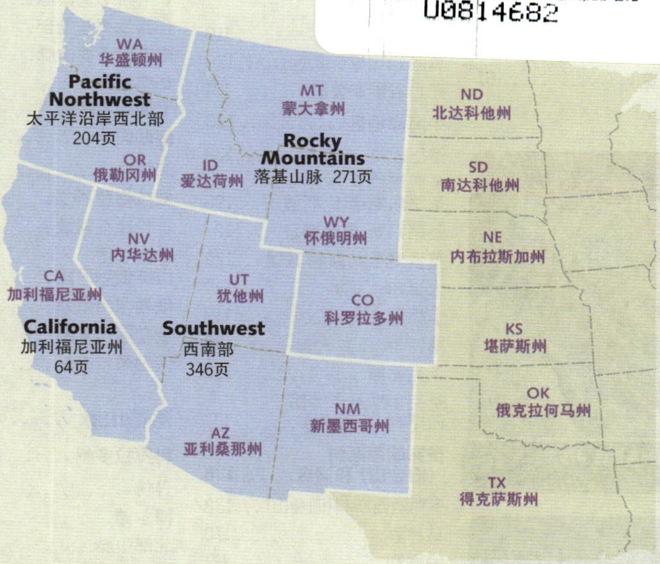

本书作者

艾米·C·波福尔（Amy C Balfour） 桑德拉·鲍（Sandra Bao）
迈克尔·本纳夫（Michael Benanav） 格莱格·班切维克（Greg Benchwick）
萨拉·本森（Sara Benson） 艾莉森·碧英（Alison Bing）
塞莱斯特·布拉什（Celeste Brash） 丽莎·邓福特（Lisa Dunford）
卡洛琳·麦卡锡（Carolyn McCarthy） 克里斯托弗·匹茨（Christopher Pitts）
布兰达·桑百利（Brendan Sainsbury）

计划你的行程

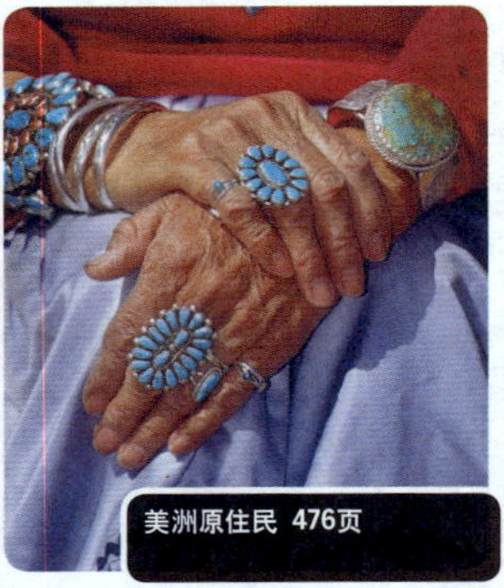

RUSSELL BURDEN /GETTY IMAGES ©

美洲原住民 476页

ERIC LO /GETTY IMAGES ©

拉斯维加斯 351页

在路上

目录

了解美国西部

生存指南

特别呈现

欢迎来美国西部

奇观奇景、奇闻奇事吸引着冒险者来到西部，在这里，美好的一天意味着一顿本地“鲜食”、一趟葡萄园品酒之旅、一段牛仔传奇，还有一番户外之趣。

户外胜地

西部的风景自是十分震撼，但赋予这些风景以灵魂的，却是冒险运动发出的那些激昂的声音。美国西部的海岸线蜿蜒绵长，南起阳光灿烂的圣迭戈海岸，穿越峭壁耸立的加利福尼亚中部海岸，直至岩石嶙峋、氛围浓郁的俄勒冈州和华盛顿州海滩，吸引了大批冲浪者和沙滩客蜂拥而至。而美国西南部地区红色的岩石、壁立的峡谷和满是仙人掌的沙漠则令徒步者和骑行爱好者欲罢不能，全长277英里的大峡谷更是这里“奇景中的奇景”。至于在落基山脉中滑雪、攀冰或是山地骑行，个中美妙亦是别处难寻。

当地美食和葡萄酒

这里的本地名菜有圣迭戈的墨西哥鱼肉卷饼、图森的索诺兰热狗、落基山脉地区的牛排、新墨西哥州的绿辣酱、太平洋沿岸西北部地区的野生三文鱼等。地方美食就像这里的风景一样缤纷多元。但说到共性，那就是这里的厨师与食客都同样看重本地出产的新鲜食物，这种被称为“鲜食文化”的风潮便是从美国的西部地区兴起的。葡萄酒酿造界也开始奉行这种生态饮食的理念，开始越来越多地在生产中施行有机的、“生物动力学”的种植原则。而说到酿酒，除了老牌的华盛顿州、俄勒冈州、加利福尼亚州中部地区和亚利桑那州，新兴的纳帕谷和索诺玛河谷地区也已闯出了名气。

都市绿洲

美国西部的城市每一个都个性鲜明。拿加利福尼亚州来说，圣迭戈多的是友好随意的亲热劲儿，洛杉矶充斥着好莱坞式的浮华气息，而旧金山则是酷酷的波希米亚风格。北上西雅图，时代风潮和乡土气息兼而有之，喝杯咖啡便能感觉得到。丹佛融合了大都会的时尚和拓荒小镇的粗犷，而当庭梳妆和水疗馆中的“放荡形骸”则让菲尼克斯有了一种奇怪而强烈的“娇小姐”气质。当然，西部还有拉斯维加斯——一个灯红酒绿的游乐场：在这里，你可能会与某位女孩闪婚，随后飞到巴黎度蜜月，再回来把全部家当押在赌桌上——如此跌宕的人生经历也就是一个周末的事儿。

感受历史

在美国西部，你可别急着去博物馆了解历史。你首先应该沿着木梯爬上一处崖居看看，或是在小马快递的驿站遗址旁搜寻一番，或是干脆走进一座18世纪建造的西班牙教堂参加一场集会。游走在这些历史遗迹之间，你可以清晰而强烈地感知到这个地区那段并不太遥远的过去。

我为什么喜爱美国西部

作者 艾米·C·波福尔(Amy C Balfour)

20世纪90年代，我在弗吉尼亚州参加了律师资格考试，为了给头脑松松弦，也为了乐呵乐呵，我驾车前往西部。在那里，我跳下车，疯子一样地跑向马瑟角，随后生平第一次看到了大峡谷(蹒跚学步时看的那眼可不算)。自从那时起，我就对西部上了瘾。之后的7年我都住在洛杉矶，把这座城市当作大本营，四处探索西部的海滩、沙漠、山地和几个至美的国家公园，当然也找到了一大堆好馆子。西部是个特别的地方，值得慢慢地游览。

更多作者信息，见541页

上图：大峡谷国家公园(Grand Canyon National Park；见389页)

美国西部

0 500 km
0 300 miles
圣胡安群岛
划着船桨追忆往昔岁月（232页）
西雅图
意式浓缩咖啡、精酿啤酒和太空针塔（210页）
冰川国家公园
冰川蚀刻的山谷，还有灰熊（337页）
黄石国家公园
灰狼和老忠实泉（319页）
哥伦比亚河峡谷
植被、瀑布和帆船冲浪手（256页）
CANADA 加拿大
海拔
16,000ft
12,000ft
9000ft
5000ft
2000ft
1000ft
500ft
0ft
-500ft
PACIFIC OCEAN 太平洋
VICTORIA 维多利亚
Vancouver 温哥华
Calgary 卡尔加里
REGINA 里贾纳
Seattle 西雅图
OLYMPIA 奥林匹亚
Washington 华盛顿州
Orondo
Ellensburg 埃伦斯堡
Vantage
Spokane 斯波坎
Porthill
Roosville
Glacier National Park 冰川国家公园
Whitefish 怀特菲什
Shelby
Havre
Malta
Missouri River 密苏里河
Wolf Point
North Dakota 北达科他州
Lake Sakakawea 相模滩
BISMARCK 俾斯麦
Cannon Beach 卡侬海滩
Longview
Portland 波特兰
Hood River 胡德河
Otis
SALEM 塞勒姆
Newport 纽波特
Biggs
Pendleton 彭德尔顿
Oregon 俄勒冈州
Cascade Range
Sisters
Bend 本德
Winchester Bay
LaPine
Canyon City
Mullan
Lewiston
Missoula 米苏拉
HELENA 海伦娜
Powell 鲍威尔
Butte 比特
Montana 蒙大拿州
Lewistown
Glendive
Miles City
Bozeman 波兹曼
Big Timber
Livingston 利文斯顿
New Meadows
North Fork
Dillon
Idaho 爱达荷州
Ashland 阿什兰
South Dakota 南达科他州
Gold Beach 戈尔德比奇
Hines
Payette
Challis
West Yellowstone 西黄石
Yellowstone National Park 黄石国家公园
Ranchester
Crescent City 克雷森特城
Ashland 阿什兰
BOISE 博伊西
Cody 科迪
Greybull
Buffalo
Gillette
Sundance 圣丹斯
Rapid City
PIERRE 皮尔
Lakeview
Burns Junction
Silver City 银城
Bliss
Shoshone 肖肖尼
Snake River
Idaho Falls 爱达荷福尔斯
Continental
Rocky 落
Worland
Newcastle
Trinidad 特立尼达
Alturas
Twin Falls
Shoshoni
Mile Creek Junction
Leggett
Montpelier
Casper
Douglas
Lusk

落基山国家公园
麋鹿和大角羊（290页）
拱岩国家公园
徒步到精致拱门（421页）
圣菲
艺术无所不在（435页）
纪念碑谷
孤峰嶙峋，金顶闪耀（398页）
墓碑镇
OK畜栏的每日枪战（405页）
大峡谷国家公园
地质奇观（389页）
拉斯维加斯
超大型度假村和为赌而来的人们（351页）
迪士尼乐园
米老鼠说："进来！"（97页）
洛杉矶
海滩与好莱坞都不可少（69页）
圣弗朗西斯科（旧金山）
阿尔卡特拉斯岛（恶魔岛）、小饭馆和金门大桥（138页）
PACIFIC OCEAN 太平洋
MEXICO 墨西哥
Nevada 内华达州
California 加利福尼亚州
Utah 犹他州
Arizona 亚利桑那州
Colorado 科罗拉多州
New Mexico 新墨西哥州
Wyoming 怀俄明州
Nebraska 内布拉斯加州
Kansas 堪萨斯州
Oklahoma 俄克拉何马州
Texas 得克萨斯州
Great Salt Lake 大盐湖
Colorado River
Divide Mountains
Rocky Mountain National Park 落基山国家公园
Arches National Park 拱岩国家公园
Monument Valley Navajo Tribal Park 纪念碑谷纳瓦霍部落公园
Grand Canyon National Park 大峡谷国家公园
Zion National Park 锡安国家公园
Susanville
Winnemucca 温尼马卡
Wells
Tremonton
Diamondville
Medicine Bow 梅迪辛博
Nevada City 内华达市
Reno 里诺
CARSON CITY 卡森城
Williams 威廉姆斯
Bodega Bay 波德加湾
SACRAMENTO 萨克拉门托
West Wendover
SALT LAKE CITY 盐湖城
Evanston
Dutch John
Vernal
Duchesne
Craig
Laramie 拉勒米
CHEYENNE 夏延
Julesburg
Eureka 尤里卡
Ely
San Francisco 圣弗朗西斯科（旧金山）
Oakland 奥克兰
San Jose 圣何塞
Monterey 蒙特雷
Big Sur 大瑟尔
Yosemite Village 约塞米蒂村
Mammoth Lakes 马默斯湖
Fresno
Luning
Coaldale
Tonopah
Baker 贝克镇
Scipio
Salina
Price
Boulder 博尔德
Silverthorne
DENVER 丹佛
Wray
Limon
Burlington
Green River 绿河
Moab 摩崖
Grand Junction 大章克申
Beaver
Modena
Ash Springs
Cedar City 锡达市
Escalante 埃斯卡兰特
Monticello
Ouray 乌雷
Poncha Springs
Colorado Springs 科罗拉多斯普林斯
Lamar 拉马尔
Colorado City 科罗拉多市
La Junta
Silverton 西尔弗顿
Tulare
Lone Pine 孤松镇
Beatty 比提
Death Valley Junction 死亡谷章克申
Mesquite
Kanab 卡纳布
Page 佩奇
Durango 杜兰戈
Parosa Springs
San Luis Obispo 圣路易斯-奥比斯波
Las Vegas 拉斯维加斯
Mojave 莫哈维
Boulder City 博尔德
Grand Canyon Village 大峡谷村
Kayenta 凯恩塔
Shiprock 施普洛克
Raton 拉顿
Taos 陶斯
Clayton
Barstow
Baker 贝克
Kingman 金曼
Seligman 塞利格曼
Second Mesa 第二台地
Gallup 加勒普
SANTA FE 圣菲
Montezuma
Los Angeles 洛杉矶
Long Beach 长滩
Anaheim 阿纳海姆
Needles 尼德尔斯
Flagstaff 弗拉格斯塔夫
Holbrook 霍尔布鲁克
Albuquerque 阿尔布开克
Santa Rosa
Amarillo
Laguna Beach 拉古纳海滩
Palm Springs 棕榈泉
Lake Havasu City 哈瓦苏湖城
Jerome 杰罗姆
Wickenburg 威肯伯格
Show Low
Vaughn
San Diego 圣迭戈
PHOENIX 菲尼克斯
Springerville
San Antonio
Texico
Tijuana 蒂华纳
Mexicali
Martinez Lake
Yuma 尤马
Gila Bend
Casa Grande
Glenwood
Hondo
San Luis
Roswell 罗斯韦尔
Duncan
Lukeville
Tucson 图森
Lordsburg
Hatch 哈奇
Hobbs
Tombstone 汤姆斯通（墓碑镇）
Deming 戴明镇
Carlsbad 卡尔斯巴德
Nogales 诺加利斯
Ciudad Juárez
El Paso 埃尔帕索

美国西部 Top 25

1

黄石国家公园（Yellowstone National Park）

1 是什么让黄石（见319页）成为最具代表性的国家公园？地质奇观自不可少，从间歇喷泉、温泉到地热喷气孔和泥泉，令人眼花缭乱。从沃什伯恩山雄奇的中央峰山巅四望，动人美景尽收眼底。再加上高悬的瀑布、历史悠久的旅馆，还有大群大群的美洲野牛、麋鹿、驼鹿和熊，这已经够迷人的了。哦，别忘了灰狼，当局在1996年将灰狼重新引入公园，如今其种群数量已达到了80只。最后，这个全美第一的公园还拥有独一无二的老忠实喷泉，这眼备受欢迎的间歇喷泉至今仍活跃着，为喜爱它的游客展现着风姿。左下图：黄石国家公园。

旧金山（San Francisco）

2 深陷茫茫雾海与老式电车哒哒声中的旧金山（见138页）拥有着各式各样的街区，精彩纷呈的独立小店、世界水准的美味餐馆，以及不羁的夜生活，使得这里成为令众人流连忘返的迷人之地。这里的旅游亮点项目包括探访阿尔卡特拉斯岛（恶魔岛）监狱、到金门大桥散步和在渡轮大厦内享用一顿美食。务必要乘一次电车。旧金山到底有多酷？相信我们——从在第一个转角处遇见迷人海滨的那一刻开始，你便欲罢不能了。右下图：鲍威尔街有轨电车及恶魔岛远景。

DOUGLAS STEAKLEY / GETTY IMAGES ©

2

SABRINA DALBESIO / GETTY IMAGES ©

加州酒乡（California Wine Country）

3 纳帕（见173页）、索诺马河谷（见175页）及俄罗斯河谷（见177页）延绵起伏的葡萄园吸引了许多游客自旧金山北上而来。在精致的纳帕品尝一杯世界级的赤霞珠红葡萄酒，到悠闲的索诺马野餐，或是带上一瓶醇美细腻的黑品诺到俄罗斯河谷来一次户外探险之旅。别急，还有呢：加州共有100多个获得认证的葡萄酒产地，其中包括圣巴巴拉以东的地区——2004年，电影《杯酒人生》（*Sideways*）让这里的田园风光名扬天下。下图：纳帕谷葡萄园。

拉斯维加斯（Las Vegas）

4 正当你以为已经了解了西部地区，雄伟庄严之美和荡涤灵魂的奇妙力量——拉斯维加斯（见351页）来了。它就像一个总是惹麻烦的歌舞女郎，摇曳生姿。霓虹闪耀之下是一片令人眼花缭乱的景象，起舞的喷泉、喷发的火山，甚至还有埃菲尔铁塔。不过，最致命的诱惑是赌场：如同一个个隐匿的沼泽深潭，其新鲜的空气和鲜艳的颜色都只为一个目的，那就是赢走你的钱。如果抗拒得了诱惑，那就转道去高级餐馆、太阳马戏团和新开不久的暴乱博物馆吧。

3

4

5

RICHARD CUMMINS / GETTY IMAGES ©

6

7

CHRISTINA LEASE / GETTY IMAGES ©

大峡谷国家公园（Grand Canyon National Park）

5 险峻无垠，这就是大峡谷（见389页）留给人的第一印象。这条已存在了20亿年的大裂谷将如画的风景生生撕开，以一种掌控一切的气势展示着地球的地质秘密。不过，真正吸引游客并让人再三前来的却是大自然的鬼斧神工：阳光斑驳的山脊、蓊郁绿洲中深红色的孤峰，还有如绸带般蜿蜒流淌的河流。正如西奥多·罗斯福所说，这样的自然奇观是"全球其他景点无可比拟的"。又或者，就像如今我们会发出的赞叹："哇！"

美国西部老镇（Old West Towns）

6 如果以绰号的分量来判断西部老镇，那么亚利桑那州的杰罗姆（见388页）和墓碑镇（见405页）就是西部最迷人的前矿镇了，前者以"美国最邪恶城镇"而闻名，后者则被称为"强悍不败之镇"。在新墨西哥州，享有"全球最富裕之地"美誉的银城（见450页）虽没那么生机勃勃，但与其他矿镇拥有同样的东西：一段艰辛混乱的历史、一个位于美丽公路之端的偏僻位置，以及固执地试图在民宿、酒馆和博物馆里重现老西部风貌的古怪居民。右上图：杰罗姆镇。

洛杉矶（Los Angeles）

7 梦想家、野心家和骗子源源不断地涌入这个阳光明媚、充满活力的海岸城市（见69页）。你可以参加一趟摄影棚之旅，学点儿拍摄电影的小窍门；到沃尔特·迪士尼音乐厅欣赏令人欣喜若狂的交响盛宴；徜徉于山顶的盖蒂艺术中心的花园与画廊。想要观星？刚装修过的格里菲斯天文台正好适合欣赏浩瀚星空，要不就到The Grove购物中心寻找陆地上的时尚"明星"。准备好迎接压轴节目了吗？到海滩待上一个小时，绝对可享受到洛杉矶的阳光之吻。上图：好莱坞星光大道（见77页）。

迪士尼乐园、迪士尼加州冒险乐园和奥兰治县（Disneyland, California Adventure & Orange County）

8 迪士尼乐园里（见97页），卡通人物正在大跳华尔兹，黑暗中飞驰的太空山过山车令人战栗，烟火在睡美人的城堡上空盛放。隔壁的迪士尼加州冒险乐园（见98页）浓缩了州内最棒的一切：改建的好莱坞露天片场、海边栈道和品尝加州葡萄酒的完美庭院。与此同时，奥兰治县海岸则以高档商场、鸟类自然保护区和绝美的海滩吸引着游人前来。下图：拉古纳海滩（见101页）。

约塞米蒂国家公园（Yosemite National Park）

9 欢迎来到被自然保护主义者约翰·缪尔（John Muir）称为"极乐园地"和"伟大殿堂"的公园（见192页）。在由冰川和地震雕琢而成的山谷中，你可以漫步在遍地野花的草地之上，静心体味大自然的雄伟："砯崖转石万壑雷"的瀑布、巨大的花岗岩穹丘、由世上最大树木巨杉组成的古老树林。若要欣赏最圣洁的美景，就得在月圆之夜攀上冰川点（见193页），或是在夏日里驾车循着令人目不暇接的Tioga Road前往山区腹地。右图：约塞米蒂瀑布。

ANTHONY PIDGEON / GETTY IMAGES ©

RICHARD CUMMINS / GETTY IMAGES ©

波特兰（Portland）

10 怎样才能让波特兰（见240页）变得更好？正如独立喜剧Portlandia中装模作样的人物所说："在这里加上一只鸟！"这部讽刺喜剧早已明白地告诉我们，这就是个古怪但可爱的地方：它有着大城镇的友善，集聚了学生、艺术家、骑行者、时尚潮人、年轻家庭、老嬉皮士、环保狂热者及其他一切。这里还有上好的美食、绝佳的音乐和丰富的文化，不多不少，恰恰是你能接受的。快动身看个究竟吧，但要小心，你可能也会像其他人那样，忍不住想要收拾行李在那里定居！右上图：波特兰美食车（见248页）。

66号公路（Route 66）

11 当你来到位于塞利格曼的Snow-Cap汽车餐馆（见387页）的柜台，做好准备，这里的恶作剧带来的趣味已远超平淡无奇的汉堡。虽然有点做作，但如果店主忘了捉弄你，说不定你倒会失望呢。正是这些庸俗却淳朴的感觉，让这条横跨加利福尼亚州、亚利桑那州和新墨西哥州的"母亲公路"（见37页）如此令人难忘。会作揖的驴、维格瓦姆汽车旅馆、Tucumcari的霓虹灯招牌——每一次假芥末酱的挤出都远胜过平平无奇的汉堡。上图：维格瓦姆汽车旅馆（见387页），66号公路。

ANN CECIL / GETTY IMAGES ©

西雅图（Seattle）

12 这座太平洋沿岸的先锋城市有一种神奇的能力，总能将本土孕育的新鲜概念变成国际大牌。凭借着全球知名的音乐、多变的咖啡文化，以及在互联网引领下爆发出的创意热情，西雅图（见210页）在众多美国“伟大”都市之间赢得了一席之地。不过，当西雅图的创新者们忙着发掘下一个“大玩意儿”时，城市的传统派也在坚守着它鲜明而独特的城市之魂，包括街区文化、本土饮食文化以及堪称全美国最棒的公共市场——派克市场。上图：太空针塔（见215页）。

瑞尼尔山（Mt Rainier）

13 天气晴朗时，瑞尼尔山（见237页）便会在西雅图上空隐现，为翡翠城提供了令人叹为观止的绝佳背景。作为一座活火山，这座高14,411英尺的山峰是瑞尼尔山国家公园的主要景点，那里有着难得的内陆温带雨林，穿越遍地野花的高山草甸的徒步线路，以及长达93英里的著名奇境步道。如果你体能强健又勇于冒险，还可尝试攀上山峰，但必须做好穿越冰川的准备，这里的部分冰川是阿拉斯加地区之外的最大冰川。

圣胡安群岛（San Juan Islands）

14 你可以乘坐渡轮前往圣胡安群岛（见232页），去缅怀往日的时光。这是个位于华盛顿州和温哥华岛之间、普吉特湾以北的低调群岛。在450多个“岛屿”中（大多数只是岩石海岬），只有约60个有人居住，而渡轮日常往来的仅是其中的4个岛屿。自然是这里的主宰，无论在地理环境或是文化方面，每个岛屿都有着属于自己的独特个性。看看在这里能做些什么吧？不妨先骑骑自行车，划划皮划艇，寻访一下虎鲸，最后，什么都不做，尽情放松身心。上图：跃出海面的虎鲸，圣胡安群岛。

沿海公路（Coastal Highways）

15 沿着美国西海岸铺展开来的高速公路令人迷醉。在加利福尼亚州1号、101号和I-5号公路沿途都有迷人的海崖、古朴的海滨小镇和城市，悠闲的圣迭戈、充满摇滚气息的洛杉矶和乖张的旧金山。在红杉林的北面，101号公路一头扎进俄勒冈州，沿途尽是海风吹拂的海岬和岩石嶙峋的潮汐池，至于《暮光之城》（*Twilight*）的粉丝，则可以到艾科拉州立公园（见268页）寻找狼人。而横渡哥伦比亚河便可来到华盛顿州那潮湿蛮荒的奥林匹克国家公园（见227页）。下图：蒙塔拉附近的1号公路。

沙漠（The Deserts）

16 外形似人的树形仙人掌是西部最显著的标志之一。它是索诺兰沙漠的常住居民，是严酷环境中的幸存者，却也美得不可思议。索诺兰、莫哈维、奇瓦瓦和大盆地是横跨美国西南部（见346页）的四大沙漠。每个沙漠都拥有许多能够很好地适应严峻环境的爬行动物、哺乳动物和植物种群。正是这样繁盛的生物多样性才使得穿越沙漠之旅变得如此美妙，无法替代。下图：仙人掌国家公园（见400页）。

15

16

美洲原住民的历史与文化（Native American History & Culture）

17 西南部拥有很多原住民居住地。想了解美国最早的居民，就得攀上位于科罗拉多州和新墨西哥州古普韦布洛人的古老悬崖民居，或到塞多纳研究研究岩画。要见识活生生的原住民文化，就去探访一下位于亚利桑那州的纳瓦霍和霍皮原住民保留地。在这里你会发现美洲原住民艺术的发展并没有停滞不前。虽然许多设计仍具宗教意义，但如今在篮子、地毯和珠宝的设计中，你常会看到人们在古老的传统式样中加入了新的元素。下图：佩戴绿松石珠宝的纳瓦霍妇女。

落基山国家公园（Rocky Mountain National Park）

18 从山岭路上鱼贯而行的房车后方看过去，落基山国家公园（见290页）显得太大了点儿。不过，当你穿上登山靴，看着延绵的山路在眼前伸展开来时，公园那宏伟而又颇具野性的风景将成为你独有的难忘体验。从能够带给你史诗般徒步体验的雄浑的大陆分水岭国家风景区步道，到适合全家同游的熊湖区，无论体能如何、兴趣何在，人人都能找到适合自己的旅行项目。无须花费太多力气，你便会感觉仿佛整个国家公园都是属于你一个人的。

17

RUSSELL BURDEN / GETTY IMAGES ©

18

锡安和布莱斯峡谷国家公园（Zion & Bryce Canyon National Parks）

19 锡安国家公园（见426页）高耸的红色岩石背后隐藏着美丽的瀑布、狭窄的峡谷和高悬的空中花园。这片绿意盎然的人间仙境就在“天使下凡处”附近，那是天使步道的尽头。摄影师和喜欢欣赏美景的游客则应向北飞奔到布莱斯峡谷国家公园（见425页），那里的金红色石脊闪烁着微光，犹如魔幻石林中的大树——这是一个令人恍惚迷醉的托尔金式景点。上图：锡安国家公园。

圣菲和陶斯（Santa Fe & Taos）

20 圣菲（见435页）刚庆祝了她的400岁生日，却依然像个踩着时尚高跟鞋的少女。每逢周五晚上，艺术爱好者会涌向Canyon Rd与艺术家谈天、饮酒，慢慢探索那里超过75间的画廊。艺术和历史在一众城市博物馆里携手而行，食物和购物区也是顶级的。艺术家们聚在挤满了画廊的陶斯公路（见444页），但这里的氛围却很古怪，到处都是雪场零工、行踪飘忽的行者和一些标新立异的名人。上图：圣菲亚伦·豪瑟雕塑园（见435页）游客中心景观。

精酿啤酒厂（Microbreweries）

21 精酿啤酒厂（见485页）是美国西部的特产，从摩崖到米苏拉，在每个户外活动风行的小镇你都能找到至少一家精酿啤酒厂。虽然每个小镇的酒厂都各具特色，但它们也有好些共同点：喧闹的啤酒爱好者、配上本地味儿十足的名字的口味浓郁的啤酒，以及充满汗味和冒险气息的洞穴似的饮酒区。说到最令人难忘的广告语，没什么能和犹他州帕克市的Wasatch Brew Pub & Brewery为其名为"一夫多妻"的啤酒编撰的宣传口号比肩——"为什么只来一杯（个）？"

哥伦比亚河峡谷（Columbia River Gorge）

22 由壮观的哥伦比亚瀑布群雕塑而成的哥伦比亚河峡谷（见256页）是个地质奇迹。北侧是华盛顿州，南侧是俄勒冈州，这个介于两州之间的峡谷拥有无数瀑布和风景优美的徒步路径，还盛产苹果、梨和樱桃。如果你喜欢风帆或风筝滑水，那就直奔胡德河吧，这个活力四射的小镇正是极限运动的起源地。无论你是徒步者、苹果爱好者还是极限运动迷，这里都能满足你。

SHANNON NACE / GETTY IMAGES ©

FEARGUS COONEY / GETTY IMAGES ©

科罗拉多州博尔德（Boulder, CO）

23 背靠着自己的名片熨斗山，博尔德（见286页）拥有非常理想的地理位置和不断进取的精神，吸引了大批企业家、嬉皮士和硬汉来到此地。许多自行车骑士来这里征服博尔德溪自行车道，这条车道连接着许多城市和郊野公园，所需花费的只是一笔公共空间税。Pearl St Mall的步行街十分热闹，尤其是到了晚上，科罗拉多州大学和那洛巴大学的学生都会涌到这里打成一片，相互调情。在许多方面，博尔德都比丹佛更像是科罗拉多州的旅游中心。上图：Pearl St Mall。

冰川国家公园（Glacier National Park）

24 是的，传言是真的。冰川国家公园（见337页）的冰川正在不断融化。在1850年，该地区有150个冰川，如今只剩下25个。不过，即使没有这些巨型冰块，这个蒙大拿州的广袤国家公园仍值得细细探访。公路骑士可以穿越长50英里、惊险刺激的逐日公路；野生动物观察者不妨尝试寻找麋鹿、狼和灰熊的踪迹（但愿别靠得太近）；这里有总计达700英里的路线可供徒步爱好者选择，沿途草木繁茂，还有许多苔藓、蘑菇和野花。

纪念碑谷和谢伊峡谷国家公园（Monument Valley & Canyon de Chelly）

25 纳瓦霍人一个著名祷告的结尾是“愿我能走在美景中”。在纳瓦霍原住民广阔的保留地里，有许多不同的美景，但最著名的要数纪念碑谷（见398页），这是一处满是嶙峋孤峰和倔强塔群的世外之地。在谢伊峡谷国家保护区（见398页），鸟儿在绿色山谷里展翅高飞，农民依旧耕种着古老崖居旁的土地，美好不言而喻。除此之外，从讲解员讲述的纳瓦霍人故事，到导游分享的如何在羚羊峡谷闪烁的微光中拍照的小窍门——美无处不在。

行前参考

更多信息，请参阅生存指南（见505页）

货币
美元（$）

语言
英语

签证
中国旅行者需要申请旅游签证，有效期一般为10年，每次停留不超过180天，见506页。

现金
自动柜员机随处可见，使用银联卡可直接取现，花旗银行（Citibank）的柜员机对银联卡支持较好。一般情况下，预订酒店和租车时需使用信用卡。

手机
只有GSM多频模式手机适用于美国。偏远地区和山区的信号不佳。中国三大移动运营商的手机均可在美国漫游。

时间
指南中的11个州使用的是山区标准时间（丹佛、圣菲、菲尼克斯）或太平洋标准时间（西雅图、洛杉矶、旧金山、拉斯维加斯）。亚利桑那州时间详情见514页。

何时去

旺季
（6月至8月；9月至次年4月）

- 全年最忙碌的季节；阳光普照，住宿费较昂贵
- 在5月和6月，南部海岸可能会被厚厚的云层笼罩
- 1月至3月是山区的旅游旺季；9月至次年4月是沙漠的旅游旺季

平季
（4月和5月；9月和10月）

- 海滨及山区的人潮减少了，住宿等价格也有所下降
- 气温较暖，是走访各个国家公园的好时机
- 春花盛开；秋色浓郁

淡季
（11月至次年3月）

- 海滨住宿费下降
- 天气阴暗寒冷，北部地区会下雪，其他地方则多雨

网络资源

美国西南部（www.americansouthwest.net）公园和风景区。

Lonely Planet（www.lonelyplanet.com/usa）目的地信息、预订服务和论坛。

我趣旅行网（www.woqu.com）提供美国当地旅游产品和租车服务，支持人民币预付。

国家公园管理处（www.nps.gov）国家公园及纪念碑信息。

Recreation.gov（www.recreation.gov）联邦政府管辖地区的露营地预订服务。

Roadside America（www.roadsideamerica.com）留意"独特奇异的旅游景点"。

重要号码

拨打任何普通电话号码需先拨电话地区号，再拨7位数字的电话号码。

美国国家号码	☎1
中国国家号码	☎86
国际接入码	☎011
紧急情况	☎911
全国性侵热线	☎800-656-4673
查号台	☎411
全州道路情况	☎511

汇率

人民币	CNY 1	USD 0.16
日元	JPN 100	USD 0.86
英镑	GBP 1	USD 1.56
欧元	EUR 1	USD 1.25
加拿大元	CAD 1	USD 0.89
澳元	AUD 1	USD 0.87
新西兰元	NZD 1	USD 0.79
墨西哥比索	MXN 10	USD 1.60

欲知最新汇率，可参阅www.xe.com。

每日花费

经济：少于$100

- 露营地和青年旅舍铺位：$10~40
- 免费活动（海滨、公园演唱会）：$0
- 在市场、墨西哥快餐店、街头摊位用餐：$3~12
- 巴士、地铁：$0~5

中档：$100~200

- 老式汽车旅馆，廉价连锁酒店：$60~100
- 博物馆、国家及州立公园：$8~25
- 美式小餐馆、优质当地餐馆：$8~35
- 租车：每天$33起，不包括保险和汽油

高档：多于$200

- 民宿、精品酒店、度假屋：$185起
- 到高级餐馆用餐：$25~75，葡萄酒另算
- 参加户外运动商组织的户外活动，高级表演：$100起
- 租敞篷车：每天$100起

营业时间

在不同的季节营业时间会有所不同，许多景点和游客中心在旅游旺季会延长营业时间。我们在书中提供的是旅游旺季的营业时间。

银行 周一至周四 8:30~16:30，周五 至17:30（部分银行 周六 9:00至正午）

酒吧 周日至周四 17:00至午夜，周五和周六 至次日2:00

咖啡馆 7:30~20:00

餐馆 11:00~14:30，17:00~21:00

商店 周一至周六 10:00~18:00，周日 正午至17:00

抵达美国西部

丹佛国际机场（DEN；见276页）地面运输中心位于五楼；西航站楼506门及东航站楼511门外有巴士前往斯台普顿、市中心和郊区，单程车费为$9~13。前往丹佛市中心的出租车费约为$60；前往丹佛地区的摆渡车起步价为$22。

洛杉矶国际机场（LAX；见96页）前往市中心的出租车费用约在$30~47之间；提供上门接送服务的摆渡车的合乘费用为$15；免费的C线摆渡车前往绿线地铁站和洛杉矶国际机场交通中心旁的C停车场；前往洛杉矶市中心的FlyAway巴士收费$7。

西雅图-塔科马国际机场（SEA；见224页）每天从5:00运营至次日1:00，有轻轨列车定时从4楼的停车场开往市中心（车费$2~2.75）；在三楼的停车场可乘搭出租车前往市中心，车费为$40。

当地交通

小汽车 是那些想要远离都市，探索国家公园及较偏远地区的旅行者的最佳选择。美国和中国大陆一样，机动车需靠右通行。

火车 由于经常延误，乘搭美国国家铁路（Amtrak）或许会拖慢行程，但若计划沿太平洋海岸旅行，火车是个很方便的选择。横跨全国前往芝加哥的火车线路从旧金山和洛杉矶发车。

巴士 比火车便宜，速度更慢，但如果前往美国全国铁路客运公司网络未覆盖的城市旅游，这是个很好的选择。

更多**当地交通**详情，请参阅519页。

如果你喜欢

地质

大峡谷（Grand Canyon）277英里长的河流从有着20亿年历史的岩石之间川流而过，这些岩石层层堆叠，高度达1英里，默默地讲述着地质的秘密。（见389页）

黄石国家公园（Yellowstone National Park）这里有一座超级火山，山上有大量的间歇喷泉和彩虹色的温泉池——这个3472平方英里的国家公园呈现给你的是一出耀眼夺目的演出。（见319页）

奇里卡瓦国家保护区（Chiricahua National Monument）风雨凿刻而成的粗犷岩石仙境，其状或如尖塔，或似桥梁，或呈平衡岩。（见405页）

沙丘（Sand Dunes）白沙国家保护区内的白垩石膏沙丘令人如痴如醉。（见451页）

卡尔斯巴德洞窑国家公园（Carlsbad Caverns）穿过两英里长的地下通道，伟大奇观立现眼前——一个深藏在庞大洞穴群中的真正的地下大教堂。（见453页）

火山 地壳运动造就了华盛顿州的强大火山群。你可以在雷尼尔火山附近徒步，或是前往圣海伦火山了解它在1980年的那次大爆发时是怎样的情形。（见237、238页）

美国西部老镇

如果想要在一天内开车寻遍牛仔和枪手们曾经的足迹，那美国西南部——特别是亚利桑那州和新墨西哥州，便是最好的选择。

林肯（Lincoln）在林肯郡战争（Lincoln County War）时期，这里就是比利小子（Billy the Kid）常常踏足逞威的地方。（见453页）

墓碑镇（Tombstone）以OK畜栏枪战而闻名，这个尘土飞扬的小镇也是靴山墓园和鸟笼剧院的所在地。（见405页）

威士忌大道（Whiskey Row）普雷斯科特市中心一处维多利亚风格的主题街区，经历过火灾，吸引过电影工作者和游客，始终泰然自若。（见389页）

小马快递驿站（Pony Express Stations）跨越内华达州的50号公路被称为“最寂寞的公路”，而这条路也正是西部小马快递曾经走过的路线，沿途可见几个斑驳飘摇的驿站。（见371页）

弗吉尼亚市（Virginia City）康斯塔克银矿脉的所在地，这个热火朝天的矿镇因马克·吐温的半自传体小说《苦行记》（*Roughing It*）而声名狼藉。（见370页）

蒸汽火车 穿行老西部的蒸汽火车已经在杜兰戈和西尔弗顿之间咔嚓咔嚓地行驶了125年。（见313页）

电影和电视拍摄地点

洛杉矶（Los Angeles）好莱坞就诞生在这里。如今，从穆赫兰道到马里布，随手一抛导演的扩音器，都会击中另一个片场。（见69页）

纪念碑谷（Monument Valley）人称“公爵”的电影巨星约翰·韦恩（John Wayne）大步流星地穿行在那标志性的红色巨岩柱下，留下了7部备受喜爱的西部大片。（见398页）

如果你喜欢……拉斯维加斯的历史

在市中心新开不久的暴乱博物馆里拍个大头照，了解关于罪恶之城黑手党的过往，然后再到户外的霓虹灯博物馆去逛逛，徜徉于诸多标志性的霓虹灯招牌之间。（见356页）

（**上图**）纪念碑谷（见422页），亚利桑那州-犹他州
（**下图**）旧金山渡轮大厦农贸市场（见157页）

拉斯维加斯（Las Vegas）凭借《十一罗汉》（*Ocean's Eleven*）和《宿醉》（*The Hangover*），坏男孩用他们的狂欢作乐将这个“罪恶之城”重新带回了大荧幕。（见351页）

摩崖及周边（Moab & Around）《末路狂花》（*Thelma & Louise*）及《127小时》（*127 Hours*）的导演们在这一带的公园里拍出了最激动人心的大场面。（见419页）

阿尔布开克（Albuquerque）如今，税收优惠政策吸引着大量制作公司来此拍片。阿尔布开克正是电视剧《绝命毒师》（*Breaking Bad*）的取景地，此外，近年来在新墨西哥州取景的电影还有《疯狂的心》（*Crazy Heart*）、《雷神》（*Thor*）及科恩兄弟的《大地惊雷》（*True Grit*）。（见429页）

令人赞不绝口的饮食

旧金山（San Francisco）众多诱人美食正排着队迎候老饕们：价格极为实惠的墨西哥快餐店和饮食店、一流的越南餐馆、规模庞大的农贸市场，还有名厨烹煮的最美味的加州美食。（见138页）

Chez Panisse 厨师爱丽斯·沃特斯（Alice Waters）在20世纪70年代开创了这家餐厅，主打以旧金山湾区时令食材为主要原材料的加利福尼亚创意“鲜食”。（见173页）

美食车（Food Trucks）洛杉矶发起了这场移动美食的革命，如今这些美食大卡车早已在旧金山和波特兰扎下了根。（见248页）

绿辣椒（Green Chiles）哈奇小镇种植的辣椒是新墨西哥州的骄傲。这种火辣的配料被厚厚地铺在玉米卷饼上、抹在芝士汉堡

里，或是拌进丰盛的炖菜中。去阿尔布开克的Frontier尝尝炖绿辣椒，或是到圣菲的Horseman's Have挑战其热辣的舌尖刺激之感。（见432、439页）

新兴葡萄酒产地

绿河河谷酒乡（Verde Valley Wine Country）新近崭露头角的亚利桑那州葡萄酒产地，蜿蜒的小路途经卡顿、杰罗姆和康维尔的酒厂与葡萄园。（见382页）

威拉梅特谷（Willamette Valley）地处俄勒冈州的波特兰外，这片丰饶的区域出产了一些这个星球上最好喝的黑品诺葡萄酒。（见253页）

瓦拉瓦拉（Walla Walla）华盛顿州人气极高的产酒区，区内同名小镇非常漂亮。（见239页）

圣巴巴拉酒乡（Santa Barbara Wine Country）自20世纪80年代起，这里就开始了大规模酿造葡萄酒，当地气候非常适合海岸及近内陆地区的品诺葡萄的生长。（见123页）

徒步旅行

大峡谷南北缘（Grand Canyon Rim to Rim）当完成这条大峡谷南北缘之间的17英里经典徒步路线后，你就可以开始炫耀啦。（见389页）

红岩之乡（Red Rock Country）徒步前往塞多纳的神秘能量源和布莱斯峡谷的奇幻石林，穿越拱岩国家公园和峡谷地国家公园的细长步道。（见346页）

落基山国家公园（Rocky Mountain National Park）朗斯峰是最受欢迎的地方，但这里还是有好几条环形线路可供选择，最好能安排3~4天来完成；途中常常会看到野生动物的踪迹。（见290页）

奇境步道（Wonderland Trail）环绕瑞尼尔山高峰，全长93英里，沿途皆是壮观的自然美景。（见237页）

棕榈泉和周边沙漠（Palm Springs & the Deserts）寻找隐藏的棕榈绿洲，漫步穿越盐滩，或是参加游览美洲原住民峡谷领地的导览步行游。（见114页）

洛杉矶（Los Angeles）没有比这里更适合徒步的城市了。山顶小径俯视着海岸，备受名人青睐的峡谷小径与好莱坞近在咫尺。（见69页）

国家公园

在黄石国家公园露营后，美国前总统西奥多·罗斯福说："感觉就像躺在一座巨大的教堂里，高远辽阔，远比任何人工建造的地方美丽。"类似的赞美适用于西部所有美妙的国家公园，它们同样壮丽雄伟，却又于微细处见个性，独一无二。

黄石国家公园 这是美国的首个国家公园，绝妙无比：湖泊、瀑布、高山、成群的野生动物，还有蒸腾不休的间歇泉和温泉。（见319页）

大峡谷国家公园（Grand Canyon National Park）20亿年的地质历史？听起来确实很酷！但你可曾亲眼看过这样的景观？（见389页）

冰川国家公园（Glacier National Park）冲着冰川而来，最终为逐日公路的美景、豪华的老式旅馆及自由自在的野生动物而驻足。（见337页）

约塞米蒂国家公园（Yosemite National Park）位于埃尔卡皮坦山和半圆丘之间的约塞米蒂峡谷的确给人一种如大教堂般的震撼之美，但图奥勒米（Tuolomne）郁郁葱葱的田园景色同样会让你赞不绝口。（见192页）

南犹他州（Southern Utah）抱歉，犹他州有太多美丽的红岩景点，实在难以推荐一个最喜欢的。拱门、峡谷地、布莱斯峡谷、锡安及圆顶礁的景色都很棒，都去看看吧！（见418页）

猎奇探秘

66号公路（Route 66）这条背负盛誉的双车道"文物级"公路沿途有着许多古怪的景点，在亚利桑那州西部的路段沿线尤甚。（见37页）

火人节（Burning Man Festival）每年会有55,000人来到这个位于内华达州沙漠中的临时城市，只为了一周的自我释放和迎风浴沙。（见367页）

罗斯韦尔（Roswell）1947年是否真有一架飞碟在新墨西哥州的罗斯韦尔郊外坠毁？博物馆和飞碟节都在探求这件事情的真相。（见454页）

如果你喜欢……吓唬自己

前往杰罗姆的奥德利·海德弗雷姆公园（见388页），站上1910英尺高的矿井顶的透明遮板上，然后，往下看。

新墨西哥州罗斯韦尔UFO节（见454页）

西雅图公共雕塑（Seattle's Public Sculptures）到费里蒙特找找吃汽车的巨魔、人面狗以及一群永远等待着火车到来的人。（见210页）

威尼斯海滨大道（Venice Boardwalk）这是个令人瞠目的"人类动物园"，有街头杂耍者、大麻"医生"和身穿Speedo泳衣的弄蛇人。（见83页）

博物馆

盖蒂艺术中心及别墅博物馆（Getty Center & Villa）这里的艺术博物馆就像洛杉矶西部和马里布的海景一样美。（见82页）

洛杉矶县艺术博物馆（Los Angeles County Museum of Art）藏有超过150,000件全球各时期的展品。（见80页）

加州科学院（California Academy of Sciences）位于旧金山的自然史博物馆采用了环保设计，建有一个4层的热带雨林馆，全馆覆盖生态屋顶。（见152页）

巴尔博亚公园（Balboa Park）在圣迭戈最热门的公园里花一整天时间参观各种博物馆，一头扎进顶尖的艺术、历史和科学展览之中。（见105页）

赫尔德博物馆（Heard Museum）重点展示了美国西南部的部落历史与文化。（见373页）

迷你时光机袖珍博物馆（Mini Time Machine Museum of Miniatures）从玩偶屋到口袋龙，在这个位于图森的微缩模型博物馆里，所有展品都变小了。（见401页）

古迹

恐龙国家保护区（Dinosaur National Monument）好吧，这或许是个史前遗址，但它同时也是北美最大的恐龙化石床之一。在这里触摸1.5亿年前的化石，这种超酷的体验不容错过。（见417页）

弗德台地国家公园(Mesa Verde)700多年前，这里的悬崖上曾居住着古普韦布洛人(Ancestral Puebloans)，爬上去看看他们的崖居吧。(见311页)

曼扎纳尔国家历史遗址（Manzanar National Historic Site）这里是第二次世界大战期间日裔美国人的拘留营，书写了美国痛苦的集体回忆。（见200页）

小大角河战场国家保护区(Little Bighorn Battlefield National Monument)美洲原住民的战场，在这里，乔治·卡斯特将军(General George Custer)与拉哥塔苏族人(Lakota Sioux)作战，并成就了他著名的“最后一战”。(见333页)

洛斯阿拉莫斯(Los Alamos) 第二次世界大战期间，一个社区在圣菲西南部孤寂的高地上悄悄地成型，这是当时的至高机密——这可是原子弹研发的必需之地。(见443页)

水疗馆和旅游胜地

特鲁斯-康西昆西斯(“真心话大冒险”小镇; Truth or Consequences)建在与格兰德河(Rio Grande)相邻的温泉上，浴缸和水池里都充盈着舒缓、具有水疗效果的温泉。(见449页)

Ten Thousand Waves 这是一家温馨的日本水疗馆，浴缸都隐匿在林木茂盛的山坡上。(见437页)

菲尼克斯和斯科茨代尔(Phoenix & Scottsdale) 无论是度蜜月的新婚夫妇、老少同游的家庭，还是高尔夫球手，在Camelback Rd方圆几英里内必能找到一家合适的度假村。(见373页)

拉斯维加斯 Encore、Bellagio、Wynn 以及其他顶级酒店都提供度假村式的设施。(见351页)

Sheraton Wild Horse Pass Resort & Spa 位于希拉印第安人保护区内，这家度假村以独特的方式保留了美洲原住民的传统。(见378页)

每月热门

最佳节庆

圣丹斯电影节，1月

仙人掌联盟赛，3月和4月初

阿斯彭音乐节，7月

美国丹佛啤酒节，9月

万圣节狂欢，10月

1月

这里各处的滑雪胜地都会游客盈门。而喜欢温暖气候和遍地高大仙人掌景观的游客则可以前往棕榈泉及南部沙漠地区。

玫瑰花车大游行（Tournament of Roses）

这个著名的游行活动会于新年第一天在加利福尼亚州的帕萨迪纳市举行。届时，张灯结彩的花车、边行进边表演的乐队和策马徐行的骑手将吸引超过10万名观众，之后还有“玫瑰碗”（Rose Bowl）大学生美式足球赛。

圣丹斯电影节（Sundance Film Festival）

每年的1月底，犹他州的山城帕克市便会铺开红毯，欢迎蜂拥至此的独立电影人、演员以及观众，并奉上足足一周的先锋电影展。

牛仔赛诗会（Cowboy Poetry）

赛诗会为期一周，届时，牛仔们会齐聚内华达州的埃尔科，朗诵诗词歌赋，表演民间故事。该活动诞生于1985年，这让整个西部地区都兴起了一股牛仔诗歌朗诵之风。

2月

这是滑雪高峰季，但对于那些无意在雪道上飞驰的人来说，好玩的东西依然很多——加州南部沙漠（Low Desert）的野花开了，鲸鱼们正迁离海岸，亚利桑那州南部的度假牧场（dude ranch）也开始备马迎客。

科罗拉多狂欢节（Carnival in Colorado）

当狂欢节（Mardi Gras，狂欢节别称）遇上布雷肯里奇，自然就有了一股“山味儿”。人们用一场化妆舞会和一次“油腻星期二”（Fat Tuesday）的游行来欢庆这个节日。

图森宝石矿石展（Tucson Gem & Mineral Show）

这是全美最大的宝石矿石展，在每年2月的第二个周末举行，并持续整个周末。届时会有约250家经销商参展并销售珠宝、化石、手工艺品及各种矿石，最后以演讲讨论会和一场无声拍卖会落幕。

俄勒冈州莎士比亚戏剧节（Oregon Shakespeare Festival）

这一盛会在阿什兰举行，2月份开始，为期9个月（你没看错！），数万名莎翁迷将齐聚于此，欣赏世界名剧和伊丽莎白时期的戏剧。

艺术美食节（Art Feast）

这是一个周末节庆，于2月底在新墨西哥州的圣菲举行，你可以一边尽享美食美酒，一边沉醉在美术馆之间，而时装秀和品酒会则堪称“冬天里的一把火”。

3月

春来少年作何想？啤酒摩艇狂欢场！3月恰逢春假，成群的大学生聚集在亚利桑那州的湖边，而阖家出游的人则会选择滑雪或是去更加暖和的地方游山玩水。

春季观鲸周（Spring Whale-Watching Week）

此时，灰鲸会沿太平洋海岸向南迁徙，而在俄勒冈州的迪波湾周边，一场半自发的观鲸活动也就开始了，你可以在那里找到讲解员和专设的观鲸点。6月则可以观看鲸鱼群北迁的壮观场面。

仙人掌联盟赛（Cactus League）

在3月和4月初的这段时间里，正式的棒球联盟赛尚未开始，棒球迷们此时会前往亚利桑那州南部观看仙人掌联盟赛。在菲尼克斯和图森，你能够看到一些最棒的职业球队的比赛。

冰封死人节（Frozen Dead Guy Days）

节日源自科罗拉多州尼德兰一位过世后被低温冷冻保存的"布莱德爷爷"（Grandpa Bredo）。届时会有雪地行走赛和死人装扮赛，还有大量啤酒可供畅饮。

4月

候鸟"空降"至亚利桑那州南部的自然保护区中，野花在加州的高原沙漠里盛开。山区此时正值旅游平季，也就是说客房的价格会稍微低一些（但复活节周末除外）。

科切拉音乐艺术节（Coachella Music & Arts Festival）

这场音乐盛会为期3天，在棕榈泉城外举行，演出者中既有独立摇滚乐队和地下人气DJ，也有说唱乐巨星和流行乐天后。

印第安人大集会（Gathering of Nations）

4月末，来自美国和加拿大的超过3000名印第安歌者和舞者会齐聚新墨西哥州的阿尔布开克，在这个帕瓦节（powwow，北美原住民为祛病消灾祈祷而举行的聚会仪式，通常包含一场舞蹈竞赛并有象征性的物质奖励）中竞技。同时还会举办一场印第安集市，将有800多位艺人和手工艺者参与其中。

5月

多数国家公园都已开始为夏季旅游高峰摩拳擦掌，但由于学生们还未放假，真正的游客高峰要到5月的最后一个周末，即阵亡将士纪念日（Memorial Day）的周末才会到来。

五月五（Cinco de Mayo）

1862年5月5日，墨西哥军队在普埃布拉战役（Battle of Puebla）中战胜法军。人们在每年的这一天会用玛格丽特酒、音乐和欢笑来庆祝胜利。丹佛、洛杉矶和圣迭戈的庆祝活动尤为精彩。

越湾赛跑（Bay to Breakers）

于5月的第三个周日在旧金山举行，起点是安巴卡迪罗地区，终点位于海洋沙滩。数以千计的人们参与其中，有的穿着奇装异服，有的则一丝不挂，还有人手里拎着啤酒瓶边跑边喝。

博尔德河节（Boulder Creek Festival）

这是落基山地区迎接夏日到来的盛会，于阵亡将士纪念日的周末举行，其间不乏美酒美食和音乐，阳光灿烂无比，还有一场"小黄鸭比赛"。庆典的最后一个项目叫"大胆的博尔德"（Bolder Boulder）——一场10公里长跑赛，届时人头涌动，场面喧嚣热闹。

6月

美国西部的多数地区都迎来了旅游旺季。陡峭的关口开放了，融雪让河水奔腾了起来，山间的野花也开得正艳。但加州南部的海滩上可能会出现灰雾天气（也叫"六月阴霾天"）。

骄傲月（Pride Month）

整个6月，加利福尼亚州的同性恋、双性恋及跨性别者群体（统称为LGBTQ）会举行各种庆祝活动，包括盛装游行、出柜派对以及现场音乐表演等。旧金山和洛杉矶的庆祝活动规模最大，口味最重。

蓝草音乐节（Bluegrass in the Mountains）

6月中旬，你可以去到科罗拉多州，前往深藏在高山之间的美丽小城特柳赖德，加入节日的人群，欣赏高亢而寂寥的南部乡村音乐。

上图：俄勒冈州威拉梅特谷（见253页）葡萄酒庄
下图：逝者节庆祝活动

7月

度假客占据了海滩、主题公园、山区度假村以及州立公园和国家公园。最好避开沙漠公园，此时那里会热得像火焰山一般。

阿斯彭音乐节（Aspen Music Festival）

音乐节从6月末一直持续到8月中旬，世界顶级的古典音乐演奏大师将会带来精彩绝伦的表演，而在街头，数个由学生组成的小型管弦乐队将在著名指挥家的带领下奉上活力四射的现场演出。

独立日（Independence Day）

在7月4日这天，美国西部地区的民众会以竞技表演、音乐节、游行和烟火表演等方式庆祝美国的诞生。

俄勒冈州啤酒节（Oregon Brewers Festival）

这个别开生面的啤酒节在波特兰举行，届时会有约8万名精酿啤酒爱好者聚集到威拉梅特河两岸，畅享美食与美酒。

国际动漫展（Comic-Con International）

一年一度的国际动漫展是全美最大的动漫节，可谓“宅男”的天堂，每年7月末在圣迭戈举办，技术宅、科幻迷、动漫迷和流行文化纪念品收藏者们届时都会齐聚于此。

8月

你可以通过游览美国西南部各处举办的展会、集市和民

俗集会来了解美洲原住民文化。而科罗拉多州和亚利桑那州的竞技表演也是热门项目。

旧西班牙节（Old Spanish Days Fiesta）

于8月初在圣巴巴拉举行，通过游行、竞技表演、手工艺品展览和表演等活动纪念该地区的早期牧场文化。

英仙座流星雨（Perseids）

一年一次的流星雨在8月中旬达到最高峰，是凭肉眼观看或用数码相机拍摄流星雨的最佳时间。最佳观赏地点在南部的沙漠地区。

圣菲印第安集市（Santa Fe Indian Market）

8月的第三周里，圣菲最著名的节日将在它古老的广场上举行，来自200个部落的1100多位艺术家将会在那里展示各自的"宝贝"。

哈奇辣椒节（Hatch Chile Festival）

在劳动节的那个周末，即8月的最后一个周末，在新墨西哥州的哈奇小镇将有一场辣椒节，3万名辣椒爱好者将蜂拥而至，参加游行、墨西哥流浪乐队赛和吃辣椒比赛。

9月

劳动节的周末是夏季最后的一次狂欢。此时尤其适合去游览太平洋沿岸西北部，那里阳光明媚，夜晚却很凉爽。而在落基山脉地区，秋色已经开始显现。

火人节（Burning Man）

火人节是为了彰显"自我表达"而举办的一个户外盛会，以精彩纷呈的艺术展示、轻松随意的以物易物、漫天飞沙和最终被烈焰吞噬的火人而著称。人们会在劳动节前一周搭建起一座临时城市，地点就在内华达州的沙漠中，而节日的各项活动就将在这座城中上演。

美国丹佛啤酒节（Great American Beer Festival）

为期3天的美国丹佛啤酒节火爆异常，门票总是早早就卖光了。届时，600家美国啤酒厂将带来2800多种啤酒供人们品尝。

雨伞音乐节（Bumbershoot）

雨伞音乐节是西雅图最大的艺术文化活动，数以百计的音乐家、艺术家、剧团和作家将参与其中，设有20多座舞台。

10月

闪亮的白杨树向路上的旅行者发出召唤，吸引他们来到科罗拉多州和新墨西哥州北部欣赏秋景。但随着10月31日万圣节的临近，你可要小心在这一带出没的"妖魔鬼怪"和派对狂人。

国际热气球节（International Balloon Fiesta）

10月初，新墨西哥州的阿尔布开克会举办世界上最大的热气球节。记得看看天空。

塞多纳艺术节（Sedona Arts Festival）

艺术节于10月初在塞多纳的红石高中（Red Rock High School）举行，125位艺术家会在此展示自己的作品，琳琅满目的珠宝、陶瓷艺术品、玻璃制品和雕塑作品会将整个会场变为工艺品的海洋。

旧金山文学节（Litquake）

10月中旬在旧金山举行，有作者诵读会、讨论会及其他文学活动，例如传奇酒吧大巡游。

万圣节狂欢（Halloween Carnival）

成千上万身着奇装异服的狂欢者将现身洛杉矶的西好莱坞同性恋街区，派对、舞蹈、儿童活动和现场娱乐节目将从早到晚不间断地上演。

11月

西部地区的气温开始普遍下降。多数海岸地区、沙漠和公园里的游人明显减少，但感恩节假期是个例外。滑雪季也于此时开始。

逝者节（Día de los Muertos）

墨西哥裔的美国人会在11月2日这天用糖制骷髅头和奇妙的祭坛纪念自己故去的祖先，同时还将举行盛装游行、墓园野餐和烛光夜游等活动。

酒乡感恩节（Wine Country Thanksgiving）

威拉梅特谷的150多家葡萄酒庄会在这特别的3天里向公众敞开大门。

黄石滑雪节（Yellowstone Ski Festival）

不管你是滑雪高手还是菜鸟，在感恩节的那一周来小镇西黄石（West Yellowstone）都能玩得尽兴。亮点活动包括滑雪技巧培训和滑雪装备演示。北欧式滑雪比赛也差不多在这个时候开始了。

12月

12月是圣诞季，满眼都是耶稣诞生秀、节日灯光秀以及其他圣诞庆祝活动，欢快的气氛一直会持续到新年前夜。滑雪胜地游人如织，价格自然也低不了。

节日灯光秀（Holiday Light Displays）

人们用闪烁的彩灯来装饰船只、公园和购物中心。在加州，可以去纽波特海滩和圣迭戈观看彩船游行，或是驾车进入洛杉矶的格里菲斯公园欣赏五光十色的标志性景观。此外，菲尼克斯的沙漠植物园和塞多纳的特拉凯帕凯艺术及工艺品村也将灯火通明。

雪节（Snow Daze）

科罗拉多州的韦尔会以这个为期一周的节日来迎接滑雪季节的到来。活动包括滑雪装备演示、派对以及众多大牌乐队的现场表演。

旅行线路

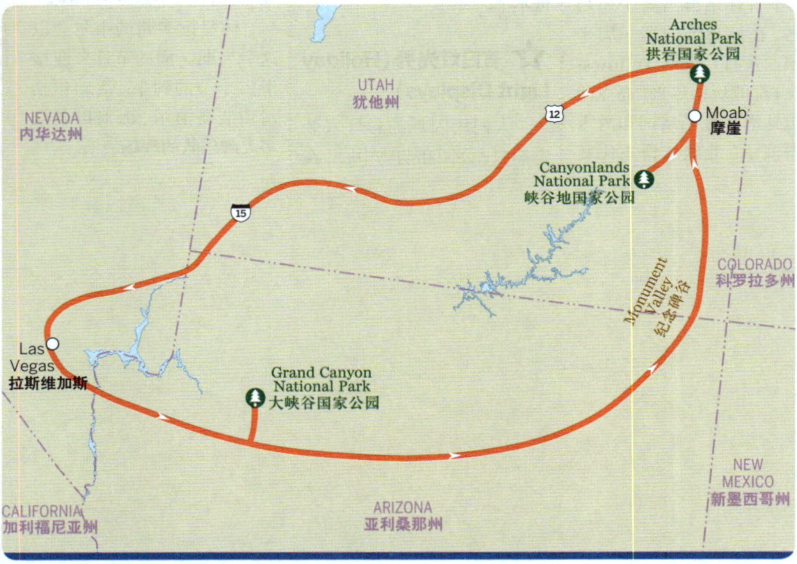

2周 美国西南部精华游

这条路线将美国西南部最具标志性的景点一网打尽，沿途经过区内最著名的城市、最大的峡谷及其最令人惊叹的红岩美景。行程从**拉斯维加斯**揭开序幕，你可以花上几天时间沉醉于这里的歌舞世界。在体验过纸醉金迷之后，向东前往峡谷之乡，也就是名闻遐迩的**大峡谷国家公园**。相信你会想要花上数日来探索美国这个最有名的公园。骑上骡子沿南缘峡口缓缓而下，夜宿峡谷底部的幽灵牧场，这些都将成为令你毕生难忘的经历。

从大峡谷出发，一路向东北方行至**纪念碑谷**，沿途美景自好莱坞西部一直延伸到位于犹他州东南角的国家公园，这是全美国最壮丽的景观之一。你可以在**峡谷地国家公园**内蜿蜒的狭缝型峡谷里徒步旅行，在**拱岩国家公园**观赏日落，或是在**摩崖**外的光滑岩石上开展山地自行车运动。沿着全美风景最为壮观的高速公路之一——**12号公路**，一路向西，直至它与I-15号州际公路相连，然后沿路返回拉斯维加斯。

3周 蜿蜒漫游西海岸

海滩迷和自然爱好者们，这趟行程就是为你们设计的。先在钟爱咖啡的**西雅图**享用一杯新鲜烘焙的咖啡，再逛逛大型食品市场、精酿啤酒厂和海滨区。然而南下至**瑞尼尔山国家公园**，体验雪峰之下的绝佳徒步旅行线路和休闲客栈。接下来造访先锋城市**波特兰**，这里以满城公园、环保意识高的居民和出色的城市规划而著称，此外这里还有食品车、咖啡馆文化和丰富的夜生活。乘车循着**哥伦比亚河峡谷**往东行，尽情享受大自然的慷慨馈赠，然后转向南方的**胡德山**，那里冬天可以滑雪，夏季则适宜徒步旅行。更多的冒险正在**希斯特斯**和**火山口湖**等着你，前者是3座高10,000英尺的山峰，而后者的湖水蓝得让人心悸。在阳光明媚的**阿什兰**欣赏过一场莎士比亚名剧后，就离开群峰朝着薄雾缭绕的海岸进发吧。经由199号公路进入加利福尼亚州，漫步在**红杉树国家及州立公园**那一片片壮丽的原始森林之中。

沿着海岸线蜿蜒南下，穿过时髦的**阿克塔**和海滨小镇**尤里卡**，徘徊于**迷踪海岸**。沿着1号公路一路穿过古色古香的**门多西诺**，那里有风景秀丽的海岬和崎岖的海岸线，令人流连忘返。

如果想在如画般的迷人景色中品味美酒，可以先走访一下位于内陆的**纳帕和索诺马河谷**那片片连绵起伏的葡萄园，然后再继续南下到拥有浪漫丘陵和自由精神的**旧金山**。

返回1号公路，一路经过冲浪者钟爱的圣克鲁斯、魁伟的海湾城镇**蒙特雷**和充满“垮掉的一代”气息的**大瑟尔**，很快你便会抵达梦幻般的**赫斯特城堡**和悠闲而又充满书卷气的**圣路易斯-奥比斯波**。

投身洋溢着地中海风情的**圣巴巴拉**，跳上本图拉的渡轮探访拥有众多野生生物的**海峡群岛**。**洛杉矶**的魅力无法抵挡。来吧，放飞你的好莱坞梦想，畅游洛杉矶那些棕榈成荫的街区。结束了“天使之城”的尽兴之旅后便可继续南行，在**拉古纳海滩**的断崖之间徜徉，最后以风景如画的**圣迭戈**为这趟旅行画上完美的句号。

IMAGE SOURCE / GETTY IMAGES ©

上图：加利福尼亚州大瑟尔（见130页）
左图：华盛顿州瑞尼尔山国家公园（见237页）

3周 高耸挺拔的落基山

收拾好你的泳衣、山地自行车和登山靴，准备开始这趟高海拔的大陆分水岭之旅吧。从这里开始，河流分道，各奔东西而去。

行程头两天，先到经典山镇**杜兰戈**享受精酿啤酒和单轨山地自行车道。从这里取道百万美元公路（550号公路），往北穿越圣胡安山脉，游览**西尔弗顿**，并在**乌雷**泡泡温泉。接着绕道至**特柳赖德**参加一场节庆活动——在夏季，这里几乎每个周末都有节庆活动。从蒙特罗斯沿50号公路往东行驶，在**甘尼森国家公园黑峡谷**停下来看看漆黑幽深的峡谷，然后再转向24号公路继续北行。最后在豪华的**韦尔**住一晚，结束第一周的旅程。

来到充满活力的**博尔德**，就要尽情享受皮划艇、攀岩乃至观看人来人往的乐趣。接下来沿路盘旋而上，抵达**落基山国家公园**，你可以在这里徒步、骑马。也是在这里，你可以驾车穿行沿着山岭路（Trail Ridge Rd）一路欣赏令人动容的高山美景。继续沿I-25公路北上，在怀俄明州转入I-80公路向西行至287号公路，一路开往**兰德**，尝试攀岩活动。

继续往北到达**杰克逊霍尔**，这是美国西部另一个有趣的门户城镇。在开始蛇河上的漂流之前，先在中央公园四周的个性商店和牛仔酒吧转转，那是个放松、观赏竞技表演或消磨夜晚的好地方。接下来是一段轻松的路程，往北进入**大蒂顿国家公园**，这里风景优美，可以花上一整天时间悠闲地漫步山间或享受惬意的湖畔生活。下一站便是气势磅礴的**黄石国家公园**，间歇喷泉、美洲野牛和徒步旅行是它的最大特色。

最后一周的行程从精彩的比尔图斯公路开始，一路驶入蒙大拿州，然后转道I-90公路向西行至**波兹曼**和**米苏拉**，这两个地方都很适合在开始最后一程前采购补给。然后就该参观**冰川国家公园**了，目前这里还有25个冰川，但它们可能很快就会消失了。与此同时，更为严峻的大自然正在**鲍勃马歇尔荒野群落**等待你的到来。徒步时别忘了找找野生动物的踪迹，最后以逐日公路那令人惊叹的景色结束整个旅程。

4周 美国西部地区豪华之旅

沿着加利福尼亚州海岸北上，一路行经丰饶美丽的太平洋沿岸西北部、落基山脉的高山村庄和美国西南部光彩夺目的红岩美景，最后返回加利福尼亚州游览一系列顶尖的国家公园，这条环线囊括了美国西部所有最出色的景致。

从阳光明媚的**圣迭戈**出发，沿着1号公路北行，经过**奥兰治县**众多适宜冲浪的海边村庄，在进入光芒四射的**洛杉矶**之前，先绕道去**迪士尼乐园**玩一圈。之后继续沿着风景如画的1号公路顺着海岸一路北上，途中在美丽的**圣巴巴拉**享受一下购物和品酒之乐。为**赫斯特城堡**而震惊赞叹，然后继续北上穿过森林密布的**大瑟尔**。在放荡不羁的**旧金山**用餐、购物之后，漫游阿尔卡特拉斯岛（恶魔岛）。返回1号公路，游览散落在加州北海岸沿线的众多古怪城镇。

在**红杉树国家及州立公园**观赏过参天大树后，进入俄勒冈州从容体验**本德**的户外乐趣。随后沿着**哥伦比亚河峡谷**一路向西，沉浸在浓浓绿意之间，花上几天时间在**波特兰**品味啤酒与美景。到**西雅图**看看太空针塔，再往东驶入辽阔的蒙大拿州，在**冰川国家公园**里寻觅户外奇观。接下来向南来到**黄石国家公园**，在那里，老忠实喷泉就在它的同名旅馆旁兢兢业业地、规律性地喷发着。转向东南穿越怀俄明州辽阔的牛仔平原之前，记得先去仰望**大蒂顿国家公园**巍峨的群峰。

来到科罗拉多州，先在户外天堂**博尔德**深深呼吸，然后就直奔繁华的**丹佛**拥抱城市生活吧。下一站是圣胡安山脉的采矿小镇，随后即可前往**弗德台地国家公园**。艺术家的麦加圣地**陶斯**和**圣菲**位于南方的新墨西哥州，是购买独一无二礼物的绝佳地点。到**阿尔布开克**品尝一顿绿辣椒炖菜，再沿着66号公路往西进入亚利桑那州，参观过**陨石坑**之后，再向北绕行至**大峡谷国家公园**。而后继续往西，经**拉斯维加斯**来到加州中部地区，游览**死亡谷国家公园**、**红杉和国王峡谷国家公园**及**约塞米蒂国家公园**。最后在**旧金山**小酌一杯加州美酒，完美结束整个行程。

计划你的行程

66号公路和景观公路自驾

19世纪，银、金和其他埋在地下的矿产将探矿者们引至西部。今天，吸引人们源源不断地来到这里的是西部的观光公路。从沙漠小道，到海岸公路，再到依山蜿蜒的惊心山路，美国西部风景奇绝的观光公路可谓数不胜数。

66号公路（Route 66）

66号公路贯穿加利福尼亚州、亚利桑那州和新墨西哥州。这条道路破败而颓废，虽被称为美国的“母亲路”（Mother Road），其实更该被叫做“俗文化的大卖场”。路上你能看到帐篷汽车旅馆、陨石坑、妄图蹭吃蹭喝的驴，还有一座俯瞰太平洋的太阳能摩天轮。这条路不算热门，但是沿途居民会很开心地欢迎游客的到来。

为何去

历史、风景和望不到头的公路，这个诱人的组合使得沿66号公路进行公路旅行成为一段美妙的体验。需要知道的是，在新墨西哥州和亚利桑那州的多数地方，66号公路和I-40州际公路是重叠的。

在新墨西哥州的图克姆卡里（Tucumcari），霓虹灯牌喜气洋洋地欢迎着你来到美国西部。它们营造出了一种冒险的氛围，带着这份心情前往圣罗莎（Santa Rosa）吧，那里的“蓝洞”（Blue Hole，即海底洞穴）随时等待着你“潜”来探索。在阿尔布开尔（Albuquerque）的Frontier餐厅，来一份让人口水直流的绿辣椒炖菜，饱餐之后再到加勒普（Gallup）1937年便已开业的El Rancho

公路旅行须知

要想自驾玩得好，充分准备不可少。这句话尤其适用于美国西部地区，因为这里的道路荒凉孤寂，天气变幻莫测。

首先，车上一定要有备胎、工具箱（包括千斤顶、汽车电池充电线、除冰铲等）以及应急装备。如果你是租车，那么最好购买一个道路应急包（roadside safety kit，内含上述应急工具）。

其次，一定要带上靠谱的地图，特别是当你选择非高速公路的线路进行自驾时；别指望GPS，在边远地区有可能不管用。备好充足的水，万一车在沙漠地区抛锚，你就会用得着它了。定期加油，因为在西部你可能得走很远才能碰上一个加油站。

最后，务必随身携带驾照和车辆参保凭证。

最佳路边就餐地

Turquoise Room（亚利桑那州温斯洛，66号公路旁）

Hell's Backbone Grill（犹他州博尔德，12号公路旁）

Asylum Resturant（亚利桑那州杰罗姆，89/89A号公路旁）

Frontier（新墨西哥州阿尔布开克，66号公路旁）

Santa Barbara Shellfish Co（加利福尼亚州圣巴巴拉，太平洋海岸公路旁）

Motel去"眯一会"(约翰·韦恩也在这里睡过觉!)。

在亚利桑那州,你可以驶离公路,驾车穿行于石化森林国家公园(Petrified Forest National Park),欣赏那恢弘的景象。首先映入眼帘的是一片辽阔的彩色沙漠(Painted Desert)。而在公园的南部,恢弘的全景被精妙的近景所取代:公园的主路两边挤挤挨挨地竖立着一株株有着2.25亿年历史的树木化石。晚上,你可以在位于公园西部的霍尔布鲁克(Holbrook)找一顶水泥帐篷过夜。下一站是小镇温斯洛(Winslow)。经典老歌《放轻松》(*Take It Easy*,老鹰乐队所唱)唱的就是这里的故事,歌中唱道:"我站在温斯洛的街角,这时,上帝啊,来了一位姑娘,开着一辆福特皮卡……"你可以在歌中提到的著名的"街角"照张相,然后到La Posada Hotel的Turquoise Room吃顿非凡的晚餐。弗拉格斯塔夫(Flagstaff)的东边便是"陨石坑"(Meteor Crater),那是怎样一个巨大的坑洞啊!放慢车速,屏住呼吸,好好看个究竟吧。从陨石坑开始,66号公路就和铁路线并行,可一直将你带至活力四射的弗拉格斯塔夫。沿途会经过一家超棒的Museum Club,那是一个木屋模样的路边酒馆,里面的顾客不是已经玩嗨了的,就是马上就要玩嗨了的。下一站是威廉姆斯(Williams),一座铁路边的小镇,道路两旁林立着庭院式汽车旅馆,小镇韵味十足。

赛里格曼(Seligman)则是一个古怪的小村镇,那里有一些复古风情的汽车旅馆,还有一家路毙咖啡馆(roadkill cafe,一种将公路上被撞死的动物尸体制成食物销售的餐厅)。而Snow-Cap Drive In餐厅还有一项经典恶作剧:往客人身上挤芥末酱(放心,不是真的芥末酱)。在前往大峡谷洞穴(Grand Canyon Caverns)的路上,你还能看到柏马剃须膏(Burma Shave)风趣诙谐的广告牌。等到了足有21层楼那么深的大洞穴,下到洞底甚至过个夜的诱惑让人几乎无法抵挡。离开小镇继续前行,路上的亮点包括位于哈克贝里(Hackberry)的一家什么都卖的杂货店、位于金曼(Kingman)的66号公路博物馆以及奥塔曼(Oatman)炽烈阳光下那些爱吃干草的驴子。

进入加利福尼亚州后,烈日仍然一路相伴,"母亲路"在这里会穿过莫哈维沙漠(Mojave Desert),经过一支支孤立的铁路标牌,标牌后是一座座"鬼镇"。维克托维尔(Victorville)有家Emma Jean's Holland Burger Café,那里的"布莱恩汉堡"(Brian Burger)辣得够劲儿。而在帕萨迪纳(Pasadena),时尚感渐行渐浓,一直延续到公路尽头的太平洋海岸。在圣莫尼卡码头(Santa Monica Pier),你可以跳上那个由太阳能提供动力的摩天轮,边观看落日下辽阔的景色,边庆祝旅行的结束。

何时去

游览66号公路的最佳时间是5月至9月,这期间的天气温暖,更便于开展户外活动。

路线

这段旅程从新墨西哥州的图克姆卡里

66号公路的历史

66号公路建于1926年,从芝加哥(Chicago)一直延伸到洛杉矶(Los Angeles),横跨8个州,途经众多小镇和乡间小路。在经济大萧条时期(Great Depression),农民们为了躲避黑色风暴(Dust Bowl,美国20世纪30年代的一次生态灾难),沿着这条道路跨过中央大平原(Great Plains)向西迁移,这令这条公路有了不甚光彩的名气。至于别称"母亲路",则是在约翰·斯坦贝克(John Steinbeck)的小说《愤怒的葡萄》(*The Grapes of Wrath*)中首次出现的,这部小说描绘的正是这一时期的故事。第二次世界大战之后,情况有了转机,因为富裕的美国人开始开着车沿路到处探索,但好景不长,没过多久,联邦政府就开始大规模建设州际公路网。1984年,66号公路上的最后一座小镇——亚利桑那州的威廉姆斯,也通了州际公路,"母亲路"就此"寿终正寝"。

景观公路自驾

开始，向西穿过亚利桑那州和加利福尼亚州，在到达加州的巴斯托（Barstow）之前基本上和I-40州际公路平行。过了巴斯托，66号公路折转向南，延伸至I-15州际公路上的圣贝纳迪诺（San Bernardino）后，再次折转向西，通往帕萨迪纳。之后可以从帕萨迪纳沿I-110州际公路驶入圣莫尼卡大道（Santa Monica Blvd），然后一路向西，前往位于海边的圣莫尼卡。

时间和里程

➡ 时间：如果着急赶路的话，两三天就能走完全程，但最好拿出6天的时间好好享受一下这段自驾之旅。

➡ 里程：约1250英里，具体要看如何安排行车线路。

太平洋海岸公路（Pacific Coast Highway）

不管你们是神仙眷侣、江湖散人还是闲云野鹤，都赶快发动引擎吧。西海岸（West Coast）上通往加拿大和墨西哥的各条公路都是自驾的天堂，尤其是风景非凡的太平洋海岸公路（简称PCH，由若干条公路段组成）。

为何去

这段史诗般宏伟的西海岸行程一路穿越加利福尼亚州、俄勒冈州和华盛顿州，沿路既有国际大都市，又有冲浪小镇，还有孤悬海岸的迷人飞地，无不值得一探究竟。对于许多旅行者来说，这条公路最大的吸引力来自沿路超凡的景色：偏僻而又荒凉的海滩、俯瞰巨浪的悬崖、连绵的群山、葱郁的森林以及其中茂密的红杉和桉树林。但这条公路之所以备受青睐不仅仅因其拥有绝美的风景，还因为这里也是彰显个性的好地方。无论你喜欢冲浪、皮划艇运动、水肺潜水还是徒步旅行，都能在这条公路的沿线附近找到适合自己的冒险体验。

旅游亮点？先说沿路的城市吧。海岸公路连接着一些西海岸地区最为出色的都市，南有南加利福尼亚的冲浪胜地圣迭戈，向北会经过穷奢极欲的洛杉矶和不落俗套的旧金山，再往北行，还可以绕道去看看华盛顿州的西雅图，那是一个思维另类的“文艺青年”，很值得了解一番。

如果你想远离这些繁华的都市，那么也很容易找到不那么繁华但却很有意思的地方。在南加州，太平洋海岸公路会经过奥兰治县（Orange Country，也叫“the OC”）和圣巴巴拉（Santa Barbara，被称为“美国的里维埃拉”），两处的海滩都完美得有点不真实。再往北，1号公路（Hwy 1）会带你经过奇特的小城圣克鲁斯（Santa Cruz，一座大学城，也是冲浪客的天堂），随后穿过大瑟尔（Big Sur）海岸边以及门多西诺（Mendocino）以北的红杉树林。之后，1号公路会继续穿过俄勒冈州海岸一带的沙丘、海滨度假村以及渔村。最后，来到充满野性气息的华盛顿州奥林匹克半岛（Olympic Peninsula），那里还保留着古老的原始雨林，此外还可以乘坐海岸渡轮去游览桃源仙境般的圣胡安群岛（San Juan Islands）。

何时去

你可以在全年的任何时段驾车游览这条路线，只不过冬季公路北段雨雪较多。旅游高峰期是6月至8月，但在这期间也不是时时都适合旅行，因为初夏时节海岸附近的很多路段都会被大雾笼罩（当地人把这种天气叫做“六月阴霾天”）。阵亡将士纪念日（Memorial Day）之前（即4月和5月）和劳动节（Labor Day）之后（即9月和10月）为旅游平季，但却是理想的出行季节，那时白天阳光灿烂，夜晚凉爽舒适，游客也相对较少。

路线

公路贯通了美国的南北边界，从墨西哥的蒂华纳（Tijuana）一直延伸到加拿大的不列颠哥伦比亚省（British Columbia），全长近1500英里。在加利福尼亚州，贴近海岸的公路一会儿被称为I-5州际公路，一会儿是101号公路，一会儿又成了1号公路，总之是在三者间来回变化（搞不清的时候只要记得贴着海岸线开就行了），等到了俄勒冈州和华盛顿州，就一直是101号公路了。

时间和里程

➡ 时间：因为会遇到交通不畅的情况，而且有些路段只有两条车道，所以纵使一路不停，驾车走完全程也需要4天时间；想充分欣赏美景就要留出10~14天的时间。

➡ 里程：约1500英里。

89/89A号公路：维肯堡至橡树溪峡谷（Highway 89/89A: Wickenburg to Oak Creek Canyon）

89号公路以及给它“打下手”的89A号公路深为亚利桑那州的公路旅行者所熟悉，因为两条路会经过该州一些最为美丽、最为独特的区域。这里给出的路线是首先穿过威弗山（Weaver Mountain）和明格斯山（Mingus Mountain），然后下行游览塞多纳（Sedona）和橡树溪峡谷。

为何去

这是我们在亚利桑那州最喜欢的一条驾车线路，景色不敢说最美最原始，但旅途中却弥漫着一种明显的“老西部”的感觉，如同穿越时空一般。但若说这条线路只有19世纪的风貌，那可就大错特错了。周末的艺术步行游活动，蓬勃发展的葡萄酒小径，以及时尚个性的独立小店和餐厅，都为这里平添了一份属于21世纪的鲜活感。如果你对牛仔历史感兴趣，那么维肯堡以及那里的度假牧场就很值得一看。89号公路经由93号公路离开维肯堡，之后很快就会进入威弗山区，并在短短4英里的路程中爬升2500英尺。在山顶小镇亚内尔（Yarnell），原本陡峭的道路开始变得平坦。这座小镇在2013年的夏天曾遭遇过一场灾难性的火灾。过了小镇之后，沿着公路驶入皮波斯谷（Peeples Valley），沿途能看到一座座长满青草的山丘和吃草的牛群。之后的亮点则是普雷斯科特（Prescott）那名声不佳的“威士忌街”（Whiskey Row），这是古老的Palace Saloon酒馆的所在地。在镇中心的西侧，有一座十分显眼的拇指峰（Thumb Butte），而在出城的路上你还来得及在花岗岩谷（Granite Dells）稍作停留，欣赏那里奇妙的巨石。

沿着89A号公路往杰罗姆（Jerome）走，这段路可一定要小心。道路紧贴着明格斯山蜿蜒逶迤，容不得半点马虎。途中能够瞥见东面绿河河谷（Verde Valley）的惊人美景，当然，这得需要些胆量。快接近杰罗姆时，山路全是“之”字弯道，极具挑战性。

KEVIN T. LEVESQUE / GETTY IMAGES ©

上图：逐日公路，蒙大拿州冰川国家公园（见337页）

右图：66号公路，亚利桑那州威廉姆斯（见385页）

杰罗姆曾经是座矿业小镇，突兀地嵌在克里奥帕特拉山（Cleopatra Hill）的山腰上。在杰罗姆，你可以停下车来，逛逛美术馆、品酒屋和古怪的客栈，而且这里流传的鬼故事也是出奇地多。奥德利·海德弗雷姆州立公园（Audrey Headframe State Park）里有一口1910英尺深的矿井，你可以尝试站在井边感受一下，随后去旁边的杰罗姆州立历史公园（Jerome State Historic Park）参观矿业博物馆。在沿着89A号公路开往西部老镇卡顿（Cottonwood）的途中，你会经过另一个矿业小镇——克拉克戴尔（Clarkdale）。在前往塞多纳的路上，你可以绕道去Page Springs Rd上的酒庄逛逛，或是沿Red Rock Loop Rd绕行进入塞多纳，在途中可以看到大教堂岩壁（Cathedral Rock）。塞多纳可是个重振精神的好地方，小城本身就很漂亮不说，你还可以找个“灵力气漩”（vortex）感受神秘的力量，或是好好地吃顿大餐，此外你还可以在这里买到艺术品和纳瓦霍人的织毯。旅程的终点是陡峭的橡树溪峡谷，在岸边葱郁的树影掩映下，橡树溪在高耸的红岩崖壁之间静静流淌。

何时去

游览这条线路的最佳时间是春、夏、秋三季。冬季有雪，最好能避开——不过在这里的山区，4月里都可能会飘雪花。由于地势较低，维肯堡在盛夏时节十分燥热，最好别待太久。

路线

从维肯堡出发，沿93号公路行进，随后转上89号公路，进而北行抵达普雷斯科特。在镇北进入89A号公路，最终抵达塞多纳。

时间和里程

- 时间：这条路线半天便能走完，但为了尽情享受，我们推荐你安排2~3天的时间仔细游览一番。
- 里程：134英里。

百万美元公路（Million Dollar Highway）

这条路位于科罗拉多州南部，连接乌雷（Ouray）和西尔弗顿（Silverton），是美国最美的高山公路之一。它是236英里长的圣胡安天路（San Juan Skyway）的一部分，也是550号公路（US 550）的一段，之所以被叫做“百万美元公路”，是因为人们相信路下面埋藏着大量值钱的矿石。

为何去

这条25英里长的公路铺得犹如黄油一般平坦顺滑，蜿蜒经过3个高山关隘，一路上可以看到维多利亚风格的住房、白雪皑皑的山峰、矿井井架和一条岩石峡谷。但是除了景色的美丽，驾驶所带来的刺激感受也是这条道路的一大魅力。公路紧紧地贴着高山铺建，有不少急弯，偶尔还有落石，这些都让这条路看起来并不适合周末午后的休闲自驾，反倒更像是考验驾驶技能的冒险之旅。迷人的小镇乌雷，海拔近7800英尺，周围群峰环侍，面前便是安肯帕格里峡谷（Uncompahgre Gorge）。峡谷内怪石嶙峋，又陡又险，是著名的攀冰运动胜地。来到小镇，一定要尝试一下徒步，要不就在温泉中好好泡泡。从乌雷开始，百万美元公路循着峡谷一侧延伸而去。经过3年的建设之后，这条公路于1884年完工开通。弯弯曲曲的道路将散布在山腰各处的老矿井串连起来。在这条窄得不能再窄的路上开车一定要小心，不知什么时候就会遇上一位身着紧身骑行服、自讨苦吃的骑行者正沿着位于关隘上方的条带窄路上奋力骑行。等到了西尔弗顿，你就可以跳下车欣赏满山白杨的美景，或是去杜兰戈和西尔弗顿窄轨铁路（Durango & Silverton Narrow Gauge Railroad）旁看蒸汽机车咔嚓咔嚓地开进城镇的景象。

何时去

夏季是最佳旅游季节。冬天时，最高的关隘有可能关闭，哪怕不关闭，你也可能需要给车装上防滑链才能上路。甚至在夏天你也可能看到积雪，只不过未必是在路面上。

路线

从乌雷出发，沿550号公路向南行进，抵达西尔弗顿。

时间和里程

- 时间：这条路几个小时便能走完，但想赏景的话就留出1天的时间吧。

➡ 里程：25英里。

周边线路

从乌雷到特柳赖德之间的硬面公路长达50英里。如果你不想"安分守己"（而且车辆给力的话），那么可以选择两地之间那条16英里长的老矿区路。这条路位于伊莫吉恩山口（Imogene Pass）上方，沿途会经过溪流、高山草甸和全州最高关隘中的一个。我们需要提醒你一件事：这条路线的距离的确更短，但得开上3个小时。怕了吧？

比尔图斯公路（Beartooth Highway）

有人说"摩天公路"比尔图斯公路是前往黄石公园的最佳路线，有人说它是美国西部最令人兴奋的摩托骑行线路，也有人说它是全美国景色最美的公路。我们觉得这些全都对。

为何去

有些时候，你只想找一个美到极致、震撼到极致的地方，停下车走出来，双拳捶胸（嗯，女性的话可以甩动长发），纵情长啸。美国西部的比尔图斯公路就是这么一个地方。

这段充满冒险意味的公路起于蒙大拿州的雷德洛奇（Red Lodge），在岩溪峡谷（Rock Creek Canyon）那由冰川雕蚀出的山谷美景中，沿一个又一个急弯向高处攀去，在短短几英里的距离里竟爬升了5000英尺。你可以在岩溪观景台（Rock Creek Vista Point Overlook）停车，沿一条不长的无障碍步道前去观赏超凡美景。之后，公路继续朝高原地区攀升，经过梅·韦斯特弯道（Mae West Curve，梅·韦斯特曾是美国著名性感女星，以身材丰满、风情万种著称），最终进入怀俄明州（Wyoming）。在双子湖（Twin Lakes），你可以看到冰斗奇观，也可以乘坐滑雪缆车去挑战一条极其惊险的春季雪道。在开过一系列"之"字弯后，抬头向西北方向望去，那里便是地狱咆哮高原（Hellroaring Plateau）和陡峭嶙峋的比尔图斯峰（Bears Tooth，11,612英尺，意为"熊牙"）。随后公路穿过高山苔原，到达了比尔图斯西峰（Beartooth Pass West Summit），那里的海拔为10,947英尺，是途中的最高点，即便到了6月（有时甚至是7月）仍然会有深达15英尺的积雪。

在经过了几片湖泊后，公路转而下行，途中会经过比尔图斯孤峰（Beartooth Butte）。那是一大块孤伶伶的沉积岩，这种沉积岩曾经覆盖了整个比尔图斯地区。随后，公路继续向下抵达克拉克河（Clarks Fork），那里有几个地方特别适合垂钓。接下来，公路会再次进入蒙大拿州，经柯尔特关隘（Colter Pass，8066英尺）抵达库克市（Cooke City）。黄石公园的东北入口离库克市仅4英里。

何时去

如果除了自驾还想试试徒步旅行，那就8月来。通常来说，那时的天气最适合户外活动。

路线

从雷德洛奇出发，沿212号公路（Hwy 212）向西，穿越怀俄明州，最终到达蒙大拿州的库克市。

时间和里程

➡ 时间：比尔图斯公路七弯八拐的很不好走，需要至少留出一个下午或是一个上午的时间。

➡ 里程：68英里。

12号公路（Highway 12）

12号公路被不少人认为是犹他州景色最多元、景观最惊人的路线。道路蜿蜒穿行过一片荒凉崎岖的峡谷地区，连接着犹他州丹霞地貌腹地内的几个国家和州立公园——路上还有几个非常棒的餐厅。

为何去

12号公路位于犹他州荒凉的南部地区，融合了丹霞峡谷、辽阔沙漠、茂密森林和高耸山峰，宛如梦境，非常适合爱好冒险的游客前来探索。旅程从布莱斯峡谷国家公园（Bryce Canyon National Park）开始，那里金红相间的石峰十分显眼，为之后这段色彩纷呈的旅行奠定了基调。

逐日公路：传奇与地标

逐日公路（Going-to-the-Sun Road）的名字源于逐日山（Going-to-the-Sun Mountain）。根据传说——或者说根据一个19世纪80年代时杜撰出的故事，黑脚部落（Blackfeet Tribe）的一位神灵有一次开坛传授部落成员狩猎技巧。授课结束后，这位神灵便把自己的形象留在山上以便激励众人，随后飞升"逐日而去"。如今，这条路不但是国家历史地标（National Historic Landmark），也是国家民用工程地标（National Civil Engineering Landmark），是全美唯一一条同时获得这两项殊荣的道路。

向东行进，第一个旅游亮点是柯达盆地州立公园（Kodachrome Basin State Park），在那里你可以看到石化间歇泉和数十座砂石柱，后者或红或粉或白，有些高度能达到近170英尺。之后穿过迷你小镇埃斯卡兰特（Escalante），再走8英里便是立于水瓶高原（Aquarius Plateau）上的岩石角观景台（Head of the Rocks Overlook），你可以在这里下车看看美景。从这里开始，你将独享路边巨大的台地、高耸的石穹、深深的峡谷和起伏的滑岩。那是一场色彩的盛宴。

旁边的大楼梯地区-埃斯卡兰特国家保护区（Grand Staircase-Escalante National Monument）是美国西南部地区最大的公园，占地面积近190万公顷。公园内邻近12号公路的地方有南牛犊溪游乐区（Lower Calf Creek Recreation Area），游乐区内有一个野餐场地和一个舒适的露营地。从这里出发，沿6英里长的环形路线徒步，可抵达126英尺高的南牛犊溪瀑布（Lower Calf Creek Falls），瀑布景色令人难忘。埃斯卡兰特和博尔德（Boulder）之间还有一条薄如刀锋的拱背岭（Hogback Ridge），同样美得惊人。

至于这条公路最棒的一段，很多人认为是位于博尔德和托雷（Torrey）之间的那些急转弯以及众多的石化沙丘。但是也别光顾着看风景。到博尔德的Hell's Backbone Grill餐厅去好好享受一下用当地食材制作的美食，随后到Burr Trail Grill & Outpost吃点自制的饼干和蛋糕，或是再往北走，在托雷的Cafe Diablo品尝风味浓郁的西南美食。

何时去

由于途中要翻越超过11,000英尺高的博尔德山（Boulder Mountain），考虑到天气和驾驶条件的因素，最好选择在5月至10月游览12号公路。

路线

从犹他州的89号公路出发，沿12号公路向东前往布莱斯峡谷国家公园。公路在柯达盆地州立公园附近会折向北行，最终抵达托雷。

时间和里程

➡ 时间：尽管全程只要几个小时就能跑完，但应该留出2~3天来仔细品赏沿途景点。

➡ 里程：124英里。

陶斯公路（High Road to Taos）

这条风景如画的小路位于新墨西哥州北部，连接着圣菲（Santa Fe）和陶斯（Taos），弯弯曲曲地在特鲁卡斯山区（Truchas Peaks）内外游走，沿途经过一系列土屋村落，亦能欣赏到高山环绕的风景。

为何去

圣菲和陶斯都是知名的艺术城，到处都是美术馆、工作室和博物馆。连接这两座可爱的城市的道路自然要具备一种美学气质，而陶斯公路正是这样的一条山区公路。

从圣菲出发，沿84/285号公路（Hwy 84/285）北行，随后转入503号公路（Hwy 503）前往南比（Nambe）。在那里，你可以徒步游览瀑布，也可以安坐南比湖（Nambe Lake）湖畔静心冥想。离开南比，道路向北通向风景如画的奇马约（Chimayo）。奇马约保护区教堂（Santuario de Chimayo）也被称为"美国的卢尔德"（The Lourdes of America，卢尔德是一个法国小镇，同时也是非常知名的天主教朝圣地），内部的墙上倚着不少废弃拐杖。这座双塔结构的土质教堂建于1816年，原址据说拥有神奇的治愈功能。不妨花些时间逛逛这个小镇，去家庭经营的美术馆里欣赏精美的编织品和木雕。特鲁卡斯（Truchas）村庄里有不少美术馆和百年土屋，你还能在这里找到一个设在676号州内公路（SR 676）旁的公路市场（High Road Marketplace）。这是个联营市场，出售当地艺术家创作的各类艺术品。沿76号公路（Hwy 76）前行可以到达格拉西亚的圣何塞教堂（the Church of San José de Gracia）。该教堂被认为是美国现存最为精美的18世纪教堂，里面的绘画和雕刻依然保存完好。

下一站是皮卡里斯印第安人村庄（Picuris Pueblo），那里曾是这一地区最为强盛的印第安人村庄之一。旅程的终点是佩尼亚斯科（Penasco），佩克斯荒野（Pecos Wilderness）的门户小镇。镇上有一座佩尼亚斯科剧场（Penasco Theatre），上演非常有趣的实验戏剧。从小镇出来，沿75号公路（Hwy 75）和518号公路（Hwy 518）行驶便可到达陶斯。

何时去

夏季是旅游旺季，但春天可以看到盛开的鲜花，秋天有五颜六色的秋叶，景色都不错。由于道路经过山区，冬季并不适合出行。

路线

从圣菲出发，沿84/285号公路向西到达波瓦基（Pojoaque），然后右转进入503号公路（Hwy 503），往南比（Nambe）方向行进。继而离开503号公路，取道76号公路，再转入75号公路，最终沿518号公路抵达陶斯。

时间和里程

➡ 时间：中途不作停留的话只要大约半天时间即可走完全程，但如果加上停车购物和游览的时间，就需要一整天了。

➡ 里程：85英里。

逐日公路（Going-to-the-Sun Road）

若要评选美国最壮观的公路，53英里长的逐日公路算是一个强有力的竞争者，它也是穿越蒙大拿州冰川国家公园（Glacier National Park）的唯一一条硬路面公路。

为何去

逐日公路有冰川、有灰熊，本身还是贴山而建的现代工程学奇迹，足以让你赞叹一路，惊诧一路。而无论怎样的赞叹与惊诧，对它来说都不为过。这条完工于1933年的公路在一片崎岖而美丽的高山地区辗转腾挪，跨越终年积雪、巍峨高大的大陆分水岭。从冰川国家公园的西门开始，公路紧贴着波光粼粼的麦克唐纳湖（Lake McDonald）前行。前方便是大陆分水岭，分水岭上矗立着9000英尺高的“花园墙”（Garden Wall），那是分水岭的脊梁，也是公园东西两部分的边界。公路经罗根隘口（Logan Pass，6880英尺）翻越大陆分水岭。关隘旁有一条18.5英里长的高岭小路（Highline Trail），小路逶迤于山岭之上，一路可见冰川河谷、锯齿状山峰以及众多野花和野生动物。说到野生动物呢，这里有北美野山羊、大角羊、驼鹿，幸运的话，也许还能看到灰熊或是行踪莫测的狼獾。不过别急着把胶卷或内存卡都用光。过了罗根隘口，接下来便来到了杰克逊冰川观景台（Jackson Glacier Overlook）。在那你可以亲眼看见公园内正在融化的巨型冰川。专家说按照现在全球气温的变化趋势，到2020年公园内的所有冰川便都会融化，所以，别再等了，现在就出发吧。

何时去

这条多雪的路线开得晚，关得早，一般来说仅在6月中旬至9月中旬期间可以驾车通行。但在2011年，由于雪量异常大，这条路直到7月13日才完全开放。

路线

起点在冰川国家公园的西门，沿逐日公路向东，往圣玛丽（St Mary）方向行驶。

时间和里程

➡ 时间：路况不同，所需时间也不同，但建议至少留出半天的时间。

➡ 里程：53英里。

更多景观公路自驾

还想尝试更多公路旅行线路？这里还有几条不错的线路。

新墨西哥州的青绿小路（Turquoise Trail, NM） 这条荒凉的小路位于蒂赫拉斯（Tijeras，阿尔布开克附近）和圣菲之间，在过去的几千年里，它曾是一条重要的贸易通路。如今这条蜿蜒的小路串联起了沿途的众多艺术馆、商铺（售卖绿松石珠宝）和一家矿业博物馆。可从I-40州际公路出发，进入14号公路一路北行，之后再转入I-25州际公路。详情参见www.turquoisetrail.org。

亚利桑那州的阿帕奇小道（Apache Trail, AZ）这可不是大爷大妈们周末自驾游会来的地方——除非他们就是喜欢速度与激情。这段45英里长的道路始于菲尼克斯东边的小城阿帕奇章克申（Apache Junction），之后沿88号公路（Hwy 88）前行，途中会经过一个适合儿童游玩的鬼镇，并穿过野花丛生的"失踪的德国人"州立公园（Lost Dutchman State Park）和盐河（Salt River）流域的3个湖泊。听起来不吓人？嗯，中间有一段极其颠簸扭曲的泥路，在不到3英里的距离内陡降1000多英尺。千万抓紧了！

加利福尼亚州的内华达山脉东部观光小路（Eastern Sierra Scenic Byway, CA）从托帕石湖（Topaz Lake）出发，沿395号公路（Hwy 395）向南，依着巍峨的内华达山脉（Sierra Nevada）东麓行进，止于小湖镇（Little Lake）。这片区域内有海拔14,000英尺高的山峰、蓝冰一般的湖水、松林、沙漠盆地和温泉。

新墨西哥州的比利小子公路（Billy the Kid Highway, NM）这条公路的名字来源于参与了林肯县对战（Lincoln County War）的那个亦正亦邪的悍匪"比利小子"（Billy the Kid）。这条高山公路在新墨西哥州中部山区间蜿蜒绕行，中途经过林肯小镇（Lincoln）——曾经，比利小子就是靠手中的枪从那里的监狱里成功杀出了一条血路。此外，公路也会经过卡皮坦（Capitan）——斯摩基熊（Smokey the Bear，一只从森林大火中幸存下来的熊，后来成为美国森林防火的标志）的坟墓就在那里。

哥伦比亚河古迹观光公路（Historic Columbia River Highway）

30号公路（US 30）的路线经过精心安排，如丝带一般蜿蜒于俄勒冈州波特兰以东的哥伦比亚河峡谷（Columbia River Gorge）一侧，茂密的植被和西部拓荒者的历史是这里的亮点。

为何去

看啊，瀑布。看啊，另一条瀑布。看啊，又一条瀑布。一条观光公路到底能承载多少条瀑布呢？哥伦比亚河古迹观光公路的回答是"相当多"。原始的公路完工于1922年，连接了波特兰和达尔斯（Dalles），是太平洋沿岸西北部地区第一条硬面公路。设计者在规划时很花心思，考虑得更多的是驾驶的乐趣而非速度。沿路精心安排了不少观景点，而除了绝美的景色之外还有赏心悦目的石墙和拱桥。历史也是这里的亮点。探险家刘易斯（Lewis）和克拉克（Clark）在1805年向太平洋推进时便选择了这条路。50年后，俄勒冈小道（Oregon Trail）的开拓者们来到这里，面对峡谷中凶险的河水，他们悲壮地完成了最后一搏，最终完成了他们穿越国土的征途。如今，虽然原始的道路或是被关闭，或是被84号公路取代，但30号公路上仍旧保留了许多路段可供自驾游览，而一些关闭的路段也可以用来进行徒步旅行或开展骑行活动。沿路的一个亮点是波特兰女性论坛公园（Portland Women's Forum Park），从那里可以看到最美的峡谷风光。公园附近有一座观景屋（Vista House），是1916年为纪念俄勒冈小道的开拓者们而建的，现在里面有一家游客中心。观景屋立于王冠角（Crown Point）之上，是个不错的观景点，也是峡谷西侧的界标。最后，说到值得一看的瀑布，最过瘾的要数高达642英尺的马特诺玛瀑布（Multnomah Falls），它是俄勒冈州最高的瀑布，千万别错过。

何时去

2月至5月间瀑布水量最大，而夏天则适合徒步旅行。

路线

想到达这条古迹观光公路，可以取道I-84州际公路，然后从位于波特兰以东的17号出口（Exit 17）或35号出口（Exit 35）驶离州际公路，转向东行。原始公路的西段止于马特诺玛瀑布。从这里，你可以再次进入I-84州际公路，继续东行，从莫西尔（Mosier）的69号出口（Exit 69）出来，就可以回到30号公路上了。

时间和里程

- 时间：1天。
- 里程：100英里。

计划你的行程

户外

冒险爱好者们，欢迎来到天堂。无论你是一个整日窝在沙发上看电视的人、一个周末战士或一个钢铁侠（或女侠），美国西部都能提供适合你的户外活动。最棒的部分？你的冒险之旅多半伴随着令人惊叹的美景。在这里，你可以乘着轮胎漂流，寻觅蜂鸟的踪迹，跨越光滑的石径，沿着粉雪覆盖的山坡嗖嗖滑下，在翻卷的波浪中冲浪，或是徒步前往世界上最有名的峡谷。

极致户外体验

在横越大峡谷的科罗拉多河上漂流，亚利桑那州

在约塞米蒂国家公园的半圆丘上徒步旅行，加利福尼亚州

在阿斯彭的褐铃峰上骑车，科罗拉多州

在约书亚树国家公园攀岩，加利福尼亚州

在锡安国家公园的天使下凡处攀登，犹他州

在哈瓦苏瀑布嬉水，亚利桑那州

在韦尔滑雪，科罗拉多州

在冰川国家公园触摸冰川，蒙大拿州

最佳野生动物观赏地点

熊：蒙大拿州的冰川国家公园

麋鹿、美洲野牛和灰狼：怀俄明州的黄石国家公园

鸟类：亚利桑那州的帕塔哥尼亚-索诺伊塔河保护区

鲸鱼和海豚：加利福尼亚州的蒙特雷湾

露营

美国西部地区为露营爱好者提供了不胜枚举的丰富选择，以至于令人难以取舍。你可以在科罗拉多州的高山湖泊和溪流旁露营，在亚利桑那州南部的仙人掌底下过夜或是在加利福尼亚州华丽的海滩上小睡一会。

露营地类型和设施

简易露营地（Primitive campsites）通常备有火坑、野餐桌、饮用水设施和简易厕所；最常见于国家森林（USFS，美国林务局）和美国土地管理局（BLM）的公共土地。

成熟露营地（Developed campgrounds）通常在州立公园和国家公园可以看到，配有更多的设施，包括抽水马桶、烤肉架，偶尔还有热水淋浴和投币式洗衣机。

房车营地（recreational vehicle hookups and dump stations）许多私有露营地都设有这类营地，但在公立露营地却很少见。

私立露营地（Private campgrounds）主要面向房车爱好者的露营场地，备有热水淋浴、游泳池、无线网络和家庭式露营小木屋；帐篷营地可能不多，而且缺乏吸引力。

非预约式（环保）营地[Walk-in（environmental）

美国西部国家公园

公园	特色	活动	最佳旅游时间
拱岩	超过2500座的砂岩拱门	风景自驾游，日间徒步	春季至秋季
布莱斯峡谷	色彩鲜艳的侵蚀石林	日间及野外徒步旅行，骑马旅行	春季至秋季
峡谷地	史诗般的美国西南部峡谷、台地和孤峰	观景，野外徒步旅行，激浪漂流	春季至秋季
卡尔斯巴德洞窟	庞大的地下洞穴群，无尾蝙蝠栖息地	洞穴游，野外徒步旅行	春季至秋季
死亡谷	炽热眩目的沙漠和独特的生态环境	风景自驾游，日间徒步旅行	春季
冰川	令人印象深刻的冰川景观；北美野山羊	日间及野外徒步旅行，风景自驾游	夏季
大峡谷	全长277英里、深1英里的壮观河谷	日间及野外徒步旅行，骑骡旅行，河滨跑步	春季至秋季
大蒂顿	高耸的花岗岩山峰；麋鹿、美洲野牛、狼群	日间及野外徒步旅行，攀岩，钓鱼	春季至秋季
红杉和国王峡谷	红杉林，花岗岩峡谷	日间及野外徒步旅行，越野滑雪	夏季至秋季
弗德台地	原始印第安人崖居保存区，古迹、台地和峡谷	短程徒步旅行	春季至秋季
奥林匹克	温带雨林，高山草地，奥林匹斯山	日间及野外徒步旅行	春季至秋季
石化森林	化石林，岩画，彩色沙漠风光	日间徒步旅行	春季至秋季
红杉树	原始红杉森林，世界上最高的树；麋鹿	日间和野外徒步旅行	春季至秋季
落基山	壮丽的山峰、高山苔原、大陆分水岭；麋鹿、大角羊、驼鹿、海狸	日间及野外徒步旅行，越野滑雪	夏季至秋季
仙人掌	巨型仙人掌，沙漠风光	日间及野外徒步旅行	春季至秋季
黄石	间歇泉和地热池，令人难忘的峡谷；丰富的野生生物	日间及野外徒步旅行、骑车、越野滑雪	全年
约塞米蒂	险峻的花岗岩山谷，瀑布，高山草地	日间及野外徒步旅行，攀岩、滑雪	全年
锡安	巨大的红岩峡谷，维琴河	日间及野外徒步旅行，峡谷运动	春季至秋季

sites]更加宁静也更具私密性；少数公立露营地会为长途徒步旅行者和自行车骑行者保留这类露营地。

费用和预订

许多公立和私立露营地都接受所有或部分营地的预订，只有少数露营地严格遵照先到先得的制度。住宿费用视露营地而定，从免费的最简易式露营地，到备有水电设施，收费高达50美元或更贵的房车营地都有。

以下机构可帮助你查询露营地的位置和设施，可上网查看露营地情况并在线预订：

Recreation.gov（www.recreation.gov）提供有关国家公园、国家森林、美国土地管理局辖下土地等区域内的营地及小屋的预订服务。

ReserveAmerica（www.reserveamerica.com）提供州立公园、地区公园和北美各地一些私立露营地的预订服务，网站可依照州排序查询相关电话号码。

Kampgrounds of America（KOA；☎406-248-7444；www.koa.com）提供可靠的全国范围内包括房车营地在内的私立露营地查询服务。营地均设施完备，价格相应也较高昂。

徒步旅行

美国西部有很多好的徒步路线。该地区的人们将健身视为生活中的头等大事，大部分都市区都至少设有一个包含众多徒步小径的大型公园。国家公园和纪念保护区都是进行短程或长距离徒步旅行的理想地点。如果你向往满天星光的旷野，请提前申请野外露营许可，特别是当你计划前往像大峡谷国家公园这样的地方——那里住宿空间有限，夏季时尤为紧张。

徒步旅行资源

格雷戈里·达文波特（Gregory Davenport）的著作《野外生存完全手册》（*Wilderness Survival*）无疑是应对各种野外情况的最佳参考书。参考网站如下：

美国徒步旅行协会（American Hiking Society；www.americanhiking.org）提供当地徒步旅行俱

西部地区顶级路线

随便找来10个人，问有关他们对于整个西部地区顶级户外路线的推荐，你绝不会得到重样的答案。这个国家是如此丰富多样，各地之间相距甚远，人与人之间几乎难以达成共识。但照着下列公认的满分路线走就肯定错不了。

南凯巴布/北凯巴布线，亚利桑那州大峡谷（South Kaibab/North Kaibab Trail，Grand Canyon，AZ；☎928-878-9378，877-716-9378；www.destinationgrandcanyon.com；团队游 每人 $50~350）花数天时间穿越峡谷，下行至科罗拉多河，然后返回山麓。

朗斯峰线，科罗拉多州落基山国家公园（Longs Peak Trail，Rocky Mountain National Park，CO；见290页）这是一条非常著名的徒步路线，往返15英里，可登上朗斯峰的巨石顶峰（14,259英尺），欣赏令人赞叹的雪峰景致。

天使下凡处，犹他州锡安国家公园（Angels Landing，Zion National Park，UT；见426页）攀过狭窄的、令人心脏怦怦直跳的绝壁岩道，接下来就是收获奖赏的时候了——在此你可以将锡安峡谷的美景一览无余。往返5英里。

沃什伯恩山线，怀俄明州黄石国家公园（Mt Washburn Trail，Yellowstone National Park，WY；见322页）从邓雷文山口（Dunraven Pass）出发，沿着这条遍布野花的道路攀爬3英里，登上视野辽阔的沃什伯恩山（10,243英尺）顶峰。看看能不能找到大角羊。

太平洋山脊线（Pacific Crest Trail，PCT；www.pcta.org）道路沿着卡斯卡德山脉和内华达山脉的山脊从加拿大一直延伸至墨西哥，绵延2650英里，沿途经过北美七大生态区中的6个。

半圆丘线，加州约塞米蒂国家公园（Half Dome，Yosemite National Park，CA；见192页）路途虽然恐怖和艰巨，但约塞米蒂山谷的景色和征服半圆丘之后的成就感让一切变得值得。

魔法山谷线，华盛顿州奥林匹克国家公园（Enchanted Valley Trail，Olympic National Park，WA；见227页）壮丽的山色、自由奔驰的野生动物和茂密的雨林——尽在这段往返13英里长的山道上。

大横贯北线，蒙大拿州冰川国家公园（Great Northern Traverse，Glacier National Park，MT；www.nps.gov/glac）58英里的艰难路程，穿越灰暗乡村的腹地和大陆分水岭。

大环线，亚利桑那州奇里卡瓦国家保护区（The Big Loop，Chiricahua National Monument，AZ；见405页）全长9.5英里，结合了数条路线，蜿蜒穿过亚利桑那州东南部奇妙的岩柱群，过去那里曾是阿帕奇战士们藏身的地方。

环塔霍线，加州塔霍湖（Tahoe Rim Trail，Lake Tahoe，CA；见201页）这是一条165英里长、适合多种运动的路线，绕湖而行，既可俯瞰湖泊，亦可远眺内华达山脉反射着耀眼光辉的群山风景。

上图：徒步旅行至约塞米蒂瀑布，加州约塞米蒂国家公园（见192页）
右图：攀岩，加州约书亚树国家公园（见117页）

乐部和修护道路的“义工之旅”的相关链接。

背包客（Backpacker；www.backpacker.com）背包客的首选全国性杂志，囊括从入门级到专家级的各种内容。

轨道小道保护协会（Rails-to-Trails Conservancy；www.railstotrails.org）将废弃的铁路走廊改为徒步道和自行车道，并在www.traillink.com免费发布道路评论。

户外生存（Survive Outdoors；www.surviveoutdoors.com）提供户外安全与急救技巧，以及各种危险动物的照片，非常实用。

费用和野营许可

➡ 通常州立公园的单日门票费用为$5~15；如果是步行或骑自行车到这些公园，费用往往有减免，甚至可能完全免费。

➡ 如需开车进入国家公园，每辆车需交纳$10~25不等的入园费用，交费后可在7日内自由进出景区；部分公园免费。

➡ 若想要在一年内无限次进入国家公园、国家森林和其他联邦管辖范围内的休憩场所，可以购买“美丽美国”（America the Beautiful）通行证（$80）。

➡ 想要在公园内留宿的背包客和进行长时间日间徒步旅行的游客大多需要申请野营许可证（wilderness permit）。许可证由护林管理处和公园游客中心发放。旅游旺季（通常从暮春到初秋）每日有配额限制。

➡ 有的野营许可证可提前预约，热门路线（例如惠特尼山的半圆丘线）的许可证可能会在好几个月前就已被预订一空。

➡ 在南加州的一些国家森林，需持有**国家森林**

为山地自行车运动而痴狂

山地自行车运动爱好者将在科罗拉多州的博尔德、犹他州的摩崖、俄勒冈州的本德、爱达荷州的凯洽姆和加利福尼亚州的马林找到山地骑行的天堂。加里费舍尔（Gary Fisher，山地车之父）和他的伙伴就是在马林的塔马尔帕斯山（Mt Tamalpais）骑着改装过的自行车从崎岖的山翼驰骋而下，从而推动了这项运动的发展。以下为其他著名的骑行线路：

科科佩利小道，犹他州（Kokopelli's Trail, UT；www.blm.gov/ut/st/en/fo/moab/recreation/mountain_bike_trails/kokopelli_s_trail.html）美国西南部首屈一指的山地自行车车道之一，全长140英里，一直延伸到科罗拉多州的洛马（Loma）与犹他州的摩崖（Moab）之间的山区。附近的其他车道包括位于科罗拉多州特柳赖德（Telluride）和犹他州摩崖之间的全长206英里的小屋骑行线，以及从阿斯彭到克雷斯特德比特（Crested Butte）的38英里骑行线。后者虽然较短，但极具挑战性，沿途风景同样令人惊叹。

太阳顶环道，华盛顿州（Sun Top Loop, WA；www.visitrainier.com）一条长22英里的登山路线，很有挑战，沿途能够看到瑞尼尔山和华盛顿州卡斯卡德山脉西坡群峰的非凡景色。

唐尼维尔下坡道，加利福尼亚州唐尼维尔（Downieville Downhill, Downieville, CA；www.sierracountychamber.com）这条松林小道不适合胆小的人。它靠近塔霍国家森林（Tahoe National Forest）中内华达山脉脚下的同名小镇。道路紧随河岸峭壁，穿过古老的森林，在14英里内急剧下降4200英尺。

麦肯齐河道，俄勒冈州威拉梅特国家森林（McKenzie River Trail, Willamette National Forest, OR；www.fs.usda.gov/activity/willamette/recreation, www.mckenzierivertrail.com）一条赏心悦目的单行道，全长25英里，蜿蜒穿过幽深的森林和火山岩地貌。麦肯齐镇位于尤金（Eugene）以东约50英里处。

豪猪山麓，犹他州摩崖（Porcupine Rim, Moab, UT；www.blm.gov/ut）这是一条令人肃然起敬的高地荒原环线，全程30英里，从小镇出发，沿途景色迷人，有几段惊险的下坡路。路途艰辛，一定要做好准备，多带水。

探险通行证(National Forest Adventure Pass；每日 $5，一年 $30)才能在林中停车。而如果想到亚利桑那州的塞多纳(Sedona)周边森林徒步，则需要购买一张**红岩通行证**(Red Rock Pass；www.redrockcountry.org；每日/每周 $5/15)。你可以向美国林务局的护林管理处、公用电话亭(部分步道起点有设)及特定的当地供应商购买通行证。

骑自行车

随着各个城市不断地增设自行车道，营造友善的骑行氛围，自行车运动在美国日益普及，郊外也出现了越来越多的绿道。你在各个城镇都能看到自行车狂热爱好者，大量的户外运动用品店也开始提供难度不同、时长各异的导览骑行旅游项目。

许多州提供多日骑行项目，例如科罗拉多州的落基山脉骑行活动(Ride the Rockies)。你可以选择一条风景优美的线路，然后加入沿该线路开展活动的骑行队，这些队伍通常配有完备的设备，而你需要的是交纳一些费用，骑行所需装备则会被提前送至夜间露营地。另一条出色的骑行线路位于亚利桑那州的莱蒙山(Mt Lemmon)，你需要从索诺兰沙漠的平坦地区出发，精神抖擞地骑上28英里，最终登上9157英尺高的顶峰。你也可以在大峡谷国家公园的南麓租辆自行车，沿公园内的隐士路(Hermit Rd)和绵延不断的绿色小径(Greenway Trail)骑往Hermit's Rest。

最佳骑行城市

旧金山，加利福尼亚州(San Francisco, CA) 蹬着踏板穿过金门大桥进入马林岬(Marin Headlands)，那里有令人惊艳的丘陵美景。

博尔德，科罗拉多州(Boulder, CO) 这是一座盛行户外运动的城市，拥有许多非常棒的自行车道，其中包括16英里长的博尔德河小道(Boulder Creek Trail)。

波特兰，俄勒冈州(Portland, OR) 太平洋沿岸西北部的骑行(无论公路骑行还是越野骑行)宝地。

洛杉矶，加利福尼亚州(Los Angeles, CA) 在路面平坦的街上骑车一点也不过瘾，但阳光明媚的南湾车道(South Bay Trail)则是一条风景优美又平整的自行车道，道路沿着圣莫尼卡(Santa Monica)和雷东多海滩(Redondo Beach)之间的海岸向南延伸。

冲浪运动

美国本土大陆最好的冲浪场所就在加利福尼亚海岸。在这里，你有很多的选择——从时髦而低调的圣克鲁斯(Santa Cruz)，到旧金山的海洋海滩(Ocean Beach；难度高，不适合初学者)，或是位于此地以北30英里处的狂放不羁的波利纳斯(Bolinas)。往南走，你会发现圣迭戈(San Diego)、拉霍亚(La Jolla)、马里布(Malibu)和圣巴巴拉(Santa Barbara)一带的海域浪头很高，圣塔安娜风(Santa Ana，由沙漠吹来的干热风)吹拂着这片海域，使得这里的海水更为温暖，也更少见大白鲨出没，别有一番俏丽活泼的南加州海滩风情。这一带的最佳冲浪时间是9月到11月。而在俄勒冈州和华盛顿州的海岸，你会见到数英里长的寂静海滩和很多冲浪团体。

加利福尼亚州最佳冲浪地

亨廷顿海滩(Huntington Beach, Surf City, USA，又名美国冲浪城)是个典型的冲浪之都，拥有终年普照的阳光和"完美"的海浪，在平静无风的冬天尤其适合冲浪。

亨廷顿海滩，奥兰治县(Huntington Beach, Orange County) 冲浪手聚集地，气氛十足，还有冲浪课程可供选择。

奥欣赛德海滩，奥欣赛德(Oceanside Beach, Oceanside) 南加州最美丽的海滩之一，自诩拥有世界上最稳定的夏季冲浪浪型。是一个适合全家同游的好地方。

林孔，圣巴巴拉(Rincon, Santa Barbara) 这里可以说是全球最顶级的冲浪圣地之一，几乎每一位世界冲浪冠军都曾在此冲浪。

巨轮航道和喜悦角，圣克鲁斯(Steamer Lane and Pleasure Point, Santa Cruz) 这两处共拥有11个世界级的浪型，其中包括在岩石海底上方形成的定点崩溃浪型。

斯瓦米斯，恩西尼塔斯(Swami's, Encinitas) 位于锡克利夫罗塞公园(Seacliff Roadside Park)

下，这个热门的冲浪海滩拥有多种不同类型的海浪，保证能让你体验到一些奇特的浪型。

租借设备和冲浪课程

只要是可以冲浪的地方都有提供冲浪板出租服务的店铺。冲浪板的租借费用通常为一个板每半天$30，冲浪服另收$10。

2小时新手课程的费用约为每人$75起，而同样时长的私人课程费用则从$85~120不等。如果你准备学得更深入些，很多冲浪学校提供价格较高的周末冲浪课程和为期一周的“冲浪体验”营。

立式单桨冲浪（SUP）比较容易学，而且近年来人气一直暴涨。你会发现从圣迭戈到旧金山湾北部一带的海岸有很多机构提供板浆出租服务和冲浪课程，价格大同小异。

网络资源

冲浪线路（Surfline; www.surfline.com）可浏览完整的地图，提供网路视频直播和有关圣迭戈至圣巴巴拉一带海域的冲浪专题报道。

冲浪者（Surfer; www.surfermag.com）以奥兰治县为主要关注地区的杂志网站，提供旅游报道、装备评价、时事博客和视频。

冲浪骑士（Surfrider; www.surfrider.org）开明的冲浪者可以加入这个旨在保护沿海环境的非营利组织。

激浪漂流

美国西部并不缺乏风景优美壮观的漂流地点。在加利福尼亚州，图奥勒米河（Tuolumne River）和美洲河（American River）拥有中度至极度的激流，而爱达荷州的萨尔蒙河中支流（Middle Fork of the Salmon River）则应有尽有：丰富的野生动物、惊险的激流、丰厚的历史、瀑布和温泉。奥怀希河（Owyhee）的北支流从俄勒冈州西南部的高原一直延伸到爱达荷州的牧场，沿途石林巍然高耸，很自然地受到漂流者的青睐。转到犹他州摩崖的北部，你可以一边在科罗拉多河上轻松漂流，一边寻觅野生动物的踪迹，或是置身于V级急流，来一场飞越若干峡口、穿行峡谷地国家公园（Canyonlands National Park）红岩之间的惊险旅程。

在科罗拉多河上沿着大峡谷顺流而下，这是最典型的河流之旅，但至少需要提前一年预订。如果你不是追求紧张刺激的急流爱好者，也不必烦恼，许多河流都有部分河段是适合温和的漂流或轮胎漂流，你完全可以一边喝着冰啤酒一边悠然地享受旅程。

皮划艇和独木舟运动

想要探索静水（无急流或冲浪）的乐趣，可以选择皮划艇或独木舟运动。在大的湖泊和沿海一带，请使用海上皮划艇。请记得，皮划艇并不是每次都适合携带笨重的装备。

若是为了观赏海上风景，可以选择乘坐海上皮划艇到加利福尼亚海岸一带的任何地方游览。热门景点包括拉霍亚以及圣巴巴拉北部的沿海州立公园。太平洋沿岸西北部的圣胡安群岛、奥林匹克半岛和普吉特湾提供世界一流的皮划艇活动。在加利福尼亚州索萨利托（Sausalito）的理查德森湾（Richardson Bay）有满月划桨项目。海上皮划艇的租金约为两小时$20~40不等。信誉较高的户外运动用品店会确保你了解计划线路的潮汐时间及风况。

在太平洋沿岸西北部，激浪皮划艇运动也很受欢迎。在那里，水从冰雪覆盖的火山上流淌下来。你可以到斯卡吉特河（Sgakit River）上游寻找秃鹰或轻巧地穿过克利基塔特河（Klickitat River）走访偏远荒凉的峡谷。你还可以到波特兰附近，试试克拉克马斯河（Clackamas）和北桑蒂亚姆河（North Santiam）。若想要体验都市里的激浪皮划艇运动，再没有比科罗拉多州的众多激浪公园更适合的了。而博尔德和丹佛的激浪公园相对较新。

网络资源

美国独木舟协会（American Canoe Association; www.americancanoe.org）为支持和提供有关划独木舟和皮划艇活动的信息而组建的协会组织。

美国激流（American Whitewater; www.americanwhitewater.org）以保护美国的原始河流为宗旨的倡导团队，提倡负责任的开发旅游。

独木舟和皮划艇（Canoe & Kayak；www.canoekayak.com）以划手为目标读者群的杂志。

皮划艇在线（Kayak Online；www.kayakonline.com）提供有关装备购买的相关建议，以及皮划艇运动用品店、学校和协会的实用链接。

滑雪和其他冬季运动

美国西部每个州都有滑雪度假村，包括亚利桑那州。虽然加利福尼亚州和犹他州是体验高山运动的最佳地点，但科罗拉多州的一些滑雪场却是该地区的上上之选。通常滑雪季节都是从12月中旬开始，到次年4月结束，不过部分雪场会开得更长一些。到了夏季，许多度假村会利用滑雪缆车提供山地自行车骑行活动和徒步旅行项目。在度假村、旅行社和在线旅游预订网站都能轻松买到滑雪套票（包括机票、酒店和缆车票）。如果你就是冲着滑雪去的，那么这些套票是很好的选择。

无论在哪里滑雪，费用都不会便宜。较为划算的选择是：在工作日出行、购买多日票、前往知名度较低的"兄弟"雪场（例如靠近塔霍湖的Alpine Meadows）、寻找面向当地人的场地（如Santa Fe Ski Area和科罗拉多州的Wolf Grade）。

顶级滑雪胜地

雪、海拔与姿态之体验 科罗拉多州的韦尔、加利福尼亚州的斯阔谷（Squaw Valley）和科罗拉多州的阿斯彭（Aspen）。

纯朴景色与陡峭雪道之体验 犹他州的阿尔塔（Alta）、科罗拉多州的特柳赖德（Telluriide）、怀俄明州的杰克逊（Jackson）及新墨西哥州的陶斯（Taos）。

滑雪板运动

在美国所有的粉雪雪坡上，滑雪板运动正日益风靡，几乎可比肩高山滑雪运动。这一切要归功于雪地冲浪先驱杰克·伯顿·卡朋特（Jake Burton Carpenter），杰克在他佛蒙特州的车库里开辟了一个车间，于20世纪70年代中期开始制作滑雪板。玩滑雪板的人几乎遍及西部各地，包括太阳谷（Sun Valley）、塔霍和陶斯。夏季可前往俄勒冈州的胡德山区（Mt Hood），那里有许多雪场设有滑雪板体验营。

观鲸

灰鲸和座头鲸是世界上迁移距离最长的哺乳动物——从北极到墨西哥，全程超过5000公里，然后再返回。在太平洋沿岸西北部，鲸鱼的出没时间是从11月至次年2月（南行）和3月至6月（北行）。你可以在12月至次年4月间在加利福尼亚海岸附近看到灰鲸的身影，而蓝鲸、座头鲸和抹香鲸则会在夏天和秋天出没。记得带上望远镜！以下为观鲸的最佳地点：

俄勒冈州的迪波湾和纽波特（Depoe Bay & Newport，OR）拥有完备的观鲸设施，包括赏鲸船。

华盛顿州的长滩和韦斯特波特（Long Beach & Westport，WA）可从岸上观赏鲸鱼。

华盛顿州的普吉特湾和圣胡安群岛（Puget Sound & San Juan Islands，WA）可观赏定居型的虎鲸群。

加利福尼亚州克拉玛斯河（Klamath River Overlook，CA）可从悬崖上观鲸。

加利福尼亚州雷伊斯角灯塔（Point Reyes Lighthouse，CA）灰鲸会在12月和次年1月时经过这里。

加利福尼亚州蒙特雷（Monterey，CA）终年可以观鲸。

加利福尼亚州海峡群岛国家公园（Channel Islands National Park，CA）可选择参团或从游客中心瞭望塔透过望远镜观鲸。

加利福尼亚州洛马岬（Point Loma，CA）每年1月至3月间，卡布里洛国家纪念碑公园（Cabrillo National Monument）便会成为圣迭戈观赏灰鲸迁徙的最佳地点。

越野滑雪运动与雪地行走

大部分高山滑雪场都有越野(北欧式)滑雪道。每到冬季,国家公园、国家森林和城市公园里热门的景区经常会开设专供越野滑雪和雪地行走爱好者使用的滑雪道,此外还会开放溜冰场。

北欧式滑雪和雪地行走爱好者可以在加利福尼亚州的皇家峡谷(Royal Gorge;北美最大的北欧式滑雪区)和华盛顿州那令人赞叹且人烟稀少的美度河谷(Methow Valley)找到极佳的雪道网。内华达山脉和那里随处可见的滑雪小屋足以令热爱野外活动的人欣喜若狂。科罗拉多州圣胡安山脉的5个滑雪小屋附近有超过60英里长的滑雪道(www.sanjuanhuts.com),而在落基山脉,美国第10山地师协会(10th Mountain Division Association)管理着20多间小屋(www.huts.org)。另外,大峡谷南缘及凯巴布国家森林(Kaibab National Forest)周边地区也是冬日旅行的漂亮景点。

网络资源

越野滑雪区协会(Cross-Country Ski Areas Association; www.xcski.org)提供北美各地有关越野滑雪和雪地行走的全面信息和装备指南。

越野滑雪者(Cross Country Skier; www.crosscountryskier.com)提供有关北欧式滑雪运动相关新闻报道、在线雪道报道以及比赛和活动信息的杂志。

Powder(www.powdermag.com)*Powder*滑雪杂志网络版,以滑雪者为主要读者群。

雪场指南(Ski Resorts Guide; www.skiresortsguide.com)提供有关雪场的全面指南,包含雪道地图下载、住宿信息等。

滑雪网(SkiNet; www.skinet.com)《滑雪和滑雪运动》(*Ski and Skiing*)杂志网络版。

雪山情报(SnoCountry Mountain Reports; www.snocountry.com)提供有关北美降雪情况的报道以及相关活动、新闻、雪场的链接。

攀岩和峡谷运动

在加利福尼亚州,攀岩迷将世界级的约塞米蒂国家公园内的巨形岩壁、花岗岩圆顶和大圆石作为考验体魄与勇气的场所。那里的攀岩季节从4月一直持续到10月。而约书亚树国家公园是另一个据点,也是南加利福尼亚灼热沙漠中超凡脱俗的攀岩圣地。那里有着陡峭的巨岩和最古老的树木,并拥有8000多条可供攀岩朝圣者攀爬的线路。人们来到这里挑战垂直的峭壁、锐利的山崖和各种各样的崖缝。两地的户外运动用品店均为初学者提供攀岩向导与相关指导。

犹他州的锡安国家公园提供多日的峡谷运动课程,传授精巧的下滑技巧,如借助绳索从陡峭的砂岩峭壁降至树木密布、绚丽的红岩峡谷。有些运动员会穿着干式防寒衣,从咆哮的瀑布侧边下到冰冷的水池里。

若想挑战攀冰运动,可以尝试前往位于科罗拉多州西南部百万美元公路旁的乌雷冰公园(Ouray Ice Park)。在一个窄槽峡谷内侧,你会看到200英尺高的岩壁和瀑布全都包裹在厚厚的冰层中。

其他著名的攀岩景点如下:

怀俄明州大蒂顿国家公园(Grand Teton National Park, WY)适合各级别的攀岩者:初学者可以选择基础的攀岩课程;有经验者可以参加为期两天的探险活动,攀登13,770英尺高、景色壮丽的大蒂顿顶点。

爱达荷州岩石之城国家自然保护区(City of Rocks National Reserve, ID)拥有500多条攀岩路线,攀登者可一路登上长年经受风霜侵蚀的花岗岩和60层楼高的岩峰顶端。

加利福尼亚州毕晓普(Bishop, CA)这座位于内华达山脉东部的慵懒城镇是通往附近极佳攀岩地欧文斯河峡谷(Owens River Gorge)与巴特米尔克山(Buttermilk Hills)的门户。

内华达州红岩峡谷(Red Rock Canyon, NV)拉斯维加斯以西10英里处是世界上最好的砂岩攀岩点之一。

科罗拉多州落基山国家公园(Rocky Mountain National Park, CO)博尔德附近的高山攀岩地。

科罗拉多州费拉提荣(Flatirons, CO)也位于博尔德附近,拥有很好的多节式攀登线。

备忘录

活动	去哪里	有什么	更多信息
骑马旅行	亚利桑那州南部的度假牧场	老西部乡村风情（由于天气炎热，很多牧场在夏季是停业的）	www.azdra.com
	亚利桑那州大峡谷南缘	穿越凯巴布国家森林的低调骑马旅行；营火区骑马旅行	www.apachestables.com
	新墨西哥州圣菲	儿童骑马旅行；黄昏骑马旅行	www.bishopslodge.com
	科罗拉多州特柳赖德	四季皆宜的山区骑马旅行	www.ridewithroudy.com
	科罗拉多州杜兰戈	白天在维密涅泽荒野（Weminiuche Wilderness）骑马旅行，夜晚露营过夜	www.vallecitolakeoutfitter.com
	加利福尼亚州约塞米蒂国家公园	在约塞米蒂山谷、图奥勒米草地和瓦沃纳（Wawona）附近骑马	www.yosemitepark.com
	俄勒冈州佛罗伦萨（florence）	浪漫的海滩骑马旅行	www.oregonhorsebackriding.com
潜水	新墨西哥州圣罗莎（Santa Rosa）附近的蓝洞（blue hole）	81英尺深的自流井；蓝色的水流向一个131英尺长的水下洞穴	www.santarosanm.org
	加利福尼亚州拉霍亚水下公园（La Jolla Underwater Park）	适合初学者；浮潜者可到附近的拉霍亚湾（La Jolla Cove）享受浮潜的乐趣	www.sandiego.gov/lifeguards/beaches
	加利福尼亚州海峡群岛国家公园	海藻林，沿海岛屿附近的海蚀洞	www.nps.gov/chis; www.islandpackers.com/watersports.html
	加利福尼亚州海狼角州立自然保育区（Point Lobos State Reserve）	美妙的岸潜体验：浅礁、洞穴、海狮、海豹、水獭	www.mbdscuba.com
	华盛顿州普吉特湾	清澈的海水，多样的海洋生物（包括巨型章鱼！）	www.underwatersports.com;
热气球运动	亚利桑那州塞多纳	飘浮在红岩区上空；香槟野餐	www.pugetsounddivecharters.com
	加利福尼亚州纳帕酒乡（Napa Wine Country）	五颜六色的热气球飘浮在葡萄园上空	www.balloonrides.com; www.napavalleyballoons.com

攀岩和峡谷运动网络资源

美国峡谷运动协会（American Canyoneering Association; www.canyoneering.net）提供有关攀岩课程、当地攀岩群体等在线峡谷数据库的链接。

攀岩（Climbing; www.climbing.com）提供自1970年以来的最新攀岩新闻和信息。

超级地形（SuperTopo; www.supertopo.com）提供包括攀岩指南、免费地形图和路线描述的一站式服务。

计划你的行程

带孩子旅行

美国西部非常适合全家同游，这里有着适合各个年龄层的景点和活动：游乐场、水族馆、动物园、科学馆、探险露营地、野外保护区徒步旅行、在海滩上趴板冲浪，以及在风景秀丽的森林里骑自行车。考虑到带孩子家庭的需求，大多数国家和州立公园均推出了一系列展览、徒步路径和活动（初级的森林游及类似活动）。

美国西部最适合孩子的地区

大峡谷和南亚利桑那州（Grand Canyon & Southern Arizona）

到大峡谷徒步，在橡树溪（Oak Creek）旁戏水，在图森（Tucson）野外对着仙人掌沉思。水上乐园、度假牧场和鬼城都是孩子们喜爱的地方。

洛杉矶和南加利福尼亚州（Los Angeles & Southern California）

到好莱坞看明星的手印，在伯班克（Burbank）参加影城团队游，前往圣莫尼卡享受沙滩。奥兰治县和圣迭戈都有很多不同的主题公园。

科罗拉多州（Colorado）

整个州都非常适合小孩参观玩乐：丹佛的博物馆、落基山脉的户外娱乐项目、布纳维斯特（Bunea Vista）和萨里达（Salida）附近的漂流活动，滑雪胜地更是随处可见。

孩子们的美国西部

本书各章节均已标明适合全家参与的活动，部分大城市的章节中特别用方框文字列出了适合儿童参与的活动。适合家庭旅行的相关景点、活动、住宿、餐馆及娱乐项目都带有“儿童友好”图标。

带孩子就餐

美国餐饮业似乎建立在提供家庭式服务的基础上：几乎所有用餐地点都欢迎儿童入内用餐，而且通常都备有特设的儿童套餐，分量较少，价格也较便宜。在有些餐馆里，低于特定年龄的孩子就餐免费。大多数餐馆都有高脚椅和加高座椅，有的还会提供儿童蜡笔和拼图。

一些餐厅没有单独的儿童菜单，但这并不意味着它们不鼓励小孩入内用餐——虽然有些高档餐厅也许确实不鼓励带孩子一起用餐；不过，即使你确实要到一家较贵的餐厅用餐，如果能提前抵达餐厅，通常还是可以轻松地和孩子一起用餐，而不会受到太多的劝阻。你也可以询问厨房是否愿意做小份的餐点（确认一下价格），或请他们将正常分量的食物分成两份给孩子们。

住宿

大多数汽车旅馆和酒店都提供双床房，这是家庭游客的理想选择。有的还有额外收费的推床或可携入房的婴儿床（通常是便携式婴儿床，可能不适用于所有的儿童）。有些酒店为12岁以下甚至18岁以下儿童提供“儿童免费入住”优惠。许多民宿不允许儿童入住，在预订时请先行确认。大部分度假村是适合带孩子入住的，且很多这类住处都提供儿童娱乐节目，但最好还是在预订时先问清楚，因为仍有少数度假村只接受成人入住。

临时保姆服务

有些度假酒店提供值班保姆服务，此外可请酒店大厅前台的工作人员或礼宾部帮忙安排。一定要确认以下事项：临时保姆是否持有执照及合约、每名儿童的每小时收费标准、是否有最低收费，以及对于交通与餐点是否收取额外费用。大多数旅游局均提供有关当地儿童服务、娱乐设施、医疗服务等资讯。

儿童优惠

儿童优惠往往适用于团队游、门票和交通费，有的折扣幅度高达50%。但对于“儿童”的界定各不相同，从12岁以下到16岁以下都有。一些热门景点也提供家庭优惠配套。在大多数景点，两岁以下的儿童都能免费入场。

计划

在计划全家同游美国西部的行程时，天气和人潮是非常重要的考虑因素。6月至8月是美国的学校假期，天气也最暖和，是美国西部的旅游旺季。在这段时间前往美国西部旅游，不仅各方面的费用会比平时高，还会遇到处处人潮汹涌的尴尬情景——这意味着你在游乐园及水上乐园里都要面临排长队的困苦，度假村也常常客满，道路交通也会拥挤不堪。因此，如果你计划前往热门景点，务必提前预订。此外，1月至3月是冬季度假胜地（如落基山脉、塔霍湖）的旅游旺季，上述情况也会发生在这些地方。

带什么

请记得准备一些防晒霜，尤其当你计划进行大量户外活动时就尤为必要。

如果计划进行徒步旅行，你会需要一个能够背在身前的婴儿背带（适合1岁以下儿童）或顶端设有遮阳帽的背兜（适合4岁或以下的儿童）。这些用品都可以在西部各旅行用品店购买或租用。年龄较大的孩子需要一双结实的鞋子，还要额外准备一双适合在溪边戏水的凉鞋。

其他实用物品包括毛巾（旅行途中戏水时使用）、雨具、一件温暖的抓绒外套或毛衣（即使是在夏季，沙漠的夜晚也可能会很冷）、遮阳帽（尤其当你计划露营时）和防蚊液。

为了减少有关床型配置的顾虑，最好为婴儿携带一个便携式婴儿床，或为年龄较大的儿童带上睡袋。

孩子们的最爱

户外探险

黄石国家公园（Yellowstone National Park；见319页）观赏强有力的间歇性喷泉，寻找野生动物，来一场精彩的户外徒步旅行。

大峡谷国家公园（Grand Canyon National Park；见389页）欣赏地球的伟大奇观，之后可在公园里进行徒步旅行、与公园骑警聊天，以及骑自行车。

奥林匹克国家公园（Olympic National Park；见227页）这是世界上为数不多的温带雨林之一，你可以在这里探索野性而原始的荒野。

橡树溪峡谷（Oak Creek Canyon；见386页；Hwy 89A NE Sedona）在亚利桑那滑石州立公园（Slide Rock State Park）里为红色岩石赞叹惊诧。

主题公园

迪士尼乐园（Disneyland；见97页）坐落在加利福尼亚州奥兰治县的中心，这座米老鼠的迷人梦幻乐园里最让人惊叹的莫过于其对完美细节的追求及其营造出来的气氛。

圣迭戈海洋世界（SeaWorld；见107页）在这个位于圣迭戈的水上乐园里，你除了可观赏杀人鲸表演之外，还有很多好玩的游乐设施可供选择。

旅行途中和乘机

- 许多公共厕所设有婴儿尿布台（有时候也可在男厕看到这类设施），机场通常也设有不带性别色彩的"家庭"设施。
- 一般汽车租赁公司都能提供合适的儿童座椅，因为各州都有相关规定。不过需在预订时提出要求，并准备好为此支付每日10美元以上的费用。
- 国内航空公司对于两岁以下的儿童不收取费用。年满两岁的儿童需单独占用一个座位，且很少能够享受折扣。只有在极少数的情况下，一些旅游胜地（如迪士尼乐园）会推出类似"孩子免费乘搭飞机"（kids fly free）的促销活动。美国国家铁路和其他铁路客运公司偶尔也会推出类似的优惠，即15岁或以下的儿童可以免费搭乘多趟不同路线的火车。目前，2~12岁的儿童在持票的成人乘客陪同下可享有美铁最低票价的5折优惠价。

好莱坞环球影城（Universal Studios；见79页）在这座洛杉矶影城里，有以好莱坞电影为主题的游乐设施和特效演出，你还能坐着电车游览片场。

水族馆和动物园

亚利桑那-索诺拉沙漠博物馆（Arizona-Sonora Desert Museum；见400页）这个位于图森的动植物宝库分室内和室外部分，土狼、仙人掌和解说员的展示是其亮点。

蒙特雷湾水族馆（Monterey Bay Aquarium；见133页）隔壁就是加利福尼亚中部海岸最大的海洋保护区，你可以在这里近距离观赏保护区中的深海生物。

太平洋水族馆（Aquarium of the Pacific；见84页）这座位于长滩的高科技水族馆里生活着多种海洋生物，从温和的下加利福尼亚州海域到寒冷的北太平洋海域的都有，此外还有一个鲨鱼礁湖。

雨天活动

洛杉矶博物馆（LA Museums）在洛杉矶格里菲斯天文台（Griffith Observatory）观赏星星（名副其实的星星），在洛杉矶县自然历史博物馆（Natural History Museum of LA County）认识恐龙骨架标本，参观拉布雷亚沥青坑（La Brea Tar Pits）的佩奇博物馆（Page Museum），还可以到有趣的加州科学中心（California Science Center）亲自感受科学的奇妙。

旧金山博物馆（SF Museums）对孩子们来说，旧金山湾区就是个充满了奇思妙想的大教室，尤其是在探索博物馆（Exploratorium）、使用多媒体进行展示的齐厄姆儿童博物馆（Zeum）和绿色生态的加利福尼亚州科学院（California Academy of Science）。

太平洋科学中心（Pacific Science Center；见218页）位于西雅图的这家科学中心有着令人着迷的互动性展览，此外还有IMAX电影院、天文馆和激光表演。

新墨西哥州自然历史和科学博物馆（Museum of Natural History & Science；见429页）去看看阿尔布开克（Albuquerque）的侏罗纪超巨馆（Hall of Jurassic Supergiants）。

适合家庭的相关资源

想要得到全面的资讯和建议，请查询Lonely Planet里的亲子游章节。对于户外活动的建议，辛迪·罗斯（Cindy Ross）和托德·格拉德费尔特（Todd Gladfelter）所著的《孩子们在野外：户外休闲活动家庭指南》（*Kids in the Wild: A Famiy Guide to Outdoor Recreation*），以及爱丽斯·卡里（Alice Cary）撰写的《山径指南：徒步旅行及露营家长指南》（*A Trailside Guide: Parents' Guide to Hiking & Camping*）都不错。实用网站包括**Family Travel Files**（www.thefamilytravelfiles.com），该网站提供现成的度假方案、目的地基本资料和针对不同年龄层给出的旅游建议。而包罗万象的大型国家资源库**Kids.gov**（www.kids.gov）则提供歌曲和活动内容下载，并有助于了解美国历史。

地区速览

每当有人提到美国西部地区，首先出现在你脑海中的会是什么样的印象？巨柱仙人掌？抑或是OK畜栏？就亚利桑那州南部而言，这两者都正确。不过，美国西部地区拥有更多迷人景观。例如：太平洋沿岸西北部茂密苍翠的森林、加利福尼亚州阳光普照的海滩、落基山脉枝繁叶茂的单轨车道、犹他州深红色的孤峰和岩柱。无论你心情如何，也无论你想要怎样的冒险体验，在这里都能找到合适的地方。

喜爱文化的旅客可以到亚利桑那州和新墨西哥州探索美洲原住民遗址。而洛杉矶、旧金山和西雅图则是时尚的购物天堂、美食之都和喧嚣的大城市。你是一个历史爱好者吗？那不妨到犹他州的摩门教徒聚居地、加利福尼亚州的西班牙教堂或是几乎无处不在的老西部小镇去好好游览一番。如果你已准备好要彻底放松，那答案很简单，非拉斯维加斯莫属。

加利福尼亚州

海滩
户外探险
美食与美酒

美丽动人的海滩

加州有着长达1100多英里的海岸线，沙滩是这里的绝对主角。你会发现北部海滩虽然岩石密布但却保留了原始风貌，南边的海滩则帅哥美女如云。整条海岸线都很适合开展冲浪或海上皮划艇运动，当然你也可以选择悠闲地在海边漫步。

欢乐喧闹的户外天堂

沿着白雪皑皑的山坡呼啸而下，在水流湍急的河中漂流，沿着海岸岛屿划皮划艇，徒步穿越瀑布，攀登沙漠巨石……在加州，你面对的不是该选择什么活动，而是你是否有足够的时间来尝试所有的活动。

国王的餐桌

肥沃的田野、才华横溢的厨师，加上人们对创新美食的欲望，让加州成为老饕寻觅美食的必到之地。你可以到当地的食品市场逛逛，在丰茂的葡萄园里尝尝葡萄酒，或是直奔农场品尝“从农田到餐桌”的美味。

见64页

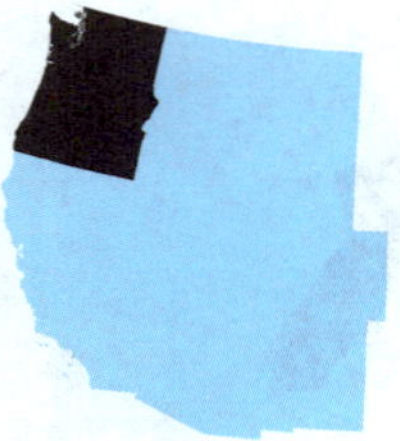

太平洋沿岸西北部

骑自行车
美食与美酒
国家公园

踏板的力量

到宁静的圣胡安群岛上，在铺设完好、高低起伏的自行车道上骑行；沿着101号公路，漫游在悬崖遍布的俄勒冈海岸或波特兰的街道享受骑行的乐趣。波特兰是一个积极发展两轮旅游业的城市，这里有大量自行车道、盛装主题骑行活动和手工自行车展览。

“鲜食”者与品酒家

“积极进取”这句话是对波特兰和西雅图等西北部城市的最佳诠释了。在那里，厨师们将当地捕获的鲜鱼和在哥伦比亚河周边如伊甸园般美丽的山谷里采收的时鲜蔬菜搭配起来，烹调出美味佳肴。此外，游客还能悉心品味华盛顿州的葡萄酒，其品质仅次于加州葡萄酒。

经典乐园

美国西北部共有4个国家公园，包括3个老牌公园——奥林匹克、瑞尼尔山和火山口湖国家公园。最新建成的是北卡斯卡德山脉国家公园。

见204页

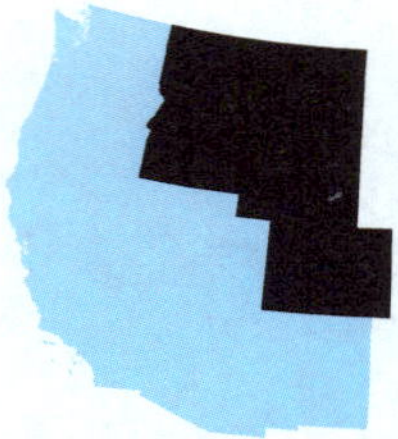

落基山脉

户外探险
西部文化
梦幻景观

原野之趣

世界级的滑雪场地、徒步旅行路径和自行车骑行道，这一切使得落基山脉成为极限爱好者的不二之选。在落基山脉，每个人都会有宾至如归的感觉，这里提供了数以百计的比赛和团队骑行活动，更不必说基础设施极其完善的公园、步道和冒险小屋了。

现代牛仔

斯泰森牛仔帽（一种阔边高顶毡帽）和牧场装曾在落基山脉地区风靡一时，但热爱自由自在生活的落基山脉居民如今更习惯穿上莱卡衣服，伴着一辆山地自行车，坐在阳光明媚的户外咖啡馆来一杯精酿啤酒或拿铁。努力玩乐、悠闲生活，依然是这里的主题。

高山胜境

冰雪覆盖的落基山脉纯净庄严。这里有一些世界上最负盛名的公园，清新的山间空气、轮廓分明的山峰、清澈的河流和鬼斧神工的红岩，无一不引人向往。

见271页

西南部

自然风光
本土文化
饮食

红岩区

美国西南部以令人瞠目结舌的大峡谷、纪念碑谷激动人心的红石峰、摩崖深红色的拱门和塞多纳的火红石峰而得享盛名。但这些，也只是该地区壮观的国家公园和森林中众多地理奇观中的一小部分而已。

印第安村庄与保留区

前往霍皮和纳瓦霍保留地，或到19个新墨西哥印第安村庄中的任何一个走走看看，这将是深入了解美洲第一批居民文化的最佳方法。这里也是欣赏和购买原住民手工艺品的最佳地点。

美食

你可以在新墨西哥州品尝辣椒鸡肉卷，在图森享用索诺兰热狗，或是随意找个地方吃顿丰盛的牛排。既然到了拉斯维加斯，就松绑你的裤子和预算，好好享受那里奢华的自助餐吧。对美食家来说，拉斯维加斯大道之外的餐厅往往能够提供最有趣的美食体验。

见346页

在路上

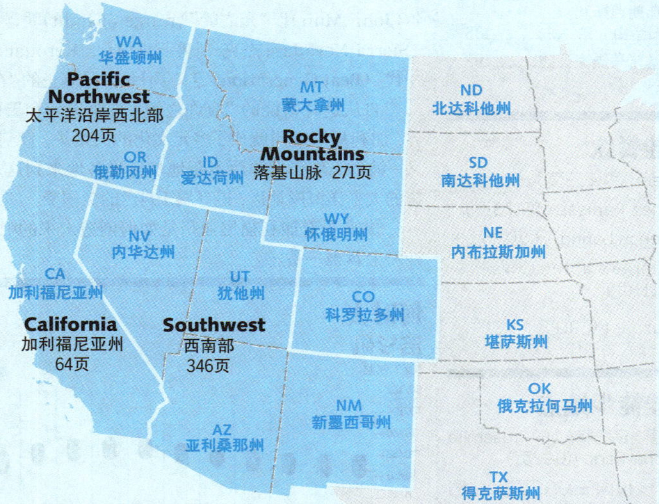

WA
华盛顿州
Pacific Northwest
太平洋沿岸西北部
204页
OR
俄勒冈州
ID
爱达荷州
MT
蒙大拿州
Rocky Mountains
落基山脉 271页
WY
怀俄明州
NV
内华达州
CA
加利福尼亚州
California
加利福尼亚州
64页
UT
犹他州
Southwest
西南部
346页
CO
科罗拉多州
AZ
亚利桑那州
NM
新墨西哥州
ND
北达科他州
SD
南达科他州
NE
内布拉斯加州
KS
堪萨斯州
OK
俄克拉何马州
TX
得克萨斯州

加利福尼亚州

包括 ➡

最佳餐饮

- Benu（见159页）
- Chez Panisse（见173页）
- French Laundry（见175页）
- George's at the Cove（见111页）
- Bazaar（见90页）

最佳徒步地点

- 约塞米蒂国家公园（Yosemite National Park; 见192页）
- 红杉和国王峡谷国家公园（Sequoia & Kings Canyon National Parks; 见196页）
- 马林县（Marin County; 见170页）
- 红杉树国家及州立公园（Redwood National & State Parks; 见183页）

为何去

这里有放荡不羁的精神、高科技的氛围，更不用说拼死追求美好生活的热情了。无论是“砰”地开启一瓶陈年仙粉黛葡萄酒，登上14,000英尺的高峰，还是在太平洋上冲浪，加利福尼亚州比任何好莱坞大片中所描绘的都棒。

最重要的是，加利福尼亚州是个标杆。19世纪中叶，热火朝天的淘金热正是在这里拉开了序幕；自然主义诗人约翰·缪尔（John Muir）以“光之岭”（range of light）赞颂内华达山脉（Sierra Nevada）；杰克·凯鲁亚克（Jack Kerouac）和“垮掉的一代”（Beat Generation）定义了什么才是真正的“在路上”。

自从这片富饶的“应许之地”被西班牙和墨西哥树碑立界，加利福尼亚州就成了多元文化的大熔炉。直到今天，一波又一波的人们仍旧源源不断地从世界各地来到这片种满棕榈树的太平洋海岸地区，追寻属于自己的美国梦。

快来看看加利福尼亚州是如何创造未来的吧。别忘了到沙滩上盘桓一番。

何时去

洛杉矶

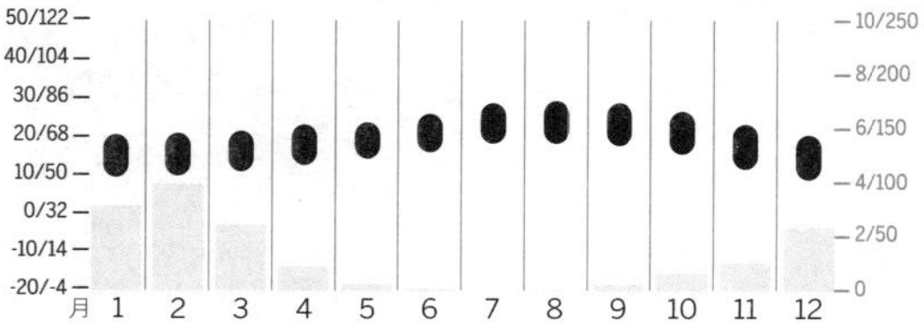

6月至8月 以晴天为主，沿海地区间或有雾，到处都是来消暑的旅行者。

4月至5月和9月至10月 夜间凉爽，白天万里无云；旅游有优惠。

11月至次年3月 高山滑雪场和南加州干燥温暖的沙漠地区将迎来旅游高峰。

到达和离开

洛杉矶机场（简称LAX）和旧金山机场（简称SFO）是主要的国际机场。圣迭戈（San Diego）、奥兰治县（Orange County）、奥克兰（Oakland）、圣何塞（San Jose）、萨克拉门托（Sacramento）、伯班克（Burbank）、长滩（Long Beach）和圣巴巴拉（Santa Barbara）的小型机场则多开通国内航线。

4条美国国家铁路公司的长途线路将加利福尼亚州和美国其他地方连接起来，它们是"加州和风"号（California Zephyr；芝加哥至旧金山湾区）、"海岸星光"号（Coast Starlight；西雅图至洛杉矶）、"西南酋长"号（Southwest Chief；芝加哥至洛杉矶）以及日落特快（Sunset Limited；新奥尔良至洛杉矶）。美国国家铁路公司的州内线路包括"太平洋冲浪者"号[Pacific Surfliner；圣迭戈至洛杉矶至圣巴巴拉至圣路易斯-奥比斯波（San Luis Obispo）]、"首都走廊"号[Capitol Corridor；圣何塞至奥克兰至伯克利（Berkeley）至萨克拉门托]和"圣祖亚昆"号[San Joaquin；贝克斯菲尔德至奥克兰或萨克拉门托，从默塞德（Merced）有公交车可达约塞米蒂谷]。

灰狗巴士的线路覆盖加州的多个区域。但要真正地走出去探索，尤其是到沿海地区游玩，你还是需要一部小汽车。

加利福尼亚州的国家公园和州立公园

约塞米蒂国家公园和红杉国家公园在1890年成为加利福尼亚州的首批国家公园，如今这里又多了7个国家公园：国王峡谷、死亡谷、约书亚树、海峡群岛、红杉树、拉森火山及群峰国家公园。**美国国家公园管理局**（www.nps.gov）还负责管理全州20多处历史遗址、国家保护区、自然保护区和游乐区。有的公园入门免费，有的须购买每辆车25美元的7天通行证；露营营地费用高达每晚20美元。**Recreation.gov**（☎877-444-6777，518-885-3639；www.recreation.gov）负责处理所有联邦管辖土地范围内有关露营活动的预订事宜。

加州的280个**州立公园**（☎800-777-0369，916-653-6995；www.parks.ca.gov）各具特色，从海洋保护区到红杉森林应有尽有，不仅保护着三分之一的海岸线，也提供了总计达3000英里的徒步旅行、骑自行车和骑马的路径。由于预算缩减，有些州立公园可能会关闭或缩短开放时间（可预先拨打电话或上网查询）。日间停车费$4~15，露营地的费用为每晚$5~75不等。**ReserveAmerica**（☎800-444-7275；www.reserveamerica.com）负责处理州立公园内的露营预订事宜。

不要错过

在离开加利福尼亚州之前，一定要去拥抱一颗树！我们推荐海边的红杉木，它能活2000年，可以长到379英尺高。

快速参考

- **枢纽城市** 洛杉矶（人口3,819,702），旧金山（人口812,826）
- **车程** 洛杉矶到旧金山（沿着内陆的I-5和I-580州际公路开行需5.5小时，或经由沿海的101和1号公路开行8.5小时）
- **时区** 太平洋标准时间（PST）

你知道吗

以下只是加利福尼亚州众多发明中的几项：互联网和iPad、力量瑜伽、电视真人秀、航天飞机、米老鼠、科布沙拉（Cobb salad）和幸运饼干。

网络资源

- **加利福尼亚州旅游委员会**（www.visitcalifornia.com）州立官方旅游信息处。
- **加利福尼亚州交通部**（California Department of Transportation；www.dot.ca.gov/cgi-bin/roads.cgi）提供路况与公路关闭信息。
- **美国地质勘探局地震所**（USGS Earthquake Hazards；quake.usgs.gov/recenteqs/latest.htm）提供实时地震地图。

加利福尼亚州亮点

1 到**约塞米蒂国家公园**(见192页)欣赏瀑布,攀爬花岗岩圆丘。**2** 在**洛杉矶**(见69页)感受社区浓郁的多元文化气息,体验好莱坞红毯式的夜生活。**3** 沿着1号公路,穿行于**大瑟尔**(见130页)岩石海岸上险峻的海崖。**4** 走进**圣弗朗西斯科**(旧金山;见138页)的渡轮大厦品尝农场直送的丰盛新鲜美食。**5** 到**卡利斯托加**(见173页)的纳帕谷葡萄园周边享受一场泥浆浴。

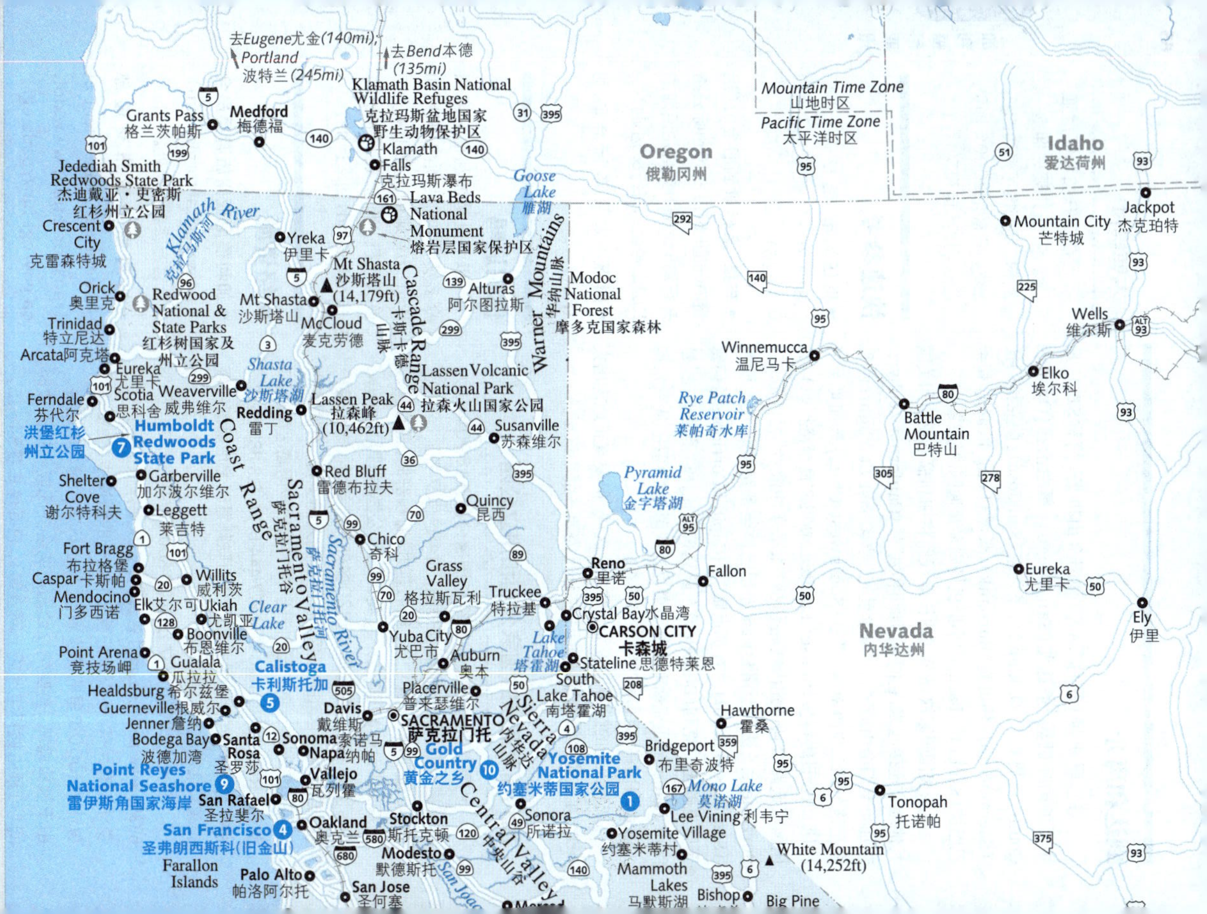

6 前往阳光明媚的**圣迭戈**（见102页）海滩，在完美的海浪中享受冲浪的乐趣，享用美味的鱼肉玉米饼。

7 踏上**洪堡红杉州立公园**（见182页）的巨人大道，伸长脖子，观看世界上最高的树。

8 穿越**死亡谷国家公园**（见121页）的沙丘，漫步于老西部的幽灵镇。

9 奔赴**雷伊斯角国家海岸**（见171页）寻找鲸鱼、海豹和图莱麋鹿的踪影。

10 跳进**黄金之乡**（见186页）的水坑，像当年的淘金客一样淘洗金子。

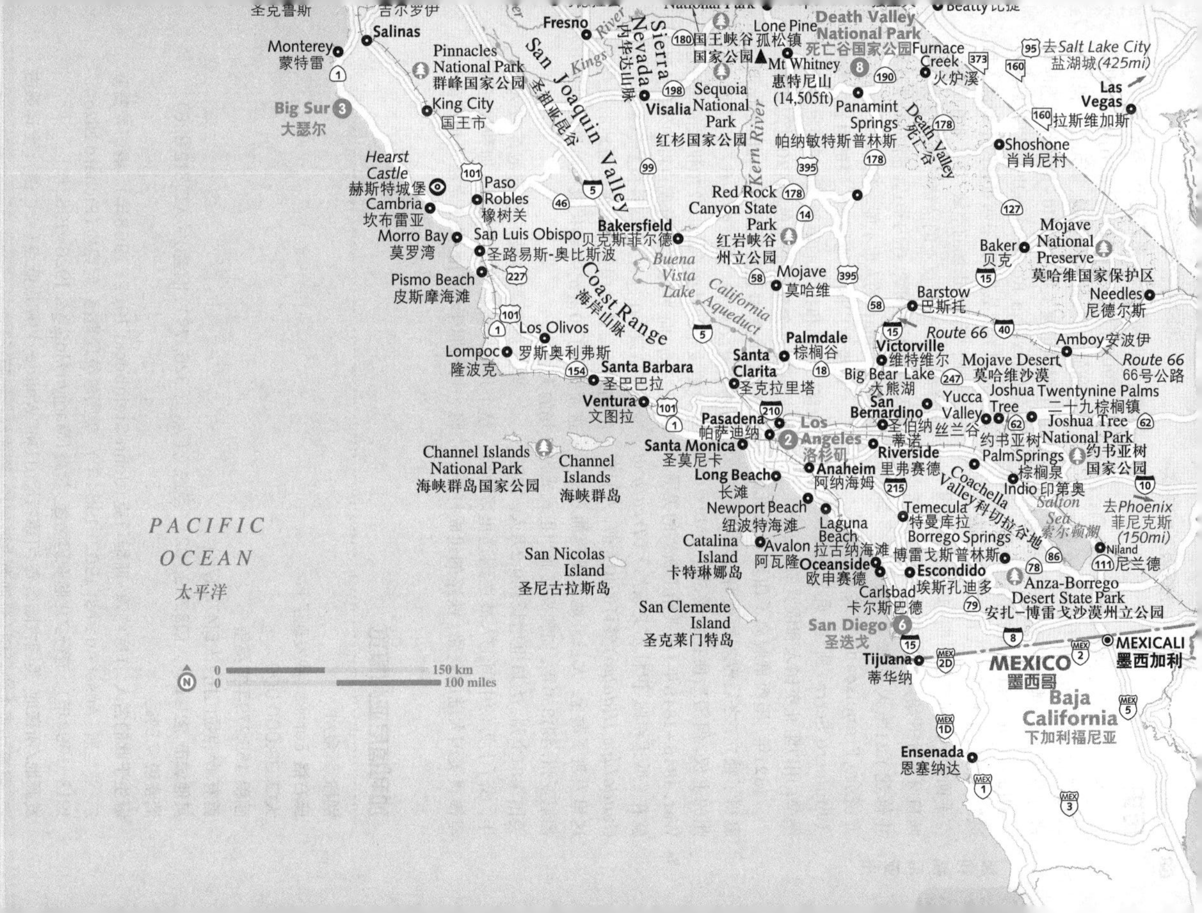

历史

在16世纪欧洲探险者到来之前，这片土地就已经是30万原住居民的家园了。西班牙征服者穿越他们口中的上加利福尼亚（Alta California），寻找传说中的“黄金之城”。然而，他们什么也没有发现，最终只能空手而归。直到传教时期（1769~1833年），西班牙人才开始认真地在这里设立定居点，并修建了21座天主教堂，其中许多都是由方济会（Franciscan）神父朱庀帕罗·塞拉（Junípero Serra）所建，此外还建立了军事堡垒，用以阻止英国人和俄罗斯人进入。

1821年，墨西哥脱离了西班牙的统治，赢得了独立，之后曾短暂拥有过加利福尼亚州的主权，但随后便在美墨战争（Mexican War，1846~1848年）中败给了新兴的美国。就在《瓜达卢佩-伊杜尔戈条约》（*Treaty of Guadalupe Hidalgo*）签订的10天前，人们在这里发现了黄金，大量外地人迅速涌入加利福尼亚州，到1850年，加利福尼亚州正式成为美国第31个州，人口也增长到9.2万人。1869年，成千上万的中国工人被送到这里帮助修建横贯美国大陆的铁路。铁路的建成打开了市场，也促使更多人来到这个“黄金州”。

1906年的旧金山地震并没有阻挡加利福尼亚州的发展，加州在规模、多元化进程和地位上继续迅速发展。在1910~1920年的墨西哥革命（Mexican Revolution）时期以及后来的第二次世界大战期间，墨西哥移民不断涌入加州，填补了劳动力市场的空缺。军工业在战争时期得到了发展，而反亚的情绪导致很多美籍日本人遭到不公拘禁，连内华达山脉东部曼扎纳尔（Manzanar）的人也不能幸免。

凭借着广阔的地域、汇集的财富、多元的移民文化和技术的革新，加利福尼亚州一直扮演着社会先锋的角色。自20世纪初起，好莱坞的电影梦迷醉了世界。与此同时，旧金山则通过50年代“垮掉的一代”的诗歌、60年代嬉皮士的性爱自由以及70年代的同性恋骄傲运动，向“二战”后陈腐自得的郊区生活发起了抗议。在硅谷，由高科技梦想家们掀起的网络革命让美国发生了翻天覆地的变化，进而引发了20世纪90年代投机过度的股票市场的大繁荣。

当这股新兴科技的经济泡沫破灭时，整个州的经济都陷入了混乱。加利福尼亚人将一切归罪于他们的民主党派州长格雷·戴

加利福尼亚州概览

别称 黄金州

座右铭 Eureka（我发现了）

人口 38,000,000

面积 155,779平方英里

首府 萨克拉门托（人口472,178）

其他城市 洛杉矶（人口3,819,702）、圣迭戈（人口1,326,179）、旧金山（人口812,826）

消费税 7.5%

诞生于此的名人 作家约翰·斯坦贝克（John Steinbeck；1902~1968年）、摄影家安塞尔·亚当斯（Ansel Adams；1902~1984年）、美国总统理查德·尼克松（Richard Nixon；1913~1994年）、流行文化偶像玛丽莲·梦露（Marilyn Monroe；1926~1962年）

发源地/所在地 美国大陆最高点[惠特尼山（Mt Whitney）]和最低点（死亡谷），全球最古老、最高和最大的活树（分别为古狐尾松、海岸红杉和巨杉）

政治 民主党（多种族）占优，共和党（多数是白人）为少数派，每5名加州选民中就有一人投票给无党派

著名之处 迪士尼乐园、地震、好莱坞、嬉皮士、硅谷（Silicon Valley）、冲浪

最热销纪念品 “神秘点”（Mystery Spot）汽车贴纸

车程 从洛杉矶到旧金山的车程为380英里，从旧金山到约塞米蒂国家公园的车程为200英里

在加利福尼亚州的……

1周

走马观花：从**洛杉矶**启程，绕道前往**迪士尼乐园**（Disneyland）。前往凉风习习的中海岸地区，在**圣巴巴拉**和**大瑟尔**停驻后，前往**旧金山**感受大都市的文化。继续前往内陆的大自然殿堂**约塞米蒂国家公园**，之后再回到洛杉矶。

2周

可直接参照1周的行程，但在游览时可以更加从容。此外，还可以前往北加州的**葡萄酒乡**（Wine Country）、高悬于内华达山脉之上的**塔霍湖**（Lake Tahoe）、**奥兰治县**非同寻常的海滩以及悠闲的**圣迭戈**，又或者可以前往**约书亚树国家公园**（Joshua Tree National Park），它就在**棕榈泉**（Palm Springs）那独具一格的沙漠旅游胜地附近。

1个月

你不仅可以将上面提到的地方一个不落地游览一番，还有时间游览更多景点。以马林县（Marin County）的**雷伊斯角国家海岸**为起点，从旧金山前往北海岸（North Coast）。在维多利亚时代的**门多西诺**（Mendocino）和**尤里卡**（Eureka）信步闲游，在**迷踪海岸**（Lost Coast）寻找自己的方向，穿越布满蕨类植物的**红杉树国家及州立公园**。在内陆，你可以在**沙斯塔山**（Mt Shasta）拍出如同明信片照片一般完美的风光摄影大作，绕到**拉森火山国家公园**，探索加州古老的**黄金之乡**。循着**内华达山脉东部（Eastern Sierra）**的山脊蜿蜒而下，进入**死亡谷国家公园**。

维斯（Gray Davis），并在有争议的罢免选举中，将由演员转投共和党的阿诺德·施瓦辛格[Arnold Schwarzenegger，又称为“州长终结者”（The Governator）]选为州长，希望他来解决加州的问题。在2008年开始的美国经济衰退期间，加州的预算赤字引发了新一轮的金融危机，如今，再次当选州长的杰里·布朗（Jerry Brown）必须面对这个问题了。

与此同时，公共教育改革的需求、泛滥的监狱、州立公园的长期资金不足，以及由填补了廉价劳动力空缺（尤其在农业方面）的墨西哥非法移民带来的问题，始终困扰着加利福尼亚州。

当地文化

目前，尽管有着“世界第九大经济体”的美誉，加州两极分化现象依然十分严重，极度的贫困和巨额的财富在城市中共存。一波又一波的移民来到这里，社区成了其各自故乡的缩影。对人宽容是社会常态，而无法宽容亦是常态，当你吸烟或在高峰时期在高速公路上开车时，你就会遇见后者。

非传统、不流俗，加利福尼亚州仿佛是与生俱来的潮流引领者。这就是一个狂热者的形象，看起来极度年轻、热衷户外运动，而且自给自足地创造了一切流行元素。无论是奢华的SUV或是日产聆风，一部座驾即可彰显你的身份和你的自我定位，在南加州尤其如此。

加利福尼亚州被认为是美国最未来派的社会实验室。如果科技创造出了一件全新实用的小工具，硅谷就会以光速将它投入量产。如果那些徒有虚名的后现代主义者发布了一项时尚宣言，或是被投入监狱，整个国家都会投来关注的目光。或许再没有一个地方的流行音乐文化能有如此巨大的效力，影响着美国人的衣食住行、娱乐、爱情，乃至——没错——资源回收。

洛杉矶（LOS ANGELES）

洛杉矶县（LA County）是美国最大的县，它以各种极端的方式诠释着这个国家的精神。这里聚集着美国最富有的和最贫穷的人、扎根最久的和刚到不久的人、最有教养的和最粗暴的人、最美的和最相貌平平的人、最博学的和头脑空空的人……这里甚至浓缩了整个美国的各种地貌风情——如电影场景

Greater Los Angeles 大洛杉矶

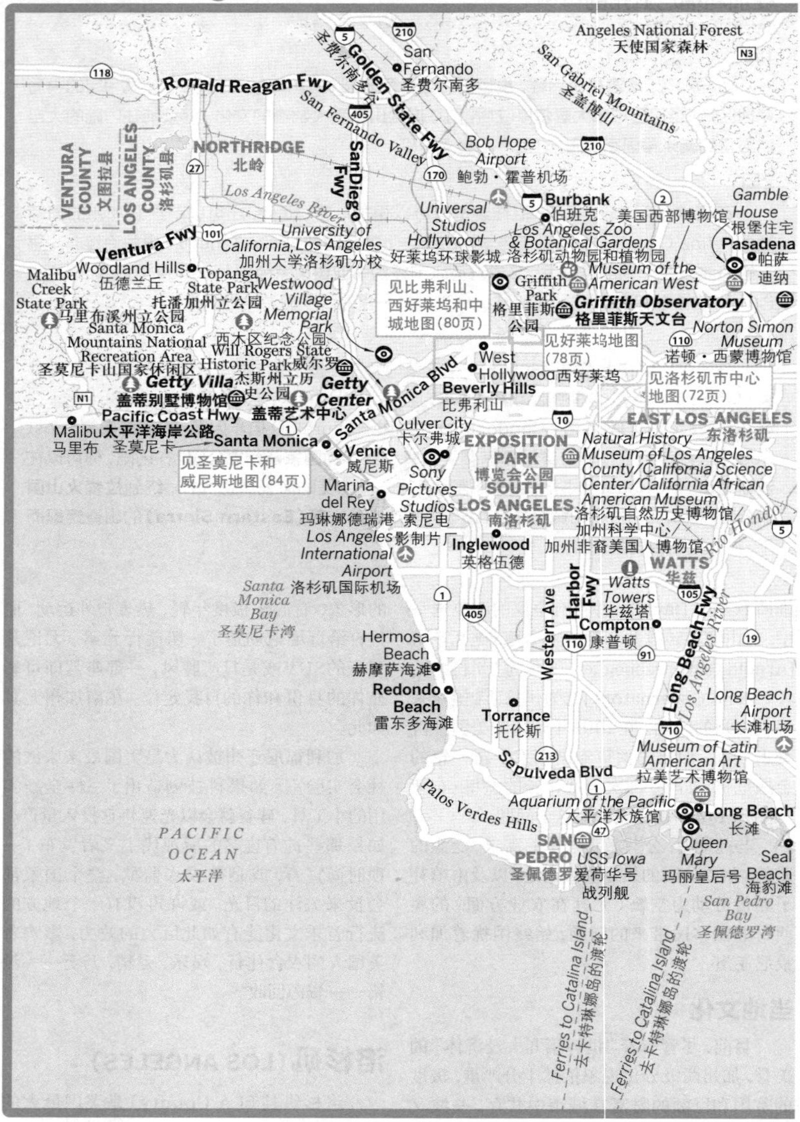

一般秀美的海滩、白雪皑皑的高大山脉、摩天大厦、大片的郊区以及游荡着美洲狮的荒僻原野。

如果你认为你已非常了解洛杉矶，了解这里的名流新宠、雾霾、交通、比基尼美女和追星族，或许你应当重新思考了。虽然洛杉矶是世界娱乐之都，但这座城市的真实面貌并非如银幕或真人秀所显示的那样——那只是日常生活中非常微小的一部分。洛杉矶人的共同点是他们都是探索家，或者说是探索家

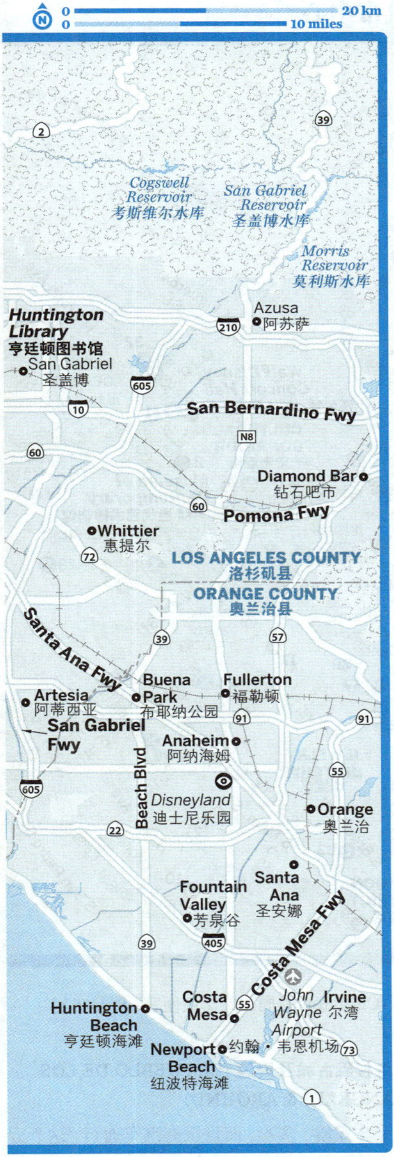

的后裔，都被与名望、财富或重获新生有关的梦想所吸引。

现在正是去洛杉矶的好时候。好莱坞和洛杉矶市中心正在经历着城市复兴，艺术、音乐、饮食和时尚行业也正在高速发展。最有可能的是，你探索得越深入，就会越喜欢这个“梦幻之都”。

历史

18世纪末，随着西班牙传教士和殖民远征队的到来，加布列莱诺人（Gabrieleño）和丘马什人（Chumash）的狩猎与采集生涯成为了历史。如今洛杉矶的所在地成为了西班牙人的第一个海外定居地，被称作“天使女王圣母玛利亚之城”（El Pueblo de Nuestra Señora la Reina de Los Ángeles）。在1781年建立定居点后的数十年里，这里一直是与世隔绝的农耕村落，直至1850年才正式合并为一个城市。

在淘金潮退热后，加州又先后迎来了横贯大陆铁路、柑橘业崛起、石油发现、洛杉矶港建立、电影工业诞生及加州北水南调工程的竣工，洛杉矶人口一增再增。第二次世界大战后，城市人口从1950年的近200万人倍增至现在的约400万人。

洛杉矶的发展也带来了一些问题，其中包括郊区扩张及空气污染。幸而自有记录以来，经严厉执法，雾霾程度逐年下降。虽然交通状况、房市波动及偶尔发生的地震和山林火灾仍是人们关注的话题，但同时多元化的经济和持续下降的犯罪率让人们相信，综合来说，洛杉矶大概还算是个历尽磨难的幸运儿。

景点

从太平洋往内陆走12英里就到了洛杉矶市中心，这是个集历史、高雅艺术与文化于一体的城市。一再引领潮流的好莱坞位于市中心西北面，而城市设计师的时髦品位和同性恋文化则主导着西好莱坞（West Hollywood，WeHo）。西好莱坞以南的博物馆街（Museum Row）是城市中部的重头大戏，而再往西就是豪华的比弗利山（Beverly Hills）、拥有加州大学洛杉矶分校（UCLA）的西木区（Westwood）以及西洛杉矶（West LA）。海滩小镇众多，有孩子们热爱的圣莫尼卡、不羁的威尼斯（Venice）、星光熠熠的马里布和繁华拥挤的长滩。追求生活品位的帕萨迪纳（Pasadena）小城位于洛杉矶市区的东北方。

Downtown Los Angeles 洛杉矶市中心

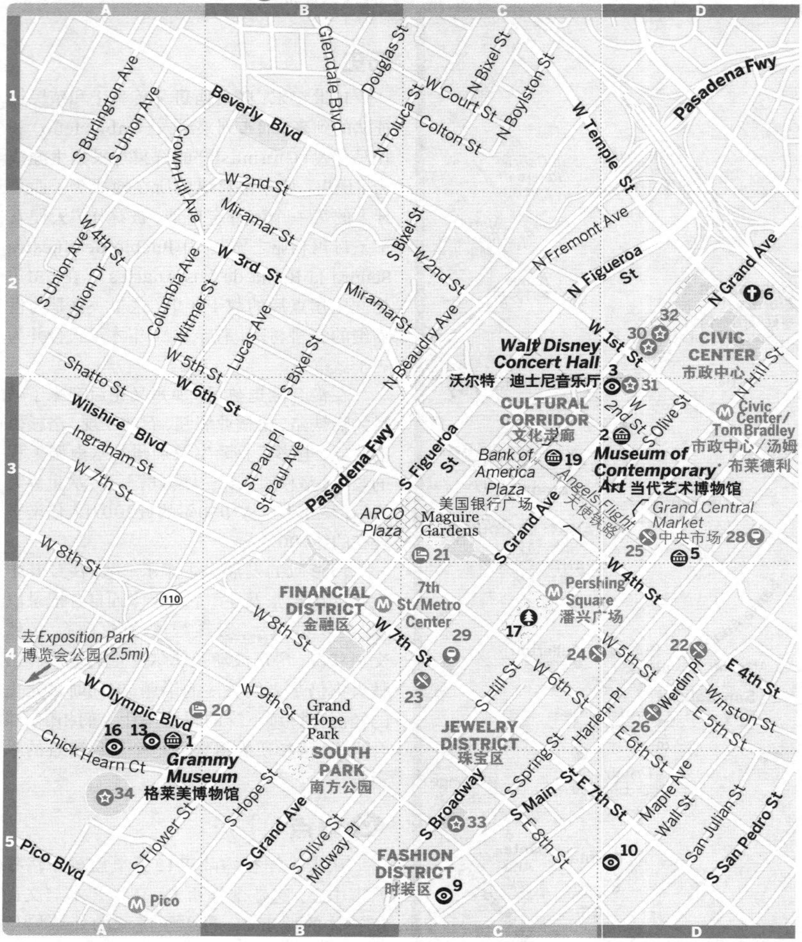

市中心 (Downtown)

数十年来，洛杉矶的历史核心区、主要商业区和行政区都集中在市中心，一到晚上和周末，这里就变成了空城。而现在，这种情况已不复存在。各种演出和娱乐场所人潮涌动，数以千计的年轻专业人士和艺术家涌入新工坊、酒吧、餐馆和艺术画廊。这里或许还无法和曼哈顿相提并论，但这已经足够让热爱猎奇的都市人激动不已了。

游览市中心，最方便的办法是将步行、地铁和DASH小型公车结合起来。小东京和唐人街(Chinatown)周边停车最便宜(全天$6起)。

洛杉矶古城及周边 (EL PUEBLO DE LOS ANGELES & AROUND)

紧凑、多彩，而且没有汽车通行。这个历史悠久的地区还保留着西班牙和墨西哥的印记。该街区的主干道是**Olvera St**。在这洋溢着节日一般气氛的地方，你可以尽情抢购手工制作的民俗小玩意儿，大口大口地嚼着炸玉米饼或洒了糖的西班牙油条。

沿着百老汇(Broadway)和Hill St向北

走，大约半英里外便是"新"唐人街了。那里挤满了点心店、中药店、古玩店以及位于Chung King Rd上的先锋艺术画廊。

洛杉矶文化艺术广场 博物馆

（La Plaza de Cultura y Artes；见72页地图；☎213-542-6200；www.lapca.org；501 N Main St；⊙周三至周一 正午至19:00）**免费** 于2010年开放的洛杉矶广场（La Plaza）记录了墨西哥裔美国人在洛杉矶的生活历程，并通过一系列展览追溯了从祖特装暴乱（Zoot Suit Riots）到奇卡诺运动（Chicana），乃至拉丁艺术的发展进程，无一遗漏。广场毗邻1822年建成的**小广场教堂**（La Placita；见72页地图；www.laplacita.org；535 N Main St）。

阿维拉泥砖屋 博物馆

（Avila Adobe；见72页地图；☎213-628-1274；elpueblo.lacity.org；Olvera St；⊙9:00~16:00）**免费** 这座建于1818年的牧场小屋据说是洛杉矶现存最古老的建筑，屋内还陈设着当时的家具。有录像介绍街区历史和亮点。

洛杉矶联合车站 地标

（Union Station；见72页地图；800 N Alameda St；P）这座宏伟的建筑建于1939年，是美国最后一座大型火车站。联合车站的候车大厅以其富有魅力的艺术装潢多次出现在《银翼杀手》（*Blade Runner*）、《24小时》（*24*）、《生死时速》（*Speed*）等许多电影和电视剧中。停车费每20分钟$2，一天$6。

华美博物馆 博物馆

（Chinese American Museum；见72页地图；☎213-485-8567；www.camla.org；Garnier Bldg，425 N Los Angeles St；成人/儿童 $3/2；⊙周二至周日 10:00~15:00）这座小巧精致的博物馆位于一座19世纪中国商人的建筑与社区中心内，于洛杉矶唐人街北迁前建成。

市政中心和文化走廊（CIVIC CENTER & CULTURAL CORRIDOR）

位于North Grand Ave的**文化走廊**以**音乐中心**（Music Centre；见72页地图；☎213-972-7211；www.musiccenter.org；135 N Grand Ave）为中心，Dorothy Chandler Pavilion音乐厅、Mark Taper Forum话剧院和Ahamanson Theatre戏剧音乐舞台会上演各种表演艺术。

★当代艺术博物馆 博物馆

（Museum of Contemporary Art，MOCA；见72页地图；☎213-626-6222；www.moca.org；250 S Grand Ave；成人/儿童 $12/免费，周四 17:00~20:00 免费；⊙周一和周五 11:00~17:00，周四至20:00，周六和周日 至18:00）MOCA Grand Ave所在的建筑由建筑大师矶崎新（Arata Isozaki）设计，这里展出的都是引人注目的特展。馆内的常展品囊括了从20世纪40年代至今的重量级艺术品。可将车停泊在沃尔特

Downtown Los Angeles 洛杉矶市中心

迪士尼音乐厅，停车费$9起（只收现金）。博物馆还有另外两家分馆，分别是位于小东京的格芬当代馆（Geffen Contemporary）和位于西好莱坞的太平洋设计中心（Pacific Design Center）。

★沃尔特·迪士尼音乐厅 文化建筑

（Walt Disney Concert Hall；见72页地图；☎咨询 213-972-7211，购票 323-850-2000；www.laphil.org；111 S Grand Ave；⏰导览游 多在周二至周六 10:30和12:30；Ⓟ）免费 建成于2003年的迪士尼音乐厅如今已成为建筑师法兰克·盖瑞（Frank Gehry）的代表作。音乐厅的不锈钢墙体如波浪般翻卷起伏，颇有无视地心引力的架势。洛杉矶爱乐乐团（Los Angeles Philharmonic；见93页）在此常驻演出。免费导览游依音乐会时间表而定。音乐厅的房顶和外墙看上去如同迷宫一般，游客可经由环绕房顶的步道或是外墙周围的步道进一步欣赏这座建筑。停车费为$9（只收现金）。每天10:00~14:00均提供自助语音导览。所有导览游都需预约。

天使圣母大教堂 教堂

（Cathedral of Our Lady of the Angels；见72页地图；☎213-680-5200；www.olacathedral.org；555 W Temple St；⏰周一至周五 6:30~18:00，周六 9:00起，周日 7:00起；Ⓟ）免费 天使圣母大教堂的主教堂是由设计师何塞·拉斐尔·莫内欧（José Rafael Moneo）设计的，融合了哥特元素和大胆的当代设计风格。教堂建于2002年，充满了艺术气息。柔和的光线从雪花石膏窗照射进来，使教堂显得格外宁静。团队游（周一至周五 13:00）和管风琴演奏会（周三12:45）都是免费的，人气极高。

工作日16:00前，停车费为每15分钟$4（每天最多$18）。周末和法定假日固定收费$5。

市政厅 地标

（City Hall；见72页地图；☎213-978-1995；www.lacity.org；200 N Spring St；⏰周一至周五 9:00~17:00）免费 直到20世纪60年代中期，市政厅一直都是洛杉矶最高的建筑。它建于1928年，顶部呈金字塔状。电影《超人》（*Superman*）、连续剧《法网》（*Dragnet*）

以及1953年的科幻惊悚片《世界大战》(*War of the Worlds*)都曾在这里取景。从观景台望去,城市美景和远处的高山尽收眼底。工作日上午组织免费团队游(需预约)。

富国银行历史博物馆 博物馆

(Wells Fargo History Museum; 见72页地图; ☎213-253-7166; www.wellsfargohistory.com; 333 S Grand Ave; ⏲周一至周五 9:00~17:00) 免费 由总部设在加利福尼亚州的富国银行(Wells Fargo Bank)赞助修建。这家小而有趣的博物馆主要关注淘金热时期的历史,展品包括康科德(Concord)驿站马车真品、重达100盎司的金块及各种文物。

天使铁路 (ANGELS FLIGHT)

建于1901年的**天使铁路**(Angels Flight; ☎213-626-1901; angelsflight.org/; 351 S Hill St和350 S Grand Ave之间; 车费50¢; ⏲6:45~22:00) 堪称"全球最短的铁路"(298英尺长),这条缆索铁路是当年的一项创新工程,也是为懒人而设的通勤列车。可爱的车厢沿着邦克山(Bunker Hill)的陡坡上下运行,这座山就位于Hill St和California Watercourt Plaza之间。

小东京 (LITTLE TOKYO)

小东京里随处可见购物街、佛寺、公共艺术、传统园林、地道的寿司店和拉面馆,还有一座**当代艺术博物馆**的分馆(格芬当代馆; 见72页地图; ☎213-626-6222; www.moca.org; 152 N Central Ave; 成人/儿童 $12/免费; ⏲周一和周五 11:00~17:00,周四 至20:00,周六和周日 至18:00)。

日本裔美国人国家博物馆 博物馆

(Japanese American National Museum; 见72页地图; ☎213-625-0414; www.janm.org; 100 N Central Ave; 成人/儿童 $9/5; ⏲周二至周三和周五至周日 11:00~17:00,周四 正午至20:00)在这里,你能深入了解日本移民的经历,包括有关"二战"拘禁营的痛苦一页。巡展着重关注亚裔美国人艺术及公民权利。可通过线上日历查询步行游览、电影放映、日式烹饪班及传统工艺作坊的时间表。

南方公园 (SOUTH PARK)

南方公园并不是公园,而是**活力洛城运动娱乐中心**(LA Live; 见72页地图; www.lalive.com; 800 W Olympic Blvd)周边的一个新兴的洛杉矶市中心街区。这是一个餐饮娱乐中心,在这里,你能找到斯台普斯中心(Staples Center;

在洛杉矶的……

洛杉矶各景点之间相距很远,因此要多预留一些时间,别在一天内安排太多景点。

1天

先到**Griddle Cafe**补充好能量,然后就出发吧。沿着Hollywood Blvd的**好莱坞星光大道**(Hollywood Walk of Fame)寻"星",到狗仔队出没的**Robertston Blvd**的时尚精品店碰碰运气,看能不能见到明星本尊;亦或是在**格里菲斯公园**(Griffith Park)尽情享受大自然。然后驱车向西,**盖蒂艺术中心**(Getty Center)的品位相当不凡,也可以直接去**威尼斯海滨大道**(Venice Boardwalk)看一场海滩表演。最后,记得赶到**圣莫尼卡**(Santa Monica)观赏太平洋落日美景。

2天

探索高速发展的洛杉矶市中心。在**洛杉矶古城**(El Pueblo de Los Angeles)寻根溯源之后,再到**沃尔特·迪士尼音乐厅**(Walt Disney Concert Hall)一窥未来。这座活力四射的音乐厅位于洛杉矶**文化走廊**(Cultural Corridor)的北端。买上一份外带午餐,漫步于市中心**小东京**(Little Tokyo)周边的历史建筑与新兴艺术画廊之间。置身南方公园(South Park)五光十色的**活力洛城运动娱乐中心**(LA Live),在**格莱美博物馆**(Grammy Museum)亲身体验多媒体之趣,到旁边的**斯台普斯中心**(Staples Center)和明星一起为洛杉矶湖人队(LA Lakers)加油助威。

历史悠久的洛杉矶市中心

潘兴广场(Pershing Square; 见72页地图; www.laparks.org/pershingsquare; 532 S Olive St)位于市中心的历史街区内,是洛杉矶第一个公共公园。自1866年落成以来经历过多次修整,不断与时俱进,如今周围高楼林立。公园内除了展示公共艺术外,还举办夏日音乐会及露天电影之夜。

附近的一些建筑物仍保留着19至20世纪之交建成时的模样。步入1893年建成的**布拉德伯里大楼**(Bradbury Building; 见72页地图; www.laconservancy.org; 304 S Broadway; ⌚大堂通常9:00~17:00开放),眩目的画廊中庭曾在《银翼杀手》、《和莎莫的500天》(*500 Days of Summer*)和《艺术家》(*The Artist*)等卖座电影中出现。

在20世纪初时,百老汇还是个迷人的购物区和剧院街,卓别林等巨星也会乘着豪华轿车来到这里的豪华剧院参加首映礼。**奥芬剧院**(Orpheum Theater; 见72页地图; www.laorpheum.com; 842 S Broadway)及其他一些剧院经过修复后已重新开始放映电影、举办重大活动。此外,进入这些剧院的最佳方式就是参加洛杉矶文物保护(Los Angeles Conservancy; 见86页)的周末步行游览(需预约)。

见92页)和**诺基亚剧院**(Nokia Theatre; 见72页地图; ☎213-763-6030; www.nokiatheatrelive.com; 777 Chick Hearn Court),后者是MTV音乐电视大奖(*MTV Music Awards*)和《美国偶像》(*American Idol*)决赛的举办场地。在活力洛城或附近的私人停车场停车都不便宜,一次性固定收费$10至$30不等。

★格莱美博物馆 博物馆

(Grammy Museum; 见72页地图; www.grammymuseum.org; 800 W Olympic Blvd; 成人/儿童 $13/11, 18:00后$8; ⌚周一至周五 11:30~19:30, 周六和周日 10:00起; 👪)内容丰富的互动性展览展示了美国音乐的发展史,无论是钟爱哪种音乐风格的乐迷,都会在这里乐而忘返。你大可以和同伴一起在交互式的音乐工作间里尝试混音,为流行乐合上摇滚节拍,更别说还能与大牌歌手对唱甚至比拼饶舌了。

博览会公园及周边 (EXPOSITION PARK & AROUND)

博览会公园位于南加州大学(University of Southern California, USC)校园南面,这里的一些博物馆能让孩子参观上一整天。户外地标性建筑包括**玫瑰园**(Rose Garden; www.laparks.org; 701 State Dr; 免费; ⌚3月15日至12月31日 9:00至日落)及建于1923年的**洛杉矶纪念体育场**(Los Angeles Memorial Coliseum)。该体育场是1932年和1984年夏季奥林匹克运动会的举办地。停车费$8起。如果要从市中心来这里,可以乘坐博览会线(Metro Expo Line)或DASH的F线小型公共汽车。

★洛杉矶自然历史博物馆 博物馆

(Natural History Museum of Los Angeles; ☎213-763-3466; www.nhm.org; 900 Exposition Blvd; 成人/儿童 $12/5; ⌚9:30~17:00; 👪)从恐龙到钻石,从熊到甲壳虫,甚至是极其罕见的巨嘴鲨,这座科学博物馆将带你游历世界并穿越到数百万年前去一窥当时的世界。深受孩子喜爱的活动包括在探索中心(Discovery Center)挖掘化石和在最近重新开放的恐龙馆(Dinosaur Hall)里惊讶地端详巨大的恐龙化石。

加州科学中心 博物馆

(California Science Center; ☎电影排片 213-744-2109, 咨询 323-724-3623; www.californiasciencecenter.org; 700 Exposition Park Dr; ⌚10:00~17:00; 👪) 免费 在这个伟大的体验式科学博物馆里,观众可以感受模拟地震、了解小鸡孵化过程,还有一个名叫苔丝(Tess)的巨型高科技娃娃能让每个人都找回童真。这里还是奋进号航天飞机(Endeavour)退役后的新家(参观需预约)。压轴节目自然是到IMAX剧院(成人/儿童 $8.25/5)看场电影了。

加州非裔美国人博物馆 博物馆

(California African American Museum; ☎213-744-7432; www.caamuseum.org; 600 State Dr; ⌚周二至周六 10:00~17:00，周日 11:00开门) 免费 这是一座聚焦加州和美国西部地区的博物馆，馆内的展览很好地呈现了非洲裔美国人的艺术、文化及历史。

华兹塔 纪念碑

(Watts Towers; www.wattstowers.org; 1727 E 107th St; 成人/儿童 $7/免费; ⌚艺术中心 周三至周六 10:00~16:00，周日 从正午开始; P) 世界著名的华兹塔是南洛杉矶(South Los Angeles)的骄傲。这座壮丽雄伟的塔在外观设计方面采用了自由形式风格，由民间艺术家西蒙·罗迪阿(Simon Rodia)设计，建筑材料包括七喜汽水瓶、贝壳和陶瓷碎片等几乎是随意便可找到的东西。你只能通过参加导览游参观这座纪念碑，周四、周五和周六从10:30~15:00，周日从12:30开始，每30分钟会有一组团队游。

好莱坞 (Hollywood)

就如年华渐老的电影明星偶尔需要整容，好莱坞也不例外。虽然它现在还没恢复20世纪中叶"黄金时代"的辉煌，但苍老的颓势已经一扫而空。**好莱坞星光大道**(Hollywood Walk of Fame; 见78页地图; www.walkoffame.com; Hollywood Blvd)的人行道上已嵌下了2000多颗名人之星。

地铁红线(Metro Red Line)的车站就在**Hollywood & Highland**(见78页地图; ☎323-467-6412; www.hollywoodandhighland.com; 6801 Hollywood Blvd)的下面。从这座结构巧妙的多层购物中心里能清楚地看到山坡上的**好莱坞标志**(Hollywood Sign)。标志建于1923年，最初是房地产公司Hollywoodland的广告。购物中心提供验证停车服务，每2小时收费$2(单日上限$13)。

TCL中国剧院 电影院

(TCL Chinese Theatre; 见78页地图; ☎团队游咨询 323-461-3331; 6925 Hollywood Blvd)即使是再疲惫的旅行者，到了"好莱坞先生"格劳曼(Grauman)建造的这个著名的前庭也会激动不已。在这里，一代又一代的银幕传奇人物在水泥地上留下了他们的印记：脚印、手印、辫子印[乌比·戈德堡(Whoopi Goldberg)]，甚至是魔法棒印(《哈利·波特》电影中的小影星们)。会有演员打扮成超人或玛丽莲·梦露并摆出他们的经典姿势供游客拍照留念(收取小费)。你还有机会得到电视节目录制现场的免费门票。

杜比剧院 剧院

(Dolby Theatre; 见78页地图; ☎323-308-6300; www.dolbytheatre.com; 团队游 成人/儿童 $17/12; ⌚团队游 通常安排在10:30~16:00)每年来参加奥斯卡金像奖颁奖典礼的大腕名流们都会走过剧院门前的红地毯。价格不菲的30分钟团队游将带你进入观众席、贵宾室，并见到真正的奥斯卡小金人。

值得一游

参观电影及电视剧摄影棚

参观好莱坞的主要乐趣就是能够看见明星。想要提高看到明星的几率，你可以成为情景喜剧或游戏节目的现场观众，这些节目一般会在8月至次年3月间录影。与**Audiences Unlimited**(☎818-260-0041; www.tvtickets.com)联系索取免费门票。

想参观幕后场景，可参加**华纳兄弟电影制片厂**(Warner Bros Studios; ☎877-492-8687, 818-972-8687; www.wbstudiotour.com; 3400 W Riverside Dr, Burbank; 团队游 $49起; ⌚周一至周六 8:15~16:00，周日时间不定)或**派拉蒙影业公司**(Paramount Pictures; ☎323-956-1777; www.paramount.com; 5555 Melrose Ave; 团队游 $48起; ⌚团队游 周一至周五 9:30~14:00，周六和周日时间不定)的小型班车游，还可以选择**索尼电影制片厂**(Sony Pictures Studios; ☎310-244-8687; www.sonypicturesstudiostours.com; 10202 W Washington Blvd; 团队游 $35; ⌚团队游 通常为周一至周五 9:30~14:30)的步行游览。各团均可带你参观摄影棚、外景场地、服装间和化妆间。参加团队游需提前预约(有最低年龄限制)，并需携带附照片的身份证件。

Hollywood 好莱坞

Hollywood 好莱坞

景点

1 杜比剧院 A1
2 好莱坞博物馆 B1
3 TCL中国剧院 A1

住宿

4 Hollywood Roosevelt Hotel A1
5 Magic Castle Hotel A1
6 USA Hostels Hollywood B2

就餐

7 Musso & Frank Grill B1
8 Umami Urban C2

娱乐

9 Arclight Cinemas C2
10 埃及剧院 B1
11 Hotel Cafe C2
12 Upright Citizens Brigade Theatre D1

购物

13 Amoeba Music C2
14 Hollywood & Highland A1

好莱坞永恒公墓 墓地

(Hollywood Forever Cemetery; ☎323-469-1181; www.hollywoodforever.com; 6000 Santa Monica Blvd; ⏲8:00~17:00; 🅿)忠实的摇滚乐迷都会涌到这个历史悠久的墓地，在约翰尼·雷蒙(Johnny Ramone)的纪念碑前向他致敬。长眠于此的名人还包括鲁道夫·瓦伦蒂诺(Rudolph Valentino)、塞西尔·B·德米尔(Cecil B DeMille)和巴格西·西格尔(Bugsy Siegel)。可上网查询电影放映和音乐会(是的，千真万确)的时间表。

好莱坞博物馆 博物馆

(Hollywood Museum; 见本页地图; www.thehollywoodmuseum.com; 1660 N Highland Ave; 成人/儿童 $15/5; ⏲周三至周日 10:00~17:00)位于装饰艺术风格的蜜丝佛陀大厦(Max Factor Building)里，这座微微有些陈旧的博物馆的内部空间面积达3.5万平方英尺，简直就是一个明星圣殿。博物馆内挤满了从玛丽莲·梦露到《欢乐合唱团》(*Glee*)等众多明星的各种作品、服饰、小摆设和道具。

格里菲斯公园 (GRIFFITH PARK)

这是美国最大的城市公园(☎323-913-4688; www.laparks.org/dos/parks/griffithpk; 4730 Crystal Springs Dr; ⏲5:00~22:30, 步道 日出至日落; 🅿 👪) 免费 ，比纽约中央公园大5倍，设有户外剧院、动物园、天文台、博物馆、旋转木马、迷你古董火车、儿童游乐园、高尔夫球场、网球场以及50多英里长的徒步路径，其中包括通往最早版本的《蝙蝠侠》(*Batman*)电视连续剧中的洞穴的路。

★ 格里菲斯天文台 博物馆

(Griffith Observatory; ☎213-473-0800; www.griffithobservatory.org; 2800 E Observatory Rd; 免费，天文馆表演 成人/儿童 $7/3; ⏲周二至周五 正午至22:00, 周六和周日 10:00起;

P 🚻）免费 在这座建于1935年、有着3个标志性圆顶的天文台内，设有一个高科技天文馆和一座尼莫伊地平线（Leonard Nimoy Event Horizon）多媒体影院。在天气晴朗的夜晚，参观者可通过公用望远镜来观测天体。

洛杉矶动物园和植物园 动物园

（Los Angeles Zoo & Botanical Gardens; ☎323-644-4200; www.lazoo.org; 5333 Zoo Dr; 成人/儿童 $17/12; ⏲10:00~17:00; P 🚻）快来这个以保育为主的动物园，与1100多只带鳍的、长羽毛的或是毛茸茸的动物交朋友吧！动物们分布在坎普大猩猩保护区（Campo Gorilla Reserve）和海崖（Sea Cliffs）。海崖完全仿照加利福尼亚海岸建造，甚至还有斑海豹。

美国西部博物馆 博物馆

（Museum of the American West; ☎323-667-2000; www.autrynationalcenter.org; 4700 Western Heritage Way; 成人/儿童 $10/4，每月第二个周二免费；⏲周二至周五 10:00~16:00，周六和周日 至17:00; P）这里的展览展示了美国西进历程中的一切，好的、坏的、丑恶的，乃至最无奈的牛仔工。明星展品包括各式柯尔特枪械、装饰华美的大厅、美洲原住民及加州淘金热时期的遗留文物。

西好莱坞（WEST HOLLYWOOD）

欢迎来到西好莱坞，在这里，彩虹旗骄傲地飘扬在Santa Monica Blvd大道上方；名流们在传说中的**日落大道**（Sunset Strip）出没，他们在俱乐部里的不当行为让八卦小报的记者们喜不自禁。Robertson Blvd大道和Melrose Ave大道上的时尚精品店为好莱坞名流显贵们提供最新的潮流风尚。西好莱坞同时还是先锋室内设计的温床，特别是在**西好莱坞设计区**（West Hollywood Design District，原名Avenues of Art, Fashion & Design; westhollywooddesigndistrict.com）一带。

太平洋设计中心 楼房

（Pacific Design Center, PDC; 见80页地图; www.pacificdesigncenter.com; 8687 Melrose Ave; ⏲周一至周五 9:00~17:00）由西萨·佩里（Cesar Pelli）设计的太平洋设计中心以蓝、红、绿色为主要色调，外形犹如一条巨大的鲸鱼。中心内有大约120个画廊和陈列室，包括**当代艺术博物馆**的一处分馆（MOCA; 见80页地图; ☎213-621-1741; www.moca.org; ⏲周二至周五 11:00~17:00，周六和周日 至18:00）免费。

不要错过

好莱坞环球影城

好莱坞环球影城（Universal Studios Hollywood; www.universalstudioshollywood.com; 100 Universal City Plaza; 门票 $80起，3岁以下儿童免费；⏲每天，时间不定；P 🚻）于1915年首次向公众开放。当时，该影城的负责人卡尔·莱姆勒（Carl Laemmle）以每人25¢的价格（含盒饭）邀请公众参观无声电影的制作过程。近一个世纪后，环球影城仍是全球最大的电影制片厂之一。

如今，在已经变身为主题公园的环球影城中，几乎不可能看到真实的电影拍摄过程了，但无论老幼，每个旅行者在这里都能找到自己喜欢的游乐项目。先登上巨型多车厢小火车来一段45分钟的**影城团队游**（Studio Tour），一边听着讲解，一边游览工作中的摄影棚、户外布景及全球最大的3D体验之旅**金刚360度3D历险**（King Kong 360）。要小心，随时准备逃开大白鲨的攻击。这有点傻，但很好玩。

影城中还有许多其他景点，试试刺激的**辛普森虚拟过山车**（Simpsons Ride）、在**侏罗纪公园**（Jurassic Park）中顺着激流一路穿过恐龙群奔流直下，要不就坐着**变形金刚3D过山车**（Transformers: The Ride 3-D）去打败霸天虎吧。**特效舞台**（Special Effects Stage）揭开了电影制作的小秘密，**水世界**（WaterWorld）的电影虽然颇具非议，但以之为基础的特技秀里所展示的大爆炸和水上飞机迫降等演出可是大受欢迎。

自助停车收费$15（15:00后收费$10），可乘地铁红线前往。

Beverly Hills, West Hollywood & Mid-City
比弗利山、西好莱坞和中城

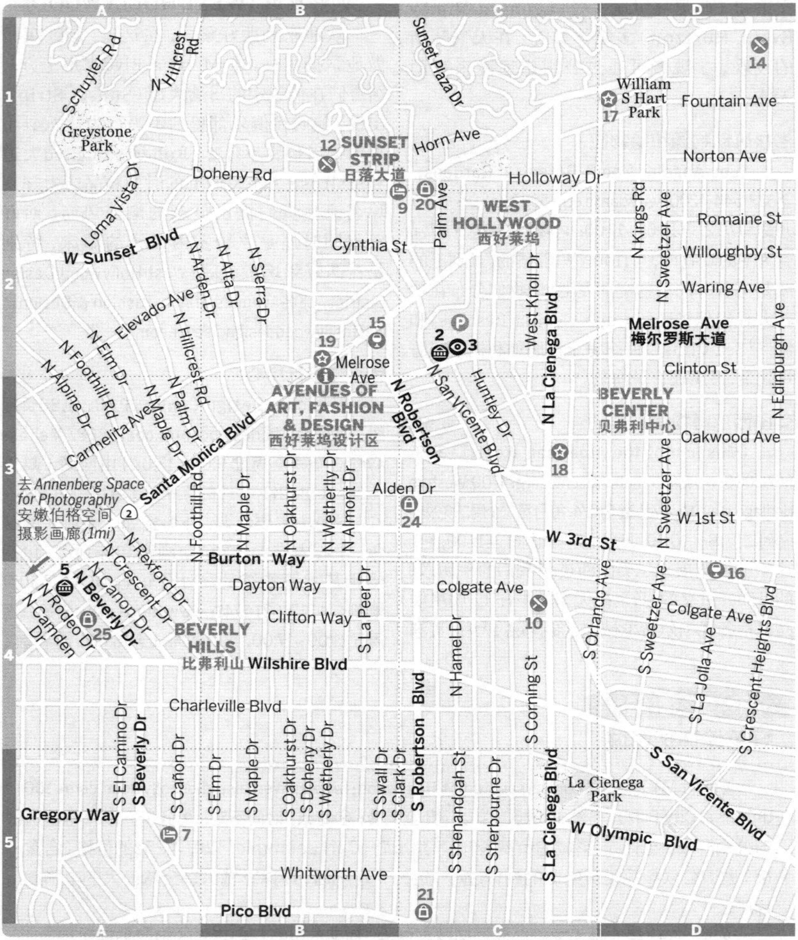

大部分商品都对外出售，但你完全可以只看不买。停车费为每小时$6起（单日上限$13）。

中城(MID-CITY)

在Fairfax Ave东边的Wilshire Blvd上集中了一些洛杉矶最好的博物馆，这一小段街道也被称为博物馆街（Museum Row）。

★洛杉矶县艺术博物馆 博物馆

（Los Angeles County Museum of Art, LACMA; 见本页地图; 323-857-6000; www.lacma.org; 5905 Wilshire Blvd; 成人/儿童 $15/免费; 周一、周二和周四 11:00~17:00，周五 至21:00，周六和周日 10:00~19:00; P）美国顶级博物馆之一（也是美国西部最大的博物馆），7座建筑里分别陈列了极其丰富的画作、雕塑和装饰艺术品，包括：伦勃朗（Rembrandt）、塞尚（Cézanne）和马格里特（Magritte）等欧洲大师的画作；来自中国、土耳其和伊朗的古代陶器；安塞尔·亚当斯的摄影作品；珍贵的日本电影手绘海报和雕塑。停车费为$10。

馆内有一座伦佐·皮亚诺(Renzo Piano)设计的**布罗德当代艺术馆**(Broad Contemporary Art Museum)，其中收藏了杰斯贝·约翰(Jasper Johns)、辛迪·舍曼(Cindy Sherman)及埃德·鲁沙(Ed Ruscha)的重要作品，还有理查德·塞拉(Richard Serra)用锈铁制成的两件大型作品。这里经常举办引人注目的巡展。

拉布里沥青池 考古遗址

(La Brea Tar Pits; 见80页地图)大约在1.1万至4万年前，又黑又黏的原油汩汩冒出地面，剑齿虎、猛犸象以及其他如今已灭绝的冰河时代动物相继陷入其中。遗址至今仍在发掘过程中。请前往**佩吉博物馆**(Page Museum; 见80页地图; ☎323-934-7243; www.tarpits.org; 5801 Wilshire Blvd; 成人/儿童 $12/5，9月至次年6月首个周二免费; ⏰9:30~17:00; Ⓟ 🚸)观看动物化石。你会看到一支工作团队就在玻璃后面进行现场发掘，不断有新的化石出土。停车费为$7~9(只收现金)。

彼得森汽车博物馆 博物馆

(Petersen Automotive Museum; 见80页地图; www.petersen.org; 6060 Wilshire Blvd; 成人/儿童 $12/3; ⏰周二至周日 10:00~18:00; Ⓟ)拥有4层展厅的彼得森博物馆就像一曲汽车的颂歌。馆内陈列着大量老爷车，还配上了一幅有趣的洛杉矶街景画，揭示了交通对洛杉矶城市发展的影响。停车费$2起($12为上限)。

比弗利山及周边 (BEVERLY HILLS & AROUND)

只要一提到比弗利山，人们总会将它和玛莎拉蒂、精致的豪宅和超级富豪们联系在一起。这里集时尚与精致于一身，是富豪和名人的天堂。追星族可以乘坐观光车搜寻明星的家。

如果不曾在昂贵、高傲的**罗迪欧大道**(Rodeo Drive)上漫步，就不算真正到过洛杉矶。这条大道跨越3个时尚街区，路边的橱窗里展示着来自世界各地的时尚精品，从阿玛尼(ARMANI)到杰尼亚(Zegna)，都是国际顶级的设计品牌。如果这里的物价高得让你咂舌，那么向东前往距离这里仅一个街区的Beverly Dr看看吧，那里有价格平实得多的精品店。

好几个中央市政停车场和车库都提供2小时的免费停车服务。

佩利媒体中心 博物馆

(Paley Center for Media; 见80页地图; ☎310-786-1000; www.paleycenter.org; 465 N Beverly Dr; 建议捐款额 成人/儿童 $10/5; ⏰周三至周日 正午至17:00; Ⓟ)在这个令人难以置信的影视资料馆中，电视与广播爱好者可以完全释放他们的热情。这里保存了从1918年一直到互联网时代的电视和无线电广播资料。挑选出你的最爱，在

Beverly Hills, West Hollywood & Mid-City
比弗利山、西好莱坞和中城

私人操作台找一个座位，慢慢地欣赏吧。这里还有面向公众的讲座和放映活动。

安嫩伯格空间摄影画廊 博物馆

（Annenberg Space for Photography; www.annenbergspaceforphotography.org; 2000 Ave of the Stars; ⏲周三至周五 11:00~18:00，周六 11:00~19:30和周日 11:00~18:00; P）免费 这个博物馆外形酷似相机，就在比弗利山以西高楼林立的世纪城（Century City）中。在这里可以欣赏到发人深省的轮换性展览。提供验证码自助停车服务，周三至周五收费$3.50起（16:00后$1），周末$1。

西洛杉矶（West LA）

★盖蒂艺术中心 博物馆

（Getty Center; ☎310-440-7300; www.getty.edu; 1200 Getty Center Dr, 紧邻I-405 Fwy; ⏲周二至周日 10:00~17:30，周六 至21:00; P）免费 艺术中心有三大看点：明星级藏品，囊括了从文艺复兴艺术大师到大卫·霍克尼（David Hockney）的众多作品；理查德·迈耶（Richard Meier）无与伦比的建筑作品；罗伯特·埃尔文（Robert Irwin）那千变万化的花园。天气晴朗的时候，你还可以在这里欣赏到城市与海洋的美景。下午晚些时候游人较少。停车费为$15（17:00后$10）。

加州大学洛杉矶分校 大学

（University of California, Los Angeles, UCLA; www.ucla.edu; P）著名的加州大学洛杉矶分校拥有令人赞叹的植物园和雕塑花园，几乎占据了整个西木区。校内的**哈默艺术博物馆**（Hammer Museum; hammer.ucla.edu; 10899 Wilshire Blvd; 成人/儿童 $10/免费，周四免费; ⏲周二至周五 11:00~20:00，周六和周日 至17:00）非常出色，主要展示前沿的当代艺术作品，提供验证码停车服务，收费$3。

西木区纪念公园 墓地

（Westwood Village Memorial Park; www.dignitymemorial.com; 1218 Glendon Ave; ⏲8:00至黄昏）隐藏于西木区的高楼大厦之中，这个面积不大的陵园中长眠着很多大名鼎鼎的人物，其中包括玛丽莲·梦露和迪恩·马丁（Dean Martin）。位于Westwood Blvd以东一个街区处，大门在Wilshire Blvd南面。

马里布（MALIBU）

坐拥惊人的27英里太平洋沿海公路，马里布一直都是冲浪和好莱坞明星的代名词。事实上，它看起来远不如图片小报上鼓吹的那么漂亮。然而从20世纪30年代起，这里就成为了名人聚集的中心。史蒂文·斯皮尔伯格（Steven Spielberg）、芭芭拉·史翠珊（Barbra Streisand）和达斯汀·霍夫曼（Dustin Hoffman）等一线明星都在这里安家。在颇具乡村风味的购物区Malibu Country Mart（www.malibucountrymart.com; 3835 Cross Creek Rd）或更实在的Malibu Colony Plaza（www.malibucolonyplaza.com; 23841 W Malibu Rd）购物时，说不定还能看到他们的身影呢。

马里布溪州立公园（Malibu Creek State Park; ☎818-880-0367; www.malibucreekstatepark.org; ⌚清晨至黄昏）是马里布两大自然瑰宝之一，拥有众多登山步道（停车费$12），也是热门的影视剧取景地。而另一个瑰宝便是连绵的海滩，包括马里布码头以西的名副其实的冲浪者海滩（Surfrider）、野韵十足的杜马角州立海滩（Point Dume State Beach）以及适合全家共游的祖玛海滩（Zuma Beach; 海滩停车 $10）。

★ 盖蒂别墅博物馆 博物馆

（Getty Villa; ☎310-430-7300; www.getty.edu; 17985 Pacific Coast Hwy; ⌚周三至周一 10:00~17:00; P）免费 这座罗马别墅的复制品是马里布的文化之星，拥有柱廊和草药花园，致力于展示希腊、罗马和伊特鲁里亚古文明。需提前预约并领取定时入场门票。停车费$15。

圣莫尼卡 (SANTA MONICA)

圣莫尼卡是南加州海滩中的佼佼者。这里既有都市的“酷”劲儿，又有悠闲自在的氛围。旅行者、青少年和街头艺人们让商店林立的Third Street Promenade步行街成了最有活力的地方。如果要找更具地方特色的地方，颇受名人青睐的Montana Avenue或包罗万象的Main Street都是不错的选择，后者更曾被戏称为“狗镇”（Dogtown）——它不但是这一地区的核心，还是滑板文化的发祥地。

市区大多数公共停车库都提供90分钟的免费停车服务。

圣莫尼卡码头 游乐园

（Santa Monica Pier; 见84页地图; santamonicapier.org; 全日游票 $13~20; P 👪）免费 孩子们都很喜爱这个老码头，最有吸引力的无疑是古香古色的旋转木马和太阳能摩天轮。记得到码头水族馆（aquarium; 见84页地图; ☎310-393-6149; www.healthebay.org; 1600 Ocean Front Walk; 成人/儿童 $5/免费; ⌚周二至周五 14:00~17:00, 周六和周日 12:30~17:00; 👪）一窥水底的精彩。停车费随季节变化。

伯格芒艺术区 艺术中心

（Bergamot Station Arts Center; www.bergamotstation.com; 2525 Michigan Ave; ⌚周二至周五 10:00~18:00, 周六 11:00~17:30; P）这个艺术中心吸引了许多艺术爱好者。它的前身是电车站，现在却拥有35个前卫的画廊和革命性的圣莫尼卡艺术博物馆（Santa Monica Museum of Art; www.smmoa.org; 2525 Michigan Ave; 捐赠 成人/儿童 $5/3; ⌚周二至周六 11:00~18:00）。

威尼斯 (Venice)

威尼斯海滨大道（Venice Boardwalk, 又名Ocean Front Walk）是古怪的秀场，是看人的“动物园”，是怪诞的嘉年华盛会，亦是必不可少的洛杉矶体验。这是反主流文化的大熔炉，你可以在这里编上一头小辫、做个气功按摩、架上一副廉价太阳镜，再来顶红红绿绿的牙买加长辫子贝雷帽。在这里，总能看见肌肉壮硕的健美先生、怀揣篮球梦的人、身穿Speedo泳衣的弄蛇人或是滑着旱冰的锡克教吟游诗人，烈日炎炎的午后尤其如此。可惜的是，一旦日落，这里就立刻变得让人毛骨悚然了。

如果想远离喧哗，不妨远离海岸，漫步至威尼斯运河（Venice Canals）。这里还留存着早年威尼斯的模样，意大利船夫摇着贡多拉，载着游客在安静的人工水道上静静穿行。如今，在这片到处点缀着鲜花的宁静社区中，你会看到当地人安坐在小船上悠闲地消磨时光。比以往任何时候都更时髦的Abbot Kinney Blvd旁棕榈成行，两侧满是餐馆、咖啡馆、瑜伽馆、艺术画廊和出售古董家具及手工时装的独特商店。

Abbot Kinney周围有街道停车位，海滩上也有停车场（$5~15）。

Santa Monica & Venice 圣莫尼卡和威尼斯

Santa Monica & Venice 圣莫尼卡和威尼斯

景点

1 圣莫尼卡码头 A2
2 圣莫尼卡码头水族馆 A2

住宿

3 HI Los Angeles-Santa Monica A2
4 Sea Shore Motel A4
5 Viceroy A2

就餐

6 Santa Monica Farmers Markets A1
7 Santa Monica Place A2

饮品和夜生活

8 Copa d'Oro A2
9 Intelligentsia Coffeebar B5
10 Roosterfish A5

购物

11 Abbot Kinney Boulevard A5
12 Magellan B1
13 Main Street A3

长滩 (Long Beach)

长滩沿着洛杉矶南翼蜿蜒展开，一直通向仅次于新加坡和香港的世界第三大集装箱码头。如今已很难在改头换面的海岸和市中心地区看到工业的痕迹——市中心的**Pine Ave**现已成为餐厅和酒吧的聚集地。

地铁蓝线(Metro Blue Line)连通长滩与洛杉矶市中心，车程约1小时。你可以乘坐免费的**Passport**(www.lbtransit.org)迷你公交车穿梭于主要景点之间(到城里其他地方收费$1.25)。

玛丽皇后号 轮船

(Queen Mary; www.queenmary.com; 1126 Queens Hwy; 团队游 成人/儿童 $14/7起; 10:00~18:30; P) 长滩的"旗舰"是一艘永久停泊在这里的豪华英国远洋邮轮(据说会闹鬼!)。玛丽皇后号比泰坦尼克号更大，也更为梦幻。从1936年到1964年，在它那1001次横跨大西洋的航行中，这艘邮轮曾运送过王室成员、政要、移民和军队。停车费$12。

太平洋水族馆 水族馆

(Aquarium of the Pacific; 票务 562-590-3100; www.aquariumofpacific.org; 100 Aquarium Way; 成人/儿童 $26/15; 9:00~18:00;) 让孩子们在海底世界里体验高科技的冒险之旅——鲨鱼游来游去，水母翩翩起舞，海狮们嬉戏玩闹。验证式停车收费$8~15。在线购买玛丽皇后号或洛杉矶动物园的联票可享受更多折扣。

爱荷华号战列舰 博物馆、纪念物

(USS Iowa; 877-446-9261; www.pacificbattleship.com; 250 S Harbor Blvd, Berth 87; 成人/儿童 $18/10; 10:00~17:00, 6月至8月 9:00起;

Ⓟ)位于圣佩德罗(San Pedro)的港口附近。踏上舷梯,你可以借助语音导览自行参观这艘退役的太平洋战舰,它曾在第二次世界大战中载过富兰克林·德拉诺·罗斯福总统(Franklin Delano Roosevelt)和麦克阿瑟将军(MacArthur),也曾在冷战时期参与过战斗。停车费$1起。

拉美艺术博物馆 博物馆

(Museum of Latin American Art; www.molaa.org; 628 Alamitos Ave; 成人/儿童 $9/免费,周日免费; ⏲周三至周日 11:00~17:00,周四 至21:00; Ⓟ)虽然规模很小,这却是美国西部唯一专门边境以南地区的当代艺术作品的博物馆。这里的永久藏品着重风景和精神世界,并设有丰富多彩的临时展览。建筑后面还有一个雕塑花园。

帕萨迪纳(Pasadena)

帕萨迪纳坐落于巍峨高耸的圣盖博山(San Gabriel Mountains)下。这座城市处处透着富有与优雅,是一个与洛杉矶市区截然不同的世界。帕萨迪纳以20世纪早期的精致工艺美术建筑及新年的玫瑰花车大游行(Parade Tournament of Roses)而闻名。

帕萨迪纳老城(Old Town Pasadena)位于Pasadena Ave以东的Colorado Blvd一线,你可以在这里漫步于林立的商店、咖啡馆、酒吧和餐馆之间。地铁金线(Metro Gold Line)连接帕萨迪纳和洛杉矶市中心(30分钟)。

★亨廷顿图书馆 博物馆、花园

(Huntington Library; ☎626-405-2100; www.huntington.org; 1151 Oxford Rd, San Marino; 成人工作日/周末和法定假日 $20/23,儿童 $8,每月首个周四免费; ⏲6月至8月 周三至周一 10:30~16:30,9月至次年5月 周一和周三至周五 正午至16:30,周六、周日和法定假日 10:30起; Ⓟ)这大概是洛杉矶名字最低调的景点了。这里的确有一座珍本图书馆,甚至收藏有一本古滕堡圣经(Gutenberg Bible),但它那丰富的欧洲艺术藏品和精致的花园才是吸引游人来此的原因。玫瑰园(Rose Garden)里,1200多种玫瑰争奇斗妍,沙漠花园(Desert Garden)里则种植着奇形怪状的多肉植物。每月第一个周四免费,需预约。

根堡住宅 建筑

(Gamble House; ☎咨询 626-793-3334,票务 800-979-3370; www.gamblehouse.org; 4 Westmoreland Pl; 团队游 成人/儿童 $12.50起/免费; ⏲团队游 周四至周日 正午至15:00,礼品店 周二至周六 10:00~17:00,周日 11:30~17:00; Ⓟ)建于1908年的根堡住宅是加州工艺美术建筑的代表作,由查尔斯·格林和亨利·格林兄弟(Charles and Henry Greene)设计。它曾在电影《回到未来》(*Back to the Future*)中出现,是影片中布朗博士(Doc Brown)的家。要进入参观必须参加导览游(建议预订)。

诺顿·西蒙博物馆 博物馆

(Norton Simon Museum; www.nortonsimon.org; 411 W Colorado Blvd; 成人/儿童 $10/免费; ⏲周三至周一 正午至18:00,周五 至21:00; Ⓟ)漫步老城西区,参观罗丹(Rodin)的《思想者》(*The Thinker*),而这仅仅是序幕——在这家看似不起眼的博物馆内还陈列着欧洲艺术品、亚洲艺术品、现代和当代艺术品,乃至无价的印刷品和摄影作品。

活动

骑车和直排轮滑

脚踩直排轮滑鞋或是自行车踏板,置身风景如画的**南湾自行车道**(South Bay Bicycle Trail)之中吧,这条车道与圣莫尼卡到太平洋帕利萨德斯(Pacific Palisades)之间长达22英里的海滩平行,长度也几乎等同于海滩的长度。海滩小镇上有许多出租装备的店。警告:周末十分拥挤。

徒步旅行

启动你的追星雷达,在好莱坞上方的**鲁尼恩峡谷公园**(Runyon Canyon Park)昂首阔步地漫步吧。**格里菲斯公园**里同样有许多小径。如果想要尝试距离更长的徒步旅行,可以前往圣莫尼卡山(Santa Monica Mountains),那里的**威尔罗杰斯州立历史公园**(Will Rogers State Historic Park)、**托潘加州立公园**(Topanga State Park)和**马里布溪州立公园**全都拥有美丽的景色(停车费为$10~12)。

游泳和冲浪

马里布的**祖玛海滩**、**圣莫尼卡州立海滩**

(Santa Monica State Beach)和南湾的**赫摩萨海滩**(Hermosa Beach)都是顶级的沙滩浴场，最适合游泳。马里布的**冲浪者海滩**(Surfrider Beach)更是传奇的冲浪胜地。停车费随季节变化。

很遗憾，“无尽的夏日”只是一个神话。在一年中的大部分时间，在太平洋里游泳都需要穿保暖泳衣。6月份的水温还可以，8月和9月的水温最高，可达到70°F(21℃)。水质不一，请访问www.healthebay.org查阅“海滩报告卡”(Beach Report Card)。

团队游

★埃索图尔克 巴士游

(Esotouric; ☎323-223-2767; www.esotouric.com; 团队游 $58)时尚、不落俗套、有深度且娱乐性强，这一主题游览围绕着著名犯罪现场(“黑色大丽花”, Black Dahlia)、文学巨匠[从钱德勒(Chandler)到布考斯基(Bukowski)]以及洛杉矶的历史街区展开。

洛杉矶文物保护 步行游览

(Los Angeles Conservancy; ☎咨询 213-430-4219, 预约 213-623-2489; www.laconservancy.org; 团队游 成人/儿童 $10/5)以建筑和历史为主题的导览游，主要游览洛杉矶市中心。可访问官网查询语音导览自助游的相关信息。

霓虹灯艺术博物馆 巴士游

(Museum of Neon Art; ☎213-489-9918; neonmona.org; 团队游 $55; ⏲6月至9月 周六)乘坐夜间导览巴士，从洛杉矶市中心出发，穿梭于城市的霓虹丛林中。

熔炉之旅 步行游览

(Melting Pot Tours; ☎800-979-3370; www.meltingpottours.com; 团队游 成人/儿童 $53/28起)游览老农贸市场(Original Farmers Market)、泰国城(Thai Town)或东洛杉矶的拉丁风味食街，遍尝美味。

逝者之旅 巴士游

(Dearly Departed; ☎800-979-3370; www.dearlydepartedtours.com; 团队游 $45~75)寻访大明星逝世地的“悲剧”历史之旅，很热闹，但偶尔也会让人寒毛直立。

节日和活动

每月都有专为前来逛画廊、购物和参加食品车聚会的人们开设的街头市集，包括**洛杉矶市中心艺术行**(Downtown LA Art Walk; www.downtownartwalk.com; ⏲每月第二个周四)和威尼斯的**第一个周五艺术节**(First Fridays; ⏲每月第一个周五)。

玫瑰花车大游行 节日游行、体育

(Tournament of Roses; www.tournamentofroses.com)元旦当天，在帕萨迪纳的Colorado Blvd上会举行花车游行盛会，随后就是玫瑰碗(Rose Bowl)大学橄榄球赛。

百老汇嘉年华 街头活动

(Fiesta Broadway; fiestabroadway.la)洛杉矶市中心的墨西哥主题市集，在4月的最后一个周日举行，有拉丁裔明星的精彩表演。

华兹塔鼓与爵士音乐节 艺术节、音乐节

(Watts Towers Day of the Drum & Jazz Festivals; wattstowers.org)在9月下旬举办，持续两天，届时整个南洛杉矶都会沉浸在鼓乐与爵士乐声中，同时还有一场工艺美术市集。

孩子们的洛杉矶

在洛杉矶，要让孩子们玩得开心并不是件难事。适合全家出游的格里菲斯公园(见78页)内有面积超大的洛杉矶动物园(见79页)，选这里一定不会错。恐龙爱好者会到拉布里沥青池(见81页)和洛杉矶自然历史博物馆(见76页)寻幽探秘，而小小科学家们则会在加州科学中心(见76页)里流连忘返。若喜爱海底生物，就前往长滩的太平洋水族馆(见84页)吧，少年们可以参加玛丽皇后号(见84页)的寻鬼之旅试试胆量，圣莫尼卡码头(见83页)的游乐园可以让任何年龄的孩子各得其乐。好莱坞环球影城(见79页)更适合青少年，年龄较小的孩子在这里找不到太多可玩的设施。奥兰治县附近的迪士尼乐园(见97页)和诺氏百乐坊乐园(Knott's Berry Farm; 见98页)一直都是最受欢迎的主题公园。

西好莱坞万圣节嘉年华 街头活动

(West Hollywood Halloween Carnaval; www.visitwesthollywood.com)10月31日，Santa Monica Blvd大道上到处都是妆扮古怪(常常是少儿不宜的成人级别)的人、现场乐队和DJ。

住宿

如果想体验海边生活，推荐住在圣莫尼卡、威尼斯或长滩；时尚猎奇者和派对爱好者会爱上好莱坞或西好莱坞；文化迷最适合住在市中心。住宿税通常为12%~14%。

市中心

Figueroa Hotel 历史酒店 $$

(见72页地图；☎213-627-8971，800-421-9092；www.figueroahotel.com；939 S Figueroa St；房间 $148~194，套 $225~265；P ❄ @ 📶 🏊 🐾)建于20世纪20年代，坐落于活力洛城运动娱乐中心对面，犹如一片静候佳客的悠闲绿洲。酒店大堂是金碧辉煌的西班牙风格，尽头是波光粼粼的泳池。客房采用全球混搭风(融合了摩洛哥、墨西哥和禅风等风格)。房间大小各异，配置也不尽相同。停车费为$12。

Standard Downtown LA 精品酒店 $$$

(见72页地图；☎213-892-8080；standardhotels.com/downtown-la；550 S Flower St；房间 $245~525，套 $1150~1300；P ❄ @ 📶 🏊 🐾)这家设计感十足的酒店所在的建筑从前是座办公楼，如今则成为追求快乐的时尚年轻人的理想住处。天台酒吧总是充满激情与活力，所以如果你想睡个好觉，就不要选择这里了。简约的房间充满现代感，配备了地台床和透明淋浴房。停车费$33起。

好莱坞和西好莱坞 (Hollywood & West Hollywood)

USA Hostels Hollywood 青年旅舍 $

(见78页地图；☎800-524-6783，323-462-3777；www.usahostels.com；1624 Schrader Blvd；铺 $28~41，房间 无浴室 $81~104；❄ @ 📶)这间青年旅舍距离好莱坞的聚会场所仅几步之遥，充满了活力，不适合内向的人。可以在烧烤晚会上、喜剧之夜、城市导览游，甚至是在公用厨房吃个水果薄饼早餐的时候结交新朋友。

★ **Magic Castle Hotel** 酒店 $$

(见78页地图；☎323-851-0800；magiccastlehotel.com；7025 Franklin Ave；房间 含早餐 $175起；P ❄ @ 📶 🏊 👪)墙壁很薄，但在这座庭院建筑中，翻修后的公寓已经配备了现代化的家具和迷人的艺术装饰，套房设有独立起居室。住客可享用免费茶点或到私人俱乐部观看魔术表演。停车费为$10。

Hollywood Roosevelt Hotel 精品酒店 $$$

(见78页地图；☎323-466-7000，800-950-7667；www.hollywoodroosevelt.com；7000 Hollywood Blvd；房间 $330起；P ❄ @ 📶 🏊)从1929年第一届奥斯卡颁奖典礼在这里举行开始，这家历史悠久的酒店曾接待过无数的优秀演员。这里有宫殿一般的西班牙风格大堂、亚洲现代风格的客房、诱人的泳池、摇滚餐厅和酒廊。停车费$33。

London West Hollywood 豪华酒店 $$$

(见80页地图；☎866-282-4560；www.thelondonwesthollywood.com；1020 N San Vicente Blvd；套 含早餐 $279起；P ❄ @ 📶 🏊 🐾)酒店位于日落大道以南，闪亮的外观令人联想起Harry Winston的钻石。酒店以其出色的设计、《地狱厨房》真人秀主厨戈登·拉姆齐(Gordon Ramsay)主理的时髦餐厅，以及可尽览好莱坞山全景的天台泳池而闻名。停车费$30。

中城和比弗利山 (Mid-City & Beverly Hills)

StayOn Beverly 青年旅舍 $

(www.stayonbeverly.com；4619 Beverly Blvd；房间 无浴室 $50~55；P ❄ 📶)这是一名丹麦摄影师开的简装旅舍，位于韩国城(Koreatown)内，为背包客及"奢侈"背包客提供了一个整齐和安全的大本营。有10个简单房间，内有迷你冰箱，公用咖啡角有个微波炉供住客使用。免费停车位有限。

Farmer's Daughter Hotel 汽车旅馆 $$

(见80页地图；☎323-937-3930，800-334-1658；www.farmersdaughterhotel.com；115 S Fairfax Ave；房间 $185起；P ❄ @ 📶 🏊)旅馆在老农贸市场和哥伦比亚广播公司(CBS Studios)对面，

其"都市牛仔"的时尚风格为旅馆加分不少。喜欢冒险的情侣可以尝试"神秘客房"(No Tell Room)。停车费$18。

Avalon Hotel 酒店 $$$

(见80页地图;☎310-277-5221, 800-670-6183; www.viceroyhotelgroup.com/avalon; 9400 W Olympic Blvd; 房间 $210起; ❄@📶🏊🐾)该酒店在中世纪摩登风中加入了21世纪的现代元素,深得时尚人士的喜爱。玛丽莲·梦露曾住在此处,当时这里还是一栋公寓大楼。如今这里增设了性感的沙漏形泳池和别致的池边餐厅吧,美女、富人和都市型男在这里尽情享乐。停车费为$30。

圣莫尼卡 (Santa Monica)

★HI Los Angeles-Santa Monica 青年旅舍 $

(见84页地图;☎310-393-9913; www.hilosangeles.org; 1436 2nd St; 铺 $38~49, 房间 无浴室 $99~159; ❄@📶)毗邻海滩和Third Street Promenade,地理位置得天独厚,引人艳羡。旅舍有260张床位,分为男女宿舍和双人胶囊房,带公共浴室,整洁又安全。旅舍内有很多超棒的公共区域可供休闲或上网。

Sea Shore Motel 汽车旅馆 $$

(见84页地图;☎310-392-2787; www.seashoremotel.com; 2637 Main St; 房间 $110起; P❄📶)这个家庭经营的住所干净、友善,位于Main St右侧(比较吵),距离海滩仅两个街区。铺满西班牙瓷砖的房间设施简单却具吸引力,带厨房的套房很宽敞,适合全家人入住。

★Viceroy 精品酒店 $$$

(见84页地图;☎310-260-7500, 800-622-8711; www.viceroysantamonica.com; 1819 Ocean Ave; 房间 $350起; P❄@📶🏊🐾)别理会这座大楼难看的外观,其内部彰显了"好莱坞奢华"装饰风格,配色则包含了从海豚灰到曼巴蛇绿等缤纷色彩,如同调色板一般绚丽迷人——这一切都出自"室内设计大师赛"(Top Design)评委凯利·维尔斯特勒(Kelly Wearstler)之手。就在池畔小屋、意大利设计师床品和时尚餐厅吧中懒懒地消磨时光吧。停车费$33。

长滩 (Long Beach)

Hotel Varden 精品酒店 $$

(☎562-432-8950, 877-382-7336; www.thevardenhotel.com; 335 Pacific Ave; 房间 含欧式早餐 $119起; P❄@📶🏊)酒店建成于1929年,室内设计师显然下了一番功夫,别具匠心地将35间微型客房进行了现代化翻修:迷你桌子、迷你洗脸盆、大量的直角、舒适的床——白色、白色,都是白色。酒店位于Pine Ave以西两个街区。停车费$11。

帕萨迪纳 (Pasadena)

Saga Motor Hotel 汽车旅馆 $

(☎626-795-0431, 800-793-7242; www.thesagamotorhotel.com; 1633 E Colorado Blvd; 房间 含早餐 $79~99; P❄@📶👪)位于历史悠久的66号公路旁,这家建于20世纪50年代的中世纪摩登风汽车旅馆虽没什么新意,但客房都收拾得一尘不染。温水泳池和池边的躺椅可以让你尽享南加州的阳光。

就餐

洛杉矶餐饮业是加州最具活力且博采众长的饮食环境之一,既有知名厨师掀起的"从农场到餐桌"风潮,也有正宗的各国风味料理。洛杉矶居住着大约140个民族的居民,因此专营民族美食的社区比比皆是,包括市中心的**小东京**和**唐人街**、中城的**韩国城**、好莱坞以东的**泰国城**、东洛杉矶的**博伊尔高地**(Boyle Heights; 墨西哥风味美食)和南湾的**托伦斯**(Torrance; 日本餐馆居多),此外,你还可以到帕萨迪纳市以东的**蒙特雷公园**(Monterey Park)和**阿罕布拉**(Alhambra)品尝中式点心和中国的地方美食。

市中心

要想寻找便宜的快餐,可到历史悠久的**中央市场**(Grand Central Market; 见72页地图; www.grandcentralsquare.com; 317 S Broadway; ⏲9:00~18:00)光顾国际美食摊档。

Philippe the Original 正餐 $

(见72页地图;☎213-628-3781; www.philippes.com; 1001 N Alameda St; 主菜 $4~10; ⏲6:00~22:00; P👪)无论是洛杉矶警察局(LAPD)的

警察、筋疲力尽的律师，还是美国中西部的度假者，都聚集在这家传奇的“法式蘸汁三明治的发源地”，而它的故事可以一直追溯至1908年。点一份脆皮肉馅汉堡，配上蘸汁，然后就在满是锯木屑的地板上找张大桌子，坐下好好享受吧。店里只收现金。

Gorbals
东欧菜 $$

（见72页地图；☎213-488-3408；www.thegorbalsla.com；501 S Spring St；菜肴 $6~43；⏰午餐和晚餐）“顶级大厨”真人秀（Top Chef）的冠军Ilan Hall将传统的犹太料理加以改良，以培根卷面包球、马铃薯饼加上烟熏苹果酱和炸鸡皮做成新式三明治。餐厅隐匿在Alexandria Hotel大堂的后面。

Nickel Diner
正餐 $$

（见72页地图；☎213-623-8301；nickeldiner.com；524 S Main St；主菜 $7~14；⏰周二至周日 8:00~15:30，周二至周六 18:00~22:30）这家位于市中心历史剧院区的红色快餐店让人感觉仿佛回到了20世纪20年代。当然，食物可都是21世纪的：牛油果藜麦沙拉、热力十足的辣椒汉堡，以及不可错过的甜甜圈。做好排长队的心理准备。

Bäco Mercat
西班牙小吃 $$$

（见72页地图；☎213-687-8808；bacomercat.com；408 S Main St；小盘菜 $8~19；⏰周一至周四 11:30~14:00和17:30~23:00，周五和周六 11:30~15:00和17:30至午夜，周日 11:30~15:00和17:00~22:00）在这个位于市中心的优雅厨房里，一道道大胆融合了泛亚洲和加利福尼亚州口味的创新西班牙小吃源源不断地送到户外庭院的餐桌上。特色菜bäco（大饼三明治）塞满了从碎牛尾到墨西哥式炖猪肉等各式馅料，吃起来令人格外满足。

Bottega Louie
意大利菜 $$$

（见72页地图；☎213-802-1470；www.bottegalouie.com；700 S Grand Ave；主菜 $8~35；⏰周一至周四 8:00~23:00，周五 8:00至午夜，周六 9:00至午夜，周日 9:00~23:00）Louie宽敞的大理石酒吧就像一块磁铁，深深吸引着艺术家和上班族。在纯白色的餐馆里，身穿白色厨师袍的工作人员在开放式厨房为食客准备自制烤香肠和果木薄底比萨。店内总是非常忙碌和喧闹。

好莱坞（Hollywood）

Griddle Café
早餐 $$

（见80页地图；☎323-874-0377；www.thegriddlecafe.com；7916 W Sunset Blvd；主菜 $10~18；⏰周一至周五 7:00~16:00，周六和周日 8:00起）名字听来十分怪异的糖弹煎饼、巨型炒蛋及法式咖啡壶让餐馆的木桌子和U型柜台每天都挤满了食客。这里是好莱坞年轻的颓废一族的最爱。周末常常有成群的宿醉者在外面挤作一团。

Umami Urban
汉堡包 $$

（见78页地图；☎323-469-3100；www.umami.com；1520 N Cahuenga Blvd；主菜 $10~15；⏰周日至周四 11:00~23:00，周五和周六 至午夜）位于Space 15 Twenty时尚购物广场内，Umami以绿色智利辣椒、烟熏咸葱串等食材提升汉堡包的美味。小吃可选择普丁薯条（Poutine fries；即干酪浇肉汁薯条），配上精酿啤酒或薄荷柠檬水。该店在卢斯费里斯（Los Feliz）、圣莫尼卡、西木区和中城也有分店。

★Pizzeria & Osteria Mozza
意大利菜 $$$

（☎323-297-0100；www.mozza-la.com；6602 Melrose Ave；比萨 $11~20，晚餐主菜 $27~38；⏰Pizzeria 每天 正午至午夜，Osteria 周一至周五 17:30~23:00，周六 17:00~23:00，周日 17:00~20:00）由知名厨师马利欧·巴塔利（Mario Batali）和南希·席佛顿（Nancy Silverton）共同运营，这里是洛杉矶人气最旺的意大利餐厅，得提前好几个星期预订。两家餐厅在同一栋建筑内：意式餐厅osteria拥有多样化的传统意大利菜单，而比萨餐厅pizzeria的特色则是精心烤制的比萨和美味的开胃菜。

Musso & Frank Grill
美国菜 $$$

（见78页地图；☎323-467-7788；www.mussoandfrank.com；6667 Hollywood Blvd；主菜 $9~45；⏰周二至周六 11:00~23:00）这是这条大道上最古老的餐厅，从店内的空气中就能感受到好莱坞浓厚的历史气息。当服务员端上大盘大盘的牛排、排骨及足以让人担心心脏健康的食物时，食客们仿佛又回到了从前那个人们还不知胆固醇为何物的年代。餐厅的服务非常流畅，马提尼也香醇柔和。

西好莱坞、中城和比弗利山（West Hollywood, Mid-City & Beverly Hills）

Veggie Grill 素食 $

（见80页地图；☎323-822-7575；www.veggiegrill.com；8000 W Sunset Blvd；主菜 $7~10；⏲11:00~23:00；🌿👪）尽管酥香鸡翅和烤牛肉（carne asada）三明治听起来都不像是素食，但这家非常美味的本地连锁店使用的其实只是经过调味的植物性蛋白（主要为豆豉），也提供不含麸质和不含坚果的食品。在好莱坞、中城、西木区、圣莫尼卡和长滩均有分店。

老农贸市场 市场 $

（Original Farmers Market；见80页地图；www.farmersmarketla.com；6333 W 3rd St；多数主菜 $6~12；⏲周一至周五 9:00~21:00，周六 至20:00，周日 10:00~19:00；🅿👪）虽然已非常商业化，但这个市场仍有一些价格适中、物超所值的小饭馆，其中大多数是露天的。到Du-par's尝尝经典美式小吃，在Gumbo Pot试试路易斯安那菜（Caujun），或去品尝¡Loteria!的墨西哥烧烤。可免费停车两小时（验证式）。

★Night + Market 泰国菜 $$

（见80页地图；☎310-275-9724；www.nightmarketla.com；9041 W Sunset Blvd；主菜 $10~19；⏲周二至周日 18:00~22:30，点餐截止21:45）迫不及待地想吃热辣的泰国菜？太好了，你只有到这家位于日落大道的小餐馆里才能品尝到咸鱼、腊鸭和“令人震惊”的烤猪肉等街头美食。穿过Talesai餐馆，直接钻进酒吧旁的红布帘内。

★Bazaar 西班牙菜 $$$

（见80页地图；☎310-246-5555；www.thebazaar.com；SLS Hotel，465 S La Cienega Blvd；小盘菜 $8~42；⏲周日至周三 18:00~22:30，周四至周六 至23:30）餐厅以菲利普·斯塔克（Philippe Starck）的夸张设计和何塞·安德烈斯（José Andrés）的“分子料理”小吃而闻名。让酿甜椒和海胆三明治的美味在你口中迸发，或咬一口棉花糖般的鹅肝酱以及费城芝士和牛“空气三明治”。

马里布（Malibu）

Malibu Seafood 海鲜 $$

（☎310-456-3430；www.malibuseafood.com；25653 Pacific Coast Hwy；多数主菜 $8~15；⏲11:00~20:00；🅿👪）备受当地人喜爱的路边海鲜市场，提供简单美味的烤鱼片、一篮一蓝的炸海鲜，还有三明治和沙拉。自制的塔塔酱和蛤蜊浓汤都是招牌菜。

Paradise Cove Beach Cafe 美国菜 $$$

（☎310-457-2503；www.paradisecovemalibu.com；28128 Pacific Coast Hwy；主菜 $11~36；⏲8:00~22:00；🅿👪）这就是你心中完美的南加州形象：双脚踩在沙滩上，享用凤梨奶霜酒（pina coladas）和鱼肉玉米片。这个位于私人沙滩的加州休闲小餐馆是《欢乐海滩》（*Beach Blanket Bingo*）的拍摄地点。验证停车4小时收费$6。

圣莫尼卡和威尼斯（Santa Monica & Venice）

★Santa Monica Farmers Markets 市场 $

（见84页地图；www.smgov.net/portals/farmersmarket；Arizona Ave，2nd St和3rd之间；⏲周三 8:30~13:30，周六 至13:00；👪）🌿这个位于圣莫尼卡市中心的农贸市场每周举办两次，甚至会有名厨现场烹调新鲜的农产品，食材多为有机种植而成。此外，当地餐馆也会在美食棚摆摊。Main St的周六早市则比较类似社区街头集市。

Lemonade 加利福尼亚菜 $$

（lemonadela.com；1661 Abbot Kinney Blvd；小菜 $5~11；⏲11:00~21:00）去寻访各种极富创意的时令熟食沙拉吧，比如粉红葡萄柚奶油莴苣沙拉、烤金枪鱼配西瓜小萝卜、咕咾鸡肉、特制酵母三明治，以及大受欢迎的蓝莓薄荷柠檬水！在洛杉矶市中心、中城、帕萨迪纳和洛杉矶国际机场都设有分店。

Santa Monica Place 购物中心 $$

（见84页地图；www.santamonicaplace.com；395 Santa Monica Pl；⏲餐厅每日营业，时间不定；👪）通常我们不会在商场里吃饭，但这一家却为各式美食树立了高标。你可以在

Zengo吃到拉美和亚洲创意美食，在Antica找到木火烤制的比萨，或在M.A.K.E品尝纯天然的严格素食菜肴。在大多数位于3楼的餐厅用餐时都能远眺风景甚至看到大海，而在街头摊档，你可以吃到包括腌肉香肠和舒芙蕾牛奶松糕在内的各种美食。一楼的True Food Kitchen售卖健康且适合素食者的无麸质食品。

Father's Office
酒吧 $$

（☎310-736-2224；www.fathersoffice.com；1018 Montana Ave；菜肴 $5~15；⏰周一至周三 17:00~22:00，周四 17:00~23:00，周五 16:00~23:00，周六 正午至23:00，周日 正午至22:00）在这个喧闹拥挤的酒吧里，每个人都知道你的名字，或很快就会知道你的名字。酒保会熟练地为你介绍数十种可供选择的桶装啤酒。只是千万不要点这里那令人丧气的汉堡包。酒吧每天营业至午夜，甚至更晚。另一家店开在卡尔弗城（Culver City）。

长滩 (Long Beach)

George's Greek Café
希腊菜 $$

（☎562-437-1184；www.georgesgreekcafe.com；135 Pine Ave；主菜 $9~26；⏰周日至周四 10:00~22:00，周五和周六 至23:00）位于Pine Ave美食街的核心地带，George说不定会亲自站在天井入口处欢迎你的到来。当地人非常爱吃火辣的炸奶酪（saganaki）、新鲜皮塔饼和羊排。

帕萨迪纳 (Pasadena)

Ración
西班牙菜 $$

（☎626-396-3090；racionrestaurant.com；119 W Green St；共享菜肴 $5~27；⏰周二至周四 18:00~22:00，周五 18:00~23:00，周六 11:00~14:00和17:30~23:00，周日 11:00~14:00和17:30~22:00）距离帕萨迪纳老城只有两个街区的距离，这个热情的街边西班牙小吃酒吧能让你品尝到巴斯克风味菜肴，包括招牌熟食、进口奶酪和应季腌蔬菜。

饮品

早在"鼠帮"（Rat Pack）流行之前，好莱坞就已经是酒吧区的传奇，摇滚喧闹的日落大道在20世纪60年代就已经是夜夜笙歌的派对热地，至今依然。身处洛杉矶市中心及前卫街区的酒吧里，一定不要错过各种创意鸡尾酒。海滨酒吧丰富多彩，从冲浪潜水吧、爱尔兰式酒吧，到浪漫的烛光鸡尾酒廊，应有尽有。

★ Edison
酒吧

（见72页地图；☎213-613-0000；www.edisondowntown.com；108 W 2nd St，紧邻Harlem Pl；⏰周三至周五 17:00~2:00，周六 19:00始）电影《大都会》（*Metropolis*）和《银翼杀手》都曾在这个工业风格的地下层酒吧里取景。这里曾是发电厂，如今用作装饰的涡轮机等机器都是当时留下来的，你可一边品尝手调鸡尾酒，一边缅怀历史。酒吧内品位不凡，摆设着咖啡色真皮沙发，并设有3个洞穴状吧台，着装要求神气活现。

Copa d'Oro
酒吧

（见84页地图；www.copadoro.com；217 Broadway, Santa Monica；⏰周一至周三 17:30至午夜，周四至周六 至次日2:00）在这个圣莫尼卡的天堂里，流畅、灯火通明的氛围将俘获你的心。手调鸡尾酒都是用高级烈酒和来自农贸市场的新鲜香料、水果、甚至蔬菜调配而成的。滴酒不沾？那就来一杯鲜榨有机果汁或自制苏打水吧。

Seven Grand
酒吧

（见72页地图；☎213-614-0737；sevengrandbars.com；2nd fl, 515 W 7th St；⏰周一至周三 17:00至次日2:00，周四和周五 16:00起，周六 19:00起）Seven Grand的墙上挂满了格子挂毯及鹿头，让人感觉仿佛是嬉皮士们侵占了爸爸妈妈的狩猎俱乐部。100多种威士忌任你选择，有田纳西的、苏格兰的、爱尔兰的，甚至有日本的。对着装有要求。

El Carmen
酒吧

（见80页地图；8138 W 3rd St；⏰周一至周五 17:00至次日2:00，周六和周日 19:00起）墙上挂着的牛头和墨西哥式摔跤面具（lucha libre）营造出一种夸张的蒂华纳北部氛围，吸引了许多娱乐界重量级人物前来。在欢乐时光时段痛饮玛格丽特酒，或从酒单上的100多种龙舌兰和梅斯卡尔酒中选择一杯心中的最爱。

洛杉矶同性恋者

西好莱坞（WeHo）的Santa Monica Blvd一带被戏称为"男孩城"（Boystown），这里是男同性恋者的地盘。数十家激情四射的酒吧、咖啡馆、餐馆、健身院和俱乐部几乎只接待男士。银湖是最早的同性恋者聚集地，这里曾经挤满了身穿皮裤和牛仔裤的型男，如今则渐渐开始吸引不同民族的人群和潮人。长滩则是比较悠闲的同性恋社区。

Out & About（www.outandabout-tours.com）的周末步行游览活动将带你见识洛杉矶同性恋文化的地标景点。每年6月中旬举行的**LA Pride**（www.lapride.org）庆祝活动总能吸引到成千上万的当地及外地同性恋者（LGBT，即男女同性恋、双性恋和变性者），他们会在Santa Monica Blvd上不间断地狂欢和游行。

Abbey（见80页地图；www.abbeyfoodandbar.com；692 N Robertson Blvd；主菜 $9~13；⌚8:00至次日2:00）这是西好莱坞同性恋酒吧和餐馆中的精品，精心打扮一番，来这里绿树成荫的庭院里、光亮漂亮的酒廊或舞池里好好炫耀一番，别忘了享用别具风味的马提尼酒和高档的酒吧美食。就在数步之遥的范围内还有十几家酒吧和夜总会。

Akbar（www.akbarsilverlake.com；4356 W Sunset Blvd）这里有着令人难以抗拒的点唱机，来自卢斯费利斯的人群一波接一波地来到这里——同性恋者、异性恋者，或是纯粹赶时髦凑热闹的人都有，但这里不会太过火。有时后面的房间会在夜晚开放为舞池。

Roosterfish（见84页地图；www.roosterfishbar.com；1302 Abbot Kinney Blvd；⌚11:00至次日2:00）威尼斯历史最悠久的同性恋酒吧，在过去30多年一直为男性服务。这里灯光昏暗，透着几分冷冷的感觉，有一个后院和一张台球桌。

Intelligentsia Coffeebar　咖啡馆

（见84页地图；www.intelligentsiacoffee.com；1331 Abbot Kinney Blvd；⌚周一至周三 6:00~20:00，周四和周五 至23:00，周六 7:00~23:00，周日 7:00~20:00；📶）对要求完美的咖啡爱好者而言，位于威尼斯的这家时尚简约的咖啡馆具有着纪念碑般的重要意义。咖啡师堪称完美，从来不会少了你的泡沫或咖啡因，从产地直购的咖啡豆都经过精心烘焙。在银湖（Silver Lake）和帕萨迪纳都有分店。

☆ 娱乐

《洛杉矶周刊》（*LA Weekly*；www.laweekly.com）和《洛杉矶时报》（*Los Angeles Times*；www.latimes.com/theguide）上都有丰富的娱乐信息。你可以在线、去售票处，或是通过**Ticket-master**（☎213-480-3232；www.ticketmaster.com）购票。要购买舞台剧、演唱会、喜剧演出及体育赛事的优惠票或半价票，可到**Goldstar**（www.goldstar.com）及**ScoreBig**（www.scorebig.com）的网站查询。如需购买剧场门票，则可查看专门的售票网站**LA Stage Alliance**（www.theatrela.org）或**Plays 411**（www.plays411.com）。

想印证对洛杉矶所有先入为主的偏见，没有比到好莱坞的某家豪华夜总会更好的选择了。记得要精心妆扮，或是带足钱，好让那里的壮汉对你刮目相看。通常，夜总会的营业时间为周四至周日的21:30至次日2:00，入门费约$20（需携带有照片的身份证件）。

★ 好莱坞露天剧场　现场音乐

（Hollywood Bowl；☎323-850-2000；www.hollywoodbowl.com；2301 N Highland Ave；⌚6月至9月；👪）这座历史悠久的露天圆形剧场是洛杉矶爱乐乐团（LA Phil）的暑期表演场地，也举办过不少知名的摇滚、爵士、蓝调和流行音乐演出。可以提前点来，在演出前享用一顿野餐（允许饮酒）。

斯台普斯中心　观赏性体育项目、现场音乐

（Staples Center；见72页地图；☎213-742-7340；www.staplescenter.com；1111 S Figueroa St；👪）这座飞碟形的体育中心是洛杉矶湖人队、洛杉矶快船队（Clippers）、洛杉矶火花队（Sparks），以及洛杉矶国王冰球队（Kings）的主场，因此常常挤满了球迷。巨星布鲁

诺·马尔斯（Brunos Mars）和贾斯汀·比伯（Justin Bieber）也都曾在这里进行表演。

洛杉矶爱乐乐团 管弦乐队

（Los Angeles Philharmonic；见72页地图；☎323-850-2000；www.laphil.org；111 S Grand Ave）世界级的洛杉矶爱乐乐团在迪士尼音乐厅（见74页）表演古典音乐和新锐作品。乐团的指挥是委内瑞拉籍指挥家古斯塔夫·杜达梅尔（Gustavo Dudamel）。

★Upright Citizens Brigade Theatre 喜剧

（见78页地图；☎323-908-8702；losangeles.ucbtheatre.com；5919 Franklin Ave；票价 $5~10）由纽约市《周六夜现场》（*Saturday Night Live*）的演员艾米·波勒（Amy Poehler）等人创办了这个喜剧小品和即兴表演俱乐部，经常能吸引到好莱坞编剧和年轻的电视明星。

★埃及剧院 电影院

（Egyptian Theater；见78页地图；☎323-466-3456；www.americancinematheque.com；6712 Hollywood Blvd）建于1922年的埃及剧院是美国电影科技学会（American Cinematheque）的所在地，举办艺术影片回顾展，以及有导演、编剧和演员们参与的对话会。

Actors' Gang Theater 剧院

（www.theactorsgang.com；9070 Venice Blvd，Culver City）由蒂姆·罗宾斯（Tim Robbins）参与共同创办。这个关注社会的剧团凭借其对经典作品的大胆全新演绎和由各表演团体工作室引入的新作而获得过多个奖项。

Arclight Cinemas 电影院

（见78页地图；☎323-464-1478；www.arclightcinemas.com；6360 W Sunset Blvd；票价 $14~16）位于好莱坞地标辛纳拉马巨蛋电影院（Cinerama Dome）内，这个最高水准的影院拥有多个观众厅，所有座位都需预订（迟到则不能入场）。极可能碰到明星。

House of Blues 现场音乐

（见80页地图；☎323-848-5100；www.hob.com；8430 W Sunset Blvd）尽管拥有迪士尼化的“密西西比蓝调小屋”的外观，但这个位于日落大道的音乐厅呈现的是高品质的音乐演出，有时也有怪诞音乐、摇滚、嘻哈、爵士和蓝调音乐演出。

Center Theatre Group 剧院

（☎213-628-2772；www.centertheatregroup.org）在洛杉矶市中心和卡尔弗城的3个舞台上演现代与古典戏剧及音乐剧，包括百老汇巡回演出。

Largo at the Coronet 现场音乐、表演艺术

（见80页地图；☎310-855-0530；www.largo-la.com；366 N La Cienega Blvd）流行文化为这个中城的历史剧院带来了前卫的喜剧［莎拉·西尔弗曼（Sarah Silverman）］、新兴广播剧［《惊心动魄历险记》（*Thrilling Adventure Hour*）］及独立乐队的演出。

Hotel Cafe 现场音乐

（见78页地图；☎323-461-2040；www.hotelcafe.com；1623½ N Cahuenga Blvd；票价 $10~20）这个原本制作手工乐器的地方是新晋民谣歌手的跳板。早点到，从小路进来。

Troubadour 现场音乐

（见80页地图；☎票务 877-435-8949；www.troubadour.com；9081 Santa Monica Blvd）在捧红了琼妮·蜜雪儿（Joni Mitchell）和汤姆·维茨（Tom Waits）等明星的数十年后，这个音乐厅仍是找寻明日之星的理想地点。

洛杉矶歌剧院 歌剧

（Los Angeles Opera；见72页地图；☎213-972-8001；www.laopera.com；135 N Grand Ave，Dorothy Chandler Pavilion）歌剧院的掌舵人是普拉西多·多明戈（Plácido Domingo），这个著名的歌剧院遵循稳妥原则，主要演出《托斯卡》（*Tosca*）等备受欢迎的项目。

Will Geer's Theatricum Botanicum 剧院

（☎310-455-3723；www.theatricum.com；1419 N Topanga Canyon Blvd，Topanga；👪）坐落于森林之中，呈现经典的莎士比亚戏剧及其他适合阖家观赏的夏日剧目。

道奇体育场 棒球

（Dodger Stadium；☎866-363-4377；www.dodgers.com；1000 Elysian Park Ave；⏰4月至9

月）洛杉矶大联盟棒球队（LA's Major League Baseball）会在这个紧邻市中心的球场比赛。

购物

虽然罗迪欧大道是洛杉矶最具代表性的购物区，但该城市其实还有其他很多购物选择。除了下列购物区外，你还可到圣莫尼卡的**Main Street**（见84页地图；Bay St和Marine St之间）、威尼斯的**Abbot Kinney Boulevard**（见84页地图）和卢斯费利斯的**Vermont Avenue**（Franklin Ave和Prospect Ave之间）等非连锁店购物区逛逛。

罗迪欧大道 购物区

（Rodeo Drive；见80页地图；Wilshire Blvd和Santa Monica Blvd之间）位于比弗利山，这里是洛杉矶最著名的购物街。

罗伯逊大道 购物区

（Robertson Boulevard；见80页地图；Beverly Blvd和3rd St之间）时尚达人及跟随他们的狗仔队在中城的必访之地。

蒙大拿大街 购物区

（Montana Avenue；Lincoln Blvd和20th St之间）圣莫尼卡最高端的购物步行街。

梅尔罗斯大道 购物区

（Melrose Avenue；见80页地图；San Vicente Blvd和La Brea Ave之间）西好莱坞的梅尔洛斯大道仍是"Y世代"潮人的最爱，包括每周在**Melrose Trading Post**（见80页地图；melrosetradingpost.org；fairfax high school，7850 melrose ave；门票 $2；⏲周日 9:00~17:00）举办的跳蚤市场。名人常常会光顾位于日落大道的**Book Soup**（见80页地图；☎310-659-3110；www.booksoup.com；8818 w sunset blvd；⏲周一至周六 9:00~22:00，周日 至19:00）。

> **不要错过**
>
> **IT'S A WRAP**
>
> 把自己装扮成电影明星，而且是真的穿上这些明星的衣服！中城的**It's a Wrap**（见80页地图；☎310-246-9727；www.itsawraphollywood.com；1164 S Robertson Blvd；⏲周一至周五 10:00~20:00，周六和周日11:00~18:00）售卖演员们在电视节目或电影中穿过的各类二手服装，从吊带背心到无尾晚礼服都有。每件衣服都有编码标签，以便你知道身上穿着的是在哪个摄影棚或哪个电视节目中出现过的衣服。旧址在伯班克。

Amoeba Music 音乐

（见78页地图；☎323-245-6400；www.amoeba.com；6400 W Sunset Blvd；⏲周一至周六 10:30~23:00，周日 11:00~21:00）来自旧金山湾区的品牌，位于好莱坞的这家分店是各种时髦音乐的大本营。

Sunset Junction 购物区

（Sunset Blvd，Santa Monica Blvd和Griffith Park Blvd之间）好莱坞以东的银湖，特别是Sunset Junction周围，聚集了酷炫的媚俗文化、收藏品和新兴的洛杉矶设计师。

Retro Row 购物区

（E 4th St，Cherry Ave和Junipero Ave之间）位于长滩的Retro Row上挤满了出售复古服饰及20世纪中期的家具的店铺，价格低廉，绝对超乎你的想象。

Distant Lands 书籍

（☎626-449-3220；www.distantlands.com；20 S Raymond Ave；⏲周一至周四 10:30~20:00，周五和周六 至21:00，周日 11:00~18:00）位于帕萨迪纳的Distant Lands书店就像是收藏了许多旅游指南和工具的宝箱。

玫瑰碗跳蚤市场 市场

（Rose Bowl Flea Market；www.rgcshows.com；1001 Rose Bowl Dr，Pasadena；入门费 $8起；⏲每个月第二个周日 9:00~16:30，最后入场时间15:00）每个月都有超过2500位摊主和15,000名买家聚集在这里。

时装区 时装

（Fashion District；见72页地图；www.fashiondistrict.org）想要找价廉物品的时尚达人都会到洛杉矶市中心的市场来淘货。位于100街区的时装区售卖各种令人眼花缭乱的样品、仿制品和原创设计品，价格都十分低廉，到处都是讨价还价的声音。附近Hill St沿路的**珠宝区**（Jewelry District）主要售卖黄金和钻石。

花市
市场

（Flower Market；见72页地图；www.laflowerdistrict.com；Wall St；入门费 周一至周五 $2，周六 $1；⏲周一、周三和周五 8:00至正午，周二、周四和周六 6:00至正午）位于洛杉矶市中心，这是美国最大的花市，其历史可追溯至1919年。

ℹ 实用信息

危险和麻烦

洛杉矶西部、比弗利山、海滨小镇（除了威尼斯和长滩）及帕萨迪纳的犯罪率最低。天黑后尽量不要在市中心的"贫民区"一带游荡，独自一人时也要尽量避开这一地区，该地区大致以3rd Alameda St、7th St和Main St为界。

上网

几乎所有的咖啡馆都有自己的Wi-Fi，只要进店消费就能使用（有时可免费使用）。

洛杉矶公共图书馆（Los Angeles Public Library；（☎213-228-7000；www.lapl.org；630 W 5th St；⏲周一至周四 10:00~20:00，周五和周六 至17:30；@📶）有免费的Wi-Fi和公用电脑。可打电话或上图书馆官方网站查询分馆的位置和开放时间。

圣莫尼卡公共图书馆（Santa Monica Public Library；☎310-458-8600；www.smpl.org；601 Santa Monica Blvd，Santa Monica；⏲周一至周四 10:00~21:00，周五和周六 至17:30，周日 13:00~17:00；@📶）有免费的Wi-Fi和公用电脑。

媒体

KCRW 89.9FM（www.kcrw.org）国家公共广播电台（NRP），播送先锋音乐、新闻和公共节目。

KPCC 89.3FM（www.kpcc.org）国家公共广播电台，播出英国广播公司（BBC）的节目及南加州的知识型清谈节目。

《洛杉矶周刊》（*LA Weekly*；www.laweekly.com）每周提供免费的另类新闻、艺术和娱乐报道，还附有当前活动的日历。

《洛杉矶杂志》（*Los Angeles Magazine*；www.lamag.com）生活休闲类月刊，附有实用的餐馆指南。

《洛杉矶时报》（*Los Angeles Times*；www.latimes.com）普利策奖得主，除了出版日报外，还有一个资讯丰富的网站。

医疗服务

Cedars-Sinai Medical Center（☎310-423-3277；cedars-sinai.edu；8700 Beverly Blvd，West Hollywood）有24小时急诊室。

现金

TravelEx（☎310-659-6093；www.travelex.com；US Bank，8901 Santa Monica Blvd，West Hollywood；⏲周一至周四 9:30~17:00，周五 9:00~18:00，周六 9:00~13:00）在好莱坞、中城和圣莫尼卡均设有分行，但只在周一至周五营业。

电话

洛杉矶县有多个电话地区号。拨所有当地7位数字的电话号码前都要先拨☎1+（电话地区号）。

实用信息

比弗利山游客中心（Beverly Hills Visitor Center；见80页地图；☎310-248-1015；www.lovebeverlyhills.com；9400 S Santa Monica Blvd，Beverly Hills；⏲周一至周五 9:00~17:00，周六和周日 10:00起）

洛杉矶市中心游客信息中心（Downtown LA Visitor Information Center；见72页地图；discoverlosangeles.com；800 N Alameda St，Union Station；⏲周一至周五 9:00~17:00）

好莱坞游客信息中心（Hollywood Visitor Information Center；见78页地图；☎323-467-6412；discoverlosangeles.com；Hollywood & Highland complex，6801 Hollywood Blvd；⏲周一至周六 10:00~22:00，周日 至19:00）

圣莫尼卡游客中心（Santa Monica Visitor Center；见84页地图；☎800-544-5319，310-393-7593；www.santamonica.com；1920 Main St，Santa Monica；⏲周一至周五 9:00~17:30，周六和周日 至17:00）圣莫尼卡码头、帕利萨德斯公园（Palisades Park）和Third St Promenade都设有信息亭。

网络资源

Daily Candy LA（www.dailycandy.com/losangeles/）关于洛杉矶日常生活的简单介绍。

Discover Los Angeles（discoverlosangeles.com）官方旅游信息网站。

Experience LA（www.experiencela.com）详细的文化活动日历。

LAist（laist.com）艺术、娱乐、美食、活动及流行文化的八卦新闻。

LA Observed（www.laobserved.com）新闻博客，经常报道被主流媒体遗漏的独家新闻。

到达和离开

飞机

洛杉矶国际机场（Los Angeles International Airport, LAX；☎310-646-5252；www.lawa.org/lax；1 World Way；📶）是洛杉矶的门户枢纽，也是美国第二繁忙的机场。A线免费接驳班车往来于9个航站楼之间，它会停靠在到达大厅的楼层。酒店班车和汽车租赁处也在同一楼层。

规模较小的**长滩机场**（Long Beach Airport）和伯班克的**鲍勃·霍普机场**（Bob Hope Airport, BUR；☎818-840-8840；www.burbankairport.com；2627 N Hollywood Way）主要运营美国国内航班。

长途汽车

灰狗巴士的**总站**（☎213-629-8401；www.greyhound.com；1716 E 7th St）位于洛杉矶市中心一处不太好的区域内，所以避免在天黑之后到达这里。如果非得在夜晚时候抵达，最好在巴士站内叫出租车。

小汽车

在洛杉矶国际机场及洛杉矶各处都可找到常见的国际汽车租赁公司。

火车

美国国家铁路公司的长途列车停靠在洛杉矶市中心历史悠久的**联合车站**（Union Station；☎800-872-7245；www.amtrak.com；800 N Alameda St）。"太平洋冲浪者"号区域火车开往南方的圣迭戈（$37，2小时45分钟）及北方的圣巴巴拉（$25~30，3小时）和圣路易斯-奥比斯波（$40，5.5小时）。

当地交通

抵离机场

在洛杉矶国际机场，提供上门接送服务的公司有**Prime Time**（☎800-733-8267；www.primetimeshuttle.com）和**Super Shuttle**（☎800-258-3826；www.supershuttle.com）。汽车从机场航站楼的底层出发，常规的目的站点包括圣莫尼卡（$19）、好莱坞（$25）和洛杉矶市中心（$16）。**Disneyland Express**（☎714-978-8855；graylineanaheim.com；单程/往返 $22/32；⊙7:30~22:30）至少每小时发1班车，往返于洛杉矶国际机场和迪士尼乐园各酒店之间，家庭往返套票为$99。

在机场时，路边的调度人员会为你安排出租车。从机场到洛杉矶市中心或圣莫尼卡的收费标准是统一的，到洛杉矶市中心的车费为$46.5，到圣莫尼卡则需要$30~35。此外，前往好莱坞的打表计程费用（包括$4机场附加费）$45~55，前往迪士尼乐园的车费则可达$90，小费另计。

LAX Flyaway Buses（☎866-435-9529；www.lawa.org；单程 $7）每天从凌晨6点到晚上11点每30分钟发一趟车直达西木区（$10，25~45分钟），24小时都有开往洛杉矶市中心联合车站（$7，30~50分钟）的公共汽车。

其他公共交通工具的速度较慢，不太方便，但价格便宜。在每个机场航站楼的底层都能乘坐免费班车C线前往大都会公交中心（Metro Bus Centre），那是通往洛杉矶各个地区的公共汽车的枢纽站。也可乘搭班车G线到航空站（Aviation Station）乘搭绿线（Metro Green line）轻轨列车，然后在威洛布鲁克站（Willowbrook Station）转乘蓝线（Blue Line）前往洛杉矶市中心及长滩。

小汽车和摩托车

在洛杉矶开车并不算难事（可以借助GPS设备导航），但在工作日高峰时段（约为7:30~9:00和16:00~18:30），郊区的交通状况可能非常糟糕，要做好心理准备。

汽车旅馆通常自带免费停车位；大部分酒店收取$10~35不等的停车费。餐厅、酒店、夜总会通常都提供代客泊车服务，平均收费在$3~10。

公共交通

如果你不赶时间，可以考虑使用公共交通工具出行。公交系统覆盖了洛杉矶大部分旅游街区，但未必能从一个景点直达另一个景点。

DASH小型公共汽车（☎323-808-2273，213-808-2273；www.ladottransit.com；车费 50¢；⊙6:00~19:00）穿梭于洛杉矶市中心、好莱坞和卢斯费利斯。圣莫尼卡的**Big Blue Bus**（☎310-451-5444；www.bigbluebus.com；车费 $1起）覆盖西木区、威尼斯及洛杉矶国际机场等大部分西洛杉矶区域。它的Freeway Express10号快车连接圣莫尼卡和洛杉矶市中心（$2，1小时）。

当地知识

无车洛杉矶

"洛杉矶人都不走路"(Nobody walks in LA)是20世纪80年代的乐队Missing Persons一首广为流行的歌曲。当年的确是这样。不过,洛杉矶居民受够了拥挤的交通拥挤、雾霾和高昂的油价,这个曾经定义了汽车文化的城市如今开始发展出了另一种交通工具文化。洛杉矶社区的人口日益稠密,步行、骑自行车及乘搭公共交通工具更加合适。

地铁红线从洛杉矶市中心通往韩国城、好莱坞和环球影城。在这些充满艺术气息的地铁站中找一个作为据点,你或许根本就不需要用到汽车。无限次乘搭车票(每日$5)非常实惠,加上洛杉矶那出了名的交通路况,乘搭地铁往往比搭乘路面交通工具能够更快抵达目的地。

虽然洛杉矶有意建造过海地铁,但目前你还是只能搭乘公共汽车前往中城、比弗利山、西木和圣莫尼卡。从红线(Wilshire/Vermont站)或紫线(Wilshire/Western站),换乘大都会快线720公交车即可,该班车只在Wilshire Blvd沿线的少数车站停靠。更多详情,可浏览www.metro.net。

洛杉矶的**大都会交通**(Metro;☎323-466-3876;www.metro.net)能帮你规划旅行线路,它旗下包括了约200条公交线路及以下6条地铁和轻轨线路:

蓝线 市中心(7th St/Metro Center)到长滩。

博览会线 市中心(7th St/Metro Center)到卡尔弗城,途经博览会公园。

金线 联合车站到帕萨迪纳和东洛杉矶。

绿线 诺瓦克(Norwalk)到雷东多海滩(Redondo Beach)。

紫线 市中心到韩国城。

红线 市中心(联合车站)到北好莱坞,途经好莱坞和环球影城。

地铁或公交车的票价为$1.5。乘搭公交汽车时,需提前准备好零钱,并在上车时向司机索要换乘票。注意,在地铁和公共汽车之间换乘不是免费的。使用大都会TAP卡可以无限次乘车,一日卡/周卡/月卡的价钱分别为$5/20/75。在车站的自动售票机可购买地铁票和TAP卡,或是在www.metro.net查询购票地点。

出租车

除了可在机场、火车站、公交车站及主要的大酒店门口排队等候出租车外,最好还是打电话叫车。按里程计费的出租车起步价为$2.85,每英里加收$2.70。出租车接受主流信用卡,只是有时候司机会不太情愿。

Checker(☎800-300-5007;ineedtaxi.com)

Independent(☎800-521-8294;taxi4u.com)

南加利福尼亚州海岸(SOUTHERN CALIFORNIA COAST)

迪士尼乐园和阿纳海姆(Disneyland & Anaheim)

迪士尼乐园是西海岸的首个主题公园,也享有"地球上最快乐的地方"的美誉。迪士尼乐园是一片纯净的乐土,一个充满魅力的童话天堂,一个充满荒诞不经的童话气息的平行世界。相对于佛罗里达州的迪士尼世界,加州的迪士尼乐园面积较小,多少显得有些低调。很多旅行者并不知道,事实上这才是沃尔特·迪士尼的第一个迪士尼主题公园。他心目中的"神奇游乐园"是一个父母和孩子能一起尽情玩乐的地方。除了构想乐园内的瀑布、城堡和巨大的茶杯外,迪士尼还是一个务实的商人,他选择将他的梦幻乐园建在交通便利的地方,让人们能方便地从洛杉矶都市区来到这里。

迪士尼乐园于1955年盛大开幕,阿纳海姆这个平凡的城市也随之发展了起来。如今,迪士尼乐园度假区(Disneyland Resort)包括了原本的迪士尼主题乐园和新设立的加州冒险乐园(California Adventure Park)。除了迪士尼乐园,阿纳海姆这个城市本身缺少可吸引旅行者的特色。

◉ 景点和活动

你可以用一天的时间游览任何一个**主题**

乐园(☎714-781-4636; www.disneyland.com; 1313 Harbor Blvd; 成人/3~9岁儿童 一日票 $92/86, 双园两日票 $210/197; ⊙每日, 时间随季节调整), 但要玩遍其中所有的娱乐项目至少需要两天, 因为热门的游乐设施可能需要你等上一个小时或是更久才能坐上。为了减少等待的时间(特别是在夏季), 你可以选择在周中来, 并在开门前就到达, 此外最好提前上网买好可自行打印的门票, 使用公园的Fastpass系统预先安排好部分游乐设施和景点的游览时间。可上网查询季节性的开放时间以及游行、演出和燃放烟花的时间表。两个主题公园的门票、联络信息及开放时间相同, 双园通票(park-hopper)价格高一些, 但可游览两个主题公园。

迪士尼乐园 主题公园

(Disneyland Park; 👪)朝气蓬勃、无可挑剔的迪士尼乐园依然是按照沃尔特的最初规划设计的: **美国大街**(Main Street USA)是一条美丽的步行道, 两旁林立着老式的冰激凌店和商店, 这里也是进入迪士尼乐园后的第一站。街道的尽头是**睡美人城堡**(Sleeping Beauty Castle)。城堡是整个迪士尼乐园的地标, 同时也是拍照留念的必选之地, 在公园的各个地方都可以望见其高高耸立的蓝色尖顶。

迪士尼乐园中的娱乐设施及主题区都是以睡美人城堡为中心, 沿着如车轮辐条般向外发散的道路依次分布。虽然孩子们会迫不及待地奔向各个游乐设施, 大人们却可选择在距主园入口处不远的**Disneyland Story**欣赏老照片和历史展。

幻想世界(Fantasyland)是最有可能遇到盛装打扮的公主和其他卡通人物的地方。著名的疯帽子旋转杯(Mad Tea Party)、小小世界(It's a small world)和小飞侠天空之旅(Peter Pan's Flight)等游乐设施也都在这里。如果想要追求速度的快感, 可以直接去明日世界(Tomorrowland)乘坐刺激的云霄飞车呼啸着穿过太空山(Space Mountain), 来一趟海底总动员潜艇历险(Finding Nemo Submarine Voyage)或是见识一下星球大战(Star Wars)的绝地训练学院(Jedi Training Academy)。

探险世界(Adventureland)里最受欢迎的游乐设施是印第安纳·琼斯冒险之旅(Indiana Jones Adventure)。附近的**新奥尔良广场**(New Orleans Square)也有很多好玩的景点, 如幽灵公馆(Haunted Mansion)——对于年龄较大的孩子来说并不可怕; 你还可乘坐加勒比海盗船(Pirates of the Caribbean), 途中炮弹穿梭, 水花四溅, 姑娘们被拍卖, 机械杰克船长(Jack Sparrow)更是栩栩如生。霹雳过山车(Big Thunder Mountain Railroad)是园内的另一大热门过山车项目, 位于牛仔主题的**灰熊山谷**(Frontierland)。

值 得 一 游

诺氏百乐坊乐园

什么? 迪士尼乐园还不能满足你吗? 那就到**诺式百乐坊乐园**(Knott'S Berry Farm; ☎714-220-5200; www.knotts.com; 8039 Beach Blvd, Buena Park; 成人/儿童 $60/31; ⊙每天10:00起, 关门时间 因季节而异, 18:00~23:00; 👪)寻找更多刺激的项目和棉花糖吧。这个以西部老镇为主题的游乐园里满是考验胆量的刺激项目, 最适合热爱急速感的青少年。让人胆战心惊的设施包括回旋“尖叫机”(Boomerang scream machine)、木制幽灵骑士(GhostRider)及以20世纪50年代为主题的Xcelerator。不足10岁的儿童可在史努比乐园(Camp Snoopy)找到惊吓指数较低的游乐设施。在9月下旬至10月下旬, 该乐园将变身为以万圣节为主题的“诺氏恐怖农场”(Knott's Scary Farm)。

当夏天的热潮来袭, 你可以直奔毗邻的**奥兰治县漫水城水上公园**(Soak City OC; ☎714-220-5200; www.soakcityoc.com; 8039 Beach Blvd, Buena Park; 成人/3~11岁儿童 $35/25; ⊙5月中旬至9月中旬 10:00~17:00、18:00或19:00)。提前上网购买并打印两个主题公园的联票, 即省时间又省钱。停车费为$15。

如果你的孩子年龄太小，那就去**米老鼠卡通城**（Mickey's Toontown）和**动物天地**（Critter Country），全家一起在飞溅山（Splash Mountain）体验一次圆木漂流之旅吧。

迪士尼加州冒险乐园 主题公园

（Disney's California Adventure，DCA；）冒险乐园是迪士尼度假村中面积较大但人流较少的园区，展现了黄金州（Golden State，加州的别称）辉煌的自然景观和流行文化。这里的游乐设施相对较少，也不走温馨梦幻的路线。园内最有名的游乐设施是飞跃加州（Soarin' Over California）虚拟悬挂式滑翔机；还有著名的迷离境界恐怖魔塔（Twilight Zone Tower of Terror），这是一种自由落体游乐设施；以及激浪漂流项目灰熊河漂流（Grizzly River Run）。

年纪较小的孩子一定会喜欢虫虫世界（A Bug's Land）和水乡温泉镇赛车（Radiator Springs Racers），该轨道过山车游乐设施模拟了电影《汽车总动员》（*Cars*）中66号公路的风景。天黑后，到天堂湾（Paradise Bay）欣赏色彩世界（World of Color）壮观的灯光、音响和特效。

住宿

在阿纳海姆周边可以找到许多便宜的连锁汽车旅馆和酒店。

HI Fullerton 青年旅舍 $

（714-738-3721；www.hiusa.org；1700 N Harbor Blvd，Fullerton；铺 $24~27；6月中旬至9月上旬；）位于迪士尼乐园以北6英里处，这个前身是乳牛场的两层楼庄园内设有20张床铺，分混合及单性宿舍。房费包含欧式早餐。附近就有公共汽车站。

Hotel Menage 酒店 $$

（714-758-0900；www.hotelmenage.com；1221 S Harbor Blvd；房间 $100~200；）这家时尚的现代酒店位于I-5州际公路旁，以皮质床头板、液晶电视和一些沙发床营造一种都市氛围。在迪士尼的“老鼠之家”（Mouse House）逛了一天后，可到池畔的夏威夷风情酒吧里轻松一下。

Alpine Inn 汽车旅馆 $$

（714-772-4422；www.alpineinnanaheim.com；715 W Katella Ave；房间 含早餐 $79~149；）媚俗的玩家会喜欢这个高山小屋，其A形椽木屋顶覆盖着人造雪和冰柱。小小的客房内拥有各种现代化的设备，但最诱人的是，它就位于迪士尼乐园度假区的正门外。

Paradise Pier Hotel 酒店 $$$

（咨询 714-999-0990，订房 714-956-6425；disneyland.disney.go.com/paradise-pier-hotel；1717 S Disneyland Dr；双 $240起；）阳光明媚的Paradise Pier Hotel是冲浪的天堂，它是迪士尼乐园三大度假酒店中最明亮、最逍遥自在的一家。这里有耀眼的颜色、海滩男孩（Beach Boys）的音乐、充满活力的员工和设有滑水梯的天台泳池。入夜后还可以欣赏烟花。步行约10分钟可达迪士尼小镇（Downtown Disney）。

餐饮

主题公园里有数十个餐饮场所。到主题公园游玩的乐趣之一就是在小吃摊品尝巨型火鸡腿和撒上糖的油炸面包。

想了解迪士尼乐园度假区餐厅的信息或预订桌位，请致电**Disney Dining**（714-781-3463；disneyland.disney.go.com/dining）。迪士尼乐园内禁售酒精饮料，但可在加州迪士尼探险乐园及迪士尼小镇购得。精打细算及带孩子的旅行者可将自己带来的食物和饮料（禁止使用玻璃容器）寄存在迪士尼美国大街（Main Street USA）、加州迪士尼探险乐园布耶纳维斯塔街（Buena Vista Street）及两个主题公园大门外的储物柜里（$7~15）。

迪士尼小镇（Downtown Disney；disneyland.disney.go.com/downtown-disney/；每天，时间因季节而异）是毗邻公园的露天步行购物街，这里有普通但适合家庭用餐的连锁餐馆。公园东面的户外购物街**阿纳海姆花园大道**（Anaheim GardenWalk；www.anaheimgardenwalk.com；321 W Katella Ave；11:00~21:00，部分餐厅开门较晚）也有不少同类选择。如果你想避开米老鼠食物，可驱车前往古香古色的**奥兰治老城**（Old Towne Orange；东南方向7英里）、**小阿拉伯**（Little Arabia；向西3英

里）或**小西贡**（Little Saigon；西南方向12英里）。

Earl of Sandwich 熟食 $

（www.earlofsandwichusa.com；Downtown Disney；菜肴 $2~8；周日至周四 8:00~23:00，周五和周六 至24:00；）门口一般会排起长队，但漫长的等待是值得的，因为这里有迪士尼小镇最便宜的食物：冷热三明治、卷饼、沙拉、汤，以及新鲜烘焙的热乎乎的饼干。

Café Orleans 路易斯安那菜、克里奥尔菜 $$

（Disneyland Park；主菜 $15~20；因季节而异；）位于迪士尼乐园内的新奥尔良广场（New Orleans Sq）上，这家自助式南部风味餐馆供应什锦饭和秋葵汤、煎基督山三明治，并为顾客提供地道的薄荷鸡尾酒。接受预订。

Napa Rose 加利福尼亚菜 $$$

（Grand Californian Hotel；主菜 $38~45，4道菜晚餐套餐 $90起；17:30~22:00；）Napa Rose是迪士尼乐园的顶级餐馆，食客可以坐在极具工匠风格的用餐区里用餐，高挑的天花板和彩色玻璃窗营造出别样的氛围。主厨精心设计了品味套餐，将时令食材和加州酿制的葡萄酒完美搭配。需预订。

Catal Restaurant & Uva Bar 地中海菜 $$$

（714-774-4442；www.patinagroup.com/catal；Downtown Disney；主菜 早餐 $10~15，晚餐 $23~41；8:00~22:00；）想要品尝一些精致但简单的美食？到迪士尼小镇一边品尝地中海风味的小吃和烧烤，一边轻啜鸡尾酒和精酿啤酒吧。需要提前预订，尤其是阳台位。

实用信息

可在迪士尼乐园正门外租用婴儿推车（一日$15），也可寄放宠物笼（一日$20）。

阿纳海姆/奥兰治县游客与会展局（Anaheim/Orange County Visitor & Convention Bureau；www.anaheimoc.org）该网站提供免费旅游规划服务及智能手机应用程序下载。

迪士尼乐园大会堂（Disneyland City Hall；714-781-4565；Main Street USA）主题公园游客信息中心之一，可以兑换外币。

MousePlanet（www.mouseplanet.com）提供包括新闻、信息更新、旅游规划及论坛的一站式资源网站。

MouseWait（www.mousewait.com）免费手机应用程序，实时更新园内的情况和游乐设施的等待时间，可准确到分钟。

Touring Plans（touringplans.com）提供在线的客流日历和免费的手机应用程序，可查询主题公园行程、等待时间和餐馆菜单等信息。

到达和当地交通

迪士尼乐园度假区紧邻I-5州际公路（Santa Ana Fwy），位于洛杉矶市中心东南方约30英里处。当你接近该地区时，公路标识牌会指明前往迪士尼主题公园、酒店或阿纳海姆街道的出口。

在阿纳海姆，大约每小时会有一班美国国家铁路的列车开往洛杉矶的联合车站（$14，40分钟）和圣迭戈（$28，2小时）。从天使体育场（Angel Stadium）旁的**火车站**（714-385-1448；2150 E Katella Ave）可乘公共汽车或出租车快速前往迪士尼乐园东部。**Metrolink**（800-371-5465；www.metrolinktrains.com）通勤列车从洛杉矶联合车站（$8.75，45分钟）发车，停靠同一站。

Anaheim Resort Transit（ART；714-563-5287；www.rideart.org；一日通票 成人/儿童 $5/2）运营的巴士往返于迪士尼乐园及多个地区的酒店和汽车旅馆之间，班次频繁。

免费电车会从迪士尼乐园度假区的主停车场（$15~20/天）出发开往迪士尼小镇。从公园步行不远即达。

奥兰治县海岸（Orange County Beaches）

如果你看过《橘子郡男孩》（*The OC*）或是《家庭主妇》（*Real Housewives*），你会认为你已经知道该对这片坐拥长达42英里漂亮海岸线并连接洛杉矶和圣迭戈的郊区期待些什么。事实上，驾驶着悍马的猛男、注射了肉毒杆菌的美女以及无拘无束的冲浪者和奇装异服的艺术家们汇聚在一起，为奥兰治县的每个海滩小镇带来了与众不同的风格。

横跨洛杉矶和奥兰治县交界处的**海豹滩**（Seal Beach）古朴而又自然，绝少商业气息，雅致的市中心很适合步行游览。沿着太平洋海岸公路（Pacific Coast Hwy，Hwy 1）南

行9英里便可到达**亨廷顿海滩**(Huntington Beach),这里又名"冲浪城"(Surf City),是加利福尼亚冲浪生活的缩影。亨廷顿市内Main St一带的酒吧和咖啡馆随处可见炸玉米饼和欢乐时光特价活动,不远处就是小型的**冲浪博物馆**(surfing museum; ☎714-960-3483; www.surfingmuseum.org; 411 Olive Ave; 门票 捐款; ⏰周日和周一 正午至17:00,周二 至21:00,周三至周五 至19:00,周六 11:00~19:00)。

接下来是奥兰治县最时髦的海滩:满目游艇的**纽波特海滩**(Newport Beach)。家庭旅行者和少年则会直奔巴尔博亚半岛(Balboa Peninsula),因为那里有迷人的海滩、古老的木质码头和有趣的娱乐中心。在建于1906年的巴尔博亚馆(Balboa Pavilion)附近,**巴尔博亚岛游轮**(Balboa Island Ferry; www.balboaislandferry.com; 410 S Bay Front; 成人/儿童 $1/50¢,小汽车及司机 $2; ⏰周日至周四 6:30至午夜,周五和周六 至次日2:00)穿过海湾开往巴尔博亚岛(Balboa Island)。旅行者可在岛上漫步于独具历史风情的海滩别墅之间,或是逛逛Marine Ave两旁的精品店。

继续往南行,1号公路(Hwy 1)经**水晶湾洲州立公园**(Crystal Cove State Park; ☎949-494-3539; www.parks.ca.gov; 8471 N Coast Hwy; 每车 $15,露营地 $25~75),随后依山势蜿蜒而下来到**拉古纳海滩**(Laguna Beach),这是奥兰治县最具文化气息、最迷人的海滨社区。隐秘的海滩、像玻璃般闪耀的海浪和长满桉树的山坡使得这个海滩具有一种地中海里维埃拉(Riviera)的感觉。"村子"里狭窄的小巷和海岸公路旁到处都是艺术画廊,悬崖顶上的**拉古纳美术馆**(Laguna Art Museum; ☎949-494-8971; www.lagunaartmuseum.org; 307 Cliff Dr; 成人/儿童 $7/免费; ⏰周五至周二 一般 11:00~17:00,周四 至21:00)展出了加利福尼亚州的现代和当代美术品。到**Main Beach**去,尽情沉浸在小镇中心的自然美景当中吧。

再往南行10英里,可往内陆绕道前往**圣胡安卡比斯崔诺布道所**(Mission San Juan Capistrano; ☎949-234-1300; www.missionsjc.com; 26801 Ortega Hwy, San Juan Capistrano; 成人/儿童 $9/6; ⏰9:00~17:00)。这是加州修复得最美丽的布道所之一,有花团锦簇的花园、庭院喷泉及迷人的1778塞拉礼拜堂(Serra Chapel)。

食宿

太平洋海岸公路(1号公路)沿线靠海的汽车旅馆和酒店贵得吓人,特别是在夏天的周末。沿着高速公路朝内陆方向开,可以找到比较划算的住宿地。

★Crystal Cove Beach Cottages 小屋 $$

(☎预订 800-444-7275; www.crystalcovebeachcottages.com; 35 Crystal Cove, Newport Beach; 房间 无浴室 $42~127,小屋 $162~249; ⏰入住 16:00~21:00; 👪)要想入住水晶湾州立公园这些建于20世纪中叶的海滨历史小屋,必须要提前7个月预订,并且要在当月的第一天就预订,否则就只好祈祷有人临时取消预订了。

Shorebreak Hotel 精品酒店 $$$

(☎714-861-4470; www.shorebreakhotel.com; 500 Pacific Coast Hwy, Huntington Beach; 房间 $189~495; ❄@📶🐾)时髦的酒店,冲浪礼宾、大堂的懒人沙发、几何图案装饰的客房,样样都让人开心。日落时分可以到楼上的阳台享用鸡尾酒。停车费$27。

Zinc Cafe & Market 健康食品 $

(www.zinccafe.com; 350 Ocean Ave, Laguna Beach; 主菜 $6~11; ⏰市场 7:00~18:00,咖啡馆 7:00~16:00; 🌱)可能是令人愉快的橙红色墙

不要错过

拉古纳艺术节

哦,那副画是不是刚动了一下?欢迎来到**大师盛会**(Pageant of the Masters; ☎800-487-3378; 门票 $15起; ⏰7月中旬至8月 每日 20:30),人们会在户外搭起舞台,重建名画中的经典场景,而盛装打扮的人们则会步入其中,重现名画韵味。1933年,大师盛会首次出现,当时它还只是**拉古纳艺术节**(Festival of Arts; www. foapom.com; 门票 $7~10; ⏰7月和8月 通常为10:00~23:30)上的穿插小表演,之后却成为了最具吸引力的项目。我们最喜欢的部分是看着画作被拆解。

壁，抑或是户外的院子，吸引了年轻漂亮的人们前来光顾。全素的咖啡馆菜单包括了早餐时段的乳蛋饼和午餐时段的现烤小比萨、现采现做的沙拉和美味三明治。

Bear Flag Fish Company 海鲜 $$

(☎949-673-3434; www.bearflagfishco.com; 407 31st St, Newport Beach; 菜肴 $8~15; ⊙周二至周六 11:00~21:00，周一和周日 至20:00; 👪)海鲜市场烹调出最新鲜的牡蛎、鱼肉玉米饼、夏威夷风味的鱼生沙拉(poke)和其他各式菜肴。从冷柜里挑出你要的食材即可。排队的队伍很长，只收现金。

圣迭戈(San Diego)

圣迭戈人自豪地宣扬他们的家乡为“美国最好的城市”。自命不凡？或许吧，但原因也很简单：这里气候温和怡人，海岸最高气温终年徘徊在68℉(20℃)，海滩都很近，开车很快就能到达。圣迭戈的人口(约130万)使它成为美国第八大城市、加利福尼亚第二大城市(仅次于洛杉矶)。不过，我们实在想不出还有哪个大都市比这里更加悠闲惬意。

自从第二次世界大战期间日本偷袭珍珠港，促使美国海军将美国太平洋舰队从夏威夷迁至圣迭戈的天然海港后，这片地区就蓬勃发展起来。军事、旅游、教育、科研(特别是医药和海洋学)，外加高科技公司在内陆峡谷地区的迅速崛起，都促进了圣迭戈的发展。尽管紧邻美国和墨西哥之间的边境线，但圣迭戈似乎比它的加州伙伴们更加美国化。

景点

紧凑小巧的圣迭戈市中心以历史悠久的煤气灯街区(Gaslamp Quarter)为核心，每到入夜后就像蜂巢一样拥挤。西南方是壮观的大桥，将科罗纳多岛(Coronado)和圣迭戈紧密地联系在了一起，而北边则是拥有众多博物馆的巴尔博亚公园[Balboa Park; 圣迭戈动物园(San Diego Zoo)的所在地]。位于公园西北方一侧的是希尔克雷斯特(Hillcrest)，城中同性恋者的聚集地，这里的餐厅、精品店、书店、酒吧和咖啡厅对待所有客人都一视同仁，满怀热情。从这里向西就是以旅游观光为主的旧城区(Old Town)，以及米申湾(Mission Bay)的水上游乐场。

沿着海岸走，你可以在海洋海滩(Ocean Beach)、米申海滩(Mission Beach)和太平洋海滩(Pacific Beach)享受到梦寐以求的南加州悠闲生活，而美丽的拉霍亚(La Jolla)更是享有得天独厚的地理位置。再往北，北郡(North County)的海滩小镇海纳百川，连成了一线：豪华的德尔玛(Del Mar)、富于设计感的索拉纳海滩(Solana Beach)、新时代的恩西尼塔斯(Encinitas)和繁花似锦的卡尔斯巴德(Carlsbad)——乐高乐园的所在地。I-5州际公路由南至北贯穿该地区。

市中心和内河码头(Downtown & Embarcadero)

19世纪60年代，阿隆佐·霍顿(Alonzo Horton)对这里进行了极富创造力的大规模开发，并取名为“新城”(New Town)，这就是现在的圣迭戈市中心。市中心的主街道5th Ave曾因充斥着小酒吧、赌场和妓院而臭名昭著，被称为“黄貂鱼”(Stingaree)。如今，“黄貂鱼”已经改头换面，成为了令人激动的游乐场，连名字也都改成了**煤气灯街区**(Gaslamp Quarter)，遍布餐厅、酒吧、俱乐部、精品店和画廊。

城北的**小意大利**(Little Italy; www.littleitalysd.com)是城里最时髦的地方之一，人们喜欢在这里居住、吃饭和购物。**India St**是这个街区的主街道。

★中途岛号博物馆 博物馆

(USS Midway Museum; 见104页地图; ☎619-544-9600; www.midway.org; 910 N Harbor Dr; 成人/儿童 $19/10; ⊙10:00~17:00，最迟入场时间 16:00; 🅿👪)踏上20世纪美国海军服役年限最长的航空母舰(1945~1991年)。在这里，游人可以通过参加自助语音导览游来参观这艘庞然大物的船员舱、厨房、医务室和停放着各种军用飞机的飞行甲板，其中还有一架F-14雄猫(Tomcat)战斗机。飞行模拟体验须另付费。停车费为$5~20。

★海事博物馆 博物馆

(Maritime Museum; 见104页地图; ☎619-234-9153; www.sdmaritime.org; 1492 N Harbor Dr; 成人/

Greater San Diego 大圣迭戈

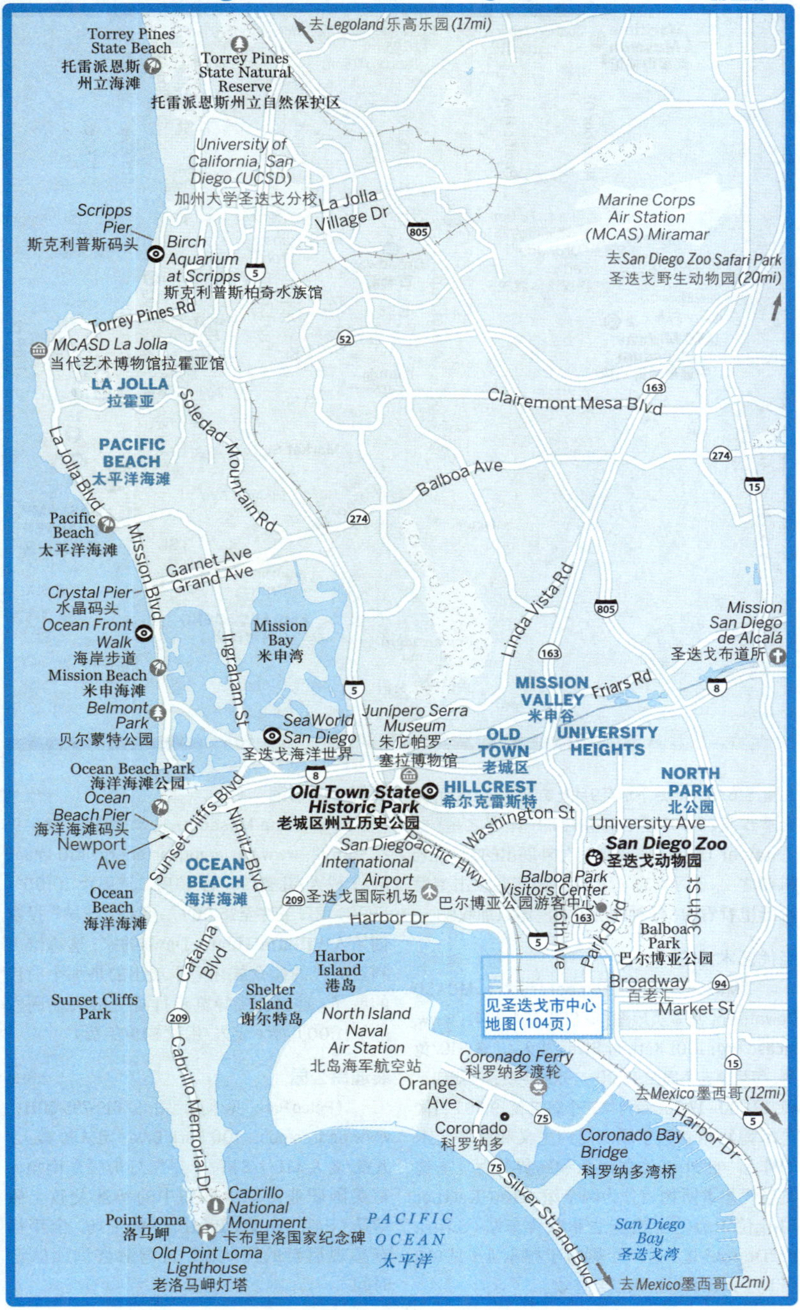

Downtown San Diego 圣迭戈市中心

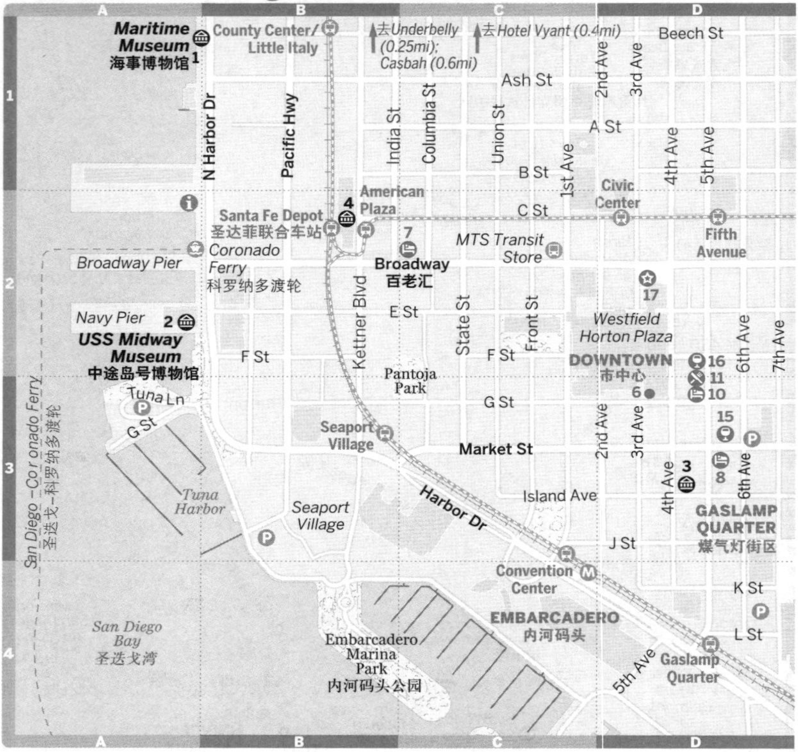

儿童 $16/8; ⌚5月下旬至9月上旬 9:00~21:00，其余季节 至20:00）建于1863年的“印度之星”号（Star of India）是博物馆对外展出的7艘古老帆船之一。千万别忘了下到B-39苏联攻击型潜水艇里看看。45分钟的历史海湾游只加收$5。

当代艺术博物馆 博物馆

（Museum of Contemporary Art，MCASD Downtown；见本页地图；☎858-454-3541；www.mcasd.org；1001 Kettner Blvd；成人/儿童 $10/免费，每月第三个周四 17:00~19:00免费；⌚周四至周二 11:00~17:00，每月第三个周四 至19:00）当代艺术博物馆着重于展出简约主义和波普艺术的作品，此外也关注概念和跨界作品。圣迭戈当代艺术博物馆分为两个馆，1100 Kettner Bldg位于历史建筑圣达菲联合车站（Santa Fe Depot）里，另一个则位于拉霍亚（见108页）。门票两馆通用，7天有效。

煤气灯博物馆 博物馆

（Gaslamp Museum；见本页地图；☎619-233-4692；www.gaslampquarter.org；410 Island Ave；成人/儿童 $5/4；⌚周二至周六 10:00~17:00，周日 正午至16:00）一度是“新城”投资创始人William Heath Davis的家，这栋维多利亚时代的盐盒式住宅里展出的是那个时代的展品。地区历史导览步行游一般会在周六上午11:00开始（成人/儿童 $15/免费）。

裴迪哥公园 体育场

（Petco Park；见本页地图；☎619-795-5011；www.padres.com；100 Park Blvd；团队游 成人/儿童/老人 $11/7/8）位于煤气灯街区东南角，是美国职业棒球大联盟中的圣迭戈教士棒球队（San Diego Padres）的主场。全年都有参观后台的团队游。可电话咨询团队游时间。

Downtown San Diego 圣迭戈市中心

重要景点

1 海事博物馆 A1
2 中途岛号博物馆 A2

景点

3 煤气灯博物馆 D3
4 当代艺术博物馆 B2
5 裴迪哥公园 E4

活动、课程和团队游

6 Another Side of San Diego D3

住宿

7 500 West Hotel C2
8 HI San Diego Downtown Hostel D3
9 Hotel Indigo E3
10 USA Hostels San Diego D3

就餐

11 Cafe 21 .... D3
12 Hodad's E2
13 Neighborhood E3

饮品和夜生活

14 Noble Experiment E3
15 Prohibition D3
16 Tipsy Crow D2

娱乐

17 Arts Tix D2

科罗纳多 (Coronado)

严格来说，科罗纳多岛是半岛，高大的弧形大桥将科罗纳多岛和大陆连接了起来。这里最著名的景点是科罗纳多酒店（Hotel del Coronado；见109页），以其海边维多利亚风格的建筑和显赫的访客簿而闻名——托马斯·爱迪生（Thomas Edison）、布拉德·皮特（Brad Pitt）和玛丽莲·梦露都赫然在列，而经典电影《热情似火》（*Some Like it Hot*）中的迈阿密酒店就是换用了它的外景。

科罗纳多渡轮（Coronado Ferry；见104页地图；☎619-234-4111；www.sdhe.com；船票$4.25；⏲9:00~22:00）每小时从内河码头的百老汇码头（Broadway Pier；990 N Harbor Dr）和市中心的圣迭戈会展中心（San Diego Convention Center）出发。到港的渡轮都停靠在科罗纳多1st St街尾，这里有间**Bikes & Beyond**（☎619-435-7180；hollandsbicycles.com；1201 1st St，Coronado；小时/日租金 $7/25起；⏲9:00至日落）出租游艇和双人自行车，最适合游览科罗纳多南面沿着**银色海滨**（Silver Strand）铺开来的众多海滩。

巴尔博亚公园 (Balboa Park)

巴尔博亚公园就是一个都市绿洲，汇集了10多座博物馆、风格各异的花园和建筑、演艺场所和一个动物园。广场周围及东西向的El Prado步行街两旁林立着众多布杂艺术风格建筑（建于20世纪初）及西班牙殖民时期建筑（世界博览会遗留下来的）。

可在巴尔博亚公园游客中心（Balboa Park Visitors Center；见113页）获取地图、活动信息和优惠券。周末时，紧邻Park Blvd

的免费停车场会瞬间爆满。从市中心出发可搭乘MTS的7路公共汽车（$2.25，20分钟）。园内有免费游览电车，但其实在植物园里散步更有趣。一路走来你会经过**史普瑞克管风琴馆**（Spreckels Organ Pavilion）、西班牙村艺术中心（Spanish Village Art Center）的商店和画廊，以及**联合国大厦**（United Nations Building）的国际主题展示屋。

★圣迭戈动物园 动物园

（San Diego Zoo；☎619-231-1515；www.sandiegozoo.org；2920 Zoo Dr；成人/儿童 $44/34；⏰6月中旬至9月上旬 9:00~21:00，其余时间 至17:00或18:00；P 👪）🌿无论是地上滑行的、爬的、跳来跳去的，还是水里游的、天上飞的，你都有机会在这座世界著名的动物园里看到它们。园内展区包括澳洲内陆（Australian Outback）和熊猫谷（Panda Canyon），在这片风景如画的环境中，共栖息着800多种共计4000多只动物，门票包括一趟35分钟的双层巴士导览游。如果你想来一场野生动物寻踪之旅，近距离看看活生生的动物们，则可以购买联票，一并游览位于埃斯孔迪多（Escondido）的圣迭戈野生动物园（San Diego Zoo Safari Park；见114页）。

人类博物馆 博物馆

（Museum of Man；☎619-239-2001；www.museumofman.org；Plaza de California，1350 El Prado；成人/儿童 $12.50/5；⏰10:00~16:30）巴洛克风格的**加利福尼亚大厦**（California Building）顶端矗立着一座铺着蓝黄砖的眩目高塔，而人类博物馆就位于这栋大厦内。馆内收藏有来自美洲各地的世界级的陶器、珠宝、篮子和人类学文物。博物馆后面的**老环球剧院**（Old Globe theaters）是一座颇具历史意义的剧场，有3个舞台，也是夏季莎士比亚戏剧节（Shakespeare Festival）的举办地。

圣迭戈航天航空博物馆 博物馆

（San Diego Air & Space Museum；☎619-234-8291；www.sandiegoairandspace.org；2001 Pan American Plaza；成人/儿童 $18/7；⏰6月至8月 10:00~17:30，9月至次年5月 至16:30；👪）博物馆的亮点是阿波罗9号驾驶舱原件和一架查尔斯·林德伯格（Charles Lindbergh）的圣路易斯精神号（Spirit of St Louis）的复制品。体验飞行模拟器另计费。

圣迭戈自然历史博物馆 博物馆

（San Diego Natural History Museum；☎619-232-3821；www.sdnhm.org；1788 El Prado；成人/儿童 $17/11；⏰10:00~17:00；👪）你可以在这里看到恐龙骸骨、在黑暗中闪闪发光的蝎子，以及冰河时期的化石。这里还有一个拥有超大屏幕的3D电影院，定时播放自然主题的电影，非常适合阖家同游。

亭肯艺术博物馆 博物馆

（Timken Museum of Art；☎619-239-5548；www.timkenmuseum.org；1500 El Prado；⏰周二至周六 10:00~16:30，周日 13:30起）**免费** 博物馆小而精致，馆内展示的作品出自欧洲和美国艺术界的重量级人物，包括伦勃朗（Rembrandt）、塞尚（Cézanne）和西方风景画家。

圣迭戈艺术博物馆 博物馆

（San Diego Museum of Art，SDMA；☎619-232-7931；www.sdmart.org；1450 El Prado；成人/儿童 $12/4.50；⏰周一至周二和周四至周六 10:00~17:00，周日 正午起，6月至9月 周四 17:00~21:00）馆内以其欧洲早期绘画大师作品和大批美洲、亚洲艺术藏品而赢得赞誉。

国际民间艺术博物馆 博物馆

（Mingei International Museum；☎619-239-0003；www.mingei.org；1439 El Prado；成人/儿童 $8/5；⏰周二至周日 10:00~16:00；👪）馆内展出了来自世界各地的令人惊叹的民间艺术品、手工艺品和设计作品，还有一间有趣的博物馆商店。

鲁本菲利特科学中心 博物馆

（Reuben H Fleet Science Center；☎619-238-1233；www.rhfleet.org；1875 El Prado；成人/儿童 $12/10，含IMAX电影 $16/13；⏰周一至周四 10:00~17:00，周五 至20:00，周六 至19:00，周日 至18:00；👪）适合家庭参观的互动科学博物馆，喷泉附近有IMAX电影院。

圣迭戈铁路模型博物馆 博物馆

（San Diego Model Railroad Museum；☎619-696-0199；www.sdmrm.org；Casa de Balboa，

1649 El Prado；成人/儿童 $8/免费；⏲周二至周五 11:00~16:00，周六和周日至17:00；👪）全球同类博物馆中最大的一间，馆内展出了各种唤起人们无尽回忆的铁道景观模型。

老城区和米申谷 (Old Town & Mission Valley)

1769年，方济会的朱尼帕罗·塞拉（Junípero Serra）带领一批西班牙士兵和传教士在圣迭戈的要塞山（Presidio Hill）修建了加利福尼亚州21座历史布道教堂中的第一座。之后一个印第安人村庄在教堂周边发展起来。然而，后来证明，这个地方并不是修建教堂的理想之地。1774年，教堂被移至上游，更加靠近稳定的水源和肥沃的土地。

★老城区州立历史公园 古迹

（Old Town State Historic Park；☎619-220-5422；www.parks.ca.gov；4002 Wallace St；⏲游客中心和博物馆 10月至次年4月 10:00~16:00，5月至9月 10:00~17:00；P）免费 这个户外公园保存着5座原始的土坯建筑和几处由当初印第安村落改建而成的设施，包括一间校舍和一家报社。现在，大多数建筑里都有博物馆、商店或餐厅。每天11:00和14:00，游客中心会组织免费的团队游。

圣迭戈布道所 教堂

（Mission Basilica San Diego de Alcalá；☎619-281-8449；www.missionsandiego.com；10818 San Diego Mission Rd；成人/儿童 $3/1；⏲9:00~16:45；P）这个被称为加利福尼亚州"教堂之母"的布道所隐居在米申谷的一角，漂亮的修复建筑藏在九重葛花园之内。从这里可以欣赏整个山谷和海洋的景色。

朱尼帕罗·塞拉博物馆 博物馆

（Junípero Serra Museum；☎619-232-6203；www.sandiegohistory.org；2727 Presidio Dr；成人/儿童 $6/3；⏲9月中旬至次年5月 周六和周日 10:00~16:00，6月至9月中旬 周五至周日 10:00~17:00；P 👪）博物馆位于要塞山上一栋20世纪20年代的西班牙复兴风格的漂亮大楼里，多元文化的历史展呈现出城市初期的混乱之态。

洛马岬 (Point Loma)

这座漂亮的半岛位于月牙形的圣迭戈海湾（San Diego Bay）的入口处。

卡布里洛国家纪念碑 纪念碑

（Cabrillo National Monument；☎619-557-5450；www.nps.gov/cabr；1800 Cabrillo Memorial Dr；每车 $5；⏲9:00~17:00，最迟入门时间 16:30；P）你可以站在这座纪念碑前，将迷人的海湾全景尽收眼底，也可以徒步或观赏潮汐池。该碑为纪念1542年第一个来到西海岸的西班牙探险家而修建。这里的**老洛马岬灯塔**（Old Point Loma Lighthouse，建于1854年）如今成了一家小型历史博物馆。

米申湾和海滩 (Mission Bay & Beaches)

圣迭戈的三大海滩小镇均带有一丝享乐主义的意味，大批体魄健壮、晒得黝黑的人在沙滩上嬉闹。

米申湾的整体形状颇像一只阿米巴虫，在它的西侧，适合冲浪的**米申海滩**（Mission Beach）及其北边的**太平洋海滩**（Pacific Beach，又叫PB）由**海岸步道**（Ocean Front Walk）连接，由于机动车辆不能在此通行，全年都能在大道上看到大批溜冰、慢跑和骑自行车的人。米申海滩的小型公园**贝尔蒙特公园**（Belmont Park；☎858-458-1549；www.belmontpark.com；3146 Mission Blvd；游乐设施 每项 $2~6，全天票 成人/儿童 $27/16；⏲每日 11:00起，闭园时间不定；P）以其历史悠久的全木制过山车、波浪模拟器和室内游泳池吸引了不少游人。

米申湾南边的**海洋海滩**（Ocean Beach；简称OB）洋溢着浓浓的波希米亚风情，那里有钓鱼码头、沙滩排球场和不错的冲浪条件。主街**Newport Ave**上挤满了破旧的酒吧、简易小吃店和各种商店，有卖冲浪装备的、卖古着的、纹身店乃至古董店。

圣迭戈海洋世界 主题公园

（SeaWorld San Diego；☎800-257-4268；www.seaworld.com/seaworld/ca；500 SeaWorld Dr；成人/3~9岁儿童 $70/62；⏲6月中旬至8月中旬 周日至周四 9:00~22:00，周五至周六 至

23:00，其他月份开放时间较短；P 👪）在这个米申湾的四星景点待上一天并不是什么难事。动物表演是海洋世界的最大魅力所在，但这里还有其他的动物展馆和一些游乐设施。最近一名驯兽师的死亡引发了对海洋世界安全规定的争论，争论引申至囚禁虎鲸和海豚的道德问题。停车费为$15。

拉霍亚（La Jolla）

面对着南加州最美丽的海岸线之一，富庶的拉霍亚（在西班牙语里是"珠宝"的意思）有着令人着迷的海滩，市中心则聚集着高档精品店。海滨娱乐项目包括**儿童游泳池**（Children's Pool；这里不再是游泳的地方了，已经变成了嗷嗷叫的海狮的家）、在**拉霍亚湾**（La Jolla Cove）划皮划艇及探索海洞，以及在**圣迭戈拉霍亚水下公园**（San Diego-La Jolla Underwater Park）浮潜。

托雷派恩斯州立自然保护区 公园

（Torrey Pines State Natural Reserve；☎858-755-2063；www.torreypine.org；12600 N Torrey Pines Rd, La Jolla；每车 $10；⏰7:15至黄昏，游客中心10月至次年4月 10:00~16:00，5月至9月 9:00~18:00；P）🍃沿着紧靠德尔玛的海岸线，这个野生自然保护区正保卫着濒临灭绝的托雷针叶松，也是进行海景徒步和观鸟的好地方。

斯克利普斯柏奇水族馆 水族馆

（Birch Aquarium at Scripps；☎858-534-3474；aquarium.ucsd.edu；2300 Exhibition Way, La Jolla；成人/儿童 $14/9.50；⏰9:00~17:00；P 👪）🍃这个由大学运营的海滨水族馆内有为儿童而设的潮汐池、海藻林展、漂浮的海马和一处鲨鱼礁。

当代艺术博物馆拉霍亚馆 博物馆

（MCASD La Jolla；☎858-454-3541；www.mcasd.org；700 Prospect St, La Jolla；成人/儿童 $10/免费，每月第三个周四 17:00~19:00免费；⏰周四至周二 11:00~17:00，每月第三个周四 至19:00）圣迭戈市中心的当代艺术博物馆的分馆（一张票7天内可两馆通用）。

活动

冲浪和帆板运动在这里都是相当受欢迎的。尽管在有些地方，一些当地人的地盘意识很是让人恼火。欲了解关于冲浪的更多信息，请致电☎619-221-8824。

Pacific Beach Surf School 冲浪

（☎858-373-1138；www.pbsurfshop.com；4150 Mission Blvd；⏰商店 9:00~19:00，课程16:00前每小时）圣迭戈历史最悠久的冲浪器材店，可学习长板站立式冲浪（hang 10；私人授课$85），你也可以在这里租到冲浪板和保暖服（半天$35起）。

Surf Diva 冲浪

（☎858-454-8273；www.surfdiva.com；2160 Avenida de la Playa；⏰商店 9:00~17:30）在拉霍亚，女性冲浪手开设私教课程，教授初学者高速反复转弯的技巧（shred；$75起），并开设有周末课程。

OEX Dive & Kayak 水上运动

（☎858-454-6195；www.oexcalifornia.com；2243 Avenida de la Playa；⏰周一至周五 9:00~18:00，周六和周日 8:00起）想咨询划皮划艇、水肺潜水和立式单桨冲浪（SUP）的装备租用和团队游情况，可到拉霍亚的一站式服务点OEX Dive & Kayak。分店在**米申湾**（☎619-866-6129；www.oexcalifornia.com；1010 Santa Clara Pl；⏰周一至周五 8:00~18:00，周六和周日 9:00~17:00）。

Hike, Bike, Kayak San Diego 探险运动

（☎858-551-9510；www.hikebikekayak.com；2216 Avenida de la Playa）店如其名，其服务涵盖了徒步旅行、骑车和划皮艇团队游，外加立式单桨冲浪课程以及水上运动装备和自行车出租。位于拉霍亚。

团队游

Another Side of San Diego 导览游

（见104页地图；☎619-239-2111；www.anothersideofsandiegotours.com；308 G St；团队游 $30起）在煤气灯街区开展美食和历史步行游览活动，以及环城游览的赛格威两轮车游活动。

Old Town Trolley Tours 团队游

（☎888-910-8687；www.trolleytours.com；成人/儿童 $36/18）乘坐带讲解的随上随下观光巴士游览城市主要景点。

住宿

夏季价格飚升，沙滩地区尤甚。连锁酒店和汽车旅馆聚集在紧邻主要高速公路的内陆地区及米申谷地区。一般收取10.5%的住宿税。

市中心

HI San Diego Downtown Hostel 青年旅舍 $

(见104页地图；619-525-1531；www.sandiegohostels.org；521 Market St；铺/双 带浴室 含早餐 $31/75起；❄@📶）这座经营得很好的青年旅舍坐落于一栋19世纪的酒店内，提供足够的交际空间。宿舍活力不足，但很整洁。房费包含一顿煎饼早餐。位于洛马岬（619-223-4778；www.sandiegohostels.org；3790 Udall St；铺/房间 带公共浴室 含早餐 $25/54；P@📶）的分店较清静。

★ USA Hostels San Diego 青年旅舍 $

(见104页地图；800-438-8622，619-232-3100；www.usahostels.com；726 5th Ave；铺/房间 带浴室 含早餐 $30/71起；@📶）这座位于煤油灯街区的青年旅舍在维多利亚时期曾是一座妓院，旅舍拥有公共厨房、休息区及舒适的客房。房费包含一顿煎饼早餐。玉米卷晚餐和蒂华纳（Tijuana）团队游都很便宜。

500 West Hotel 青年旅舍 $

(见104页地图；咨询 619-234-5252，预订 619-231-4092；www.500westhotelsd.com；500 W Broadway；标单/双 带公共浴室 $59/79起；@📶）旅舍是在20世纪20年代的YMCA基础上翻修而成的，配色鲜亮。房间很小，浴室设在走廊尽头，并有公用厨房和健身室（$5），深受预算不高的时髦年轻人喜爱。

★ Hotel Indigo 精品酒店 $$

(见104页地图；619-727-4000；www.hotelinsd.com；509 9th Ave；房间 $149起；P❄@📶🏊🐾）作为圣迭戈首家获得LEED（能源和环保设计领导标准）认证的酒店，这家煤气灯街区精品酒店的设计极具现代感且色彩鲜艳，客房装潢时髦，配备了大落地窗、淋浴设备和硬木地板。停车费为$38。分店设在临海的德尔玛。

Hotel Vyant 民宿 $$

(800-518-9930；www.hotelvyant.com；505 W Grape St；房间 带/不带浴室 $149/109起；❄📶）位于小意大利的这家漂亮民宿是一处迷人的住宿地。24个房间都配备了浴衣，床很舒适。豪华房附带冲浪浴缸或小厨房。你也可以选择更高一级的公寓房，装修时尚，洋溢着都市风情，带全套设备的厨房。

海滩

Pearl 汽车旅馆 $$

(619-226-6100，877-732-7574；www.thepearlsd.com；1410 Rosecrans St；房间 $130起；P❄📶🏊）旅馆融合了精品酒店和20世纪60年代汽车旅馆的风格，装潢很酷。每个房间里都养着宠物金鱼，最小的房间里装着镜面天花板。晚上泳池边会放映电影，还有一个鸡尾酒吧，气氛很热闹。提供自助停车服务，但车位有限（$10）。

Best Western Island Palms 汽车旅馆 $$

(800-922-2336，619-222-0561；www.islandpalms.com；2051 Shelter Island Dr；房间 $149起；P❄@📶🏊👪）旅馆位于市中心海湾对岸的谢尔特岛（Shelter Island）上，从透着南太平洋风格的汽车旅馆房间望出去，码头的小船随着海水轻轻摇曳起伏。阳台上海风拂面，整洁的房间洋溢着夏威夷的热带岛屿气息。

Ocean Beach Hotel 酒店 $$

(619-223-7191；www.obhotel.com；5080 Newport Ave；房间 $100起；❄📶🐾）这座新装修过的庭院酒店位于满是冲浪手的海洋海滩地区，与海滩仅一街之隔。客房面积不大却一尘不染，附带迷你冰箱和微波炉。法国乡村风味的装修看起来有些过时。

★ Hotel del Coronado 豪华酒店 $$$

(619-435-6611，800-468-3533；www.hoteldel.com；1500 Orange Ave；房间 $325起；P❄@📶🏊）Hotel del Coronado是圣迭戈的标志性酒店，拥有超过百年的灿烂历史。酒店内有网球场、水疗馆、商店、星罗密布的餐厅、精心修剪的草坪和白色沙滩。维多利亚时期的建筑依旧保持着旧时的风貌，但却无法看到海景。停车费为$30。

Crystal Pier Hotel & Cottages
小屋 $$$

(☎800-748-5894, 619-483-6983; www.crystalpier.com; 4500 Ocean Blvd; 双 $175起; P 📶 👪) 附带小厨房的木屋有着白色的隔板、蓝色的百叶窗，有些是在20世纪30年代建造的。这些木屋坐落在太平洋海滩（PB）海滨的水晶码头（Crystal Pier）的上方，从私人阳台上可以看到无与伦比的海景。需提前11个月预订。

Tower23
精品酒店 $$$

(☎866-869-3723; www.t23hotel.com; 723 Felspar St; 房间 $249起; ❄ @ 📶 🐾) 靠近沙滩的新潮时尚酒店，住在这里很酷，四四方方的酒店大胆地漆上白色，搭配着大量的凫蓝和薄荷蓝，颇具幽默感。从屋顶阳台和鸡尾酒吧可以看到日落。停车费$20。

Inn at Sunset Cliffs
酒店 $$

(☎866-786-2453, 619-222-7901; www.innatsunsetcliffs.com; 1370 Sunset Cliffs Blvd; 房间/套$175/289起; P ❄ @ 📶 🏊 👪) 这座充满魅力的20世纪60年代的建筑四周全是繁花似锦的庭院，在房间里便可听到海浪拍击海岸的声音。新近装修的客房虽然不大但光线充足，一些套房附带厨房。

就餐

圣迭戈的餐饮业蓬勃兴盛，足以满足各种口味和预算要求。一般来说，你可以在靠近市中心的海滨区找到顶级的牛排餐厅和海鲜馆，在煤气灯街区找到喧闹的美食酒吧，海滩沿岸有海鲜小食和汉堡，巴尔博亚公园附近满是时尚厨房，至于玉米饼和玛格丽特酒更是随处可见。

市中心和内河码头 (Downtown & Embarcadero)

Neighborhood
酒吧 $$

(见104页地图; www.neighborhoodsd.com; 777 G St; 主菜 $7~14; ⏲正午至午夜) 比起其他时髦的美食酒吧，这个位于街角的酒吧更务实，供应深受大众欢迎的美食，如烟熏墨西哥辣椒汉堡、口感很好的墨西哥胡椒空心粉奶酪和红烧肉炒蛋热狗。来一品脱带啤酒花、水果、麦芽或酸味的精酿啤酒尝尝吧。

Underbelly
亚洲菜、创意菜 $$

(☎619-269-4626; 750 W Fir St; 菜肴 $5~12; ⏲11:30至午夜) 小意大利热闹的街头到处都是比萨店和酒吧，这家整洁的面馆紧邻酒吧街，供应热腾腾的拉面，堆着牛尾饺、海鲜酱烤小排、烟熏牛腩和培根（有素食可供选择）。有足足两打的桶装精酿啤酒任你选择。

Cafe 21
早餐 $$

(见104页地图; ☎619-795-0721; www.cafe-21.com; 750 5th Ave; 早餐主菜 $9~15; ⏲周日至周四 8:00~22:00, 周五和周六 至23:00; 👪) 煤气灯街区最受欢迎的早午餐店，供应法式吐司配龙舌兰奶油奶酪、水果薄煎饼和用农场直供的新鲜鸡蛋做的煎蛋饼，所有早餐都是装在迷你小铁锅里上桌的。自制的桑格利亚汽酒非常好喝。

Island Prime
海鲜、牛排馆 $$$

(☎619-298-6802; www.islandprime.com; 880 Harbor Island Dr; 主餐厅 $25~52, 酒吧 $15~30; ⏲餐厅 周日至周四 17:00~21:00, 周五和周六 至22:00, 休息室 每日 11:30起) 餐厅位于市中心西面的港岛（Harbor Island），环境优雅，可欣赏海湾全景。热门菜肴包括龙虾培根生菜番茄三明治、烤金枪鱼和小虾配粗玉米粉。C Level酒吧在非周末的欢乐时光时段供应$5的“小吃、啤酒和其他酒”。

巴尔博亚公园和老城区 (Balboa Park & Old Town)

★Carnitas' Snack Shack
加利福尼亚菜、墨西哥菜 $

(carnitassnackshack.com; 2632 University Ave; 主菜 $7~9; ⏲周三至周一正午至午夜; 👪) 看上去就像一辆碰巧停在了北公园（North Park）的流动餐车，这个朴素的小屋里供应各色猪肉美食，每天菜单都不同：玉米卷饼、猪肉汉堡配培根酱、炸猪排三明治、手撕猪肉乳酪薯条配培根碎等轮番上阵。

Bread & Cie
面包房、咖啡馆 $

(www. breadandcie.com; 350 University Ave; 主菜 $5~11; ⏲周一至周五 7:00~19:00, 周六 至18:00, 周日 8:00~18:00; P) 硬皮面包三

明治、沙拉、法式乳蛋饼和创意糕点（一定要尝尝超大个儿的巧克力可颂）令这个忙碌的面包房和咖啡馆成了希尔克雷斯特地区家喻户晓的名店。后面有免费停车位。

★ **Buona Forchetta** 意大利菜 $$

（www.buonaforchettasd.com；3001 Beech St；比萨 $7~15，小盘菜 $5~13；周日和周二至周四 17:00~22:00，周五和周六 至23:00；）这个位于南方公园的餐馆使用的是从意大利定制的漆金砖砌炭烤炉，将真正的那不勒斯比萨送到拥挤而欢乐的餐桌上。庭院内允许携带宠物狗。绿叶蔬菜沙拉、手工意大利面和甜品同样令人满足。不接受预订。

Hash House a Go Go 美国菜 $$

（619-298-4646；www.hashhouseagogo.com；3628 5th Ave；主菜 早餐 $9~18，晚餐 $15~29；周一至周五 7:30~14:00，周六和周日 至14:30，晚餐 周二至周四 17:30~21:00，周五至周日 至21:30；）这家餐馆位于希尔克雷斯特的一栋平房里，供应分量十足、"别具风味的农场食品"：香肠酱汁馅饼、特大肉饼三明治、拖拉机轮胎一样大的薄煎饼和用7种方式烹调出的土豆泥。记得空着肚子来享用早午餐。

★ **Prado** 加利福尼亚菜 $$$

（619-557-9441；www.pradobalboa.com；House of Hospitality，1549 El Prado；主菜 午餐 $12~21，晚餐 $22~35；午餐 周一至周五 11:30~15:00，周六和周日 11:00起，晚餐 周日和周二至周四 17:00~21:00，周五和周六 至22:00）这家非常受欢迎的餐馆位于巴尔博亚公园，供应新鲜的加利福尼亚菜肴，并添加了少许拉丁菜和亚洲菜的风味，有海鲜饭、猪肉辣香肠汉堡和杂菜沙拉等。空气清新的室外用餐区和铺着彩砖的室内餐区同样吸引人。欢乐时光时段的食物和饮料都非常便宜。

海滩

South Beach Bar & Grille 海鲜、墨西哥菜 $

（www.southbeachob.com；5059 Newport Ave，Ocean Beach；多数菜肴 $3~12；11:00至次日2:00）可能是微炸鳅鱼和刺鲅鱼，或是滑溜的白酱，或者是切得很细的新鲜包菜和带有胡椒味的番茄辣酱，不管秘诀是什么，这个喧闹的海滨酒吧的鱼肉玉米饼（周二有优惠）真是与众不同。

Hodad's 汉堡包 $

（www.hodadies.com；5010 Newport Ave，Ocean Beach；菜肴 $3~10；周日至周四 11:00~21:00，周五和周六 至22:00）这家位于海洋海滩的传奇汉堡店里有超大杯的奶昔、整篮的洋葱圈和纸包的汉堡包。店内墙上贴满了车牌，留着胡子、带着纹身的服务员会侧身走进你的小隔间里为你点餐。在市中心有分店（见104页地图；945 Broadway Ave；周日至周四 11:00~21:00，周五和周六 至22:00）。

Point Loma Seafoods 海鲜 $$

（pointlomaseafoods.com；2805 Emerson St；菜肴 $3~16，主菜 $9~13；周一至周六 9:00~19:00，周日 10:00起；）在这个鱼市场里，你可以随逛随选，选好后直接在柜台点菜既可。这里还有烧烤熟食店和一家寿司吧，供应的都是刚从船上卸下的新鲜海鲜。这里是圣迭戈著名的海货交易场所，外面摆着野餐桌。

★ **George's at the Cove** 加利福尼亚菜 $$$

（858-454-4244；www.georgesatthecove.com；1250 Prospect St，La Jolla；主菜 $18~50；周一至周四 11:00~22:00，周五至周日 至23:00）这家店几乎登上过所有的加州最佳餐厅排行榜。饭店主厨特雷·福希（Trey Foshee）将欧洲和加利福尼亚风味融合在一起，烹饪出的料理就像饭店傍海的地理位置一样富有戏剧性。3家分店供应不同价位的食品，它们分别是：**George's Bar**（午餐主菜 $10~18），**Ocean Terrace**（晚餐主菜 $18~35）和 **California Modern**（晚餐主菜 $30~50）。酒吧随时欢迎大家的到来（欢乐时光在非周末的15:30~18:30）。

饮品和娱乐

市中心的煤气灯街区有最喧闹的酒吧和最热门的夜总会。你可以访问San Diego Reader（www.sandiegoreader.com）或U-T San Diego（www.utsandiego.com）的网站查询最新的活动信息。**Arts Tix**（见104页地

图；☎858-381-5595；www.sdartstix.com；Lyceum Theatre, 79 Horton Plaza；⊙开放时间不定）出售各类演出的半价及优惠票，包括戏剧、喜剧、音乐会及其他演出。

Prohibition 休闲酒吧

（见104页地图；www.prohibitionsd.com；548 5th Ave；⊙周三至周六 19:00至次日2:00）这家20世纪30年代风格的酒吧精致而世故，尤其注重音乐和鸡尾酒的品质。必须认真对待酒吧的规定：不允许使用手机，此外还有严格的着装要求。21:00以后有现场爵士、蓝调、灵魂乐或海岛风情乐的演出。

Noble Experiment 酒吧

（见104页地图；☎619-888-4713；noble-experimentsd.com；777 G St；⊙周二至周日 19:00至次日2:00）敲开一扇隐秘的大门，之后你便可走进这家风靡一时的地下酒吧。墙壁上装饰着金色的骷髅头，400种鸡尾酒任你选择。提前一周发短信获取订位和神秘的"通关指令"。

Hamilton's Tavern 酒吧

（hamiltonstavern.com；1521 30th St；⊙周一至周五 15:00至次日2:00，周六和周日 13:00起；🐾）绕道到南公园街区，在这个低调酒吧里找个高脚凳坐下，这里有沙壶球游戏、游泳池、超棒的酒吧小吃和看了让你晕头转向的精酿啤酒酒单。

Tipsy Crow 酒吧

（见104页地图；☎619-338-9300；thetipsycrow.com；770 5th Ave；⊙周一至周五 15:00至次日2:00，周六和周日 正午起）酒吧位于煤气灯街区的一栋老建筑里，气氛十足，有个像"巢"一样的休息室（据说曾是一家妓院）和一个砖砌的"地下"舞池，有现场摇滚乐队演出和喜剧表演。

Casbah 现场音乐

（☎619-232-4355；www.casbahmusic.com；2501 Kettner Blvd；门票 $5～45）MGMT、莉兹·菲尔（Liz Phair）、碎瓜乐队（Smashing Pumpkins）成名前都曾在时髦的Casbah表演过。在这里或位于索拉纳海滩的传奇的**Belly Up**（☎858-481-8140；www.bellyup.com；143 S Cedros Ave, Solana Beach；门票 $10～45）都能欣赏到本地乐队和独立乐队的表演。

不要错过

圣迭戈的精酿啤酒厂

圣迭戈人很重视他们的精酿啤酒，即使在低档酒吧里也可以听到本地的啤酒发烧友讨论啤酒花和木桶的优劣。城里随处可见精酿啤酒厂，有些规模很大，有些则只有停车库般大小。这些啤酒厂产出各种各样的啤酒，不妨到以下几个地方去看看吧：

Stone Brewing Company（☎760-471-4999；www.stonebrew.com；1999 Citracado Pkwy, Escondido；⊙团队游 每日 正午至18:00）先参加个团队游（$3），然后就开始品尝Oaked Arrogant Bastard Ale麦酒和Old Guardian Barley Wine葡萄酒吧。

Lost Abbey（☎800-918-6816；www.lostabbey.com；Suite 104, 155 Mata Way, San Marcos；⊙周一至周二 13:00～18:00，周三和周五 至21:00，周四 至20:00，周六 11:30～20:00，周日 正午至19:00）品酒室内有超过20种桶装啤酒可供品尝（每份$1），其中包括比利时风味的麦芽酒Judgment Day和Red Barn。

Green Flash（☎858-622-0085；www.greenflashbrew.com；6550 Mira Mesa Blvd；⊙周二至周四 15:00～21:00，周五 至22:00，周六 正午至21:00，周日 正午至18:00）你可以在户外的啤酒花园里品尝美式和比利时式的麦芽酒（每份$1），团队游需在线预约（$5）。

AleSmith（☎858-549-9888；www.alesmith.com；9366 Cabot Dr；⊙周二至周四 14:00～20:00，周五 至21:00，周六 11:00～20:00，周日 11:00～18:00）苏格兰麦酒Wee Heavy、柑橘味的Horny Devil和Speedway Stout（每份$1~2）令人欲罢不能。

La Jolla Playhouse 剧院

（☎858-550-1010；www.lajollaplayhouse.org；2910 La Jolla Village Dr；票价 $15~70）这个海滨表演艺术中心内设多个舞台，经常会上演一些获奖剧目，此外还会承办一些音乐剧的全球首演活动，这些音乐剧未来亦可能会登上百老汇的舞台，大放异彩。

实用信息

上网

在咖啡馆消费即可享用Wi-Fi服务（有时无须消费亦可使用）。

圣迭戈公共图书馆（San Diego Public Library；☎619-236-5800；www.sandiego.gov/public-library；820 E St；⏲周一和周三 正午至20:00，周二和周四至周五 9:30~17:30，周六 9:30~14:30，周日13:00~17:00；@📶）提供免费Wi-Fi和公用电脑。打电话或访问官网可查询分馆地址。

媒体

San Diego Magazine（www.sandiegomagazine.com）印刷精美的生活类月刊。

San Diego Reader（www.sandiegoreader.com）免费的双周刊小报。

U-T San Diego（www.signonsandiego.com）圣迭戈的主流日报。

医疗服务

Scripps Mercy Hospital（☎619-294-8111；www.scripps.org；4077 5th Ave）拥有24小时急诊室。

现金

TravelEx（www.travelex.com）提供外币兑换服务，在以下各处有营业点：机场（见本页），市中心（☎619-235-0901；177 Horton Plaza；⏲周一至周五 10:00~19:00，周六 至18:00，周日 11:00~16:00），Fashion Valley购物中心（☎619-542-1173；7007 Friars Rd；⏲周一至周六 10:00~21:00，周日 11:00~19:00）和拉霍亚（☎858-457-2412；University Town Centre，4417 La Jolla Village Dr；⏲周一至周五 10:00~19:00，周六 至18:00，周日 11:00~16:00）。

实用信息

巴尔博亚公园游客中心（Balboa Park Visitors Center；☎619-239-0512；www.balboapark.org；House of Hospitality，1549 El Prado；⏲9:30~16:30）可购买1日（$39）及7日（成人/儿童 $39/27，含动物园 $85/49）优惠票，持票可参观公园内各博物馆。

圣迭戈游客信息中心（San Diego Visitor Information Centers；☎619-236-1212；www.sandiego.org）市中心（见104页地图；1140 N Harbor Dr；⏲6月至9月 9:00~17:00，10月至次年5月 至16:00），拉霍亚（☎858-454-5718；www.sandiego.org；7966 Herschel Ave；⏲6月至9月 11:00~18:00，10月至次年5月 至16:00）。位于市中心海滨地区的信息中心出售旅游景点优惠票和团队游票。

网络资源

煤气灯街区协会（Gaslamp Quarter Association；gaslamp.org）提供与繁华的煤气灯街区有关的一切信息，包括停车小窍门。

San Diego Convention & Visitors Bureau（www.sandiego.org）官方的旅游信息网站。

到达和离开

圣迭戈国际机场（San Diego International Airport，SAN；☎619-400-2404；www.san.org；3325 N Harbor Dr）位于市中心西北方约3英里处，主要服务美国国内航班和墨西哥航班。

灰狗巴士（Greyhound；见104页地图；☎619-515-1100；www.greyhound.com；1313 National Ave）有直达洛杉矶的长途汽车，每小时1班（$19，2~3小时）。

美国国家铁路公司（Amtrak；☎800-872-7245；www.amtrak.com）的"太平洋冲浪者"号从市中心历史悠久的**圣达菲联合车站**（Santa Fe Depot；1055 Kettner Blvd）出发，开往洛杉矶（$37，2小时45分钟）和圣巴巴拉（$41，5小时45分钟），每天数班。

多数主流国际汽车租赁公司在机场都设有办事处。规模较小的独立公司**West Coast Rent a Car**（☎619-544-0606；sandiegoautos.org；834 W Grape St；⏲周一至周六 9:00~18:00，周日 至17:00）向25岁以下人士出租汽车，并提供免费机场接送服务。

当地交通

城市公共汽车（$2.25~2.50）和电车（$2.25），包括往南行驶到墨西哥边境的长途汽车和电车都是由**大都会交通系统**（Metropolitan Transit System，MTS；☎619-557-4555；www.sdmts.com）运营。MTS的**Transit Store**（见104页地图；☎619-234-

1060; 102 Broadway; ⏲周一至周五 9:00~17:00)出售地区通票(1日/2日/3日/4日票的售价分别为$5/9/12/15)。单日票上车购买。

MTS的992路公共汽车($2.25)每日于5:00~23:00间往返于机场和市中心,每15~30分钟1班。乘坐包括**Super Shuttle**(☎800-258-3826; www.supershuttle.com)在内的机场巴士到市中心的车费在$8至$10之间。乘坐出租车从市中心到机场需要$10~15,小费另计。

打表出租车起步价为$2.80,之后每英里加收$3。

圣迭戈周边(Around San Diego)

圣迭戈野生动物园(San Diego Zoo Safari Park)

到这个占地1800英亩的开放式**动物园**(☎760-747-8702; www.sdzsafaripark.org; 15500 San Pasqual Valley Rd; 成人/儿童 $44/34起,2日票 含圣迭戈动物园 $79/61; ⏲6月下旬至8月中旬 9:00~19:00,其余月份 至17:00或18:00; Ⓟ 🚻)体验"野外"散步吧。你可以看到长颈鹿在吃草,狮子懒洋洋地卧着,犀牛在谷底自由地漫步。如果你想体验置身大自然的感觉,请登上园内的非洲游园车,它将带你在25分钟内"游遍"世界第二大洲。

公园位于埃斯孔迪多,在圣迭戈市中心东北方约35英里处。沿I-15州际公路直行至Via Rancho Pkwy出口,然后照指示牌的提示走即可。停车费为$10。

乐高乐园(LEGOLAND)

乐高乐园(☎760-918-5346; www.california.legoland.com; 1 Legoland Dr, Carlsbad; 成人/儿童 $78/68起; ⏲3月中旬至8月 每日开放,9月至次年3月中旬 周三至周日,具体时间因季节而异; Ⓟ)是集惊险刺激的游乐设施、精彩的表演和景点于一体的梦幻主题公园,主要面向小学生。孩子们可以在这里挖掘恐龙骨头,还可以练习驾驶直升机并获得"驾照"。带着幼儿的家庭可到崭新的、色彩鲜艳的乐高主题酒店住宿。从圣迭戈市中心出发(大约33英里),沿I-5州际公路向北一直走到卡尔斯巴德的Cannon Rd出口即是。停车费为$15。

棕榈泉和周边沙漠(PALM SPRINGS & THE DESERTS)

从时髦的棕榈泉到荒凉的死亡谷,南加州的沙漠地区几乎占据了全州25%的面积。当你用心体会后,便会发现最初浮现在眼前的无垠荒地慢慢变成了美丽的世外桃源:风化的火山峰、美妙的沙丘、紫色的山峦、仙人掌园、春季从坚硬地表下顽强钻出的小野花、在巨石边窜来窜去的蜥蜴,还有夜晚天空中数不清的繁星。加利福尼亚州的沙漠有着出人意料的优雅气质,能带给人们心灵上的宁静。无论你是放荡不羁的艺术家、电影明星、攀岩爱好者,抑或是驾着四驱车的冒险家,最终都无法抗拒它的魅力。

棕榈泉(Palm Springs)

现在,鼠帮乐队(Rat Pack)又回来了——或者说,他们的家乡又恢复了从前的繁荣景象。棕榈泉(人口45,573)位于洛杉矶以东约100英里处。在20世纪50年代和60年代,这里是时髦的休闲胜地,吸引了不少巨星前来,如辛纳特拉(Sinatra)、猫王(Elvis)等。自从鼠帮乐队离开了这里,棕榈泉也就成了只有退休人员来打打高尔夫球的地方。最近,新的一代重新发现了棕榈泉别样的复古魅力:肾形游泳池、出自明星设计师手笔的小廊坊、20世纪中叶流行的精品酒店以及有着上等马提尼的酒吧。如今,退休的人们和引领时尚的年轻人,以及不容忽视的同性恋社群在这里和谐共处。

👁 景点和活动

棕榈泉是科切拉谷地(Coachella Valley)的枢纽。111号公路沿线坐落着一个个沙漠小镇。在棕榈泉紧凑的市中心,Palm Canyon Dr是南向的单行线,与北向的Indian Canyon Dr平行。

★ **棕榈泉空中缆车** 缆车

(Springs Aerial Tramway; ☎888-515-8726; www.pstramway.com; 1 Tram Way; 成人/儿童 $24/17; ⏲周一至周五 10:00~20:00,周六和周日 8:00起,末班下山缆车 21:45)缆车会从被太阳炙烤的沙漠出发,徐徐上升直至美丽的圣

哈辛托山（Mt San Jacinto）山顶，全长2.5英里，一路上可将棕榈泉的万种风情一收眼底。山顶比较冷，记得带上一件外套。登山步道会蜿蜒穿过附近的荒原，你还可以到山顶管理处（Mountain Station）的**冬季探险中心**（Winter Adventure Center；雪鞋/滑雪装备 租金 1日 $18/21；⊙周四至周五和周一 10:00~16:00，周六和周日 9:00起，14:30后停止租用）租雪鞋和越野滑雪装备。

沙漠野生动物公园 动物园

（Living Desert Zoo & Gardens；☎760-346-5694；www.livingdesert.org；47900 Portola Ave，Palm Desert，紧邻Hwy 111；成人/儿童 $17.25/8.75；⊙10月至次年5月 9:00~17:00，6月至9月 8:00~13:30）在这个紧邻111号公路的迷人公园中，小孩可以静静地观察北美和非洲的野生动物，玩一玩濒危动物旋转木马，或是参观野生动物医院。开车下至山谷需30分钟，但绝对值得。

棕榈泉艺术博物馆 博物馆

（Palm Springs Art Museum；☎760-322-4800；www.psmuseum.org；101 Museum Dr；成人/儿童 $12.50/免费，周四 16:00~20:00 免费；⊙周二至周三和周五至周日 10:00~17:00，周四 正午至20:00）这座位于市中心的艺术灯塔见证了美国绘画、雕塑、摄影以及建筑艺术在过去一个世纪的发展演变过程。在棕榈沙漠（Palm Desert）设有分馆。

棕榈泉航空博物馆 博物馆

（Palm Springs Air Museum；☎760-778-6262；www.air-museum.org；745 N Gene Autry Trail；成人/儿童 $15/8；⊙10:00~17:00）位于机场旁边，珍藏着大量第二次世界大战时期的飞机、飞行记录和照片等珍稀藏品。

塔奎兹峡谷 徒步

（Tahquitz Canyon；☎760-416-7044；www.tahquitzcanyon.com；500 W Mesquite Ave；成人/儿童 $12.50/6；⊙10月至次年6月 7:30~17:00，7月至9月 仅周五至周日开放）曾在弗兰克·卡普拉（Frank Capra）1937年的电影《消失的地平线》（*Lost Horizon*）中出现，以其季节性瀑布和古老的岩石艺术而闻名。你可以自己游览，也可以参加由护林员带队的导览徒步游。

印第安峡谷 徒步

（Indian Canyons；☎760-323-6018；www.indian-canyons.com；紧邻S Palm Canyon Dr；成人/儿童 $9/5，90分钟导览徒步游 $3/2；⊙10月至次年6月 8:00~17:00，7月至9月 仅周五至周日开放）峡谷被蒲葵所覆盖，两侧是高耸的悬崖。这片属于卡维亚人（Cahuilla）的古老土地是沙漠徒步旅行者的天堂，春暖花开的时候尤其不容错过。

诺氏水上乐园 游泳

（Knott's Soak City；☎760-327-0499；www.soakcityps.com；1500 S Gene Autry Trail；成人/儿童 $35/25；⊙4月中旬至9月上旬，具体时间不定）乐园内有一个巨大的波浪池、高耸的水上滑梯和管状滑水道，是夏日避暑的好地方。可上网购买优惠票。停车费为$12。

住宿

以下是冬季旺季的房间报价，周中和夏季的房价较便宜。连锁汽车旅馆集中在市中心东南方的111号公路附近。记得提前预订。

Caliente Tropics 汽车旅馆 $

（☎800-658-6034，760-327-1391；www.calientetropics.com；411 E Palm Canyon Dr；房间 $60起；）这是一座洋溢着南太平洋风情的汽车旅馆，猫王也曾在这里的泳池

世界最大的恐龙群

在棕榈泉以西靠近卡巴松（Cabazon）奥特莱斯购物中心的地方，你可能会被眼前的**世界最大恐龙群**（☎951-922-0076；www.cabazondinosaurs.com；50770 Seminole Dr，Cabazon；成人/儿童 $8/7；⊙周一至周五 10:00~17:30，周六和周日 9:30~18:30）吓一跳。这些混凝土巨兽是由诺氏百乐坊乐园（见98页）的雕塑家Claude K Bell花了10余年时间雕成的，现归基督教创世论者所有。在礼品店里，你除了可以找到那些在科学博物馆也能找到的恐龙饰品外，还可读到所谓进化论和达尔文学说是谬论和谣言的断言。沿I-10州际公路行至卡巴松的Main St出口即是。

边嬉戏。旅馆拥有相当宽敞的客房和舒适的床铺。

★Orbit In
精品酒店 $$

(☎877-966-7248, 760-323-3585; www.orbitin.com; 562 W Arenas Rd; 房间 含早餐 $149起; ❄📶🏊)酒店沿袭了20世纪中叶的时髦风格与设计，令人仿佛回到了鼠帮乐队的年代。酒店周围有一个海水池和热水浴缸。家具由埃姆斯(Eames)、野口勇(Noguchi)等设计师精心设计。免费服务包括晚饭前的鸡尾酒、白天的苏打饮料和小吃，住客还可以免费借用酒店的沙滩自行车。

Del Marcos Hotel
精品酒店 $$

(☎800-676-1214, 760-325-6902; www.delmarcoshotel.com; 225 W Baristo Rd; 房间 含早餐 $139~189; ❄📶🏊🐾)这间精品酒店建于1947年，由威廉·弗雷德里克·科迪(William F Cody)设计，店内播放着美妙的音乐，更有海水泳池和以20世纪中期现代建筑师命名的时尚客房(部分带小厨房)。酒店为客人提供免费的沙滩自行车。不接受儿童入住。

Ace Hotel & Swim Club
酒店 $$

(☎760-325-9900; www.acehotel.com/palmsprings; 701 E Palm Canyon Dr; 房间 $100起, ❄@📶🏊🐾)在这个时髦客的聚集地里谈不上有什么态度。客房(多数带露台)的帐篷式外观是其特色，里面则满是与数字生活相关的一切必需品。晚上有逗笑的卡拉OK、益智问答游戏或宾果游戏活动，此外还有DJ表演和现场乐队演出。

El Morocco Inn & Spa
精品酒店 $$$

(☎760-288-2527, 888-288-9905; www.elmoroccoinn.com; 66814 4th St, Desert Hot Springs; 房间 含早餐 $179~219; ❄📶🏊)充满异国情调的成人专属世外桃源，在这里聆听原始的呼唤。酒店的10间客房环绕着一个水池天台，你可以在这里享受水疗馆、天然温泉池和自制薄荷茶及摩洛哥马提尼酒。开车从棕榈泉向北行约20分钟即到。

就餐

需要注意的是，许多餐厅在夏天时营业时间较短，甚至几周都不营业。

Tyler's Burgers
汉堡包 $

(tylersburgers.com; 149 S Indian Canyon Dr; 菜肴 $2~9; ⏲周一至周六 11:00~16:00; 👪)城里最好吃的汉堡。不用多说。做好排队的准备吧。

Native Foods
严格素食 $

(☎760-416-0070; www.nativefoods.com; Smoke Tree Village, 1775 E Palm Canyon Dr; 主菜 $8~11; ⏲周一至周六 11:30~21:30; ✎👪)提供各种有机、无肉的素食食品，以及完全自制的沙拉、卷饼和菜肴，美味程度丝毫不逊色。

★Cheeky's
加利福尼亚菜 $$

(☎760-327-7595; www.cheekysps.com; 622 N Palm Canyon Dr; 主菜 $8~13; ⏲周三至周一 8:00~14:00, 最后入座时间 13:30)🌿等餐时间可能很长，服务也一般，但是餐厅依季节推出的"从农场到餐桌"的菜单创意十足，以有机食材为主。虽然菜色每周一换，但招牌菜绿番茄玉米条(tomatillo chilaquile)、"飞行"培根(bacon flights)和石榴含羞草汁(pomegranate mimosas)每天都有。

Sherman's
熟食、面包房 $$

(☎760-325-1199; www.shermansdeli.com; 401 E Tahquitz Canyon Way; 主菜 $8~18; ⏲7:00~21:00; 👪)这家20世纪50年代犹太风格的熟食店拥有一个街边露台，针对不同年龄层的顾客推出了40多种三明治(熏牛肉三明治最受欢迎)、吮指烤鸡和超好吃的馅饼。在**棕榈沙漠**(☎760-568-1350; www.shermansdeli.com; 73-161 County Club Dr; 主菜 $8~18 ⏲7:00~21:00; 👪)也有分店。

Trio
加利福尼亚菜 $$$

(☎760-864-8746; www.triopalmsprings.com; 707 N Palm Canyon Dr; 主菜 $13~29; ⏲11:00~22:00)经过改良的美式安慰食品(洋基炖肉和奶酪空心粉)、抢眼的艺术作品和观景落地窗是这家20世纪60年代的餐厅取得成功的法宝。3道菜的晚餐套餐($19)只供应至18:00。

Copley's
美国菜 $$$

(☎760-327-9555; www.copleyspalmsprings.com; 621 N Palm Canyon Dr; 主菜 $19~39; ⏲8月

下旬至次年6月中旬 每天 17:30起，6月中旬至7月上旬 周二至周日 17:30起，7月上旬至8月不营业）惊喜吗？这里曾是帅哥加里·格兰特（Cary Grant）的产业。“哦，我的龙虾馅饼”（Oh My Lobster Pot Pie）永远不会过时。带着你的爱人和白金美国运通卡来吧。

饮品和娱乐

Indian Canyon Dr东边的Arenas Rd是同性恋者的夜生活中心。

Koffi 咖啡馆

（www.kofficoffee.com; 1700 S Camino Real; ⌚5:30~19:00）这间简约主义风格的咖啡馆供应美味的烘焙食品、有机咖啡和自制意式浓咖啡。在市中心的515 N Palm Canyon Dr也有分店。

Birba 酒吧

（www.birbaps.com; 622 N Palm Canyon Dr; ⌚周日和周三至周四 17:00~23:00，周五和周六至午夜）这是个极具魅力的鸡尾酒吧，顶天立地的落地玻璃滑门通向篱笆环绕的天井，那里有一些火塘。

Shanghai Red's 酒吧

（www.fishermans.com; 235 S Indian Canyon Dr; ⌚周一至周六 16:00至晚间，周日 正午起）位于一家海鲜小馆的后面，这家庭院式的酒吧提供欢乐时光特饮，周五和周六晚上还有现场蓝调音乐表演。

购物

想逛艺术画廊、现代设计商店和时尚精品店，包括著名的Trina Turk（☎760-416-2856; www.trinaturk.com; 891 N Palm Canyon Dr; ⌚周一至周五 10:00~17:00，周六 10:00~18:00，周日 正午至17:00），可以直奔“上城”的North Palm Canyon Dr。如果你着迷于复古风潮可以去市中心和111号公路沿线的二手商店、旧货店和寄售商店。如果你在寻找当地的“罗迪欧大道”，驱车到棕榈沙漠的El Paseo看看吧。

实用信息

沙漠地区医疗中心（Desert Regional Medical Center; ☎760-323-6511; www.desertregional.com; 1150 N Indian Canyon Dr）有24小时急诊室。

棕榈泉图书馆（Palm Springs Library; www.palmspringsca.gov; 300 S Sunrise Way; ⌚周三至周六 10:00~17:00，周二 至19:00; @📶）提供免费Wi-Fi和公用电脑。

棕榈泉官方游客中心（Palm Springs Official Visitors Center; ☎760-778-8418; www.visitpalmsprings.com; 2901 N Palm Canyon Dr; ⌚9:00~17:00）游客中心在一座阿尔伯特·弗雷（Albert Frey）于1965年设计的加油站内，位于市中心西北方约3英里的电车岔道口处。

到达和当地交通

位于市中心以东约3英里处的**棕榈泉国际机场**（Palm Springs International Airport, PSP; ☎760-323-8299; www.palmspringsairport.com; 3400 E Tahquitz Canyon Way）主要运营美国和加拿大航空公司的航班。主要的汽车租赁公司在机场设有办事处。

美国国家铁路公司的火车来往于洛杉矶和棕榈泉（$40，2小时45分钟），一周3班。火车会停靠北棕榈泉车站（North Palm Springs Station），这座位于市中心以北约6英里处的车站因无人看管而显得有些毛骨悚然。该站每日还有数班灰狗巴士往返于洛杉矶和棕榈泉（$26，3小时）之间。

SunLine（www.sunline.org; 单程/日票 $1/3）营运的慢速地方公共汽车穿梭于峡谷中。

约书亚树国家公园 (Joshua Tree National Park)

如同苏斯博士（Dr Seuss）书中所虚构的那样，外形奇特的约书亚树（实际上是一种树一样大的丝兰）迎接着所有来到这个荒野公园的旅行者。公园位于索诺拉（Sonora）和莫哈维沙漠（Mojave Deserts）的交界处。公园中绝大多数的景点，包括所有的约书亚树，都集中在北部。约书亚树国家公园深受攀岩和日间徒步者的喜爱，尤其是在春天，那时候树上会开出巨大的奶油色花朵。公园里遍地巨石，荒凉而神秘的景象为无数艺术家带来了灵感，其中就包括著名摇滚乐队U2。

景点和活动

公园北侧史诗般壮丽的仙境岩（Wonderland of Rocks; ☎760-367-5500; www.nps.gov/jotr; 每车$15, 7天有效）呼唤着登山爱好者前来挑战。**克斯观景台**（Keys View）是观赏日落的好地方，极目远眺，能看到圣安德烈亚斯断层（San Andreas Fault），天气晴朗时甚至可看到远处的墨西哥。要了解西部拓荒的历史就应该前往**克斯牧场**（Keys Ranch; ☎预约 760-367-5555; www.nps.gov/jotr; 成人/儿童 $5/2.50; ⏲9月下旬至次年4月上旬 10:00和13:00）。徒步爱好者可以步行探索沙漠中的绿洲，如**49棕榈绿洲**（49 Palms Oasis; 往返3英里）或**罗斯特棕榈绿洲**（Lost Palms Oasis; 往返7.2英里）。还有一些适合孩子的天然步道，如**贝克大坝**（Barker Dam; 1.3英里环线），途中会经过印第安人的岩雕。此外还有**头骨石**（Skull Rock; 1.5英里环线）和**仙人掌花园**（Cholla Cactus Garden; 0.25英里环线）。园内风景优美的**Geology Tour Road**是一条长18英里的四驱车路线，路面崎岖不平，也可用于山地车骑行。

住宿

公园里只有露营地，许多独立和连锁汽车旅馆在62号公路沿线。

约书亚树国家公园营地 露营地 $

（Joshua Tree National Park Campgrounds; www.nps.gov/jotr; 露营和房车营地 $10~15; 👪🐾）在公园的9个露营地中，只有Cottonwood和Black Rock设有饮用水和抽水马桶。Indian Cove和Black Rock接受10月至次年5月的**预约**（☎518-885-3639, 877-444-6777; www.recreation.gov），其他营地则遵循先到先得的原则，春天时一般在10:00就已客满。**Joshua Tree Outfitters**（☎760-366-1848; www.joshuatreeoutfitters.com; 61707 Hwy 62）出租露营装备。

> **值得一游**
>
> **先锋城（PIONEERTOWN）**
>
> 位于丝兰谷（Yucca Valley）西北方约4.5英里处的**先锋城**是1946年修建的好莱坞外景地，后来也一直没什么变化。4月至10月每周六14:30都能在Mane St看到模拟枪战。在廉价酒吧**Pappy & Harriet's Pioneertown Palace**（☎760-365-5956; www.pappyandharriets.com; 53688 Pioneertown Rd; 主菜 $8~29; ⏲周四至周日11:00至次日2:00, 周一 17:00起）享受烧烤、廉价啤酒和现场音乐。到**Pioneertown Motel**（☎760-365-7001; www.pioneertown-motel.com; 5040 Curtis Rd; 房间 $70~120; ❄📶🐾）打个盹儿——当年这里可是接待过老牌明星的。简单的房间里塞满了西部主题的纪念品。

Harmony Motel 汽车旅馆 $

（☎760-367-3351; www.harmonymotel.com; 71161 Hwy 62; 房间 $65~90; ❄@📶🏊）U2乐队在这里完成了他们的专辑*The Joshua Tree*。这个简约主义的汽车旅馆略带设计感，房间非常宽敞，小屋的装饰风格颇为混杂。旅馆内还有一个公共厨房和图书馆。

★Kate's Lazy Desert 旅馆 $$

（☎845-688-7200; www.lazymeadow.com; 58380 Botkin Rd, Landers; 双 $175~200; ❄📶🏊👪）营地主人是B-52s乐队的歌手Kate Pierson，这个沙漠营地围绕着一个小型水池而建。6辆清风牌（Airstream）房车附带小厨房，装潢很新潮，从绝妙的夏威夷风格到原木木屋风格都有。从丝兰谷往北驱车约30分钟即到，靠近古怪的**Integratron**（☎760-364-3126; www.integratron.com; 2477 Belfield Boulevard, Landers; 音浴 $20~80）。

Spin & Margie's Desert Hide-a-Way 旅馆 $$

（☎760-366-9124; www.deserthideaway.com; 64491 Hwy 62; 套 $135~175; ❄📶）离公园不远，这座庄园式旅馆拥有5间色彩鲜艳并带有小厨房的套房，房间的设计十分大胆，利用螺纹锡、旧车牌和卡通画来装饰。两晚起住。

餐饮

Natural Sisters Cafe 素食 $

（☎760-366-3600; 61695 Hwy 62, Joshua Tree; 菜肴 $4~8; ⏲7:00~19:00; 📶🥬）在这家备受推崇的咖啡馆里尽情享用水果冰沙、新鲜蔬菜沙拉、豆腐卷饼、纯素食咖喱和自制康普茶（kombucha）。

★ **Palm Kabob House** 中东菜 $$

（760-362-8583；6341 Adobe Rd, Twentynine Palms；主菜 $6~14；11:00~21:00；）赶到靠近二十九棕榈镇（Twentynine Palms）海军基地的店里来尝尝自制皮塔饼、羊肉或鸡肉沙威玛（shwarma，立架烤肉）、味道清新的冷茄子沾酱和蔬菜沙拉。

Pie for the People 比萨饼 $$

（pieforthepeople.com；61740 Hwy 62, Joshua Tree；比萨 $13~25；周一至周四 11:00~21:00，周五和周六 至22:00，周日 至20:00；）就在公园外，有纽约风格的薄皮比萨、意大利烤饼（calzones）和其他分量很大的意-美式菜肴。

Ma Rouge 咖啡馆

（www.marouge.net；55844 Hwy 62, Yucca Valley；7:00~18:00）到这个社区咖啡屋来享用有机咖啡、意式浓缩咖啡和烘焙食品。

实用信息

在以下国家公园管理处游客中心（NPS visitor center）均可获取公园信息：**约书亚树**（6554 Park Blvd；8:00~17:00）、**Oasis**（74485 National Park Dr；8:00~17:00）、**Cottonwood**（Cottonwood Springs, I-10 Fwy以北8英里；9:00~15:00）和**Black Rock Nature Center**（9800 Black Rock Canyon Rd；10月至次年5月 周六至周四 8:00~16:00，周五 正午至20:00；）。公园内只有卫生间，没有其他设施。公园北部边缘的二十九棕榈高速公路（Twentynine Palms Hwy，即62号公路）连接了3个沙漠小区：务实的丝兰谷有最多的服务设施（银行、超市、邮局、提供免费Wi-Fi和公用电脑的公共图书馆等）；反传统的约书亚树（Joshua Tree）汇集了众多户外用品商店；二十九棕榈镇则拥有美国最大的海军基地。

安扎-博雷戈沙漠州立公园（Anza-Borrego Desert State Park）

在古老的海洋和构造应力的共同作用下，安扎-博雷戈沙漠州立公园形成了。这里是除阿拉斯加以外美国境内最大的州立公园。600,000英亩的高山、峡谷和荒原围绕着公园里唯一的商业活动中心——小小的博雷戈斯普林斯（Borrego Springs，人口3429）。这里的植物和野生动物种类繁多，并保留有当地原住民部落、西班牙探险家和淘金者留下的众多有趣的历史文物。野花盛开的季节（通常在2月下旬至4月，请致电760-767-4684获取最新信息）是旅游旺季，随后的酷热天气将令日间的游览充满危险。

另辟蹊径

索尔顿湖和救赎山

安扎-博雷戈以东、约书亚树以南有着一处最为出人意料的景观，即**索尔顿湖**（Salton Sea；saltonsea.ca.gov），它是加利福尼亚州最大的湖泊，坐落在加利福尼亚州最大的沙漠中央。1905年科罗拉多河（Colorado River）泛滥后，1500名工人用了足足50万吨岩石才让它恢复原貌。但是由于没有天然的河流出口，人工湖的湖面在海拔以下220英尺，湖水盐度比太平洋还浓30%，是尚未清理的环境恶梦。

更奇怪的景观是位于湖东岸的**救赎山**（Salvation Mountain；www.salvationmountain.us），这是一座由手工搅拌黏土和随手偶得的物品堆积而成的小山，高50英尺，黏土用亚克力涂料粉刷得绚丽缤纷，并刻有基督教文字。这是民间艺术家Leonard Knight的作品。救赎山位于111号公路以东3英里处的尼兰德（Niland），经Main St和Beal Rd即可到达。

景点和活动

位于博雷戈斯普林斯以西2英里处的公园**游客中心**（760-767-4205；www.parks.ca.gov；200 Palm Canyon Dr；10月至次年5月 9:00~17:00，6月至9月 仅周六和周日开放）内设自然历史展，并可提供信息手册和路况最新信息。开车穿越公园是免费的，但如果你要在园内露营、徒步或野餐，需支付一日停车费（每车$5~8）。你需要一辆四驱车来应付500英里的乡野泥泞路，而如果你计划徒步旅行或骑山地车登山，记得多带点清水。

公园的亮点包括：**Fonts Point**沙漠瞭望台、**克拉克干湖**（Clark Dry Lake）观

鸟地、斯皮里特山（Split Mountain）风穴附近的**Elephant Tree Discovery Trail**和仍然保留着印第安人象形文字和磨石的**布莱尔谷**（Blair Valley）。再往南，到**阿瓜卡连特县立公园**（Agua Caliente County Park；☎760-765-1188；www.sdcounty.ca.gov/parks/；39555 Rte S2；门票 每车$5；⏲9月至次年5月 9:30~17:00）的温泉可以让你彻底放松身心。

食宿

只要距离水源或道路不少于100英尺，你就可以在公园内任何地方免费露营，无需许可证，但不能生火和采集植物。

如果想体验乡村风格的民宿，品尝著名的苹果派，可以去金矿镇**朱利安**（Julian；www.julianca.com），就在博雷戈斯普林斯西南方30英里处。

安扎-博雷戈沙漠州立公园露营地 露营地$

（Anza-Borrego Desert State Park Campgrounds；☎预订 800-444-7275；www.reserveamerica.com；帐篷/房车营地 $25/35；）以下两处营地都需提前预订，它们分别是：位于博里戈斯普林斯西北3英里外的忙碌的Borrego Palm Canyon Campground，以及位于南方12英里处、靠近78号公路的较小且相对背阴的Tamarisk Grove（只提供非饮用水源）。

Borrego Springs Motel 汽车旅馆 $

（☎760-767-4339；www.borregospringsmotel.com；2376 Borrego Springs Rd；房间$75~95；⏲9月下旬至次年6月上旬；）位于镇上圣诞圈（ChristmasCircle）的北边，这个翻新自20世纪40年代建筑的汽车旅馆（现在使用太阳能）有8个非常整洁简朴的房间，床铺很豪华。坐在户外的火坑边可以观星。

Borrego Valley Inn 旅馆 $$$

（☎800-333-5810，760-767-0311；www.borregovalleyinn.com；405 Palm Canyon Dr；房间含早餐 $180~280；）这家温馨的温泉度假酒店（仅限成人）拥有15个雅致的砖坯风格客房（有些附带小厨房），房内是西南部风格的装修，拥有两个泳池（其中一个允许全裸下水）和一个户外温泉池。

Carlee's Place 美国菜 $$

（660 Palm Canyon Dr；主菜 午餐 $7~14，晚餐 $12~23；⏲11:00~21:00）快来和当地人一起品尝烤肉、唱卡拉OK和打桌球吧。

实用信息

博雷戈斯普林斯的Palm Canyon Dr沿线有带自动柜员机的银行、加油站、邮局、超市和公共图书馆，图书馆提供免费Wi-Fi和电脑。

莫哈维国家保护区（Mojave National Preserve）

如果你一心追求与世隔绝之所，就到**莫哈维国家保护区**（☎760-252-6100；www.nps.gov/moja）免费来吧。这个占地140万英亩的保护区里有沙丘、约书亚树森林、火山锥、沙漠龟、长耳大野兔和郊狼。保护区内没有加油站。

Kelbaker Rd在贝克（Baker）和I-15州际公路东南方，这条道路会穿过一片幽灵般的火山锥地带直达**凯尔索车站**（Kelso Depot）。车站建于20世纪20年代，采用了西班牙教会复兴风格，现在成了公园的主要**游客中心**（☎760-252-6108；⏲周五至周二 9:00~17:00）。这里有出色的自然和文化历史展，还有老式的午餐柜台。再往西南方向行驶11英里，就到了"会唱歌"的**凯尔索沙丘**（Kelso Dunes）。风况合适的时候，沙丘就会发出低沉的嗡嗡声，这是流沙从高处滑下时发出的声音。

Kelso-Cima Rd从凯尔索车站向东北方向延伸，19英里后转向I-15州际公路的方向，到达**奇马圆顶**（Cima Dome）。这块高1500英尺的花岗岩上布满坚硬的熔岩露头，岩坡上生长着世界上最大的**约书亚树森林**。登上**图伊特尼亚峰**（Teutonia Peak；往返3英里）可以近距离观看圆顶的景观，登山道的起点就在奇马（Cima）西北6英里处。

再向东，Mojave Rd是一条通往两个**露营地**（帐篷营地$12）的景观秘道。两个营地都是先到先得，Mid Hills（无房车营地）

和Hole-in-the-Wall都有饮用水。露营地位于Wild Horse Canyon Rd的一端，这是一条12英里长的崎岖道路，沿途风景美丽，直达Hole-in-the-Wall的游客中心（☎760-252-6104；⏲10月至次年4月 周三至周日 9:00~16:00，5月至9月 周六 10:00~16:00）和狭窄的Rings Loop Trail。这两条路虽然都是土路，但通常情况下非四驱车也可顺利通过。

食宿

游客可免费在保护区内各处有人迹的区域进行野外及路边露营。可到游客中心咨询或查阅免费的公园报纸。

如果想体验更多的历史氛围，可以去Hotel Nipton（☎760-856-2335；nipton.com；107355 Nipton Rd；木屋/房间带公共浴室 $65/80起；⏲前台 8:00~18:00；📶）。它位于保护区东北部一个偏僻的铁路前哨处，拥有一栋百年土坯别墅，四周环绕着乡村风格的客房和帐篷小屋。入住登记处在贸易站里，隔壁是一间墨裔美国人的咖啡馆Oasis（菜肴 $7~10；⏲周日至周五 通常情况下 11:00~18:00，周六 至20:00）。

贝克（凯尔索西北35英里处）是最靠近I-15州际公路出口的小镇，镇上有极简陋的汽车旅馆和快餐店。内华达州的普里姆（Primm；东北50英里）坐落在州境线上，当地的奥特莱斯购物中心旁有老旧的赌场酒店和餐厅。

死亡谷国家公园 (Death Valley National Park)

死亡谷国家公园的名字相当惊悚，不禁让人想到炼狱般的场景及《旧约》（*Old Testament*）中描述的毫无生气的贫瘠之地。然而，仔细看看，流水刻画出的峡谷、迎风而立的沙丘、棕榈成荫的绿洲、锯齿状的山脉及丰富多样的野生生物，眼前的死亡谷正在上演着一出壮观的自然之舞。这里还拥有多项美国之最：最高的气温（134°F，即57℃）、地势最低点[巴德沃特（Badwater），低于海平面282英尺]、阿拉斯加以外最大的国家公园（面积超过5000平方英里）。春季野花盛开，是旅游高峰期。

景点和活动

从公园（☎760-786-3200；www.nps.gov/deva；每车$20，7天有效）的中心枢纽火炉溪（Furnace Creek）出发，驱车向东南方行至扎布里斯基角（Zabriskie Point）观赏壮观的日落，届时金色的阳光将洒满沟壑纵横丘陵起伏的荒原和山谷。再往东南大约开约20英里，即可到达丹特观景点（Dante's View），在这里可以同时看到美国大陆的海拔最高点（惠特尼山，14,505英尺）与最低点（巴德沃特）。

从火炉溪出发，开车往南行驶17英里就到了巴德沃特，这是一片恒久不变的盐碱滩。沿途会经过黄金峡谷（Golden Canyon）和天然桥（Natural Bridge），这两处景点都很适合徒步游览，路程不长，走起来并不费力。从路边的停车场出发就行。沿着Artists Drive绕一小段路（9英里）去看看附近的一处狭窄的峡谷，傍晚时分前来能看到最美的景致，那时风蚀的山坡会变幻出烟花般缤纷的色彩。

在火炉溪的西北方，邻近烟囱井村（Stovepipe Wells Village）的地方，你可以徒步穿越撒哈拉沙漠一般的牧豆沙丘（Mesquite Flat sand dunes），在月圆之夜，这里美得如梦如幻。你还可以在马赛克峡谷（Mosaic Canyon）尝试攀爬光滑的大理石壁。

古怪的斯科蒂城堡（Scotty's Castle；☎预约 877-444-6777；www.recreation.gov；团队游 成人/儿童 $15/7.50起；⏲场地 7:00~17:30，团队游时间不定）位于火炉溪以北35英里处，穿着戏服扮成历史人物的导游们会声情并茂地再现老西部关于骗子"死亡谷斯科蒂"（Death Valley Scotty）的离奇故事（建议预订）。从格雷普韦恩（Grapevine）交叉路口向西开5英里，可绕道去看看优比喜比火山口（Ubehebe Crater）和比它更年轻些的火山群。

夏季尽量选择铺好路面的道路行驶（土路会加快汽车升温的速度），让自己少费点力气，要不就选择去高海拔地区游玩，如风景秀丽的移民峡谷（Emigrant Canyon）。从烟囱井以西8英里处出发，经过一些通往鬼镇的岔路口后，最后走3英里的土路到达历史悠久的蜂窝状建筑烧炭窑（Charcoal Kilns）。附近不远处就是通往野玫瑰峰（Wildrose Peak；

值得一游

流纹岩鬼镇

从内华达州的比提(Beatty)往西4英里,留意寻找通往早已废弃的**流纹岩鬼镇**(Rhyolite; www.rhyolitesite.com; 紧邻Hwy 374; ⏲日出至日落)免费的出口。这个小镇完全就是喧闹一时即遭废弃的西部淘金小镇的典型。不要错过建于1906年的"酒瓶屋"以及一栋3层高的银行废墟。隔壁是奇异的**金矿户外博物馆**(Goldwell Open Air Museum; www.goldwellmuseum.org; 紧邻Hwy 374; ⏲24小时)免费,那里有各种颇具迷幻色彩的装置艺术品,最早的一批艺术品是由比利时艺术家Albert Szukalski 于1984年创作的。

9064英尺)的环形登山道(8.4英里)的起点。偏僻的**帕纳敏特斯普林斯**(Panamint Springs)坐落于公园的西部边界上,从那里可以观望四周全景,此外旅行者还可以沿着一条往返2英里的徒步小径前往小巧的达尔文瀑布(Darwin Falls)游览一番。

火炉溪的农场(Ranch)提供包括骑马旅行、高尔夫、山地自行车骑行和温泉池游泳等活动。

食宿

园内的住宿在春季经常客满,先到先得的露营区早在上午就已经没了空位,周末尤其如此。旅行者可在任何距离硬面道路、已开发或日用地区2英里外及水源300英尺外的地方露营(不可生火),可到游客中心领取免费许可证。

可供住宿的最近且较便宜的城镇是内华达州的比提(火炉溪东北40英里处),内华达州的拉斯维加斯(Las Vegas; 东南120英里处)和加利福尼亚州的里奇克莱斯特(Ridgecrest; 西南120英里处)则有更多的住宿选择。

死亡谷国家公园露营地 露营地 $

(Death Valley National Park Campgrounds; www.nps.gov/deva; 营地 免费至$30; ⓗ🐾)公园的9个露营地中,只有火炉溪营地在10月中旬至次年4月中旬期间接受**预订**(☎518-885-3639, 877-444-6777; www.recreation.gov)。在夏季,火炉溪营地实行先到先得原则,其他开放的露营地还有斯科蒂城堡附近的Mesquite Spring以及Emigrant Canyon Rd沿路的露营区(可能需要高性能四驱车)。谷底的露营区,包括有房车设施的Stovepipe Wells和Sunset营地以及较阴凉可搭帐篷的Texas Springs,仅从10月开放至次年4月。

Ranch at Furnace Creek 汽车旅馆、小屋 $$

(☎760-786-2345, 800-236-7916; www.furnacecreekresort.com; Hwy 190; 双 $139~219; ❄📶🏊ⓗ)这个悠闲的度假居所专为家庭量身打造,木屋漆成了沙漠的颜色,配有通向院子或露台的法式木门,有些木屋为上下两层。旅馆内有一个天然泉水池、高尔夫球场和网球场。**49' er Cafe**(主菜 $10~25)供应标准的美式菜肴,你也可以到**Corkscrew Saloon**享用啤酒和比萨。

Cynthia's 青年旅舍、旅馆 $$

(☎760-852-4580; www.discovercynthias.com; 2001 Old Spanish Trail Hwy, Tecopa; 铺 $22~25, 房间 $75~140, 印第安帐篷 $165; ⏲入住 15:00~20:00; 📶)依照你的预算选择吧:是要古董拖车内带公共厨房的平凡私人房间或宿舍铺位,还是配有厚毯、火坑和特大号床铺的China Ranch户外美洲原住民帐篷。一定要预订。旅馆位于火炉溪东南70英里的特科帕(Tecopa)温泉城。

Stovepipe Wells Village 汽车旅馆 $$

(☎760-786-2387; www.escapetodeathvalley.com; Hwy 190; 房车营地 $33, 房间 $95~160; ❄@📶🏊ⓗ🐾)整齐漂亮的房间里有高质量的床上用品,床罩上装饰着原住民风格的亮丽图案。小小的泳池很清凉,还有一个牛仔风格的酒吧,餐厅的一日三餐(主菜 $6~23)平平无奇。

Inn at Furnace Creek 酒店 $$$

(☎800-236-7916, 760-786-2345; www.furnacecreekresort.com; Hwy 190; 房间/套 $345/450起; ⏲10月中旬至次年5月中旬; ❄📶🏊)在这家建于1927年的教堂式简约风格的酒店中,不论你是在温泉泳池边放松,或是在起床后拉开窗帘时，均可饱览山谷的美景。推荐高级餐厅（晚餐有着装要求）的周日的自助早午餐（$25）。黄昏时分可到露台享用鸡尾酒。

实用信息

你可以在公园各处的自动售票站购买入园通行证（每车$20），有效期为7天。只需向**游客中心**（☎760-786-3200；www.nps.gov/deva；⏲8:00~17:00）的工作人员出示你的收据就能领取免费的地图和报纸。游客中心位于火炉溪，那里有杂货店、加油站、邮局、自动柜员机、自助洗衣店和淋浴设备。开车往西北方向走大约30分钟是烟囱井村，那里也有杂货店、加油站、自动柜员机和淋浴设备。帕纳敏特斯普林斯位于公园的西部边界上，设有自动柜员机、加油站并提供Wi-Fi热点，还出售点心和饮料。园内的手机信号非常弱，几乎等于没有。

中海岸地区（CENTRAL COAST）

来到加利福尼亚州，就一定要来风景秀丽的中海岸地区散一散步。1号公路作为加利福尼亚州最具代表性的道路之一，途经时髦的圣巴巴拉、复古的皮斯摩海滩（Pismo Beach）、大学城圣路易斯-奥比斯波、梦幻的赫斯特城堡（Hearst Castle）、惊心动魄的大瑟尔、可爱的卡梅尔（Carmel）、朴实的蒙特雷（Monterey）、年轻时尚的圣克鲁斯，并时可窥见太平洋的风景。放慢你的脚步，这片宛如田园诗般美丽的海岸值得你去慢慢欣赏回味，而不是一饮而尽（同样的建议也适用于当地出产的获奖葡萄酒）。

圣巴巴拉（Santa Barbara）

圣巴巴拉的生活是美好的，这里就是海边的香格里拉。空气中弥漫着柑橘和茉莉花的香气，带有西班牙式红瓦屋顶的白色建筑外挂满了盛开的九重葛，这一切都与珍珠般的海滩融为一体。忽略那些讨厌的破海而出的油井架吧。市中心的主街State St上挤满了酒吧、咖啡厅、剧院和精品店。

景点

圣巴巴拉教堂 教堂

（Mission Santa Barbara；www.santabarbaramission.org；2201 Laguna St；成人/儿童 $5/1；⏲9:00~16:15）教堂建于1786年，位于山顶，被称为“教堂中的皇后”。这是唯一一座在墨西哥统治下却没有被世俗化的教堂。这座圆顶教堂里珍藏着丘马什人（Chumash）的艺术品，双钟楼的设计在同类建筑中十分罕见。教堂后面是一片墓地。

圣巴巴拉艺术博物馆 博物馆

（Santa Barbara Museum of Art；www.sbma.net；1130 State St；成人/儿童 $10/6，周四 17:00~20:00免费；⏲周二至周三和周五至周日 11:00~17:00，周四 至20:00）这些位于市中心的画廊的藏品经过了精心的挑选，包括了当代加州艺术家的作品、包括马蒂斯（Matisse）和夏加尔（Chagall）在内的现代大师的作品，以及20世纪的摄影作品和亚洲艺术品，令人印象深刻。此外还有极富争议的特殊展览。

圣巴巴拉法院大楼 历史建筑

（County Courthouse；☎805-962-6464；www.sbcourts.org；1100 Anacapa St；⏲周一至周五 8:00~16:45，周六和周日 10:00起）免费 这是一座西班牙摩尔复古风格的法院大楼。就审判而言，这个地方未免美得有些荒谬了。在为手工绘制的天花板和繁复细致的壁画惊叹之后，再爬上高得让人晕眩的钟楼，欣赏一下那美妙的全景吧。每日都有免费的团队游（可致电查询时间表）。

圣巴巴拉历史博物馆 博物馆

（Santa Barbara Historical Museum；www.santabarbaramuseum.com；136 E De La Guerra St；欢迎捐赠；⏲周二至周六 10:00~17:00，周日 正午起）免费 位于一个与世隔绝的浪漫土坯庭院内。馆内藏品以本地各种纪念品为主，其中包括丘马什人的编织篮，十分迷人。在这里还能了解到一些鲜为人知的历史故事。

圣巴巴拉海事博物馆 博物馆

（Santa Barbara Maritime Museum；www.sbmm.org；113 Harbor Way；成人/儿童 $7/4，每月第三个周四免费；⏲10:00~17:00，5月下旬至9月

上旬 至18:00）这座拥有两层展厅的博物馆位于港口，历史文物、纪录短片和可以动手操作的拟真展览共同纪录下了圣巴巴拉的海上历史。

圣巴巴拉植物园　花园

（Santa Barbara Botanic Garden；www.sbbg.org；1212 Mission Canyon Rd；成人/儿童 $8/4；⊙9:00~18:00，11月至次年2月 至17:00；）花园在教堂的上坡处，园内种植着加利福尼亚州当地植物。起伏的小路从仙人掌和野花丛中蜿蜒穿过，花园附近有一个适合孩子参观的自然历史博物馆。

活动

建于1872年的**斯特恩码头**（Stearns Wharf）俯瞰着繁忙的市区海滩。这是西部至今仍在使用的最古老的木码头，随处可见旅游商店和餐厅。在城外，**州立海滩**（www.parks.ca.gov；门票 每车$10；⊙8:00至日落）掩映在巨大的棕榈树影下，它位于卡平特里亚（Carpinteria），紧邻Hwy 101，出城后向东开大约12英里就到了。酋长岩（El Capitan）和雷富西奥（Refugio）则位于城镇以西20多英里处。

Santa Barbara Sailing Center　水上运动

（800-350-9090，805-962-2826；www.sbsail.com；紧邻Harbor Way；皮划艇/SUP冲浪板租金 $10/15起，游轮/团队游 $25/50起）旅行者可在此租用皮划艇、参加划桨团队游，也可报名参加航海课程、观鲸巡游或日落鸡尾酒游船活动。

Channel Islands Outfitters　水上运动

（租赁 805-617-3425，团队游 805-899-4925；www.channelislandso.com；117b Harbor Way；冲浪板/皮划艇/SUP租金 $10/25/40起）态度很友善，提供皮划艇、冲浪板和站立式桨板（SUP）等用品，也组织海岸皮划艇团队游。

Wheel Fun　骑车

（www.wheelfunrentals.com；22 State St & 23 E Cabrillo Blvd；自行车租金 1小时/半日 $9/24起；⊙8:00~20:00，11月至次年2月 8:00~18:00）沿着铺设好路面的休闲小路边骑车边欣赏绵延数英里长的美丽海滩。

Santa Barbara Adventure Co　水上运动、骑车

（877-885-9283，805-884-9283；www.sbadventureco.com；720 Bond Ave；团队游/课程 $49/109起）参加皮划艇或骑车团队游，或参加传统冲浪或立式单桨冲浪课程。

住宿

嗨，高价来袭：在夏季，就连最基础的汽车旅馆客房要价也会超过200美元。不那么昂贵的汽车旅馆集中在市中心以北的State St上段以及101号公路沿线。如果想在城外的国家公园营地住宿，需要提前**预订**（800-444-7275；www.reserveamerica.com；营地 $10~70；）。

Santa Barbara Auto Camp　露营地 $$

（888-405-7553；sbautocamp.com；2717 De La Vina St；拖车 四 $139~199；）你可以住在清风牌古董房车中，房车装潢简约现代、实用性很强，有全套厨房、红木露台和户外烧烤架。需提前预订（两晚起住）。

中国人在圣巴巴拉

从1887年开始，就有来自中国的铁路劳工在圣巴巴拉定居下来。到19世纪下半叶，城内已有约300人，占到了当时城市人口的10%。及至19世纪末20世纪初，市内已经形成了一定规模的唐城，并建造了一座“致公堂”。1911年辛亥革命前夕，孙中山先生也曾多次造访这里，募集革命款项。

当时华人中最著名的是一位叫金洲的广东人，他于1923年6月29日预测圣巴巴拉市将在两年后的同一天发生大地震，得验后名声大噪，成为当地的新闻人物。

但1892年美国开始推行的《排华法案》最终还是影响到了圣巴巴拉，华人社区逐渐衰落。在1925年大地震破坏了唐城的大部分建筑后，唐城再也没有恢复过来。目前定居该市的华人约100人。

另辟蹊径

如果你还能多逗留几天

偏远粗犷的**海峡群岛国家公园**(Channel Islands National Park; www.nps.gov/chis)因其独特的野生生态系统而赢得了"加利福尼亚州的加拉帕戈斯群岛"的美名。这些岛屿也是体验浮潜、水肺潜水和海上划皮艇活动的绝佳地点。春天野花绽放,是游览的最佳季节;夏天和秋天气候很干燥,冬天则有暴风雨。

从大陆坐船1小时即可到达阿纳卡帕(Anacapa),这是群岛中最适合开展一日游的岛屿,徒步旅行轻松写意,风景亦令人难忘。最大的岛屿圣克鲁斯则适合露营远足、划皮划艇和徒步旅行。其他岛屿较远,需要几天时间才能玩遍。圣米格尔(San Miguel)经常被迷雾笼罩。小圣巴巴拉岛(Tiny Santa Barbara)和圣罗莎(Santa Rosa)都是海鸟和海豹的栖息地,后者同时还是托里松和丘马什考古遗址的保护区。

船只会从紧邻101号公路的文图拉港口(Ventura Harbor)出发,公园的**游客中心**(☎805-658-5730; 1901 Spinnaker Dr, Ventura; ⌚8:30~17:00)也在这里,可提供信息和地图。主要的游船公司是**Island Packers**(☎805-642-1393; www.islandpackers.com; 1691 Spinnaker Dr; 游轮 成人/儿童 $36/26起);提早预订。如果想在岛上的原始营地露营需要预订,可通过Recreation.gov(见65页)预订,记得带上食物和水。

Agave Inn 汽车旅馆 $$

(☎805-687-6009; agaveinnsb.com; 3222 State St; 房间 $119起; ❄📶)墨西哥流行艺术搭配现代主题,使这家不太昂贵的旅馆也有了艺术派头和个性。家庭房附带小厨房,墙壁很薄,停车位也有限。

Marina Beach Motel 汽车旅馆 $$

(☎877-627-4621, 805-963-9311; www.marinabeachmotel.com; 21 Bath St; 房间 含早餐 $150~210; ❄📶🐾)老式的一层楼汽车旅馆,走一小段路就到沙滩了。旅馆内有整洁的日用织品和百叶窗。部分房间配备小厨房。住客可免费借用旅馆的自行车。

El Capitan Canyon 小屋、露营地 $$$

(☎866-352-2729, 805-685-3887; www.elcapitancanyon.com; 11560 Calle Real, 紧邻Hwy 101; 旅行帐篷 $155, 小屋 $225起; 📶🏊👪)🌿去酋长岩州立海滩(El Capitan State Beach)附近的无车区体验"豪华野营"吧!从小镇出发,沿101号公路向西驱车30分钟即达。旅行帐篷简单质朴,而溪边的雪松小木屋里则有着梦幻般的床垫和室外火坑。

Spanish Garden Inn 精品酒店 $$$

(☎805-564-4700; www.spanishgardeninn.com; 915 Garden St; 双 含早餐 $319起; ❄@📶🏊)这座位于市中心的优雅酒店有着西班牙复兴时期风格的外观。酒店拥有24间浪漫豪华客房和套房,房间正对着一个雅致的喷泉庭院。拥有一流的礼宾服务。

就餐

Silvergreens 加利福尼亚菜$

(www.silvergreens.com; 791 Chapala St; 菜肴 $4~10; ⌚周一至周五 7:00~22:00, 周六和周日 8:00起; 👪)🌿谁说快餐就不能新鲜可口了?这家阳光充足的咖啡店的口号就是"聪明饮食,健康生活"。这里供应营养丰富的沙拉、汤、三明治、汉堡包、早餐卷饼等。

Lilly's Taquería 墨西哥菜 $

(lillystacos.com; 310 Chapala St; 单品 $1.75起; ⌚周日至周一和周三至周四 10:30~21:00, 周五和周六 至22:00)门外总是排着长龙,所以点菜要快,本地人会争着购买这些正宗的街边玉米卷饼,特别是配上腌猪肉(adobada)或牛舌(lengua)的卷饼。

Olio Pizzeria 意大利菜 $$

(☎805-899-2699; www.oliopizzeria.com; 11 W Victoria St; 主菜 $9~18; ⌚周日至周四 11:30~21:00, 周五和周六 至22:00)这家气氛欢乐的比萨店有着高高的天花板,并设有时髦的葡萄酒吧,为客人提供各种各样的诱人美食,包括

香脆的比萨、进口奶酪和肉类、意大利传统风情小食和甜点。

Santa Barbara Shellfish Company 海鲜 $$

(www.sbfishhouse.com; 230 Stearns Wharf; 菜肴 $3~16; ⊙11:00~21:00)这家小到只有一个柜台的海鲜店位于码头的尽头,“从大海到煎锅再到餐盘”很好地概括了这家饭店的特色。美味的蟹饼和令人叹为观止的海景让它在这里屹立了30年。

饮品和娱乐

圣巴巴拉的夜生活场所聚集在State St的下街区周边。你可以沿着城中的**Urban Wine Trail**(www.urbanwinetrailsb.com)穿梭于12间品酒室。免费双周刊Santa Barbara Independent(www.independent.com)上登载了娱乐活动日程。

Brewhouse 啤酒厂

(www.brewhousesb.com; 229 W Montecito St; ⊙周日至周四 11:00~23:00, 周五和周六 至午夜; ⓦ)顺着铁轨一路向下就来到了这家店。这里有口味独一无二的限量啤酒,周三至周六晚上还有火爆的现场摇滚乐演出。

Soho 现场音乐

(☎805-962-7776; www.sohosb.com; Suite 205, 1221 State St; 票价 $5~30)位于楼上的一间很不显眼的砖砌房里,就在一家麦当劳的后面。几乎每晚都有乐队现场演出,从独立摇滚、民谣、世界音乐到爵士、蓝调,各擅胜场。

实用信息

Santa Barbara Car Free(www.santabarbaracarfree.org)提供生态旅行相关建议和打折信息。

圣巴巴拉游客中心(Santa Barbara Visitors Center; ☎805-965-3021; www.santabarbaraca.com; 1 Garden St; ⊙周一至周六 9:00~17:00, 周日 10:00起, 11月至次年1月 至16:00)邻近海滨,提供地图和自助游手册。

到达和当地交通

美国国家铁路公司的火车会从市中心南边的**火车站**(209 State St)出发,开往洛杉矶($25~30, 3小时)和圣路易斯-奥比斯波($28~34, 2小时45分钟)。灰狗巴士每天有几趟班车从市中心的**长途汽车站**(☎805-965-7551; 224 Chapala St)发车,分别开往洛杉矶($19, 2~3小时),或经圣路易斯-奥比斯波($28, 2小时)前往圣克鲁斯($53, 6小时)和旧金山($57, 9小时)。

Metropolitan Transit District(简称MTD; ☎805-963-3366; www.sbmtd.gov)运营遍及全市的公共汽车($1.75)和电车(50¢)。这些公共汽车会沿着滨海区的Cabrillo Blvd行驶,往返于市中心的State St和斯特恩码头之间。

圣巴巴拉至圣路易斯-奥比斯波(Santa Barbara to San Luis Obispo)

沿着101号公路,加快速度,不用2个小时就能到达圣路易斯-奥比斯波。当然你也可以花上一整天的时间,在途中绕道去参观一下酿酒厂、古老的教堂和偏远的海滩。

你可以沿着位于圣巴巴拉北侧的154号公路行驶,体验一趟风景秀美的乡村之旅。你可以到圣伊内斯(Santa Ynez)和圣玛利亚谷(Santa Maria Valley)的**葡萄酒乡**(wine country; www.sbcountywines.com)寻觅美酒,或是参加**Sustainable Vine**(☎805-698-3911; www.sustainablevine.com; 团队游 $125)🍃的生态葡萄园之旅,亦可沿着田园牧歌般的**Foxen Canyon Wine Trail**(www.foxencanyonwinetrail.com)一路向北,寻访酒庄葡萄园。**罗斯奥利弗斯**(Los Olivos)小镇上有20多间品酒室正等待着你的光临。**Los Olivos Cafe & Wine Merchant**(☎805-688-7265; www.losolivoscafe.com; 2879 Grand Ave; 主菜 $12~29; ⊙11:30~20:30)🍃是一个结合了加州和地中海风格的迷人小酒馆,内有葡萄酒吧。

继续往南,就到了丹麦的移民村**索尔万**(Solvang; www.solvangusa.com)。精心装饰的风车和童话风格的面包店使村子充满活力。到**Succulent Cafe & Trading Company**(☎805-691-9235; www.succulentcafe.com; 1555 Mission Dr; 早餐和午餐 主菜 $8~12; ⊙周三至周日 9:00~13:00和11:00~15:00, 周四至周六 17:30~21:00)🍃吃点儿布法罗鸡肉早

餐饼、肉桂小茴香五花肉和有机泰式沙拉补充能量。想要购买野餐食品或烧烤外卖食品的旅行者可以去El Rancho Marketplace（www.elranchomarket.com; 2886 Mission Dr; ◷6:00~22:00），它就在索尔万的19世纪西班牙教堂（☎805-688-4815; www.missionsantaines.org; 1760 Mission Dr; 成人/儿童 $5/免费; ◷9:00~16:30）的东边。在101号公路以西的布尔顿（Buellton），Avant酒吧（www.avantwines.com; 35 Industrial Way; ◷11:00~21:00）和Figueroa Mountain Brewing Co（www.figmtnbrew.com; 45 Industrial Way; ◷周一至周四16:00~21:00，周五至周日 11:00起）是本地人常去的街头小馆。

在101号公路以西，沿着246号公路大约开15英里，就到了圣灵感孕教堂州立历史公园（La Purísima Mission State Historic Park; www.lapurisimamission.org; 2295 Purisima Rd; 门票 每车$6; ◷9:00~17:00，导览游 13:00）。这是西班牙殖民时期修建的众多教堂中的一座，令人回味无穷，现已经过了精心修复，内有繁花似锦的花园、畜牧围栏和土坯建筑。在隆波克（Lompoc）南边紧邻1号公路的地方，Jalama Rd曲折前行14英里，直达海风拂面的扎拉玛海滩县立公园（Jalama Beach County Park; ☎805-736-3616; www.sbparks.org; 9999 Jalama Rd; 每车 $10）。这里的露营地（sbparks.org/reservations; 帐篷/房车营地 $28/43，小屋 $110~210）十分受欢迎，一定要提前预订，营地内新建的简易小木屋附带小厨房。

沿1号公路一路向北，杂乱无章的瓜达卢佩（Guadalupe）正是通往北美最大的海岸沙丘群的大门。1923年拍摄的电影《十诫》（*The Ten Commandments*）在这里搭建了"失落的德米尔城"（Lost City of DeMille; www.lostcitydemille.com），该城现已被掩埋在沙丘之下。《大漠雄风》（*Hidalgo*; 2004年）和《加勒比海盗：世界的尽头》（*Pirates of the Caribbean: At World's End*; 2007年）也曾在这里取景拍摄。城镇西侧的166号公路是进入沙丘的最佳通路。

皮斯摩海滩位于1号公路和101号公路的交会处，拥有一片狭长的慵懒的沙滩和一个蝴蝶林（www.monarchbutterfly.org; Hwy 1）免费，每年的10月末到次年2月间，帝王蝶都会迁徙到这里，栖于桉树之上。附近的北部海滩露营地（North Beach Campground; ☎800-444-7275; www.reserveamerica.com; Hwy 1; 营地 $35; ）毗邻海滩，并有热水淋浴。虽然海边和101号公路沿线有数十家汽车旅馆和酒店，但是房间总是很快就被预订一空，特别是在周末。Pismo Lighthouse Suites（☎805-773-2411, 800-245-2411; www.pismolighthousesuites.com; 2411 Price St; 套 含早餐 $219起; P ❄ @ ）的设施一应俱全，从厨房套件到户外的超大棋盘，几乎能满足来此度假的家庭游客的一切需求；记得询问淡季优惠价。靠近皮斯摩的海边码头，Old West Cinnamon Rolls（www.oldwestcinnamon.com; 861 Dolliver St; 单品 $3~5; ◷6:30~17:30）的甜品很棒。上山到Cracked Crab（www.crackedcrab.com; 751 Price St; 主菜 $9~53; ◷周日至周四 11:00~21:00，周五和周六 至22:00; ）去吃海鲜吧，大堆的新鲜海鲜直接堆在铺着纸的餐桌上，一定要记得穿上塑料围裙。

阿维拉海滩（Avila Beach）附近有一条阳光充沛的海滨步道，一条会叽叽响的老旧木头码头和一座古老的灯塔（☎徒步旅行信息 805-541-8735，观光车团队游 855-533-7843; www.sanluislighthouse.org; 门票 徒步者 每人$5，观光车团队游 $20; ◷只在周六开放，需预订）。掉头转向101号公路，到阿维拉谷农场（Avila Valley Barn; avilavalleybarn.com; 560 Avila Beach Dr; ◷9:00~18:00; ）采摘草莓、苹果，喂喂山羊，随后顺道去Sycamore Mineral Springs（☎805-595-7302; www.sycamoresprings.com; 1215 Avila Beach Dr; 1小时 每人 $13.50~17.50; ◷8:00至午夜，最后预订 22:45），在私人红木桶里泡个温泉，放飞思绪。

圣路易斯-奥比斯波（San Luis Obispo）

圣路易斯-奥比斯波位于洛杉矶和旧金山的中间，是一个相当低调的地方。加州理工大学为这里带来了生气。学生们涌上大街，涌入俱乐部、咖啡店，特别是在每周一次的农贸市场（farmers market; ◷周四 18:00~21:00; ）期间，现场音乐和街边烧烤把城内的Higuera St变成了一个彻头彻尾的嘉年华现场。和很多加州城镇一样，圣路易斯-奥比斯波也是以西班牙天主教教堂（805-543-6850；www.missionsanluisobispo.org；751 Palm St；捐赠 $2；9:00~17:00，11月上旬至次年3月中旬 至16:00）为基础而发展起来的，教堂是神父朱庀帕罗·塞拉于1772年修建的。近来，圣路易斯-奥比斯波的艾德娜山谷酒庄（Edna Valley wineries；www.slowine.com）势头兴旺，其最著名的是清爽的霞多丽和顺滑的黑品诺葡萄酒。

住宿

圣路易斯-奥比斯波的汽车旅馆集中在市中心以北的区域，沿Monterey St分布。此外101号公路沿线也有连锁汽车旅馆。

HI Hostel Obispo
青年旅舍 $

（805-544-4678；www.hostelobispo.com；1617 Santa Rosa St；铺 $25~28，房间 $55起；入住 16:30~22:00；）这座太阳能生态旅馆位于一栋舒适的维多利亚建筑内，靠近火车站。旅馆内有一间公用厨房，并提供自行车租赁服务（每天$10起）。不支持信用卡支付，不设宵禁，需自带毛巾。所有房间共用浴室。

Peach Tree Inn
汽车旅馆 $$

（805-543-3170，800-227-6396；www.peachtreeinn.com；2001 Monterey St；房间 含早餐 $70~175；）客房没什么想象力，但气氛悠闲，令人放松，临河或带摇椅的房间尤其让人感到惬意，坐在摇椅上就能看到玫瑰花园。丰盛的欧式早餐里有自制面包。

> **值得一游**
>
> **群峰国家公园**
>
> 在满是小槲树的山坡上突然出现一些尖顶，群峰国家公园（Pinnacles National Park；831-389-4485；www.nps.gov/pinn；5000 Hwy 146，Paicines；每车 $5）的名字便是由此而来。嶙峋的巨大独石、崖壁陡峭的深峡和古老的火山遗迹令这里成为了地质学家的梦幻之地。除了徒步旅行和攀岩外，公园的最大景点是岩堆洞穴和濒临灭绝的加州秃鹫。春、秋季适宜游览，夏天则极端炎热潮湿。家庭式露营地（877-444-6777；www.recreation.gov；帐篷/房车营地 $23/36；）位于公园东入口附近，紧邻国王市（King City）西北面的25号公路，从圣路易斯-奥比斯波往北开车2小时即可到达。

Madonna Inn
酒店 $$$

（805-543-3000；www.madonnainn.com；100 Madonna Rd；房间 $189~309；）从101号公路上便可看到这家无比鲜艳绚丽的酒店。外国旅行者、从中西部地区来这里度假的旅客和热衷时尚的潮人都喜欢这里的110间不同主题的房间，其中有岩洞穴居房和亮粉色的梦幻花房（网站上的照片就足以让人目瞪口呆了）。

餐饮

市中心到处都是咖啡店、餐厅、葡萄酒吧、自酿酒馆，还有美国第一家利用太阳能发电的电影院Palm Theatre（805-541-5161；www.thepalmtheatre.com；817 Palm St；票价 $5~8），放映独立电影。

Firestone Grill
烧烤 $

（www.firestonegrill.com；1001 Higuera St；菜肴 $4~10；周日至周三 11:00~22:00，周四至周六 11:00~23:00；）快来咬上一口正宗的圣玛丽亚式蒜香烤牛排三明治，或细碎的柯布牛排沙拉。

Sidecar
加利福尼亚菜 $$

（805-540-5340；sidecarslo.com；1127 Broad St；主菜 $7~22；周一至周五 11:00~23:00，周六和周日 10:00起）在20世纪50年代小餐室风格的桌椅前就座，享用厨师利用本地农场和牧场的食材烹调的创意菜。周末的早午餐和本地葡萄酒酒单都很不错。

Big Sky Café
加利福尼亚菜 $$

（www.bigskycafe.com；1121 Broad St；主菜 $9~20；周一至周四 7:00~21:00，周五 至22:00，周六 8:00~22:00，周日 8:00~21:00；）“数字世界的模拟食物”是这家天马行空却又务实的咖啡馆的口号，新鲜早餐（每日供应至13:00）、健康的大盘晚餐、自制汤和一篮篮的玉米面包令这里成为绝对的满分之选。

实用信息

San Luis Obispo Car Free（slocarfree.org）提供生态旅行相关建议和打折信息。

游客中心（☎805-781-2777；www.visitslo.com；895 Monterey St；⏰周日至周三 10:00~17:00，周四至周六 至19:00）位于市中心，靠近Higuera St。

到达和当地交通

从圣巴巴拉（$28~34，2小时45分钟）和洛杉矶（$40，5.5小时）发车的美国国家铁路公司的列车会停靠在位于圣路易斯-奥比斯波市中心东南0.6英里处的**火车站**（1011 Railroad Ave）。位于市中心西南2.5英里处的**灰狗巴士站**（1460 Calle Joaquin）较不方便，紧邻101号公路，每天有数班车发往圣巴巴拉（$28，2小时）、洛杉矶（$40，5小时）、圣克鲁斯（$42，4小时）和旧金山（$53，7小时）。

SLO Regional Transit Authority（☎805-541-2228；www.slorta.org；票价 $1.50~3，1日通票$5）运营县内的公共汽车，周末车辆很少，主要聚集在市中心的**转运中心**（transit center；Palm St和Osos St的交叉路口）。

莫罗湾至赫斯特城堡（Morro Bay to Hearst Castle）

从圣路易斯-奥比斯波向西北方向沿1号公路走12英里便可到达**莫罗湾**，这是一个渔业小镇，**莫罗岩**（Morro Rock）就在这里。莫罗岩是从大洋底突出来的火山峰，是即将上演的海岸大戏的第一幕（别管那些发电厂烟囱挡住的景观）。你可以登上游轮，或是租一艘皮划艇沿内河码头游览。内河码头上到处都是旅游商店、咖啡馆和酒吧。**Giovanni's**（www.giovannisfishmarket.com；1001 Front St；主菜 $6~17；⏰11:00~18:00；👪）是一家经典的海鲜小馆，烹制极好吃的蒜香薯条和炸鱼排。紧邻码头和Main St的小山上及1号公路沿线聚集着很多中档汽车旅馆。

附近有很棒的州立公园，可以进行海岸徒步和**露营**（☎800-444-7275；www.reserveamerica.com；露营地 $5~50；👪🐾）。在内河码头以南，**莫罗湾州立公园**（Morro Bay State Park；☎805-772-2694；www.parks.ca.gov；入门免费，博物馆 成人/儿童 $2/免费）有一座自然历史博物馆和鹭群栖息地。再往南，来到1号公路西边的洛斯奥索斯（Los Osos），这里的**金山州立公园**（Montaña de Oro State Park；www.parks.ca.gov；Pecho Valley Rd）免费 更加狂野，有海岸悬崖、潮汐池、沙丘，还有山顶徒步和山地骑行小道。公园的西班牙名称（"黄金山"）源于当地的加利福尼亚罂粟花，每到春天盛开时便犹如给山坡披上了一层黄金地毯。

从莫罗湾市中心出发，沿着1号公路向北行，这里有冲浪爱好者最喜欢的加州墨西哥菜小馆**Taco Temple**（2680 Main St；主菜 $8~15；⏰周一和周三至周六 11:00~21:00，周日 至20:30），店里只收现金。此外还有紧靠卡尤科斯（Cayucos）小镇海滩的**Ruddell's Smokehouse**（www.smokerkjim.com；101 D St；菜肴 $4~16；⏰11:00~18:00），这家餐馆供应熏鱼玉米饼。复古的汽车旅馆排列在卡尤科斯的Ocean Ave一线，其中可爱的家庭经营旅馆**Seaside Motel**（☎805-995-3809；www.seasidemotel.com；42 S Ocean Ave；双 $80~160；📶）配有厨房。想试试历史悠久的海军上尉住宅？**Cass House Inn**（☎805-995-3669；www.casshouseinn.com；222 N Ocean Ave；房间含早餐 $175~365；📶）拥有豪华的客房，部分房间配有浴缸和古董壁炉，以抵挡海岸寒冷的雾气。楼下是一家高雅的创意法式加利福尼亚**餐厅**（四道菜套餐 $68；⏰周四至周一 17:00~19:30），出品应季菜肴。

在哈蒙尼（Harmony；人口仅18人）的北边，46号公路向东进入**橡树关葡萄酒乡**（Paso Robles wine country；www.pasowine.com）的葡萄园。沿着1号公路再往北行，古雅的**坎布雷亚**（Cambria）的月长石海滩（Moonstone Beach）神秘而美丽，住宿地就在海滩边。其中，迷人的**Blue Dolphin Inn**（☎805-927-3300，800-222-9157；www.cambriainns.com；6470 Moonstone Beach Dr；房间含早餐 $179起；📶🐾）提供洁净的现代客房，房内有浪漫的壁炉。在内陆，**HI Cambria Bridge Street Inn**（☎805-927-7653；www.bridgestreetinncambria.com；4314 Bridge St；铺 $25~28，房间 $49~75，带公共浴室；⏰入住 17:00~21:00；📶）虽然是青年旅舍，但是感觉上却更像是温馨的民宿，而复古的**Cambria Pines Motel**（☎866-489-4485，805-927-

4485；www.cambriapalmsmotel.com；2662 Main St；房间 $89~139；⏲入住 15:00~21:00；📶👪🐾）的房间干净利落，部分带小厨房。手工奶酪和葡萄酒商店**Indigo Moon**（☎805-927-2911；www.indigomooncafe.com；1980 Main St；主菜 午餐 $9~14，晚餐 $14~35；⏲10:00~21:00）有户外酒吧桌，午餐供应新鲜沙拉和三明治。而**Linn's Easy as Pie Cafe**（www.linnsfruitbin.com；4251 Bridge St；主菜 $7~12；⏲10:00~18:00；👪）拥有洒满阳光的露台和外卖柜台，以其奥拉里莓派（olallieberry Pie）而闻名。

从坎布雷亚再往北行约10英里，就到了位于山顶的**赫斯特城堡**（Hearst Castle；☎预约800-444-4445；www.hearstcastle.org；750 Hearst Castle Rd；团队游 成人/儿童 $25/12起；⏲通常情况下 9:00至日落）。城堡象征着加利福尼亚州的财富与野心，是州内最有名的纪念地之一。这栋豪华别墅内收藏着欧洲古董，游泳池波光粼粼，似锦花园环绕四周。报业巨头威廉·伦道夫·赫斯特（William Randolph Hearst）曾在这里款待过好莱坞明星和皇室成员。提前预约旅行行程，尤其是在圣诞节法定假日期间，晚上会有生动的历史演出。

在1号公路的另一侧，俯瞰着古老捕鲸船码头的**Sebastian's Store**（442 Slo San Simeon Rd；主菜 $6~12；⏲周三至周日 11:00~17:00，熟食 至16:00）出售Hearst Ranch牛肉汉堡和巨大的三明治，为临时起兴要进行海滩野餐的人们提供食品。沿着1号公路掉头往南行5英里，途经圣西缅（San Simeon），这里有一排令人难忘的廉价旅馆和中档汽车旅馆，而**赫斯特圣西缅州立公园**（Hearst San Simeon State Park；☎800-444-7275；www.reserveamerica.com；露营地 $5~35；👪🐾）提供水岸露营地，部分已开发，而有的还很原始。

再向北行，来到白石角（Point Piedras Blancas），这里聚集着大群的**海象**。它们繁殖、换毛、睡觉、嬉戏，时不时还在海滩上打一架。远离这些在沙滩上跑得比你快的野生动物吧。赫斯特城堡以北4.5英里处的瞭望台有路标和解说牌。海豹一年到头往这里跑，但是最令人期待的是1月至3月的出生和交配季节，这一盛景恰巧在情人节时达到高峰。附近的**白石灯塔**（Piedras Blancas Light Station；☎805-927-7361；www.piedrasblancas.org；团队游 成人/儿童 $10/5；⏲团队游 6月中旬至8月 周一至周六，9月至次年6月中旬 周二、周四和周六，通常情况下 9:45）风景特别漂亮。可事先打电话查询团队游时间和集合地点。

大瑟尔（Big Sur）

在蒙特雷半岛（Monterey Peninsula）南部，崎岖的海岸线绵延100英里，人们不惜笔墨，称颂这大自然的美丽与力量。大瑟尔更像是一种心境，而不单单是地图上的某一点。这里没有交通灯、银行，也没有商业街。待到太阳沉下海面，月亮和星星是唯一的光亮——前提是夏季的雾气没有遮住它们的光辉。这就是它。

住宿、食物和汽油在大瑟尔都比较稀缺，价格昂贵。全年住房都很紧张，周末尤甚，所以一定要提前预订。免费的《大瑟尔指南》（*Big Sur Guide*；www.bigsurcalifornia.org）提供许多信息，沿途随处可见。只要在大瑟尔州立公园交纳日间停车费（$10）即可在当日自由出入各处景点。

距离赫斯特城堡25英里的戈尔达（Gorda）很容易被错过。这里的**Treebones Resort**（☎877-424-4787，805-927-2390；www.treebonesresort.com；71895 Hwy 1；双 含早餐 $199起，带公共浴室；📶🏊👪）有回归自然的崖顶毡房和一家倡导使用本地食材的**餐馆**（晚餐主菜 $24~33；⏲正午至14:00和17:30~20:00）和寿司吧。简陋的**USFS露营地**（USFS campgrounds；☎877-444-6777，518-885-3639；www.recreation.gov；露营地 $22；🐾）靠近普拉斯凯特溪（Plaskett Creek）和柯克溪（Kirk Creek），紧邻1号公路。

新开的**Esalen Institute**（☎831-667-3047；www.esalen.org；55000 Hwy 1）位于卢西亚岛（Lucia）以北10英里处，以其神秘的工作坊及观海式温泉洗浴而出名。提前预约的话，可参与每天凌晨1点到3点在温泉举办的天体游乐活动（$25，仅限信用卡），非常梦幻。

再往北3英里，**朱莉娅·菲佛·伯恩斯**

州立公园(Julia Pfeiffer Burns State Park)里藏着加利福尼亚州仅存的几座海岸瀑布中的一座——80英尺高的麦克维瀑布(McWay Falls),漫步四分之一英里即可到达观景点。再往北走2英里,你会在1号公路的一处急转弯看到一段分叉而出的崎岖泥路,这条路一直延伸至帕廷顿湾(Partington Cove),那是一处令人叹为观止的自然秘境,阵阵海浪携着咸涩的海风扑面而来,风景非常优美,但非常抱歉,在这里游泳很不安全。

继续北行大约7英里,在红杉和紫藤之间隐隐可见古雅的Deetjen's Restaurant(☎831-667-2378; www.deetjens.com; Deetjen's Big Sur Inn, 48865 Hwy 1; 晚餐主菜 $24~38; ⏰周一至周五 8:00至正午,周六和周日 至12:30,每天 18:00~21:00),供应乡村风味美食。在它北面,特立独行的亨利米勒纪念图书馆(Henry Miller Memorial Library; ☎831-667-2574; www.henrymiller.org; 48603 Hwy 1; ⏰周三至周一 11:00~18:00)集中体现了大瑟尔不羁的个性,也是大瑟尔的灵魂所在。馆内有拥挤不堪的书店,还经常举办现场音乐会和DJ表演、麦克风开放夜及室外电影放映活动。而在对面崖顶的Nepenthe(☎831-667-2345; www.nepenthebigsur.com; 48510 Hwy 1; 主菜 $15~42; ⏰11:30~16:30和17:00~22:00),食物不得不让位给壮丽的海景,但这里的Ambrosia汉堡包确实不错。Nepenthe的意思是"没有悲伤的岛屿"。

继续向北,大瑟尔站(Big Sur Station; ☎831-667-2315; www.fs.usda.gov/lpnf/; ⏰8:00~16:00,10月至次年4月 周一、周二关闭)可提供与徒步线路和野营相关的建议。管理人员会为进入文塔那荒野(Ventana Wilderness)的旅行者签发停车许可证($5)和营火许可证(免费),通往赛克斯温泉(Sykes Hot Springs)的小径也在此处,小径长10英里,深受徒步者欢迎。在南面一点的1号公路的另一边,转上标示不清的Sycamore Canyon Rd,向下走2英里狭窄曲折的路,就到了月牙形状的菲佛海滩(Pfeiffer Beach; 每车 $5; ⏰9:00~20:00)。近海处有一个高耸的海蚀拱门,水流较急,游泳很危险。在沙滩上挖下去,你会发现沙子竟然是紫色的!

接下来,沿着洒满阳光的小路走1.4英里就到了季节性的菲佛瀑布(Pfeiffer Falls)。多条穿过红杉森林的小径交会于菲佛大瑟尔州立公园(Pfeiffer Big Sur State Park)。提前预订露营地(☎800-444-7275; www.reserveamerica.com; 露营地 $35~50; 🚻🐾),或入住悠闲的老式度假屋Big Sur Lodge(☎800-424-4787, 831-667-3100; www.bigsurlodge.com; 47225 Hwy 1; 双 $205~365; 🏊🚻),这里有淳朴的两层农家小舍(一些带厨房和燃木壁炉)、一家小餐馆(主菜 $10~27; ⏰8:00~11:30和正午至22:00),以及一个货品齐全的杂货店。

大瑟尔大部分商业活动都集中在北边的1号公路沿线,包括设有乡村木屋的私人露营地、汽车旅馆、餐厅、加油站和商店。Glen Oaks Motel(☎831-667-2105; www.glenoaksbigsur.com; 47080 Hwy 1; 双 $225起; 📶)是一家经过重新设计的20世纪50年代红杉土砖汽车旅馆,提供舒适的房间和木头小屋,所有房间都有燃气火炉。离此不远的Big Sur River Inn有一间杂货店(bigsurriverinn.com; 46840 Hwy 1; 主菜 $6~9; ⏰11:00~19:00),杂货店的后面藏着一个供应墨西哥卷和水果冰沙的吧台,而Maiden Publick House(☎831-667-2355; Hwy 1; ⏰周一至周五 15:00至次日2:00,周六和周日 正午起)的啤酒单像百科全书一样,还有现场音乐。回到南面,在邮局附近的Big Sur Deli(bigsurdeli.com; 47520 Hwy 1; 菜肴 $1.50~7; ⏰7:00~20:00)买个三明治,而Big Sur Taphouse(www.bigsurtaphouse.com; 47520 Hwy 1; ⏰周一至周四 正午至22:00,周五和周六 至午夜,周日 10:00~22:00; 📶)的自酿啤酒酒吧提供酒吧小吃和桌游,店内的电视会播放体育节目。

再次向北出发,不要错过安德鲁·莫勒拉

ℹ 行驶在1号公路上

在大瑟尔狭窄的双车道公路上开车很难提起速度,从赫斯特城堡一路不停地开到蒙特雷湾至少需要2.5小时,如果中途停下游览,则时间更长。日落后开车会比较危险,而且也没有意义,因为你会错过沿途所有的风景。小心骑自行车的人,利用有明确标识的路边停靠站让车速更快的车辆超车。拨打☎800-427-7623可查询最新路况。

州立公园(Andrew Molera State Park),这里拥有草地、瀑布、海岸绝壁和凹凸不平的沙滩,步行小径穿梭其间,绚烂无比。你可以在公园的探索中心(Discovery Center; ☎831-624-1202; www.ventanaws.org; ⏲5月下旬至9月上旬 周六和周日 10:00~16:00; 👪)了解濒临灭绝的加州秃鹫的情况。观鸟团队游($50)很受欢迎,需提前预订。从泥地停车场走约0.4英里就能看到一个原始的露营地(www.parks.ca.gov; 帐篷营地 $25),先到先得。

在距离著名地标比克斯比河大桥(Bixby Creek Bridge)还有6英里的地方,你可以先游览建于1889年的瑟尔岬灯塔(Point Sur Lightstation; ☎831-625-4419; www.pointsur.org; 成人/儿童 $12/5起)。上网查询有关集合地点的指南及团队游时间,包括季节性的月光步行游。早点到吧,名额有限(不接受预约)。

卡梅尔(Carmel)

古雅的卡梅尔曾经是波希米亚艺术家的海边度假村,现在则有点乡村俱乐部的感觉。你可以坐在任何一家咖啡馆里,悠闲地观察头戴帽子手提名牌包去吃午餐的女士和沿着小镇主要的慢行道Ocean Ave开着敞篷车的绅士们。

景点和活动

雾气迷蒙的卡梅尔海滩(Carmel Beach)是一片美丽的月牙形白沙滩,小狗可以在这里无拘无束地奔跑。

★海狼角州立自然保育区 公园

(Point Lobos State Natural Reserve; www.pointlobos.org; Hwy 1; 每车 $10; ⏲11月上旬至次年3月中旬 8:00~19:00,日落后30分钟关闭)海狮是这里的明星,它们在这里吠叫、洗澡,很有趣。保育区位于小镇以南4英里处,这里有一条陡峭的岩石海岸线,可以看到壮观的潮汐池。若要步行游览整个区域,则需走完6英里的路,你也可在鸟岛(Bird Island)、松林(Piney Woods)和捕鲸者小屋(Whalers Cabin)进行稍短的徒步旅行。周末尽早来,停车位有限。

卡梅尔教堂 教堂

(San Carlos Borroméo de Carmelo Mission; www.carmelmission.org; 3080 Rio Rd; 成人/儿童 $6.50/2; ⏲周一至周六 9:30~17:00,周日 10:30起)位于市中心以南1英里处。这座迷人的教堂就是一片宁静庄严的绿洲,隐藏在花团锦簇的花园中。石头大厅里挂满了当时的艺术品,一间独立的小礼拜堂里还保留着加州布道者先驱朱庀帕罗·塞拉的纪念墓。

石屋 历史建筑

(Tor House; ☎831-624-1813; www.torhouse.org; 26304 Ocean View Ave; 团队游 成人/儿童 $10/5; ⏲周五和周六 10:00~15:00)即使你没听说过20世纪诗人罗宾逊·杰夫斯(Robinson Jeffers),也要来他亲手盖起来的房子膜拜一下,而凯尔特式的鹰塔(Hawk Tower)更能让你领略老卡梅尔奇妙的波希米亚风格。参加团队游方可入内参观(需预订)。

餐饮

Bruno's Market & Deli 熟食、市场 $

(www.brunosmarket.com; 6th Ave和Junípero Ave交叉路口; 三明治 $6~9; ⏲7:00~20:00)到这里买个多汁的三角牛肉三明治和其他所有海滩野餐需要的装备。

Mundaka 西班牙菜 $$

(☎831-624-7400; www.mundakacarmel.com; San Carlos St, Ocean Ave和7th Ave之间; 小盘菜 $7~20; ⏲周日至周三 17:30~22:00,周四至周六 17:30~23:00)这家隐蔽的庭院餐厅是远离卡梅尔那汹涌的"新婚与迟暮"人潮的好地方。一边吃着西班牙餐前小吃,喝着餐厅自制的桑格利亚酒,还能一边欣赏着DJ和弗拉门科吉他手的表演。

Katy's Place 美国菜 $$

(katysplacecarmel.com; Mission St, 5th Ave和6th Ave之间; 主菜 $11~21; ⏲7:00~14:00; 👪)这家热门的早餐厨房开在一间可爱的小屋里,供应16种不同口味的火腿蛋松饼,从蟹肉味到香辣的路易斯安那口味,此外还有分量十足的煎蛋饼、铺着水果的薄煎饼、主厨沙拉和总汇三明治。

蒙特雷(Monterey)

在以工薪阶层为主的蒙特雷,一切都和

大海有关。顶尖的水族馆如今吸引着众多旅行者，那是通往蒙特雷海湾水下世界的真正神殿。自从1992年成为国家海洋保护区之后，利用皮划艇、船、水肺潜水或浮潜探索海湾成为了这里的热门旅游项目。同时，市中心的历史街区仍保留着加利福尼亚州的西班牙和墨西哥文化之源。不要在游客云集的渔人码头（Fisherman's Wharf）或罐头厂街（Cannery Row）花太多时间。后者曾是散发着难闻味道的沙丁鱼罐头产业中心，因小说家约翰·斯坦贝克（John Steinbeck）而变得家喻户晓，直到20世纪50年代它都是蒙特雷的经济支柱。

景点

★蒙特雷湾水族馆 水族馆

（Monterey Bay Aquarium；☎咨询 831-648-4800，订票 866-963-9645；www.montereybayaquarium.org；886 Cannery Row；成人/儿童 $35/22；⏰6月至8月 周一至周五 9:30~18:00，周六和周日 至20:00，9月至次年5月 每天 10:00~17:00或18:00；🚻）给自己至少半天的时间，去看在海藻林中捉迷藏的鲨鱼和沙丁鱼，观察活泼的水獭的滑稽动作，对着缥缈的水母沉思，为海参、蝙蝠鱼和其他潮池生物而大惊小怪。喂食时间特别有趣。为避开人潮，建议提前购票，并赶在一开门时就到。

蒙特雷州立历史公园 古迹

（Monterey State Historic Park；☎语音导览游 831-998-9458；www.parks.ca.gov）位于市中心的老蒙特雷拥有保存完好的19世纪土砖建筑群，其中包括小说家罗伯特·路易斯·史蒂文森（Robert Louis Stevenson）曾住过的膳宿公寓和古柏-莫里拉屋（Cooper-Molera Adobe；一位海军上校的家）。花园免费向公众开放，但是单个建筑的开放时间、门票和团队游时间不尽相同。在**太平洋屋**（Pacific House；☎831-649-7118；www.parks.ca.gov；20 Custom House Plaza；门票 $3，含步行游览 $5；⏰周五至周一 10:00~16:00）可获取步行游览地图并查询最新的团队游时间表，这里同时也是一间展示多元文化历史的博物馆。

蒙特雷博物馆 博物馆

（Museum of Monterey；☎831-372-2608；museumofmonterey.org；5 Custom House Plaza；门票 $5；⏰5月下旬至9月上旬 周二至周六 10:00~19:00和周日 正午至17:00，9月上旬至次年5月下旬周三至周六 10:00~17:00和周日 正午至17:00）紧临海滩，众多现代展厅阐释了蒙特雷慌乱无章的历史，从西班牙殖民布道时期到当地沙丁鱼产业跌宕起伏的兴衰史。最为亮眼的要数“瓶中船”展览和来自瑟尔岬灯塔的古老的菲涅耳透镜（Fresnel lens）。

皮诺斯角灯塔 灯塔

（Point Pinos Lighthouse；☎831-648-3176；www.pointpinos.org；90 Asilomar Ave，Pacific Grove；成人/儿童 $2/1；⏰周四至周一 13:00~16:00）这是西海岸仍在使用的最古老的灯塔。从1855年起，这座灯塔就一直在警示来往的船只远离这个岛屿的危险区域。灯塔内展示了它的历史和它的失败：本地沉船残骸。

帝王蝶保护区 公园

（Monarch Grove Sanctuary Park；www.ci.pg.ca.us/monarchs；紧邻Ridge Rd，Pacific Grove；⏰黎明至黄昏）免费 每年10月到次年2月这段时间，超过25,000只帝王蝶会迁徙聚集在紧邻Lighthouse Ave的桉树灌木丛中。

活动

尽管这里夏天的水温也很低，但潜水和浮潜依然是这里最主要的活动项目。渔人码头的观鲸之旅全年无休。不妨租一辆自行车或是沿着平整的**蒙特雷半岛休闲步道**（Monterey Peninsula Recreation Trail）散散步，步道沿着海岸线铺展开来，途经罐头厂街，直至帕西菲克格罗夫（Pacific Grove）的情人角（Lovers Point）结束。名过其实的**17-Mile Drive**（www.pebblebeach.com；每辆汽车/自行车 $10/免费）收费公路将蒙特雷、帕西菲克格罗夫和海边的卡梅尔串连起来。

Adventures by the Sea 水上运动、骑车

（☎831-372-1807；adventuresbythesea.com；299 Cannery Row；租金 皮划艇或自行车 每天$30，立式单桨冲浪装备 每天$50）你可以在这里租自行车和水上运动用品，或参加立式单桨冲浪课程（SUP，$60）和皮划艇团队游（$60起）。在市中心的210 Alvarado St也有分店。

Monterey Bay Kayaks 皮划艇

(☎800-649-5357; www.montereybaykayaks.com; 693 Del Monte Ave; 皮划艇或立式单桨冲浪装备租金 每天$30起)出租皮划艇和立式冲浪板，并提供划桨课程(从$50起)。该机构还组织游览蒙特雷湾及艾尔克豪恩沼泽(Elkhorn Slough)的团队游($50起)，包括日出之旅和满月之旅。

Sanctuary Cruises 观鲸

(☎831-917-1042; www.sanctuarycruises.com; 成人/儿童 $50/40)从莫斯兰丁(Moss Landing)出发，乘生物柴油动力船到蒙特雷以北20英里外的地方观鲸，全年无休(需提前预订)。

Seven Seas Scuba 水肺潜水

(☎831-717-4546; sevenseasscuba.com; 225 Cannery Row; 浮潜/水肺潜水 租用套装 每天$35/65)提前打电话租用水肺潜水器材及预约由专人指导的海湾潜水活动($50~100)，可游览海狼角。

住宿

市中心以南的Munras Ave或1号公路以东的N Fremont St附近有许多连锁或独立汽车旅馆，能帮你省掉一大笔不必要的开销。如果想要露营则可以开车去南面的大瑟尔。

HI Monterey Hostel 青年旅舍 $

(☎831-649-0375; www.montereyhostel.org; 778 Hawthorne St; 铺 $27~35, 房间 $99起; ⏲入住 16:00~22:00; @📶)这家简单整洁的旅舍离罐头厂街有4个街区的距离，面向预算有限的背包客(强烈建议提前预订)。在市中心的Transit Plaza乘坐MST的1路公共汽车即可到达。所有房间共用浴室。

Asilomar Conference Grounds 度假屋 $$

(☎888-635-5310, 831-372-8016; www.visitasilomar.com; 800 Asilomar Ave; 房间 含早餐 $115~175; @📶🏊👪)这座沿海州立公园度假屋由建筑师茱莉亚·摩根(Julia Morgan)设计，她因设计赫斯特城堡而名声大噪。房间历史悠久，虽然屋小墙薄，但仍然很迷人。旅馆的娱乐室里有壁炉和台球桌，提供自行车出租。

Monterey Hotel 历史酒店 $$

(☎800-966-6490, 831-375-3184; www.montereyhotel.com; 406 Alvarado St; 房间 $80~195; 📶)这栋建于1904年的古雅建筑就在市中心，虽然面积不大，且有些嘈杂，但是房间都刚翻新过，配备了维多利亚风格的家具。没有电梯，停车费$17。

InterContinental-Clement 酒店 $$$

(☎866-781-2406, 831-375-4500; www.theclementmonterey.com; 750 Cannery Row; 房间 $220起; ❄@📶🏊👪)这个度假酒店就像是百万富翁海边木板小屋的升级版，位于罐头厂街。要想最大限度体验豪华住宿，就预订一间带私人阳台和壁炉的海景房吧。停车费$21。

餐饮

罐头厂街和市中心的Alvarado St道路两旁林立着小餐馆、酒吧和音乐表演场地。

First Awakenings 美式小餐馆 $$

(www.firstawakenings.net; American Tin Cannery, 125 Oceanview Blvd; 主菜 $6~13; ⏲周一至周五 7:00~14:00, 周六和周日 至14:30; 👪)糖果和极富创意的美味早餐和午餐、取之不尽的咖啡、户外的庭院，这一切令这个隐藏在水族馆旁大型购物中心里的小餐馆值得一去。

Cannery Row Brewing Co 小酒馆 $$

(☎831-643-2722; www.canneryrowbrewingcompany.com; 95 Prescott Ave; 主菜 $8~18; ⏲周日至周四 11:30~23:00, 酒吧 至午夜, 周五和周六 至次日2:00)来自全世界的数十种自酿啤酒将喧闹的人群吸引到了这家烧烤酒吧，后院有燃烧着熊熊烈火的火坑。汉堡包、烧烤、沙拉和蒜味薯条都很不错。

★ Passionfish 海鲜 $$$

(☎831-655-3311; www.passionfish.net; 701 Light house Ave; 主菜 $16~26; ⏲周日至周四 17:00~21:00, 周五和周六 至22:00)终于找到了！这是一家主厨所开的完美海鲜餐厅，食材采用新鲜的鱼肉，每道工序都充分入味，酒水价格实惠。强烈建议提前预约。

East Village Coffee Lounge 咖啡馆

（www.eastvillagecoffeelounge.com; 498 Washington St; ⌚周一至周五 6:00至深夜，周六和周日 7:00起）整洁的咖啡小屋，持有卖酒执照，店内有现场音乐，定期还有DJ驻场表演和麦克风开放夜活动。

实用信息

蒙特雷游客中心（Monterey Visitors Center; ☎877-666-8373, 831-657-6400; www.seemonterey.com; 401 Camino El Estero; ⌚周一至周六 9:00~18:00，周日 至17:00，11月至次年3月 提前1小时关门）可以领到免费的《蒙特雷县文学与电影地图》（*Monterey County Literary & Film Map*）。

到达和当地交通

提供区域和本地服务的**Monterey-Salinas Transit**（简称MST; ☎888-678-2871; www.mst.org; 单程票 $1.50~3，1日票 $10）的公共汽车聚集在市中心的**Transit Plaza**（Pearl St和Alvarado St交叉路口），其中包含开往帕西菲克格罗夫、卡梅尔、大瑟尔（只在夏天运行）和萨利纳斯（Salinas；可换乘灰狗巴士和美国国家铁路公司列车）的公共汽车。夏天有免费电车环行于蒙特雷市中心、罐头厂街以及帕西菲克格罗夫周边。

圣克鲁斯（Santa Cruz）

圣克鲁斯融合了南加州的沙滩文化和北加州的反主流文化。大学生给这座老派小镇带来了活力、时尚和激进的政治思想。有人担心圣克鲁斯特立独行的精神在慢慢消亡，但当你看到市中心主干道Pacific Ave上的怪异表演（嗨，我们说这话时可是带着无限的热爱之情的），就不会为此担忧了。

景点和活动

大部分活动都会安排在市中心以南1英里的**主海滩**（Main Beach）上进行。而当地人更喜欢紧邻E Cliff Dr的海滩，那里人比较少。

圣克鲁斯海滩步道 游乐园

（Santa Cruz Beach Boardwalk; ☎831-423-5590; www.beachboardwalk.com; 400 Beach St; 游乐设施 $3~6，全天票 $32; ⌚5月至9月上旬每天，淡季具体时间不定; 👪）从市政码头走一小段路就可到达这里。美国文献将其记录为西海岸最古老的海滨游乐园，尤以1924年的大北斗七星过山车（Giant Dipper）和1911年的陆夫旋转木马（Looff）为荣。夏季可来观赏免费的音乐会和户外电影。

圣克鲁斯州立公园 公园

（Santa Cruz State Parks; www.thatsmypark.org; 每车 $8~10; ⌚日出至日落）溪边小径一路蜿蜒，穿过亨利科威尔红杉州立公园（Henry Cowell Redwood State Park）和大盆地红杉州立公园（Big Basin Redwoods State Park）的海岸红杉树林，又经过尼森马克思森林州立公园（Forest of Nisene Marks State Park）。前两个公园位于城镇北边的圣克鲁斯山（Santa Cruz Mountains）附近，紧邻9号公路，而后者紧邻1号公路，靠近南边的阿普托斯（Aptos）。想要尝试山地自行车运动的旅行者可以前往怀尔德牧场州立公园（Wilder Ranch State Park），沿1号公路向北行即可到达。

圣克鲁斯冲浪博物馆 博物馆

（Surfing Museum; www.santacruzsurfingmuseum.org; 701 W Cliff Dr; 门票认捐; ⌚7月4日至9月上旬 周三至周一 10:00~17:00，9月上旬至次年7月3日 周四至周一 正午至16:00）位于码头西南1英里处的这座古老的灯塔里收藏了很多纪念品，包括古董红木板。博物馆俯瞰着两个最受欢迎的冲浪区——仅限专业冲浪者的**Steamers Lane**和适合初学者的**Cowells**。

天然桥州立海滩 海滩

（Natural Bridges State Beach; www.parks.ca.gov; 2531 W Cliff Dr; 每车 $10; ⌚8:00至日落）这片海滩位于码头西南方约3英里处，是一条风景优美的沿海自行车道的终点。这里有潮汐池，也有茂密的树林，每年10月到次年2月，帝王蝶会栖息于此。

西摩海洋探索中心 博物馆

（Seymour Marine Discovery Center; ☎831-459-3800; seymourcenter.ucsc.edu; Delaware Ave尽头; 成人/儿童 $6/4; ⌚周二至周六 10:00~17:00，周日 正午起; 👪）🌿这是一家大学经营的海洋实验室，为孩子们开设了很酷的互动式科学展，包括触摸式水族箱。注意外面那副世界上最大的蓝鲸骨架。

国家海洋保护区探索中心 博物馆

（Sanctuary Exploration Center；☎831-421-9993；montereybay.noaa.gov；35 Pacific St；⏲周三至周日 10:00~17:00；👪）🍃免费 位于码头下方的这个迷你博物馆将带你进入蒙特雷湾国家海洋保护区的模拟海藻森林和海底峡谷。

Venture Quest 皮划艇

（☎831-425-8445，831-427-2267；www.kayaksantacruz.com；Municipal Wharf；皮划艇租金 $30起）你可以参加游览海洋洞穴和划皮划艇观看野生动物的团队游（成人/儿童 $60/35起），并在游览过程中感受这条崎岖的海岸线的魅力。此外还有月下划桨和艾尔克豪恩沼泽游。

Roaring Camp Railroads 火车旅行

（☎831-335-4484；www.roaringcamp.com；成人/儿童 $26/19；👪）适合全家出行，你可以选择跳上一辆开往红杉树林的蒸汽火车，或是选择从海滩木板路开出的标准轨距列车。

O' Neill Surf Shop 冲浪

（☎831-475-4151；www.oneill.com；1115 41st Ave；潜水服/冲浪板租金 $10/20；⏲周一至周五 9:00~20:00，周六和周日 8:00起）朝东往卡比度拉（Capitola）走就可以来到这家国际知名冲浪板制造商的旗舰店。在市中心的Cooper St 110号还有一家规模较小的分店。

Santa Cruz Surf School 冲浪

（☎831-426-7072；www.santacruzsurfschool.com；131 Center St；团体/个人课程 $90/120起；👪）友善的前辈们会教你如何驾驭浪头（课程内含冲浪板和潜水服的租赁费用）。

住宿

汽车旅馆围绕在市中心附近的Ocean St、加州大学圣克鲁斯分校旁的Mission St和南向的1号公路沿线。在紧邻1号公路的沙滩附近和紧邻9号公路的森林附近的州立公园**露营**（☎800-444-7275；www.reserveamerica.com；露营地 $35~65；👪🐾）需提前预约。

HI Santa Cruz Hostel 青年旅舍 $

（☎831-423-8304；www.hi-santacruz.org；321 Main St；铺 $26~29，房间 $60~110；⏲入住 17:00~22:00；@）这家可爱的旅舍位于Carmelita Cottages，离海滩两个街区，带有花香四溢的花园，是个经济型住宿的好选择。所有房间共用浴室。记得预订。停车费$2。

Adobe on Green B&B 民宿 $$

（☎831-469-9866；www.adobeongreen.com；103 Green St；房间 含早餐 $149~219；📶）🍃这里的氛围平和而安静，几乎看不到主人，但是他们贴心的关照无处不在：从空气清新的太阳能房间，到精致的设施，再到来自有机花园的绿色早餐，处处可见主人的心思。

Pelican Point Inn 旅馆 $$

（☎831-475-3381；www.pelicanpointinn-santacruz.com；21345 E Cliff Dr；套 $109~199；📶👪🐾）这家宽敞的公寓式旅馆位于适合孩子游玩的双湖海滩（Twin Lakes Beach）附近，是家庭旅行的理想选择。对想要度过慵懒海滩假期的旅行者来说设施很齐全，还带厨房。只是有点吵。

Dream Inn 酒店 $$$

（☎866-774-7735，831-426-4330；www.dreaminnsantacruz.com；175 W Cliff Dr；房间 $200~380；❄@📶🏊）酒店位于山顶，可以俯瞰码头。这家曾风行一时的精品酒店有着圣克鲁斯的时尚风格，房间配有现代化设施，离海滩仅几步之遥。好好享受海景餐厅（Aquarius restaurant）酒吧内的快乐时光吧！停车费$24。

就餐

市中心有许多不错的咖啡馆，尤其是Pacific Ave一带。去大学校园附近的Mission St和毗邻的卡比度拉的41st Ave上逛逛，那里有更便宜的外卖食品和国际风味餐馆。

Picnic Basket 熟食、面包房 $

（thepicnicbasketsc.com；125 Beach St；菜肴 $3~8；⏲7:00~21:00，淡季营业时间较短；👪）这家深受本地食材爱好者喜爱的厨房就在海滩步道对街，供应完全自制的创意三明治、汤、果汁汽水和烘焙食品。

Penny Ice Creamery 甜品 $

（thepennyicecreamery.com；913 Cedar St；

单品 $2~4；⏲正午至23:00）🌿这家冰激凌店利用本地有机食材如鳄梨、番柠檬（Meyer Lemon）和野花蜜创造出独特的口味，制作冰激凌的手艺十分高超。

Hula's Island Grill 创意菜 **$$**

（☎831-426-4852；www.hulastiki.com；221 Cathcart St；晚餐主菜 $11~20；⏲周日和周二至周四 11:30~21:30，周五和周六 至23:00，周一 16:30~21:30）在挂着灯笼的人造小茅屋里的夏威夷风情酒吧尝一口热带鸡尾酒。鱼肉玉米饼、裹着夏威夷果的金枪鱼和夏威夷烤猪大餐绝对能带来无比的满足。

Laili 阿富汗菜 **$$$**

（☎831-423-4545；www.lailirestaurant.com；101 Cooper St；晚餐主菜 $13~26；⏲11:30~15:00和17:00~22:00）在这家带有挑高天花板的时尚餐厅品尝丝绸之路上的味道：石榴茄子、羊肉串、扁豆酸奶汤和薄荷脆饼都很美味。

Soif 法式小馆 **$$$**

（☎831-423-2020；www.soifwine.com；105 Walnut Ave；小盘菜 $5~17，主菜 $19~26；⏲周日至周四 17:00~21:00，周五和周六 至22:00）这家位于市中心的酒馆是追求生活品质的人们的聚集地，有45种来自全球的葡萄酒可按杯售卖，菜单随季节变换，汇集了众多精致的欧洲-加利福尼亚风味菜肴。

饮品和娱乐

市中心里挤满了酒吧、现场音乐休闲吧、低调的夜总会和咖啡屋。查阅免费的《圣克鲁斯周刊》（*Santa Cruz Weekly*；www.santacruzweekly.com）获取更多有关场馆和最新活动的信息。

Santa Cruz Mountain Brewing 啤酒厂

（www.scmbrew.com；402 Ingalls St；⏲正午至22:00）位于市中心以西，紧邻Mission St，这家啤酒厂的品酒室里有相当醇厚的有机自酿啤酒。

Caffe Pergolesi 咖啡馆

（www.theperg.com；418 Cedar St；⏲7:00~23:00；📶）咖啡店位于枝繁叶茂的人行道旁，在这里可以边喝浓咖啡、有机果汁或者啤酒，边讨论艺术和阴谋论。

Surf City Billiards & Café 酒吧

（surfcitybilliardscafe.com；931 Pacific Ave；⏲周日至周四 17:00至午夜，周五和周六 至次日2:00）有桌球、飞镖、大屏幕电视机和非常好吃的酒馆食物。

Catalyst 现场音乐

（☎831-423-1338；www.catalystclub.com；1011 Pacific Ave）多年以来，很多知名的先锋乐队——从涅槃乐队（Nirvana）到冷战小子（Cold War Kids）等，都曾在位于市中心的这个地标性音乐场地演出。

ℹ 实用信息

KPIG 107.5 FM 播放经典的圣克鲁斯电影原声音乐——想想鲍勃·马利（Bob Marley）、詹尼斯·乔普林（Janis Joplin）和威利·尼尔森（Willie Nelson）。

圣克鲁斯游客中心（Santa Cruz Visitor Center；☎800-833-3494，831-425-1234；www.santacruzca.org；303 Water St；⏲周一至周五 9:00~16:00，周六和周日 10:00~15:00；📶）。

ℹ 到达和离开

区域性的**Santa Cruz Metro**（☎831-425-8600；www.scmtd.com；单程/一日票 $2/6）运营的公共汽车都聚集在市中心的**Metro Center**（920 Pacific Ave）。在那里，灰狗巴士每天会有几班长途汽车开往旧金山（$16，3小时）、圣路易斯-奥比斯波（$42，4小时）、圣巴巴拉（$53，6小时）和洛杉矶（$59，9小时）。夏天每天都有，秋天只在周末运行。此外还有往来于市中心和码头之间的电车（25¢）。

圣克鲁斯至圣弗朗西斯科(旧金山)(Santa Cruz to San Francisco)

1号公路的这一路段蜿蜒曲折，沿着海岸绵延70英里，沿途的风景比其他高速公路的风景都要壮丽。一路上你会看到很多天然海滩、有机农场设立的摊点，以及众多海盐村庄，它们就像一颗颗未加工的宝石，散落在公路沿线。

位于圣克鲁斯西北20英里处的新年岛

州立公园（Año Nuevo State Park；团队游 预约 800-444-4445；www.parks.ca.gov；入园 每车$10，团队游 每人$7；4月至8月 8:30~17:00，最迟入园 15:30，9月至11月 至16:00，最迟入园 15:00，团队游 仅12月中旬至次年3月）是北方海象在全球范围内最大的陆上繁殖地。冬天是海象的繁殖和交配季节，到时记得提前打电话预订导览步行游，全程3英里，需时2.5小时。

从海风徐徐的沿海高地继续向北，途中经过拥有绿色商业认证的**HI Pigeon Point Lighthouse Hostel**（650-879-0633；www.norcalhostels.org/pigeon；210 Pigeon Point Rd；铺 $26~30，房间 $75~180，所有房间均使用公共浴室；入住 15:30~22:30；），历史上著名的灯塔看守人就曾住在这里。这是一家相当热门的旅舍，所以要提前预订。想要住得更舒适些，可在**Costanoa**（877-262-7848，650-879-1100；www.costanoa.com；2001 Rossi Rd；帐篷/木屋 带公共浴室 $89/179起；）的帐篷小屋或温暖的壁炉木屋中住宿。

从鸽子角（Pigeon Point）向北5英里，**佩斯卡德罗州立海滩**（Pescadero State Beach；www.parks.ca.gov；每车 $8；8:00至日落）附近的湿地自然保护区吸引了很多流浪者和观鸟者。远离海岸几英里外的佩斯卡德罗村（Pescadero Village）和**Arcangeli食品有限公司**（Arcangeli Grocery Co；www.normsmarket.com；287 Stage Rd；10:00~18:00）的面包熟食店是购买野餐用品的好地方。附近由家族经营的**Harley Farms Cheese Shop**（650-879-0480；www.harleyfarms.com；250 North St；周四至周日 10:00~17:00；）提供山羊乳场团队游，需预约。

再往北15英里，繁忙的半月湾（Half Moon Bay）被4英里长的**半月湾州立海滩**（Half Moon Bay State Beach；www.parks.ca.gov；每车 $10；）和风景优美的**露营地**（800-444-7275；www.reserveamerica.com；露营地 $35~50）所围绕。如果想要探索这片海域，请联系**Half Moon Bay Kayak**（650-773-6101；www.hmbkayak.com；Pillar Point Harbor；皮划艇出租/团队游 $25/75起）。想要体验奢华的海滨住宿，就去**Inn at Mavericks**（650-728-1572；www.innatmavericks.com；364 Princeton Ave；房间 $209起；），宽敞的客房浪漫舒适，可眺望柱角港（Pillar Point Harbor）。港口有一家相当好的自酿啤酒吧，在酒吧的露台可观赏日落美景。回到半月湾雅致的市中心，主干道两侧排满了温馨的咖啡馆、餐厅和各式商店，就在1号公路靠内陆的一侧。**Flying Fish Grill**（650-712-1125；www.flyingfishgrill.net；211 San Mateo Rd；菜肴 $5~17；周三至周一 11:00~20:30；）是这一带最好味的海鲜小店。

在码头的北边，紧邻1号公路，顺着指示牌便可找到**Moss Beach Distillery**（www.mossbeachdistillery.com；140 Beach Way；周日至周四 正午至20:30，周五和周六 至21:00）。历史上这里是私酒商的接头处，如今可以在日落时分到海景天台上小酌一杯，可带宠物狗。北边就是**菲兹杰拉德海洋保护区**（Fitzgerald Marine Reserve；www.fitzgeraldreserve.org；California Ave尽头；8:00至日落；）**免费**，保护着生活着各种海洋生物的潮汐池。算好时间，在退潮时来游览。再往北走1英里就到了践行环保理念的**HI Point Montara Lighthouse Hostel**（650-728-7177；www.norcalhostels.org/montara；16th St和Hwy 1；铺 $27~30，房间 $74~110，带公共浴室；入住15:30~22:30；），旅舍正对着一个小型私人海滩（需预订）。从那里出发，经帕西菲卡（Pacifica）和魔鬼坡隧道（Devil's Slide Tunnels），驱车不到20英里便可到达旧金山。

圣弗朗西斯科（旧金山）和湾区（SAN FRANCISCO & THE BAY AREA）

圣弗朗西斯科（旧金山）（San Francisco）

迷幻药、最新的科技、同性恋解放运动、绿色企业、言论自由和烹饪实验从很早以前开始就已成为旧金山的主流社会元素。历经160年的繁荣和萧条，无论是在全裸的越湾长跑（Bay to Breakers）活动中还是在旧金山的同性恋大游行中，或是在周日炎热的贝克海滩（Baker Beach）上，脱掉T恤已经成为当地人的习惯。再见，压抑；我来了，旧金山。

历史

在黄金改变一切之前，旧金山只是一座运气不佳的西班牙教堂，由北美原住民奥隆尼族（Ohlone）和米沃克族（Miwok）的工人所修建。由于对欧洲的疾病没有免疫力，约5000名原住民建筑工人染病死亡并被葬于18世纪的多洛雷斯教堂（Mission Dolores），它还有个十分恰如其分的名字——“悲伤教堂”（Mission of Sorrows）。

1849年的淘金热让这个原本只有800人的村子迅速变成了一个拥有10万人口的港口城市，来到这里的有采矿者、骗子和妓女，也有靠正当收入生活的老实人。1854年，澳大利亚的黄金充斥市场，引起了人们的恐慌。失意的采矿者发起了排华暴动，进而通过了排华法案，在1877~1943年华人只能在唐人街工作和生活。从19世纪60年代到90年代，没什么选择的华工只得受雇于旧金山的强盗大佬们，从事危险的铁路建设工作。这些大佬们在黄金西部（Golden West）大肆爆破、开采、砍伐，在豪华贵气的诺布山（Nob Hill）修建了众多豪宅。

1906年，旧金山发生大地震，地震和火灾让一切远大的抱负轰然倒塌，城市变成了废墟。然而，旧金山以每天重建15栋楼的惊人速度复苏了，到了1915年，焕然一新的城市隆重地举办了巴拿马太平洋万国博览会（Panama-Pacific International Expo）。

第二次世界大战期间，一些士兵因被指控违反军纪进行同性恋行为而在旧金山遭到解雇，由此将这座城市与反主流文化紧紧粘合在了一起。“爱之夏”（Summer of Love）为嬉皮气质的海特区（Haight）带来了免费食物、爱和音乐，同时，在卡斯特罗区（Castro），勇敢的同性恋积极分子建立了一个同性恋社区。

20世纪90年代中期，旧金山的反传统思想催生了网络，并推动了今日社交媒体、手机应用程序和生物科技的蓬勃发展。恭喜你：你正好赶上了旧金山下一次的疯狂之旅。

景点

走遍旧金山的43座山峰、80多个艺术场馆，放飞你的想象力，尽享这些摄人心魄的美景吧。市中心的景点距离Market St仅几步之遥。但一定要多加留心，保持头脑清醒，尤其是在市场南区（South of Market，简称SoMa）和田德隆区（Tenderloin；5th St至9th St）附近游览时。

市场南区（SoMa）

卡通艺术博物馆 博物馆

（Cartoon Art Museum；见146页地图；☎415-

在旧金山的……

1日

从淘金热时期起，旧金山的冒险精神已在**唐人街**生根发芽，哪怕是到了现在，还有可能在幸运饼干里找到隐藏的好运哦。在**City Lights书店**里沉醉于“垮掉的一代”的诗歌，经过**泛美金字塔**（Transamerica Pyramid）时顺道去**City View**吃碗水饺。逛逛市区的**美术馆**，然后去**亚洲艺术博物馆**（Asian Art Museum），花上一个小时在众多艺术品中跨越数个世纪去体验大洋彼岸的魅力。参加**阿尔卡特拉斯岛**（恶魔岛；Alcatraz）令人毛骨悚然的夜间团队游，之后及时逃离这座小岛监狱，到**渡轮大厦**吃一顿晚餐，最后再到**市场南区**的夜店舞池释放激情。

2日

从**巴米巷**（Balmy Alley）满是涂鸦的车库门之间开始一天的行程。到**826 Valencia**欣赏橱窗里的海盗装备，再到鱼剧场（Fish Theater）观看鱼儿的滑稽表演。休息一下，吃个墨西哥卷，然后步行来到海特区的古董精品店追忆往昔，再去看看“爱之夏”的举办地**金门公园**（Golden Gate Park）。站在**德扬博物馆**（MH de Young Museum）的顶层俯瞰金门大桥（Golden Gate Bridge），在**加州科学院**（California Academy of Sciences）的“荒野”走一走，最后到**Aziza**享用有机的加利福尼亚-摩洛哥大餐。

阿尔卡特拉斯岛（恶魔岛，Alcatraz）

在33号码头预订渡轮，然后乘船横跨1.5英里的海湾，去探索美国最声名狼藉的前监狱。一路看着壮观的城市天际线景象，这趟跨海之行本身就能值回票价。到达 **1 船坞码头**（Ferry Dock & Pier）后你需要先步行580码（约530米）登上岛顶和监狱所在地，如果你体力不佳，每两小时有1班电车。在爬上 **2 警卫室**（Guardhouse）之前，留意岛上的陡坡。在变成监狱以前，阿尔卡特拉斯岛曾经是一座要塞，19世纪50年代时，军方将岩石海滩凿成了几乎垂直的峭壁。从那以后，船只都只能停泊在唯一的一处孤伶伶的码头，一道关口（由一座吊桥及护城河组成，如今是警卫室）将它与主要建筑分隔开来。进入其中，低头凝望地板上的格栅，下面就是阿尔卡特拉斯最初的监狱。

志愿者们精心照料着绚丽的 **3 警官行列花园**（Officer's Row Gardens），一处井然有序的玫瑰花园，繁花盛开，环绕着被焚毁的 **4 典狱长室**（Warden's House）。终于登上山顶，来到 **5 主监狱**（Main Cellhouse）的大门前，从这里看出去处处是美景，包括 **6 金门大桥远景**。留意行政办公楼大门上方的 **7 历史标记和涂鸦**，然后再进入阴冷潮湿的监狱，去寻找阿尔卡特拉斯最臭名昭著的越狱者 **8 弗兰克·莫里斯的牢房**。

重要提示

- 如果计划在日间自行参观需至少提前两周预约，参加夜间管理员导览游则要更早预订。有关花园团队游的信息，详见www.alcatrazgardens.org。
- 做好徒步的心理准备：从码头到牢房之间是一段很陡的上坡路。大部分人会在岛上花费2～3小时。只要确保赶得上回船就好，回程可搭乘任意渡轮。
- 岛上除了水没有任何食物，但你可以自己带一些：只有渡轮码头允许野餐。岛上天气变化很快，常常有风，因此最好多穿几件衣服，以便随时穿脱。

JOHN A VLAHIDES ©

历史标记和涂鸦（Historic Signs & Graffiti）

在1969~1971年，美洲原住民占领了岛屿，并在水塔上涂下这样的宣言："印第安人的自由土地。"仔细查看监狱大门上的鹰与国旗标志，还能看到红白条纹处被改成了"Free"（由）的字样。

典狱长室（Warden's House）

在原住民占领期间，大火摧毁了典狱长室和其他一些建筑。政府因此责怪原住民，而美洲原住民则指责是尼克松政府派人制造了这起事件以便博取公众的同情。

DAVID CLAPP / GETTY IMAGES ©

船坞码头（Ferry Dock & Pie

一张巨大的墙
图会帮助你辨清方向
附近的64号楼（Bldg 6
里有简短的影片和展
一方面回顾了监狱历
另一方面也提供了原
占领事件的相关细节。

JOHN A VLAHIDES ©

金门大桥远景（View of Golden Gate Bridge）

金门大桥的身影在地平线上铺展开来。最好的观景点有两处：一个是岛顶监狱入口附近的雄鹰广场（Eagle Plaza），另一个是贴近水平面的龙舌兰小道（Agave Trail；仅在9月至次年1月间开放）。

狱（Main Cellhouse）

20世纪中期时，这座全美戒森严的监狱里关押着当时最名昭彰的罪犯，其中包括艾卡彭和罗伯特·斯特劳德ert Stroud），后者绰号"阿尔拉斯的鸟人"[Birdman of raz；他在莱文沃斯（Leaven-h）监狱时真的在进行鸟类学]。

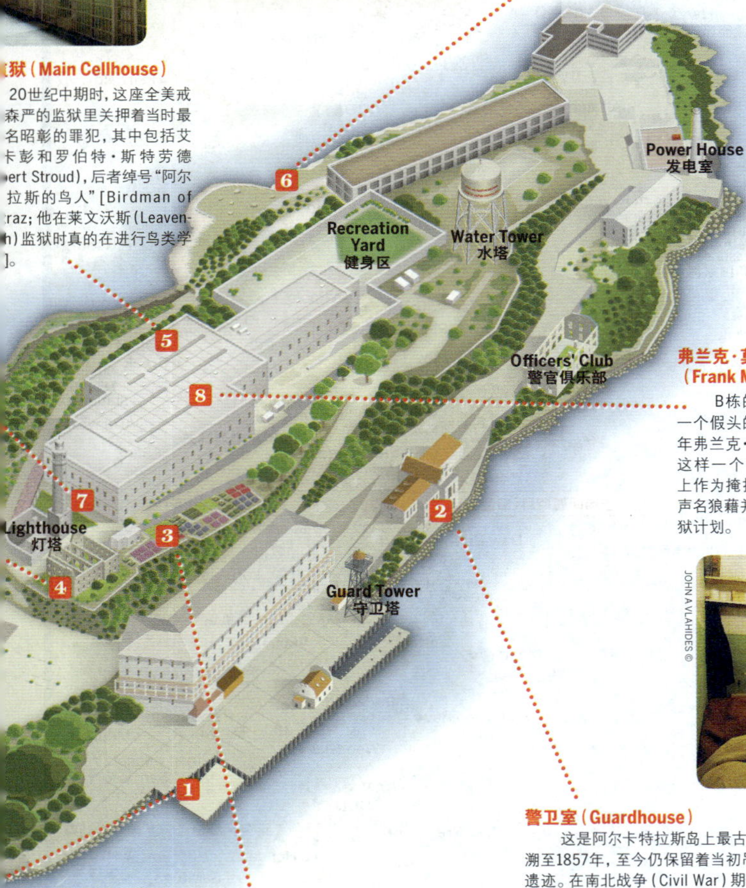

弗兰克·莫里斯的牢房（Frank Morris Cell）

B栋的138监室里有一个假头的复制品，1962年弗兰克·莫里斯就是将这样一个假人头放在床上作为掩护，实施了他那声名狼藉并最终成功的越狱计划。

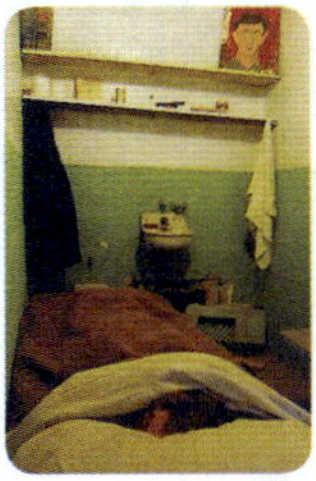

JOHN A VLAHIDES ©

警卫室（Guardhouse）

这是阿尔卡特拉斯岛上最古老的建筑，可追溯至1857年，至今仍保留着当初吊桥和护城河的遗迹。在南北战争（Civil War）期间，这个基地变成了军事地牢，就此开启了阿尔卡特拉斯岛的监狱生涯。

JOHN A VLAHIDES ©

警官行列花园（Officer's Row Gardens）

19世纪时，为了美化岛屿，士兵带来了一些泥土，建起了花园。后来，得到信任的囚犯被允许承担园丁的工作——Elliott Michener说这让他免于陷入疯狂。如今，历史学家、鸟类学家和考古学家们共同决定要在花园里种植哪些品种的花卉植物。

San Francisco & the Bay Area
圣弗朗西斯科(旧金山)和湾区

227-8666; www.cartoonart.org; 655 Mission St; 成人/学生 $7/5; ⏲周二至周日 11:00~17:00; Ⓜ Montgomery, Ⓑ Montgomery)由湾区传奇漫画家查尔斯·舒尔茨(Charles M Schultz)——著名的《花生漫画》(*Peanuts*)的作者,出资创建。这座充满艺术创想力的博物馆展示了从20世纪70年代的R Crumb画作到《经济学人》杂志(*Economist*)的政治漫画等作品。在演讲活动和开幕仪式时你还可以与漫画传奇人物、皮克斯动画工作室(Pixar studio)负责人和痴迷的收藏家打成一片。每月的第一个周二的门票可由游客自己定价。

当代犹太人博物馆 博物馆

(Contemporary Jewish Museum; 见146页地图; ☎415-344-8800; www.thecjm.org; 736 Mission St; 成人/儿童 $10/免费, 周四 17:00后 $5; ⏲周五至周二 11:00~17:00, 周四 13:00~20:00; Ⓜ Montgomery, Ⓑ Montgomery)那个颠倒的不锈钢盒子不是一座雕塑,而是当代犹太人博物馆的展馆。藏品均经过精挑细选,展览引人入胜,通过安迪·沃霍(Andy Warhol)、格特鲁德·斯泰因(Gertrude Stein)和哈利·胡迪尼(Harry Houdini)等艺术家的丰富多彩的展品引发了对新观点和新理念的探讨。

非裔移民博物馆 博物馆

(Museum of the African Diaspora, MoAD; 见146页地图; ☎415-358-7200; www.moadsf.org; 685 Mission St; 成人/学生/儿童 $10/5/免费; ⏲周三至周六 11:00~18:00, 周日 正午至17:00; Ⓜ Montgomery, Ⓑ Montgomery)这座博物馆专注探讨四大主题——起源、流动、适应和转化,通过展览讲述了非裔移民史诗般的故事,其中包括一段由玛雅·安吉罗(Maya Angelou)作旁白的感人的奴隶故事影片。

联合广场(Union Square)

联合广场(在Geary St、Powell St、Post St和Stockton St的交叉路口)因150年前在这里举行的美国内战联盟军集会而得名,四周都是高端百货商场。到Emporio Rulli买杯浓咖啡,看看人潮,要不就在TIX Bay Area的售票亭里买张半价剧院票吧。

鲍威尔街缆车调头点 地标

(Powell St Cable Car Turnaround; 见146页地图; Powell St和Market St交叉路口; Ⓜ Powell, Ⓑ Powell)缆车无法后退,所以缆车操作人员在位于Powell St的终点站旋转站台上手动将缆车掉头。如果要去码头,乘坐Powell-Mason缆车是最快的,而Powell-Hyde缆车则途经较多高地和山丘。

市政中心(Civic Center)

亚洲艺术博物馆 博物馆

(Asian Art Museum; 见146页地图; ☎415-581-3500; www.asianart.org; 200 Larkin St; 成人/学生/儿童 $12/8/免费, 每月第一个周日免费; ⏲2月至9月 周二至周日 10:00~17:00, 周四 至21:00; Ⓜ Civic Center, Ⓑ Civic Center)从古代波斯细密画到最尖端的日本时尚,这间3层高的博物馆将带你纵览亚洲艺术长达6000年的发展历程。馆内收藏有18,000多件作品,是亚洲之外规模最大的亚洲展馆。这里不乏精彩活动,从皮影戏到跨文化的DJ混搭表演都有。

市政厅 历史建筑

(City Hall; 见146页地图; ☎艺术展咨询 415-554-6080, 团队游咨询 415-554-6023; www.ci.sf.ca.us/cityhall; 400 Van Ness Ave; ⏲周一至周五 8:00~20:00, 团队游 10:00、正午和14:00; 👪; Ⓜ Civic Center, Ⓑ Civic Center) **免费** 宏伟的布扎艺术圆顶覆盖着旧金山最伟大的抱负和多变的趋势。为了比巴黎更有格调,比华盛顿国会大厦圆顶更大,这个设计于1915年的旧金山圆形大厅建筑一直不太牢固,直至1989年地震后进行了翻新后才使圆顶可在底座上摇摆。

金融区(FINANCIAL DISTRICT)

除了满街西服革履的人们,金融区(简称FiDi)还是有其他很多值得一看的景点。比如火箭形状的**泛美金字塔**(Transamerica Pyramid; 见146页地图; www.thepyramidcenter.com; 600 Montgomery St; ⏲周一至周五 9:00~18:00; Ⓜ Embarcadero, Ⓑ Embarcadero)下有一艘老捕鲸船的遗骸,甚至有一片红杉林就在此落地生根了。每月的第一个周四,古怪的艺术收藏者们纷纷从山顶的豪宅里走出来,参加**旧金山艺术品经销商协会**(San Francisco Art Dealers Association, SFADA; www.sfada.com; ⏲美术馆 周二至周五 10:30~17:30, 周六 11:00~17:00)在**14 Geary**、**49 Geary**和**77 Geary**美术馆举办的

Greater San Francisco
大圣弗朗西斯科（旧金山）

Greater San Francisco 大圣弗朗西斯科（旧金山）

重要景点

1 贝克海滩 C3
2 金门大桥 C3

景点

3 阿尔卡特拉斯岛（恶魔岛）........ C2
4 湾区探索博物馆 C2
5 海湾模型游客中心 B2
6 加利福尼亚荣誉军人纪念堂 C3
7 金门国家休闲区 B2
8 兰兹角 B3
9 荣誉殿堂 B3
10 海洋哺乳动物中心 B2
11 塔马尔帕斯山州立公园 A1
12 缪尔树林 A1
13 缪尔树林国家保护区 A1
14 海洋海滩 B3
15 波尼塔角灯塔 B3
16 苏特罗海滨浴场 B3

住宿

17 Cavallo Point C2
18 HI Marin Headlands Hostel B2
19 Pantoll Campground A1
20 West Point Inn A1

就餐

21 Aziza C3
22 Outerlands B4

娱乐

23 旧金山49人队 D4

艺术展开幕式。

渡轮大厦 地标

(Ferry Building; 见146页地图; ☎415-983-8000, www.ferrybuildingmarketplace.com; Market St和the Embarcadero; ⏲周一至周五 10:00~18:00, 周六 9:00~18:00, 周日 11:00~17:00; 🚌2、6、9、14、21、31, Ⓜ F、J、K、L、M、N、T)在这个从运输枢纽变身为美食商业中心的地方, 享乐主义蓬勃滋长。食客们会很乐意在品尝当地牡蛎和香槟之中错过渡轮。明星大厨常常在周二、周四和周六出没于农贸市场(见157页)。

唐人街 (Chinatown)

从1848年起, 这里经历过暴乱、地震和非法走私活动, 政治家还曾试图将它移到海岸地带。

美国华人历史学会 博物馆

(Chinese Historical Society of America, CHSA; 见146页地图; ☎415-391-1188; www.chsa.org; 965 Clay St; 成人/儿童 $5/2, 每月第一个周四免费; ⏲周二至周五 正午至17:00, 周六 11:00~16:00; 🚌1、30、45, 🚋California St)这座地标性建筑由赫斯特城堡的总建筑师茱莉亚·摩根在1932年设计建造, 当时是唐人街的基督教女青年会(YWCA)的所在地。来到这里, 亲眼看看在淘金热时期、在横贯大陆铁路建设时期, 乃至"垮掉的一代"时期中国人在美国的生活与遭遇。

天后庙街 街道

(Waverly Place; 见146页地图; 🚌30, 🚋California St, Powell-Mason)天后庙街上那些彩旗飞扬的历史寺庙自1852年开始就香火鼎盛——即使在1906年的地震和火灾后也是如此。由于19世纪的种族限制政策, 寺庙多建在沿街的理发店、洗衣店和餐馆楼上。

北部海滩 (North Beach)

"垮掉的一代"博物馆 博物馆

(Beat Museum; 见146页地图; ☎1-800-537-6822; www.kerouac.com; 540 Broadway; 门票 成人/学生 $8/5; ⏲周二至周日 10:00~19:00; 🐾; 🚌10、12、30、41、45, 🚋Powell-Hyde, Powell-Mason)旧金山文坛昙花一现的"垮掉的一代"的作品(1950~1969年)都被收藏在了这里。艾伦·金斯堡(Allen Ginsberg)的《嚎叫》禁印版是言论自由至高无上的奖杯, 但是面对那些杰克·凯鲁亚克(Jack Kerouac)的摇头公仔, 人们也真的只能无奈地摇摇头了。

杰克·凯鲁亚克街 街道

(Jack Kerouac Alley; 见146页地图; Grant Ave和Columbus Ave之间; 🚌1、10、12、30、45, 🚋Powell-Hyde, Powell-Mason)"清风和煦, 星星这么漂亮, 铺满鹅卵石的小巷带来的承诺如此美好……"《在路上》(*On the Road*)的作者杰克·凯鲁亚克的这首诗就刻在这条以他命名的小巷里。这条不乏诗意的小街微微有些破旧, 是连接唐人街酒吧和北部海滩的捷径, 途经City Lights书店。

俄罗斯山和诺布山 (Russian Hill & Nob Hill)

格雷斯大教堂 教堂

(Grace Cathedral; 见146页地图; ☎415-749-6300; www.gracecathedral.org; 1100 California St; 建议捐赠 成人/儿童 $3/2, 周日礼拜免费; ⏲8:00~18:00, 周日礼拜 8:30和11:00; 🚌1, 🚋California St)这座圣公会(Episcopal)教堂从淘金热至今已经历过3次重建, 现在的混凝土哥特式教堂以彩绘玻璃赞颂了人类的努力, 其中一幅图案描绘着被涡流核粒子托起的阿尔伯特·爱因斯坦(Albert Einstein)。

伦巴底街 街道

(Lombard St; 见146页地图; 900 block of Lombard St; 🚋Powell-Hyde)你大概曾经看过伦巴底街的鲜花弯道, 希区柯克的《眩晕》使它名声大噪, 而托尼·霍克(Tony Hawk)的《职业滑板高手》游戏又使它声名狼藉。20世纪20年代时, 伦巴底街天然的27度陡坡使得汽车无法通行, 为了解决这个问题, 本地房产业主们在这条红砖街道上加了8个转弯。

渔人码头 (Fisherman's Wharf)

★探索博物馆 博物馆

(Exploratorium; 见146页地图; ☎415-528-4444; www.exploratorium.edu; Pier 15; 成人/儿童 $25/19, 周四晚上 $15; ⏲周二至周日 10:00~17:00, 周三 至22:00, 周四 18岁以上成人 18:00~

Downtown San Francisco 圣弗朗西斯科(旧金山)市中心

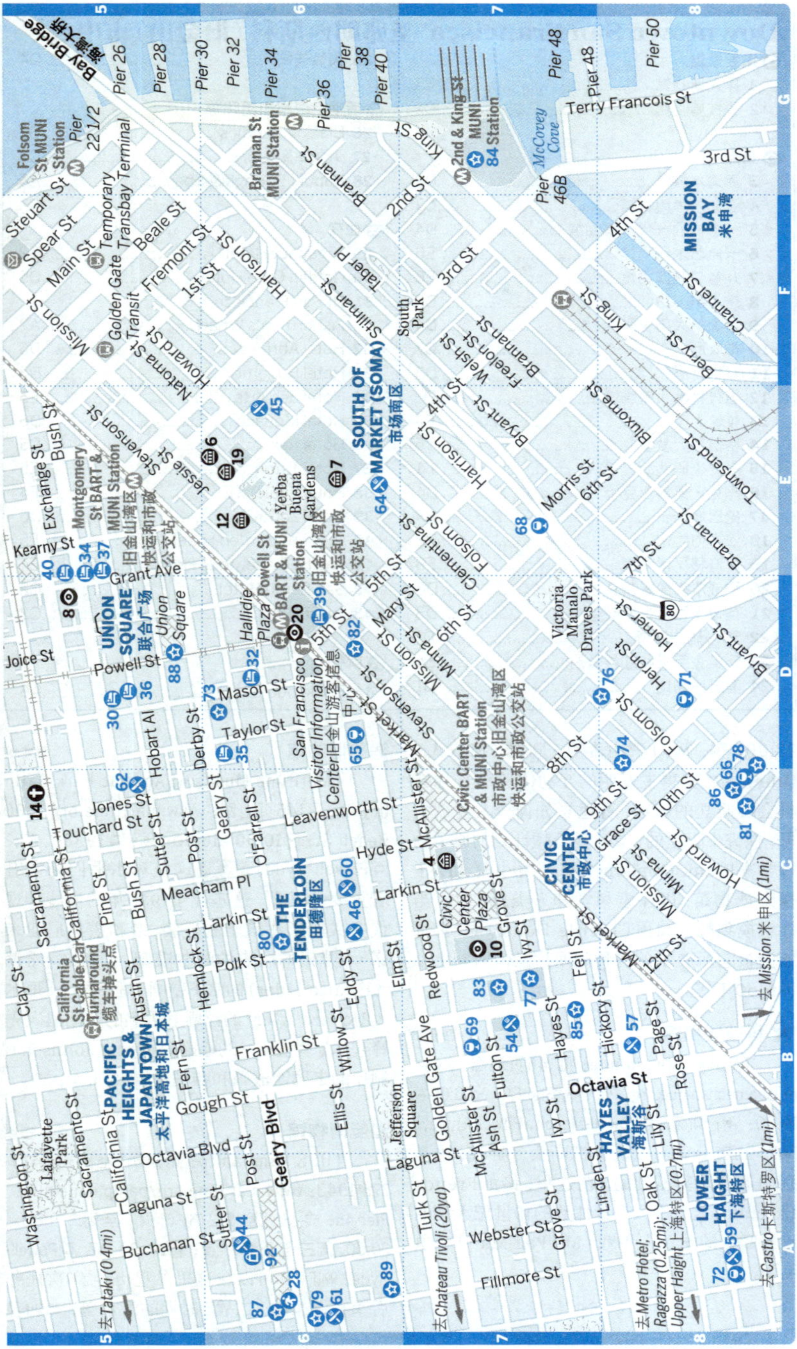
Bay Bridge 海湾大桥
Pier 26
Pier 28
Pier 30
Pier 32
Pier 34
Pier 36
Pier 38
Pier 40
Pier 48
Pier 50
Pier 22 1/2
Pier 46B
Folsom St MUNI Station
Brannan St MUNI Station
2nd & King St MUNI Station
Terry Francois St
McCovey Cove
3rd St
MISSION BAY 米申湾
Channel St
Berry St
King St
Townsend St
Brannan St
Bryant St
Steuart St
Spear St
Main St
Beale St
Fremont St
1st St
2nd St
3rd St
4th St
5th St
6th St
7th St
8th St
9th St
10th St
12th St
Temporary Transbay Terminal
Golden Gate Transit
Mission St
Howard St
Natoma St
Harrison St
Stillman St
Taber Pl
South Park
Welsh St
Freelon St
Bryant St
Bluxome St
Morris St
Folsom St
Clementina St
Mary St
Minna St
Stevenson St
Jessie St
Market St
SOUTH OF MARKET (SOMA) 市场南区
Yerba Buena Gardens
Powell St BART & MUNI Station 旧金山湾区快运和市政公交站
Montgomery St BART & MUNI Station 旧金山湾区快运和市政公交站
Bush St
Exchange St
Kearny St
Grant Ave
UNION SQUARE 联合广场
Union Square
Hallidie Plaza
Joice St
Powell St
Mason St
Taylor St
Derby St
Hobart Al
San Francisco Visitor Information Center 旧金山游客信息中心
Victoria Manalo Draves Park
Homer St
Heron St
Civic Center BART & MUNI Station 市政中心旧金山湾区快运和市政公交站
Jones St
Touchard St
Sutter St
Post St
Geary St
O'Farrell St
Leavenworth St
McAllister St
Hyde St
Larkin St
Meacham Pl
Hemlock St
Polk St
THE TENDERLOIN 田德隆区
Civic Center Plaza
Grove St
Ivy St
Fell St
CIVIC CENTER 市政中心
Grace St
Minna St
Mission St
Howard St
Clay St
Sacramento St
California St
Pine St
Bush St
California St Cable Car Turnaround 缆车掉头点
Austin St
Eddy St
Elm St
Redwood St
Franklin St
Willow St
Golden Gate Ave
Fulton St
Hayes St
Hickory St
Page St
Rose St
Octavia St
PACIFIC HEIGHTS & JAPANTOWN 太平洋高地和日本城
Fern St
Gough St
Geary Blvd
Ellis St
Jefferson Square
Laguna St
McAllister St
Ash St
Ivy St
HAYES VALLEY 海斯谷
Lily St
Linden St
Oak St
Washington St
Lafayette Park
Sacramento St
California St
Octavia Blvd
Post St
Laguna St
Sutter St
Buchanan St
Turk St
Webster St
Grove St
Fillmore St
LOWER HAIGHT 下海特区
去Tataki (0.4mi)
去Chateau Tivoli (20yd)
去Metro Hotel; Ragazza (0.25mi); Upper Haight上海特区(0.7mi)
去Castro卡斯特罗区(1mi)
去Mission米申区(1mi)

Downtown San Francisco 圣弗朗西斯科（旧金山）市中心

22:00；；MF）由麦克·阿瑟（MacArthur）天才奖得主发明的互动体验展让你有机会聆听盐的歌声，看色彩如何令人食欲大振，探究牛眼里的世界。曼哈顿计划的原子物理学家Frank Oppenheimer在1969年创办了探索博物馆，以探索科学和人类感知力。当你触摸到触觉圆顶（Tactile Dome）时，你可能会被它所展示的各种闪回片段带回到上个世纪60年代。

★科技博物馆 游乐园

（Musée Mécanique；见146页地图；www.museemechanique.org；Pier 45，Shed A；10:00~19:00；；47，Powell-Mason，Powell-Hyde，MF）25美分就可以玩一把断头台游戏，这是别的地方体验不到的。在这里，诸如French Execution之类令人毛骨悚然的19世纪大型电玩与紧张的吃豆人游戏（Ms Pac-Man）一争高下。

海事博物馆 博物馆

（Maritime Museum，Aquatic Park Bathhouse；见146页地图；www.maritime.org；900 Beach St；10:00~16:00；；19、30、47，Powell-Hyde）免费 这里对水手们来说有着重要的意义。这座建于1939年的流线型现代主义船形建筑全副盛装，装扮着贝尼亚米诺·卜芳诺的顽皮的海豹雕塑、西莱尔·希勒（Hilaire Hiler）的水下壁画、理查德·艾耶尔（Richard Ayer）的浮雕和著名的美国黑人先锋艺术家萨金特·约翰逊（Sargent Johnson）制作的走廊镶嵌画和雕刻板岩大门。

潜艇博物馆 古迹

（USS Pampanito；见146页地图；415-775-1943；www.maritime.org/pamphome.htm；Pier 45；成人/儿童 $12/6；周四至周二 9:00~20:00，周三 至18:00；；19、30、47，Powell-Hyde；MF）你可以在这里参观历经了6次任务后幸存下来的"二战"时期的潜水艇，参加轻

45 Benu........E6
46 Brenda's French Soul Food........C6
47 Cinecittà........D3
48 City View........E4
49 Coi........E4
50 Cotogna........E4
Hog Island Oyster Company......（见13）
51 Gary Danko........B2
Gott's Roadside........（见13）
52 Greens........A2
Hog Island Oyster Company......（见13）
53 In-N-Out Burger........C2
54 Jardinière........B7
56 Off the Grid........A2
57 Rich Table........B8
58 Ristorante Ideale........D3
59 Rosamunde Sausage Grill........A8
60 Saigon Sandwich Shop........C6
Slanted Door........（见13）
61 State Bird Provisions........A6
62 Sweet Woodruff........C5
63 Z & Y........D4
64 Zero Zero........E6

饮品和夜生活

65 Aunt Charlie's........D6
66 Bar Agricole........C8
67 Comstock Saloon........D4
68 EndUp........E7
69 Smuggler's Cove........B7
70 Specs Museum Cafe........D4
71 Stud........D8
72 Toronado........A8
74 AsiaSF D8
75 Beach Blanket Babylon........D3
76 Cat Club........D8
79 Fillmore Auditorium........A6
80 Great American Music Hall........C6
81 Honey Soundsystem........C8
82 Mezzanine........D6
83 旧金山芭蕾舞团........B7
84 旧金山巨人队........G7
旧金山歌剧院........（见83）
85 SFJAZZ Center........B7
86 Slim's........C8
87 Sundance Kabuki Cinema........A6
88 TIX Bay Area........D5
89 Yoshi's........A6

购物

90 City Lights........D4
91 渡轮广场农贸市场........F4
92 New People........A6

松有趣的语音之旅（$2），聆听有关潜艇的隐身法术和战争突袭的故事。

海德街码头历史船队 古迹

（Hyde Street Pier Historic Ships；见146页地图；☎415-447-5000；www.nps.gov/safr；499 Jefferson St, at Hyde St；成人/儿童 $5/免费；⊙9:00~17:00；MF；🚌Powell-Hyde）停泊在这里的19世纪船队是海事国家历史公园（Maritime National Historical Park）的一部分，其中包括1886年的三桅船**Balclutha**和1890年的蒸汽船**Eureka**。1891年建造的豪华纵帆船**Alma**提供夏季出海游（⊙6月至11月；成人/儿童 $40/20）。

39号码头海狮 户外

（Sea Lions at Pier 39；见146页地图；☎981-1280；www.pier39.com；Beach St & the Embarcadero, Pier 39；⊙1月至7月；🚌15、37、49,）自从加利福尼亚州法律要求船只撤离以便为海洋哺乳动物让出生存空间后，游艇主人放弃了他们珍贵的船只，取而代之的是每年1月至7月出没的数百只海狮。事实上，无论任何时候，只要想要来场日光浴，这些小家伙们都会爬上码头来。

船坞和普雷西迪奥要塞 (The Marina & Presidio)

★克里斯场公园 公园

（Crissy Field；www.crissyfield.org；1199 East Beach；P；🚌30, PresidioGo Shuttle）普雷西迪奥要塞（The Presidio）昔日的军用飞机跑道如今已变成了柏油大道。在这里能欣赏到金门大桥的全景，这里也是海鸟、风筝爱好者和冲浪者的天堂。

★贝克海滩 海滩

（Baker Beach；见144页地图；⊙日出至日落；P；🚌29, PresidioGo Shuttle）虽然这里不是游泳水域，但金门大桥无与伦比的美丽让这个曾经的军用滩头阵地成了旧金山最佳的日光浴场所。尤其是北端的天体海滩，直到下午起雾时人潮才会散去。

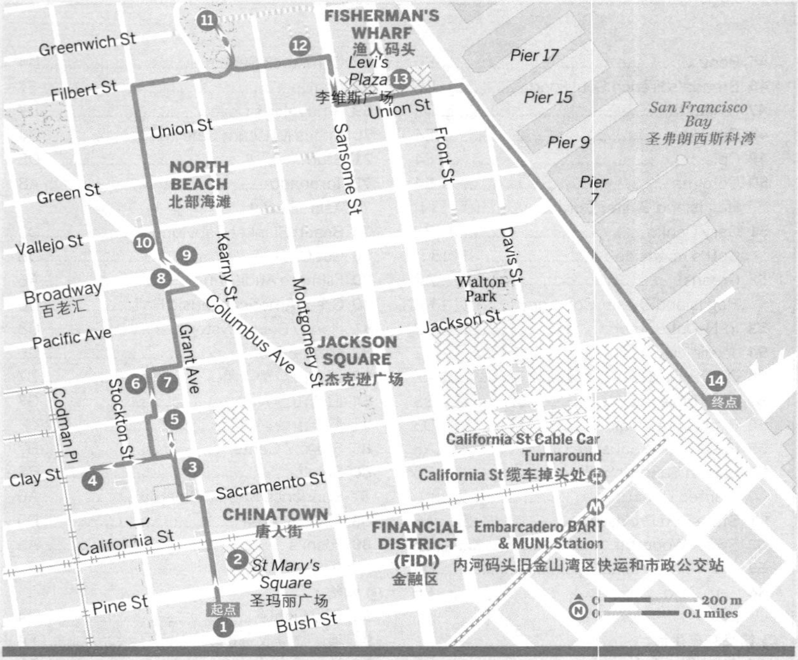

城市步行游览

从唐人街到海滨

起点：唐人街龙门（Dragon Gate）
终点：渡轮大厦
距离：1.8英里；4.5小时

从❶**唐人街龙门**出发，经Grant St的镀金龙形灯到❷**圣玛丽广场**，从前位于这里的妓院被1906年的大火夷为了平地。如今，叛逆的滑板手们在中国革命之父孙中山雕像的注视下腾挪翻转，雕像由贝尼亚米诺·卜芳诺在1929年完成。走过❸**天后庙街**飘满旗帜的寺庙阳台，接着前往❹**美国华人历史学会**（见145页）博物馆，它就位于茱莉亚·摩根所建的宏伟的唐人街基督教女青年会建筑内。

拐进❺**Spofford Alley**，耳边充盈着哗哗的麻将声、咿咿呀呀的丝竹之声、美容师一边吹着头发一边说长道短的嗡嗡声，真令人难以相信私酒贩子曾在这里抢地盘，孙中山也曾于1911年在这里的36号里策划推翻清政府的辛亥革命。曾经妓院聚集的❻**Ross Alley**因为《功夫小子2》和《夺宝奇兵2：魔域奇兵》而变身为明星之地。在56号的❼**Golden Gate Fortune Cookie Factory**试试运气，看看它们如何被装入热呼呼的饼干中。

回到Grant Ave，沿着❽**杰克·凯鲁亚克街**（见145页）这条捷径走——这位放纵不羁的作家经常都会为自己"在路上"的状态而感到兴奋。到位于Columbus Ave的❾**City Lights**书店（见167页）逛一逛，欣赏"垮掉的一代"的诗歌和自由言论，别忘了去601 Vallejo St的❿**Caffe Trieste**一边啜饮意式浓缩咖啡一边品读自由体诗，弗朗西斯·福特·科波拉就是在这里的西西里壁画下写出了《教父》的剧本。

爬上⓫**科伊特塔**（见151页），欣赏观景台的全景景致和20世纪30年代的大堂壁画。沿着⓬**菲尔伯特街石阶**拾级下山，野鹦鹉和清幽村舍一路相伴，直达得名自牛仔布发明者的⓭**李维斯广场**。右转沿着内河码头到达终点站⓮**渡轮大厦**（见145页），在瘦削的铜铸甘地像的注视下享用一顿海湾边的午餐。

米申区 (The Mission)

★巴米巷 街头艺术

(Balmy Alley; ☎415-285-2287; www.precitaeyes.org; 24th St和25th St之间; 🚌10、12、27、33、48, Ⓑ24th St Mission)受到墨西哥画家迭戈·里维拉(Diego Rivera)创作于20世纪30年代的旧金山壁画的启发,加上被美国的中美洲外交政策所激怒,20世纪70年代时,米申区的艺术家们开始努力,以每次在一扇车库门上作画的方式试图改变这里的政治风貌。

多洛雷斯公园 公园

(Dolores Park; www.doloresparkworks.org; Dolores St, 18th St和20th St之间; 👪🐾; 🚌14、33、49, Ⓑ16th St Mission, ⓂJ)半专业的日光浴、玉米饼野餐和复活节的耶稣竞赛(Hunky Jesus Contest):欢迎来到旧金山阳光明媚的一面。无论是网球、政治抗议活动或玛雅金字塔游乐场,每个人都可在多洛雷斯公园找到自己喜欢的活动。

★826 Valencia 文化场所

(☎415-642-5905; www.826valencia.org; 826 Valencia St; ⏱正午至18:00; 👪; 🚌14、33、49, Ⓑ16th St Mission, ⓂJ)这家古怪的海盗用品商店出售眼罩和来自真的猪油桶的勺子。这里有支持青少年写作的非营利机构McSweeney的文学杂志和鱼剧场。它是一家商店,但又不只是一家商店。这里甚至还有一大缸沙可以让孩子们寻找埋藏的海盗战利品。

多洛雷斯教堂 教堂

(Mission Dolores, Misión San Francisco de Asís; ☎415-621-8203; www.missiondolores.org; 3321 16th St; 成人/儿童 $5/3; ⏱11月至次年4月 9:00~16:00, 5月至10月 至16:30; 🚌22、33, Ⓑ16th St Mission, ⓂJ)多洛雷斯教堂是该市最古老的建筑。这座白砖土坯建筑(又名Misión San Francisco de Asís)建造于1776年,并在1782年征召奥隆尼族和米沃克族劳工重建。别忘了看看模仿原住民篮子而设计的天花板。

卡斯特罗区 (The Castro)

同性恋历史博物馆 博物馆

(GLBT History Museum; ☎415-777-5455; www.glbthistory.org/museum; 4127 18th St; 门票 $5; ⏱周一至周六 11:00~19:00, 周日 正午至17:00; ⓂCastro)这是美国第一个同性恋历史博物馆,展示了哈维·米尔克(Harvey Milk)的竞选资料、古老浴室里的纸板火柴、双性恋作家戈尔·维达尔(Gore Vidal)的访谈视频,以及20世纪50年代颁布的同性恋禁令刑法典。

海特区 (The Haight)

阿拉莫广场公园 公园

(Alamo Square Park; Hayes & Scott Sts; 🐾; 🚌5、21、22、24) 免费 爬上阿拉莫广场最高处,维多利亚式屋顶和被风塑形的松树似乎为市中心镶上了一个框。**Postcard Row**东面柔和的"彩妆女郎"(Painted Lady)维多利亚楼群在色彩缤纷的邻居们映衬之下显得黯然失色,在这些邻居中就包括建于1889年的绿色镀金的韦斯特菲尔德屋(Westerfield House),虽然曾经出租给俄国走私贩、嬉皮士公社,甚至经历过撒旦教会创办人安东·拉维(Anton LaVey)的高塔仪式,最后仍安然无恙。

海特和阿什伯里 地标

(Haight & Ashbury; 🚌6、33、37、43、71)传奇迷幻的20世纪60年代交叉路口至今仍如

科伊特塔

科伊特塔[Coit Tower; 见146页地图; ☎415-362-0808; sfrecpark.org/destination/telegraph-hill-pioneer-park/coit-tower; Telegraph Hill Blvd; 电梯票(非居民)成人/儿童 $7/5; ⏱3月至9月 10:00~17:30, 10月至次年2月 9:00~16:30; 🚌39]像是给旧金山的景观加了个惊叹号,在你爬完了陡峭得让人头晕的**菲尔伯特街石阶**后来到这里,看到的风景会让你尖叫。从瞭望台可以看到360度的市中心全景,大堂四壁皆是20世纪30年代赞扬旧金山工人的壁画——这些曾被批评为宣扬共产主义的作品如今早已成为了备受喜爱的地标景点。要看科伊特塔楼梯间的壁画,可参加周六11:00的免费导览游。

旧金山街区一览

北部海滩（North Beach） 诗歌、鹦鹉、路边咖啡馆和意大利餐馆。

渔人码头（Fisherman's Wharf） 海狮嬉戏、古董电子游戏、往来阿尔卡特拉斯岛（恶魔岛）。

市中心和金融区（Downtown & the Financial District） 亮丽的旗舰店、顶级厨师开设的小馆、画廊开幕式和清仓大拍卖。

唐人街（Chinatown） 宝塔屋顶、点心和历史巷弄的兴衰。

海斯谷和市政中心（Hayes Valley & Civic Center） 高耸的大楼和精彩的表演、美食和本土设计。

田德隆（Tenderloin） 剧院区、贫民区、廉价酒吧和面馆。

市场南区（SoMa） 高新科技遇上高雅艺术，每个人都在舞池里玩疯了。

米申区（Mission） 一手捧书，一手拿墨西哥卷，四周都是壁画。

卡斯特罗区（Castro） 骄傲地展示桑巴口哨、彩虹旗和政策平台。

海特区（Haight） 20世纪60年代的记忆闪回、另类时装潮流、免费音乐和昂贵的滑板。

日本城和Fillmore（Japantown & the Fillmore） 寿司、购物和摇滚乐。

码头和普雷西迪奥要塞（Marina & the Presidio） 从前的军事基地，现在则汇集了精品店、有机餐厅、自然美景和裸体人群。

金门公园及周边（Golden Gate Park & Around） 位于旧金山的1英里宽的野地，四周全是美食家的聚集地。

同一块磁石一般吸引着关注反主流文化的人们前来一游。你可以在这里签署绿党的请愿书、创作诗歌、在键盘上聆听克利须那（Hare Krishna）咒语，或用班卓琴弹奏鲍勃·迪伦的歌曲。头顶的时钟永远显示4:20，这就是所谓的国际大麻日（International Bong-Hit Time）。

金门公园及周边 (Golden Gate Park & Around)

早在1865年，旧金山就走在了时代的前面。当时的政府通过投票，将1017英亩的沙丘变为世界上最大的城市绿化带，这就是现在的金门公园（Golden Gate Park）。雄心勃勃的建筑师威廉·哈蒙德·霍尔（William Hammond Hall）将酒店和赌场从这个自然保护区里驱逐了出去。公园的尽头是海洋海滩（Ocean Beach；见144页地图；☎415-561-4323；www.parksconservancy.org；Great Hwy；⏲日出至日落；🚌5、18、31，Ⓜ N），Cliff House餐厅在此俯瞰着辉煌犹在的苏特罗海滨浴场遗址（Sutro Baths；见144页地图；www.nps.gov/goga/historyculture/sutro-baths.htm；Point Lobos Ave；⏲日出至日落；游客中心 9:00~17:00；P；🚌5、31、38）免费。沿着兰兹角公园（Lands End）周边铺设的徒步小径散步，就会看到沉船和金门大桥的身影。

加州科学院 博物馆

（California Academy of Sciences；☎415-379-8000；www.calacademy.org；55 Music Concourse Dr；成人/儿童 $35/25，持Muni车票可享$3优惠；⏲周一至周六 9:30~17:00，周日 11:00~17:00；👪；🚌5、6、31、33、44、71，Ⓜ N）这是一座出自伦佐·皮亚诺（Renzo Piano）手笔、获得了LEED认证的绿色建筑，室内有一座4层高的热带雨林，屋顶覆盖着加州野花，容纳了38,000只千奇百怪的动物。当企鹅入睡之后，在只允许儿童入内的科学不眠夜（Academy Sleepovers）和年满21周岁才可参加的周四夜生活（NightLife Thursdays）的馆厅里，充满野性之趣的欢乐时光才刚刚开始。

德扬博物馆 博物馆

（MH de Young Museum；☎415-750-3600；www.famsf.org/deyoung；50 Hagiwara Tea Garden Dr；成人/儿童 $10/6，持Muni车票可享$2优惠，每月第一个周二免费，网络购票每票加收$1；⏲1月中旬至11月 周二至周日 9:30~17:15，周五 至20:45；🚌5、44、71，Ⓜ N）跟随雕塑家安迪·高兹沃斯

(Andy Goldsworthy)设计的人行道断层线走进由赫尔佐格和德梅隆事务所(Herzog & de Meuron)设计的铜皮建筑，用大洋洲的仪式面具和雕塑家阿尔·法罗(Al Farrow)用子弹建造的教堂来拓宽你的艺术视野。

荣誉殿堂 博物馆

(Legion of Honor；见144页地图；☎415-750-3600；legionofhonor.famsf.org；100 34th Ave；成人/儿童 $10/6，持Muni车票可享$2优惠，每月的第一个周二免费；⏰周二至周日 9:30~17:15；🚻；🚌1、18、38)这座博物馆像旧金山一样多姿多彩而富于启发，馆内展示着各种各样的收藏品，从莫奈(Monet)的睡莲到约翰·凯奇(John Cage)的音乐作品，以及古老的伊拉克象牙和R Crumb的漫画。

温室花房 自然场所

(Conservatory of Flowers；☎信息415-831-2090；www.conservatoryofflowers.org；100 John F Kennedy Dr；成人/儿童 $7/5；⏰周二至周日 10:00~16:30；🚌71，Ⓜ N)这座建于1878年的维多利亚风格的温室最近刚刚重新整修过，育有外太空兰花、沉静的睡莲和令人毛骨悚然的食虫植物。

日本茶园 花园

(Japanese Tea Garden；☎茶道预约 415-752-1171；www.japaneseteagardensf.com；72 Hagiwara Tea Garden Dr；成人/儿童 $7/5；周一、周三和周五 10:00前免费；⏰3月至10月 9:00~18:00，11月至次年2月 至16:45；🚌5、44、71，Ⓜ N)这座庭院建于1894年，占地5英亩，风景如画。春天，盆景林因为盛开的樱花而羞红了脸，秋天又被枫叶染成了火红色。幽静的禅意花园(Zen Garden)让人悠然忘我。

旧金山植物园 花园

(San Francisco Botanical Garden，Strybing Arboretum；☎415-661-1316；www.strybing.org；1199 9th Ave；成人/儿童 $7/5，每月的第二个周二免费；⏰4月至10月 9:00~18:00，11月至次年3月 至17:00，书店 10:00~16:00；🚻；🚌6、43、44、71，Ⓜ N)🍃在这个55英亩的花园里凭着嗅觉里探索世界吧。位于金门大桥角落的这个花园有着奇怪的小气候，似乎什么都可以生根发芽，从南非的萨凡纳草(savannah grasses)到日本的木兰花都能见到。

旧金山湾 (San Francisco Bay)

★金门大桥 桥梁

(Golden Gate Bridge；见144页地图；www.goldengatebridge.org/visitors；紧邻Lincoln Blvd；北向 免费，南向 通行费$6；🚌28，所有Golden Gate Transit的巴士)旧金山的这座建于1937年的吊桥在兴建之初几乎被海军否决，军方希望建一座黑黄条纹相间的混凝土电缆塔而非一座吊桥。但是，工程师约瑟夫·施特劳斯(Joseph B Strauss)、建筑师格特鲁德(Gertrude)、艾尔·文默罗(Irving Murrow)和大胆的工人却创出了一个蜚声国际的橘色标志。南向的通行费通过电子读取技术直接计入汽车的车牌费用内，详情见www.goldengate.org/tolls。

活动

★Kabuki Hot Springs & Spa 水疗

(见146页地图；☎415-922-6000；www.

> **不要错过**
>
> **阿尔卡特拉斯岛(恶魔岛)**
>
> 150多年来，**阿尔卡特拉斯岛**(Alcatraz；见144页地图；☎阿尔卡特拉斯岛游轮 415-981-7625；www.alcatrazcruises.com；日间团队游 成人/儿童/家庭 $30/18/92，夜间团队游 成人/儿童 $37/22；⏰服务中心 8:00~19:00，渡轮 从Pier 33出发 半小时1班 9:00~15:55，夜间团队游 18:10和18:45)一直是美国的第一军事监狱，也是安保最严密的监狱，关押着A级罪犯，如黑帮教父艾尔·卡彭(Al Capone)，也因美洲原住民领土问题而历经争端。没有犯人可以活着逃离阿尔卡特拉斯岛，但由于安排守卫和用品的费用远超过让犯人在里兹大饭店住宿，监狱在1963年关闭。
>
> 日间团队游行程包括搭乘往来监狱的游轮，以及由犯人和守卫带队并讲解的回顾“夺命岛”生活的语音导览游，十分引人入胜，夜间团队游由公园管理员带领。至少提前两周预订。

不要错过

日本城和太平洋高地(JAPANTOWN & PACIFIC HEIGHTS)

在日本城内,每个寿司店的柜台上都摆放着一只招财猫。这只小瓷猫总是抬起一只爪子欢迎顾客的到来:邀请你到New People(见167页)购物,在Kabuki Hot Springs & Spa(见153页)享受指压按摩,在Sundance Kabuki Cinema(见167页)体验环保娱乐项目,在Yoshi's(见165页)聆听世界级的爵士乐,或者去Fillmore(见165页)感受令人兴奋的摇滚乐。

kabukisprings.com; 1750 Geary Blvd; 门票 $25; ⏲10:00~21:45,周二 男女共浴,周三、周五和周日 仅限女宾,周一、周四和周六 仅限男宾; 🚌22、38)在共用的蒸汽房里以盐刷身,然后进入热水池,再进入冷水池,最后在桑拿房里重新温热身体。安静的环境营造出一种禅修的氛围,如果听到敲钟声,那便是在提醒你应该保持安静!

★18 Reasons 烹饪

(☎415-568-2710; www.18reasons.org; 3674 18th St; 课程和活动 $5~35; ⏲视活动而定; 👪; 🚌22、33, M 🚋)美味的教育课程包括:烧酒品鉴、刀工培训、奶酪制作和加利福尼亚烹饪班。试试周三的家庭汤食晚餐会和周四的欢乐时光。

Blazing Saddles 骑车

(见146页地图; ☎415-202-8888; www.blazingsaddles.com; 2715 Hyde St; 自行车租金 每小时$8~15,每天$32~88; 电动自行车 每天$48~88; ⏲8:00~19:30; 👪; 🚋Powell-Hyde)骑自行车到内河码头或金门大桥很方便。这家店还提供电动自行车、出租配套包和弹簧锁,外加24小时还车服务。

团队游

★亲眼看教堂壁画游 团队游

(Precita Eyes Mission Mural Tours; ☎415-285-2287; www.precitaeyes.org; 成人 $15~20,儿童 $5; ⏲团队游日期参考网站上的日历; 👪)壁画家会组织2小时的步行或自行车团队游,以6~10个街区的距离为半径游览巴米巷,这样大概能看到60~70幅壁画。Precita Eyes是一个非营利性组织,该活动所有收入均用以保护该项社区艺术。

唐人街游 团队游

(Chinatown Alleyway Tours; ☎415-984-1478; www.chinatownalleywaytours.org; 成人/学生 $18/12; ⏲周六和周日 11:00; 👪)附近的青少年会带你进行一次2小时的非营利性社区游览活动,带领游客近距离感受唐人街的历史沧桑(如果天气允许的话)。提前5天预订,无预订则周六价格翻倍。只收现金。

海洋学会探险游 团队游

(Oceanic Society Expeditions; ☎415-474-3385; www.oceanic-society.org; 3950 Scott St; 观鲸之旅 每人$120~125; ⏲办公室 周一至周五 8:30~17:00,观鲸之旅 周六和周日; 🚌30)由博物学者带领的周末游船一日游团队会从游船码头(Yacht Harbor)出发。儿童年满10岁方可参加。需预订。

公共图书馆城市导览游 团队游

(Public Library City Guides; www.sfcityguides.org; 欢迎捐赠/小费)**免费** 活动为非营利性,由当地历史学家志愿者带队,分为社区游和主题游两种,其中包括:淘金热时期的市中心、渔人码头的秘密、电报山阶梯徒步(Telegraph Hill Stairway Hike),等等。

节日和活动

春节大巡游 文化节

(Chinese New Year Parade; www.chineseparade.com; ⏲2月)追逐那长达200英尺的舞龙队,在游行队伍中还可以看到舞狮者和少儿功夫班的表演。

旧金山国际电影节 电影节

(SF International Film Festival; www.sffs.org; ⏲4月)在该国历史最悠久的电影节上,明星们一一亮相,而导演们则会举办他们的电影首映式。

越湾长跑 体育节

(Bay to Breakers; www.baytobreakers.com; 报名费 $58~90; ⏲5月)每年5月的第三个周日,穿着奇装异服的人们会从内河码头奔向海洋海滩，而慢跑者则会打扮成鲑鱼的模样逆流而上。

嘉年华 文化节

（Carnaval；www.carnavalsf.com；⌚5月）是真正的巴西人，还是在身上涂满油彩或晒黑了的"冒牌货"？在5月的最后一个周末，你可以在米申区的这个狂欢节上尽情抖动身后的羽毛。

旧金山同性恋庆典 文化节

（SF Pride Celebration；⌚6月）仅仅一天还不够让旧金山骄傲起来：进入6月便会迎来**国际同性恋电影节**（International LGBT Film Festival；www.frameline.org），在最后一周的粉色周六以**女同性恋游行**（Dyke March；www.dykemarch.org）和参与人数多达百万的**骄傲大游行**（Pride Parade；www.sfpride.org）收尾。

福尔逊街庆 街头活动

（Folsom Street Fair；www.folsomstreetfair.com；⌚9月）仅限成年人参加的捆绑游戏节庆活动，参与者在9月的最后一个周末要穿上皮革，当众打屁股，同时进行本地慈善筹款。

兰草音乐节 音乐节

（Hardly Strictly Bluegrass；www.strictlybluegrass.com；⌚10月）为了纪念西部传统，旧金山的人们会在金门公园举办这个为期3天的免费音乐节，从10月上旬开始，诸如Elvis Costello和Gillian Welch这样的英美大牌歌手便将陆续前来助阵。

旧金山文学节 文学节

（LitQuake；www.litquake.com；⌚9月）获得作家签名的著作，之后再和他们一起喝一杯。

绿色节 文化节

（Green Festival；www.greenfestivals.org；⌚11月中旬）每到11月中旬，人们便会点亮节能聚光灯，共同关注绿色食品、科技、时尚和酒，节日将持续3天。

住宿

旧金山是精品酒店的发源地，这类酒店为旅客提供了风格独特的客房，价格如下：中档住宿的房费介于$120～200，另加15.5%的旅馆税（青年旅舍除外）和$35～50的夜间停车费。关于房源和预订信息，可拨打旧金山游客信息中心（San Francisco Visitor Information Center）的预约专线（见168页），或是联系**旧金山民宿**（Bed & Breakfast San Francisco；☎415-899-0060；www.bbsf.

孩子们的旧金山

尽管与美国其他城市相比，这里的人均儿童人数最少，且最新的旧金山动物保护协会（SPCA）数据显示，城里狗的数量比儿童的人数还多出了32,000，但旧金山仍有很多供儿童玩乐的地方，比如，金门大桥、探索博物馆、加州科学院、卡通艺术博物馆和科技博物馆。如果需要临时保姆，**American Child Care**（☎415-285-2300；www.americanchildcare.com；580 California St，Suite 1600）每小时收费$20，小费另计，4小时起。

儿童创意博物馆（Children's Creativity Museum；见146页地图；☎415-820-3320；www.zeum.org；221 4th St；门票 $11；⌚9月至次年5月 周三至周日 6月至8月 周二至周日 10:00～16:00；🚻；Ⓜ Powell，Ⓑ Powell）所展示的科技对于学生来说实在是太酷了：机器人、真人实景电子游戏、自制音乐影片，孩子们甚至还可以和硅谷的开发人员一起玩转三维动画工作坊。

在**海湾水族馆**（Aquarium of the Bay；见146页地图；www.aquariumofthebay.com；Pier 39；成人/儿童/家庭 $18/10/50；⌚夏季 9:00～20:00，冬季 10:00～18:00；🚻；🚌49，🚋Powell-Mason，Ⓜ F）的水下玻璃管道里沿着传送带徐徐而行，鲨鱼就在你的头顶上盘旋。

消防车团队游（Fire Engine Tours；见146页地图；☎415-333-7077；www.fireenginetours.com；从Cannery的Beach St出发；成人/儿童 $50/30；⌚团队游出发时间 9:00、11:00、13:00、15:00）可非比寻常：坐上一辆开放式的老式消防车开过金门大桥，全程75分钟。

com）和Lonely Planet（hotels.lonelyplanet.com）。

联合广场和市政中心 (Union Square & Civic Center)

★Orchard Garden Hotel 精品酒店 $$

（见146页地图；888-717-2881，415-399-9807；www.theorchardgardenhotel.com；466 Bush St；房间 $189~259；；2、3、30、45，Montgomery）旧金山第一家完全实现环保理念的酒店，使用可持续生长的木头、无化学品的清洁用品和奢侈的再生织物，房间幽静怡人。不要错过阳光明媚的屋顶花园。

Hotel Rex 精品酒店 $$

（见146页地图；415-433-4434，800-433-4434；www.jdvhotels.com；562 Sutter St；房间 $159~229；；Powell-Hyde，Powell-Mason，Powell，Powell）大堂的音乐从法式留声机中汩汩流出，让人想起20世纪20年代纽约的Algonquin酒店。漂亮的客房里陈设着手绘灯罩、当地艺术品以及配有干净床套和羽绒枕头的豪华大床。临街的房间明亮但吵闹，记得要空调房。

Hotel Triton 精品酒店 $$

（见146页地图；800-800-1299，415-394-0500；www.hoteltriton.com；342 Grant Ave；房间 $175~275，套 $350；；Montgomery，Montgomery）比漫画场景一般的彩色大堂更酷的，是装饰着旧金山元素的客房，比如凯鲁亚克的《在路上》主题墙纸，搭配环保设施、舒适的床铺和任君享用的冰激凌。晚上品酒时可不要错过塔罗牌占卜和按摩椅。

Hotel Zetta 酒店 $$

（见146页地图；855-212-4187，415-543-8555；www.hotelzetta.com；55 5th St；房间 $189~249；；Powell St，Powell St）这家2013年开张的环保酒店位于市中心，很适合高科技人士入住。大堂充满艺术气息，楼上有台球桌、沙狐球和一面弹球墙。宽敞的房间配备了黑色皮制床头板、低低的地台床和联网的平板电视。

Golden Gate Hotel 酒店 $$

（见146页地图；800-835-1118，415-392-3702；www.goldengatehotel.com；775 Bush St；房间 带/不带浴室 $175/115；；2、3，Powell-Hyde，Powell-Mason）像老式的廉租房一样，这家1913年建造的爱德华时期风格的酒店有和善的主人和温馨却并不配套的家具。房间虽小却很舒适，大多带有私人浴室。在外面游玩一天回来后可享用自制饼干，还有一只可爱的猫咪与你为伴。

Hotel Abri 酒店 $$

（见146页地图；415-392-8800，888-229-0677；www. hotelabrisf.com；127 Ellis St；房间 $169~249；；Powell，Powell）现代时尚的酒店里装饰着醒目的黑底褐纹图样，床上摆着鹅毛枕头。客房内有iPod底座音响、平板电视和很大的工作台。少数浴室里有浴缸，不过淋浴设施也很不错。

Hotel des Arts 艺术酒店 $$

（见146页地图；800-956-4322，415-956-3232；www.sfhoteldesarts.com；447 Bush St；房间 带浴室 $119~159，不带浴室 $79~99；；Montgomery，Montgomery）对艺术迷来说，这家酒店经济实惠，由地下艺术家们创作的手绘壁纸令人惊叹不已。不太令人满意的是：床上用品很薄、有点吵，如果选择带私人浴室的房间必须连住7晚。

★Hotel Monaco 精品酒店 $$

（见146页地图；415-292-0100，866-622-5284；www.monaco-sf.com；501 Geary St；房间 $179~269；；38，Powell-Hyde，Powell-Mason）时尚的Monaco酒店很注重细节，色彩缤纷的客房有高织被单、符合人体工程学的工作区和宽大的衣柜。其他设施包括按摩浴缸、健身房、晚间酒水和自行车。

金融区和北部海滩 (Financial District & North Beach)

San Remo Hotel 酒店 $

（见146页地图；800-352-7366，415-776-8688；www.sanremohotel.com；2237 Mason St；双 带公共浴室 $79~129；；30、47，Powell-Mason）San Remo Hotel建于1906年，拥有老式

旅馆的别样魅力，家具很古典，算得上城里性价比较高的一家酒店。平价客房都是面向走廊的，家庭式套房可住5人。没有电梯。

Pacific Tradewinds Hostel 青年旅舍 $

（见146页地图；☎888-734-6783，415-433-7970；www.sanfranciscohostel.org；680 Sacramento St；铺 $30；@ 📶；🚋California St，🅑Montgomery）旧金山这家外观最为精巧的青年旅舍采用的是蓝白相间的海洋主题风格，配有设备齐全的厨房和干净的玻璃砖洗浴间。不设关门时间，服务周到。没有电梯，所以如果你住在三楼，只能自己把行李提上去。

★ **Hotel Bohème** 精品酒店 $$

（见146页地图；☎415-433-9111；www.hotelboheme.com；444 Columbus Ave；房间 $174~224；@ 📶；🚌10、12、30、41、45）这里就如同是一封寄给"垮掉的一代"时期的情书，20世纪50年代的氛围意味着忧郁的橙、黑和灰绿色调，还有伞形灯和旧照片。房间较小，有些面对着吵闹的Columbus Ave。不论如何，你终究是住在了生气勃勃的北部海滩的中心地带。

Hotel Vitale 精品酒店 $$$

（见146页地图；☎888-890-8688，415-278-3700；www.hotelvitale.com；8 Mission St；房间 $255起；❄ @ 📶 🐾；ⓂEmbarcadero，🅑Embarcadero）隐藏在茶色玻璃之后的便是这家时髦别致的酒店。Vitale提供豪华的配套设施：450支纱的床单、屋顶热水浴缸让你可以享受水疗护理，有些房间还能看到金门大桥的壮美景色。

渔人码头和船坞 (Fisherman's Wharf & The Marina)

★ **HI San Francisco Fisherman's Wharf** 青年旅舍 $

（见146页地图；☎415-771-7277；www.sfhostels.com；Bldg 240，Fort Mason；铺 含早餐 $30~40，房间 $65~100；P @ 📶；🚌28、30、47、49）这家由军队医院改造而成的旅馆提供平价的单人间和4~22个床位的宿舍（有些男女混住），有一个大厨房。旅舍晚上不锁大门，但白天不供暖，记得多带点衣服。免费停车位有限。

错过渡轮的五大美味理由

说到在加利福尼亚州吃饭，除非你在渡轮大厦的特色美食前止步不前，否则多半就要错过搭船啦。

➡ 到**Hog Island Oyster Company**（见146页地图；☎415-391-7117；www.hogislandoysters.com；1 Ferry Bldg；6个牡蛎 $16~20；⏰周一至周五 11:30~20:00，周六和周日 11:00~18:00；ⓂEmbarcadero，🅑Embarcadero）🌿受当日渔获，还有欢乐时光时段的$1牡蛎。

➡ 在**农贸市场**（farmers market；见146页地图；☎415-291-3276；www.cuesa.org；⏰周二和周四 10:00~14:00，周六 8:00起）搜寻美味野餐食材，特别是4505手工肉制品、Donna的玉米粉蒸肉和Namu Gaji的韩式玉米饼。

➡ 找到**Mijita**（见146页地图；☎415-399-0814；www.mijitasf.com；1 Ferry Bldg；菜肴 $4~8；⏰周一至周四 10:00~19:00，周五至周六 至20:00，周日 8:30~15:00；🌱 👪；ⓂEmbarcadero，🅑Embarcadero），品尝料理铁人Traci des Jardin的墨西哥街边小吃。

➡ **Gott's Roadside**（见146页地图；www.gotts.com；1 Ferry Bldg；汉堡 $8~11；⏰10:30~22:00；👪；ⓂEmbarcadero，🅑Embarcadero）🌿里有用自由放养的牛的肉制作的汉堡和炸薯条。

➡ Charles Phan家族经营的**Slanted Door**（见146页地图；☎415-861-8032；www.slanteddoor.com；1 Ferry Bldg；午餐 $15~28，晚餐 $19~42；⏰周一至周六 11:00~14:30和17:30~22:00，周日 11:30~15:00和17:30~22:00；ⓂEmbarcadero，🅑Embarcadero）出品加利福尼亚-越南风味的珍宝蟹粉丝煲。

Hotel del Sol 汽车旅馆 $$

（☎415-921-5520，877-433-5765；www.thehoteldelsol.com；3100 Webster St；双 $189~269；P ❄ @ 📶 ≋ 👪 🐾；🚌22、28、30、43）这是一家上世纪50年代的汽车旅馆，适宜儿童住宿、富有热带风情、整洁利落。中央庭院种着一排排棕榈，还有室外温水游泳池。家庭式套房配有手推床和棋盘游戏。停车免费。

Tuscan Inn 精品酒店 $$

（见146页地图；☎800-648-4626，415-561-1100；www.tuscaninn.com；425 North Point St；房间 $169~299；❄ @ 📶 👪 🐾；🚌47，🚋Powell-Mason，ⓂF）酒店由时髦前卫的Kimpton集团运营，宝石色调的宽大房间比许多连锁酒店更有特色。孩子们会喜欢房内的任天堂游戏机，而父母则更中意下午的小酌时间。

Marina Motel 汽车旅馆 $$

（☎800-346-6118，415-921-9406；www.marinamotel.com；2576 Lombard St；房间 $139~199；P 📶 🐾；🚌28、30、41、43、45）古雅的1939年酒店带有西班牙-地中海式风格，庭院里种满了九重葛。房间照管得很好，温馨舒适，部分带有设备齐全的厨房（需另收$10~20）。

★ **Argonaut Hotel** 精品酒店 $$$

（见146页地图；☎866-415-0704，415-563-0800；www.argonauthotel.com；495 Jefferson St；房间 $205~325，景观房 $305~550；❄ 📶 👪 🐾；🚌19、47、49，🚋Powell-Hyde）酒店建于1908年，原本是一间罐头工厂，现在是渔人码头最好的旅馆，有木梁、裸露的砖墙和无所不在的航海主题，包括舷窗形状的镜子。特别舒适的床铺和iPod底座是标准配置，部分房间较小，采光也较差。海湾景色令人迷醉，多花点钱就可以在房内享受美景。

米申区 (The Mission)

Inn San Francisco 民宿 $$

（☎415-641-0188，800-359-0913；www.innsf.com；943 S Van Ness Ave；房间 含早餐 $185~295，带公共浴室 $135~185，小屋 $325~385；P @ 📶；🚌14，49）这家维护得无可挑剔的酒店建于1872年，是意大利-维多利亚式建筑。酒店内摆满了古董、鲜花，还有蓬松的羽毛床，有的房间附带按摩浴缸。户外有一个英式花园和一个红木热水浴桶。停车位有限，所以记得提前预订。没有电梯。

卡斯特罗区 (The Castro)

Parker Guest House 民宿 $$

（☎888-520-7275，415-621-3222；www.parkerguesthouse.com；520 Church St；房间 含早餐 $159~269；@ 📶；🚌33，ⓂJ）这家旧金山最具规模的同性恋民宿占据了两栋相邻的爱德华风格大厦，设有共用的花园和蒸汽浴室。房间内有特别舒适的床铺和羽绒被，浴室内干净整洁。没有电梯。

海特区 (The Haight)

Metro Hotel 酒店 $

（☎415-861-5364；www.metrohotelsf.com；319 Divisadero St；房间 $88~138；@ 📶；🚌6、24、71）位于海特区中心地带，提供便宜、干净的房间，带私人浴室和花园阳台。Ragazza比萨店（见162页）就在楼下。没有电梯。

Red Victorian Bed, Breakfast & Art 民宿 $

（☎415-864-1978；www.redvic.net；1665 Haight St；房间 含早餐 $159~189，不带浴室 $99~139；📶；🚌33、43、71）这家建于1904年的维多利亚式酒店中洋溢着60年代的迷幻气息，客房主题包括阳光（Sunshine）、花童（Flower Children）和爱之夏（Summer of Love）。18间客房中只有4间带私人浴室，但所有房间都含早餐，由楼下的有机咖啡馆Peace Café供餐。

Chateau Tivoli 民宿 $$

（☎800-228-1647，415-776-5462；www.chateautivoli.com；1057 Steiner St；房间 含早餐 $170~215，不带浴室 $115~135，套 $275~300；📶；🚌5、22）这座辉煌的法式别墅紧邻阿拉莫广场，曾招待过艾莎道拉·邓肯（Isadora Duncan）和马克·吐温（Mark Twain）。塔楼、飞檐和木工手艺无不彰显出它的个性与品质。有传闻说有一位维多利亚时期的歌剧女演员的鬼魂至今

仍在这里徘徊。没有电梯，没有电视。

就餐

希望你饿了——旧金山餐厅的人均占有量比美国其他城市高出10倍还多。大多数顶级餐厅都相当小，因此要及早预订座位。米申区的墨西哥快餐店、唐人街的点心店和北部沙滩的熟食店最实惠。

市场南区、联合广场和市政中心 (SOMA, Union Square & Civic Center)

Saigon Sandwich Shop 越南菜 $

（见146页地图；☎415-474-5698；saigon-sandwich.com；560 Larkin St；三明治 $3.50；⏰7:00~17:00；🚌19, 31）这里供应塞满猪肉、鸡肉、西班牙肉酱、肉丸或豆腐，并加上腌萝卜、小辣椒、洋葱和香菜的法棍三明治，馅料可自选，但你可能需要站在狭窄的人行道上排队等候。

Brenda's French Soul Food 克里奥尔菜、南部菜 $$

（见146页地图；☎415-345-8100；www.frenchsoulfood.com；652 Polk St；主菜 午餐 $9~13，晚餐 $11~17；⏰周一和周二 8:00~15:00，周三至周六 至22:00，周日 至20:00；🚌19、31、38、47、49）主厨兼老板Brenda Buenviaje将克里奥尔人的烹饪方法与加利福尼亚料理结合起来，制作出包括牡蛎炒蛋、填满虾的“穷小子”三明治、炸鸡配羽衣甘蓝、辣椒冻和西瓜甜茶在内的各种经典美食。

★Rich Table 加利福尼亚菜 $$$

（见146页地图；☎415-355-9085；richtablesf.com；199 Gough St；餐$30~40；⏰周日至周四 17:30~22:00，周五至周六 17:30~22:30；🚌5、6、21、47、49、71，Ⓜ Van Ness）🌿杏子汤配意大利烟肉以及兔肉意大利卷配旱金莲酱让人欲罢不能。Sarah Rich和Evan Rich夫妇既是主厨也是老板，他们创造出好玩的加利福尼亚菜，比如Dirty Hippie，即用柔滑的山羊酸奶制作的意式奶冻，表面盖上古怪的大麻。提前2~4周预订（直接打电话到餐馆）。

Sweet Woodruff 咖啡馆、加利福尼亚菜 $$

（见146页地图；☎415-292-9090；www.sweetwoodruffsf.com；798 Sutter St；菜肴 $8~13；⏰11:00~21:45；🚌2、3、27）🌿这家临街的咖啡馆是米其林星级餐厅Sons & Daughters的姐妹店，使用当季本地食材，制作诸如烤帕德龙辣椒配白乳酪、海胆烤马铃薯配培根等小碟菜。没有服务生，没有火炉，只有烤炉、热菜和想象力。

Zero Zero 比萨 $$

（见146页地图；☎415-348-8800；www.zerozerosf.com；826 Folsom St；比萨 $10~19；⏰周一至周四 11:30~14:30和17:30~22:00，周五 至23:00，周六 11:30~23:00，周日 11:30~22:00；Ⓜ Powell，Ⓑ Powell）这是获得了那不勒斯认证的比萨——用“00”面粉作出那不勒斯著名的蓬边比萨饼底，配上旧金山风味馅料。Geary比萨堪称跨越地域、跨越文化的美食，里面包含了马尼拉蛤蜊、培根和辣椒，而广受欢迎的Castro比萨上则铺满了店里自制的香肠。

★Benu 利福尼亚菜、创意菜 $$$

（见146页地图；☎415-685-4860；www.benusf.com；22 Hawthorne St；主菜 $26~42；⏰周二至周六 17:30~22:00；🚌10、12、14、30、45）在过去的150年里，旧金山一直在对食物进行提炼和融合，厨师Corey Lee（之前他在纳帕的French Laundry任主厨）能像个混音师般把当地的、可持续供应的主要食材和环太平洋地区的口味进行融合，这个成就无人能及。珍宝蟹和黑松露奶油冻的鲜香会把这种美好的享受一直持续到喝完人造鱼翅汤，然后你会拍着胸脯打包票地说真的在里面找到了鱼的下颌骨。

★Jardinière 加利福尼亚菜 $$$

（见146页地图；☎415-861-5555；www.jardiniere.com；300 Grove St；主菜 $19~37；⏰周二至周六 17:00~22:30，周日和周一 至22:00；🚌5、21、47、49，Ⓜ Van Ness）🌿作为“铁人料理”、“名厨荟萃”和詹姆斯·比尔德美食大奖（James Beard Award）得主，厨师Traci Des Jardins很擅长使用加州的有机蔬菜、自由放养的肉类和可保证供应的海鲜食材。自制的意式干面奢侈地配上骨髓和鲜美的干贝，再铺一层光滑如缎的海胆。周一就餐，花上$45就可以点3道非常豪华的菜肴，外加一份葡萄酒。

金融区、唐人街和北部海滩（Financial District, Chinatown & North Beach）

★ Liguria Bakery 面包房 $

（见146页地图；☎415-421-3786；1700 Stockton St；佛卡夏 $4～5；⏰周一至周五 8:00～13:00，周六 7:00起；；8X、30、39、41、45，Powell-Mason）睡眼惺忪的艺术学生和意大利老祖母从8:00前就开始排队了，只为购买百年老烤炉里新鲜出炉的肉桂葡萄干佛卡夏（focaccia，意大利香草橄榄油面包饼）。如果赖床到9:00才来，就只能买到番茄或经典的迷迭香/大蒜口味面包了，要是拖到11:00再来，就什么都没了。只收现金。

City View 中国菜 $

（见146页地图；☎415-398-2838；662 Commercial St；菜肴 $3～8；⏰周一至周五 11:00～14:30，周六和周日 10:00起；8X、10、12、30、45；California St）在这间洒满阳光的餐厅里找个位子坐下，小推车上摆满了清淡可口的鲜虾韭菜饺、像大蒜一样的芥兰、香味扑鼻的排骨、椰子粉奶油蛋挞和其他引人垂涎的点心，你可随意挑选。

Cinecittà 比萨 $

（见146页地图；☎415-291-8830；www.cinecittarestaurant.com；663 Union St；比萨 $12～15；⏰周日至周四 正午至22:00，周五和周六 至23:00；；8X、30、39、41、45，Powell-Mason）循着诱人的香味找到这家只有22个座位的小店，尝尝罗马薄比萨，尤其是特拉斯特福（Travestere；鲜美的马苏里拉奶酪、芝麻菜和意式熏火腿）和那不勒斯"我的太阳"（Neapolitan O Sole Mio；刺山柑、橄榄、马苏里拉奶酪和凤尾鱼）。此外还能喝到本地自酿啤酒，自制葡萄酒在15:00～19:00售价$5，而店里自制的提拉米苏是全旧金山最美味的。

★ Cotogna 意大利菜 $$

（见146页地图；☎415-775-8508；www.cotognasf.com；470 Pacific Ave；主菜 $14～26；⏰周一至周六 11:30～23:30，周日 11:30～14:30和17:00～21:00；；10、12）自从主厨兼老板Micheal Tusk获得了詹姆斯·比尔德美食大奖的最佳厨师奖，人们就蜂拥来到这间极富意大利乡村气息的Cotogna（和较高级的姐妹餐厅Quince）来品尝他纯朴的意大利面、可口的木火烤比萨和焦糖烤肉。

Z & Y 中国菜 $$

（见146页地图；☎415-981-8988；www.zandyrestaurant.com；655 Jackson St；主菜 $9～18；⏰周一至周四 11:00～22:00，周五至周日至23:00；8X，Powell-Mason, Powell-Hyde）这里供应搭配完美、美味绝伦的川菜：辣猪肉饺子、干煸四季豆、搭配花生辣椒酱的自制担担面，还有深埋在大堆辣椒下的水煮鱼。队伍很长，早点到。

Ristorante Ideale 意大利菜 $$

（见146页地图；☎415-391-4129；www.idealerestaurant.com；1315 Grant Ave；意大利面 $15～18；⏰周一至周四 17:30～22:30，周五和周六至23:00，周日 17:00～22:00；8X、10、12、30、41、45，Powell-Mason）罗马厨师Maurizio Bruschi在这里为你烹制真正的bucatini ammatriciana（细长意大利面配羊乳干酪番茄酱和自制意大利烟肉），当然，意大利饺子和意大利汤圆也是手工自制的！请这里的托斯卡纳员工为你推荐适当价位的美酒。每一个来过这里的客人都对这里盛赞不已。

★ Coi 加利福尼亚菜 $$$

（见146页地图；☎415-393-9000；www.coirestaurant.com；373 Broadway；套餐 $175；⏰周三至周六 17:30～22:00；P；8X、30、41、45，Powell-Mason）主厨兼老板Daniel Patterson用想象力十足的8道菜品味套餐引领着食客感受加州海岸线的味道：温热的鸭舌上撒着紫色的冰冻花瓣、由豌豆苗组成的潮汐池围绕着蒙特雷湾野生鲍鱼。一种"黄金之州"独有的喜乐感油然而生。

渔人码头和船坞（Fisherman's Wharf & the Marina）

Off the Grid 快餐车 $

（见146页地图；www.offthegridsf.com；菜

肴 $5~10；⏲周五 17:00~22:00；🚌22、28）你可以在梅森堡（Fort Mason）附近找到30辆提供移动美食的快餐车。最好在18:30前到，不然就要排20分钟的队等待Chairman Bao的蚌壳包配鸭肉和芒果、Roli Roti的香料烤草鸡以及Crème Brûlée Man的甜品。只接受现金。

In-N-Out Burger
汉堡包 $

（见146页地图；☎800-786-1000；www.in-n-out.com；333 Jefferson St；套餐 低于$10；⏲周日至周四 10:30至次日1:00，周五和周六 至次日1:30；👪；🚌30、47，🚋Powell-Hyde）上好的牛肩肉饼现制现卖，炸薯条和奶昔均采用常见食材，都由工资仅能糊口的员工为你送上。你可以在现有菜式之外来点儿你自己的"狂野风格"——加点芥末和烤洋葱如何？

★Greens
素食、加利福尼亚菜 $$

（见146页地图；☎415-771-6222；www.greensrestaurant.com；Bldg A，Fort Mason Center，Marina Blvd和Laguna St交叉路口；午餐 $15~17，晚餐 $17~24；⏲周二至周五 11:45~14:30和17:30~21:00，周六 11:00起，周日 10:30~14:00和17:30~21:00，周一 17:30~21:00；✍；🚌28）🌿即使是肉食爱好者也不会意识到，从丰盛的黑豆辣椒配酸奶油到腌辣椒，再到用产自佛教有机农场的食材制作的烤茄子三明治，所有这些食物里面其实都没有肉。买份外卖带走，在码头边的长椅上享用，周末晚餐或周日的早午餐需提前预约。

★Gary Danko
加利福尼亚菜 $$$

（见146页地图；☎415-749-2060；www.garydanko.com；800 North Point St；3道菜/5道菜套餐 $73/107；⏲17:30~22:00；🚌19、30、47，🚋Powell-Hyde）茶色玻璃阻挡了路人的视线，也避免他们因看到詹姆斯·比尔德奖的获奖盛宴而咬到舌头。菜品包括杏鲍菇烤龙虾、粉红色的鸭胸肉配糖渍大黄酱、各色奶酪和3种口味的焦糖布丁。须预订。

米申区（The Mission）

★La Taquería
墨西哥菜 $

（☎415-285-7117；2889 Mission St；墨西哥卷 $6~8；⏲周一至周六 11:00~21:00，周日 至20:00；✍；🚌12、14、48、49，Ⓑ24th St Mission）这里的特色墨西哥卷饼没有受争议的藏红花饭、菠菜饼或芒果沙司，只有包在薄饼里烤得很好的肉类、焖豆和经典的番茄酱或牧豆沙司。辣泡菜和墨西哥酸奶油令卷饼更完美。

> **美食打包**
>
> **正点商店**（Bi-Rite；☎415-241-9760；www.biritemarket.com；3639 18th St；三明治 $7~10；⏲9:00~21:00；👪；🚌14、22、33、49，Ⓑ16th St Mission）如果你不在意伙食费预算，如果你最擅长的是加热食物，米申区的正点商店供应手工巧克力、可储存的腌肉和宝石一般的有机水果，外加令人目眩的加州美酒和各种奶酪。打包一些美食三明治到多洛雷斯公园去吧。

★Namu Gaji
韩国菜、加利福尼亚菜 $$

（☎415-431-6268；www.namusf.com；499 Dolores St；小盘菜 $8~22；⏲周二至周四 11:30~22:00，周五和周六 至23:00；🚌22、33、ⓂJ，Ⓑ16th St Mission）🌿这家餐厅融合了旧金山所有的料理优势——本地有机材料、硅谷的创造力和环太平洋地区的根基，一切尽在Namu的韩国风味传统菜肴中。特色菜包括美味可口的香菇饺、嫩腌牛舌和热腾腾的石锅饭配Marin Sun Farms的食草牛肉。

★Commonwealth
加利福尼亚菜 $$$

（☎415-355-1500；www.commonwealthsf.com；2224 Mission St；小碟菜 $11~16；⏲周日至周四 17:30~22:00，周五和周六 至23:00；✍；🚌14、22、33、49，Ⓑ16th St Mission）加州最具创造性的奉行"从农场到餐桌"原则的餐厅不在陈旧的谷仓，而是在米申区这个经过改造的煤渣砖砌成的教堂式小餐馆里。厨师Jason Fox会为你呈上青草莓和黑萝卜配茴香花粉、铺着水煮牡蛎的多汁肉菜，还有大黄冰激凌。尝尝$75的套餐吧，其中$10会捐赠给慈善机构。

卡斯特罗区（The Castro）

Chilango
墨西哥菜 $$

（☎415-552-5700；www.chilangorestaurantsf.

com；235 Church St；菜肴 $8~12；⌚11:00~22:00；Ⓜ Church）墨西哥外卖快餐店的升级版餐厅，这里的菲力牛排玉米饼、墨西哥酱鸡（mole；酱料以可可为主）和鲜嫩的烤猪肉（carnitas）全都使用有机材料制作。

Starbelly 加利福尼亚菜、比萨 $$

（☎415-252-7500；www.starbellysf.com；3583 16th St；菜肴 $6~19；⌚周日至周四 11:30~23:00，周五和周六 至午夜；Ⓜ Castro）到被太阳晒得热热的花园阳台找个位子，享用意大利腌肉（salumi）、新鲜沙拉、美味的肉酱制品、配自制香肠的烤贻贝和薄底比萨。

★ **Frances** 加利福尼亚菜 $$$

（☎415-621-3870；www.frances-sf.com；3870 17th St；主菜 $27~28；⌚周二至周日 17:00~22:30；Ⓜ Castro）餐厅的主厨兼老板Melissa Perello每天的菜单都让人眼前一亮，时令美味透露着奢华的质感：裹着酥脆面包屑的云状羊奶酪团子搭配甘蓝，烤鱿鱼搭配腌制的中国柠檬，还有产自索诺马的美酒常备不断。

海特区（The Haight）

★ **Rosamunde Sausage Grill** 快餐 $

（见146页地图；☎415-437-6851；rosamundesausagegrill.com；545 Haight St；香肠 $4~6；⌚11:30~22:00；🚌6、22、71，Ⓜ N）花费不多就能带来一场难忘的晚餐约会：大量经典的腊肠（Brats）或无花果酱配鸭肉，加上附赠的烤辣椒、烤洋葱、带粒芥末酱和芒果酱。可以就着隔壁Toronado的自酿啤酒一起吃，那儿有100种啤酒可供选择。

Ragazza 比萨 $$

（☎415-255-1133；www.ragazzasf.com；311 Divisadero St；比萨 $13~18；⌚周一至周四 17:00~22:00，周五和周六 至10:30；👪；🚌6、21、24、71）Ragazza在意大利语中是"女孩"的意思，就是说，"嘿，女孩，你试过马铃薯大葱比萨吗？！"工匠腌肉是许多Ragazza比萨的明星材料，从培根蕃茄酱配羊乳干酪到培根蛋，再到五花肉配卡拉布里亚辣椒和甜菜叶，都会用到它。早点来才能占到花园里的桌位。

Magnolia Brewpub 加利福尼亚菜、美国菜 $$

（☎415-864-7468；www.magnoliapub.com；1398 Haight St；主菜 $11~20；⌚周一至周四 11:00至午夜，周五 至次日1:00，周六 10:00至次日1:00，周日 至午夜；🚌6，33，43，71）坐在公共餐桌旁，边吃着有机的酒馆食物，边品着店家的自酿好酒和朋友侃侃而谈，而来自Prather Ranch养殖的食草牛的牛肉汉堡能够抚慰食客们的肠胃——这就像是"爱之夏"又回来了，只不过食物更好吃了。

日本城和太平洋高地（Japantown & Pacific Heights）

Benkyodo 日本菜 $

（见146页地图；☎415-922-1244；www.benkyodocompany.com；1747 Buchanan St；菜肴 $1~10；⌚周一至周六 8:00~17:00；🚌2、3、22、38）在复古的用餐吧台上以$5的低价享用传统鸡蛋沙拉三明治或五香熏牛肉，但是最吸引人的是每日现做的$1.25的麻糬（mochi；日式糯米团子）——早点来才能吃到诸如抹茶和巧克力馅草莓团子等热门单品。只接受现金。

Tataki 日本菜、寿司 $$

（☎415-931-1182；www.tatakisushibar.com；2815 California St；菜肴 $12~20；⌚周一至周四 11:30~14:00和17:30~22:30，周五 至23:30，周六 17:00~23:30，周日 17:00~21:30；🚌1、24）先锋寿司师傅Kin Lui和Raymond Ho用可口的环保寿司来拯救晚餐和海洋：淋上日本蜜柚汁的滑嫩的北极红点鲑鱼代替了濒危的野生鲑鱼。金州卷里面有辛辣的扇贝、太平洋金枪鱼和有机苹果切片，并且装饰着可食用的24K金箔。

State Bird Provisions 加利福尼亚菜 $$

（见146页地图；☎415-795-1272；statebirdsf.com；1529 Fillmore St；⌚周一至周四 17:30~22:00，周五至周六 至23:00；🚌22、38）把肯德基忘了吧，旧金山喜欢有创意、来自本地并切成点心大小的家禽。南瓜子和法棍面包碎是烤鹌鹑的秘方，也是这家概念十足却低调的加利福尼亚美食热点的招牌菜。这家餐厅曾获得了2013年詹姆斯·比尔德美食大奖赛的美国最佳新餐厅美食大奖。提前预订，要不就在17:00来排队吧。

里士满（The Richmond）

★ Outerlands　加利福尼亚菜 $$

（见144页地图；☎415-661-6140；www.outerlandssf.com；4001 Judah St；三明治和小盘菜 $8~9，主菜 $12~27；⏲周二至周五 11:00~15:00和18:00~22:00，周六和周日10:00~15:00和17:30~22:00；👪；🚌18，ⓂN）如果海洋海滩的狂风让你觉得像是遭遇了海难，就“漂”进这家海滩边的小酒馆吃吃加州有机食物来安慰自己受伤的心灵吧。早午餐供应用铁锅煎的荷兰煎饼配自制意大利乳清干酪，午餐则有$12的烤手工乳酪拼盘和农场风味汤，晚餐是炖羊肩配烤饼。需提前预订。

★ Aziza　摩洛哥菜、加利福尼亚菜 $$$

（见144页地图；☎415-752-2222；www.aziza-sf.com；5800 Geary Blvd；主菜 $16~29；⏲周三至周一 17:30~22:30；🚌1、29、31、38）厨师Mourad Lahlou将摩洛哥风味和他自创的有机加州菜融合在一起，美味到无以言表：酥脆的千层酥里填入了用焦糖洋葱煨制的索诺马鸭腿，而用薏米铺底的藏红花慢炖本地小羊腿更加出彩。

饮品和夜生活

想要串酒吧，最好的选择无疑是北部沙滩的酒吧或位于米申区、靠近Valencia和16th St的那些酒吧。顶级大厨们在市中心准备好了精心调制的手工鸡尾酒，海斯谷不乏葡萄酒吧，而田德隆则多见廉价酒吧和地下酒吧。卡斯特罗区有颇具历史的同性恋酒吧、市场南区有皮革酒吧、码头的酒吧多洋溢着正经的校园气息，而海特区的酒吧吸引的则是各色另类人群。

★ Bar Agricole　酒吧

（见146页地图；☎415-355-9400；www.baragricole.com；355 11th St；⏲周日至周三 18:00~22:00，周四至周六 至深夜；🚌9、12、27、47）这里有品质有保证的鸡尾酒，尽情喝吧：虽然Bellamy Scotch Sour加蛋白的味道也过得去，然而加上了青柠汁、菠萝糖浆和地狱火比特酒的龙舌兰（Tequila Fix）才是为酒吧赢得声誉的明星单品。凭借使用了天然材料的新潮室内设计和漂亮的露台，这间酒吧赢得了詹姆斯·比尔德大奖。

★ Smuggler' s Cove　酒吧

（见146页地图；☎415-869-1900；www.smugglerscovesf.com；650 Gough St；⏲17:00至次日1:15；🚌5、21、49，ⓂVan Ness）哟嗬，来一瓶朗姆酒……如果没人愿意与你分享燃烧的蝎子碗（Scorpion Bowl），你还可以试试Dead Reckoning配安哥斯特拉（Angostura）比特酒、尼加拉瓜朗姆酒、黄褐色的波特酒和香草利口酒。酒吧有来自世界各地的400种朗姆酒和70多种鸡尾酒，在这里你一定能找到你的所爱。

★ Comstock Saloon　酒吧

（见146页地图；☎415-617-0071；www.comstocksaloon.com；155 Columbus Ave；⏲周六至周四 16:00至次日2:00，周五 正午起；🚌8X、10、12、30、45，🚋Powell-Mason）欢迎来到巴巴里海岸（Barbary Coast），这间维多利亚式的酒吧里供应的鸡尾酒很有时代感：皮斯科白兰地宾治（Pisco Punch）中混入了菠萝糖浆，而Martinez则是以马提尼为基酒，加入了金酒、苦艾酒、比特酒和黑樱桃利口酒。打电话预订小房间或天鹅绒雅座。

★ Toronado　小酒馆

（见146页地图；☎415-863-2276；www.toronado.com；547 Haight St；⏲11:30至次日2:00；🚌6、22、71，Ⓜ💳）哈利路亚！你的祈祷应验了，这里为啤酒爱好者准备了50多种桶装鲜啤和数百种瓶装啤酒，其中包括特别棒的当季精酿。带现金来。到隔壁的Rosamunde叫些好吃的香肠来搭配特拉普派修道士酿出的麦芽佳酿吧。

★ Specs Museum Cafe　酒吧

（见146页地图；☎415-421-4112；12 William Saroyan Pl；⏲17:00至次日2:00；🚌8X、10、12、30、41、45，🚋Powell-Mason）喝醉了的航海员，你该拿他怎么办？这里就是答案。墙壁上贴满了商船纪念品，如果你要和在后面坐镇的常客斗酒，也会变得醉醺醺的。点什么很明显：大罐的锚牌蒸汽啤酒（Anchor Steam）——这就送上来。

★Elixir 酒吧

（☎415-522-1633；www.elixirsf.com；3200 16th St；⏲周一至周五 15:00至次日2:00，周六和周日 正午至次日2:00；Ⓑ16th St Mission）帮地球一个忙，在这间真正的1858年狂野西部沙龙，也是旧金山第一个被认证的环保酒吧里喝一杯。这里的鸡尾酒用的是农场有机材料和小批量生产的烈酒，滋味好得会让你一路漂浮到他们的点唱机前，感觉棒极了！

Zeitgeist 酒吧

（☎415-255-7505；www.zeitgeistsf.com；199 Valencia St；⏲9:00至次日2:00；🚌22、49，Ⓑ16th St Mission）你有两秒钟的时间从40种啤酒中点你要的啤酒，面对看起来很凶悍的酒吧老板，就连强壮的骑手都会望而却步。常客会直接到铺着砂砾路面的巨大的啤酒花园去，坐在长桌子前抽烟。带着现金来这里，深夜会有临时摆的食品摊。

Trick Dog 酒吧

（☎415-471-2999；www.trickdogbar.com；3010 20th St；⏲15:00至次日2:00；🚌12、14、49）你可以照着潘通色卡来选择你的饮料：Razzle Dazzle Red是用本地的Hangar One伏特加配上自制的甜酒、草莓和青柠制作而

男女同性恋/双性恋/变性人的旧金山

不管你来自哪里，爱什么人或谁是你的老爸：如果你来到这里，如果你很古怪，欢迎回家。卡斯特罗区是同性恋的中心地区，但是市场南区的夜总会令人情绪高昂。另类女子、女变男变性人（FTM）和放浪的女同性恋者喜欢到米申区去。*Bay Area Reporter*（简称BAR；www.ebar.com）提供社区新闻和活动列表；*San Francisco Bay Times*（www.sfbaytimes.com）为变性人提供很好的资源；免费杂志*Gloss Magazine*（www.glossmagazine.net）有关于夜生活信息。有关流动舞会的信息可查询**Honey Soundsystem**（见146页地图；www.honeysoundsystem.com）、**Juanita More**（www.juanitamore.com）和**Sisters of Perpetual Indulgence**（www.thesisters.org）。旧金山拥有许多顶级的GLBT（男同性恋、女同性恋、双性恋、变性人）场所。

Stud（见146页地图；☎415-252-7883；www.studsf.com；399 9th St；门票 $5~8；⏲17:00至次日3:00；🚌12, 19, 27, 47）自1966年就开始举行各种聚会：周二的Meow Mix 变装歌舞秀；周三的惹火喜剧；周五的“Some-thing”派对包括午夜变装秀，还有从舞池到桌面的各种热辣歌舞。

Aunt Charlie's（见146页地图；☎415-441-2922；www.auntcharlieslounge.com；133 Turk St；门票 $5；ⓂPowell，ⒷPowell）这家廉价酒吧在周五和周六晚上会举办Hot Boxxx Girls变装秀活动，那场景令人联想起旧时那些低俗小说的封面（致电预订）。周四的Tubesteak Connection（$5）主打复古色情氛围和上世纪80年代迪斯科。

EndUp（见146页地图；www.theendup.com；401 6th St；门票 $5~20；⏲周一至周四 22:00至次日4:00，周五 23:00至次日11:00，周六 22:00至周一4:00；🚌12、27、47）周末凌晨2:00以后还在街上游荡的人们都会被EndUp那马拉松式的热舞魔力和同性恋周日茶舞会所吸引，这一切从1973年就开始了。

Lexington Club（☎415-863-2052；www.lexingtonclub.com；3464 19th St；⏲15:00至次日2:00；🚌14、33、49，Ⓑ16th St Mission）旧金山的全女性酒吧可能有点小集团的意味，所以记得称赞她的裙子（可能是她自己设计的）或纹身（也可能是她自己设计的）并提提你在弹球、台球或拇指摔跤方面的不败战绩。当她赢了你的时候（她是这里的熟客），撅撅嘴，她可能会请你喝杯$4的啤酒。

Cafe Flore（☎415-621-8579；www.cafeflore.com；2298 Market St；⏲周日至周四 7:00至午夜，周五和周六 至次日2:00；📶；ⓂCastro）没有到这里阳光明媚的阳台上放松一下就不算到过卡斯特罗区。欢乐时光时段的特饮很棒，如买一送一的玛格丽特酒。只在工作日提供Wi-Fi，没有插座。

成的，Gypsy Tan则是Rittenhouse黑麦酒配菲奈特（Fernet）、柠檬姜和肉豆蔻。

El Rio 夜店

（☎415-282-3325；www.elriosf.com；3158 Mission St；门票 $3~8；⏰13:00至次日2:00；🚌12、14、27、49，Ⓑ24th St Mission）El Rio的DJ总能领会老客人的暗示，播放合适的音乐：折中的、大胆的、时髦的和性感的。强劲的玛格丽特酒会让你疯狂地跟着音乐起舞，并在后花园里大胆调情。只接受现金。

☆ 娱乐

TIX Bay Area（见146页地图；www.tixbayarea.org）会以半价出售最后一分钟的剧场门票。其他活动可见*7x7*杂志（www.7x7.com）、*SF Bay Guardian*（www.sfbg.com）、*SF Weekly*（www.sfweekly.com）和**Squid List**（www.squidlist.com/events）。

现场音乐

★ **SFJAZZ Center** 爵士乐

（见146页地图；☎866-920-5299；www.sfjazz.org；201 Franklin St；⏰表演时间不定；🚌5、7、21，ⓂVan Ness）从大西洋到太平洋、从阿根廷到也门，你可以在这里听到各种顶级爵士乐。这是美国最新、最大并且获得了LEED认证的环保爵士乐中心。旧金山爵士音乐节每年7月在这里举行，但全年都有诸如麦考伊·泰纳（McCoy Tyner）、瑞吉娜·卡特（Regina Carter）、贝拉·弗莱克（Bela Flek）和"把心留在了这里"的东尼·班尼特（Tony Bennett）等传奇巨星前来演出。楼上架子似的座位更像是板凳，但却可以将舞台上的一举一动看得更真切。

Fillmore Auditorium 现场音乐

（见146页地图；☎415-346-6000；the fillmore.com；1805 Geary Blvd；门票 $15~50；⏰售票处 周日 10:00~16:00，演出夜 19:30~22:00）吉米·亨德里克斯（Jimi Hendrix）、詹尼斯·乔普林（Janis Joplin）和大门乐队（the Doors）都曾在Fillmore演出过。现在你可能会在这个1250个座位的历史剧院里看到Indigo Girls、杜兰杜兰乐队（Duran Duran）或特蕾西·查普曼（Tracy Chapman）。不要错过楼上画廊里的上世纪60年代的迷幻海报。

Slim's 现场音乐

（见146页地图；☎415-255-0333；www.slims-sf.com；333 11th St；门票 $12~30；⏰17:00至次日2:00；🚌9、12、27、47）在节奏蓝调明星Boz Skaggs 拥有的这家中等规模的夜总会里，Gogol Bordello、Tenacious D和the Expendables的演出保证让你度过一段美好时光。这里的演出适合所有年龄段的观众，但是一旦全场开始起立摇摆，个头小的观众可能就比较难受了。预订$25的晚餐即可坐在小阳台的座位上观看演出。

Mezzanine 现场音乐

（见146页地图；☎415-625-8880；www.mezzaninesf.com；444 Jessie St；门票 $10~40；ⓂPowell，ⒷPowell）到过Mezzanine是件值得夸耀的事，这是旧金山音响设备最好的地方之一。人们赶来享受另类乐队、前卫嘻哈和节奏蓝调，为韦克莱夫·让（Wyclef Jean）、Quest Love、Method Man、Nas和Snoop Dogg的演出而疯狂。

Great American Music Hall 现场音乐

（见146页地图；☎415-885-0750；www.gamh.com；859 O'Farrell St；门票 $12~35；⏰售票处 周一至周五及演出夜 10:30~18:00，🚌19、38、47、49）曾是妓院的Great American Music Hall有着洛可可式的建筑风格，阳台上摆着桌位。这里有着一流的音响系统和不错的食物及饮品。你可以在这里听到包括另类摇滚、金属乐、爵士乐和兰草音乐在内的各类型音乐。

Yoshi's 爵士乐、现场音乐

（见146页地图；☎415-655-5600；www.yoshis.com；1300 Fillmore St；⏰演出 周二至周日 20:00或22:00，晚餐 周二至周日；🚌22、31）旧金山极具特色的爵士乐俱乐部，吸引了全球最有才华的人前来演出，如Leon Redbone和Nancy Wilson，偶尔也有古典音乐和福音音乐演出。学生可以询问是否有半价票出售。

Cafe du Nord/ Swedish American Hall 现场音乐

（☎415-861-5016；www.cafedunord.com；

2170 Market St；票价不定；ⓂChurch）这家从前的地下酒吧的历史可不短了，看起来仍仿佛和20世纪30年代时一样，有酒吧和表演厅，每晚都有摇滚乐队、民谣女歌手、喜剧演员、讲故事的人和滑稽演员轮番登台。

变装秀

Cat Club 变装俱乐部

（见146页地图；www.catclubsf.com；1190 Folsom St；22:00之后入场费$5；⏲周二至周日21:00至次日3:00；ⓂCivic Center，ⒷCivic Center）直到看到你的朋友在Cat Club周四晚的复古舞会上大唱A-ha 1984年的"Take on Me"，你才算真正认识他们。周二晚是卡拉OK，周三晚是束缚之夜（Bondage-a-Go-Go），周五晚是歌特主题，周六是上世纪90年代流行劲歌，最好事先上网确认，以免弄错主题。

DNA Lounge 变装俱乐部

（见146页地图；www.dnalounge.com；375 11th St；入场费 $3~25；⏲周五和周六 21:00至次日3:00，其他晚上有所不同；🚌12，27，47）旧金山最新的大型夜总会之一，有现场乐队表演、混搭音乐短靴之夜和Trannyshack的壮观变装秀，还有周一的18岁以上哥特死亡会（Goth Death Guild）。提早到达可能会被嘘。

AsiaSF 变装歌舞

（见146页地图；☎415-255-2742；www.asiasf.com；201 9th St；每人$39起；⏲周三周四 19:00~23:00，周五 19:00至次日2:00，周六17:00至次日2:00，周日 19:00~22:00，预订热线13:00~20:00；ⓂCivic Center，ⒷCivic Center）与鸡尾酒和亚洲菜一起上来的，除了蜜饯还有个小秘密：为你上菜的是变装明星。每小时他们在吧台上热舞时，总有一大堆女生兴奋尖叫，而老实的商务人士会一边脸红一边捧场。当每个人都开始有点醉了，气氛也点燃了，大家就会涌进楼下的舞池摇摆起舞。

古典音乐和歌剧

★戴维斯交响乐大厅 古典音乐

（Davies Symphony Hall；见146页地图；☎415-864-6000；www.sfsymphony.org；201 Van Ness Ave；ⓂVan Ness，ⒷCivic Center）获得过9次格莱美奖的旧金山交响乐团就在这里驻演，迈克尔·蒂尔森·托马斯（Michael Tilson Thomas）的指挥更是锦上添花。演出季从9月到次年7月。

★旧金山歌剧院 歌剧

（San Francisco Opera；见146页地图；☎415-864-3330；www.sfopera.com；War Memorial Opera House，301 Van Ness Ave；票价$10~350；ⒷCivic Center，ⓂVan Ness）从淘金热开始，旧金山就迷上了歌剧，至今它仍旧是每年7~12月最隆重的文化娱乐大餐。一到周二，本地的名流精英们就穿着华丽晚装和燕尾服出现了。10:00后售票处售卖150张站票（$10；只接受现金）。中场休息时赶紧找空位坐下。

旧金山芭蕾舞团 舞蹈

（San Francisco Ballet；见146页地图；☎415-861-5600，票务415-865-2000；www.sfballet.org；War Memorial Opera House，301 Van Ness Ave；票价$10~120；ⓂVan Ness）旧金山芭蕾舞团是美国历史最悠久的芭蕾舞团，也是第一个上演《胡桃夹子》的舞蹈团体。定期在战争纪念歌剧院（War Memorial Opera House）演出。

剧院

★美国戏剧学院 剧院

（American Conservatory Theater；ACT；见146页地图；☎415-749-2228；www.act-sf.org；415 Geary St；🚌38，🚋Powell-Mason，Powell-Hyde）各种创新剧作最初都是在美国戏剧学院的百年剧院Geary Theater上演的，至今已经输送出了许多佳作，如Tony Kushner的《天使在美国》（*Angels in America*）和Robert Wilson的《黑骑士》（*Black Rider*），后者的歌剧剧本由William S Burroughs编写，并由湾区本土作曲家的汤姆威兹（Tom Waits）作曲。ACT的Strand Theater（1127 Market St）于2014年下半年开幕。

Beach Blanket Babylon 歌舞

（BBB；见146页地图；☎415-421-4222；www.beachblanketbabylon.com；678 Green St；门票$25~100；⏲表演 周三、周四和周五 20:00，周六 18:30和21:30，周日 14:00和17:00；🚌8X，🚋Powell-Mason）白雪公主在旧金山寻找白马王子，怎么会出错？迪士尼变装音乐喜剧歌舞

表演从1974年开始演出至今，但是时下的笑话让它仍能保持吸引力，和游行花车一般大的假发套让人叹为观止。

电影院

★ Castro Theatre 影院

（☎415-621-6120；www.thecastrotheatre.com；429 Castro St；成人/儿童 $11/8.50；⏰周二至周日；Ⓜ Castro）晚场表演前，Wurlitzer剧院管风琴从装饰电影艺术宫的乐池里升起，并以（现在一起唱）"旧金山打开你的金门，不让陌生人在门外等待……"（San Francisco open your Golden Gate/You let no stranger wait outside your door…）结束。

★ Roxie Cinema 电影院

（☎415-863-1087；www.roxie.com；3117 16th St；常规/日场$10/7；🚌14、22、33、49，Ⓑ16th St Mission）在这家小型的街区非盈利电影院里，你能看到的却是国际上影响巨大的独立电影首映式、具争议性的影片和在其他地方被禁的纪录片。电影没有广告，且每部影片都有个人介绍。

Sundance Kabuki Cinema 电影院

（见146页地图；☎415-929-4650；www.sundancecinemas.com；1881 Post St；成人$9.50~15，儿童$9；🚌2、3、22、38）🍃罗伯特·雷德福（Robert Redford）的圣丹斯协会（Sundance Institute）所创办的多厅电影院。Kabuki通常放映大牌电影，并举办一些电影节。影院内供应本地制作的巧克力和酒精饮品。影院十分环保，采用的是再生纤维座椅。

体育

旧金山巨人队 棒球

（San Francisco Giants；见146页地图；sanfrancisco.giants.mlb.com；AT&T Park；票价$5~135）观看并了解世界职业棒球大赛是怎么取得成功的——在这里你会看到浓密的胡子、女性的内衣，所有的一切。

旧金山49人队 橄榄球

（San Francisco 49ers；见144页地图；☎415-656-4900；www.sf49ers.com；2014年起Levi's Stadium；票价 $25~100 从www.ticketmaster.com购买；ⓂT）旧金山49人队在1981年至1994年是美国橄榄球联赛的梦之队，五次赢得"超级碗"（美国橄榄球联赛冠军）。经过多年低潮及2012赛季超级碗大赛失利后，球队在2014赛季终于有了新的主场，即圣克拉拉（Santa Clara）全新的Levi's Stadium。

🛍 购物

★ City Lights 书籍

（见146页地图；☎415-362-8193；www.citylights.com；261 Columbus Ave；⏰10:00至午夜；🚌8X、10、12、30、41、45，🚋Powell-Mason，Powell-Hyde）🍃"抛开所有绝望吧，所有进来的人啊"，这家书店的创办人，也是旧金山桂冠诗人Lawrence Ferlinghetti在门上镌下了这样的句子。当你来到楼上阳光明媚、陈列着最新诗集的诗之屋（Poetry Room），坐上诗人之椅（Poet's Chair），远望着杰克·凯鲁亚克街，遵令而行就变得一点都不难了。

★ New People 服装、礼品

（见146页地图；www.newpeopleworld.com；1746 Post St；⏰周一至周六正午至19:00，周日至18:00；🚌2、3、22、38）kawaii里满墙都是

最佳购物区

那些古朴别致的店铺、备货充足的橱柜和绝妙的服装店并不都在同一个地方，旧金山人需要在他们的城市里来回搜索才能买全所有的东西。下面就来告诉你，在哪里可以买到什么东西：

海斯谷（Hayes Valley） 本地和独立设计师、家居设计、糖果、鞋。

Valencia St 书店、本地设计群体、画廊和任何古董类的东西。

Haight St 迷幻品店、音像店、古董店以及售卖溜冰、滑雪、冲浪装备的体育器材店。

Upper Fillmore & Union Sts 约会时装、少女饰品、葡萄酒和艺术品。

Powell St Market St百货公司、知名品牌、折扣零售店和苹果专卖店。

Grant St 从唐人街的旅游纪念品店到不同寻常的北部海滩精品店。

渡轮大厦 当地美食、葡萄酒和厨房用品。

日本动漫T恤；二楼的Baby the Stars Shine Bright主打源自《爱丽斯梦游仙境》的洛丽塔（Lolita）潮流；“Sou-Sou”有现代元素的忍者鞋；Superfrog Gallery画廊展示的是当代艺术；而Crown & Crumpet则供应茶点。

★ Betabrand 服装

（☎800-694-9491；www.betabrand.com；780 Valencia St；⏲周一至周四 11:00~18:00，周五和周六 至19:00，周日 正午至18:00；🚌14、22、33、49，Ⓑ16th St Mission）Betabrand采纳大众主流的时尚判断，将其试验性的设计放到网上让大家评选，获胜的设计则可限量投产，如：午餐肉花纹袜子、里外翻穿的男子便服，迪斯科舞会风衣和裤脚带反光条纹的自行车骑行裤等。

ℹ 实用信息

紧急情况和医疗服务

美洲中医学院（American College of Traditional Chinese Medicine；☎415-282-9603；www.actcm.edu；450 Connecticut St；⏲周一至周四 8:30~21:00，周五和周六 9:00~17:30；🚌10、19、22）低价提供针灸、草药和其他传统中药治疗。

Haight Ashbury Free Clinic（☎415-762-3700；www.healthright360.org；558 Clayton St；⏲预约；🚌6、33、37、43、71，ⓂN）临床诊治仅面向预约客人；此外提供药物滥用和心理健康服务。

警察、火警和救护车（☎911，非紧急311）

旧金山综合医院（San Francisco General Hospital；☎急诊室415-206-8111，医院主线415-206-8000；www.sfdph.org；1001 Potrero Ave；⏲24小时；🚌9、10、33、48）接收无保险病患，包括精神病学护理；只需提供身份证件，无须其他证件。

创伤修复与强暴治疗中心（Trauma Recovery & Rape Treatment Center；☎415-437-3000；www.traumarecoverycenter.org）有24小时热线电话。

Walgreens（☎415-861-3136；www.walgreens.com；498 Castro St，18th St交叉路口；⏲24小时；🚌24、33、35，ⓂF，K，L，M）遍及全城的连锁药房，提供非处方药。

上网

旧金山全市范围内都有免费的Wi-Fi热点，可登录www.openWi-Fispots.com查询周边详情。联合广场一带的大多数咖啡店和酒店大堂里都有免费网络。

Apple Store（www.apple.com/retail/san-francisco；1 Stockton St；⏲周一至周六 9:00~21:00，周日 10:00~20:00；@📶；ⓂPowell St）提供免费Wi-Fi和网络终端。

旧金山图书馆总馆（San Francisco Main Library；www.sfpl.org；100 Larkin St；⏲周一和周六 10:00~18:00，周二至周四 9:00~20:00，周五和周日正午至17:00；@📶；ⓂCivic Center）15分钟的免费网络终端使用，Wi-Fi信号不稳定。

媒体

KALW 91.7 FM（www.kalw.org）美国公用无线电台（National Public Radio；NPR）的附属电台。

KPFA 94.1 FM（www.kpfa.org）另类新闻和音乐。

KPOO 89.5 FM（www.kpoo.com）社区电台，播放爵士、节奏蓝调、蓝调和雷鬼音乐。

KQED 88.5 FM（www.kqed.org）美国公用无线电台和公共广播（Public Broadcasting；简称PBS）附属电台，提供播客和流媒体视频。

an Francisco Bay Guardian（www.sfbg.com）旧金山自由媒体，每两周一次的话题涵盖政治、戏剧、音乐、艺术和电影列表。

《旧金山纪事报》（*San Francisco Chronicle*；www.sfgate.com）旧金山主流日报，内容包括新闻、娱乐和活动列表。

现金

美国银行（Bank of America；www.bankamerica.com；1 Market Plaza；⏲周一至周五 9:00~18:00）

邮局

Rincon Center post office（见146页地图；☎800-275-8777；www.usps.gov；180 Steuart St；⏲周一至周五 8:00~18:00，周六 9:00~14:00；ⓂEmbarcadero，ⒷEmbarcadero）提供邮政服务，老楼里有历史壁画。

旅游信息

旧金山游客信息中心（San Francisco's Visitor Information Center；见146页地图；☎415-391-2000；活动热线415-391-2001；www.onlyinsanfrancisco.com；Market & Powell Sts，Hallidie Plaza下层；⏲周一至周五 9:00~17:00，周六周日至15:00；🚋Powell-Mason，Powell-Hyde，ⓂPowell St，ⒷPowell St）提供实用旅游信息，发行亮光纸印刷的旅游手册，活动热线电话24小时开通。

网络资源

全球知名社交媒体平台**Craigslist**（sfbay.craigslist.org）、**推特**（Twitter; www.twitter.com）和**Yelp**（www.yelp.com）都在旧金山创办，且都是城市机构，可通过它们查询季节性快闪店（pop-up shop）、免费表演、酒吧和餐馆评论及其他信息。

到达和离开

飞机

旧金山国际机场（San Francisco International Airport, SFO; www.flysfo.com）位于市区以南14英里处，紧邻Hwy 101。搭乘旧金山湾区快运（Bay Area Rapid Transit, BART）可到达。**奥克兰国际机场**（Oakland International Airport, OAK; ☎510-563-3300; www.oaklandairport.com）服务主要的国内航线，从旧金山开车50分钟或搭乘BART过海湾可到达。

长途汽车

在2017年新的终点站建成之前，旧金山的市内枢纽还是**Temporary Transbay Terminal**（见146页地图; Howard St和Main St）。你可以在这里搭乘**AC Transit**（☎511; www.actransit.org）的班车去东湾（East Bay），坐**Golden Gate Transit**（见146页地图; www.goldengatetransit.org）向北到马林县和索诺马县，乘坐SamTrans的长途汽车向南去帕洛阿尔托（Palo Alto）和太平洋海岸。**灰狗巴士**（Greyhound; ☎800-231-2222; www.greyhound.com）每天有班车发往洛杉矶（$59; 8~12小时）、塔霍湖附近的特拉基（Truckee; $31; 5.5小时）和其他地点。

火车

美铁（Amtrak; ☎800-872-7245; www.amtrakcalifornia.com）提供在21天内任意7天的畅游加州铁路通票（$159起）。海岸星光号（Coast Starlight）的35小时之旅景色壮美，一路从洛杉矶开到西雅图，途中停靠奥克兰。加州和风号（California Zephyr）从芝加哥出发到达奥克兰的51小时是一趟甜蜜之旅。两条路线均配有卧铺车厢和带全景窗户的餐车/休息区。美铁还提供到旧金山渡轮大厦和加州铁路（CalTrain）站点的免费班车。

加州铁路（CalTrain; www.caltrain.com; 4th St和King St交叉路口）将旧金山、硅谷中心和圣何塞连接起来。

当地交通

关于旧金山湾区交通的选择、出发和到达信息，可致电☎511或登录www.511.org查询。

抵离旧金山国际机场

乘坐出租车到旧金山市中心的费用约为$35~50。

旧金山湾区快运（BART, Bay Area Rapid Transit; www.bart.gov; 单程$8.25）往返于国际航站楼的SFO BART和旧金山市中心的30分钟快速线路。

SamTrans（www.samtrans.com; 单程$5）KX号快速巴士，30分钟可达Temporary Transbay Terminal。

SuperShuttle（☎800-258-3826; www.supershuttle.com）费用$17，乘坐公共面包车到达旧金山市中心。

抵离奥克兰国际机场

从奥克兰国际机场，可搭乘AirBART班车（$3）到Coliseum站，再转乘前往旧金山市中心的快运（BART; $3.85）；支付$27~35可乘坐SuperShuttle的公共面包车到市区；或支付$55~70搭乘出租车到旧金山任何地方。

船

Blue & Gold Ferries（见146页地图; www.blueandgoldfleet.com）在41号码头和渡轮大厦有往返于阿拉米达（Alameda）和奥克兰之间的渡轮。**金门渡轮**（Golden Gate Ferry; www.goldengateferry.org）从渡轮大厦出发前往索萨利托（Sausalito）和马林县的拉克斯珀（Larkspur）。

汽车

如果可能，尽量避免在旧金山开车，因为想在路边找到停车位很难，停车收费表跳得也很无情。市中心的内河码头中心（Embarcadero Center）、第5大道、Mission St、联合广场、Sutter St和Stockton St都有停车场。全国汽车租赁公司在机场和市中心都设有办事处。

公共交通

市政公交公司（MUNI, Municipal Transit Agency; ☎511; www.sfmta.com）运营公共汽车、有轨电车和缆车线路；网上可免费浏览《市政街道和站点路线图》（*MUNI Street & Transit Map*）。公共汽车和电车的标准收费是$2，缆车费用为$6。持有**MUNI通票**（MUNI Passport; 1/3/7

日 $14/22/28）可以无限乘坐所有MUNI线路，包括缆车。可在旧金山游客信息中心和联合广场的TIX Bay Area报亭购买通行证。**城市通**（City Pass；www.citypass.com；成人/儿童 $84/59）包含Muni交通和4个景点。

旧金山湾区快运将旧金山和东湾连接了起来，穿行于Market St之下面，沿着Mission St，向南开往旧金山国际机场和密尔布瑞（Millbrae），并在那里和加州铁路相接。

出租车

车费大约为每英里$2.75，起价$3.50。

DeSoto Cab（☎415-970-1300）

Green Cab（☎415-626-4733；www.626green.com）节能型混合动力汽车，工人集体所有制。

Luxor（☎415-282-4141）

Yellow Cab（☎415-333-3333）

马林县（Marin County）

富足、悠闲的马林县（www.visitmarin.org）就在金门大桥对面，壮观的红木杉林依偎着海岸山丘。最南端的城市索萨利托（Sausalito）是一个小而可爱的海湾边的旅游观光地，可以骑着自行车穿越大桥来到这里（再乘渡轮回到旧金山）。靠近码头的旧金山海湾-三角洲模型（San Francisco Bay-Delta Model；见144页地图；☎415-332-3871；www.spn.usace.army.mil/bmvc；2100 Bridgeway Blvd，Sausalito；门票认捐；⏲5月下旬至9月上旬 周二至周五 9:00~16:00，周六周日 10:00~17:00，9月上旬至次年5月下旬周二至周六 9:00~16:00；👪）是整个海湾和三角洲的液压式模型，非常酷。

马林岬（Marin Headlands）

海风徐徐的崎岖海岬上点缀着远足小径，在这里能欣赏城市和海湾的壮丽全景。向北穿越金门大桥，从Alexander Ave口左转入高速，到Bunker Rd后跟随路标的指示就能找到游客中心（见144页地图；☎415-331-1540；www.nps.gov/goga/marin-headlands.htm；Fort Barry，Bldg 948；⏲4月至9月周六至周一 9:30~16:30）。

附近的景点包括波尼塔角灯塔（Point Bonita Lighthouse；见144页地图；www.nps.gov/goga/pobo.htm；紧邻Field Rd；⏲周六至周一 12:30~15:30）**免费**、罗迪欧海滩（Rodeo Beach）和克朗凯特堡（Fort Cronkite）寓教于乐的海洋哺乳动物中心（Marine Mammal Center；见144页地图；☎415-289-7325；www.tmmc.org；2000 Bunker Rd；门票认捐；⏲10:00~17:00；👪）🍃。在Hwy 101 东边的贝克堡（Fort Baker），互动式的湾区探索博物馆（Bay Area Discovery Museum；见126页地图；☎415-339-3900；www.baykidsmuseum.org；557 McReynolds Rd，Sausalito；门票 $11；每月的第一个周三免费；⏲周二至周日 9:00~17:00；👪）对孩子们来说非常有趣。

游客中心附近，环保的HI Marin Headlands Hostel（见144页地图；☎415-331-2777；www.norcalhostels.org/marin；Fort Barry，Bldg 941；铺 $26~30，房间不带卫生间 $72~92；@）🍃位于森林茂密的山上，由两座1907年的历史建筑组成，私人客房位于从前官员的房子里。想在历史的氛围中享受舒适的住宿，可在贝克堡经LEED认证的Cavallo Point（见144页地图；☎415-339-4700，888-651-2003；www.cavallopoint.com；601 Murray Circle；房间$379起；❄📶🏊👪🐾）🍃预订一间带壁炉的海湾景观小屋。

塔马尔帕斯山州立公园（Mt Tamalpais State Park）

雄伟壮观的塔马尔帕斯山（Mt Tam；2571英尺）是山地自行车骑士和徒步者的森林游乐场。塔马尔帕斯山州立公园（Mt Tamalpais State Park；见144页地图；☎415-388-2070；www.friendsofmttam.org；每车 $8）占地6300英亩，园内的小径总长超过200英里。一定要开车上东峰顶（East Peak Summit）去一览众山小。全景公路（Panoramic Hwy）从Hwy 1开始，穿过公园到达斯廷森海滩（Stinson Beach），那是一个拥有新月型沙滩的古老海边小镇。

公园总部设在Pantoll Station（见144页地图；☎415-388-2070；801 Panoramic Hwy，Mill Valley；⏲周五至周日 8:00~19:00，冬天时间较短；📶），这里汇集着许多小径和一个先到先得的露营地（见144页地图；营地$25）。要提前很久才能预订到乡村木屋（无电、无自来水），要么就直接去斯廷森海滩南面紧邻Hwy 1的**Steep Ravine**（☎800-444-7275；www.reserveamerica.com；营地 $25，木屋 $100）的营地。你也可以带上食物、睡袋和毛巾徒步去往与世隔绝的**West Point Inn**（见144页地图；☎咨询415-388-9955，预订415-646-0702；www.westpointinn.com；100 Old Railroad Grade Fire Rd，Mill Valley；成人/儿童 每人$50/25），需预订。

缪尔树林国家保护区 (Muir Woods National Monument)

位于金门大桥西北10英里处，占地520英亩的**缪尔树林国家保护区**（Muir Woods National Monument；见144页地图；☎415-388-2595；www.nps.gov/muwo；Muir Woods Rd，Mill Valley；成人/儿童 $7/免费；🕗8:00～19:30，9月中至3月中较早关闭）是一片古老的森林，其中生长着世界上最高的树。步行小道蜿蜒穿过大教堂林（Cathedral Grove）中已生长千年的红木林，很好走。在入口处有家**咖啡馆**提供简单的午餐和饮料。工作日来这里可以避免人潮高峰，凌晨或傍晚也可以。沿Hwy 101行驶至Hwy 1出口，跟着路标指示即可到达。

缪尔树林班车（Muir Woods shuttle；Marin Transit Bus 66；☎415-455-2000；www.goldengatetransit.org；往返成人/儿童 $5/免费）在5月上旬至10下旬的周末和节假日运营，每10～20分钟一趟，从马林市发车，偶尔有班车开往索萨利托的渡轮码头。

雷伊斯角国家海岸 (Point Reyes National Seashore)

海风吹拂的**雷伊斯角国家海岸**（Point Reyes National Seashore；www.nps.gov/pore）延伸出海面10英里，在一块完全不同的地壳构造板块上，守卫着占地100平方英里的海滩、环礁湖和被森林覆盖的山丘。奥莱马（Olema）西边1英里处的**熊谷游客中心**（Bear Valley Visitor Center；☎415-464-5100；www.nps.gov/pore；🕗周一至周五 10:00～17:00，周六和周日 9:00起）提供地图、信息和自然历史展。跨越圣安德烈斯断层带（San Andreas Fault zone）的**Earthquake Trail**的起点就在附近，小道全长0.6英里。

雷伊斯角灯塔（Point Reyes Lighthouse；Sir Francis Drake Blvd末端；🕗周四至周一 14:30～16:00，视天气而定）免费 位于半岛的最西端，是冬天观鲸的理想地点。紧邻Pierce Point Rd是往返全长9.5英里的**Tomales Point Trail**，走到强风呼啸的半岛北端，就能看到大群的麋鹿。涉水走进塔玛丽湾（Tomales Bay）还能与海鸟和海豹近距离接触。**Blue Waters Kayaking**（☎415-669-2600；www.bwkayak.com；租用/团队游 $50/70起；👪）从因弗内斯（Inverness）和马歇尔（Marshall）出发（需预订）。

自然爱好者可以选择园内唯一的住宿处**HI Point Reyes Hostel**（☎415-663-8811；www.norcalhostels.org/reyes；1390 Limantour Spit Rd；铺 $24，房间不带卫生间 $82～120；🕗入住14:30～22:00；@👪）🌿，位于从游客中心往内陆方向8英里处。沼泽湿地边的**Motel Inverness**（☎866-453-3839，415-236-1967；www.motelinverness.com；12718 Sir Francis Drake Blvd；房间 $99～190；📶）有整洁漂亮的房间，休息室有壁炉和台球桌。可到**西马林商会**（West Marin Chamber of Commerce；☎415-663-9232；www.pointreyes.org）查询舒适的旅馆、小木屋和民宿的房源情况。

奥勒马以北两英里处，**雷伊斯角车站**（PointReyesStation）小镇有温暖的面包房、咖啡馆和餐馆。到**Tomales Bay Foods & Cowgirl Creamery**（www.cowgirlcreamery.com；80 4th St；三明治 $6～12；🕗周三至周日 10:00～18:00；✍）🌿买些野餐午餐的食物，或到**Osteria Stellina**（☎415-663-9988；osteriastellina.com；11285 Hwy 1；主菜$14～24；🕗11:30～14:30和17:00～21:00；✍）🌿享用一顿店家亲手制作的当季加利福尼亚-意大利美食。

伯克利（Berkeley）

自20世纪60年代的反越战抗议鼎盛时期之后，这里一直没太大的变化——除了车尾贴纸从“要爱情不要战争”换成了“不用鲜血换石油”外。虽然再也不能赤身裸体地在校内走动了，但是“Berserkeley”依然是旧金山湾区的激进中心。这里挤满了大学生、嬉笑的滑板玩家和穿着勃肯鞋的上了年纪的嬉皮士。

景点和活动

Telegraph Avenue直通校园的南门，它就像旧金山的Haight St一样年轻而棱角分明，挤满了咖啡馆、廉价餐馆、书店和音像店。

加州大学伯克利分校 大学

(University of California, Berkeley; www.berkeley.edu)加州大学伯克利分校是美国的顶级大学之一。学校有超过35,000名学生，政治思想多元化。**游客服务中心**(Visitor Services Center; ☎510-642-5215; visitors.berkeley.edu; 101 Sproul Hall; ⊙团队游一般在周一至周六 10:00，周日 13:00)提供免费校园团队游(需要预约)。建于1914年的**钟楼**(Campanile，萨瑟塔Sather Tower; 成人/儿童 $2/1; ⊙周一至周五 10:00~15:45，周六至16:45，周日 10:00~13:30和15:00~16:45; 👪)是学校的地标，搭乘电梯可登上楼顶。**班克罗夫特图书馆**(Bancroft Library)内陈列着当年引发了1848年加利福尼亚淘金热的那块小金块。

加州大学伯克利分校艺术博物馆 博物馆

(UC Berkeley Art Museum; ☎510-642-0808; www.bampfa.berkeley.edu; 2626 Banc-roft Way; 成人/儿童 $10/7; ⊙周三至周日 11:00~17:00)11个展厅展出的作品范围非常广泛，从中国古代艺术品到最前沿的现代美国艺术都有。街对面是世界知名的**太平洋电影资料馆**(Pacific Film Archive, PFA; ☎510-642-5249; www.bampfa.berkeley.edu; 2575 Bancroft Way; 成人/儿童 $9.50/6.50)，放映独立电影和先锋电影。两个地方都于2014年迁至位于Center St 和Addison St之间的Oxford St新址。

蒂尔登公园 公园

(Tilden Regional Park; www.ebparks.org/parks/tilden)登上伯克利山，在全长40英里的徒步自行车小道里远离尘嚣，逛逛植物园，到安扎湖(Lake Anza)里游个泳。甚至还有适合小孩子们的旋转木马和蒸汽小火车。

住宿

汽车旅馆集中在校园西边的University Ave沿线。

YMCA 青年旅舍 $

(☎510-848-6800; www.ymca-cba.org/downtown-berkeley; 2001 Allston Way; 单/双 不带卫生间 $49/81起; @📶🏊)位于市中心的青年旅舍已有百年历史，最近重新翻修过。这里是伯克利最实惠的住处。私人客房简单朴素，泳池、健身中心和厨房设施的使用费包含在房费当中。

Downtown Berkeley Inn 汽车旅馆 $$

(☎510-843-4043; www.downtownberkeleyinn.com; 2001 Bancroft Way; 房间 $109起; P❄📶)这是一家具有精品酒店元素的汽车旅馆，拥有27间客房，房间相当大，配备有现代化设施。免费停车。

Hotel Durant 精品酒店 $$$

(☎510-845-8981; www.hoteldurant.com; 2600 Durant Ave; 房间 $195~309; P@🐾)距离校园仅一个街区之遥，这座建于1928年的酒店大堂内戏谑地装饰着让人尴尬的年鉴照片，房间不大，床头灯是大麻烟枪改装成的。停车费$16(混合动力汽车免费)。

就餐

Cream 甜品 $

(www.creamnation.com; 2399 Telegraph Ave; 单品 $2~4; ⊙周一至周三正午至午夜，周四周五至次日2:00，周六 11:00至次日2:00，周日 11:00~23:00)疯狂的创意冰激凌三明治可以让你自行调配和选择你要的口味——要不要来份咸味焦糖肉桂饼干(snickerdoodles)？只收现金。

Cheese Board Pizza 比萨餐厅 $

(cheeseboardcollective.coop; 1512 Shattuck Ave; 一片/半个比萨 $2.50/10; ⊙周二至周六 11:30~15:00和16:30~20:00; 🌿👪)来这家员工集体所有的比萨店，坐下来尝一块酥脆可口的每日精选全素比萨吧。晚上常有现场音乐表演。

Bette's Oceanview Diner 美式小餐馆 $$

(www.bettesdiner.com; 1807 4th St; 主

菜 $6~13；⏲周一至周五 6:30~14:30，周六和周日至16:00）这家靠近I-80 Fwy的早餐店很热闹，可能要排很久的队才能等到空位，但为了完美的薄煎饼一切都是值得的。

★ **Chez Panisse** 加利福尼亚菜 $$$

（☎咖啡厅510-548-5049，餐厅510-548-5525；1517 Shattuck Ave；咖啡厅晚餐主菜 $18~29，餐厅晚餐套餐 $65~100；⏲咖啡厅 周一至周四 11:30~14:45和17:00~22:30，周五周六 11:30~15:00和17:00~23:30；餐厅就座 周一至周六 18:00~18:30和20:30~21:15）快来Alice Waters的圣殿朝拜：这里是加利福尼亚菜系的发源地，在旧金山湾区的餐饮界处于顶峰位置。如果想吃到餐厅的季节性套餐（不可更换菜品）或是在楼上的咖啡厅照单点餐，需要提前一个月就预约。

饮品和娱乐

Caffe Strada 咖啡馆

（2300 College Ave；⏲6:00至午夜；📶）大批学生蜂拥到这里的户外庭院，喝咖啡、温习功课、热烈地讨论哲学问题，或是谈情说爱。

Freight & Salvage Coffeehouse 现场音乐

（☎510-644-2020；thefreight.org；2020 Addison St；票价$5~30）这家传奇式的俱乐部起源自激进的20世纪60年代，呈现适合各个年龄层的传统民谣和世界音乐演出。

Berkeley Repertory Theatre 剧院

（☎510-647-2949；www.berkeleyrep.org；2025 Addison St；票价 $35~100）这家声望很高的公司自1968年起就开始以大胆创作经典新编和现代戏剧。

到达和当地交通

AC Transit（见169页）运行着伯克利本地公共汽车（$2.10），也有从伯克利发往奥克兰（$2.10）及旧金山（$4.20）的班车。**旧金山湾区快运**（BART；☎511，510-465-2278；www.bart.gov）往来于距离校园不远的伯克利市区和奥克兰（$1.75）、旧金山（$3.70）间。

北加利福尼亚（NORTHERN CALIFORNIA）

黄金州到了北加利福尼亚愈显野性：海岸红杉在迷雾中若隐若现、葡萄酒乡果园遍野、火山灰泥浴坑赫然眼前。与这个陆地和水域的戏剧组合相应的，恰是一群不可思议的本地居民，有木材大亨与嬉皮环保“抱树人”、蓄着长发绺的拉斯塔法里教派成员与注重生物动力学的农场主人、大麻农夫与各种政治激进分子。为美丽的风景而来，因顶级美酒和“农场到餐桌”的餐厅而停留，在世界上最高大的树林间漫步穿行，跳进温泉泡个坦荡荡的汤浴。在这里，只要一句“嘿，老兄”，就能展开一场好几个小时的谈话。

葡萄酒乡（Wine Country）

数不清的葡萄园从阳光明媚的纳帕（Napa）内陆一直延伸到强风吹袭的海岸城市索诺马（Sonoma）——加州首要的葡萄酒产区。纳帕拥有着充满艺术气息的品酒屋，由大牌建筑师设计，花销自然也与之相符。而在朴实的索诺马，你可能就在棚屋里喝酒，脚边还绕着酒商家的小狗。酒乡位于旧金山以北至少1小时车程以外，经Hwy 101或I-80可达。

纳帕谷（Napa Valley）

纳帕谷有超过200家酒庄，集中在30英里长的3条主要路线上。Hwy 29两侧散布着许多了不起的酒庄，所以周末总是堵车。和Hwy 29平行的Silverado Trail交通压力则小得多，沿路穿过精品酒庄、风格独特的建筑和令人为之疯狂的赤霞珠（Cabernet Sauvignon）。向西往索诺马方向，Hwy 121（又名Carneros Hwy）经过地标性的葡萄园，专门酿制起泡葡萄酒和黑品诺（Pinot Noir）。

位于山谷南端的**纳帕**是山谷平时的中心区，这里少了些乡村气息，有的是时尚餐厅和品酒屋。在**纳帕谷接待中心**（Napa Valley Welcome Center；☎855-333-6272，707-251-5895；www.visitnapavalley.com；600 Main St；⏲9月至次年4月 9:00~17:00，5月至10月 周一至周四 9:00~17:00，周五至周日 9:00~18:00）领取品酒

通行证和酒庄地图。

沿Hwy 29往北，小小的杨特维尔（Yountville）原先是一个马车驿站，这里的人均米其林星级餐厅数比美国其他地方都高。再往北10英里，交通就停止在迷人的圣海伦娜（St Helena），这是纳帕的比弗利山庄，十分适合缓缓地散步和购物——如果你能找得到停车位的话。

在山谷的北端，充满乡土风味的卡利斯托加（Calistoga）是纳帕最原生态的城镇。这里有温泉水疗和泥浆浴中心，用到的火山灰就来自邻近的圣海伦娜山。

景点和活动

纳帕的大多数酒庄需要提前预约。预订一个酒庄，然后围绕它好好安排你一天的行程。别在一天内计划去太多品酒屋。

★赫斯精选酒庄 葡萄酒厂、画廊

（Hess Collection; ☎707-255-8584; www.hesscollection.com; 4411 Redwood Rd, Napa; 品酒 $10; ⏰10:00~17:00）位于市区西北部，这个持续发展的酿酒厂将赤霞珠与罗伯特·劳森伯格（Robert Rauschenberg）等的蓝筹现代艺术结合在了一起。建议提前预约。

★迪罗萨艺术及自然保护区 画廊、花园

（di Rosa Art+Nature Preserve; ☎707-226-5991; www.dirosaart.org; 5200 Hwy 121, Napa; 门票 $5，团队游 $12~15; ⏰周三至周日 10:00~16:00，4月至10月 周三至周日 10:00~18:00）当看到卡内罗斯葡萄园（Carneros）内正在吃草的废金属绵羊时，你就已经在欣赏北加州最好的现代艺术品之一了。参加团队游，强烈建议提前预约。

Frog's Leap 葡萄酒厂

（☎707-963-4704; www.frogsleap.com; 8815 Conn Creek Rd, Rutherford; 品酒$15，含团队游 $20; ⏰10:00~16:00; ）这座建于1884年的酒庄获得了LEED认证。酒庄被迷人的花园所包围，曲折的小径蜿蜒其中。酒庄以出众的白苏维翁（Sauvignon Blanc）和赤霞珠而闻名。团队游需预约。

Pride Mountain 葡萄酒厂

（☎707-963-4949; www.pridewines.com; 3000 Summit Trail, St Helena; 品酒 $10，含团队游 $15~75; ⏰依预约时间而定）风采依旧的Pride横跨索诺马和纳帕边界。酒庄出品优质的赤霞珠、梅洛（Merlot）、霞多丽（Chardonnay）和维欧尼（Viognier）葡萄酒。位于景色壮丽、适合野餐的山顶。

Casa Nuestra 葡萄酒厂

（☎866-844-9463; www.casanuestra.com; 3451 Silverado Trail, St Helena; 品酒 $10; ⏰据预约时间而定）象征和平的旗子和摇滚巨星猫王的雕像欢迎你来到这家小型的太阳能发电的酒庄。这里以其风格独特的混合葡萄品种而闻名。野餐区旁还有山羊在嬉闹。

Castello di Amorosa 葡萄酒厂、城堡

（☎707-967-6272; www.castellodiamorosa.com; 4045 Hwy 29, Calistoga; 门票和品酒 $18~28，包括团队游 $33~69; ⏰9:30~18:00，11月至次年2月 9:30~17:00）13世纪托斯卡纳城堡在这里重现，地窖里的品酒室里还藏着许多意大利葡萄酒。

Indian Springs Spa 水疗

（☎707-942-4913; www.indianspringscalistoga.com; 1712 Lincoln Ave, Calistoga; ⏰根据预约时间而定）提前预约，来这家位于卡利斯托加（Calistoga）的矿泉度假村体验火山泥浴，度假村最初建立于19世纪。疗程包括享受温泉池。

住宿

整个山谷中性价比最高的选择，是周中时段里纳帕那些平淡无奇的汽车旅馆。

Bothe-Napa Valley State Park Campground 露营地 $

（☎800-444-7275; www.reserveamerica.com; 3801 Hwy 128, Calistoga; 营地和房车营地 $35; ）露营地位于山坡上，夏天游泳池开放，营地内有投币式热水淋浴，旅行者可以在覆盖着苔藓的橡树林中徒步旅行。

Chablis Inn 汽车旅馆 $$

（☎707-257-1944; www.chablisinn.com; 3360 Solano Ave, Napa; 房间 $105~179; ）位于纳帕的郊区，整洁而富有时代气息

的房间很宽敞，毫不偷工减料，有些房间甚至附带情侣浴盆。

EuroSpa & Inn 汽车旅馆 $$

（☎707-942-6829；www.eurospa.com；1202 Pine St，Calistoga；房间含早 $145～195；）干净的单层汽车旅馆位于一条静寂的小巷里，这里只有13个房间，房内有两人使用的冲浪浴缸和燃气壁炉。水疗就不必尝试了。

★ Indian Springs Resort 度假村 $$$

（☎707-942-4913；www.indianspringscalistoga.com；1712 Lincoln Ave，Calistoga；房间/木屋 $199/229起；）在卡利斯托加最舒适的温泉度假地里，迷人的别墅（有的带厨房）面对着棕榈摇曳的宽大草坪，还备有沙狐球和滚球场、吊床和烧烤架。想要消食的话可以借辆免费自行车出去转一圈。

就餐

酒乡许多餐厅在冬季和春季的营业时间较短。

Oxbow Public Market 市场 $

（☎707-226-6529；www.oxbowpublicmarket.com；610 & 644 1st St，Napa；菜肴 $3起；⏲周一至周六 9:00～19:00，周日 10:00～17:00）Oxbow市场上有来自20多家厂商生产的绿色手工食品。在这里可以尽情享用来自霍格岛（Hog Island）的大西洋牡蛎、Model Bakery的松饼、Ca' Momi的薄底比萨或Three Twins的有机冰激凌。

Gott's Roadside 美国菜 $$

（☎707-963-3486；gotts.com；933 Main St，St Helena；菜肴 $3～14；⏲7:00～21:00，5月至9月 7:00～22:00；）20世纪50年代的免下车餐馆带给你21世纪的感受：汉堡采用纯天然牛肉、有机鸡肉或寿司级别的金枪鱼，搭配洒上辣椒粉的红薯薯条和自制奶昔。

Oakville Grocery 熟食、市场 $$

（☎707-944-8802；www.oakvillegrocery.com；7856 Hwy 29，Oakville；三明治 $9～14；⏲6:30～17:00）在这里可以采购野餐主食或打包一顿饭的美味，选择包括采用本地手工食材制作的特色三明治和令人垂涎的甜品。分店开在市内的希尔兹堡（Healdsburg）。

Wine Spectator Greystone Restaurant 加利福尼亚菜 $$$

（☎707-967-1010；www.ciarestaurants.com；2555 Main St，St Helena；晚餐主菜 $22～34；⏲周一至周五 11:30～14:30和17:00～21:00，周六 11:30～21:00，周日正午至19:15；）这是一栋1889年的石头别墅，里面有美国烹饪学院（Culinary Institute of America）的高级餐厅、面包房兼咖啡馆以及售卖各色式小玩意儿的商店。周末的烹饪示范班和品酒班需预订。

Ad Hoc 加利福尼亚菜 $$$

（☎707-944-2487；www.adhocrestaurant.com；6476 Washington St，Yountville；晚餐套餐 $52起；⏲周三至周六 17:00～22:00，周日 10:00～13:00和17:00～22:00）这是主厨Thomas Keller的"试验"厨房，没有着装要求。来这里用餐就不要要求菜单了。菜单每日更换，四道菜的家庭式晚餐套餐中的菜品不可更改（忌口除外），事实上也根本不需要更改，每道菜都是那么美味、新鲜、恰到好处。

★ French Laundry 加利福尼亚菜 $$$

（☎707-944-2380；www.frenchlaundry.com；6640 Washington St，Yountville；晚餐套餐$270；⏲就座 周五至周日 11:00～13:00和每日 17:30～21:15）闪耀着米其林三颗星的French Laundry是最棒的美食体验处，绝对令你终生难忘。至少要提前2个月预约，请在10:00打电话或者尝试午夜登录OpenTable.com。如果你没订到位子，就去主厨Thomas Keller在附近开的法式小酒馆Bouchon，或在Bouchon面包房买一个巧克力蛋糕，安慰一下自己吧。

索诺马河谷（Sonoma Valley）

索诺马河谷不像纳帕谷那么商业化，更加休闲一些。靠着Hwy 12有超过70家酿酒厂。和纳帕不同，这里的酒庄大多欢迎人们前去野餐。注意，这里一共有3个索诺马：索诺马镇、索诺马河谷和索诺马县。

景点和活动

索诺马市中心曾是一个短暂国家熊旗共和国（也称加利福尼亚共和国；Bear

Flag Republic）的首都，如今的索诺马广场（Sonoma Plaza）是州内最大的城镇广场，四周围绕着时尚精品店、历史建筑，还有一个游客中心（☎866-996-1090，707-996-1090；www.sonomavalley.com；453 1st St E；⊙周一至周六 9:00~17:00，周日10:00起）。

杰克·伦敦州立历史公园 公园

（Jack London State Historic Park；☎707-938-5216；www.jacklondonpark.com；2400 London Ranch Rd，Glen Ellen；每车$8，团队游成人/儿童 $4/2；⊙周四至周一 9:30~17:00）冒险小说家杰克·伦敦曾在这里建造自己的梦想之家，虽然在1913年完工前夕被大火烧毁，也不妨碍我们来到这里听从野性的呼唤。可参观小说家原来居住的木屋，或前往红木林里的小型博物馆去看看纪念品。20英里长的徒步和山地骑行路径蜿蜒穿过方圆1400英亩的公园。

★ Bartholomew Park Winery 葡萄酒厂

（☎707-939-3024；www.bartpark.com；1000 Vineyard Lane，Sonoma；品酒 $10，含团队游 $20；⊙11:00~16:30）这个面积400英亩的自然保护区很适合野餐。葡萄园为家族所有，自1857年起开始经营，现经过有机认证，种植拥有柑橘阳光色泽的白索维农和墨黑的梅洛。

Gundlach-Bundschu Winery 葡萄酒厂

（☎707-939-3015；www.gunbun.com；2000 Denmark St，Sonoma；品酒 $10，含团队游 $20~50；⊙11:00~16:30，6月至10月中11:00~17:30）位于市区以西的这座葡萄酒厂产量稳定，1858年建造的酿酒厂外形仿佛童话里的城堡。酿酒师精心酿制出了颇具传奇性的丹魄（Tempranillo）葡萄酒和招牌琼瑶浆白葡萄酒（Gewürztraminer）。

Kunde 葡萄酒厂

（☎707-833-5501；www.kunde.com；9825 Hwy 12，Kenwood；品酒和团队游 $10~40；⊙10:30~17:00）预订参加可持续型葡萄园游览、导览徒步，或到山顶品尝原产的赤霞珠、仙粉黛（Zinfandel）和白索维农。

Kaz Winery 葡萄酒厂

（☎707-833-2536；www.kazwinery.com；233 Adobe Canyon Rd，Kenwood；品酒 $5；⊙周五至周一 11:00~17:00；周二至周四只供预约；👪🐾）离开Hwy 12，独辟蹊径来到这家酒庄，有机种植、酒品口味独特，从一个谷仓的酒吧木桶里源源流出。

Ravenswood Winery 葡萄酒厂

（☎707-933-2332；www.ravenswoodwinery.com；18701 Gehricke Rd，Sonoma；品酒 $10，含团队游 $15；⊙10:00~16:30）打着"非好酒不酿制"的招牌，这里喧闹的品酒屋里提供的是足量的仙粉黛。欢迎新手。

Cornerstone Sonoma 花园

（☎707-933-9474，707-933-3010；www.corenerstonegardens.com；23570 Arnold Dr，Sonoma；⊙10:00~16:00）免费 位于索诺马市区以南5英里。在这个织锦般美丽的前卫园林花园里几乎找不到任何传统的痕迹。

住宿

索诺马河谷北端的圣罗莎（Santa Rosa）有更多便宜的汽车旅馆和酒店。

Sugarloaf Ridge State Park 露营地 $

（☎800-444-7275；www.reserveamerica.com；2605 Adobe Canyon Rd，Kenwood；营地和房车营地 $35；👪🐾）营地位于山谷中间的酿酒厂附近，静卧在溪流潺潺的山坡草甸间，森林徒步小径蜿蜒而过。

Sonoma Hotel 历史酒店 $$

（☎800-468-6016，707-996-2996；www.sonomahotel.com；110 W Spain St，Sonoma；房间含早 $115~240）老式客房挤挤挨挨在这个19世纪的广场地标之中。没有电梯也没有停车位。周末需两晚起住。

Beltane Ranch 民宿 $$$

（☎707-996-6501；www.beltaneranch.com；11775 Hwy 12，Glen Ellen；双含早 $150~265；📶）宽阔的门廊上随意摆放着秋千和白色藤椅，建于1890年的农庄和木屋漆成柠檬黄色，令人心情舒爽，牧场环绕四周。没有电视和电话。

Gaige House Inn 民宿 $$$

（☎800-935-0237，707-935-0237；www.gaige.com；13540 Arnold Dr，Glen Ellen；双含

早 $275起；🛜🏊🐾）民宿靠近酿酒厂，别致的亚洲风格客房和壁炉套房为古老的房舍增色不少，户外泳池边有一座恬静的鹅卵石庭院。在索诺马、希尔兹堡和杨特维尔均有分店。

就餐

Fremont Diner 美国菜 $$

（☎707-938-7370；thefremontdiner.com；2698 Fremont Dr, Sonoma；早餐和午餐主菜 $6~14；⏲周一至周三 8:00~15:00，周四至周日 8:00~21:00；👪）🍃在这里尽情享用从农场到餐桌的南方风味新鲜料理，与之相应，餐厅为南方风格，室外摆放着野餐桌。尽量早到以免排长队。

Fig Cafe & Winebar 法国菜 $$

（☎707-938-2130；www.thefigcafe.com；13690 Arnold Dr, Glen Ellen；主菜 $10~20；⏲周六和周日 10:00~15:00，每日17:30~21:00）想像在一个欢乐的圆木屋顶餐厅中享用法国风味美食，如清蒸贻贝和鸭肉焖豆。更棒的是，这里无须预订也没有开瓶费。

Red Grape 意大利菜 $$

（☎707-996-4103；theredgrape.com；529 1st St W, Sonoma；主菜 $10~20；⏲11:30~22:00；👪）在这家阳光明媚的比萨餐厅里，供应的是本地奶酪烤制的薄底比萨、帕尼尼三明治和手工意大利面配小规模生产的索诺马葡萄酒。

★Cafe La Haye 加利福尼亚菜 $$$

（☎707-935-5994；www.cafelahaye.com；140 E Napa St, Sonoma；主菜 $20~30；⏲周二至周六 17:30~21:00）🍃这家小酒馆拥有开放式的厨房，供应地道新式美国菜肴。食材来自方圆60英里以内。桌子都挤在一起。需提前预约。

俄罗斯河谷（Russian River Valley）

红杉树林高高俯瞰着俄罗斯河谷的众多小酿酒厂。河谷位于索诺马县西部，旧金山西北约75英里处（经Hwy 101和Hwy 116）。

塞瓦斯托波尔（Sebastopol）因苹果园和农场游览小径而著名，这里有着新世纪的氛围，市内遍布书店、画廊和精品店，再往南还有许多古董店。到**Hopmonk Tavern**（☎707-829-9300；www.hopmonk.com；230 Petaluma Ave；主菜 $12~23；⏲周日至周三 11:30~21:00，周四至周六 11:30~21:30，酒吧至次日1:30；🛜）的啤酒花园叫上一品脱啤酒，再来点儿酒吧小吃，等到晚上随着世界音乐而摇摆。往西北4英里，**Willow Wood Market Cafe**（☎707-823-0233；www.willowwoodgraton.com；9020 Graton Rd, Graton；主菜大多 $7~17；⏲周一至周六 8:00~21:00，周日至15:00；👪）烹调出家常早餐和热腾腾的豪华午餐三明治。

根威尔（Guerneville）是主要的河岸小镇，哈雷摩托和对同性恋友善的小酒吧喧闹不已。到**阿姆斯特朗红杉州立自然保护区**（Armstrong Redwoods State Reserve；☎707-869-2015；www.parks.ca.gov；17000 Armstrong Woods Rd；每车$8；⏲8:00至日落；👪）探索古老的红杉林，旁边是不接受预订的露营地**Bullfrog Pond Campground**（www.stewardsofthecoastandredwoods.org；营地 $25；👪🐾）。跟着**Burke's Canoe Trips**（☎707-887-1222；www.burkescanoetrips.com；8600 River Rd, Forestville；独木舟租金含班车 $60）顺流而下，看苍鹭和水獭经过。转向东南，奔赴**Iron Horse Vineyards**（☎707-887-1507；www.ironhorsevineyards.com；9786 Ross Station Rd, Sebastopol；品酒 $15，含团队游 $20；⏲10:00~16:30）的户外山顶品酒吧喝点儿气泡酒。其他优秀的葡萄酒庄都散布在充满乡野风情的Westside Rd沿线，道路顺着河流一直通向希尔兹堡。根威尔（Guerneville）的**游客中心**（☎877-644-9001；707-869-9000；www.russianriver.com；16209 1st St；⏲10:00~17:00）提供酒庄地图和住宿信息。城里最佳的用餐地点是新潮加利福尼亚小馆**Boon Eat + Drink**（☎707-869-0780；eatatboon.com；16248 Main St；晚餐主菜 $15~26；⏲周一、周二、周四、周五 11:00~15:00，周一至周五 17:00~21:00，周六和周日 10:00~15:00和17:00~22:00），老板同时经营精品酒店**Boon Hotel + Spa**（☎707-869-2721；www.boonhotels.com；14711 Armstrong Woods Rd；房间 $165~275；🛜🏊🐾）🍃，一个带有盐水泳池的简约主义绿洲。

10英里长的波希米亚公路（Bohemian Hwy）名副其实，沿着小河蜿蜒南下，通向小小的奥克西单塔尔（Occidental）。Howard Station Cafe（www.howardstationcafe.com；3811 Bohemian Hwy；主菜 $6~11；周一至周五7:00~14:30，周六周日至15:00；）提供丰盛的蓝莓玉米煎饼等早餐（只接受现金），而Barley & Hops Tavern（707-874-9037；www.barleynhops.com；3688 Bohemian Hwy；周一至周三 16:00~21:30，周四周日 11:00起，周五周六 11:00~22:00）则供应微酿啤酒。再往南3英里，就到了弗里斯通（Freestone），这里有非凡的面包房Wild Flour Bread（www.wildflourbread.com；140 Bohemian Hwy；单品 $3起；周五至周一 8:30~18:00），再到Osmosis（707-823-8231；www.osmosis.com；209 Bohemian Hwy；根据预订时间而定）水疗中心泡个雪松浴，重振精神。

希尔兹堡到布恩维尔 (Healdsburg to Boonville)

希尔兹堡半径20英里的范围内有分布着100多家酿酒厂。西班牙风格的广场周围有高档餐厅、品酒屋及时尚小酒店。在游客中心（800-648-9922，707-433-6935；www.healdsburg.org；217 Healdsburg Ave；周一至周五9:00~17:00，周六 9:00~15:00，周日 10:00~14:00）可以领取品酒通行证和地图。到Barndiva（707-431-0100；www.barndiva.com；231 Center St；晚餐主菜 $25~36；周三至周六正午至14:00，周日 11:0~14:00和17:30~21:30，周五和周六 11:00~22:00）绿意盎然的院子里与爱好本地食材的加州人一起用餐，或到亚历山大谷（Alexander Valley）葡萄园附近乡村风味十足的Jimtown Store（707-433-1212；www.jimtown.com；6706 Hwy 128；三明治 $6~14；周一至周四 7:30~16:00，周五至周日 7:30~17:00）吃午餐。之后到老式的L&M Motel（707-433-6528；www.landmmotel.com；70 Healdsburg Ave；房间 $85~165；）或浪漫复古的Healdsburg Modern Cottages（866-964-0110；www.healdsburgcottages.com；425 Foss St；双 $250起；）住宿。

从希尔兹堡出发，Hwy 101以西的干溪谷（Dry Creek Valley）一带风景如画的农庄酿酒厂正等待着你的发现。骑上自行车到Truett Hurst Vineyards（707-433-9545；www.truetthurst.com；5610 Dry Creek Rd；品酒 $5~10；10:00~17:00）和Bella Vineyards & Wine Caves（707-473-9171；www.bellawinery.com；9711 West Dry Creek Rd；品酒 $10；11:00~16:30）品尝仙粉黛，或是骑上摩托车前往俄罗斯河和Porter Creek Vineyards（707-433-6321；www.portercreekvineyards.com；8735 Westside Rd；品酒 $10；10:30~16:30），这家生物动力酒庄供应黑品诺和维欧尼，吧台是由保龄球道改造而来的。

沿Hwy 128向希尔兹堡北行，穿过安德森谷（Anderson Valley），这里的果园和品质非凡的葡萄酒厂都很有名，后者如Navarro（707-895-3686；www.navarrowine.com；5601 Hwy 128，Philo；9:00~17:00，5月至9月9:00~18:00）和Husch（800-554-8724；www.huschvineyards.com；4400 Hwy 128，Philo；10:00~17:00）。来到布恩维尔（Boonville）外，路边咖啡馆、面包房、熟食店和冰激凌店比比皆是，到采用太阳能发电的Anderson Valley Brewing Company（707-895-2337；www.avbc.com；17700 Hwy 253；周六至周四 11:00~18:00，周五至19:00；团队游每日13:30和15:30，1月至3月周二和周三关闭）稍事休息，玩玩飞碟高尔夫，喝喝啤酒。

到达和当地交通

坐公共交通到酒乡以及周边虽然慢，但还是可行的。

要到纳帕，可在旧金山的渡轮大厦搭乘**Vallejo Baylink Ferry**（877-643-3779；www.baylinkferry.com；$13，1小时）。在瓦列霍（Vallejo）转搭纳帕谷的**Vine Transit**（707-251-2800；www.ridethevine.com）巴士到纳帕（$1.50~3.25，40~55分钟），前往杨特维尔、圣海伦娜和卡利斯托加的车辆较少。另一个选择是，搭乘旧金山湾区快运到北埃尔塞利托站（El Cerrito del Norte），工作日可转乘Vine Transit 29路巴士到纳帕（$3.25，1.25小时），周末可转乘**SolTrans**（707-648-4666；www.soltransride.com）80路巴士到瓦列霍（$1.75，25分钟），之后搭乘Vine Transit 11路前往纳帕（$1.50，55分钟）。

前往索诺马，**灰狗巴士**（800-231-2222；www.greyhound.com）连接起了旧金山和圣罗莎（$24，1.75小时）。**Golden Gate Transit**（415-

455-2000, 511; goldengate.org)同样往返于旧金山和圣罗莎之间($10.75, 2~3小时)。在圣罗莎，**Sonoma County Transit**(☎800-345-7433, 707-576-7433; www.sctransit.com)的班车经索诺马河谷诸小镇开往索诺马($3.05, 70分钟)。

以下各处均可租借自行车(每日租金$30~85): **Napa River Vélo**(☎707-258-8729; www.napairivervelo.com; 680 Main St, Napa)、**Wine Country Cyclery**(☎707-966-6800; www.winecountrycyclery.com; 262 W Napa St, Sonoma)、**Calistoga Bike Shop**(☎707-942-9687; www.calistogabikeshop.com; 1318 Lincoln Ave, Calistoga)、**Spoke Folk Cyclery**(☎707-433-7171; www.spokefolk.com; 201 Center St, Healdsburg)。

北部海岸(North Coast)

沿着呈锯齿状的陆地边缘行驶几小时后，充满大都市魅力的旧金山就仿佛永远地消失了，取而代之的是白沫翻涌的浪花、冰冷拍岸的太平洋潮汐和宁静的小镇。满山谷的红杉在北部海岸一直绵延到波涛汹涌的太平洋和偏远的农庄。这是嬉皮士、微酿酒爱好者的家园，这里有世界上最著名、最高的树木。顺着弯弯曲曲的海岸线前行，享受到的不仅是壮丽的景色，还有在狭窄公路上驾车的紧张刺激。

波德加湾到布拉格堡(Bodega Bay To Fort Bragg)

与著名的大瑟尔海岸相比，顺着迂回曲折的1号公路行走在北部海岸显得更具挑战性，更遥远，也更真实——道路沿途经过农场、渔镇和隐蔽的海滩。驾驶者们在路边停车点停靠下来，眺望迷蒙太平洋天际间迁徙的鲸鱼，在阵阵海浪拍击的岩石海岸线上漫步。从波德加湾开车到布拉格堡(Fort Bragg)有110英里，白天一刻不停地连续驾驶也需要至少3个小时；如果在有雾的晚上就更要加倍谨慎，自然也得花更长的时间。

在一连串沉静的渔村小镇中，**波德加湾**(Bodega Bay)是最闪耀的珍珠。希区柯克1963年的恐怖电影《鸟》(*The Birds*)就是在这里拍摄的。如今，天空中再也不见嗜杀的海鸥。但在你兴致勃勃探索**索诺马海岸州立公园**(Sonoma Coast State Park; www.parks.ca.gov; 每车$8)的拱形岩石、隐秘小湾和开满野花的峭壁时，最好还是留心你的野餐篮。这里的海滩甚至与远至10英里以北的詹纳(Jenner)相连。**Bodega Bay Charters**(☎707-875-3495; bodegacharters.com; Eastshore Rd)组织冬天观鲸活动(成人/儿童$50/35)。**Bodega Bay Surf Shack**(☎707-875-3944; bodegabaysurf.com; 1400 N Hwy 1; 冲浪板/潜水衣/皮划艇租金 $17/17/45起)出租冲浪板、潜水衣和皮划艇。不会游泳的人可以徒步游览波德加岬(Bodega Head)，或到**Chanslor Riding Stables**(☎707-785-8849; www.chanslorranch.com; 2660 N Hwy 1; 骑马 $40起)骑马。

詹纳没什么看头，只不过是一个聚集着大堆商店和餐馆的海岸丘陵，宽阔的俄罗斯河从这里缓缓汇入太平洋。知识丰富的志愿者们会在3月至8月的海豹繁殖季期间守护在河口，保护它们的栖息地。

连空气中都带着咸味的**罗斯堡州立历史公园**(Fort Ross State Historic Park; ☎707-847-3286; www.fortrossstatepark.org; 19005 Hwy 1; 每车$8; 周六和周日 10:00~16:00, 此外5月下旬至9月上旬周五 10:00~16:00)位于詹纳以北12英里处。这里保留着一处1812年的商栈和一座俄罗斯东正教教堂。这个安静的地方却有着吸引人的历史：这里曾是沙俄北美贸易探险所到达的最南端。小博物馆里树香弥漫，陈列着各种历史展品，如果你在峭壁上吹够了风，可以来这里休息片刻。

再往北7英里，**盐角州立公园**(Salt Point State Park; ☎707-847-3321; 每车 $8; ⊙游客中心4月至10月周六和周日 10:00~15:00)内有徒步道、潮汐池和两处**露营地**(☎800-444-7275; www.reserveamerica.com; 营地 $35, 无须预订的帐篷位 $25; 🚻🐾)。在邻近的**克鲁斯杜鹃州立保护区**(Kruse Rhododendron State Reserve)里，每到春天，粉红色的花朵就盛放在郁郁葱葱的树林间。牛儿在面北向着**海洋牧场**(Sea Ranch)的峭壁岩石间吃草，牧场有许多公共徒步小道，从路边停车场下山通往星罗棋布的小小海滩。

从竞技场岬(Point Arena)小镇往北两英里，可绕道到强风吹袭的**竞技场岬灯塔**

(Point Arena Lighthouse; ☎707-882-2777; www.pointarenalighthouse.com; 45500 Lighthouse Rd; 成人/儿童 $7.50/1; ⏰10:00~15:30，5月下旬至9月上旬 10:00~16:30)，灯塔建于1908年。爬上145级台阶，看看闪亮的菲涅耳透镜，观赏令人叹为观止的海岸风景。越过Hwy 128，利特尔里弗(Little River)以北8英里处便是**范·戴姆州立公园**(Van Damme State Park; ☎707-937-5804; www. parks.ca.gov; 每车$8)，园内颇受欢迎的5英里往返徒步小径**Fern Canyon Trail**穿过长满年轻红杉的葱翠河谷，再前行1英里有一座矮树丛森林。公园**露营地**(☎800-444-7275; www.reserveamerica.com; 步行/开车 营地 $25/35; 👪🐾)有投币式热水淋浴。

门多西诺(Mendocino)是一个历史村落，栖息在一处景色绚丽的海岬上。婴儿潮时期出生的人们出没于新英格兰盐盒式水塔民宿、别致的商店和画廊周围。荒野小径穿过各种浆果树丛、野花和柏树林。树林守卫着**门多西诺岬州立公园**(Mendocino Headlands State Park; www.parks.ca.gov) 免费 的岩石峭壁和滔天怒浪。在**福特屋博物馆和游客中心**(Ford House Museum & Visitor Center; ☎707-537-5397; mendoparks.org; 735 Main St; ⏰11:00~16:00)可咨询周末的导览徒步野生动物游。在小镇的南面，去**Catch a Canoe & Bicycles Too!** (☎707-937-0273; www.catchacanoe.com; Stanford Inn, 44850 Comptche-Ukiah Rd; 皮划艇和独木舟租用 成人/儿童 $28/14起; ⏰9:00~17:00)租条船在Big River的潮汐河口逆流而上。

争强好胜的**布拉格堡**(Fort Bragg)是门多西诺的姐妹城市。它正在尝试吸引一些富有的周末旅行者往北再走10英里，但还有待继续努力。在这里你能找到便宜的汽油，还有历史景点**Skunk Train**(☎707-964-6371; www.skunktrain.com; Laurel St街尾; 成人/儿童 $20/10起; 👪🐾)，内燃机和蒸汽机车将带你穿越丛林，度过有趣的半天。

住宿

在门多西诺，每栋建筑看起来都像是民宿。这里有几十家可供选择，但无论如何都要提前预订。10英里以北的布拉格堡有很多汽车旅馆。

Gualala Point Regional Park 露营地 $

(parks.sonomacounty.ca.gov; 42401 Highway 1, Gualala; 营地和房车营地 $30~45; 👪)掩藏在红杉树和芬芳的加州湾月桂树树阴之下的小径将这个溪边露营地与海风徐徐的海滩连接了起来。你可以选择一个开车直接到门口的营地或需要徒步到达的隐秘帐篷位。这里有投币式热水淋浴设备。

Andiorn 小屋 $$

(☎800-955-6478, 707-937-1543; the-andiorn.com; 6051 N Hwy 1, Little River; 多数小屋 $109~199; 📶👪🐾)🌿看多了以玫瑰和蕾丝装饰为美的门多西诺，这一堆20世纪50年代的路边小屋显得格外清爽有趣。两层楼的小木屋有着各种异想天开的主题；部分带小厨房和壁炉。

★ **Mar Vista Cottages** 小屋 $$$

(☎877-855-3522, 707-884-3522; www.marvistamendocino.com; 35101 S Hwy 1, Gualala; 小屋 $175~295; 📶👪🐾)🌿这些位于锚湾(Anchor Bay)的20世纪30年代小屋经过翻修，变成了简单宁静的海边避风港。房间带有厨房。床单在熏衣草上晾干，客人可以去有机蔬菜园采摘自己的晚餐食材，而母鸡咯咯叫着产下的鸡蛋就是第二天的早餐。住宿两晚起。

Brewery Gulch Inn 民宿 $$$

(☎800-578-4454, 707-937-4752; www.brewerygulchinn.com; 9401 N Hwy 1, Mendocino; 双含早 $245~495; 📶)🌿就在门多西诺南边，这家宁静、环保的旅馆以带壁炉的现代化客房、慷慨的葡萄酒时段和贴心的午夜甜品而赢得了追求享受的客人的心。小餐厅供应即点即煮的早餐，在餐厅可以看到远处海景。

餐饮

哪怕是小小的海边小镇通常也会有面包房、熟食店、天然食品市场、几家路边咖啡馆和餐厅。

Spud Point Crab Company 海鲜 $

(www.spudpointcrab.com; 1910 Westshore

Rd, Bodega Bay; 菜肴 $4~11; ⌚9:00~17:00; 👪)经典的传统码头海鲜小馆，供应甜咸味的螃蟹三明治和真正的蛤蜊浓汤。坐在野餐桌旁就餐，可俯瞰整个码头。

Franny's Cup & Saucer 面包房 $

(www.frannyscupandsaucer.com; 213 Main St, Point Arena; 单品 $2起; ⌚周三至周六 8:00~16:00)童话式的法式蛋糕店，小巧可爱的橱窗里摆放着色彩缤纷的新鲜浆果挞、手工饼干和丰富的巧克力糖果。

GoodLife Cafe 咖啡馆 $

(goodlifecafemendo.com; 10485 Lansing St, Mendocino; 单品 $3~10; ⌚8:00~16:00) 有机特浓咖啡、牛油烘焙食品、美味的墨西哥酥皮饺、现煮的汤和新鲜的沙拉和果汁，让你一早精力十足。

Piaci Pub & Pizzeria 意大利菜 $$

(www.piacipizza.com; 120 W Redwood Ave, Fort Bragg; 主菜 $8~18; ⌚周一至周四 11:00~21:30, 周五周六至22:00, 周日 16:00~21:30)在这里边和当地人聊天，边享受微酿啤酒和出自燃烧木头的砖砌烤炉的比萨、卡颂(calzone, 意大利半圆包馅比萨)和佛卡夏，佛卡夏上铺着"成人"口味的香蒜酱山羊奶酪和马铃薯熏火腿。这里又小又吵，但是很有趣。

Café Beaujolais 加利福尼亚菜 $$$

(☎707-937-5614; www.cafebeaujolais.com; 961 Ukiah St, Mendocino; 晚餐主菜 $23~35; ⌚周三至周日 11:30~14:30, 晚餐每天17:30起) 门多西诺的标志性餐厅，融合了加州和法式风味，颇受好评。这座1893年的农舍经过了重新设计，成了一家充满都市时尚感的餐厅，店内的烛光非常适合情侣。精致、新意十足、且以当地食材为主的菜单随着季节而调整。

North Coast Brewing Co 自酿酒吧

(☎707-964-3400; www.northcoastbrewing.com; 444 N Main St, Fort Bragg; ⌚周三、周四、周日 16:00~21:30, 周五周六至22:00)定价过高的炸鱼薯条和蒜味华夫薯条与这里的明星自酿啤酒如Red Seal Ale和比利时风味的Brother Thelonious相比差得太远了。

ℹ 到达和离开

Hwy 1沿线的城镇不通灰狗巴士和美铁。**Mendocino Transit Authority** (MTA; ☎800-696-4682; www.mendocinotransit.org) 65路巴士每天往返于布拉格堡和圣罗莎之间($21; 2.5小时)，途经尤凯亚(Ukiah)。在圣罗莎，可以搭乘每小时1班的**Golden Gate Transit** (☎415-455-2000; goldengate.org)的101路长途汽车前往旧金山($10.75, 2.45小时)。工作日MTA60路班车一天多次往返布拉格堡和门多西诺($1.25, 1小时)，其中一趟前行至竞技场岬(Point Arena)和瓜拉拉(Gualala)。

尤凯亚至加尔波尔维尔 (Ukiah to Garberville)

如果说沿海岸线的Hwy 1适合缓缓而行的话，那么奔跑在内陆Hwy 101上的大部分车辆都是直奔"红杉帘"以远的地方而去的。即便如此，这里仍然有很多地方值得你为之改道，比如尤凯亚周围美丽的葡萄园、莱吉特(Leggett)北部大片的红杉森林和迷踪海岸(Lost Coast)的荒原。

尽管在大多数情况下，**尤凯亚**(Ukiah)只是一个供过路旅行者加油或吃饭的地方，但附近的**Vichy Spring Resort** (☎707-462-9515; www.vichysprings.com; 2605 Vichy Springs Rd; 2小时/1日通行证 $30/50)提供了北美最天然的碳酸盐矿物浴池(需穿泳装)。

在小小的**莱吉特**(Leggett)北面的Hwy 101旁，**斯坦迪什-希基州立游乐区**(Standish-Hickey State Recreation Area; ☎707-925-6482, 69350 Hwy 101; 每车 $8)的鳗鱼河(Eel River)是个戏水垂钓的好地方，区内9英里长的徒步小径穿行于原生和次生红杉林中，试着找找225英尺高的Miles Standish树吧。**尔波尔维尔**(Garberville)以南7英里，Hwy 101边的**理查森丛林州立公园**(Richardson Grove State Park; ☎707-247-3318; www.parks.ca.gov; 每车 $8)保护着2000英亩的原始红杉森林。这两个公园都有较完备的**露营地**(☎800-444-7275; www.reserveamerica.com; 营地 $35~45; 👪🐾)。

迷踪海岸是每个热切的徒步爱好者的首选，这里有加州最崎岖艰难的海岸徒步路线。当公路绕过国王山脉(King Range)的群峰，“迷踪”就此展开。国王山脉海拔4000英尺，绵延数英里的洋面，留下了一片广袤的未开发荒野。从加尔波尔维尔出发，沿着23英里长的崎岖山路抵达谢尔特科夫（Shelter Cove），这片小小的海边土地上有杂货店、咖啡馆和汽车旅馆，是迷踪海岸探险者们的主要补给点。在你漫步偏僻小道时，一定要留心那些“禁止入内”的标志，避免和农民发生冲突——他们为了保护该地区的非法经济作物——大麻，而有可能作出极端的事情。

沿着Hwy 101，占地82平方英里的洪堡红杉州立公园（Humboldt Redwoods State Park; www.humboldtredwoods.org）免费保护着一些地球上最古老的红杉，而世界上最高的137棵树中有80%都集中在这里。这里的树木可以媲美（甚至超越）北部的红杉树国家公园（Redwood National Park）。即使你没有时间去远足，也要开车走走让人惊叹的巨人大道（Avenue of the Giants）。大道与Hwy 101平行，长32英里，双车道。入住露营地（☎800-444-7275; www.reserveamerica.com; 营地$20~35; 🚻）需预订。游客中心（☎707-946-2263; ⏰4月至10月 9:00~17:00，11月至次年3月 10:00~16:00）可以提供徒步旅行信息和地图。

食宿

Hwy 101沿途有很多露营地和房车营地，每个偏僻的小镇都能保证至少有一家天然食品店兼熟食店、一家可驱车直入的外卖咖啡店、一家嬉皮士开的咖啡馆和几家汽车旅馆。巨人大道周围的木屋度假屋和老旧的汽车旅馆则很一般。

Benbow Inn 历史酒店 $$$

（☎707-923-2124，800-355-3301; www.benbowinn.com; 445 Lake Benbow Dr, Garberville; 房间/小屋 $180/230起; ❄📶🏊🐾）尽管刻意卖弄的装修甚至有些滑稽，但这座1926年的都铎风格庄园却的确是个难忘的度假地。每个房间都能享受免费下午茶服务和雪利酒。在多雾的夜晚，铺着白桌布的餐厅和木质酒吧格外诱人。

Ardella's 美式小餐馆 $

（77 S Main St, Willits; 主菜 $6~11; ⏰周三至周六 7:00~14:45，周日 8:00~14:00; 🚻）位于Hwy 101边上，搭便车的嬉皮士、卡车司机和旅行者在狼吞虎咽地吃掉巨大的煎蛋饼、炸马铃薯饼、美食沙拉和咖喱萝卜姜汤之类店家熬煮的汤后，都拍拍肚皮满意地走了。只接受现金。

到达和当地交通

灰狗巴士每日有班车运行于旧金山和尤凯亚（$43，3小时）、威利兹（Willitts; $43、3.5小时）和加尔波尔维尔（$58，5.5小时）间。**Redwood Transit System**（☎707-443-0826; www.hta.org; 📶）工作日偶有巴士往来加尔波尔维尔和尤里卡（$5; 1.75小时）之间。

尤里卡至克雷森特城 (Eureka to Crescent City)

经过尤里卡（Eureka）外缘衍生出的一排商店后，便来到了它的心脏地带，老城区。这里有优雅的维多利亚式建筑、古董店和餐馆。登上1910年的蓝白两色Madaket（☎707-445-1910; www.humboldtbaymaritimemuseum.com; 团队游 $10起; ⏰6月至10月上旬），从C St街尾启航，游览码头，这也是加州最小的执照酒吧，提供黄昏鸡尾酒游船活动。游客中心（☎800-356-6381，707-442-3738; www.eurekachamber.com; 2112 Broadway; ⏰周一至周五 8:30~17:00; @📶）位于市中心南面的Hwy 101边。

洪堡湾（Humboldt Bay）北面的阿克塔（Arcata）是一座弥漫着广藿香气息的激进政治人士堡垒。生物柴油卡车每周开来一次，参加中央广场上的农贸集市（farmers market; www.humfarm.org; Arcata Plaza; ⏰4月中至10月中 9:00~14:00; 🚻）。广场四周都是画廊、商店、咖啡馆和酒吧。提前预订，到Finnish Country Sauna & Tubs（☎707-822-2228; cafemokkaarcata.com; 5th St和J St交叉路口; 30分钟 成人/儿童 $10/2; ⏰周日至周四 正午至23:00，周五周六 至1:00）泡个澡。洪堡州立大学（Humboldt State University; www.humboldt.edu）校园位于市区东北部。

特立尼达（Trinidad）在阿克塔以北16英里处，是一个渔业小镇，坐落在悬崖之上，俯瞰着绝美的海港。在美丽的沙滩上漫步或是到特立尼达海岬（Trinidad Head）短途徒步之

前，先和洪堡州立大学海洋生物实验室(HSU Telonicher Marine Laboratory; ☎707-826-3671; www.humboldt.edu/marinelab; 570 Ewing St; 捐赠$1; ⏰周一至周五 9:00~16:30，及9月中至次年5月中周六周日 正午至16:00; 👪)潮汐池的小生物们来场约会吧。从小镇往北，Patrick's Point Dr沿途森林露营地、木屋和小屋随处可见。帕特里克角州立公园(Patrick's Point State Park; ☎707-677-3570; www.parks.ca.gov; 4150 Patrick's Point Dr; 每车$8)拥有迷人的岩石海岬、海滩生活、野生动物观察活动和经典尤罗克(Yurok，生活在北加州克拉玛斯河沿岸的一支美洲原住民)村庄的再现。公园的营地(☎800-444-7275; www.reserveamerica.com; 营地$35~45; 👪🐾)提供投币式热水淋浴。

继续北行，Hwy 101途经红杉树国家公园的Thomas H Kuchel游客中心(☎707-465-7765; www.nps.gov/redw; Hwy 101, Orick; ⏰9:00~17:00，11月至次年3月 9:00~16:00; 👪)红杉树国家公园和塬溪红杉州立公园(Prairie Creek)、戴尔诺特海岸红杉州立公园(Del Norte)、杰迪戴亚·史密斯红杉州立公园(Jedediah Smith)3个州立公园一起入选为世界遗产，它们拥有的古红杉林几乎占加州现存总数的40%。国家公园免费对外开放，而部分州立公园收取每日$8的日用停车费，园内也有开发的露营地(☎800-444-7275; www.reserveamerica.com; 营地 $35; 👪🐾)。这一片片州和联邦管辖的土地蔓延整个俄勒冈州北部边境，覆盖许多小镇。再往南，你会先看到红杉树国家公园，在这里，1英里长的天然小径从伯德·约翰逊夫人林(Lady Bird Johnson Grove)中穿过。回到Thomas H Kuchel游客中心，领取一张先到先得的通行证(免费)，到高树林(Tall Trees Grove)参观全球最高大的树木。

奥里克(Orick)以北6英里处，10英里长的Newton B Drury Scenic Parkway与Hwy 101平行，穿过塬溪红杉州立公园(Prairie Creek Redwoods State Park)。游客中心(☎707-488-2039; www.parks.ca.gov; ⏰5月至10月 9:00~17:00，11月至次年4月 10:00~16:00)外的草甸里罗斯福马鹿在悠闲地吃草，好几条阳光斑驳的徒步小径都从这里开始。回头往南3英里，Davison Rd泥路向西北方向延伸至黄金悬崖海滩(Gold Bluffs Beach)，最终消失在葱郁的蕨类峡谷(Fern Canyon)——《侏罗纪公园：失落的世界》曾在这里取景。

在小小的克拉玛斯(Klamath)以北，Hwy 101沿途经过神秘之树(Trees of Mystery; ☎800-638-3389; www.treesofmystery.net; 15500 Hwy 101; 成人/儿童 $15/8; ⏰6月至8月 8:00~18:30，9月至次年5月 9:30~16:30; 👪🐾)，一个俗气的路边景点，设有空中缆车。戴尔诺特海岸红杉州立公园(Del Norte Coast Redwoods State Park)保护着原始的红杉林和8英里未受污染的海岸线。往返5英里的Damnation Creek Trail往下蜿蜒1000英尺，途经摩天大楼一般的红杉树和隐秘的岩石沙滩，后者最好在退潮时造访。小径的起点在Hwy 101近Mile 16的停车场岔道口。

占据了一整个新月形海湾的克雷森特城(Crescent City)是个单调乏味的小镇，但也是阿克塔北部唯一一个大型沿海定居点。1964年的海啸摧毁了大半个小镇，后来重建的建筑就颇显功利。退潮时可以从A St南端一直走到巴特利岬灯塔(Battery Point Lighthouse; ☎707-467-3089; www.delnortehistory.org; 成人/儿童 $3/1; ⏰4月至10月周三至周日 10:00~16:00)。

过了克雷森特城再走5英里才是杰迪戴亚·史密斯红杉州立公园(Jedediah Smith Redwoods State Park)，这是几座公园中最靠北的一个。公园内的红杉树长得如此茂密，以至于这里几乎没有徒步小径，但有几条较易行走的小道从河边天然泳池附近开始，沿Hwy 199沿途和崎岖不平的Howland Hill Road延伸，后者是一条11英里的泥土路，风光宜人。公园的游客中心(☎707-458-3496; www.parks.ca.gov; Hwy 199, Hiouchi; ⏰5月中至9月中 9:00~17:00)提供地图和信息。

🛏 食宿

许多汽车旅馆鱼龙混杂地分散在Hwy 101沿线的各个城镇，包括尤里卡、阿克塔和克雷森特城。阿克塔的就餐选择最多，从有机果汁吧、纯素咖啡馆到提供加利福尼亚菜和全球创意菜的小酒馆，应有尽有。

Requa Inn 民宿 $$

(☎707-482-1425; www.requainn.com; 451 Requa Rd, Klamath; 房间 $119~199; 📶)建于1914年的这家旅馆设施简单，吸引的是喜欢户外活动的客人。旅馆提供丰盛的早餐，老式的房间可俯瞰河边的风景。没有电视和电话。

Carter House Inns 民宿 $$$

(☎800-404-1390, 707-444-8062; carter-house.com; 301 L St, Eureka; 房间含早 $189~385; 📶🐾)尤里卡老城附近最舒适的住宿就是这个维多利亚风格的旅馆了。许多房间和套房都有浪漫的壁炉。傍晚的葡萄酒、餐前点心以及牛奶、饼干都是赠送的。酒店餐厅**Restaurant 301**(晚餐主菜$20~30; ⊙18:00~21:00)供应时令的加利福尼亚法式融合菜，是附近最高档的餐厅。

Wildberries Marketplace 市场、熟食 $

(www.wildberries.com; 747 13th St, Arcata; 三明治 $4~10; ⊙6:00至午夜; 🌿)踏进北部海岸最好的天然食品杂货店，这里有提供健康食品的熟食柜台和水果冰沙吧台。买点儿零食、饮料作为沙滩野餐和徒步旅行的午餐吧。

Samoa Cookhouse 美国菜 $$

(☎707-442-1659; www.samoacookhouse.net; 908 Vance Ave, Samoa; "吃到饱"餐 $11~16; ⊙7:00~21:00; 👪)位于洪堡湾萨摩亚半岛(Samoa Peninsula)的这家热门餐厅在19世纪90年代时本是伐木营地。如今过路人和嬉皮士在铺着红色方格桌布的长桌前狼吞虎咽。儿童半价。

Lost Coast Brewery 自酿酒吧 $$

(☎707-445-4480; www.lostcoast.com; 617 4th St, Eureka; 主菜 $9~15; ⊙周日至周四 11:00~22:00, 周五周六 至23:00; 📶👪)这家传奇性的北部海岸自酿酒吧的Downtown Brown和Great White 啤酒很值得品尝，但厨房端出的鸡翅、玉米片和其他酒吧小吃则很普通。爱喝啤酒的人也不应错过弗尔图纳(Fortuna)的有机酿酒吧Eel River Brewing、阿克塔的Redwood Curtain Brewing、麦金雷维尔镇(McKinleyville)的Six Rivers Brewery和蓝湖(Blue Lake)的Mad River Brewing Company。

ℹ 到达和当地交通

在阿克塔的**灰狗巴士总站**(925 E St)每天有长途班车开往旧金山($53, 7小时)，途经尤卡里、加尔波尔维尔、威利兹和尤凯亚。**Redwood Transit System**(☎707-443-0826; www.hta.org)运营特立尼达至斯科舍(Trinidad-Scotia; $2.75, 2.5小时)路线一天数趟，途中停靠尤卡里和阿克塔。

萨克拉门托(Sacramento)

萨克拉门托是加州第一个没有教堂的欧洲殖民地，作为加州首府也同样不同寻常。作为在淘金热时代第一个因之迅速发展的城市，这里地势平坦，绿树成荫，夏季酷热难耐，且交通拥堵。

1839年，瑞士移民约翰·萨特(John Sutter)在这里建立了一座堡垒。1848年，附近的谢拉山麓中发现了金矿，小镇人口迅速增长。在经过许多拖沓复杂的法律程序后，萨克拉门托终于在1854年成了加州首府。

萨克拉门托老城区依旧是旅行者的向往之地，走在河畔的木质人行道上仿佛是进行着一次穿越回旧时光的旅行。更加美味的食物和更灿烂的文化隐藏在市中心和中城区(Midtown)的街巷之中，那里每一处发展中艺术景象都显示着，这不仅仅是一座牛仔小镇。

👁 景点

加利福尼亚博物馆 博物馆

(California Museum; www.californiamuseum.org; 1020 O St; 成人/儿童 $8.50/6; ⊙周一至周六 10:00~17:00, 周日 正午起)迷人的现代化加州博物馆是加州名人纪念堂(California Hall Of Fame)的所在地，或许这是唯一一个可以同时遇到艾米莉亚·埃尔哈特(Amelia Earhart)、恺撒·查维斯(Cesar Chavez)和马克·扎克伯格(Mark Zuckerberg)的地方。展览《加利福尼亚印第安人：与众不同》(*California Indians: Making A Difference*)内容涵盖当地部落的传统文化、历史及现状。

加州州议会大厦

历史建筑

（California State Capitol；☎916-324-0333；capitolmuseum.ca.gov；1315 10th St；⊙周一至周五 8:00~17:00，周六、周日 9:00起，团队游每日9:00~16:00）免费 议会大厦建于19世纪，犹如一颗明亮的白色宝石，从修剪整齐的州议会长廊（Capitol Mall）上升起。里面有加州艺术和历史展，以及那个时期装饰的房间。众议院和参议院向公众开放。

加州州立铁路博物馆

博物馆

（California State Railroad Museum；☎916-445-6645；www.californiastaterailroadmuseum.org；125 I St；成人/儿童 $10/5，含火车游览 $20/10；⊙10:00~17:00，火车游览4月至9月每小时一班；）踏上河边那数十辆精心修复的蒸汽火车和柴油火车一探究竟。博物馆位于萨克拉门托老城区（Old Sacramento；www.oldsacramento.com），该区有许多历史建筑和小型博物馆，可步行游览。

萨特堡州立历史公园

古迹

（Sutter's Fort State Historic Park；☎916-445-4422；www.parks.ca.gov；2701 L St；成人/儿童 $5/3；⊙10:00~17:00）在这个已经修复的堡垒里，原来的机关炮和一名工作中的铁匠像是从19世纪50年代突然冒出来的一样。隔壁是小而迷人的**加州州立印第安博物馆**（California State Indian Museum；☎916-324-0971；www.parks.ca.gov；2618 K St；成人/儿童 $3/2；⊙周三至周日 10:00~17:00）。

克罗克艺术博物馆

博物馆

（Crocker Art Museum；☎916-264-5423；www.crockerartmuseum.org；216 O St；成人/儿童 $10/5；⊙周二、周三、周五至周日 10:00~17:00，周四 至21:00）现代化的画廊重点展出早期和当代加州美术作品，隔壁是19世纪加州一位最高法院法官的漂亮住宅。

食宿

萨克拉门托的酒店多是为了迎合公务住客，因此周末的房价相当优惠。市区周边的高速公路和郊区充斥着连锁酒店。至于餐厅，可以去中城区特别是16th东边的J St看一看。

HI Sacramento Hostel

青年旅舍 $

（☎916-443-1691；norcalhostels.org/sac；925 H St；铺 $30~36，房间 带/不带卫生间 $76/58起；⊙入住14:00~22:00；@）从国会大厦走一小段路就到了这栋修复的维多利亚风格大厦，旅舍里的公共区域接近民宿品质，房间很宽敞，员工对当地夜生活很了解。

Delta King

民宿 $$

（☎800-825-5464，916-444-5464；www.deltaking.com；100 Front St；双含早 $139起；）Delta King是一艘1927年的明轮蒸汽机船，停靠在萨克拉门托老城区里，房间紧凑而舒适。船上有个航海主题的酒吧和餐厅。停车费$18。

Citizen Hotel

精品酒店 $$$

（☎咨询916-447-2700，预订916-492-4460；www.jdvhotels.com；926 J St；房间 $139~269；@）这里原本是20世纪20年代的市区办公楼，高雅的客房搭配了豪华的亚麻布床单、图案大胆的毛巾和iPod底座。一些看似不起眼的贴心之举让人印象深刻：墙上装饰的古老政治漫画、可租借的政治电影。一楼的Grange（☎916-492-4450；www.grangesacramento.com；926 J St；晚餐主菜$19~39；⊙周一至周五 6:30~10:30和11:30~14:00，周六、周日 8:00~14:00，周一至周四 17:30~22:00，周五、周六 至23:00，周日 至22:00；）供应加利福尼亚、风味的"从农场到餐桌"菜肴。酒店停车费是$25。

La Bonne Soupe Cafe

熟食 $

（☎916-492-9506；920 8th St；单品 $4~8；⊙周一至周五 11:00~15:00）主厨精心制作的美味三明治和现煮的汤简直是奢侈享受，难怪把市中心的上班族都吸引到门口排队了。

Tower Cafe

融合菜 $$

（☎916-441-0222；www.towercafe.com；1518 Broadway；主菜 $7~18；⊙周日至周四 8:00~22:00，周五和周六 至23:00）在洋溢着艺术气息的1938年电影院里享用丰盛的早餐——铺着水果的奶黄法国吐司或是西班牙腊肠配蛋。

Mulvaney's B & L

加利福尼亚菜 $$$

（☎916-441-6022；www.mulvaneysbl.com；

1215 19th St；晚餐主菜 $26~38；⏲周二至周五 11:30~14:30，周二至周六 17:00~22:00）或许是城里最有格调的餐厅，位于一栋19世纪90年代的消防车库里，供应当季食材制作的欧洲风味菜肴，菜单每天更新。

饮品和娱乐

Temple Coffee 咖啡馆

（www.templecoffee.com；1010 9th St；⏲6:00~23:00；📶）在共用的木桌前品尝稳定出产自本地并在本地烘焙的咖啡。

Rubicon Brewing Company 自酿酒吧

（☎916-448-7032；www.rubiconbrewing.com；2004 Capitol Ave；⏲周一至周四 11:00~23:30，周五、周六 至次日0:30，周日 至22:00）既有获奖的麦芽酒，又有相当不错的辣鸡翅和自制辣乳酪薯条。

Sacramento River Cats 体育

（www.milb.com；Raley Field，400 Ballpark Dr；票价 $5~65；⏲4月至9月）美国棒球小联盟球队，主场为雷利球场（www.milb.com），可看到塔桥（Tower Bridge）美景。

到达和当地交通

萨克拉门托国际机场（Sacramento International Airport；☎919-929-5411；www.sacairports.org；6900 Airport Blvd）位于市中心西北约11英里处，紧邻I-5州际公路，主要提供美国内陆航班服务。

从市区的**火车站**（☎877-974-3322；www.capitolcorridor.org；401 I St）出发，美铁的首都走廊号（Capitol Corridor）列车频繁来往旧金山湾区（$28~38，90分钟至3小时）；圣祖亚昆号（San Joaquin）一日两趟，换乘巴士可到约塞米蒂山谷（Yosemite Valley；$37，5小时）；此外还有每天发车的长途列车海岸星光号（Coast Starlight）和加州和风号（California Zephyr）。**灰狗巴士**（420 Richards Blvd）一日有几趟巴士开往旧金山（$27，2小时）和洛杉矶（$78，7.5~9小时）。

Sacramento Regional Transit（www.sacrt.com；单程票/一日票 $2.25/6）运营城区的公共汽车和轻轨系统。

黄金之乡（Gold Country）

虽然难以相信，但这里就是一切开始的地方：黄金之乡的宁静山镇、小路两旁无精打采的橡树掩盖了加利福尼亚州的狂野、混乱和暴力。1848年，詹姆斯·马歇尔（James Marshall）在萨特溪（Sutter's Creek）发现了一块闪闪发亮的金子之后，淘金热使得30万名"49年代"的强壮淘金客涌入了内华达山脉的山麓下。这股热潮导致人们对于维多利亚式社会僵硬的道德礼仪反应冷漠，至今仍然可以看到一些因无法纪约束而昌盛一时的城镇遗迹以及环境被破坏的痕迹。

对于历史爱好者来说，在这里旅行可能会令他们感到兴奋不已。渐渐远去的历史创造者诉说着充满杀戮和抢劫的故事，而更多的感官享乐等待着旅行者自己去体验：跳进游泳水潭、从山地车道飞驰而下，或者顺着冰冷的美洲河（American River）、斯坦利斯诺斯河（Stanislaus River）和图奥勒米河（Tuolumne River）的水流来个激浪漂流。从春季至秋季，中央山谷（Central Valley）的**All-Outdoors California Whitewater Rafting**（☎800-247-2387；www.aorafting.com）总有适合各个级别、白天及夜间的不同漂流行程。

Hwy 50将北部和南部矿区一分为二。蜿蜒的Hwy 49将一切串连起来，沿途有很多可以停车的地方，群山环绕，山色优美。**黄金之乡游客协会**（The Gold Country Visitors Association；www.calgold.org）提供更多的旅游点子。

北部矿山（Northern Mines）

内华达市（Nevada City）享有"北部矿山女王"的美誉，狭窄的街道上点缀着精心修复的建筑、小剧院、画廊、咖啡馆和商店。**游客中心**（visitor center；☎530-265-2692；www.nevadacitychamber.com；132 Main St；⏲周一至周五 9:00~17:00，周六 11:00~16:00，周日 11:00~15:00）发放相关信息和自助步行游览地图。**塔霍国家森林总部**（Tahoe National Forest Headquarters；☎530-265-4531；www.fs.usda.gov/tahoe；631 Coyote St；⏲周一至周五 8:00~16:30）坐落在Hwy 49沿线，提供有关露营、徒步和山地骑行等信息，并签发野营许可证。

往南4英里，**格拉斯瓦利**（Grass Valley）是内华达市的卫星姐妹城市，也是艺术家、嬉皮士和牧场主脱胎换骨的地方。就在Hwy 49以东1英里处，**金矿帝国州立历史公园**(Empire Mine State Historic Park; ☎530-273-8522; www.empiremine.org; 10791 E Empire St; 成人/儿童 $7/3; ⊙10:00~17:00)标记着加州最富有的矿区之一。1850年至1956年，从这里出产了超过560万盎司的黄金，按照今天的市价计算的话，约价值50亿美元。

在夏季特别闷热的时候，如果你在Hwy 49路边看到长排的车停着，那是附近有游泳水潭的信号，最好的一处水潭在美洲河南北支流的交汇处，就在**奥本**(Auburn)以东数英里、格拉斯瓦利以南约25英里的I-80州际公路上的一个休息站附近。

科洛马(Coloma)是加利福尼亚州淘金热的发源地。坐落在河畔的**马绍尔黄金发现处州立历史公园**(Marshall Gold Discovery State Historic Park; ☎530-622-3470; www.parks.ca.gov; 每人/车 $6/8; ⊙公园 8:00~17:00，5月下旬到9月上旬 至19:00，博物馆 10:00~15:00，3月到11月 至16:00; 👪)是为了纪念詹姆斯·马歇尔发现黄金的历史功勋，园内有与“萨特的磨坊”(Sutter's Mill)一模一样的复制品、修复过的建筑和淘金的机会。山顶上有一座马歇尔的纪念碑，在淘金者众多讽刺扭曲的故事当中，马歇尔死时身无分文，要依赖州府的帮助。

🛏 食宿

内华达市促进了餐馆和历史性民宿的蓬勃发展。汽车旅馆散布在格拉斯瓦利的Hwy 49及奥本的I-80公路沿线。

Broad Street Inn 旅馆 $$

(☎530-265-2239; www.broadstreetinn.com; 517 E Broad St, Nevada City, 房间 $110~120; ❄📶🐾)🍃有别于黄金之乡内许多繁琐细碎的民宿，这家阳光普照、拥有6间客房的旅馆保持着清爽简单、现代化而又明亮的设计装饰风格。

Outside Inn 汽车旅馆、小屋 $$

(☎530-265-2233; www.outsideinn.com; 575 E Broad St, Nevada City; 房间 $79~155，小屋 $200; ❄📶🏊👪🐾)比起那些单调沉闷的连锁旅馆，Outside Inn显得有乐趣得多。多结式松木墙壁的主题客房(有些带小厨房)、为客人提供的烤架，更别提老板还是非常友善的户外运动爱好者了。

Treats 甜品 $

(treatsnevadacity.com; 110 York St, Nevada City; 单品 $2~5; ⊙周日至周四 正午至21:00，周五、周六 至22:00，冬天时间较短; 👪)所以产品都是手工制作，常常会供应有机冰激凌、季节性的雪芭和其他的冷饮。

Ikedas 市场 $

(www.ikedas.com; 13500 Lincoln Way, Auburn; 单品 $3起; ⊙8:00~19:00，周六、周日至20:00)市场在奥本市区北边，紧邻I-80州际公路。前往塔霍旅游的旅行者们可以在半途停下来购买新鲜水果、自制馅饼和野餐小点心。

Ike's Quarter Cafe 克利奥尔菜、加利福尼亚菜 $$

(☎530-265-6138; www.ikesquartercafe.com; 401 Commercial St, Nevada City, 主菜 $7~15; ⊙周三至周一 8:00~15:00, 👪)尽情享用丰盛的早餐吧，牡蛎蛋卷(Hangtown Fry)是当年淘金矿工用沾了面包粉的牡蛎、培根和鸡蛋为材料发明的煎蛋卷，肯定能撑爆你的肚子；或是尝试新奥尔良风味的马夫那他三明治(muffaletta sandwishes)，可以在庭院的喷泉旁享用。只收现金。

南部矿山 (Southern Mines)

普莱瑟维尔(Placerville)至索诺拉(Sonora)的南部矿区城镇车辆稀少，尘土飞扬的街道颇有一种西部蛮荒的气息，如今当地居民多以哈雷摩托车手、探寻黄金的人(至今还有)和外来的酿酒师居多。有些地方，像**普利茅斯**(Plymouth，原名Ole Pokerville)和**莫凯勒米希尔**(Mokelumne Hill)，实际上已经是无人居住的空城，渐渐地从人们的视野里消失。而**萨特克里克**(Sutter Creek)、**墨菲斯**(Murphys)和**天使营**(Angels Camp)等地则仍旧保留着维多利亚时代美洲华丽的风情。独辟蹊径，到家庭式经营的葡萄园和地下洞穴看看，后者的地质奇观将为那些习惯逛地面礼品店的旅行者带来意外的收获。

沿着Hwy 49绕一小段路来到**哥伦比亚**

州立历史公园(Columbia State Historic Park; ☎209-588-9128; www.parks.ca.gov; 11255 Jackson St, Columbia, ⏲博物馆4月至10月 9:00~16:30, 11月至次年3月 10:00起; 👪) 免费, 这里保留了整整4栋正宗的19世纪50年代的方形建筑, 身着当时特色服饰的店主和街头音乐家点缀其中; 学龄孩子们疯狂地忙于"淘金"。另外, 在索诺拉附近, 铁路镇1897州立历史公园(Railtown 1897 State Historic Park; ☎209-984-3953; www.railtown1897.org; 18115 5th Ave, Jamestown; 博物馆成人/儿童 $5/3, 含火车乘坐 $15/8; ⏲4月至10月 9:30~16:30; 11月至次年3月 10:00~15:00, 火车游4月至10月 周六、周日 11:00~15:00)提供穿越周边群山的游览列车, 这里曾是好莱坞西部电影的取景地, 其中包括《正午》(*High Noon*)。

食宿

这里几乎每个城镇都有蕾丝花边装饰的民宿、咖啡馆和冰激凌商店。忙碌的索诺拉距离约塞米蒂国家公园只有一个多小时的车程, 而普莱瑟维尔有很多汽车旅馆。

Indian Grinding Rock State Historic Park Campground 露营地 $

(www.parks.ca.gov; 14881 Pine Grove-Volcano Rd, Pine Grove; 露营和房车营地 $30; ⏲3月中旬至9月; 👪🐾)位于萨特克里克东北约10英里处, 这个田园式州立公园露营地在树林中设置了22个营区(无须预约)和投币式热水淋浴间。

Gunn House Hotel 历史酒店 $$

(☎209-532-3421; www.gunnhousehotel.com; 286 S Washington St, Sonora; 房间含早 $79~115; ❄🏊)比起镇内刻板的连锁酒店, 这家历史悠久的酒店绝对会令你满意, 民宿式的客房装潢成了历史时期的模样。在夏天的夜晚, 到酒店前廊的摇椅上坐一坐。

City & Fallon Hotels 历史酒店 $$

(☎800-532-1479; www.briggshospitalityllc.com; 22768 Main St, Columbia, 房间含早, 不带卫生间 $105~175; ❄📶)这对重新修复的双子历史酒店都位于历史悠久的哥伦比亚(Columbia)镇内, 酒店内装饰着博物馆级的珍藏。入夜后, 在What Cheer Saloon来杯威士忌或在Fallon的话剧院观赏戏剧演出。

Volcano Union Inn 历史酒店 $$

(☎209-296-7711; www.volcanounion.com; 21375 Consolation St, Volcano, 房间含早餐 $119~149; ❄📶)酒店拥有四间精心装修、曲木地板的客房, 其中两间带有面街阳台。楼下的Union Pub(主菜 $10~19; ⏲周四和周一 17:00~20:00, 周五 15:00~21:00, 周六 正午至21:00, 周日 10:00~20:00)里有台球、沙狐球、飞镖和美味的酒馆小食。

Cozmic Café & Pub 健康食品 $

(www.ourcoz.com; 594 Main St, Placerville; 单品 $4~10; ⏲周二和周三 7:00~18:00, 周四至周日 至20:00; 📶🌱)位于普莱瑟维尔的Cozmic是一家具有健康意识的独特有机咖啡馆, 店内有一条历史悠久的采矿隧道, 可以到那里用餐。周末有桶装微酿啤酒和现场音乐表演。

Magnolia Cafe 咖啡馆 $$

(☎209-728-2186; www.magnoliacafemurphys.com; 64 Mitchler St, Murphys; 主菜 $7~13; ⏲周三至周日 8:00~15:00)厨师Devon为客人制作丰盛的早餐如西班牙辣香肠加蛋馅饼(chorizo-egg tortas)、香草豆法式吐司(vanilla-bean French toast), 或是亚洲风味五香猪肉卷饼(Asian-spiced pulled-pork burritos)和经典的牛排三明治配芥末蛋黄酱(steak sandwiches with mustard aioli)等午餐餐点。

★Taste 加利福尼亚菜 $$$

(☎209-245-3463; www.restauranttaste.com; 9402 Main St, Plymouth; 晚餐主菜 $27~43; ⏲周六和周日 11:30~14:00, 晚餐 周四和周五 17:00起, 周六、周日 16:30起)Taste 新鲜的精致时令菜肴搭配欧式风味料理, 与阿马多尔县(Amador County)的葡萄酒成为极佳的组合, 解除了黄金之乡对于汉堡的依赖。

到达和当地交通

这一带公共巴士的运营线路零星地分布于一些城镇。对于北部的矿区, **Gold Country**

Stage(☎888-660-7433, 530-477-0103; www.mynevadacounty.com; 单程 $1.5~3)的巴士连接内华达市、格拉斯瓦利和奥本，而**Placer Country Transit**(☎530-885-2877; www.placer.ca.gov/transit; 单程票 $1.25)的班车则可到达奥本与萨克拉门托。在南部的矿区当中，**Amador Transit**(☎209-267-9395; amadortransit.com; 单程票 $1~2)仅提供周一至周五的的巴士线路，往返于萨特克里克和萨克拉门托，以及杰克逊和普利茅斯之间。**Calaveras Transit**(☎209-754-4450; transit.calaverasgov.us; 单程票 $2)的巴士运营于天使营、杰克逊(Jackson)和墨菲斯之间。**Tuolumne County Transit**(☎209-532-0404; www.tuolumnecountytransit.com; 单程票 $1.5)的巴士和有轨电车则奔波于索诺拉、哥伦比亚和詹姆斯敦(Jamestown)之间。

北部山区 (Northern Mountains)

偏远、空旷和透着诡异的美，北部山区大概是加利福尼亚州旅行者最少的荒野地方，这里有数不尽的地质奇观、高山湖泊、湍流和高原沙漠。拉森(Lassen)、沙斯塔(Shasta)和崔尼蒂阿尔卑斯山(Trinity Alps)是这里主要的山峰，虽然它们的地质特征各不相同，但都提供了可以在璀璨星空下野外露营的地方。这一带如星点般分布的城镇偏僻遥远，虽然没什么出色的景点，但足以提供野外探险所需要的一切。

雷丁至伊里卡 (Redding to Yreka)

大部分雷丁(Redding)往北的驾驶线路都以环绕沙斯塔山(Mt.Shasta)为主，这座白雪皑皑的高山有14,179英尺高，犹如雪山巨人般竖立在火山岩质的卡斯卡德山脉(Cascades Range)的南端。山路急剧爬升，足以点燃户外运动爱好者急欲登上山坡的期待。紧邻I-5州际公路的加州欢迎中心(California Welcome Center ☎800-474-2784, 530-365-1180; www.shastacascade.com; 1699 Hwy 273, Anderson; ⏲周一至周六 9:00~17:00, 周日 10:00~16:00)位于雷丁以南12英里的Shasta Outlets广场内，是一个非常有用的休息站。

千万不要相信旅游手册；雷丁是这个地区最大的城市，却实在枯燥乏味。从I-5公路下来绕个道，日晷桥(Sundial Bridge)才是逗留的最好理由，这是一座极其壮观的玻璃步行大桥，由西班牙建筑师圣地亚哥·卡拉特拉瓦(Santiago Calatrava)设计。大桥跨越萨克拉门托河(Sacramento River)，通向海龟湾探索公园(Turtle Bay Exploration Park; ☎800-887-8532; www.turtlebay.org; 844 Sundial Bridge Dr; 成人/儿童 $14/10 15:30以后$9/5; ⏲周一至周六 9:00~17:00, 周日 10:00起，10月至次年3月提早1小时关闭; 👪)，这是一个适合孩子们游玩的科学中心，里面还有植物园。

沿着Hwy 299往雷丁以西行驶约6英里就到了沙斯塔州立历史公园(Shasta State Historical Park; ☎520-243-8194; www.parks.ca.gov; 博物馆成人/儿童 $3/2; ⏲周五至周日 10:00~17:00)，在这里探索一个真正的淘金小镇。继续往西2英里到威士忌镇国家游乐区(Whiskeytown National Recreation Area; ☎530-246-1225; www.nps.gov/whis; 每车$5; ⏲游客中心5月下旬至9月上旬 9:00~17:00, 9月上旬至次年5月下旬 10:00~16:00) 免费 它是威士忌镇湖(Whiskeytown Lake)的所在地，有沙滩、瀑布、徒步、水上运动和露营等诸多选择。

威士忌镇往西再行驶35英里即可抵达威弗维尔(Weaverville)的寺庙州立历史公园(Joss House State Historic Park; ☎530-623-5284; www.parks.ca.gov; Hwy 299和Oregon St交叉路口; 团队游成人/儿童 $4/2; ⏲周四至周日 10:00~17:00, 每小时团队游 至16:00)，这里还保留着一间19世纪70年代中国移民的寺庙。威弗维尔护林站(Weaverville Ranger Station; ☎530-623-2121; www.fs.usda.gov/stnf; 360 Main St; ⏲周一至周五 8:00~16:30)可签发野营许可证，以进入崔尼蒂阿尔卑斯山周围最原始的荒原地带。

在雷丁的北部，I-5公路横跨湛蓝的沙斯塔湖(Shasta Lake)。它是加利福尼亚州最大的水库，其上有一座高大的沙斯塔坝(Shasta Dam ☎530-275-4463; www.usbr.gov/mp/ncao/shasta/; 16349 Shasta Dam Blvd; ⏲游客中心8:00~17:00, 团队游 9:00~15:00) 免费，湖岸四周环绕着徒步小径和房车露营地。湖的北端是史前洞穴沙斯塔湖洞穴(Lake

Shasta Cavern; ☎800-7952283, 530-238-2341; lakeshastacaverns.com; 20359 Shasta Caverns Rd; 成人/儿童 $24/14; ⌚团队游5月下旬至9月上旬9:00~16:00, 4月至5月下旬及9月至15:00, 10月至次年3月10:00~14:00, 👪), 它是一座高耸的石灰岩巨石, 游人可以划着小船在洞内参观游览。

沿I-5公路往北再行驶35英里就到了**邓斯缪尔**(Dunsmuir), 这是一个历史悠久的铁路小镇, 在古色古香的小镇中心有充满活力的咖啡馆和艺术画廊。斯缪尔号称拥有世界上最好的水, 所以, 即使没有别的原因, 也要停下来到公共喷泉旁将水装满你的瓶子。位于I-5州际公路南部的**城堡崖州立公园**(Castle Crags State Park; ☎530-235-2684; www.parks.a.gov; 每车 $8)有着丛林密布的**露营区**(☎800-444-7275; www.reserveamerica.com; 露营 $15~30, 👪🐾)。从那里沿着一条往返5.4英里长的**峭壁小径**(Crags Trail)可达沙斯塔山的顶峰, 顶峰上壮丽的景观让人不由自主地心生敬畏。

位于邓斯缪尔北部10英里的**沙斯塔山镇**(Mt Shasta town), 对于登山者、新时代的嬉皮士及渴望回归自然的旅行者们来说, 是个充满诱惑的小镇。来过的人没有不对这座若隐若现的宏伟高山充满崇敬之情的。沿着**Everitt Memorial Hwy**一路往山上攀升, 直到约8000英尺海拔处, 那是观赏日落最好的地方; 要想找到这条路, 只需沿小镇的Lake St一路往东, 然后继续再行驶14英里就到了。有经验的登山爱好者如想攀登高度超过1万英尺的山峰, 就需要到**沙斯塔山护林站**(Mt. Shasta Ranger Station; ☎530-926-4511; www.fs.usda.gov/stnf; 204 W Alma St; ⌚周一至周五8:00~16:30)获取登顶通行证(Summit Pass; $20), 同时咨询天气预报、购买地形图。顺道还可以到**Fifth Season**(☎530-926-3606; thefifthseason.com; 300 N Mt Shasta Blvd)看看, 这是一家提供设备出租的户外用品店。而**Shasta Mountain Guides**(☎530-926-3117; shastaguides.com)可提供多日的登山旅行行程($500起)。

云林寺

位于威弗维尔的寺庙州立历史公园(Joss House State Historic Park)里保存的是一座中国寺庙"云林寺"。寺庙建于1874年, 在此之前原址曾有过另一座寺庙, 但被大火焚毁了。1934年, 云林寺遭遇抢劫, 寺内许多物品就此丢失。加州政府因此决定对寺庙加以保护, 并委任了一位管理人李梦麟(音, Moon Lim Lee)。至1956年, 寺庙所在地正式成为州立历史古迹。

1989年, 有人在公园的游客中心里留下了一个盒子, 里面装的是寺庙在1934年抢劫中所丢失的一只中国石狮。

现在, 每年中国春节和美国独立日(7月4日)的周末寺庙内都有舞狮表演。

食宿

路边汽车旅馆各处都有, 除了偏远的东北地区。雷丁有很多连锁汽车旅馆和酒店, 大多聚集在主干道附近。露营地的选择同样很多, 公共土地尤甚。

McCloud River Mercantile Hotel 旅馆 $$

(☎530-964-2330; www.mccloudmercantile.com; 241 Main St, McCloud; 房间 $139~250; 📶)进门有鲜花迎客, 在房内的四爪浴缸舒舒服服泡个澡, 然后就可以一头倒在羽绒床上酣然入梦了。裸露的红砖和古老的口音是保护主义者和现代派头最佳的结合。旅馆楼下是一个20世纪30年代特色的冷饮小卖部, 提供乡村风味的早餐和午餐(主菜 $6~10)。紧邻Hwy 89, 从沙斯塔山镇向东行驶约10英里即可到达。

Railroad Park Resort 旅馆、露营地 $$

(☎530-235-4440, 800-974-7245; www.rrpark.com; 100 Railroad Park Rd, Dunsmuir; 帐篷/房车营区 $29/37, 双 $115~150; ❄📶🏊👪🐾)最令人难忘的就是能够在木质火车的车厢内住上一夜。旅馆就在小镇的南部, 紧邻I-5州际公路。

Sengthongs 泰国菜、越南菜 $$

(☎530-235-4770; sengthongs.com; 5855 Dunsmuir Ave, Dunsmuir; 主菜 $11~20; ⌚通常周

四至周日 17:00~20:30）这家长期经营的东南亚餐厅颇受喜爱，餐厅内有现场音乐表演，就在距离不远的Blue Sky Room。

Café Maddalena 法式小馆 **$$$**

（☎530-235-2725; www.cafemaddalena.com; 5801 Sacramento Ave, Dunsmuir; 主菜 $14~25; ⊙2月至11月 周四至周日 17:00~22:00）这家舒适的河畔餐厅的厨师Bret LaMott本人就是老板，地中海特色的美食及储藏丰富的葡萄酒吧维持着餐厅一流的声誉。建议提早预约。

到达和当地交通

美铁的海岸星光号（Coast Starlight）列车停靠在雷丁和邓斯缪尔，但是抵达时间却在半夜，不太方便。灰狗巴士有班车通往雷丁和威德（Weed）。**Siskyou County STAGE**（☎800-247-8243, 530-842-8295; www.co.siskiyou.ca.us/GS/stage.aspx; 单程票 $2.5~4）的巴士每日有数个班次往返于I-5公路上，连接邓斯缪尔、沙斯塔山和威德。

东北角（Northeast Corner）

作为加利福尼亚州最后一个美国原住民冲突的主要遗址，经历了50万年来无数次火山爆发的摧残，**熔岩层国家保护区**（Lava Beds National Monument; ☎530-667-8113; www.nps.gov/labe; 7天有效期，每车 $10）是一个和平纪念碑，纪念着几个世纪以来的动荡。保护区内无所不有：熔岩流、火山口、火山渣锥、寄生熔岩锥以及500多个熔岩管。这里还是摩多克战争（Modoc War）的遗址，一些洞穴的墙壁上至今仍可以看到美国原住民所雕刻的岩画。记得到**游客中心**（visitor center; ☎530-667-8113; 1 Indian Well, Tulelake; ⊙5月下旬至9月上旬 8:00~18:00，9月中旬至次年5月中旬 8:30~17:00）获取相关信息、地图和洞穴探险时会用到的手电筒。离游客中心不远是公园里唯一的**露营地**（露营区$10），提供适合帐篷和小房车使用的基本营区，备有饮用水。

就在北边的**克拉玛斯盆地国家野生动物保护区群**（Klamath Basin National Wildlife Refuge Complex; www.fws.gov/klamathbasinrefuges）是由6个独立的保护区所组成。这里是太平洋候鸟迁徙路线中主要的停留地，也是白头海雕越冬时的重要场所。**游客中心**（visitor center; ☎530-667-2231; 4009 Hill Rd, Tulelake; ⊙周一至周五 8:00~16:30，周六和周日 9:00~16:00）就在俄勒冈州边界以南约4英里的地方，紧邻Hwy 161。在下克拉玛斯（Lower Klamath）和图利湖（Tule Lake）保护区，有长达10英里的自驾游线路，提供旅行者极佳的赏鸟机会。若需加油、食物和住宿，可以开车到奥勒冈州的克拉玛斯瀑布（Klamath Falls）。

摩多克国家森林（Modoc National Forest; ☎530-233-5811; www.fs.usda.gov /modoc）覆盖了加利福尼亚州东北逾3000平方英里的地区。在这里露营是免费的，而且不接受事先预约，但是必须有许可证才可使用营火。**梅迪辛湖**（Medicine Lake）位于熔岩层国家保护区西南约1小时车程处，是一个原始的火山口湖，蓝色湖面波光粼粼，四周由松树林、庞大粗糙的火山地层和凉爽幽静的露营地所环绕。再往东行驶便到了标志性的**玻璃山**（Glass Mountain），那是美国原住民开采黑曜石的地方。沿着Hwy 299往锡达维尔（Cedarville）以东行驶，靠近内华达州边界的地方便是**惊奇谷**（Surprise Valley）的高原沙漠，这里是通往人烟稀少的**华纳山脉**（Warner Mountains）的入口，大概也是加利福尼亚州旅行者最少的地方。

从**Bumpass Hell**人行道上隐约地可以瞥见沉静的**拉森火山国家公园**（Lassen Volcanic National Park; ☎530-595-4444; www.nps.gov/lavo; 7天有效期，每车$10），其间的硫黄温泉池、沸腾的泥浆池和热气池令人一见难忘。海拔10,462英尺的**拉森峰**（Lassen Peak）是世界上最大的穹顶火山。公园有两个入口：一个靠近热门的**Manzanita Lake Campground**（☎877-444-6777; www.recreation.gov; 露营区 $10~18，小屋 $59~84），位于雷丁以东1个小时车程处，紧邻Hwy 44；另一个紧邻Hwy 89，位于阿曼诺湖（Lake Almanor）西北的**Kohm Yah-ma-nee Visitor Center**旁（☎530-595-44444480; www.nps.gov /lavo; ⊙9:00~17:00，11月至次年3月 周二和周三关闭）。穿过公园的Hwy 89仅在无雪的时候能够通行，每年5月或6月至10月或11月开放汽

车通行(冬季开放雪地行走和越野滑雪)。

内华达山脉 (SIERRA NEVADA)

广阔的内华达山脉是加利福尼亚州的脊柱,被自然学家约翰·缪尔(John Muir)誉为"光之山脉"。由冰川侵蚀作用而形成的陡峭山脉绵延400英里,欢迎户外运动爱好者前来挑战。坐拥3个国家公园(约塞米蒂国家公园、红杉国家公园和国王峡谷国家公园)的内华达,虽然身处荒漠原野之中,不仅有令人心醉神迷的仙境般景色,还拥有美国本土的最高峰(惠特尼山,Mt.Whitney)、北美最高的瀑布(约塞米蒂瀑布,Yosemite Falls)以及世界上最老和最大的树(古老的狐尾松和巨型红杉)。

约塞米蒂国家公园 (Yosemite National Park)

约塞米蒂国家公园如此家喻户晓不是没有原因的:花岗岩峰的高度令人头晕目眩,雷鸣般的瀑布及水雾浸透人心,五光十色的野花草原令人惊叹不已,气势雄伟的酋长岩(El Capitan)和半圆丘(Half Dome)直冲清澈的蓝天,让人触目惊心。那是梦幻般的景象,四周却环绕着我们这些如此渺小的人类。

无法通行的迪欧戈山口

Hwy 120往上攀爬穿过**迪欧戈山口**(Tioga Pass;9945英尺),这是连接约塞米蒂国家公园与内华达山脉东部的唯一通道。大多的地图标记这条道路"在冬季是关闭的",虽然从字面上来看并没错,但同时也是一种误导。迪欧戈山口通常从10月或11月的第一场大雪开始关闭,直到次年的5月或6月才开始重新开放。如果你计划在春天到迪欧戈山口旅游,你可能会运气不好。记得先打电话☎209-372-0200或到以下网站www.nps.gov/yose/planyourvisit/conditions.htm查询最新路况。

然后,唉,游览车的嘶嘶声和喷气声粗鲁地打破了这个美丽的仙境。人群没办法避免,但下列建议可能会有些帮助:

避免在夏天入谷。春天是最好的旅游季节,尤其是当瀑布喷涌飞泻的5月。

秋天充满喜悦和平,多雪的冬天也充满神奇。

将你的车停好,然后只需往上徒步一小段路,几乎就可以到达任何一条的徒步小径,只是这样,你就能甩掉那些依赖汽车的人群了。

把时差问题抛在脑后,早点起床,或在月光下享受边看星星边徒步旅行的乐趣。

景点

进入**公园**(☎209-372-0200; www.nps.gov/yose; 7天有效期,每车$20)的主要入口位于拱岩(Arch Rock; Hwy 140)、瓦沃纳(Wawona; Hwy 41)以及大橡树平地(Big Oak Flat; Hwy 120西)。迪欧戈山口(Hwy 120东)只是季节性开放。

约塞米蒂河谷 (Yosemite Valley)

从地面沿着河谷一路向上,这座激动人心的河谷被蜿蜒的默塞德河(Merced River)分割为二,沿途随处可以看到谷内碧波荡漾的绿色草原、雄伟壮观的松树,清凉的湖水映现出若隐若现的花岗岩巨石,冰冷刺骨的白色激流如带状喷泻而下,如此振奋人心的自然美景,让人不禁想要放声歌唱。**约塞米蒂村**(Yosemite Village)是公园主要的游客中心(见195页)、博物馆、摄影画廊、杂货店和其他更多服务的所在地,由于车流量大,以至常常交通堵塞。**克里村**(Curry Village)是河谷的另一个中心,提供公共淋浴和包括露营在内的户外设备出租与销售。

春季融雪让山谷内著名的瀑布轰然如雷;而在夏末时,大多数的瀑布又会变成涓涓细流。**约塞米蒂瀑布**(Yosemite Falls)是北美最高的瀑布,高达2425英尺,呈三叠式倾泻而下。有一条可供轮椅通行的无障碍步道通向瀑布底,你也可以沿着曲折难行的小径一路徒步至顶端(往返7.2英里),以享受幽静和不同的视野。山谷周围的其他瀑布同样令人印象深刻。**弗纳尔瀑布**(Vernal Fall)旁险峻的花岗岩台阶虽然让你气喘嘘嘘，一旦登上，却可以通往瀑布的边缘观赏飞流直下的景色，并在弥漫的薄雾中寻找道道彩虹。

不要错过了山谷里气势雄伟的**酋长岩**（7569英尺），它是攀岩爱好者的理想乐园。锯齿状的**半圆丘**（8842英尺）于山谷中拔地而起，高耸入云，成为约塞米蒂的精神核心。当你开车进入河谷时，Hwy 41上的**观景台**（Tunnel View）隧道是经典的全景拍摄地点。在春天或初夏的清晨或傍晚，从河谷谷底的东部沿着小径徒步往返2英里来到**镜湖**（Mirror Lake），捕捉倒映在静止水面上半圆丘不断变幻的身影。

冰川点 (Glacier Point)

从谷底爬升到3200英尺高的地方，变化多端的冰川点（Glacier Point；7214英尺）能使你的视线与半圆丘齐平。从约塞米蒂河谷出发，在紧邻Hwy 41的地方，沿着Glacier Point Rd一路向上，车行约1小时就到了冰川点（通常5月下旬至11月开放）；如果选择徒步，就沿着险峻的**Four Mile Trail**（实际上是单程4.8英里）或人烟稀少、瀑布随处散布的**Panorama Trail**（单程8.5英里）走，只想单程徒步的旅行者记得到徒步旅行者专用的区间巴士（见196页）上预约一个座位。

瓦沃纳 (Wawona)

从约塞米蒂河谷往南行驶约1个小时就到了**瓦沃纳**（Wawona）。可以顺路到**约塞米蒂开拓者历史中心**（Pioneer Yosemite History Center）看看，那里有廊桥、开拓者小屋和历史悠久的富国银行（Wells Fargo）办事处。继续往南，到高耸的**蝴蝶森林**（Mariposa Grove）附近惬意地漫步，那里是灰熊巨人（Grizzly Giant）和其他巨型红杉的所在地。春季至秋季，从瓦沃纳到蝴蝶森林有免费的区间巴士，而在冬季该通道通常是禁止车辆通行，但是你可以沿路踏雪而行。

图奥勒米草地 (Tuolumne Meadows)

从约塞米蒂河谷开车90分钟就到了高海拔的**图奥勒米草地**（发音twol-uh-mee），这个位于公园的北部荒野地区的草原是华达山脉最大的亚高山草原（海拔8600英尺），吸引了不少徒步旅行者、背包客和登山者的到来。这里有遍地的野花、湛蓝的湖泊、陡峭嶙峋的花岗岩峰和光滑的圆顶，还有较凉爽的天气。与河谷相比，形成了一个很强列的对比。徒步旅行者和登山者在这里有很多美妙的选择；游泳和湖畔野餐也很受欢迎。入口是风景优美的Tioga Rd（Hwy 120），季节性开放（见192页），另外还有一条19世纪的马车路及一条较古老的美洲原住民贸易通道。图奥勒米草地和**泰纳亚湖**（Tenaya Lake）以西有一处**欧姆斯特德观景点**（Olmsted Point），记得在那里停下来观赏半圆丘史诗级的宏伟景观。

> **不要错过**
>
> **庞大的森林**
>
> 在加利福尼亚，你可以站在世界上最老的树（古代的狐尾松）和最高的（海岸红杉）树下，但以数量来计的话，记录最多的则非巨杉（学名Sequoiadendron giganteum）莫属了。它们只生长在内华达山脉的西侧，以红杉国家公园、国王峡谷国家公园和约塞米蒂国家公园生长最为茂密。约翰·缪尔称它们为“大自然的森林杰作”，任何人只要曾经探头去观看这个浩瀚的景观，没有不为之所震慑的。这些树可以长到超过300英尺高，树围可达100英尺，由2英尺厚的树皮保护着。在红杉国家公园的巨木森林博物馆（Giant Forest Musuem；见196页）有一些关于树木的不寻常生态展出。

赫奇赫奇 (Hetch Hetchy)

这大概是美国历史上最具争议的大坝的所在地了。尽管不是大自然的产物，赫奇赫奇谷（Hetch Hetchy Valley）依然美丽，且人烟稀少。从约塞米蒂河谷往西北行驶40英里即可抵达赫奇赫奇。那里有一条往返5.4英里的小径，途中经过大坝并穿越一条隧道，最后到达**瓦帕玛瀑布**（Wapama Falls）脚下。在那里，你可以近距离感受大量水流奔向波光粼粼的水库时的那种惊心动魄。春天的时候，多半就会全身被淋得湿透了。

活动

公园拥有总长超过800英里的各式徒步小径，任你随意选择。轻松便捷的谷底通道可能会人满为患；所以远离拥挤的人群，往上攀爬吧。终极徒步路线的最高点在**半圆丘**（往返14英里），但切记，这是一条很艰难的小径，而且必须事先申请**许可证**（permit；www.nps.gov/yose/planyourvisit/hdpermits.htm；$12.5起）方可启程，即使只是一日往返，也不例外。透过**迷雾小径**（Mist Trail），可以徒步通往韦纳尔瀑布（Vernal Fall；往返3公里）的顶端或内华达瀑布（Nevada Fall；往返5.8英里），都非常值得一试。另一条通往半圆丘的替代线路是较长但较平缓的**约翰缪尔小径**（John Muir Trail）。

如果是需要过夜的背包旅行客，全年都需要申请**野营许可证**（wilderness permits；☎209-372-0826；www.nps.gov/yose/planyourvisit/wildpermits.htm；$10起）。配额系统会限制每个起点的出发人数。最早可提前24周预约，要么就到约塞米蒂河谷荒野中心（Yosemite Valley Wilderness Center）或其他发证中心碰碰运气，最晚可能在徒步当天拿到，许可证签发从11:00开始。

Yosemite Mountaineering School 攀岩

（☎209-372-8344；www.yosemitemountaineering.com；Curry Village；⏲4月至10月）陡峭的山尖、光滑的圆顶、高耸的单块巨石，它们使约塞米蒂成了攀岩的天堂。这里提供从新手到资深攀岩者的一流教学，还有攀岩指导行程和设备出租。夏季在图奥勒米草地也有服务。

巴格滑雪场 滑雪、雪上运动

（Badger Pass；☎209-372-8430；www.badgerpass.com；缆车票成人/儿童 $42/23；⏲12月中旬至次年3月 9:00~16:00）平缓的滑道非常适合滑雪和滑板初学者。越野滑雪者可以沿着25英里的滑雪赛道和90英里的标记小径滑行，同时这些线路也开放给雪地行走爱好者。同时提供设备出租和适用于所有年龄段的滑雪课程。

食宿

获得特许授权的**DNC**（Delaware North Companies；☎801-559-4884；www.yosemitepark.com）垄断了当地公园的住宿和饮食场所，包括ho-hum美食广场和小吃吧。在旅游旺季（5月至9月），住宿预约（最早可提前366天）是必不可少的。夏季，DNC设置了许多简单的帆布帐篷小屋，分别安置在约塞米蒂河谷的河畔营地**Housekeeping Camp**（双 $95起）、距离河谷90分钟车程的忙碌的**Tuolumne Meadows Lodge**（双 $120起）以及紧邻Tioga Rd、较宁静的**White Wolf Lodge**（双 $120起），后者距离河谷1小时车程。

Curry Village 小屋 $$

（双 不带卫生间$95起；📶❄👪）Curry Village拥有上百间小屋，凌乱地散布在约塞米蒂山谷高耸的常青树下，洋溢着怀旧的夏令营氛围。软边的帐篷小屋就像美国内战时期的军营一样，配有让人浑身发痒的羊毛毯。实木小屋虽然较小，但却更舒服。

Wawona Hotel 历史酒店 $$

（带/不带卫生间含早餐 $225/155起；📶❄）这家维多利亚时期的酒店风格独特，拥有宽敞的门廊、修剪整齐的草坪、网球场和一个高尔夫球场。酒店内有一半的薄壁客房不带独立卫生间。餐厅提供一日三餐服务（晚餐主菜$19~34），水准只能算是还过得去。从河谷往南行驶约45分钟即可抵达。

Ahwahnee Hotel 历史酒店 $$$

（房间 $470起；@📶❄）这家历史悠久的酒店是美国的历史地标，建于1927年，曾经接待过史蒂夫·乔布斯、埃莉诺·罗斯福和约翰·肯尼迪。酒店壁炉里燃烧着兰伯氏松木，在炉边坐下来玩会儿拼字游戏吧。餐厅供应价格昂贵的加利福尼亚菜（晚餐主菜$26~46），与其在这里用餐，倒不如到大堂酒吧享用鸡尾酒。

Yosemite Lodge at the Falls 度假屋 $$$

（房间 $220起，@📶❄👪）🍃这家度假屋提供了宽敞的汽车旅馆式客房，已完成环保升级，设有露台或阳台，可远眺约塞米蒂瀑布、草原或停车场。到Mountain Room（晚餐主菜$18~35）享用保护性捕捞的河鳟和有机蔬菜，每晚开放（无须预约）。若想来点儿啤酒和小食，隔壁的休闲酒吧里有一个欢乐的壁炉。

Degnan's Deli & Loft 熟食、比萨餐厅 **$$**

（主菜 $8~12；⏲熟食全年开放 7:00~17:00，比萨餐厅4月至9月 通常17:00~21:00；👪）在准备征服小径之前，先到楼下买个道地三明治和一袋子薯片吧。入夜后，到楼下享用冰冷的啤酒和香脆的比萨。

约塞米蒂国家公园外 (Outside Yosemite National Park)

约塞米蒂国家公园入口附近的城镇上集聚着汽车旅馆、酒店、度假屋和民宿，这些城镇包括菲什坎普（Fish Camp）、奥克赫斯特（Oakhurst）、埃尔波特尔（El Portal）、米德派恩斯（Midpines）、蝴蝶县（Mariposa）、格罗夫兰（Groveland）和利韦宁（Lee Vining）。

★ Yosemite Bug Rustic Mountain Resort 青年旅舍、小屋 **$**

（☎866-826-7108, 209-966-6666; www.yosemitebug.com; 6979 Hwy 140, Midpines; 铺 $23~26，帐篷小屋 $45~75，房间带/不带卫生间 $75/65起；⏲咖啡馆 7:00~16:00和18:00~20:30；@📶👪）🍃这家山间旅舍处于一片森林当中，位于约塞米蒂河谷以西约30英里的地方，接待来自世界各地的旅行者。旅舍内提供干净的房间、低调的水疗中心、共用厨房设施和洗衣房。咖啡馆供应新鲜、有机、备受好评的素食餐点（主菜$5~18）。

★ Evergreen Lodge Resort 小屋、露营地 **$$$**

（☎209-379-2606; www.evergreenlodge.com; 33160 Evergreen Rd, Groveland; 帐篷 $80~120，小屋 $210~380；@📶🏊👪）🍃这家20世纪20年代的度假村就在赫奇赫奇附近的树林中，为旅行者提供带装潢的帐篷和舒适的山间小屋，欢迎全家大小及夫妻旅行者。户外休闲运动选择很多，度假村提供设备出租，夜间娱乐室也有更多活动。此外有一家杂货店、一间有台球桌的小酒馆和每日提供丰盛三餐的乡村餐厅（晚餐主菜$18~30）。

ℹ 实用信息

约塞米蒂村、柯里村（Curry Village）和瓦沃纳的商店都设有自动柜员机。车辆进入公园前应先将油加满。在瓦沃纳和仙鹤平地（Crane Flat）常年有汽油出售，不过价格昂贵，而图奥勒米草地仅夏天供应。手机信号服务在整个公园都不稳定。Degnan's Deli 旁有付费的上网服务，不过信号并不稳定；而Yosemite Lodge也提供计费的无线上网服务，但速度不快。

瓦沃纳图书馆分馆（Wawona Branch Library; www.

在约塞米蒂露营

3月至10月，许多公园露营地都要求**预订**（☎518-885-3639, 877-444-6777; www.recreation.gov），预订将提早5个月以前开放。通常几分钟内就会被抢购一空。

所有的露营地都设有防熊储物柜和生火处，大部分备有饮用水。

夏季，大部分露营地都早早被订满，非常热闹，特别是位于约塞米蒂河谷内的**North Pines**（露营区 $20；⏲4月至10月，👪🐾）、**Lower Pines**（露营区 $20；⏲4月至10月；👪🐾）和全年开放的**Upper Pines**（露营区 $20；👪🐾）；紧邻Tioga Rd 的**图奥勒米草地**（露营区 $20；⏲7月中旬至9月下旬；👪🐾）距离河谷90分钟车程；及河畔的**瓦沃纳**（露营区 $20；👪🐾），从河谷开车不到1个小时。

全年开放的**Camp 4**（共用帐篷 每人$5）是谷内攀岩爱好者聚集的地方；**Bridalveil Creek**（露营区 $14；⏲7月中旬至9月上旬）紧邻Glacier Point Rd，从河谷开车需要45分钟；而**White Wolf**（露营区 $14；⏲7月至9月中旬；🐾）紧邻Tioga Rd，距离河谷1小时车程。这些营地都是先到先得，通常在正午之前就已经满了，周末更是如此。

想寻找一段更幽静、更原始的经历吗？那就试试提供原始露营地（无饮用水）的**Tamarack Flat**（帐篷区 $10；⏲7月至9月；🐾）、**Yosemite Creek**（帐篷区 $10；⏲7月至9月中旬；🐾）和紧邻Tioga Rd 的**Porcupine Flat**（露营区 $10；⏲7月至9月；🐾），都是先到先得。

mariposalibrary.org; Chilnualna Falls Rd; ⏰5月下旬至9月上旬 周一至周五 13:00~18:00，周六10:00~15:00，9月上旬至次年5月下旬 周一、周三和周五 正午至17:00，周六 10:00~15:00；@）提供免费的公共上网终端服务。

约塞米蒂医疗诊所（Yosemite Medical Clinic; ☎209-372-4637; 9000 Ahwahnee Dr, ⏰5月下旬至9月下旬每日 9:00~19:00，9月下旬至次年5月下旬 周一至周五 9:00~17:00）在约塞米蒂河谷提供紧急护理服务。

约塞米蒂河谷图书馆分馆（Yosemite Valley Branch Library; www.mariposalibrary.org; Girls Club Bldg, 9000 Cedar Ct; ⏰周一 9:00至正午，周二 8:30~12:30，周三 15:00~19:00，周四 16:00~19:00；@）提供免费公共网络终端。

约塞米蒂河谷游客中心（Yosemite Valley Visitor Center; ☎209-372-0200; www.nps.gov/yose; ⏰9:00~18:00，冬季至17:00）位于瓦沃纳、图奥勒米草地和大橡树平地内的小型游客中心季节性开放。

Yosemite Valley Wilderness Center（☎209-372-0826; www.nps.gov/yose; ⏰5~10月 8:00~17:00，7月和8月 7:30~17:00）瓦沃纳、图奥勒米草地和大橡树平地中心季节性签发野营许可证，并出租防熊喷雾器。

ℹ 到达和当地交通

最近的灰狗巴士和美铁车站都在默塞德。**YARTS**（☎877-989-2787; www.yarts.com）全年有班车自默塞德开往约塞米蒂河谷，沿Hwy140行走，沿路停靠一些城镇。夏季，YARTS巴士沿Hwy 120自约塞米蒂河谷开往马默斯湖，途经图奥勒米草地。单程票（含公园门票）到默塞德$12.5，到马默斯湖$18。

约塞米蒂河谷有免费的区间巴士环绕于河谷中，夏季开行往返于图奥勒米草地和瓦沃纳-蝴蝶森林地区的车辆。**DNC**（☎209-372-4386; www.yosemitepark.com）提供徒步旅行者专车，从河谷开往图奥勒米草地（单程/往返$15/23）和冰川点（单程/往返$25/41）。Yosemite Lodge和Curry Village季节性提供环河谷的自行车出租服务（每小时/天 $11/32）。

冬天，尽管在行驶时可能会随时用到雪地防滑链，通往公园的公路还是保持开放（除了Tioga Rd/Hwy 120外，见192页）。在滑雪季节到来的时候，每日有两班免费的班车连接约塞米蒂河谷与巴格滑雪场。

红杉和国王峡谷国家公园（Sequoia & Kings Canyon National Parks）

在这些比邻而居的公园中，巨型红杉树长得更大，可高达30层楼高，而且数量比起内华达山脉其他任何地方来说也更多。坚韧而又易燃的红杉树，可以轻易地吞下两条公路车道。这里的山峰也同样巨大，其中美国本土48个州里最高的惠特尼山（14,505英尺）。最后，还有一个深深的国王峡谷，由古老的冰川和强大的河流共同作用而成。如果想要静静地单独近距离观赏野生动物，如黑熊，就立即出发到野外小径，将自己沉浸在宁静的旷野中吧。

👁 景点

1890年，红杉被指定为国家公园，而国王峡谷则是到了1940年才跻身其列。虽然这两个**公园**（☎559-565-3341; www.nps.gov/seki; 7天有效期，每车 $20）截然不同，但却是作为一个整体在运营，因此也只收取一次门票。从南边出发，沿着Hwy 198，穿过达阿什山（Ash Mountain）的三河镇（Three Rivers）进入红杉国家公园，然后沿着曲折的Generals Hwy一路往上到巨木森林（Giant Forest）。从西边出发的话，则沿着Hwy 180，在靠近格兰树林（Grant Grove）的地方就进入了国王峡谷国家公园，然后一路往下到达峡谷底端的雪松林（Cedar Grove）。

👁 红杉国家公园（Sequoia National Park）

我们敢打赌你一定不敢尝试去拥抱**巨木森林**（Giant Forest）中的大树，这个面积为3平方英里的树林保护着公园里最庞大的生物和世界上最大的树——**谢尔曼将军树**（General Sherman Tree）。在手臂感到疼痛、手指沾满黏液时，远离人群，踏上网一般的森林小径开始探险吧（记得带上地图）。

巨木森林博物馆 博物馆

（Giant Forest Museum; ☎559-565-4480; Generals Hwy; ⏰5月中旬至10月中旬 9:00~16:30或18:00; 👪）从罗奇波尔村（Lodgepole Village）往南开车行驶一小段路，或搭乘区间巴士即

可到达。这间小型博物馆里展出有关巨型红杉生态和野生动物保护的内容。沿着紧邻Crescent Meadow Rd的摩洛岩石（Moro Rock）爬上一段长约0.25英里的台阶，就能360度全方位地欣赏山色美景。

水晶洞 洞穴

（Crystal Cave；☎咨询559-565-3759；www.sequoiahistory.org；Crystal Cave Rd；团队游 成人/儿童 $15/8；⏲5月中旬至11月；👪）洞穴于1918年被发现，其中保护着的大理石岩层据估算已有上万年历史。45分钟的导览游名额先到先得，只在罗奇波尔游客中心（Lodgepole visitor center）和山麓游客中心（Foothills visitor center）接受个人报名，洞内不可现场报名。记得带上一件外套。

矿金河谷 古迹

（Mineral King；Mineral King Rd）到了红杉国家公园，一定要绕个道看看矿金河谷（7500英尺），这是一个19世纪后期的采矿和伐木营地，四周环绕着陡峭的山峰和高山湖泊。可以在25英里长的单行车道来个景观自驾游，探索近700个惊心动魄的急转弯，车道通常从5月中旬开放至10月下旬。

国王峡谷国家公园和观光小路 (Kings Canyon National Park & Scenic Byway)

就在格兰林村（Grant Grove Village）的北边，**格兰将军树林**（General Grant Grove）里长满了雄伟的巨大树木。更远处，Hwy 180开始了它30英里长的下坡，前往**国王峡谷**，沿途迂回曲折地经过轮廓分明的岩墙及点缀其中的瀑布。在公路与国王河（Kings River）的交会处，咆哮的河水从超过8000英尺高的花岗岩悬崖上飞泻而下，成就了这个北美最深的峡谷之一。观光小路途经休姆湖（Hume Lake）通向雪松林村（Cedar Grove Village），通常在11月中旬至次年4月中旬关闭。

雪松林村（Cedar Grove） 户外

在进入崎岖壮丽的内华达山脉的荒野地区之前，雪松林村是最后的文明之地。Roads End是一条徒步小径的起点，沿着河滩和夏季才有的游泳水塘，一路通向咆哮的**迷雾瀑布**（Mist Falls；往返8.4英里）。Roads End西边的**萨姆沃特草地**（Zumwalt Meadow）周围环绕着一条1.5英里长的天然小径，轻松易行，深受观鸟者喜爱。

博伊登洞（Boyden Cavern） 洞穴

（www.boydencavern.com；Hwy 180；团队游成人/儿童 $13/8起；⏲5月至11月中旬；👪）虽然比红杉国家公园的水晶洞小一些，也没有那么震撼，但是到这个奇特美丽的洞穴游览可是不需要提前预约的。

活动

人们来这里就是为了徒步旅行——总长超过850英里的多条标记小径就足以证明这一点。雪松林和矿金河谷拥有进入荒野最好的徒步小径。尽管在山麓（Foothills）一带全年开放徒步旅行，但是小径通常在初夏才开始开放。如需在野外过夜，必须申请**野营许可证**（Wilderness Permit；☎559-565-3766；www.nps.gov/seki/planyourvisit/backpacking.htm；每次 $15），许可证在5月下旬至9月下旬期间有名额限制，所以记得提前预约。

休姆湖（Hume Lake）位于国家森林保护区内，紧邻Hwy 180，夏季时是个游泳消暑的好去处，此外两个公园内的各河边水塘也可游泳。冬季可以在巨型红杉林中进行越野滑雪或雪地行走，格兰林村和Wuksachi Lodge提供设备出租。若想要到专业的越野滑雪赛道进行越野滑雪或其他冬季运动，可

> **不要错过**
>
> **内华达山脉顶级风景自驾游**
>
> **Tioga Road（Hwy 120）** 约塞米蒂的世界屋顶
>
> **General Highway（Hwy 198）** 途经巨型红杉的历史小路
>
> **国王峡谷观光小路（Kings Canyon Scenic Byway；Hwy 180）** 进入北美最深的峡谷之一
>
> **Mineral King Rd** 乘着风一路往上，向高耸的内华达山脉的峡谷前进
>
> **内华达山脉东部观光小路**（Eastern Sierra Scenic Byway；US$ 395） 银白的雪山矗立于沙漠之上

以前往老式的Montecito Sequoia Lodge，就在两个公园之间，紧邻General Hwy。

食宿

在红杉国家公园，只有罗奇波尔（Lodgepole）和Dorst露营地在夏季接受预约（reservations；☎518-885-3639，877-477-6777；www.recreation.gov）。公园内其他十几个较完备的露营地（露营区$10~20）都采取先到先得的规则。罗奇波尔、Azalea、Potwisha和South Fork的露营地全年开放。如果这几个营地已满，可在附近的红杉国家森林露营。

格兰林、罗奇波尔和雪松林的市场里商品有限。罗奇波尔和雪松林有小吃吧，供应基本的、价格便宜的餐点，而格兰林有一个简单的餐厅、季节性营业的比萨店和流动咖啡车。在红杉国家公园的南边入口外，Hwy 198行经的三河镇上，排列着陈旧的私营和连锁汽车旅馆、乡村小屋和南方乡村餐馆。

John Muir Lodge & Grant Grove Cabins 度假屋、小屋 $$

（☎559-335-5500，866-522-6966；www.sequoia-kingscanyon.com；Hwy 180；小屋不带卫生间 $65~95，房间 $120~190；）这间草木丰茂的度假屋坐落在格兰林村内，拥有宽敞的客房及备有舒适壁炉和桌上游戏的大堂。小屋类型繁多，从薄帆布帐篷到独具历史风情的小屋均有。

Cedar Grove Lodge 度假屋 $$

（☎559-335-5500，866-522-6966；www.sequoia-kingscanyon.com；Hwy 180，房间 $129~135；⊙5月中旬至10月上旬；）拥有约24间汽车旅馆风格的客房，从公共门廊上可远眺国王河，虽然房间稍显简单陈旧，但依然是峡谷里最好的住宿选择。

Montecito Sequoia Lodge 度假屋 $$

（☎559-565-3388，800-227-9900；www.mslodge.com；63410 Generals Hwy；小屋带/不带卫生间 $159/79起，房间 $99~249；）家庭露营活动将热闹地持续一整个夏天。冬季可以滑冰、玩雪上飞碟。度假屋位于两个公园之间，提供简单的客房和乡村小屋。房价含三餐。

Wuksachi Lodge 度假屋 $$$

（☎559-565-4070，866-807-3598；www.visitsequoia.com；64740 Wuksachi Way，紧邻General Hwy；房间 $225起；）千万不要被豪华的大堂所误导，因为这里的超大汽车旅馆式客房实在乏善可陈。高档的Peaks Restaurant（☎559-565-4070；www.visitsequoia.com；晚餐主菜 $17~32；⊙每日早、午和晚餐，时间依季节调整）可去可不去（晚餐需要事先预约）。如果你有充沛的体力，可以徒步走上11.5英里前往度假村的Bearpaw High Sierra Camp（☎866-807-3598，801-559-4930；www.visitsequoia.com；帐篷小屋含全餐 标单/双 $175/225；⊙6月中旬至9月中旬），只是这里常常很早就订满了。

实用信息

罗奇波尔村和格兰林村是公园的主要商业中心。两者皆设有游客中心、邮局、市场、自动柜员机、投币式洗衣店和公共淋浴（仅限夏季）。

罗奇波尔村的**罗奇波尔游客中心**（☎559-565-4436；⊙每日9:00~16:30或18:00，冬季时间较短）、灰山（Ash Mountain）的山麓游客中心（☎559-565-4212；⊙8:00~16:30）和格兰林的**国王峡谷游客中心**（Kings Canyon Visitor Center；☎559-565-4307；⊙8:00或9:00~16:30或17:00，冬季时间较短）全年开放。国王峡谷国家公园的**雪松林游客中心**（Cedar Grove Visitor Center；☎559-565-4307；⊙5月下旬至9月上旬 8:00或9:00~16:30或17:00）和红杉国家公园的**矿金河谷护林站**（Mineral King Ranger Station；☎559-565-3768；⊙5月下旬至9月上旬8:00~16:00）季节性开放。可在免费的园区报纸上查看其他游客服务信息。

休姆湖（全年）和斯托尼溪（Stony Creek；仅夏季）提供加油服务，但价格昂贵，两者均位于公园外的国家森林内。

到达和当地交通

5月下旬至9月上旬，红杉国家公园内有免费班车往返于巨木森林和罗奇波尔村地区，而**Sequoia Shuttle**（☎877-287-4453；www.sequoiashuttle.com）从公园开往三河镇和维萨莉亚（Visalia；往返车票含公园门票$15，需预约），从维萨莉亚可转乘其他公共交通至美国国铁车站。目前国王峡谷国家公园内没有公共交通设施。

内华达山脉东部 (Eastern Sierra)

广阔、空旷、雄伟的内华达山脉东部，群峰高低错落，矗立在广阔的大盆地（Great Basin）沙漠内，壮观景致有如一杯烈性的鸡尾酒。Hwy 395公路贯穿整个内华达山脉，多条岔路延伸开去，通往松树林、野花遍布的草地、宁静的湖泊、沸腾的温泉和冰川侵蚀的峡谷。徒步者、背包客、山地自行车骑手以及垂钓和滑雪爱好者群集于此。主要的游客中心分别设在马默斯湖（Mammoth Lakes）和毕晓普（Bishop）。

在**波迪鬼镇州立历史公园**（Bodie State Historic Park; ☎760-647-6445; www.bodiefoundation.org; Hwy 270; 成人/儿童 $7/5; ⏲5月中旬至10月 9:00~18:00，11月至次年5月中旬至15:00），一座淘金鬼镇仍旧弥漫着腐朽死寂的气息。渐渐风化的建筑长时间暴露在尘土飞扬、大风侵袭的平原上，犹如被冻结在时间的长河中一般。鬼镇位于布里奇波特（Bridgeport）以南大约7英里处，沿着Hwy 270向东行驶13英里（最后3英里的路段未经铺砌）就到了。冬季该路段经常因为积雪而关闭。

再往南来到**莫诺湖**（Mono Lake; www.monolake.org），神秘的凝灰岩塔从碱性湖水中突起，犹如一座座沙堡。紧邻Hwy 395的**莫诺盆地景区游客中心**（Mono Basin Scenic Area Visitor Center; ☎760-647-3044; ⏲4月至11月 8:00~17:00）提供出色的展览及讲解与导览游时刻表。位于南岸的**南凝灰岩区**（South Tufa Area; 成人/儿童 $3/免费）是最佳的拍摄地点。从邻近小镇利韦宁（Lee Vining）出发，沿Hwy 120往西，经过迪欧戈山口即可进入约塞米蒂国家公园（见192页）。

取道Hwy 395继续往南，你可以绕道到景色秀丽、16英里长的**六月湖环线**（June Lake Loop）或继续前行至**马默斯湖**（Mammoth Lakes），这里是著名的四季度假胜地，海拔11,053英尺的**马默斯山**（Mammoth Mountain; ☎800-626-6684; www.mammothmountain.com; 10001 Minaret Rd）静静守卫着它。马默斯山拥有一流的滑雪场地。夏季，这里摇身变成了山地自行车公园。马默斯湖盆地（Mammoth Lakes Basin）和Reds Meadow一带也有露营、钓鱼和一日的徒步游等活动。这里不远处就是**魔鬼柱国家保护区**（Devils Postpile National Monument; ☎760-934-2289; www.nps.gov/depo; 班车一日票成人/儿童 $7/4; ⏲5月下旬至10月），由于火山活动，这里形成了高60英尺的玄武岩石林。温泉迷们可以在紧邻Benton Crossing Rd的天然温泉浴池内尽享温泉之乐，或者在**热溪地质区**（Hot Creek Geological Site; www.fs.usda.gov/inyo; Hot Creek Hatchery Rd; ⏲日出至日落）免费 观赏间歇泉。这两个自然景区都紧邻Hwy 395，位于小镇的东南边。镇上的**马默斯湖服务中心和护林站**（Mammoth Lakes Welcome Center & Ranger Station; ☎866-466-2666; www.visitmammoth.com; 2510 Main St; ⏲8:00~17:00）提供实用的地图和信息。

再往南，沿着Hwy 395一路往下进入欧文斯山谷（Owens Valley），很快就能抵达充满边境风情的**毕晓普**（Bishop）。这里有不少小景点，包括画廊和一个历史悠久的**铁路博物馆**（railroad museum; ☎760-873-5950; www.lawsmuseum.org; Silver Canyon Rd; 捐献 $5; ⏲10:00~16:00; 👪）。在整个内华达山脉东部，毕晓普是驮马游的主要通道，也是钓鱼和攀岩的最佳地点。

记得预留半天的时间，开车到**古狐尾松林**（Ancient Bristlecone Pine Forest; ☎760-873-2500; www.fs.usda.gov/inyo; 每车 $6; ⏲通常5月中旬至11月）体验一场惊险之旅。在海拔超过1万英尺的怀特山（White Mountains）山坡上，想象中没有生命存在的地方，这些粗糙得像是来自不同世界的树木却在生长。最古老的树被称为玛土撒拉（Methuselah），估计已超过4700岁。有一条铺好的道路（冬春两季会因积雪关闭）通往舒尔曼树林（Schulman Grove）的游客中心，那里有各种不同的徒步线路正等着你去探险。从巨松镇（Big Pine）沿Hwy 395，转Hwy 168后往东13英里，然后在White Mountains Rd上坡，继续行驶10英里就是游客中心。

沿Hwy 395继续往南到独立关（Independence）和**曼扎纳尔国家历史遗址**（Manzanar National Historic Site；☎760-878-2194；www.nps.gov/manz；5001 Hwy 395，Independence；⌚清晨至傍晚，游客中心 9:00~16:30）免费。"二战"时期，珍珠港被袭后，约1万名日籍美国人被不公正地监禁在这里的战争拘禁营中。曼扎纳尔记录的就是这一段历史。这里有讲解性展览和小短片，详细地介绍了拘禁营时期的生活，是一段可以自助游览的简短路线。

继续往南到孤松镇（Lone Pine），终于能一睹**惠特尼山**（Mt.Whitney；www.fs.usda.gov/inyo）的风采。它是美国本土48个州的最高峰，海拔14,505英尺。开车沿着**Whitney Portal Road**（冬季关闭）一路往上，这是一条11英里长的景观公路，沿途景色壮观，美得让人窒息。登山是这里的热门活动，但是需要申请**许可证**（permit；www.recreation.gov；每人 $15），而许可证的签发几率和中六合彩的几率差不多。位于孤松镇西边的是怪石嶙峋的**阿拉巴马山**（Alabama Hills），让不少好莱坞西部电影之制片人为之着迷。在**孤松镇电影历史博物馆**（Museum of Lone Pine Film History；☎760-8769909；www.lonepinefilmhistorymuseum.org；701 S Main St；成人/儿童 $5/免费；⌚周一至周三 10:00~18:00，周四至周六 10:00~19:00，周日 至16:00）陈列着老纪念品和电影海报。**内华达山脉东部跨部门游客中心**（Eastern Sierra InterAgency Visitor Center；☎760-876-6222；www.fs.fed.us/r5/inyo；Hwy 395和Hwy 136的交叉处；⌚8:00至17:00）可签发野营许可证、提供户外游憩资讯及书籍、销售地图。

住宿

内华达山脉东部的露营地遍布各地。在偏远地区露营需要野营许可证，许可证可提前预约或直接在护林站领取。毕晓普、孤松镇和布里奇波特汽车旅馆很多，马默斯湖有几间汽车旅馆和数不清的旅馆、民宿、公寓及假期出租屋。在夏季，提前预约是很必要的。

El Mono Motel　汽车旅馆 $

（☎760-647-6310；www.elmonomotel.com；51 Hwy 395，Lee Vining；房间带/不带卫生间 $89/69起；⌚5月中旬至10月；📶）与一家咖啡馆相邻，舒适的汽车旅馆房间就在莫诺湖的附近，从约塞米蒂国家公园的迪欧戈山口出发，开车到旅馆很近。

Whitney Portal Hostel　青年旅舍 $

（☎760-876-0030；www.whitneyportalstore.com；238 S Main St，Lone Pine；铺/四 $25/84；❄📶🐾）铺着地毯的客房内设有高低床。虽然设备极其简陋，却受到惠特尼登山者的欢迎。旅舍内设有公共淋浴间（$5）。

★ Tamarack Lodge　度假屋、小屋 $$

（☎800-626-6684，760-934-2442；www.tamaracklodge.com；163 Twin Lakes Rd，Mammoth Lakes；房间带/不带卫生间 $149/99起，小屋 $169起；@📶👪）🌿这家贴心的湖畔度假村创立于1924年，为客人提供度假屋客房和带厨房的小屋。房间从简单到奢华应有尽有，有的甚至还带有燃木壁炉。

Dow Hotel & Dow Villa Motel　酒店、汽车旅馆 $$

（☎800-824-9317，760-876-5521；www.dowvillamotel.com；310 S Main St，Lone Pine；房间 $85~150，不带卫生间 $70；❄@📶🏊🐾）这家重新整修、带有复古风情的酒店开业于1922年，约翰·韦恩（John Wayne）和埃罗尔·弗林（Errol Flynn）等众多影星都曾下榻于此。现代化的汽车旅馆客房更为舒适。

餐饮

Good Life Café　美国菜 $

（mammothgoodlifecafe.com；126 Old Mammoth Rd，Mammoth Lakes；主菜 $7~10；⌚6:30~15:00）分量十足的早餐、口感扎实的汉堡、加州墨西哥式卷饼、健康的蔬菜卷饼以及超大分量的沙拉，让这家餐厅常年门庭若市。

Raymond's Deli　熟食 $

（raymondsdeli.com；206 N Main St，Bishop；单品 $5~9；⌚10:00~17:30；✍）迎合大众口味的时尚装潢，店内有弹球游戏。餐厅供应的三明治馅料丰富，搭配了各种有趣的名字，像"When Pigs Fly"（当猪也会飞）和"Flaming

Farm”（燃烧的农场）。放松一下，来一杯加州微酿啤酒吧。

★ Whoa Nellie Deli　加利福尼亚菜 $$

（☎760-647-1088；Tioga Gas Mart, 22 Vista Point Rd，紧邻Hwy 120, Lee Vining；主菜$7~20；⏲4月下旬至11月上旬 7:00~21:00；👪）加油站内也有美食？没错，一定要来这家神奇的路边厨房试一试。主厨Matt Toomey为客人制作可口的墨西哥鱼肉玉米饼（fish tacos）、野生水牛烘肉卷（wild buffalo meatloaf）和烧烤肋骨（barbecue ribs）等美味佳肴。

Skadi　欧洲菜 $$$

（☎760-934-3902；skadirestaurant.com；587 Old Mammoth Rd, Mammoth Lakes；主菜$24~32；⏲17:30~21:30）你可以一边眺望梦幻般的山间美景，一边品尝北欧式的“高山菜肴”，如烤脆皮三文鱼（roasted-skin salmon）、杜松五香鸭脯配越橘（juniper-spiced duck breast with lingonberries），再配上一杯上好的葡萄酒。

Mammoth Brewing Company Tasting Room　自酿酒吧

（www.mammothbrewingco.com；94 Berner St, Mammoth Lakes；⏲10:00~18:00）这里有大量的桶装啤酒可免费试喝，享用完后还可以买几瓶IPA 395或Double Nut Brown带回家。

Looney Bean Coffee　咖啡馆

（www.looneybean.com；399 N Main St, Bishop；⏲周一至周六 6:00~18:00，周日 7:00~17:00；📶）这是一家当地人经常溜达的咖啡馆，供应新鲜酿造的啤酒、水果冰沙和烘焙食品。在马默斯湖有一家分店。

塔霍湖（Lake Tahoe）

塔霍湖是美国第二深的湖泊，波光粼粼的湖面呈蓝绿色。驾车沿着绵延72英里的湖岸线行走，除了可以欣赏引人入胜的湖色美景外，也着实是一种锻炼。北岸宁静而奢华，西岸崎岖而老旧，东岸尚未开发，南岸忙碌于家庭和华丽的赌场。环绕在湖周围的角状群峰跨越了加利福尼亚州-内华达州的州界线，是全年开放的户外度假胜地。

每到夏季、冬季的周末和节假日，塔霍湖就人潮拥挤，所以提前预约是非常必要的。**塔霍湖旅游局**（Lake Tahoe Visitors Authority；☎800-288-2463；www.tahoesouth.com）和**北塔霍湖游客办事处**（North Lake Tahoe Visitors' Bureaus；☎888-434-1262；www.gotahoenorth.com）拥有多个游客信息中心。在**州立公园**（☎800-444-7275；www.reserveamerica.com；露营区 $35~50；🎓🐾）和**美国林务局辖区**（USFS lands, United States Forest Service；☎877-444-6777, 518-885-3639；www.recreation.gov；露营区 $20~40，👪🐾）可露营。

南塔霍湖和西岸 (South Lake Tahoe & West Shore)

热闹的Hwy 50两侧林立着老式的汽车旅馆和餐馆，使南塔霍湖显得异常拥挤。斯德特莱恩（Stateline）的赌场旅馆就在跨越内华达州界的地方，吸引了成千上万的旅行者来此试手气。同样具有吸引力的还有世界级的滑雪胜地**Heavenly**（☎775-586-7000；www.skiheavenly.com；3860 Saddle Rd；👪）。夏季，乘坐Heavenly的**缆车**（gondola；成人/儿童 $38/20）一路向上，保证能够欣赏到南塔霍湖和**孤寂荒原**（Desolation Wilderness）的绝妙景色。后者有着原始的花岗岩峰林、冰川蚀刻的峡谷和高山湖泊，迷人的自然

> **不要错过**
>
> **内华达山脉东部顶级户外景点**
>
> **波迪鬼镇州立历史公园**（Bodie State Historic Park；见199页）一个令人毛骨悚然的淘金热时期空城。
>
> **莫诺湖**（Mono Lake；见199页）超自然、外形神秘的矿石形态。
>
> **马默斯山**（Mammoth Mountain；见199页）高端冬季运动和山地自行车骑行。
>
> **古狐尾松林**（Ancient Bristlecone Pine Forest；见199页）地球上最古老的树。
>
> **曼扎纳尔国家历史遗址**（Manzanar National Historic Site；见200页）“二战”时期拘禁营的完整历史呈现。

景致散发着荒凉之美，深获徒步旅行者的喜爱。记得去**UFSF Taylor Creek Visitor Center**（☎530-543-2674; www.fs.usda.gov/ltbmu; Hwy 89; ⊙5月下旬至10月每日开放，时间不同）获取地图、相关信息和**野营许可证**（wilderness permits; ☎877-444-6777; www.recreation.gov; 成人每人 $5~10）。游客中心就在Hwy 50和Hwy 89的Y形交叉口以北3英里处的**塔拉克遗址**（Tallac Historic Site; Tallac Rd; 免费入场，团队游 成人/儿童 $5/3; ⊙6月中旬至9月 10:00~16:30，5月下旬至6月中旬仅周五周六开放; 🐾）后者还保留着20世纪早期的度假庄园。

从多沙、适宜游泳的**西风湾**（Zephyr Cove）穿过内华达州边界或镇内的滑道码头（Ski Run Marina），**塔霍湖游轮公司**（Lake Tahoe Cruises; ☎800-238-2463; www.zephyrcove.com; 成人/儿童 $47/10起）的"Big Blue"全年开行。回到岸上，这里有精品时尚汽车旅馆如**Alder Inn**（☎530-544-4485; www.thealderinn.com; 1072 Ski Run Blvd; 房间 $85~229; 📶🏊）和时髦的**Basecamp Hotel**（☎530-208-0180; basecamphotels.com; 4143 Cedar Ave, 房间含早 $115~239, 📶🐾），后者有一个顶楼热水浴池和一个公共篝火坑。你可以到提倡素食主义的**Sprouts**（3123 Harrison Ave; 主菜 $6~10; ⊙8:00~21:00; 🌿）用餐，这是一家采用天然食材的咖啡馆，或到**Burger Lounge**（☎ 530-542-2010; www.burgerloungeintahoe.com; 717 Emerald Bay Rd; 单品 $4~9; ⊙10:00~20:00, 10月至次年5月时间较短; 👪）享用淋上了香浓花生酱的汉堡和香蒜薯条。

Hwy 89沿着树木繁茂的西岸向西北方向延伸，通向**翡翠湾州立公园**（Emerald Bay State Park; ☎530-541-6498; www.parks.ca.gov; 每车 $8~10; ⊙5月下旬至9月每日开放）。公园内的花岗岩峭壁和松树形成了一个峡湾式的天然入口。这里有一段长约1英里的陡峭小径，向下通往**维京堡**（Vikingsholm Castle; 团队游成人/儿童$10/8; ⊙5月下旬至9月 每日10:30或11:00~16:00）。从这座建于20世纪20年代的北欧风格城堡出发，沿着湖岸徒步穿行在4.5英里长的**Rubicon Trail**，往北经过数个小湾来到**杜安比利斯州立公园**（DL Bliss State Park; ☎530-525-7277; www.parks.ca.gov; 每车 $10; ⊙通常5月下旬至9月; 👪），公园内有沙滩。继续往北，**Tahoma Meadows B&B Cottages**（☎866-525-1533, 530-525-1553; www.tahomameadows.com; 6821 W Lake Blvd, Homewood; 小别墅含早 $109~199; 📶👪🐾）提供迷人的乡村小屋。

北岸和东岸（North & East Shores）

作为北岸的商业中心，**塔霍城**（Tahoe City）是个购买生活用品和租借户外装备的好地方。距离塔霍城不远的是**斯阔谷**（Squaw Valley USA; ☎800-403-0206; www.squaw.com; 1960 Squaw Valley Rd, Olympic Valley; 👪）是个大型滑雪胜地，1960年的冬季奥林匹克运动会就是在这里举办的。滑完雪后，人们聚集到草木繁茂的**Bridgetender Tavern**（www.tahoebridgetender.com; 65 W Lake Blvd; 主菜 $8~12; ⊙周日至周四 11:00~23:00，周五周六至深夜）放松交流。早上，到乡土气息浓郁的**Fire Sign Cafe**（www.firesigncafe.com; 1785 W Lake Blvd, Sunnyside; 主菜 $7~11; ⊙7:00~15:00; 👪）享用班尼迪克蛋配熏鲑鱼（eggs Benedith with house-smoked salmon），咖啡馆位于湖岸以南2英里处。

夏季可以到**塔霍维斯塔**（Tahoe Vista）或**国王海滩**（Kings Beach）游泳或划皮艇。晚上投宿在**Franciscan Lakeside Lodge**（☎ 800-564-6754, 530-546-6300; franciscanlodge.com; 6944 N Lake Blvd, Tahoe Vista; 双 $95~285; 📶🏊👪），那里有简朴的小屋、小别墅和带厨房的套房。或选择保存完好、精致的**Hostel Tahoe**（☎530-546-3266; hosteltahoe.com; 8931 N Lake Blvd, Kings Beach; 铺 $32, 房间 $65~80, ⊙入住时间 16:00~19:00; @📶）。国王海滩的东边就是通向内华达州的Hwy 28，公路两旁的湖畔餐馆提供简单的餐食。可以到**Crystal Bay Club Casino**（☎775-833-6333; www.crystalbaycasino.com; 14 Hwy28）听一场现场音乐，如果想要寻找更热闹的酒吧和法式小馆，则得开车去远一点的**茵克莱村**（Incline Village）了。

塔霍湖内华达州立公园（Lake Tahoe-Nevada State Park; parks.nv.gov; 每辆车 $7~12）凭着其质朴原始的海滩、湖泊和绵延数英里的多用途小径，成为东岸最大的看点。夏季，人们大量涌入沙港（Sand Harbor），在绿松石色的水中嬉戏。公园内有一条长达15英里的Flume Trail，它是自行车爱好者的圣地，小径继续往南最终到达斯普纳湖（Spooner Lake）。回到茵克莱村，Flume Trail Bikes（775-298-2501；www.flumetrailtahoe.com；1115 Tunnel Creek Rd；自行车出租每日 $35~90，班车 $10~15）提供自行车出租服务和开往登山口的班车。

特拉基及周边（Truckee & Around）

紧邻I-80州际公路，位于塔霍湖北边的特拉基实际上并不是一个卡车停靠站，而是一个欣欣向荣的山区小镇。小镇中心的历史文化区集聚着咖啡馆、时尚精品店和餐厅。对于滑雪爱好者来说，这里有好几个旅游胜地任你挑选，包括迷人的北极星滑雪场（Northstar-at-Tahoe；800-466-6784；www.northstarattahoe.com；5001 Northstar Dr；）、由沃尔特·迪士尼共同创办的儿童主题公园糖罐子（Sugar Bowl；530-426-9000；www.sugarbowl.com；629 Sugar Bowl Rd，Norden；）和越野滑雪者的天堂皇家峡谷（Royal Gorge；530-426-3871；www.royalgorge.com；9411 Pahatsi Rd，Soda Springs；）。

唐纳峰（Donner Summit）就在Hwy 89的西边。1846~1847年严冬时，西部移民史上的悲剧主角"唐纳大队"（Donner Party）正是被困于此，当时最终只有不到一半的人靠吃死去朋友的尸体充饥才存活了下来。唐纳探险队州立纪念公园（Donner Memorial State Park；www.parks.ca.gov；Donner Pass Rd；每车 $8；博物馆 10:00~17:00，9月至次年5月 周二周三关闭；）内的博物馆记录下了这个可怕的事件。公园内的唐纳湖（Donner Lake）深受游泳者和风帆冲浪者的喜爱。

喜欢自己动手，而且不介意做一些零活儿的徒步旅行者和滑雪者，可以住在镇外的Clair Tappan Lodge（800-679-6775，530-426-3632；www.sierraclub.org/outings/lodges/ctl；19940 Donner Pass Rd，Norden；铺含餐 成人/儿童 $60/30起；），它是位于Sierra Club内的一家简朴度假屋。在特拉基郊外，持有绿色认证的Cedar House Sport Hotel（866-582-5655，530-582-5655；www.cedarhousesporthotel.com；10918 Brockway Rd；房间含早 $170~290；）提供时尚精品客房和一个露天温泉浴池。在Fifty Fifty Brewing Co（www.fiftyfiftybrewing.com；11197 Brockway Rd；11:00~21:00，周五和周六 至21:30）可畅饮"Donner Party Porter"。

到达和当地交通

南塔霍湖快车（South Tahoe Express；866-898-2463，775-325-8944；www.southtahoeexpress.com；单程/往返 $30/53）每日有数个班次往返于内华达州的里诺塔霍国际机场（Reno-Tahoe International Airport）和斯德特莱恩之间。**北塔霍湖快车**（North Lake Tahoe Express；866-216-5222，775-786-3706；www.northlaketahoeexpress.com；单程/往返 $45/85）连接里诺机场、特拉基、北极星、斯阔谷以及北岸城镇。

特拉基的**美铁车站**（Amtrak Depot；10065 Donner Pass Rd）每日有列车发往萨克拉门托（$50，4.5小时）和里诺（$16，1.5小时），而灰狗巴士每日提供两趟长途汽车开往里诺（$18，1小时）、萨克拉门托（$45元，2.5小时）和旧金山（$41，6小时）。美铁巴士将萨克拉门托与南塔霍湖（$34，2.5小时）连接了起来。

Area Regional Transit（TART；800-736-6365，530-550-1212；www.placer.ca.gov/tart；单程票/一日票 $1.75/3.50）提供从特拉基出发、环北岸和西岸的巴士路线。南塔霍湖地区的巴士由**BlueGO**（530-541-7149；www.bluego.org；单程票/一日票 $2/5起）运营，夏季的Nifty 50有轨电车朝西岸行进，最后到达塔霍玛（Tahoma），并与TART相连。

冬季在I-80、US50和其他山区公路行驶常常需要用到雪地防滑链。此外，这些道路也可能会因暴风雪而暂时关闭。

太平洋沿岸西北部

包括 ➡

最佳餐饮

- Cascina Spinasse(见221页)
- Saffron Mediterranean Kitchen(见240页)
- Ox(见248页)
- New Sammy's Cowboy Bistro(见263页)

最佳住宿

- Sun Mountain Lodge(见235页)
- Kennedy School(见247页)
- Oxford Hotel(见260页)
- Hotel Five(见218页)

为何去

人们通常把州视为一个地理区域，然而美国西北部却是一片亚文化和新趋势之地。在那里，常绿乔木勾勒出白雪皑皑的火山，涂鸦在餐巾纸背面的有创造力的点子成为明日商机的开端。对于这片土地，或许你无法一层层揭开它历史的面纱，却可以从日新月异的城市变化中满怀希冀地凝视美好的未来，就好比西雅图和波特兰，这里有遍地美食餐车、有轨电车、精酿啤酒厂、城市绿化带、咖啡鉴赏家和各种古怪的城市雕塑。

自从有了俄勒冈小道(Oregon Trail)，美国的西北部对于冒险家和梦想家来说就具有着如催眠般的魔力，如磁石一般吸引他们前来。这里的空气如此纯净，简直可以装瓶出售；树木参天，有的比很多罗马文艺复兴时期的宫殿还古老；大陆尽头的海岸线，拦住了世界上最大的海洋。牛仔们注意了，要论“狂野”或“西部”，无出此右。

何时去

西雅图

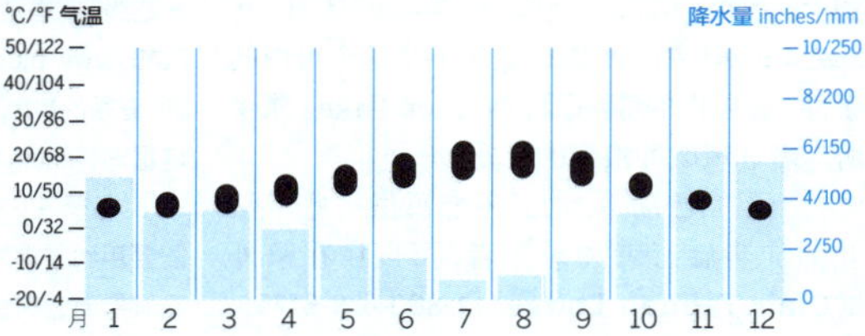

1月至3月 卡斯卡德山脉及周边地区的积雪厚度最适合滑雪。

5月 波特兰玫瑰节、西雅图国际电影节、俄勒冈莎士比亚戏剧节。

7月至9月 春雪融尽后，秋风初起前，便是徒步旅行的最佳月份。

垃圾摇滚和其他亚文化

伴随着“X一代”有关个人卫生问题的焦虑，垃圾摇滚如同晴日里的一声霹雳在20世纪90年代初的西雅图音乐舞台上炸响。这一腔怒火已酝酿了数年。而硬核朋克乐则起源于20世纪70年代末期的波特兰，由当地的叛逆者The Wipers乐队引领，其反流行的追随者们纷纷聚集在类似于Satyricon这样传奇廉价的“潜水酒吧”里。另一股音乐热潮兴起于奥林匹亚，在那里，独立厂牌的Beat Happening乐队开创了“低保真”（lo-fi）音乐流派，用以暗讽唱片工业。形态各异的年轻文化如潮涌现，西雅图迅速成为垃圾摇滚的布道台，孕育了Pearl Jam、Soundgarden和Alice in Chains等一批乐队。1991年，自Nirvana乐队的*Nevermind*专辑从迈克尔·杰克逊的手中抢走音乐榜单之首后，这股音乐风潮席卷了全球，但这场运动注定无法获得成功，旋即而来的声名很快就扼杀了它。自90年代中期之后，太平洋沿岸西北部地区的亚文化已主要局限在该区域，尽管这里的音乐还一如既往地强劲中肯。

精酿啤酒厂

“啤酒鉴赏”现在是一个风靡全国的活动，但这项给商业酿造啤酒增添几许风味的运动却是在20世纪80年代时兴起的。

美国最早的自酿啤酒厂是1980年在波特兰建立Cartwright Brewing Company，这是一家经营形式灵活多变的酒厂。第一家正式的啤酒吧是1982年在华盛顿城市雅基马开设的Grant's，如今早已不复存在。这种形式随着1984年波特兰的Bridgeport Brewing Company的开业而迅速风靡，一年后，Beervana的老牌酿酒商Mike和Brian McMenamin兄弟也跟上了这股潮流，他们奇特的啤酒帝国至今仍是这个地区自酿啤酒工艺的代表。

如今，华盛顿和俄勒冈拥有大约300家自酿啤酒厂（单是波特兰就有超过50家）。他们仍旧采用传统的天然原材料——麦芽、啤酒花和酒曲，小批量地出产着高品质的啤酒。

最佳州立公园

- **莫兰州立公园（Moran State Park）** 奥卡斯岛
- **艾科拉州立公园（Ecola State Park）** 卡侬海滩
- **欺骗海峡州立公园（Deception Pass State Park）** 惠德比岛
- **沃登要塞州立公园（Fort Worden State Park）** 汤森港
- **石灰窑点州立公园（Lime Kiln Point State Park）** 圣胡安群岛
- **佩尔佩图阿海角国家公园（Cape Perpetua State Park）** 靠近亚查茨

不要错过

就在华盛顿和俄勒冈两州之间，深藏着美国最为壮丽的四个国家公园：瑞尼尔山国家公园（Mt Rainier；建于1899年）、火山口湖国家公园（Crater Lake；建于1902年）、奥林匹克国家公园（Olympic；建于1938年），以及北卡斯卡德山脉国家公园（North Cascades；建于1968年）。

太平洋沿岸西北部

快速参考

- **枢纽城市** 西雅图（人口621,000）、波特兰（人口594,000）
- **距离西雅图车程** 波特兰（174英里）、温哥华（140英里）
- **时区** 太平洋标准时间（PST）

你知道吗

1998至1999年的冬天，华盛顿西北部的滑雪胜地贝克山（Mt Baker）仅一季就有1140英寸的降雪，年降雪量为有史以来最大。

网络资源

- **华盛顿州立公园和娱乐委员会**（Washington State Parks & Recreation Commission; www.parks.wa.gov）
- **俄勒冈州立公园和娱乐部**（Oregon State Parks & Recreation Dept; www.oregonstateparks.org）
- **华盛顿国家旅游局**（Washington State Tourism Office; www.tourism.wa.gov）

太平洋沿岸西北部亮点

❶ 骑自行车和划皮艇游览**圣胡安群岛**（见232页）较为寂静的角落。

❷ 从风景优美的阿斯托利亚到宜人的奥福德港，探索美丽的**俄勒冈州海岸**（见266页）。

❸ 在华盛顿的**奥林匹克国家公园**（见227页）欣赏比欧洲文艺复兴时期的城堡更加古老的树木。

❹ 在**西雅图**（见210页）剧场形式的**派克市场**（见211页）欣赏一出太平洋西北地区最棒的室外演出。

❺ 漫步在**波特兰**（见240页）青葱静谧的街道，用啤酒、咖啡和美食车提神补劲儿。

❻ 前往**火山口湖国家公园**（见261页）见识不可思议的湛蓝湖水和如画的全景。

去Kamloops
坎卢普斯
(130mi)
CANADA
加拿大
British Columbia
不列颠哥伦比亚省
Castlegar
去Cranbrook
克兰布鲁克(28mi)
0 100 km
0 50 miles
North Cascades National Park
北卡斯卡德国家公园
Newhalem纽哈莱姆
Methow Valley
Winthrop
温斯罗普
Stehekin
斯特希金
Cascade Range
Pacific Crest Trail
Colville Indian Reservation
科尔维印第安人保留区
Columbia River
哥伦比亚河
Colville
Priest Lake
Lake Roosevelt
Newport
纽波特
Spokane Indian Reservation
斯波坎印第安人保留区
Lake Pend Oreille
Coulee Dam
大深谷水坝
Lake Chelan
奇兰湖
Chelan
奇兰
Spokane River
Montana
蒙大拿州
Coeur d'Alene
Spokane
斯波坎
Coeur d'Alene Lake
Leavenworth
莱文沃思
Coulee City
Snoqualmie Pass
斯诺夸尔米山口
Wenatchee
韦纳奇
Washington
华盛顿州
Moses Lake
去Missoula
米苏拉(38mi)
Idaho
爱达荷州
Ellensburg
埃伦斯堡
Mt Rainier National Park
雷尼尔山国家公园
Colfax
Columbia River
Pullman
Moscow
Yakima
雅基马
Snake River
斯内克河
Yakama Indian Reservation
Toppenish
Benton City
斑顿市
Kennewick
肯纳威克
Walla Walla
瓦拉瓦拉
Lewiston
Blue Mountains
蓝山
Mt Adams
亚当斯山
(12,276ft)
Hood River
胡德河
Columbia River
Umatilla
Grand Ronde River
Hells Canyon National Recreation Area
地狱峡谷国家游乐区
Arlington
Pendleton
彭德尔顿
Umatilla Indian Reservation
Eagle Cap Wilderness
鹰帽荒野
Imnaha伊姆纳哈
Enterprise安特普莱斯
Joseph
约瑟夫
La Grande
Wallowa Mountains
瓦洛瓦山脉
Hell's Canyon Dam
地狱峡谷水坝
Warm Springs Indian Reservation
John Day River
约翰戴河
Halfway
哈夫维
Oxbow
奥克斯博
Baker City
贝克市
Kimberley
Madras
马德拉斯
Mitchell
米切尔镇
John Day Fossil Beds National Monument
约翰戴河化石河床国家保护区
John Day
约翰戴
Prineville
普赖恩维尔
Three Sisters三姐妹峰(10,363ft)
Bend本德
Broken Top
Seneca
Ontario
安大略
Oregon
俄勒冈州
Malheur River
Boise
博伊西
Burns
伯恩斯
Newberry National Volcanic Monument
纽贝里国家火山保护区
Crane
Lake Owyhee
Harney Lake
Malheur Lake
Jordan Valley
Summer Lake
Summer Lake
Lake Abert
Frenchglen
弗伦奇格伦
Warner Lakes
Steens Mountain
Burns Junction
Idaho
爱达荷州
Alvord Desert
阿尔沃德沙漠
Crump Lakes
Lakeview
McDermitt
Goose Lake
California
加利福尼亚州
Nevada
内华达州

历史

当18世纪欧洲人抵达太平洋沿岸西北部的时候，包括切努克族（Chinook）和撒利希语族（Salish）在内的美洲原住民早已建立了历史悠久的沿海部落。而在内陆，位于卡斯卡德山脉（Cascades）和落基山（Rocky Mountain）之间的干旱高原上，斯波坎人（Spokane）、内兹佩尔塞人（Nez Percé）和其他部落随着季节变换在河谷和温带高地之间来回迁徙，日渐繁盛。

在哥伦布（Columbus）踏上新大陆（New World）的300年之后，西班牙人和英国人开始探索北太平洋海岸，寻找传说中的西北航道（Northwest Passage）。1792年，海军上校乔治·温哥华（Captain George Vancouver）成为了第一个经水路到达普吉特海湾（Puget Sound）的探索者，并且宣称英国对这整个地区拥有主权。与此同时，美国的罗伯特·格雷船长（Captain Robert Gray）发现了哥伦比亚河（Columbia River）的入海口。1805年，探险家刘易斯（Lewis）和克拉克（Clark）穿越落基山脉经哥伦比亚到达太平洋，扩大了美国领土的范围。

1824年，英国的Hudson's Bay Company在华盛顿建立了一座温哥华堡（Fort Vancouver），作为公司在哥伦比亚区域的总部。这虽然打开了移民潮的大门，却对本土文化带来了毁灭性的冲击，其中，最致命的攻击来自于欧洲的疾病和酒精。

1843年，在位于波特兰以南的威拉梅特河（Willamette River）河岸小城尚波伊（Champoeg），移民者建立了一个独立于Hudson's Bay Company控制之外的临时政府，从此将他们的命运与美国紧系在一起了。此时，美国已经通过1846年的条约，正式从英国手里赢得了这片领土。在接下来的10年中，大约53,000名移民经由2000英里长的俄勒冈小道来到了美国西北部。

铁路的兴建奠定了该地区的发展前景。直到1914年，农业和木材工业开始成为支柱产业，当时第一次世界大战的爆发及巴拿马运河（Panama Canal）的开通为太平洋港口带来了大量的贸易。普吉特海湾一带出现了许多船厂，波音飞机公司也在西雅图附近开设了业务。

20世纪30年代和40年代的大型水坝工程提供了廉价的水电能源和灌溉能力。第二次世界大战进一步推动了飞机和轮船制造业的发展，农业也得到了更加蓬勃的发展。在战后时期，华盛顿的人口增长到了俄勒冈的两倍，尤其集中在普吉特海湾附近。

20世纪80年代和90年代，高新技术产业崛起，经济重心随之转移，最显著的代表便是西雅图的微软公司（Microsoft）和波特兰的英特尔公司（Intel）。

在太平洋西北岸的……

4天

花两天的时间逛逛西雅图，参观主要景点，包括派克市场（Pike Place Market）和西雅图中心（Seattle Center）。第三天动身前往**波特兰**，像当地人一样，骑上自行车到酒吧、咖啡馆、美食小推车和商店走走吧。

1周

除了四日游的行程，可额外参观几个著名景点，如**瑞尼尔山**、**奥林匹克国家公园**、**哥伦比亚河峡谷**和**胡德山**（Mt Hood），也可以探索迷人的俄勒冈州海岸（推荐**卡侬海滩**一带）或奥林匹克半岛历史悠久的海港——**汤森港**。

2周

火山口湖国家公园令人难忘，还可以加上**阿什兰**（Ashland）和那里的莎士比亚戏剧节（Shakespeare Festival）。不要错过与加拿大仅一水之隔的缥缈的**圣胡安群岛**，还有该地区最大的户外景点——**本德**。如果你喜欢品酒，华盛顿的**瓦拉瓦拉**就是你的圣地，而**威拉梅特谷**则是俄勒冈的黑品诺葡萄酒天堂。

然而，哥伦比亚附近的水电工程和大量的灌溉项目在过去几十年来已威胁到了河流的生态系统，伐木业也同样贻患至今。但通过引入国内一些最具有环保意识的公司，该地区已经重获生态平衡，它的几大主要城市全都跻身于全国绿化最佳的城市之列。在应对气候问题的努力上，它也当仁不让站在了最前沿。

当地文化

太平洋沿岸西北部人的传统形象就是穿着随意、轻啜着拿铁的都市人，开着丰田普锐斯(Prius)，支持民主党，iPod里永远少不了自涅槃乐队发端的独立摇滚乐，一路行走一路聆听。不过，正如大多数区域概况一样，现实情况远要复杂得多。

得益于声名在外的历史悠久的咖啡馆文化和丰富的酒馆，西雅图和波特兰的中心城区成为了西北部地区最具标志性的城市。不过，直接向东进入相对干燥且缺少绿色的内陆区域，文化属性就渐趋传统。在哥伦比亚河峡谷(Columbia River Valley)或者是华盛顿州东南部的干旱草原上，小镇经常会举办一些热闹的竞技活动，旅游中心主要宣传的是牛仔文化。就连这里的咖啡都直白纯粹，没有西雅图常见的印第安拿铁(chai latte)和冰咖啡。

相对于繁忙紧张的东海岸，西部的生活更加悠闲自在，而少了几分纽约或波士顿的辛苦奔忙。在西部人的概念里，他们工作是为了更好的生活，而生活不是为了工作。的确，这里冬雨绵绵，太平洋岸西北部的人民有足够的借口逃避朝九晚五的单调工作，花上几个小时(甚至几天)的时间来进行很棒的户外运动。每到5月底6月初，当夏日第一缕明媚的阳光照耀着这片土地的时候，大批徒步旅行者和骑行者便满怀热情地开始活跃在国家公园和野外。这个地区也因此而闻名。

创造性是西北部的另一个非常鲜明的特点，这个特点使他们重新定义了现代摇滚乐，也重置了微软最新的计算机程序。不甘心总是屈居于加利福尼亚和香港之后，太平洋沿岸西北部在近几十年开始重塑它的国际影响力，方法便是借助著名的电视节目(比如《欢乐一家亲》(*Frasier*)和《波特兰迪亚》(*Portlandia*)、全球知名的名人形象(比尔·盖茨)以及创新音乐活动，由此催生了垃圾摇滚和女权朋克等一系列文化现象。

这里的社会极具包容性，从娱乐性药物的许可、同性恋权利到安乐死均有一席之地。通常，这里的人们在总统选举中支持民主党，人们也热衷于“更加绿色”的生活方式，并将之实践于广泛的资源回收项目、“可持续”餐厅和生物柴油观鲸之旅等。一位早期的环保实践倡导者，西雅图的前市长格雷格·尼克斯(Greg Nickels)如今已成为气候变化问题的主要发言人。而不断发展的波特兰也在美国可持续发展城市和单车骑行者最友好城市的列表中长期占据榜首地位。

ℹ 到达和当地交通

飞机

西雅图-塔科马国际机场(Seattle-Tacoma International Airport；见224页)，也就是常说的“西雅-塔科”，与波特兰国际机场(Portland International Airport；见252页)同为该区域最主要的国际机场，主要服务许多北美城市和几个国际城市。

船

华盛顿州渡轮公司(Washington State Ferries, WSF；见225页)连接西雅图和班布里奇(Bainbridge)以及瓦逊岛(Vashon Islands)。其他航线包括，经惠德比岛前往奥林匹克半岛(Olympic Peninsula)的汤森港(Port Townsend)，由阿纳科特斯(Anacortes)穿过圣胡安群岛前往加拿大不列颠哥伦比亚省的锡特尼(Sidney, BC)。维多利亚快船(见225页)提供从西雅图到不列颠哥伦比亚省维多利亚(Victoria, BC)的快艇服务，同时也有安吉利斯港到维多利亚的航运。

阿拉斯加海上公路(Alaska Marine Highway；简称AMHS；☎800-642-0066；www.ferryalaska.com)渡船从华盛顿贝灵汉开往阿拉斯加。

长途汽车

灰狗巴士(Greyhound；www.greyhound.com)主要运行于华盛顿北部贝灵汉到俄勒冈南部梅福德(Medford)的I-5州际公路路段，也提供从美国到加拿大的服务。东西运行路线呈扇形分布，开往斯波坎、雅基马，华盛顿州的三城[Tri-Cities;

肯纳威克(Kennewick)、帕斯科(Pasco)、里奇兰(Richland)]、瓦拉瓦拉和普尔曼，以及俄勒冈的胡德河(Hood River)和彭德尔顿(Pendleton)。私人客运穿梭于区域内的大多数小城镇之间，多可连接灰狗巴士或美国铁路(Amtrak)。

汽车

自己开车是游览太平洋西北岸最便利的方式。这里有许多大大小小的汽车出租公司。I-5州际公路是南北走向的主干道。在华盛顿州，I-90州际公路从西雅图起向东连接斯波坎，直至爱达荷州(Idaho)。在俄勒冈，I-84公路从波特兰沿着哥伦比亚河峡谷东向出口连接到爱达荷州的博伊西(Boise)。

火车

美国铁路公司(Amtrak; www.amtrak.com)的列车服务范围北至加拿大温哥华、南到加利福尼亚，Cascades和Coast Starlight列车连通了西雅图、波特兰和其他主要都市中心。著名的Empire Builder则从西雅图和波特兰往东开向芝加哥(在斯波坎分路行驶)。

华盛顿州概览

别称 常青州

人口 6,897,000

面积 71,342平方英里

首府 奥林匹亚(人口47,266)

其他城市 西雅图(人口621,000)、斯波坎(人口210,103)、雅基马(Yakima; 人口92,512)、贝灵汉(Bellingham; 人口81,862)、瓦拉瓦拉(Walla Walla; 人口32,148)

消费税 6.5%

诞生于此地的名人 歌手兼演员宾·克罗斯比(Bing Crosby; 1903~1977年)、吉他手吉米·亨德里克斯(Jimi Hendrix; 1942~1970年)、电脑奇才比尔·盖茨(Bill Gates; 1955年出生)、政治评论家格伦·贝克(Glen Beck; 1964年出生)、乐坛偶像柯特·科本(Kurt Cobain; 1967~1994年)

发源地/所在地 圣海伦火山(Mt St Helens)、微软、星巴克、诺德斯特龙百货(Nordstrom)、常青州立学院(Evergreen State College)

政治倾向 民主党州长、民主党参议员、自1988年总统选举起进入民主党阵营

著名之处 垃圾摇滚、咖啡、电视剧《实习医生格蕾》(*Grey's Anatomy*)、电影《暮光之城》(*Twilight*)、火山、苹果、葡萄酒、降水量

著名蔬菜 瓦拉瓦拉甜洋葱

车程 西雅图到波特兰174英里、斯波坎到安吉利斯港(Port Angeles)365英里。

华盛顿州

华盛顿州被卡斯卡德山脉分成两部分，但是它并没有因此呈现出明显的两极分化。以西雅图为中心的西海岸区域潮湿、城市化、自由，并且以它丰饶的常绿森林而闻名；及至东部地区，在知名度略逊一筹的斯波坎和雅基马之间，则是干旱、保守、充满乡野风味的内陆平原，覆盖着大片大片的灌木草原。

对这两部分来说，西区坐拥了大部分华盛顿的精华景点，而更偏远的东部地区则稍显落后、朴素，但却充满了未知的惊喜。

西雅图(Seattle)

把俄勒冈波特兰的智慧和加拿大温哥华的美丽结合起来，大概就是西雅图的样子了。很难想象，直到20世纪80年代，西雅图这个太平洋沿岸西北部最大的都市还只被认为是美国的一个二线城市。直到它将大胆的创新和张扬的个性结合起来之后，才使自己转变为互联网时代最大的引领者之一。而这个潮流的引领者却是一些轻啜着咖啡的计算机怪才和纸上谈兵的音乐家们组成的联盟，这听起来是如此的不可思议。当下的这个城市里，垃圾摇滚已经是历史书中的陈旧玩意儿，再创新才是时下的流行词。星巴克也不得不面对大批寻求生存的独立咖啡店的围追堵截。

西雅图有些地方出奇地优雅，也有些地方十分前卫时髦。西雅图因其繁华的街区、顶级的大学、恐怖的交通拥堵和拥有绿色环保证书的英明市长而闻名。尽管这些年西雅图一直孕育着属于自己的流行文化，却还是没有创造出可比拟巴黎或纽约的城市传奇，但它的确拥有一座“高山”。对了解这座城市的人来说，瑞尼尔山(Rainier)或许更加有名，这座高14,411

值得一游

先锋广场

先锋广场(Pioneer Square)是西雅图最古老的街区,不论你来自罗马还是伦敦,这都不算言过其实。这里的大部分建筑都是1889年大火(这是一场毁灭性的地狱之火,烧毁了包括整个商业中心区在内的25个城市街区)之后建造的,均采用的是当时非常流行的一种红砖复古式的理查森罗曼式(Richardson Romanesque)建筑风格。最初的那些年里,这一街区大起大落的命运将它的主干道Yesler Way变成了地道的"滑动路"(也指"贫民街"),喻指将原木从山上滚下来,送到码头边亨利·斯乐(Henry Yesler)的工厂里。当木材工业陷入困境后,这条路成了流浪汉的安身之所,它的名字也逐渐传遍全国,成了贫困的城市飞地的代名词。

幸亏当时社会各界相互协作共同努力,这一带才没有被20世纪60年代的拆迁队破坏,现在作为先锋广场-滑动路历史街区(Pioneer Sq-Skid Rd Historic District)而受到保护。

现在的先锋广场既有古老的历史古迹,也有艺术画廊、咖啡馆和丰富的夜生活。最具标志性的建筑是42层的**史密斯塔**(Smith Tower; 2nd Ave S与Yesler Way交叉路口; 观景台 成人/儿童 $7.5/5; ⏲10:00至黄昏)。该塔竣工于1914年,在1931年以前一直是密西西比河以西的最高建筑。其他亮点包括1909年建成的**佩尔戈拉**(Pergola),这是个装饰性铁建筑,让人联想起巴黎地铁站;**西方公园**(Occidental Park),公园里有切努克艺术家杜安·帕斯科(Duane Pasco)雕刻的图腾柱。

克朗代克淘金潮国家历史公园(Klondike Gold Rush National Historical Park; www.nps.gov/klse; 117 S Main St; ⏲9:00~17:00; 🚉International District/Chinatown)是一座非常棒的博物馆,由美国国家公园管理局(US National Park Service)出色地经营着。公园里满是有关1897年克朗代克淘金潮的各种展品、图片和剪报。对当时奔着加拿大育空地区(Yukon)而去的淘金者来说,快速发展的西雅图就是他们的加油站。要知道,在其他任何地方,这类博物馆的门票都得$10,可在西雅图却是免费的!

英尺、遍布岩石和冰川的大山是西雅图统一的象征。它的存在始终提醒着这个城市的民众,原始的荒野和潜在的火山灾难从未远离。

景点

市中心

★派克市场 市场

(Pike Place Market; www.pikeplacemarket.org; 位于Virginia St、Union St、1st Ave和Western Ave之间; ⏲周一至周六 9:00~18:00,周日至17:00; 🚉Westlake)一些小商店随意地分布在邻水地带,嘈杂的人群中聚集了老派波希米亚人、新潮餐馆老板、环保主义者、激进的学生、艺术家、城市的街头艺人和工匠。由此可见,派克市场就是一个嘈杂异味、个性谐趣的城市剧院综合体,这种四海一家的味道简直可以和伦敦相媲美。派克市场从1907年开始营业,它就是西雅图的缩影,是这个城市地地道道、原汁原味的浓缩精华,同西雅图一样包罗万象、中庸之道和值得骄傲。

西雅图艺术博物馆 博物馆

(Seattle Art Museum; SAM; www.seattleartmuseum.org; 1300 1st Ave; 成人/儿童 $17/11; ⏲周二、周三、周六和周日 10:00~17:00,周四和周五 至21:00; 🚉University St)虽然无法与纽约和芝加哥的知名博物馆相比,但西雅图艺术博物馆反而时时变换新面貌。过去10年来,博物馆的展览空间增加了100,000平方英尺,并采购了价值约10亿美元的艺术品,其中包括西班牙画家苏巴朗(Zurbarán)和牟利罗(Murillo)的作品。博物馆得名于丰富的美洲原住民手工艺品及本地西北部学校的学生作品,特别是马克·托比(Mark Tobey; 1890~1976年)的作品。现代美洲艺术也在这里得到了很好的呈现。

贝尔镇 街区

(Belltown)昔日喷着黑烟的工厂,已被如今敞亮的公寓所取代,贝尔镇上狭窄的街道

Seattle 西雅图

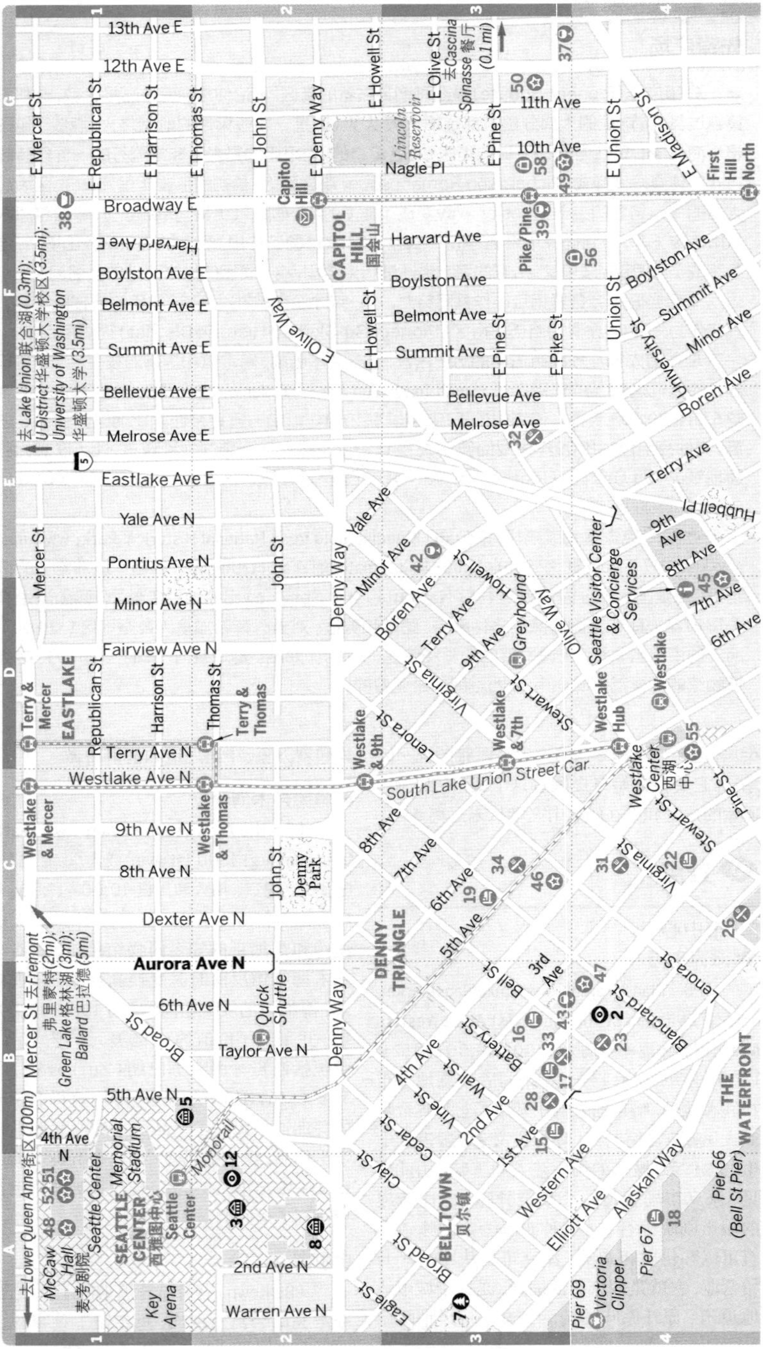
0 500 m
0 0.25 miles
去Lower Queen Anne街区(100m)
McCaw Hall 麦考剧院
48
52 51
4th Ave N
Seattle Center
SEATTLE CENTER 西雅图中心
Memorial Stadium
Seattle Center
Monorail
Key Arena
3
8
12
5
2nd Ave N
Warren Ave N
5th Ave N
Mercer St 去Fremont 弗里蒙特(2mi); Green Lake格林湖(3mi); Ballard巴拉德(5mi)
Broad St
Taylor Ave N
6th Ave N
Quick Shuttle
Aurora Ave N
Dexter Ave N
8th Ave N
9th Ave N
Westlake & Mercer
Westlake & Thomas
Westlake Ave N
Terry & Mercer
Terry Ave N
Terry & Thomas
EASTLAKE
Republican St
Harrison St
Thomas St
Fairview Ave N
Minor Ave N
Pontius Ave N
Yale Ave N
Eastlake Ave E
Mercer St
John St
Denny Park
Denny Way
DENNY TRIANGLE
Melrose Ave E
Bellevue Ave E
Summit Ave E
Belmont Ave E
Boylston Ave E
Harvard Ave E
Broadway E
38
去Lake Union联合湖(0.3mi); U District华盛顿大学校区(3.5mi); University of Washington 华盛顿大学(3.5mi)
E Mercer St
E Republican St
E Harrison St
E Thomas St
E John St
E Denny Way
E Howell St
E Olive St
E Olive Way
Capitol Hill
CAPITOL HILL 国会山
Lincoln Reservoir
Nagle Pl
13th Ave E
12th Ave E
11th Ave
10th Ave
去Cascina Spinasse 餐厅(0.1mi)
50
37
58
49
39
56
Pike/Pine
E Pine St
E Pike St
E Union St
E Madison St
First Hill North
Harvard Ave
Boylston Ave
Belmont Ave
Summit Ave
Bellevue Ave
Melrose Ave
32
Union St
University St
Boren Ave
Minor Ave
Summit Ave
Terry Ave
Hubbell Pl
9th Ave
8th Ave
7th Ave
6th Ave
45
Seattle Visitor Center & Concierge Services
Yale Ave
Minor Ave
42
Boren Ave
Howell St
Terry Ave
9th Ave
Greyhound
Olive Way
Virginia St
Stewart St
Westlake & 9th
Lenora St
Westlake & 7th
Westlake Hub
Westlake
Westlake Center 西湖中心
55
South Lake Union Street Car
8th Ave
7th Ave
6th Ave
5th Ave
34
46
19
31
22
Pine St
Stewart St
Virginia St
26
Lenora St
Blanchard St
Bell St
3rd Ave
47
43
2
16
33
23
Battery St
4th Ave
Wall St
17
Vine St
2nd Ave
28
Cedar St
1st Ave
15
Clay St
Western Ave
Elliott Ave
Alaskan Way
BELLTOWN 贝尔镇
Broad St
Eagle St
7
Pier 69
Victoria Clipper
Pier 67
18
Pier 66 (Bell St Pier)
THE WATERFRONT
A
B
C
D
E
F
G
1
2
3
4

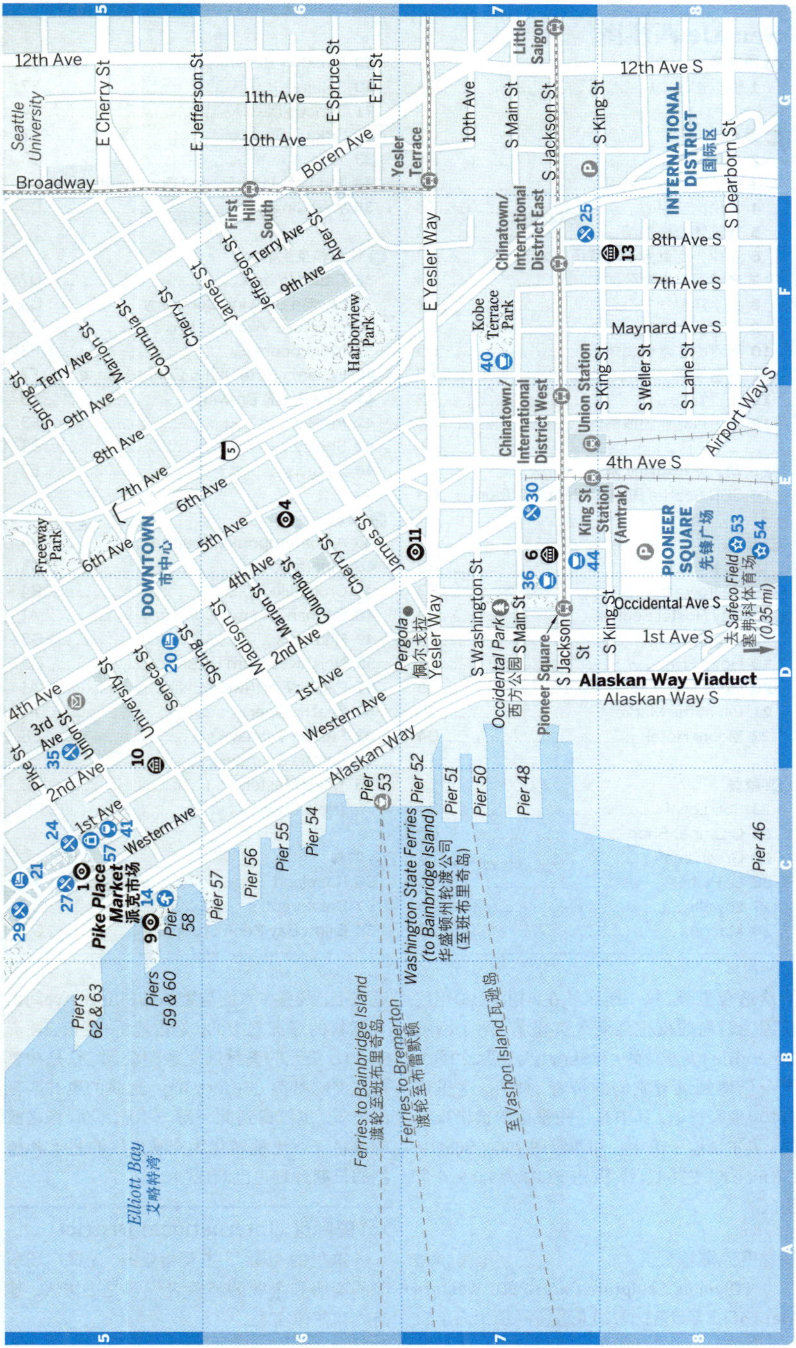

12th Ave
E Cherry St
E Jefferson St
E Spruce St
E Fir St
11th Ave
10th Ave
Seattle University
Broadway
Boren Ave
Yesler Terrace
10th Ave
S Main St
Little Saigon
S Jackson St
12th Ave S
S King St
INTERNATIONAL DISTRICT
国际区
S Dearborn St
First Hill South
Terry Ave
Alder St
James St
Jefferson St
9th Ave
Cherry St
Columbia St
Marion St
Terry Ave
Spring St
9th Ave
8th Ave
7th Ave
6th Ave
5th Ave
4th Ave
Harborview Park
E Yesler Way
Chinatown/International District East
25
13
8th Ave S
7th Ave S
Maynard Ave S
Kobe Terrace Park
40
Chinatown/International District West
Union Station
S King St
S Weller St
S Lane St
Airport Way S
4th Ave S
Freeway Park
6th Ave
DOWNTOWN
市中心
4
11
James St
Cherry St
Columbia St
Marion St
Madison St
Spring St
Seneca St
University St
4th Ave
3rd Ave
Union St
Pike St
2nd Ave
20
1st Ave
2nd Ave
Western Ave
Pergola
佩尔戈拉
Yesler Way
S Washington St
Occidental Park
西方公园
S Main St
36
6
44
30
King St Station (Amtrak)
PIONEER SQUARE
先锋广场
53
54
Occidental Ave S
S King St
1st Ave S
去 Safeco Field 塞弗科体育场 (0.35mi)
Pioneer Square
S Jackson St
Alaskan Way Viaduct
Alaskan Way S
35
10
Alaskan Way
Pier 53
Pier 52
Pier 51
Pier 50
Pier 48
Pier 46
24
1st Ave
41
57
Western Ave
21
1
27
29
Pike Place Market
派克市场
14
9
Pier 58
Pier 57
Pier 56
Pier 55
Pier 54
Piers 62 & 63
Piers 59 & 60
Washington State Ferries (to Bainbridge Island)
华盛顿州轮渡公司(至班布里奇岛)
Ferries to Bainbridge Island
渡轮至班布里奇岛
Ferries to Bremerton
渡轮至布雷默顿
至 Vashon Island 瓦逊岛
Elliott Bay
艾略特湾

Seattle 西雅图

重要景点

1	派克市场	C5

景点

2	贝尔镇	B4
3	奇胡利玻璃艺术园	A2
4	哥伦比亚中心	E6
5	音乐体验博物馆	B1
6	克朗代克淘金潮国家历史公园	E7
7	奥林匹克雕塑公园	A3
8	太平洋科学中心	A2
9	西雅图水族馆	C5
10	西雅图艺术博物馆	D5
11	史密斯塔	E7
12	太空针塔	A2
13	温・卢克亚洲博物馆	F8

活动、课程和团队游

14	SBR Seattle Bicycle Rental & Tours	C5

住宿

15	Ace Hotel	B3
16	Belltown Inn	B3
17	City Hostel Seattle	B3
18	Edgewater	A4
19	Hotel Five	C3
20	Hotel Monaco	D5
21	Inn at the Market	C5
22	Moore Hotel	C4

就餐

23	360 Local	B4
24	Crumpet Shop	C5
25	Green Leaf	F7
26	Le Pichet	C4
27	Lowells	C5
28	Macrina	B3
29	Piroshky Piroshky	C5
30	Salumi	E7
31	Serious Pie	C4
32	Sitka & Spruce	E3
33	Tavolàta	B3
34	Top Pot Hand-Forged Doughnuts	C3
35	Wild Ginger	D5

饮品和夜生活

36	Caffè Umbria	D7
37	Elysian Brewing Company	G3
38	Espresso Vivace at Brix	F1
39	Neighbours	F3
40	Panama Hotel Tea & Coffee House	F7
41	Pike Pub & Brewery	C5
42	Re-Bar	E3
43	Shorty's	B3
44	Zeitgeist	E7

娱乐

45	A Contemporary Theatre	D4
46	Cinerama	C3
47	Crocodile	B4
48	Intiman Theater Company	A1
49	Neumo's	G3
50	Northwest Film Forum	G3
51	Pacific Northwest Ballet	A1
52	Seattle Opera	A1
53	Seattle Seahawks	E8
54	Seattle Sounders	E8
55	TicketMaster	D4
	Triple Door	（见35）

购物

56	Babeland	F4
57	DeLaurenti's	C5
58	Elliott Bay Book Company	G3

恰恰适合步行。这一街区早在20世纪90年代就因为时尚的夜生活而久负盛名，两个酒吧Crocodile（见222页）和Shorty's（见222页）至今仍然延续着它们的传奇。此外，这里还有100多家餐馆，其中有一些餐馆的价格很亲民。贝尔镇位于市中心和西雅图中心（Seattle Center）之间，纵横占地约为10×6个街区。

奥林匹克雕塑公园 公园、雕塑

（Olympic Sculpture Park; 2901 Western Ave; 日出至日落; 13）免费 高悬于火车轨道之上，藏身在水面与繁忙的Elliott Ave间出人意料的绿洲之中的，是占地8.5英亩、耗资8500万美元的奥林匹克雕塑公园。只是冲着越过艾略特湾（Elliott Bay）远眺的奥林匹克山美景，也值得到此一游。何况，公园将之前的棕色工业土地转化为充满生气的艺术和植物的长期计划也已渐成型。

国际区（International District）

这里的“国际”主要指亚洲。先锋广场东部的商店和企业的经营者大多是中国人、越南人和菲律宾人。

温·卢克亚洲博物馆 博物馆

（Wing Luke Asian Museum；www.wingluke.org；719 S King St；成人/儿童 $12.95/8.95；⊙周二至周日 10:00~17:00；Chinatown/International District E）2008年乔迁新址、焕然一新的温·卢克亚洲博物馆主要研究亚洲和美国环太平洋地区的文化，重点关注一些比较棘手的问题，如19世纪80年代中国移民的生存问题和"二战"时期的日裔美国人拘禁营。此外也有艺术展以及一个受到保护的移民公寓。博物馆提供导览项目，推荐参加。

西雅图中心（Seattle Center）

1962年的未来主义世界博览会暨21世纪展览会是由西雅图主办的，当时的一些展品被保存在西雅图中心，至今已近60年。这些展品如此珍贵。当时，展览会取得了巨大的成功，吸引了1000万参观客，不仅实现了盈利（对于当时来说是非常罕见的），而且还催生了一部电影——《猎艳情歌》（*It Happened at the World's Fair*；1963年）。这是一部让人浑身起鸡皮疙瘩的通俗爱情剧，由猫王埃尔维斯（Elvis）主演。

太空针塔 地标

（Space Needle；www.spaceneedle.com；400 Broad St；成人/儿童 $19/12；⊙周一至周日 8:00~24:00；Ⓜ Seattle Center）你可能来自阿拉巴马州（Alabama）或西非的廷巴克图（Timbuktu），但是你对西雅图的难忘印象将会是太空针塔。高塔为1962年的世界博览会而建，线条流畅，远远超前于那个时代，50多年来一直是这座城市的标志。太空针塔高耸立在原博览会场址之上，现在这里是西雅图中心。尽管门票较贵，但它每年仍吸引了超过100万名观光者登上塔上飞碟状的观景台。

音乐体验博物馆 博物馆

（EMP Museum；www.empsfm.org；325 5th Ave N；成人/儿童 $20/14；⊙6月至9月中 10:00~19:00，9月中至次年5月 10:00~17:00；Ⓜ Seattle Center）最近重新命名为EMP Museum的这家博物馆是超前卫建筑风格和摇滚历史的戏剧性结合，作为"体验音乐项目"（Experience Music Project，简称EMP）在2000年开幕。博物馆由微软的共同创办人保罗·艾伦（Paul Allen）创立，灵感来自西雅图著名吉他手吉米·亨德里克斯（Jimi Hendrix）的音乐，原意只是为了对吉米·亨德里克斯致敬，之后渐渐扩展到其他本地音乐家。

奇胡利玻璃艺术园 博物馆

（Chihuly Garden & Glass；☎206-753-3527；www.chihulygardenandglass.com；305 W Harrison St；成人/儿童 $19/12；⊙周日至周四 11:00~19:00，周五和周六 11:00~20:00；Ⓜ Seattle Center）像西雅图这种规模的大城市不是每年都会将一个这样高质量的博物馆添加进城市的名胜列表的。为了强化城市作为"北美威尼斯"的地位，这座精致的建筑展示了本地玻璃雕塑家戴尔·奇胡利（Dale Chihuly）的生平和作品。第一眼看到，你会忍不住猛吸一口气。博物馆在2012年5月开幕，已迅速成为可与太空针塔比肩的城市标志。

国会山（Capitol Hill）

国会山上既有百万富翁也有哥特摇滚音乐家。这一地区非常富有，民风也很开放，拥有著名的实验剧场、非主流音乐秀、独立咖啡馆以及不容忽视的同性恋文化。在这里，你可以带着你的狗享受一次草本浴，到百老汇（Broadway）选购民族工艺品，或者在不拘一格的派克街-松树街（Pike-Pine Corridor）一带加入（或者不）年轻的朋克族或老嬉皮士之中。从Broadway与E John St的交叉路口起步，可以尽览这个街区各式各样的餐厅、自酿酒吧、精品店和昏暗但绝不肮脏的潜水酒吧。

当地知识

比太空针塔还高

大家一窝蜂冲向标志性的太空针塔，但这既不是西雅图最高的也不是最便宜的景点。这个荣誉要归于光亮时髦、带有色窗户的**哥伦比亚中心**（Columbia Center；701 5th Ave；成人/优惠 $9/6；⊙周一至周五 8:30~16:30）。该中心建于1985年，这座932英尺高的建筑是太平洋西北岸最高的建筑。从位于73层的豪华观景台可以鸟瞰渡轮、汽车、群岛、屋顶，还有……哈哈，太空针塔！

弗里蒙特 (Fremont)

年轻潮人和老嬉皮士在弗里蒙特结合成一个不可思议的城市联盟，与国会山一同成为了西雅图最不协调的街区。这里充斥着旧货店和城市雕塑，满是它所独有的滑稽感。

公共雕塑 纪念碑

(Public Sculpture)在弗里蒙特，公众艺术前所未有地生机勃发。弗里蒙特街头有一组叫**等待城际列车**(Waiting for the Interurban; N 34th St与Fremont Ave N交叉路口)的铝铸雕塑，塑像中的人在等待永远都不会到来的列车：连接西雅图和埃弗里特(Everett)的城际铁路在20世纪30年代就已经停止运营了(虽然在2001年恢复运营，但新的列车路线已经不经过这里了)。再仔细看看这个狗身人脸的雕像，你会发现正是阿尔曼·史蒂芬尼(Armen Stepanian)，他曾经是弗里蒙特市荣誉市长，当初曾错误地反对铸造这个雕像。同样吸引眼球的还有**弗里蒙特巨人**(Fremont Troll; N 36th St与Troll Ave交叉路口)。这座可怕的巨人雕塑足有18英尺高，左手抓着一辆大众甲壳虫汽车，像是要把它捏碎似的。**弗里蒙特火箭**(Fremont Rocket; Evanston Ave与N 35th St交叉路口)就是一个火箭，1993年在贝尔镇附近被发现，现在被连接到了一栋建筑上，很有意思。弗里蒙特最具争议的艺术作品是**列宁像**(N 36th St 和 Fremont Pl N交叉路口)。它原本属于斯洛伐克(Slovakia)，在1989年的革命中被推倒。即使讨厌政治，你也应该钦佩艺术的魅力和为艺术而生的勇气。

华盛顿大学校区 (The U District)

U-dub(华盛顿大学别名，美国西北部俚语)是年轻、好学的外地人的街区，美丽葱郁的华盛顿大学校园与破旧的“大道”(Ave)比邻，这里有许多廉价商店、潜水酒吧和民族风味餐馆。

华盛顿大学 大学

(University of Washington; www.washington.edu; 🚌70)这所位于西雅图的大学创立于1861年，几乎和城市同龄，在全球排名相当靠前(权威杂志*Times Higher Education*在2013年将它列为全球第24名)。如今校园占地700英亩，坐落于联合湖(Lake Union)畔，在市中心东北方向大约3英里处，校园遍布宏伟的大树和美丽的建筑，在喷泉和植物间可窥见瑞尼尔山令人惊叹的景观。

伯克博物馆 博物馆

(Burke Museum; www.burkemuseum.org; 17th Ave NE和NE 45th St交叉路口; 成人/儿童$10/7.5; ⏲10:00~17:00 🚌70)这是华盛顿大学校内两座博物馆中稍好的一座。主要的收藏品是令人印象深刻的化石标本，包括一个两万年前的剑齿虎的化石。同样引人注目的是博物馆里17种不同的美洲原住民文化展。

巴拉德 (Ballard)

巴拉德曾是一个航海社区，具有浓厚的斯堪的纳维亚传统，但给人的感觉仍像是被大城市吞没的小镇。这个传统上坚毅、严肃且不商业化的小镇正逐渐被“公寓化”，却仍然不失为一个喝自酿啤酒或观赏现场乐队演奏的好地方。

海勒姆·M·奇滕登水闸 花园

(Hiram M Chittenden Locks; 百乐水闸; 3015 NW 54th St; ⏲5月至9月，水闸24小时、鱼梯和花园

不要错过

探索公园

探索公园(Discovery Park; www.seattle.gov/parks/environment/discovery.htm; 🚌33)原本是个军事设施，后来改建为野外海滨公园。这个城市景观的新成员迟至1973年才正式开幕，而军队在2012年才终于撤离。公园占地534英亩，拥有城市最大的绿地，园内点缀着悬崖、草地、沙丘、森林和海滩，为困于都市的西雅图人提供了休闲小憩乃至接触野生生物的空间。到Government Way入口附近的**探索公园环境学习中心**(Discovery Park Environmental Learning Center; ☎206-386-4236; 3801 W Government Way; ⏲8:30~17:00)可以获取公园的小道及路线图。公园位于西雅图市中心西北5英里处Magnolia区内。从市区的3rd Ave和Union St搭乘33路巴士可抵达公园。

7:00~21:00，游客中心 10:00~18:00；62）阳光灿烂的时候，在海勒姆·M·奇滕登水闸看西雅图，它闪着粼粼水光，宛如一副印象派风景画。在这里，华盛顿湖（Lake Washington）和联合湖的淡水流经8英里长的华盛顿湖运河，下行22英尺，汇入普吉特咸水海湾。在水闸的南边，你可以在水下玻璃池参观鱼梯。Carl English Jr Botanical Gardens植物园侧翼北面有一座小型博物馆和一个游客中心，展示有关水闸历史的文档。

活动

骑车

伯克-吉尔曼路线（Burke-Gilman Trail）从巴拉德一直延伸到西雅图东部肯莫尔山（Kenmore）的罗格·布姆公园（Log Boom Park），全程16.5英里，是最受自行车骑行者欢迎的路线，最终与11英里长的**瑟马米什河路线**（Sammamish River Trail）会合，后者蜿蜒途经伍丁维尔（Woodinville）的圣·米歇尔酒庄（Chateau Ste Michelle），最终到达雷德蒙德（Redmond）的玛丽摩尔公园（Redmond's Marymoor Park）。

更多的自行车骑行者选择绕**格林湖**（Green Lake）环行，湖泊就在弗里蒙特北面，位于市区中心地带以北5英里处。全程2.5英里长的**艾略特湾路线**（Elliott Bay Trail）以贝尔镇为起点，经过海滨，最后到达史密斯湾（Smith Cove）。

西雅图市的**自行车和行人交通项目**（Transportation Bicycle & Pedestrian Program; www.cityofseattle.net/transportation/bikemaps.htm）出版有《西雅图骑行指南地图》（*Seattle Bicycling Guide Map*），可以从网上下载，或在自行车店购买。

租借自行车或参加团队游可前往**Recycled Cycles**（www.recycledcycles.com; 1007 NE Boat St; 租金每6/24小时 $20/40; 周一至周五 10:00~20:00，周六和周日 10:00~18:00; ; 66）。这家店位于华盛顿大学校区内，店主很和善。店里同时还出租儿童用的两轮车和追踪自行车的配套装置。此外亦可选择**SBR Seattle Bicycle Rental & Tours**（800-349-0343; www.seattlebicyclerentals.com; Pier 58; 租金每小时/日 $10/40; 周三至周一11:00~19:00; University St），价格合理，提供一日游行程（网上订购）。

水上运动

西雅图不仅拥有供自行车骑行的线路网络，它还有着与威尼斯比例差不多的市区水域，所以也有许多利于皮艇运动的水域线路。**湖泊水闸水上路线**（Lakes to Locks Water Trail）贯穿瑟马米什湖、华盛顿湖和联合湖，并通过海勒姆·M·奇滕登水闸将普吉特湾也连接了起来。如需获得活动场所信息和地图，请登录**华盛顿水上线路协会**（Washington Water Trails Association; www.wwta.org）的网站。

联合湖上的**Northwest Outdoor Center Inc**（www.nwoc.com; 2100 Westlake Ave N; 租用皮艇每小时 $14~22; 62）提供皮划艇出租、团队游和海上及激浪皮艇培训。

团队游

西雅图免费徒步游 步行游览

（Seattle Free Walking Tours; www.seattlefreewalkingtours.org）由几个环球旅行者和一些西雅图当地人在2012年设立的非营利组织。这些深度游团队每天上午11:00在Western Ave和Virginia St的街角集合，全程2小时。如果你很享受这个团队游（可能性非常高），建议捐献$15。

徒步西雅图 步行游览

（Seattle by Foot; 206-508-7017; www.seattlebyfoot.com; 团队游 $20~25）这家公司提供一些团队游服务，包括必不可少的蜗行咖啡之旅（Coffee Crawl），在这里，导游一边向你解释拿铁艺术微妙之处和星巴克崛起的内幕，同时会用咖啡因将你淹没。团队游费用为$25，包含咖啡品尝。每周四至周日早上9:50开始，在西雅图艺术博物馆外登记即可。

品尝西雅图 美食游

（Savor Seattle; 206-209-5485; www.savorseattletours.com; 团队游 $59.99）这里提供几种美食游览选择，最精彩的是从每天16:00自Western Ave和Virginia St街角开始的两小时豪饮狂吃（Booze-n-Bites）之旅。

儿童畅游西雅图

最好的选择就是搭乘单轨列车直奔西雅图中心，美食摊、街头表演者、喷泉和绿地，这一切会让时光飞逝。一个必游之地是**太平洋科学中心**（Pacific Science Center；www.pacsci.org；200 2nd Ave N；成人/儿童 仅展览 $18/13，加IMAX $22/17；周一至周五 10:00~17:00，周六和周日 10:00~18:00；Seattle Center），包括虚拟现实展、激光表演、全息摄影、IMAX电影院和天文馆，寓教于乐，就是父母也不会觉得无聊。

位于中心区的Pier 59的**西雅图水族馆**（Seattle Aquarium；www.seattleaquarium.org；1483 Alaskan Way, Pier 59；成人/儿童 $19/12；9:30~17:00；；University St）是一个了解太平洋西北海岸自然界的有趣方式。更有趣的是位于格林湖街区的**林地公园动物园**（Woodland Park Zoo；206-684-4800；www.zoo.org；5500 Phinney Ave N；成人/儿童 10月至次年4月 $12.5/8.75，5月至9月 $18.75/11.75；10月至次年4月 9:30~16:00，5月至9月 9:30~18:00；；5），西雅图最棒的旅游景点之一，一直被评为美国十大动物园之一。

节日和活动

西雅图国际电影节　电影节

（Seattle International Film Festival；SIFF；www.siff.net；票价 $13~30；5月中旬）这个城市最大的电影节，一般会动用市内6家电影院，在麦考剧院（McCaw Hall）的内施奥姆家庭演讲厅（Nesholm Family Lecture Hall）也有其专属影院。

海洋节　水上狂欢

（Seafair；www.seafair.com；7月/8月）这场水上盛事总是人头涌动。主要项目有水上划艇竞赛、火炬游行、空中表演、音乐演出和嘉年华狂欢。

雨伞音乐节　音乐节、文学节

（Bumbershoot；www.bumbershoot.com；9月）这是一场艺术和文化盛典，于9月的劳动节周末在西雅图中心举行。届时有现场音乐演奏、作者朗诵和其他许多各式各样的娱乐活动。

住宿

从11月中旬一直到次年3月底，市区大部分酒店都会推出西雅图超实惠套餐（Seattle Super Saver Packages），价格通常会比平时降低50%，同时提供一本包含餐饮、购物及景区优惠券在内的小册子。网上预订请登录www.seattlesupersaver.com。

★Moore Hotel　酒店 $

（206-448-4851；www.moorehotel.com；1926 2nd Ave；单/双 公共卫生间 $68/80，独立卫生间 $85/97；；Westlake）Moore是一家古色古香的酒店，据说还闹过鬼，但是，它的前台服务态度很好，地理位置也极佳。如果这些都不足以打动你，那么它的价格一定可以。酒店内设有一个可爱的咖啡馆，隔壁有潜水酒吧Nitelite Lounge。你可以一口气从这里走到派克市场。

City Hostel Seattle　青年旅舍 $

（206-706-3255；www.hostelseattle.com；2327 2nd Ave；6/4人间 铺 $28/32，双 $73，均含早餐；@；Rapid Ride D-Line）花很少的钱住进一家艺术画廊，在贝尔镇这绝对不是痴心妄想。这家新开的“艺术旅舍”就是如此，它使父辈们住宿青年旅舍的日子显得如此苍白。这里有充满艺术气息的宿舍客房、公共休息室、热水浴缸、室内电影院（提供免费DVD），还有让你吃到饱的早餐。

★Hotel Five　精品酒店 $$

（206-441-9785；www.hotelfiveseattle.com；2200 5th Ave；房间 $165起；P；13）位于贝尔镇Fifth Ave，由老Ramada Inn改造而成，复古的20世纪70年代家具与鲜艳的色彩交融，营造出了一种耀眼的现代感。房间设施功能同样出色，床铺十分舒适，完全可以用来治疗失眠症。宽大的接待处在下午时分提供免费蛋糕和咖啡，让人流连。

★Maxwell Hotel　精品酒店 $$

（206-286-0629；www.themaxwellhotel.

com；300 Roy St；房间 $179起；P ❄ @ 📶 🏊；🚌Rapid Ride D-Line）这座华美的精品酒店让Lower Queen Anne街区增色不少，精心设计的宽敞大堂让人很愿意掏出信用卡。网上定期有特价促销。

Ace Hotel
酒店 $$

（☎206-448-4721；www.acehotel.com；2423 1st Ave；房间带公共/独立卫生间 $109/199；P 📶；🚌13）Ace酒店的装修效仿（大体上）其时髦的波特兰兄弟酒店，采用极尽简约的未来主义装饰风格（所有东西都是白色或不锈钢的，就连电视也是）。地毯是古老的法国军用毛毯，枕边放的是避孕套而不是薄荷糖，房间里的《爱经》（*Kama Sutra*）取代了《圣经》。停车费为$15。

Belltown Inn
酒店 $$

（☎206-529-3700；www.belltown-inn.com；2301 3rd Ave；单/双 $159/164；P ❄ @ 📶；🚌Rapid Ride D-Line）这是真的吗？Belltown酒店位于黄金地段，价格却如此低廉，真是让人难以相信它不是刚刚从低消费水平的小城市搬过来的。但是，并非如此：干净的多功能客房、便利的小厨房、屋顶平台、免费自行车以及非常重要的借还雨伞服务，只需一顿丰盛晚餐的价格，以上这些就都是你的了。

Mediterranean Inn
酒店 $$

（☎206-428-4700；www.mediterranean-inn.com；425 Queen Anne Ave N；房间 $159起；P ❄ @；🚌Rapid Ride D-Line）这家并非地中海风格的地中海旅馆（Med Inn）颇有些出人意料之处。可能是它紧挨贝尔镇的地理位置，或是旅馆里员工的真诚友好，或者是每间房里都有小厨房，楼下有小健身房，又或是因为房间很干净整洁。别想了，直接到去感受一下吧。

★ Edgewater
酒店 $$$

（☎206-728-7000；www.edgewaterhotel.com；Pier 67,2411 Alaskan Way；房间 $420~750；P ❄ @ 📶；🚌13）有关Edgewater可以说是毁誉参半。它建在水边的码头上，曾经是所有知名摇滚乐队的必选之地，比如甲壳虫乐队（Beatles）、滚石乐队（Rolling Stones）以及声名狼藉的齐柏林飞艇乐队（Led Zeppelin）。齐柏林飞艇乐队当初把"你可以透过酒店窗户钓鱼"的广告词当真了，真的用鲨鱼摆满了他们的套间。

Hotel Monaco
精品酒店 $$$

（☎206-621-1770；www.monaco-seattle.com；1101 4th Ave；双/套 $339/399；P @ 📶 🐾；🚇University St）🍃位于市中心的Monaco酒店有点怪诞，还有些许欧式优雅，绝对配得上它的四星级别。在条纹壁纸和厚重窗帘的包围中酣然入眠吧。

Inn at the Market
精品酒店 $$$

（☎206-443-3600；www.innatthemarket.com；86 Pine St；房间 有/无水景 $370/255；P ❄ 📶；🚇Westlake）这是古老的派克市场里唯一的一家酒店。这家优雅的精品酒店里共有70间大客房，并且大部分房间都可以看到市场和普吉特海湾。停车费$20。

🍴 就餐

派克市场有最划算的用餐地。这里有新鲜的农产品、烘焙食品、各种熟食以及外卖风味食品。

★ Top Pot Hand-Forged Doughnuts
咖啡馆 $

（www.toppotdoughnuts.com；2124 5th Ave；甜甜圈 $1.50起；⏰6:00~19:00；🚌13）正如香槟是葡萄酒之王一样，Top Pot也是甜甜圈界的翘楚，自成一个境界。咖啡馆设在一间旧车陈列室里，有着顶天立地的书架和装饰性指示牌，颇具传奇色彩。咖啡也相当棒。

★ Piroshky Piroshky
面包房 $

（www.piroshkybakery.com；1908 Pike Pl；甜点 $2~7；⏰10月至次年4月 8:00~18:30，5月至9月 7:30~18:30；🚇Westlake）事实证明，并非任何派克市场里的街边小门脸都能走向世界（就像星巴克）。但店面小到仅够一只小猫打转的Piroshky却始终坚持出品它那美味的甜品、可口的俄罗斯派和酥皮点心。加入这场美食争夺，来一份外带吧。

★ Salumi
三明治 $

（www.salumicuredmeats.com；309 3rd Ave S；三明治 $7~10；⏰周二至周五 11:00~16:00；🚇International District/Chinatown）Salumi店门

外长长的队伍和人行道融为一体，早已成了这条街的一景。在这里甚至形成了一个自己的团体，有人聊天，有人写美食博客，有人发推特（Twitter），还有三明治美食狂人互相交换心得。这家店如此受欢迎，与名厨马利欧·巴塔利（Mario Batali）的父亲是这家店的主人不无关系。

★Pie 馅饼 $

（☎206-436-8590；www.sweetandsavorypie.com；3515 Fremont Ave N；馅饼 $5.95；⏰周一至周四 9:00~21:00，周五和周六 9:00至次日2:00，周日10:00~18:00；🚌26）🍃这家店就像简单的馅饼一样纯粹。每日现场新鲜烘焙，填入自制馅料（甜的或咸鲜的），从凉爽而色彩鲜艳的弗里蒙特咖啡馆里端出来。这里的馅饼是理想的午饭小吃，你也可以另外再买一个甜馅饼当作甜点。

★Green Leaf 越南菜 $

（☎206-340-1388；www.greenleaftaste.com；418 8th Ave S；河粉 $7.95，特餐 $11.95；⏰11:00~22:00；🚊Chinatown/International District E）Green Leaf像火车车厢一样狭窄，却偏偏像塞满西雅图海湾者（Sounders，足球大联盟球队）支持者的酒吧一样拥挤，菜肴一道一道快速地从狭小的厨房送到锃亮的黑色桌面上。人们大喊着点上一碗大份传统或素食河粉（汤粉），还有引人垂涎的bahn xeo，一种介于薄煎饼和煎蛋饼之间的越南煎饼。

Crumpet Shop 烤饼 $

（1503 1st Ave；烤饼 $3~6；⏰7:00~17:00；🚊Westlake）为难得的英国食品（烤饼）加上明显的美国风味（多得离谱的丰富配料），你现在多了一个到派克市场去吃早餐或午餐的理由。

Macrina 面包房 $

（☎206-448-4032；2408 1st Ave；糕点 $2~3.75；⏰7:00~19:00；🚌13）这家店会大排长龙是有原因的，这里的手工面包超好吃（你还可以通过橱窗看专家揉面团）。在Macrina有两个选择，自然也有两条长队。一条等着买好吃的外卖糕点（可能是西雅图最好的）；另一条排队等着进入咖啡馆，以品尝好吃得可以媲美巴黎的三明治、汤和其他小吃。加入这个朝圣团吧。

Lowells 美式小餐馆 $

（www.eatatlowells.com；1519 Pike Pl；主菜 $6~9；⏰7:00~18:00；🚊Westlake）很多快餐店做不好"炸鱼配薯条"（Fish-and-chips）这道简单的餐点，但是这家店不同。在前门点好你的阿拉斯加鳕鱼（Alaskan cod）后，就可以带着它直接爬上顶楼去欣赏美丽的普吉特海湾了。Lowells还供应腌碎牛肉和味道极佳的蛤蜊浓汤。

★Serious Pie 比萨 $$

（www.tomdouglas.com；316 Virginia St；比萨 $16~18；⏰11:00~23:00；🚊Westlake）将实实在在的意大利比萨与美食概念相结合是个大胆的尝试，但是本地的烹饪天才Tom Douglas却将它变成了现实。在Serious Pie的拥挤环境下，你可以享受烤得适当酥脆的比萨饼皮，上面铺着独特的食材，如蛤蜊、甘蓝、马铃薯、苹果、开心果等。真的很好吃！

★Wild Ginger 亚洲菜 $$

（www.wildginger.net；1401 3rd Ave；主菜 $15~28；⏰周一至周六 11:00~15:00及17:00~23:00，周日 16:00~21:00；🚊University St）这家很受欢迎的餐厅融合了整个环太平洋地区的菜品，有中国、印度尼西亚、马来西亚、越南菜，当然，还有西雅图菜。招牌菜香酥鸭搭配一杯雷司令葡萄酒，无比美味。餐馆也为楼下的豪华夜总会**Triple Door**（☎206-838-4333；www.thetripledoor.net；216 Union St；🚊University St）供餐。

★Toulouse Petit 路易斯安那菜 $$

（☎206-432-9069；601 Queen Anne Ave N；主菜 $13~17；⏰8:00至次日2:00；🚌13）Toulouse Petit有点像西雅图的一个奇迹，它以慷慨的欢乐时光、实惠的早午餐和欢快的环境而大受欢迎，这里常年累月地忙碌（而且喧闹）着。而在这嘈杂环境之下藏着的是独特的食品，不要和它擦身而过。

360 Local 西北部菜 $$

（☎206-441-9360；www.local360.org；1st Ave与Bell St交叉路口；主菜 $16~26；⏰周一至周

五 11:00至深夜，周六和周日 8:00至深夜；🚌13）🍃90%的食材来自方圆360英里内，这家新开的餐馆完全遵循它所宣称的"土食主义"宣言。提供肉类的农场名称写在每日菜单的黑板上，而全木装潢的餐厅内部就像个乡间谷仓。能如此享用从丰饶内陆就近取得的新鲜食材真是一个特别的体验，尝尝兔肉、牡蛎或鹰嘴豆蛋糕吧。

Le Pichet 法国菜 $$

（www.lepichetseattle.com；1933 1st Ave；午餐/主菜 $9/18；⏰8:00至午夜；🚊Westlake）说着"bienvenue（法语：欢迎光临）"的Le Pichet就位于派克市场边上，这是一家地道的法国小酒馆，提供肉酱馅饼（pâtés）、奶酪、葡萄酒、巧克力和优雅的巴黎氛围。是个实惠又浪漫的约会好去处。

★ Cascina Spinasse 意大利菜 $$$

（☎206-251-7673；www.spinasse.com；1531 14th Ave；2道菜套餐 $40；⏰周日至周四 17:00~22:00，周五和周六 17:00~23:00；🚌11）琐细娇气的蕾丝窗帘后藏着大概是西雅图最好的一家新餐馆。Spinasse的特色是意大利北部皮埃蒙特地区的菜肴，包括精致的意大利饺子、黄油肉汁烩饭（甚至用了荨麻提味）、兔肉丸和烤洋蓟。

★ Sitka & Spruce 西北部菜 $$$

（☎206-324-0662；www.sitkaandspruce.com；1531 Melrose Ave E；小碟菜 $8~24；⏰11:30~14:00及17:30~22:00；🚌10）餐厅如今搬到了国会山街区的新址，这家提供小碟菜的精致美式餐厅因它轻松的气氛、不断更换的菜单、精选的酒水和专注的厨师兼老板（他也是那个把面包端给你的人）而获得好评。所有食材产自本地，让你一次就能够品尝到多种不同口味的菜肴。

Tavolàta 意大利菜 $$$

（☎206-838-8008；2323 2nd Ave；餐 $40~75；⏰17:00~23:00；🚌13）在青年旅舍围着公共餐桌用餐或许曾是你不情愿的选择，但最近却被视为时尚，以至于贝尔镇的一些时尚餐馆，如西雅图顶级厨师Ethan Stowell开设的Tavolàta，都将同桌吃饭作为了餐厅特色。餐厅的装修是贝尔镇风格的，但菜单却更像是来自带有美国西北部色彩（荨麻）的意大利餐厅（自制意大利面）。

🍷 饮品和夜生活

说起西雅图的咖啡文化，星巴克只是冰山一角。西雅图有许多相对来说比较小的独立咖啡店，而且相当一部分都拥有自己的烘烤房。试试以下这些店的咖啡：Uptown Espresso、Caffe Ladro和Espresso Vivace。

你在国会山上可以找到鸡尾酒吧、舞蹈俱乐部，也可以听到现场音乐。巴拉德的主要街道上散布着许多或新或旧的砖墙酒馆，白天坐满了上年纪的酒徒，入夜却又成了独立摇滚乐手的乐园。贝尔镇早已从脏乱失修走向了老旧别致，它的亮点正是那一排排整洁的小酒馆。

Zeitgeist 咖啡馆

（www.zeitgeistcoffee.com；171 S Jackson St；⏰周一至周五 6:00~19:00，周六和周日 8:00~19:00；📶；🚊Pioneer Sq）听，那让人舒适的轻言低语声，人们在这家漂亮的砖墙咖啡馆里谈话，而不是只管盯着他们的笔记本电脑。咖啡因让人打开话匣子，你可以和他们一起谈论你手上双份焦糖玛奇朵（doppio macchiato）的润滑口感或你钟爱的法式杏仁面包的甜美。

★ Pike Pub & Brewery 自酿酒吧

（www.pikebrewing.com；1415 1st Ave；⏰11:00至午夜；🚊University St）这家出售自酿啤酒的酒馆位于派克市场内，1989年开业，当年曾是小啤酒厂革命的引导者。现今，这家多层新工业风格的酒馆依然在出售精致的酒吧小吃和口味醇厚的啤酒，是啤酒爱好者的天堂。自酿酒厂每天下午两点有免费参观。

★ Espresso Vivace at Brix 咖啡馆

（www.espressovivace.com；532 Broadway E；⏰6:00~23:00；🚌60）地处百老汇和这家新开的咖啡馆本身同样受人喜爱。这里的装潢复古，却又有着时髦的流线性吧台。Vivace以出品毕加索式的拿铁咖啡而闻名，但这绝不仅仅是靠漂亮的拉花。事实上，西雅图许多咖啡专家都认为这里的意式咖啡是城中最好喝的。

★ **Fremont Brewing** 自酿酒吧

(www.fremontbrewing.com; 3409 Woodland Park Ave N; ⌚周一至周三 11:00~19:00，周四至周六 11:00~20:00，周日 11:00~18:00; 🚌26)这不是一般的酒吧(这毕竟是弗里蒙特!)。这个2008年开张的酒厂有一个"城市啤酒花园"，这就是说，你可以坐在酒厂的公共桌子前品尝那些很快将被人们誉为城里最佳的微酿啤酒。

★ **Shorty's** 酒吧

(www.shortydog.com; 2222 2nd Ave; ⌚正午至次日2:00; 🚌13)Shorty's就是啤酒、弹球、朋克和金属音乐。它是贝尔镇垃圾摇滚时代的产物，拒绝成为落伍者，店内灯光昏暗(为了遮掩污垢?)，音乐震耳。每张桌上都装着弹球机，提供最基本的小吃(热狗、玉米片)供你下酒。

★ **Noble Fir** 酒吧

(☎206-420-7425; www.thenoblefir.com; 5316 Ballard Ave NW; ⌚周一至周三 16:00~23:00，周四至周六 16:00至次日1:00，周日正午至23:00; 🚌17)Noble Fir可能是第一家荒野远足主题的酒吧，这是一个明亮、闪耀、全新的巴拉德热门地。只是它好像史诗一般长的啤酒单会让你禁不住想要放弃所有户外探险的计划。如果你有所动摇，只要回到后面角落，那里有大量的活动指南和地图，足以重新激发你的热情。

Elysian Brewing Company 自酿酒吧

(www.elysianbrewing.com; 1221 E Pike St; ⌚11:30至次日2:00; 🚌Pike-Pine)Elysian的巨大窗户很适合观望窗外的人群，或被人群观望。这是西雅图最好的自酿酒吧之一，它的辛辣南瓜啤酒格外受欢迎。老板也同时经营靠近格林湖的Tangletown Pub酒吧。

Panama Hotel Tea & Coffee House 咖啡馆

(607 S Main St; ⌚周一至周六 8:00~19:00，周日 9:00~19:00; 🚌Chinatown/International District W)Panama是一栋建于1910年的历史建筑，拥有美国唯一一间保存下来的日本浴室，同时也是对于"二战"期间被迫进入拘禁营的本区日本居民的纪念。这个外观漂亮、气氛轻松的咖啡馆提供多种茶类选择，也是西雅图少数售卖意大利乐维萨(Lavazza)咖啡的地方之一。

Caffè Umbria 咖啡馆

(www.caffeumbria.com; 320 Occidental Ave S; ⌚周一至周五 6:00~18:00，周六 7:00~18:00，周日 8:00~17:00; 🚌Pioneer Sq)Umbria颇具欧洲风情，这里有8盎司的卡布奇诺咖啡、爱聊天的顾客、漂亮的意大利瓷砖和新鲜得仿佛从米兰瞬间穿越过来的长棍面包，是意大利爱好者和星巴克恐惧者的理想天地。

Blue Moon 酒吧

(712 NE 45th St; ⌚14:00至深夜; 🚌66)这间大学附近的酒吧于1934年开业，是为了庆祝禁酒令的废除而开设的第一间酒吧，也是非主流文化的传奇之地。许多文人都曾经是Blue Moon的老顾客，狄兰·托马斯(Dylan Thomas)、艾伦·金斯堡(Allen Ginsberg)和汤姆·罗宾斯(Tom Robbins)都常常被提及。

Re-Bar 同性恋酒吧

(www.rebarseattle.com; 1114 Howell St; 🚌70)这家多层舞蹈俱乐部曾是许多西雅图重要文化事件(如涅槃乐队专辑发行)的发生地，对同性恋者、异性恋者、双性恋者和其他狂欢者都同样敞开这热情洋溢的舞池。酒吧位于Denny Triangle。

Neighbours 同性恋酒吧

(www.neighboursnightclub.com; 1509 Broadway Ave E; 🚌Pike-Pine)去看看对男同性恋者来说永远人山人海的舞蹈工厂和靓丽的异性恋女服务员吧。

☆ 娱乐

具体节目表请查询《异乡人》(*Stranger*)、《西雅图周报》(*Seattle Weekly*)或其他日报。大型活动可至**TicketMaster**(www.ticketmaster.com)购票，Fred Meyer电器商店的任何分店均可取票。本地地址列在TicketMaster网站上。

现场音乐

★ **Crocodile** 现场音乐

(www.thecrocodile.com; 2200 2nd Ave; 🚌13) Crocodile历史悠久得几乎可以称得上是西雅

图的初创机构了。这是一个可容纳560人的喧闹音乐场所，1991年开幕时垃圾摇滚热潮尚未退却。在西雅图另类音乐乐坛中稍有名气的人物都曾在这里表演，1992年Nirvana乐队突然在这里现身表示支持Mudhoney乐队。

Neumo's 现场音乐

（www.neumos.com; 925 E Pike St; Pike-Pine）Neumo's（以前叫Moe's）是朋克音乐、嘻哈音乐和另类音乐的聚集地，电台司令乐队（Radiohead）和比尔·克林顿（Bill Clinton）都曾作为嘉宾来到这里（当然不是同台），正印证了其原来名字的意义。是的，这里很热；是的，半场上洗手间很远；但这就是摇滚。

Tractor Tavern 现场音乐

（206-789-3599; www.tractortavern.com; 5213 Ballard Ave NW; 17）想听民间音乐和古典音乐，这里就是首选。位于巴拉德的Tractor Tavern环境高雅华丽，音响一流。本地词曲作家和区域乐队如Richmond Fontaine和巡回演出的John Doe 和Wayne Hancock是常客。

电影院

Northwest Film Forum 电影院

（www.nwfilmforum.org; 1515 12th Ave; Pike-Pine）这是一个电影艺术机构，它的双屏影院足以完美承担从经典修复片到先锋独立电影乃至国际电影的播放任务。当然，它就在国会山。

Cinerama 电影院

（www.cinerama.com; 2100 4th Ave; 13）Cinerama大概是西雅图最受欢迎的电影院了，这是现今世上仅存的三家具有巨大弧形三屏荧幕电影院之一。定期的翻新（最近一次在2010年）确保了它能够跟上时代。电影院放映的影片种类繁多，从最新的影片到70毫米的经典影片都有。

表演艺术

★ **A Contemporary Theatre** 剧院

（ACT; www.acttheatre.org; 700 Union St; University St）ACT是城里三大巨头之一，这个位于Kreielsheimer Place的剧院花费了3000万美金，西雅图最好的演员在此表演，偶尔也能看到大牌演员的身影。阶梯形座位围绕着一个中央舞台，内部建筑装潢光彩夺目。

Intiman Theater Company 剧院

（206-269-1900; www.intiman.org; 201 Mercer St; 售票处 周二至周日 正午至17:00; Seattle Center）这家获得托尼奖的西雅图剧院因金融危机在2011年突然关门，使人震惊。然而这个城市的标志却显然不甘就此消亡。之后剧院筹得了一百万元，在2012年重新开张，再次将精彩的莎士比亚和易卜生剧搬上舞台。再次获奖的时候到了吗？

Seattle Opera 古典音乐

（www.seattleopera.org; Seattle Center）每一季都会在位于西雅图中心的麦考剧院（McCaw Hall）上演一部全本的四幕或五幕歌剧。其中瓦格纳（Wagner）的《尼伯龙根的指环》（*Ring*）巡演每年夏天都会吸引大批的观众，门票屡屡售罄。

On the Boards 剧院

（206-217-9888; www.ontheboards.org; 100 W Roy St; 13）非营利性的On the Boards在Lower Queen Anne街区的私立Behnke Center for Contemporary Performance呈现先锋表演艺术。可观赏到一些创新，间或流于怪诞的舞蹈和音乐。

Pacific Northwest Ballet 舞蹈

（www.pnb.org; Seattle Center）是西北部最重要的舞蹈团，每年9月到次年6月会在西雅图中心的麦考剧院上演100多场舞剧。

体育

西雅图水手队 棒球

（Seattle Mariners; www.mariners.org; 票价$7~60）棒球队创立于1977年，但还没有参加过世界职业棒球大赛，其大本营在塞弗科体育场（Safeco Field）。

西雅图海鹰队 橄榄球

（Seattle Seahawks; www.seahawks.com; 票价 $42~95）球队在2006年美式橄榄球冠军总决赛（Super Bowl）中惜败于匹兹堡钢人获得亚军，2013年再度杀回并夺得48届联赛总冠军。主场在世纪链体育场（Century Link Field）。

西雅图海湾者 足球

（Seattle Sounders；☎206-622-3415；www.seattlesounders.net；票价 $37起）球队与西雅图海鹰队共用世纪链体育场。西雅图海湾者是美国职业足球大联盟最多支持者的球队，平均每场上座率为43,000人。

购物

主要的知名商业区位于市中心3rd Ave和6th Ave之间以及University St与Stewart St之间。派克市场就是一座工艺品摊位、画廊和小商店组成的迷宫。先锋广场和国会山则聚集了土特产店和二手商店，这里有许多西雅图独有的特色小店，值得一探。

Elliott Bay Book Company 书籍

（www.elliottbaybook.com；1521 10th Ave；⌚周一至周五 10:00~22:00，周六 10:00~23:00，周日 11:00~21:00；🚇Pike-Pine）终有一天电子书会淘汰实体书店。那周六下午在Elliott Bay的愉悦时光怎么办？哪里还能有15万本书让作家们迸发朗读、讨论、评论或随意浏览上几个小时的激情呢？

★DeLaurenti's 食品

（☎206-622-0141；1st Ave和Pike Pl交叉路口；⌚周一至周六 9:00~18:00，周日 10:00~17:00；🚇University St）DeLaurenti是意大利主厨或大陆美食爱好者的必访之地。这里不只有最棒的各式奶酪、香肠、火腿和意大利面，还有大量的刺山柑、橄榄油和凤尾鱼，多到你可能只有在热那亚才能找到。

★Bop Street Records 音乐

（www.bopstreetrecords.com；2220 NW Market St；⌚周二到周三 正午至20:00，周四到周六 至22:00，周日 至17:00；🚌17）你可能从未见过这么多的黑胶唱片重重叠叠放在Bop Street Records的架子上，这个位于巴拉德西雅图街区北部的商店收藏了50万张唱片，涵盖了几乎每一种类型，就连78转的老唱片都有。

Babeland 成人用品

（www.babeland.com；707 E Pike St；⌚周一至周六 11:00~22:00，周日 正午至19:00；🚇Pike-Pine）还在寻找粉红色毛茸茸的手铐和玻璃阴茎吗？到这里看看吧。

实用信息

紧急情况和医疗服务

45大街社区诊所（45th St Community Clinic；☎206-633-3350；1629 N 45th St）医疗和牙科服务。

港景医疗中心（Harborview Medical Center；☎206-731-3000；325 9th Ave）全科医疗服务，设有急诊室。

西雅图警察局（Seattle Police；☎206-625-5011）

华盛顿州巡警（Washington State Patrol；☎425-649-4370）本地交通警察。

媒体

KEXP 90.3 FM 传奇独立音乐和社区电视台。

《西雅图时报》（*Seattle Times*；www.seattletimes.com）华盛顿州规模最大的日报。

《异乡人》（*The Stranger*；www.thestranger.com）由著名的"Savage Love"专栏主笔丹·赛维吉（Dan Savage）主编，每周一刊，风格桀骜。

现金

通济隆-托马斯·库克货币服务（Travelex-Thomas Cook Currency Services；机场⌚6:00~20:00；Westlake Center；400 Pine St，Level 3；⌚周一至周六 9:30~18:00，周日 11:00~17:00）主要机场候机楼的柜台位于达美航空（Delta Airlines）柜台后面。

美国运通（American Express，Amex；600 Stewart St；⌚周一至周五 8:30~17:30）

邮局

邮局（301 Union St；⌚周一至周五 8:30~17:30）

旅游信息

Seattle Visitor Center & Concierge Services（☎206-461-5840；www.visitseattle.org；华盛顿州会议中心，Washington State Convention Center，E Pike St & 7th Ave；⌚9:00~17:00）。

到达和离开

飞机

西雅图-塔科马国际机场（Seattle-Tacoma International Airport，西雅-塔科 SEA-Tac；☎206-787-5388；www.portseattle.org/sea-tac；17801 International Blvd）沿I-5州际公路从西雅图向南约13英里，每天有飞往欧洲、亚洲、墨西哥以及美国、加拿大各地的航线，多趟航班往返波特兰、俄勒冈和温哥华。

船

维多利亚快船（Victoria Clipper; www. clipper vacations.com）经营数条前往加拿大维多利亚（Victoria, BC）和圣胡安群岛的快速客轮。也通过网络接受提前预订的旅游团。每日多达6班航船往返于西雅图和维多利亚之间（往返 成人/儿童 $149/74.50）。

华盛顿州渡轮公司（Washington State Ferries, WSF; www.wsdot.wa.gov/ferries）网站上有最新的地图、价格、行程、旅行计划和天气信息，还可估算热点线路的等候时间。票价取决于路线、船只大小以及旅行时间，根据出发地的不同收取往返或单程费用。

长途汽车

多趟城际长途汽车均经停西雅图的各长途汽车停靠站点。

灰狗巴士（Greyhound; www.greyhound.com; 811 Stewart St; ⏲6:00至午夜）连接西雅图和全国各大城市，包括芝加哥（Chicago; 单程 $228, 2天, 一天2班）、斯波坎（Spokane; $51, 8小时, 一天3班）、旧金山（San Francisco; $129, 20小时, 一天3班）和温哥华（Vancouver, BC; $32, 4小时, 一天5班）。灰狗巴士总站在Denny Triangle区，步行即可轻松抵达市中心。

快速便捷的**Quick Shuttle**（www.quickcoach.com; 📶）每天有5至6趟（$43）班车开往温哥华，从位于西雅图中心附近Taylor Ave N的Best Western Executive Inn上车即可。可以搭乘单轨电车或步行可到市区。车上提供免费Wi-Fi。

Bellair Airporter Shuttle（www.airporter.com）有班车开往雅基马（Yakima）、贝灵汉（Bellingham）和阿纳科特斯（Anacortes），站点在King Street station（开往雅基马）和市中心的Convention Center（开往贝灵汉和阿纳科特斯）。

火车

美国铁路公司（Amtrak; www.amtrak.com）经营着西雅图的**国王街车站**（King Street Station; 303 S Jackson St; ⏲6:00~22:30, 售票处6:15~20:00）。三大主要火车线路经过城镇：美铁瀑布特快（Amtrak Cascades; 连接温哥华、西雅图、波特兰和尤金）；可沿路欣赏风景的海岸星光号（Coast Starlight; 连接西雅图、奥克兰和洛杉矶）和帝国建造者号（Empire Builder; 穿越内陆直达芝加哥）。

芝加哥，伊利诺伊州（Chicago, IL; $227起, 46小时, 每天1班）

奥克兰，加利福尼亚州（Oakland, CA; $131, 23小时, 每天1班）

波特兰，俄勒冈州（Portland, OR; $25, 3至4小时, 每天5班）

温哥华（Vancouver, BC; $30, 3至4小时, 每天5班）

ℹ 当地交通

抵离机场

西雅图机场距市中心有13英里，有多种可供挑选的交通方式。最高效的莫过于Sound Transit提供的新型轻轨列车服务（见本页海湾轻铁）。

Shuttle Express（☎800-487-7433; www.shuttleexpress.com）在机场车库三楼有一个站点供上下车，费用约为$18。如果你有很多行李，在这里上下车就很方便。

三楼车库也有出租车，到市区的车费约为$42。

小汽车和摩托车

西雅图位于高山和海洋之间的狭长地带，其交通瓶颈和噩梦般的堵车名声在外。I-5州际公路有专门的大载客量车道，供两人及以上共乘的车辆行驶。除此之外，你可以体验一下那被无限延长的"高峰时段"。

公共交通

城市交通巴士（Metro Transit; www.metro.kingcounty.gov）隶属于国王郡交通部门（King County Department of Transportation），运营着辖区内的公共汽车。车费为$2.5（非高峰期为$2.25）。

西雅图有轨电车（Seattle Street Car; www.seattlestreetcar.org）从西湖中心驶向联合湖，全程2.6英里。途中共停靠11站，可换乘多条公交线路。另一条从先锋广场经First Hill街区开往国会山的路线已在2014年启用。

由**海湾轻铁**（Sound Transit; www.soundtransit.org）经营的西雅图轻轨（Link Light Rail）从早上5点开行至到午夜，每15分钟1班，往返于西雅-塔科机场和市区（西湖中心）之间。行程共36分钟，票价$3，在先锋广场和国际区设有站点。

出租车

国王郡规定，西雅图所有的出租车都要按同样的收费标准运营，起步价是$2.5，之后每1英里加收$2.7。

Orange Cab Co（☎206-444-0409；www.orangecab.net）

Yellow Cab（☎206-622-6500；www.yellowtaxi.net）

西雅图周边（Around Seattle）

奥林匹亚（Olympia）

华盛顿州首府奥林匹亚面积虽小，却很有影响力。这里秩序井然，是音乐、政治和户外运动胜地。从4th Ave上激情演唱垃圾摇滚的街头艺人、穿过州议会草地打扮考究的政客，还有穿着冲锋衣在奥林匹亚群山崎岖的山岩间昼夜攀爬的户外运动者就能一目了然。进步的常青州立学院（Evergreen State College）为这里带来了艺术气息，《辛普森一家》（*The Simpsons*）的创作者马特·格勒宁（Matt Groening）曾在这里学习。与此同时，市区的潜水酒吧和二手吉他商店为女权朋克音乐和垃圾摇滚音乐的诞生提供了温床。

景点和活动

华盛顿州议会大厦 地标

（Washington State Capitol；8:00~16:30）免费 州议会大厦整体看起来像是一座巨大的希腊庙宇，统领着整个城市。大厦坐落在占地30英亩的公园里，可俯瞰国会湖（Capitol Lake）。最引人注目的当属气势恢宏的**立法大楼**（Legislative Building；建于1927年），它的顶部是287英尺的穹顶，只比首都华盛顿的国会大楼圆顶小一点。有免费导览。

华盛顿州首府博物馆 博物馆

（State Capital Museum；211 W 21st Ave；门票 $2；周二至周五 10:00~16:00，周六正午至16:00）展示了华盛顿州从尼斯阔利部落（Nisqually Tribe）到当今社会的全部历史。

奥林匹亚农贸市场 市场

（Olympia Farmers Market；700 Capitol Way N；4月至10月 周四至周日、11月至12月 周六和周日 10:00~15:00）位于国会大道（Capitol Way）的最北端，是州内最好的市场之一，出售新鲜当地农产品和手工艺品，还有现场音乐。

食宿

Phoenix Inn Suites 酒店 $$

（☎360-570-0555；www.phoenixinn.com；415 Capitol Way N；房间 $139~179；）这是本地最高端的住处，装潢富丽堂皇，服务效率极高，很适合要求苛刻的州政府官员们。

Traditions Cafe & World Folk Art 美国菜 $

（www.traditionsfairtrade.com；300 5th Ave SW；三明治 $8.25；周一至周五 9:00~18:00，周六和周日 10:00~17:00；）好吃的沙拉、三明治（肉类、蔬菜和纯素食），咖啡、精选花草茶，外加几样墨西哥和意大利盘菜，这就是你价廉物美的嬉皮式美味。旁边的民族艺术品商店值得一看。

饮品和夜生活

这座城市的音乐从不停息，仍在翻新过的**4th Avenue Tavern**（210 4th Ave E）或是**Le Voyeur**（404 4th Ave E）里奏响。后者以涂鸦装饰为主，是无政府主义者和素食主义者的潜水酒吧，总有一个街头艺人守在门口。还可以到**Batdorf & Bronson**（Capitol Way S；周一至周五 6:00~19:00，周六和周日 7:00~18:00）试试最著名的本地烘焙咖啡。

Fish Tale Brew Pub 自酿酒吧

（515 Jefferson St）Fish Brewing提供经典的有机啤酒、烈性苹果酒和印度爱尔淡啤酒（India Pale Ales），是华盛顿最著名的自酿酒吧。

Burial Grounds 咖啡馆

（406 Washington St SE；特制拿铁 $3.5；周一至周六 10:00~00:00，周日 至22:00）点一杯怪趣的咖啡饮料，如Zombie Attacker Latte（双份浓缩加豆蔻和杏仁），泡沫上画着一个骷髅头。哥特式的装潢就像沉迷于恐怖电影的十几岁少年的房间。

实用信息

华盛顿州府游客中心（State Capitol Visitor Center；14th Ave和Capitol Way交叉路口；10月至次年4月 10:00~14:00，5月至9月 10:00~16:00）提供关于州府校园、奥林匹亚地区以及华盛顿州的信息。

奥林匹克半岛（Olympic Peninsula）

地处偏远的奥林匹克半岛三面环海，正如美国的标签“野性”和“西部”所描绘的那样，展示出了许多成熟岛屿的特色。虽然没有著名的美国西部牛仔，但是它却拥有濒危的野生动物和茂密的原始森林。半岛荒无人迹的内陆地区大多属于著名的奥林匹克国家公园，而边缘地带是伐木工人的保护区和美洲原住民保留地，此外还有一些小却有趣的村落，最有名的就是汤森港（Port Townsend）。而同样野性十足的还有西部海岸线，这是美国遗世独立的致远之地，狂暴的大海和雾气弥漫的古老太平洋雨林因水而交融，和睦共存。

奥林匹克国家公园（Olympia National Park）

占地1406平方英里的奥林匹克国家公园（Olympic National Park; www.nps.gov/olym）拥有世界上少有的温带雨林之一，1909年成为国家自然遗产，1938年成为国家公园，并在1953年合并了57英里长的太平洋海岸荒原。在这里你可以独立完成多种探险活动，如徒步、垂钓、皮划艇和滑雪等。

东部入口

碎石铺成的Dosewallips River Rd以US 101为起点，沿多斯瓦勒普斯河（Dosewallips River）延伸15英里，在多斯瓦勒普斯州立公园（Dosewallips State Park）以北部1000米处转弯，最后到达**多斯瓦勒普斯公园管理处**（Dosewallips Ranger Station），徒步小道的起点就在这里。拨打☎360-565-3130可查询路况。两条长途小道中的一条是14.9英里长的多斯瓦勒普斯河道（Dosewallips River Trail），可饱览冰川覆盖的**安德森山**（Mt Anderson）的美景，哪怕只是走任意一条路的一小段，就已经非常值得。对徒步旅行爱好者来说，东部的另一个入口是**斯坦尔克斯公园管理处**（Staircase Ranger Station; ☎360-877-5569; ⏲5月至9月），正在国家公园边缘内侧，离位于US 101沿线的Hoodsport有15英里远。另外还有两个位于奥林匹克国家公园东部边缘地带并深受露营者喜爱的州立公园：**多斯瓦勒普斯州立公园**（Dosewallips State Park; ☎888-226-7688; 帐篷/房车营地 $23/32）和**库什曼湖州立公园**（Lake Cushman State Park; ☎888-226-7688; 帐篷位/房车位 $22/28）。这处营地都有自来水、抽水马桶，以及一些房车接口，接受预订。

北部入口

奥林匹克国家公园最好走，也最受欢迎的入口，是位于安吉利斯港（Port Angeles）以南18英里的**飓风岭**（Hurricane Ridge）处的入口。在道路尽头的解说中心可以眺望奥林匹斯山（Mt Olympus; 7965英尺）和其他山峰的壮丽景色。5200英尺的海拔意味着你很可能遭遇飓风岭的恶劣天气和狂暴的飓风（正如它的名字所暗示的那样）。除了适合夏季徒步旅行外，这个地方还拥有国家公园内的两大滑雪道之一，经营者是规模不大但却对家庭旅行者很友好的Hurricane Ridge Ski & Snowboard Area（www.hurricaneridge.com; 👪）。

新月湖（Lake Crescent）因适合划船和垂钓而深受人们喜爱，这里有公园内最古老、收费最合理的**木屋**（☎360-928-3211; www.olympicnationalparks.com; 416 Lake Crescent Rd; 木屋房间 $153，别墅 $162~300; ⏲5月至10月; P❄📶）。旅馆里的环保餐厅供应美味可口的食物。从新月湖南岸的信息咨询站**Storm King Information Station**（☎360-928-3380; ⏲5月至9月）出发，徒步穿过1英里的古老森林即可到达玛丽米尔瀑布（Marymere Falls）。

索尔达河（Sol Duc River）沿岸的**Sol Duc Hot Springs Resort**（☎360-327-3583;

> **ℹ 华盛顿州探索通票**
>
> 从州立公园到徒步小道起点，要想在华盛顿州数百万英亩土地上停车，就得购买一张探索通票（Discover Pass; 单日/年票 $10/30）。许多较大的停车场内都有自动售货机出售通票，也可在州立公园总部“员工上班”时购买，或加付10%的手续费在线购买（www.fishhunt.dfw.wa.gov）。

www.northolympic.com/solduc; 12076 Sol Duc Hot Springs Rd, Port Angeles; 房车营地 $36, 房间 $172~210; ⊙3月下旬至10月; ❄ ≋) 🍃提供住宿、餐饮、信息服务, 当然, 还有温泉池(成人/儿童 $10/7.50), 此外更有非常棒的日间徒步游览项目。

西部入口

靠近太平洋一侧的奥林匹斯群山不但偏远、与世隔绝, 还有着全国雨水最多的微气候, 保持了最原始的荒野风貌。US 101是唯一通向著名的温带雨林和荒凉海岸线的道路。霍河雨林(Hoh River Rainforest)位于长达19英里的Hoh River Rd尽头, 是一座托尔金式迷宫, 里面满是湿润蕨类和覆满苔藓的大树。霍河游客中心及露营地(Hoh Visitor Center and Campground; ☎360-374-6925; 露营 $12; ⊙7月和8月 9:00~18:00, 9月至次年6月 9:00~16:30)能提供关于导览游和偏僻地区长途徒步旅行的信息。设有房车接口和淋浴设施, 先到先得。

偏南部一点的是奎诺尔特湖(Lake Quinault), 这是一个被森林群峰围绕的美丽冰湖, 也是热门的垂钓、划船和游泳胜地, 更因生长着一些全美国最古老的树木而闻名。Lake Quinault Lodge(☎360-288-2900; www.olympicnationalparks; 345 S Shore Rd; 房间 $202~305; ❄ 📶 ≋)是20世纪20年代"公园式建筑"的经典奢华之作, 有可加热的游泳池和桑拿室, 还有噼啪作响的壁炉以及一个令人难忘的餐厅。如果你想在附近找一家便宜的住宿地, 那就去位于阿曼达公园(Amanda Park)超热情的Quinault River Inn(☎360-288-2237; www.quinaultriverinn.com; 8 River Dr; 房间 $79~119; ❄ 📶)看看吧, 它是垂钓爱好者们的最爱。

Lake Quinault Lodge门外就有一些短途徒步路线, 或者也可以尝试一下路途长一些的魔法谷步道(Enchanted Valley Trail)。这是一段13英里长、难度适中的坡道, 从South Shore Rd尽头的格瑞伍思溪公园管理处(Graves Creek Ranger station)出发, 一路向前, 最后来到一个长满野花和赤杨树的大型牧场。

ℹ 实用信息

公园门票每人/每车$5/15, 一周内有效, 可在公园入口处支付。很多公园游客中心同时也是美国林业局(USFS)的管理处。在这样的公园里, 你可以申请野营许可证(每个露营团 $5, 14天有效, 每人每晚加收 $2)。

福克斯游客信息中心(Forks Visitor Information Center; 1411 S Forks Ave; ⊙10:00~16:00)提供行程建议和季节性信息。

奥林匹克国家公园游客中心(Olympic National Park Visitor Center; 3002 Mt Angeles Rd, Port Angeles; ⊙9:00~17:00)是服务最好最全面的游客中心, 位于飓风岭入口处, 距安吉利斯港的Hwy 101有1英里。

荒原信息中心(Wilderness Information Center; 3002 Mt Angeles Rd, Port Angeles; ⊙5月至9月 周日至周四 7:30~18:00, 周五和周六 7:30~20:00, 10月至次年4月 每日8:00~16:30)就在奥林匹克国家公园游客中心的后面, 在这里你可以得到地图、野营许可以及路线信息。

汤森港 (Port Townsend)

太平洋沿岸西北部地区很少有历史遗迹, 这就使得历经岁月磨砺的汤森港更具吸引力。这个古朴而充满文化活力的小镇, 堪称是一座展示19世纪90年代维多利亚风格建筑的博物馆。它被称作"徒有虚名的西部纽约", 因为这座昔日的新兴城市在20世纪到来之际, 竟然破产了, 直到70年后才被一群有远见的当地人复苏。如今的汤森港是一个巧妙融合了创意餐馆、优雅的19世纪风格酒店和奇特的年度文化活动的繁荣小镇。

👁 景点

杰斐逊县历史社会博物馆 博物馆

(Jefferson County Historical Society Museum; 210 Madison St; 成人/12岁及以下儿童 $4/1; ⊙3月至12月 11:00~16:00)当地的历史文化社团管理着这个精心维护的展览区。展览区里有一个古老的法庭和监狱牢房的实体模型, 并充分展示了这个迷人海港小镇的兴衰起伏。

沃登要塞州立公园 公园

(Fort Worden State Park; www.parks.wa.gov/fortworden; 200 Battery Way)这个引人注目的公园仍在汤森港市范围内, 是一个建于19世纪90年代的大型防御工事系统的遗址。这片广阔的土地和成排的建筑在最近几年被翻新并改建成了一个可供住宿、亲近自然的历史公园。

指挥官宅邸(Commanding Officer's Quarters;门票 $4;⊙6月至8月 每日10:00~17:00,3月至5月和9月至10月的周六和周日 13:00~16:00)是一座有着12间卧室的建筑,对游客开放,是一处古营房的一部分,所在营房现在被改建成为**普吉特湾炮兵博物馆**(Puget Sound Coast Artillery Museum;门票 $2;⊙周二至周日 11:00~16:00),讲述着早期太平洋海岸防御工事体系的故事。

沿着海岬徒步可到达**威尔逊岬灯塔站**(Point Wilson Lighthouse Station)和一些海风吹拂的美丽沙滩。

住宿

Palace Hotel 历史酒店 $

(☎360-385-0773; www.palacehotelpt.com; 1004 Water St; 房间 $59~109; ❄📶)这座美丽的维多利亚风格建筑始建于1889年,曾经是当地臭名昭著的玛丽女士(Madame Marie)经营的妓院。二楼拐角处的套间就是她管理生意的地方。如今,这里已改头换面,变成了一家拥有古董家具和爪式撑脚浴缸的迷人历史酒店。

Waterstreet Hotel 酒店 $

(☎360-385-5467; www.waterstreethotelporttownsend.com; 635 Water St; 房间 $60~160; ⊖❄📶)在汤森港众多的老旧码头酒店里,便宜的Waterstreet算得上是城内最划算的一家。多种类型的房间可分别容纳2~6人,部分房间为共享浴室。

就餐

Waterfront Pizza 比萨餐厅 $$

(951 Water St; 大号比萨 $11~21)可以切块购买的销售方式让它在当地拥有大批忠实的顾客,连最挑剔的芝加哥食客也会感到满意。它的秘诀到底是松脆的发酵饼底,还是具有创意而且分量恰到好处的配料?谁知道呢。

★ **Sweet Laurette Cafe & Bistro** 法国菜 $$

(1029 Lawrence St; 主菜 $12~28; ⊙周三和周四 8:00~17:00,周五和周六 至21:00,周日至15:00)这个老旧而别致的可爱法式咖啡馆供应早、午、晚餐,正餐以外还有美味的咖啡和可口的糕点。

实用信息

想要了解这座城市如过山车般跌宕起伏的历史真相,可电话咨询**游客中心**(www.ptchamber.org; 2437 E Sims Way; ⊙周一至周五 9:00~17:00,周六和周日 至16:00)。

到达和离开

从西雅图到汤森港可借助轮渡和长途汽车的结合:由科尔曼码头(Colman Dock)出发乘轮渡先到班布里奇岛(Bainbridge Island),转乘90号巴士到波斯伯(Poulsbo),最后再坐一段7号巴士即可到达。**华盛顿州渡轮**(Washington State Ferries; ☎206-464-6400; www.wsdot.wa.gov/ferries)往返于汤森港和惠德比岛(Whidbey Island)的库柏维尔(Coupeville)之间(汽车和司机 $10.25/步行乘客 $3.10,35分钟)。

安吉利斯港(Port Angeles)

除了名字听起来像西班牙风格或者英语中的"天使"以外,这个以林木业为支撑、背靠险峻奥林匹克群山的安吉利斯港与西班牙或天堂没有任何关系。人们来到这里并不是为了游览小镇本身,而是要转乘渡轮去加拿大的维多利亚市,或是准备到附近的奥林匹克国家公园远足。

游客中心(www.portangeles.org; 121 E Railroad Ave; ⊙5月中至10月中 8:00~20:00,10月中至次年5月中 10:00~16:00)与渡轮码头毗邻。关于国家公园的信息,可咨询小镇外的奥林匹克国家公园游客中心(Olympic National Park Visitor Center;见228页)。

安吉利斯港与小镇塞奎姆(Sequim)之间的**奥林匹克探索小径**(Olympic Discovery Trail; www.olympicdiscoverytrail.com)🍃是一段长达30英里的偏僻小道,专为徒步旅行和骑行者开辟,起自环绕海湾的**埃德斯胡克沙滩**(Ediz Hook)的末端。**Sound Bikes & Kayaks**(www.soundbikekayaks.com; 120 Front St; 自行车租金 1小时/1天 $9/30)提供自行车租借。

安吉利斯港内最舒适的住处非**Olympic Lodge**(☎360-452-2993; www.olympiclodge.com; 140 Del Guzzi Drive; 房间 $119起; ❄@📶🏊)莫属。旅店提供游泳池、小酒馆、整洁如新的房间和免费的曲奇与牛奶。背包旅行者会喜欢崭新、管理得很好又友善的**Toadlily House**(☎360-

797-3797; www.toadlilyhouse.com; 105 E 5th St; 每人$25; 📶)。

★**Bella Italia**(118 E 1st St; 主菜 $12~20; ⏲16:00起供应)历史悠久,它的出现要比《暮光之城》的女主人公贝拉(Bella)早很多,但正是书中提到的贝拉和爱德华·卡伦(Edward Cullen)第一次约会的地点,因此这个本来就很受欢迎的餐厅现在更是成了炙手可热的标志性地点。试试蛤蜊扁意粉、马萨拉酒炖鸡或者熏鸭脯。

银鲑运载渡轮(Coho Vehicle Ferry; www.cohoferry.com; 乘客/车 $15.50/55)往返于加拿大维多利亚市,行程约1.5小时。**奥林匹克巴士**(Olympic Bus Lines; www.olympicbuslines.com)从位于Oak St和Front St交叉处的公共交通中心发车,前往西雅图($39),每日两趟。**克拉兰客运**(Clallam Transit; www.clallamtransit.com)的巴士开往福克斯小镇(Forks)和塞奎姆,在那里与别的巴士线路一起构成了便利的公交系统,覆盖整个奥林匹克半岛。

半岛西北部地区(Northwest Peninsula)

好几处美国原住民保留区都在北美大陆最西北的角落,欢迎访客到来。位于Hwy 112沿线、饱经沧桑的尼亚湾(Neah Bay)居民区,是玛卡印第安人保留区(Makah Indian Reservation),其中**玛卡博物馆**(Makah Museum; www.makah.com; 1880 Bayview Ave; 门票$5; ⏲10:00~17:00)里陈列着出自北美最重大考古发现所在地之一奥泽特(Ozette)村落的手工艺品,这个玛卡村落已有500年的历史了。距离博物馆几英里处,一条短短的木板路通向壮观的**夫拉特黎角**(Cape Flattery)。这个高达300英尺的海岬标志着美国本土48州的最西北端。

从**福克斯小镇**前往霍河雨林和奥林匹克海岸线非常方便。这个闭塞简陋的木材小镇因《暮光之城》而闻名于世。住在这里便于探索奥林匹克国家公园。一个很好的住宿选择是**Miller Tree Inn**(☎360-374-6806; www.millertreeinn.com; 654 E Division St; 房间$115~230; 📶🐾)。

华盛顿州西北部(Northwest Washington)

夹在西雅图、卡斯卡德山脉(the Cascades)和加拿大之间,华盛顿州西北部同时受到来自三方的影响。这里的城市中心是大学云集的贝灵汉(Bellingham),而户外亮点则是田园风光的圣胡安群岛(San Juan Islands)。这片广阔的群岛犹如一张闪着棕褐光泽的老照片。阿纳科特斯(Anacortes)则是交通枢纽,有渡轮开往圣胡安群岛和加拿大维多利亚市。

惠德比岛(Whidbey Island)

尽管惠德比岛不像圣胡安群岛那么偏远孤僻(惠德比岛最北边有一座桥连接到附近的菲达尔戈岛),或者说是超凡脱俗,但这里

暮光之"城"

在地图上只显示为一个小点的福克斯原本不过是Hwy 101上的一个伐木小镇,却因2003年斯蒂芬妮·梅尔(Stephenie Meyer)的《暮光之城》(*Twilight*)吸血鬼系列而名声大噪。从2008年《暮光之城》影片特许经营开始,福克斯的旅游业上升了600%,但随着书本和电影系列的完结,游客也在减少。很多游客是15岁以下的天真少年,对于发现福克斯其实只是个再普通不过(而且很潮湿)的小镇感到很惊讶。

吸血鬼粉丝们可以到镇上几家《暮光之城》专卖店感受一下魔幻福克斯,或参加每日的**暮光之城团队游**(Twilight Tours; 成人/儿童 $39/25; ⏲8:00, 11:30, 15:00和18:00),参观大部分梅尔小说里提到的地方。

和《暮光之城》有关的其他景点包括电影和小说里提到的地点如安吉利斯港、艾科拉州立公园(Ecola State Park)、银色瀑布州立公园(Silver Falls State Park)和拉普什(La Push)的狼人巢穴(其实是一个奎尔尤特印第安人保护区,当地传说认为人是狼变的)。

的生活节奏也几乎一样缓慢、恬静，富有田园乐趣。6个州立公园完全就是额外的红利，众多民宿、2个历史渔村（兰里Langley和库珀维尔）、出名美味的蛤蜊和繁荣的艺术家社区，全都是这里的魅力所在。

欺骗海峡州立公园（Deception Pass State Park；☎360-675-2417；41229 N State Hwy 20）横跨惠德比岛和菲达尔戈岛之间的同名深水鸿沟，园内有湖泊、岛屿、露营地和总长27英里的多条徒步路径。

易贝登陆地国家历史保护区（Ebey's Landing National Historical Reserve；www.nps.gov/ebla；⏲10月中至次年3月 8:00~17:00，4月至10月中 6:30~22:00）**免费** 占地17,400英亩，包含了农场、有屏障保护的海滩、两个国家公园和**库珀维尔**小镇。后者是华盛顿最古老的小镇之一，有着迷人的滨海区、古董商店和许多古老的酒店，包括**Coupville Inn**（☎800-247-6162；www.thecoupevilleinn.com；200 Coveland St；房间 带/不带阳台 含早 $150/110；❄📶）。酒店自我标榜为法式汽车旅馆（这个说法本就自相矛盾），室内陈设精巧别致，早餐分量十足。要品尝著名的本地新鲜蛤蜊，可到**Christopher's**（☎360-678-5480；www.christophersonwhidbey.com；103 NW Coveland St；主菜 $15~23；⏲周一至周五 11:30~14:00，周六和周日 12:00~14:30，每晚17:00起）。

华盛顿州立渡轮（Washington State Ferries，WSF；www.wsdot.wa.gov/ferries）连接克林顿（Clinton）和马科尔蒂奥（Mukilteo；车辆和司机 $8，步行乘客免费，20分钟，每30分钟一趟），同时有渡轮往返于库珀维尔和汤森港之间（车辆和司机 $10.25，步行乘客 $3.10，35分钟，每45分钟一趟）。免费的Island Transit（www.islandtransit.org）🍃巴士每小时一班，由克林顿轮渡码头发车，穿行惠德比岛，周日停运。

贝灵汉（Bellingham）

欢迎来到这个绿色、开放、以宜居而著称的城市。贝灵汉承继了俄勒冈"玫瑰之城"的放荡不羁、淡然自若的气质，但同时又有一点华盛顿的味道。本市市长曾称之为"压抑兴奋之都"，在这里，人们的性情和天气一样温和，无论是喝着浓咖啡的学生、德高望重的退休人士、铁人三项运动员，还是挥着海报的和平主义者。丰富的野外活动一直受到如*Outside Magazine*等杂志的赞扬。

活动

贝灵汉有大量的户外活动供尝试。**沃特科姆瀑布公园**（Whatcom Falls Park）是一个自然荒野，将贝灵汉东部的郊区剖成两半，4座瀑布标志着地势的上升，夏天很多游客到其中的漩涡瀑布（Whirlpool Falls）水潭里游泳。还有一些从市区为起点的小道一直向南延伸到Larabee State Park，其中有一条极受欢迎的2.5英里小道，直抵贝灵汉的后工业滨海区。**Fairhaven Bike & Mountain Sports**（www.fairhavenbike.com；1103 11th St）有自行车出租，一日租金$40起，并提供所有当地路线的信息及地图。

维多利亚/圣胡安渡轮（Victoria/San Juan Cruises；www.whales.com；355 Harris Ave）组织到圣胡安群岛的观鲸团。船只从费尔黑文（Fairhaven）的贝灵汉渡轮码头（Bellingham Cruise Terminal）出发。

住宿

Guesthouse Inn 汽车旅馆 $

（☎360-671-9600；www.bellinghamvaluinn.com；805 Lakeway Dr；房间 $95起；❄📶）干净漂亮的Guesthouse Inn位于I-5公路出口，从贝灵汉市中心步行15分钟就可轻松到达。Vancouver-Seattle Bellair Airporter Shuttle（见225页）机场巴士在这里停站，最适合打算在这里过夜以便探索贝灵汉地区的旅行者。

★ **Hotel Bellwether** 精品酒店 $$$

（☎360-392-3100；www.hotelbellwether.com；1 Bellwether Way；房间 $165~284，灯塔 $398起；❄📶🐾）这是贝灵汉最精致、最富魅力的酒店，位于滨海区，可以看到像鲸鱼一样隆起的隆米岛。酒店最出彩的是900平方英尺的灯塔公寓，由一座3层楼高的灯塔改建而成，视野绝佳，令人赞叹。

就餐

Old Town Cafe 咖啡馆 $

（316 W Holly St；主菜 $6~9；⏲6:30~15:00）

经典的波希米亚早餐乐园，一边享用着新鲜的糕点、浓咖啡和无与伦比的墨西哥煎蛋，一边了解当地文化，流浪乐手不时来到门口，为这轻松快活的气氛增加色彩。

★ **Pepper Sisters** 新派美国菜 $$

(www.peppersisters.com; 1055 N State St; 主菜 $9~16; ⏲周二至周日 17:00起; 👪) 这家有着明亮的绿松石色小间的餐厅远近驰名。尝尝芫荽香蒜墨西哥烤饼、蓝粟米酿辣椒(rellenos) 和马铃薯大蒜玉米卷饼。

ℹ 实用信息

游客信息站(Visitor Info Station; www.downtownbellingham.com; 1304 Cornwall St; ⏲9:00~18:00)提供最详尽的市区游览信息。

ℹ 到达和离开

阿拉斯加海上公路(Alaska Marine Highway, AMHS; www.dot.state.ak.us/amhs; 355 Harris Ave)客轮开往朱诺(Juneau; 60小时)和其他阿拉斯加东南边港口(不带车辆$326起)。Bellair Airporter Shuttle (见225页)开往西雅图-塔科机场(Sea-Tac Airport; $34)，中途可转往阿纳科特斯和惠德比岛。

圣胡安群岛 (San Juan Islands)

从阿纳科特斯坐渡船往西走，感觉就像是要从这片大陆的边缘掉落了。从充满都市躁动的普吉特海湾出发，似乎航行了一千英里，朦胧的圣胡安群岛唤起了那来自另一个时代的普鲁斯特的似水流年，这里让人感觉像是美国风情的加拿大，因为两边都是加拿大国土。

辽阔的群岛上有172个登陆点，但除非你非常富有，拥有自己的游艇或水上飞机，否则就只有机会看到4个最大的：圣胡安岛、奥卡斯岛 (Orcas Island)、肖岛 (Shaw Island) 和洛佩兹岛 (Lopez Island)。华盛顿州渡轮 (Washington State Ferries) 每天往返其间。这些小岛都因其宁静的氛围、观鲸活动、海上皮划艇和引人注目的独一无二之处而知名。

探索圣胡安群岛的最佳方式是划皮艇或骑自行车。半日的团队游费用介于$45~65之间。如果选择骑车，洛佩兹岛地势较平坦，充满田园风光；环圣胡安岛也轻松自如；奥卡斯岛则峰峦起伏，较有挑战，还可尝试通往宪法山(Mt Constitution)山顶的5英里陡坡道。

ℹ 到达和当地交通

服务圣胡安群岛的航班来自**圣胡安航空**(San Juan Airlines; www.sanjuanairlines.com)和**肯摩尔航空**(Kenmore Air; www.kenmoreair.com)。

华盛顿州渡轮(Washington State Ferries, WSF; www.wsdot.wa.gov/ferries)从阿纳科特斯开往圣胡安群岛，其中一些渡轮继续开往靠近维多利亚的悉尼。至洛佩兹岛(45分钟)、奥卡斯登陆点(60分钟)和圣胡安岛的星期五港(Friday Harbor; 75分钟)均有船只开行。船费因季节而异，全程往返船费在西向的旅程中收取(从悉尼回程除外)。如果每个岛都想要游览，最便宜的是先到星期五港，然后返程经停各岛。

夏季有班车往返于奥卡斯岛和圣胡安群岛之间。

圣胡安岛 (San Juan Island)

圣胡安岛是这个群岛的非正式首都，森林密布的山丘和小小的乡野农场共同谱写出了不同凡响的19世纪历史。唯一真正的居民点在星期五港，游客中心设在主街旁小商场内的当地商会(chamber of commerce; www.sanjuanisland.org; 135 Spring St; ⏲周一至周五 10:00~17:00，周六和周日至16:00)中。

👁 景点和活动

圣胡安岛国家历史公园 古迹

(San Juan Island National Historical Park; www.nps.gov/sajh; ⏲8:30~16:00，游客中心 周四至周日 8:30~16:30，6月至9月 每日) 免费 圣胡安岛里藏着19世纪最奇怪的政治对抗之一，即美国和英国之间的所谓“猪战(Pig War)”。这场古怪的19世纪冷战的历史在岛两边的两个历史公园里得以展现，两处当初曾是美国和英国军队各自的营地。小岛南侧的**美国营地**(American Camp)内有一个小**游客中心**(visitor center)，遗留下来一座堡垒、荒凉的沙滩和一些解说步道。而另一端位

于星期五港西北9英里处的英国营地(English Camp)则保留着19世纪60年代的英军设施。

石灰窑点州立公园 公园

(Lime Kiln Point State Park; ⏲10月中至次年3月 8:00~17:00, 4月至10月中 6:30~22:00)紧靠着圣胡安岛多岩石的西岸，这个漂亮的公园凌驾于深深的哈罗海峡(Haro Strait)上。据说还是全球最佳的海岸线观鲸点之一。

食宿

酒店、民宿和度假屋散布岛上各地，但以星期五港(Friday Harbor)附近最为密集。

Wayfarer's Rest 青年旅舍 $

(☎360-378-6428; 35 Malcolm St; 铺 $35, 房间 $65~80; 📶)岛上唯一的背包旅舍从渡轮码头步行可达。预算有限的旅客会爱上这里的舒适床铺和便宜的私人房间，但注意了，这里人很多。

Roche Harbor Resort 度假村 $$

(☎800-451-8910; www.rocheharbor.com; Roche Harbor; 房间带公共卫生间 $149, 1~3房公寓 $275~450, 2房排屋 $499; ❄📶🏊)位于石灰窑旧址，曾是石灰大王John McMillin的产业，这个海边"小村"是完美的度假地。度假村核心是古老的Hotel de Haro，房间狭小，只因为John Wayne曾在这里刷过牙而多了一点话题。

Juniper Lane Guest House 旅馆 $$

(☎360-378-7761; www.juniperlaneguesthouse.com; 1312 Beaverton Valley Rd; 房间 $85~135; 📶)几间镶木房间里装饰着各种各样的翻新或再循环艺术品及家具，看起来就像高级背包旅舍和旅馆的结合，舒适又有品质。

Market Chef 熟食 $

(225 A St; ⏲10:00~18:00)不可能数百位本地食客都搞错了吧？熟食三明治是这里的特色，每一款都创意十足。加入排队的队伍吧，看着工作人员用新鲜的本地食材制作出好吃的食物。

奥卡斯岛(Orcas Island)

险峻、未遭破坏且带有粗犷美的奥卡斯岛是圣胡安群岛的翡翠标志，是完美的徒步之地，而且，最近也开始流行美食了。渡船码头在奥卡斯登陆点(Orcas Landing)，位于主要村庄东松德(Eastsound)以南8英里处。

小岛的东部是莫兰州立公园(Moran State Park; ⏲4月至9月 6:30至黄昏，10月至次年3月 8:00起)，Mt Constitution(2409英尺)俯视着整个公园，园内小道总长合计40英里，360度的山顶全景妙不可言。

在岛上平静的水域里划皮艇是一大享受。Shearwater(www.shearwaterkayaks.com; 138 North Beach Rd, Eastsound)可提供装备、教授技巧。3小时的导览游$69.75起。

住宿

Doe Bay Village Resort & Retreat 青年旅舍、度假村 $

(☎360-376-2291; www.doebay.com; 铺 $55, 小木屋 双 $90起, 蒙古包 $120起; 📶)Doe Bay有艺术家群体和嬉皮士隐居地的气氛。住宿选择包括海景营地、一处提供宿舍或私人房间的小青年旅舍，以及各种小木屋和蒙古包，其中大部分都带有水景景观。

Golden Tree Hostel 青年旅舍 $

(☎360-317-8693; www.goldentreehostel.com; 1159 North Beach Rd, Eastsound; 铺/双 带公共卫生间 $38/88; @📶)19世纪90年代的传统大厦经过了时髦的翻新，背后还有热水浴缸和桑拿室，这家旅舍提供干净整齐6床位的同性宿舍和明亮的私人房间。

Outlook Inn 酒店 $

(☎360-376-2200; www.outlookinn.com; 171 Main St, Eastsound; 房间带公共/私人卫生间 $79/119起; 📶)Outlook Inn建于1888年，是由岛上一栋老建筑扩建而成的庄重的白色海滨大楼(但还是蛮小的)。附带一间别致有趣的咖啡馆New Leaf Cafe。

餐饮

★Mijita's 墨西哥菜 $$

(310 A St, Eastsound; 主菜 $13~22; ⏲周三至周日 16:00~21:00)墨西哥本地厨师烹调的家常菜让人赞不绝口，如焖小排配黑莓，或是素食菜肴藜麦糕配蘑菇、山羊奶酪、杏仁和墨西哥辛辣酱(pipian)。

Island Hoppin' Brewery 自酿酒吧

(www.islandhoppinbrewery.com; 33 Hope Lane, Eastsound; ⏲周二至周日 16:00~21:00)要想一边喝着多达6种不同的自酿啤酒，一边和同样喜欢啤酒的小岛居民交朋友，那就得到这里来。周末常有现场音乐。

洛佩兹岛(Lopez Island)

如果要去洛佩兹岛，或者用本地人的说法"慢佩兹(Slow-pez)"，那就骑车吧。缓缓起伏的地势、友善的本地人(他们最著名的打招呼方式是举起三根手指的"洛佩兹式挥手")，这是最理想的骑行岛屿。你可以花上整个白天悠闲地享受田园风光，晚上则到海滨旁的**Lopez Islander Resort**(☎800-736-3434; www.lopezfun.com; Fisherman Bay Rd; 房间 $139起; 📶🏊)品味夜生活。度假屋内有餐厅、健身房、游泳池，并提供在阿纳科特斯免费停车服务(抛开汽车的另一个理由)。如果你没有自行车，可联系**Village Cycles**(☎360-468-4013; www.villagecycles.net; 9 Old Post Rd; 每小时/天租金 $7/30起; ⏲周三至周日 10:00~16:00)，他们会为你把自行车送到渡船码头。

北卡斯卡德山脉(North Cascades)

北卡斯卡德山脉的地质情况与南段山脉不同，这里到处都是尖锐的齿状山峰、大量的冰川和占据主导地位的复杂变质岩。由于变质岩十分坚固，北卡斯卡德山脉对于人类来说一直是个未解之迷，直到最近才有所突破。尽管早在1972年就修建起了第一条道路，但时至今日，这里仍然是西北部最偏远的地区。

贝克山(Mt Baker)

一个幽灵似的哨兵从普吉特海湾波光粼粼的水面上升起，几个世纪以来，神秘的贝克山一直是西北地区最具魅力的地方之一。这座休眠火山最近一次活动是19世纪50年代的喷烟，而10,781英尺海拔的12座冰川令人难以忘怀，1999年时曾创下了一季95英尺降雪量的记录。

铺设完好的Hwy 542又叫贝克山景观道(Mt Baker Scenic Byway)，蜿蜒向上5100英尺，通往距离贝灵汉56英里的艺术家之角(Artist Point)。在这附近有**石南草地游客中心**(Heather Meadows Visitor Center; Mile 56 Mt Baker Hwy; ⏲5月至9月 8:00~16:30)和若干各具特色的小道，包括7.5英里长的Chain Lakes Loop，沿途可游玩越橘草甸内的好几个湖泊。

降雪量比北美任何滑雪区都大的**Mt Baker Ski Area**(www.mtbakerskiarea.com)有38个滑雪道、8台滑雪缆车和直升1500英尺的地势。这是滑雪板好手狂热追捧的圣地，自1985年开始，每年1月，Legendary Baker Banked Slalom大赛都会在这里举行。

贝克山一年内有一百多天会云开雾散，从枫树瀑布(Maple Falls)以西7英里处的**Inn at Mt Baker**(☎360-599-1359; www.theinnatmtbaker.com; 8174 Mt Baker Hwy; 房间 $155~165; 📶)屋顶远望贝克山，景象令人惊叹。上山途中在冰川小镇(Glacier)的小酒馆和餐馆**Graham's**(9989 Mt Baker Hwy; 主菜 $4~14; ⏲周一至周日晚餐，周六和周日早餐和午餐; 时间不定)停下来吃点东西，并在**Wake & Bakery**(6903 Forest St, Glacier; 小吃 $4起; ⏲7:30~17:00)买些点心带上，做好上山准备。

莱文沃思(Leavenworth)

用力眨眨眼，再揉一揉，这不是什么关于德国的奇怪幻觉，这是莱文沃思。以前是个伐木小镇，20世纪60年代时由于横贯铁路的路线更改而几乎销声匿迹，后来借助巴伐利亚式的改革才获得重生。旅行者代替了木头，今天的莱文沃思已成功将自己转型成一个传统的"浪漫之路"村庄，看看这里的啤酒、香肠和喜爱皮短裤的本地人(25%是德国人)就知道。经典电影《音乐之声》(*Sound of Music*)的山林背景、莱文沃思作为附近阿尔卑斯湖原野(Alpine Lakes Wilderness)的旅游集散中心的地位，无不营造着这样的氛围。

莱文沃思公园管理站(Leavenworth Ranger Station; 600 Sherbourne St; ⏲6月中至10月中 每日 7:30~16:30，10月中至次年6月中 周一至周五 7:45起)提供本地户外活动信息，亮点包括州内最棒的攀岩处**城堡岩**(Castle Rock)，位于小镇西北约3英里处的塔姆沃特峡谷(Tumwater Canyon)，紧邻US 2。

Devil's Gulch是一条热门的山地自行车越野小道(25英里,4~6小时)。本地的运动用品店Der Sportsmann(☎509-548-5623;www.dersportsmann.com;837 Front St;一日自行车/越野滑雪装备出租$25/14起;⏰9:00~18:00)出租山地自行车,1天$25起。

食宿

Hotel Pension Anna 酒店 $$

(☎509-548-6273;www.pensionanna.com;926 Commercial St;房间含早$155~250,小教堂套$240~360)镇上最原汁原味的巴伐利亚酒店就要数这里了,每个房间的装潢陈设都从奥地利进口,欧洲风味早餐让人想起欢快的约德尔小调。毗连的圣约瑟夫教堂(St Joseph's chapel;教堂的主人们在1992年救下它并搬到了这里)套间最适合家庭入住。

Enzian Inn 酒店 $$

(☎509-548-5269;www.enzianinn.com;590 Hwy 2;双$110~205,套$215~375;)Enzian酒店的德国风味更浓厚,有18个洞的高尔夫球场和一个壁球场,客人在阳光充沛的餐厅里吃早餐,还有一个穿着皮短裤的老板,早晨时会吹起山笛来娱宾。

★ **München Haus** 德国菜 $

(www.munchenhaus.com;709 Front St;小吃$6起;⏰5月至10月 11:00~23:00,11月至次年4月 周一至周五关闭;)露天的啤酒花园,提供巴伐利亚一带最好吃的炭烤巴伐利亚香肠。

奇兰湖(Lake Chelan)

狭长纤细的奇兰湖是华盛顿中部的水上乐园。奇兰湖州立公园(Lake Chelan State Park;☎509-687-3710;S Lakeshore Rd;帐篷位/房车位$23/32)有144个营地,有些湖边的营地只有水路可到达。如果你比较喜欢睡在真正的床上,小镇里有价廉物美的Midtowner Motel(☎509-682-4051;www.midtowner.com;721 E Woodin Ave;房间$65~120;)。奇兰小镇在湖的东南端,是主要的住宿地和服务点,有一个美国林务局的公园管理处(USFS ranger station;428 Woodin Ave)。多个葡萄酒庄在此开业,还有很多不错的餐馆。试试Tsillan Cellars(www.tsillancellars.com;3875 Hwy 97A;⏰周日至周四 正午至17:00,周五和周六 正午至18:00)。

Link Transit(www.linktransit.com)巴士连接奇兰和韦纳奇(Wenatchee)及莱文沃思($1)。

美丽的斯特希金(Stehekin)位于奇兰湖的北端,只有船只(www.ladyofthelake.com;从奇兰往返$39)、水上飞机(www.chelanairways.com;从奇兰往返$159)或从离湖28英里的卡斯卡德山口长途徒步才能到达。www.stehekin.com可以了解关于徒步旅行、营地和租用小木屋的大量信息。大部分设施在6月中至9月中开放。

美度河谷(Methow Valley)

皑皑冬雪加上充足的夏日阳光,让美度河谷成为了华盛顿最主要的休闲区之一。夏天可以来这里骑车、徒步、钓鱼,冬天则有美国第二大的雪地路径可供越野滑雪。

总长200公里的多条小道由非营利组织Methow Valley Sport Trails Association(MVSTA;www.mvsta.com;209 Castle Ave, Winthrop)管理,在冬天提供北美最完善的木屋到木屋(和酒店到酒店)的滑雪网络。谢天谢地,知道这个的人似乎还不多。想要住在较经典的地方,同时又想靠近雪场、徒步道和骑行道,可到温斯罗普镇(Winthrop)以西10英里外,入住优雅精致的Sun Mountain Lodge(☎509-996-2211;www.sunmountainlodge.com;Box 1000, Winthrop;房间$175~375,木屋$150~750;⏰10月21日至12月7日关闭;)。尽管房间和设施已是舒适的小木屋风格(还有很多动物标本),但真正独特的,还要算这里的风景和度假屋周边的无数徒步路径与越野滑雪道。

北卡斯卡德山脉国家公园(North Cascades National Park)

就连北卡斯卡德山脉国家公园(www.nps.gov/noca)里那些最容易行走和最激动人心的山峰也都有着狂野桀骜的名字:孤独峰(Desolation Peak)、锯齿山脊(Jagged Ridge)、绝望山(Mt Despair)和恐惧峰(Mt Terror)。毫无意外地,这里有着阿拉斯加州以外最刺激的荒野探险活动。

北卡斯卡德山脉游客中心(North Cascades

Visitor Center; 502 Newhalem St; ⏲4月中至10月 9:00~16:30, 11月至次年3月 周一至周五关闭)位于Hwy 20 边的纽哈莱姆(Newhalem)小村是最好的入山地点，专业的公园管理员可以为旅行者提供游览建议。

一排漂浮小木屋在20世纪30年代为山谷内工作的伐木人而建，山谷后来因修建罗斯大坝(Ross Dam)而被淹没，小木屋就成为了与罗斯湖齐名的度假屋**Ross Lake Resort**(☎206-386-4437; www.rosslakeresort.com; 木屋 $155~315; ⏲6月中至10月)，这是州内最独特的住宿地之一。车辆无法到达，你只能选择从20号公路开始徒步行走2英里，或搭乘度假屋靠近魔鬼水坝(Diablo Dam)停车区的短程拖船的士。

华盛顿州东北部 (Northeastern Washington)

斯波坎 (Spokane)

拥有华盛顿第二多人口的斯波坎是州内潜藏的惊喜之一，在经过东部单调乏味、光秃秃的火山地带后，这里堪称令人心旷神怡。斯波坎位于太平洋西北部所谓的“内陆帝国”，位置靠近英国毛皮商在1810年创立的一个短暂运转的商栈，这座位于斯波坎河(Spokane Rive)岸边的城市虽然低调，却又信心十足。

即使国家旅游广告内很少提到它，但斯波坎却年年主办全球最大、参与人数最多的跑步活动(每年5月的Bloomsday竞跑)。

景点和活动

河滨公园 公园

(Riverfront Park; www.spokaneriverfrontpark.com; 👪)公园坐落在斯波坎1974年世博会旧址上，亮点包括一条串连17个景点的**sculpture walk**步行路线、许多桥和步道，足以满足城市里那许多业余的跑步爱好者，而**斯波坎瀑布**(Spokane Falls)则由多个风景优美的瀑布和急流组成。河上有许多观景点，短程的**贡多拉游**(gondola ride; ⏲4月至9月 周日至周四 11:00~18:00, 周五和周六至22:00)可以将你直接带到瀑布顶上。全长37英里的**斯波坎河纪念道**(Spokane River Centennial Trail; www.spokanecentennialtrail.org)一直通往爱达荷州边境以外，小道上到处都有人在行走或慢跑。公园还有滑冰场、IMAX电影院和旋转木马，详情查询网站。

西北文化艺术博物馆 博物馆

(Northwest Museum of Arts & Culture; www.northwestmuseum.org; 2316 W 1st Ave; 成人/儿童 $7/5; ⏲周三至周日 10:00~17:00)这个外形突出、造型新颖的博物馆位于高档的Browne's Addition街区，收藏有或许是西北部最精致的原住民工艺品。

食宿

Hotel Ruby 精品汽车旅馆 $

(☎509-747-1041; www.hotelrubyspokane.com; 901 W 1st Ave; 房间 $68~110; ❄📶🐾)这个设施简单的汽车旅馆采用了时尚的红黑色调，位于达文波特(Davenport)市中心的优越地段。

值得一游

大深谷水坝 (GRAND COULEE DAM)

著名的胡佛水坝(Hoover Dam; 位于拉斯维加斯和大峡谷之间的交通便利的位置)每年有160万名访客，但比它大4倍且据说更重要的大深谷水坝(地处偏僻，较不方便)却几乎没什么游客。大深谷水坝是美国最大的混凝土建筑，也是美国最大的发电站。

大深谷水坝游客到访中心(The Grand Coulee Visitor Arrival Center; ☎509-633-9265; ⏲9:00~17:00)以影片、图片和互动展讲述了水坝和周边地区的历史，5月至9月期间每天10:00至17:00都有免费**导览**，每小时一趟，游览内容包括搭乘玻璃观光电梯下降465英尺到第三发电厂(Third Power Plant)参观，从观察台可以看到发电机顶部。

同样令人叹为观止的，是每晚都有的**激光表演**(⏲5月至9月入夜后)，据说是世界上最大型的表演，展示哥伦比亚河和河上几个水坝的历史，背景鲜明动人。

★ Davenport Hotel 历史酒店 $$

(☎509-455-8888; www.thedavenporthotel.com; 10 S Post St; Davenport Hotel/Davenport Tower; 房间 $130/120起; ❄📶🏊)全美最好的酒店之一，也是斯波坎的历史性地标（1914年开业）。如果你住不起这里的房间，至少要到精致的大堂流连一番。隔壁的Davenport Tower是这里的摩登版，同样迷人，有着令人惊异的旅行格调。

★ Mizuna 创意菜 $$

(☎509-747-2004; 214 N Howard St; 主菜午餐/晚餐 $10/28; ⏲周一至周六 11:00~22:00，周日 16:00~22:00; ✎)这栋古董砖块大楼有着明亮的灯光、简单的木质家具，桌上摆放着鲜花。菜肴包括香茅绿咖喱扇贝、蛤蜊或是同样好吃的素食特餐，配上香醇的葡萄酒，简直是人间天堂。

饮品和娱乐

冈扎加大学（Gonzaga University）充满活力的大学生们使斯波坎的夜生活变得丰富多姿。

Northern Lights Brewing Company 自酿酒吧

(www.northernlightsbrewing.com; 1003 E Trent Ave)你可以在大学校园附近的自酿酒吧品尝斯波坎最好的本地微酿麦芽酒。

Bing Crosby Theater 剧院

(www.mettheater.com; 901 W Sprague Ave)原来的Met剧院现在以本地歌手Bing Crosby命名，在相对私密的空间里举办音乐会、戏剧表演、电影节和斯波坎歌剧。

实用信息

斯波坎地区游客信息中心(Spokane Area Visitor Information Center; www.visitspokane.com; 201 W Main Ave at Browne St; ⏲周一至周五 8:30~17:00，周六和周日 9:00~18:00)提供大量旅游相关信息。

到达和离开

长途汽车和火车从**Spokane Intermodal Transportation Station**(221 W 1st Ave)发车。**美铁**(Amtrak; www.amtrak.com)的帝国建设者号(Empire Builder)列车每日发车开往西雅图($53, 7.5小时)、波特兰($53, 9.5小时)和芝加哥($163, 45个小时)。

南卡斯卡德山脉（South Cascades）

卡斯卡德山脉南段比北段更高，但较不集中，从西雅图东边的斯诺夸尔米山口(Snoqualmie Pass)一路延伸到俄勒冈州边境上壮阔的哥伦比亚河。这一段的最高点(也是亮点)是14,411英尺高的瑞尼尔山(Mt Rainier)。同样引人入胜的是还未从1980年毁灭性的火山爆发中恢复的圣海伦火山(Mt St Helens; 8365英尺)。知名度相对较低的亚当斯山(Mt Adams; 12,276英尺)最为人所知的，便是在短暂却火热的夏日里，长满越橘和绚烂野花的高山草甸。

瑞尼尔山国家公园（Mt Rainier National Park）

美国第四大高峰（阿拉斯加以外）的瑞尼尔山气势恢弘，也是最令人沉醉的一座山峰。高山坐落在368平方英里的国家公园内（1899年建立，是全球第五个国家公园）。冰雪覆盖的山峰和森林小丘隐藏着无数徒步小道和大片开满野花的原野，迷人的锥形山峰向攀登者发出极限挑战。

瑞尼尔山国家公园(www.nps.gov/mora; 步行者/车辆入门 $5/15)有4个入口。可口拨打☎800-695-7623查询路况。在国家公园管理局(National Park Service; 简称NPS)网站可下载公园地图以及50条公园小道的详细描述。最知名的小道是93英里长的奇境步道(Wonderland Trail)，小道完全环绕瑞尼尔山，走完全程要花上10~12天。

涉及留宿的多日行程须向公园管理处或游客中心申请野营许可证（免费）。公园里的6个营地都有自来水和公厕，但没有房车接口。强烈建议夏季出行提前通过电话或网站预订**公园营地**(☎800-365-2267; www.mount.rainier.national-park.com/camping.htm; 预订营地$12~15)，最早可提前两个月。

Evergreen Escapes(www.evergreenescapes.com; 10小时团队游 $195)提供从西雅图出发的豪华环保巴士游。

尼斯阔利入口 (Nisqually Entrance)

瑞尼尔山国家公园最繁忙也最方便的入口是尼斯阔利，靠近公园西南角，位于经过阿什福德(Ashford)的Hwy 706上，常年开放。由此进入公园后，7英里外的朗迈尔(Longmire)有一个**博物馆和信息中心**(⌚6月至9月 9:00~18:00，10月至次年5月 9:00~17:00) 免费 、一些重要的小道起点，以及一家拥有不错餐厅的淳朴旅馆**National Park Inn**(☎360-569-2275; www.guestservices.com/rainier; 房间带公共/私人卫生间 $116/164，单元 $244; P ❄)。更多的步行小道和解说步行道位于向东12英里处地势较高的天堂区(Paradise)，这里的**Henry M Jackson Visitor Center**(☎360-569-2211，转2328; Paradise; ⌚6月至10月 每日10:00~19:00，10月至12月 周六和周日 10:00~17:00)资讯丰富，而古老的**Paradise Inn**(☎360-569-2275; www.mtrainierguestservices.com; 房带公共/私人卫生间 $69/114起; ⌚5月至10月)建于1916年，是一个历史性的"公园式建筑"旅馆，早已成为了公园的一部分。**Rainier Mountaineering Inc**(www.rmiguides.com; 30027 SR706 E, Ashford; 4日登山 $991)领队上山，从旅馆出发攀登瑞尼尔山并冲顶，全程4天。

其他入口

瑞尼尔山国家公园其他3个入口分别是：经Hwy 123和Packwood小镇(可以找到住宿)抵达的**Ohanapecosh**; Hwy 410旁的**White River**，由此可沿公路(6400英尺)直达**Sunrise Lodge Cafeteria**(☎360-569-2425; 小吃 $5~7; ⌚6月30日至9月16日 10:00~19:00)美丽的观景点；以及偏远西北角的**Carbon River**，这是通往公园内陆雨林的入口。

圣海伦火山国家纪念区 (Mt St Helens National Volcanic Monument)

圣海伦火山虽然不高，却火爆得很，1980年5月18日的喷发堪比1500个原子弹的威力，57人因此而丧命。大灾难始于一场里氏5.1级的地震，地震引发了人类历史上最严重的山崩，230平方英里的森林被几百万吨的火山岩和火山灰掩埋。如今这里到处可见正恢复元气的森林、新的河谷和覆盖着火山灰的山坡。纪念区门票$8。

如果没有驾车，可以在波特兰参加**Eco Tours of Oregon**(www.ecotours-of-orgeon.com; 3127 SE 23rd Ave, Portland; $59.5)的一日游行程，游览圣海伦火山。如果是个人独立旅行，可由3个入口中任意选择一个入山，沿途有很多长长短短的徒步道。6月中旬到9月，Hwy 25一直开放，可连接东部和东南入口。

东北入口

位于Hwy 504的东北口是主要入口，由此进入的第一站应该是**银湖游客中心**(Silver Lake Visitor Center; 3029 Spirit Lake Hwy; 门票 $3; ⌚9:00~17:00)，这里有关于山区的影片、展览和免费信息(包括小道地图)。想要进一步了解大自然的破坏力，可到Hwy 504尾端的约翰斯顿山脊观测所(Johnston Ridge Observatory; ⌚5月中至10月底 10:00~18:00)，直接看到火山口里去。

在这样一个住宿选择不多的地方，位于银湖游客中心对面的**Eco Park Resort**(☎360-274-6542; www.ecoparkresort.com; 14000 Spirit Lake Hwy; 营地 $20，蒙古包 $75，木屋 $100~110)在一所大房子里提供了7间客房。

东南和东入口

东南入口可经由Hwy 503上的**库格尔尔**(Cougar)镇到达，这里有一些很严峻的火山岩地貌，包括2英里长的**艾坡岩洞**熔岩隧道(Ape Cave lava tube)，全年都可以进入，但要做好忍受寒冷的准备，因为这里的温度常年保持在5℃。成人最好每人携带两套照明装备，也可向**Apes' Headquarters**(8303 Forest Rd; ⌚6月至9月 10:30~17:00)租提灯(每盏$5)。

东入口最偏远，但更难到达的**风岭**(Windy Ridge)观景点就位于这一侧，从这里能更直观地让你感受到火山爆发时的毁坏力有多可怕。这里通常关闭至6月才开放。沿着道路行走几英里可下行600英尺，经1英里长的Harmony Trail (224号徒步道)前往灵湖(Spirit Lake)。

华盛顿州中部和东南部 (Central & Southeastern Washington)

华盛顿中部和东南部像加利福尼亚一样阳光充沛、气候干燥，这里有一个不太秘密的秘密武器：葡萄酒。在犹如尼罗河一般的雅基马和哥伦比亚河峡谷周边，肥沃的土地上到处都是新兴的酿酒厂，这里所种植的优质葡萄也已经获得国家认可，可与纳帕谷（Napa Valley）和索诺马山谷（Sonoma Valley）一争高下。雅基马和更具吸引力的埃伦斯堡（Ellensburg）曾出尽风头，但现在的明星却是瓦拉瓦拉（Walla Walla），在那里，许多有天分的餐厅业者和积极的本地委员会共同打造出了一个卓越的饮酒天地。

雅基马和埃伦斯堡 (Yakima & Ellensburg)

与雅基马河谷齐名的雅基马市是一个相当乏味的交易中心，与它打出的"华盛顿的棕榈泉"的旅游标签完全不符。在这里停留，主要是为了参观雅基马和斑顿市（Benton City）之间的众多酿酒厂。到**雅基玛谷访客及会务处**（Yakima Valley Visitors & Convention Bureau; www.visityakima.com; 10 N 8th St; ⌚周一至周六 9:00~17:00，周日 10:00~16:00）拿张地图参考吧。

更好的中转站是埃伦斯堡，一个在西北36英里处的小村落，这里不但有州内规模最大的牛仔竞技表演（每年劳动节），还声称拥有世界上人均咖啡馆最多的市中心。在本地烘焙店**D&M Coffee**（www.dmcoffee.com; 301 N Pine St; ⌚7:00~17:00）喝一杯拿铁，到市中心迷人的维多利亚式酒店**Guesthouse Ellensburg**（☎509-962-3706; www.guesthouseellensburg.com; 606 Main St; 房间 $145）住宿，酒店同时经营非常棒的**Yellow Church Cafe**（www.yellowchurchcafe.com; 111 S Pearl St; 早午餐 $8~10，晚餐 $13~23; ⌚周一至周五 11:00~20:00，周六和周日 8:00~20:00）。

两市都有**灰狗巴士**（Greyhound; www.greyhound.com）班车运营，开往西雅图、斯波坎及途中各站点。

瓦拉瓦拉 (Walla Walla)

在过去的十年里，瓦拉瓦拉从一个以甜洋葱和州内大型监狱出名的隐蔽而闭塞的务农地，摇身一变成为加利福尼亚以外最热门的葡萄种植区。可敬的马库斯惠特曼学院（Marcus Whitman College）是镇上最明确的文化指标，此外也可以找到古怪的咖啡馆和很酷的品酒室、精致的安妮女王（Queen Anne）式建筑和州内最新鲜最有活力的农贸市场。

景点

不必拼命灌酒，也可以欣赏瓦拉瓦拉的历史和文化遗产。Main St曾获得无数个历史奖

不要错过

雅基马山谷美酒游

如果你正开车往返艾伦斯堡和瓦拉瓦拉之间，不如途中稍作停留，来个仅限舌尖的品酒之旅吧。含一口酒，稍作品尝便吐掉，这听起来不太吸引人，但专家们都是这样品酒的，最重要的是，这样就不会因为酒精过量而导致无法继续开车了。雅基马山谷是州内最古老、规模最大和最多样化的美国葡萄种植区（American Viticultural Area，简称AVA）。在www.wineyakimavalley.org网站可查询到顶级酿酒厂的信息。

Bonair Winery（www.bonairwine.com; 500 S Bonair Rd, Zillah; ⌚10:00~17:00）在靠近齐拉（Zillah）的响尾蛇山地（Rattlesnake Hills）里，有着漂亮的花园，你可以在这里悠闲地品尝甘醇的红酒。

Terra Blanca（www.terrablanca.com; 34715 N DeMoss Rd, Benton City; ⌚11:00~18:00）一派庄严地矗立在红山（Red Mountain）上，俯瞰着山谷，这是该区域最高级的葡萄酒庄园，在院子里品尝甜酒再合适不过了。

Maison Bleue（☎509-378-6527; www.mbwines.com; 357 Port Ave, Studio D, Prosser; ⌚预约）只接待预约过的来访者，这些备受赞扬的罗纳河谷风味的葡萄酒可在普罗瑟（Prosser）的Vinter's Village村庄喝到。村庄本身没什么风景，但葡萄酒非常棒。

项，为了让这里更加适宜生活，当地商会（www.wallawalla.org；29 E Sumach St；⏰5月至9月 周一至周五 8:30~17:00，周六和周日 9:00~16:00）策划了一些有趣的步行游项目，并提供传单和地图。关于该区酒文化的相关信息，可查询Walla Walla Wine News（www.wallawallawinenews.com）。

瓦拉瓦拉要塞博物馆 博物馆

（Fort Walla Walla Museum；755 Myra Rd；成人/儿童 $7/3；⏰10:00~17:00；👪）17栋历史建筑组成了这个先锋村庄，博物馆设在老骑兵马厩里。藏品包括农场设备、牧场工具和可能是世界上最大的塑胶骡队模型。

Waterbrook Wine 葡萄酒厂

（www.waterbrook.com；10518 W US 12；⏰周一至周四 11:00~18:00，周五和周六 11:00~20:00）挑个阳光灿烂的日子，到这个位于小镇西面10英里处的大型酿酒厂来，坐在池塘边的院子里品尝一系列的精选葡萄酒，这真是一大享受。周五和周六还有特别好吃的玉米卷（两个$6）。

Amavi Cellars 葡萄酒厂

（3796 Peppers Bridge Rd；⏰10:00~16:00）在瓦拉瓦拉南部这一大片风景秀丽的葡萄园和苹果园中，你可以品尝到山谷里最具口碑的葡萄酒（试试西拉和赤霞珠）。露天庭院高雅舒适，还可坐享蓝山（Blue Mountains）美景。

食宿

Colonial Motel 汽车旅馆 $

（☎509-529-1220；www.colonial-motel.com；2279 Isaacs Ave；房间 $70起；❄📶）这个简单而又友善的家庭式汽车旅馆位于前往机场的半路上，欢迎自行车骑行者，提供一个存放自行车的安全车库和不少本地地图。

Marcus Whitman Hotel 酒店 $$

（☎509-525-2200；www.marcuswhitmanhotel.com；6 W Rose St；房间 $119~325；❄📶🐾）这栋1928年的红砖大楼与整个村庄完美契合，房屋的修整翻新做得很有格调，房间宽敞，以深红和褐色为主色调，搭配意大利工艺的家具。

Graze 咖啡馆 $

（5 S Colville St；三明治 $8起；⏰周一至周六 10:00~19:30，周日 10:00~15:30；🌿）好吃的三明治可以打包带去野餐，也可以就在这家简单的咖啡馆里享用。试试黄油坚果帕尼尼，搭配了马苏里拉奶酪、烤大蒜、鼠尾草和意大利熏干酪，或是牛腩饼三明治，加上腌渍过的墨西哥青椒、牛油果、番茄、芫荽和墨西哥辣酱。

★ Saffron Mediterranean Kitchen 地中海菜 $$$

（☎509-525-2112；www.saffronmediterraneankitchen.com；125 W Alder St；主菜 $15~27；⏰14:00~22:00，冬天 至21:00）Saffron将本地时令食材点"食"成金。地中海风味的菜单上列出了如野鸡、意大利干酪团子（ricotta gnocchi）、美味无比的薄干脆饼和不可思议的酸奶黄瓜汤等菜肴，简直可以媲美西雅图的任何美食。

到达和离开

阿拉斯加航空（Alaska Airlines）开通了前往**瓦拉瓦拉地区机场**（Walla Walla Regional Airport；www.wallawallaairport.com）的航线，每天4趟航班飞往西雅图。

灰狗巴士（Greyhound；www.greyhound.com）每日开往西雅图，途经雅基马和艾伦斯堡；要往东去斯波坎或更远，则需到帕斯科（Pasco）换乘其他长途汽车。

俄勒冈州（OREGON）

很难为俄勒冈州的地理和居民找出一个统一的标签。从粗犷的海岸线、浓密的常青森林，到到处都是化石的荒芜沙漠、火山和冰川，这里的风景有着天壤之别。除此以外，这里的居民也是形形色色，有倾向于砍伐的保守派，也有坚持环保的自由主义者，还有介于两者之间的各色人士。但他们的共同之处是都拥有一个独立的灵魂、一份对户外的喜爱和对居住环境的热爱。

波特兰（Portland）

波特兰的别名很多，PDX、树桩镇（Stumptown）、玫瑰之城（City of Roses）、桥城（Bridge City）、比尔瓦纳（Beervana）或波特

兰迪亚(Portlandia),随你喜欢叫它什么。这是一个令人震撼的地方,一个充满活力、拥有美丽的住宅区、强烈的环保意识和滑稽人物的城市。在这里,自由理想主义者要多于思想老旧的保守派,大家可以穿着冲锋衣到高级餐厅用餐,人人都支持那数不清的自酿啤酒馆、咖啡馆、编织圈子、女同性恋聚餐和各式各样的读书会。波特兰是个积极进取且已成功上岸的城市,在探索太平洋西北部时一定不能错过。

景点

市中心

★汤姆·麦考尔水畔公园 公园

(Tom McCall Waterfront Park)曲折绵延2英里长的公园位于威拉梅特河(Willamette River)西岸,既是午休时间跑步者的非正式训练场,又是骑行发烧友的自行车专用道。这里很适合野餐,大型夏季节庆活动也常在这里举行。

★先锋法庭广场 地标

(Pioneer Courthouse Square)这里是波特兰的市中心枢纽地带。这个以人为本的红砖广场吸引了游客、悠闲晒太阳的人、吃着午餐的白领员工、街头艺人,还有古怪的政治激进主义分子。曾是一个停车场,更早之前是一家豪华的酒店,如今的先锋法庭广场还举办音乐会、节日庆典、集会和农贸市场等。庄严的**先锋法庭**(Pioneer Courthouse)位于6th Ave,是太平洋沿岸西北部地区最古老的联邦建筑。

波特兰大厦 地标

(Portland Building; SW 5th Ave和SW Main St的交叉路口)在这没有摩天大楼的市区里,这个城市的标志性建筑就是1980年由Michael Graves设计的波特兰大厦。这座15层大厦前装饰着**波特兰迪亚**(Portlandia)雕像,象征着"商业女神"(美国第二大铜皮制铜像,第一是纽约自由女神像)。有人认为这个大厦是后现代主义的胜利,但是也有些人觉得它给用户带来了很多麻烦。

俄勒冈历史学会 博物馆

(Oregon Historical Society; ☎503-222-1741; www.ohs.org; 1200 SW Park Ave; 成人/6~18岁少儿 $11/5; ⏲周一至周六 10:00~17:00,周日 正午至17:00)在树荫遮庇的南公园街区(South Park Blocks)里坐落着俄勒冈州主要的历史博物馆。它用了大部分空间来讲述俄勒冈及其开拓者的故事,还有一些有趣的部分关注到了美洲原住民部落以及开拓俄勒冈小道时的艰苦劳作。

波特兰美术馆 博物馆

(Portland Art Museum; ☎503-226-2811; www.portlandartmuseum.org; 1219 SW Park Ave; 成人/儿童 $15/免费; ⏲周二、周三和周六 10:00~17:00,周四和周五 至20:00,周日 正午至17:00)波特兰美术馆就坐落在南公园街区里,精美的展品包括:美洲原住民的雕刻、来自亚洲和美洲的艺术品以及英国的银器。博物馆里有怀特塞尔大礼堂(Whitsell Auditorium),一个一流的影剧院,经常上映珍贵的国际影片。

俄勒冈州概览

别名 海狸州

人口 3,900,000

面积 95,998平方英里

首府 塞勒姆(人口157,000)

其他城市 波特兰(人口594,000)、尤金(人口157,000)、本德(人口78,000)

消费税 俄勒冈不征收营业税

诞生于此的名人 赫伯特·胡佛总统(Herbert Hoover;1874~1964年)、作家兼快活的恶作剧者肯·克西(Ken Kesey;1935~2001年)、演员兼舞蹈家金吉·罗杰斯(Ginger Rogers;1911~1995年)、《辛普森一家》(*The Simpsons*)作者马特·格勒宁(Matt Groening;1954年出生)以及电影制作人格斯·范·桑特(Gus Van Sant;1952年出生)

发源地/所在地 俄勒冈莎士比亚戏剧节、耐克、火山口湖国家公园

政治倾向 民主党州长、议会中民主党人占多数、自1984年总统选举起支持民主党

著名之处 森林、雨水、微酿啤酒、咖啡、尊严死法案(安乐死法案)

代表饮品 牛奶(乳品业发达)

驾驶 在俄勒冈车主不能自己加油;波特兰到尤金110英里,波特兰到阿斯托利亚96英里

Portland 波特兰

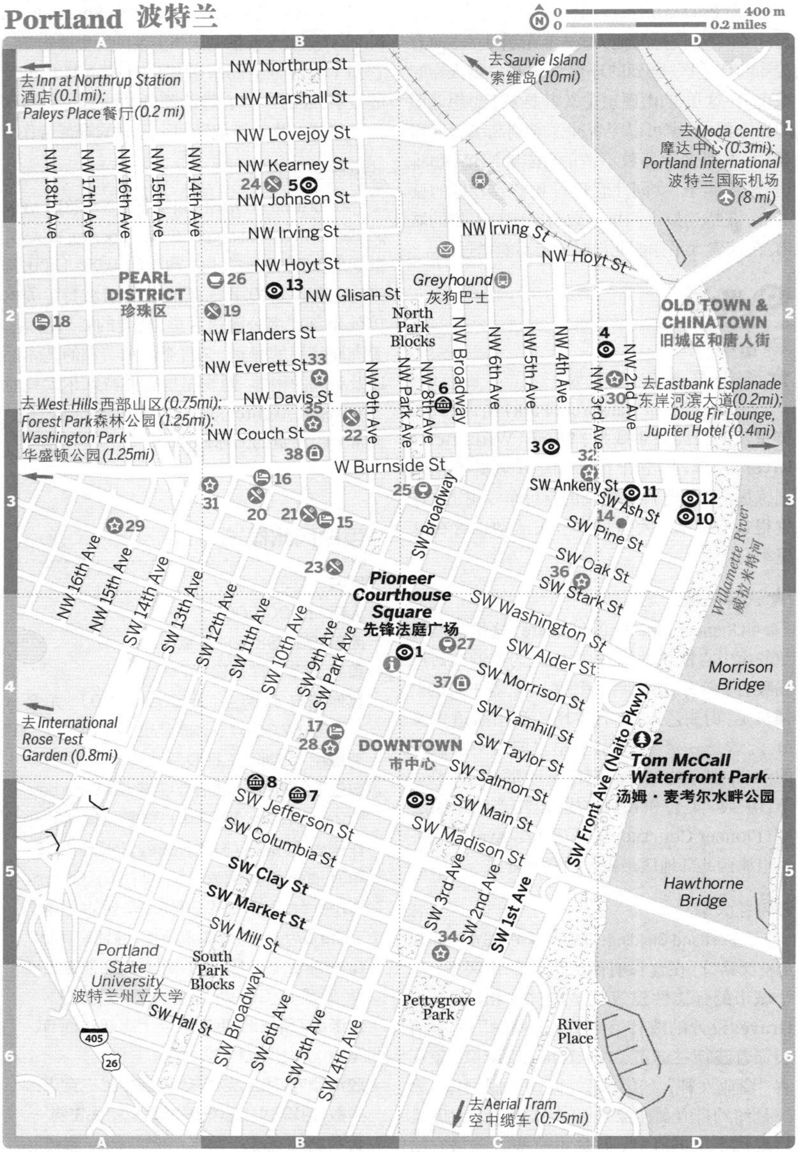

空中缆车 缆车

（Aerial Tram; www.gobytram.com; 3303 SW Bond Ave; 往返票价 $4; ⏲周一至周五 5:30~21:30，周六 9:00~17:00）波特兰的空中缆车从南部的河滨区（Waterfront; 这里有一个街道缆车停靠站）出发，前往马奎姆山（Marquam Hill）。缆车要在垂直高度为500英尺的空中行驶3300英尺，行程3分钟。缆车于2007年对公众开放，因造价远远超出财政预算而招致了很多社会非议。

Portland 波特兰

重要景点

1 先锋法庭广场......C4
2 汤姆·麦考尔水畔公园......D4

景点

3 唐人街大门......C3
4 古典中国园林......D2
5 杰米森广场喷泉......B1
6 当代工艺博物馆......C2
7 俄勒冈历史学会......B5
8 波特兰美术馆......B5
9 波特兰大厦......C5
10 周六市场......D3
11 上海隧道......D3
12 斯基德摩尔喷泉......D3
13 珍珠区......B2

活动、课程和团队游

14 Pedal Bike Tours......D3

住宿

15 Ace Hotel......B3
16 Crystal Hotel......B3
17 Heathman Hotel......B4
18 Northwest Portland Hostel......A2

就餐

19 Andina......B2
20 Jake's Famous Crawfish......B3
21 Kenny & Zuke's......B3
22 Little Big Burger......B3
23 Nong's Khao Man Gai......B3
24 Piazza Italia......B1

饮品和夜生活

25 Bailey's Taproom......C3
26 Barista......B2
27 Departure Lounge......C4

娱乐

28 Arlene Schnitzer Concert Hall......B4
29 Artists Repertory Theatre......A3
30 CC Slaughters......D2
31 Crystal Ballroom......B3
32 Dante's......C3
Darcelle XV......（见30）
33 Jimmy Mak's......B2
34 Keller Auditorium......C5
35 Portland Center Stage......B3
36 Silverado......C3

购物

37 Pioneer Place......C4
38 Powell's City of Books......B3

旧城区和唐人街 (OLD TOWN & CHINATOWN)

作为19世纪90年代波特兰的骚乱中心，当年臭名昭著的旧城区曾是可憎人物的暗藏之所，但现在，夜店皇后的人数早已超过了毒贩。入夜后，这是城内最热闹的区域之一，夜店和酒吧开门了，时髦人士陆续出现了。

上海隧道 古迹

（Shanghai Tunnels；www.shanghaitunnels.info；成人/儿童 $13/8）旧城区街道下面有一些地下通道，即“上海隧道”。19世纪50年代，正是通过这些通道，不择手段的人们会绑架或“上海”（shanghai：双关语，即诱拐）晚归的人或者喝醉的人，然后把他们卖给寻找奴工的船长。周五和周六18:30及20:00的团队游需上网预订。

唐人街 街区

（Chinatown）装饰华丽的**唐人街大门**（Chinatown Gates；W Burnside St和NW 4th Ave交叉路口）标志着波特兰唐人街的南端边界，这里有几家象征式的中国餐馆（大多在东边的82nd Ave）。主要景点是**古典中国园林**（Classical Chinese Garden；☎503-228-8131；www.lansugarden.org；239 NW Everett St；成人/儿童 $8/7；⏰10:00~18:00），这是一个安静怡人的世外桃源，里面有水平如镜的池塘和精心修剪过的园林植物。

周六市场 市场

（Saturday Market；☎503-222-6072；www.portlandsaturdaymarket.com；SW Ankeny St & Naito Pkwy；⏰3月至12月 周六 10:00~17:00，周日 11:00~16:30）要逛这个著名市场，最好就是趁着周末去河边散步的时候。市场上有各种手工艺品，有街头艺人演出，还有美食摊。

斯基德摩尔喷泉 喷泉

（Skidmore Fountain；SW 1st Ave & Ankeny

St）班塞德大桥（Burnside Bridge）下的这个维多利亚时期的喷泉建于1888年，理想化地设计了3个饮水层，上层供行人，第二层供马匹，最下层供狗饮水。

珍珠区和西北区 (The Pearl District & Northwest)

珍珠区 街区

（The Pearl District；www.explorethepearl.com）位于市区西北部的珍珠区是一个古老的工业中心，曾经肮脏丑陋的仓库现在已经被改建成了造价不菲的阁楼、高档时装礼品店和创意餐馆。每月的第一个周四，街区里众多的画廊（Art Galleries）都会延长营业时间，整个地区变成了热闹的街头聚会场所。杰米森广场喷泉（Jamison Square Fountain；810 NW 11th Ave）是这里美丽的城市空间之一。另外，别错过当代工艺博物馆（Museum of Contemporary Craft；☎503-223-2654；www.museumofcontemporarycraft.org；724 NW Davis St；门票 $4；⏲周二至周六 11:00~18:00，每月第一个周四 至20:00），馆内收藏了许多精致陶瓷。

Northwest 23rd Ave 街区

NW 23rd Ave（"时尚第三街" Trendy-third）是一条靠近西部山区的高端购物街，布满精品时装店、家居装饰店和咖啡馆。包括波特兰最好的餐馆在内的餐厅位于平行的NW 21st Ave。这个街区是散步、逛街、喝咖啡和观望那些漂亮得如手工艺品的房子的绝佳去处。

西部山区 (West Hills)

波特兰市中心的后面是西部山区，因独特的民宅、大型公园以及需要足够幸运才能见到的5座卡斯卡德火山（Cascade volcanoes）景象而闻名。

★森林公园 公园

（Forest Park；www.forestparkconservancy.org）不是所有城市都能在市内拥有超过5000英亩的温带雨林，所以不是所有的城市都能成为波特兰。和西部紧邻的整整齐齐的华盛顿公园（Washington Park）相比，森林公园更为野性，拥有稠密的阔叶海港植物、各种动物，还有一个热衷于徒步旅行的兄弟会联盟。波特兰奥杜邦协会（Portland Audubon Society；☎503-292-6855；www.audubonportland.org；5151 NW Cornell Rd；⏲9:00~17:00，大自然商店周一至周六 10:00~18:00，周日 至17:00）经营着一家书店、一个野生动物康复治疗中心，还在森林公园保护区里开辟了4英里长的徒步道。

公园里的主要景点是匹塔克庄园（Pittock Mansion；☎503-823-3623；www.pittockmansion.org；3229 NW Pittock Dr；成人/6~18岁少儿 $8.5/5.5，园区免费；⏲11:00~16:00）。亨利·匹塔克（Henry Pittock）于1914年建造了这座庄园，他振兴了濒临停刊的《俄勒冈人报》（*Oregonian*）。来这里走走，壮丽的景色很值得一看，带上吃的来野餐吧。

华盛顿公园 公园

（Washington Park；www.washingtonparkpdx.org）华盛顿公园位于森林公园西面，在这400英亩的绿地里有许多引人入胜的景点。霍伊特植物园（Hoyt Arboretum；☎503-865-8733；www.hoytarboretum.org；4000 Fairview Blvd；⏲小径 6:00~22:00，游客中心 周一至周五 9:00~16:00、周六和周日 11:00~15:00）免费 展示了1000多种本地及外国引进的植物，园内的游客小径共12英里长，秋天是最佳游览季节。从国际玫瑰试验园（International Rose Test Gardens；☎503-823-3636；www.rosegardenstore.org/rose-gardens.cfm；400 SW Kingston Ave；⏲7:30~21:00）免费 可以看到不错的城市景观，这也是波特兰著名的玫瑰花区，园内有超过500个品种的玫瑰。更远一些的山上坐落着日本花园（Japanese Garden；☎503-223-1321；www.japanesegarden.com；611 SW Kingston Ave；成人/6~17岁少儿 $9.50/6.75；⏲周一 正午至19:00，周二至周五和周日 9:00~19:00，周六 9:00~21:00）。这是又一片宁静的绿洲。

东北和东南区 (NORTHEAST & SOUTHEAST)

从市中心出发，跨过威拉梅特河就是Lloyd Center，俄勒冈最大的购物商场，也是声名受损的花样滑冰运动员坦雅·哈丁（Tonya Harding）开始学习滑冰的地方。西南方向几个街区外是引人注目的玻璃塔式建筑俄勒冈会议中心（Oregon Convention Center），旁边就是**摩达中心**(Moda Center,之前叫玫瑰园体育场Rose Garden Arena),是职业篮球队开拓者(Trailblazers)的主场场地。

沿着威拉梅特河再往前走,就到了**N Mississippi Avenue**。这里曾经到处都是破败的建筑物,现在却是时髦商店和餐馆的热门聚集区。东北部是艺术气息浓厚的**NE Alberta Street**,长长的街上有各种画廊、时装精品店和咖啡店(不要错过每月最后一个周四在这里举行的街头艺术活动)。**SE Hawthorne Boulevard**(SE 39th Ave附近)是一个富裕的嬉皮士地区,这里有礼品店、小餐厅、咖啡馆和鲍威尔书店(Powell's Books)的两家分店。沿林荫道再往南走1英里就到了**SE Division Street**,这条街近年来发展成了美食爱好者的聚集点,布满了时尚饭店和各种酒吧。位于**NE 28th Avenue**的**E Burnside**也是如此,但这里的店铺较集中也更高档。

活动

徒步

最好的徒步路线是在森林公园(见244页),它拥有不可思议的总长达80英里的徒步路径,给人的感觉更像是在胡德山(Mt Hood)里的丘陵,而不是波特兰的城市边界。公园里的**原始丛林小道**(Wildwood Trail)从霍伊特植物园开始,蜿蜒穿过30英里的森林,途中还有很多迂回的分支,可以让旅行者在林间自由穿梭。去森林公园的另一条小道起点位于NW Thurman St与NW Upshur St的西端。

骑车

波特兰多次被*CNN Travel*、*NBC News*和*Bicycling Magazine*等媒体和杂志评为"美国最适宜骑自行车的城市"。有许多街道"专属"自行车,汽车司机也习惯了会多留意自行车骑士。你可以沿着河边的小路骑车观赏城市风景。

位于东部的**泉水走廊**(Springwater Corridor)从俄勒冈科学工业博物馆(Oregon Museum of Science & Industry,是东岸河滨大道Eastbank Esplanade的延伸)附近开始,一直延伸到21英里外的伯灵(Boring)外郊。而西北部的**雷夫·埃里克森大道**(Leif Erikson Drive)是一条通向森林公园的古老的伐木通道,全长11英里,沿途偶尔能看到城市的身影。

如果你想一览优美的农场田园风光,那么就去**索维岛**(Sauvie Island)看看吧。它位于波特兰市区西北10英里处,地势平坦,车辆稀少,野生动物众多,是最棒的骑行地。

要租赁自行车,可以咨询**Waterfront Bicycle Rentals**(☎503-227-1719; www.waterfrontbikes.com; 10 SW Ash St; 一日租金 $40)。旅游办事处和所有自行车商店都提供优质的骑行地图。

皮划艇

波特兰紧靠哥伦比亚河与威拉梅特河的交汇点,因而拥有数英里适于航行的水路。**Portland Kayak Company**(☎503-459-4050; www.portlandkayak.com; 6600 SW Macadam Ave)提供皮划艇租赁、指导和团队游,包括3小时的威拉梅特河罗斯岛(Ross Island)环岛游。皮艇租赁、指导以及以参观野生动物为主的索维岛环岛游,可咨询**Scappoose Bay Kayaking**(☎503-397-2161; www.scappoosebaykayaking.com; 57420 Old Portland Rd),位于波特兰西北20英里处的斯卡普斯镇(Scappoose)。

团队游

Pedal Bike Tours 自行车游

(☎503-243-2453; www.pedalbiketours.com; 133 SW 2nd Ave)各种主题的自行车游览,历史、食品车、啤酒,也可以选择到海岸或峡谷去。

Portland Walking Tours 步行游览

(☎503-774-4522; www.portlandwalkingtours.com)以美食、巧克力、地下通道甚至寻鬼为主题的徒步游。

Forktown 美食游

(☎503-234-3663; www.forktown.com)以舌尖来体验波特兰的街区小吃店。

Pubs of Portland Tours 啤酒游

(☎512-917-2464; www.pubsofportlandtours.com)导游带领参观多个酿酒厂和自酿酒吧,并参观啤酒酿造过程、学习分辨啤酒的不同类型以及品尝等。

节日和活动

波特兰玫瑰节 玫瑰节

（Portland Rose Festival; www.rosefestival.org; ⏲5月下旬至6月中）玫瑰覆盖的花车、龙船比赛、烟火、成群闲逛的水手，还有玫瑰女王的加冕仪式，这是波特兰最大的节日庆典。

俄勒冈州啤酒节 啤酒节

（Oregon Brewers Festival; www.oregonbrewfest.com; ⏲7月和12月）在夏天（7月下旬）的汤姆·麦科河滨公园和冬天（12月上旬）的先锋法庭广场畅饮啤酒。

品尝俄勒冈 美食节

（Bite of Oregon; www.biteoforegon.com; ⏲8月上旬）你能想到的所有美食（和啤酒）大都可以在本地餐厅以及波特兰著名的美食小推车中找到，当然还有好喝的自酿啤酒。美食节的收入将捐献俄勒冈特奥组织（Special Olympics Oregon）。

珍珠艺术节 艺术节

（Art in the Pearl; www.artinthepearl.com; ⏲9月第一个星期一和之前的周末）在劳动节的周末举办，超过100名受邀艺术家聚集在这里，展示和出售他们的精致艺术品，还有美食和现场音乐。

住宿

夏季需提前预订。

Hawthorne Portland Hostel 青年旅舍 $

（☎503-236-3380; www.portlandhostel.org; 3031 SE Hawthorne Blvd; 铺 $28，双带公共卫生间 $60; 🚭@📶）🍃这个环保型的青年旅舍在霍桑区（Hawthorne）占据了很好的地理位置，氛围上佳。私人客房整洁得体，宿舍也很宽敞。夏夜在后院草地上有开放式联欢会，提供自行车出租。旅舍环保意识很强，使用混合肥料和再循环系统，利用雨水冲厕所，还有一个漂亮的环保屋顶。参加自行车团队游可获优惠，非HI会员需额外支付$3。

Northwest Portland Hostel 青年旅舍 $

（☎503-241-2783; www.nwportlandhostel.com; 425 NW 18th Ave; 铺 $20~29，双带公共卫生间 $65; 🚭❄@📶）这家友善、干净的旅舍座落在珍珠区、NW 21st Ave与23rd Ave中间的极佳位置，有4栋旧楼，以充足的公共区（包括一个小天台）和自行车出租为特色。宿舍很宽敞，私人房间几乎和酒店一样舒适，唯一不同是只有公用卫生间。非HI会员需额外支付$3。

Ace Hotel 精品酒店 $$

（☎503-228-2277; www.acehotel.com; 1022 SW Stark St; 双带公共/私人卫生间 $135/185起; 🚭❄@🐾）波特兰最时髦的住宿地点就是这个融合了经典、工业、简约和复古风格的独特酒店。从酒店大堂的电话亭和沙发靠椅，到房间里装饰的再循环布料和家具，Ace有一种仓库的别致感觉。酒店内的Stumptown咖啡厅增加了舒适感。停车费$25。

Crystal Hotel 酒店 $$

（☎503-972-2670, www.mcmenamins.com/CrystalHotel; 303 SW 12th Ave; 房间 $85~165; ❄📶）客房混合了Grateful Death乐队的迷幻风格和维多利亚闺房风格，这意味着你到了最新的McMenamins酒店，51间客房（最便宜的带卫生间房间在走廊尽头）每间都以一首歌为主题。地下室有一个非常美妙的盐水浴池。

Jupiter Hotel 精品酒店 $$

（☎503-230-9200; www.jupiterhotel.com; 800 E Burnside; 双 $159起; 🚭❄📶🐾）这是城内最时尚的酒店，华丽，改造自汽车旅馆。酒店紧邻这个城市最酷的现场音乐场地Doug Fir Lounge（见250页），步行可到市中心。标房很小，可以选择Metropolitan房，如果不是打算彻夜不眠，最好要求离竹子庭院远一点。附设有小厨房，提供自行车出租，午夜后登记入住可享优惠。

Clinton St Guesthouse 客栈 $$

（☎503-234-8752; www.clintonstreetguesthouse.com; 4220 SE Clinton St; 双 $100~145; 🚭❄📶）这个精致如手工艺品的房子里只有4间简单但漂亮的客房（其中两间需共用卫生间），藏身于住宅区内，装潢高雅，床单柔软舒服，店主也亲切和善。所在的热闹街区附近有许多餐馆。

★ McMenamins Edgefield 酒店 $$

（☎503-669-8610; www.mcmenamins.com/

54-edgefield-home; 2126 SW Halsey St, Troutdale; 铺 $30, 双 带公共卫生间 $70~115、带私人卫生间 $120~155; ⊜❄📶)这个先前的乡村穷农场经McMenamin兄弟的一番整修，摇身一变成了现在占地38英亩的酒店，提供各式各样的服务。在这里可以品尝葡萄酒和自酿啤酒、打高尔夫、看电影、去礼品店购物、听现场音乐、在广阔的花园里散步，以及在餐厅就餐。位于市区以东约20分钟车程处。

★ Kennedy School 酒店 $$

(☎503-249-3983; www.mcmenamins.com; 5736 NE 33rd Ave; 双 $115~155; ⊜📶)这家波特兰酒店的前身是一所小学，现在被改造成了酒店(是的，卧室是由教室改造的)，有一个餐厅、几处酒吧、一家微酿啤酒厂、一家电影院和一个恒温泳池。整个学校都装饰着马赛克、奇幻图画和历史照片。

Inn at Northrup Station 精品酒店 $$

(☎503-224-0543; www.northrupstation.com; 2025 NW Northrup St; 双 $174起; ⊜❄@)这家相当时髦的酒店配色鲜明，装饰特别，以艺术家气派的大套房为卖点，许多房间带有露台或者阳台，所有房间附设小厨房或设备齐全的厨房。凉爽的屋顶天台上种满了花木，酒店还附送有轨电车票(在门口就可搭乘)。

Heathman Hotel 豪华酒店 $$$

(☎503-241-4100; www.heathmanhotel.com; 1001 SW Broadway; 双 $249起; ❄@📶🐾)这家波特兰酒店服务一流，拥有市内最佳的餐厅之一。房间优雅、时尚、奢华，地理位置也正在中心区域。酒店提供下午茶，晚上有爵士乐，甚至有一间图书馆，收藏了很多曾经入住过的作家亲笔签名的书籍。停车费$32。

就餐

波特兰快速发展的美食业打破了多年前的规则，大量不同种类的食物得以扩张和再分类。素食在这里得到了很好的发展，早午餐和亚洲创意菜也同样如此，此外还有概念很宽泛的"太平洋沿岸西北部菜"。而这个城市著名的美食推车则展示着无数的美食佳肴和奇特的食品。

Little Big Burger 汉堡包 $

(☎503-274-9008; www.littlebigburger.com; 122 NW 10th Ave; 汉堡包 $4; ⏲11:00~22:00)一份简单的菜单(6道选择)就将快餐带到了另一个境界，这里选用的都是一流的食材。试试牛肉汉堡，上面铺上切达奶酪、瑞士奶酪、山羊奶酪或蓝纹奶酪，搭配松露薯条，再喝一口美味的漂浮沙士。分店很多，可查询网站。

Pok Pok 泰国菜 $$

(☎503-232-1387; www.pokpokpdx.com; 3226 SE Division St; 主菜 $11~16; ⏲11:30~22:00)这家著名的小餐厅以改良香辣泰国街头小吃吸引了大批食客，不要错过著名的鸡翅膀。既然肯定要花时间排队，何不到餐馆旁边的Whiskey Soda Lounge酒吧试试它的醋饮(名字不怎么样，味道却很好)呢？分店位于1469 NE Prescott St。

Navarre 欧洲菜 $$

(☎503-232-3555; www.navarreportland.blogspot.com; 10 NE 28th Ave; 小碟菜 $4~8, 大碟菜 $10~18; ⏲周一至周四 16:30~22:30, 周五 至23:30, 周六 9:30~23:30, 周日 9:30~22:30)这个高雅餐馆的纸质菜单上列出了每日循环更换的小碟菜(不是餐前小吃)，但最受欢迎的还是那些常年不变的菜式。你可以期待吃到一顿简单但美味的蟹饼、羊肉和烤蔬菜。周末来吃个早午餐也不错。

Piazza Italia 意大利菜 $$

(☎503-478-0619; www.piazzaportland.com; 1129 NW Johnson St; 意大利面 $13~17; ⏲周一至周四 11:30~15:00和17:00~21:00, 周五至周日 11:30~22:00)还记得你上次在博洛尼亚吃到的美味肉酱(ragù)或在西西里吃的回味无穷的蛤蜊酱吗？这家备受赞誉的餐厅里都有。很多餐厅失败的地方，在这里却成功了，它在北美地区复制出了意大利食物的精髓。

Pambiche 古巴菜 $$

(☎503-233-0511; www.pambiche.com; 2811 NE Glisan St; 主菜 $12~17; ⏲周一至周四 11:00~22:00, 周五 至午夜, 周六 9:00至午夜, 周日 9:00~22:00)波特兰最美味的古巴食物就出自这个气氛格外热烈的地方。在这里，你可以吃到最喜欢的菜式，包括番茄酱碎牛肉(ropa vieja)，记得别吃太饱，给甜品留点位子。欢乐时光(周一至周五 14:00~18:00, 周五和周六 22:00至午

夜）最划算。不过，要吃晚餐就要做好排队的心理准备。

Kenny & Zuke's

熟食 $$

（☎503-222-3354；www.kennyandzukes.com；1038 SW Stark St；三明治 $10~15；⊙周一至周四 7:00~20:00，周五 至22:00，周六 8:00~22:00，周日 8:00~20:00）这是城内唯一能吃到真正犹太美食的地方：面包圈、腌鲱鱼、自制腌菜和土豆烙饼，但最吸引人的是熏牛肉，现点现切，夹在最棒的黑麦面包中间。就算早餐时间人也很多。在北波特兰（North Portland）有分店。

★ Ox

牛排馆 $$$

（☎503-284-3366；www.oxpdx.com；2225 Martin Luther King Jr Blvd；主菜 $19~38；⊙周二至周日 17:00~22:00）作为波特兰目前最热门的餐馆，这是一家带有阿根廷风味的高级牛排餐厅（谁说波特兰只有素食？）。试试"Gusto"（草饲的肋眼牛排$38）吧。如果两人一起用餐，不妨选择asado，可以一次尝试多个不同部位的牛肉（$60）。餐馆需预订，别忘了带上你的钱包。

Paley's Place

法国菜、创意菜 $$$

（☎503-243-2403；www.paleysplace.net；1204 NW 21st Ave；主菜 $23~36；⊙周一至周四 17:30~22:00，周五和周六 至23:00，周日 17:00~22:00）由Vitaly Paley和Kimberly Paley创办，这是波特兰最早的餐厅之一，充满创意地将法国和太平洋西北部的菜式放在了一起。无论是香煎阿拉斯加大比目鱼，还是香脆的牛羊杂碎配蚕豆泥，食材都是最新鲜的，服务也一流。

Andina

秘鲁菜 $$$

（☎503-228-9535；www.andinarestaurant.com；1314 NW Glisan St；午餐主菜 $14~17，晚餐主菜 $22~30；⊙周日至周四 11:30~14:30和17:00~21:30，周五和周六 11:30~14:30和17:00~22:30）将传统的秘鲁美食进行了现代化改良，创造出了美味的主菜，如煮软了的菠菜铺上藜麦裹干贝，或熬羊小腿配芫荽和黑啤酒酱。想要吃得清淡点可以到吧台尝尝餐前小吃、可口的鸡尾酒，同时欣赏现场的拉丁音乐。

Jake's Famous Crawfish

海鲜 $$$

（☎503-226-1419；401 SW 12th Ave；午餐主菜 $10~16，晚餐主菜 $19~39；⊙周一至周四 11:30~22:00，周五和周六 至午夜，周日 15:00~22:00）在优雅的旧式氛围里品尝波特兰最好的海鲜。牡蛎如天赐，蟹饼很非凡，澳洲坚果包裹着的野生大比目鱼简直可以让你直登天堂。欢乐时光有折扣。

波特兰的美食车

尝试食品车的食物是探索波特兰美食一个有趣方式。这些停靠在市内停车场的"轮胎上的厨房"一般聚集在一起，有公用的餐桌、提款机和简易卫生间。许多摊主都是移民，由于无法承担开餐馆的高昂费用而选择了这种方式，因此这些小推车就如同一个国际大食会。

食品小推车分布在不同地点，但最大一处在SW Alder St和SW 9th Ave的转角上。最新清单和背景资料见www.foodcartsportland.com。在激烈的竞争中较引人注目的摊位有：

Nong's Khao Man Gai（☎971-255-3480；www.khaomangai.com；SW 10th和SW Alder St；主菜 $7；⊙周一至周五 10:00~16:00）嫩滑鸡肉饭，单只一样就足够了。分店在411 SW College St和609 SE Ankeny St。

Viking Soul Food（www.vikingsoulfood.com；4262 SE Belmont Ave；主菜 $5~6；⊙周二至周四 正午至20:00，周五和周六 11:30~21:30，周日 11:30~20:30）美味甜品和可口的卷饼。

Rip City Grill（www.ripcitygrill.com；SW Moody和Abernathy交叉路口，south waterfront；三明治 $5~7；⊙周一至周五 10:00~14:00）三角牛排三明治不容错过。

Thrive Pacific NW（www.thrivepacificnw.com；主菜 $5~8）有机、自由放养和无麸的异域碗食。营业地点和时间不定，可参见网站资料。

Pepper Box（www.pepperboxpdx.com；2737 NE Martin Luther King Jr Blvd；玉米饼和墨西哥干酪饼 $3.5~4；⊙周二至周五 9:00~14:00，周六 至13:00）很棒的早餐玉米饼和干酪饼。

饮品和夜生活

除了久负盛名的咖啡，波特兰境内还有50多家酿酒厂，比世界上任何城市都多。此外还有许多很棒的酒吧，无论是装潢简单的非主流酒吧、时尚酒吧、纯酒吧还是超现代吧应有尽有，在这里永远不会感到口渴。

★ Barista 咖啡馆

（☎503-274-1211；www.baristapdx.com；539 NW 13th Ave；⊙周一至周五 6:00~18:00，周六和周日 7:00~18:00）波特兰最好的咖啡馆之一，老板是获奖的咖啡大师Billy Wilson，店内的拿铁咖啡很出名。这里的咖啡豆都由专有的烘焙店供给。在529 SW 3rd Ave和1725 NE Alberta St有分店。

Amnesia Brewing 自酿酒吧

（☎503-281-7708；www.amnesiabrews.com；832 N Beech St；⊙周一 15:00至午夜，周二至周日正午至午夜）位于时尚的密西西比街（Mississippi Street；正式街名是Beech St），这家自酿酒吧室外设有野餐桌，感觉很悠闲。说到优质且令人难忘的啤酒，试试Desolation IPA、Amnesia Brown或Wonka Porter。户外烧烤架上有汉堡和腊肠，周末还有现场音乐。

Horse Brass Pub 小酒馆

（☎503-232-2202；www.horsebrass.com；4534 SE Belmont St；⊙11:00至次日2:30）这是波特兰最经典的英国酒吧。室内的深色木材气氛十足，炸鱼配薯条非常出色，还有将近50种啤酒可供随时享用。试试飞镖游戏，或是看看足球赛，享受这里的气氛。

Coava Coffee 咖啡馆

（☎503-894-8134；www.coavacoffee.com；1300 SE Grand Ave；⊙周一至周五 6:00~18:00，周六 7:00~18:00，周日 8:00~18:00）Coava的装修将“新产业化”推到了极致，但大多数人都爱这里的咖啡，主打的爪哇咖啡口感极好，意式浓缩咖啡也非比寻常。

Bailey's Taproom 自酿酒吧

（☎503-295-1004；www.baileystaproom.com；213 SW Broadway；⊙14:00至午夜）这家独树一帜的热门啤酒吧提供俄勒冈和其他地方出产的20种啤酒。很酷的电子菜单提供啤酒介绍及当天各种酒的余量。这里不提供食物，但可以自带。

Belmont Station 自酿酒吧

（☎503-232-8538；www.belmont-station.com；4500 SE Stark St；⊙正午至23:00）这家有着户外座位的“啤酒咖啡馆”提供超过20种啤酒。与之相连的是城内最好的瓶装啤酒商店，售卖1200多种不同的啤酒。现金支付可享折扣。

Departure Lounge 酒吧

（☎503-802-5370；www.departureportland.com；525 SW Morrison St；⊙周日至周四 16:00至午夜，周五和周六 至次日1:00）这家屋顶餐厅酒吧（在Nines Hotel的第15层）是市中心唯一一家拥有迷人景色的酷酒吧。很明显是洛杉矶太空船式格调，有时髦的沙发椅和柔和的灯光。尝鲜的话，可以试试辛辣的tasho macho鸡尾酒。

Ristretto Roasters 咖啡馆

（☎503-288-8667；www.ristrettoroasters.com；3808 N Williams Ave；⊙周一至周六 6:30~18:00，周日 7:00~18:00）单一产地、小批量中度烘焙的咖啡豆造就出柔滑浓香的爪哇咖啡。每周五13:00可以免费品尝。555 NE Couch St和2181 NW Nicolai St（位于一个很酷的旧校舍电力大楼内）有分店。

Breakside Brewery 自酿酒吧

（☎503-719-6475；www.breakside.com；820 NE Dekum St；⊙周一至周四 15:00~22:00，周五和周六 正午至23:00，周日 正午至22:00）这里有超过20种点缀着水果、蔬菜和香料的试验性啤酒，都很好喝。店内独创的口味包括柠檬科隆啤酒（Meyer lemon kolsch）、芒果印度淡色啤酒（mango IPA）和甜菜啤酒配姜汁（beet beer with ginger）。喜欢甜点的游客，祈祷酒吧准备了咸焦糖牛奶黑啤酒吧。食物好吃，户外座位的气氛也不错。

Stumptown Coffee 咖啡馆

（☎503-230-7702；www.stumptowncoffee.com；4525 SE Division St；⊙周一至周五 6:00~19:00，周六和周日 7:00~19:00）这是首个将波特

兰推上咖啡地图的微型烘焙厂,也是最著名的咖啡馆。Stumptown直接从咖啡种植者处购买品质可靠的咖啡豆。在波特兰(和美国)的其他分店地址见网站。

Green Dragon 自酿酒吧

(☎503-517-0660; www.pdxgreendragon.com; 928 SE 9th Ave; ⏰周日至周三 11:00~23:00,周四至周六 11:00至次日1:00)虽然由Rogue Breweries酒厂拥有,但Green Dragon所提供的不同啤酒仍然有62种之多,此外这里的食物也不错。酒吧位于东面一个空阔的仓库内,天气暖和时可以坐在院子里。

Rontoms 酒吧

(☎503-236-4536; 600 E Burnside St; ⏰16:30至次日2:30)先说说这个新潮的工业化酒吧的缺点,食物一般,服务也一般,如果你不是那种时尚潮人,可能会觉得不自在。但如果是在天气好的时候,坐在后面的大院子里感觉很好。酒吧位于E Burnside和6th的转角处(这里太酷了,不需要招牌)。

同性恋者的波特兰

波特兰的免费同性恋双周刊*Just Out*上会列出最新名录。SW 10th St周边的Stark St上有许多前卫的同性恋酒吧。

CC Slaughters(☎503-248-9135; www.ccslaughterspdx.com; 219 NW Davis St)这个备受欢迎且历史悠久的夜店有特大的舞池、震耳的音乐、激光表演和现场DJ,周日晚上更有变装秀和好玩的主题之夜。气氛轻松的休息室适合聊天。

Darcelle XV(☎503-222-5338; www.darcellexv.com; 208 NW 3rd Ave; ⏰表演 周三至周六)这是波特兰的拉斯维加斯式人妖表演场,戴着大假发、假珠宝和大尺寸胸垫的变装皇后们个个光彩照人。周五和周六午夜有脱衣舞男的表演。

Silverado(☎503-224-4493; www.silveradopdx.com; 318 SW 3rd Ave)主要面向男性观众的脱衣舞表演几乎每晚上演(周一是卡拉OK)。混杂的人群、便宜的饮料、摸索的机会和肌肉发达的舞者,记得多带点现金,可能玩得很疯狂。

Hopworks Urban Brewery 自酿酒吧

(☎503-232-4677; www.hopworksbeer.com; 2944 SE Powell Blvd; ⏰周日至周四 11:00~23:00,周五周六 至午夜)🍃以当地原料酿造的有机啤酒就出自酒吧上面装有自行车架的生态大楼。适合阖家共享的温馨环境,提供多样化的食物选择,天气温暖时,后院的座位很抢手。在3947 N Williams Ave有分店。

Sterling Coffee Roasters 咖啡馆

(www.sterlingcoffeeroasters.com; 417 NW 21st Ave; ⏰周一至周五 7:00~16:00,周六和周日 8:00~16:00)咖啡馆规模不大但布置很高雅,现场烘焙香气馥郁的复合咖啡豆。菜单简单,卡布奇诺和意式浓缩咖啡非常好喝,咖啡师更是一肚子学问。分店位于1951 W Burnside(当地人称之为Coffeehouse Northwest)。

☆ 娱乐

免费的*Willamette Week*(www.wweek.com)提供当地娱乐信息,杂志每周三出版,列有市内的剧院、音乐、酒吧、电影院和活动。也可以看看*Portland Mercury*(www.portlandmercury.com)。

有关夏季户外音乐会,可到Oregon Zoo查询详情。

现场音乐

Doug Fir Lounge 现场音乐

(☎503-231-9663; www.dougfirlounge.com; 830 E Burnside St)在这个超新潮的地方,美国童话里的伐木巨人(Paul Bunyan)碰上了前卫科技的杰森一家(Jetsons)。Doug Fir有许多前卫、难得、才华横溢的音乐演出,吸引着大批来客,从身上有刺青的少年到城郊的雅皮士都有。餐馆紧邻有摇滚明星气息的Jupiter Hotel,营业时间超长,水准不错。

Dante's 现场音乐

(☎503-345-7892; www.danteslive.com; 350 W Burnside St)这家烟雾缭绕的红色酒吧就经常会上演轻型歌舞剧,演出者来自全美各地,如Dandy Warhols乐队和Concrete Blonde乐队。周日晚上来看看多姿多彩的Sinferno Cabaret歌舞秀吧!

Crystal Ballroom 现场音乐

(☎503-225-0047; www.mcmenamins.com; 1332 W Burnside St)这个历史悠久的大型舞厅里曾上演过不少的知名演出，包括Grateful Dead、James Brown和Jimi Hendrix的表演。"悬浮"舞池让跳舞像在表演平衡。如果你喜欢上世纪80年代的音乐，可在周五晚上到楼下的Lola's Room。

Mississippi Studios 现场音乐

(☎503-288-3895; www.mississippistudios.com; 3939 N Mississippi Ave)颇具私密感的场地，恰好聆听崭露头角的音乐人和其他较知名的另类乐队的表演。音响系统一流，隔壁还有一家带院子的餐厅酒吧。

Jimmy Mak's 现场音乐

(☎503-295-6542; www.jimmymaks.com; 221 NW 10th Ave; ⏲音乐表演20:00开始)波特兰的第一个爵士乐场所，充满想象力的餐厅里供应绝妙的地中海食物。地下室有一间休闲酒吧，可玩台球和飞镖。

电影院

Kennedy School 电影院

(☎503-249-3983; www.mcmenamins.com; 5736 NE 33rd Ave) McMenamin在波特兰开设的第一家电影院。在旧学校体育馆花上$3看场电影吧。

Bagdad Theater 电影院

(☎503-249-7474; www.mcmenamins.com; 3702 SE Hawthorne Blvd)另外一处精彩的McMenamins观影场所，放映廉价电影。

Laurelhurst Theater 电影院

(☎503-232-5511; www.laurelhursttheater.com; 2735 E Burnside St)电影院提供美味的比萨和自酿啤酒，附近就有夜生活。

Cinema 21 电影院

(www.cinema21.com; 616 NW 21st Ave)这是波特兰第一家放映艺术片和外国影片的电影院。

艺术演出

Portland Center Stage 剧院

(☎503-445-3700; www.pcs.org; 128 NW 11th Ave)这个城市的主要剧团，演出场地在波特兰兵工厂(Portland Armory)，这是珍珠区的新地标，刚整修完成，颇具俄勒冈特色。

Arlene Schnitzer Concert Hall 古典音乐

(☎503-228-1353; www.pcpa.com/schnitzer; 1037 SW Broadway)俄勒冈交响乐团(Oregon Symphony)就在这座漂亮的市中心音乐厅演处，音响效果很好。

Artists Repertory Theatre 剧院

(☎503-241-1278; www.artistsrep.org; 1515 SW Morrison St)在两间私密性很好的剧场里上演一些波特兰最好的剧目，地区首映也多在这里。

Keller Auditorium 剧院

(☎503-248-4335; www.pcpa.com/keller; 222 SW Clay St)这是波特兰歌剧和俄勒冈芭蕾舞剧的演出场所，也有一些百老汇剧在这里上演。

体育

波特兰的开拓者篮球队主场是**摩达中心体育馆**(Moda Center; ☎503-235-8771; www.rosequarter.com; 300 N Winning Way)。本城的澳洲职业足球联赛参赛队伍有**Timbers**(www.portlandtimbers.com)和2013年夺冠的女足队**Thorns**(www.portlandtimbers.com/thornsfc)，前者和他们的女子足球队共同分享Jeld-Wen Field主场。其他主要体育队伍包括在通常以摩达中心为主场的冰球队**Winter Hawks**(www.winterhawks.com)和在奥克斯游乐园(Oaks Amusement Park)的The Hanger比赛竞速滑轮的**Rose City Rollers**(www.rosecityrollers.com)。

购物

以先锋法庭广场(Pioneer Courthouse Sq)为起点，两个街区范围内是波特兰市中心的购物区，云集了各种常见的商品。新奇的**Pioneer Place**(☎503-228-5800; www.pioneerplace.com; 700 SW 5th Ave; ⏲周一至周六10:00~20:00，周日11:00~18:00)位于广场东边。珍珠区有一些高档画廊、精品店和家居装饰店。周末可以去斯基德摩尔喷泉(Skidmore Fountain)旁边的典型的周六市场(见243

不要错过

POWELL'S CITY OF BOOKS

还记得传统的书店吧？它们还没完全消失。**Powell's City of Books**（☎503-228-4651；www.powells.com；1005 W Burnside St；⏲9:00~23:00）就是一个书籍的王国，几层楼高的空间完全被书籍所占据。这里曾号称是"世界上最大的独立书店"。到了波特兰就千万不要错过它。这个本地的观光景点，也是一个值得待上几小时的地方（单是逛逛就要花这么多时间）。城内其他地方和机场也有分店，但规模都没有这么大。

页）。舒适的高档购物街在NW 23rd Ave。

东边有很多时尚的购物街，自然也少不了餐厅和咖啡厅。SE Hawthorne Blvd最大，N Mississippi Ave最新，NE Alberta St最具艺术和时尚气息。南面的Sellwood以古董店闻名。

实用信息

紧急情况和医疗服务

Legacy Good Samaritan医疗中心（Legacy Good Samaritan Medical Center；☎503-413-7711；www.legacyhealth.org；1015 NW 22nd Ave）

波特兰警察局（☎503-823-0000；www.portlandoregon.gov/police；1111 SW 2nd Ave）

上网

Backspace（☎503-248-2900；www.backspace.bz；115 NW 5th Ave；⏲周一至周五 7:00至午夜，周六和周日 10:00至午夜）有大型电玩、咖啡厅、营业时间长，甚至还有现场音乐，是年轻人玩乐的地方。

中央图书馆（Central Library；☎503-988-5123；www.multcolib.org；801 SW 10th Ave）位于市中心，其他分馆可查阅网站资料。

媒体

KBOO 90.7 FM（www.kboo.fm）先进的本地广播电台，由志愿者运营，提供另类新闻及视点。

Portland Mercury（www.portlandmercury.com）是西雅图的《异乡人》（*Stranger*）周刊的本地姐妹刊，免费提供。

Willamette Week（www.wweek.com）免费周刊，提供当地新闻和文化信息。

现金

Travelex（⏲5:30~16:30；市区900 SW 6th Ave；波特兰国际机场☎503-281-3045；⏲5:30~16:30）可兑换外币。

邮局

邮局（☎503-525-5398；www.usps.com；715 NW Hoyt St；⏲周一至周五 8:00~18:30，周六 8:30~17:00）这是总局，波特兰周边还有很多分局。

旅游信息

波特兰俄勒冈游客协会（Portland Oregon Visitors Association；www.travelportland.com；701 SW 6th Ave；⏲周一至周五 8:30~17:30，周六 10:00~16:00，周日 10:00~14:00）位于先锋法庭广场。内有一家小型影院，播放有关这座城市的12分钟电影。此外还有Tri-Met巴士以及轻轨办公室。

参考网站

Oregon Live（www.oregonlive.com）《俄勒冈人报》（*The Oregonian*）的网站，刊载新闻、体育和娱乐消息。

Portland Food & Drink（www.portlandfoodanddrink.com）客观点评波特兰的餐厅，及有关主题文章。

Portland Monthly（www.portlandmonthlymag.com）同名杂志的网站，提供有趣的本地资讯。

Travel Portland（www.travelportland.com）提供在这里做什么、去哪里及如何省钱等讯息。

到达和离开

飞机

波特兰国际机场（Portland International Airport，PDX；☎503-460-4234；www.flypdx.com；7000 NE Airport Way）每天有航班飞往全国各大城市和多个国际目的地。机场坐落在I-5州际公路的东边，位于哥伦比亚河岸上（从市中心往东北方向出发，经过Steel Bridge，20分钟车程）。提供货币兑换点、餐厅、书店（包括3个Powell的分店）等便利设施和无线上网等商务服务。

长途汽车

灰狗巴士（Greyhound；☎503-243-2361；www.greyhound.com；550 NW 6th Ave）将波特兰与I-5、I-84公路沿线的其他城市连接起来。分别开往芝加哥、博伊西（Boise）、丹佛、旧金山、西雅图和加拿大温哥华。

Bolt Bus（☎877-265-8287；www.boltbus.com）如果你需要在波特兰、西雅图和加拿大温哥华之间旅行，可搭乘Bolt Bus大型长途汽车，车上提供Wi-Fi和电源插座。

火车

美铁（Amtrak；☎503-273-4865；www.amtrak.com；800 NW 6th Ave）提供上下西海岸（West Coast）的服务。帝国建设者号（Empire Builder）发往芝加哥、瀑布山脉号（Cascades）发往不列颠哥伦比亚省的温哥华，海岸星光号（Coast Starlight）则往返西雅图和洛杉矶。

当地交通

抵离机场

波特兰国际机场（Portland International Airport，PDX）位于市区东北约10英里处，紧邻哥伦比亚河。Tri-Met的轻轨MAX线从市中心到机场约需40分钟。如果更喜欢乘坐公共汽车，**Blue Star**（☎503-249-1837；www.bluestarbus.com）行驶于波特兰国际机场和多个市区车站之间。

从机场乘搭出租车到市中心的费用约$34（不包括小费）。

自行车

波特兰经常被票选为美国最适合骑行的城市，骑着自行车游览波特兰很方便。

提供自行车租赁的有**Clever Cycles**（☎503-334-1560；www.clevercycles.com/rentals；900 SE Hawthorne Blvd）和Waterfront Bicycle Rentals（见245页）。

公共交通

波特兰有很好公共交通系统，本地公共汽车、电车和MAX轻轨交互联接，四通八达。所有车辆均由**TriMet**（☎503-238-7433；www.trimet.org；701 SW 6th Ave）运营，在先锋法庭广场设有信息中心。

公共交通的车票在购票后2小时内可自由换乘。本地公共汽车的车票可在上车时从售票机购买；电车的车票可在电车站或电车上购买；MAX的车票则必须在MAX车站（上车前）购买，车上没有售票员（但有查票者）。

如果你是夜猫子，要注意咯，晚上的公交服务较少，只有几趟在午夜1点后仍运行。详情请查询网站。

汽车

多数的主要汽车租赁机构在市区和波特兰国际机场（PDX）均设有经营点。许多机构都能提供混合动力汽车。**Zipcar**（www.zipcar.com）是一个受欢迎的汽车共享机构。关于市中心较便宜的停车点，可查询www.portlandoregon.gov/transportation/35272。

包车服务

如需定制包车或小型货车及旅游团服务，可咨询**EcoShuttle**（☎503-548-4480；www.ecoshuttle.net）。车辆100%使用生物柴油。

三轮车

三轮车是一个环保的选择，市内有多家三轮车公司提供服务，包括**PDX Pedicab**（☎503-828-9888；www.pdxpedicab.com）人力三轮车带"司机"，可以带着你游览市区。

出租车

提供24小时叫车服务。在市区打车招手即停。可尝试乘搭**Broadway Cab**（☎503-333-3333；www.broadwaycab.com）或**Radio Cab**（☎503-227-1212；www.radiocab.net）的出租车。

威拉梅特谷（Willamette Valley）

威拉梅特谷拥有60英里宽的肥沃农业盆地，是150多年前俄勒冈小道拓荒者西进的圣地。如今威拉梅特谷已成为俄勒冈州的产粮区，出产逾100种农作物，包括著名的黑品诺葡萄（见254页）。从俄勒冈州的首府塞勒姆开车到威拉梅特谷北端的波特兰大约1小时车程，而这片区域内的大部分景点都很适合一日短途旅行。向南是活力十足的大学城尤金（Eugene），值得花上几天时间去探索。

塞勒姆（Salem）

塞勒姆是俄勒冈州的立法中心（不是马萨诸塞州那个和女巫有关的塞勒姆），以其樱桃树、装饰艺术风格的议会大厦和威拉梅特大学（Willamette University）而闻名于世。

威拉梅特大学的**哈莉·福特艺术馆**（Hallie Ford Museum of Art；900 State St；票价成人/12岁以下儿童 $3/免费；⏲周二至周六 10:00~17:00，周日 13:00起）拥有太平洋沿岸西北部最好的艺术收藏，其中包括令人印象深刻的美洲原住民画廊。

威拉梅特谷葡萄酒酒乡

从波特兰开车1小时可到达威拉梅特谷（Willamette Valley），这里有几百家葡萄酒酿造厂，酿造着世界一流的美酒，特别是黑品诺。麦克明维尔（McMinnville）、纽伯格（Newberg）和邓迪（Dundee）提供了这一区域的大部分服务，包括高级餐厅、商店、民宿和品酒屋。登录www.willamettewines.com可查询该区域酿酒厂的更多信息。

信步穿过绵延的青山，沿着弯曲的乡村小路从一个品酒屋到另一个品酒屋，就可以度过一个悠闲的下午（只要确保有司机）。如果想要参加团队游，**Grape Escape**（☎503-283-3380; www.grapeescapetours.com）提供一些不错的选择。喜欢骑自行车的话，波特兰的Pedal Bike Tours（见245页）提供5小时的自行车之旅。

想让脑子清醒起来，就去麦克明维尔的**长荣航空博物馆**（Evergreen Aviation & Space Museum; ☎503-434-4180; www.evergreenmuseum.org; 500 NE Captain Michael King Smith Way; 成人/5~16岁少儿含三维电影 $25/23; ⏲9:00~17:00; 👪）。在这里，你可以查看霍华德·休斯（Howard Hughes）的世界上最大的木结构飞机**"云杉鹤"**（Spruce Goose），以及莱特兄弟飞机的复制品。馆内还有一个三维电影院，奇妙的是，还有一个别致的水上乐园。

如果想找个有意思的地方住宿，那就是**McMenamins Hotel Oregon**（☎503-472-8427; www.mcmenamins.com; 310 NE Evans St, McMinnville; 双 $75~145; ⊖❄📶🐾）了。这是一家由旧建筑翻新成的迷人酒店，附带一个极好的屋顶酒吧。寻找精彩的用餐体验，可考虑**Joel Palmer House**（☎503-864-2995; www.joelpalmerhouse.com; 600 Ferry St, McMinnville; 套餐 $49~80; ⏲周二至周六 16:30~21:30）🍃，菜肴里搭配了厨师在本地采摘的野生蘑菇。

俄勒冈州议会大厦（Oregon State Capitol; 900 Court St NE）免费，建于1938年，看上去很像塞西尔·德米尔（Cecil B DeMille）的大制作电影中出现的背景；提供免费导览。19世纪的**布什大楼**（Bush House; ☎503-363-4714; www.salemart.org; 600 Mission St SE; 成人/6~15岁少儿 $6/3; ⏲周三至周日 13:00~16:00，周一和周二休息）是自由不拘的意大利风格，现在作为历史重点博物馆受到保护，楼内还保留着最初的壁纸和大理石火炉。

可向**游客信息中心**（Visitors Information Center; www.travelsalem.com; 181 High St NE; ⏲周一至周五 8:30~17:00，周六 10:00~16:00）咨询旅游信息。

塞勒姆交通发达，每天都有**灰狗巴士**（Greyhound; ☎503-362-2428; www.greyhound.com; 500 13th St SE）和**美铁**（Amtrak; ☎503-588-1551; www.amtrak.com; 500 13th St SE）列车经过。

尤金（Eugene）

不拘一格的尤金，也被称为"Tracktown"（意为小路镇），充满了年轻活力和自由主义政治思想，并因田径冠军而出名（毕竟，耐克源自于这里）。这里的居民主要是木材和制造业的工人阶层，但一些非传统的居民也在这里生活，包括前嬉皮激进分子、注重环保的无政府主义者、大企业家和高科技巨头。

这里有很棒的艺术氛围、特别精致的餐馆、喧闹的嘉年华、数英里的河边小道和许多美丽的公园。无论对于精力充沛的旅行者还是长住于此的幸运儿来说，这都是个绝妙的地方。

景点

埃尔顿贝克公园 公园

（Alton Baker Park; 100 Day Island Rd）这个很受欢迎的400英亩河畔公园是骑行者和慢跑者的天堂，公园通向**Ruth Bascom Riverbank Trail System**，一条围绕威拉梅特河两侧的12英里自行车道。公园大致分为两半，一半处于原始状态，一半经过人工修整。公园邻近威拉梅特河，经由3座步行桥连接着城市更广阔的小道网络。就在公园西北、河的对岸，是地标性的**斯金纳峰**（Skinner Butte; 682英尺），山上布满了草坪和远足步道，可以领略最好的城市风光。

俄勒冈大学 大学

(University of Oregon; ☎541-346-1000; www.uoregon.edu)建立于1872年的俄勒冈大学是州内最重要的高等学府,专注艺术、自然科学和法律的研究。校园有很多爬满了常春藤的历史建筑,包括一个**开拓者墓园**(Pioneer Cemetery),墓碑向我们揭示了早期居民的生与死。校园最出彩的地方是**乔丹·施尼策尔艺术博物馆**(Jordan Schnitzer Museum of Art; ☎541-346-3027; www.jsma.uoregon.edu; 1430 Johnson Lane; 成人/儿童 $5/免费; ⌚周二至周日 11:00~17:00, 周三 至20:00),汇集了世界级的永久艺术藏品,从韩国的卷轴到伦勃朗画作,涉猎广泛。**自然和文化历史博物馆**(Museum of Natural and Cultural History; ☎541-346-3024; natural-history.uoregon.edu; 1680 E 15th Ave; 成人/3~18岁少儿 $3/2, 周三免费; ⌚周三至周日 11:00~17:00)则有美洲原住民展,值得参观。

住宿

尤金有许多连锁酒店和汽车旅馆,在主要橄榄球赛事和毕业季期间住宿的价格会飚升。

Campus Inn 汽车旅馆 $

(☎541-343-3376; www.campus-inn.com; 390 E Broadway; 双 $70~80;)这是一家很舒适的汽车旅馆,公务式客房很宽敞,装潢简单而时髦。加$10可升级获得更大的床铺空间。此外附设小型健身房、公用按摩浴缸,楼上有个户外小院子。

Eugene Whiteaker Hostel 青年旅舍 $

(☎541-343-3335; www.eugenehostels.com; 970 W 3rd Ave; 铺含早 $25, 房间含早 $40~70;)一间老旧、悠闲、散发着艺术气息的青年旅舍,附带漂亮的前庭后院,附赠简单的早餐。也可以租用营地(每人$15),街尾有一栋附楼。

★**C'est La Vie Inn** 民宿 $$

(☎541-302-3014; www.cestlavieinn.com; 1006 Taylor St; 双 $150~170;)民宿是一栋光彩夺目的维多利亚式建筑,由一个友善的法国女人和她的美国丈夫经营,常常引得路人驻足观望。大厅和餐厅里摆满了漂亮的古董家具,3个装潢雅致的房间舒适豪华,还有一间附带小厨房的套房($260)。

就餐

Sweet Life Patisserie 咖啡馆、面包房 $

(☎541-683-5676; www.sweetlifedesserts.com; 755 Monroe St; 糕点 $2~5; ⌚周一至周五 7:00~23:00, 周六和周日 8:00起)这是尤金最好的甜品店,招牌食品包括山核桃面包卷、牛角面包和巧克力面包。即使是半价出售的隔夜糕点也一样可口。还提供有机咖啡。

Belly Taquería 墨西哥菜 $

(☎541-687-8226; www.eatbelly.com; 291 E 5th Ave; 玉米饼 $3~4, 玉米圆饼 $5~6; ⌚周一至周四

值得一游

温泉

俄勒冈有很多温泉,有的就在塞勒姆附近。由市区开车向东约两小时是**Bagby Hot Springs**(www.bagbyhotsprings.org; 每人 $5),这是一个乡村风味的温泉,许多木制浴缸摆在半遮蔽的浴室里。一条1.5英里长的可爱徒步道通往这里。从埃斯塔卡达(Estacada)出发,驾车沿Hwy 224向南开26英里,转上Forest Rd 46后直行3.5英里,右转入Forest Rd 63,继续3.6英里到USFS Rd 70后再次转右,最后直行约6英里即可到达停车区。

另外一处不错的温泉是**Terwilliger Hot Springs**(也叫库格尔尔温泉Cougar Hot Springs),这是岩石围绕的一排户外水池(每人$6),很朴素,但维持得非常好,温度最高的温泉在最上面。从停车场需步行0.25英里到达温泉。从Hwy 126往南开进Aufderheide Scenic Byway后继续7.5英里即可。

Breitenbush Hot Springs(☎503-854-7174; www.breitenbush.com)的设施更完备,提供梦幻般的按摩水疗、瑜伽和素食。Breitenbush位于塞勒姆的东边,从Hwy 46过底特律镇后可达。

17:00~21:00,周五和周六 至22:00)玉米饼随时供应,尝尝燉猪肉(carnitas)、虾(camarones)、炸干贝或口条(lengua——别急着批评,先尝尝看)。

★ Beppe & Gianni's Trattoria 意大利菜 $$

(☎541-683-6661; www.beppeandgiannis.net; 1646 E 19th Ave; 主菜 $15~25; ⏲周日至周四 17:00~21:00, 周五和周六 至22:00)这是尤金最受喜爱的意大利餐厅。自制的意大利面很好吃,甜品也美味诱人。常常排队。

McMenamins North Bank 美国菜 $$

(☎541-343-5622; www.mcmenamins.com; 22 Club Rd; 主菜 $9~20; ⏲周日至周四 11:00~23:00, 周五和周六 至午夜)位于壮观的威拉梅特河岸,这家酒吧餐馆拥有尤金最好的景观。挑一个阳光充沛的温暖日子,坐在河畔庭院的桌子边享用一个芝士汉堡配Hammerhead麦芽酒,简直无法更时尚了。

ℹ 实用信息

咨询可至**游客中心**(Visitor Center; www.eugenecascadecoast.org; 754 Olive St; ⏲周一至周五 8:00~17:00)。

ℹ 到达和离开

尤金的**美铁火车站**(Amtrak station; ☎541-687-1383; www.amtrak.com; E 4th Ave与Willamette St交叉路口)每天都有瀑布山脉号(Cascade)和海岸星光号(*Coast Starlight*)列车发往加拿大的温哥华和洛杉矶,停靠沿线各城市。**灰狗巴士**(☎541-344-6265; www.greyhound.com; 987 Pearl St)向北开往塞勒姆和波特兰,向南开往格兰茨帕斯(Grants Pass)和梅德福,天天发车。**Porter Stage Lines**(www.kokkola-bus.com)经营的班车每日从火车站发往海岸。

Lane Transit District(☎541-682-6100; www.ltd.org; 3500 E 17th Ave)提供本地公共汽车服务。可在**Paul's Bicycle Way of Life**(152 W 5th St; ⏲周一至周五 9:00~19:00, 周六和周日 10:00~17:00)租用自行车。

哥伦比亚河峡谷 (Columbia River Gorge)

水量位居美国第四的哥伦比亚河从加拿大的艾伯塔(Alberta)一路流淌,注入阿斯托利亚(Astoria)以西的太平洋,全长1243英里。最后的309英里河道上的水坝标识了华盛顿和俄勒冈的边境,而壮丽的哥伦比亚河峡谷则切开了卡斯卡德山脉。这里有着无数生态系统、瀑布和壮丽景色,沿岸的土地已被列为为国家风景区(National Scenic Area)受到保护,同时也是风帆爱好者、骑行者、钓鱼爱好者和徒步旅行者最喜欢的地方。

距离波特兰不远的**马特诺玛瀑布**(Multnomah Falls)总是能吸引大批旅行者,从**Vista House**可窥见河谷惊人的美景。如果想舒展手脚,最理想的地方是**Eagle Creek Trail**——小心,别头晕!

胡德河 (Hood River) 及周边

I-84州际公路以东63英里的胡德河小镇,以其周边的果园和葡萄酒厂出名,也是风帆和风筝冲浪爱好者的朝圣地。湍急的水流、强力的西风和广阔的哥伦比亚河,为这些活动提供了完美的条件。

◉ 景点和活动

从1906年开始投入服务的**胡德山铁路**(Mount Hood Railroad; ☎800-872-4661; www.mthoodrr.com; 110 Railroad Ave)长22英里,原本是为了将木材运送到哥伦比亚河而建的。今天这条铁路将旅行者送往胡德山的雪山峰顶,夏日时沿途有芬芳的果园。需预订。

想尝尝葡萄美酒?不远处就是**Cathedral Ridge Winery**(☎800-516-8710; www.cathedraridgewinery.com; 4200 Post Canyon Dr)。

要参加胡德河的风力运动,可联系**Hood River Waterplay**(☎541-386-9463; www.hoodriverwaterplay.com; Port of Hood River Marina)租借用品,咨询相关课程。也可以试试**山地骑行, Discover Bicycles**(☎541-386-4820; www.discoverbicycles.com; 210 State St; ⏲周一至周六 10:00~18:00, 周日 至17:00)可提供相关信息和用品出租。

🛏 食宿

Inn of the White Salmon 旅馆、青年旅舍 $$

(☎509-493-2335; www.innofthewhitesalmon.com; 172 West Jewett Blvd; 双 $129~189;

)位于华盛顿州内的White Salmon旅馆拥有舒适现代的18个客房，一个漂亮的花园庭院位于屋后。此外还有一间8床位的宿舍（单人床$29，双人床$40），配有公共厨房区域。

Hood River Hotel 历史酒店 **$$**

（541-386-1900；www.hoodriverhotel.com；102 Oak St；双 $99~179；）这家建于1913年的精致酒店位于胡德河市中心，提供舒适但装潢过时的客房，卫生间很小。套房的设施和景观最好。提供小厨房。

Double Mountain Brewery 自酿小酒馆 **$**

（541-387-0042；www.doublemountainbrewery.com；8 4th St；三明治 $7.5~10，比萨 $16~22；周日至周四 11:30~23:00，周五和周六 至午夜）这是胡德河很受欢迎的自酿酒吧兼餐馆，供应可口的三明治、砖炉烘焙的比萨和自酿啤酒。周末有现场音乐。

实用信息

可到**商会**（541-386-2000；www.hoodriver.org；720 E Port Marina Dr；周一至周五 9:00~17:00，4月至10月 周六和周日 10:00~17:00）获取信息。

到达和离开

灰狗巴士（Greyhound；541-386-1212；www.greyhound.com；110 Railroad Ave）每日往返胡德河和波特兰。前往华盛顿可搭乘**美铁**（Amtrak）列车。

卡斯卡德山脉俄勒冈段（Oregon Cascades）

卡斯卡德山脉的俄勒冈段有很多高耸的火山，霸占了数英里的天际。盘旋于哥伦比亚河峡谷之上的胡德山是州内最高山峰，常年可滑雪，上山顶的路比较平直，容易攀登。向南行走依次经过杰斐逊山（Mt Jefferson）和三姐妹峰（Three Sisters），然后到达火山口湖（Crater Lake），这是大约7000年前玛扎玛火山（Mt Mazama）爆发后向内坍塌留下的火山口。

胡德山（Mt Hood）

天气晴朗时，从俄勒冈北部地可以很容易看见州内最高的山峰胡德山（11,240英尺），它似乎对滑雪者、登山者和游客有一种魔力，吸引着他们。夏天山坡上野花绽放，隐秘的池塘闪耀着蓝色的光，让你的徒步毕生难忘，而到了冬天，滑降和越野滑雪则占据了人们的思想和身体。

从波特兰取道US 26或从胡德河出发沿Hwy 35，全年皆可到达胡德山。它们与Columbia River Hwy一起形成了胡德山环线（Mt Hood Loop），风景十分优美。政府露营地（Government Camp）位于胡德山关口，也是山上的商业中心。

活动

滑雪

胡德山的滑雪活动实至名归。山上有6个滑雪场，**Timberline**（503-272-3158；www.timberlinelodge.com；缆车票成人/15~17岁少儿/7~14岁儿童 $68/56/42）是美国唯一的全年雪场，吸引了许多爱好者，而较靠近波特兰的**Mt Hood SkiBowl**（503-272-3206；www.skibowl.com；缆车票成人/7~12岁儿童 $49/30）也毫不逊色，这是全国最大的夜间滑雪场，很多城市人专门在傍晚从市区赶到这里来滑雪。山上最大的滑雪场是**Mt Hood Meadows**（503-337-2222；www.skihood.com；缆车票成人/7~14岁儿童 $74/39），这里的滑雪条件最完备。

徒步

胡德山国家森林（Mt Hood National Forest）守护着令人惊叹的1200英里小道。大多数小道起点处都会要求徒步者购买一张西北森林许可证（Northwest Forest Pass；$5）。

一条热门小道从Zigzag村附近蜿蜒7英里通往迷人的**雷蒙娜瀑布**（Ramona Falls），瀑布水流从长满苔藓的柱状玄武岩倾泻而下。另一条小道从US 26延伸1.5英里到**镜湖**（Mirror Lake），绕湖0.5英里，再向前2英里直到一个山脊以外。

41英里长的**Timberline Trail**完全环绕胡德山，途中经过风景迷人的荒野。值得留意的路段包括，徒步至麦克尼尔点（McNeil Point）、短程攀爬登上巴尔德山（Bald Mountain）。从Timberline Lodge出发，Zigzag Canyon Overlook是一段4.5英里的环路。但在本文考察期间，部分小道被冲毁了，修复时间未知。

攀登胡德山不可掉以轻心，这里曾发生过意外死亡事故。狗主人可以带着狗一起爬山。白日较长时，登山可当天完成。带向导的登山活动可联系Timberline Mountain Guides（☎541-312-9242; www.timberlinemtguides.com）。

食宿

夏天需提前预订营地（☎877-444-6777; www.reserveusa.com; 营地 $12~18）。溪畔营地Tollgate和Camp Creek位于US 26沿线。占地甚广的延龄草湖（Trillium Lake）颇为热门，从这里眺望胡德山景色壮美。

Huckleberry Inn 旅馆 $

（☎503-272-3325; www.huckleberry-inn.com; 88611 E Government Camp Loop; 房间 $85~180; ）这里提供简单、舒适、乡土味浓厚的房间，有一间可住14人的宿舍。旅馆位于Government Camp正中心，还有一个气氛轻松的餐馆（同时也是旅馆前台）。假日时价格上涨20%。

★Timberline Lodge 度假屋 $$

（☎800-547-1406; www.timberlinelodge.com; 双 $115~290; ）比起酒店，这里更像一个社区的珍宝，这栋漂亮的20世纪30年代木质历史建筑提供多种房型，从可住10人的宿舍到豪华的壁炉房都有。巨大的木梁悬在多处壁炉上，户外有个常年温水泳池，滑雪缆车也在附近。胡德山壮丽的景观不可不看，附近的小道徒步也不容错过，还有别忘了到两个酒吧和一个不错的餐厅坐坐。

★Rendezvous Grill & Tap Room 美国菜 $$

（☎503-622-6837; www.rendezvousgrill.net; 67149 E US 26, Welches; 午餐主菜 $9~16, 晚餐主菜 $13~22; ⏲11:30~21:00）这家出色的餐馆自成一格，招牌菜包括柑橘咖喱野生鲑鱼和炭烤猪排配苹果茴香酸辣酱。午餐则是在户外的院子里享用美味的三明治、汉堡和沙拉。

Ice Axe Grill 自酿小酒馆 $$

（☎503-272-3172; www.iceaxegrill.com; 87304 E Government Camp Loop, Government Camp; 主菜 $12~18; ⏲11:00~22:00）政府露营地内唯一的一家自酿酒吧兼餐馆。Ice Axe的家庭式气氛十分友善，供应好吃的比萨、肉馅土豆泥馅饼和上等汉堡包，另外还有素食辣椒和扁豆汉堡。

实用信息

如果你从胡德河过来，可以先到**胡德河公园管理处**（Hood River Ranger Station; ☎541-352-6002; 6780 Hwy 35, Parkdale; ⏲周一至周五 8:00~16:30）。**Zigzag公园管理处**（Zigzag Ranger Station; ☎503-622-3191; 70220 E Hwy 26; ⏲周一至周六 7:45~16:30）则对从波特兰来的游客较为便利。**胡德山信息中心**（Mt Hood Information Center; ☎503-272-3301; 88900 E US 26; ⏲9:00~17:00）位于政府露营地内。这里的气候变化很快，冬天要带着防滑链。

到达和离开

从波特兰沿Hwy 26开车到胡德山需要1个小时（56英里）。也可以取道风景较美但较远的Hwy 84，先到胡德河，然后转到Hwy 35向南（1.75小时，95英里）。**Central Oregon Breeze**（☎800-847-0157; www.cobreeze.com）的班车往返于本德和波特兰之间，停靠距离Timberline Lodge 6英里的政府露营地。冬天从波特兰到各滑雪区均有定点**班车**往返（www.skihood.com）。

希斯特斯（Sisters）

亲切可爱的希斯特斯横跨卡斯卡德山脉和高原沙漠，在高原沙漠上，山松树林和沙漠鼠尾草、刺柏共同生长着。它曾是个马车驿站兼贸易小镇，伐木人和牧场主在这里进行交易，而今日的希斯特斯却已成为繁忙的旅游胜地，主街旁矗立着许多西部特色的大楼，楼里全是精品店、画廊和餐馆。旅行者为了高山美景、徒步旅行、文化活动和宜人的气候而来，这里阳光充足，雨水不多。即使小镇的气氛显得有点高大上，但居民却很友善，许多小巷尚未开发，常常能看见小鹿在街心公园里吃草。

希斯特斯南端的市立公园里设有**营地**（$15），但没有淋浴间。最好的享受出自豪华的**Five Pine Lodge**（☎866-974-5900; www.fivepinelodge.com; 1021 Desperado Trail; 双 $170~257, 木屋 $179~317; ）。而Sisters Motor Lodge（☎541-549-2551; www.sistersmotorlodge.

com; 511 W Cascade St; 房间 $119~225; 🚭❄️📶🐾)较清静也较便宜，11间舒适的客房均有着家居式的装潢，部分附带小厨房。

想要品尝美食佳肴，就要到**Porch**(☎541-549-3287; www.theporch-sisters.com; 243 N Elm St; 小碟菜 $6~12，主菜 $15~17; ⏰周二至周六 17:00~21:00)来，这里有小份的松露薯条和香浓的白胡桃汁意大利烩饭。**Three Creeks Brewing**(☎541-549-1963; www.threecreeksbrewing.com; 721 Desperado Ct; ⏰周日至周四 11:30~22:00，周五和周六至23:00)供应自酿啤酒和酒吧小吃。

可至**商会**(chamber of commerce; ☎541-549-0251; www.sisterscountry.com; 291 Main St; ⏰周一至周六 10:00~16:00)咨询本地信息。

Valley Retriever(www.kokkola-bus.com/VRBSchedule.html)巴士连接希斯特斯和本德、纽波特、科瓦利斯(Corvallis)、塞勒姆、麦克明维尔及波特兰，车辆停靠在Cascade St和Spruce St转角处。

本德 (Bend)

所有户外爱好者都应该在本德住上一住，这里简直是人间天堂。早晨，你可以在上好的粉雪上滑雪，下午就去划划皮艇，到了晚上再打上一场高尔夫。或者，你更喜欢山地骑车、徒步、爬山、玩站立式桨板冲浪、飞钓(Fly-fishing)或是攀岩？这些活动全都可以就近开展，而且都很精彩。除此以外，在享受这些活动的时候天气应该都会很好，因为在这里，一年几乎有300天都阳光灿烂。

秀美的德舒特河(Deschutes River)直切入本德的中心地带，市区里到处都是商店、画廊和高级餐厅。南端的老米尔区(Old Mill District)已被改造成了大型购物区，容纳着许多名牌商店、高档餐馆和新潮电影院。本德还是啤酒爱好者的梦想天地，有十几家酿酒厂，人均占有率比俄勒冈其他任何城市都高。

景点

★高原沙漠博物馆 博物馆

(High Desert Museum; ☎541-382-4754; www.highdesertmuseum.org; 59800 S US 97; 成人/5~12岁儿童 5月至10月 $15/9，11月至4月 $12/7; ⏰9:00~17:00; 👪)不要错过这个极棒的博物馆，博物馆位于本德以南约3英里处的US 97公路边。这里重现了一个美洲原住民营地、一个硬岩石矿和一个古老的西部小镇，借以活灵活现地将西部开发和居民的历史展现在眼前。此外，博物馆也涉及该区域的自然历史。孩子们最喜欢蛇、龟、鳟鱼展馆，参观掠食猛禽和水獭也总是非常有趣。

活动

骑车

本德是山地骑行的天堂，拥有数百英里的自行车小道。寻找好的自行车道地图，可以到本德游客办事处(Visit Bend tourist office)和其他地方购买*Bend, Central Oregon Mountain Biking and XC Skiing*地图($12)。

本德的山地自行车道首推**Phil's Trail**网络，离开市区仅几分钟就有多条快速单道森林道。如果想要呼吸新鲜空气，就别错过**Whoops Trail**。

Cog Wild(www.cogwild.com; 255 SW Century Dr)提供自行车出租、团队游和前往小道起点的接驳服务。

攀岩

位于本德东北约25英里处的**史密斯岩石州立公园**(Smith Rock State Park; ⏰800-551-6949; www.oregonstateparks.org; 9241 NE Crooked River Dr; 一日票价 $5)兼备极佳的先锋和传统攀登场地，800英尺高的悬崖矗立在克鲁克德河(Crooked River)岸边。公园里有1800多条路线，是全美最好的攀岩公园之一。可通过**Smith Rock Climbing Guides Inc**(www.smithrockclimbingguides.com)寻找攀岩向导。

滑雪

本德拥有俄勒冈最好的滑雪场，那就是位于镇西南22英里外的**巴切勒山滑雪场**(Mount Bachelor Ski Resort; ☎800-829-2442; www.mtbachelor.com; 缆车成人/6~12岁儿童/13~18岁少儿 $59/36/49)。这个漂亮的滑雪胜地最著名的是它的"干"粉雪、超长的雪季(直至5月下旬)和足够大的面积(是太平洋西北部最大的滑雪场地)。山上有长途越野滑降雪道，还有35英里的人工道。

住宿

Mill Inn 旅馆 $

（☎877-748-1200，541-389-9198；www.millinn.com；642 NW Colorado Ave；铺 $35，双含早 $90~130；）这是一个拥有10间客房的精品酒店，小巧精致的房间里配有天鹅绒窗帘和棉被，外面有4个公共卫生间。房价包括全套早餐和热水浴缸。酒店还有一个漂亮的后院和地下休闲室。预算不足的旅客可选择（拥挤的）宿舍。

★McMenamins Old St Francis School 酒店 $$

（☎541-382-5174；www.mcmenamins.com；700 NW Bond St；双 $135~175，小别墅 $185~395；）McMenamin最好的住所之一，这个旧校舍如今已被改造成了一流的酒店，共有19个房间，其中2个房间配并排的爪式撑脚浴缸。单只为享受瓦管盐水土耳其浴就已经值得选择这里，不过非酒店住宿者也可支付$5浸泡享受一番。3间餐厅酒吧、另外的3间酒吧、一个电影院和充满创意的艺术品使酒店更显完美。

★Oxford Hotel 精品酒店 $$$

（☎877-440-8436；www.oxfordhotelbend.com；10 NW Minnesota Ave；双 $289~549；）这是本德首屈一指的精品酒店，很受欢迎。哪怕是最小的房间也非常宽敞（470平方英尺），装修注重环保，房间配备大豆泡沫床垫和软木地板。高科技迷会喜欢这里的iPod底座和智能办公桌。套房额外带有厨房和蒸汽淋浴。餐馆巧妙地设在地下。

餐饮

★Chow 美国菜 $$

（☎541-728-0256；www.chowbend.com；1110 NW Newport Ave；主菜 $8~14；⏲7:00~14:00）招牌的水煮蛋佳肴色香味俱全，配着蟹饼、自制火腿和裹上玉米面的番茄（不要错过特制辣酱）等小菜一起吃。或者试试焦糖香蕉吐司或百里香培根小面包。午餐供应美味的三明治和沙拉，许多蔬菜都是餐厅菜园自己栽种的。这里的鸡尾酒也不错。

Jackson's Corner 美国菜 $$

（☎541-647-2198；www.jacksonscornerbendor.com；845 NW Delaware Ave；主菜 $10~26；⏲7:00~21:00；）这个温馨的用餐角落有一种市场的感觉，很受家庭欢迎。自制的比萨和意大利面永远那么可口，还提供好吃的有机沙拉（可加鸡肉、牛排或虾）以及儿童餐。室外有座位，天气好时可以坐在外面，不过要记得先到柜台点餐。

Deschutes Brewery & Public House 自酿酒吧

（☎541-382-9242；www.deschutesbrewery.com；1044 NW Bond St；⏲周一至周四 11:00~23:00，周五和周六 至午夜，周日 至22:00）本德的第一家自酿酒吧，位于一个宽大漂亮的两层楼建筑内，所出售的微酿啤酒包括Mirror Pond Pale Ale、Black Butte Porter和Obsidian Stout，另外还供应丰盛的食物，有阳台座位。酿酒厂位于901 SW Simpson Ave，每天13:00~16:00每小时提供免费导览。

Crux 自酿酒吧

（☎541-385-3333；www.cruxfermentation.com；50 SW Division St；⏲周二至周日 11:30~22:00）本德自酿酒吧的新宠，位于工业街区，气氛轻松自在（别被"私家道路"的招牌吓退）。玻璃窗后的发酵槽储存着独特的试验性啤酒。户外有座位，适宜家庭出行，此外还供应很多以啤酒制作的食物。

实用信息

有关本地信息，可咨询**到访本德**（Visit Bend；☎800-949-6086；www.visitbend.com；750 NW Lava Rd；⏲周一至周五 9:00~17:00，周六 10:00~16:00）旅游办事处。

到达和离开

Central Oregon Breeze（见258页）每日两趟或以上发往波特兰，可转接Valley Retriever（见259页）和**Porter Stage Lines**（www.kokkola-bus.com/PSLSchedule.html），前往希斯特斯、威拉梅特谷和海边。

High Desert Point（www.highdesert-point.com）巴士连接本德和最近的火车站切马尔特（Chemult；以南65英里）。另有班车开往尤金、安大略（Ontario）和伯恩斯（Burns）。

Cascades East Transit（www.cascadeseasttransit.com）是本德的地区巴士公司，服务于拉派恩（La Pine）、巴奇勒山（Mt Bachelor）、希斯特斯、普赖恩维尔（Prineville）和马德拉斯（Madras），也运营本德市内的公共汽车。

纽贝里国家火山保护区（Newberry National Volcanic Monument）

纽贝里国家火山保护区（一日票价$5）展示了400,000年的地震活动。可从本德以南13英里的岩浆地游客中心（Lava Lands Visitor Center; ☎541-593-2421; 58201 S Hwy 97; ⏲6月中至劳动节周末 9:00~17:00，淡季开放时间有限）开始游览。附近的景点包括熔岩峰（Lava Butte），一个高500英尺的完美火山锥，以及熔岩河洞（Lava River Cave），俄勒冈最长的熔岩管。向西4英里的本汉姆瀑布（Benham Falls）是德舒特河上一个很好的野餐地点。

纽贝里火山口（Newberry Crater）曾是北美最活跃的火山之一，但在一次剧烈的喷发后形成了如今的火山喷口。附近有宝琳娜湖（Paulina Lake）和东湖（East Lake），深幽的湖水中满是鳟鱼，7985英尺的宝琳娜峰（Paulina Peak）居高临下，隐约可见。

火山口湖国家公园（Crater Lake National Park）

毫不夸张，火山口湖的水蓝得让人窒息。如果当天风平浪静，你可以看到深深的湖水像镜子般映照着周围的山崖，这样的景象太令人惊叹了。火山口湖是俄勒冈州唯一的国家公园（门票每车$10）。

秘密在于水的纯净度。湖水不来自任何河流或小溪，而纯是雨水和融化的雪水。火山口湖深1949英尺，是美国最深的湖。经典线路是开车沿着火山口环绕33英里（约从6月开放至10月中旬），但也有特别的徒步和越野滑雪机会。要注意的是，由于这里是北美降雪量最高的地区，火山口和北入口有时一直关闭至7月上旬。

5月下旬到10月中旬间可以在Cabins at Mazama Village（☎541-830-8700; www.craterlakelodges.com; 双 $140; ⊖）或1915年开幕的宏伟历史建筑Crater Lake Lodge（☎888-774-2728; www.craterlakelodges.com; 双 $165~292; ⊖📶）住宿。露营者可到Mazama Campground（☎888-774-2728; www.craterlakelodges.com; 帐篷位/房车位 $21/29起; 📶🐾）扎营。

更多信息可向斯蒂尔游客中心（Steel Visitor Center; ☎541-594-3100; ⏲5月至10月 9:00~17:00，11月至次年4月 10:00~16:00）咨询。

俄勒冈州南部（Southern Oregon）

有个加利福尼亚那样气候温暖、阳光明媚的邻居，俄勒冈州南部是州内的温暖地带。

俄勒冈莎士比亚戏剧节

俄勒冈南部的一大亮点就是阿什兰非常受欢迎的俄勒冈莎士比亚戏剧节（Oregon Shakespeara Festival, OSF）。虽然节日深深植根于莎士比亚和伊丽莎白时代的戏剧，戏剧节中也会引入世界各地的经典剧目和当代戏剧。

各剧目在2月到10月间持续上演，演出地点是靠近Main St和Pioneer St的3个剧院：户外的伊丽莎白剧院（Elizabethan Theatre; 6月至10月开放）、安格斯-鲍默剧院（Angus Bowmer Theatre）和亲和的托马斯剧院（Thomas Theatre）。6岁以下儿童不可进入剧院。周一没有演出。

演出票总是很快就售罄。可到www.osfashland.org购票，售票处（☎541-482-4331; 15 S Pioneer St; 票价 $25~95）也出售临时退出的戏票。记得提前预订后台游览（成人/6~17岁少儿 $15/11）。

其他活动可咨询OSF Welcome Center（76 N Main St; ⏲周二至周日 10:00~18:00），通常包括学术演讲、剧本读演、音乐会和预演会谈。

粗犷的风景、优美的河流和几个迷人的小镇是亮点中的亮点。

阿什兰（Ashland）

对于与威廉·莎士比亚同时代的伊丽莎白一世时期探险家来说，俄勒冈仍是个未知地，所以俄勒冈南部的漂亮小镇阿什兰成了这个著名剧作家的第二故乡看起来有点奇怪，即使是莎士比亚本人大概也会觉得讽刺。正如这个伟大诗人的名言所说——"整个世界就是一个舞台"，每年，世界各地的人都涌到阿什兰来参加著名的莎士比亚戏剧节，这个节日自20世纪30年代起创立，形式变化多样。其实"节日"这个名称有点误导，这里的演出都是半长期性质的，每年演出9个月，每季吸引可多达400,000名观众。

即使没有戏剧演出，阿什兰本身也是个迷人的小镇，有许多酒吧、高级民宿和不错的餐馆。

景点和活动

利西亚公园 公园

（Lithia Park；59 Winburn Way）与阿什兰3座宏伟的剧院（包括1个户外剧院）毗邻，这是俄勒冈最漂亮的市内公园之一。公园位于市中心，占地93英亩，依着曲折流淌的阿什兰溪（Ashland Creek）而建，园内点缀着喷泉、花丛、凉亭和滑冰场（冬天可用）。不一般的是，公园被列入了美国国家历史名胜名录（National Register of Historic Places）。

施耐德艺术博物馆 博物馆

（Schneider Museum of Art；541-552-6245；www.sou.edu/sma；1250 Siskiyou Blvd；建议捐款 $5；周一至周六 10:00~16:00）如同俄勒冈所有好的美术馆一样，这座博物馆建在当地大学校园内，展品包括精致的画作、雕塑和手工艺品。

Jackson Wellsprings 水疗

（541-482-3776；www.jacksonwellsprings.com；2253 Hwy 99；8:00至午夜，冬天时间较短）要好好泡个温泉，可到这个新潮的休闲地试试。注入矿物质的水池维持29℃（85°F）的常温，私人热浴缸温度则维持在39℃（103°F）。位于镇北约1英里处。

Mt Ashland Ski Resort 滑雪度假村

（541-482-2897；www.mtashland.com；缆车票成人/7~12岁儿童 $43/33）位于阿什兰西南18英里处的阿什兰山（Mt Ashland；7533英尺）上，这个度假胜地拥有足量的粉状雪和一些卓越的高级场地。

Siskiyou Cyclery 自行车出租

（541-482-1997；www.siskiyoucyclery.com；1729 Siskiyou Blvd；周一至周六 10:00~18:00，周日 11:00~16:00）骑行者可在这里租用自行车，踏上阿什兰和森特勒尔波因特镇（Central Point）之间已部分完工的21英里自行车道Bear Creek Greenway，探索周边郊野。

住宿

夏季最好提前预订，到那时戏剧演员们会云集于此。

Manor Motel 汽车旅馆 $

（541-482-2246；www.manormotel.net；476 N Main St；双 $87~129；）这个可爱的旅馆有12间不错的房间，单或双卧室的单位靠近市区。配有小厨房。花园套房（Garden Suite）附带私人花园。

Ashland Hostel 青年旅舍 $

（541-482-9217；www.theashlandhostel.com；150 N Main St；铺 $28，双 $45~94；）位于市中心的高级定位的青年旅舍（室内需脱鞋）。多数私人房间共用卫生间，有的与宿舍相连。公共设施包括舒适的地下起居室和阴凉的前院。旅舍内不准饮酒或抽烟。由于前台服务时间有限，应提前联系。

Ashland Commons 公寓、青年旅舍 $

（541-482-6753；www.ashlandcommons.com；437 Williamson Way；铺 $26，单 $45~65，双 $60~80；）在3个大公寓里提供别致的宿舍或私人房，2人或4人床位的房间附带厨房和起居室，房间氛围各不相同。可整体租用公寓，因此很适合团队出行。

The Palm 精品酒店 $$

（541-482-2636；www.palmcottages.com；1065 Siskiyou Blvd；双 $98~239；）

这个小巧精致的旅馆整修成了16个漂亮的花园村舍式客房和套房（有的附带厨房），是繁忙街道旁的一片绿洲，酒店内有草坪和盐水泳池。一栋房子里有3间大套房（$299）。

Columbia Hotel 酒店 $$

（☎541-482-3726；www.columbiahotel.com；262 1/2 E Main St；双 $89~179；）位于绝佳地点的"欧洲风格"酒店——这意味着多数房间共用外面的卫生间。这是阿什兰市中心最物有所值的酒店，有着24个复古的精致房间（没有电视）、漂亮的大堂和浓厚的历史氛围。客房位于二楼，没有电梯。

餐饮

阿什兰有很多不错的就餐选择，餐馆一般收取5%的服务费。夏天时，一些受欢迎的餐馆最好先预订。

★Morning Glory 咖啡馆 $

（☎541-488-8636；www.morninggloryrestaurant.com；1149 Siskiyou Blvd；主菜 $11~13；⏲8:00~13:30）这家色彩缤纷的休闲咖啡馆提供阿什兰最好的早餐。创意菜肴包括阿拉斯蟹蛋饼、素食蔬菜丁配烤辣椒、虾饼配水煮蛋。午餐有美食沙拉和三明治。要么早去，不然就晚点去，以免等得太久。

Ashland Food Cooperative 自炊 $

（☎541-482-2237；www.ashlandfood.coop；237 N 1st St；⏲7:00~21:00）如果你的酒店房间有小厨房，可以到这个食品合作社来，所有类型的健康食品都可以在这里找到，另有一个小咖啡熟食店和外带餐吧。

★New Sammy's Cowboy Bistro 法国菜、美国菜 $$$

（☎541-535-2779；2210 S Pacific Hwy, Talent；主菜 $25~28，套餐 $45；⏲周三至周日 正午至13:30和17:00~21:00）俄勒冈最好的餐厅之一，只有几张桌子，但葡萄酒选择很多。主菜品种不多，但口味组合却不可思议；许多蔬菜来自餐厅外的菜园。位于阿什兰以北约2英里的塔伦特（Talent）。晚餐需提前一周预订。

Caldera Tap House 自酿酒吧

（☎541-482-4677；www.calderabrewing.com；31 Water St；⏲14:00至关门）这家颇受欢迎的自酿酒吧气氛轻松，在街道天桥下设有户外平台座位。供应典型的酒吧小吃和获奖的麦芽酒及贮藏啤酒，每周有2~3天有现场音乐。在590 Clover St还有一个较高级的餐厅。

实用信息

可向**商会**（Chamber of Commerce；☎541-482-3486；www.ashlandchamber.com；110 E Main St；⏲周一至周五 9:00~17:00）咨询本地信息。

杰克逊维尔（Jacksonville）

小而可爱的杰克逊维尔曾是个淘金小镇，它是俄勒冈南部最古老的村庄，也是美国国家历史地标。主街上一排排保护完好的大楼建于19世纪80年代，现在都变成了精品店和画廊。音乐爱好者不要错过9月的**布里特音乐节**（Britt Festival；www.brittfest.org；⏲6月至9月），一流的表演者带来一流的音乐体验。更多信息可到**商会**（☎541-899-8118；www.jacksonvilleoregon.org；185 N Oregon St；⏲周一至周五 10:00~17:00，周六和周日 至15:00）查询。

杰克逊维尔有很多出彩的民宿，经济型汽车旅馆多集中在向东6英里外的梅福德（Medford）。**Jacksonville Inn**（☎541-899-1900；www.jacksonvilleinn.com；175 E California St；双 $159~199；）是最舒适的选择，酒店被硬塞进市中心一栋1863年的大楼里，房间内装潢着豪华的古董家具。酒店内设一间很好的餐馆。

罗格河荒野（Wild Rogue Wilderness）

罗格河荒野位于I-5公路上的格兰茨帕斯（Grants Pass）小镇和俄勒冈海岸的戈尔德比奇（Gold Beach）之间。水流湍急的罗格河流淌在这个名副其实的荒原上，穿越40英里未驯服的、没有道路可达的峡谷。这里的激浪漂流（第3级和第4级）很有挑战性，和长途徒步一样极负盛名。

不起眼的**格兰茨帕斯**（Grants Pass）

小镇是罗格河探险的入口。具体信息可向位于I-5公路58出口的商会（☎541-450-6180；www.visitgrantspass.org；1995 NW Vine St；⏲周一至周五 8:00~17:00）咨询。关于木筏漂流许可证和背包旅行信息，可联系土地管理局（Bureau of Land Management）旗下的斯姆林游客中心（Smullin Visitors Center；☎541-479-3735；www.blm.gov/or/resources/recreation/rogue；14335 Galice Rd, Galice；⏲7:00~15:00），中心位于格兰茨帕斯西北16英里处的加利斯（Galice）。

在罗格河上用木筏漂流是一项创举，但却不是谁都可以做到的。标准行程为3天，费用$780以上。Rogue Wilderness Adventures（☎800-336-1647；www.wildrogue.com；325 Galice Rd, Merlin）是一家不错的运动用品商店。在河上划皮艇也同样刺激，如需指导和导游可联系Sundance Kayak（☎541-386-1725；www.sundancekayak.com）。

这个区域的另一个亮点是42英里的罗格河小道（Rogue River Trail），曾是一条连通戈尔德比奇的供给线。全程需耗时4~5天。如果只有一天时间，可专注从Grave Creek小道起点至Whiskey Creek Cabin的6英里环线。小道沿线散布着古朴的小木屋（每人 $110~160含餐；需预订），推荐Black Bar（☎541-479-6507；www.blackbarlodge.com；Merlin）。沿路还有简易营地。

北乌姆普夸河 (North Umpqua River)

这条"狂野壮丽"的河流以其一流的假蝇钓鱼、出色的徒步和宁静的露营而闻名。79英里长的北乌姆普夸小道（North Umpqua Trail）的起点在格莱德（Glide）以西3英里靠近伊德雷德帕克（Idleyld Park）处。小道穿过汽船地区（Steamboat），连接到Pacific Crest Trail。途中可顺道去乌姆普夸温泉（Umpqua Hot Springs）温泉，这里风景好，很受欢迎，温泉位于汽船地区以东的托凯提湖（Toketee Lake）附近。不远处，壮观的两叠瀑布托凯提瀑布（Toketee Falls；113英尺）冲刷过柱状玄武岩，而华森瀑布（Watson Falls；272英尺）则是俄勒冈最高的瀑布之一。更多资讯可咨询格莱德的克莱丁河信息中心（Colliding Rivers Information Center；☎541-496-0157；18782 N Umpqua Hwy, Glide；⏲5月至9月 9:00~17:00）获得。与之相邻的是北乌姆普夸公园管理处（North Umpqua Ranger District；☎541-496-3532；18782 N Umpqua Hwy；⏲周一至周五 8:00~16:30）。

伊德雷德帕克和钻石湖（Diamond Lake）之间有许多河滨营地，包括漂亮的Susan Creek和原始的Boulder Flat（无供水）。夏天住宿很紧张。试试Dogwood Motel（☎541-496-3403；www.dogwoodmotel.com；28866 N Umpqua Hwy；双 $70~75；🚭❄📶🐾）小木屋模样的房间吧。

俄勒冈洞穴国家保护区 (Oregon Caves National Monument)

这个很受欢迎的洞穴（只有一个洞穴）位于Hwy 46公路边，在凯夫章克申（Cave Junction）以东19英里处。洞穴通道长3英里，导览游全程需时90分钟，其中包括参观520级的岩石梯级和沿冥河斯堤克斯（River Styx）分布的排水室。要穿暖和、防滑的鞋子，沿途随时会有水滴滴落。

格兰茨帕斯以南28英里，位于US 199（Redwood Hwy）上的凯夫章克申提供本区域相关服务，但最好的住宿是向北2英里外科尔比（Kerby）的Holiday Motel（☎541-592-3003；24810 Redwood Hwy；双 $68~78；🚭❄📶）。洞穴附近的住宿，较好的是令人印象深刻的Oregon Caves Chateau（☎541-592-3400；www.oregoncaveschateau.com；20000 Caves Hwy；房间 $109~199；⏲5月中至9月下旬；🚭），从老式的冷饮处买杯奶昔吧。露营者可到离洞穴4英里、离Hwy 46公路14英里的Cave Creek Campground（☎541-592-4000；营地 $10）露营。

俄勒冈州东部 (Eastern Oregon)

无论在地势上或文化上，俄勒冈东部的卡斯卡德山脉地区与更为潮湿的西部都不一样。这里人烟稀少，最大的城市彭德尔顿（Pendleton）也只有20,000人口。然而在这片区域里却隐藏着高原、彩丘、碱水湖床和全美最深的河谷。

约翰戴河化石河床国家保护区 (John Day Fossil Beds National Monument)

在这里的软岩石和疏松的土壤下有着世界上最壮观的化石群，大都是在600万到5000万年前形成的。当时游走在森林里的是猎猫科动物（伪剑齿虎）、小型马、犬熊和其他早期的哺乳动物。

保护区占地22平方英里，包括3个部分：羊岩区（Sheep Rock Unit）、彩绘山区（Painted Hills Unit）和克拉洛区（Clarno Unit）。每个部分都有徒步路径和解说展。由于化石床被100英里的曲折小道隔开，要在一天内走遍所有地方，即便开车也很紧张，所以最好放轻松点，找个地方住下吧。

汤姆斯柯登古生物学中心（Thomas Condon Paleontology Center; ☎541-987-2333; www.nps.gov/joda; 32651 Hwy 19, Kimberly; ⊙10:00~17:00，人手不够时偶尔会关闭）不容错过，它位于羊岩区，在US 26以北2英里处。展品包括一匹三趾马化石和一些石化的羌螂粪球，此外还有很多其他化石和地质历史展品。如果想走一走，可到Blue Basin Trail来一场短途徒步。

彩绘山区靠近米切尔镇（Mitchell），区域内有约在3000万年前形成的七彩矮丘。而克拉洛区则约在1000万年前形成，泥石流冲过始新世的森林并将所过之处侵蚀成了独特、雪白的山崖，山崖顶上有着尖锐的石头。

约翰戴河（John Day River）是州内最长的无闸坝河流，木筏漂流是这里很受欢迎的活动。Oregon River Experiences（☎800-827-1358; www.oregonriver.com）提供长达5天的行程。这里还是个不错的钓鱼点，有望收获小口黑鲈和彩虹鳟鱼。详情可咨询俄勒冈州鱼类和野生动物管理局（Oregon Department of Fish & Wildlife; www.dfw.state.or.us）。

多数小镇都至少有一家酒店，如米切尔镇气氛宜人的Historic Oregon Hotel（☎541-462-3027; 104 E Main St; 铺 $20，双 $45~69; 📶）和约翰戴镇（这里提供大部分服务）经济实惠的Dreamers Lodge（☎800-654-2849; 144 N Canyon Blvd; 双 $63起; 🚭❄📶🐾）。此外还有许多公共营地，包括Hwy 402上的Lone Pine和Big Bend（营地$5）。

瓦洛瓦山脉地区 (Wallowa Mountains Area)

冰川凿出的山峰和水晶般闪耀的湖泊使瓦洛瓦山脉成为了俄勒冈最美的自然景区，特别是漂亮的瓦洛瓦湖（Wallowa Lake）区。唯一的缺点就是夏天里蜂拥而至的大批游人了。但只要踏上任意一条通往附近鹰帽荒野（Eagle Cap Wilderness）的长途徒步道，就可以逃开人潮。通往阿内洛伊德湖（Aneroid Lake）的6英里的短途单向道，或8英里长的Ice Lake Trail徒步道都是不错的选择。

山脉北部，瓦洛瓦山谷（Wallowa Valley）里的安特普莱斯（Enterprise）是个不起眼的偏僻小镇，镇上有许多汽车旅馆，如Ponderosa（☎541-426-3186; 102 E Greenwood St; 双 $70~80; ❄📶🐾）。如果喜欢啤酒和美食，不要错过镇上的自酿啤酒厂Terminal Gravity Brewing（☎541-426-3000; www.terminalgravitybrewing.com; 803 SE School St; 主菜 $9~12; ⊙周日至周二 11:00~21:00，周三至周六 11:00~22:00）。朝南仅6英里外，是更为成熟的约瑟夫小镇（Joseph），镇里主街两旁排列着昂贵的青铜画廊和艺术气息浓厚的精品店，此外还有一些不错的小吃店。

地狱峡谷 (Hell Canyon)

这是北美最深的河峡谷（没错，从最高的山峰测量，甚至比大峡谷还深），有着狂野而优美的景观。壮丽的斯内克河（Snake River）用1300万年时间切割出如今深达8000英尺的河谷通道，贯穿俄勒冈东部高原。峡谷本身是真正的荒原，没有道路，却对富有好奇心和拥有勇气的人开放。

从约瑟夫镇往东北开车，30英里后到达伊姆纳哈（Imnaha），再沿着一条弯弯曲曲的碎石路开上24英里，便来到了哈特角（Hat Point）的瞭望台，从这里可以瞭望周围全景——瓦洛瓦山脉、爱达荷州的七魔鬼山（Seven Devils）、伊姆纳哈河（Imnaha River）和峡谷本身的荒野。这条路从5月下旬一直开放到雪季到来。每段路程各需耗时2小时左右。

体验激流漂流或观赏壮丽的景色，可到Oxbow小社区北面25英里的地狱峡谷水坝

(Hells Canyon Dam)。过了水坝后的几英里后，道路尽头便是地狱峡谷游客中心（Hells Canyon Visitor Center；☎541-785-3395；⊙5月至9月 8:00~16:00），中心工作人员可以就本地区的营地和徒步路线提供不错的建议。过了这里，斯内克河奔流直下，迅速下降1300英尺，只有借助喷射快艇或漂流木筏方可接近。Hells Canyon Adventures（☎800-422-3568；www.hellscanyonadventures.com）是5月至9月间的木筏漂流和喷射艇游览活动的主要组织者（需预订）。

该地区有很多营地。位于伊姆纳哈外的猎人小屋式的Imnaha River Inn（☎866-601-9214；www.imnahariverinn.com；73946 Rimrock Rd；单/双 $70/130）是一个海明威式的民宿，装饰着动物标本；而在奥克斯博（Oxbow）则有实惠的Hells Canyon B&B（☎541-785-3373；www.hcbb.us；49922 Homestead Rd；双 $80；）。更多服务，可到安特普莱斯、约瑟夫和哈夫维（Halfway）等小镇。

斯蒂恩山和阿尔沃德沙漠（Steens Mountain & Alvord Desert）

俄勒冈东南最高峰斯蒂恩山（Steens Mountain；9773英尺）是约在1500万年前形成的30英里长的巨大断层山脉的一部分。在山脉的西面山坡上，冰河时代的冰川经长年累月切割出巨大的U型峡谷和悬谷。转向东面，通常也被称为"斯蒂恩"的区域则直降5000英尺，来到了阿尔沃德沙漠（Alvord Desert）。

从法国峡（Frenchglen；人口12）开始，56英里的碎石路斯蒂恩山环路（Steens Mountain Loop Rd）是俄勒冈海拔最高的道路，沿路多处可见斯蒂恩山最壮丽的景观，道路连接一些营地和徒步道。一路上，你将看到山艾、大丛的刺柏和山杨树林，山顶则是脆弱的岩石冻原。从法国峡往上25英里，基格峡谷观景点（Kiger Gorge viewpoint）的景色特别迷人。如果只是走马观花，环绕一圈大概要2个小时，如果想要好好探寻周围的景观就要多花些时间了。取道Hwy 205和Hwy 78之间穿越阿尔沃德沙漠的Fields-Denio，可以看到斯蒂恩山的东面。记得加满汽油，带上足够的饮用水，并准备好应对瞬息万变的天气。

法国峡有迷人的Frenchglen Hotel（☎541-493-2825；fghotel@yahoo.com；39184 Hwy 205，Frenchglen；双 $75~115；⊙3月中至10月；），酒店附设小餐厅（提供晚餐）和一间小店，店里提供季节性的加油服务，仅此而已。斯蒂恩山环路上有营地，如土地管理局经营的Page Springs，环境优美，常年开放。继续深入还有几处其他营地（营地$6~8），环境也不错，但只在夏天开放。所有营地都供水。斯蒂恩山上也可野外露营。

俄勒冈州海岸（Oregon Coast）

感谢20世纪初政府的远见，俄勒冈州363英里长的太平洋海岸区被划为了公共土地。US 101与景色壮丽的沿海地区平行，这条景观大道蜿蜒穿过城镇、度假村、州立公园（超过70个）以及自然保护区。无论是露营者还是美食爱好者，任何人都能找到享受这个特殊地区的方式。

阿斯托利亚（Astoria）

阿斯托利亚坐落在5英里宽的哥伦比亚河河口，是密西西比以西的第一个美国村落。这座城市拥有悠久的航海历史，老旧的港口曾为穷苦的画家和作家提供了栖身之所，近年来却吸引到众多酒店和餐馆纷纷前来落户。内陆区域里有许多历史房屋，其中包括一些精心修复的维多利亚式房屋，有的被改建成了浪漫的民宿。

◉ 景点

这个城市最重要的一大景观就是4.1英里长的阿斯托利亚-梅格勒大桥（Astoria-Megler），它是北美最长的连续桁架桥，跨越哥伦比亚河，连接华盛顿州。在电车行走的Astoria Riverwalk上可观赏大桥风景。Pier 39是一个有趣的封顶码头，这里有一个小型罐头工厂博物馆和几处用餐地点。

★哥伦比亚河海事博物馆 博物馆

（Columbia River Maritime Museum；☎503-325-2323；www.crmm.org；1792 Marine Dr；成人/6~17岁少儿 $12/5；⊙9:30~17:00）阿斯托利亚的航海传统在这个波浪形的博物馆里得到了很好的

阐释。从外侧的巨大窗户看出去，很难错过似乎仍在巡逻的海岸警卫船。其他展品主要展现了本地的鲑鱼包装业、本地灯塔和河边的商业历史。还可参观哥伦比亚河酒吧(Columbia River Bar)展览和三维电影院。

弗拉维建筑 历史建筑

(Flavel House; www.cumtux.org; 441 8th St; 成人/6~17岁少儿 $5/4; ⏲10:00~17:00)安妮女王风格的弗拉维建筑由乔治·弗拉维船长(Captain George Flavel)修建。他是19世纪80年代阿斯托利亚的一位领导人物。

阿斯托利亚柱 地标

(Astoria Column; ☎503-325-2963; www.astoriacolumn.org; Coxcomb Hill; 停车 $1)立在Coxcomb Hill的阿斯托利亚柱(建于1926年)是一座高125英尺的塔楼，塔楼里绘有美国西进运动的探险和定居画面。从塔顶(上164级台阶)俯瞰整个地区，视野极佳。

史蒂文斯堡州立公园 公园

(Fort Stevens State Park; ☎503-861-1671; www.oregonstateparks.org; 100 Peter Iredale Rd, Hammond; 一日票 $5)公园位于阿斯托利亚西边大约10英里处，保留着曾一度保卫哥伦比亚河河口的古老军事设备。**军事博物馆**(Military Museum; ☎503-861-2000; ⏲5月至9月10:00~18:00, 10月至次年4月 10:00~16:00) 免费 附近是埋入沙丘里的炮台，堡垒中大部分军事建筑已被拆除，这是有趣的残存部分。这里有个很受欢迎的沙滩，是1906年Peter Iredale号小船失事的地方，有露营地和12英里的自行车道。

食宿

Norblad Hotel & Hostel 酒店、青年旅舍 $

(☎503-325-6989; www.norbladhotel.com; 443 14th St; 铺 $30, 双 $59~89; 🚭📶🐾)酒店位于中心地段，有6个简单但雅致的个人房间，多数房间共享公共卫生间，另有一间套房($74)、几个宿舍和一个公用厨房。部分房间有平板电视，可瞥见河景。

★ **Commodore Hotel** 精品酒店 $$

(☎503-325-4747; www.commodoreastoria.com; 258 14th St; 双带公共卫生间/独立卫生间 $89/149起; 🚭📶)时髦的旅客应对这个华丽时尚的酒店趋之若鹜，客房小巧别致、风格简约。可选择带私人卫生间的或欧洲式风格(房内有洗手间，但浴室在走廊尽头)的房间。大堂如一个漂亮的客厅，附带咖啡馆。309号房的河景最佳。

刘易斯和克拉克：旅程的终点

1805年11月，探索军团(Corps of Discovery)的威廉·克拉克(William Clark)和同伴梅里韦瑟·刘易斯(Meriwether Lewis)，连同30余人，进入哥伦比亚河距离今阿斯托利亚-梅格勒大桥所在地2英里处的一个遮蔽的小海湾里，完成了美国历史上最伟大的陆地长征。

在美国第一次真正民主的投票后(一名女性和一名黑人奴隶双双被投选)，探索军团选择在阿斯托利亚南面5英里处的Fort Clatsop露营，在这里度过了1805年至1806年的悲惨的冬天。如今，这里是**刘易斯-克拉克国家暨州立历史公园**(Lewis and Clark National & State Historical Parks; www.nps.gov/lewi)，可以看到一个重建的Fort Clatsop，有一个游客中心，夏天还有再现历史的活动。

Blue Scorcher Bakery Café 咖啡馆 $

(☎503-338-7473; www.bluescorcher.com; 1493 Duane St; 主菜 $7~13; ⏲8:00~17:00; 🖉👪)🌿带有艺术气息的有机合作社式的咖啡面包房。早餐提供可口的沙拉、三明治、比萨和各类蛋食。适合素食者，餐品都很健康。

Fort George Brewery 自酿酒吧 $$

(☎503-325-7468; www.fortgeorgebrewery.com; 1483 Duane St; 主菜 $9~14; ⏲周一至周四 11:00~23:00, 周五和周六 至午夜, 周日 正午至23:00)很有气氛的自酿酒吧兼餐馆，设在一栋曾是阿斯托利亚部落原址的历史大楼里。如今在这里可以吃到美味的汉堡、自制香肠、有机沙拉和其他菜肴。周末下午可参观酿酒厂。

ℹ 实用信息

可到**游客中心**(www.oldoregon.com; 111 W

Marine Dr; ⏲9:00~17:00）咨询更多本地信息。

到达和离开

Northwest Point（www.northwest-point.com）巴士每天两班开往锡赛德（Seaside）、卡侬海滩（Cannon Beach）和波特兰。**Sunset Empire Transit**（☎503-861-7433; www.ridethebus.org; 900 Marine Dr）提供本地公共交通服务；同样有班车开往沃伦顿（Warrenton）、卡侬海滩和锡赛德。

卡侬海滩（Cannon Beach）

迷人的卡侬海滩是俄勒冈海岸最受欢迎、最高级的海滩度假胜地。放眼望去，街道上都是精品店和画廊，点缀着缤纷的花朵。这里住宿昂贵，街上挤满了人，若是在阳光和煦的周六下午，光是找停车位就要花去不少时间。

景点和活动

最上镜的**草堆岩**（Haystack Rock）是一根高达295英尺的海蚀柱。它是俄勒冈海岸最壮观的地标，退潮时可从沙滩走近。鸟儿在其碎石悬崖和潮汐池上建巢。

北边的海岸保护着**艾科拉州立公园**（Ecola State Park; ☎503-436-2844; 一日票$5）。你也许曾经在梦中游览过这样的俄勒冈：有海蚀柱、海浪、神秘的海滩和令人神往的原始森林。公园距离小镇1.5英里，多条道路交会于此，包括俄勒冈的部分海岸小径，沿着它穿过提拉穆克海角（Tillamook Head）就到了锡赛德小镇。

卡侬海滩是冲浪的理想之地，尽管最好的冲浪点并不是海滩本身。位于卡侬海滩北边3英里处的艾科拉州立公园内的印第安海滩（Indian Beach），以及南面10英里处的奥斯瓦尔德西州立公园（Oswald West State Park）都是最佳的选择。**Cleanline Surf Shop**（www.cleanlinesurf.com; 171 Sunset Blvd）是一家态度友善的本地商店，出租冲浪板和潜水服。

食宿

Cannon Beach Hotel 历史酒店 $$

（☎503-436-1392; www.cannonbeachhotellodgings.com; 1116 S Hemlock St; 双含早 $139~269; 🚭📶）这个占据了中心位置的漂亮酒店共有10间客房。标准间很可爱但很小，事实上就连普通套房也很狭小。酒店咖啡馆提供的丰盛早餐已包含在房费中。

Blue Gull Inn Motel 汽车旅馆 $$

（☎800-507-2714; www.haystacklodgings.com; 487 S Hemlock St; 双 $119~219; 🚭📶🐾）旅馆位于市内，价位适中，朴实无华，氛围却很舒适。有小厨房和按摩浴缸。旅馆由Haystack Lodgings经营。

Sleepy Monk Coffee 咖啡馆 $

（☎503-436-2796; www.sleepymonkcoffee.com; 1235 S Hemlock St; ⏲周一和周二 8:00~14:00, 周五至周日 至16:00）🍃主街上的这家小咖啡馆提供有机、物有所值的认证咖啡，老板同时经营同楼内一家优质的餐馆Irish Table。

★ **Newman's at 988** 法国菜、意大利菜 $$$

（☎503-436-1151; www.newmansat988.com; 988 S Hemlock St; 主菜 $22~36; ⏲7月1日至10月15日 每日17:30~21:00, 10月16日至6月30日 周二至周日营业）主街上一家小而精致的餐馆，主厨John Newman曾获过奖，他的菜肴融合了意大利菜和法国菜的精华，甜品更是令人赞叹。

实用信息

更多信息可咨询**商会**（Chamber of Commerce; ☎503-436-2623; www.cannonbeach.org; 207 N Spruce St; ⏲10:00~17:00）。

到达和离开

Northwest Point（www.northwest-point.com）巴士每天早晨往返于阿斯托利亚和波特兰之间，中途停靠卡侬海滩。车票可到Cannon Beach Surf旁边的Beach Store购买。

Cannon Beach Shuttle（☎503-861-7433; www.ridethebus.org），也称"那辆巴士"（The Bus），从Hemlock St开往Tolovana Beach的尽头，时间表因季节而异。两者均有巴士开往锡赛德和阿斯托利亚。

Wave的长途汽车（www.tillamookbus.com）每天多次往返于曼扎尼塔（Manzanita）和林肯城（Lincoln City）。

纽波特（Newport）

纽波特是俄勒冈州最大的商业捕鱼船之乡，也是一个生机勃勃的旅游城市，拥有美

值 得 一 游

风景自驾游：三大海角

米尔利斯角（Cape Meares）、路考特角（Cape Lookout）和吉万达角（Cape Kiwanda）一字排开在卡依海滩到纽波特之间差不多半途的地方，是海岸线上最为迷人的海角风景线。除了US 101，另有一条蜿蜒曲折、间或崎岖不平的40英里长的慢速公路将三者连在了一起。这是一条值得一游的道路，但2013年3月时，米尔利斯角北边的一段路因发生塌陷而关闭。到发稿时，道路仍在修复中，所以你可能必须通过Netarts和Oceanside开车到米尔利斯角，然后再转回头。

米尔利斯角森林密布的海岬上有一座38英尺高的灯塔（俄勒冈最低），由灯塔看出去，景色很美。有短途小径通往俄勒冈最大的阿拉斯加云杉（Sitka）和形状像枝状大烛台的另一种西岸云杉"章鱼树（Octopus Tree）"。

800英尺高的陡峭悬崖凌驾于太平洋之上，全景式的视野使路考特角州立公园（Cape Lookout State Park）成为一大亮点。每到冬季，海角尽头外约1英里的地方挤满了观鲸者。海岸边有宽阔的沙滩、徒步小道和热门营地。

最后是吉万达角，这是太平洋城（Pacific City）小镇北边一个突出的砂岩悬崖，你可以徒步走上沙丘，或把你的卡车开到沙滩上去。这是3个海角中开发得最成熟的一个，附近有许多配套服务。喜欢啤酒就不要错过Pelican Brewpub（Cape Kiwanda；主菜 $12~32；⌚周日至周四 8:00~22:00，周六和周日 至23:00）。在这里，看着小渔船出海捕鱼，或是在一天的劳作后如何尽力停泊在沙滩的更高处。

丽的海滩、世界一流的水族馆，2011年还成为了美国海洋暨大气总署（National Oceanic and Atmospheric Administration，NOAA）的总部所在地。除了景点、礼品店和晒太阳的海狮之外，古老的海滨地区还有许多不错的餐馆，而充满波希米亚情调的奈伊海滩（Nye Beach）则以画廊和友好的村落自成特色。19世纪60年代，渔船船员首次在亚奎那湾（Yaquina Bay）找到了牡蛎苗床，由此开启了对这一地区的开发。

世界一流的俄勒冈海岸水族馆（Oregon Coast Aquarium；☎541-867-3474；www.aquarium.org；2820 SE Ferry Slip Rd；成人/13~17岁少儿/3~12岁儿童 $18.95/16.95/11.95；⌚9:00~18:00；👪）不容错过，以海獭池、梦幻的水母箱和穿过鲨鱼池的玻璃通道为特色。附近的哈特菲尔德海洋科学中心（Hatfield Marine Science Center；☎541-867-0100；www.hmsc.oregonstate.edu；2030 SE Marine Science Dr；⌚10:00~17:00；👪）免费 规模小得多，但仍值得一去。要观赏海潮和绝妙的风景，不要错过亚奎那海角地区（Yaquina Head Outstanding Area；☎541-574-3100；750 NW Lighthouse Dr；门票 $7；⌚日出至日落，解说中心10:00~18:00），这里有海岸最高的灯塔和有趣的解说中心。

露营者可以去规模很大很受欢迎的南海滩州立公园（South Beach State Park；☎541-867-4715；www.oregonstateparks.org；帐篷/房车位/毡房 $21/27/40；🐾）。它位于US 101南面2英里处。爱书之人则可投宿Sylvia Beach Hotel（☎541-265-5428；www.sylviabeachhotel.com；267 NW Cliff St；双含早 $115~220；🚭），这里有简单舒适的房间，每个房间都以一位著名作家命名，必须提前预订。

要吃好的海鲜，就得到Local Ocean Seafoods（☎541-574-7959；www.localocean.net；213 SE Bay Blvd；主菜 $11~23；⌚周日至周四 11:00~20:30，周五和周六 至21:00）🌿，特别是午餐时候，玻璃墙壁面向海港，风景太美妙了。

咨询信息可到商会（☎541-265-8801；www.newportchamber.org；555 SW Coast Hwy；⌚周一至周五 8:00~17:00，周六 10:00~15:00）。

亚查茨及周边（Yachats & Around）

俄勒冈海岸最不为人知的秘密之一就是整洁友善的亚查茨小镇（别称ya-hots）。人们到这里还有小镇南边的民宿来放松，暂时抛开一切，在这相对未开发的海岸，要做到这一点并不难。

向南3英里，巍峨的**佩尔佩图阿角**(Cape Perpetua)在1778年首先被库克船长(Captain Cook)发现。火山岩体形成了一条美丽的崎岖海岸线，令人一见难忘。比如"魔鬼的搅拌器(Devil's Churn)"，在这里，强有力的海浪隆隆地轰鸣着撞入一个30英尺的入口。铺设完好的库克船长小径(Captain Cook Trail；往返1.2英里)是一条轻松的徒步路线，一直通往库克峡谷(Cook's Chasm)附近的潮汐池，在那里，涨潮时海水如间歇泉般从一个海蚀洞里喷射而出。相关信息可咨询**佩尔佩图阿角游客中心**(Cape Perpetua Visitor Center；541-547-3289；www.fs.usda.gov/siuslaw；3月至5月和9月、10月 每日10:00~16:00，6月至8月 每日至17:00，11月至次年2月 每周二关闭)。

US 101以南15英里处的**海狮洞穴**(Sea Lion Caves；541-547-3111；www.sealioncaves.com；91560 US 101；成人/6~12岁儿童 $14/8；9:00~18:00)差不多可以说是个黑店了，不过景点本身还算有趣。岩洞里充满着海狮喧闹的声音，乘坐电梯可到达。

露营可选择US 101公路边的**海滨州立公园**(Beachside State Park；800-551-6949；www.oregonstateparks.org；帐篷位/房车位/蒙古包 $21/26/40；)，位于亚查茨以北5英里处。**Ya'Tel Motel**(541-547-3225；www.yatelmotel.com；US 101 S和6th St交叉路口；双 $64~84；)算得上价廉物美。**Green Salmon Coffee House**(541-547-4409；www.thegreensalmon.com；220 US 101；主菜 $7~11；7:30~14:00；)的小吃不错。

俄勒冈沙丘国家游乐区 (Oregon Dunes National Recreation Area)

俄勒冈沙丘(Oregon Dunes)在弗洛伦萨(Florence)和库斯湾(Coos Bay)之间绵延50英里，形成了美国最广阔的一片海岸沙丘。沙丘高可达500英尺，如波浪般向内陆推进了3英里，与沿岸森林相接，奇特的生态系统使这里成为大量野生动植物的栖息地。徒步小道、骑马专用道及划船游泳区样样不缺，但记得避开里兹波特(Reedsport)南部，那里有很多聒噪的沙丘马车来来往往。旅游信息可咨询位于里兹波特的俄勒冈沙丘国家游乐区**总部**(541-271-3495；www.fs.usda.gov/siuslaw；855 Highway Ave；周一至周五 8:00~16:30，周六和周日 至16:00)。

提供露营的州立公园有：位于佛罗伦萨南边3英里处，广受欢迎的**杰西·M·荷里曼**(Jessie M Honeyman；800-452-5687，541-997-3641；www.oregonstateparks.org；84505 US 101 S；帐篷位/房车位/蒙古包 $21/26/39；)；位于里兹波特南边4英里处，怡人的**乌姆普夸灯塔**(Umpqua Lighthouse；800-452-5687，541-271-4118；www.oregonstateparks.org；460 Lighthouse Rd；帐篷位/房车位/蒙古包/木屋/豪华蒙古包 $19/24/36/39/76；)。该地区还有很多其他营地。

奥福德港 (Port Orford)

景色优美的奥福德港小村庄坐拥一个人口稀少的天然海港，守护着壮丽的风景。奥福德港所在的海岬正嵌在两个极美的州立公园之间。**白朗科角州立公园**(Cape Blanco State Park)位于奥福德港以北9英里处，是美国本土48州内第二靠近西面的公园。除了远足，旅行者还可以去**白朗科角灯塔**(Cape Blanco Lighthouse；541-332-2207；www.oregonstateparks.org；US 101；门票 $2；周三至周一 10:00~15:30)一游。灯塔建于1870年，是俄勒冈最古老、也是最高的仍可使用的灯塔。

骗子山州立公园(Humbug Mountain State Park)位于波特兰以南6英里处。在这里，山峰和海洋静静依偎，与愤怒的海浪对比鲜明。你可以沿着3英里长的小道穿过原始雪松林，爬上1750英尺高的山峰。

Castaway-by-the Sea Motel(541-332-4502；www.castawaybythesea.com；545 W 5th St；双 $85~145；)较为经济实惠。说到美食，就要到**Redfish**(541-336-2200；www.redfishportorford.com；517 Jefferson St；主菜 $21~29；周一至周五 11:00~21:00，周六和周日 9:00~21:00)品尝最新鲜的海产了。

落基山脉

包括 ➡

最佳餐饮

- Root Down（见282页）
- Salt（见288页）
- Rickshaw（见343页）
- Pine Creek Cookhouse（见301页）
- Silk Road（见335页）

最佳住宿

- Curtis（见281页）
- Boise Guest House（见340页）
- Chautauqua Lodge（见287页）
- Alpine House（见328页）
- Old Faithful Inn（见324页）

为何去

作为美国本土48州的"脊梁"，落基山脉相当于天然的类固醇，一排排白雪皑皑的山峰、崎岖的峡谷和湍急的河流贯穿西部各州。正因为有着这样的美丽和活力，从百年前它就开始吸引身体欠佳的病人前来休养，与病魔抗争。

如今，落基山脉的治疗功能仍然存在。你可以选择惬意（去美国人口最少的怀俄明州）或刺激（试试蹦极）的体验。当地人喜欢冰冻、湿润、泥泞的冒险，如登山、滑雪和漂流，都是很容易参与的活动。之后，在星空下泡个温泉，享受一杯冷啤酒，或是品尝农场现摘的新鲜食物，好好放松一下。

最后，别错过黄石国家公园（Yellowstone）、落基山国家公园（Rocky Mountain）、大蒂顿国家公园（Grand Teton）和冰川国家公园（Glacier）的超级魅力，那里的"五大"野生动物（灰熊、麋鹿、野牛、美洲狮和狼）依然在原野里出没。

何时去

丹佛

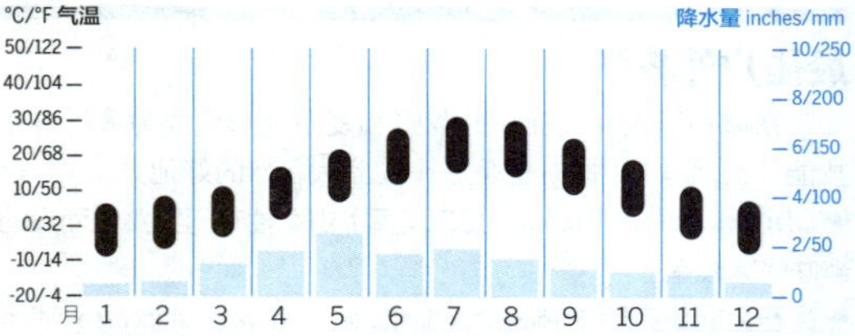

6月至8月 长时间的日照适合骑车、徒步、逛农贸市场和参加夏季节庆。

9月和10月 住宿价格理想，也正好可以欣赏秋天的落叶。

1月和2月 享受白雪皑皑的山峰、粉雪覆盖的山坡以及豪华的滑雪后派对。

到达和离开

丹佛（DEN）拥有这一地区唯一的大型国际机场，并与科罗拉多斯普林斯一样，都有小型飞机飞往怀俄明州的杰克逊、爱达荷州的博伊西、蒙大拿州的波兹曼、科罗拉多州的阿斯彭和其他地方。

有两条美国铁路的路线经过该地区。加州和风号每天来往于加利福尼亚州的爱莫利维尔和伊利诺伊州的芝加哥之间，在科罗拉多州有6个停靠点，包括丹佛、弗雷泽冬季公园、格伦伍德斯普林斯和大章克申。帝国建设者号每天从华盛顿州的西雅图或俄勒冈州的波特兰开往伊利诺伊州的芝加哥，在蒙大拿州停靠包括怀特菲什以及冰川国家公园东部和西部在内的12个站点，此外还停靠爱达荷州的桑德波因特。

灰狗巴士经过落基山脉的一些地区。不过，如果想真正探索一番，你需要一辆汽车。

国家公园

这个区域拥有若干美国最大的国家公园。在科罗拉多州，**落基山国家公园**有着绝佳的高山森林和苔原徒步路线。此外撒哈拉般的**大沙丘国家公园**和**弗德台地国家公园**，也是保有精巧崖居的考古保护区。

怀俄明州的**大蒂顿国家公园**（Grand Teton National Park）有着惊心动魄的陡峭山峰。至于美国的首个国家公园**黄石国家公园**（Yellowstone National Park），这是一个真正的人间仙境，到处都是火山间歇喷泉、温泉和林木苍翠的群山。在蒙大拿州，**冰川国家公园**（Glacier National Park）遍布高耸的沉积岩山峰、小冰川和灰熊等大量的野生动物。爱达荷州是**地狱峡谷国家游乐区**（Hells Canyon National Recreation Area）的所在地，在那里，斯内克河（Snake River）塑造出了北美最深的峡谷。美国**国家公园管理局**（NPS; www.nps.gov）还管理着爱达荷州20多个其他历史遗址、遗迹、自然保护区和游乐区。

最佳户外教学

落基山脉因其大面积的荒野和复杂地形而成为锻炼户外技能的天然学校，同时也是一个观察大自然的好地方。

- **Chicks with Picks**（见307页）由女性专门为女性而设的趣味攀冰教室。
- **黄石公园研究所**（Yellowstone Institute; www.yellowstoneassociation.org）与专家们一起研究公园里的狼、生态或艺术。
- **蒂顿科学生态学院**（Teton Science Schools Ecology; 见328页）儿童了解和亲身体验大自然的最佳选择。
- **科罗拉多山学校**（Colorado Mountain School; 见292页）学习安全攀岩或结绳的技能。

不要错过

戴上斯特森牛仔帽，驰骋在怀俄明或蒙大拿野外的山艾丛中。度假牧场在夏天提供落基山脉令人难忘的骑马体验。

速览

- **枢纽城市** 丹佛（人口60万）
- **山脉** 科罗拉多州拥有美国大陆最多海拔超过14,000英尺的高峰
- **时区** 山地时间（MST；比纽约晚2小时）

你知道吗

在黄石国家公园搭起帐篷，你就将睡在世界上最大的超级火山群上。每隔64万年，它们就会活跃起来。下一场火山喷发将在1万年后来临。

网络资源

- **《丹佛邮报》**（*Denver Post*; www.denverpost.com）该地区的顶级报纸
- **《5280》**（www.5280.com）丹佛最好的月刊
- **滑雪用具出租折扣店**（Discount Ski Rental; www.rentskis.com）在各大度假胜地均提供服务
- **14ers**（www.14ers.com）提供徒步攀登落基山脉最高峰的相关资源

历史

在18世纪末法国猎人和西班牙人踏足此地以前，落基山脉中生活着许多部落，包括内珀西人（Nez Percé）、肖肖尼族人（Shoshone）、克劳人（Crow）、拉科塔人（Lakota）和犹特人（Ute）。

在美国于1803年通过《路易斯安那购买案》（*Louisiana Purchase*）买下今蒙大拿州、怀俄明州和科罗拉多州东部以后，梅里韦瑟·刘易斯（Meriwether Lewis）和威廉·克拉克（William Clark）开始了为他们赢得长久声誉的考察探险，3年内行进了8000英里。他们的成功激励了其他冒险家，进而催生了移民运动。从那时起直至20世纪初，马车队绵延不绝地穿行在落基山脉的崎岖山路间，直到19世纪60年代末美国横贯大陆铁路（Transcontinental Railroad）南怀俄明段完工后，移民潮才暂时放缓了脚步。

为了安顿移民，美国对西部边境的西班牙人和英国人进行大规模逼迁，而受害最甚的，是大部分的美洲原住民，这无疑是美国历史上不光彩的一页。政府签署了无数条约，以缓解原住民对大规模移民的反对，但最后往往违约，将部落驱赶到更小的保留地上。而

在落基山脉的……

2周

就从丹佛展开落基山脉冒险之旅吧。到充满波希米亚气息的户外圣地博尔德骑行，来一趟轮胎漂流，买些复古服饰，然后找一家路边咖啡馆享受慷慨的阳光，听听耳边的闲聊。待到尽情欣赏过**落基山国家公园**的壮丽风光，再踏上I-70公路西行前往**布雷肯里奇**（Breckenridge）周边的群山游玩，那里有科罗拉多最好的初级滑雪坡道。走访滑雪和山地骑行的圣地**斯廷博特斯普林斯**（Steamboat Springs），然后穿越州界进入怀俄明州。

在怀俄明州的第一站应当是攀岩圣地**兰德**（Lander）。之后，继续往北，经过别致的**杰克逊**和雄伟的**大蒂顿国家公园**，最后抵达标志性的**黄石国家公园**。至少留出3天时间游览这个间歇泉奇境。

越过州界进入"天空广袤的国度"，慢慢转向西北，穿过蒙大拿州。在游览**弗拉特黑德湖**（Flathead Lake）前，在时髦的**波兹曼**和活泼的**米苏拉**（Missoula）稍稍驻足。最后在爱达荷州结束整个行程。如果是夏天，可以到**地狱峡谷国家游乐区**搏击激浪，然后继续前往渐渐崭露头角的**博伊西**。将最后的几天假期留给**太阳谷**的雪道和**凯洽姆**的派对。这个城镇和滑雪胜地的朴实无华令人耳目一新，冬天除外，那时它是好莱坞的专属游乐园。

1个月

倘若你有1个月的时间，就能真正深入该地区，找到不为人知的宝藏。仍然可以采纳2周的行程，但在到怀俄明州之前，先转到科罗拉多州西南部崭露头角的葡萄酒产区，沉醉在馥郁酒香之中吧。还要开着四轮驱动车逛逛**乌雷**（Ouray）。**弗德台地国家公园**（Mesa Verde National Park）和它那古老的崖居一定不能错过。

到了蒙大拿州，你会想要在**鲍勃马歇尔荒野群落**（Bob Marshall Wilderness Complex）背包走上一程，还要赶在冰川完全消失前看看**冰川国家公园**。在爱达荷州，多花些时间在**太阳谷**玩，也少不了到**凯洽姆**这个精彩小镇上的商店、酒吧和美味有机餐厅一探究竟。既然有一整个月的时间，那就不妨绕道爱达荷州几条偏远却景色宜人的奇妙小路。确保你是从太阳谷沿75号公路向北驶向**史丹利**（Stanley）。这个美丽的山中小村坐落在萨尔蒙河（Salmon River）广阔的河岸上，四周环绕着国家林地和荒野。史丹利野外风景优美，还得天独厚地拥有世界上最棒的鳟鱼垂钓点，野外漂流兼顾初级与高级。离开史丹利，顺着21号公路前往博伊西。这条风景优美的道路将带你穿越数英里的茂密黄松森林，经过几处偏僻的绝佳河边露营点，其中一些还拥有自己的天然温泉池。

落基山脉亮点

❶ 在**黄石国家公园**（见319页）寻找熊、野牛和间歇泉的踪迹。

❷ 到度假胜地**阿斯彭**（见300页）追寻好莱坞影片中牛仔远去的背影。

❸ 在**大蒂顿国家公园**（见325页）的崎岖荒野徒步和登山。

❹ 置身**萨尔蒙河中央支流**（见343页），体验顶级激浪漂流。

❺ 全身心投入城郊户外圣地**博尔德**（见286页）一展身手。

❻ 到**科罗拉多州南部**（见306页），漫步于圣胡安风景如画的西部蛮荒小镇。

7 欣赏**冰川国家公园**（见337页）的野性光辉。

8 在老牌滑雪胜地**太阳谷**（见341页）的阳光下享受粉雪飞扬。

9 攀登雄伟的**落基山国家公园**（见290页）群峰。

10 漫游**大沙丘国家公园**（见315页）一望无际的沙漠景观。

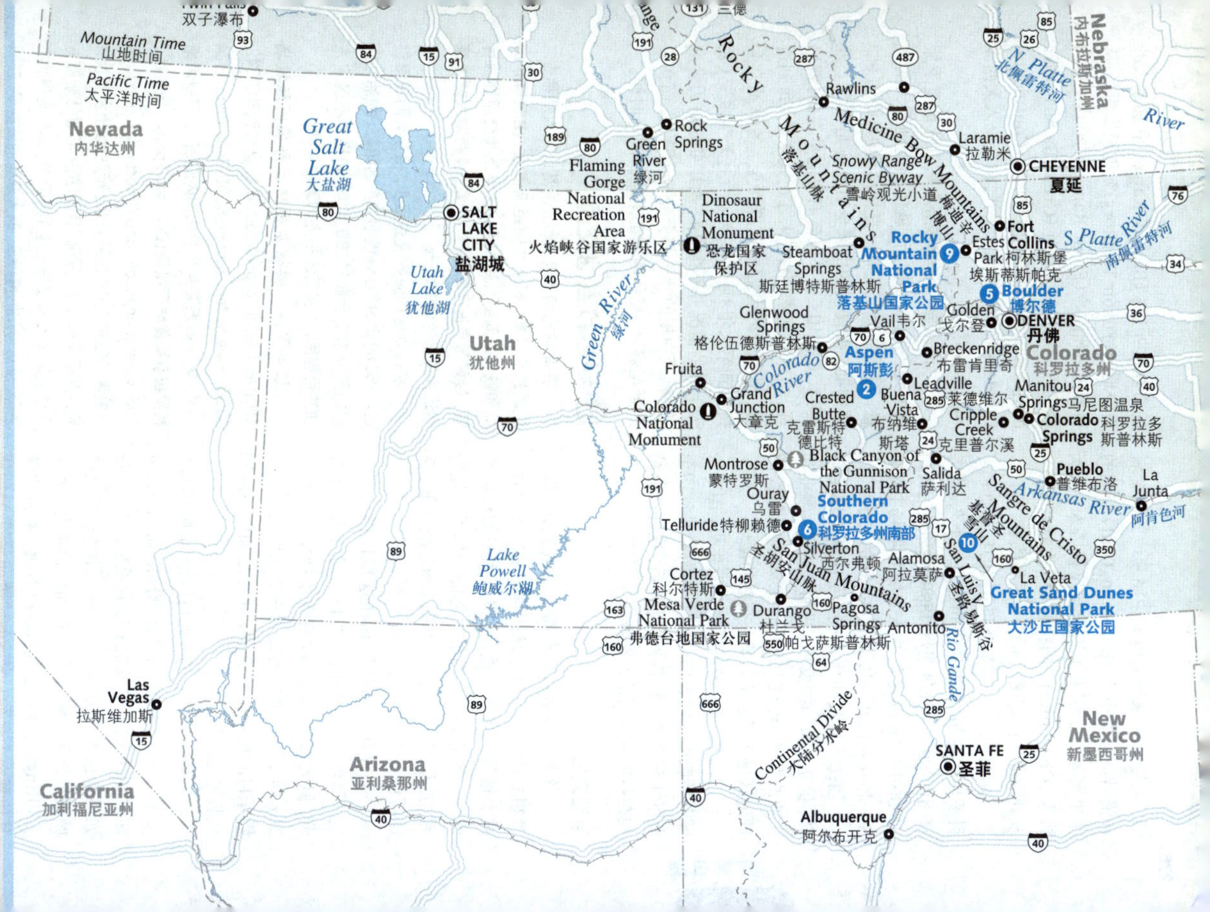

后，入侵蒙大拿州境内原住民领地的淘金者和沿着波兹曼小路（Bozeman Trail）修建的军事要塞终于引发了当局与拉科塔人、夏安族人（Cheyenne）、阿拉帕霍人（Arapaho）及其他原住民部落之间的一系列战争。

1876年，人们对黄金和白银的狂热推动了科罗拉多建州。科罗拉多州建立后不久，蒙大拿州（1889年）、怀俄明州（1890年）和爱达荷州（1890年）也相继建立。白人农场主、牧场主和矿工一起成为了19世纪后期这些地区的主导力量。

采矿、放牧和伐木成为了区域经济的命脉，促进了城镇的发展，进而刺激了金融业和工业的发展。通过对不可再生资源的经营，西部地区进入了繁荣与萧条交替的循环。

"二战"后，经济再度焕发生机，国家公园开始吸引度假者们。如今，旅游业是这四个州的主导产业，军工业紧随其后，这种产业结构在科罗拉多州尤为显著。

当地文化

落基山脉区域各州都已达成共识，以广袤粗犷山水的自由气息招徕游客。大量的公共土地投入各种用途，也没有太多的法律约束——游客在许多度假村都能无拘无束地滑雪。这里鼓励人们自行判断（和挑战极限）该进行什么样的活动。

平等共存的价值观在这里也得到了宣扬。科罗拉多人可能会在投票时分出红绿阵营，但大部分人都对政府政策持反对意见。2013年，科罗拉多州成为首个认可成人出于娱乐目的使用大麻合法，并对之加以规范和税收管理的州。

即便是最富有的度假村城镇，如阿斯彭、韦尔（Vail）、杰克逊和凯洽姆（Ketchum），也在2008年的金融危机中遭到重创，房地产业如该地区大多数城镇一样陷入困境，但这些城镇最终还是恢复了元气。而蓝领城市比灵斯（Billings）、爱国小城科罗拉多斯普林斯以及其他每一个有军人家庭的城镇，也都慢慢地从伊拉克和阿富汗战争的伤痛中恢复了过来。

土地和气候

该地区的自然地貌虽然复杂，但主要分为两部分：落基山脉和大平原（Great Plains）。落基山脉由西北向东南方向延伸，从阿拉斯加州的布鲁克斯山脉（Brooks Range）和加拿大的育空地区（Yukon Territory）延伸至墨西哥，从科罗拉多州前岭（Front Range）的悬崖绝壁向西到内华达州的大盆地（Great Basin）。高耸的山峰和山脊形成了大陆分水岭（Continental Divide）：水向西流入太平洋，向东流入大西洋和墨西哥湾。

对许多旅行者来说，落基山脉是夏季旅游胜地。进入6月前后，就能感受到夏天的气息，温暖的天气通常一直持续到9月中旬（即便如此，在夏夜的山区乡镇也还是要穿上外套）。虽然山区里暴风雪有可能早在9月就出现，但冬季通常到11月末才正式来临，每到这时，滑雪爱好者们便成群而至。冬季通常会持续到第二年3月或4月初。山上天气多变（夏天下雪的情况并不少见），所以要做好万全准备。秋天白杨的叶子都会变成金黄色，而初夏则野花盛开。夏秋两季都是旅游的好时候。

ℹ 到达和当地交通

在此地旅游很花时间。落基山脉人烟稀少，旅游景点分散，相互之间距离很远，由蜿蜒于山脉和峡谷之间的公路相连。这里公共交通资源有限，最好是自己开车旅行。毕竟，公路游本就是探索这片美景的理由之一。

农村地区的服务设施很少，相互之间离得很远。I-80州际公路在怀俄明州臭名昭著。加油站之间的距离常常会超过100英里。如果你不确定汽油是否够用，出发前还是先加满油箱吧。

该地区的主要旅游枢纽是**丹佛国际机场**（Denver International Airport, DIA; ☎咨询303-342-2000; www.flydenver.com; 8500 Peña Blvd; ⏰24小时; 📶）。如果要乘坐美国国内航班，也可以考虑**科罗拉多斯普林斯机场**（Colorado Springs Airport, COS; www.springsgov.com/airportindex.aspx）。后者的票价往往更低，比从丹佛国际机场出发更快，而且几乎同样方便。丹佛和科罗拉多斯普林斯都有飞往周边城市和度假胜地的小飞机，怀俄明州的杰克逊、爱达荷州的博伊西、蒙大拿州的波兹曼，及科罗拉多州的阿斯彭都在其中。犹他州的盐湖城（Salt Lake City）也有飞往这四个州的航班。

灰狗巴士（☎800-231-2222; www.greyhound.com）在落基山脉有固定的路线，提供最全面的长途汽车服务。

美铁（Amtrak；见285页）的下列列车提供前往该地区及周边的服务：

加州和风号每天往返于加利福尼亚州的爱莫利维尔（在旧金山湾区）和伊利诺伊州的芝加哥之间，在科罗拉多州停靠丹佛、弗雷泽冬季公园、格伦伍德斯普林斯和大章克申等6处。

帝国建设者号每天往返于华盛顿州的西雅图/俄勒冈州的波特兰与伊利诺伊州的芝加哥之间，在蒙大拿州有12个停靠点（包括怀特菲什以及冰川国家公园东部和西部），此外在爱达荷州的桑德波因特有1个停靠点。

科罗拉多州（COLORADO）

从适合滑雪高手的最高级别雪道到浓郁的意式浓缩咖啡，科罗拉多州充满活力。它同时也是美国高山最多的州——拥有许多海拔超过14,000英尺而被称为"14er"的高峰。科罗拉多州不仅拥有多姿多彩的户外活动，众多的大学和高科技产业还展现出勤奋的一面。然而，当雪花飘落时，即便是工作狂都可能称病告假出游。

这个阳光灿烂的州能吸引这么多来自东海岸和加州的人士丝毫不足为奇。拉丁美洲工人的勤劳正好填补了服务业的巨大需求。虽然科罗拉多州的大部分地区十分保守，但每个人都热爱户外，也都友善可亲，具有乐观进取的民族精神。

科罗拉多州概览

别称 百年之州

人口 500万

面积 104,247平方英里

首府 丹佛（人口566,974）

其他城市 博尔德（人口91,500），科罗拉多斯普林斯（人口372,400）

消费税 2.9%的州税，加上各地城市税

诞生于此的名人 犹特（Ute）部落首领乌雷（Ouray; 1833~1880年）、南公园（South Park）创建者特雷·帕克（Trey Parker; 1969年生）、演员艾米·亚当斯（Amy Adams; 1974年生）、登山家汤米·考德威尔（Tommy Caldwell; 1978年生）

发源地/所在地 纳罗帕大学（Naropa University;由垮掉派诗人创办）、粉雪雪坡、精品啤酒

政治倾向 摇摆状态

著名之处 晴天（每年300天）、海拔最高的葡萄园、美国大陆最长的滑雪道

热门纪念品 鹿蹄开瓶器

车程 丹佛至韦尔100英里，博尔德到落基山国家公园38英里

实用信息

科罗拉多路况（Colorado Road Conditions; ☎877-315-7623; www.state.co.us）公路情况报道。

科罗拉多州公园（Colorado State Parks; ☎303-470-1144; www.parks.state.co.us）帐篷和房车营地费用$10至$24一晚，取决于营地设施。一些公园也提供质朴的小木屋和圆顶帐篷，柴炉可能全年提供。特定营地接受提前预订，但收取$10预订费，预订费不退还。更改预订收费$6。

科罗拉多旅游观光（Colorado Travel & Tourism Authority; ☎800-265-6723; www.colorado.com）全州旅游信息。

丹佛邮报（Denver Post; www.denverpost.com）丹佛最主要的日报。

丹佛（Denver）

丹佛仿佛拥有不断增强的吸引力，将落基山脉西部的一切都吸引到它的市中心，闪闪发光的塔、令人兴奋的自酿啤酒、售卖大麻的药房、小径、古铜肤色的高山勇士，无不云集于此。海纳百川的胸怀滋养出了蓬勃发展的艺术景观，带来了极棒的餐厅和时髦的酒吧，让这座牛仔之城化身为让世界为之疯狂的都市。

大多数的游客活动都集中在市中心和下城区（LoDo），而熟知内情的旅行者则会前往邻近区域，如高地（Highlands）、华盛顿公园（Washington Park）、樱桃溪（Cherry Creek）、五点区（Five Points）、南圣菲（South Santa Fe）及河北岸（RiNo），这些是丹佛不断扩展的文化俱乐部，值得你沉醉其间。

落基山脉的顶尖后院，全美最佳的越野自行车道系统之一，大量的公园、休闲空间、河滨和充足的阳光，这里的旅程足以令人乐而忘返。

景点和活动

★**丹佛艺术博物馆** 博物馆

（Denver Art Museum, DAM; ☎票务720-

Denver 丹佛

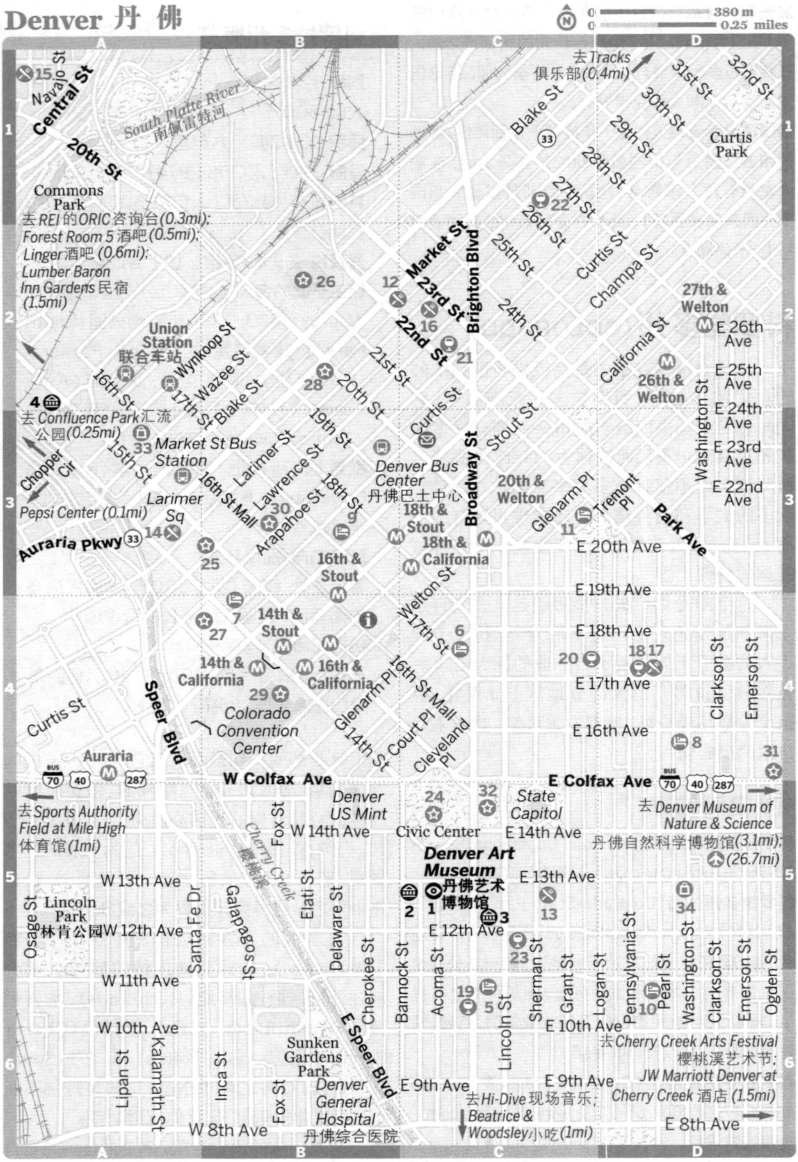

865-5000; www.denverartmuseum.org; 100 W 14th Ave; 成人/儿童/学生 $13/5/10，每月的第1个星期六免费；⏲周二至周四 10:00~17:00，周五 10:00~20:00，周六和周日 10:00~17:00；🅿🚻；🚌9，16，52，83L RTD）丹佛艺术博物馆是美国最大的美洲原住民艺术品收藏馆之一，并提供前卫的多媒体展览。其永久藏品中的美国西部艺术系列十分有名。这不是一个陈旧乏味的地方，相反，你还可以一头栽入其中最棒的互动展览中，这也是孩子们最喜爱的部分。

Denver 丹佛

重要景点

1 丹佛艺术博物馆 C5

景点

2 克莱福特·斯蒂尔博物馆 C5
3 科罗拉多历史中心 C5
4 当代艺术博物馆 A2

住宿

5 11th Avenue Hotel C6
6 Brown Palace Hotel C4
7 Curtis B4
8 Denver International Youth Hostel D4
9 Hotel Monaco B3
10 Patterson Historic Inn D6
11 Queen Anne Bed & Breakfast Inn C3

就餐

12 Buenos Aires Pizzeria B2
13 City O' City C5
14 Rioja A3
15 Root Down A1
16 Snooze C2
17 Steuben's Food Service D4

饮品和夜生活

18 Ace D4
19 Bar Standard C6
20 Denver Wrangler C4
21 Great Divide Brewing Company C2
22 Matchbox C1
23 The Church C5

娱乐

24 Cinco de Mayo C5
25 Comedy Works B3
26 Coors Field B2
27 Denver Performing Arts Complex B4
28 El Chapultepec B2
29 Great American Beer Festival B4
30 Lannie's Clocktower Cabaret B3
31 Ogden Theatre D4
32 Taste of Colorado C5

购物

33 Tattered Cover Bookstore A3
34 Wax Trax Records D5

造价1.1亿美元的地标建筑弗里德里克·C·汉密尔顿(Frederic C Hamilton)楼由丹尼尔·李博斯金(Daniel Libeskind)设计,实在是妙不可言。无论你认为它是像放大的水晶、并列的山脉,抑或仅仅是个放纵的建筑,它都是一个棱角分明的现代杰作。如果你觉得它外表看起来怪怪的,那么就进去看看吧:设计与自然光巧妙结合,让每个拐弯处都充满了变化的感觉。

克莱福特·斯蒂尔博物馆 博物馆

(Clyfford Still Museum; ☎720-354-4880; www.clyffordstillmuseum.org; 1250 Bannock St; 成人/儿童 $10/3; ⏰10:00~17:00, 周五 10:00~20:00)这座迷人的博物馆只专注于收藏20世纪美国抽象表现主义画家克莱福特·斯蒂尔(Clyfford Still)的作品和遗产,馆藏包括这位充满力量和自恋的大师逾2400幅大胆的画作。当斯蒂尔在1980年去世时,他在遗嘱中坚持其作品主体只在单一空间展出,因此丹佛为他建立了一座博物馆。

科罗拉多历史中心 博物馆

(History Colorado Center; ☎303-447-8679; www.historycoloradocenter.org; 1200 Broadway; 成人/学生/儿童$10/8/8; ⏰周一至周六 10:00~17:00, 周日 正午至17:00; Ⓟ)这座犀利、智能而迷人的博物馆能让人体验到科罗拉多的先进基础和现代高科技成果。这里也有许多互动展,包括儒勒·凡尔纳(Jules Verne)的"时间机器",让你走入巨大的科罗拉多地图,探索科罗拉多州百年历史中的开创性时刻。

★汇流公园 公园

(Confluence Park; 2200 15th St; 🚻; 🚌10 RTD) 免费 公园位于樱桃溪和佩雷特河(Platte River)的交界处,是丹佛"热爱阳光文化"的汇集地。这是午后野餐的好去处,另外还有一个供皮划艇和轮胎漂流者进行短程激浪漂流的公园。

从这里沿着樱桃溪小径往南,可至樱桃溪购物中心(Cherry Creek Shopping Center),继续向前是樱桃溪水库(Cherry Creek Reservoir)。如果沿着佩雷特小路(Platte Trail)往西南方向前行,可一路奔向查特菲尔德水库(Chatfield Reservoir)。向北连接Clear Creek Trail,可达戈尔登(Golden)。

值得一游

最佳一日徒步游

距丹佛车程1小时以内的一日徒步路线有几百条之多。许多人会选择到博尔德的山脉公园(Mountain Parks)或科罗拉多斯普林斯度过一天。

杰佛逊县的休闲公园(Jefferson County Open Space Parks; www.jeffco.us/openspace)首选包括马修之冬(Matthews Winters)、猎鹰山(Mount Falcon)、麋鹿草原(Elk Meadow)和熊之巢(Lair o' the Bear)。

金门峡谷州立公园(Golden Gate Canyon State Park; ☎303-582-3707; www.parks.state.us/parks; 92 Crawford Gulch Road, Golden; 门票/露营 $7/24; ⏰5:00~22:00)这座广袤的州立公园占地12,000英亩,位于丹佛和尼德兰(Nederland)之间,从丹佛市中心开车45分钟即可到达。

斯陶顿州立公园(Staunton State Park; ☎303-816-0912; www.parks.state.co.us/parks)这是科罗拉多最年轻的州立公园,位于丹佛以西40英里外一座古老的老牧场所在地。可从285号公路康妮佛(Conifer)至贝利(Bailey)段中前往。

沃特顿峡谷(Waterton Canyon; ☎303-634-3745; www.denverwater.org/recreation/watertoncanyon; Kassler Center)这个美丽的峡谷位于城市以南,查特菲尔德水库(Chatfield Reservoir)正西面。只需轻松走过一条6.5英里的小路就能抵达锶泉大坝(Strontia Springs Dam)。从大坝沿**科罗拉多步道**(Colorado Trail; CTF; ☎303-384-3729; www.coloradotrail.org; PO Box 260876; ⏰周一至周五 9:00~17:00)可到达杜兰戈(Durango)。

水牛溪山地自行车区(Buffalo Creek Mountain Bike Area; www.frmbp.org; Pine Valley Ranch Park)如果你喜欢单线的山地骑行,这里有大约40英里长的自行车道。

当代艺术博物馆 画廊

(Museum of Contemporary Art; ☎303-298-7554; www.mcadenver.org; 1485 Delgany St; 成人/学生/儿童/17:00后 $8/5/1/5; ⏰周二至周四 正午至19:00, 周五 正午至20:00, 周六和周日 10:00~19:00; P; 🚌6 RTD)这个空间以加强互动和增进参与为建筑理念。不同的展览让这个丹佛的当代艺术之家有时令人兴奋,有时让人愉悦,有时又让人失望。

丹佛自然科学博物馆 博物馆

(Denver Museum of Nature & Science; ☎303-370-6000; www.dmns.org; 2001 Colorado Blvd; 成人/儿童 博物馆 $13/8, IMAX $10/8, 天文馆 $5/4; ⏰9:00~17:00; P 👪; 🚌20, 32, 40 RTD)丹佛自然科学博物馆坐落于城市公园东区边缘。这个经典的自然科学博物馆拥有很好的短期展览,以及大人孩子都很喜欢的全景图,其中的IMAX影院和盖茨天文馆(Gates Planetarium)更是趣味十足。

节日和活动

五月五 文化节

(Cinco de Mayo; www.cincodemayodenver.com; ⏰5月; 👪)免费 每年5月的第1个周末,是为期两天的五月五节。这是美国规模最大的庆祝活动之一,你可以尽情享受莎莎舞曲和玛格丽特酒。

樱桃溪艺术节 艺术节

(Cherry Creek Arts Festival; www.cherryarts.org; Clayton St与E 3rd Ave交叉路口; 👪)这是一场视觉、烹饪和表演艺术的盛宴,会吸引约25万人参与其中。

品尝科罗拉多 美食节

(Taste of Colorado; ☎303-295-6330; www.atasteofcolorado.com; Civic Center Park; 👪)每逢劳动节(9月第1个周一),就有逾50家餐馆来此摆摊设点,此外还有美酒和现场音乐,手工艺品商贩也不少。

美国丹佛啤酒节 啤酒节

(Great American Beer Festival; ☎303-447-

0816; www.greatamericanbeerfestival.com; 700 14th St; $75; ⊙9月初; 👪; 🚇101 D-Line, 101 H-Line, 🚌1, 8, 30, 30L, 31, 48 RTD)🍃科罗拉多州的微型啤酒厂比美国其他任何州都多，这个9月初的活动总是人气爆棚，门票早早就售罄。

住宿

除了以下提到的住宿，连锁旅店和独立汽车旅馆也遍布丹佛全市，客房起价$75。有效利用网络资源能节省许多住宿费。丹佛的青年旅舍更倾向于接待过路旅客而不是背包客。

Denver International Youth Hostel 青年旅舍 $

(☎303-832-9996; www.youthhostels.com/denver; 630 E 16th Ave; 铺 $19; P @ 📶; 🚌15, 15L, 20 RTD)这是囊中羞涩的旅行者的极佳选择。它的设施非常简单，而且略显混乱，但也因此而具有一种散漫的魅力，位于市中心的绝佳位置。所有宿舍都附浴室设施，底层的公共空间有大屏幕电视、图书馆和电脑供住客使用。

11th Avenue Hotel 酒店 $

(☎303-894-0529; www.11thavenuehotel.com; 1112 Broadway; 铺 $19~22, 房间 带/不带浴室$45/39; 🚭 ❄ 📶)这家经济型酒店位于艺术爱好者喜爱的黄金三角区(Golden Triangle district)。酒店大堂看上去有点像吉姆·贾木许(Jim Jarmusch)电影中的情形。楼上的房间没什么设施，但很干净，有的带浴室。适合经济型旅客，安全、有保障。

★ Curtis 精品酒店 $$

(☎303-571-0300; www.thecurtis.com; 1405 Curtis St; 双 $159~279; 🚭 ❄ @ 📶; 🚌15 RTD)踏进这家兼具寺庙和后现代流行文化的酒店，如同进入美好的仙境一般。不论服务还是房间装潢都非常注重细节，这就是Curtis的秘诀，让它能够在丹佛的酒店中独树一帜。

酒店有13个主题楼层，分别表现不同种类的美国流行文化。房间宽敞，恰到好处的摩登感不至于让人难以入眠。猫王叫早之类的新奇细节或许会让人觉得做作，但若是已经对老一套的国际品牌酒店感到厌倦，想来点不同的体验，这个位于市区心脏地带的酒店就是你所需要的。

★ Queen Anne Bed & Breakfast Inn 民宿 $$

(☎303-296-6666; www.queenannebnb.com; 2147 Tremont Pl; 房间含早 $135~215; P 🚭 ❄ 📶)🍃这是由两栋19世纪晚期的维多利亚式建筑组成的民宿。公共区域里飘荡着轻柔的室内乐，与盛开的鲜花、修剪整齐的花园和夜间的品酒会一起，为这家注重环保的民宿营造出浪漫的氛围。客房中陈设着年代久远的古董、私人的热水浴缸和精致的手绘壁画，无不凸显出各个房间独有的特色。

这间民宿的环保设施包括再生线圈和绿茶绝缘材料制成的床垫、有机织物(就像一顿美味的丰盛早餐)。他们坚持尽可能从当地商家购买产品，甚至提供免费自行车。

Patterson Historic Inn 历史酒店 $$

(☎303-955-5142; www.pattersoninn.com; 420 E 11th Ave; 房间含早 $169起; ❄ @ 📶)这栋建于1891年的"贵妇人"曾是一名参议员的家，现在成了城中最好的历史民宿之一。尽管花园不大，但维多利亚式的迷人风情、丰盛的早餐和设备齐全的9个房间会令人心生喜悦。每间客房都备有丝绸长袍、羽绒被和平板电视等现代设施。

Lumber Baron Inn Gardens 民宿 $$

(☎303-477-8205; www.lumberbaron.com; 2555 W 37th Ave; 房间 $149~239; P 🚭 ❄ 📶; 🚌38 RTD)🍃神秘谋杀案主题晚餐和富含浪漫色彩的套房令这家优雅而古怪的民宿得以脱颖而出，甚至当地人都会选择到这里度过周末神秘之旅！民宿位于凉爽的高地(Highlands)街区。5间套房设计各不相同，但全都配备了按摩浴缸和巨大的液晶电视机。

Brown Palace Hotel 历史酒店 $$$

(☎303-297-3111; www.brownpalace.com; 321 17th St; 房间 $299起; P 🚭 ❄ @ 📶)当你在彩绘玻璃顶的中庭下目瞪口呆时，就会明白为什么它会获选为美国最优秀的历史酒店之一了。酒店装潢考究，拥有四星级的水疗中心和进口大理石。大厅里到处都有酒店员工的身影。

自泰迪·罗斯福(Teddy Roosevelt)时代以来，这里就一直是总统的下榻处，客房透着

遥远时代的独特典雅韵味，但以现代标准来看，房间或许小了点。

JW Marriott Denver at Cherry Creek
酒店 $$$

（☎303-316-2700；www.jwmarriottdenver.com；150 Clayton Ln；双 $245起；P⊖❄📶🐾；🚌1, 2, 3, 46 RTD）酒店的客房空间宽敞，配备了高织数床单、蓬松饱满的床品，大理石浴室配有顶级的肥皂和洗发水。酒店内的酒吧也相当棒，你甚至还可以在这里看到丹佛野马橄榄球队（Denver Bronco）的球员。此外，本地艺术品和五彩缤纷的吹制玻璃视频令酒店大堂和房间增色不少。

Hotel Monaco
精品酒店 $$$

（☎303-296-1717, 800-990-1303；www.monaco-denver.com；1717 Champa St；房间 $127起；P⊖❄📶🐾；🚌0, 6, 30, 30L, 31, 36, 48, 52 RTD）这家超级时尚的精品酒店因其精致的装潢而广受欢迎。现代客房融合了法国风情和艺术装饰风格——想象一下大胆的色彩和绝佳的欧式羽绒床垫组合在一起的感觉。别错过晚上的“海拔调整时间”，客人可免费享用葡萄酒和5分钟按摩。这个地方百分百欢迎宠物，只要你提出要求，工作人员甚至会把一条有名字的金鱼送到你的卧房。

就餐

丹佛市中心的餐馆提供各种各样的餐饮选择，内行人会直接前往高地、樱桃溪、南珍珠街（South Pearl Street）、上城（Uptown）、五点区（Five Points）、华盛顿公园（Washington Park）和老城里托顿（Old Town Littleton）等街区，后者是一处仅5个街区范围的小商业带，有丹佛最好的一些餐馆。www.5280.com和www.diningout.com/denver均提供最新餐饮信息。

Snooze
早餐 $

（☎303-297-0700；www.snoozeeatery.com；2262 Larimer St；主菜 $6~12；⏲周一至周五 6:30~14:30，周六和周日 7:00~14:30；❄👪）🌿这家怀旧风格的早餐及早午餐店活泼轻松，是城中最热门的派对后早餐点之一。店内精心制作的早餐饼卷和烟熏鲑鱼蛋堡令人惊叹。这里的咖啡总是非常好喝，但你还可以选择一大早就喝血腥玛丽。周末等候时间可能长达1小时！

City O' City
素食、严格素食 $

（☎303-831-6443；www.cityocitydenver.com；206 E 13th Ave；主菜 $8~15；⏲周一至周五 7:00至次日2:00，周六 8:00至次日2:00，周日 8:00至午夜；🌶👪；🚌2, 9, 52 RTD）🌿这家备受欢迎的严格素食餐馆以蔬菜、谷物、素肉和燕麦进行创新组合，并配以时尚的装饰。菜单提供餐前小吃、大份沙拉、优选跨国面点及丹佛市内最棒的纯素比萨派。

Buenos Aires Pizzeria
阿根廷菜 $

（☎303-296-6710；www.bapizza.com；1307 22nd St；馅饼 $2.50，主菜 $6~10；⏲周二至周六 11:30~22:00，周日 正午至20:00）位于科罗拉多牛镇的中心，是一家口味地道的阿根廷餐馆。这家所谓的比萨店由内而外散发出“正拳”拳王霍利菲尔德（Holyfield）的气质。你可以大吃两三个馅饼（empanadas），也可以陶醉在美味的三明治、高水平的比萨和意大利面之中。可惜，这里没有牛排。

★Beatrice & Woodsley
西班牙小吃 $$

（☎303-777-3505；www.beatriceandwoodsley.com；38 S Broadway；小碟菜 $9~13；⏲周一至周五 17:00~23:00，周六和周日 10:00~14:00，17:00~22:00；🚌0 RTD）这里是丹佛最富艺术设计感的用餐地点。链锯被埋在墙壁中用以支撑架子；白杨长在餐厅后方，感觉就像是一座被大自然优雅塑造的山中小屋。小碟菜单异想天开，颇具欧陆风格。

★Steuben's Food Service
美国菜 $$

（☎303-803-1001；www.steubens.com；523 E 17th Ave；主菜 $8~21；⏲周日至周四 11:00~23:00，周五周六 11:00至午夜；👪）尽管餐厅标榜中世纪的装潢风格，但质优价高的安慰美食（芝士通心粉、炸鸡和龙虾卷）和太阳能发电的厨房都显示出Steuben的现代头脑。夏季时，面向街道的车库门全都打开，所以通风凉爽。每晚22:00后供应最优惠的套餐：1个汉堡、手切炸薯条加啤酒只需$5。

★Root Down
新派美国菜 $$$

（☎303-993-4200；www.rootdowndenver.

com; 1600 W 33rd Ave; 小碟菜 $7~17, 主菜 $18~28; ⏲周日至周四 17:00~22:00, 周五和周六 17:00~23:00, 周六和周日早午餐 10:00~14:30; ✎) 在这个由煤气站改装而成的餐馆里, 主厨Justin Cucci实践了城中最具雄心的烹饪理念之一, 即将"从田地到餐桌"的可持续性做法与高水准的创意菜及环保的高效能源相结合。菜单每季更换, 幸运的话能吃到红薯沙拉或海鲜酱脆皮鸭汉堡。

★ Rioja 新派美国菜 $$$

(☎303-820-2282; www.riojadenver.com; 1431 Larimer St; 主菜 $18~29; ⏲周三至周五 11:30~14:30, 周六和周日 10:00~14:30, 周一至周日 17:00~22:00; ❄✎; 🚌2, 12, 15, 16th St Shuttle) 这是丹佛最具创意的餐馆之一。漂亮、繁忙、高档, 又不乏休闲随意的感觉, 就像科罗拉多这座城市。Rioja的特色是吸收了意大利和西班牙传统的新派美食, 融入了现代的风味。

饮品

最棒夜生活分布在如下地区: 上城(Uptown)是男同性恋酒吧和年轻职业人群聚集的地方; 下城区(LoDo)则满是喧闹的运动吧, 在这里可以狂饮或是纵情跳舞; 河北岸(River North)属于嬉皮士; 下高地(Lower Highlands)汇集了形形色色的人和甜蜜的情侣; 樱桃溪(Cherry Creek)是35岁以上人士的地盘; 而Broadway and Colfax街区则是老派人士的最爱。

★ Forest Room 5 酒吧

(☎303-433-7001; www.forestroom5.com; 2532 15th St; ⏲16:00至次日2:00) 这里是丹佛最好的酒吧, 是下高地(LoHi)的主宰者, 拥有一个户外庭院, 院里有火圈(你可以在那里抽烟)、溪流和一辆破旧的清风房车。

Linger 休闲酒吧

(☎303-993-3120; www.lingerdenver.com; 2030 W 30th Ave; 主菜 $8~14; ⏲周二至周六 11:30~14:30及16:00至次日2:00, 周日 10:00~14:30) 这个不规则的下高地大厦坐落在原Olinger殡仪馆的位置上。到了晚上, 酒吧把招牌灯上的O字母熄掉, 就变成了Linger。这个照亮夜空的顶楼酒吧拥有一个因比尔·默里(Bill Murray)的著名电影《杂牌军东征》(*Stripes*)而名声大噪的房车的复制品。

Bar Standard 夜店

(☎303-534-0222; www.coclubs.com; 1037 Broadway; ⏲周五周六 20:00至次日2:00; 🚌0 RTD) 这里的服务态度冷冰冰的。而一旦有合适的DJ站在台上, 它就是城里最好的舞池。

旁边的奶品冷饮吧(Milk Bar)依照安东尼·伯吉斯(Anthony Burgess)的经典小说《发条橘子》(*A Clockwork Orange*)而设计。

Tracks 同性恋

(☎303-863-7326; www.tracksdenver.com; 3500 Walnut St; ⏲周五和周六 21:00至次日2:00, 周日至周四 营业时间不定) 丹佛最棒的男同性恋舞蹈俱乐部, 每周四是18岁以上之夜, 周五是变装秀和女同性恋之夜(每月一次)。

Denver Wrangler 同性恋

(☎303-837-1075; www.denverwrangler.com; 1700 Logan St; ⏲11:00至次日2:00; 🚌101 RTD) 虽然吸引了许多男同性恋职业人士在下班后光临, 但这家酒吧所处的中心位置也让它成为丹佛首屈一指的熊酒吧(熊族是同性恋社群的一个次文化)。

Great Divide Brewing Company 酿酒吧

(www.greatdivide.com; 2201 Arapahoe St; ⏲周一和周二 14:00~20:00, 周三至周六 14:00~22:00) 这家优秀的本地自酿酒吧很好地避开了一成不变的汉堡菜单和花哨的装潢, 而坚持突出它的强项: 以优良的工艺酿造啤酒。

Ace 酒吧

(☎303-800-7705; www.acedenver.com; 501 E 17th Ave; ⏲周一至周五 11:00至午夜, 周六和周日 14:00至午夜) 丹佛最佳的乒乓球吧, 街头规则适用。

Matchbox 酒吧

(www.matchboxdenver.com; 2625 Larimer St; ⏲周一至周五 16:00至次日2:00, 周六和周日正午至次日2:00) 位于最酷的河北岸(RiNo)艺术区, 这个简陋的地方不仅能吸引架着厚

镜片的酒客，也是蓝牛仔人群的所爱。

The Church 夜店

（www.coclubs.com；1160 Lincoln St）The Church拥有3个舞池、2个休闲酒吧和1个寿司吧，还有杂技表演！

☆ 娱乐

有关音乐、剧院和其他艺术演出信息，可查阅免费的Westword（www.westword.com）。

★ 丹佛表演艺术城 表演艺术

（Denver Performing Arts Complex；☎720-865-4220；www.artscomplex.com；14th与Champa St交叉路口）这家大型艺术中心论规模是业内数一数二的，占据了4个街区，容纳有好几个主要剧院，包括历史悠久的埃利·考尔金斯歌剧院（Ellie Caulkins Opera House）和西韦尔大宴会厅（Seawell Grand Ballroom）。这里也是丹佛表演艺术中心（Denver Center for the Performing Arts）、科罗拉多芭蕾舞团（Colorado Ballet）、科罗拉多歌剧院（Opera Colorado）和科罗拉多交响乐团（Colorado Symphony Orchestra）的主要演出场所。

★ El Chapultepec 现场音乐

（☎303-295-9126；www.thepeclodo.com；1962 Market St；⏰7:00至次日2:00，音乐 21:00至次日2:00）这个烟雾缭绕的老式爵士乐演出场所吸引了形形色色的顾客。自1951年开业以来，Frank Sinatra、Tony Bennett和Ella Fitzgerald，以及Jagger和Richards都曾在这里表演过。

Red Rocks Amphitheatre 演出场所

（☎303-640-2637；www.redrocksonline.com；18300 W Alameda Pkwy；⏰5:00~23:00；👪）Red Rocks Amphitheatre藏身在一片400英尺高的红色砂岩之间，位于丹佛西南15英里处。绝佳的音响效果吸引了许多歌手前来录制现场专辑。

Hi-Dive 现场音乐

（☎303-733-0230；www.hi-dive.com；7 S BROADWAY）当地摇滚英雄和独立巡回乐队的演出点亮了Hi-Dive的舞台。这是丹佛本地乐坛的心脏所在。

Grizzly Rose 现场音乐

（☎303-295-1330；www.grizzlyrose.com；5450 N Valley Hwy；⏰周二至周日 18:00开始；👪）这是一家活力四射的乡村舞厅，占地4万平方英尺，现场音乐劲爆，连远在怀俄明州夏延（Cheyenne）的真正的牛仔都不惜远道而来。

Bluebird Theater 现场音乐

（☎303-377-1666；www.bluebirdtheater.net；3317 E Colfax Ave；👪；🚌15，15L RTD）这家中型剧院的普通席位都是站席，现场音响绝佳，从包厢观赏的视野非常清晰。

Ogden Theatre 现场音乐

（☎303-832-1874；www.ogdentheatre.net；935 E Colfax Ave；👪；🚌15 RTD）丹佛最棒的现场音乐场馆之一。

Comedy Works 喜剧

（☎303-595-3637；www.comedyworks.com；1226 15th St；🚌6，9，10，15L，20，28，32，44，44L RTD）位于Larimer广场地下（从Larimer和15th交界处的楼梯往下走），这里是丹佛最好的喜剧夜店。

Lannie's Clocktower Cabaret 现场歌舞表演

（☎303-293-0075；www.lannies.com；1601 Arapahoe St；门票 $25~40；⏰周二 13:00~17:00，周三和周四 13:00~23:00，周五和周六 13:00至次日1:30）轻佻、顽皮和奇特的浪漫，Lannie's Clocktower Cabaret在下城区拘谨的（或至少是中规中矩的）夜生活中是特立独行的野孩子。

Coors Field 棒球

（☎800-388-7625；www.mlb.com/col/ballpark/；2001 Blake St；👪）科罗拉多落基山队（Colorado Rockies）就在这个受到高度评价的球场里打棒球。外场The Rockpile门票$4，是个不错的选择。

Sports Authority Field at Mile High 体育馆

（☎720-258-3000；www.sportsauthorityfieldatmilehigh.com；1701 S Bryant St；👪）备受好评的丹佛野马橄榄球队（Denver Broncos）和丹佛反叛者曲棍球队（Denver Outlaws）就在这

个市中心以西1英里处的体育场里比赛。

Pepsi Center 体育馆

(☎303-405-1111; www.pepsicenter.com; 1000 Chopper Circle)这个庞大的体育馆是丹佛掘金篮球队(Denver Nuggets)、全美长曲棍球联盟科罗拉多猛犸队(Colorado Mammoth)以及科罗拉多雪崩曲棍球队(Colorado Avalanche)的主场。

购物

市中心购物区主要是16街购物中心(16th St Mall)和下城区。樱桃溪、高地广场(Highlands Square)及South Broadway是另外几个主要的购物区。

★Tattered Cover Bookstore 书籍

(www.tatteredcover.com; 1628 16th St; ⊙周一至周五 6:30~21:00, 周六 9:00~21:00, 周日 10:00~18:00)丹佛有许多地方能让你静静读书。Tattered Cover Bookstore正是丹佛最受欢迎的两家独立书店之一。

★REI 户外用品

(Recreational Equipment Incorporated; ☎303-756-3100; www.rei.com; 1416 Platte St; 👪)除了出售顶级的户外设备外, 还有一个租赁部, 并提供地图和一堵攀岩墙。

Wax Trax Records 音乐

(☎303-831-7246; www.waxtraxrecords.com; 638 E 13th Ave; 🚌2, 10, 15, 15L RTD)这里是选购唱片的最佳地点。

实用信息

访客与会务局信息中心(Visitors & Convention Bureau Information; ☎303-892-1112; www.denver.org; 1600 California St; 📶👪; 🚌加利福尼亚)

ORIC 咨询台(ORIC Desk; Outdoor Recreation Information Center; ☎REI总机303-756-3100; www.oriconline.org; 1416 Platte St; 📶)有关户外活动可至REI店内的ORIC 柜台咨询。

警察总局(Police Headquarters; ☎720-913-2000; 1331 Cherokee St)

邮局(www.usps.com; 951 20th St; ⊙周一至周五 8:00~18:30, 周六 9:00~18:30)主要分局。

科罗拉多大学医院(University of Colorado Hospital; ☎720-848-0000; www.uch.edu; 12605 E16th Ave, Aurora; ⊙24小时)提供急救服务。

到达和离开

在**丹佛国际机场**(Denver International Airport; 见276页)共有20多家航空公司提供服务, 航班开往几乎所有美国主要城市。机场位于市中心以东24英里处, 可经12英里长的Peña Blvd连接I-70州际公路238出口。航站中央大厅有**柜台**(☎303-342-2000)提供旅游和机场信息。

灰狗巴士的车站是**丹佛巴士中心**(Denver Bus Center; ☎303-293-6555; 1055 19th St), 班车发往博伊西($151起, 19小时)、洛杉矶($125起, 22小时)和其他地区。

Colorado Mountain Express(CME; ☎800-525-6363; www.coloradomountainexpress.com; 📶)提供从丹佛国际机场、丹佛市中心或莫里森(Morrison)至萨米特县(Summit County)的接驳服务, 包括布雷肯里奇、奇士顿(Keystone; $35~49, 2.5小时)和韦尔($45~82, 3小时)。

美铁的加州和风号列车(California Zephyr)每天往返于芝加哥和旧金山, 途经丹佛。列车从**联合车站**(Union Station; ☎美铁303-534-2812; www.denverunionstation.org; 17th与Wynkoop Sts交叉路口; 🚌31X, 40X, 80X, 86X, 120X RTD)出发。**美铁**(☎800-872-7245; www.amtrak.com)提供时刻表和火车票预订服务。

当地交通

抵离机场

所有运输公司在行李区附近都设有柜台。公共的**Regional Transit District**(RTD; ☎303-299-6000; www.rtd-denver.com)开行从丹佛市中心到机场的巴士($9~13, 1小时), 每小时一班。RTD在**市场街车站**(Market Street Bus Station; 16th St与Market St交叉路口)也有发往博尔德的车($13, 1.5小时)。**Shuttle King Limo**(☎303-363-8000; www.shuttlekinglimo.com)提供从机场到丹佛市区及周边地区的交通服务, 收费65美元。**SuperShuttle**(☎303-370-1300; www.supershuttle.com)提供丹佛区与机场之间的拼车服务($22起)。

自行车

BikeDenver.org(www.bikedenver.org)或**City of**

Denver（www.denvergov.org）有城市自行车地图供下载。

Denver B-Cycle（denver.bcycle.com）是全美国首个推行的城市自行车分享计划。全城超过80个车站提供骑车指示。租车30分钟内免费。在丹佛骑车无须戴安全帽，租车时也不提供。

汽车和摩托车

在路边找停车位是件很痛苦的事，但在市中心和下城区有许多收费停车库。几乎所有的大型汽车租赁公司都在机场设有柜台，少数公司在丹佛市中心设有办事处。

公共交通

RTD在整个丹佛市及博尔德地区提供公共交通服务。16街购物中心沿线有免费班车，十分便利。RTD的轻轨线目前有6条线路，停靠46个车站。1~2站收费$2.25，3个区间$4，全线$5。

出租车

24小时出租车服务：

Metro Taxi（☎303-333-3333；www.metrotaxidenver.com）

Yellow Cab（☎303-777-7777；www.denveryellowcab.com）

博尔德（Boulder）

这座田园诗般的城镇背靠着熨斗山（Flatirons）崎岖且近乎垂直的峭壁，优越的地理位置和触手可及的理想主义吸引了许多企业家、运动员、嬉皮士和身强力壮的人。这里同时还是科罗拉多大学和佛教学院纳罗帕大学（Naropa University）的所在地，“垮掉的一代”也发源于此。

博尔德对户外运动的狂热在1967年得到了法律的认证：那一年，它成为美国第一个为了保护自然而向自己征收特别税的城市。多亏了这一远见，如今大量的骑行者才能骑着自行车穿梭于博尔德溪走廊（Boulder Creek corridor）——这条走廊连接着城市与用纳税人的钱修建起来的各县公园。只允许行人通行的珍珠街购物中心（Pearl St Mall）生气勃勃，适合漫步。尤其是到了晚上，当地居民会在这里散步至深夜。

从许多方面看，博尔德才是该地区的旅游枢纽，而不是丹佛。博尔德到丹佛国际机场的距离与丹佛相当。住在这里，你离山麓的徒步道又近了一步，I-70州际公路与落基山国家公园西部的大型滑雪度假区也不再遥远了。

千年水灾

一场干旱造成了科罗拉多历史最严重的山林大火，随后又发生了这场千年一遇的大水灾。2013年9月12日，前岭的居民一觉醒来，发现洪水淹没了峡谷并在偏远山区泛滥成灾，最终导致8人死亡，数千人无家可归。这样规模的水灾不论在什么年份都只有0.1%的发生概率，因此这场灾难堪称千年一遇。当月17英寸的降雨量打破了历年9月1.7英寸的平均降雨记录，成为美国历史上第二大自然灾害，仅次于卡特里娜飓风，同样需要多年时间才能恢复。受影响的地区面积约等于一个康涅狄格州大小，损失超过2亿美元。

景点和活动

博尔德的两个必去之处是市中心的珍珠街购物中心和大学山地区（University Hill district；在大学校园旁边），这两处都紧邻Broadway，但大学山鲜有25岁以上的人出没。耸立在西面俯瞰整个城市的熨斗山拥有引人注目的岩层结构。

★沙托克瓦公园　公园

（Chautauqua Park；www.chautauqua.com；900 Baseline Rd；🚌HOP 2）**免费** 这座历史性地标公园是博尔德最壮观的自然景观熨斗山的门户。公园里有一片广阔葱郁的草坪，吸引了许多人来此郊游野餐。这里也是远足者、登山者和越野跑步爱好者的乐园。每年夏天，世界级的音乐家都会在公园的大礼堂里举办音乐会。这里餐厅的食物也非常美味。

博尔德溪自行车道　骑车

（Boulder Creek Bike Path；免费；⏰24小时；👪）**免费** 这是城市里使用率最高的通勤自行车道。这条极其平坦、笔直的混凝土小路沿着博尔德溪延伸，从Foothill Parkway一路延伸到博尔德峡谷（Boulder Canyon）和市中心西边的Four Mile Canyon Rd，单程距离超过5英里，最终汇入四通八达的城市自行车道。

埃尔多拉多峡谷州立公园 户外活动

（Eldorado Canyon State Park；☎303-494-3943；⌚游客中心 9:00~17:00）这是美国最受欢迎的攀岩区之一，提供5.5~5.12级攀岩以及美丽的徒步小径。公园入口位于93号公路以西的Eldorado Springs Dr。可在博尔德攀岩俱乐部获取相关信息。

University Bicycles 骑车

（www.ubikes.com；839 Pearl St；租赁4小时$15；⌚周一至周六 10:00~18:00，周日 10:00~17:00）要在小镇四处逛逛，博尔德有许多可租赁自行车的地方，但U Bike能提供最广泛的选择和最有效的帮助。

博尔德攀岩俱乐部 攀岩

（Boulder Rock Club；☎303-447-2804；boulderrockclub.com；2829 Mapleton Ave；成人/儿童一日票$17/10；⌚周一 8:00~22:00，周二至周四 6:00~23:00，周五 8:00~23:00，周六和周日 10:00~20:00；）你可以在这满是陡峭人造岩石壁的大仓库里进行室内攀岩。自动保护系统为只身前往的攀岩者提供了锚点。可以向这里的员工咨询当地攀岩路线与建议，他们都非常有经验。

节日和活动

博尔德溪节 音乐节、美食节

（Boulder Creek Festival；☎303-449-3137；www.bceproductions.com；Canyon Blvd，中央公园；⌚5月；；206，JUMP）免费 它对外宣传为狂欢夏日的序幕，与享有盛名的“大胆的博尔德”齐名。这个于每年5月阵亡将士纪念日（Memorial Day）周末举办的大型节庆有10个活动区、30多组现场演出者和500多家供应商参与其中。美食、饮料、音乐、阳光，有什么理由不爱它呢？

大胆的博尔德 竞技

（Bolder Boulder；☎303-444-7223；www.bolderboulder.com；成人$59起；⌚5月；）这是全城范围内最大的竞走比赛，在热情焕发的运动城内举行。它并没有太多的规则——观众尖叫呐喊，选手穿着戏服，现场音乐贯穿始终。于每年5月的阵亡将士纪念日举行。

住宿

博尔德有数十处住宿选择，沿着Broadway或36号公路慢慢挑吧。通常提前上网预订价格更为优惠。

Boulder Outlook 酒店 $

（☎303-443-3322，800-542-0304；www.boulderoutlook.com；800 28th St；双含早 $89~99；P）博尔德首个零废弃物酒店，紧邻城镇南端的公路，从丹佛前来很好找。酒店刷上了时髦的颜色，专注于可持续性经营，对宠物友善。奇怪的一点是，与户外连接的汽车旅馆式客房比主楼客房更便宜。酒店设有一个光线昏暗的室内游泳池，还有攀岩墙。

酒店内的餐厅和酒吧常有蓝调乐队演出。

★ Chautauqua Lodge 历史酒店 $

（☎303-442-3282；www.chautauqua.com；900 Baseline Rd；房间 $73起，别墅 $125~183；P；HOP 2）这家绿荫环绕的酒店与熨斗山风景秀丽的徒步路径毗邻，是我们的首选。这里有现代化的客房，还有带1至3间卧室的别墅，别墅有门廊，使用拼布床单。对家庭旅行者和带宠物的旅行者来说，这里是完美的住处。所有房间都配有设施齐全的厨房，尽管如此，人们还是喜欢在Chautauqua Dining Hall外的环形门廊上吃早餐。

Hotel Boulderado 精品酒店 $$$

（☎303-442-4344；www.boulderado.com；2115 13th St；房间 $264起；P；HOP，SKIP）这家已有百年历史的迷人酒店是一个国家历史名胜（National Registered Landmark），也是一处浪漫的世外桃源。酒店客房充满了维多利亚时代的优雅气息和古董摆设，通常都飘荡着爵士乐的酒店大堂则因其彩绘玻璃中庭和冰川喷泉而格外引人注目。

St Julien Hotel & Spa 酒店 $$$

（☎720-406-9696，预订877-303-0900；www.stjulien.com；900 Walnut St；房间 $309起；P@）位于商业区的核心地带，是博尔德最好的四星级酒店，风格现代，装潢精致，当地风景照片和软木墙为客房营造出了温馨的氛围。在这里，你能欣赏到绝美的熨斗山景观，后院里还会举办现场世界音乐会、爵士音乐会以及狂野的莎莎舞派对。客房富丽堂皇，连睡袍都贵气十足。

✕ 就餐

博尔德的餐厅选择很多，大部分都集中在珍珠街购物中心，廉价饮食则大多出现在大学山上的餐厅里。每天下午3点30分至6点30分之间是欢乐时光，城里几乎每家餐厅都会提供美妙的特价食品和饮料，这是在有限预算内品尝精致美食的好办法。可上网查询相关细节。

Spruce Confections 面包房 $

（☎303-449-6773；767 Pearl St；曲奇$3.25起；⊙周一至周五 6:30~18:00，周六及周日 7:00~18:00；👪；🚌206）博尔德不容错过的面包房，供应令人心生罪恶感的司康饼和早餐拿铁。午餐可享用到可口的自制汤品和沙拉。

Dish 三明治 $

（☎720-565-5933；www.dishgourmet.com；1918 Pearl St；主菜 $10；⊙ 周一至周五 9:00~18:00，周六 11:00~16:00；🚌204，HOP）银行上班族都爱到这个美味的熟食店吃午餐。$10的三明治不便宜，但人人都很满意。想想大块的烤火鸡、肉酱、天然牛肉、慢炖牛腩，还有覆盖着满满黄油和顶级奶酪的法式面包吧。

Zoe Ma Ma 中国菜 $

（2010 10th St；主菜 $5~13；⊙周日至周四 11:00~22:00，周五和周六 11:00~23:00；🚌206，SKIP，HOP）🌿这是博尔德最时髦的面馆，你可以在长长的户外柜台上大声咀嚼新鲜的街头美食。Mama是一位来自台湾的女店长，她在店里穿着Crocs鞋做饭或是与顾客聊天，随叫随到。有机面条现做现卖，入口即化的蒜味锅贴也是如此。

The Sink 小酒馆 $

（www.thesink.com；1165 13th St；主菜 $5~12；⊙11:00至次日2:00，厨房 11:00~22:00；🐾；🚌203，204，225，DASH，SKIP）店内灯光昏暗，四周的墙上满是潦草的涂鸦。自1923年及Robert Redford在这里工作以来，它就一直是大学山上的经典。形形色色的人们聚集在这个洞穴般大而深的小店里——光是这个场景，就值得你进店看看了。一旦尝试了店内的招牌Sink汉堡，再喝一口当地自酿啤酒，你就会庆幸来到这里。

Alfalfa's 自炊 $

（www.alfalfas.com；1651 Broadway St；⊙7:30~22:00；🚌AB，B，JUMP，SKIP）这是一个面向社区的小型天然产品市场，预制食品种类繁多（$1~16），室内室外的用餐环境都十分美妙，让人非常享受。

Cafe Aion 西班牙菜 $$

（☎303-993-8131；www.cafeaion.com；1235 Pennsylvania Ave；小吃 $5~13；⊙周二至周五 11:00~22:00，周六和周日 9:00~15:00；🚌203，204，225，DASH，SKIP）原汁原味、不加修饰，这家街边咖啡馆效仿西班牙式的轻松节奏，提供鲜美的小吃和可口的自制桑格利亚汽酒。辣汁烤马铃薯（Papas bravas）香脆可口；烤洋葱和多尔马（dolmas，蔬菜卷或酿辣椒、茄子等）如春天般清新爽口。可向餐馆查询每周二晚欢乐时光的详情。

Lucile's 路易斯安那菜 $$

（☎303-442-4743；www.luciles.com；2142 14th St；主菜$8~14；⊙周一至周五 7:00~14:00，周六和周日 8:00~14:00；👪；🚌205，206，HOP）🌿这家新奥尔良风格的小餐馆供应完美的早餐。一定要尝尝克里奥尔蛋（Creole eggs；配奶油菠菜和干酪末或上好的熏鳟鱼）。先点一杯菊苣咖啡，然后再点一份煎饼（beignets）。店里自制的果酱配上刚出炉的饼干风味极佳。

★ Salt 新派美国菜 $$$

（☎303-444-7258；www.saltboulderbistro.com；1047 Pearl St；主菜 $14~28；⊙周一至周三 11:00~22:00，周四至周六 11:00~23:00，周日 10:00~22:00；👪；🚌208，HOP，SKIP）"从农场到餐桌"的饮食概念在博尔德十分常见，而这家餐厅的水准更是超越了预期。甜豌豆意大利饺配上柠檬白酱（buerre blanc）和白萝卜丝，令人爱得发狂。餐厅烹调起肉类来也是行家里手：选用当地草饲食材，涂上酱料，红烧或慢烤至丝丝入味。有任何疑问均可询问服务人员，他们对自家餐厅的菜肴都很了解。

这里的欢乐时光是博尔德最棒的，有各

落基山脉的美食

首先，上网参阅区域性杂志*Edible*（www.ediblecommunities.com），上面有许多关于农贸市场和创新美食的信息。另有其他杂志介绍前岭和阿斯彭的美食。

根据*Bon Appetit*的报道，自博尔德获评为"美国美食小镇"后，就非常值得一游。在Kitchen（见本页），每周一都是社区之夜，意即大家共坐一张桌子，享用家庭风味的五道菜美食，收益的20%将捐作慈善用途。想要知道更多关于美食的故事，可跟随**Local Table Tours**（☎303-909-5747；www.localtabletours.com；团队游 $25~70）深入了解当地美食、葡萄酒、咖啡或糕点文化。鸡尾酒漫游非常受欢迎。

到仓库或飞机机库享用美餐如何？Denver's Hush（www.hushdenver.com）邀请名厨为食客烹调美食，并赞助各类充满乐趣的用餐体验。只有受邀者才有幸体验，上网与他们联系吧。

类特价小吃。调酒师曾多次赢得博尔德最佳调酒师的荣誉。

Kitchen 新派美国菜 $$$

（☎303-544-5973；www.thekitchencafe.com；1039 Pearl St；主菜 $18~32；📶；🚌206，HOP）🌿简洁的线条、购自农贸市场的新鲜食材，使Kitchen成为镇上最好的餐馆之一。尝尝香料烤时蔬、刀削火腿和红酒奶油蒸贻贝。猪柳三明治实在棒极了，但别吃得太饱，给太妃布丁留点肚子。

年轻人喜欢聚集在更为休闲的楼上酒吧里，或是在Kitchen Next Door享用更为便宜的美食（主菜$10）。

🍷 饮品和娱乐

《花花公子》（*Playboy*）将科罗拉多大学选为最佳派对学校是有原因的——珍珠街购物中心和大学山附近的街区乐趣无穷。到了晚上10点，许多餐厅摇身一变就成了酒吧或舞厅。

★ **Mountain Sun Pub & Brewery** 自酿酒吧

（1535 Pearl St；🕙11:00至次日1:00；👪；🚌HOP，205，206）这是博尔德最受欢迎的自酿酒吧，提供各式各样的啤酒，从巧克力味的到各种水果味的都有。这里的客人也形形色色，包括雅皮士、嬉皮士及其他类型的人群。墙壁挂着挂毯，有桌面游戏供顾客娱乐，酒吧小食（特别是汉堡）十分美味。周日与周一晚上通常会有各种蓝草音乐和即兴乐队的现场音乐表演。另一家店面在627 S Broadway。

Bitter Bar 鸡尾酒吧

（☎303-442-3050；www.hebitterbar.com；835 Walnut St；鸡尾酒 $9~15；🕙周一至周四 17:00至午夜，周五和周六 17:00至次日2:00；🚌HOP）这是博尔德一家别致的地下酒吧。在这里，高品质的鸡尾酒，比如飘散着薰衣草香气的蓝丝绒鸡尾酒（Blue Velvet），让整个夜晚变得格外美好。小院非常适合聊天，每月举办的课程也能让你学会如何用两种酒调出让广告狂人（Mad Man）落泪的饮品。周四晚9点有现场乐队演奏。

Boulder Dushanbe Teahouse 茶室

（☎303-442-4993；1770 13th St；主菜 $8~19；🕙8:00~22:00；🚌203，204，205，206，208，225，DASH，JUMP，SKIP）这是一份来自博尔德的姐妹城市（杜尚别，Dushanbe，塔吉克斯坦首都）的礼物。走进这令人惊叹的塔吉克艺术品之中，映入眼帘的是令人赞叹的工艺、一丝不苟的画作和多姿多彩的内部装饰。遗憾的是，这样国际化的消费场所提供的食物水准却大不如其装饰，但在这里喝茶很不错。

博尔德剧院 电影、音乐

（Boulder Theater；☎303-786-7030；www.bouldertheatre.com；2032 14th St）这座历史悠久的剧院邀请了一些较为神秘低调的明星前来演出，比如爵士大佬Charlie Hunter、摇滚狂人乐队Gogol Bordello和西非著名女歌手组合Les Nubians。这里也会播映经典电影，举办短片电影节。你可以一边喝啤酒一边欣赏。

🛍 购物

博尔德有许多大型购物商场和画廊。露天的29街购物中心是最新的一员，其中有一个电影院，就在紧邻28街的Canyon St和Pearl St之间。

值得一游

可持续酿酒厂

New Belgium Brewing Co（☎800-622-4044；www.newbelgium.com；500 Lined St；⏲导览游周二至周六 10:00~18:00）免费 除了以口感丰盈的Fat Tire Amber Ale满足啤酒鉴赏家之外，还有1554、Trippell和Sunshine Wheat等多种选择。这里被公认为是全球最环保的酿酒厂之一，一个100,000kw的风轮发电机保证了供电。酿酒厂还赞助许多酷炫的活动，如骑自行车看电影、滑雪度假村寻宝等。酿酒厂位于柯林斯堡（Fort Collins；科罗拉多大学所在地），从博尔德出发，沿着I-25公路北上，46英里的车程绝对不虚此行——特别是若你正前往怀俄明州。上网预订那些热门的团队游项目，如免费品酒的旗舰厂和特种啤酒酿酒厂等。

珍珠街购物中心 商场

（Pearl Street Mall）博尔德商业区的主要标志就是这里。这是一片热闹的步行区域，有孩子们的攀岩区、飞溅的喷泉、酒吧、画廊和餐厅。

Momentum 手工艺品

（www.ourmomentum.com；1625 Pearl St；⏲周二至周六 10:00~19:00，周日 11:00~18:00）厨房水槽里装满了来自全世界的稀奇古怪的礼品，包括祖鲁族的铁丝篮和来自印度、尼泊尔、厄瓜多尔的漂亮围巾。所有这些手工制作的物品都是以公道的价格向贫穷的工匠购入的。你每购买一件艺术品，都相当于为这些艺术家提供了直接的经济支持。

Common Threads 服装

（www.commonthreadsboulder.com；2707 Spruce St；⏲周一至周六 10:00~18:00，周日 正午至17:00）你可以在这家高端女装店里淘些古着服装，这里是购买二手Choos和PRADA提包的有趣地方。哪怕只是单纯逛逛也不错，这里的服装按照颜色与风格搭配，挂在富有美感的衣架上，颇有大都市里精品店的风范。这里还开设裁缝课程。

Boulder Bookstore 书籍

（www.boulderbookstore.indiebound.com；1107 Pearl St；）这是博尔德最受欢迎的独立书店，楼下有个庞大的旅游图书区，还会举办读书会和研讨会。

实用信息

博尔德游客中心（Boulder Visitor Center；☎303-442-2911；www.bouldercoloradousa.com；2440 Pearl St；⏲周一至周四 8:30~17:00，周五 8:30~16:00）提供信息和上网服务。

到达和当地交通

博尔德的公共交通十分完善，到丹佛和丹佛机场都很方便。环保型公交车由**RTD**（☎303-299-6000；www.rtd-denver.com；每程 $2~4.50；）运营。在**博尔德车站**（Boulder Station；14th St与Walnut St交叉路口）可获取地图。RTD公交车（路线B）往返于博尔德车站和丹佛的Denver's Market St公交车站（$5，55 分钟）。RTD的SkyRide巴士（路线AB）开往丹佛国际机场（$13，1小时，每小时1趟）。**SuperShuttle**（☎303-444-0808；www.supershuttle.com；单程约$27）提供从机场到酒店（$27）以及其他任意指定地点（$34）的上门接驳服务。

如果想要骑自行车，**Boulder B-Cycle**（boulder.bcycle.com；24小时租金$7）是一个全新的全市项目，在主要地点提供便民自行车，但是用户必须先在网上注册才可租用。

北部山脉（Northern Mountains）

横跨大陆分水岭的两侧，四面皆是巨怪般狰狞的花岗岩。科罗拉多的北部山脉带给我们的，既有无可比拟的高山探险，也有悠闲的滑雪、艰难的徒步和骑行，众多的河流更是漂流、垂钓、荡舟的好地方，与此同时，你还能悠然凝望科罗拉多那澈蓝深邃的天空。

落基山国家公园（Rocky Mountain National Park）

落基山国家公园向人们展示了典型的高山风光：芳草萋萋，野花遍地，皑皑雪峰下卧着宁静的高山湖泊。每年来到这里的旅行者超过400万人次，但许多人不过是因循守旧，浅尝辄止。何不再多走1英里，享受那不可思议的幽静。麋鹿已经成了公园的招牌，你甚至能看到它们在酒店草坪上吃草。也别忘了寻找大角羊、驼鹿、土拨鼠和黑熊的踪影。

景点和活动

公园拥有总长超过300英里的步道，穿越多种多样的地形，难度不一，足以满足各级别的需求。

带孩子出游的家庭可以考虑选择荒野盆地（Wild Basin），轻松步行前往卡吕普索瀑布（Calypso Falls）或隆匹山脊地区（Lumpy Ridge）的珍宝湖（Gem Lakes）；还可以尝试通往埃斯蒂斯帕克（Estes Park）南部双生姐妹峰（Twin Sisters Peak）的小路。至于那些满怀雄心壮志，恰巧又脚力强健，还准备好了充足食水补给的人，一定抗拒不了冲顶朗斯峰（Longs Peak）的诱惑。

无论如何，最好是能在海拔7000至8000英尺处停留至少一夜，让你的身体有时间适应这样的高海拔。在7月之前，许多徒步路径就已经被皑皑白雪封住了，而径流水位的升高也让路途变得更为艰难。

冬天常有雪崩的危险。

★ Moraine Park Museum 博物馆

（☎970-586-1206；Bear Lake Rd；⏲6月至10月 9:00~16:30）这座大楼由民间资源保护组织（Civilian Conservation Corps）建于1923年，曾经是公园引以为傲的住宿点。为推出地质学、冰川和野生生物等相关展览，已于近年重新装修过。

食宿

公园里唯一能过夜的地方只有露营地。餐饮场所、汽车旅馆或酒店大多分布在埃斯蒂斯帕克和大湖城（Grand Lake）周围，位于山岭路关口（Trail Ridge Road Pass；5月底至10月开放）的另一侧。

在已开发的公园营地以外露营需持有野营许可证（backcountry permit）。所有露营地都不设淋浴设备，但是夏天都配有冲水式厕所，冬天也有相应的室外设施。露营地有火圈、野餐桌和停车场。

Olive Ridge Campground 露营地 $

（☎303-541-2500；营地 $19；⏲5月中旬至11月）这个维护良好的美国林业局（USFS）营地可通往以下4个徒步路径入口：圣弗兰山（St Vrain Mountain）、荒野盆地、朗斯峰和双生姐妹峰。夏天人满为患，多数营地皆为先到先得。

Longs Peak Campground 露营地 $

（☎970-586-1206；MM 9, State Hwy 7；营地 $20；P）这是赶早攀登朗斯峰的最佳基地营之一。不能预订，如果计划在这里先睡一觉再冲顶，最好提前一天抵达。

冰碛田露营地 露营地 $

（Moraine Park Campground；☎877-444-6777；www.recreation.gov；紧邻Bear Lake Rd；夏季露营 $20）位于紧邻熊湖路（Bear Lake Road）的黄松林中，是公园里最大的露营地。

营地在5月底至9月底之间接受预订，其他时间先到先得。到了夏日的夜晚，圆形露天剧场里有多项护林员引领的活动。

Aspenglen Campground 露营地 $

（☎877-444-6777；www.recreation.gov；State Hwy 34；夏季露营 $20）这是园内最小的可预订营地，只有54处露营点。多为仅有帐篷的营地，其中部分先到先得。

Timber Creek Campground 露营地 $

（Trail Ridge Rd, US Hwy 34；营地 $20）这里有100处露营点，整个冬季都对外开放。不接受预订。是公园西侧唯一一处已建好的露营地，位于大湖城以北约7英里处。

Glacier Basin Campground 露营地 $

（☎877-444-6777；www.recreation.gov；紧邻Bear Lake Rd；夏季露营 $20）这处已开发完善的露营地有一大片团队营区和房车营地。夏天可乘沿熊湖路行驶的班车前往。通过网站预订。

实用信息

私人车辆的入园费$20，有效期7天。个人以步行、自行车、摩托车或搭乘公交车辆等方式入园，每人$10。所有旅客均可获得一份免费的公园信息手册，其中包括一份清晰准确的地图，提供英文、德文、法文、西班牙文和日文等不同版本。

在园内260个指定野外营地过夜，需申请野营许可证（一团不超过12人，以7天为限，费用$20），11月1日至次年4月30日期间免费。仅在3月1日至5月15日之间接受电话预订。**Backcountry Office**（☎970-586-1242；www.nps.gov/romo）接受信件或上门预约。

在野外营地过夜必须将食物放进防熊储物箱中（开发好的露营区里都已配备）。储物箱可租借，费用约为每日$3至$5之间。**REI**（见285页）或**Estes Park Mountain Shop**（☎970-586-6548；www.estesparkmountainshop.com；2050 Big Thompson Ave；2人帐篷 $10，防熊储物箱每晚$3；⏲8:00~21:00）均有提供。

高山游客中心（Alpine Visitor Center；www.nps.gov/romo；Fall River Pass；⏲5月下旬至6月中旬 10:30~16:30，6月下旬至9月上旬 9:00~17:00，9月上旬至10月中旬 10:30~16:30；👪）位于海拔11,796英尺的公园正中央，是个备受欢迎的游客中心和纪念品商店，视野辽阔，景致非比寻常。

比弗草场游客中心（Beaver Meadows Visitor Center；☎970-586-1206；www.nps.gov/romo；US Hwy 36；⏲6月下旬至8月下旬 8:00~21:00，其余时间 8:00~16:30或17:00；👪）如果你从埃斯蒂斯帕克来，那么这里就是最主要的游客中心，也是获取公园信息的最佳地点。

卡文尼彻游客中心（Kawuneeche Visitor Center；☎970-627-3471；16018 US Hwy 34；⏲5月最后一周至劳动节 8:00~18:00，9月 8:00~17:00，10月至次年5月 8:00~16:30；👪）公园西侧的主要游客中心，提供公园介绍影片、管理员导览及讲解、家庭活动项目及野营许可证。

ℹ 到达和离开

山岭路（Trail Ridge Rd；US 34）是唯一一条东西向横穿公园的马路，冬季封锁。从博尔德到该公园最直接的路线即沿US 36穿过里昂（Lyons）至东部入口。

公园东侧有两个入口：法尔河（Fall River；经US 34公路）和比弗草场（Beaver Meadows；经US 36公路）。大湖城站（Grand Lake Station；US 34公路）是西侧的唯一入口。穿过卡文尼彻谷（Kawuneeche Valley），沿科罗拉多河上行至Timber Creek营地，这条路线全年可通行。公园东侧主要的游客活动中心是位于山岭路和熊湖路的高山游客中心，从这里可以前往露营地、步道起点以及冰碛田博物馆（Moraine Park Museum）。

埃斯蒂斯帕克北部的Devils Gulch Rd连接几条徒步小径。沿着Devils Gulch Rd走下去，穿过格伦海文（Glen Haven）村庄，便来到了一条步道的起点，步道沿大汤普森河（Big Thompson River）的北支流（North Fork）行进，通往公园。

ℹ 当地交通

夏季每天有数趟免费班车从埃斯蒂斯帕克游客中心发车，将徒步游客载到换乘点以换乘其他班车。从冰川盆地（Glacier Basin）停车场开往地势较低处的熊湖（Bear Lake）的班车全年无休。夏季高峰期，从冰碛田营地到冰川盆地停车场之间亦有班车开行。8月中旬至9月，班车仅在周末运营。

埃斯蒂斯帕克（Estes Park）

最具讽刺意味的是，如今在美国，自然爱好者的聚集地已不是人们最初梦寐以求的户外避风港，而仿佛成了一个大型的户外迪士尼乐园。尽管有那么多T恤店和有关山野的媚俗的东西，但这里还有一条美丽的河流经城镇，有凉爽的公园、不错的餐厅和一家闹鬼的酒店。

活动

★科罗拉多山学校　　攀岩

（Colorado Mountain School；☎800-836-4008；www.totalclimbing.com；341 Moraine Ave；半天指导攀岩 每人$125起）在科罗拉多，没有比这里更好的攀岩资源了。攀岩入门等基本课程是新手深入体验落基山脉的绝佳方式。比较有经验的攀岩爱好者可雇用导游带他们到邻近的险峻山峰。现场有宿舍供留宿。

住宿

一到夏天，埃斯蒂斯帕克的数十家酒店很快就会人满为患。一些廉价旅馆的住宿条件尚可接受，但性价比最高的是那些美丽的露营地。

咨询住宿信息，可以前往位于US 36公路路口东面的**埃斯蒂斯帕克游客中心**（Estes

Park Visitor Center; ☎970-577-9900; www.estesparkresortcvb.com; 500 Big Thompson Ave; ⊙6月至8月 9:00~20:00, 9月至次年5月 周一至周五 8:00~17:00, 周六 9:00~17:00, 周日 10:00~16:00)。注意, 许多酒店冬季不营业。

Total Climbing Lodge 青年旅舍 $

(☎303-447-2804; www.totalclimbing.com; 341 Moraine Ave; 铺 $25; P ⊖ @ 令)这是城里性价比最高的旅舍, 聚集了大量登山者, 提供基本的松木双层床、乒乓球桌还有悠闲的氛围。

Estes Park Hostel 青年旅舍 $

(☎970-237-0152; www.estesparkhostel.com; 211 Cleave St; 铺/单/双 $26/38/52; 令)这家旅舍有少量共用的房间和简单的个人房。它永远不会出现在豪华住所的名录里, 不过这里有个厨房, 老板Terri非常乐于助人, 价格也合理。

★ **YMCA of the Rockies – Estes Park Center** 度假村 $$

(☎970-586-3341; www.ymcarockies.org; 2515 Tunnel Rd; 房间及双 $109起, 小屋 $129起; P ⊖ ❄ 令 🐾)这不是典型的YMCA旅舍, 而是一处热门度假点。它位于高山地带, 占地数百英亩, 提供顶级汽车旅馆式的小屋与客房。需预订。

Riversong 精品酒店 $$

(☎970 586 4666; www.romanticriversong.com; 1766 Lower Broadview Dr; 双 $165起; P ⊖)位于一条死胡同泥路上, 可俯瞰大汤普森河(Big Thompson River)。Riversong在一栋工艺美术风格的大厦中提供9间浪漫的房间, 均带私人卫浴。最少须住两晚, 不同设施的房间价位也有所不同。从城镇西部的Moraine Ave转进Mary's Lake Rd, 第一个巷口右转即达。

Stanley Hotel 酒店 $$$

(☎970-577-4000; www.stanleyhotel.com; 333 Wonderview Ave; 房间 $199起; P 令 ✉)白色的乔治亚殖民地风格的修复酒店与落基山国家公园高耸入天际的山峰形成鲜明对比。这家等级最好的酒店是当地最热门的休闲度假之地, 还曾经激起斯蒂芬·金(Stephen King)创作著名恐怖小说《闪灵》(*The Shining*)的灵感。客房装饰保留老西部的特点, 同时提供舒适的享受。

就餐

Estes Park Brewery 自酿酒吧

(www.epbrewery.com; 470 Prospect Village Dr; ⊙周一至周日 11:00至次日2:00)小镇里的这家自酿酒吧供应比萨、汉堡、鸡翅, 以及至少8种不同的自酿啤酒。店里相当宽敞, 四四方方的房间有点儿像教室或是乡村厨房。台球桌和户外座位使这里常常热闹到深夜。

Ed's Cantina & Grill 墨西哥菜 $$

(☎970-586-2919; www.edscantina.com; 390 E Elkhorn Ave; 主菜 $9~13; ⊙周一至周五 11:00至深夜, 周六和周日 8:00~22:00; 👪)户外露台就搭建在河面上, 点一杯玛格丽特和$3的每日特价菜(可以考虑炸墨西哥玉米饼配肉丝和鳄梨酱), Ed's就是享受宁静时光的最好地方。这家酒吧供应墨西哥菜和美国菜, 复古的空间里摆放着皮革坐台, 四周是大胆的原色色调。酒吧在一个单独的房间里, 搭配有着舒适高靠背的浅色木椅。

到达和离开

Estes Park Shuttle (☎970-586-5151; www.estesparkshuttle.com)每日4趟从丹佛国际机场开往埃斯蒂斯帕克(单程/往返$45/85)。

斯廷博特斯普林斯 (Steamboat Springs)

豪华的林间滑雪道、一流的山地自行车车道和悠闲的西部感觉……无论是实际氛围还是设备, 斯廷博特都完胜其他滑雪小镇。历史悠久的市中心适合散步, 温泉能够驱赶一整天游玩的疲惫, 而且当地人十分热情好客。

景点和活动

斯廷博特度假村 雪上运动

(Steamboat Mountain Resort; ☎售票处970-871-5252; www.steamboat.com; 缆车票成人/儿童 $94/59; ⊙售票处 8:00~17:00)这里以3600英尺的垂直落差、美丽的雪景和适合各层次滑雪者的滑雪道而闻名, 是冬季旅行者的主要度假胜地，提供美国最好的滑雪体验。滑雪区供应（价格过高的）食品，还有许多装备商店。

★草莓公园温泉 温泉

（Strawberry Park Hot Springs；☎970-870-1517；www.strawberryhotsprings.com；44200 County Rd；每日成人/儿童 $10/5；⊙周日至周四 10:00~22:30，周五和周六 10:00至午夜；👪）斯廷博特最受欢迎的温泉其实都在市区范围之外，而且都配备了完善的基本休闲设施。在水流冲击形成的优雅石头池子里，水温控制在104℉（约40℃）。如果需要住宿，可选择露营或质朴的小屋。不通电（有煤气灯），需自带床单。

务必预订。周末需订两个晚上。请注意，天黑后热水池里允许裸体。

Orange Peel Bikes 自行车出租

（☎970-879-2957；www.orangepeelbikes.com；1136 Yampa St；租借自行车每日 $20~65；⊙周一至周五 10:00~18:00，周六 10:00~17:00；👪）城里最酷的自行车店，你可以在这里挑选巡洋自行车或顶级山地自行车。这里提供极佳的骑车地图，其中有许多最佳骑行地点的说明，包括翡翠山（Emerald Mountain；就在城外）、春溪（Spring Creek）、疯溪（Mad Creek）和红泥地（Red Dirt）。家庭旅行者可租用巡洋自行车，到小镇附近沿着杨帕（Yampa）的7英里骑行道慢慢享受骑车之乐。

Bucking Rainbow Outfitters 漂流、钓鱼

（☎970-879-8747；www.buckingrainbow.com；730 Lincoln Ave；轮胎漂流 $17，漂流 $43~100，钓鱼 $150~340；⊙每日）这个优秀的旅行用品商店提供杨帕、普拉特（Platte）、鹰河及麋鹿河（Eagle and Elk Rivers；Ⅱ~Ⅳ级）的漂流提示，也在镇里杨帕相对平坦的地区提供皮艇和班车服务，全年可进行钓鱼等更多活动。

老镇温泉 温泉

（Old Town Hot Springs；☎970-879-1828；www.oldtownhotsprings.org；136 Lincoln Ave；成人/儿童 $16/9，滑水道 $6；⊙周一至周五 5:30~22:00，周六 7:00~21:00，周日 8:00~21:00；👪）温泉位于市中心，这里的矿物质泉水比当地大多数温泉都要温暖。温泉区已耗资500万美元用于整修，现在有一个新的温泉池、一对长230英尺的滑水道，而最棒的或许是水上攀岩墙！孩子们会爱上它。

食宿

住宿选择很多，请联系**斯廷博特预订中心**（Steamboat Central Reservations；☎877-783-2628；www.steamboat.com；Mt Werner Circle，紧邻Gondola广场）预订公寓及雪场附近的其他住宿。

Hotel Bristol 酒店 $$

（☎970-879-3083；www.steamboathotelbristol.com；917 Lincoln Ave；双 $129~149；🚭📶）优雅的Hotel Bristol房间小而精致，深色的木质地板和黄铜色的家具营造出西部风味，床上铺的还是彭德尔顿（Pendleton）羊毛毯。酒店有一辆开往滑雪场的班车、一个可容纳6人的室内按摩浴缸和一家舒适的餐厅。

The Boathouse 新派美国菜 $$

（☎970-879-4797；609 Yampa；$12~20；⊙餐厅 11:00~22:00，酒吧 至次日1:00）河滨平台上的景色令人难以抗拒，富有创意的菜单将带领你跨越各大洲，品尝如辛辣的芥末猪排“当猪飞翔时”（When Pigs Fly）这样的创新菜肴。下午坐在这里看云是一大享受。

Carl's Tavern 美国菜 $$

（☎970-761-2060；www.carlstavern.com；700 Yampa Ave；$14~31）这家当地极受欢迎的餐馆供应很棒的酒吧美食，此外还有热闹的庭院、优秀的服务生和现场音乐，力道强劲的烈酒会让你的心怦怦直跳。

实用信息

斯廷博特斯普林斯游客中心（Steamboat Springs Visitor Center；☎970-879-0880；www.steamboat-chamber.com；125 Anglers Drive；⊙周一至周五 8:00~17:00，周六 10:00~15:00）

到达和离开

往返于丹佛和盐湖城之间的长途汽车停靠**灰狗巴士站**（Greyhound Terminal；☎800-231-2222；www.greyhound.com；1505 Lincoln Ave），距城市西部约半英里。**Steamboat Springs Transit**（☎970-879-

3717，转山区970-846-1279；steamboatsprings.net）全年有免费班车往返于老镇（Old Town）和滑雪度假村。斯廷博特位于丹佛西北方向166英里处，经US40公路可达。

科罗拉多州中部（Central Colorado）

科罗拉多州的中部山区以世界级滑雪度假村、高原徒步路径和融雪汇成的河流闻名于世。东南边是科罗拉多斯普林斯（Colorado Springs）和派克斯峰（Pikes Peak），前岭南部的起点。

温特帕克（Winter Park）

距离丹佛不到两小时的车程外就是朴实无华的温特帕克，这是前岭居民最喜欢的滑雪度假村，他们每个周末都会从科罗拉多斯普林斯赶来滑雪。初学者可以在粉状雪地里愉快地前行，而滑雪好手则可在Mary Jane世界级的颠簸滑雪道测试自己的功夫。US40（主要道路）沿线有许多不同的服务中心，包括游客中心（☎970-726-4118；www.winterpark-info.com；78841高速公路40；⊙每天9:00～17:00）。

位于小镇南面的温特帕克度假村（☎970-726-1564；www.winterparkresort.com；Hwy 40；缆车票价成人/儿童 $104/62；🚻）坐拥5座高山，而且垂直高度超过2600英尺。滑雪好手非常喜欢这里，因为度假村内超过半数的滑雪道是专为技能高超的滑雪者设计的。度假村内也有搭缆车可达的越野自行车道（www.trestlebikepark.com；白天通票成人/儿童 $39/29；⊙6月中旬至9月中旬），车道长45英里，与山谷中总长达600英里的徒步网络相连。

★ Devil's Thumb Ranch（☎800-933-4339；www.devilsthumbranch.com；3530 County Rd 83；工舍 $100～180，度假屋 $240～425，小屋 $365起；❄📶🏊🐾）🍃位于长达65英里的小路网旁，有着牛仔风格的度假屋和小屋，对思维活跃的人而言足以开启一个超浪漫的旅程。牧场充分利用地热、再生木材和低排放的壁炉，非常环保。同时也是高原越野滑雪和骑马（☎970-726-5632；www.devilsthumbranch.com；3530 County Rd 83；缆车车票成人/儿童 $20/8，骑马 $95～175；🚻）的理想地点。

最为价廉物美的住宿是友善的Rocky Mountain Chalet（☎970-726-8256；www.therockymountainchalet.com；15 Co Rd 72；铺 $30，房间 夏/冬 $89/149；P❄📶），这里有舒适豪华的双人房、宿舍及一个光可鉴人的厨房。

想要吃点好的，就到Tabernash Tavern（☎970-726-4430；www.tabernashtavern.com；72287 US Hwy 40；主菜 $20～34；⊙周二至周六17:00～21:00）🍃点一客水牛骨炖肉或鹿肉汉堡吧。提前预订。餐馆位于小镇北面。

布雷肯里奇及周边地区（Breckenridge & Around）

位于海拔9600英尺处的布雷肯里奇坐落在光秃秃的雄伟群山脚下，是一座生活富足的

粉雪爱好者的落基山脉

距离丹佛约5小时车程的克雷斯特德比特（Crested Butte）非常值得一游，这里有厚厚的粉状滑雪道，开阔的平原毗邻一个前采矿场，而如今早已蜕变成科罗拉多最酷的小镇之一。

如果你的时间不多，那就直接去萨米特县（Summit County）。以充满活力的布雷肯里奇为基地，购买一个综合缆车票，一趟征服五个地点，其中包括韦尔巨大的度假村、我们最喜欢的偏远盆地，以及极富当地色彩与悠闲氛围的Arapahoe Basin Ski Area滑雪场。后者一直开放至6月，而春天滑雪就意味着喝着啤酒烤着肉，再爬上泥泞的雪道弄得一身潮湿。

从克雷斯特德比特往南不远，就可以到特柳赖德（Telluride）去滑雪坡，而萨米特县和韦尔附近是阿斯彭。这两个小镇都是真正的淘金老镇。一定要至少花几个小时探索阿斯彭五光十色的商店和特柳赖德质朴的酒吧，切身感受那已经远去的狂野西部气息。

从阿斯彭搭乘本地飞机前往Jackson Hole Mountain Resort，在大蒂顿峰（Grand Tetons）体验真正的垂直粉雪道。

值得一游

闲汉牧场

在这个偏远的闲汉牧场(Vagabond Ranch; ☎303-242-5338; www.vagabondranch.com; 每人 $50; 👪)里，驼鹿的数量比人还要多。牧场位于科罗拉多州淳朴的无夏岭(Never Summer Range)中的偏远地区。所谓偏远，我们指的是要穿过一条3英里的泥泞路才能抵达。夏季可驱车前往，但要享受冬季的乐趣，就得把车停在一旁，试试滑雪或雪地摩托。

身处高耸山峰和黄松森林的怀抱之中，这个位于9000英尺海拔处的前驿站里有几个舒适的小屋，有的质朴，有的优雅。此外还备有专业级的烹饪设施、木柴、热水浴缸、太阳能设备及堆肥厕所。和其他滑雪木屋差不多，你可以和其他旅客合住，情侣、夫妻或团体则可预订私人房间(建议情侣/夫妻入住复古华丽的Parkview)。专用路径在冬季用于越野滑雪和雪地摩托。你也可以到这里隐居练瑜伽或冥想静修。

距离格兰比(Granby; 靠近温特帕克)约22英里。

金矿小镇。这里有一片迷人的国家历史区。小镇气质优雅、朴实无华，适合阖家玩乐的滑雪道吸引了如潮人流，绝对不会令你失望。如果你觉得还不够，那么这里还有五大滑雪度假村以及1小时以内车程就能到达的购物中心。

活动

Breckenridge Ski Area 滑雪

(☎800-789-7669; www.breckenridge.com; 缆车票成人/儿童 $115/68; ⏲11月至次年4月中旬 8:30~16:00, 👪)这片滑雪场横跨5座大山，拥有科罗拉多州内最适合初级和中级滑雪者的滑雪道(初级雪道比科罗拉多州的其他大部分雪道都要平坦)，也有专为专业滑雪者设计的陡峭斜坡和斜槽，此外还有个著名的滑雪板公园。

Arapahoe Basin Ski Area 滑雪

(☎970-468-0718; www.arapahoebasin.com; Hwy 6; 缆车成人/6~14岁儿童 $79/40; ⏲周一至周五 9:00~16:00, 周六和周日 8:30~16:00)这是北美海拔最高的度假胜地，距离布雷肯里奇约12英里，面积较小，没那么商业化，通常开放至6月中旬。它拥有斜坡、垂直滑雪道和山区地形等各种地貌，是当地人十分青睐的地方，因为很少有大队游行团来到这里。

Peak 8 Fun Park 游乐园

(☎800-789-7669; www.breckenridge.com; Peak 8; 全日票3~7岁/8岁及以上 $34/68; ⏲6月中旬至9月中旬 9:30~17:30; 👪)这里有丰富多彩的惊险娱乐项目，包括气蹦床、攀岩墙、山地自行车公园(租赁费半日/全日$49/59)以及著名的SuperSlide——坐在雪橇上，以惊人的速度在雪橇形状的跑道上飞驰。最好是购买一日票，照单选择想玩的项目，或只是坐着架空滑车欣赏风景(不带/带自行车$10/17)。

节日和活动

乌勒尔节 文化节

(ULLR FEST; www.gobreck.com; ⏲1月初至中旬)人们在乌勒尔节上用狂热的游行和为期4天的庆祝活动来赞颂挪威的冬日之神，这就是翻版的《约会游戏》(*Dating Game*，美国广播公司的一档电视节目)，一场滑冰派对和篝火晚会。

国际雪雕锦标赛 艺术节

(International Snow Sculpture Championship; www.gobreck.com; ⏲1月中旬; 👪)来自世界各地的雕塑家聚集在布雷肯里奇，创作着终将融化的杰作。比赛于1月中旬在Riverwalk文化中心举行，为期2周。

住宿

如果想租住雪坡边的高档住宿，请联系**Great Western Lodging**(☎888-453-1001; www.gwlodging.com; 322 N Main St; 公寓夏/冬 $125/275起; P ❄ 📶)。露营者可以在城外寻找**美国林务局的露营地**(USFS campground; ☎877-444-6777; www.recreation.gov)。

Fireside Inn 民宿、青年旅舍 $

(☎970-453-6456; www.firesideinn.com;

114 N French St；夏/冬 铺 $30/41，双 $101/140；Ⓟ❄@📶）对想节约费用的旅行者来说，这家舒适的旅舍民宿是萨米特县的最佳选择。所有客人都可以享受无氯的热水浴池和小狗的热情。老板是英国人，为人开朗，乐于提供帮助，对当地信息了如指掌。穿上滑雪鞋吧，从这里走到雪场缆车只要10分钟。

★ **Abbet Placer Inn** 民宿 $$

（☎970-453-6489；www.abbettplacer.com；205 S French St；房间 夏季$99~179，冬季$119~229；Ⓟ❄@📶）这幢紫罗兰色的房子里有5间宽敞的客房，房间里配有木头家具、iPod底座和柔软的浴袍。酒店的风格相当低调。热情好客的主人会准备好大份早餐，而客人则可以在户外享受舒适的按摩浴池。厨房是公用的。从顶楼房间的私人阳台可欣赏到山峰的辽阔景观。入住时间为16:00~19:00。

餐饮

Clint's Bakery & Coffee House 咖啡馆 $

（131 S Main St；三明治 $4.95~7.25；⌚7:00~20:00；📶👪）高明的咖啡师能做出黑板上写的各种拿铁、摩卡，还有几十种茶。如果你饿了，楼下的面包圈店（15:00打烊）供应分量十足的三明治和美味的早餐百吉饼（bagel），搭配鸡蛋、火腿、熏鲑鱼、香肠和奶酪。

Hearthstone 新派美国菜 $$$

（☎970-453-1148；hearthstonerestaurant.biz；130 S Ridge St；主菜 $26~44；⌚16:00至深夜；✍）这是布雷肯里奇人最喜爱的酒吧之一。这座维多利亚式建筑建于1886年，经修缮后开始供应富有创意的山野美食，比如黑莓麋鹿和炖水牛排配树番茄、烤辣椒和玉米粥。这里的食物新鲜可口，值得大快朵颐。也可以在欢乐时光（16:00~18:00）时段前来，那时只要花上$5就能吃到配葡萄酒的菜肴。提前预订。

Downstairs at Eric's 酒吧

（www.downstairsaterics.com；111 S Main St；⌚11:00至午夜；👪）Downstairs at Eric's是布雷肯里奇的一个公共场所。当地人成群结队地来到这个游戏室风格的地下室，大啖啤酒、汉堡和美味的土豆泥。这里有超过100种啤酒（其中20种为桶装啤酒）可供选择。

购物

Outlets at Silverthorne 服装

（www.outletsatsilverthorne.com；⌚周一至周六 10:00~20:00，周日 10:00~18:00）距布雷肯里奇15分钟车程，紧邻I-70州际公路。这里有3个购物村，全是设计师品牌的专卖折扣店。品牌包括Calvin Klein、耐克、李维斯、GAP等。

不要错过

登上你的第一座14,000英尺高峰

被称为科罗拉多州“最容易攀登”的14er（海拔高于14,000英尺的高峰），**窘惑峰**（Quandary Peak；www.14ers.com；County Rd 851）就在布雷肯里奇附近。这座高山海拔14,265英尺，是美国第十五高峰。虽然你会在途中看到许多小孩和狗，但这其实未必是最容易攀登的高峰，从登山口到峰顶是艰巨的3英里路程。6月至9月可前往。

道路往西逐步抬升，在约10分钟的温和攀登后，沿着右边支路来到一个岔路口。向左走，避开大路，你几乎立即就能看到圣海伦火山（Mt Helen）和窘惑峰（虽然真正的山顶仍未现身）。

你会在林带界线下方进入由基督山峡谷（Monte Cristo Gulch）延伸出的小路，注意下山的时候别走错路。从这里开始，是一段陡峭的攻顶之路。早点开始攀登，争取在正午时分开始下山，因为这里的夏季阳光非常强烈。往返全程为6英里，一般需要7至8小时。可取道Coloado 9到County Rd 850，右转再右转，到851。继续前行1.1英里即可到达没有标识的登山口。车辆可停放在平行的防火道上。

实用信息

游客中心(Visitor Center; ☎877-864-0868; www.gobreck.com; 203 S Main St; ⏲9:00~21:00; 📶👪)部分位于一个19世纪的小屋内，提供大量地区活动信息，有一个规模虽小但非常有趣的博物馆。

到达和当地交通

布雷肯里奇位于I-70公路以南9英里的Hwy 9上，距丹佛约80英里。

Colorado Mountain Express(☎800-525-6363; www.coloradomountainexpress.com; 成人/儿童$70/36; 📶)的班车往返于布雷肯里奇和丹佛国际机场之间。

免费巴士(www.townofbreckenridge.com; ⏲8:00~23:45)穿梭于城镇4条道路上。

在布雷肯里奇、凯斯通镇(Keystone)和弗里斯科(Frisco)之间有免费巴士**Summit Stages buses**(☎970-668-0999; www.summitstage.com; 150 Watson Ave)连接。到韦尔可搭乘**Fresh Tracks shuttle**(☎970-453-4052; www.freshtrackstransportation.com; 单程 $20)。

韦尔 (Vail)

作为富人和名人的宠儿，韦尔就像一个精心设计的成人游乐场，有人造的高尔夫球场，也有室内瀑布。它的结构紧凑，高度适宜步行，但位置(I-70公路旁)欠缺其他落基山脉景点的自然氛围。话虽如此，这里仍旧拥有粉雪满地的盆地、坡道和充满恶趣的地形，认真的滑雪爱好者还是会将它列为科罗拉多最好的滑雪胜地。

景点和活动

科罗拉多滑雪博物馆 博物馆

(Colorado Ski Museum; www.skimuseum.net; 3楼, ⏲10:00~17:00; 👪) 免费 简单但内容丰富，这个博物馆将带你了解滑雪运动的缘起，探寻美国陆军第10山地师(Tenth Mountian Division)的足迹，“二战”期间这些群山曾被用于培训部队。在这个博物馆还能看到过往种种令人捧腹的潮流，以及初出茅庐的科罗拉多州滑雪场和雪板名人堂(Snowboard Hall of Fame)。博物馆位于韦尔村停车场的出口处。

★韦尔山 雪上运动

(Vail Mountain; ☎970-754-8245; www.vail.com, 缆车票成人/儿童$129/89; ⏲12月至次年4月中旬 9:00~16:00; 👪)韦尔山是我们在这个州最喜欢的山峰，有5289英亩滑雪场地、193条徒步路径、3个地形公园和县内最昂贵的缆车之一。如果你第一次在科罗拉多州滑雪，这个额外的费用是值得的，特别是在阳光充足、碧空如洗、粉雪松软的日子里。其他4个雪场出售多日票。位于山顶的Adventure Ridge提供适合孩子的冬季和夏季运动。

圣十字荒野 徒步

(Holy Cross Wilderness; ☎970-827-5715; www.fs.usda.gov/whiteriver; 24747 US Hwy 24, Minturn; ⏲周一至周五 9:00~16:00)向护林员咨询徒步的小窍门。Notch Mountain Trail很耗体力，但能看到圣十字峰(Mt of the Holy Cross; 14,005英尺)的美景，非常有经验的徒步者可选择Half Moon Pass Trail攀越这座山(2级攀登)。

韦尔至布雷肯里奇自行车道 骑车

(Vail to Breckenridge Bike Path; www.fs.usda.gov)这条自行车专用车道从东韦尔(East Vail)起，经过8.7英里至韦尔山口峰顶(Vail Pass; 海拔1831英尺)，再下行14英里到达弗里斯科(到布雷肯里奇要再多走9英里)。如果你只对下山路段感兴趣，那就跳上一辆**自行车出租店**(☎970-476-5385; www.bikevalet.net; 520 E Lionshead Cir; 自行车租借每日$30起; ⏲10:00~17:00; 👪)的接驳车，然后享受骑车回到韦尔的乐趣。

住宿

韦尔的消费和科罗拉多一样贵，而且住宿普遍是私人公寓，有租不到的风险。

Gore Creek Campground 露营地 $

(☎877-444-6777; www.recreation.gov; Bighorn Rd; 营地 $18; ⏲5月中旬至9月; 🐾)营地位于Bighorn Rd的尽头，韦尔村以东6英里。有25个先到先得的扎营点，提供野餐桌，位于戈尔溪(Gore Creek)旁的树林里有厕坑。从I-70州际公路180出口(东韦尔)可达。

★ Minturn Inn

民宿 $$

(☎970-827-9647; www.minturninn.com; 442 Main St; 房间 夏/冬 $100/150起; Ⓟ📶; 🚌ECO)如果你不要求住在核心地带，这家略显陈旧的民宿应该是个不错的选择。这栋1915年的原木建筑位于明特恩(Minturn; 距韦尔8英里)，依山而建，民宿非常温馨舒适，有手工制成的木床、鹅卵石壁炉和鹿角装饰。提前预订一间较新且配有私人按摩浴池的River Lodge客房。

★ The Sebastian

酒店 $$$

(☎800-354-6908; www.thesebastianvail.com; 16 Vail Rd; 房间 夏/冬 $230/500起; Ⓟ❄📶🏊🐾)这家拥有高品位当代艺术作品的精致酒店兼具豪华感与现代感，提供一系列令人赞叹的服务与设施，例如山区滑雪随侍服务和壮观的泳池区，后者的热水浴池里满溢着香槟般的泡沫。按照韦尔的消费水平，Sebastian确实提供了最物超所值的享受。不过，得提前数月预订才能获得最优惠的价格。

餐饮

★ Yellowbelly

南方菜 $

(www.yellowbellychicken.com; unit 14,2161 N. Frontage Rd; 每碟 $10; ⏲11:00~20:30; Ⓟ📶👪; 🚌Vail Transit)尽管隐藏在西韦尔商场街里，但这里的鸡肉真是太好吃了。我们可以从健康的角度(自由放养、无转基因、蔬菜喂养)宣扬这家餐馆，但事实上，神奇的无麸面糊才是让这家餐馆备受欢迎的关键。口味辛辣，配上两样小菜(卷心菜沙拉、柑橘藜麦、奶酪通心粉)和一杯饮料，若是人多，还可以点整只的烤鸡。

★ bōl

新派美国菜 $$

(☎970-476-5300; www.bolvail.com; 141 E Meadow Dr; 主菜 $14~28; ⏲17:00至次日1:00，冬季14:00起; 📶🍷👪)餐馆由半时髦半航空时代风格的保龄球场改建而成，是韦尔最独特的聚会场所。你可以带着孩子在后边打保龄球(每小时$50)，但它真正吸引人的是令人惊讶的精致菜单：从鸡肉沙拉配马铃薯团子，到虾肉玉米糊配葡萄柚。以韦尔的消费水平来说，价格相当合理。记得预订。

Matsuhisa

日本菜 $$$

(☎970-476-6628; www.matsuhisavail.com; 41 E Meadow Dr; 主菜 $29~39，两个寿司 $8~12; ⏲18:00~22:00)在这家位于Solaris中央位置的餐馆里，其传奇主厨松久信幸(Nobu Matsuhisa)以现代化、通风的空间提升了韦尔的烹饪水准。这里有令人期待的传统寿司和天妇罗，也有招牌新式寿司。松久在秘鲁开了他的首家餐厅，并坚持将南美洲风味融入菜肴中。招牌菜有味噌银鳕鱼和青辣椒洋葱酱扇贝。需预订。

Los Amigos

酒吧

(400 Bridge St; ⏲11:30~21:00)如果你想在滑雪后欣赏美景、喝杯龙舌兰或是听听摇滚乐，就来Los Amigos吧。这里的墨西哥菜顶多算是刚合格，但欢乐时光的价位和坡边座位将大大弥补任何食物的不足之处。

ℹ 实用信息

韦尔游客中心(Vail Visitor Center; ☎970-479-1385; www.visitvailvalley.com; 241 S Frontage Rd; ⏲冬季 8:30~17:30，夏季 8:30~20:00; 📶)另一处办公地点位于莱恩施德村(Lionshead Village)。

ℹ 到达和当地交通

伊格尔县机场(Eagle County Airport; ☎970-328-2680; www.flyvail.com; 219 Eldon Wilson Drive)位于韦尔以西35英里处，有前往全国各地的航班(其中许多都飞经丹佛)和提供租车服务的柜台。

Colorado Mountain Express(☎800-525-6363; www.coloradomountainexpress.com; 📶)提供往返丹佛国际机场($92)和伊格尔县机场($51)的班车。灰狗巴士开往丹佛($33, 2.5小时)和大章克申($28, 3小时)，停靠Vail Transportation Center(☎970-476-5137; 241 S Frontage Rd)。

韦尔的**免费巴士**(www.vailgov.com; ⏲6:30至次日1:50)往返于西韦尔(West Vail)、莱恩施德和韦尔村，大多数巴士都有放置滑雪器具或自行车的架子。**区域巴士**(ECO; www.eaglecounty.us; 每趟$4，至莱德维尔 $7)也有到比弗溪(Beaver Creek)、明特恩和莱德维尔(Leadville)的班次。要到布雷肯里奇和其他萨米特县的度假地，可搭乘Fresh Tracks班车(见298页)。

小巧的韦尔村里到处都是高档餐厅、酒吧和精品店，车辆不能驶入。开车人士必须在进入靠近缆车的步行区前将车停在公共停车场（冬季每日$25，夏季免费）。莱恩施德位于西边约半英里处，是另一个集散地，那里也有一个停车场（费用相同）。有缆车直达，通常人相对较少。

阿斯彭（Aspen）

奢华的阿斯彭确实是科罗拉多最闪耀的度假胜地，许多世界富豪都曾到这里滑雪。尽管耀眼而历史悠久的红砖市中心与晶莹的雪坡同样迷人，但阿斯彭最宝贵的资产还是它壮丽的景观。这里拥有令人惊叹的高山环境，尤其是在9月下旬和10月，当山杨树开出绚烂的花朵时，景色十分壮观，就如同在甜蜜的蛋糕上又额外加了糖一样。

景点和活动

★阿斯彭环境研究中心 野生动物保护区

（Aspen Center for Environmental Studies; ACES; ☎970-925-5756; www.aspennature.org; Hallam Lake, 100 Puppy Smith St; ⊙周一至周五 9:00~17:00; P 👪）免费 阿斯彭环境研究中心是一片占地22英亩（10公顷）的野生动物保护区，围绕在咆哮叉河（Roaring Fork River）周边。中心在整个区域还有其他3个点，全年提供导览徒步、观鸟和雪地行走等活动。适合阖家参与。

阿斯彭艺术博物馆 博物馆

（Aspen Art Museum; ☎970-925-8050; www.aspenartmuseum.org; East Hyman Ave与Spring St交叉路口；⊙周二至周日 10:00~20:00）免费 没有长期馆藏，只展出前卫、创新的现代艺术展。其新址拥有优美的顶楼景色，已于2014年夏天开幕。艺术爱好者绝不会失望。

★Aspen Mountain 雪上运动

（☎800-525-6200; www.aspensnowmass.com; 缆车票成人/儿童 $117/82; ⊙12月至次年4月中旬 9:00~16:00; 👪）阿斯彭滑雪公司经营该区4家雪场：Aspen（中级/专业）、Snowmass（全美最长的垂直下落距离）、Buttermilk（初学者/地形公园）和Highlands（专业），这些雪场分散在山谷之中，可搭乘免费接驳车到达。Aspen和Snowmass夏天营业（缆车票 成人/儿童 $28/11），供游人观光、山地骑行或带孩子游玩。

红铃峰 荒野地区

（Maroon Bells）如果你只有1天的时间可以享受片刻宁静，科罗拉多最具标志性的山峰将是你最明智的选择。徒步项目从热门的1.8英里短程远足（Crater Lake）到更具挑战性的12,462英尺路线（Buckskin Pass）都有。须从Highlands搭乘接驳车（Aspen Highlands; 成人/儿童 $6/4; ⊙6月15日至8月每天 9:00~16:30，9月至10月6日 周五至周日 9:00~16:30）前往。

道路只在下午5点至次日上午9点期间允许车辆通行（$10），冬季关闭。这里总是非常拥挤，所以如果喜欢独处，不妨到玄武岩镇（Basalt）附近的亨特-弗莱因潘荒野（Hunter-Fryingpan Wilderness）走走。

Ashcroft Ski Touring 雪上运动

（☎970-925-1971; www.pinecreekcookhouse.com/tours; 11399 Castle Creek Rd; 成人/儿童 $15/10; 👪）这是一段精心设计的20英里越野路径，穿越600英亩的亚高山地区，沿途有壮丽的美景。可以租借装备、报名各种各样的课程和团队游。有班车（$35）往返阿斯彭。

> **不要错过**
>
> **骑车去看红铃峰**
>
> 据阿斯彭的骑行专家表示，这里最具代表性的自行车道是通往令人屏息的红铃峰（Maroon Bells）的那一条。整个11英里的上坡过程让人喘不过气来，但最后的回报是落基山脚下荒野的如画美景。如果你渴望甜蜜美好的痛苦，就到 **Aspen Bike Tours**（☎970-925-9169; www.aspenbikerentals.com; 430 S Spring St; 半/全天 成人 $33/40起，儿童 $22/29; ⊙9:00~18:00; 👪）租辆车吧。

节日

阿斯彭音乐节 音乐节

（Aspen Music Festival; ☎970-925-9042; www.aspenmusicfestival.com; ⊙7月和8月）每年夏天都有世界各地的古典音乐家前来表演，

并向各自领域的音乐大师学习。

住宿

阿斯彭全年都是旅游胜地，要提前预订。

Aspen Ranger District（☎970-925-3445；www.fs.usda.gov/whiteriver；806 W Hallam St；⏰周一至周五 8:00~16:30）在红铃峰、独立关和亨特-弗莱因潘荒野等地区经营约20个**露营地**（☎877-444-6777；www.recreation.gov；营地$15~21）。

St Moritz Lodge 青年旅舍 $

（☎970-925-3220；www.stmoritzlodge.com；334 W Hyman Ave；铺 夏/冬$60/66，双 夏$130~269，冬$155~299；P ❄ @ 🛜 🏊）这是镇上最朴实的青年旅舍。有一个室外温水游泳池。可以一边烧烤一边远眺阿斯彭山。大厅可玩游戏、看书、弹钢琴。欧式风格的度假屋提供多种住宿选择，从安静的宿舍到两房公寓都有。最廉价的是共用浴室的房间。楼下有厨房。

安娜贝尔酒店 酒店 $$

（Annabelle Inn；☎877-266-2466；www.annabelleinn.com；232 W Main St；房间含早 夏季/冬季$169/199起；P ❄ @ 🛜）平易近人、低调内敛，位于市中心的安娜贝尔酒店有点像老派的欧洲风格滑雪度假屋，可爱而奇特。房间很温馨，配有平板电视和温暖的羽绒被。还能躺在高层露台的热水浴池（有两个，任选其一）里看一场晚间的滑雪影片。

★ **Limelight Hotel** 酒店 $$$

（☎800-433-0832；www.limelighthotel.com；355 S Monarch St；房间 夏/冬 $245/395起；P ❄ 🛜 🏊 🐾）整洁、时尚，Limelight的石砖玻璃现代主义建筑透着阿斯彭轻松别致的高山氛围。客房宽敞而独特：燃气壁炉、皮革家具，还可以从阳台和屋顶露台观看山景。除了滑雪管家和班车服务之外，大多数的冬夜里还有现场音乐，就在大厅的意大利餐厅里。房费包含早餐。

餐饮

★ **Justice Snow's** 小酒馆 $$

（☎970-429-8192；www.justicesnows.com；328 E Hyman Ave；主菜 $10~22；⏰11:00至次日2:00；🛜 ✎）🍃Justice Snow's位于历史建筑（Wheeler Opera House）中，是一家恰到好处的复古老酒馆，配上了带有现代气息的古董木家具。虽然名义上是酒吧（鸡尾酒是这里的灵魂），但实惠的价格和当地食材烹制的美食（$10的美味汉堡！在阿斯彭！）才是留住本地食客的原因。

The Meatball Shack 意大利菜 $$$

（☎970-925-1349；www.themeatballshack.com；312 S Mill Rd；午餐 $13，晚餐 $21~28；⏰11:30~23:30；👪）🍃餐厅由佛罗伦萨厨师Eddie Baida与来自纽约的Michael Gurtman掌厨。这个小屋的招牌菜是——你猜对了——意大利宽面条和肉丸（nonna，鸡肉或小牛肉的）。晚上相当热闹，而你可以暂时忘记美丽的风景，只是专注于盘中餐，这是落基山脉最好的意大利美食。

★ **Pine Creek Cookhouse** 美国菜 $$$

（☎970-925-1044；www.pinecreekcookhouse.com；12700 Castle Creek Rd；午餐和夏日晚餐 主菜 $13~41，冬日晚餐 滑雪/雪橇游带套餐 $90/110；⏰每日 11:30~14:30，6月至9月 周三至周日 14:30~20:30；每日 正午和13:30入座，外加12月至次年3月 周三至周日 19:00；✎ 👪）🍃这家木屋餐厅距离Castle Creek Rd尽头（距离阿斯彭约30分钟）的Ashcroft鬼镇约1.5英里，环境绝佳。夏天可以徒步；冬天则在闪亮的雪峰脚下进行越野滑雪或马拉雪橇。经典高山美食有自制烟熏鳟鱼、水牛里脊和烤小麋鹿。

> **值得一游**
>
> **风景自驾游：独立关**
>
> 隐现于12,095英尺的高空，82号公路上的独立关（Independence Pass）是大陆分水岭一线知名度较高的山口之一。沿着窄丝带般的公路，一路上的景观从美丽到震撼，再到有如电影场景。当你一眼瞥见刀刃峰底下的夏季草原时，就像置身于自己独有的IMAX电影中一般。上山途中可在鬼镇**独立镇**（Independence；www.aspenhistorysociety.com；建议捐赠 $3；⏰6月中旬至8月 10:00~18:00）免费 稍作停留。**Hwy 82**仅在5月下旬至10月开放。

★ Aspen Brewing Co 自酿酒吧

(www.aspenbrewingcompany.com; 304 E Hopkins Ave; ⏲每日正午至深夜; 📶)拥有6种招牌口味和一个面对群山、阳光普照的阳台，这个休闲地点肯定能让你在狠狠玩了一天之后彻底放松下来。酒类选择很多，从可口的This Year's Blonde，到令人眩晕的Independence Pass Ale（IPA），还有香醇的Conundrum Red Ale和巧克力味的Pyramid Peak Porter。

Woody Creek Tavern 酒吧

(☎970-923-4585; www.woodycreektavern.com; 2 Woody Creek Plaza, 2858 Upper River Rd; ⏲11:00~22:00)这个时髦的小酒馆曾是亨特·斯托克顿·汤普森(Hunter S Thompson; 美国著名记者、作家)最喜欢的酒馆，哪怕要从阿斯彭长途跋涉8英里前来也是值得的。午餐菜单的特色是有机沙拉、低脂但多汁的汉堡、备受欢迎的墨西哥菜，其中包括优质的鳄梨酱。晚餐菜单就比较缺乏想像力，但有大量的酒。这里一天就能售出11加仑的玛格丽特，绝对错不了。

ℹ 实用信息

阿斯彭游客中心(Aspen Visitor Center; ☎970-925-1940; www.aspenchamber.org; 425 Rio Grande Pl; ⏲周一至周五 8:30~17:00)

ℹ 到达和当地交通

位于阿斯彭以北4英里的Hwy 82号上，**阿斯彭-皮特金县机场**(Aspen-Pitkin County Airport; ☎970-920-5380; www.aspenairport.com; 233 E Airport Rd; 📶)有来自丹佛、洛杉矶、达拉斯和芝加哥的直飞航班。**Colorado Mountain Express**(☎800-525-6363; www.coloradomountainexpress.com; 成人/儿童 $118/61; 📶)提供频繁往返丹佛国际机场的接驳车(3小时)。

Roaring Fork Transit Agency (www.rfta.com)的免费巴士开往阿斯彭的4个滑雪区，且往返**阿斯彭-皮特金县**机场。

如果自驾，最方便的停车点是位于Rio Grande Pl阿斯彭游客中心旁的公共停车场(每日$15)。

萨里达 (Salida)

萨里达是科罗拉多州最大的历史城区，因此本身就是个值得探访的迷人所在，而且它还拥有无与伦比的地理位置：一边是阿肯色河(Arkansas River)，另一边则是两大山脉的交会处。这里的旅游攻略是：日间漂流、骑自行车或徒步，晚上回到镇上烤水牛排、享用冰凉的IPA啤酒。

活动

多数漂流公司位于布纳维斯塔(Buena Vista; 萨里达以北25英里)南部，近Hwy 24和285号高速公路的分岔口。

Buffalo Joe's Whitewater Rafting 漂流

(☎866-283-3563; www.buffalojoe.com; 113 N Railroad St; 半/全天 成人 $64/98，儿童 $54/78; ⏲5月至9月; 👪)位于布纳维斯塔市中心，是最棒的河川漂流用品店之一。

River Runners 漂流

(☎800-723-8987; www.riverrunnersltd.com; 24070 Co Rd 301; 半/全天 成人 $60/98，儿童 $50/88; ⏲5月至9月; 👪)这是另一家获得推荐的河川漂流用品店，在布纳维斯塔和皇家峡谷(Royal Gorge)都有分店。

Absolute Bikes 自行车租赁

(☎719-539-9295; www.absolutebikes.com; 330 W Sackett Rd; 自行车租赁 $40~80，团队游$90起; ⏲9:00~19:00; 👪)从Monarch Crest Trail、Rainbow Trail，到穿越河流，有许多骑行路线可供选择。此外还提供地图、装备、建议、导览游和租借服务。

住宿

阿肯色河源游乐区(Arkansas Headwaters Recreation Area)沿河经营了6个露营地(需自备用水)。最好的是位于萨里达北部的**Hecla Junction**(☎800-678-2267; coloradostateparks.reserveamerica.com; Hwy 285, MM135; 营地$16; 🐾)。夏季需预订。

★ Simple Lodge & Hostel 青年旅舍 $

(☎719-650-7381; www.simplelodge.com; 224 E 1st St; 铺/双/四 $24/55/76; P📶🐾)如果科罗拉多有更多这样的住宿，那该多好。这家简单却时尚的旅舍由极为友善的夫妻档(Jon和Julia)经营，有储备丰富的厨房和舒适的公共区域，让

值得一游

阿肯色河漂流

阿肯色河的源头是科罗拉多州内最受漂流爱好者和皮划艇运动员欢迎的河段，这里能够满足各个漂流级别的要求，有极速的河段，也有沉静的水流。虽然大多数的漂流公司提供从莱德维尔到皇家峡谷的河段漂流，但最多人选择的是沿布朗峡谷（Brown's Canyon）下行的河段，全长22英里，途中有Ⅲ/Ⅳ级急流。如果带着孩子或只想尝试悠闲美好的活动，大角羊峡谷（Bighorn Sheep Canyon）是最佳选择。而要寻求惊险刺激，则可到上游的Numbers或下游的皇家峡谷，这两段都是Ⅳ/Ⅴ级的激浪漂流。

不同季节水流亦有所不同。想要挑战最汹涌的激浪，最好是在6月初前来。到了8月，水位通常就很低了。如果想和孩子一同漂流，他们必须是6岁以上，且体重不低于50磅。

人感觉就像回到家里一样。这里是沿着Hwy 50海岸线行进的骑行旅游者喜欢停驻的地方。

餐饮

★Amícas 比萨餐厅、小自酿酒吧 $$

（www.amicassalida.com; 136 E 2nd St; 比萨和帕尼尼 $8.10~11.55; ⏲11:30~21:00; 🍴👪）想要品尝木烤薄底比萨和6种不同的桶装自酿啤酒？来Amícas就对了，这是补充白天燃烧掉的热量的最佳地方。餐厅氛围悠闲、天花板很高（曾经是殡仪馆）。来一个米开朗基罗（Michelangelo; 香蒜酱、香肠和山羊奶酪）或维苏威火山（Vesuvio; 朝鲜蓟心、晒干的西红柿和烤青椒），再配上一杯沁凉的Headwaters IPA。

Fritz 小吃 $$

（☎719-539-0364; thefritzdowntown.com; 113 East Sackett St; 小吃 $4~8, 主菜 $9~14; ⏲11:00至次日2:00; 📶）这个有趣时髦的河边小馆提供精致的美式小吃。试想巨无霸配3倍芝士培根、炸薯条配松露蛋黄酱、咖喱虾，甚至是骨髓配红洋葱酱。此外，餐厅也提供平常的草饲牛肉汉堡和其他三明治午餐。还有多种桶装啤酒。

实用信息

美国林业局护林员办公室（USFS Ranger Office; ☎719-539-3591; www.fs.usda.gov; 5575 Cleora Rd; ⏲周一至周五 8:00~16:30）位于小镇东边，紧邻Hwy 50，提供在学院峰（Collegiates）和基督圣血山（Sangre de Cristo）山脉北部等区域的徒步和露营信息。

到达和离开

萨里达位于Hwy 285和Hwy 50公路之间的交叉口，卡侬市（Cañon City）以西，莱德维尔以南。需自己开车才能到达。

科罗拉多斯普林斯（Colorado Springs）

科罗拉多斯普林斯坐落在雄伟的派克斯峰脚下，是县内最早的度假胜地之一。这里与4个军事基地毗邻，而最近还受到一系列毁灭性的夏季森林火灾的困扰，这个城市已演变成一个奇怪、庞大、由各个街区东拼西凑起来的地方——旅行者最好把它分成三个部分来探访。沿着Hwy 24从东到西是市区，这里是艺术、奥运梦想和垮掉式绝望的奇怪组合；在老科罗拉多城（Old Colorado City），老西部的妓院和沙龙现在成了餐馆和商店；新兴的马尼图温泉（Manitou Springs）位于山腰，是最适合游玩的区域。

景点和活动

★派克斯峰 山

（Pikes Peak; ☎719-385-7325; www.springsgov.com; 公路 成人/儿童 $12/5; ⏲6月至8月 7:30~20:00, 9月 7:30~17:00, 10月至次年5月 9:00~15:00; 👪）原本被犹特人称为太阳山（Mountain of the Sun）的派克斯峰（14,110英尺）并非科罗拉多54座14ers中最高的，但它肯定是最有名的。或许因为它是唯一有火车直通峰顶的14ers？又或者是因为山顶的景色激发了Katherine Bates的灵感，让她在1893年写下了《美丽的阿美利加》（*America the Beautiful*）的歌词？

在所有的可能性里，最东端的地理位置——从平原上拔地而起至7400英尺——已令其名声显扬。如今，每年有超过50万人次登上峰顶。**cog railway**（☎719-685-5401；www.cograilway.com；515 Ruxton Ave；往返 成人/儿童 $35/19；⏲5月至10月 8:00~17:20，其他月份开行较短；👪）从马尼图温泉出发（往返约3小时10分钟）。此外，派克斯峰公路（Pikes Peak Highway；来回约5小时）从城镇以西的Hwy 24向上攀升19英里抵达山峰。寻求全然不同的体验，可考虑徒步上山（见本页）。

众神花园 公园

（Garden of the Gods；www.gardenofgods.com；1805 N 30th St；⏲5月至10月 5:00~23:00，11月至次年4月 17:00~21:00；P 👪）免费 华丽的红砂岩脉（约290万年前形成）在科罗拉多州前岭的其他地方也有，但这里精致小巧的教堂尖顶加上众神花园的高山背景尤为独特和震撼。探索纵横交错、路况各异的小路，享受野餐，旁观登山者不时在刀锋般的岩壁上如何放开胆量。

等到夏天，**岩架牧场**（Rock Ledge Ranch；www.rockledgeranch.com；成人/儿童 $8/4；⏲6月中旬至8月 周三至周六 10:00~17:00；👪）就是一个鲜活的历史博物馆。它在公园入口处附近，若对美洲原住民和该地区19世纪自耕农的生活有兴趣，那这里就非常值得参观。

★科罗拉多斯普林斯美术中心 博物馆

（Colorado Springs Fine Arts Center；FAC；☎719-634-5583；www.csfineartscenter.org；30 W Dale St；成人/学生 $10/8.50；⏲周二至周日 10:00~17:00；P）集合了不起的拉丁美洲艺术、墨西哥陶俑、美洲原住民篮筐和被子、木刻版画和本地艺术家的抽象作品等，这是科罗拉多州最好的美术馆之一。

美国空军学校 军事院校

（US Air Force Academy；☎719-333-2025；www.usafa.af.mil；I-25 exit 156B；⏲游客中心 9:00~17:00；P）免费 美国国内知名度最高的军事院校之一，虽然校园提供的游览范围有限，但能一窥军校精英的群体生活，这仍然非常吸引人。游客中心里有学院的背景介绍。从游客中心可步行到戏剧性的小教堂（建于1963年），也可就地展开自驾之旅。入口在北门（North Gate），位于科罗拉多斯普林斯以北14英里处。

Barr Trail 徒步

（www.barrcamp.com；Hydro Dr）通往海拔7400英尺的派克斯峰的Barr Trail全长12.5英里，路途艰辛。多数登山者将行程分成两天进行，并在半路上的Barr Camp过夜。如果你想在一天内完成登山，可以在Cog Railway购买单程登山铁路票上行至Barr Camp（$22；仅供第一班或最后一班车）。登山道起点就在马尼图温泉火车站的上方。停车费$5。

节日和活动

Colorado Balloon Classic 热气球节

（www.balloonclassic.com；1605 E Pikes Peak Ave；⏲劳动节周末；👪）这个庆典已有40年的历史。每到劳动节周末，无论是业余还是专业人士，都会连续3天在日出之后升起Technicolor气球。你必须和早起的鸟儿一起醒来才能看到这壮观的景象，这绝对值得。

住宿

Barr Camp 露营地 $

（www.barrcamp.com；帐篷区 $12，批棚 $17，小木屋 铺 $28；🐾）营地位于Barr Trail半途中，距离派克斯峰顶约6.5英里，你可以搭帐篷、住在单坡屋顶的批棚中，或是预订一个简陋的小屋。营地提供饮用水和淋浴设施；周三至周日供应晚餐（$8）。必须提前上网预订。全年开放。

Mining Exchange 酒店 $$

（☎719-323-2000；www.wyndham.com；8 S Nevada Ave；房 $135~200；P ❄ 📶）酒店于2012年开业，在上世纪初原是银行，当时克里普尔溪（Cripple Creek）淘金客曾在这里以黄金换取现金（留意大堂里的金库门）。Mining Exchange还曾获得科罗拉多斯普林斯最时尚酒店奖。虽然市中心的地理位置缺乏马尼图温泉那样的魅力，但酒店本身12英尺高的天花板、裸露的砖墙和皮革家具让它充满了温馨、现代的感觉。性价比很高。

Two Sisters Inn 民宿 $$

（☎719-685-9684；www.twosisinn.com；10 Otoe Pl，Manitou Springs；房间无卫生间 $79~94，

值得一游

克里普尔溪赌场（CRIPPLE CREEK CASINOS）

距离科罗拉多斯普林斯仅1小时车程，却如同两个世界，克里普尔溪赌场将你抛向狂野的西部传奇。曾有一位幸运的女士在1952年赢得了惊人的价值4.13亿美元的黄金。

这里的饮酒和赌博业仍然兴旺，但昔日的沙龙和妓院现在成了现代化的娱乐场所。如果你对区域历史感兴趣，或只是需要离开老虎机作片刻休息，可以去参观**遗产中心**（Heritage Center；www.visitcripplecreek.com；9283 Hwy 67；⏲8:00~19:00；👪）、参加热门的**金矿之旅**（gold mine tour；www.goldminetours.com；9388 Hwy 67；成人/儿童 $18/10；⏲5月中旬至10月 8:45~18:00；👪），或是循着**窄轨铁道**（narrow gauge railroad；http://cripplecreekrailroad.com；Bennet Ave；成人/儿童 $13/8；⏲5月中旬至10月中旬 10:00~17:00；👪🐾）前往历史悠久的维克多（Victor）。

克里普尔溪位于科罗拉多斯普林斯西南50英里处风景优美的Hwy 67号公路旁。若要走一趟更加难忘的旅程，可在返程时选择维克多城外的Gold Camp Rd（Hwy 336）。这是一条狭窄土路，但途中景色壮丽。走这条路到科罗拉多斯普林斯大约需要90分钟。另外，还可从科罗拉多斯普林斯的8th St Depot搭乘**Ramblin' Express**（☎719-590-8687；www.ramblinexpress.com；往返票 $25；⏲发车时间 周三至周日 7:00至午夜）。

带卫生间 $135~155；P❄📶）这里长期以来受到民宿爱好者的喜爱。这栋玫瑰红色的维多利亚式建筑于1919年由两姐妹所建造，共有5间房（包括后面的蜜月别墅）。它原本是学校教师的宿舍，于1990年改成旅馆。前门是富丽的彩色玻璃，客厅里有一架1896年的钢琴。此外，它还曾获得过早餐食谱奖。

Broadmoor 度假村 $$$

（☎855-634-7711；www.broadmoor.com；1 Lake Ave；房间 $280~500起；P❄📶🏊🐾）这是美国顶级的五星级度假村之一，744间客房倚靠着夏延山（Cheyenne Mountain）如画般完美的蓝绿色山坡。这里的一切都是精美的：数英亩郁郁葱葱的草地和湖泊、波光粼粼的游泳池、世界级的高尔夫球场、无数的酒吧和餐馆，一个不可思议的水疗中心和无比舒适的客房（不过，室内装潢可说是"奶奶年代"的老派设计）。

由此不难理解，为什么数以百计的好莱坞明星、顶尖职业运动员，以及自罗斯福总统以来的几乎每一位总统都必定会造访这里。

餐饮

Shuga's 咖啡馆 $

（www.shugas.com；702 S Cascade St；菜肴 $8~9；⏲11:00至午夜；📶👪）如果你以为科罗拉多斯普林斯无法时髦起来，那就漫步到南方风格的咖啡厅Shuga，来一杯尽显实力的意式浓咖啡和辛辣鸡尾酒。这个白色的小房子非常小巧可爱，屋里满是纸鹤和红色仿木桌椅。也有露台座位，包括布里干酪迷迭香吐司三明治、巴西椰子虾汤等在内的食物令人愉悦。千万不要错过周六播映的老电影。

★**Marigold** 法国菜 $$

（☎719-599-4776；www.marigoldcafeandbakery.com；4605 Centennial Blvd；午餐 $8.25~11，晚餐 $9~19；⏲周一至周六 11:00~14:30及17:00~21:00，面包房 8:00~21:00）位于众神花园出口处，这间法式餐厅和面包店气氛活泼，既满足了味蕾又能省下不少钱。尽情享用美味佳肴吧，有马赛鲷鱼、大蒜迷迭香烤鸡、美味的沙拉和比萨。等等，别吃太饱，还有双倍（和三倍！）巧克力慕斯蛋糕和柠檬挞呢。

Adam's Mountain Cafe 新派美国菜 $$

（☎719-685-1430；www.adamsmountain.com；934 Manitou Ave；主菜 $9~19；⏲每天 8:00~15:00，周二至周六 17:00~21:00；📶🥗👪）这家位于马尼图温泉的慢食咖啡馆会给人留下美好的记忆。早餐包括香橙杏仁法式吐司和墨西哥煎蛋（鸡蛋和豆子铺在玉米饼上）。午餐和晚餐供应摩洛哥鸡肉、意式面食和烤西瓜沙拉等菜肴。餐厅室内通风良好，大理石地板

和裸露的橡木别具魅力。也可以在院子里吃晚餐，偶尔有现场音乐。

Jake & Telly's 希腊菜 $$

(☎719-633-0406; www.greekdining.com; 2616 W Colorado Ave; 午餐 $9~12，晚餐 $16~24.50; ⏲ 每天 11:30~21:00; 📶👪)这家餐厅是老科罗拉多城的最佳选择之一。尽管餐厅像个旅游景点，墙上挂着许多希腊古迹壁画，还有立体声主题音乐，但食物绝对好吃。不但有美味的希腊蘸酱三明治，传统的菜肴如希腊烤肉、牛肉米卷、菠菜派都很美味。餐厅位于一家魔术用品店的二楼天台里。

★ Swirl 红酒吧

(www.swirlwineemporium.com; 717 Manitou Ave; ⏲周日至周四 正午至22:00，周五和周六 正午至午夜)位于马尼图温泉一个时尚的瓶酒商店后面，这个角落里的酒吧既亲切又酷炫。花园庭院悬着灯光和藤蔓，而室内则有古董扶手椅和壁炉。如果饿了还可以试试这里的小吃和自制面食。

Bristol Brewing Co 自酿酒吧

(www.bristolbrewing.com; 1604 S Cascade Ave; ⏲11:00~22:00; 📶)这家自酿酒吧位于已关闭的Ivywild小学校舍内，并在2013年成为社区中心。虽然离南科罗拉多斯普林斯有点距离，但为了它的Laughing Lab啤酒和受到Blue Star启发的酒吧美食，来一趟是值得的。这所校舍的其他租户有面包店、熟食店、咖啡厅、艺术画廊，电影院则设在以前的体育馆里。

ℹ 实用信息

科罗拉多斯普林斯会务及旅游局(ColoradoSprings Convention and Visitors Bureau; ☎719-635-7506; www.visitcos.com; 515 S Cascade Ave; ⏲8:30~17:00; 📶)

ℹ 到达和当地交通

科罗拉多斯普林斯机场(Colorado Springs Municipal Airport; ☎719-550-1900; www.springsgov.com; 7770 Milton E Proby Parkway; 📶)是前往丹佛的可行替代方案。黄色出租车(Yellow Cab; ☎719-777-7777)从机场至市中心的费用是$30。

往返于夏延(Cheyenne)、怀俄明州和科罗拉多州普韦布洛(Pueblo)的长途汽车每日停靠**灰狗巴士站**(Greyhound; ☎719-635-1505; 120 S Weber St)。

Mountain Metropolitan Transit(www.springsgov.com; 每趟 $1.75，日票 $4)提供所有本地巴士的日程信息和路线图，可从网上查询相关信息。

所有路边停车位只有咪表；如果你是自己开车，多带些硬币。

科罗拉多州南部 (Southern Colorado)

科罗拉多州的下半部分地区是引人注目的圣胡安(San Juan)和基督圣血山山脉，这里和上半部地区一样漂亮，但游人较少，且有许多可看可玩之处。

克雷斯特德比特 (Crested Butte)

与科罗拉多大多数滑雪胜地比起来，处在粉雪区的克雷斯特德比特的乡野风味保存得更好。这个前矿山村庄地处偏远，周围环绕着3个荒野地区，算得上是科罗拉多最好的滑雪胜地之一(有人说就是最好的)。老城区中心保存完好的维多利亚时代的建筑改装成了商店和办公楼。以两轮的自行车代步更符合其悠闲、快乐的态度。

城内几乎一切设施都集中在Elk Ave周边，包括**游客中心**(☎970-349-6438; www.crestedbuttechamber.com; 601 Elk Ave; ⏲ 9:00~17:00)。

★ 克雷斯特德比特山度假村(Crested Butte Mountain Resort; ☎970-349-2222; www.skicb.com; 12 Snowmass Rd; 缆车票成人/儿童 $98/54; 👪)坐落在城镇以北2英里处令人印象深刻的同名山峰脚下，置身于森林、嶙峋的山峰和West Elk、Raggeds、Maroon Bells-Snowmass3大荒野之间，景色美得令人窒息。这里较适合中级和专业车手。

克雷斯特德比特是一个**山地自行车**圣地，有许多非常棒的高海拔单行车道。若要查询地图、信息和租借山地自行车，可到**Alpineer**(☎970-349-5210; www.alpineer.com; 419 6th St; 自行车租借每日 $20~55; 👪)。

Crested Butte International Hostel

(☎970-349-0588，免费电话888-389-0588; www.crestedbuttehostel.com; 615 Teocalli Ave; 铺

$35，双 共用卫生间 $89，房间 $99~109；)是科罗拉多最好的旅舍之一。最好的客房带卫生间。宿舍床铺配有阅读灯，还有可上锁的抽屉。公共区域则有山区朴实的石头壁炉和舒适的沙发。价格随季节变化很大，秋天最便宜。

拥有非凡美食的时尚休闲餐厅**Secret Stash**（970-349-6245；www.thesecretstash.com；303 Elk Ave；主菜 $8~20；8:00至深夜；）深受当地人喜爱，他们还钟爱原味鸡尾酒。这家餐厅的特色菜是比萨：其Notorious Fig（有火腿、新鲜的无花果和松露油）曾赢得世界比萨锦标赛冠军。**Izzy's**（218 Maroon Ave；主菜 $7~9；周三至周一 7:00~13:00）是最好的早餐餐厅，提供新鲜百吉饼、鸡蛋和马铃薯饼，野餐桌总是很拥挤。

原来的**Montanya**（130 Elk；小吃 $3~12；11:00~21:00）酿酒厂已经搬到这里，并广受好评。这里的basiltini是用加了罗勒的朗姆酒、新鲜葡萄柚和青柠调制而成的，令人飘飘欲仙。想听音乐的话，气氛活泼的**Eldo Brewpub**（970-349-6125；www.eldobrewpub.com；215 Elk Ave；饮食附加费各不相同；15:00至深夜，音乐22:30至深夜；）是城里最受欢迎的自酿酒吧，来这里表演的外地乐队也最多。露台非常棒，记得去看看。

克雷斯特德比特连接外界的是城镇以南28英里处的**甘尼森县机场**（Gunnison County Airport；970-641-2304）。**Alpine Express**（970-641-5074；www.alpineexpressshuttle.com；每人 $34）提供开往克雷斯特德比特的班车，夏天需预订。

免费的**Mountain Express**（970-349-7318；www.mtnexp.org）连接克雷斯特德比特和克雷斯特德比特山（Mt Crested Butte），冬天每15分钟一班，其他季节班次较少，可在各车站查询时间表。

乌雷（Ouray）

华丽的冰瀑布垂直落下箱型峡谷，融入谷底星罗棋布的温泉区内。即便就科罗拉多来说，乌雷仍旧是一处自然奇境。对攀冰运动员来说，这是顶级的目的地，而徒步者与四驱车手也能体会到它粗犷（有时简直令人震惊）的魅力。城镇夹在气势磅礴的山峰之间，是个保存良好的小矿村。

介于西尔弗顿（Silverton）和乌雷之间的US 550是州内最令人难忘的公路之一。这里已铺设路面，但在雨雪天气时仍然惊险，所以要格外小心。

活动

游客中心位于温泉区。查询中心提供的小册子，研究如何在二十几栋1880年至1904年的房屋建筑之间找出最佳步行游览路线。

乌雷冰雪公园 攀冰

（Ouray Ice Park；970-325-4061；www.ourayicepark.com；Hwy 361；12月中旬至次年3月 7:00~17:00；）**免费** 来自世界各地的攀冰爱好者云集于此，试图征服安肯帕格里峡谷（Uncompahgre Gorge），这个2英里长的峡谷是世界首个公共冰雪公园，提供适合各种技能层次的极致（也许是极寒）攀冰体验。

★**Chicks with Picks** 课程、攀登

（970-316-1403，办公室970-626-4424；www.chickswithpicks.net；163 County Rd 12）这个著名女运动员团队帮助女性掌握攀冰工具和冰爪，并为所有参与者（包括初学者）提供攀岩、抱石和攀冰等运动的出色指导。课程有趣且经常更新，提供多日游程或在城内进行的课程。登山讲座遍布全美各地。

乌雷温泉 温泉

（Ouray Hot Springs；970-325-7073；www.ourayhotsprings.com；1220 Main St；成人/儿童 $12/8；6月至8月 10:00~22:00，9月至次年5月 周一至周五 正午至21:00，周六和周日 11:00~21:00；）泡在历史悠久的乌雷温泉里，来一场疗愈。这里的天然泉水并没有一般温泉常有的硫磺味。水温介于96°F至106°F（35.5℃至41℃）之间，根据不同温度分成几个浸泡区。此外还提供健身和按摩服务。

San Juan Mountain Guides 攀岩、滑雪

（800-642-5389，970-325-4925；www.ourayclimbing.com；725 Main St；）这支乌雷本地的专业导游和登山团体持有登山向导协会国际联合会（IFMGA）的认证。它的专长是攀冰、攀岩以及荒野越野滑雪。

不要错过

风景自驾游：圣胡安山口

崎岖多岩的山峰、深邃直落的峡谷，圣胡安山脉的景色实在是无可匹敌。一切车辆皆可通行的**百万美元公路**（Million Dollar Highway; US 550）得名于路基下价值连城的矿石。而事实上，沿途景致也是千金难买的，柏油路攀附着崩裂的群山，途中还有老矿井架和雄伟的高山风景。

65英里长的**Alpine Loop Backcountry Byway**（www.alpineloop.com）行驶起来很有挑战性，但却美如梦幻。道路从**乌雷**开始，向东行至值得一看的美丽高山小村庄**湖城**（Lake City），再返回它的起点。沿途会经过两个海拔12,000英尺的山口，并远离大路和人群，换取与世隔绝的壮观景色，还能探索被遗弃的矿场。在这条路上行车，需要高性能的四轮驱动车和一定的越野驾驶技术才应付得来。全程需要6小时。

秋天，黄色的山杨令山色显得格外壮丽，一条从前的货车道路穿越**阿斐山口**（Ophir Pass）连接乌雷及特柳赖德。温和的四驱车道经过过去的矿区，缓慢下降至海拔11,789英尺的高度。要到达此处，从乌雷往南，沿Hwy 550行驶18.1英里，转入右边岔路，进入阿斐山口的国家森林通道即可。

和所有其他四驱道路及山口一样，出发前都要先确认是否封路。

这条路在雨雪天里非常危险，要格外小心。

节日和活动

乌雷冰雪节 攀冰

（Ouray Ice Festival; ☎970-325-4288; www.ourayicefestival.com; 晚间活动需捐款; ⏰1月; 👪）1月举行的乌雷冰雪节为期4天，期间活动包括登山比赛、晚餐、幻灯片放映和雪上运动讲座，甚至还有一个专为孩子设立的攀岩墙。你可以免费观看比赛，但不妨试试需要捐款（$15）参与的晚间活动，活动花样繁多，所捐款项为冰雪公园所募集。进场即可免费喝到广受欢迎的科罗拉多微型自酿啤酒吧New Belgium的啤酒。

食宿

Amphitheater Forest Service Campground 露营地 $

（☎877-444-6777; www.recreation.gov; US Hwy 550; 帐篷区 $16; ⏰6月至8月）位于树下的帐篷区是这个高海拔营地最吸引人的地方。假期的周末需至少预订三晚。从小镇沿Hwy 550公路向南行驶，看到路标时左转即可抵达。

★ **Wiesbaden** 酒店 $$

（☎970-325-4347; www.wiesbadenhotsprings.com; 625 5th St; 房 $132~347; 🚭📶🏊）很少有酒店可以拥有自己的室内天然蒸汽洞穴（很久以前乌雷酋长使用过）。这个奇特的新时代酒店因其棉质床罩、免费有机咖啡和一个宽敞的室外温泉池而分外诱人。客人可以使用Aveda沙龙或预订一个可裸露的私人瀑布浴缸（每小时$35）。

Box Canyon Lodge & Hot Springs 度假屋 $$

（☎970-325-4981, 800-327-5080; www.boxcanyonouray.com; 45 3rd Ave; 房间 $110~165, 公寓 $278~319; 📶）🌿因为地热的关系，这些宽敞的松木板房总是暖洋洋的。一组由温泉注满的户外热水浴池，让你可以一边泡澡一边浪漫观星。尽早预订。

Buen Tiempo Mexican Restaurant & Cantina 墨西哥菜 $$

（☎970-325-4544; 515 Main St; 主菜 $7~20; ⏰6:00~22:00; 🍸）Buen Tiempo供应辣椒牛腩、posole（浓稠的玉米粥），再配上热腾腾的玉米饼。不妨先从招牌玛格丽特酒开始，一起端上来的还有薯片和店里自制的辣莎莎酱。

实用信息

游客中心（☎970-325-4746; www.ouraycolorado.com; 1220 Main St; ⏰9:00~17:00）

到达和离开

乌雷位于西尔弗顿以北24英里的US 550旁，自行驾车最易到达。

特柳赖德（Telluride）

三面环绕的庞大山峰让特柳赖德拥有一种与世隔绝的气质，事实上它也的确常常是遗世独立的。这里曾是粗糙的采矿小镇，如今却成了天之骄子的乐园——除了少数能负担得起这里房产的居民，就只有来滑雪的过客了。镇中心仍然保留着过去的痕迹，而周边就只能以华丽来形容。

科罗拉多大道（Colorado Ave）也被称为主街，大多数商家都聚集在这里。从市中心可以搭乘两部电梯和缆车到达山顶雪场。后者也将特柳赖德和山地村（Mountain Village）连接在一起，这个村庄是特柳赖德滑雪区的真正基地，距离市区7英里，沿着Hwy 145往东行驶20分钟就可抵达，但搭缆车只需12分钟（步行者免费）。

活动

Telluride Ski Resort 雪上运动

（☎970-728-7533，888-288-7360；www.tellurideskiresort.com；565 Mountain Village Blvd；缆车票 $98）覆盖3个特色地区的Telluride Ski Resort共有16部缆车提供服务。大部分地形比较适合中级和专业滑雪运动员，但初学者也有不少选择。

节日和活动

★高山电影节 电影节

（Mountain film；www.mountainfilm.org；⏲5月，纪念日周末）5月的阵亡将士纪念日周末一连4天播放户外探险和环保影片。

特柳赖德兰草音乐节 音乐节

（Telluride Bluegrass Festival；☎800-624-2422；www.planetbluegrass.com；4日通行证 $195；⏲6月中下旬）每年6月举行的野外狂欢聚会，白天晚上都有音乐演出、小吃摊和本地微酿啤酒。露营在节庆期间非常普遍。查询活动网站以了解有关班车服务及露营和门票组合套餐等现场信息——活动规划非常好！

特柳赖德电影节 电影节

（Telluride Film Festival；☎603-433-9202；www.telluridefilmfestival.com）整个小镇在9月初会举办国内和国际电影的首映会，这项活动也会吸引到大牌明星。有关更多相对复杂的票价方案信息，可查询电影节网站。

住宿

特柳赖德的住宿通常很快就满了，若想以最优惠的价格订房，最好在网上预订。不过也不要指望能有什么优惠，除非你打算露营。特柳赖德的各项活动和节日让小镇全年都很忙碌。若想租屋度假，信誉最好的代理机构是**Telluride Alpine Lodging**（☎888-893-0158；www.telluridelodging.com；324 W Colorado Ave）。

Telluride Town Park Campground 露营地 $

（☎970-728-2173；500 E Colorado Ave；营地有/无停车位 $23/15；⏲5月中旬至10月中旬；📶）位于市中心，这里的20个露营点提供淋浴、游泳和网球设施。该露营地在旺季很快就会订

> **值得一游**
>
> **科罗拉多山中木屋行**
>
> **圣胡安轻装旅行公司**（San Juan Hut Systems；☎970-626-3033；www.sanjuanhuts.com；每人 $30）继承了欧洲木屋到木屋（hut-to-hut）的探险传统，提供5个越野山区木屋，让人们能以特殊的方式来享受夏季数百英里的单行自行车道或冬季的粉雪坡处女地。木屋提供的设施包括：填充床铺、丙烷炉、取暖柴炉和木柴，因此只需带上你的食物、手电筒和睡袋就可以了。
>
> 山地自行车路线从杜兰戈或特柳赖德前往摩崖（Moab），途中穿越高山和沙漠地区；你也可以挑一个木屋作为基地，进行数日的野外滑雪或骑行。这里的地形能满足不同水平滑雪者的需求，但滑雪者应该具备雪地和雪崩情况的知识。如果没有，须与导游同行。
>
> 该网站提供在里奇韦（Ridgway）或乌雷租赁滑雪板、自行车和雇用导游（可自由选择）的实用提示和信息。

满。可联系游客中心查询城镇10公里以内的其他露营地。无须预订的露营地不提供停车位，但旁边就有停车场。

Victorian Inn 度假屋 $$

（☎970-728-6601；www.victorianinntelluride.com；401 W Pacific Ave；房间含早 $124起；）一踏入这家价廉物美的度假屋，就可以闻到新鲜肉桂卷的香味。这里提供舒适的客房（部分带小厨房），漂亮的花园里还有热水浴池和桑拿。工作人员态度很友善，房客还能获得缆车优惠价。12岁及以下儿童免费住宿，而且度假屋位置就在市中心，让人难以抗拒。

Hotel Columbia 酒店 $$$

（☎970-728-0660，免费电话800-201-9505；www.columbiatelluride.com；300 W San Juan Ave；双/标 $175/305起；）本地人拥有和经营的这家时尚酒店对客人堪称娇宠。缆车就在街对面，所以你可以将装备留在滑雪板和行李储藏室，直接回到提供咖啡机、壁炉和加热瓷砖地板的房间休息。房间相当环保，不但有皂液器，也鼓励资源再循环。其他亮点还有天台热水浴池和健身室。

餐饮

想要找到最实惠的美食，可以到Colorado Ave上琳琅满目的美食推车看看，地中海食物、热狗、玉米饼、咖啡，应有尽有。

★La Cocina de Luz 墨西哥菜、有机菜 $$

（www.lacocinatelluride.com；123 E Colorado Ave；主菜 $9~19；9:00~21:00；）这家健康的墨西哥快餐店供应科罗拉多的两个最爱——有机食品和墨西哥菜，无怪乎一到午餐时间就会大排长龙。美味的细节包括一个莎莎酱和薯片吧、手工玉米饼及玛格丽特酒配有机青柠和龙舌兰蜜。也提供严格素食和不含麸质的食品。

The Butcher&The Baker 咖啡馆 $$

（☎970-728-3334；217 E Colorado Ave；主菜 $10~14；周一至周六 7:00~19:00，周日 8:00~14:00；）两位当地高档餐饮老将开创了这家令人心醉的可爱咖啡馆，它的早餐无人能及。有机的食材和当地采购的肉类令它更胜一筹，而外带三明治是徒步者的路上美餐。

Brown Dog Pizza 比萨 $$

（☎970-728-8046；www.browndogpizza.net；10 E Colorado Ave；比萨 $10~22；11:00~22:00）比萨？它的饼皮的确够薄，味道也不错，但真正让这个地方精彩起来的是食客。你来到酒吧原本只是打算吃一片比萨再喝上一品脱廉价啤酒，可10分钟后就会对本地的一切了然于胸。这是这一带最经济实惠的餐饮之一。

New Sheridan Bar 酒吧

（☎970-728-3911；www.newsheridan.com；231 W Colorado Ave；17:00至次日2:00）这里有着真正的地方风味，而且总少不了互相打量的人群。在矿产财富逐渐减少的年代，毗邻的酒店都已经靠抛售吊灯来支付账单了，这类最古老的酒吧却仍生存至今。试试在墙上寻找弹孔。

There 鸡尾酒吧

（☎970-728-1213；http://therebars.com；627 W Pacific Ave；开胃菜$4起；周一至周五 17:00至午夜，周六和周日 10:00~15:00）一个提供鸡尾酒和小吃的时髦社交地，还提供周末早午餐。对于胃口较大的食客，提供可分享的主食。食物在这里实现了东西结合：美味生菜卷、鸭肉拉面和生鱼片玉米饼，搭配原味奶昔。我们喜爱青辣椒之吻（jalapeño kiss）。

娱乐

Fly Me to the Moon Saloon 现场音乐

（☎970-728-6666；132 E Colorado Ave；15:00至次日2:00）当这里的现场乐队奏响旋律时，请彻底放松，让足尖轻点。这是特柳赖德欣赏现场音乐的最佳地点。

Sheridan Opera House 剧院

（☎970-728-4539；www.sheridanoperahouse.com；110 N Oak St；）这个历史悠久的场地是特柳赖德的文化生活中心，有种谐趣的魅力。

实用信息

游客中心（☎888-353-5473，970-728-3041；www.telluride.com；398 W Colorado Ave；9:00~17:00）

到达和离开

从市中心沿Hwy 145往东5英里就是**特柳赖德机场**（Telluride Airport；☎970-778-5051；www.tellurideairport.com；Last Dollar Rd），在一个平顶山上，有通勤班机出入。如果天气不好，班机可能转飞朝北65英里外的蒙特罗斯（Montrose）。National和Budget在机场都有租车服务点。

在滑雪季节，蒙特罗斯区域机场（Montrose Regional Airport）有直航班机往返丹佛（联合航空）、休斯敦、菲尼克斯和东海岸几个特定城市。**Telluride Express**（☎970-728-6000；www.tellurideexpress.com）提供从特柳赖德机场到市区或山区村庄的共享班车，收费$15。蒙特罗斯机场和特柳赖德之间的车费$50。

弗德台地国家公园 (Mesa Verde National Park)

弗德台地国家公园笼罩着神秘的色彩，园内的崖居和青翠岩壁令人着迷，甚至有点怪诞。正是在这里，一个似乎在公元1300年前就消失的古老印第安文明却遗留下了复杂的悬崖民居文化，其中有些稍加攀爬就可抵达。弗德台地公园之所以独特，正在于它专注地维护这些文明的遗存，让后人可以继续解读这令人费解的设计以及这一区域遭遗弃的原因。

弗德台地绝对值得花上一天或更长的时间慢慢探索。护林员将带你游览悬崖宫殿（Cliff Palace）和阳台房子（Balcony House），探索韦德利尔台地（Wetherill Mesa）或参加一场篝火晚会。不过，如果你只有走马观花的时间，就去查宾台地博物馆（Chapin Mesa Museum）吧，你可以步行穿过云杉树屋（Spruce Tree House），在那里爬下木梯进入阴凉的基瓦会堂（kiva；举行仪式的建筑，通常有部分空间在地底下）。

> **不 要 错 过**
>
> ### 特柳赖德的精彩户外活动
>
> 没错，节庆是非常棒，但特柳赖德夏天的精彩绝不止于此。
>
> **山地自行车**
>
> 首先沿着River Trail从城市公园到Hwy 145，路程2英里。接着进入德士古（Texaco）加油站西面的**Mill Creek Trail**，道路顺山脉轮廓爬升，最终抵达Jud Wiebe Trail（这条路仅限徒步者通行）。
>
> **徒步**
>
> 仅仅在2英里的路程后，**Bear Creek Trail**就爬升1040英尺，来到了一个美丽的瀑布。从这里可以进入难度较高的**Wasatch Trail**，这是一条12英里的环线，向西越过高山到达特柳赖德最美丽的**新娘面纱瀑布**（Bridal Veil Falls）。Bear Creek的步道入口在Pine St南端，横跨圣米格尔河（San Miguel River）。
>
> **骑车**
>
> 经过一趟31英里（单程）的旅程，在**蜥蜴头山口**（Lizard Head Pass）能看到壮观绝伦的山脉全景。

景点和活动

查宾台地博物馆 博物馆

（Chapin Mesa Museum；☎970-529-4475；www.nps.gov/meve；Chapin Mesa Rd；门票含停车费；⏲4月至10月中旬 8:00~18:30，10月中旬至次年4月 8:00~17:00；Ⓟ🚻）一个开始旅程的好地方，有细致的立体模型及与公园有关的展品。周末公园管理处关闭时，博物馆的工作人员将为游客提供信息。

查宾台地 考古遗址

（Chapin Mesa）查宾台地里有最大的早期印第安村庄遗址，你会看到密密麻麻聚集的**瞭望点**（Far View Site）和大型**云杉树屋**（Spruce Tree House），这里铺设了半英里的往返道路，是最容易前往的遗址景点。

如果你想参观**悬崖宫殿**（Cliff Palace）或**阳台房子**（Balcony House），唯一的方式是参加长达1小时的护林员导览团，需在游客中心提前预订（$3）。这个行程非常热门，早上早点到，或前一天就预订好。参观阳台房子需爬上32英尺及60英尺的阶梯。若有健康问题就应放弃这个行程。

韦德利尔台地 考古遗址

（Wetherill Mesa）这是第二大的遗址群。游客可以进入加固过的表面场地和两处崖居，其中包括**长屋**（Long House），从5月下旬开放至8月。从公园管理处往南，6英里长的**Mesa Top Road**不但连接已发掘的台地遗址，还可通往部分崖居，对于不能涉足的崖居，则可从台面边缘参观。

★阿拉马克弗德台地旅游公司 徒步

(Aramark Mesa Verde; ☎970-529-4421; www.visitmesaverde.com; 成人 $42~48)这些获得园区特许经营的野外护林员导览团值得强力推荐。野外徒步团总是很快就满额，因为他们在5月到10月中旬间独家提供**Square House**(徒步1英里)和**Spring House**(8小时徒步8英里)的项目，每天都以非常个性化的行走方式来发掘这些凹洞房子、悬崖住宅和**云杉树屋**(Spruce Tree House)。仅提供网上购票。

食宿

附近的城镇科尔特斯和曼科斯(Mancos)提供大量的中档住宿，公园内有露营地和小屋。

Morefield Campground 露营地 $

(☎970-529-4465; www.visitmesaverde.com; North Rim Rd; 帐篷/房车营地 $29/37; ⏲5月初至10月; 🐾)豪华露营者将会喜欢这里附带两张小床和一个提灯的大帆布帐篷。公园里的这处露营地距离入口4英里，还有445个普通的草地帐篷点，靠近莫菲尔德村(Morefield Village)，交通便利。村里有百货商店、加油站、餐馆、免费淋浴和洗衣房。从阵亡将士纪念日(5月)到劳动节(9月)的晚上，莫菲尔德营地露天剧场(Morefield Campground Amphitheater)都会举行免费篝火晚会活动。

Far View Lodge 度假屋 $$

(☎970-529-4421, 免费电话800-449-2288; www.visitmesaverde.com; North Rim Rd; 房$115~184起; ⏲4月中旬至10月; P ⊖ ❄)位于台地公园入口内15英里处，这个雅致的印第安风格旅馆有150间客房，部分带基瓦壁炉。标准间没有空调，也没有电视，夏季白天可能很热。升级到西南风格的基瓦房间还是值得的，房间有阳台、铜水槽和明亮图案的毛毯。每晚额外支付$10的费用就可以带狗来。

Far View Terrace Café 咖啡馆 $

(☎970-529-4421, 免费电话800-449-2288; www.visitmesaverde.com; North Rim Rd; 菜肴$5起; ⏲ 5月至10月中旬 7:00~10:00, 11:00~15:00及17:00~20:00; ✎ 👪)咖啡馆就在Far View Lodge里，这个自助服务的地方提供价格合理的餐饮。千万不要错过特制的纳瓦霍卷饼(Navajo Taco)。

Metate Room 新派美国菜 $$$

(☎800-449-2288; www.visitmesaverde.com; North Rim Rd; 主菜 $15~28; ⏲ 全年 17:00~19:30, 及4月至10月中旬 7:00~10:00; ✎ 👪)🌿这家位于Far View Lodge的创新餐厅拥有迷人的景色，提供创新的本地风味菜肴，包括肉桂辣椒猪肉、麋鹿牧羊人馅饼和裹满了松子的鳟鱼。还有本地科罗拉多啤酒可以享用。

实用信息

公园入口紧邻US 160，位于科尔特斯到曼科斯的中间。2012年刚设立的**弗德台地旅客及研究中心**(Mesa Verde Visitor and Research Center; ☎800-305-6053, 970-529-5034; www.nps.gov/meve; North Rim Rd; ⏲ 6月至9月上旬 8:00~19:00, 9月上旬至10月中旬 8:00~17:00, 10月中旬至次年5月关闭; 👪)位于入口附近，提供公园的最新消息和关闭的信息(许多地区在冬季关闭)。出售壮观的悬崖宫殿或阳台房子团队游的门票($3)。

杜兰戈 (Durango)

杜兰戈是个典型的老科罗拉多矿镇，是这个地区的宠儿，一切美好的东西都不缺。优美的酒店、维多利亚时代的酒馆和林荫道上沉睡的平房，都在召唤你骑上自行车，去沉醉其中。户外活动很多。杜兰戈正身处它散漫滑稽的过去和冷静尖端的未来之间，townie自行车、咖啡馆和农贸市场主宰着这里。

精品店、酒吧、餐馆和剧院都集中在历史悠久的市中心。美食家会迷醉于此，创新的有机和本土"鲜食主义"造就了全州内最好吃的食物。而有趣的画廊和现场音乐，再加上轻松融洽的文化氛围，也使它成为极佳的旅游地。

活动

山地自行车 骑车

从陡峭的自行车单行道到悠闲迷人的景观道，杜兰戈拥有全国最好的山地骑行条件。Old Railroad Grade Trail是一段12.2英里的环线，途中有两段是US Hwy 160和一条沿着旧铁轨的土路，难度很低。从杜兰戈出发，沿Hwy 160往西穿过金星镇(Hesperus)，右转进入樱桃溪野餐区(Cherry Creek Picnic Area)的车道起点。若想尝试难度较高的车道，可考虑Dry Fork Loop，从小镇西边的Lightner Creek启程。这里地势起伏较大，有盲点角落和植物。可在Main Ave或Second Ave的自行车店租用山地自行车。

★ 杜兰戈和西尔弗顿窄轨铁路 火车游

(Durango & Silverton Narrow Gauge Railroad; ☎970-247-2733，免费电话 877-872-4607; www.durangotrain.com; 479 Main Ave; 成人/儿童往返$85/51起; ⏲发车时间 8:00、8:45、9:30; 👪)搭乘杜兰戈和西尔弗顿窄轨铁路是杜兰戈之旅必不可少的行程。复古的蒸汽机车向北穿越45英里的美景前往西尔弗顿(单程3.5小时)，这段道路已有125年的历史。在这令人目眩神迷的旅程中，有2小时的时间可游览西尔弗顿。行程只在5月至10月开放，关于冬季项目可查询网站。

Durango Mountain Resort 雪上运动

(☎970-247-9000; www.durangomountainresort.com; 1 Skier Pl; 缆车票 成人/儿童 $75/45起; ⏲11月中旬至次年3月; 👪)这里也被称为Purgatory(炼狱)，雪场位于沿US 550公路向北25英里处，占地1200英亩，提供不同难度的滑雪道，每年降雪量多达260英寸。在两个地形公园里，单板滑雪者有大把机会尝试大跳(catch big air)。到当地杂货店和报纸上找找促销和买一送一的缆车票。

住宿

Hometown Hostel 旅舍 $

(☎970-385-4115; www.durangohometownhostel.com; 736 Goeglein Gulch Rd; 铺 $28; ⏲前台 15:30~20:00; P @ 📶)这座郊区风格的房子是一流的旅舍，坐落在通往大学的盘山公路旁，紧挨着一条便利的自行车道。与其他背包旅舍相比较，这里档次更高一些，提供床单、毛巾、储物柜和Wi-Fi。旅舍有两个单一性别宿舍和一个较大的混合宿舍，公用厨房和休息区非常棒。住得越久，房价越便宜。

Adobe Inn 汽车旅馆 $

(☎970-247-2743; www.durangohotels.com; 2178 Main Ave; 双 $84; ⊖ ❄ @ 📶)这个友善的汽车旅馆在当地被评为最物有所值的住宿，旅馆提供干净适宜的房间和友好的服务。如果深夜到达，你还可能说服他们给你最优惠的房价。看看他们的杜兰戈小费表。

★ Rochester House 酒店 $$

(☎970-385-1920，免费电话800-664-1920; www.rochesterhotel.com; 721 E 2nd Ave; 双 $169~229; ⊖ ❄ 📶)受到老西部的影响(电影海报和装饰走廊的灯光)，位于新西部地区的Rochester House有点旧好莱坞的情调。这家酒店与街对面更小的住宿Leland House有联系，所有客人均在那里办理入住手续。两处的客房都很宽敞，但略显破旧，其中一些带有小厨房。不过，令人无法抗拒的是超酷的townie牌自行车，可供客人在小镇溜达时使用。宠物房能直通屋外。

Strater Hotel 酒店 $$$

(☎970-247-4431; www.strater.com; 699 Main Ave; 双 $197~257; ⊖ ❄ @ 📶)过去的时光仍鲜活地保存在这家历史悠久的杜兰戈酒店里，内有胡桃木古董、手工钢印壁纸，以及斯特拉迪瓦里小提琴(Stradivarius)和镀金Winchester猎枪等文物。但我们要夸赞的是友善的工作人员，他们总是竭尽所能解决客人的问题。客房倾向于浪漫风格，比如满目的古董、水晶、蕾丝装饰的房间和舒适的床。热水浴池更是为浪漫加分(按钟点预留)，而酒店夏季演出的音乐剧(戏剧)也有同样的功效。冬季房价下降超过50%，非常划算。可上网查询。

餐饮

杜兰戈是个梦幻般的用餐地点，最棒的是有机和本地出产的食品。当地餐饮指南(可从大多数宿舍和游客中心取得)会列出所有选择。自酿啤酒也不少。

Homeslice 比萨餐厅 $

(☎970-259-5551; http://homeslicedelivers.com; 441 E College Ave; 每片 $4; ⏲11:00~22:00)当地人挤进这个朴实无华的比萨店就为了有着起泡饼底的厚馅饼，再配上是拉差辣酱。餐厅有露台座位，也提供无麸饼皮馅饼和沙拉。

Durango Diner 美式小餐馆 $$

(☎970-247-9889; www.durangodiner.com; 957 Main Ave; 主菜 $7~18; ⏲周一至周六6:00~14:00，周日 6:00~13:00; ✎ 👪)在这个可爱

的小饭馆里不仅享有开阔的视野，还有大盘的鸡蛋、巨大的墨西哥卷饼和法式吐司可吃。这是一个本地机构。

Jean Pierre Bakery 法国菜、面包房 $$

（☎970-247-7700; www.jeanpierrebakery.com; 601 Main Ave; 主菜 $9~22; ⏰8:00~21:00; ）这家法式糕点店出售现做现卖的诱人美味，价格不便宜。不过，午市的三明治加汤的套餐还附带一份奢华的法式甜点（我们推荐黏软的山核桃卷），相当合算。

East by Southwest 创意菜、寿司 $$

（☎970-247-5533; http://eastbysouthwest.com; 160 E College Dr; 寿司 $4~13，主菜 $12~24; ⏰周一至周六 11:30~15:00, 17:00~22:00，周日 17:00~22:00; ）灯光昏黄但充满活力，这家餐厅是当地人的最爱。跳过常规标准，直接试试那些让人战栗的美食吧：生鱼片配青辣椒、芒果蜂蜜芥末卷。鱼很新鲜，来源确保可持续性。涉猎颇广的创意菜单里还有泰国、越南和印度尼西亚菜肴，搭配新意十足的马提尼酒和清酒鸡尾酒。想吃得便宜，就直击欢乐时光的特供菜（17:00~18:30）。

Steamworks Brewing 自酿酒吧

（☎970-259-9200; www.steamworksbrewing.com; 801 E 2nd Ave; 主菜 $10~15; ⏰周一至周四 11:00至午夜，周五至周日 11:00至次日2:00）这个工业微型自酿酒吧有着高坡椽木和金属管道，DJ和现场音乐让室内热度直升。大酒吧区里挤满了大学生，但还有一个单独的餐厅供应路易斯安那风味的菜肴。

Diamond Belle Saloon 酒吧

（☎970-376-7150; www.strater.com; 699 Main Ave; ⏰11:00至深夜; ）位于历史悠久的Strater Hotel的一个喧闹角落，这个优雅的老式酒吧里有女招待穿着复古的维多利亚式装束，室内装潢着微光闪烁的渔网，现场演奏的拉格泰姆音乐吸引着外来的旅行者——无座区域只在欢乐时光（每日16:00~18:00）开放。食物不怎么样。

实用信息

游客中心（☎800-525-8855; www.durango.org; 111 S Camino del Rio）位于小镇南面，US 550的Santa Rita出口处。

到达和当地交通

杜兰戈-拉普拉塔县机场（Durango-La Plata County Airport, DRO; ☎970-247-8143; www.flydurango.com; 1000 Airport Rd）位于杜兰戈西南18英里处，可经US 160和Hwy 172前往。**灰狗巴士**每日从**杜兰戈巴士中心**（Durango Bus Center; ☎970 259 2755; 275 E 8th Ave）发车，北到大章克申，南至新墨西哥州的阿尔布开克（Albuquerque）。

到**Durango Transit**（☎970-259-5438; www.getarounddurango.com）查询当地旅游信息。杜兰戈的巴士都配置有自行车架。环行主街的红T班车免费。

杜兰戈位于US 160和US 550的交会处，在科尔特斯以东42英里、帕戈萨斯普林斯（Pagosa Springs）以西49英里、阿尔布开克以北190英里。

西尔弗顿（Silverton）

四面环绕着白雪皑皑的山峰，伴随着煤烟气的烂俗矿镇故事，与本土48州比起来，西尔弗顿似乎更适合出现在阿拉斯加，但它就在这里。无论你想玩雪地摩托、粉雪滑雪、飞钓、喝桶装啤酒，还是单纯想沉醉在高海拔的阳光中，西尔弗顿都能满足。

这是一个双街镇，但只有一条铺了柏油路面。大多数商业活动都集中在主街Greene St。而名声不佳的Blair St与Greene平行，至今仍保留着泥路本色，在银矿潮时期，这里的妓院和酒馆业相当繁荣。

活动

西尔弗顿在夏天有一些西部最好的四轮驱动车道。开辆改装的敞篷雪佛兰萨博班（Chevy Suburbans）出游如何？**San Juan Backcountry**（☎970-387-5565，免费电话800-494-8687; www.sanjuanbackcountry.com; 1119 Greene St; 2小时团队游 成人/儿童 $60/40; ⏰5月至10月; ）提供团队游和吉普车出租。

食宿

Red Mountain Motel & RV Park 汽车旅馆、露营地 $$

（☎970-382-5512，免费电话 800-970-5512; www.redmtmotelrvpk.com; 664 Greene St; 汽车旅馆 $110起，小屋 $120起，帐篷/房车营地 $22/38; ⏰全年; ）露营者可以尝试这家汽车旅馆兼露营地，可带宠物。全年开放。

Inn of the Rockies at the Historic Alma House 民宿 $$

（☎970-387-5336，免费电话800-267-5336；www.innoftherockies.com；220 E 10th St；房间含早 $109~173；P ⊖ ❄）在这里挥霍浪漫情怀，享受露天温泉浴池和新奥尔良风格的早餐。

Stellar 意大利菜 $$

（☎970-387-9940；1260 Blair St；主菜 $8~20；⊙16:00~21:30；👪）Stellar绝对会是你坐下来用餐的最佳选择，这是一个配有完整的酒吧和桶装啤酒的比萨餐厅，气氛热烈。若千层面还没被抢光，记得点一份来尝尝。

🍷 饮品

★ **Montanya Distillers** 酒吧

（www.montanyadistillers.com；1309 Greene St；主菜 $6~13；⊙12:00~22:00）镇上有相当数量的西部风格沙龙，但最原汁原味的还是Montanya Distillers。那是个会在夏天提供天台座位的漂亮酒吧，异国情调的鸡尾酒里加入自制糖浆和屡获奖项的朗姆酒，还供应有机玉米粉蒸肉和其他美味。

ℹ 到达和离开

西尔弗顿位于杜兰戈以北50英里、乌雷以南24英里处，紧邻US 550。

大沙丘国家公园 (Great Sand Dunes National Park)

大沙丘国家公园（☎719-378-6399；www.nps.gov/grsa；11999 Hwy 150；成人/儿童 $3/免费；⊙游客中心夏天8:30~18:30，其他季节时间较短）不断移动的沙海极富冲击力，让你疑惑是不是已经乘着太空船到了另一个星球。总面积55平方英里的沙丘公园（最高的沙峰与谷底落差700英尺）位于干旱的圣路易斯谷底，夹在基督圣血山和圣胡安山参差错落的14,000英尺山峰之间。

赶在满月日前后去往这个超值的国家公园（$3门票简直太便宜了）游玩吧。准备好物品补给，在游客中心领一张免费的野营许可证，接下来就开始进入超现实的景观中徒步，在荒无人烟的地方安营（多带水）。你不会失望的。

这里有无数的**徒步路径**，如半英里长的**萨帕塔瀑布**（Zapata Falls；美国土地管理局道路编号BLM road 5415），需穿过一个有趣的峡谷（穿防滑的鞋子，你可能得走在积水中）才能抵达。这里总是可以**滑沙**，尽管这项活动比较适合那些会滑雪的人，但你还是可以尝试着坐在滑雪板上溜下沙丘。

最热门的旅游季节是6月，这时梅达诺溪（Medano Creek）还在汩汩流淌，孩子可以兴高采烈地涉水玩耍。一定要带足饮水。在松软的沙土上行走相当困难，沙丘上夏季气温可能超过130°F（54℃）。

🛏 住宿

Pinyon Flats Campground 露营地 $

（☎888-448-1474；www.recreation.gov；Great Sand Dunes National Park；露营点 $20；🐾）位于国家公园里的Pinyon Flats有88个露营点，全年供水。

Zapata Falls Campground 露营地 $

（www.fs.usda.gov；BLM road 5415；露营点 $11；⊙全年；🐾）从这里可以看到令人惊叹的峡谷全景，深藏僻地的萨帕塔瀑布位于南面7英里处，得穿过一段陡峭的3.6英里泥路才能抵达。自备用水。

Zapata Ranch 牧场 $$$

（☎719-378-2356；www.zranch.org；5303 Hwy 150；双 全膳 $300）非常适合骑马爱好者，独此一家的Zapata Ranch坐落在三叶杨树林中，蓄养着役牛和野牛。牧场为大自然保护协会（Nature Conservancy）所有并经营，主要的旅馆部分是经翻新的19世纪木建筑，可远眺沙丘景色。

ℹ 到达和离开

国家公园位于阿拉莫萨（Alamosa）东北约35英里、丹佛以南250英里处。从丹佛沿I-25公路向南接Hwy 160，向西行驶至Hwy 150后北上。没有公共交通。

怀俄明州（WYOMING）

怀俄明州有习习微风、随风摇摆的草和广阔的蓝天，是美国人口最稀少的地方，

怀俄明州概览

别称 平等之州

人口 576,000

面积 97,100平方英里

首府 夏延（人口60,100）

消费税 4%

诞生于此的名人 抽象派画家杰克逊·波洛克（Jackson Pollock；1912~1956年）

发源地/所在地 女性选举权、煤炭开采、间歇泉、狼

政治倾向 完全保守派

著名之处 牛仔竞技比赛、牧场、前副总统迪克·切尼

热门纪念品 杰克逊精品店的毛皮约克带

车程 夏延至杰克逊440英里

荒凉、孤寂。作家安妮·普罗克斯（Annie Proulx）将怀俄明州称为“丛生禾草的世界尽头”，它是位于美国大陆的中心腹地不假，但空旷才是对它最好的注解。

怀俄明州有着悠久的牧场文化，只要看看当地信用合作社里那一排排的Stetsons牛仔帽就知道了。它还是美国的头号煤炭产地，同时也是天然气、原油和钻石产地。怀俄明州非常保守，对工业的依赖让它有时候就像心神不宁的土地管家一样。

荒野可能是上天赐予怀俄明州的最大恩惠。它的西北角是壮丽的黄石国家公园和大蒂顿国家公园。时尚的杰克逊和不断发展的兰德是史诗般的徒步、登山和滑雪基地。要真正体验美国西部的生活，就到拉勒米（Laramine）和夏延的平原牧场小镇去吧。

实用信息

即使走高速公路，行驶距离还是很长，沿途加油站不多且相隔很远。驾驶的危险包括频繁的强烈阵风、快速移动的雪飑，甚至会有能见度极低的暴风雪天气。若天气过于恶劣，公路巡警将关闭整个州际公路直至情况好转。

怀俄明路况（Wyoming Road Conditions；☎307-772-0824，888-996-7623；www.wyoroad.info）

怀俄明州立公园和历史遗迹（Wyoming State Parks & Historic Sites；☎307-777-6323；www.wyo-park.com；门票 $6，历史遗迹 $4，露营点每人 $17）怀俄明州有12个州立公园。可通过网站或电话预订露营地。

怀俄明旅游观光（Wyoming Travel & Tourism；☎800-225-5996；www.wyomingtourism.org；1520 Etchepare Circle）

夏延（Cheyenne）

关于怀俄明州首府和最大城市的描述常常都会提及乡村风味，但夏延更像是好莱坞西部片开机前的模样——就是说，只有到了7月的拓荒节（Frontier Days），才会有牛仔聚集在这里欢闹庆祝。城市位于I-25和I-80交界处，显然是个补给歇脚点。

景点和活动

Cheyenne Gunslingers 牛仔表演

（☎800-426-5009；www.cheyennegunslingers.com；cnr W 15th at Pioneer Ave；⏲周六正午，外加6月周四和周五 18:00，7月周一至周五 18:00、周六正午；👪）免费 一个非营利组织的演出团体带来的生动鲜活但不完全是老西部的表演，讲述故事主角如何从几乎被吊死到狡猾地越狱的故事。角色包括腐败的法官、微笑的好人，当然，还有卑鄙的小人。

拓荒老西部博物馆 博物馆

（Frontier Days Old West Museum；☎307-778-7290；www.oldwestmuseum.org；4601 N Carey Ave；成人/儿童 $10/5；⏲夏季 周一至周五 8:00~18:00、周六和周日 9:00~17:00，冬季 周一至周五 9:00~17:00、周六和周日 10:00~17:00）与过去的开拓者不期而遇，参观在I-25公路12出口充满生命力的拓荒老西部博物馆。这里陈列着值得回味的牛仔竞技赛的物品，从马鞍到奖杯都有。如需语音导览可致电☎307-316-0071。

节日和活动

★夏延拓荒节 牛仔竞技

（Cheyenne Frontier Days；☎1-800-227-6336；www.cfdrodeo.com；4501 N Carey Ave；门票免费至$32；⏲7月；👪）如果你从没见过摔跤手跳跃的动作，这项非常西部的活动势必给你留下深刻的印象。这是怀俄明州最大的庆祝活动，7月下旬开始，共10天，内容涵盖牛仔

竞技、音乐会、舞蹈、空中表演和辣椒烹饪竞赛。免费项目包括早上的"暖场"牛仔竞技表演、煎饼早餐和游行。此外还有艺术品拍卖和"印第安村庄"。

食宿

在拓荒节期间前往一定要预订，届时方圆50英里内的所有花销都会增加两倍，所有地方都人满为患。预订请浏览www.cheyenne.org/availability。最便宜的汽车旅馆在喧闹的Lincolnway（I-25 9出口）上。

Nagle Warren Mansion Bed & Breakfast 民宿 $$

（307-637-3333；www.naglewarrenmansion.com；222 E 17th St；房间含早 $155起；）这个奢华的住宿简直令人难以置信。它位于一个快速发展的时尚社区内，建于1888年的老房子里装饰着19世纪后期的本地区古董。宽敞而优雅的大厦里有一个热水浴池和一间藏在角楼里的阅读室，甚至有经典的1954年Schwinn自行车供住客骑行游览。老板Jim对当地历史了如指掌，很乐于与住客分享。

隔壁的画廊非常棒，值得一游。

Tortilla Factory 墨西哥菜 $

（715 S Greeley Hwy；主菜 $3~10；周一至周六 6:00~20:00，周日 8:00~17:00）一家美味的墨西哥酒吧，提供售价仅$1.50的自制玉米粉蒸肉和道地的经典菜肴，如碎牛肉玉米饼和墨西哥煎蛋。

Shadows Pub & Grill 自酿酒吧 $

（Depot Station；主菜 $8~15；周一至周四 11:00~23:00，周五和周六 11:00至次日1:00，周日 11:00~21:00）这里的气氛很好，帅气的砖造酒吧在19世纪60年代时是联合太平洋公司（Union Pacific）的车库。食物相当一般，但露台座位很多，足以让客人一边感受明媚的阳光，一边享用优质的桶装自酿啤酒。

购物

Boot Barn 服装、纪念品

（1518 Capitol Ave；周一至周六 9:00~21:00，周日 9:00~18:00）如果你渴望拥有Stetson牛仔帽、水钻皮带扣或正宗的牛仔靴，别再到处瞎转了，这里就是最佳的购物地点。这个西部服装中心里有满满的宝藏等待你来发掘。

实用信息

夏延游客中心（Cheyenne Visitor Center；307-778-3133；www.cheyenne.org；1 Depot Sq；周一至周五 8:00~19:00，周六 9:00~17:00，周日 11:00~17:00，冬季周末关闭）资源很丰富。

到达和当地交通

夏延机场（Cheyenne Airport, CYS；307-634-7071；www.cheyenneairport.com；200 E 8th Ave）每天都有航班飞往丹佛。灰狗巴士由**Black Hills Stage Lines**（307-635-1327；www.blackhillsstagelines.com；5401 Walker Rd）发车，每日开往蒙大拿州比灵斯（$84，9.5小时）、科罗拉多州丹佛市（$31，2.75小时）及其他目的地。

平日里，**Cheyenne Transit Program**（307-637-6253；成人$1，6至18岁 75¢；服务 周一至周五 6:00~19:00，周六 10:00~17:00）经营6家本地巴士路线。**Cheyenne Street Railway Trolley**（800-426-5009；121 W 15th St；成人/儿童 $10/5；5月至9月）也开设市区的巡游项目。

拉勒米（Laramie）

拉勒米是州内唯一一所4年制大学的所在地，既时髦又喧闹，拥有大多数怀俄明州草原城镇已失落的氛围。这座小小的历史城镇有着生动迷人的两层砖楼建筑群，占据了5个街区，建筑上的手绘标志和铁轨壁画值得一探究竟。

关于文化游览，可至怀俄明大学校园内新建的**地质博物馆**（Geological Museum；307-766-2646；www.uwyo.edu/geomuseum；Hwy 287 at I-80；周二至周五 10:00~16:00，周六和周日 10:00~15:00）免费，那里的恐龙化石收藏令人印象深刻，包括雷克斯霸王龙的化石。如果带着孩子旅行（或童心未泯），可前往**怀俄明边境监狱**（Wyoming Frontier Prison；307-745-616；www.wyomingfrontierprison.org；975 Snowy Range Rd；成人/儿童 $7/6；8:00~17:00；），参观这座特别修复的早期监狱和边陲小镇。

I-80公路的313出口周边有许多便宜的住宿。**Mad Carpenter Inn**（307-742-

0870; madcarpenter.com; 353 N 8th St; 房含早$95~125;) 有花园景观、为人称道的自制燕麦片和3个小而整洁的房间，十分温馨，此外还有一个摆放着台球桌和乒乓球桌的游戏室。位于镇上的**Gas Lite Motel**（307-742-6616; 960 N 3rd St; 房间 $61; ）则以非常媚俗的装饰为卖点（试想一下那些牛仔道具和塑料马匹）来推销其价格实惠和可携宠物入住的客房。

时尚现代的**Coal Creek Coffee Co**（110 E Grand Ave; 主菜 $3~6; 6:00~22:00; ）里有最高级的咖啡，该咖啡馆使用公平贸易（Fair Trade）的咖啡豆，并出品美味的三明治（如蓝纹奶酪和贝罗帕尼尼）。毫无疑问，数英里内最健康的食物出自**Sweet Melissa's**（213 S 1st St; 主菜 $8~10; 周一至周六 11:00~21:00; ），这家餐馆擅长烹制美味的南方风味素食。午餐时分非常拥挤。

说到现场乡村音乐和啤酒，最受欢迎的要数**Old Buckhorn Bar**（307-742-3554; 114 Ivinson St; 周日至周三 9:00至午夜，周四至周六 9:00至次日2:00），这是拉勒米历史最为悠久的酒吧。别忘了到洗手间去看看手工刻画的涂鸦和旧式避孕套自动贩卖机。

拉勒米地区机场（Laramie Regional Airport; 307-742-4164）坐落于小镇以西4英里处，沿I-80号公路至311出口可达。机场每天有飞往丹佛的航班（单程 $98）。**灰狗巴士**（307-742-5188）停靠在**Diamond Shamrock加油站**（1952 Banner Road）。在拉勒米装满你的油缸（和肚皮），因为从I-80号公路朝西，75英里之后才有下一个服务点。

兰德（Lander）

兰德可能是怀俄明最酷的一座小镇（还有很多类似的小镇）。这里离温德河印第安保留区（Wind River Reservation）仅一箭之遥，是一个有着友好自然的山麓氛围的攀岩登山圣地。它也是**国家户外领导学校**（NOLS, National Outdoor Leadership School; www.nols.edu; 284Lincoln St.）的所在地。这是一所著名的户外学校，带队探索世界各地的户外点，在本地主要专注于温德河岭区域（Wind River Range）。

兰德游客中心（Lander Visitor Center; 307-332-3892; www.landerchamber.org; 160 N 1st St; 周一至周五 9:00~17:00）可提供充分的常规信息。有关徒步、露营或爬山，可以到户外器材用品店**Wild Iris Mountain Sports**（307-332-4541; 166 Main St）寻求可靠建议并租赁登山鞋或雪鞋。拿一份他们的当地备忘单。如果你想找城外的单行自行车道，可到**Gannett Peak Sports**（351B Main Street; 周一至周五 10:00~18:00，周日 9:00~17:00）查询。

美丽的**伏流谷州立公园**（Sinks Canyon State Park; 307-332-3077; 3079 Sinks Canyon Rd; 票 $6; 游客中心 6月至8月 9:00~18:00）位于兰德以南6英里处，有一条奇特的地下伏流。河流经过狭窄的峡谷，在波波阿奇河中支游处（Middle Fork of the Popo Agie River），消失于被称为Sink（下沉）的麦迪逊可溶性石灰岩（Madison limestone）中，直至1/4英里之后温暖地返回被称为Rise（上升）的下游水潭中。当地人高度推荐这个风景优美的**露营地**（露营点$17）。

主街上多连锁酒店，但可尝试当地人经营的**Holiday Lodge**（307-332-2511; www.holidaylodgelander.com; 210 McFarlane Dr; 露营每人$10，房间含早$50起; ）。酒店的外观是1961年的样式，但擦洗得锃亮，员工也友好，周到地提供熨斗、卸妆液和针线包等物品。推荐含早餐和淋浴设备的河边露营地。

在长时间旅行或探险后，到**Gannett Grill**（307-332-8227; 128 Main St; 主菜 $6~9; 11:00~21:00）的后院天井好好放松一下吧。这是一个当地机构，你可以从隔壁的**兰德酒吧**（Lander Bar; 307-332-8228; 126 Main St; 主菜 $6~9; 11:00至深夜）买杯自酿啤酒，再回到阴凉的野餐桌旁享用本地牛肉汉堡、松饼薯条和石炉比萨。如果想来点不一样的，就到旁边的**Cowfish**试试，厨师是一样的，但更高档。晚上常常有现场音乐表演。

到**Old Town Coffee**（300 Main St; 7:00~19:00; ）来杯咖啡，可严格依照你喜爱的浓度调制。

Wind River Transportation Authority（307-856-7118; www.wrtabuslines.com）有班车开往杰克逊（$160）及其他地点，可上网查询时刻表。

科迪(Cody)

喧闹的科迪沉醉于其狂野西部的形象。它以传奇的马戏表演者威廉·"水牛比尔"·科迪(William 'Buffalo Bill' Cody)命名。伴随着舞台不断响起的"呀嚯"声，小镇愉快地转播着它过往的故事(提醒你，不一定是完整的)。夏季是旺季，科迪为蜂拥而至的游客准备了相当正宗的老西部秀。大多数旅行者在这里稍作停留后就将前往西面52英里外的黄石国家公园。从科迪出发，通过马鹿谷(Wapiti Valley)前往间歇泉区的这段路程美得无法形容。泰迪·罗斯福总统曾说过这段路是"世界上最美的50英里"。

游客中心(☎307-587-2777; www.codychamber.org; 836 Sheridan Ave; ⏰6月至8月 周一至周六 8:00~18:00，周日 10:00~15:00，9月至次年5月 周一至周五 8:00~17:00)是一个很合理的起点。

科迪的主要景点是非常棒的**水牛比尔历史中心**(Buffalo Bill Historical Center; www.bbhc.org; 720 Sheridan Ave; 成人/儿童 $18/10; ⏰5月至10月 8:00~18:00，11月、3月和4月 10:00~17:00，12月至次年2月 周四至周日 10:00~17:00)。5个博物馆组成了一个庞大的综合中心，展示了西部的一切：从海报、老影片和水牛比尔那世界闻名的狂野西部秀，到展示前沿艺术作品的画廊及陈列着美洲原住民文物的博物馆。德雷珀自然历史博物馆(Draper Museum of Natural History)是了解黄石生态系统的基础导引，提供了有关狼和灰熊等包罗万象的信息。

另一个深受欢迎的项目是**科迪夜间竞技**(Cody Nite Rodeo; www.codystampederodeo.com; 519 West Yellowstone Ave; 成人/7~12岁儿童 $18/8)，从6月至8月，每晚都让人眼花缭乱。

迷人的**Chamberlin Inn**(☎307-587-0202; 1032 12th St.; 双/套 $185/325)提供了一个市区中的优雅隐蔽之地。水牛比尔于1902年亲手建造的**Irma Hotel**(☎307-587-4221; www.irmahotel.com; 1192 Sheridan Ave; 主菜 $8~23; ❄)现在因餐厅而出名——华丽的樱桃木装饰是维多利亚女王留下的礼物。从6月到9月，每天晚上6点都有枪战在酒店前上演。

Silver Dollar Bar(1313 Sheridan Ave; 主菜 $7~12; ⏰11:00~24:00)是一座历史悠久的酒吧，每晚户外露台上都有现场音乐演奏，供应经典美味的汉堡，配有台球桌。

黄石区域机场(Yellowstone Regional Airport, COD; www.flyyra.com)位于科迪以东1英里处，每天都有飞往盐湖城和丹佛的航班。

黄石国家公园(Yellowstone National Park)

黄石国家公园是美国的第一个国家公园，也是怀俄明州的著名游览胜地。各种生物和间歇泉的规模在这里生长壮大。公园里有毛茸茸的灰熊、肥硕的北美野牛以及成群的野狼，集中了美国本土48个州几乎所有神秘莫测的野生动物。另外，这里还拥有世界上近一半的间歇喷泉、美国海拔最高的湖泊以及大量清澈的河流和瀑布——所有这些均坐落于一座巨型超级火山之上。你很快会发现，自己已经邂逅了大自然母亲最无与伦比的杰作之一。

1807年，约翰·柯尔特(John Colter)成了来到此地的第一位白人。当时，这里只居住着图卡迪卡斯族人(Tukadikas，又称"食羊者")，他们属于肖肖尼班诺克族(Shoshone Bannock)，以狩猎大角羊为生。柯尔特写的有关间歇泉和沸腾的泥浆洞(一开始时认为是荒诞的吹牛故事)的报告为当地带来了巨大的探险和旅游利益，并得到了铁路大亨的积极投资。黄石国家公园始建于1872年(是世界上第一个国家公园)，旨在保护该区域独特的地理景观，包括地热现象、化石森林和黄石湖(Yellowstone Lake)。

公园占地3472平方英里，被分为5个不同的区域，从北沿顺时针方向依次是马默斯(Mammoth)、罗斯福(Roosevelt)、峡谷(Canyon)、湖泊(Lake)和间歇泉(Geyser)。

公园的5个主要入口站中只有蒙大拿州加德纳(Gardiner, MT)附近的北门全年开放。其他几处入口通常仅在5月到10月间开放，提供从东北(蒙大拿州库克市，MT)、东(怀俄明州科迪)、南(大蒂顿国家公园)、西(蒙大拿州西黄石镇，MT)各方向的入口。公园的主要道路是142英里长的Grand Loop Rd，沿途风景宜人。

Yellowstone & Grand Teton National Parks
黄石国家公园和大蒂顿国家公园

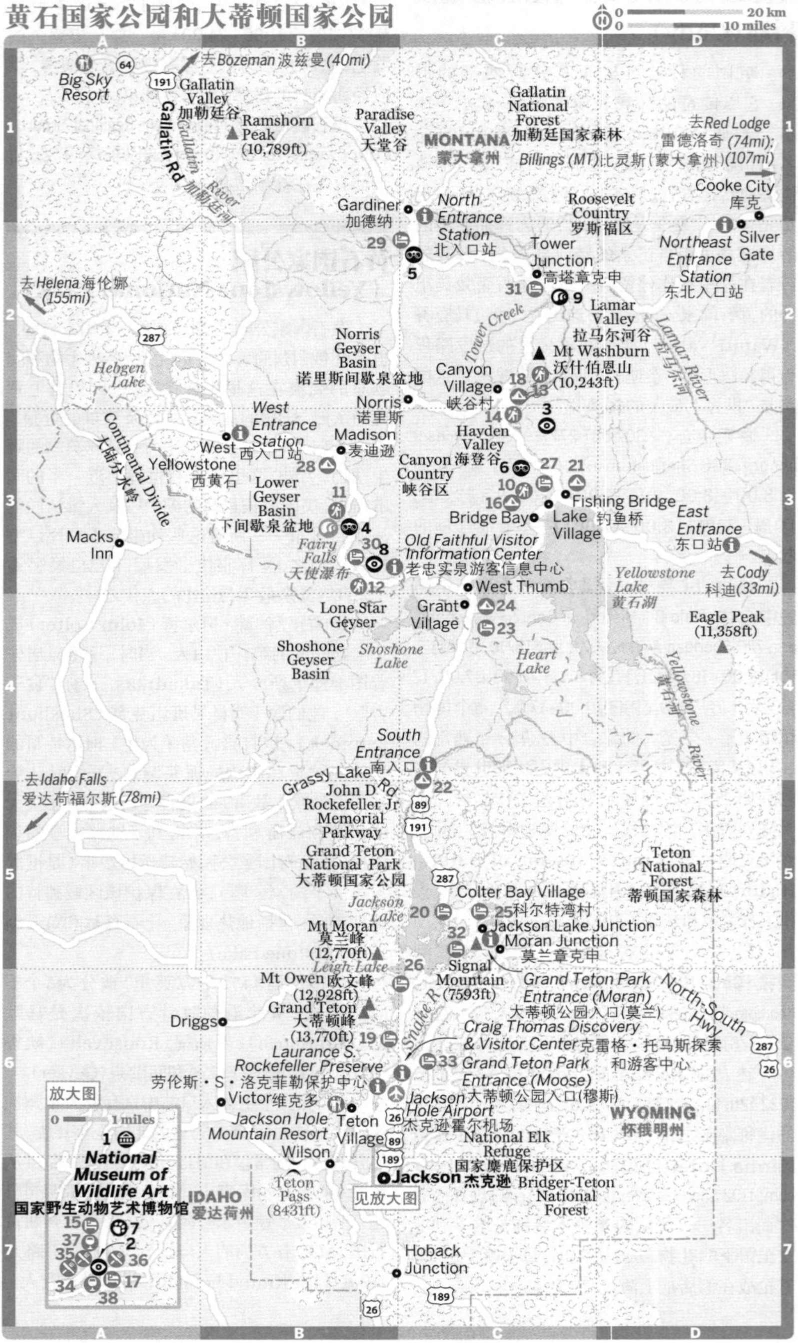

Yellowstone & Grand Teton National Parks
黄石国家公园和大蒂顿国家公园

重要景点
1 国家野生动物艺术博物馆 A6

景点
2 艺术中心 A7
3 黄石大峡谷 C3
4 大棱镜温泉 B3
5 猛犸温泉 C2
6 泥火山 C3
7 国家麋鹿保护区 A7
8 老忠实泉 B3
9 高塔瀑布 C2

活动、课程和团队游
10 Elephant Back Trailhead C3
11 Fairy Falls Hiking Trail B3
12 Lone Star Geyser Trailhead B3
13 Mt Washburn Trail C2
14 South Rim Trail C3

住宿
15 Alpine House A7
16 Bridge Bay Campground C3
17 Buckrail Lodge A7
18 Canyon Campground C2
Canyon Lodge & Cabins ....（见18）
19 Climbers' Ranch B6
20 Colter Bay Village C5
21 Fishing Bridge RV Park C3
22 Flagg Ranch Resorts C5
23 Grant Village C4
24 Grant Village Campground C4
25 Jackson Lake Lodge C5
26 Jenny Lake Lodge C6
Lake Lodge Cabins （见27）
27 Lake Yellowstone Hotel C3
28 Madison Campground B3
29 Mammoth Hot Springs Hotel & Cabins C2
30 Old Faithful Inn B3
Old Faithful Lodge Cabins ....（见30）
Old Faithful Snow Lodge ....（见30）
31 Roosevelt Lodge Cabins C2
32 Signal Mountain Lodge C5
33 Spur Ranch Log Cabins C6

就餐
34 Bubba's Bar-B-Que A7
35 Coco Love A7
Lake Yellowstone Hotel Dining Room ....（见27）
Mural Room ....（见25）
Old Faithful Inn Dining Room ....（见30）
Peaks ....（见32）
Pioneer Grill ....（见25）
36 Snake River Grill A7

饮品和夜生活
37 Million Dollar Cowboy Bar A7
38 Snake River Brewing Co A7

景点和活动

坐在Old Faithful Inn的门廊上，手捧一杯鸡尾酒，等待着间歇泉老忠实泉（Old Faithful）喷发，这就足够惬意了。不过，这里还有许多其他活动能让你动起来，比如登山、徒步、划船和飞钓。大部分的公园路径未经修整，但这些道路和步道都对越野滑雪开放。

黄石公园被分成5个不同的区域，每个区域都有其独特的魅力。进入国家公园时，你会得到一张基本的地图和公园报刊，里面详细介绍了由护林员带领的非常棒的讲座与步行活动（值得参加）。所有游客中心都设有问询处，公园管理员将根据你的喜好提出徒步建议，从景色一流的拍照点到观熊的时机，无所不包。

间歇泉区
间歇泉、徒步

（Geyser Country）公园内地热资源极度密集，在总共250个奇特的间歇泉中，有180个位于上间歇泉盆地（Upper Geyser Basin）。其中，最有名就是**老忠实泉**（Old Faithful），它大约每隔1.5小时就会喷出3700~8400加仑的水，喷射高度可达100~180英尺。如果只是想随处走走，请在全新的游客中心查询间歇泉的预计喷发时间，然后沿着上间歇泉环线（Upper Geyser Loop）周围的平坦木栈道上散步。公园最美丽的地热景观是中间歇泉盆地（Midway Geyser Basin）里的**大棱镜温泉**（Grand Prismatic Spring）。火洞河（Firehole River）和麦迪逊河（Madison River）是钓鱼和观赏野生动物的最佳地点。

避开人群

黄石国家公园这一奇妙仙境在每年7、8月间人流量可达每日3万人次，全年参观人次超过300万。为了避开拥挤的人群，不妨参考以下建议：

- 在5月、9月或10月前往，天气宜人，游人也较少。要不就干脆冬天去（12月末至次年3月）。
- 选择一条荒野路径就可以避开95%的人群。到偏远的露营地点（需申请许可证）扎营，就可以避开99%的人群。
- 仿效野生动物，抓紧利用凌晨后黄昏前的黄金时光。
- 打包午餐到公园众多风景优美的野餐区享用，晚一点（21:00后）再到度假屋吃晚餐。
- 提前几个月预订公园内的住宿，至少提前一天预订营地。

马默斯区

间歇泉、徒步

(Mammoth Country)地热平台、**马默斯**历史区成群的麋鹿和**诺里斯间歇泉盆地**(Norris Geyser Basin)的温泉，马默斯区因此而闻名，也因此成为北美最反复无常、已知最古老的持续活跃地热区。加勒廷山脉(Gallatin Range)群峰崛起，向西北绵延开去，俯瞰着脚下这片区域的湖泊、溪流和数不清的徒步路径。

罗斯福区

徒步

(Roosevelt Country)化石森林、摄人心魄的拉马尔河谷(Lamar River Valley)和拉马尔河的鳟鱼支流、**高塔瀑布**(Tower Falls)以及阿布萨罗卡山脉(Absaroka Mountains)陡峭的山峰都是罗斯福区的亮点。这是公园内最偏远、美丽且开发程度低的地区。几条不错的徒步路径始于**高塔章克申**(Tower Junction)附近。

峡谷区

瞭望台、徒步

(Canyon Country)由各徒步路径串连起来的一系列瞭望台越发凸显了雄伟多姿的黄石大峡谷(Grand Canyon)和它那摄人心魄的**下瀑布群**(Lower Falls)。South Rim Dr通往峡谷里最壮观的观景点——**艺术家之角**(Artist Point)。**泥火山**(Mud Volcano)是峡谷区内的主要地热区。

湖泊区

湖泊、划船

(Lake Country)**黄石湖**(Yellowstone Lake)是湖泊区的核心景区，也是世界上最大的高山湖之一。这片水之荒野中有许多火山岩滩，最适合划船或乘海上皮艇探索。人迹罕至、白雪皑皑的阿布萨罗卡岭(Absaroka Range)位于黄石湖的东边和东南方向，将本土48个州中最荒芜的土地隐藏起来，是徒步旅行或骑马的好地方。

徒步路径

徒步

徒步者可以沿着总长达1100英里的徒步路径的90多个入口去深入探索黄石公园的偏远地区。过夜旅行需要在游客中心和护林站办理免费的许可证。有300处指定地点允许露营，其中60%可以通过邮件预订。提前3天以上预订需缴纳$25。

经过一番激烈争论，我们终于选出了以下5处最喜欢的一日游徒步路线。

Lone Star Geyser Trail

适合家庭徒步或骑行，只要沿着一条老便道走下去，就能找到一处每3小时喷发一次的间歇泉。起点位于老忠实泉地区东南方向的开普勒瀑布(Kepler Cascades)停车场区域(5英里长，很好走)。

South Rim Trail

一条条相互连通的路径围绕着黄石大峡谷边缘，沿着它们经过下黄石瀑布，到达风景优美的艺术家之角，然后再到睡莲叶湖(Lily Pad Lake)，最后穿过地热区和克利尔湖(Clear Lake)回到汤姆叔叔(Uncle Tom)的路径入口处(3.5英里长，很好走)。

沃什伯恩山 (Mt Washburn)

这是从邓雷文山口(Dunraven Pass)入口处到山顶防火塔的一条相当难走的上坡路，登顶后可以360度欣赏公园全景，还能看到附近的大角羊(6.4英里长，中等难度)。

象背山 (Elephant Back Mountain)

从Lake Hotel附近出发，向上攀爬800英尺后，就能俯瞰黄石湖的全景（3.5英里长，中等难度）。

仙女瀑布（Fairy Falls）

爬过一条小径就可以俯瞰壮观的大棱镜温泉的全景，然后徒步穿越扭叶松林到达瀑布，再往下走就是美丽的帝国间歇泉（Imperial Geyser；6英里长，很好走）。

骑车 骑车

你可以在公共道路和一些指定便道上骑车，但不要闯到在野外路径上去。最适合骑行的季节是4月到10月，那时路上一般没有积雪。从3月中旬到4月中旬，马默斯至西黄石（Mammoth-West Yellowstone）的道路不允许机动车通行，但对自行车开放，这为游客提供了一段漫长但轻松的骑行道路。

Yellowstone Raft Company 探险游

（☎800-858-7781；www.yellowstoneraft.com；半日游成人/儿童 $40/30）在蒙大拿州的公园边界北边，黄石河流过扬基金峡谷（Yankee Jim Canyon），激浪欢腾奔涌。这家公司自5月下旬开始提供一系列带导游的加德纳冒险之旅。

住宿

公园里的住宿包括国家公园管理局（NPS）和私人经营的营地、小屋、度假屋和酒店。夏季投宿须预订。请联系获得公园特许的Xanterra（☎307-344-5395；www.yellowstonenationalparklodges.com）预订露营地、小屋或度假屋。

科迪、加德纳和西黄石也有许多住宿选择。

性价比最高的住处是由国家公园管理局运营的7处露营地（露营点$15~20起），分别位于马默斯区（露营地 $14；全年）、高塔瀑布、印第安溪（Indian Creek）、小石溪（Pebble Creek）、沼泽溪（Slough Creek）、诺里斯（Norris）和刘易斯湖（Lewis Lake），先到先得。Xanterra还运营着另外5处露营地（见下文；接受预订；每晚 $20~45），所有露营地都配有冷水浴室、抽水马桶和饮用水。钓鱼桥（Fishing Bridge）的露营地有房车营地。

Xanterra经营的小屋、酒店和度假屋遍布公园各地，于5月或6月至10月期间开门营业。Mammoth Hot Springs Hotel和Old Faithful Snow Lodge例外，它们在12月中旬至次年3月期间也照常经营。这些酒店都是无烟区，也没有空调或电视。提供Wi-Fi的地方对此另行收费。

Bridge Bay Campground 露营地 $

（露营点$21）位于黄石湖西岸附近，适合划船，有425个帐篷及房车露营点。

Canyon Campground 露营地 $

（露营点$25.50）位于公园中心，附近有收

熊与野牛漫步之野

除了灰熊、黑熊、驼鹿和野牛等大型哺乳动物，黄石公园也是麋鹿、叉角羚羊和大角羊的栖息地。狼群在1996年放归国家公园后就成为其中的一分子，但现在在公园范围外的地方猎狼是合法的。上个世纪末，由于狩猎和人类的侵占，原产于该地区的狼和野牛几乎濒临灭绝。如今虽然数目逐渐恢复，但只要将它们从濒危物种名单中摘除，就意味着它们在公园外仍可能被猎杀。

在黄石湖和峡谷村（Canyon Village）之间的公园心脏地带，海登谷（Hayden Valley）能让你看到最多的野生动物。观赏野生动物的最佳时机是黎明或黄昏，它们可能在偏离Grand Loop Rd的任何地方，仔细找找看。要有耐心，也别忘了带上望远镜，也许灰熊会漫步到你的镜头前，也许你会窥探到发情的麋鹿，又或者能听到独行的驼鹿到河边喝水的声音。

位于公园东北部的拉马尔山谷（Lamar Valley）是当初放归狼群的地方，可近距离观察它们。向护林员打听一下狼群最活跃的地点，或参加由值得推荐的黄石研究所（Yellowstone Institute；www.yellowstoneassociation.org）组织的观狼（或其他）游览团。听着狼嗥声回荡在黄昏的山谷中是相当神奇而原始的体验。

费淋浴间和投币式洗衣机，有250个帐篷及房车露营点。

钓鱼桥房车公园 露营地 $

（露营点 $45）提供仅配套硬壳房车的全套接口（$37），有收费淋浴和投币式洗衣机，有325处露营点。

Grant Village Campground 露营地 $

（Fishing Bridge RV Park；露营点 $25.50）位于黄石湖的西南岸，附近有收费淋浴间和投币式洗衣机，有400个帐篷及房车露营点。

Madison Campground 露营地 $

（☎307-344-7311；www.yellowstonenationalparklodges.com；露营点 $21；⏲5月初至10月下旬）这是离老忠实泉最近的露营地，有250个帐篷及房车点。

Old Faithful Lodge Cabins 小屋 $

（小屋 $69~115）简单质朴的小屋。可欣赏老忠实泉的景观。

Roosevelt Lodge Cabins 小屋 $

（☎866-439-7375；www.yellowstonenationalparklodges.com；小屋 $65~115；🐾）这些小屋对家庭游客来说是不错的选择。牛仔风格，夜间提供"老西部野餐"，游客可以骑马或乘马车到离旅馆3英里的大草地上享受露天自助餐（需提前预订）。

Lake Lodge Cabins 小屋 $$

（小屋 $75~188）主要小屋以湖边的山景大门廊和带有两个壁炉的舒适客房为卖点。可以选择20世纪20年代的乡村小屋或更现代化的汽车旅馆式房间。

Old Faithful Snow Lodge 酒店 $$

（小屋 $99~155，房间 $229起；📶）将木质度假屋风格与现代化家具、公园主题结合起来的时尚酒店。

★ Old Faithful Inn 酒店 $$

（☎866-439-7375；www.yellowstonenationalparklodges.com；老屋 铺 共用浴室/私人浴室 $103/140起，标间 $164起；⏲5月上旬至10月上旬）这座宏伟的旅馆就在著名的老忠实泉旁边，自然也就成了公园内最受游客青睐的地方。作为国家历史性地标，它的特点是宽敞的木结构大厅、巨大的石壁炉和高高的松木天花板。旅馆内有各种价位的房间，很多最有趣的历史房间需使用公共浴室。公共空间魅力无穷。

值得住上两晚，好好享受这里的氛围。

Lake Yellowstone Hotel 酒店 $$

（☎866-439-7375；www.yellowstonenationalparklodges.com；小屋 $130，房间 $149~299；⏲5月中旬至9月）这家浪漫的历史酒店弥漫着浓郁的20世纪20年代西部氛围，是上等之选。这里有黄石国家公园内最美妙的大堂，适合发呆出神。窗户很大，光线充足，湖景尽收眼底，还可欣赏弦乐四重奏团现场演奏小夜曲。房间设施齐全，小木屋乡村气息较浓。

Canyon Lodge & Cabins 小屋 $$

（小屋 $99~188，房间 $185）干净整洁，位于公园中心地带。

Mammoth Hot Springs Hotel & Cabins 酒店 $$

（小屋 $86~229，房间带/不带卫生间 $123/87；📶）房型选择很多。常能看到麋鹿在酒店前的草坪上吃草。

Grant Village 酒店 $$

（房间 $155）酒店靠近公园南端，房间舒适，但装潢有些沉闷，类似于汽车旅馆。附近的两家餐厅里能欣赏到美丽的湖景。

就餐

公园附近随处可见小吃店、熟食店、汉堡店和杂货店。此外，大部分度假屋都提供自助早餐和沙拉吧，午餐和晚餐则在正式的餐厅里供应。食物虽然普通，但是考虑到主厨的工作量，也还算不错，何况价格不太昂贵，坐在餐厅里还可以欣赏到独特的景致。

★ Lake Yellowstone Hotel Dining Room 美国菜 $$$

（☎307-344-7311；主菜 $13~33；⏲6:30~10:00，11:30~14:30，17:00~22:00；🖉）穿一件没有皱褶的衣服，以便好好在公园里最好的Lake Yellowstone Hotel餐厅用餐。午餐菜式包括蒙大拿羊肉小汉堡、美味的沙拉和野牛汉堡。可选择当地食品和无麸质食品。晚餐的花费较高。强烈建议提前预订。

值得一游

风景自驾游：落基山脉屋脊

比尔图斯公路（Beartooth Highway；www.beartoothhighway.com；US$ 212；⊙6月至10月中旬）这是进入黄石公园风景最优美的路线，这段不可思议的68英里路程从雷德洛奇（Red Lodge）连接到库克市（Cooke City）和黄石公园北门，沿途可欣赏11,000英尺的山峰和野花遍地的高山苔原。这里被誉为美国最美丽的自驾车和摩托车路线。沿途有许多USFS的露营地（部分可在www.recreation.gov预订），仅仅雷德洛奇的12英里路段内就有4个。

Old Faithful Inn Dining Room 美国菜 $$

（☎307-545-4999；晚餐主菜 $13~29；⊙6:30~10:30，11:30~14:30，17:00~22:00；✎）这里的自助餐会最大限度地延长你凝视间歇泉的时间，但是菜单上的菜品更具创意，可尝试麋鹿汉堡、炖野牛肉和一直备受欢迎的猪肉红烩小牛骨。有无麸质菜肴供选择。建议预订。

ℹ 实用信息

公园全年开放，但大部分道路在冬季不能通行。入园许可证（步行者/机动车$12/25）的有效期为7天，可以进入黄石国家公园和大蒂顿国家公园。只在夏季开放的游客中心沿Grand Loop Rd分布，平均每隔20~30英里就有一处。

奥尔布赖特游客中心（Albright Visitors Center；☎307-344-2263；www.nps.gov/yell；⊙6月至9月8:00~19:00，10月至次年5月 9:00~17:00）职能相当于公园管理处，网站上有丰富的资讯。

ℹ 到达和离开

距离最近的全年开放的机场包括：位于科迪的黄石区域机场（Yellowstone Regional Airport，COD；52英里）、位于杰克逊的杰克逊霍尔机场（Jackson Hole Airport，JAC；56英里）、蒙大拿州波兹曼的波兹曼机场（Gallatin Field Airport，BZN；65英里）、爱达荷州爱达荷福尔斯的爱达荷福尔斯机场（Idaho Falls Regional Airport，IDA；107英里）。蒙大拿州的西黄石机场（WYS）通常从6月开放至9月。从蒙大拿州比灵斯（Billings；170英里）、犹他州盐湖城（Salt Lake City；390英里）或科罗拉多州丹佛（563英里）起飞的航班机票往往更便宜，可以在下飞机后租一辆车。

没有公共交通可到黄石国家公园，公园内也没有公交。

大蒂顿国家公园（Grand Teton National Park）

延绵起伏的山峰、沁凉的高山湖泊和郁郁葱葱的森林，这些使得蒂顿山拥有了美国数一数二的美景。大蒂顿国家公园位于黄石国家公园南侧，有12座冰川蚀刻出的山峰，衬托着引人注目的大蒂顿（13,770英尺）。对于登山爱好者来说，如此极端、疯狂的地形无疑值得为之兴奋。与黄石国家公园相比，大蒂顿国家公园人流较少。这里环境静谧，还有许多野生动物，如熊、驼鹿、松鸡和旱獭。

公园有两个入口：穆斯（Moose，南），位于穆斯章克申（Moose Junction）以西的Teton Park Rd上；莫兰（Moran，东），位于莫兰章克申（Moran Junction）以北的US 89/191/287高速公路上。公园全年开放，但部分入园道路及出入口在11月至次年5月1日前后关闭，包括Moose-Wilson Rd，这限制了从蒂顿村前往公园的人流量。

活动

这里的徒步路径绝对错不了，道路总长200英里。地图可向游客中心索取。如果要在公园内过夜，则需要一张免费的野营许可证，这也可以在游客中心领取。蒂顿山同样知名的是出色的短途攀岩和较长的经典登山路线，如大蒂顿（Grant Teton）、莫兰峰（Mt Moran）和欧文峰（Mt Owen）登山线。

钓鱼是另一大亮点。白鲑鱼、食人鱼、湖鳟鱼和褐鳟鱼在当地湖泊、河流里繁衍不息。你可以在穆斯村（Moose Village）的商店、Signal Mountain Lodge营地或科尔特湾码头（Colter Bay Marina）申请一张钓鱼许可证。

越野滑雪和雪地行走是在公园里享受冬天的最好方式。克雷格·托马斯探索和游客中心（Craig Thomas Discovery & Visitor

Center）提供列有详细线路信息的小册子。

Jenny Lake Ranger Station 攀岩

（☎307-739-3343；⏰6月至8月 8:00~18:00）提供登山信息。

Exum Mountain Guides 攀岩

（☎307-733-2297；www.exumguides.com）提供登山指导和导览登山活动。

住宿

公园里的6个露营地由3家不同的特许权获得者运营。7月上旬到劳动节是旺季。大多数露营地在上午11点前就已经满了（Jenny Lake更早，Gros Ventre则很少满员）。科尔特湾和Jenny Lake为背包客和骑行者预留了帐篷用地。

Climbers' Ranch 小屋 $

（☎307-733-7271；www.americanalpineclub.org；Teton Park Rd；铺 $25；⏰6月至9月）由美国高山俱乐部（American Alpine Club）经营的这些质朴的小木屋，原本只是用作正经登山者的避难所，现已开放给能够到达公园内壮观地点的徒步者。有一间带淋浴的浴室和一个有顶的厨房，并附有可上锁的冷藏柜。带上自己的睡袋和垫子（铺位都是光秃秃的，但已经很好了）。

Flagg Ranch Resorts 露营地 $

（www.flaggranch.com；双人露营$35）露营地和小屋均可接受网上预订。公园内的Signal Mountain和Lizard Creek露营地由Forever Resorts管理。

Grand Teton Lodge Company 住宿服务 $

（☎307-543-2811；www.gtlc.com；露营$21）这家公司经营着公园大部分的私人度假屋、小屋以及科尔特湾、Jenny Lake、Gros Ventre营地。你可以在最后一刻打电话询问是否有人退租，但最好还是提前预订，因为到6月上旬住宿就几乎已经全被订满了。每间度假屋都设有活动柜台。

科尔特湾村 小屋 $$

（Colter Bay Village；☎307-543-2811；www.gtlc.com；帐篷小屋 $57，小屋 带卫生间$135~239，不带卫生间$73；⏰6月至9月）位于科尔特湾章克申（Colter Bay Junction）以西半英里处，提供两种类型的住宿。一种是帐篷小屋（6月至9月初），房间很简陋，床铺上没有床具，而公用浴室在另一栋建筑内。付这样的房费，不如还是露营吧。另一种是小木屋，有点原始，但更舒适，性价比更高，5月下旬至9月下旬可以入住。

Signal Mountain Lodge 露营地、度假屋 $$

（☎307-543-2831；www.signalmtnlodge.com；露营点 $21，房间 $194~230，小屋 $156~185；⏰5月至10月中旬）这景色壮观的地方位于杰克逊湖的边缘，提供舒适、设备齐全的小屋和相当豪华的客房，可观赏到迷人的湖泊和山脉美景。

★ Jenny Lake Lodge 度假屋 $$$

（☎307-733-4647；www.gtlc.com；Jenny Lake；小屋含半膳$655；⏰6月至9月）这家优雅的度假屋紧邻Teton Park Rd，旧木材、羽绒被子和五颜六色的手工被子营造出温馨的氛围。房费并不便宜，但包括了早餐、5道菜的晚餐、自行车使用和骑马指导。如果遇上阴雨天，可以蜷在壁炉旁玩会儿游戏或读一本书。小木屋设有露台，但是没有电视或收音机（如需电话，可提出要求）。

Jackson Lake Lodge 度假屋 $$$

（☎307-543-2811；www.gtlc.com；房间和小屋 $249~335；⏰6月至9月；📶🏊🐾）这里有长长的曲径可让你缓步慢行，透过巨大的观景窗可以看到白雪皑皑的山峰，是取悦心上人的好地方。然而你会发现这348座空心砖小屋普遍价格过高。有一个温水游泳池。可带宠物。

Spur Ranch Log Cabins 小屋 $$$

（☎307-733-2522；www.dornans.com；小屋 $185~265；⏰全年）碎石路穿过宽阔的野花草甸，将位于穆斯的这些宁静的斯内克河（Snake River）边双层小屋连接起来。扭叶松木家具、西部风格的装饰和羽绒寝具营造出家的氛围，但窗外景色才是它受欢迎的关键。

就餐

在科尔特湾村、Jackson Lake Lodge、Signal Mountain营地和穆斯章克申有几家收费合理的咖啡厅，供应早餐和快餐。

Pioneer Grill
美式小餐馆 $$

（☎307-543-1911；Jackson Lake Lodge；主菜$9～23；⊙6:00～22:30；👪）餐厅的布局休闲又不失经典，人造革椅子像迷宫一样排开。供应肉卷、汉堡和沙拉，还有孩子们很喜欢的热巧克力圣代。外卖窗口出售盒饭（提前一天点餐），店内供应的比萨是精疲力竭的徒步者的最爱（17:00～21:00）。

Mural Room
新派美国菜 $$$

（☎307-543-1911；Jackson Lake Lodge；主菜$22～40；⊙7:00～21:00）在餐厅里能看到摄人心魄的蒂顿山风光。这里供应的美食有撒上了芝麻的鳟鱼寿司卷等创意菜。早餐很不错，晚餐建议提前预订。

Peaks
美国菜 $$$

（☎307-543-2831；Signal Mountain Lodge；套餐$18～31）这里供应种类丰富的奶酪、水果、本地放养的牛肉和有机玉米蛋糕，也提供野味小汉堡等小碟菜。室内的气氛相当乏味，因此人们更喜欢坐在庭院里欣赏杰克逊湖的日落，口味一流的越橘玛格丽特酒和庭院座位一样抢手，下手要快。

Jenny Lake Lodge Dining Room
新派美国菜 $$$

（☎307-543-3352；早餐$24，午餐主菜$12～15，晚餐套餐$85；⊙7:00～21:00）确实是很挥霍的一餐，但这可能是你一生中唯一的一顿五道菜荒野餐，很值得。早餐是完美的蟹饼火腿蛋松饼。鳟鱼与玉米粥再加上香酥菠菜能满足饥肠辘辘的徒步者，蒂顿山的温暖感觉也让人无法抗拒。晚餐需预订，着正装。

ℹ 实用信息

入园许可（徒步者/机动车$12/25）的有效期为7天，可进入黄石国家公园和大蒂顿国家公园。来回出入两座公园并不是什么难事。

克雷格·托马斯探索和游客中心（Craig Thomas Discovery & Visitor Center；☎307-739-3399，野营许可证307-739-3309；Teton Park Rd；⊙6月至8月 8:00～19:00，其余月份8:00～17:00）位于穆斯。

劳伦斯·S·洛克菲勒保护中心（Laurance S Rockefeller Preserve Center；☎307-739-3654；Moose-Wilson Rd；⊙6月至8月 8:00～18:00，其余月份9:00～17:00）这家刚成立的机构提供关于洛克菲勒自然保护区（Rockefeller Preserve）的最新及重点推荐的旅游信息，该保护区可徒步，人流较少，位于穆斯以南4英里处。

公园管理处（Park Headquarters；☎307-739-3600；www.nps.gov/grte；⊙6月至8月 8:00～19:00，其余月份 8:00～17:00）与克雷格·托马斯中心在同一幢建筑里。

杰克逊（Jackson）

虽然难以置信，但这里的确是怀俄明州。这个已过而立之年的西部城市，如今发展成了山地爱好者、顽强登山者和滑雪者的圣地，是公认的“日光咖啡师”（sunburned baristas）。越来越时髦、越来越流行了吗？杰克逊确实充满了生命力：徒步道和户外活动比比皆是。每天都有大量新鲜的寿司供应，慷慨的财政预算滋养着生气勃勃的文化生活。略过那些纪念品吧，记住你为什么来到杰克逊：来参观辉煌的后院——大蒂顿国家公园。

◉ 景点

杰克逊市区只有少量的历史建筑。

★国家野生动物艺术博物馆
博物馆

（National Museum of Wildlife Art；☎307-733-5771；www.wildlifeart.org；2820 Rungius Rd；成人/儿童$12/6；⊙9:00～17:00）如果你只想参观一个地方博物馆，那就选这个吧。主要展品包括比斯塔特（Bierstadt）、朗杰斯（Rungius）、雷明顿（Remington）和拉塞尔（Russell）等艺术家的作品，足以让人起鸡皮疙瘩。探索馆里有一个成年人都会羡慕的儿童绘画和印刷工作室。上网查询夏季电影系列和艺术课程的时间表。

艺术中心
艺术中心

（Center for the Arts；☎307-733-4900；www.jhcenterforthearts.org；240 S Glenwood S）这个一站式文化中心里有大牌明星的演唱会、戏剧演出、各类课程、艺术展览和活动。上网查询活动日历。

国家麋鹿保护区
野生动物保护区

（National Elk Refuge；☎307-733-9212；www.

fws.gov/nationalelkrefuge; Hwy 89; 马拉雪橇 成人/儿童 $18/14; ⏲9月至次年5月 8:00~17:00，6月至8月 8:00~19:00，马拉雪橇 12月中旬至次年3月 10:00~16:00）在每年11月到次年3月之间，这里保护着数以千计迁徙而来的麋鹿。45分钟的马拉雪橇是冬季活动的一大亮点。

Town Square Shoot-out 牛仔表演

（⏲夏季周一至周六 18:15；👪）免费 这个夸张的旅游节目于夏季每周一至周六下午的6点15分开始。

活动

★杰克逊霍尔山地度假村 雪上运动

（Jackson Hole Mountain Resort；☎307-733-2292；www.jacksonhole.com；缆车票成人/儿童 $99/59起）这是本地顶级滑雪胜地之一，拥有美国最高的连续垂直高度——从海拔6311英尺的蒂顿村大本营一直上升至10,450英尺的朗德乌山（Rendezvous Mountain）峰顶。地形大都适合专业滑雪者，有许多蓬松的粉雪道和礁岩可供跳跃。上网购票稍有折扣。

积雪融化后，度假村会推出一系列的夏季活动。可上网查询活动详情。

课程

蒂顿科学生态学院 科学学院

（Teton Science Schools Ecology；☎307-733-1313；www.tetonscience.org）说到充满乐趣的体验式教育，没人能和这个非营利性组织相比拟，它们提供从GPS寻宝游戏到生态探险等各项活动。详情可询网站。

住宿

无论是在城中还是周边的滑雪场，杰克逊都有很多住宿选择。夏季和冬季须预订。

Hostel 青年旅舍 $

（☎307-733-3415；www.thehostel.us；3315 Village Dr；铺/双 $34/99；⏲春秋两季不营业；@）作为蒂顿村内唯一的廉价住宿，这个古老的滑雪度假屋提供双人和上下铺客房，后者可容纳4人，浴室已翻新。带壁炉的宽敞休息室非常适合看电影或玩玩拼字比赛，还有一个专为孩子设的游戏室。客人可以使用微波炉、户外烧烤架、投币式洗衣机，还有一个滑雪打蜡区。

Buckrail Lodge 汽车旅馆 $

（☎307-733-2079；www.buckraillodge.com；110 E Karnes Ave；房间 $93起；❄📶）这个便宜的汽车旅馆位于市中心，除了宽敞迷人的木屋风格客房外，还有充裕的场地和一个户外按摩浴池。

Golden Eagle Motor Inn 汽车旅馆 $$

（☎307-733-2042；325 E Broadway；房间 $148起；🏊）这家汽车旅馆超级友好并远离尘嚣，刚翻新过，而且老板很友善，是市中心的可靠选择。

Alpine House 民宿 $$$

（☎307-739-1570；www.alpinehouse.com；285 N Glenwood St；双 $250，别墅 $450；@）两名前奥运滑雪选手为这个位于市区的民宿注入了阳光明媚的斯堪的纳维亚风格和令人愉悦的优质服务，还有一个舒适的登山图书馆。客房配备了舒适的浴袍、羽绒被，有公共芬兰桑拿浴室和户外按摩浴缸。创意早餐让人胃口大开，比如，水波蛋加上意大利乳清干酪芦笋或杂粮法式吐司。

餐饮

想在怀俄明州寻找最复杂、最具异国风味的食物，就一定要前往杰克逊了。许多餐厅同时也是酒吧，并在欢乐时光提供极佳的优惠。

★Coco Love 甜品 $

（☎307-733-3253；55 N Glenwood Dr；甜品 $5~8；⏲9:00~20:00）甜品主厨Oscar Ortega充分展现了他的法式甜点功力，包上酥皮的精致糕点和手工制作的巧克力将让你乐得发抖。快去尝尝。

Pica's Mexican Taqueria 墨西哥菜 $$

（1160 Alpine Lane；主菜 $7~15；⏲周一至周五 11:30~21:00，周六和周日 11:00~16:00；👪）这是家价格便宜且令人超级满意的餐厅，裹着自制玉米饼的Baja玉米卷或cochinita pibil（辣椒腌猪肉）是招牌菜，配着墨西哥苏打水一起吃。当地人喜欢这个地方，这也是周边一带最物有所值的餐厅。

如果你能多待几天

怀俄明州拥有许多令人沉醉的好地方，可惜的是我们无法在这本指南中一一尽述，因此我们将代为精选出几处。

辽阔翠绿的草原、海似的缤纷野花、平静的针叶林，怀俄明州中北部的**大角山脉**（Bighorn Mountains）着实令人惊叹，再加上飞流而下的瀑布和丰富的野生动物，你就拥有了一座极佳的天然游乐场，中间还有数百英里的已标示路径呢。

从贝尔富什河（Belle Fourche River）戏剧性地拔升到1267英尺，**魔鬼塔国家保护区**（Devil's Tower National Monument）那近乎垂直的巨石是个绝佳的景点。如果你打算在布莱克山（Black Hills；位于怀俄明-南达科他州边界）和蒂顿或黄石之间旅行，不要错过这个被20多个原住民部落称为熊屋（Bears Lodge）并崇敬着的神圣巨石。

在拉勒米的西部，葱郁的国家森林覆盖了**梅迪辛博山**（Medicine Bow Mountains）和**雪岭**（Snowy Range），这是一片狂野和粗犷之地，是多日徒步和野营的完美场地。

掩藏在大角山脉身影之中的**谢里登**（Sheridan）以百年历史建筑为傲，这些楼舍曾经是怀俄明州畜牧大亨的居所。这是前往大角山脉的探险迷们钟情的热门去处。

Pizzeria Caldera 比萨餐厅 $$

（☎307-201-1472；20 West Broadway；比萨$12~16；⏰11:00~21:30；👪）🌿这家位于楼上的比萨餐厅清新质朴，供应薄边比萨饼。试着把盐水卡拉马塔橄榄或充满香气的鼠尾草野牛香肠铺在比萨上，这样的组合非常适合配上一杯桶装啤酒。沙拉里用的是当地种植的芝麻菜和甜菜。

Bubba's Bar-B-Que 烧烤 $$

（☎307-733-2288；100 Flat Creek Dr；主菜$6~20；⏰7:00~22:00；👪）虽然需要自带饮料，但在这个友善而活力十足的小吃店里能吃到最大号的松软早餐饼。早餐时间过后，它还有一个像样的沙拉吧，供应来自牧场的肋排和颈脊肉。

★Snake River Grill 新派美国菜 $$$

（☎307-733-0557；84 E Broadway；主菜$21~52；⏰17:30开门营业）熊熊燃烧的石头壁炉、丰富的酒单和活泼的白色桌巾，这个烧烤店出品值得关注的高级美国菜肴。前菜可选择天妇罗四季豆配是拉差辣酱。香酥的无骨猪肉和烤麋鹿排骨展示了原汁原味的美味。好好享用甜品，焦糖布丁或自制冰激凌都会让人无比满足。

★Stagecoach Bar 酒吧

（☎307-733-4407；5755 W Hwy 22, Wilson）在怀俄明州，没有比这儿更好的地方可以让你舞动身体了。周一是雷鬼之夜，周四是迪斯科之夜，每周日酒吧乐队浅吟低唱乡村民谣和西部经典，直到晚上10点。向威尔逊方向开一小段路（过了蒂顿村分岔口）就到，值得走一趟。

Snake River Brewing Co 自酿酒吧

（☎307-739-2337；265 S Millward St；⏰11:30至午夜）酒吧提供22款微型自酿好酒，其中一些还曾获奖。也就不难明白为什么这里是最热门的约会地了。食物包括柴火烤制的比萨和意大利面（主菜 $6~18）。下午4点至6点是欢乐时光。

Million Dollar Cowboy Bar 酒吧

（25 N Cache Dr）虽然挤满了观光客，但这里还是非常诱人。到了西部就一定要来这里，在这幽暗的小店里坐坐马鞍似的凳子。周末的舞池里热力四射，卡拉OK喧嚣热闹。

ℹ 实用信息

Jackson Hole Wyoming（www.jacksonholenet.com）了解本地信息的好网站。

Valley Bookstore（125 N Cache St）主要销售区域地图。

游客中心（☎307-733-3316；www.jacksonholechamber.com；532 N Cache Dr；⏰9:00~17:00）

ℹ 到达和当地交通

杰克逊霍尔机场（Jackson Hole Airport，JAC；

(☎307-733-7682)位于大蒂顿国家公园内，杰克逊以北7英里处，紧邻US 26/89/189/191公路。每天有航班飞往丹佛、盐湖城、达拉斯和休斯敦，周末则有从杰克逊飞往芝加哥的航班。

Alltrans' Jackson Hole Express(☎307-733-3135; www.jacksonholebus.com)提供到大蒂顿国家公园(每天$14)和机场($16)的班车。另外，每天早上6点30分也有班车从Maverik County Store(Hwy 89 S与S Park Loop Rd交叉路口)开往盐湖城($70,5.5小时)。

蒙大拿州(MONTANA)

也许是因为独立的开拓精神和自由狂野的特性，蒙大拿州的座右铭就是"与万物共存(live and let live)"。这里的天空看起来更加宽广蔚蓝。这里的空气舒爽并带有松香味。泉水从山间流入起伏的牧场和砖造的酿酒厂，你还可以看到毛茸茸的灰熊在蓝色的冰湖边喝水。蒙大拿轻轻松松就让人愉悦起来。哪怕离开许久之后，你仍会觉得它还在你的心里。

实用信息

蒙大拿州鱼类、野生动物及公园(Montana Fish, Wildlife & Parks; ☎406-444-2535; http://fwp.mt.gov)在蒙大拿州24处州立公园里露营，居民/非居民每晚费用为$15/23，而房车营地(如有空位)需额外交纳$5。致电☎1-855-922-6768或登录 http://montanastateparks.reserveamerica.com预订。

蒙大拿州路况(Montana Road Conditions; ☎800-226-7623; www.mdt.mt.gov/travinfo)

蒙大拿州旅游(Travel Montana; ☎800-847-4868; www.visitmt.com)

波兹曼(Bozeman)

四周景色壮丽，连绵起伏的绿色山丘，坡上松林森森，峰顶白雪皑皑，波兹曼是蒙大拿州最酷城镇的卫冕冠军。化身啤酒馆和精品店的砖房排列在历史悠久的Main St边，用波希米亚风与酷牛仔及魄力十足的三项全能分庭抗礼。小镇面向布里杰山(Bridger)和加勒廷山(Gallatin)，优越的地理位置让它成为了西部最优秀的户外活动地之一。

景点和活动

落基山脉博物馆 博物馆

(Museum of the Rockies; ☎406-994-2251; www.museumoftherockies.org; 600 W Kagy Blvd; 成人/儿童 $14/10; ⏲8:00~20:00; 👪)这座蒙大拿州立大学(Montana State University, MSU)的博物馆是蒙大拿州最有趣且不容错过的景点，提供一流的恐龙展、早期美洲原住民艺术和激光天文秀。

★ **Bridger Bowl Ski Area** 雪上运动

(☎406-587-2111; www.bridgerbowl.com; 5795 Bridger Canyon Rd; 一日缆车票成人/12岁以下儿童 $52/18; ⏲12月中旬至次年3月)只有在波兹曼，你才能找到非营利性的滑雪胜地。不过这个位于波兹曼以北16英里的优秀社区设施就是。它以蓬松、轻巧的粉状雪和无与伦比的价格著称，12岁以下的儿童可享更多优惠。

住宿

市区北部靠近I-90公路的7th Ave上有许多连锁汽车旅馆，丰俭皆有。更廉价的汽车旅馆则可在市区东部Main St附近找到，房费约$50起，具体依季节而异。

Bear Canyon Campground 露营地 $

(☎800-438-1575; www.bearcanyoncampground.com; 帐篷区 $20, 房车区 $28~33; ⏲5月至10月中旬; 📶🏊)营地位于波兹曼以东3英里的I-90公路313出口附近的一座小山顶上，周围的峡谷景致迷人。这里甚至还有一个游泳池。

Howlers Inn 民宿 $$

(☎406-586-0304; www.howlersinn.com; 3185 Jackson Creek Rd; 双含早 $110~150, 2人小屋 $195; 📶)观狼者一定会爱上这个离波兹曼15分钟车程的美丽圣地。圈养出生的狼落地后便生活在这个4英亩的限定空间内，由民宿的收入支撑开销。主度假屋里有3间宽敞的西部风格客房，而小屋则有2间卧室。运气好的话，你会在狼嗥小夜曲中沉沉入睡。从I-90公路的319出口出来可抵达。

Lewis & Clark Motel 汽车旅馆 $$

(☎800-332-7666; www.ewisandclarkmotel

bozeman.com; 824 W Main St; 房 周末/平日 $159/99; ❄📶) 如果想在蒙大拿找找拉斯维加斯的感觉，可入住这个当地人经营的浮华旅馆。宽敞的客房配有落地前窗，上世纪50年代音乐带来了鼠帮（Rat Pack）时代的氛围。有热水浴缸和蒸汽室。

餐饮

作为一个大学城，波兹曼不乏以学生为顾客的经济餐，也有足够的酒吧为大学橄榄球队解渴。几乎所有一切都在Main St上。

La Tinga 墨西哥菜$

（12 E Main St; 主菜 $1.50~7; ⏲8:30~14:30）简单、便宜、货真价实，La Tinga的菜品朴实无华却很美味。柜台点餐的小玉米饼处创造了美味的墨西哥猪肉菜肴版本并以之命名，而大量新鲜制作的玉米饼起价仅$1.50。还可选择不到$7的每日午餐组合。

Community Co-Op 超市 $

（www.bozo.coop; 908 W Main; 主菜 $5~10; ⏲周一至周六 7:00~22:00，周日 8:00~22:00; 📶✏）🍃这个当地的热门超市最适合采购有机和散装食品，还能吃到热食、沙拉和汤品，也可外带。在W Main的分店楼上有一个极棒的有机咖啡馆。

Plonk 酒吧 $$

（www.plonkwine.com; 29 E Main St; 晚餐主菜 $13~32; ⏲11:30至午夜）哪里能找到一个可以慢条斯理享用三倍马提尼和八卦午餐的地方？Plonk的菜单从小吃到全餐一应俱全，食材主要来自当地有机产品。夏季餐厅前方会完全打开，好让凉爽的微风吹入长形的建筑，室内还有个猎枪吧和压锡天花板。

John Bozeman's Bistro 美国菜 $$

（☎406-587-4100; www.johnbozemansbistro.com; 125 W Main St; 主菜 $14~34; ⏲周二至周六 11:30~14:30, 17:00~21:30; ✏）波兹曼最好的餐厅，供应带有泰式、克里奥尔和泛亚风味的牛仔晚餐牛排，外加龙虾浓汤等前菜和每周的"superfood"特餐，后者尤以当季营养素食为特色。

Molly Brown 酒吧

（www.mollybrownbozeman.com; 703 W Babcock）这家嘈杂的潜水酒吧深受本地州立大学学生青睐，供应20种桶装啤酒，还有8个台球桌供消遣。

蒙大拿州概览

别称 宝藏之州，大天空国度

人口 1,005,000

面积 145,552平方英里

首都 海伦娜（人口28,600）

其他城市 比灵斯（人口105,600）、米苏拉（67,300）、波兹曼（38,000）

消费税 无州消费税

诞生于此的名人 影星加里·库珀（Gary Cooper; 1901~1961年）、摩托飞人埃维尔·克尼维尔（Evel Knievel; 1938~2007年）、女演员米歇尔·威廉姆斯（Michelle Williams; 生于1980年）

发源地/所在地 克劳人、黑脚印第安人和萨利希印第安人

政治倾向 支持共和党的牧场主和石油商略强于支持民主党的学生和左倾的波兹曼、米苏拉进步人士

著名之处 飞钓、牛仔和灰熊

其他资料 直到上世纪90年代以前，州内有的高速公路都没有限速

车程 波兹曼至丹佛695英里，米苏拉至怀特菲什136英里

Zebra Cocktail Lounge 休闲酒吧

（☎406-585-8851; 15 N Rouse St; ⏲20:00至次日2:00）位于波兹曼酒店内，这里是本地现场音乐的大本营，以俱乐部音乐和嘻哈乐为主。

实用信息

游客中心（☎406-586-5421; www.bozemanchamber.com; 1003 N 7th Ave; ⏲周一至周五 8:00~17:00）提供住宿和景点信息。

到达和离开

波兹曼黄石国际机场（Bozeman Yellowstone International Airport, BZN, 原Gallatin Field Airport; ☎406-388-8321; www.bozemanairport.com）位于市区西北8英里处。**Karst Stage**（☎406-556-3540; ww.karststage.com）在12月到次年4月间每天有巴士

不要错过

在BIG SKY飞钓

自从罗伯特·雷德福（Robert Redford）和布拉德·皮特（Brad Pitt）在1992年的经典电影《大河恋》中塑造出飞钓的帅气形象后，蒙大拿州就和飞钓紧紧联系在了一起。无论你是刚开始学习的新手还是世界级的鳟鱼猎手，那些宽阔湍急的河流总是那样美丽，并且挤满了鱼。虽然电影里的故事发生在米苏拉（Missoula）和附近的黑脚河（Blackfoot River），可实际拍摄地点是在利文斯顿（Livingston）、黄石和加勒廷河（Gallatin Rivers）。

对于自力更生的鳟鱼垂钓者，位于波兹曼西南8英里、Hwy 191沿线的加勒廷河是最方便的选择，且垂钓点恒定不变。紧随其后的是美丽的黄石河，位于波兹曼以东25英里处的天堂谷（Paradise Valley）里。

想了解更多有关虹鳟（rainbow trout）、褐鳟（brown trout）和山鳟（cutthroat trout）的差异，及蝇饵、钓竿和蒙大拿州垂钓许可证的信息，可到**Bozeman Angler**（☎406-587-9111；www.bozemanangler.com；23 E Main St；⊙周一至周六 9:30~17:30，周日 10:00~15:00）询问。这家位于市区的店由当地的一对夫妻经营了近20年，在5月至9月间的每月第2个周六提供极佳的飞钓入门课程（每人$125，抛投实践课程每小时$40）。

从机场开往Big Sky（1小时，$51）和西黄石（2小时，$102）。夏季根据预订情况安排班车。

Rimrock Stages 的长途汽车从**巴士总站**（☎406-587-3110；www.rimrocktrailways.com；1205 E Main St）出发，停靠I-90公路沿线各城镇。总站距离市中心半英里。

加勒廷和天堂谷（Gallatin & Paradise Valleys）

户外运动爱好者可以花几天的时间，探索加勒廷和天堂谷周围的辽阔美丽。**Big Sky Resort**（☎800-548-4486；www.bigskyresort.com；缆车 成人 $89）位于多山地带，400英寸的年度降雪量和蒙大拿州最长的垂直落差（4350英尺）使它成为全国首屈一指的下坡和越野滑雪胜地之一，特别是现在它已经与邻近的月光盆地（Moonlight Basin）合并。这里的缆车线是落基山脉最短的，如果有孩子同行，Big Sky还提供了一项不能错过的优惠——10岁以下儿童滑雪免费，青少年收费则比成人门票便宜$20。夏季还为徒步和山地骑行提供缆车服务。

想要背包旅行或到野外滑雪，可前往**Lee Metcalf Wilderness**的西班牙峰（Spanish Peaks）。它覆盖了加勒廷的389平方英里土地和US 191以西的比弗黑德国家森林（Beaverhead National Forest）。众多风景优美的美国林业局（USFS）露营地都在US191东侧的加勒廷地带。

从利文斯顿往南20英里，由US 89开往黄石的途中有一个朴实的**Chico Hot Springs**（☎406-333-4933；www.chicohotsprings.com；2人小屋 $225，度假屋主栋 房间 $55~93；⊙8:00~23:00；👪）。这里已经颇具人气，在过去几年里甚至吸引了好莱坞名人。有人是为了来游泳池大小的露天温泉池里泡泡温泉（非房客门票$7.50），有人则是来欣赏酒吧在周末举办的热闹的乡村与西方舞曲乐队演出。酒店餐厅（主菜 $20~32）的牛排和海鲜很有名。你也可以在这里过夜，它绝对是名副其实的天堂谷。

阿布萨罗卡-比尔图斯山脉荒野（Absaroka Beartooth Wilderness）

充满童话般美景的阿布萨罗卡-比尔图斯山脉荒野（Absaroka Beartooth Wilderness）占地超过943,377英亩，是荒僻山野探险的完美地点。茂密的森林、锯齿状的山峰、奇妙的高山苔原和绵延的山脉，都可在这旷野找到，去西部的天堂谷和南部的黄石国家公园慢慢探索吧。被茂密森林覆盖的阿布萨罗卡山脉占据了这片区域的西部半边，最容易前往的路线是从天堂谷或博尔德河走廊（Boulder River Corridor）前往。要前往比尔图斯山脉的高原和高山湖泊，最好从雷德洛奇南面的比尔图斯公路前往。因为靠近黄石国家公园，比尔图斯地区的旅行者占了该区游客总数的三分之二。

风景如画的老矿区小镇上有许多有意思的酒吧和餐馆，住宿选择也很多，雷德洛奇在小镇附近提供了精彩的一日徒步、背包徒步和冬季滑雪活动场地。雷德洛奇游客中心（☎406-446-1718；www.redlodge.com；601 N Broadway Ave；⏲周一至周五 8:00~18:00，周六和周日 9:00~17:00）提供住宿相关的信息。

比灵斯（Billings）

很难相信悠闲小巧的比灵斯就是蒙大拿州最大的城市。这个友好的石油和牧场中心不是旅行必到之地，但却可作为一个不错的修正住宿选择。历史悠久的市中心没有国际化的味道，散发着自身未经雕琢的魅力。

一路奔波疲惫的旅客将会喜欢市区内的Dude Rancher Lodge（☎800-221-3302；www.duderancherlodge.com；415 N 29th St；双$89起；@📶），在这家美好友善的汽车旅馆内，橡木家具的历史可追溯到上世纪40年代，西部风格的房间里配有平板电视和咖啡。

深受玛莎·斯图尔特（Martha Stewart，美国富豪、作家）的影响，豪华的Harper & Madison（☎406-281-8550；3115 10th Av N；主菜 $4~10；⏲周一至周五 7:00~18:00，周六 7:00~13:00）的生意非常火红兴隆，它凭借的是出色的咖啡、自制乳蛋饼和美味的压制三明治。如果你急于赶路，可外带一些法式糕点。

高档餐厅Walkers Grill（www.walkersgrill.com；2700 1st Ave N；小吃 $8~14，主菜 $17~33；⏲17:00~22:00）在精致的西部装饰酒吧内提供好吃的烧烤和精美小吃。想体验经典的潜水氛围，可前往Angry Hank's[☎(406) 252-3370；2405 1st Ave N；⏲周一至周六 16:00~20:00]，这家从前的修车厂已变身为备受欢迎的桶装啤酒室和酿酒厂。

洛根国际机场(Logan International Airport，BIL；www.flybillings.com)，位于市中心以北2英里处，提供直飞盐湖城、丹佛、明尼阿波利斯（Minneapolis）、西雅图、菲尼克斯以及蒙大拿州内各地的航班。巴士总站（☎406-245-5116；2502 1st Ave N；⏲24小时）开行到波兹曼（$30，3小时）和米苏拉（$61，8小时）的班车。

海伦娜（Helena）

海伦娜是全国最小的州首府（人口28,000），堪称袖珍。它一只脚留在牛仔传奇（加里·库珀在这里出生）里，另一只脚却踏入了时尚潮流之中，抹去了几分蒙大拿如今的刻板安逸。这是精英政治家起草法规条文的地方，也是人们攥紧拳头冲进山麓探险，体验另一种蒙大拿激情的地方。

回到镇上，在GORE-TEX和户外旅行用品店之间，你会发现高卢风格的新哥特式教堂，另一个惊喜是充满艺术气息的步行购物区。

👁 景点和活动

海伦娜的许多景点都是免费的，包括位

> **值得一游**
>
> **卡斯特的最后一役**
>
> 在比灵斯附近最值得一看的是镇外65英里处的小大角河战场国家保护区（Little Bighorn Battlefield National Monument；☎406-638-3224；www.nps.gov/libi；每车$10；⏲8:00~21:00），该保护区位于克劳（阿普萨鲁克）印第安保留区[Crow (Apsaalooke) Indian Reservation)]的干旱平原上，是美国最知名的原住民本土战场之一，在这里打响了乔治·卡斯特将军（General George Custer）著名的"最后战役"。
>
> 卡斯特所部与美洲原住民（包括苏族拉科塔的部落首领Crazy Horse）多次对战，在最后一场堪称大屠杀的战役中（这个场景在画作中很常见），卡斯特与272名官兵战败身亡。可以在游客中心听到这个故事，但更好的选择是参加Apsalooke Tours（☎406-638-3897；apsaalooketourism@gmail.com；⏲阵亡将士纪念日至劳动节）的导览团，一天5次，有一名克劳人导游。保护区入口位于I-90公路以东1英里处的US 212公路边。如果赶上了6月的最后一个周末，就能看到一年一次的卡斯特背水一战重演（Custer's Last Stand Reenactment；www.custerslaststand.org；成人/儿童$20/10），地点在哈丁（Hardin）以西6英里。

于Last Chance Gulch（海伦娜的步行购物区）的典雅老建筑，以及如下景点。

州议会大厦 地标

（State Capitol; Montana Ave与6th St交叉路口；⏲周一至周五 8:00~18:00）这栋宏伟的新古典主义建筑完成于1902年，以其灯塔似的穹顶而闻名，装饰富丽，里面还有镶金边的画作。

圣海伦娜大教堂 教堂

（Cathedral of St Helena; 530 N Ewing St）这座完工于1914年的新哥特式教堂，如同从古老欧洲穿越而来的幽灵。亮点包括洗礼堂、管风琴和繁复精妙的彩绘玻璃窗。

霍特尔美术馆 博物馆

（Holter Museum of Art; www.holtermuseum.org; 12 E Lawrence St; ⏲周二至周六 10:00~17:30，周日 正午至16:00）免费 展出蒙大拿州艺术家的现代作品。

海伦娜山城市公园 户外

（Mt Helena City Park）9条徒步和山地自行车道曲折穿过海伦娜山城市公园，其中一条能把你带上海伦娜山5460英尺的峰顶。

食宿

不出意料，在市区东面I-15公路附近有一连串的连锁汽车旅馆。大部分房费为$70~95，提供免费的欧式早餐、游泳池和按摩浴缸。

Sanders 民宿 $$

（☎406-442-3309; www.sandersbb.com; 328 N Ewing St; 房含早$130~145; ❄）这家历史悠久的民宿有7间典雅的客房、一个很棒的旧客厅和一个微风轻拂的前廊。每间卧室都设计独特，经过精心装饰。它的经营者与林林兄弟马戏团家族（Ringling Brothers Circus）有关，店内陈列着相关纪念品。

Fire Tower Coffee House 咖啡馆、早餐 $

（www.firetowercoffee.com; 422 Last Chance Gulch; 早餐 $4~9; ⏲ 周一至周五 6:30~18:00，周六 8:00~15:00; 📶）这里汇集了咖啡、简餐和每周五晚的现场音乐。早餐包括麦片和早餐卷饼，而午餐则提供健康、有趣的各种三明治。

实用信息

海伦娜游客中心（Helena Visitor Center; ☎406-442-4120; www.helenachamber.com; 225 Cruse Ave; ⏲ 周一至周五 8:00~17:00）

到达和当地交通

位于市中心以北2英里的**海伦娜区域机场**（Helena Regional Airport, HNL; www.helenaairport.com）运营前往蒙大拿州其他大多数机场和盐湖城、西雅图、明尼阿波利斯的航班。Rimrock Trailways的列车从海伦娜的**Transit Center**（630 N Last Chance Gulch; ⏲14:00~16:00, 20:00~21:00）出发，开往米苏拉（$25, 2.25小时）、比灵斯（$52, 4.75小时）和波兹曼（$22, 2小时）。

米苏拉（Missoula）

刚到米苏拉的旅行者通常会迷糊上半个小时：是到了得克萨斯州的奥斯汀？还是俄勒冈州的波特兰？又或许是加拿大？由于这座城市实在是缺乏蒙大拿给人的既定印象，因此会产生这种混乱感是完全可以理解的。这里没有狂野西部（West West）酒馆，甚至连游荡的牛仔也很少见。与之相反，米苏拉是一个有着大量绿地和充分自豪感的精致大学城。

这个蒙大拿的西部小城如此具有感染力一点也不奇怪。虽然米苏拉是美国发展最快的城市之一，但合理的规划意味着它并不会因此变得喧嚣。车辆不多的市区中心板块平静安详，散布着排列有趣的历史建筑，骑自行车始终是这里的时尚。

景点

米苏拉是极佳的步行城市，最好的季节是春天和夏天。到那时，人们出现在街头，为这座城市写下鲜明的个性篇章。

森林消防游客中心 博物馆

（Smokejumper Visitor Center; W Broadway; ⏲6月至8月 10:00~16:00）免费 游客中心位于市区以西7英里处，是英勇的男女空降消防员的活动基地。发人深省的录音和影片充分展示了从事这份伟大工作的西部消防队员的生活。

米苏拉艺术博物馆 博物馆

（Missoula Art Museum; www.missoulaartmu

seum.org; 335 North Pattee; ⏲周一至周四 10:00~17:00，周五至周日 10:00~15:00）免费 这个城市鼓励自由的艺术思想，并将它们展示在这栋与百年图书馆完美融合的新建现代建筑中。

活动

克拉夫特河路径网 骑车、徒步

（Clark Fork River Trail System）在克拉夫特河（Clark Fork River）两岸，米苏拉拥有点缀着许多公园的迷人河滨小路网。卡拉什公园（Caras Park）是最中心的活跃绿地，超过12个年度庆典活动在这里举行，还有一个独特的硬雕旋转木马。

圣第诺山 徒步

（Mount Sentinel）一条陡峭的曲折小路自橄榄球场背面开始，攀升至5158英尺高的圣第诺山白色水泥M字标记处（方圆数英里内都可以看见）。温暖的夏天傍晚，可在山峰上欣赏这个备受宠爱的城市及其周边的壮观景致。

★Adventure Cycling HQ 骑车

（www.adventurecycling.org; 150 E Pine St; ⏲周一至周五 8:00~17:00，6月至8月周六开放）作为美国首屈一指的非营利性自行车旅行组织，HQ是横贯美国大陆的自行车骑士的朝圣之地，许多人在行程里安排了穿越米苏拉这一站。工作人员会给予热烈的欢迎并提供大量相关信息。

飞钓 钓鱼

（Fly-fishing）《大河恋》（*A River Runs Through It*）的故事以这里为背景（虽然电影是在波兹曼取景的）。飞钓爱好者会发现这是全州最好的垂钓点。向东21英里的岩溪（Rock Creek）是获蓝带（blue-ribbon）认定的鳟鱼溪、最好的终年垂钓点。

住宿

Mountain Valley Inn 汽车旅馆 $

（☎800-249-9174; www.mountainvalleyinnmissoula.com; 420 W Broadway; 双 $79起; P❄📶）这家旅馆位于市区地段，提供优惠的住宿配套，并无太多惊喜。不过，最重要的是，他们提供干净的房间和彬彬有礼的接待。

Goldsmith's Bed & Breakfast 民宿 $$

（☎406-728-1585; www.missoulabedandbreakfast.com; 809 E Front St; 房间 $124~169; ❄@）这是一家令人愉快的河边民宿。弧形露台能让游客与其他住客一起轻松休息，也是享受一本好小说的理想场所。舒适的维多利亚风格客房简单可爱。部分客房有私人露台、河景、壁炉和阅读角。

餐饮

Liquid Planet 咖啡馆 $

（www.liquidplanet.com; 223 N Higgins; 主菜 $4~9）由一名大学教授在2003年创立，这个以可持续方式经营的咖啡馆和葡萄酒专营店在每个瓶子上都留下了手写推荐。咖啡豆也精心搭配。至于果汁、茶和糕点，就看你自己想要什么。

★Silk Road 各国风味 $$

（www.silkroadcatering.com; 515 S Higgins; 小吃 $4~12; ⏲17:00~22:00）菜单上囊括了世界各地的菜肴，从象牙海岸到意大利皮埃蒙特，Silk Road带来了许多鲜为人知的世界美食，无论如何，去试试看。菜量很小，这样可让顾客随意搭配。接待很热情，加上垫子、烛光和挂毯，餐馆氛围不错。

Caffe Dolce 新派美国菜 $$

（☎406-830-3055; www.caffedolcemissoula.com; Brooks与Beckwith交叉路口; 主菜 $11~30; ⏲周一至周四 7:00~21:00，周五 7:00~22:00，周六 8:00~21:00，周日 8:00~15:00）这家别致的新餐厅位于庄严的石头建筑内，精心制作各种美食，让米苏拉人渐渐喜欢上了他们的冰激凌、糕点、葡萄酒和出色的沙拉。晚餐收费相当昂贵，但异域风味的比萨是分量较小也较便宜的选择，有咸无花果及风干火腿等口味。这里非常重视咖啡的品质，只与蒙大拿最好的烘焙者合作。设有庭院座位。过桥向市区北面走即可到达餐厅。

Iron Horse Brewpub 自酿酒吧

（www.ironhorsebrewpub.com; 501 N Higgins St; ⏲11:30至深夜）就自酿酒吧而言，Iron Horse相当时髦，豪华的楼上吧里还有一个海

水鱼缸。学生们很喜爱这里的自酿啤酒和传统美式酒吧食物。

实用信息

游客中心（406-532-3250；www.missoulacvb.org；101 E Main St；周一至周五 8:00～17:00）

到达和当地交通

米苏拉国际机场（Missoula County International Airport, MSO；www.flymissoula.com）位于米苏拉以西5英里的US 12W上。

灰狗巴士穿行于该州的大多数地区，停靠市区以西1英里处的**总站**（1660 W Broadway）。**Rimrock Trailways**（www.rimrocktrailways.com）的长途汽车连接卡利斯佩尔（Kalispell）、怀特菲什、海伦娜和波兹曼，同样在这里停靠。

弗拉特黑德湖（Flathead Lake）

这是位于密西西比河以西最大的天然淡水湖泊，是蒙大拿州西部的迷人自然景观，开车从冰川国家公园出发不到1小时即达。湖的北岸主要是卡利斯佩尔，不值一提。比较有趣的是湖的南端，那里是美丽的**波尔森**（Polson），位于弗拉特黑德印第安保留地（Flathead Indian Reservation）。湖区有**游客中心**（www.polsonchamber.com；418 Main St；周一至周五 9:00～17:00）和少数住宿地点，包括湖边的**Kwataqnuk Resort**（406-883-3636；www.kwataqnuk.com；49708 US 93；房间 $130起；P）。这是一家不错的西部风格酒店，有游船码头、室内外游泳池和相对无聊的游戏室。酒店正对面是粉红色的**Betty's Diner**（49779 US 93；套餐 $10～15），供应富有蒙大拿魅力的精品美国菜。从城镇出发，沿着7th Ave E向南走2英里，就到了令人叹为观止的**美国奇迹博物馆**（Miracle of America Museum；www.miracleofamericamuseum.org；58176 Hwy 93；门票 $5；8:00～20:00）。博物馆占地5英亩，满是美国历史的痕迹，有些杂乱无章，但又令人着迷，其中怪异的展品还包括在蒙大拿州发现的有史以来最大的水牛（现在已经是标本了）。

弗拉特黑德湖的东岸是神秘的米申山脉（Mission Mountains），而西岸则是田园般的苹果园和杂草丛生的丘陵。如果想全方位领略最美丽的湖光山色，那就坐船到湖面上去吧。喜好清静的独行者可以划着皮划艇或独木舟到**Flathead Lake Marine Trail**，它连接着湖边各个州立公园和**露营地**（406-751-4577；帐篷营地 $10起）。离波尔森最近的营地是Finley Point，距弗拉特黑德湖5.5英里。

弗拉特黑德湖游船（Lake cruises；www.kwataqnuk.com）由波尔森的Kwataqnuk Resort运营。1.5小时的乘船游湖活动于每天上午10:30开始，票价$15。夏天晚餐游船于周三和周六 16:00出发（每人$30）。

鲍勃马歇尔荒野群落（Bob Marshall Wilderness Complex）

美国西北部远离太平洋海岸，是本土48州中人口最稀少的地区，其中的关键就在于：鲍勃马歇尔荒野群落。在这片2344平方英里的广袤土地上，错综分布着3200英里长的路径，一些区域离最近的公路竟有40英里远。这时你就会感叹，美国真是个离不了汽车的国家。

南起国家冰川公园南端，北至南部Hwy 200公路上的罗杰斯山口（Rogers Pass），这其中有3片指定的荒野：大熊荒野（Great Bear）、鲍勃马歇尔荒野（Bob Marshall）和代罪羔羊荒野（Scape goat）。荒野周边被国家森林的土地环绕，乡村田园般的环境安宁静谧，有露营地以及连接小路入口的道路，方便"鲍勃"（当地人和护林员对它的称呼）的秋季狩猎活动。

从南边进入鲍勃的主要通道是Hwy 200，途经荒野周边的**Monture Guard Station Cabin**（小屋$60）。你需要从奥万多（Ovando）驾车向北行驶7英里，然后在最后1英里徒步或踏雪走到路易斯-克拉克山岭（Lewis and Clark Range）边缘的私人住所。请联系USFS预订。

其他可进入鲍勃的入口还包括西部的希利-天鹅谷（Seeley-Swan Valley）、北部的饿马水库（Hungry Horse Reservoir）和东部的落基山前岭。最方便（也是最繁忙）是位于落基山前岭的Benchmark和吉布森水库（Gibson Reservoir）的小路起点。

约7英里后就到了荒野的边界，此时路径通常就开始变得陡峭了。再走大约10英里就真正进入了鲍勃的中心。四处都有适合一日徒步游的路径。鲍勃分属两个美国林业局管辖区：弗拉特黑德国家森林总部（Flathead National Forest Headquarters；☎406-758-5208；www.fs.fed.us/r1/flathead；650 Wolfpack Way；⏰周一至周五 8:00~16:30）和路易斯和克拉克国家森林管理处（Lewis & Clark National Forest Supervisors；☎406-791-7700；www.fs.fed.us/r1/lewis-clark；1101 15th St N；⏰周一至周五 8:00~16:30）。

怀特菲什（Whitefish）

虽然只是一个方圆1平方英里的西部小镇，质朴别致的怀特菲什（人口8000）却非常吸引人。这座如咖啡因般令人上瘾的充满魅力的新西部小镇曾是通往冰川国家公园的主要门户，如今凭借自身的力量吸引着游客长途跋涉到来。除了宏伟的冰川（骑自行车来回只要1天，很方便），这里还有很多低调却引人入胜的餐馆、一座历史悠久的火车站兼博物馆（www.stumptownhistoricalsociety.org；500 Depot St；⏰周一至周六 10:00~16:00）免费，以及不起眼的怀特菲什度假山庄（Whitefish Mountain Resort；☎406-862-2900；www.bigmtn.com）。后者在2008年之前被称为"Big Mountain"，占地3000英亩，滑雪地形多样，周末开放夜间滑雪。夏季可乘坐缆车前往山地自行车道。

请联系怀特菲什游客中心（Whitefish Visitor Center；www.whitefishvisit.com；307 Spokane Ave；⏰周一至周五 9:00~17:00）获取更多活动信息。

怀特菲什以南的US 93旁是一连串的连锁汽车旅馆，但是精明的游客会选择氛围愉快的Downtowner Inn（☎406-862-2535；www.downtownermotel.cc；224 Spokane Ave；双 $123；❄📶），这里有健身房、按摩浴缸和早餐百吉饼吧。你还可以选择更高档的Pine Lodge（☎406-862-7600；www.thepinelodge.com；920 Spokane Ave；双人房$145起；P❄📶🏊），旺季以外折扣很大。体面的餐馆和酒吧比比皆是，但大多数当地人会向你推荐Buffalo Café（www.buffalocafewhitefish.com；514 3rd St E；早餐 $7~10），这是吃早餐和午餐的热门餐馆。接着可以前往The Great Northern Brewing Co（☎406-863-1000；www.greatnorthernbrewing.com；2 Central Ave；⏰游览 周一至周四 13:00及15:00），参加酿酒厂的团队游并试喝啤酒。

美铁停靠怀特菲什火车站（☎406-862-2268；500 Depot St；⏰6:00~13:30，16:30至午夜），每日开行，途经西冰川（West Glacier，$7，30分钟）和东冰川（East Glacier，$15，2小时）。Rimrock Trailways（www.rimrocktrailways.com）每天有班车同站开往卡利斯佩尔和米苏拉。

冰川国家公园（Glacier National Park）

世界上的自然奇观公园鲜有可比拟美国的国家公园，而在美国众多国家公园之中，论及古老壮美，冰川国家公园又是佼佼者。冰川国家公园始建于美国资源保护主义运动盛行的1910年，其景色可媲美黄石国家公园、约塞米蒂国家公园（Yosemite）和大峡谷等。

其中古朴的旅店与自然环境融为一体，壮观的主干道逐日公路（Going-to-the-Sun Road）贯穿整个园区，原始的生态系统仍旧保存完好，这些都成就了今日的冰川国家公园。在美国本土的48个州中，只有在这个公园，旅行者仍能见到成群漫步的灰熊，也唯有此处在使用了智能园区管理系统后仍能保持原状。在众多的户外活动中，徒步、观赏野生动物以及湖上活动（如划船或是钓鱼）都是特别值得尝试的。

虽然每年到访美国冰川国家公园的旅行者很多（大约可达200万人），但大量人流都集中在6月至9月间，沉浸于逐日公路的沿途风光。瞄准时机，就可远离人群观赏属于自己的风景。公园全年开放，但大多数服务项目只在5月中旬到9月提供。

冰川国家公园占地1562平方英里，被划分成5个区域，每个区域都以护林站为中心：波尔布里奇（Polebridge，西北）；麦克唐纳湖（Lake McDonald，西南），包括西入口和阿普加（Apgar）村；双麦迪逊（Two Medicine，东南）；圣玛丽（St Mary，东）；冰川群（Many Glacier，东北）。50英里长的逐日公路是穿越公园的唯一柏油路。

景点和活动

逐日公路
户外

(Going-to-the-Sun Road; ⏲6月中旬至9月下旬)这是美国景色最壮丽的道路之一，全长50英里，是国家的历史地标，两侧有许多徒步路径和一个山口，有免费班车开行。

这条路绕着不远处波光粼粼的麦克唐纳湖而行，然后穿越园墙(Garden Wall)——公园里主要的东西部分界线。在洛根山口(Logan Pass)，你可以漫步1.5英里到达隐湖眺望点(Hidden Lake Overlook)；精力充沛的徒步者还可以尝试7.5英里的Highline Trail。免费班车就停在堰塞湖(Avalanche Lake)路径入口的马路西侧，可到达摄人心魄的环形高山湖泊，四周是数不尽的奔腾瀑布，徒步路程往返共4英里。

冰川群
徒步

(Many Glacier)位于冰川群边的是建于1915年的历史悠久的冰川群度假屋(Many Glacier Lodge)，四周的湖泊比冰川更多，风景如画的山谷位于公园东侧，有大量的徒步路径，有些路径还通往逐日公路。最受欢迎的是9.4英里长(往返)的冰山湖路径(Iceberg Lake Trail)，虽然道路陡峭，但走过这片花草地和松树林到达漂浮着冰山的湖泊后，你绝对会感到不虚此行。

Glacier Park Boat Co
划船、徒步

(☎406-257-2426; www.glacierparkboats.com; 圣玛丽湖游船 成人/儿童 $25/12)出租皮艇和独木舟，在冰川国家公园的5个地方推出广受欢迎的湖上游船。提供导览徒步游。

住宿

公园内有13处**NPS露营地**(☎406-888-7800; http://reservations.nps.gov; 帐篷和房车营地$10~23)和7家历史悠久的度假屋，在5月中旬至9月底营业。所有营地中，只有Fish Creek和圣玛丽可以提前预订(最多可提前5个月)。许多营地在上午就已人满为患，7月、8月时尤其如此。

★Many Glacier Hotel
酒店 $$

(☎406-732-4411; www.glacierparkinc.com; 房间 $163~250; ⏲6月中旬至9月中旬; 📶)酒店以瑞士小屋为建筑蓝图，是国家历史地标，位于急流湖(Swiftcurrent Lake)畔。这是公园内最大的酒店，拥有208间客房，可欣赏到窗外的全景。晚间娱乐、休息室和以芝士火锅为主打菜的高级餐厅更为它增添了吸引力。

Lake McDonald Lodge
酒店 $$

(☎406-888-5431; www.glacierparkinc.com; 小屋/度假屋 $137/79起; ⏲5月至9月; 📶)🍃这座古老的狩猎度假屋建于1913年，里面装饰着毛茸茸的动物战利品，营造出轻松的氛围。酒店的100间客房风格各异，或度假屋式，或小屋风格，或汽车旅馆式。每晚，公园护林员都会举办讲座，并带领住客泛舟湖上，为酒店平添了一抹乡村气息。酒店内有餐厅和比萨店。

Glacier Park Lodge
酒店 $$

(☎406-226-5600; www.glacierparkinc.com; 房间 $152~235; ⏲5月下旬至9月)公园里的这家旗舰度假屋环境优美典雅，道格拉斯杉木支撑着室内阳台，大厅里有一个巨大的石头壁炉。外形美观，历史悠久，整洁舒适，还拥有9洞高尔夫球场和舒适的读书角。

Rising Sun Motor Inn
汽车旅馆 $$

(☎406-732-5523; www.glacierparkinc.com; 房间 $134~142; ⏲5月下旬至9月上旬)这是两家20世纪40年代的经典木结构汽车旅馆之一，位于圣玛丽湖(St Mary Lake)北岸，是小型复合式建筑，有商店、餐厅和码头。乡村风格的客房和小屋正是精疲力尽的徒步旅行者所需要的。

就餐

夏天，阿普加、Lake McDonald Lodge、Rising Sun和Swiftcurrent Moter Inn的杂货店供应有限的露营资源。大多数度假屋配有餐厅。西冰河和圣玛丽的用餐区主要提供适合徒步旅行者的丰盛食物。

Polebridge Mercantile
面包房、超市 $

(Polebridge Loop Rd, North Fork Valley; 小吃$4; ⏲5月至11月 8:00~18:00; 📶)这里的肉桂面包很不错，能使精疲力竭的徒步者恢复活力。

Park Café 美国菜 $

(www.parkcafe.us; US 89, 圣玛丽; 早餐 $7~12; ⏲6月至9月 7:00~22:00) 这里提供丰盛的早餐, 淋上奶油或冰激凌的自制馅饼值得推荐。

Ptarmigan Dining Room 各国风味 $$$

(Many Glacier Lodge; 主菜 $15~32; ⏲6月中旬至9月上旬 6:30~21:30) 这是公园里最精致的度假屋餐厅, 从餐厅内能眺望美丽的湖景, 还提供葡萄酒和自酿啤酒。

实用信息

公园的游客中心和护林站出售荒野指南, 并提供徒步地图。阿普加与圣玛丽的游客中心和护林站5月至10月每日开放, 洛根山口的游客中心随逐日公路一同开放, 冰川群、双麦迪逊和波尔布里奇护林站于9月底关闭。**公园总部** (☎406-888-7800; www.nps.gov/glac; ⏲周一至周五 8:00~16:30) 位于US 2公路和阿普加之间的西冰川, 全年开放。

入园 (徒步者/机动车$12/25) 有效期为7天。如果只在白天徒步不必申请野营许可证, 需在园内过夜的背包客则需要 (仅限5月至10月期间)。在**阿普加野营许可证中心** (Apgar Backcountry Permit Center; 每人每日$4; ⏲5月1日至10月31日)、圣玛丽游客中心以及冰川群、双麦迪逊和波尔布里奇护林站, 半数以上的许可证本着先到先得的原则办理。

其余许可证可提前在阿普加越野许可证中心、圣玛丽和冰川群游客中心以及双麦迪逊和波尔布里奇护林站预订。

到达和当地交通

美铁的帝国建设者号列车 (Empire Builder) 每天往返于西雅图和芝加哥, 并经停西冰川 (全年) 和东冰川 (4月至10月)。7月1日至劳动节, **冰川国家公园** (www.nps.gov/glac) 有往返阿普加村和圣玛丽的班车 (成人/儿童 $10/5), 途经逐日公路。**Glacier Park, Inc** (www.glacierparkinc.com) 的东区班车 (East Side Shuttle) 是收费的 (成人/儿童 $10/5), 每日在公园东侧发车, 开往沃特顿 (Waterton; 加拿大)、冰川群、圣玛丽、双麦迪逊和东冰川。

爱达荷州 (IDAHO)

爱达荷州因不够出名而出名, 这个美国的第43个州是阿拉斯加原始荒野的一部分, 但却被多数直奔西边的西雅图或东边的蒙大拿的过路者所忽略。事实上, 这些人迹稀少的土地自刘易斯和克拉克的年代至今改变并不大。例如位于该州中部的一个15,000平方千米的巨大"孔洞", 就一直不曾受到道路、居住区以及任何人为因素的干扰。

被斯内克河所统治的爱达荷州南部较为平坦干燥, 早期是俄勒冈路径移民的交通要道, 今日的主要道路是繁忙的Hwy 84。不过, 除了这狭窄的人口稠密带之外, 爱达荷州景观令人耳目一新, 不像美国其他地方那样受到毫无灵魂的商场街和快餐的侵扰。

博伊西 (Boise)

博伊西是爱达荷州的州首府 (和最大城市), 它低调、被低估、不受重视, 在西北以外少有人知。友善的市区以其小人物的谦逊精神让心怀偏见的外地人为之惊讶。巴斯克文化、宏伟的爱达荷州议会大楼、为数不少的高级酒吧和巴黎风格的小酒馆都是惊喜。身负"绿茵城市"之名, 还拥有一个大学校园, 这并不仅仅是一场市场操作。博伊西的出其不

爱达荷州概览

别称 宝石之州

人口 1,596,000

面积 83,570平方英里

首府 博伊西 (人口210,100)

其他城市 爱达荷瀑布市 (人口57,600)

消费税 6%

诞生于此的名人 刘易斯和克拉克导游萨卡加维亚 (1788~1812年); 政治家萨拉·佩林 (Sarah Palin; 1964年); 诗人埃兹拉·庞德 (Ezra Pound; 1885~1972年)。

发源地/所在地 星光石榴石、太阳谷雪场

政治倾向 可靠的共和党阵地与少数的民主党阵地, 如太阳谷

著名之处 马铃薯、荒野、世界第一部缆车

北美最深的河谷 爱达荷州的地狱峡谷 (Hells Canyon; 7900英尺深)

车程 博伊西到爱达荷瀑布280英里, 路易斯顿到科达伦 (Coeur d' Alene) 116英里

意会给人留下深刻和持久的印象。

景点和活动

深入探索主要商业区，它在State St、Grove St、4th St和9th St的范围内。

★巴斯克街区 社区

（Basque Block；www.thebasqueblock.com）许多人都不知道，博伊西拥有西班牙以外最大的巴斯克建筑群之一。欧洲流亡者于20世纪初叶来到爱达荷州成为牧人。你可以沿着6th St和Capitol Blvd之间的Grove St一窥其独特的文化元素。

身处充满民族特色的酒馆、餐馆和酒店之间，**巴斯克博物馆和文化中心**（Basque Museum & Cultural Center；www.basquemuseum.com；611 Grove St；成人/老人和学生 $5/4；⏲周二至周五 10:00~16:00，周六 11:00~15:00）向公众展示了复杂的巴斯克文化及其穿越6000英里来到爱达荷州西部的历史，值得称道。这里也教授欧洲最古老的语言巴斯克语（Euskara）。隔壁是**安杜伊萨山墙建筑**（Anduiza Fronton Building；619 Grove St），里头有个巴斯克手球场，球迷会在这里玩传统的回力球（pelota）。

爱达荷州议会大楼 地标

（Idaho State Capitol）爱达荷州议会大楼最令人愉快的地方，是访客能免费欣赏全美最棒的建筑。这栋博伊西建筑建于1920年，以当地的砂岩建成，以庆祝新古典主义风格的风行。2010年曾进行了一次大规模翻新，如今能以地热水送暖。

博伊西河和绿化带 公园、博物馆

（Boise River & Greenbelt）🍃早在20世纪60年代，博伊西河绿树成荫的河岸就开辟出了30英里的非机动车道。这里有公园、博物馆和河流消闲之乐，都是博伊西“绿茵城市”的人性化标签。

这条河广受欢迎的活动是漂浮和轮胎漂流。起点是市区6英里外的**巴伯公园**（Barber Park；Eckert Rd；漂流艇租借$12）。这是一条长5英里的漂浮路线，终点在安·莫里森公园（Ann Morrison Park）。整个路线中有4个休息站，还有一趟终点发车的班车（$3）。

绿化带（Greenbelt）中最核心、最动感十足的空间是占地90英亩的朱莉娅·戴维斯公园（Julia Davis Park），**爱达荷州国家历史博物馆**（Idaho State Historical Museum；610 N Julia Davis Dr；成人/儿童 $5/3；⏲周二至周五 9:00~17:00，周六 11:00~17:00）精心规划了有关西部探路者刘易斯和克拉克的展览。**博伊西艺术博物馆**（Boise Art Museum；www.boiseartmuseum.org；670 N Julia Davis Dr；成人/老人及学生 $6/3；⏲周二至周六 10:00~17:00，周日 正午至17:00）也在这个公园内。此外还有个非常漂亮的露天玫瑰园。

Ridge to Rivers Trail System 徒步

（www.ridgetorivers.org）🍃城外草木覆盖的山麓比绿化带区域更加原始粗犷，总长75英里的小径分布其间，有的是相当艰苦的徒步及山地自行车线路。从市区到这里最快的路是穿越博伊西堡公园（Fort Boise Park），公园位于州议会大厦东南5个街口外的E Fort St。

住宿

以下是3个真正的好地方。

Leku Ona 酒店 $

（☎208-345-6665；www.lekuonaid.com；117 S 6th St；房间 $65~85；📶）这家位于中央地带的公寓由一名巴斯克出身的移民经营，看起来已经有些陈旧。由于位于市中心，周末时相当嘈杂，但住在这里肯定很经济实惠。隔壁的餐厅供应美味的巴斯克小吃（pintxos）。

★Boise Guest House 客栈 $$

（☎208-761-6798；boiseguesthouse.com；614 North 5th St；套 $89~119；📶🐾）这里是旅途上最温馨的家，由艺术家所有的家庭旅馆提供几间风格独特的套房，设有厨房和客厅。内部装饰异想天开却又深思熟虑，到处都是可爱的装饰，比如书架上的好书、吸引人的本地艺术品。免费自行车（车把上还有飘带“你好！”）鼓励住客进一步探索周边景点。

Modern Hotel 精品汽车旅馆 $$

（☎208-424-8244；www.themodernhotel.com；1314 W Grove St；双含早 $99起；P❄📶）这家酒店将矛盾的设计（精品汽车旅馆！？）视为一种时尚，在市区中间地带提供复古简约风的客房和时髦的酒吧。电热水器容量巨大，服务堪比五星级酒店。

餐饮

餐馆和夜生活场所主要集中在市中心Grove区域的砖砌人行广场，以及介于8th St和Idaho Ave之间的前仓库区。在这里可找到一些令人兴奋的巴斯克特色菜、地道的法式小酒馆和特别的酒吧。

★ Fork
新派美国菜 $$

(☎207-287-1700; www.boisefork.com; 199 North 8th St; 主菜 $8~29; ⏲11:00~22:00; ✎) 如果放在20年前，这种高档的环保菜单会是爱达荷州的异端，但现在情况改变了。这里的特色菜原本只有炸鸡配香醋枫糖浆松饼，但现在已可看到大量的沙拉、当地出产的肉类及其他本区域食材。千万不要错过迷迭香巴马干酪薯条。这家餐厅是如此受欢迎，以至于服务可能会很慢。

Vietnam Pho Nouveau
越南菜 $$

(☎208-367-1111; www.phonouveau.com; 80 West Idaho St; 主菜 $9~15; ⏲周一至周四 11:00~21:30, 周六 11:00~22:30, 周日 12:00~20:30) 这家小巧、聪明的咖啡馆透着低调冷静的气氛，这是在博伊西能开心享用亚洲食品的好地方。试试越南河粉（bun，大碗米粉，配上烤肉和许多绿色蔬菜）、百合花沙拉配嫩肉丝，或西贡煎饼。

Grape Escape
红酒吧 $$

(800 W Idaho St; 开胃菜$7~11, 主菜$11~18; ⏲11:00至打烊) 坐在户外，一边轻啜你的黑品诺，一边享用轻食晚餐（面包片、沙拉和极富创意的比萨），看着满城的自行车骑手、拘谨的知识分子和爽朗的年轻姑娘出来喝开胃酒。酒单很精彩，就像眼前形形色色经过的人一般。周日有爵士乐表演。

Bittercreek Ale House & Red Feather Lounge
新派美国菜 $$

(www.justeatlocal.com; 246 N 8th St; 主菜 $7~15; ⏲11:30至深夜) 这些比邻而居的餐厅有着活泼、亲切的环境和许多的个性特色。供应有益健康、通常在当地生产且注重可持续发展的食物。美式风格菜单的一大特色是有许多素食可供选择。装饰得较豪华的Red Feather有美味的柴烧比萨。试试用禁酒令时期之前的老方子调制的威士忌鸡尾酒。

Bar Gernika
小酒馆

(www.bargernkia.com; 202 S Capitol Blvd; 午餐 $8~10; ⏲周一至周四 11:00至午夜，周五和周六 11:00至次日1:00) Ongi etorri（欢迎）来到巴斯克区最方便的酒馆，菜单上有许多老式乡村美食，如烤羊肉串、辣香肠和牛舌（仅在周六提供）。可在用餐时配上20盎司吉尼斯黑啤酒（Guinness）或地区佳酿。这是一个真正只在博伊西才有的地方。

Bardenay
小酒馆

(www.bardenay.com; 610 Grove St; 主菜 $8~18; ⏲11:00至深夜) Bardenay是美国的第一个“酒厂兼酒馆”，至今仍是独一无二的。如今，它在休闲通风的环境提供自家酿制的伏特加、朗姆酒和杜松子酒，并得到一致好评。

实用信息

游客中心(☎208-344-7777; www.boise.org; 250 S. 5th St, Ste. 300; ⏲ 6月至8月 周一至周五 10:00~17:00, 周六 10:00~14:00, 9月至次年5月 周一至周五 9:00~16:00) 可在这里稍作停留。

到达和当地交通

博伊西市机场(Boise Municipal Airport, BOI; I-84 exit 53) 每天都有航班飞往丹佛、拉斯维加斯、菲尼克斯、波特兰、盐湖城、西雅图和斯波坎(Spokane)。灰狗巴士从**巴士站**(1212 W Bannock St) 发车，运行至斯波坎、彭德尔顿、波特兰，以及双子瀑布和盐湖城的路线。

凯洽姆和太阳谷 (Ketchum & Sun Valley)

占据着爱达荷州最令人惊叹的自然景观地之一，拥有一段有关滑雪的历史，太阳谷是美国第一个有目的地建造的滑雪度假村，由联合太平洋铁路(Union Pacific Railroad)的接班人William Averell Harriman（经过全面考察）于1930年钦点，并得到包括海明威(Ernest Hemingway)、克拉克·盖博(Clark Gable)和加里·库珀(Gary Cooper)等名流的宣传。当1936年开业时，太阳谷骄傲地向世人展示了世界上第一部空中缆椅和至今仍然是其首选住宿的“山野(parkitecture)”小屋。

太阳谷一直吸引着时髦的好莱坞客户群，并将其设施扩展至传奇性的秃山(Bald Mountain)，它仍然是一个精致漂亮的地方(没有张牙舞爪的快餐店或公寓)。它享誉全美，可信赖的优质雪、巨大的海拔落差和几乎无风的天气都备受推崇。除了广受追捧的滑雪活动之外，1英里外的村庄凯洽姆则拥有一份质朴之美。那里是海明威捕鱼和狩猎的黄金地，如今宽胎成了夏季的时尚。

活动

你会发现几乎所有的商业活动都集中在介于1st St和5th St的Main St上。太阳谷和它的度假屋在往北1英里的地方，轻松步行就能到达。从凯洽姆往南12英里，也在75号公路上的是另一个令人愉快的小镇黑利(Hailey)，那里有许多酒吧。

Wood River Trail 徒步、骑车

在凯洽姆和太阳谷周围有众多的徒步和山地自行车道，以及非常棒的垂钓点。Wood River Trail是完全连接太阳谷与凯洽姆的主要通道，并继续向南延伸32英里，途经黑利，在田园风光中直奔贝尔维尤(Bellevue)。Sun Valley Lodge旁边商场内的Pete Lane's可租借自行车(自行车每日$35)。

太阳谷度假村 雪上运动

(Sun Valley Resort; www.sunvalley.com; 成人/儿童 秃山$95/54，达乐山 $54/39)以轻盈、蓬松的粉雪和名人来客著称，由两处场地组成的度假村包括高级地形的秃山和难度较低的达乐山(Dollar Mountain)，后者还有一处橡皮圈滑雪场(tubing hill)。夏季可搭乘缆车到任何一座山的顶峰(成人/儿童缆车费$15/10)，然后徒步或骑车下山。如你所想，这里的设施非常豪华。

住宿

在夏季，可前往非常靠近城镇的土地管理局(BLM)营地免费露营，可至游客中心了解详细信息。

Lift Tower Lodge 汽车旅馆 $

(☎208-726-5163; 703 S Main St; 房间 $89~109; P 📶)在凯洽姆这个友善、经济、提供坚固纺缝床的小旅馆，寻常老百姓可以与百万富翁走得很近，也可以潇洒而去。一个标志性的展览缆车(约1939年)会在天黑后亮起来。

Tamarack Lodge 酒店 $$

(☎208-726-3344; www.tamaracksunvalley.

海明威：最后的日子

虽然海明威并未在他的作品中特别提及太阳谷和凯洽姆，但这位周游列国的作家却对这个区域有着深厚的感情。上世纪30年代末，他就是这个刚刚建立的滑雪胜地的常客。相传他在Sun Valley Lodge的206房完成了他关于西班牙内战的扛鼎之作《丧钟为谁而鸣》(*For Whom the Bell Tolls*)，其间他还和加里·库珀、克拉克·盖博等朋友从事捕鱼和狩猎远足的活动。

到了40年代和50年代，海明威向南移居到基韦斯特(Key West)和古巴。1959年古巴革命后，海明威在哈瓦那的房子被征用，他永久性移居爱达荷。61岁那年，由于受到逐渐加剧的妄想症和日益恶化的健康状况困扰，他终于在1961年7月2日那天走到Warm Springs Rd旁的自家门廊上，用最喜欢的枪轰烂了自己的脑袋。

令人惊讶及感到新鲜的是，凯洽姆并没有处处“海明威”。你得非常仔细地寻找，才会在村中心以北半英里的Hwy 75旁找到一个小小的漂亮墓园，里面安葬着海明威和他的孙女玛歌。便士、雪茄和零星几瓶的烈酒装点着他简单的坟墓。海明威故居不对公众开放，但距离Sun Valley Lodge一英里处的Trail Creek有个向他致敬的纪念碑。在凯洽姆，海明威最喜欢光顾的酒馆是Casino Club(见343页)及Alpine Club，后者如今已易名为Whiskey Jacques(☎208-726-5297; 251 Main St; $5; ⏲16:00至次日2:00)。

com; 500 E Sun Valley Rd; 房间 $149~169; ❄📶🏊)维护良好的小屋提供雅致的客房,配有壁炉、阳台和许多设施。其亮点包括出色的服务、按摩浴缸和室内游泳池。周中和淡季通常可获折扣。

Sun Valley Lodge
酒店 $$$

(☎208-622-2001; www.sunvalley.com; 1 Sun Valley Rd; 房间 $287~405; ❄@📶🏊)20世纪30年代时,海明威在这个美丽的地方完成了《丧钟为谁而鸣》,而这里至今依然保留着战前的奢华光芒。老式的优雅令舒适的客房非常吸引人,不过以今天的标准来看,有时会觉得房间小了点。设施包括健身设备、游戏室、保龄球馆和桑拿浴室。另外,还有雪场班车和儿童活动。

餐饮

Despo's
墨西哥菜 $

(☎208-726-3068; 211 4th St; 主菜 $7~14; ⏰周一至周六 11:30~22:00)虽然它不是最正宗的墨西哥菜,但当地人喜欢这种融合了墨西哥风格的健康菜式。所有食材都很新鲜,分量很大的沙拉和自制莎莎酱(温、热和烟熏口味)值得品尝。

★ Rickshaw
亚洲菜 $$

(www.eat-at-rickshaw.com; 460 Washington Ave N; 小碟和主菜 $4~15; ⏰周二至周六 17:30~22:30, 周日 17:30~21:30)空间又小,又不规整,这里就像是一辆真正的人力车。工作人员很热情,餐馆洋溢着繁忙要道一般的活力。这火红的融合菜式餐厅提供超一流的越南、泰国、韩国和印度尼西亚街头食品。裹上了胡椒香菜末的嫩排骨令人为之疯狂。无论是绿咖喱还是炒腰果,口味都非常辛辣。一定要来。

Glow
严格素食 $$

(380 Washington#105; 主菜 $7~12; ⏰周一至周五 10:00~18:00, 周六 10:00~17:00; 🌿)这里是一个能让严格素食主义者愉快用餐的宫殿。丰富的菜色包括冰沙、早餐奇亚布丁、有机沙拉、混合汤和(感谢上帝)手工纯巧克力,你会因此两眼放光。用餐人群:穿着瑜伽裤的太阳谷类型完美人士。

Pioneer Saloon
牛排馆 $$$

(www.pioneersaloon.com; 320 N Main St; 主菜 $9~29; ⏰17:30~22:00)约在上世纪50年代开始营业,最初是非法赌博厅,Pio里装饰着鹿头、古董枪、子弹板,是当之无愧的西部巢穴,还有——哦,是的——太多好吃的,只要你喜欢牛肉和鳟鱼。所有晚餐菜色都保证美味。

Casino Club
酒吧

(220 N Main St)这是滑雪度假村里最老的一个酒吧,从昔日屹立至今。从赌博挥拳头打架,到迷幻嬉皮,乃至海明威的兴衰,一直到文身男子骑着哈雷经过前门,它见证这里不到75年间的一切改变。

实用信息

太阳谷/凯洽姆游客中心(☎208-726-3423; www.visitsunvalley.com; 491 Sun Valley Rd; ⏰6:00~19:00)工作人员的上班时间为上午9点至下午5点,但其他时间你仍然可以进来拿地图和小册子,因为它还巧妙地兼备了第二重身份——星巴克咖啡馆。

到达和当地交通

区域机场**Friedman Memorial Airport**(www.flyfma.com)位于凯洽姆以南12英里的黑利。A-1 Taxi(☎208-726-9351; www.a1sunvalley.com)提供交通服务。

Sun Valley Express(www.sunvalleyexpress.com)每日有班车往来穿行于太阳谷和博伊西机场之间(单程$65)。

史丹利(Stanley)

背靠高低参差的锯齿山脉(Sawtooths),拥有砂石路面、木屋和生锈铁棚的史丹利(人口100)或许是美国风景最美丽的小镇了。四面环绕着受保护的荒野和国家林地,这个偏远的前哨小村坐落在弯曲的萨尔蒙河边,距离任何地方都有数英里之遥。盛夏里,黄昏暮光一直延续至晚上10点以后,溪水声会哄你入眠。

活动

萨尔蒙河中央支流
漂流

(Middle Fork of the Salmon)史丹利是传奇的萨尔蒙河中央支流的漂流起点。这条河号

不要错过

爱达荷中部观光小路

再见，郊区商业街；你好，无瑕的荒野。通往偏远的爱达荷州前哨史丹利的3条道路统统都被指定为国家观光小路（National Scenic Byways，这在美国是独一无二的）。全国只有125条这样的道路，意味着美国2.4%最美丽的路面都经过了充满田园风味的史丹利。

锯齿山脉观光小路（Sawtooth Scenic Byway）

从凯洽姆向北，沿着75号公路和萨尔蒙河直到史丹利，这段60英里的道路华美壮丽，在攀上8701英尺高的加利纳峰（Galena Summit）前，先要穿过迷蒙厚实的黄松林，那里空气清新，散发着雨水和坚果的气味。从山顶俯视，能看到冰川刻画出的锯齿山脉（Sawtooth Mountains）。

西黄松观光小路（Ponderosa Pine Scenic Byway）

介于史丹利和博伊西之间21号公路如此美丽，以至于很难顺利到达目的地，你总会忍不住停下车来。从史丹利开始，树木的密度开始增加，直到你突然发现自己隐没在了松树中。比起经典的落基山脉，这里能观赏到更多太平洋西北风光。随着降雨频发，在公路上都能感觉到危险。即使到了5月下旬，雪原还一直延伸到公路上。

这条路上的美景无数，其中两大亮点，一是位于洛曼（Lowman）以东6英里的Kikham Creek Hot Springs（停车费 $6；⏲6:00~22:00），那是个非常原始的露营地，溪流里有天然温泉泉眼；另一处则是经过修整的老金矿小镇爱达荷福尔斯（Idaho Falls）。

萨尔蒙河观光小路（Salmon River Scenic Byway）

在史丹利的东北面，Hwy 75和US 93组成了另一条萨尔蒙河岸旁长达161英里的风景道路，这条路通向蒙大拿州边境历史悠久的Lost Trail Pass，那是刘易斯和克拉克在1805年首次跨过大陆分水岭的地方。周边景色在200年后仍没有什么变化。

称“最后的野生河”，是阿拉斯加之外最长的无堤坝水系。全程需要6天时间，在106英里的漂流中穿越240万英亩的弗兰克·丘奇-不归河荒野（Frank Church-River of No Return Wilderness），途中经过大约300个急流（Ⅰ至Ⅳ级）。这里远离任何形式的文明。

萨尔蒙河主支流 漂流

（Main Fork of the Salmon）👪虽然比起中支流略少了些戏剧性和激浪，但难度也没那么高，完全可以在这条萨尔蒙河的主要分支上来一场自助式的木筏或充气皮艇漂流。这里有8英里的平静水流，始于史丹利，能欣赏到公路上看不见的锯齿山景观。带上渔具。

飞钓 钓鱼

（Fly Fishing；⏲3月至11月）萨尔蒙河和周围的高山湖泊在3月到11月间都能进行经典的钓鳟鱼活动，而6月下旬至10月上旬最适合飞钓。当冬季结束，8种当地鳟鱼（包括身长可达40英寸的神秘虹鳟）就会从太平洋洄游900英里，在3月、4月时到达史丹利附近。

团队游

White Otter 漂流

（☎208-788-5005；www.whiteotter.com；100 Yankee Fork Road and Hwy 75, Sunbeam, ID；半天 成人/儿童 $75/55）唯一由当地人经营的漂流装备店，推荐参加White Otter好玩的Ⅲ级一日游。也能安排充气皮艇漂流。

Solitude River Trips 漂流

（☎800-396-1776；www.rivertrips.com；6日游 $2185；⏲6月至8月）提供顶尖的萨尔蒙河中支流多日行程。在河边露营，导游会烹饪美味的食物。

Silver Creek Outfitters 钓鱼

（☎207-622-5282；www.silver-creek.com；1 Sun Valley Rd）玩够了太阳谷，Silver Creek

提供前往萨尔蒙河和偏远河流景点的定制行程，只有漂流船或皮艇可达。

食宿

在史丹利大约有12家酒店，都是传统的拓荒小木屋风格。在短暂的夏季里有几家餐厅开门营业。

Sawtooth Hotel 酒店 $

（208-721-2459; www.sawtoothhotel.com; 755 Ace of Diamonds St; 双带/不带卫生间 $100/70; ）这是一个建于1931年的怀旧木质汽车旅馆，Sawtooth改善了昔日的简陋，但保持了热情洋溢的史丹利式好客。6间客房都是古老的乡村风格，其中2间带私人浴室。特别喜爱9号房。不要指望有电视或房间电话，但自制的食物非常好吃。

★ **Stanley Baking Co** 面包房、早餐 $

（www.stanleybakingco.com; 250 Wall St; 早餐和午餐 $3~10; 5月至10月 7:00~14:00）当我们的世界被不健康的食品填满时，这家地处偏远的面包房和早午餐点是一大福音。一年只开门5个月，这个小木屋是镇上唯一能看到排队景象的地方。究其原因：美味至无法形容的自制烘焙食品和燕麦薄煎饼。

爱达荷州狭长地带（Idaho Panhandle）

1880年，爱达荷州在加拿大与蒙大拿州的土地纠纷中奋起抵抗。然而，无论是外观，还是心态，与落基山脉相比较，这里还是与太平洋西北岸有更多的共同点。位于华盛顿州以西数英里的斯波坎是地区枢纽，狭长地带里的大多数地区采用太平洋标准时间（Pacific Standard Time）。

靠近华盛顿边界，快速发展的**科达伦**（人口44,000）是斯波坎城区的延伸，也是狭长地带最大的城镇。那里有个相当俗气的海滨木栈道，随处可见美式高尔夫球场和温泉度假村。相邻的湖滨是理想的水上活动地点，可进行站立划桨等活动。到**科达伦观光局**（Coeur d' Alene Visitors Bureau; 877-782-9232; www.coeurdalene.org; 105 N 1st; 周二至周六 10:00~17:00）可获取更多的信息。住客可以放心入住**Flamingo Motel**（208-664-2159; www.flamingomotelidaho.com; 718 Sherman Ave; 双/标 $100/170; ），这家汽车旅馆有古怪的粉红色门，装饰为复古的上世纪50年代风格，主题客房包括英式花园和美洲装饰。要喝最好的咖啡可前往**Java on Sherman**（324 Sherman, Coeur d' Alene; 主菜 $4~9; 6:00~19:00），那里也提供美味的早餐和三明治。

位于庞多雷湖（Lake Pend Oreille）旁的**桑德波因特**是狭长地带最美丽的小镇。小镇位于一处极好的荒野区域，三面环山，还拥有爱达荷州唯一仍提供火车服务的美铁**火车站**，这栋迷人建筑的历史可追溯至1916年。帝国建设者号（Empire Builder）每日穿梭于西雅图/波特兰和芝加哥之间，在此停靠。

你可以沉醉在爱达荷最大湖泊旁的**庞多雷观光小路**（Pend Oreille Scenic Byway; US 200），它拥抱着北岸。小镇西北11英里外是获得高度评价的**史怀哲山度假区**（Schweitzer Mountain Resort; www.schweitzer.com; 滑雪门票成人/儿童 $68/50），树林雪道备受好评，夏天可进行山地骑行。

方圆数英里内最便宜的住宿莫过于这家干净的**Country Inn**（208-263-3333; www.countryinnsandpoint.com; 470700 Hwy 95; 单/双 $64/80; ），由友善的妈妈级老板经营，位于桑德波因特以南3英里处。

西南部

最佳餐饮

- Elote Cafe（见388页）
- Hell's Backbone（见424页）
- Love Apple（见446页）
- Cafe Roka（见406页）
- Raku（见361页）

最佳住宿

- Ellis Store Country Inn（见454页）
- El Tovar Hotel（见393页）
- Motor Lodge（见389页）
- St Regis Deer Valley（见415页）
- Vdara（见357页）

为何去

西南部地区是美国未经驯服的后院，有着令人惊叹的红岩、高耸的山峰、波光粼粼的湖泊以及遍布树形仙人掌的沙漠。从古怪的象形文字、被遗弃的悬崖民居，到零散的传道和荒废的矿镇，无不提醒着人们有关西南部地区多元文化的起源和贫穷的过去。而今，这里仍在创造历史，天文学家和火箭制造商凝视着满布星光的苍穹，而艺术家和企业家聚集到城市中心和山区城镇，给整个地区注入了新能量。

对旅行者来说，最棒的莫过于在一个接着一个的风景区开车欣赏最美丽、最独特的景致。但记住，西南部旅程之所以令人难忘，绝不仅限于这些有传奇色彩的、标志性的景观。近距离研究树形仙人掌，向霍皮族艺术家请教关于其作品的问题，品尝一些青椒炖菜。这些奇妙的时刻可能成为你最珍贵的记忆。

何时去

拉斯维加斯

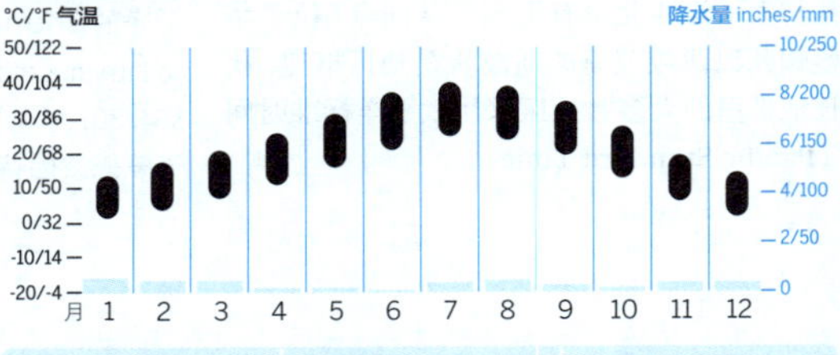

1月 在陶斯和弗拉格斯塔夫附近滑雪。在帕克市，与滑雪急坡速降和圣丹斯电影节相会。

6月至8月 探索新墨西哥州、犹他州和亚利桑那州北部国家公园的旺季。

9月至11月 去大峡谷底部徒步，或在新墨西哥州北部凝望绚丽的秋叶。

到达和当地交通

拉斯维加斯的麦卡伦国际机场和菲尼克斯的天港国际机场是西南地区最忙碌的机场，其次是连接盐湖城、阿尔布开克和图森的各个机场。

灰狗巴士在该地区内的主要地点停靠，但并非所有的国家公园都有站点，既定路线之外的有些城镇如摩崖也没有车站。在规模大一些的城市，巴士终点站可能会设在安全性稍差的地区。通常，开私家车是到达偏僻城镇、小路起点和游泳场所的唯一方式。

美国铁路公司的火车比长途汽车系统的局限性大得多，但它确实连接了许多重要城市，并可转接前往其他城市包括圣菲和菲尼克斯的长途汽车。加州和风号途经犹他州和内华达州，西南酋长号在亚利桑那州和新墨西哥州停靠，日落特快穿行于南亚利桑那州和新墨西哥州。

国家公园和州立公园

西南地区有50处国家公园和纪念碑，无论风景还是文化皆可拔得头筹。

最受欢迎的国家公园之一就是亚利桑那州的大峡谷国家公园（见389页）。该州其他公园包括纪念碑谷纳瓦霍部落公园（见398页），一个有高耸的砂岩柱和平顶孤峰的沙漠盆地，拥有古老悬崖民居的谢伊峡谷国家保护区（见398页），彩色沙漠和石化木奇异组合而成的石化森林国家公园（见399页），以及有原始沙漠和巨形仙人掌的仙人掌国家公园（见400页）。

犹他州南部的红色岩石区包括五个国家公园：拱岩（见421页）、峡谷地（见421页）、锡安（见423页）、布莱斯峡谷（见425页）和圆顶礁（见423页），让人在茫茫荒野中感受与世隔绝的孤寂感。大楼梯地区-埃斯卡兰特国家保护区（见424页）位于人迹罕至的巨大荒漠中。新墨西哥州最引以为傲的是卡尔斯巴德洞窟国家公园（见453页）和神秘的查科文化国家历史公园（见448页）。在内华达州，大盆地国家公园（见371页）是原始偏远的山区绿洲。想获取更多信息，请登录国家公园管理局网站（www.nps.gov）。

五大日间徒步线

- **Angels Landing** 锡安国家公园，犹他州
- **Winsor Trail** 圣菲，新墨西哥州
- **Navajo Loop** 布莱斯峡谷国家公园，犹他州
- **South Kaibab Trail to Cedar Ridge** （见391页）大峡谷南缘，亚利桑那州
- **Cape Final** 大峡谷北缘，亚利桑那州

不要错过

若想在沙漠中徒步，可以去索诺兰沙漠（Sonoran）、奇瓦瓦沙漠（Chihuahuan）和大盆地（Great Basin）。

速览

- **枢纽城市** 拉斯维加斯（人口596,400）、菲尼克斯（人口140万）、盐湖城（人口189,314）
- **拉斯维加斯距大峡谷国家公园南缘** 280英里
- **洛杉矶距阿尔布开克** 670英里
- **时区** 内华达州（太平洋时区）、亚利桑那州（山地时区，不实行夏令时）、犹他州（山地时区）、新墨西哥州（山地时区）

你知道吗

7月中旬至9月上旬，可能会出现山洪。尽量不要在峡谷底部露营，不要开车穿过被洪水淹没的道路。如果徒步时遇到山洪，要迅速转移到地势较高的地方。

网络资源

- **公共土地信息中心**（Public Lands Information Center; www.publiclands.org）有简介、地图和图书推荐。
- **大峡谷协会**（Grand Canyon Association; www.grandcanyon.org）资讯丰富的网上书店。

西南部亮点

❶ 在**大峡谷国家公园**（见389页）的边缘步道漫步。

❷ 在亚利桑那州东北部的**纪念碑谷纳瓦霍部落公园**（见398页）体验约翰·韦恩片中的西部。

❸ 到尘土飞扬的**汤姆斯通**（墓碑镇；见405页）练习拔枪速射。

❹ 走进**圣菲**（见435页）时尚的街道，逛逛画廊和珠宝店。

❺ 从**白沙国家保护区**（见451页）闪亮的沙丘上滑下来。

❻ 钻进**卡尔斯巴德洞窟国家公园**（见453页），漫游钟乳石仙境。

❼ 去**拉斯维加斯**大道（见355页）享受上流社会的生活。

❽ 开车穿过**火焰谷州立公园**（见366页）的红砂岩体。

❾ 在**帕克市**（见414页）那不可思议的地形中滑雪，享受时尚的夜生活。

❿ 探索**锡安国家公园**（见426页）的宏伟峡谷，攀上天使下凡处。

0 250 km
0 150 miles
Nebraska
内布拉斯加州
Wyoming
怀俄明州
Logan
Brigham City
Ogden
Flaming Gorge Reservoir
Flaming Gorge National Recreation Area
火焰峡谷国家游乐区
Dutch John
Manila
Wasatch-Cache NF
Park City帕克市
Kamas卡默斯
Heber City
Vernal
韦纳尔
Roosevelt
Dinosaur NM
恐龙保护区
Utah Lake
Provo
Uinta NF
Price
Green River
Glen Canyon National Recreation Area
格兰峡谷国家游乐区
拱岩国家公园
Grand Junction
大章克申
Arches National Park
Manti-La Sal NF
Richfield
Capitol Reef NP
Green River
Moab
摩崖
Dead Horse Point SP死马点州立公园
Manti-La Sal NF
Torrey
Canyonlands NP峡谷地国家公园
Colorado River
Boulder
博尔德
Monticello
天然桥国家保护区
Escalante
Blanding
Natural Bridges NM
Kodachrome Basin SP
Hovenweep NM豪文卫普国家保护区
Mesa Verde NP
弗德台地国家公园
Grand Staircase-Escalante NM
Lake Powell
Bluff
Mexican Hat
Four Corners四角纳瓦霍部落公园公园
Navajo Tribal Park
Page
柯达盆地州立公园
Monument Valley Navajo Tribal Park
纪念碑谷纳瓦霍部落公园
Lees Ferry
Kayenta
Shiprock
Bloomfield
Farmington
Grand Canyon National Park
大峡谷国家公园
Hopi Reservation
Chinle
Canyon de Chelly NM
Third Mesa
First Mesa
Oraibi
Second Mesa
Kaibab NF
Old Oraibi
Window Rock
Petrified Forest NP
Gallup
Flagstaff
Winslow
Sedona
Holbrook
Zuni Pueblo
El Morro NM
El Malpais NM
Acoma Pueblo
Grants
Coconino NF
科科尼诺国家森林
Jerome
Strawberry
Payson
埃尔莫罗国家保护区
Springerville
Prescott NF
Roosevelt Dam
希拉崖居国家保护区
Gila Cliff Dwellings National Monument
Mogollon Mountains
Scottsdale
Mesa
Globe
Gila NF
希拉国家森林
Safford
Biosphere 2
特鲁斯-康西昆西斯
Truth or Consequences
Silver City
银城
City of Rocks SP
Hatch
哈奇
Lordsburg
Deming
Tucson
图森
Willcox
Benson
Chiricahua NM
Coronado NF
Coronado NF
Tombstone
汤姆斯通（墓碑镇）
Tubac
Nogales
诺加利斯
Bisbee比斯比
Kartchner Caverns SP
卡奇纳洞穴州立公园
Douglas
戴明镇
岩石之城州立公园
奇利卡瓦国家保护区
Chihuahua
MEXICO
墨西哥
Colorado
科罗拉多州
CHEYENNE
夏延
Fort Collins
科林斯堡
Boulder
博尔德
DENVER
丹佛
Colorado Springs
科罗拉多斯普林斯
Granada
Capulin Volcano NM
卡普林火山国家保护区
Raton
Wheeler Peak (13,161ft)
Chama查马
Taos Box
Taos陶斯
Cimarron
Springer
Clayton
Oklahoma
俄克拉何马州
Ojo Caliente
Santa Fe NF
Abiquiu
Española
Chaco Culture NHP
Cuba
Los Alamos
Bandelier NM
班德利尔国家保护区
Sapello
Santa Fe NF
圣菲国家森林
Santa Fe圣菲
San Ysidro
查科文化国家历史公园
Tucumcari
Albuquerque
阿尔布开克
Santa Rosa
Cibola NF
锡沃拉国家森林
New Mexico
新墨西哥州
Fort Sumner
Clovis
Cibola NF
Magdalena
Socorro
San Antonio
Lincoln NF
林肯国家森林
Bosque del Apache National Wildlife Refuge
Capitan卡皮坦
Lincoln
林肯
Roswell
罗斯韦尔
Ruidoso鲁伊多索
Cloudcroft
克劳德克罗夫特
Alamogordo阿拉莫戈多
Lovington
Hobbs
White Sands National Monument
白沙国家保护区
Mesilla
梅西亚
Las Cruces
Lincoln NF
Carlsbad卡尔斯巴德
Carlsbad Caverns National Park
卡尔斯巴德洞窟国家公园
El Paso
埃尔帕索
Guadalupe Mountains NP
Central Time Zone
中央时区
Mountain Time Zone
山地时区
Texas
得克萨斯州

历史

公元100年左右，三种主要文明在美国西南部出现：霍霍坎文化(Hohokam)、莫戈隆文化(Mogollon)及古普韦布洛文化(Ancestral Puebloans)。在此之前的文明被称为阿纳萨齐(Anasazi)。

霍霍坎人于公元前300年至公元1450年生活在亚利桑那州的沙漠中，创造了令人难以置信的运河灌溉系统、土制金字塔和丰富的陶器。考古研究表明，15世纪中期的一次灾难性的事件导致了霍霍坎人人口数量急剧减少，最明显的是大型村落人口锐减。虽然并不完全清楚发生了什么、他们去了哪里，不过当地部落的口述历史表明，一部分霍霍坎人仍留在这一区域，而这些部落就是他们的后裔。公元前200年至公元1450年，莫戈隆人居住在西南地区的中心山脉和山谷中，并留下了现在的希拉崖居(Gila Cliff Dwellings)。

古普韦布洛人留下了大量遗迹，如查科文化国家历史公园(Chaco Culture National Historic Park)。如今，古普韦布洛人的后裔分布在整个新墨西哥州境内的普韦布洛群体中。霍皮人也是古普韦布洛人的后裔，他们的村子老奥莱比村(Old Oraibi)可能是北美最古老的、一直有人居住的定居点。

1540年，弗朗西斯科·巴斯克斯·德·科罗纳多(Francisco Vásquez de Coronado)带领一个探险队从墨西哥城出发来到西南部。他们没有找到财富，却发现了美洲原住民。随后，很多原住民流离失所或被杀死。50多年后，唐·璜·奥内特(Juan de Oñate)在圣加布里埃尔(San Gabriel)建立了新墨西哥第一个首府，奥内特试图控制美洲原住民普韦布洛人，引发了大规模流血事件，最终于1608年兵败。1610年左右，圣菲建立，成为了新的首府。

19世纪，西南部地区迅速发展，主要原因是铁路和地质勘探。由于美国西进，军队常常以武力逼迫当地原住民部落搬迁。金矿和银矿吸引了想发财的人，狂野西部(Wild West)的各个非法采矿小镇几乎一夜之间拔地而起。资本不断积累，使得圣菲铁路(Santa Fe Railroad)吸引了大批旅游者来到西部。

现代定居点和水的利用密切相连。根据1902年颁布的《开垦法案》(*Reclamation Act of 1902*)，由联邦出资的大型水坝建立起来，以控制河流、灌溉沙漠，进而推动发展。关于水权的辩论和分歧旷日持久，特别是居民住宅开发热潮出现后。如今，这里面临的其他重大问题是非法移民和财政实力。

当地文化

西南部是美国文化最多元化的地区之一，涵盖了美洲原住民、西班牙裔(Hispanic)和盎格鲁人(Angro)的丰富组合。这些群体或多或少都对这一地区的饮食、建筑和艺术产生了影响，而西南广阔的美洲原住民保留区则提供了了解美洲原住民文化和历史的宝贵机会。视觉艺术同样是一股强大的力量，从散布于新墨西哥州的艺术区到随处可见的小城镇路边的粗劣作品，无不体现着这一点。

内华达州(NEVADA)

内华达州有一种太过漫不经心的气质，使人们不可自拔地沉醉其中——有时也显得有点乖张孤僻。埃菲尔铁塔(Eiffel Tower)、自由女神像(Statue of Liberty)和埃及金字塔，各种令人眼花撩乱的复制品矗立在沙漠之中；牛仔们聚集在一起朗诵诗歌；艺术家们在迎风而立的沙漠盆地建造起临时的城市；空军基地令人不由联想起外星人的阴谋。而在所有这些之中，最独特的还是一棵孤树，枝上挂满了捣乱的旅行者丢下的运动鞋。

在地图上，内华达州是一片广袤却几乎渺无人烟的沙漠，其间星星点点散布着昔日的采矿小镇，只是鹤嘴锄早就被卖掉，换成了老虎机。主矿脉便是拉斯维加斯，在这浮华之地，人们仍旧做着淘金梦。在西部，热爱冒险的户外旅行商正押注在新的宝藏上：壮丽的美景和无穷的户外之乐，那是来自内华达山脉(Sierra Nevada)的召唤。

作为第一个将赌博合法化的州，内华达充斥着从加油站、超市和酒店大厅传来的老虎机的声音。这里没有法律强制规定酒吧的打烊时间，而在乡间，合法的妓院、狭小的(hole-in-the-wall)赌场与摩门教徒、牛仔文化比邻而居。

在西南部的……

一周

博物馆和新兴的艺术场景为**菲尼克斯**奠定了鼓舞人心的基调，使其成为进行探索的最佳起点。上午，沿Camelback Rd到**斯科茨代尔**（Scottsdale），在老城区（Old Town）购买高档物品，流连于画廊之间。向北开车到**塞多纳**（Sedona）休整一下，然后一睹**大峡谷**的广袤无垠。不过在这里要作出选择，是去金光闪闪的地方还是平顶孤峰。如果选择前者就回到**66号公路**（Route 66）上，穿过**胡佛水坝**（Hoover Dam）旁的新桥，然后沉浸于**拉斯维加斯**的幻梦之中。如果想去平顶孤峰，从大峡谷向东开到纳瓦霍村，在**纪念碑谷纳瓦霍部落公园**的巨石层下放慢速度欣赏风景，然后及时前往令人惊叹的**谢伊峡谷国家保护区**一游。

两周

从奢华的**拉斯维加斯**出发，到时髦的**弗拉格斯塔夫（Flagstaff）**平复一下心情，欣赏广袤无垠的**大峡谷国家公园**。接着去**图森**感受大学校园生活，或在满是仙人掌的**仙人掌国家公园**嬉戏。在**墓碑镇**观看过枪手的英姿之后，再拜访充满维多利亚风情的**比斯比**（Bisbee）。

去新墨西哥州附近的**白沙国家保护区**时记得戴好墨镜，以免被闪亮的沙丘灼伤了眼睛。陶醉在充满艺术气息的**圣菲**，这里对艺术爱好者有着强大的吸引力。接着到**陶斯**探索普韦布洛文化，在**纪念碑谷纳瓦霍部落公园**欣赏美丽的日出景致。最后前往犹他州游览红岩国家公园，比如**峡谷地国家公园**和**拱岩国家公园**，还要去**布莱斯峡谷**观赏岩石景观，再向光辉灿烂的**锡安**致意。

我们的建议？千万不要问“为什么”，只需秉持这里孤注一掷的精神，且尽情欢乐。

ℹ 实用信息

在克拉克县（Clark County，包括拉斯维加斯）和沃肖县（Washoe County，包括里诺），卖淫是违法的，但许多规模较小的县都有合法妓院。

内华达州采用太平洋标准时间，并且有两个电话区号：拉斯维加斯及周边是☎702，州内其他地方为☎775。

内华达州旅游委员会（Nevada Commission on Tourism; ☎800-638-2328; www.travelnevada.com）免费提供有关住宿、露营地和活动的书籍、地图及信息。

内华达州交通部（Nevada Department of Transportation; ☎州内511, 877-687-6237; www.nvroads.com）提供最新的路况信息。

内华达州立公园管理处（Nevada Division of State Parks; ☎775-684-2770; www.parks.nv.gov; 901 S Stewart St, 5th fl, Carson City; ⊙周一至周五 8:00~17:00）在州立公园露营（$10~15/晚）先到先得。可至管理处索取地图和旅游手册。

拉斯维加斯（Las Vegas）

啊，维加斯。这座城市仿佛一颗耀眼的人造钻石，你能置身在三层楼高的吊灯内轻啜香槟，也能在一天内环游世界——划过威尼斯水道、攀上埃菲尔铁塔和跨过布鲁克林大桥。这一小块沙漠已化身为世界上最奢华的地方之一。在这里，没有什么办不到——即使是幻想。

这是个拥有多重人格的城市，拉斯维加斯从鼠帮乐队（Rat Pack）的年代开始就在不断变换。为了抓住你的眼球，更不消说你的钱，旧事物不断被拆除以让位给新事物。过去盛极一时的招牌早已躺在霓虹墓地积累尘埃，而除旧筑新的当当声在拉斯维加斯大道上久久回响。改变的脚步永不停歇。但赌场内却是另一番景象，在这里，时间仿佛凝固了。这里没有钟表，只有不断泵入的新鲜空气、永不撤柜的自助餐和长流不休的饮料。

“罪恶之城”（Sin City）海纳百川。好莱坞大腕们流连于顶级会所，大学生寻找廉价的犬马声色，老祖父母们则沉迷于投币老虎机。你可以一边品尝世界顶级美食一边细品

Las Vegas 拉斯维加斯

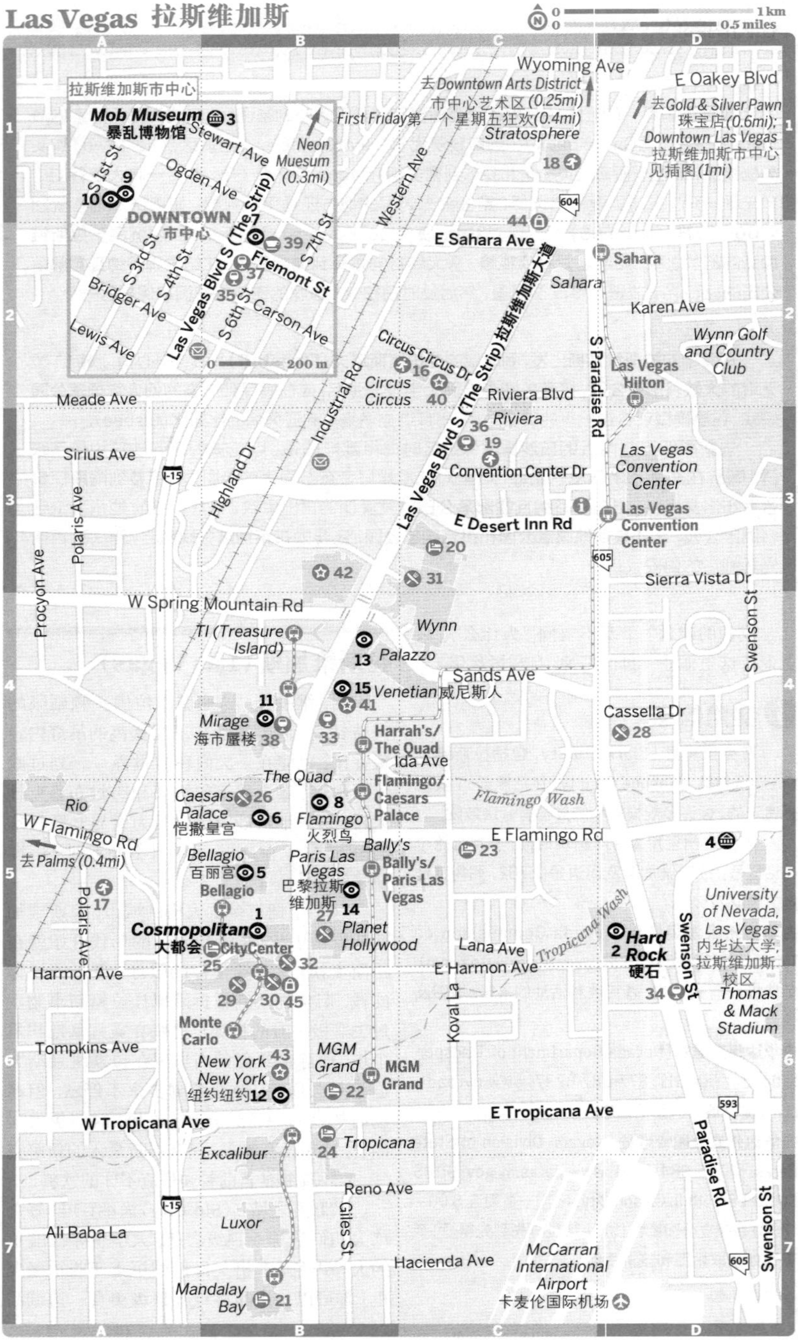

Las Vegas 拉斯维加斯

重要景点
1 大都会……B5
2 硬石……D5
3 暴乱博物馆……B1

景点
4 核试验博物馆……D5
5 百丽宫……B5
百丽宫温室植物园……（见5）
百丽宫高雅艺术画廊……（见5）
6 恺撒皇宫……B5
7 艺术“急”聚中心……B2
8 火烈鸟……B5
9 Fremont Street Experience……A1
10 金块……A1
11 海市蜃楼……B4
12 纽约纽约……B6
13 Palazzo……B4
14 巴黎拉斯维加斯……B5
15 威尼斯人……B4
野生动物栖息地……（见8）

活动、课程和团队游
16 探索之穹……C2
17 Fast Lap……A5
Qua Baths & Spa……（见6）
18 Stratosphere Tower……C1
19 Vegas Indoor Skydiving……C3

住宿
Caesars Palace……（见6）
Cosmopolitan……（见1）
20 Encore……C3
Hard Rock……（见2）
21 Mandalay Bay……B7
22 MGM Grand……B6
23 Platinum Hotel……C5
24 Tropicana……B6
25 Vdara……B5

就餐
26 Bacchanal Buffet……B5
DOCG Enoteca……（见1）
27 Earl of Sandwich……B5
28 Firefly……D4
Gordon Ramsay Steak……（见14）
Joël Robuchon……（见22）
L'Atelier de Joël Robuchon……（见22）
Pink Taco……（见2）
29 Sage……B6
Secret Pizza……（见1）
30 Social House……B6
31 Society Café……C3
32 Todd English PUB……B5
Wicked Spoon Buffet……（见1）

饮品和夜生活
33 Carnaval Court……B4
Chandelier Bar……（见1）
34 Double Down Saloon……D6
35 Downtown Cocktail Room……B2
36 Fireside Lounge……C3
37 Griffin……B2
Mix……（见21）
Parasol Up-Parasol Down……（见31）
38 Rhumbar……B4
39 The Beat Coffeehouse……B2

娱乐
40 Circus Circus……C2
House of Blues……（见21）
La Rêve……（见31）
LOVE……（见11）
Marquee……（见1）
41 Tao……B4
42 Ticketmaster……B3
Tix 4 Tonight……（见8）
XS……（见20）
43 Zumanity……B6

购物
44 Bonanza Gift Shop……C2
Fashion Show Mall……（见42）
Forum Shops……（见6）
Grand Canal Shoppes……（见15）
Shoppes at the Palazzo……（见13）
45 The Shops at Crystals……B6

特调马提尼，也可以脖子上挂着3英尺长的鸡尾酒在赌场里闲逛。

历史

与喜闻乐见的传说相反，当黑帮分子本·“巴格斯”·西格尔（Ben 'Bugsy' Siegel）来到拉斯维加斯，并在灼热的太阳底下兴建富丽堂皇、充满热带风情的火烈鸟（Flamingo）赌场时，这个尘沙滚滚的重镇并不只有孤伶伶的赌馆和风滚草。

随着连接盐湖城和洛杉矶的铁路于1902年完工，拉斯维加斯开始迈入现代化。得益

内华达州概览

别称 白银之州(Silver State)

人口 276万

面积 109,800平方英里

首府 卡森城(人口5.48万)

其他城市 拉斯维加斯(人口59.64万)、里诺(人口22.7万)

消费税 6.85%

诞生于此的名人 帕特里夏·尼克松(Patricia Nixon;生于1912年)、安德烈·阿加西(Andre Agassi;生于1970年)、格雷格·莱蒙德(Greg LeMond;生于1961年)

发源地/所在地 老虎机、火人节

政治倾向 内华达州有6张选举人票,2012年总统大选时,它支持奥巴马,但在他到华盛顿就任时,两党的支持者几乎各占一半;美国参议院多数党领袖哈里·里德(Harry Reid,民主党)是内华达州最知名的政治人物

著名之处 1859年发现的康斯塔克矿(Comstock Lode,以美国矿藏最丰富而闻名的银矿),赌博和卖淫合法化(在某些县为非法),以及允许酒吧24小时营业的宽松法令

最佳拉斯维加斯T恤 “我在暴乱博物馆一无所见(I saw nothing at the Mob Museum)”

车程 拉斯维加斯到里诺(Reno)452英里,大盆地国家公园(Great Basin National Park)到拉斯维加斯313英里

于联邦政府拨款开启多项建筑工程,拉斯维加斯在上世纪20年代迅速繁荣起来。1931年通过的赌博合法化议案让维加斯度过了经济大萧条;“二战”则带来了巨大的空军基地、航空经费,以及通往洛杉矶的高速公路。不久之后,冷战的到来证明了内华达试验场(Nevada Test Site)存在的必要,并印证了“任何宣传都是好的宣传”:每月一次的地面核试验震碎了市中心赌场的窗户,而城市的官方吉祥物蘑菇云小姐则在所有旅游活动中对原子能大加宣传。

1946年火烈鸟的竣工掀起了一轮建筑热潮,黑帮大亨们在每一个街角建起了绚丽的酒店,极尽奢华。从弗兰克·辛纳特拉(Frank Sinatra)、列勃拉斯(Liberace),到小萨米·戴维斯(Sammy Davis Jr),知名艺人纷纷登台,还有无上装的法国歌舞女郎一同亮相。

性格古怪的亿万富翁霍华德·休斯(Howard Hughes)在1966年高调收购了Desert Inn,为博彩业注入急需的合法光环。1993年MGM Grand(米高梅大酒店)的落成则宣示着大型度假村公司化时代的到来。

宛如处在终极边疆中的绿洲,罪恶之城继续存在的理由便是满足游客的欲望。一年3970万的游客量,直到最近,拉斯维加斯仍旧是北美发展最快速的大都会区。房贷危机对这里的居民冲击极大,但建筑业已开始在拉斯维加斯大道重整旗鼓,“市中心计划”(Downtown Project)也让费利蒙(Fremont)区再现光彩。

景点

大约4英里长的拉斯维加斯大道(Strip,又名Las Vegas Blvd)是“罪恶之城”的中心。Circus Circus Las Vegas酒店位于最北端,而Mandalay Bay赌场酒店位于最南端,靠近机场。无论你是走路还是开车,大道上的距离都是有欺骗性的:一家看起来不远的赌场,走过去花费的时间通常比预期的更长。

拉斯维加斯市中心是曾经的镇中心,有最古老的酒店和赌场,充满了复古的感觉、廉价饮料和押注限额较低的赌桌。主干道是有趣的Fremont St,那里有4个街区的赌场和餐厅,遮篷色彩夺目,每晚上演时尚灯光秀。

主要游客区很安全。然而,位于市中心和拉斯维加斯大道之间的Las Vegas Blvd已经略显老态,市中心东面的Fremont St也开始令人不快。不过,随着更多新酒吧和餐厅的开业,这一切即将改变。

至本书截稿时,位于拉斯维加斯大道中央处、耗资5.5亿美元打造的LINQ购物和娱乐区已经开业。LINQ的王牌是高550英尺、世界最高的摩天轮High Roller。相对而言,位于拉斯维加斯大道最南端Mandalay Bay对面的Skyvue则情况不明。这个高500英尺的摩天轮(和电子广告牌)的建筑工程已陷于停顿,据说出现了财务问题。

Fremont East街区有不少公司陆续开张,网上零售巨擘Zappos也把总部迁移至此。公司

总裁谢家华(Tony Hsieh)投入数百万元发起"市中心计划"(Downtown Project),通过建设社区项目为该地重新注入活力。

拉斯维加斯大道(The Strip)

★大都会 赌场

(Cosmopolitan; www.cosmopolitanlasvegas.com; 3708 Las Vegas Blvd S; ⌚24小时)内有三层楼高的闪闪发亮的巨型吊灯,这个拉斯维加斯大道上的时尚小字辈不仅是件引人注目的当代艺术品。它是这样一个地方,当你踏入其中,可以喝着时髦的鸡尾酒,如在个人领地一般逡巡审视,这里抵得上你最疯狂的想象。灰姑娘们,踏进Roark Gourley设计的巨型拖鞋来拍一张可以放在Instagram上的照片吧。觉得有点过了头?并不。这纯粹只是好玩,大都会设法避开了过于喧哗的浮夸风格,不过还是保持着一些让人心照不宣的小细节,比如Art-o-Matics(复古香烟售卖机,卖的是当地艺术品而非尼古丁)和隐秘的比萨角。

★硬石 赌场

(Hard Rock; www.hardrockhotel.com; 4455 Paradise Rd; ⌚24小时)这家赌场酒店跟滚石乐队的Jagger一样不安分——虽然年纪大了,但仍像是个噘嘴的坏男孩般继续在舞台上展露身手。不久前刚耗资7.5亿美元投入扩建,增添了两栋新楼。时尚的硬石仍以演唱会、独特个性和丰富的摇滚纪念品吸引着人们,亮点包括吉姆·莫里森(Jim Morrison)手写的大门乐队最热门歌曲的歌词和著名摇滚明星的一件皮夹克。Joint音乐厅、Vanity Nightclub和在Paradise Beach举办的"Rehab"夏季泳池派对吸引了一大群性感火辣的家伙,个个都为所见的名流而兴奋不已。

百丽宫 赌场

(Bellagio; www.bellagio.com; 3600 Las Vegas Blvd S; ⌚24小时)绚丽夺目的百丽宫拥有托斯卡纳风格的建筑和一个8.5英亩的人工湖,还有不容错过的舞蹈喷泉。进入大厅时抬头看一下:天花板上装饰有带背光的玻璃雕塑,由著名艺术家戴尔·奇胡利(Dale Chihuly)手工吹制的2000朵花构成。**百丽宫高雅艺术画廊**(Bellagio Gallery of Fine Art; 成人/学生/儿童$16/11/免费; ⌚10:00~20:00)展示了顶尖艺术家的当代作品。**百丽宫温室植物园**(Bellagio Conservatory & Botanical Gardens; ⌚24小时) 免费 的特点是展品全年不断变化。

恺撒皇宫 赌场

(Casesars Palace; www.caesarspalace.com; 3570 Las Vegas Blvd S; ⌚24小时)忘了恺撒吧!在这个迷宫般的、仿希腊-罗马风格的梦幻王国里,能想到的只有米诺斯王(King Minos)。这里地图很少,而且不导向场外。室内装潢十分迷人,有很多经典雕像的大理石复制品,包括正门旁边绝对不容错过的4吨重的梵天神

孩子们的拉斯维加斯

随着近期的玩乐焦点转为以成人为导向,并以"在拉斯维加斯发生的一切只会留在这里"为宣传标语,这座城市似乎不太适合全家出游。21岁以下的人虽可途经赌场前往商店、表演场地和餐厅,但不能在赌场内逗留。关于21岁以下是否必须有成人陪伴的政策一变再变,但安全起见,年幼的孩子最好还是有成人看管。一些赌场谢绝婴儿车入内。

如果你已带着孩子来到罪恶之城,别感到绝望。**马戏团**(Circus Circus; www.circuscircus.com; 2880 Las Vegas Blvd S; ⌚24小时; 👪)酒店的综合设施是孩子们的世界,其中**冒险之穹**(Adventuredome; www.adventuredome.com; 身高高于/低于48英寸的儿童 日票 $28/17, 每趟 $5~8; ⌚时间不限; 👪)是一个占地5英亩的室内主题公园,游乐项目包括攀岩、碰碰车,以及在2013年底新推出的时速达70英里的El Loco过山车。**Midway**(⌚11:00至午夜; 👪) 免费 的特色是中央舞台上的动物、杂技演员和魔术师表演。

如果你的孩子精力旺盛,不妨带他们到满是蹦床的**Skyzone**(www.skyzone.com/LasVegas; 4915 Steptoe St; 30分钟/60分钟 $9/12; ⌚周一至周四 14:00~20:00, 周五 14:00~22:00, 周六 10:00~21:00, 周日 11:00~20:00),让他们尽情玩乐。

庙。高耸的喷泉、女神打扮的鸡尾酒女招待和时髦的高级时装商场**Forum Shops**共同造就了这里的奢华炫目。至于神话传说中的米诺陶洛斯牛头人(Minotaur),那当然是全新的**Bacchanal Buffet**自助餐厅。不过,它可不会被宰杀。

威尼斯人 赌场

(Venetian; www.venetian.com; 3355 Las Vegas Blvd S; 贡多拉船游, 成人/私人 $19/76; ⏲24小时)浪漫的威尼斯人酒店有手绘天花板壁画、漫游哑剧、贡多拉船游,而且按原比例复制了威尼斯的各大著名地标。隔壁的Palazzo(www.palazzo.com; 3325 Las Vegas Blvd S)同为意大利主题,虽然颇为奢华,但却不甚有趣。

海市蜃楼 赌场

(Mirage; www.mirage.com; 3400 Las Vegas Blvd S; ⏲24小时)这里颇具热带风情,站在拱顶的中庭里,满目皆是丛林植物和宜人的瀑布,引人浮想联翩。环绕中庭的是一个巨大的波利尼西亚主题赌场。赌场为保证客人的隐私,将每个博彩区都分隔开来,各有独立的屋顶,包括一个极受欢迎的、设上限的扑克牌房。记得到前台停下来观赏用两万加仑盐水打造的水族馆,里面有60多种来自斐济和红海的生物。从天黑到午夜,环礁湖每小时都会有一场炽热的人造火山爆发。

巴黎拉斯维加斯 赌场

(Paris-Las Vegas; www.parislv.com; 3655 Las Vegas Blvd S; ⏲24小时)在让人想起光之城(City of Light,指巴黎)欢乐的同时,巴黎拉斯维加斯也通过重建巴黎地标来努力捕捉这个贵妇的神韵。酷似原型的歌剧院、凯旋门(Arc de Triomphe)、香榭丽舍大道(Champs-Élysées)、高耸的埃菲尔铁塔(Eiffel Tower),甚至塞纳河(the Seine),都是这家赌场的城中景。

火烈鸟 赌场

(Flamingo; www.flamingolasvegas.com; 3555 Las Vegas Blvd S; ⏲24小时)火烈鸟很像精华版的维加斯。穿过老虎机到达**野生动物栖息地**(Wildlife Habitat; 3555 S Las Vegas Blvd; ⏲8:00至黄昏) 免费 观赏以15英亩热带区域为家的智利火烈鸟群。

纽约纽约 赌场

(New York-New York; www.newyorknewyork.com; 3790 Las Vegas Blvd S; ⏲24小时)一个微缩的大都市,按比例缩小复制了帝国大厦(Empire State Building)、自由女神像(Statue of Liberty),它们周围环绕着"9·11"纪念馆和布鲁克林大桥(Brooklyn Bridge)。还有经典的过山车,让你从144英尺的高处直冲而下(票价$14)。

市区和拉斯维加斯大道以外 (Downtown & Off the Strip)

★暴乱博物馆 博物馆

(Mob Museum; ☎702-229-2734; www.themobmuseum.org; 300 Stewart Ave; 成人/儿童 $20/14; ⏲周日至周四 10:00~19:00, 周五和周六 至20:00)暴徒、运气、白人。嘿,所有男生都会来到市中心新开的暴乱博物馆。博物馆占用了旧联邦大楼的三个楼层,馆内有许多引人入胜,同时也令人毛骨悚然的展品,追溯了美国黑社会的发展历程,并探讨暴乱与拉斯维加斯的关联。你可从中了解如何洗黑钱,试着听听窃听设备里的动静,拍张大头档案照,在1929年情人节大屠杀中满布子弹痕迹和血迹斑斑的墙壁前屏息静气。

不妨多预留几个小时,但这家博物馆不适合儿童参观。

★霓虹灯博物馆 博物馆

(Neon Museum; ☎702-387-6366; www.neonmuseum.org; 770 Las Vegas Blvd N; 成人/儿童 日间游览$18/12, 夜间游览$25/22; ⏲6月至8月 9:00~10:00和19:30~21:00, 其余月份白天时间较长, 10:00开始)到这个"霓虹灯墓地"漫游十分有趣,还可从中了解罪恶之城"电光交击"的过去。当你走过这些曾经放置在Binio和Stardust等赌场前的华丽而俗气的霓虹标志时,导游会讲述昔日赌场大亨的故事。新游客中心就设在La Concha Motel的大堂内,这家位于市中央的现代化建筑在2005年免遭拆除,并搬迁至此。所有游览活动都有导游随行讲解,名额很有限,所以最好提前上网预约。至截稿时,博物馆正在尝试推出傍晚游览团,并亮起一些霓虹标志。由于天气炎热,因此夏季下午没有游览活动。游览活动的时间每季都略有不同,去之前最好先打电话确认。

博物馆还有一个公共艺术区域，将修复后的复古霓虹灯散布在市中心各处展示。这个“都市展示廊”在夜里霓虹闪烁时观赏最为适宜。大多数霓虹灯都在Las Vegas Blvd，位于Fremont St和Washington Ave之间。

核试验博物馆 博物馆

（Atomic Testing Museum；www.atomictestingmuseum.org；755 E Flamingo Rd；成人/儿童 $14/11；周一至周六 10:00~17:00，周日 正午至17:00）在过去的某个时代，“原子”这两个字代表着现代和神秘。Smithsonian运营的这个核试验博物馆仍然是那一时期的一个有趣的证据，当时，原子能的神奇力量和破坏力就是在拉斯维加斯附近试验的。千万不要错过震耳欲聋的原爆点剧院（Ground Zero Theater），它完全仿照混凝土测试掩体而建。

Fremont Street Experience 广场

（www.vegasexperience.com；Fremont St；Main St和Las Vegas Blvd之间；19:00至午夜，每小时）位于Main St和拉斯维加斯大道之间的Fremont Street Experience是一个面积有4个街区大的步行商场，顶部是一个拱形的钢质穹顶，布满了由电脑控制的灯光。它使市中心地区重现活力。每晚穹顶都会上演一场长达6分钟的声光秀，同时伴有550千瓦的环绕声响。这里有乐队在不同的舞台表演，还有高空滑索玩家从12层高的老虎机模样的Slotzilla快速滑下，从你的头顶呼啸而过。

金块 赌场

（Golden Nugget；www.goldennugget.com；129 E Fremont St；24小时）这家赌场酒店看上去光鲜亮丽，自1946年开业以来就为市中心确立了奢华的标准。目前它最引人注目的是一条三层楼高的滑水道，让你从容纳着20万加仑水的鲨鱼池中穿过。这家华丽迷人的赌场内并没有黄铜或刻花玻璃，而是以禁烟的扑克室和有现场乐队演奏的RUSH Lounge而著称。别错过酒店大厅拐角处的全世界最大金块——重达61磅（约27.7千克）的Hand of Faith（信仰之手）。

市中心艺术区 艺术

（Downtown Arts District）每月**第一个星期五**（www. firstfridaylasvegas.com；17:00~23:00），上万名艺术爱好者、时尚人士、独立音乐家和食客汇聚到市中心艺术区狂欢，参与画廊开幕、表演艺术、现场乐队和文身艺术。活动在Stratosphere西北的S Casino Center Blvd举办，位于Colorado Ave和California Ave之间。这些活动也延伸至Fremont East地区。

活动

有关地区徒步和骑自行车，可登录Neon to Nature的网站www.gethealthyclarkcountry.org查阅活动列表。

Qua Baths & Spa 水疗

（866-782-0655；www.harrahs.com/qua-caesars-palace；3570 Las Vegas Blvd S，Caesars Palace；6:00~20:00）茶室、草药蒸汽房和北极冰室很适合边做水疗边聊天交际，北极冰室内有干冰雪花飘落。

Desert Adventures 皮划艇、徒步

（702-293-5026；www.kayaklasvegas.com；1647 Nevada Hwy，Suite A，Boulder City；行程$149起）米德湖（Lake Mead）和胡佛水坝（Hoover Dam）距离这里只有30分钟车程，河上探索应该尝试一下Desert Adventures的导览游，分半天、全天和多日皮划艇探险。同时提供徒步和骑马游服务。

Escape Adventures 山地自行车

（800-596-2953；www.escapeadventures.com；10575 Discovery Dr；行程含自行车$129起）提供前往红岩峡谷州立公园（Red Rock Canyon State Park）的山地自行车导览游。

住宿

酒店价格起伏很大。有的酒店会在网站以日历的形式标出房间价格。拉斯维加斯大道上的多数酒店如今都征收每日度假设施费用，以下一一列明。

拉斯维加斯大道（The Strip）

★ Vdara 酒店 $$

（702-590-2767；www.vdara.com；2600 W Harmon Ave；房间 $159~196；P）将沉着老练与热情好客融为一体的Vdara是一家全套房、非博彩酒店，位于全新的CityCenter综合建筑

拉斯维加斯：极限活动

赛车 在**Richard Petty Driving Experience**（☎800-237-3889; www.drivepetty.com; 6975 Speedway Blvd, Las Vegas Motor Speedway, 紧邻I-15 exit 54; 随行 $99起, 驾驶$449起; ⏲时间不定）跳进一辆赛车体验极速的乐趣，或是到**Fast Lap**（☎702-736-8113; www.fastlaplv.com; 4288 S Polaris; 每趟$25; ⏲周一至周六 10:00~23:00, 周日 10:00~22:00）驾驶着大马力卡丁车在倾斜的车道上飞驰。

室内跳伞 没空从飞机上一跃而下？何不到**Vegas Indoor Skydiving**（☎702-731-4768; www.vegasindoorskydiving; 200 Convention Center Dr; 单次飞行$85; ⏲9:45~20:00）享受凌空飞跃的快感。

射击 如果你渴望手持半自动步枪射击，或感受一下格洛克手枪（Glock）的重量，不妨走进装备精良的**Gun Store**（☎702-454-1110; www.thegunstorelasvegas.com; 2900 E Tropicana Ave; $99起; ⏲9:00~18:30; 🚌201），这里还有个室内录像训练场。

Stratosphere 登上这个平流层之上的110层楼的**赌场**（☎702-380-7777; www.stratospherehotel.com; Stratosphere, 2000 Las Vegas Blvd S; 电梯 成人/优惠$18/15, 包括3种刺激的游乐设施$33, 全日票$34, 高空蹦极$110起; 地铁Sahara），乘坐云霄飞车，在Big Shot里飞坠16楼，在空气稀薄的高空快速旋转，或是从108英尺高的边缘垂直落下。

高空滑索 到**Flightlinez**（☎702-293-6885; www.flightlinezbootleg.com; 1152 Industrial Rd, Boulder City; 成人/儿童$159/99; ⏲7:00~17:00）的四段高空滑索缆线，“嗖”地飞越Bootleg Canyon峡谷。你还可以到Fremont St的Slotzilla，从11楼上滑下，越过成群的游客的头顶。

体内。泥土色系的墙壁、巧克力色的家具和水绿色的枕头，使整间套房充满了“林地”般的舒适感，恰好它还获得了绿色建筑认证（LEED）。如果运气够好，你或许能住进看得到百丽宫喷泉水舞秀的房间。酒店靠近百丽宫单轨电车站。度假设施费$28。

Tropicana
赌场酒店 $$

（☎702-739-2222; www.troplv.com; 3801 Las Vegas Blvd S; 房间 $129起, 套 $229起; P ❄ @ 📶 ≋）耗资数百万美元翻修之后，这家自1953年起就保持着拉斯维加斯大道热带风情的复古酒店再次展现出炫酷的一面。酒店的氛围极富时尚感，深具魅力，采用明亮的单一色调设计，还有令人放松的葱郁花园，以及泥土色、凉风习习的客房和双层套房。度假设施费$20。

MGM Grand
赌场酒店 $$

（米高梅；☎702-891-7777, 800-929-1111; www.mgmgrand.com; 3799 Las Vegas Blvd S; 房间 $122起, 套$150起; P ❄ @ 📶 ≋）拥有5000多间客房，这座绿色的庞大建筑是全世界最大的酒店之一。虽说大的不一定就是最好的，但还得视情况而定。这里有高档餐厅、大型游泳场馆和单轨电车站，绝对是个不错的选择——小心别迷路找不着房间。标间的装潢较为无趣，所以最好入住现代简约的西楼（West Wing）；或可入住经典套房（Signature Suites），空间较为宽敞，还有舒适的床单和厨房设施。度假设施费$28。

恺撒皇宫
赌场酒店 $$

（Caesars Palace; ☎866-227-5938; www.caesarspalace.com; 3570 Las Vegas Blvd S; 房间 $197起; P ❄ @ ≋）既然酒店都叫“恺撒”了，赶紧支开看着你的百夫长，优雅地当个逃兵，入住这城中最为奢华的标间之一吧。度假设施费$25。

Cosmopolitan
赌场酒店 $$$

（☎702-698-7000; www.cosmopolitanlasvegas.com; 3708 Las Vegas Blvd S; 房间/套 $320/470起; P ❄ @ 📶 ≋）这里就像是时尚达人们的霍格沃茨魔法学校，在超时尚的拥挤街区里以魔法般的精致细节和令人愉悦的惊喜吸引着宾客。踏入酒店大堂，迎面而来的是数码圆柱展示了绚丽夺目的布景，让人惊叹连连。客房以现代化的设计精心布置，但真正的乐趣是在凌晨1点跌跌撞撞走出房间去大厅打一会儿桌球，然后寻找秘密的比萨店。度假设施费$25。

Mandalay Bay
赌场酒店 $$$

（☎702-632-7777, 877-632-7800; www.mandalaybay.com; 3950 Las Vegas Blvd S; 房间 $141~291; P ❄ @ 📶 🏊）这里的华丽客房以南太平洋为主题，客房配有落地窗和奢华的卫生间。游泳场馆里甚至设计了冲浪沙滩，好水者一定会为此心醉神迷。度假设施费$28。

Encore
赌场酒店 $$$

（☎702-770-8000; www.encorelasvegas.com; 3121 Las Vegas Blvd S; 房间/套 $303/449起; P ❄ @ 📶 🏊）房间优雅俏皮却一点也不过分华丽——即使在赌桌上拍手欢呼的人都多了几分优雅。客房低调而奢华。度假设施费$28。

市区和拉斯维加斯大道以外 (Downtown & Off The Strip)

市中心的酒店通常比拉斯维加斯大道上的便宜。

Main Street Station
赌场酒店 $

（☎800-713-8933, 702-387-1896; www.mainstreetcasino.com; 200 N Main St; 房间 $50起; P ❄ 📶）想找物超所值的住所，不妨试试在这座17层楼里的市中心酒店。大厅铺着大理石，走廊上放着多盏维多利亚式灯台。经典风格的客房设计虽然少了点吸引力，但胜在透气窗和舒适的床褥。暴乱博物馆和Fremont St都在步行范围内，酒店里有一家自酿酒吧。

Golden Nugget
赌场酒店 $$

（☎800-846-5336, 702-385-7111; www.goldennugget.com; 129 E Fremont St; 房间 $99~239, 套$179~269; P ❄ @ 📶 🏊）Gold Tower和Rush Tower的客房感觉比较时髦，但装潢较为传统的Carson Tower氛围也还不错。可到户外享受奢华的泳池设施，或从三层楼高的滑水道直冲而下穿越鲨鱼池。

Platinum Hotel
精品酒店 $$

（☎702-365-5000, 877-211-9211; www.theplatinumhotel.com; 211 E Flamingo Rd; 房间 $152起; P ❄ @ 📶 🏊 🐾）这家时尚的非博彩型酒店紧邻拉斯维加斯大道，现代客房很酷，舒服宽敞，大多设有壁炉，所有客房均配有厨房和按摩浴缸。只需步行10至15分钟就可抵达拉斯维加斯大道。携带宠物需交纳一次性费用$75。

Hard Rock
赌场酒店 $$$

（☎800-473-7625, 702-693-5000; www.hardrockhotel.com; 4455 Paradise Rd; 房间 $122~399; P ❄ @ 📶 🏊）这家精品酒店的一切都散发着星辉。透过法式大门可以看到天际线和棕榈树，色彩明亮的欧洲简约客房内有立体声音响系统和液晶电视。当我们在HRH All-Suite Tower研究自动点唱机时，标间的氛围其实几乎一样酷。最热闹的活动都在繁华的Beach Club一带。

Red Rock Resort
度假村 $$$

（☎702-797-7777; www. redrock.sclv.com; 11011 W Charleston Blvd; 房间 $140~380; P ❄ @ 📶 🏊）如果你打算去红岩峡谷徒步，不妨先到这个绿洲般的时尚度假村歇息一番。度假村位于拉斯维加斯大道以西15英里，客房以深绿色和深褐色为主，舒适宽敞，设备齐全，还有很多枕头。此外也有保龄球场和电影院，提供往返拉斯维加斯大道和机场的免费交通。

就餐

"罪恶之城"在饮食方面是无与伦比的。想去好餐厅一定要预约。

拉斯维加斯大道 (The Strip)

在拉斯维加斯大道上，除了快餐连锁，其他便宜的就餐地少之又少。

Secret Pizza
比萨 $

（3708 Las Vegas Blvd S, Cosmopolitan; 每片$5, 比萨 $25; 🕒11:30至次日3:00）大都会酒店内有一家尚未被媒体注意的比萨店。这里先卖个关子，不告诉你具体位置，否则还有什么乐趣可言？但如果你在深夜时分想尝一口纽约比萨的话，可到三楼餐馆之间的狭小走道找一找。或者，跟在一群已喝得酩酊大醉的人后头排队就行了。

Earl of Sandwich
三明治 $

（www.earlofsandwichusa.com; 3667 Las Vegas Blvd S, Planet Hollywood; 主菜 低于$7; 🕒24小时）嗯，冷静，我们知道这是家连锁店。

超值饕餮：最佳自助餐厅

在任你吃到饱的奢华自助餐厅大吃一顿，乃罪恶之城的传统。最好的三家餐厅包括：

Bacchanal Buffet（www.caesarspalace.com; 3570 Las Vegas Blvd S, Caesars Palace; 早餐 $20，午餐 $30，晚餐 $40）

Wicked Spoon Buffet（www.cosmopolitanlasvegas.com; 2708 Las Vegas Blvd S, Cosmopolitan; 早午餐 $33，晚餐 $41）

Buffet Bellagio（☎702-693-7111; www.bellagio.com; Bellagio, 3600 Las Vegas Blvd S; 早餐 $18，午餐 $22，晚餐 $33）

但你知道吗？这里的三明治很好吃，价格便宜，地点又便利，就位于拉斯维加斯大道中央。而且，大家好像都很喜欢它。

Todd English PUB 小酒馆 $$

（www.toddenglishpub.com; 3720 Las Vegas Blvd S, Crystals; 主菜 $16~24; ⏲周一至周五 11:00至次日2:00，周六和周日 9:30至次日2:00）这是波士顿大厨Todd English在市中心开的新店，奇怪而有趣的是，它混合了英国酒吧和兄弟会派对的特点，有创意迷你汉堡、包括英式酒吧经典在内的80多种啤酒和有趣的促销活动：如果你能在7秒内喝完啤酒，就不用付酒钱。

Society Café 咖啡馆 $$

（www.wynnlasvegas.com; 3121 Las Vegas Blvd S, Encore; 早餐 $14~22，午餐 $14~24，晚餐 $15~39; ⏲周日至周四 7:00~23:00，周五和周六 7:00~23:30; ✎）这个价格合理的美食天堂是Encore的魅力之一。在这里简单吃点就相当于在其他餐厅里吃大餐。所有菜单均有少量严格素食（vegan）的选项。

Social House 日本菜 $$

（☎702-736-1122; www.socialhouselv.com; 3720 Las Vegas Blvd S, Crystals Mall, CityCenter; 午餐套餐 $20，寿司 $6~24，主菜 $22~38; ⏲周一至周四 17:00~22:00，周五和周六 正午至23:00，周日正午至22:00）这是拉斯维加斯大道上最宁静却闷热的餐厅之一，来这里吃点受日本街头食物启发而创作出的佳肴。水印卷轴、木质屏风、大量戏剧化的红色和黑色让人想起当年的日本，不过寿司和牛排可是完全现代的。

Joël Robuchon 法国菜 $$$

（☎702-891-7925; www.mgmgrand.com; 3799 Las Vegas Blvd S, MGM Grand; 主菜 $135~175，人均$120~420; ⏲周日至周四 17:30~22:00，周五和周六 至22:30）这是一生一次的美食体验：留出整整3小时，准备好享用传统法式大餐的多道时令菜品。在隔壁的**L' Atelier de Joël Robuchon**（☎702-891-7358; www.mgmgrand.com; 3799 Las Vegas Blvd S, MGM Grand; 主菜 $41~97; ⏲17:00~23:00）可以吃到更加经济但依然美味的菜肴。

Picasso 法国菜 $$$

（☎702-693-8865; www.bellagio.com; 3600 Las Vegas Blvd S, Bellagio; 套餐 $115; ⏲周三至周一 17:30~21:30）噢，是啊，今晚我想跟毕加索一起用餐——或至少是跟他的某幅名画一起。在大厨Julian Serrano经营的华丽法式餐厅内，艺术不单是挂在墙上的，店内的四菜套餐本身就是大师级的杰作。每道菜分量虽小，但几道下肚之后，肯定让你心满意足。甜点非常棒。

Gordon Ramsay Steak 牛排馆 $$$

（☎877-346-4642; www.parislasvegas.com; 3655 Las Vegas Blvd S, Paris; 主菜 $32~63; ⏲16:30~22:30，周五和周六 酒吧至午夜）想要品尝顶级牛排？忘了巴黎和埃菲尔铁塔吧，漫步走过"海底隧道"，到名厨Gordon Ramsay新开的牛排餐馆大饱口福。它以红色彩带和英国国旗作装饰，是城里最热门的餐厅。没预约的话就坐在吧台前，聆听知识渊博的酒保讲讲优质料理和制作过程吧。面包超棒，任点一份菜单上的鱼肉、牛排或鸡肉料理就已足够。

Sage 美国菜 $$$

（☎702-590-8690; www.arialasvegas.com; 3730 Las Vegas Blvd S, Aria; 主菜 $35~54; ⏲周一至周六 17:00~23:00）享誉国际的厨师Shawn McClain在维加斯最棒的餐厅中沉思，以全球化的灵感和农场直达餐桌的原料烹调时令佳肴。别错过用自酿利口酒、法国苦艾酒和果泥调制的创新时令鸡尾酒。

DOCG Enoteca 意大利菜 $$$

（☎877-893-2003; www.cosmopolitanlasve

gas.com; 3708 Las Vegas Blvd S, Cosmopolitan; 主菜 $22~45; ⏲18:00~23:00)在灵感来源于enoteca(葡萄酒商店)的时尚房间里,点一份令人垂涎欲滴的新鲜意面或木柴烤出的比萨,感觉好像在参加节日晚宴。或者去隔壁性感的**Scarpetta**(☎877-893-2003; www.cosmopolitalasvegas.com; 3708 Las Vegas Blvd S; 主菜 $24~55; ⏲18:00~23:00)来一次更加私密高档的体验,同样由出色的主厨Scott Conant一手打造。

市区和拉斯维加斯大道以外(Downtown & Off The Strip)

对美食爱好者来说,在拉斯维加斯大道以外的餐厅用餐更有趣味。而且市中心的餐厅比拉斯维加斯大道上的更超值,E Fremont St街区也有多家新餐厅开业。

唐人街(Chinatown)的Spring Mountain Rd上的亚洲餐厅也是味美价廉的地方,其中多家提供素食。

★Raku 日本菜 $$

(☎702-367-3511; www.raku-grill.com; 5030 W Spring Mountain Rd; 小盘菜 $2~18, 主菜 $8~19; ⏲周一至周六 18:00至次日3:00)日籍店主兼厨师Mitsuo Edo用心烹制的一盘盘精致美味的小菜,令人爱不释手。不论是烤肉、自制豆腐或是调味蔬菜,你会发现自己一而再再而三地忍不住多点一道菜。记得试一下这里的豆腐和蘸了芥末酱的神户牛肉。从拉斯维加斯大道到Raku只需15分钟车程。最好预约,否则就得在狭小的酒吧排队等位子了。

★Lotus of Siam 泰国菜 $$

(☎702-735-3033; www.saipinchutima.com; 953 E Sahara Ave; 主菜 $9~30; ⏲周一至周五 11:30~14:30, 自助餐 至14:00, 每天17:30~22:00)美国顶级的泰国餐厅?《美食杂志》(*Gourmet Magazine*)认为就是这里了。尝一口简单的泰式炒面或任何一道充满异国风情的泰国北部菜肴,你几乎就会点头。

Firefly 西班牙小吃 $$

(www.fireflylv.com; 3824 Paradise Rd; 小盘菜 $4~10, 大盘菜 $12~20; ⏲周日至周四 11:30至次日2:00)和拉斯维加斯大道上的夸张餐厅相比,在Firefly吃一餐的乐趣是前者的两倍,价钱却便宜一半。正因如此它才这么受追捧吗?吃些传统的西班牙食品,同时酒保会给你倒满桑格利亚汽酒和滋味十足的莫吉托鸡尾酒。

Eat 早餐、美国菜 $$

(☎702-534-1515; www.facebook.com/eatdowntownlv; 707 Carson Ave; 早餐 $8~20, 午餐 $9~25; ⏲周一至周五 8:00~15:00, 周六和周日 至14:00)是什么使得新晋餐厅Eat如此特别?大家脑海里最先想到的是社区精神和地道的家常菜。相信我们,当巨大无比的炸鸡排摆放在旁边的桌上时,你自然会有想要跟其他食客一起分享这份惊讶的冲动。混凝土的地板和朴实的装潢虽略显单调,但当大伙儿一块儿吃着面包圈、松露鸡蛋三明治和虾仁玉米粥时,这倒反而别有一番乐趣。

这家餐厅是拉斯维加斯资深名厨Natalie Young和Zappo总裁谢家华发起的“市中心计划”的合作项目。

Pink Taco 墨西哥菜 $$

(www.hardrockhotel.com; 4455 Paradise Rd, Hard Rock; 主菜$14~21; ⏲周日至周四 11:00~22:00, 周五和周六 至深夜)无论为了$5的玛格丽特欢乐时光、绿树成荫的池畔露台,还是喜爱摇滚的友好食客,Pink Taco都值得一去。

Hugo's Cellar 牛排、海鲜 $$$

(Four Queens; ☎702-385-4011; www.hugoscellar.com; 702 Fremont St; 主菜 $37~60;

艺术“急”聚中心(EMERGENCY ARTS)

一家咖啡馆、一间画廊、工作室和一处事实上的社区中心,齐聚一个屋檐下,而且就在市中心?艺术“急”聚中心(Emergency Arts; www.emergencyartslv.com; 520 Fremont St)大楼,同时也是**Beat Coffeehouse**(www.thebeatlasvegas.com; 三明治 $6~8; ⏲周一至周五 7:00至午夜, 周六 9:00至午夜, 周日 9:00~17:00; 📶)的所在地,是个喝浓缩咖啡的休闲去处,黑胶老唱片吱呀旋转,气氛友好。如果急于见到一些熟知全城的本地内行,来这里肯定错不了。

⌚17:30~22:30）这是老式的维加斯，只是好的那一面。位于Four Queens酒店地下室幽暗、俱乐部似的空间里，Hugo's Cellar展现了服务至上的精神。女士们会获得一束玫瑰，餐桌旁还摆放了沙拉，服务细致周到却不会让人感到唐突。宛如回到了拥有奥斯卡小牛肉、威灵顿牛排和樱桃飧宴的1959年。

饮品

大量新奇有趣的酒吧就开在E Fremont St。从Slotzilla滑索呼啸而下，再一家家找过去。绝对值得一游。

拉斯维加斯大道（The Strip）

★Chandelier Bar 酒吧

（www.cosmopolitanlasvegas.com；3708 Las Vegas Blvd S，Cosmopolitan；⌚因楼层而异，一楼24小时）在满城的奢华酒店大堂吧中，这一家使尽了浑身解数。和大都会的潮人们一起放松一下，享受在巨大的水晶吊灯下醺醺然的奇妙的战栗感觉。

Mix 休闲酒吧

（www.mandalaybay.com；3950 Las Vegas Blvd S，64th fl，THEhotel at Mandalay Bay；22:00后入场费 $20~25；⌚周日至周三 17:00至次日1:00，周四 至次日2:00，周五和周六 至次日3:00）品尝日落鸡尾酒的地方。从玻璃电梯上可以看到绝妙景致，时尚的室内设计和高高的阳台更是令人赞叹。

Rhumbar 鸡尾酒吧

（☎702 792-7615；www.mirage.com；3400 Las Vegas Blvd S，Mirage；⌚周日至周四 13:00至午夜，周五和周六 13:00至次日2:00）精心调制的薄荷味莫吉托和冰冻的代基里酒，是这家充满加勒比风情的酒吧和雪茄酒廊的一大魅力。Rhumbar就在海市蜃楼酒店的南门入口附近。迎着习习海风放松一下，在露台观赏拉斯维加斯大道的时尚景致。

Parasol Up-Parasol Down 酒吧、咖啡馆

（www.wynnlasvegas.com；3131 Las Vegas Blvd S，Wynn；⌚11:00至次日2:00，Parasol Up周五和周六 至次日4:00）在Wynn酒店缓缓流淌的瀑布旁，喝一杯鲜果莫吉托放松放松，体验维加斯最棒的天堂之一。

Carnaval Court 酒吧

（☎702-369-5000；www.harrahslasvegas.com；3475 Las Vegas Blvd S，Harrah外；入场费不定；⌚11:00至次日3:00）酒保在这个喧闹的户外酒吧进行火瓶表演，现场的流行乐和摇滚乐队在舞台上挥洒激情，但众人的目光却聚焦在吧台的美女身上。兄弟们，尽情狂欢吧。

市区和拉斯维加斯大道以外（Downtown & Off the Strip）

想和当地人一起放松一下？那就到他们最喜欢的地方去吧。E Fremont St沿街开了多家新酒吧和咖啡馆，是拉斯维加斯大道以外的首选。

Griffin 酒吧

（☎702-382-0577；511 E Fremont St；入场费$5~10；⌚周一至周五 17:00至次日3:00，周六 19:00至次日3:00，周日 20:00至次日2:00）逃离赌场的范围，沿着Fremont St略显晦暗的街区走一小段路，到这个特色酒吧小酌一杯。噼啪作响的壁炉、皮革雅座和超酷的点唱机使得这家幽暗舒适的酒吧深受叛逆者和时尚情侣的欢迎，当然还少不了一两个知情的吸血鬼。

Commonwealth 鸡尾酒吧

（www.commonwealthlv.com；525 E Fremont St；⌚周三至周五 18:00至次日2:00，周六和周日 20:00至次日2:00）对于悠闲的E Fremont St而言，这家新开的鸡尾酒吧或许有点过于新潮，但天哪，它那蒸汽朋克（Steampunk）科幻主题的室内设计绝对值得一看：那些散发着柔和光线的吊灯、沙龙风格的酒吧，还有维多利亚时代的小古玩。好好享受你的美酒吧。还有个天台酒吧，听说是酒吧中的秘密酒吧。

Downtown Cocktail Room 休闲酒吧

（☎702-880-3696；www.downtownlv.net；111 Las Vegas Blvd S；入场费 免费至$10；⌚周一至周五 16:00至次日2:00，周六 19:00至次日2:00）来到这家地下酒吧，一定要仔细看看它的复古鸡尾酒单。这里的棉缎靠垫和绒面长沙发感觉好似几十年前从Fremont St的老式地毯店拿来的。酒吧效仿禁酒时代的做法，将其入口遮掩起来。

Fireside Lounge 鸡尾酒吧

（www.peppermilllasvegas.com；2985 Las

Vegas Blvd S, Peppermill; ⏲24小时)拉斯维加斯大道上最隐蔽浪漫的去处在一个老式咖啡馆里。热恋中的男女成双成对来到这里，因为幽暗的灯光、凹陷的火塘和舒适的角落最适合品尝插着多根吸管的提基(tiki)饮料。

Double Down Saloon 酒吧

(www.doubledownsaloon.com; 4640 Paradise Rd; 无入场费; ⏲24小时)再没有哪家潜水吧能有这么多的朋克摇滚了。这家酒吧居然把他们味道浓烈的血红色饮料命名为"屁股果汁"(Ass Juice)，而正午直至下午5点的欢乐时光意味着任何东西都只要2美元。点唱机超棒，只接受现金。

☆ 娱乐

在拉斯维加斯，每个夜晚都不会缺少娱乐，基本上任何活动的入场券都可以在Ticketmaster (☎800-745-3000; www.ticketmaster.com)买到。Tix 4 Tonight (☎877-849-4868; www.tix4tonight.com; 3200 Las Vegas Blvd S, Fashion Show; ⏲10:00~20:00)同日演出限场次提供半价票，"总是售罄"的演出也有小折扣。

夜店和现场音乐

2012年美国收入最高的十大夜店中就有7家来自拉斯维加斯，其中XS和Marquee的收入均超过8000万美元。夜店入场费的差异很大，取决于看门人的心情、男女比例和当晚店内的拥挤程度。若提前向夜店的贵宾接待员预约，可避免排队等候。大型夜店在下午较迟和傍晚较早时分有人负责看门。你下塌的酒店通常也会有免费的入场券，或可代为预约。也可考虑要求整瓶服务(bottle service)，通常这可免去入场费和排队等候之苦。

XS 夜店

(www.xslasvegas.com; 3131 Las Vegas Blvd S, Encore; 入场费 $20~50; ⏲周五和周六 21:30至次日4:00, 周日和周一 22:30至次日4:00)这是我们所见到的唯一让爱泡夜店的人跳入池里跳舞而不被门卫赶走的俱乐部。XS是维加斯的热门地点，到访者来自各年龄层，即使年过30岁也不会感到格格不入。打扮得漂亮些，否则会被拒于门外。

Marquee 夜店

(www.cosmopolitanlasvegas.com; 3708 Las Vegas Blvd, Cosmopolitan)当有人问维加斯最酷的俱乐部是哪一家时，Marquee是无可争议的答案。明星(我们在拥挤人群里跳着舞的时候就看到了Macy Gray)、户外沙滩俱乐部、热辣DJ以及某种妙不可言的特质，都值得大排长队。

Tao 夜店

(www.taolasvegas.com; 3355 Las Vegas Blvd S, Venetian; ⏲休闲酒吧，周日至周四 17:00至午夜，周四至周六 17:00至次日1:00，夜店 22:00至次日5:00)一些爱在维加斯泡夜店的人声称对于Tao已达到"去过玩过，再无新意"的饱和点。但对初次到访的人来说，其颓废风格和性感氛围无不吸引着他们涌入：巨大的金佛与近乎全裸、在撒满玫瑰花瓣的浴缸慵懒地抚摸身体的艳舞女郎共处一堂。

Stoney's Rockin' Country 现场音乐

(www.stoneysrockincountry.com; 6611 Las Vegas Blvd S; 入场费 免费至$20; ⏲周日至周三 19:00至次日2:00, 周四至周六 19:00至次日3:00)这个充满乐趣的乡村西部酒吧最近搬到了更靠近拉斯维加斯大道的地点。每晚都有舞蹈课程，周二晚上7:30还会教两步舞。身穿热裤和牛仔靴的年轻姑娘周五可免费入场，周六则有生啤特价，只需$15就能无限畅饮。

表演

维加斯有上百种演出可看。观看太阳剧团(Cirque du Soleil)的任何一场演出都会是一次难忘的经历。

★ LOVE 表演艺术

(☎800-963-9634, 702-792-7777; www.cirquedusoleil.com; 票价 $99~150; ⏲周四至周一 19:00和21:30; 👪)海市蜃楼酒店的这台表演是除太阳剧团之外最受欢迎的演出。对太阳剧团百看不厌的当地人仍然认为LOVE才是最好的。

Zumanity 表演艺术

(☎702-740-6815; www.cirquedusoleil.com; 票价 $76~138)只限成人观看的性感表演，地点在纽约纽约赌场。

La Rêve 现场表演

(☎888-320-7110; www.wynnlasvegas.com; 3131 Las Vegas Blvd S, Wynn; 票价 $105起; ⏲周五

至周二 19:00和21:30) La Rêve是法语“梦想”的意思，表演者在一个100万加仑的水池中进行水上特技表演。所有表演者都必须具备潜水执照。注意，前排较便宜的座位会被舞台的水溅到。

House of Blues 现场音乐

(☎702-632-7600; www.hob.com; 3950 Las Vegas Blvd S, Mandalay Bay) 在这家密西西比三角洲小酒吧，蓝调散发的独特魅力令人陶醉其中。你还可欣赏现代摇滚、流行乐和灵魂音乐的演出。

购物

Bonanza Gift Shop 纪念品

(www.worldslargestgiftshop.com; 2440 Las Vegas Blvd S; ⏲8:00至午夜) 堆满了4万多平方英尺的……商品！是购买拉斯维加斯专属热门纪念品的最佳地点。

Gold & Silver Pawn 珠宝

(☎702-385-7912; http://gspawn.com; 713 Las Vegas Blvd S; ⏲店面 9:00~21:00，夜间服务窗口 21:00至次日9:00) 正如你在火爆的实况电视节目《典当之星》(*Pawn Stars*)所看到的，这家简朴的店铺内隐藏着许多珍贵的宝藏，从蛮荒西部的牛仔猎枪和20世纪50年代经修复的古董车，到古色古香的维加斯赌场和明星签名纪念品等。不过，得先在红色天鹅绒隔离绳外排队。

Fashion Show Mall 商场

(www.thefashionshow.com; 3200 Las Vegas Blvd S; ⏲周一至周六 10:00~21:00，周日 11:00~19:00) 内华达州最大、最奢华的商场。

Forum Shops 商场

(www.caesarspalace.com; 3570 Las Vegas Blvd S, Caesars Palace; ⏲周日至周四 10:00~23:00，周五和周六 至午夜) 高档商店云集的空调版古罗马。

The Shops at Crystals 商场

(www.crystalsatcitycenter.com; 3720 Las Vegas Blvd S; ⏲周日至周四 10:00~23:00，周五和周六 至午夜) 位于Aria旁的全新豪华商场，汇聚了Assouline和Versace等40多家奢侈品店。

Grand Canal Shoppes 商场

(www.thegrandcanalshoppes.com; 3355 Las Vegas Blvd S, Venetian; ⏲10:00~23:00) 意大利风格的室内豪华商场，另有贡多拉小船。

Shoppes at the Palazzo 商场

(www.theshoppesatthepalazzo.com; 3327 Las Vegas Blvd S, Palazzo; ⏲周日至周四 10:00~23:00，周五和周六 至午夜) 60位国际设计师都在这里开店。

实用信息

紧急情况和医疗服务

匿名戒赌会 (Gamblers Anonymous; ☎855-222-5542; www.gamblersanonymous.com) 就与赌博相关的问题提供援助。

警察局 (☎702-828-3111; www.lvmpd.com)

日出医院和医疗中心 (Sunrise Hospital & Medical Center; ☎702-731-8000; www.sunrisehospital.com; 3186 S Maryland Pkwy) 儿童医院，设有24小时急诊室。

大学医疗中心 (University Medical Center; ☎702-383-2000，急诊702-383-2661; www.umcsn.com; 1800 W Charleston Blvd; ⏲24小时) 内华达州最先进的肿瘤中心，设有24小时急诊。

上网和媒体

多数酒店房间能使用无线网络(每天10~25美元，有时包含在度假设施费中)，且多数酒店大堂有带打印机的互联网服务。

Eater Vegas (www.vegas.eater.com) 提供有关罪恶之城的厨师和新餐厅的信息，并定期更新市内最佳38家餐厅的名单。

Las Vegas Review-Journal (www.lvrj.com) 日报，周末指南《霓虹》(*Neon*) 每周五发刊。

Las Vegas Weekly (www.lasvegasweekly.com) 每周免费发行，提供不错的娱乐场所和餐厅列表。

Vegas Chatter (www.vegaschatter.com) 提供维加斯的最新动态，从餐厅开业到最热门的舞池等信息都有。

现金

每家赌场酒店、银行和多数便利店都有自动柜员机。多数赌场的柜员机手续费在$5左右。如果可能的话，最好去拉斯维加斯大道旁的银行取款。

Travelex Currency Services（☎702-369-2219；3200 Las Vegas Blvd S，Fashion Show；⏲周一至周六 10:00～21:00，周日 11:00～19:00）到Fashion Show Mall兑换现金。

邮局

邮局（www.usps.com；201 Las Vegas Blvd S；⏲周一至周五 9:00～17:00）市中心。

旅游信息

拉斯维加斯旅游（Las Vegas Tourism；www.onlyinvegas.com）官方网站。

拉斯维加斯游客信息中心（Las Vegas Visitor Information Center，LVCVA，Las Vegas Convention & Visitors Authority；☎702-892-7575，877-847-4858；www.visitlasvegas.com；3150 Paradise Rd；⏲周一至周五 8:00～17:30）提供免费本地通话、上网和很多地图。

Las Vegas.com（www.lasvegas.com）旅游服务。

Vegas.com（www.vegas.com）提供旅游信息和预订服务，并列出适合儿童游玩的旅游点。

ℹ 到达和当地交通

麦卡伦国际机场（McCarran International Airport，LAS；☎702-261-5211；www.mccarran.com；5757 Wayne Newton Blvd；📶）位于拉斯维加斯大道主要赌场南部，经I-15州际公路可以方便到达。这里有多趟来自美国其他城市和部分加拿大、欧洲城市的直飞航班。多数国内航班在1号航站楼起降，国际航班则在新的3号航站楼起降。**Bell Trans**（☎702-739-7990；www.bell-trans.com）提供往返机场和拉斯维加斯大道的班车服务（$7）。到市中心的车票稍贵。机场的Bell Trans服务台位于行李提取处附近的9号门旁。

维加斯的多数景点都有免费的停车和代客泊车服务（小费$2）。**单轨电车**（www.lvmonorail.com；一程$5，24/72小时票$12/28，6岁以下儿童免费；⏲周一 7:00至午夜，周二至周四 7:00至次日 2:00，周五至周日 7:00至次日3:00）快速、有趣，提供轮椅配套设施，它将Sahara Station（最靠近Circus Circus）和米高梅大酒店连接起来，沿途在拉斯维加斯大道的各超大型度假村停车。**Deuce**（☎702-228-7433；www.rtcsouthernnevada.com；2/24小时票$6/8）是当地的双层巴士，每天在拉斯维加斯大道和市区间频繁穿梭。

拉斯维加斯周边（Around Las Vegas）

红岩峡谷国家保护区 公园

（Red Rock Canyon National Conservation Area；☎702-515-5350；www.redrockcanyonlv.org；日间 每车/自行车 $7/3；⏲景观环线 4月至9月 6:00～20:00，10月至次年3月 关闭较早，游客中心 8:00～16:30）这个风景秀丽的公园是针对维加斯人造光芒的一剂完美的"解毒剂"，从拉斯维加斯大道开车向西23英里即到。红岩峡谷其实更像山谷，西部边缘处陡峭、崎岖的红色岩石高达3000英尺。这里有一段长达13英里的景观环线，连接徒步小径和游客中心以东2英里处的**露营地**（9月至次年5月），营地先到先得。徒步到Calico Tanks（往返2.5英里），穿过红岩就可在终点鸟瞰拉斯维加斯全景。

米德湖和胡佛水坝 湖、古迹

（Lake Mead & Hoover Dam）米德湖和胡佛水坝是**米德湖国家游乐区**（Lake Mead National Recreation Area；☎公园咨询台702-293-8906，游客中心702-293-8990；www.nps.gov/lake；车/自行车 $10/5；⏲24小时，游客中心周三至周日 9:00～16:30）内游客最多的地方。休闲区包括110英里长的米德湖、67英里长的莫哈维湖（Lake Mohave），以及湖边绵延数英里的沙漠。极好的**艾伦·百伯游客中心**（Alan Bible Visitor Center；☎702-293-8990；www.nps.gov/lake；Lakeshore Scenic Dr，紧邻US Hwy 93；⏲9:00～16:30）在博尔德城（Boulder City）和胡佛水坝中间的Hwy 93上，提供关于娱乐和沙漠生活的信息。在这里，徒步者和自行车骑士可索取River Mountains Loop Trail（www.rivermountainstrail.com）的地图，以便在环绕米德湖32英里长的小径徒步或骑自行车。从游客中心起，North Shore Rd和Lakeshore Rd环绕米德湖，景色宜人。Lakeshore Rd一直延伸至Valley of Fire Hwy，并可通往火焰谷州立公园（Valley of Fire State Park）摄人心魄的美景。

长达726英尺的**胡佛水坝**（☎866-730-9097，702-494-2517；www.usbr.gov/lc/hooverdam；Hwy 93；游客中心 $8，含电厂之旅 成人/儿童 $11/9，全包团队游 $30；⏲9:00～18:00，售票至17:15）形成一条带有装饰艺术风格的优美曲线，横跨亚利桑那州和内华达州的州界，与光

火焰谷州立公园

火焰谷州立公园(Valley of Fire State Park; ☎702-397-2088; www.parks.nv.gov/parks/valley-of-fire-state-park; $10每车; ⏲游客中心 8:30~16:30)是沙漠景观中的杰作，到处都是光怪陆离的砂岩。公园距离维加斯55英里，是逃离那灯红酒绿的好去处。Hwy 169恰好经过游客中心，中心提供徒步和**露营**(帐篷/房车位 $20/30)信息，同时有精彩的沙漠生活展。

秃秃的景观形成了鲜明对比。不要忘记在新建成的**迈克·奥卡拉汉-帕特·蒂尔曼纪念大桥**(Mike O' Callaghan-Pat Tillman Memorial Bridge)上漫步，桥上有一条人行道，可以看到胡佛水坝上游的完美景致。不推荐恐高症患者参观。要到纪念大桥参观，可把车子停放在紧邻Hwy 172/Hoover Dam Access Rd的地方。游客可以选择长达30分钟的**电厂之旅**(power plant tour; 成人/儿童 $11/9)，或更深入的1小时**胡佛水坝之旅**(Hoover Dam tour; 8岁以下儿童不得入内; 团队游 $30)。如果你对历史和工程感兴趣的话，可参加时间较长的团队游。

以上两种游览项目门票在游客中心购买。电厂游的门票只能网上购买。

附近的博尔德城是当年建造水坝的市民的住所。如今，这个极富魅力的市中心是用餐或过夜的好去处。城里的**Milo's**(www.miloswinebar.com; 538 Nevada Hwy; 主菜 $9~13; ⏲周日至周四 11:00~22:00，周五和周六 至午夜)提供新鲜的三明治、沙拉和美味芝士盘，可在葡萄酒吧外人行道上的餐桌用餐。转角处是友善的**Boulder Dam Hotel**(☎702-293-3510; www.boulderdamhotel.com; 1305 Arizona St; 房间 含早 $72~89，套 $99; ❄@📶)，房价含点单定制的早餐和旁边博尔德城/胡佛水坝博物馆的入场券。

内华达州西部(Western Nevada)

内华达州西部是一大片未经开垦的山艾草原，到处是连绵的山脉和贫瘠的山谷。这里是内华达州现代文明的发源地，并因发现了著名的康斯塔克银矿而使得弗吉尼亚市(Virginia City)兴旺起来。如今，精彩的户外探险活动如山区徒步、骑自行车和滑雪吸引着人们到访。这里的一切就像天气般对比强烈：这一刻你可能驶过一个银矿大亨建了许多豪宅的古雅城镇，下一秒就看到一个像是在空中飞扬的风滚草般的温馨小酒吧，怎料它竟是当地的一家(合法)妓院。

里诺(Reno)

在里诺市中心，你可以趁上午到二十几家赌场之中的某一家试试手气，然后沿着大街漫步，或在特拉基河激浪公园(Truckee River Whitewater Park)直击急流。这些鲜明的对比恰好说明这个"世界上最大的小城市"是如此的有趣——它既牢牢地抓着根深蒂固的赌博业不放，同时也在户外探险活动方面赢得殊荣，成为一流的户外运动大本营。这里距离内华达山脉(Sierra Nevada Mountains)和塔霍湖(Lake Tahoe)都不到1小时车程，还有很多湖泊、徒步小径和滑雪度假村。

👁 景点

市中心的河滨区(Riverwalk District; www.renoriver.org)依傍着特拉基河(Truckee River)。皮划艇桨手和轮胎漂流的嬉水者在激浪公园搏击浪头，公园从Wingfleld Park一直向东延伸至Virginia St。

国家汽车博物馆 博物馆

(National Automobile Museum; ☎775-333-9300; www.automuseum.org; 10 S Lake St; 成人/儿童 $10/4; ⏲周一至周六 9:30~17:30，周日 10:00~16:00; 👪)在这个令人印象深刻的汽车博物馆里，程式化的街景阐述了汽车业的百年历史。这里的馆藏非常丰富，有很多独一无二的汽车款式，包括Douglas Fairbanks送给Mary Pickford的1928年福特A型汽车，以及Sammy Davis Jr拥有的1935年款Dusenburg跑车，令人叹为观止。轮替展品还有各种加了马力或独具特色的古董车。

内华达艺术博物馆 博物馆

(Nevada Museum of Art; ☎775-329-3333; www.nevadaart.org; 160 W Liberty St; 成人/儿童 $10/1;

⏲周三至周日 10:00~17:00，周四 10:00~20:00）这座引人注目的建筑物受到了该市以北黑岩沙漠（Black Rock Desert）的地质构造的启发，沿着浮动楼梯到达展览馆，可以看到与美国西部相关的临时展品和图像。攀上屋顶，还可以看到内华达山脉的秀丽景致。这里的咖啡馆相当不错，让你在这趟文化艺术之旅后重振精神。

Virginia Street街道

位于I-80州际公路和特拉基河之间，市中心的N Virginia St是赌场集中地。它沿着特拉基河南侧继续延伸为S Virginia St。下列所有赌场酒店都是24小时营业。

马戏团 赌场

（Circus Circus；www.circusreno.com；500 N Sierra St；👪）在众多赌场当中，它最适合全家一起游玩。在巨型的、有糖果条纹图案的大帐篷内，有免费的马戏团表演娱乐孩童，还有各种嘉年华会和电玩游戏。

Silver Legacy 赌场

（www.silverlegacyreno.com；407 N Virginia St）以维多利亚风格为主题，白色的圆屋顶很容易辨认，这里还有一台巨大的仿制采矿机，定时有声光秀表演。

Eldorado 赌场

（www.eldoradoreno.com；345 N Virginia St）赌场有个俗气的财富喷泉（Fountain of Fortune），意大利雕塑家Bernini恐怕对此无法苟同。

Harrah's 赌场

（www.harrahsreno.com；219 N Center St）由内华达州赌博业先驱William Harrah于1946年创立，至今仍是该市最大和最受欢迎的赌场之一。

活动

里诺距离塔霍滑雪度假村只是30~60分钟车程，很多酒店和赌场都会提供住宿和滑雪的优惠套餐。

特拉基河激浪公园 水上运动

（Truckee River Whitewater Park；www.reno.gov）离赌场只有数步之遥，公园的二级和三级激流对乘坐轮胎的孩童来说还算和缓，同时对专业的自由式皮划艇桨手又具有一定的挑战性。温菲尔德公园（Wingfield Park）上有两条航道，这个小小的河心岛上常会举办免费的演唱会。**Tahoe Whitewater Tours**（☎775-787-5000；www.gowhitewater.com）和**Wild Sierra Adventures**（☎866-323-8928；www.wildsierra.com）提供皮划艇行程和课程。

Historic Reno Preservation Society 步行游览

（☎775-747-4478；www.historicreno.org；团队游 $10）通过步行游览或骑自行车深入了解这座城市，并重点介绍建筑、政治和文学史等主题。

住宿

房价波动很大，视你在一周内的哪一天入住旅馆，以及届时当地是否举办任何活动。通常来说，周日至周四的房价最理想；周五会比较贵，周六更可能比平日贵两倍。

到了夏季，很多人会登上高海拔的**玫瑰山**（Mt Rose；☎877-444-6777；www.recreation.gov；Hwy 431；房车位和帐篷位 $17~50）露营。

Sands Regency 赌场酒店 $

（☎775-348-2200；www.sandsregency.com；345 N Arlington Ave；房间 周日至周四 $29起，周五和周六 $69；P❄📶🏊🐾）外观有点老旧，但房间

值得一游

火人节

为期一周的**火人节**（Burning Man；www.burningman.com；门票$380）每年8月底在炙热的黑岩沙漠举行，同时也让内华达州出现了第三大人口集聚地——黑岩市（Black Rock City）。这是一个体验式的艺术派对（犹如置身于另一个天地），高潮是焚烧巨大人像作为祭品。火人节是一场荒诞不经的主题露营旋风，一切奇事都汇集到这里——有撒上糖霜蛋糕的自行车、怪异的物物交换、裸体戏装等，要求人们抛开各种禁忌。

还算不错，鲜艳亮丽的蓝色调中洋溢着热带的欢愉气氛。Empress Tower的客房最好。物有所值。

Wildflower Village 汽车旅馆、民宿 $

（☎775-747-8848；www.wildflowervillage.com；4395 W 4th St；青年旅舍 $30，汽车旅馆 $55，民宿 $125；P ❄ @ 📶）地处该市西边艺术家聚集之地，虽然有点破败，却充满创意的气息。每间客房的正面都绘上壁画，还可听到货运车驶过的声音。这里有三种类型的客房：宿舍、汽车旅馆和民宿。

★ Peppermill 赌场酒店 $$

（☎866-821-9996，775-826-2121；www.peppermillreno.com；2707 S Virginia St；房间/套周日至周四 $70/130起，周五和周六 $170/200起；P ❄ @ 📶 🏊）Peppermill已差不多完成旧客房的豪华改装工程，如今这家广受欢迎的赌场酒店充斥着维加斯式的富丽堂皇，600间客房的装潢皆以托斯卡纳为主题。三个引人注目的泳池（一个是室内泳池）十分梦幻，附近还有一个水疗设施。酒店利用地热供应热水和热能。

就餐

里诺的用餐场所远不止赌场的自助餐厅。

Peg's Glorified Ham & Eggs 美式小馆 $

（www.eatatpegs.com；420 S Sierra St；早餐 $9~14，午餐 $8~12；⏲6:30~14:00；👪）当地人公认的城内最佳早餐，这里供应美味但不油腻的烧烤食物。看到薄荷色与白色条纹的遮篷就是了。

★ Old Granite Street Eatery 美国菜 $$

（☎775-622-3222；www.oldgranitestreeteatery.com；243 S Sierra St；午餐 $9~14，晚餐 $11~26；⏲周一至周四 11:00~23:00，周五 11:00至午夜，周六 10:00至午夜，周日 10:00~16:00）这里是品尝有机食品、当地休闲食品、老式配方鸡尾酒和当季精酿啤酒的好去处。庄严的木制酒吧，以旧酒瓶盛水倒给客人，还有长长的季节性菜单，到处散发着古色古香的氛围，难怪成了城里的美食热点，令食客着迷。没有预约？那么只好到餐厅标志性的公鸡和猪的壁画前查询，然后在由谷仓门板制成的转门处的"公共桌子"等位子了。

Silver Peak Restaurant & Brewery 小酒馆 $$

（124 Wonder St；午餐主菜 $8.25~11，晚餐 $9.25~22；⏲餐厅 周日至周四 11:00~22:00，周六和周日 至23:00，酒吧晚1个小时营业）这里标榜随性不做作，因此很多当地人都会趁夜幕低垂时来开怀畅饮、大快朵颐，菜品有烤虾比萨佐香蒜酱、菠菜意大利饺子和美味肉片等。位于市中心河滨区的核心地带。

饮品

Great Basin Brewing Co 自酿酒吧 $$

（www.greatbasinbrewingco.com；5525 S Virginia St；主菜 $8~19；⏲周日至周四 11:00至午夜，周五和周六 11:00至次日1:30）当地有人在争辩，Great Basin和Silver Peak，究竟谁酿制的啤酒最好？我们无意偏袒任何一方，但会因Great Basin洋溢的户外氛围而加分，店墙上还有一大片山峦景致呢。这里供应5种旗舰啤酒和13种季节性啤酒，也有多种比利时啤酒供顾客选择。位于市中心以南3英里处的Virginia St上。

Imperial Bar & Lounge 酒吧

（150 N Arlington Ave；⏲周五和周六 11:00至次日2:00，周日至周四 11:00~22:00）这个时尚的酒吧却保有一种怀旧的氛围。这栋建筑物曾是一家古老的银行，木质地板中央依稀可见当年放置保险库的位置。16种桶装啤酒可搭

ℹ 里诺地区徒步路线信息

想获取有关里诺地区徒步和自行车骑行路线的全面信息，请下载**Truckee Meadows Trails Guide**（www.reno.gov/Index.aspx?page=291），其中包括Mt Rose summit trail和Tahoe-Pyramid Bikeway。也可到加利纳溪地区公园（Galena Creek Regional Park）的**加利纳溪游客中心**（Galena Creek Visitor Center；www.galenacreekvisitorcenter.org；18250 Mt Rose Hwy；⏲周二至周日 9:00~18:00）索取这份指南，内含其中三条徒步路线的信息。

配三明治和比萨一起享用。周末很热闹。

Jungle Java & Jungle Vino 咖啡馆、葡萄酒吧

（www.javajunglevino.com; 246 W 1st St; ⏰咖啡馆 6:00至午夜，酒吧 周一至周五 15:00至午夜，周六和周日 正午至午夜；📶）咖啡馆和酒吧并排，地上铺着马赛克地板，还有一个网吧。

☆娱乐

免费周报**Reno News & Review**（www.newsreview.com）是你最佳的信息来源。

Edge 俱乐部

（www.edgeofreno.com; 2707 S Virginia St, Peppermill; 入场费 $10~20; ⏰周四和周六 21:00起，周五 19:00起）Peppermill以这个耀眼的带舞池的夜店震撼了城里的夜间活动场所，不过火辣的夜店舞者、烟雾器和镭射灯可能会使你的感官超负荷。如果真是这样的话，不妨到露台透透气，并在舒适的壁炉前好好放松一下。

Knitting Factory 现场音乐

（☎775-323-5648; http://re.knittingfactory.com; 211 N Virginia St）这家中型的娱乐场所于2010年开业，以主流音乐和独立音乐填补了里诺在音乐界里的空缺。

ℹ实用信息

里诺-塔霍国际机场（Reno-Tahoe International Airport）的行李提取处附近有一个信息中心，同时提供免费无线网络。

Reno-Sparks Convention & Visitors Authority Visitor Center（☎775-682-3800; www.visitrenotahoe.com; 135 N Sierra St; ⏰9:00~18:00）位于河滨区的RENO eNVy商店内。提供旅游手册、地图和免费的验证停车票。还有一个机场服务台。

ℹ到达和离开

里诺-塔霍国际机场（Reno-Tahoe International Airport, RNO; www.renoairport.com; 📶）位于市中心东南约5英里处，大多数主要航空公司在此开行航班。

North Lake Tahoe Express（☎866-216-5222; www.northlaketahoeexpress.com）提供班车（单程$45，每天6~8趟，时间从凌晨3:30至午夜）往返于机场和塔霍湖北岸的多个地点，包括特拉基（Truckee）、斯阔谷（Squaw Valley）和茵克莱村（Incline Village）。需提前预约。

要前往塔霍湖南部（只限工作日），乘坐配有Wi-Fi的**RTC Intercity bus**（www.rtcwashoe.com）到卡森城（Carson City）的Nevada DOT站（$4; 车程1小时，每个工作日6趟），然后转搭**BlueGo**（www.bluego.org）21X号巴士（持有RTC Intercity transfer$2; 车程1小时; 每天5~6趟）到Stateline Transit Center。

灰狗巴士（Greyhound; ☎775-322-2970; www.greyhound.com; 155 Stevenson St）每日有班车通往特拉基、萨克拉门托（Sacramento）和旧金山（$11~41，车程5~7小时），由**美铁**（Amtrak; ☎800-872-7245, 775-329-8638; 280 N Center St）运营的西向列车加州和风号（California Zephyr）每天也有一趟列车前往相同的目的地。火车的速度虽然较慢，票价也较贵，但可以舒适地观赏美景，而且要去旧金山（$60，车程8小时）的乘客可以在Emeryville转搭巴士。

ℹ当地交通

很多赌场酒店提供免费班车服务，可至机场接送住客。

当地的**RTC Ride buses**（☎775-348-7433; www.rtcwashoe.com; 每趟 $2，日票 预付/上车 $4/5）覆盖全城，多数路线都集中在市中心的RTC 4th St站。主要路线包括前往Center St和S Virginia St的RTC Rapid line、前往Sparks的11号巴士和前往机场的19号巴士。配备Wi-Fi的免费Sierra Spirit巴士环绕市中心各大地标——包括赌场和大学，每15分钟便有一趟车出发，早上7:00~19:00开行。

卡森城（Carson City）

从里诺或塔霍湖出发，很快就可以到达这个被忽略了的城市。这里是人们停下来享用午餐，并在宁静的老式市中心漫步的理想地点。

卡森城的**Kit Carson Blue Line Trail**穿过美丽的历史建筑和令人愉快的林荫道。到位于市中心以南1英里处的**游客中心**（☎800-638-2321, 775-687-7410; www.visitcarsoncity.com; 1900 S Carson St; ⏰周一至周五 8:00~17:00，周六和周日 9:00~17:00）索取一份徒步路线地图，或从游客中心的网站下载。

市中心的主要景点为**1870内华达州议会厅**(1870 Nevada State Capitol; Musser & Carson交叉路口; ⊙; 周一至周五 8:00~17:00) **免费**,你或许还可以看到州长在跟他的选民闲聊。那里有个小型博物馆,二楼收藏了该州的各种繁琐文件——记得找找那张麋鹿角椅。噢!火车爱好者千万别错过**内华达州铁路博物馆**(Nevada State Railroad Museum; ☎775-687-6953; www.museuems.nevadaculture.org; 2180 S Carson St; 成人/儿童 $6/免费; ⊙周五至周一 9:00~17:00),馆内展示了19世纪至20世纪初大约65节车厢和火车头。

想吃午餐的话,可以去迷人的**Comma Coffee**(www.commacoffee.com; 312 S Carson St; 早餐 $6~8,午餐 $8~10; ⊙周一、周三和周四 7:00~20:00,周二、周五和周六 至22:00;),说不定还能偷听到政客们的谈话。或者,趁傍晚时分到当地的自酿酒厂**High Sierra Brewing Company**(www.highsierrabrewco.com; 302 N Carson St; 主菜$9~17; ⊙周日至周四 11:00~22:00,周五和周六 至次日2:00)享用美味的啤酒和汉堡。

Hwy 395和Carson St是城里的主干道。想获知该地区的徒步和露营信息,请到美国林务局(United States Forest Service,简称USFS)设立的**卡森护林区办公室**(Carson Ranger District Office; ☎775-882-2766; 1536 S Carson St; ⊙周一至周五 8:00~16:30)查询。

弗吉尼亚市 (Virginia City)

自1859年传奇的康斯塔克银矿被发现后,距离里诺以南25英里的山区也掀起开采银矿的热潮。19世纪60年代淘金热期间,弗吉尼亚市是西部荒野一座生机勃勃、喧嚣热闹的新兴城市。报纸撰稿人Samuel Clemens——马克·吐温(Mark Twain)的真名——在这座城市的全盛时期待过一阵子。数年后,他出版了一本名为《苦行记》(*Roughing It*)的书,描述了自己亲眼目睹的采矿生活的内幕。

这个高海拔的城市一直是国家历史地标(National Historic Landmark),城中的主要大街上满是维多利亚式建筑、木板人行道和一些虚假但十分有趣的博物馆。想看看那些采矿精英过的是怎样的生活,可以到**Mackay Mansion**(☎775-847-0173; 129 South D St; 成人/儿童 $5/免费; ⊙夏季 10:00~17:00,冬季 时间不定)和**Castle**(B St)参观。马克·吐温的书桌和……呃,马桶,是位于旧报馆新闻室的《事业报》**马克·吐温博物馆**(Mark Twain Museum at The Territorial Enterprise; 53 South C St; 成人/儿童 $4/3; ⊙10:00~17:00)众多藏品中的两件。建筑物的底层曾幸运地躲过1878年该市发生的一场大火。

当地人认为弗吉尼亚市最好吃的食物应该是在**Cafe del Rio**(www.cafedelriovc.com; 394 S C St; 晚餐 $19~25,早午餐 $9.25~14; ⊙周三至周六 11:00~20:00,周日 10:00~19:00),它很好地结合了新派墨西哥菜和咖啡馆食品,包括早餐。到经营多年的家庭式餐厅**Bucket of Blood Saloon**(www.bucketofbloodsaloonvc.com; 1 S C St; ⊙周日至周四 9:00~19:00,周五和周六 至21:00)喝一杯,这里的古老木制吧台除了供应啤酒外,还立下"酒吧规则":如果酒保笑不出来,说明你很无趣。

这里的主要街道是C St,也是**游客中心**(☎800-718-7587, 775-847-7500; www.visitvirginiacitynv.com; 86 S C St; ⊙10:00~17:00)的所在地。

内华达大盆地 (Nevada Great Basin)

穿越内华达大盆地的旅行将是一次宁静、难以忘怀的经历。而对于那些旨在寻找"伟大的美国公路之旅"的人来说,这些迷人的历史小镇和孤寂的沙漠公路沿线的美食绝对是种诱惑和享受。

大教堂峡谷州立公园

哇噢!走进**大教堂峡谷州立公园**(Cathedral Gorge State Park; ☎775-728-4460; www.parks.nv.gov/parks/cathedral-gorge; Hwy 93; 门票 $7,帐篷位和房车位 $17; ⊙游客中心 9:00~16:30),确实好像踏入了一座宏伟、有很多塔尖的大教堂,透过其中一个圆屋顶还能看到蓝天。公园在荒野式的悬崖边,你可以睡在星空下,帐篷位和房车位($17)先到先得。

西南部 内华达大盆地

I-80州际公路沿线

从里诺往东走，距离东北150英里的**温尼马卡**（Winnemucca）是第一个值得驻足一览的地方。这里以老式的市中心和数家巴斯克餐厅著称，每年还会举办巴斯克节（Basque Festival）。欲知更多信息，请向**温尼马卡游客中心**（Winnemucca Visitor Center；☎775-623-5071，800-962-2638；www.winnemucca.com；30 W Winnemucca Blvd；⏲周一至周五 8:00~17:00）查询。你还可参观这里的展品，如牛仔名人堂和大猎物博物馆。别错过**Griddle**（www.thegriddlecom；460 W Winnemucca Blvd；主菜 \$10~15；⏲6:00~14:00），这是内华达州最棒的复古咖啡馆之一，自1948年以来一直供应极好的早餐、经典的餐食和自制甜点。

美国西部文化大部分是从**埃尔科**（Elko）发展而来的。胸怀大志的牛仔们应当去参观**西部居民生活中心**（Western Folklife Center；www.westernfolklife.org；501 Railroad St；成人/儿童 \$5/1；⏲周一至周五 10:00~17:30，周六 10:00~17:00），这里有艺术和历史展览、音乐会和舞蹈表演，并在每年1月份举行深受欢迎的**牛仔诗会**（Cowboy Poetry Gathering）。埃尔科每年7月4日也会举办**国家巴斯克节**（National Basque Festival），有游戏、传统舞蹈和“公牛赛跑”活动。如果你没尝过巴斯克食品，**Star Hotel**（www.elkostarhotel.com；246 Silver St；午餐 \$6~12，晚餐 \$15~32；⏲周一至周五 11:00~14:00和17:00~21:00，周六 16:30~21:30）是完成你初体验的最佳地点。这个家庭式风格的夜宵俱乐部就坐落在建于1910年前后的寄宿公寓内，公寓最初修建的目的是收留巴斯克牧羊人。

50号公路沿线

在内华达州，人们对这条横贯大陆的50号公路（Hwy 50）的别称更为熟悉——“美国最孤独的公路”。它穿过内华达州的核心地带，连接西边的卡森城和东边的大盆地国家公园。它曾经是林肯公路（Lincoln Hwy）的一部分，美国驿站马车（Overland Stagecoach）、小马快递（Pony Express）和首条横贯大陆的电报线路均延此路而过。周围城镇稀少，发动机的轰鸣声和风的呼啸声是仅有的声响。

位于法伦（Fallon）东南约25英里处的**沙山游乐区**（Sand Mountain Recreation Area；☎775-885-6000；www.blm.gov/nv；短暂逗留、非机动车入场免费；⏲24小时）**免费**值得驻足一游，你可以探索600英尺高的沙丘和快马递送站遗址。往东走，到古老的驿站Middlegate Station（42500 Austin Hwy）享用多汁的汉堡，然后把你的运动鞋丢到Hwy 50北侧的新**Shoe Tree**（鞋子树；老树已被砍伐）上。

沿着漫长的Hwy 50孤寂而行，最恰当的回报就是**大盆地国家公园**（Great Basin National Park；☎775-234-7331；www.nps.gov/grba；⏲24小时）了，这里景色宜人，而且游客不多。它位于内华达州和犹他州交界线附近，从广袤的沙漠中平地拔起至13,063英尺的惠勒峰（Wheeler Peak）就在这里。沿着顶峰的徒步小径漫步，将美丽绝伦的乡村风光尽收眼底：结冰的湖水、古老的狐尾松，甚至还有常年不融的冰冻区。夏季，位于**贝克镇**（Baker）以北的**大盆地游客中心**（Great Basin Visitor Center；☎775-234-7331；www.nps.gov/grba；⏲6月至8月 8:00~16:30）是认识公园的最佳地点。

想要参加时长60分钟或90分钟的山洞导览游，可到全年开放的**利曼山洞游客中心**（Lehman Caves Visitor Center；☎775-234-7331，预订团队游775-234-7517；www.nps.gov/grba；成人 \$8~10，儿童 \$4~5；⏲8:00~16:30，团队游 8:30~16:00），山洞里随处可见罕见的石灰岩建成物。游客中心就在贝克镇外5英里处，需提前预约。在天气较暖和的月份，可沿着景观大道行驶12英里到惠勒峰的峰顶。公园内有5处较完备的**露营地**（☎775-234-7331；www.nps.gove/grba；简易营地免费，帐篷位和房车位\$12），先到先得。

95号公路沿线

95号公路（Hwy 95）从北往南穿过内华达州西部地区，南端沿线风景的确乏善可陈，因为会经过内华达试验基地（Nevada Test Site）。在上世纪50年代，超过720件核武器在这里被引爆。

375号和93号公路沿线

375号公路（Hwy 375）也被称为“宇宙高速公路”，因为有大量报导称曾在这里看到不明飞行物体（UFO），而且这条公路和93号公路（Hwy 93）的交会点恰好在顶级机密的**51号**

区域(Area 51)附近。这个区域属于内利斯空军基地(Nellis Air Force Base),据说是停放被捕获的UFO的地方。一些人可能觉得375号公路比“最孤独的公路”还要令人焦躁不安。这是一条荒凉的公路,往来的车子非常少。375号公路旁的小镇拉彻尔(Rachel)中有一家小旅店Little A' Le' Inn(☎775-729-2515; www.littlealeinn.com; 1 Old Mill Rd, Alamo; 带接口的房车位$15, 房间 $35~150; ⏲餐厅 8:00~21:00; ❄📶🐾),为地球人和外星人等提供住宿,并售卖外星球纪念品。不负责侦察外星人的动态。

亚利桑那州(ARIZONA)

亚利桑那州是全美第六大州,到处都可看见摄人心魄的大自然美景:大峡谷、纪念碑谷、奇里卡瓦山脉(Chiricahua Mountains)和塞多纳(Sedona)的红岩等。在这些重要景点附近,当年迁徙到此的移民和探索者们都试图驯服亚利桑那州这片荒芜之地,在沙漠灌丛中建造灌溉渠道,在错综复杂的峡谷间绘制道路网,以及开采该州的地下财富。景色宜人的乡村道路将这些自然景点和历史古迹连接起来,使亚利桑那州成为公路旅行者的首选目的地。

大菲尼克斯(Greater Phoenix)四周环山,是西南部最大的大都会区之一。这里拥有以休整精力为卖点的地方所该有的一切,如餐厅、景点和水疗设备等。时髦、充满艺术气息的图森(Tucson)是进入亚利桑那州太空和历史景点的必经之路。由于距墨西哥边境仅有60英里,这里还拥有很多跨境文化遗产。

亚利桑那州速览

别称 大峡谷之州(Grand Canyon State)

人口 650万

面积 113,637平方英里

首府 菲尼克斯(人口148万)

其他城市 图森(人口52.4万)、弗拉格斯塔夫(人口6.74万)、塞多纳(人口1万)

消费税 6.6%

诞生于此的名人 阿帕奇(Apache)领袖杰罗尼莫(Geronimo; 1829~1909年)、政治活动家塞萨尔·查韦斯(Cesar Chavez; 1927~1993年)、歌手琳达·朗斯黛(Linda Ronstadt; 生于1946年)

发源地/所在地 塞多纳新纪元运动(Sedona New Age movement)、矿业城镇变身艺术区

政治倾向 大多数人投票支持共和党

著名之处 大峡谷、树形仙人掌

最佳纪念品 路边小摊卖的粉色仙人掌形状的霓虹灯

车程 菲尼克斯到大峡谷村(Grand Canyon Village)235英里,图森到塞多纳230英里

历史

亚利桑那州是美国本土48个州中最后一个加入的,2012年它举行了加入美国100周年的庆祝活动。为什么处处都是铜和牧场的这块土地花了这么久才加入美国联邦呢?要知道,亚利桑那州曾被联邦政府视为麻烦制造者,多年来,收购它所带来的财富根本抵不上随之而来的潜在问题。

愤世嫉俗的人可能会说,亚利桑那州仍在制造麻烦。2010年,亚利桑那州立法机构通过了全美最严格的反移民法案,即SB1070。这项备受争议的法案在一位颇有威望的农场主于墨西哥边界附近被离奇枪杀不久后得以通过。

美国最高法院最近撤消了这项敏感法案中的多项条文,但保留了让执法人员在阻截某人时可以尝试确认其移民身份的法令,条件是执法人员有合理的理由怀疑对方是非法入境。至截稿为止,这项法令的实施仍面临着司法挑战。

2011年,民主党众议员Gabrielle Giffords女士在出席一次公共活动时遭枪击的消息震惊了整个州。她本人严重受伤,6名随从和工作人员被枪杀。

全州范围内持续不断的财政危机已经导致州立公园体系的拨款锐减,迫使很多公园与非盈利组织及地方政府合作以募集资金。

ℹ 实用信息

亚利桑那州采用山地标准时间,却是西部地区唯一一个在春天到早秋期间不采用夏令时的州。纳瓦霍保留地(Navajo Reservation)是个特例,这里实施夏令时。

总体来看，亚利桑那州南部，包括菲尼克斯、图森和尤马（Yuma）的住宿费用在冬季和春季会上浮很多，这两个季节被看作亚利桑那州的"旺季"。盛夏，炎热地区将有大减价。

亚利桑那州交通部（Arizona Department of Transportation；☎州内511，888-411-7623；www.az511.com）提供全州最新路况信息和交通情况，网站还有天气状况和安全信息链接。

亚利桑那州旅游局（Arizona Office of Tourism；☎602-364-3700；www.arizonaguide.com）免费提供该州信息。

亚利桑那州公共土地信息中心（Arizona Public Lands Information Center；☎602-417-9200；www.publiclands.org）提供关于美国林务局（USFS）、国家公园管理局（NPS）、土地管理局（Bureau of Land Management，BLM）及州土地、公园信息。

亚利桑那州州立公园（Arizona State Parks；☎602-542-4174；www.azstateparks.com）15家州立公园有露营地，全部可以上网预订，但须交纳5美元订金（露营位$15~50，小屋和圆顶帐篷$35~75）。

仙人掌联盟春训

职业棒球大联盟赛季开始前，各队整个3月都在亚利桑那州（仙人掌联盟）和佛罗里达州（葡萄柚联盟）挑选新球员、练习和打比赛。此时的门票更便宜（根据场馆约$8~10）、座位更好、垒线较短且比赛氛围更轻松。登录www.cactusleague.com查看赛程和售票链接，或在www.visitphoenix.com了解球队概况和门票信息。

菲尼克斯（Phoenix）

尽管天气炎热，但菲尼克斯还是能让你感受到些许春日的气息。该市将在2015年举办美国橄榄球超级杯大赛（Super Bowl），市中心新建的餐饮和娱乐区Cityscape近日来已开门迎客。从市区通往机场的SkyTrain铁路服务也比原计划提前投入运营。

大菲尼克斯地区由几个"镇"组成，是西南最大的城市区。菲尼克斯市拥有繁华的高楼和一流的博物馆，是这个大家庭的家长。斯科茨代尔（Scottsdale）是时尚的大姐姐，已经结婚了。坦佩（Tempe）是大学生，脾气温顺但偶尔发飙。梅萨市（Mesa）是只想在郊区安安静静生活的大哥。妈妈呢？她6月已经去了弗拉格斯塔夫，因为实在太热了。

这里究竟有多热？夏季温度会冲到110°F（43℃）以上。度假地房价锐减，这对预算较低的游客来说是个好消息，但最普遍的旅行时间还是冬天和已开始转暖的春天。

景点

大菲尼克斯又称太阳谷（Valley of the Sun），四周环山，海拔从2500英尺到7000多英尺不等。Central Ave从北到南对穿菲尼克斯，将地址分为西区地址和东区地址；Washington St为东西向，分出北区地址和南区地址。

斯科茨代尔、坦佩和梅萨位于机场东部。Scottsdale Rd为南北向，在斯科茨代尔和坦佩中间。机场在菲尼克斯市区东南部3英里处。

菲尼克斯（Phoenix）

★赫尔德博物馆 博物馆

（Heard Museum；☎602-252-8848；www.heard.org；2301 N Central Ave；成人/6~12岁儿童和学生/老人 $18/7.50/13.50；⏲周一至周六 9:30~17:00，周日 11:00~17:00；👪）这家私营博物馆于1929年开放供游客参观，当时赫德夫妇（Dwight Heard和Maie Bartlett）决定把他们收藏的大量印第安藏品展出与公众分享。如今馆内分成10个展区，分别展示美洲原住民的艺术、纺织品和陶瓷器，重点关注美洲原住民的历史和传统。聚焦西南地区部落。

看一下克奇那神（kachina，霍皮人的精神偶像）藏品，以及"寄宿学校体验"画廊。该画廊审视了备受争议的联邦政策，该政策曾将美洲原住民儿童带离家人身边，把他们送到遥远的寄宿学校上学以期将其美国化。

乐器博物馆 博物馆

（Musical Instrument Museum；☎480-478-6000；www.themim.org；4725 E Mayo Blvd；成人$18，13~19岁青少年 $14，儿童 $10；⏲周一至周六 9:00~17:00，周日 10:00~17:00，每月第一个周五 至21:00）从乌干达的拇指琴到夏威夷的尤克里

Phoenix 菲尼克斯

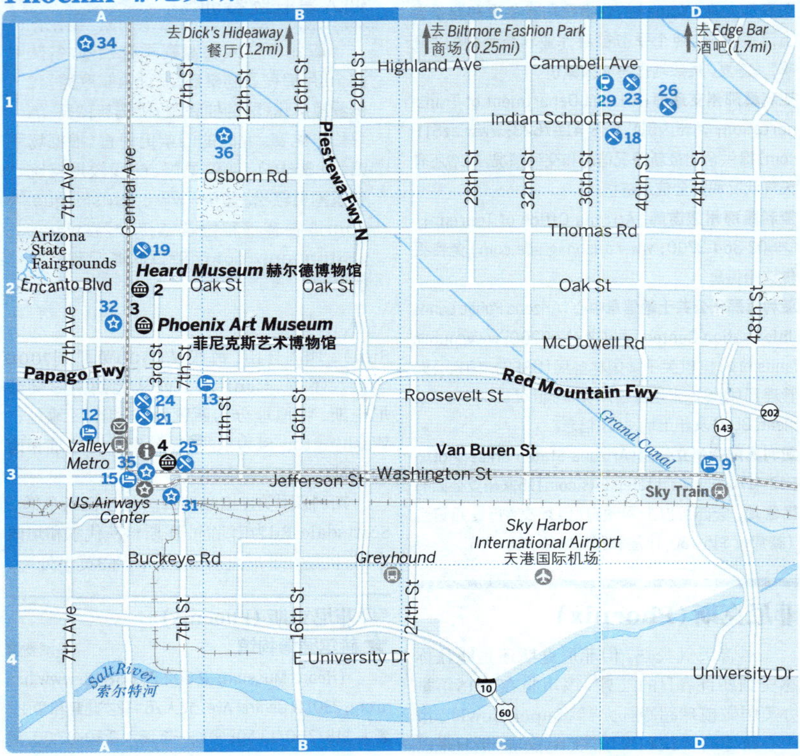

里，再到印尼的铜锣，这家新开的博物馆汇集了全球各种各样的乐器，让你一饱耳福。馆内分为五个展区，分别展示来自200多个国家和地区的展品。当你驻足在个别展品处时，还会有音乐和录像表演自动响起。

馆内提供免费的无线耳机，非常实用且容易操作。不过，当你在美国展厅参观艾利斯·库柏（Alice Cooper）和军乐队的展品时，千万别走得太快，否则一定会头昏脑胀！从市中心出发，只需沿着Hwy 51向北行驶至Hwy 101东部，然后从Hwy101的31号出口右转至N Tatum Blvd，再右转即可到达。

★ 沙漠植物园　　花园

（Desert Botanical Garden；☎480-941-1225；www.dbg.org；1201 N Galvin Pkwy；成人/儿童/学生/老人 $18/8/10/15；⏲10月至次年4月 8:00~20:00，5月至9月 7:00~20:00）这座占地面积145英亩的花园赋予人无限灵感，是可以与大自然重新建立联系的地方，同时对沙漠植物进行了详尽介绍，令人耳目一新。园内有沙漠野花环线和索诺兰沙漠（Sonoran Desert）自然环线，沿着环形小径走过按主题排列的各种沙漠野花，其种类之多令人吃惊。去之前查看一下是否有特殊的季节性活动，如夏季的手电筒之旅（6月至8月周二和周六 19:00）。

★ 菲尼克斯艺术博物馆　　博物馆

（Phoenix Art Museum；☎602-257-1222；www.phxart.org；1625 N Central Ave；成人/6~17岁的孩子/学生/老人 $15/6/10/12，周三 15:00~21:00，每月的第一个周五 18:00~22:00 免费；⏲周三 10:00~21:00，周四至周六 10:00~17:00，周日 正午至17:00；👪）菲尼克斯艺术博物馆是亚利桑那州首屈一指的高雅艺术宝库。馆内藏有克劳德·莫奈（Claude Monet）、迭戈·里维拉（Diego

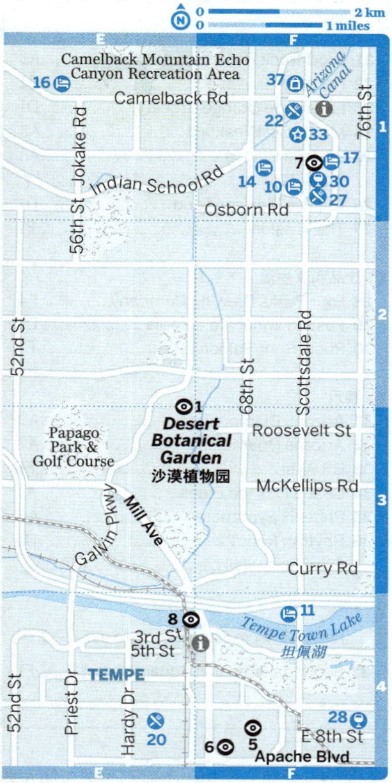

Rivera)和乔治亚·奥基弗(Georgia O'Keeffe)的作品。这家美国西部画廊内的景观为参观奠定了基调。

斯科茨代尔(Scottsdale)

斯科茨代尔的主要特点集中在广受欢迎的购物区,主要是因其以20世纪早期(和其他故意做旧)的建筑而得名的老城区及毗邻的艺术区。这里挤满了各种画廊、时髦牛仔女孩服装店,以及太阳谷(Valley of the Sun)中一些上佳的餐厅和酒吧。

西塔里耶森 建筑

(Taliesin West; ☎480-860-2700; www.franklloydwright.org; 12621 Frank Lloyd Wright Blvd; ⏲9:00~16:00,7、8月 周二周三不开放)西塔里耶森是建筑大师弗兰克·劳埃德·赖特(Frank Lloyd Wright)在沙漠中的家和工作室,建于1938~1940年。如今是一座建筑学校,向公众开放并提供导游服务。它是有机建筑的最佳范例,建筑融合了周围自然环境中的元素和结构。想要参观房子和这片土地就得参加团队游。时长90分钟的**洞察之旅**(Insights Tour; 成人/4~12岁儿童/学生和老人 $32/17/28; ⏲11月至次年4月中旬 9:00~16:00 每半小时一趟,4月中旬至10月 9:00~16:00 每小时一趟)内容丰富、节奏很快。这里也提供时长不等的团队游,请上网查询价格和时间。

坦佩(Tempe)

亚利桑那州立大学(Arizona State University,简称ASU; www.asu.edu)建立于1885年,在校学生约5.8万人。这是坦佩的核心和灵魂。**甘米居音乐厅**(Gammage Auditorium; ☎售票处480-965-3434,团队游480-965-6912; www.asugammage.com; Mill Ave和Apache Blvd交叉路口; 票价$20起; ⏲10月至次年5月 周一至周五 13:00~16:00)是弗兰克·劳埃德·赖特设计的最后一栋重要建筑。

从菲尼克斯市中心乘轻轨可以很方便到达坦佩的主干道**Mill Avenue**,这里挤满了连锁餐厅、主题酒吧和其他大学生喜爱的地方。作为旅行观光,**坦佩湖**(Tempe Town Lake; www.tempe.gov/lake)值得一游。坦佩湖是一个人工湖,湖上有游船,湖边非常适合散步或骑行。沙滩公园内有**Cox Splash Playground**(⏲4月至9月 10:00~19:00; 👪)水上乐园,孩子们喜欢在那里超大的洒水装置下嬉闹。

梅萨市(Mesa)

1877年,摩门教徒(Mormons)建立了梅萨市。这个低调的地方是美国发展最快的城市之一,也是亚利桑那州第三大城市,人口45.2万。

亚利桑那州自然历史博物馆 博物馆

(Arizona Museum of Natural History; ☎480-644-2230; www.azmnh.org; 53 N MacDonald St; 成人/3~12岁儿童/学生/老人 $10/6/8/9; ⏲周二至周五 10:00~17:00,周六 11:00~17:00,周日 13:00~17:00; 👪)如果你的孩子喜欢恐龙,这个博物馆值得一去(难道不是所有的孩子都喜欢恐龙

Phoenix 菲尼克斯

重要景点

1 沙漠植物园 E2
2 赫尔德博物馆 A2
3 菲尼克斯艺术博物馆 A2

景点

4 亚利桑那科学中心 A3
5 亚利桑那州立大学 F4
Cox Splash Playground （见8）
6 甘米居音乐厅 F4
7 斯科茨代尔老城区 F1
8 坦佩湖 E4

住宿

9 Aloft Phoenix-Airport D3
10 Bespoke Inn, Cafe & Bicycles F1
11 Best Western Inn of Tempe F4
12 Budget Lodge Downtown A3
13 HI Phoenix Hostel B3
14 Hotel Valley Ho F1
15 Palomar Phoenix A3
16 Royal Palms Resort & Spa E1
17 Saguaro Inn F1

就餐

18 Beckett's Table D1
19 Durant's A2
20 Essence E4
21 Food Truck Friday A3
22 Herb Box F1
23 La Grande Orange Grocery D1
24 Matt's Big Breakfast A3
25 Pizzeria Bianco A3
Sugar Bowl （见7）
26 Tee Pee Mexican Food D1
27 The Mission F1

饮品和夜生活

28 Four Peaks Brewing Company F4
29 Postino Winecafé Arcadia D1
30 Rusty Spur Saloon F1

娱乐

31 Arizona Diamondbacks A3
32 Arizona Opera A2
33 BS West F1
34 Char's Has the Blues A1
35 Phoenix Symphony A3
36 Rhythm Room B1
Symphony Hall （见35）

购物

Heard Museum Shop & Bookstore （见35）
37 Scottsdale Fashion Square F1

吗?)。除多层的恐龙山(Dinosaur Mountain)之外,还有众多实物大小的巨型野兽铸型以及一块可触摸的雷龙股骨。其他展览,包括从史前霍霍坎村庄到8囚室地方监狱的丰富内容,突显了亚利桑那州绚烂多彩的历史。

活动

有关匹斯特娃峰(Piestewa Peak)、南山公园(South Mountain Park)和驼背山公园(Camelback Park)等地的徒步路线信息,请登录http://phoenix.gov/recreation/rec/parks/preserves/index.html查询。

匹斯特娃峰/梦幻游乐区 徒步

(Piestewa Peak/Dreamy Draw Recreation Area; ☎602-261-8318; www.phoenix.gov/parks; Squaw Peak Dr, Phoenix; ⊙步道 5:00~23:00, 最晚入山时间 18:59)原名Squaw Peak,后来以2003年捐躯伊拉克的当地印第安士兵Lori Piestewa命名,是易于到达的观景点。通向2608英尺顶峰的路线相当热门,到了冬季的周末,这个遍布仙人掌的公园可能会人满为患。某些小路允许带狗。

南山公园 徒步

(South Mountain Park; ☎602-262-7393; 10919 S Central Ave, Phoenix; ⊙5:00~23:00, 最晚入园时间 18:59)总长51英里的道路网(狗可以不拴链子)向下穿过峡谷之中,翻越绿草茵茵的小山,经过花岗岩山壁。可以观赏城市美景和美洲原住民岩画。

Cactus Adventures 自行车

(☎480-688-4743; www.cactusadventures.com; 半天 租金 $45起; ⊙时间不定)Cactus Adventures提供自行车租赁和徒步、骑行的导游讲解服务,并会把自行车运至南山的步道起点或Arizona Grand Resort。可灵活安排取车时间。

Ponderosa Stables 骑马

(☎602-268-1261; www.arizona-horses.com; 10215 S Central Ave, Phoenix; 1/2小时骑马

活动 $33/55；⌚6月至9月 6:00~17:00，其余时间8:00~17:00）这家户外用品店提供南山公园的骑马活动。大多数行程需提前预约。

团队游

Arizona Detours
观光

（☎866-438-6877；www.detoursaz.com）提供到墓碑镇（成人/儿童$145/75）、大峡谷（成人/儿童$155/90）等较远地点的一日游以及菲尼克斯/斯科茨代尔的半日游（成人/儿童$80/45）。

Arizona Outback Adventures
徒步

（☎480-945-2881；www.aoa-adventures.com；16447 N 91st St, Scottsdale）提供徒步（$95，至少2人）、山地自行车（$115，至少2人）的半日游行程和盐河（Salt River）皮划艇项目（$150，至少2人）。

节日和活动

托斯蒂多滋节日杯
节日

（Tostitos Fiesta Bowl；☎480-350-0911；www.fiestabowl.org）这场橄榄球赛于1月上旬在格兰戴尔的菲尼克斯大学体育馆（University of Phoenix Stadium）举行，赛前有大规模庆祝活动和游行。

住宿

大菲尼克斯有很多酒店和度假村，但没有太多民宿或舒适的旅馆。在炎热的夏天，价格下跌幅度较大，那时太阳谷的居民会抓住价格超低的时机去自己最爱的度假村。

菲尼克斯（Phoenix）

HI Phoenix Hostel
青年旅舍 $

（☎602-254-9803；www.phxhostel.org；1026 N 9th St；铺 $20起，单/双 $37/47；❄@📶）这家拥有14个床位的旅舍坐落在一个工薪阶层的住宅区内，有个休闲花园角落。业主很风趣，而且非常了解菲尼克斯。入住时间是上午8:00~10:00（周五和周六至中午）和下午17:00~20:00，7月和8月不营业。不接受信用卡。

Budget Lodge Downtown
汽车旅馆 $

（☎602-254-7247；www.blphx.com；402 W Van Buren St；房间含早$60~67；P❄📶）位于市中心的核心地区，这家简单的两层楼住处非常整洁干净，价格便宜，提供最必要的设施：每个房间内配有一个微波炉和冰箱，早餐免费。

Aloft Phoenix-Airport
酒店 $$

（☎602-275-6300；www.aloftphoenixairport.com；4450 E Washington St；房间 $109~149；P@📶🏊🐾）客房融合了流行艺术的感性与现代设计中最干净的特质。酒店距坦佩很近，对面街就是普韦布洛大博物馆（Pueblo Grand Museum）。宠物不收取额外费用。

Palomar Phoenix
酒店 $$$

（☎877-488-1908，602-253-6633；www.hotelpalomar-phoenix.com；2 E Jefferson St；房间 $349~359；P❄📶🏊🐾）蓬松舒适的枕头、鹿角形灯饰和蓝牛画像。没错，这家拥有242间客房的Palomar酒店充满着奇思异想，惹人喜爱。客房比一般酒店来得大，装潢具现代风格，还有瑜伽毯子和印着动物图案的浴袍。你可在三楼的户外泳池和酒廊放松一下，观赏市

观景自驾游：亚利桑那州之最

橡树溪峡谷（Oak Creek Canyon） 在弗拉格斯塔夫和塞多纳之间的Hwy 89A上来一段惊心动魄的旅行，经过游泳水潭、落石和深红色的峡谷岩壁。

89/89A号公路威肯伯格（Wickenburg）至塞多纳段 这条慵懒的车道经过度假牧场、矿业小镇、艺术馆和时髦的酒厂，将老西部（Old West）和新西部（New West）连接起来。

帕塔哥尼亚-索诺伊塔景观大道（Patagonia-Sonoita Scenic Road） 这条位于亚利桑那州南部葡萄酒之乡Hwy 82和Hwy 83的景观大道是鸟类和观鸟者的天堂。

凯恩塔-纪念碑谷（Kayenta-Monument Valley） 沿标志性环路经过电影布景般的红岩，它将成为你眼中的西部亮点。红岩就在紧邻Hwy 163的纳瓦霍乡村。

红崖景观大道（Vermilion Cliffs Scenic Road） Hwy 89A上一段孤独的路程，穿过亚利桑那狭地（Arizona Strip），连接起秃鹰聚居地、北缘（North Rim）和摩门教社区。

中心的美景。酒店与崭新的CityScape餐饮娱乐区相呼应。周末房价稍低。

Royal Palms Resort & Spa 度假村 $$$

（☎602-840-3610；www.royalpalmsresortandspa.com；5200 E Camelback Rd；房间 $333~423，套 $342~519；P❄@📶≋🐾）驼背山这家豪华精品度假村是一个安静优雅的地方，点缀着西班牙殖民风格的别墅、花团锦簇的人行道和从埃及进口的棕榈树。该度假村也为你的宠物提供软床、个性化饼干和遛宠物服务。度假设施费每天$34。

斯科茨代尔（Scottsdale）

Sleep Inn 酒店 $$

（☎480-998-9211；www.sleepinnscottsdale.com；16630 N Scottsdale Rd；房间含早 $139~159；P❄@📶🐾）北斯科茨代尔这家全国连锁门店的优点是早餐丰盛、员工友好，并且十分接近西塔里耶森。客房配有微波炉和冰箱。

Saguaro Inn 酒店 $$

（☎480-308-1100；www.jdvhotels.com；4000 N Drinkwater Blvd；房间 $189；P❄📶≋🐾）在这家绚丽夺目、位于老城区旁边的隐蔽之处展露你内在的时尚感。这里的氛围比较吸引年轻人，尽管它在细心度方面有时不尽理想，但胜在地点优越，泳池有棕榈树围绕，房价也比附近的竞争者来得低。

★ **Hotel Valley Ho** 精品酒店 $$$

（☎480-248-2000；www.hotelvalleyho.com；6850 E Main St；房间 $249~299，套 $399~509；P❄@📶≋🐾）这里的一切都是一流享受。平·克劳斯贝（Bing Crosby）、娜塔莉·伍德（Natalie Wood）和珍妮特·利（Janet Leigh）曾在此下榻。如今，比波普爵士乐、欢快的前台工作人员和“冰壁炉”重新带你回到“鼠帮”时代，带阳台的客房也是同一主题。带宠物不需交费，每天可免费无线上网12小时。

Bespoke Inn, Cafe & Bicycles 民宿 $$$

（☎480-664-0730；www.bespokeinn.com；3701 N Marshall Way；房间 $299起；P❄📶≋🐾）噢，我们现在是置身于法国郊区还是斯科茨代尔市中心？在这家新开的民宿，住客可以在时尚的咖啡馆慢啜咖啡，懒洋洋地躺在大型泳池里，或是骑着Pashley自行车在附近闲逛。客房装潢华丽，有手工家具和镍材质的浴室装置。还可在公共农场餐桌享用美味早餐。夏季房价$199起。

Boulders 度假村 $$$

（☎480-488-9009；www.theboulders.com；34631 N Tom Darlington Dr, Carefree；度假小屋 $319~369，别墅 $599~1149；P❄@📶≋）度假村与天然岩石景观巧妙地融为一体，几乎无法辨别。它让你逃离城市的喧嚣，同时感受奢华与悠然自得。一切设计都非常贴心，能够去除旅途的疲惫。觉得压力太大？何不享受超级时髦的水疗？度假设施费每天$30。夏季周末房价甚至会低至$125。

坦佩（Tempe）

Best Western Inn of Tempe 酒店 $

（☎480-784-2233；www.innoftempe.com；670 N Scottsdale Rd；房间含早 $89~99；P❄@📶≋）从这家设施完好、乐于提供帮助的酒店步行即可到达坦佩湖，酒店附近有亚利桑那州立大学和热闹的Mill Ave。提供24小时机场接送。

★ **Sheraton Wild Horse Pass Resort & Spa** 度假村 $$$

（☎602-225-0100；www.wildhorsepassresort.com；5594 W Wild Horse Pass Blvd, Chandler；房间 $209~279，套 $284~520，主菜 $44~54；P❄@📶≋）在这个引人注目的物业中放眼环视，寻找与酒店同名的野马。这个由希拉河（Gila River）部落设计的奢华度假村汇聚了美洲原住民的疗愈和智慧精华。这片绿洲有舒适的客房、宽敞的公共区域、精致的美食、两个18洞高尔夫球场、一个马术中心、网球场、水疗设施和一个以霍霍坎废墟为原型的水上滑梯。

就餐

菲尼克斯-斯科茨代尔地区是西南部餐厅最多的地方。想品尝亚利桑那州各种最棒的美食，不妨到市中心菲尼克斯公众市场（Phoenix Public Market）的**周五食品车美食汇**（Food Truck Friday；www.phxstreetfood.org；721 N Central Ave, Phoenix Public Market, downtown; ⏲周五 11:00~13:30）逛一逛。

★ **Matt's Big Breakfast** 早餐 $

（☎602-254-1074; www.mattsbigbreakfast.com; 825 N 1st St, 在Garfield St; 早餐 $5~10, 午餐 $7~10; ⏲6:30~14:30）重新开业的传奇式早餐店Matt已从原来的旧址搬到不远的地方，较原来空间大，但食客仍挤在人行道上等位子。菜单上的每道菜都十分美味，但一些每日特价菜格外好吃，例如将蓬松酥脆的辣椒香肠炒蛋放到令人垂涎欲滴的香脆炸土豆上。

Tee Pee Mexican Food 墨西哥菜 $

（☎602-956-0178; www.teepeemexicanfood.com; 4144 E Indian School Rd; 主菜 $5~14; ⏲周一至周六 11:00~22:00, 周日 至21:00）如果你喜欢盘子高高堆起的俗气、凌乱、热气腾腾的美式墨西哥菜肴，那么就在这家有40年历史的餐厅找个座位用餐吧。2004年乔治·W.布什（George W Bush）在此用餐时点了两个芝士洋葱玉米卷饼、米饭和豆子——现在这叫"总统特餐"（Presidential Special）。

La Grande Orange Grocery 咖啡馆 $

（www.lagrandeorangegrocery.com; 4410 N 40th St; 早餐 低于$8, 午餐 $7~9, 比萨 $12~15; ⏲咖啡馆 6:30~22:00, 比萨餐厅 周一至周四 16:00起, 周五和周六 11:00起）早餐是松饼和咖啡外卖，午餐是涂了鳄梨酱的培根生菜番茄三明治，晚餐可以细品玛格丽特比萨。这家热闹的美食市场、面包店、咖啡馆和比萨店就位于40th St和E Campbell Ave的街角。

★ **Dick's Hideaway** 新派墨西哥菜 $$

（☎602-241-1881; http://richardsonsnm.com; 6008 N 16th St; 早餐 $5~20, 午餐 $12~16, 晚餐 $12~35; ⏲周日至周三 7:00至午夜, 周四至周六 7:00至次日1:00）在酒吧旁边找张桌子独自用餐，或者去旁边房间的公共餐桌和大家一起享受丰盛美味的辣酱玉米卷饼、玉米粉蒸肉及其他新派墨西哥菜肴。我们特别喜欢Hideaway的早餐，届时有血腥玛丽和啤酒。入口无标牌，隐藏在高大的灌木丛中。

Pizzeria Bianco 比萨餐厅 $$

（☎602-258-8300; www.pizzeriabianco.com; 623 E Adams St; 比萨 $12~16; ⏲周一 11:00~21:00, 周二至周六 11:00~22:00）餐厅虽小，菜单也不长，但店主是詹姆斯·比尔德奖（James Beard）的得主Chris Bianco，这家著名比萨店出品的比萨十分美味可口。薄皮的炭烤比萨有放了红葱、帕玛森芝士、迷迭香和亚利桑那开心果的Rosa比萨，以及采用木烤洋葱、自制烟熏莫萨里拉芝士和茴香香肠制作的Wiseguy比萨。

Beckett's Table 新派美国菜 $$

（☎602-954-1700; www.beckettstable.com; 3717 E Indian School Rd; 主菜 $13~21; ⏲周二至周六 17:00~22:00, 周日 17:00~21:00）在村子里最时髦的谷仓享受农家风味晚餐。混凝土地板、桁架式横梁和木质装饰，都和这个都市农场的概念十分相衬。食材取自当地，食客可以品尝到厨师Justin Beckett精心烹制的鲜嫩猪排和佐以土豆泥的牛小排。别错过撒上墨西哥胡椒和苹果酱的蜜渍培根奶酪饼干。独自用餐有点落寞？

孩子们的菲尼克斯

Wet 'n' Wild Phoenix（☎623-201-2000; www.wetnwildphoenix.com; 4243 W Pinnacle Peak Rd, Glendale; 身高高于/低于42英寸 $39/30, 老人 $30; ⏲周日至周三 10:00~18:00, 周四至周六 10:00~22:00, 5月、8月、9月时间不同; 👪）水上公园有泳池、管状滑梯、波浪池、瀑布和流动的河流。位于格兰戴尔（Glendale），I-17州际公路217号出口以西2英里处。

在梅萨市以南约20英里处，重建的19世纪80年代边陲小镇**Rawhide Western Town & Steakhouse**（☎480-502-5600; www.rawhide.com; 5700 W N Loop Rd, Chandler; 免费入场，每个景点或表演 $5, 不限次日票 $15; ⏲周三至周日 17:00~22:00, 随季节而异; 👪）为孩子们提供享受各种假模假式但有趣的恶作剧的机会。牛排餐馆还为具有冒险精神的食客供应响尾蛇。

亚利桑那科学中心（Arizona Science Center; ☎602-716-2000; www.azscience.org; 600 E Washington St; 成人/3~17岁的孩子/老人 $15/11/13; ⏲10:00~17:00; 👪）是一个关于探索发现的高科技殿堂，有300多件展品和一个天文馆。

那就去黑核桃木的公共餐桌边和大家一起闲聊吧。

Durant's牛排餐馆 $$$

（☎602-264-5967; 2611 N Central Ave; 午餐$10~30，晚餐 $20~50; ⊙周一至周五 11:00~16:00，晚餐 每天供应）这个漆黑、充满男性气质的地方是一家非常棒的老式牛排餐馆。牛排大而多汁，还有土豆。这里的气氛同样很棒：有舒适的红色天鹅绒座位和"鼠帮"乐队随时会跳着华尔兹进来的感觉。

斯科茨代尔（Scottsdale）

Sugar Bowl 冰激凌 $

（☎480-946-0051; www.sugarbowlscottsdale.com; 4005 N Scottsdale Rd; 冰激凌 $2.25~9，主菜$6~12; ⊙周日至周四 11:00~22:00，周五和周六11:00至午夜; 👪）太阳谷这家粉白相间的商店从20世纪50年代就开始做冰激凌了。如果想尝到更多菜品，这里还有一整个菜单的三明治和沙拉可供选择。

The Mission 墨西哥菜 $$

（☎480-636-5005; www.themissionaz.com; 3815 N Brown Ave; 午餐 $9~12，晚餐 $12~32; ⊙周日至周四 11:00~15:00和17:00~22:00，周五和周六至23:00）幽暗的内部装潢，点燃的蜡烛和宗教图标，使得这家新拉丁餐厅里飘荡着15世纪的氛围，但阳光明媚的露台和橙色的阳伞让气氛变得轻松起来。想要一顿丰盛的午餐，不妨尝尝牛排玉米饼，它是用墨西哥啤酒腌制的牛肉，佐以鳄梨和青椒莎莎酱。桌上还放着鳄梨沙拉，而玛格丽特酒和莫吉托鸡尾酒让你的美食体验更为圆满。

Herb Box 美国菜 $$

（☎480-289-6160; www.theherbbox.com; 7134 E Stetson Dr; 午餐 $10~19，晚餐 $15~28; ⊙午餐 每日供应，周二至周六 供应晚餐）这家时髦的小酒馆不仅有火花和飞吻，更有新鲜的当地食材、精美的摆盘和周到的服务。

坦佩（Tempe）

★**Essence** 咖啡馆 $

（☎480-966-2745; 825 W University Dr; 早餐$5~9，午餐 $7.25~9; ⊙周一至周六 7:00~15:00; 🌿）凉风习习的美味餐馆早餐时段供应鸡蛋做的菜和法式吐司，午餐时段供应沙拉、美味三明治和几样地中海特色菜。焦糖冰咖啡和法式甜点马卡龙是美妙的午后犒赏。

★**Kai Restaurant** 印第安菜 $$$

（☎602-225-0100; www.wildhorsepassresort.com; 5594 W Wild Horse Pass Blvd, Chandler; 主菜$44~54，美味套餐 $135~225; ⊙周二至周四 17:00~21:00，周五和周六 至21:30）主要来自印第安农场和牧场的简单食材在这里变成了妙不可言的佳肴。菜肴一如精致的挂毯，比如用本地繁殖的鼹鼠肉配上裹了一层山核桃的科罗拉多羊肉，在冒险和舒适之间达到恰到好处的平衡。着装要得体（不可穿短裤或戴帽子入内）。餐厅位于希拉河印第安保留地（Gila River Indian Reservation）内的Sheraton Wild Horse Pass Resort & Spa。8月不营业。

饮品

斯科茨代尔是时髦酒吧和俱乐部最集中的地方，而坦佩吸引的是学生群体。

★**Postino Winecafé Arcadia** 葡萄酒吧

（www.postinowinecafe.com; 3939 E Campbell Ave，在40th St, Phoenix; ⊙周一至周四 11:00~23:00，周五 11:00至午夜，周六 9:00至午夜，周日9:00~22:00）这个欢乐的室内外酒吧是一个完美的聚会场所，适合几个朋友一起来享受美好生活，当然，独自来也不错。亮点包括带喷雾的露台、让人赞不绝口的意式烤面包，还有11:00~17:00每杯$5的红酒。

Edge Bar 酒吧

（5700 E McDonald Dr, Sanctuary on Camelback Mountain, Paradise Valley）这个时髦的鸡尾酒吧位于驼背山一侧的Sanctuary度假村内，是个看日落的好地方。外面没座了？同样豪华而且有大窗的Jade Bar也不错。免费代客泊车。

Four Peaks Brewing Company 自酿酒吧

（☎480-303-9967; www.fourpeaks.com; 1340 E 8th St, Tempe; ⊙周一至周六 11:00至次日2:00，周日 10:00至次日2:00）噢，原来大家全在这里。啤酒爱好者一定会喜欢这个典型的街区酒吧，位于一座酷酷的教会复兴风格的建筑中。

Rusty Spur Saloon 酒吧

(☎480-425-7787; www.rustyspursaloon.com; 7245 E Main St, Scottsdale; ◷周日至周四 10:00至次日1:00, 周五和周六 10:00至次日2:00)在这个拥挤不堪却又充满乐趣的乡村酒吧,没有人会摆架子,头发花白的百威啤酒(Budweiser)爱好者们则聚在一起,一边享受廉价饮料一边观看乡村乐队的表演。可上网查看有哪些乐队在演出。酒吧位于一座旧银行的建筑内,银行在大萧条时期倒闭。

☆ 娱乐

菲尼克斯交响乐团(Phoenix Symphony Orchestra; ☎行政部门602-495-1117, 售票处602-495-1999; www.phoenixsymphony.org; 75 N 2nd St, 售票处1 N 1st St, 75 N 2nd St)在**交响音乐厅**(Symphony Hall; 75 N 2nd St)演出。2013年,**亚利桑那州歌剧团**(Arizona Opera; ☎602-266-7464; www.azopera.com; 1636 N Central Ave)搬进了菲尼克斯艺术博物馆对面的新歌剧厅。

男子篮球队**菲尼克斯太阳队**(Phoenix Suns; ☎602-379-7900; www.nba.com/suns; 201 E Jefferson St, Phoenix)和女子篮球队**菲尼克斯水星队**(Phoenix Mercury; ☎602-252-9622; www.wnba.com/mercury; 201 E Jefferson St, Phoenix)的主场是全美航空中心(US Airways Center)。**亚利桑那红雀**(Arizona Cardinals; ☎602-379-0101; www.azcardinals.com; 1 Cardinals Dr, Glendale)橄榄球队的主场是位于格兰戴尔的菲尼克斯大学新体育馆,也就是2015年举办超级杯的场地。**亚利桑那响尾蛇**(Arizona Diamondbacks; ☎602-462-6500; www.arizona.diamondbacks.mlb.com; 401 E Jefferson St, Phoenix)棒球队的主场则是切斯球场(Chase Field)。

Rhythm Room 现场音乐

(☎602-265-4842; www.rhythmroom.com; 1019 E Indian School Rd, Phoenix; ◷通常19:30开门)太阳谷中几个最棒的现场乐队会在这个小场馆登台表演,而你会觉得自己好像坐在每一场演出的前排。这里大明星较少,往往更吸引当地和本地区的音乐天才,正好适合我们。

Char's Has the Blues 蓝调

(☎602-230-0205; www.charshastheblues.com; 4631 N 7th Ave, Phoenix; 周一至周三 无入场费, 周四和周日 $3, 周五和周六 $7; ◷周日至周三 20:00至次日1:00, 周四至周六 19:30至次日1:00)灯光幽暗亲密,但非常热情友善,这家结合了蓝调和节奏布鲁斯的乡村小屋在大多数的夜晚以精湛的表演吸引人潮涌入,可不知怎么却总让人觉得是个藏得很好的秘密。

BS West 同性恋

(☎480-945-9028; www.bswest.com; 7125 E 5th Ave, Scottsdale; ◷14:00至次日2:00)这家动感十足的同性恋视频酒吧和舞蹈俱乐部位于斯科茨代尔老城区,有跳艳舞的舞者,周日还有卡拉OK。

🛍 购物

太阳谷中有几个著名的商场。高档购物可前往**斯科茨代尔时尚广场**(Scottsdale Fashion Square; www.fashionsquare.com; 7014 E Camelback, 在Scottsdale Rd, Scottsdale; ◷周一至周六 10:00~21:00, 周日 11:00~18:00)和更高级的**Biltmore Fashion Park**(www.shopbiltmore.com; 2502 E Camelback Rd, 在24th St, Phoenix; ◷周一至周六 10:00~20:00, 周日 正午至18:00)。斯科茨代尔北部的**Kierland Commons**(www.kierlandcommons.com; 15205 N Kierland Blvd, Scottsdale; ◷周一至周四 10:00~20:00, 周六 10:00~21:00, 周日 正午至18:00)室外商场则吸引了大批顾客。

Heard Museum Shop & Bookstore 工艺品

(www.heardmuseumshop.com; 2301 N Central Ave, Phoenix; ◷商店 9:30~17:00, 周日 11:00起, 书店 周一至周六 9:30~17:30, 周日 至17:00)这里有大量关于美洲原住民的书,还有真实可信、选择多样的美洲原住民艺术品和手工艺藏品,其中包括首饰和克奇那神(kachina)娃娃。

ℹ 实用信息

紧急情况和医疗服务

Banner Good Samaritan Medical Center(☎602-839-2000; www.bannerhealth.com; 1111 E McDowell Rd, Phoenix)有24小时急诊室。

警察局(☎602-262-6151; http://phoenix.gov/police; 620 W Washington St, Phoenix)

网络资源和媒体

《亚利桑那共和报》（*Arizona Republic*；www.azcentral.com）亚利桑那州最大的报纸，每周四出版一份免费娱乐指南*Calendar*。

波顿巴尔中央图书馆（Burton Barr Central Library；☎602-262-4636；www.phoenixpubliclibrary.org；1221 N Central Ave, Phoenix；⏰周一、周五和周六9:00~17:00，周二至周四 9:00~21:00，周日 13:00~17:00；📶）可免费上网。

KJZZ 91.5 FM（http://kjzz.org）全国公共广播电台（National Public Radio，NPR）。

《菲尼克斯新时报》（*Phoenix New Times*；www.phoenixnewtimes.com）最大的免费周报，刊登很多活动和餐厅列表。

邮局

市中心邮局（☎602-253-9648；522 N Central Ave，Phoenix；⏰周一至周五 9:00~17:00）

旅游信息

菲尼克斯市中心游客信息中心（Downtown Phoenix Visitor Information Center；☎877-225-5749；www.visitphoenix.com；125 N 2nd St, Suite 120；⏰周一至周五 8:00~17:00）太阳谷中旅游信息最全的地方。

梅萨旅游局（Mesa Convention & Visitors Bureau；☎800-283-6372, 480-827-4700；www.visitmesa.com；120 N Center St, Mesa；⏰周一至周五 8:00~17:00）

斯科茨代尔旅游局（Scottsdale Convention & Visitors Bureau；☎800-782-1117, 480-421-1004；www.experiencescottsdale.com；4343 N Scottsdale Rd, Suite 170；⏰周一至周五 8:00~17:00）位于Galleria Corporate Center内。这里的职员非常乐于助人。可索取免费的沙漠探索指南，有很好的徒步路线列表。

坦佩旅游局（Tempe Convention & Visitors Bureau；☎866-914-1052，480-894-8158；www.tempetourism.com；51 W 3rd St，Suite 105；⏰周一至周五 8:30~17:00）

ℹ 到达和当地交通

天港国际机场（Sky Harbor International Airport；☎602-273-3300；http://skyharbor.com；3400 E Sky Harbor Blvd；📶）位于菲尼克斯市中心东南3英里处，有17家航空公司在此建立了服务，其中包括联合航空（United Airways）、美国航空（American Airways）、达美航空（Delta Airways）

绿河河谷葡萄酒道（VERDE VALLEY WINE TRAIL）

Hwy 89A和I-17州际公路旁新开了几家葡萄园、酒庄和品酒室，给卡顿（Cottonwood）、杰罗姆（Jerome）和康维尔（Cornville）带来少许能量和独特的风韵。

在卡顿，你可以先到毗邻绿河（Verde River）的**Alcantara Vineyards**（www.alcantaravineyard.com；3445 S Grapevine Way），然后在老城区漫步，那里有两个新品酒室：**Arizona Stronghold**（www.azstronghold.com；1023 N Main St；品酒 $9；⏰周日至周四 正午至19:00，周五和周六 至21:00）和**Pillsbury Wine Company**（www.pillsburywine.com；1012 N Main St；⏰周日至周四 11:00~18:00，周五 11:00~20:00），它们面对面站在Main St上。杰罗姆汇集了艺术、景色和美酒，它的每一级村镇里都有一个品酒室。首先是商会游客中心附近的**Cellar 433**（www.bittercreekwinery.com；240 Hull Ave；⏰周一至周三 11:00~17:00，周四至周日 11:00~18:00），接着从那里漫步到**Caduceus Cellars**（www.caduceus.org；158 Main St；⏰周日至周四 11:00~18:00，周日 至20:00），最后登上**Jerome Winery**（☎928-639-9067；403 Clark St；⏰6月至8月 周一至周四 11:00~17:00，周六 11:00~20:00，周日 11:00~16:00，9月至次年5月 营业时间缩短），那里有一个迷人的小庭院。

3个带品酒室的酒庄分布在康维尔以东的Page Springs Rd上：内有小酒馆的**Page Springs Cellars**（www.pagespringscellars.com；1500 N Page Springs Rd；品酒 $10；⏰周一至周三 11:00~19:00，周四至周日 11:00~21:00）、热情的**Oak Creek Vineyards**（www.oakcreekvineyards.net；1555 N Page Springs Rd；品酒 $5；⏰10:00~18:00）和演奏着轻摇滚的**Javelina Leap Vineyard**（www.javelinaleapwinery.com；1565 Page Springs Rd；品酒 $8；⏰11:00~17:00）。

和英国航空(British Airways)。它的3个航站楼(分别为2、3、4号航站楼,1号航站楼于1990年拆除)和停车场之间有免费的24小时机场巴士(Airport Shuttle Bus)。自2013年开始投入运作的**Phoenix Sky Train**,目前免费运行于经济停车场、4号航站楼和位于44th St及E Washington St之间的METRO轻轨站之间。

灰狗巴士(☎602-389-4200; www.greyhound.com; 2115 E Buckeye Rd)有巴士开往图森($21~23, 2小时,每天8趟)、弗拉格斯塔夫($38, 3小时,每天5趟)、阿尔布开克(Albuquerque; $78~85, 10~12.5小时,每天7趟)和洛杉矶(票价$38,车程7~8小时,每天8趟)。Valley Metro的13号班车连接机场和灰狗巴士站。

Valley Metro(☎602-253-5000; www.valleymetro.org;票价$2)运营的巴士线路覆盖整个太阳谷,同时有一条长20英里的轻轨线路连接菲尼克斯北部、菲尼克斯市中心、坦佩/亚利桑那州立大学和梅萨市中心。轻轨和巴士票价单程$2(不含转车),日票$4。巴士每天间歇运行。**FLASH巴士**(www.tempe.gov)每天环绕亚利桑那州立大学和坦佩市中心运行,**斯科茨代尔电车**(Scottsdale Trolley; www.scottsdaleaz.gov/trolley; ⌚周五至周三 11:00~18:00,周四 举办艺术走廊活动 11:00~21:00)环绕斯科茨代尔市中心运行,两者均免费。

弗拉格斯塔夫(Flagstaff)

弗拉格斯塔夫处处散发着悠然自得的魅力,市中心满是不拘一格的乡土建筑和老式霓虹灯,历史悠久,适合步行,还有适合滑雪、徒步等高海拔活动的好去处。当地人总体来说非常快乐,热爱运动,热爱生活,不暴力。北亚利桑那大学(Northern Arizona University,简称NAU)给弗拉格斯塔夫增添了大学城的氛围,而铁路历史仍然是城市不可磨灭的一部分。适度品尝精酿啤酒、新鲜烘焙的咖啡豆和无所不包的好时光,在这里,能找到会让你想要放慢脚步细细品味的那种小镇的一切要素。

景点

这里有丰富的文化遗址、历史城区和多姿多彩的户外活动,难怪人们很轻易就爱上弗拉格斯塔夫。到游客中心索取关于66号公路和鬼屋的步行游地图。

北亚利桑那博物馆 博物馆

(Museum of Northern Arizona; ☎928-774-5213; www.musnaz.org; 3101 N Fort Valley Rd;成人/儿童/老人 $10/6/9; ⌚9:00~17:00)如果你想对这个地区有初步的了解,那就一定要去北亚利桑那博物馆。它位于市中心以北3英里处,着重介绍当地的地质、生物和艺术,以及美洲原住民的人类学研究成果,并有当地部落的考古、历史和风俗展。

洛厄尔天文台 天文台

(Lowell Observatory; ☎928-233-3212; www.lowell.edu; 1400 W Mars Hill Rd;成人/儿童 $12/5; ⌚6月至8月 9:00~22:00, 9月至次年5月开放时间缩短)该天文台见证了1920年首次发现冥王星的大事件。在天气允许的情况下可以夜间观星,要知道弗拉格斯塔夫可是全世界第一个国际黑暗天空城市(International Dark Sky City)。日间团队游的开放时间是13:00~16:00。

沃尔纳特峡谷国家保护区 峡谷

(Walnut Canyon National Monument; ☎928-526-3367; www.nps.gov/waca; 7日票 成人/儿童 $5/免费; ⌚5月至10月 8:00~17:00, 11月至次年4月 9:00~17:00)在这个值得一游的公园里,Sinagua崖居高悬在一处几近垂直的石灰岩孤峰岩壁上,四下是丛林密布的峡谷。短途徒步小径一路向下延伸,经过许多崖居的房间。保护区位于弗拉格斯塔夫东南11英里处,紧邻I-40州际公路204号出口。

活动

Alpine Pedaler 骑车

(☎928-213-9233; www.alpinepedaler.com; $25每人)跳上公共汽车,或者应该说是公共自行车,骑到市中心的酒吧。它有15个座位,使得成群结队泡夜店变得更加轻松。团队游历时两小时。

汉弗莱斯峰(Humphreys Peak) 徒步

汉弗莱斯峰是州内最高的山峰(12,663英尺),可在夏天徒步登山,尽管很难爬,但仍值得尝试。小路从Arizona Snowbowl雪场开始,穿过森林,最终从美丽却荒芜的林木线处出来。单程4.5英里,往返需6~8小时。

Arizona Snowbowl 滑雪

(☎928-779-1951; www.arizonasnowbowl.com; Hwy 180 & Snowbowl Rd; 缆车票成人/儿童$55/15; ⊙9:00~16:00)雪场共有40条雪道，6部缆车为之服务，此外还有一个单板滑雪公园。所有这些都在海拔9200英尺和11,500英尺间。夏季可乘坐登山缆椅(成人/儿童$15/10)。

住宿

弗拉格斯塔夫是该地区住宿选择最多的城市。与南亚利桑那不同的是，在这里夏天才是旺季。

Grand Canyon International Hostel 青年旅舍 $

(☎928-779-9421; www.grandcanyonhostel.com; 19½ S San Francisco St; 铺 $22~24, 房间不带卫生间 $44~56, 均含早; ❄@📶)位于弗拉格斯塔夫66号公路步行游的路线上，这个历史悠久的建筑如今已变身为一座旅舍。床铺干净狭小，主人很友好。内有厨房、洗衣设备，并组织去大峡谷和塞多纳的旅行。这家旅舍离美铁站仅一座建筑物的距离，免费到灰狗巴士站接住客。它的人流量比其姐妹物业Dubeau Hostel来得大。

Dubeau Hostel 青年旅舍 $

(☎928-774-6731; www.grandcanyonhostel.com; 19 W Phoenix St; 铺 $22~24, 房间 $48~68, 均含早; P❄@📶)由Grand Canyon International Hostel的负责人运营。私人房和普通酒店客房差不多，配有冰箱，卫生间也有花洒，价格却减半。两家青年旅舍当中，这家更为安静。

Hotel Monte Vista 酒店 $$

(☎928-779-6971; www.hotelmontevista.com; 100 N San Francisco St; 双 $65~110, 套$120~140; 📶)这里的50间客房和套房均以曾在此下榻的明星命名，羽毛灯罩、复古家具、大胆的色彩和老式布局让它们看起来既活泼又具有历史感。如果不喜欢有可能从Monte Vista Lounge传上来的现场音乐声，就要一间安静的客房。对超自然事件感兴趣的话，可到前台索取有关鬼屋的资料单。

Drury Inn & Suites 酒店 $$

(☎928-773-4900; www.druryhotels.com; 300 S Milton Rd; 房间含早 $155~165, 套 $200; P❄@📶🏊🐾)在这家获得绿色建筑认证的6层楼酒店里，大堂石柱已奠定了它热爱冒险的基调，但最令人开心的莫过于趁着欢乐时光享用免费的啤酒和葡萄酒(限量)，还有种类繁多的开胃小吃。免费早餐也分量十足。客房都配有微波炉和冰箱。携带宠物需每天另行支付$10。

就餐

在市中心附近逛逛，你会发现很多用餐的去处。

Diablo Burger 汉堡 $

(www.diabloburger.com; 120 N Leroux St; 主菜 $10~13.25; ⊙周一至周三 11:00~21:00, 周四至周六 11:00~22:00)这家汉堡店供应的Blake汉堡加了切达芝士、哈奇辣椒蛋黄酱和烤青椒，十分美味，连新墨西哥人也大为称道。Diablo选用当地生产的食材和不含抗生素的牛肉，再加上鲜切炸薯条和蘸酱。由于地方狭小，餐厅只能容纳四张桌子和几个吧台座位(供应葡萄酒和啤酒)，所以最好早点到。

Beaver Street Brewery 自酿小酒馆 $$

(www.beaverstreetbrewery.com; 11 S Beaver St; 午餐 $8~13, 晚餐 $10~20; ⊙周日至周四 11:00~23:00, 周五和周六 11:00至午夜; 👪)这家热闹的自酿酒吧烹制的快餐很棒，供应美味的比萨、汉堡和沙拉。这里供应5种桶装手工酿制啤酒，还有一些按季节酿造的酒。令人意外的是，这里非常欢迎家庭光顾。

Criollo Latin Kitchen 创意菜 $$

(☎928-774-0541; www.criollolatinkitchen.com; 16 N San Francisco St; 午餐 $8~17, 晚餐 $10~22, 早午餐 $8~10; ⊙周一至周四 11:00~21:00, 周五 11:00~22:00, 周六 9:00~22:00, 周日 9:00~21:00)这家拉丁创意菜餐厅有一种浪漫的工业时代风格，适合进行惬意的鸡尾酒约会或在深夜享用美味夜宵。蓝玉米蓝莓煎饼是周日来这里吃早午餐的重要理由。食材尽可能确保在可持续的情况下取自当地。

饮品和娱乐

沿着1英里长的Flagstaff Ale Trail（www.flagstaffaletrail.com）到市中心的酿酒厂和小酒馆品尝精酿啤酒。

★ Museum Club 酒吧

（☎928-526-9434；www.themuseumclub.com；3404 E Rte 66；⊙11:00至次日2:00）这家低档的路边酒馆从自1936年就开业了。在一个看起来像大木屋的地方，你会发现一个巨大的木制舞池，墙上挂了动物标本，此外还有一个豪华的、装满美酒的红木吧台。想知道酒吧的名称来源吗？1931年时它曾是一间标本博物馆。

Macy's 咖啡馆

（www.macyscoffee.net；14 S Beaver St；主菜低于$8；⊙6:00～20:00；📶）Macy's自家烘焙的美味咖啡已经在弗拉格斯塔夫流行了30多年。美味的素食菜肴品种多样，同时供应传统的咖啡馆食物。

Cuvee 928 葡萄酒吧

（☎928-214-9463；www.cuvee928winebar.com；6 E Aspen Ave；⊙周一至周四 11:30～21:00，周五和周六 至22:00，周日 10:00～15:00）这家酒吧位于Heritage Sq上的中心位置，内有露台座位，是一个观察来往行人的好地方。

Charly's Pub & Grill 现场音乐

（☎928-779-1919；www.weatherfordhotel.com；23 N Leroux St；⊙8:00～22:00）位于Weatherford Hotel的这家餐厅会在周末举办现场音乐演出。它的壁炉和砖墙为奏响的蓝调、爵士乐和民谣提供了惬意的环境。可以上楼在极受欢迎的三楼Zane Grey Ballroom外面的全景走廊上逛逛。

实用信息

游客中心（☎800-842-7293，928-774-9541；www.flagstaffarizona.org；1 E Rte 66；⊙周一至周六 8:00～17:00，周日 9:00～16:00）位于历史悠久的美铁火车站内。

到达和当地交通

弗拉格斯塔夫机场（Flagstaff Pulliam Airport）紧邻I-17州际公路，位于城南4英里处。**全美航空**（US Airways；☎800-428-4322；www.usairways.com）每天有数趟航班往返菲尼克斯天港国际机场。

灰狗巴士（☎800-231-2222；928-774-4573；www.greyhound.com；880 E Butler Ave）抵离阿尔布开克、拉斯维加斯、洛杉矶和菲尼克斯的班车中途停靠弗拉格斯塔夫。**Arizona Shuttle**（☎800-888-2749，928-226-8060；www.arizonashuttle.com）有班车开往公园（单程$29）、塞多纳（单程$25）和菲尼克斯天港国际机场（单程$45）。

美铁（☎800-872-7245，928-774-8679；www.amtrak.com；1 E Rte 66；⊙3:00～22:45）旗下的西南酋长号（Southwest Chief）列车每日往返芝加哥和洛杉矶，中途停靠弗拉格斯塔夫。

亚利桑那州中部（Central Arizona）

亚利桑那州这一地区全年都吸引着人们来此享受户外乐趣，至于夏天，更是一块凉爽的绿洲。经过菲尼克斯之后，地势开始升高，起伏的沙漠变成了矮树覆盖下的锯齿状小山。继续往北走，茂密的松林中间偶尔会出现一两座山。

威廉姆斯（Williams）

亲切和善的威廉姆斯位于大峡谷村以南60英里、弗拉格斯塔夫以西35英里处，是一个独具个性的门户城市。66号公路沿线有很

亚利桑那州最怪异的住宿

- **维格瓦姆汽车旅馆**（Wigwam Motel；见387页）混凝土圆锥形帐篷。
- **Bisbee Grand Hotel**（见406页）有盖的四轮马车。
- **Red Garter Bed & Bakery**（见386页）建于1897年的妓院。
- **Jerome Grand Hotel**（见388页）前采矿医院。
- **Shady Dell RV Park**（见406页）复古清风房车。
- **Canyon Motel & RV Park**（见386页）圣菲的火车厨房车厢。
- **Grand Canyon Caverns**（见387页）地下洞穴。

多经典的汽车旅馆和餐厅，老式房子和火车站让人回想起从前更简单的时光。

多数游客来这里是为了乘火车走一趟19世纪初的**大峡谷铁路**(Grand Canyon Railway; ☎800-843-8724, 928-635-4253; www.thetrain.com; Railway Depot, 233 N Grand Canyon Blvd; 成人/儿童 往返$75/45起; 👪)，去往南缘(South Rim)；列车9:30从威廉姆斯出发，17:45折返。即使你不是火车迷，坐火车仍是一种无压力欣赏大峡谷的方式，沿途风景秀丽，身着古装服饰的人介绍着历史和地域知识，班卓琴民间音乐定下了基调。11月至次年1月上旬还有一个广受欢迎的极地特快服务(Polar Express service; 成人/儿童$32/18起)，将穿睡衣的孩子们送到"北极"去见圣诞老人。小孩和青春期前的儿童应该会喜欢**Bearizona**(☎928-635-2289; www.bearizona.com; 1500 E Rte 66; 成人/儿童/4岁以下 $20/10/免费; ⏲6月至8月中旬 8:00~18:00，其余月份时间不定)，这是个很棒的开车游览野生公园的活动，让游客亲身驶经灰狼、野牛、大角羊和黑熊等。还可在Fort Bearizona步行区停留，近距离观看幼熊。

Red Garter Bed & Bakery(☎928-635-1484; www.redgarter.com; 137 W Railroad Ave; 双 $135~160; ❄📶)是一家由建于1897年的妓院改造而成的民宿，当年这里也曾是满楼红袖招的场面。4间客房非常有年代感，楼下的面包房里有好喝的咖啡。时髦狭小的**Grand Canyon Hotel**(☎928-635-1419; www.thegrandcanyonhotel.com; 145 W Rte 66; 铺 $40，房间 不带卫生间 $67，房间 带卫生间 $74~125; ⏲3月至11月; ❄@📶)有小间的主题客房和一间6个床位的宿舍，没有电视。你还可以睡在1929年的圣菲火车厨房车厢或是普尔曼卧铺车厢内，**Canyon Motel & RV Park**(☎928-635-9371; www.thecanyonmotel.com; 1900 E Rodeo Rd, Williams; 房车位 $35~38，乡村小屋 $74~78，火车车厢 $78~160; ❄📶🏊)提供这一切，它就位于市中心东侧。

塞多纳 (Sedona)

塞多纳坐落在橡树溪峡谷(Oak Creek Canyon)南端雄伟的红色砂岩中，吸引了艺术家、朝圣者、徒步者、自行车骑士，以及逃离菲尼克斯的闷热来这里一日游的游客。许多新纪元运动(New Age)的拥趸认为这一地区是辐射地球力量的能量中心。结合了优美风景和神秘主义的塞多纳全年吸引着成群结队的游客。市中心到处都是和新纪元有关的商店，画廊和美食餐厅也遍布全城，周围的峡谷则是徒步和山地骑行的绝佳地点。

城市中心的Y字形是Hwy 89A和Hwy 179地标式的交界处。两条公路沿线均有各种商业设施。

景点和活动

新纪元运动的信奉者认为，塞多纳的岩石、悬崖与河流会散发出地球母亲的神奇魔力。这里有世界上最著名的四大能量中心，分别是Hwy 179以东橡树溪村(Village of Oak Creek)附近的**贝尔岩**(Bell Rock)、红岩隧道(Red Rock Crossing)附近的**大教堂岩**(Cathedral Rock)、Airport Rd边的**梅萨机场**(Airport Mesa)和**博因顿峡谷**(Boynton Canyon)。Airport Rd也是观赏多彩日落(Technicolor sunset)的好地方。

科科尼诺国家森林 公园

(Coconino National Forest; Red Rock Visitor Contact Center; ☎928-203-7500; www.redrockcountry.org/recreation; 8375 Hwy 179; ⏲8:00~17:00)探索这一地区的最佳方式是在周遭森林中徒步、骑自行车或骑马。白天游览和停车需要一张红岩票(Red Rock Pass; 天/周 $5/15)，可在大部分地区的商店、住宿地及热门景点的自助服务亭买到。

有关当地徒步路线地图，可下载红岩县(Red Rock Country)地图(www.redrockcountry.org/maps/index.shtml)或到位于橡树溪村南部的美国林务局游客中心领取免费地图。

风景最好的地点在塞多纳北部Hwy 89A沿线，该公路沿橡树溪蜿蜒穿过游人众多的**橡树溪峡谷**及塞多纳和橡树溪村南部之间的车道。

圣十字教堂 教堂

(Chapel of the Holy Cross; ☎928-282-4069; www.chapeloftheholycross.com; 780 Chapel Rd; ⏲周一至周六 9:00~17:00，周日 10:00~17:00) 免费 这家现代化的无教派教堂坐落在城南3英里处的雄伟红色石柱之间。教堂建于1956年，由

66号公路沿途景点

66号公路爱好者会找到横跨亚利桑那州的400英里道路，其中包括塞利格曼(Seligman)和托波克(Topock)之间的一条美国现存最长的无间断老路。被誉为**“母亲之路”**(www.azrt66.com)的66号公路连接了各处的零星景点，从枪声隆隆的奥塔曼(Oatman)到金曼(Kingman)的矿工定居点，从威廉姆斯20世纪40年代的复古市中心到温斯洛(Winslow)多风的街道，从西到东，沿途满是庸俗做作的景点。

奥塔曼野驴(Wild Burros of Oatman) 驴子在路中央乞食。

大峡谷溶洞和旅馆(Grand Canyon Caverns & Inn; ☎928-422-3223; www.gccaverns.com; Route 66, Mile 115; 1小时团队游 成人/儿童 $19/13，房间 $85，露营位 $15~30; ⏲5月至9月 8:00~18:00，10月至次年4月 10:00~16:00) 在地下21层深处由导游陪同游览，经过木乃伊山猫、国防设施和$800一间的汽车旅馆。

缅甸剃须标志(Burma Shave signs) 位于大峡谷溶洞和塞利格曼之间，过去某个年代的红白相间的广告。

塞利格曼的Snow-Cap汽车餐馆(Seligman’s Snow-Cap Drive In) 恶作剧汉堡和冰激凌店，开业于1953年。

陨石坑(Meteor Crater; ☎928-289-5898; www.meteorcrater.com; 成人/儿童/老人 $16/8/15; ⏲6月至9月中旬 7:00~19:00，9月中旬至次年5月 8:00~17:00) 弗拉格斯塔夫附近一个550英尺深的凹坑，近1英里宽。

维格瓦姆汽车旅馆(Wigwam Motel; ☎928-524-3048; www.galerie-kokopelli.com/wigwam; 811 W Hopi Dr, Holbrook; 房间$56~62; ❄) 配有胡桃木家具的混凝土小屋，位于霍尔布鲁克(Holbrook)。

Marguerite Brunwig Staude依照弗兰克·劳埃德·赖特的传统建造。

滑石州立公园 公园

(Slide Rock State Park; ☎928-282-3034; www.azstateparks.com/Parks/SLRO; 6871 N Hwy 89A; 阵亡将士纪念日至劳动节每车$20，9月至次年5月 $10; ⏲阵亡将士纪念日至劳动节 8:00~19:00，9月至次年5月 8:00~17:00) 在橡树溪峡谷的明星景点把大石头推入清凉的溪水，或沿着徒步小径散步。

Pink Jeep Tours 自驾游

(☎928-282-5000; www.pinkjeeptours.com; 204 N Hwy 89A) 许多公司提供四驱车探险活动，但这家声誉很高，活动项目也多。

Sedona Bike & Bean 山地自行车

(☎928-284-0210; www.bike-bean.com; 75 Bell Rock Plaza; 2小时/半天/全天 $30/40/50起) 靠近小径的山地自行车租用处，也供应咖啡。小径可徒步、骑行、观赏漩涡。

住宿

塞多纳有很多漂亮的民宿、溪畔小屋、汽车旅馆和全方位服务的度假村。

红岩峡谷不允许分散露营。**美国林务局**(USFS; ☎877-444-6777; www.recreation.gov; 露营位$18)负责运营橡树溪峡谷内Hwy Alt 89沿线的露营地(没有房车接口)。所有露营位都分布在紧邻公路的树林里。露营需要花费$18，但无须购买红岩门票。除Pine Flat East之外的所有露营地均接受预订。城北6英里处的**Manzanita**有19处露营位，提供淋浴设施，全年开放；北部11.5英里处的**Cave Springs**有78处露营位和淋浴设施；北部12.5英里处的**Pine Flat East**和**Pine Flat West**共有58处露营位，其中18处可预订。

Star Motel 汽车旅馆 $

(☎928-282-3641; www.starmotelsedona.com; 295 Jordan Rd; 房间 $80~100)房价低、服务亲切友善，而且地处优越的住宅区，是这家复古汽车旅馆最吸引人的地方。你不会在枕头上找到糖果，但床铺很干净，花洒喷头也很强，记得把啤酒放进冰箱，日落时就能喝着冰凉的啤酒欣赏美景。

Cozy Cactus 民宿 $$

（928-284-0082；www.cozycactus.com；80 Canyon Circle Dr；房间含早 $190~290；）最近刚翻修的这家民宿拥有5间客房，尤其适合喜欢冒险、愿意享受大自然的游客。西南部风格的房屋突兀地立在国家森林步道（National Forest trail）上，就在适合骑行者的Bell Rock Pathway的转弯处。

餐饮

Coffee Pot Restaurant 早餐 $

（928-282-6626；www.coffeepotsedona.com；2050 W Hwy Alt 89；主菜 $6~14；6:00~14:00；）数十年来一直是人们吃早餐和午餐的地方，总是很繁忙。饭菜定价合理、选择多样，一上来就有101种煎蛋卷供人选择。

Sedona Memories 熟食 $

（928-282-0032；321 Jordan Rd；三明治低于$7；周一至周五 10:00~14:00）这家小小的本地商店用自制面包片制作巨型三明治，有多种素食选择。只接受现金。

★ **Elote Cafe** 墨西哥菜 $$$

（928-203-0105；www.elotecafe.com；771 Hwy 179, King's Ransom Hotel；主菜 $17~26；周二至周六 17:00至深夜）最好早点来，因为这里提供该地区味道最好、最正宗的墨西哥菜，还有其他地方找不到的不寻常的传统菜肴，例如青柠和科蒂哈（cotija）奶酪烤玉米，或烟熏嫩猪脸肉。不接受预约。

Oak Creek Brewery & Grill 小酒馆

（928-282-3300；www.oakcreekpub.com；336 Hwy 179；啤酒 $5.75；11:30~20:30；）作为一个户外城镇，塞多纳的小型酿酒厂非常少，让人颇感意外。所幸的是，这家位于Tlaquepaque Village的啤酒吧绝对能满足你徒步后的饮酒需要。菜单包括高档的酒吧风格菜品。Oak Creek在西塞多纳还经营一家平易近人的自酿酒吧（928-204-1300；www.oakcreekbrew.com；2050 Yavapai Dr；周一至周四 16:00~22:00，周五至周日 正午至午夜），营业时间比这里晚，有定期的现场音乐表演。

实用信息

塞多纳商会游客中心（Sedona Chamber of Commerce Visitor Center；800-288-7336，928-282-7722；www.visitsedona.com；331 Forest Rd, Uptown Sedona；周一至周六 8:30~17:00，周日 9:00~15:00）提供旅游信息和临时酒店预订。

到达和当地交通

Sedona-Phoenix Shuttle（800-448-7988，928-282-2066；www.sedona-phoenix-shuttle.com；单程/往返 $50/90）每天在菲尼克斯天港国际机场和塞多纳之间来往8次。租用吉普车可以去**Barlow Jeep Rentals**（800-928-5337，928-282-8700；www.barlowjeeprentals.com；3009 W Hwy 89A；夏季 8:00~18:00，冬季 9:00~17:00）。

杰罗姆 (Jerome)

杰罗姆是一个古老的矿镇，紧贴着克里奥帕特拉山（Cleopatra Hill）一侧——从斑驳的滑动监狱（Sliding Jail）看来，这里的峭壁还是颇为危险的。在杰罗姆的楼梯上上下下会让人想起童年游戏“爬坡与梯子”（Chutes and Ladders）。这座复活的鬼城狭小精致，在19世纪采矿鼎盛时期曾被称为“西部最邪恶的城市”（Wickedest Town in the West）。如今这里的历史建筑已得到精心修复，并被改造成了画廊、餐厅、民宿以及品酒室。

觉得自己勇敢无畏？何不试着去**奥德利·海德弗雷姆公园**（Audrey Headframe Park；55 Douglas Rd；8:00~17:00）免费，站在1910英尺深的矿井顶端的玻璃平台上，它可比帝国大厦还高出650英尺！往前走就是美丽的**杰罗姆州立历史公园**（Jerome State Historic Park；928-634-5381；www.azstateparks.com；成人/儿童 $5/2；8:30~17:00），这里保存了绰号“生牛皮（Rawhide）”的矿业大亨吉米·道格拉斯（Jimmy Douglas）建于1916年的大宅，并重点介绍了该镇的矿业历史。

Jerome Grand Hotel（928-634-8200；www.jeromegrandhotel.com；200 Hill St；房间 $120~205，套 $270~460；）在采矿的年代曾是这座城市的一个社区医院。现在它利用自己的历史做文章，在走廊中展示从前医院

的物品，还组织孩子们喜欢的、有趣的幽灵之旅。只在大堂提供Wi-Fi。在相邻的**Asylum Restaurant**（☎928-639-3197; www.theasylum.biz; 200 Hill St; 午餐 $10~16，晚餐 $20~32; ⏲11:00~21:00）可以看到山谷和红岩景观，在这里品尝精致美食或小酌一杯，皆令人陶醉。市中心颇受欢迎的**Spirit Room Bar**（☎928-634-8809; www.spiritroom.com; 166 Main St; ⏲10:30至次日1:00）是城里最热闹的酒吧。而葡萄酒爱好者则可以去几步之外的3个品酒室。

若要享用美味早餐或午餐，去Y字形交界处的**Flatiron Café**（☎928-634-2733; www.theflatironjerome.com; 416 Main St; 早餐 $3~11，午餐 $8~10; ⏲周三至周一 8:00~16:00）。特制咖啡也很棒。

设于一辆小拖车内的**商会**（chamber of commerce; ☎928-634-2900; www.jeromechamber.com; Hull Ave，从Flatiron Café沿Hwy 89A向北; ⏲10:00~15:00）提供关于当地景点和艺术场馆的旅游信息。

普雷斯科特（Prescott）

普雷斯科特有维多利亚风格的市中心和丰富多彩的蛮荒西部历史，感觉像是中西部与牛仔乡村的碰撞。这里的居民十分多元，包括退休人员、艺术家和渴望重温旧日时光的家庭。城内有500多座建筑被收录进《国家史迹名录》（*National Register of Historic Places*），还是全世界最古老的牛仔竞技之乡。沿广场的**威士忌大道**（Whiskey Row）是一条名声不太好的老式酒吧街，至今仍是喝酒的地方。

在城市南部，有趣的**Motor Lodge**（☎928-717-0157; www.themotorlodge.com; 503 S Montezuma St; 房间 $99~119，套 $149，公寓 $159; ❄📶）把住客安顿在围绕中心车道的12间华丽的平房里——那是这里最好的独立客房。

想吃早餐的话，可以漫步到气氛友好的**Lone Spur Café**（☎928-445-8202; www.thelonespur.com; 106 W Gurley St; 早餐和午餐 $8~17，晚餐 $14~24; ⏲每天 8:00~14:00，周五 16:30~20:00），这里的早餐总是搭配一块小甜饼和一份香肠肉汁。菜肴分量较大，每张桌子上都放着3瓶辣酱。热情友好的**Iron Springs Cafe**（☎928-443-8848; www.ironspringscafe.com; 1501 Iron Springs Rd; 早午餐 $10~13，午餐 $10~15，晚餐$10~21; ⏲周三至周六 8:00~20:00，周日 9:00~14:00）以路易斯安那菜（Cajun）和西南特色菜挑动食客的味蕾，位于市中心西北3英里的旧火车站内。

Whiskey Row上，**Palace**（☎928-541-1996; www.historicpalace.com; 120 S Montezuma St; 午餐 $9~12，晚餐 $16~27; ⏲午餐和晚餐时段，酒吧 11:00起）是个十分有情调的去处，适合喝上两杯。从弹簧门进到一个有Brunswick酒吧（在1900年大火中幸存下来）的大房间内即是。

商会（chamber of commerce; ☎800-266-7534, 928-445-2000; www.visit-prescott.com; 117 W Goodwin St; ⏲周一至周五 9:00~17:00，周六和周日 10:00~14:00）提供旅游信息，包括一本步行游览历史城市普雷斯科特的小册子（$1）。

普雷斯科特交通局（Prescott Transit Authority; ☎928-445-5470; www.prescott-transit.com; 820 E Sheldon St）运营往返菲尼克斯机场（单程成人/儿童 $30/17，车程2小时，每天8班）的巴士，同时提供本地出租车服务。

大峡谷国家公园（Grand Canyon National Park）

邻近公园南门的Mather Point通常都挤满了摩肩接踵、急于拍照的游客。尽管人潮汹涌，但大家还是保持公共礼仪，以礼相待。大峡谷先以其广袤无垠吸引你，接着抛出壮观的岩层引你趋前探视，然后再用不时出现的充满艺术感的细节——崎岖的高原、易碎的尖顶、褐红色的山脊——令你如痴如醉。

在大峡谷地面蜿蜒的是长达277英里的科罗拉多河，它在过去600万年间雕刻着峡谷并暴露出有20亿年历史的岩石，这可是地球年龄的一半。

大峡谷的两端给人的感受各不相同。它们之间相距200多英里，被公路分开，而且鲜有人能在一趟旅程中同时游遍。多数游客会选择南缘，因为那里交通方便，服务和景致丰富，不会让人失望。安静的北缘也有其独特的魅力，在海拔8200英尺（高出南缘1000英尺）的地方，气温更低，有开满野花的草地和又高又密的白杨与云杉林。

6月是最干燥的月份，7月和8月则最湿润。

Grand Canyon National Park 大峡谷国家公园

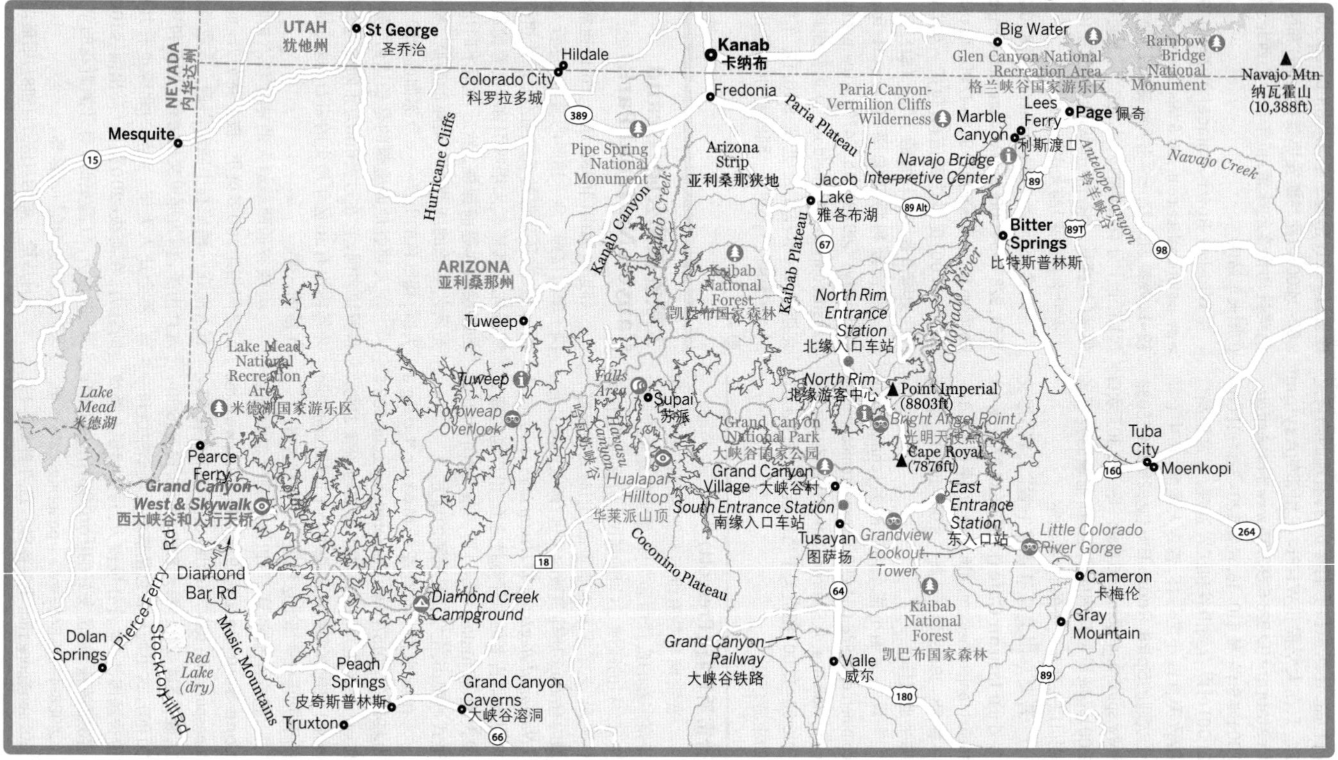

1月的夜间最低平均气温为13℉(零下11℃)至20℉(零下7℃),白天最高气温在40℉(4℃)左右。峡谷内夏季温度会飙升至100℉(38℃)以上。南缘全年开放,但多数游客会在5月下旬至9月上旬前来。北缘开放时间为5月中旬至10月中旬。

实用信息

大峡谷国家公园(Grand Canyon National Park; ☎928-638-7888; www.nps.gov/grca; 门票 机动车/自行车和步行$25/12)内最发达的地区是南缘入口车站(South Rim Entrance Station)以北6英里处的大峡谷村(Grand Canyon Village)。北缘有一个入口,在Hwy 67上雅各布湖(Jacob Lake)以南30英里处,入门后继续往南走14英里即可到抵达大峡谷真正的边缘。开车从北缘至南缘大约为215英里,步行穿越峡谷则只需21英里,秃鹫飞翔的直线距离只有10英里。

公园门票7日内有效,南缘、北缘通用。

在公园内夜间徒步和野外露营需要野营许可证。**野外信息中心**(Backcountry Information Center; ☎传真928-638-2125, 928-638-7875; ⏲8:00至正午和13:00~17:00, 周一至周五 13:00~17:00, 可拨打服务电话)接受4个月内的野营地许可证($10, 每人每晚另加$5)申请。如果尽早申请(春天和秋天提前4个月)并提供备选徒步路线,成功的机会更大。可当面或通过邮件、传真预约。更多信息参见www.nps.gov/grca/planyourvisit/backcountry-permit.htm。

如果没有预先申请到许可证,可去Maswik Lodge旁边的野外信息中心办公室等待批复。

作为环保措施,公园内不再售卖瓶装水。鉴于此,你得去设在边缘或Canyon View Marketplace的加水站装满水壶。过去,废弃瓶装水的瓶子占了公园垃圾的20%。

游客中心

除下列游客中心外,还可在公园内的**亚瓦派地质博物馆**(Yavapai Museum of Geology; ⏲3月至11月 8:00~19:00, 12月至次年2月 至18:00)、**Verkamp's Visitor Center**(⏲3月至11月 8:00~19:00, 12月至次年2月 至18:00)、**Kolb Studio**(☎928-638-2771; Grand Canyon Village; ⏲3月至11月 8:00~19:00, 12月至次年2月 至18:00)、**图萨扬废墟博物馆**(Tusayan Ruin & Museum; ☎928-638-2305; ⏲9:00~17:00)和**沙漠景观信息中心**(Desert View Information Center; ☎928-638-7893; ⏲9:00~17:00)获取信息。

大峡谷游客中心(Grand Canyon Visitor Center; www.nps.gov/grca; South Rim; ⏲3月至11月 8:00~17:00, 12月至次年2月 9:00起)位于Mather Point后方300码处的一个大广场,旁边是Books & More Store。户外的公告牌显示有关步道、团队游、护林员项目和天气的信息。中心内部明亮宽敞,包括一个有护林员值班的咨询台、一个剧院和一个报告厅,护林员在报告厅做每日讲解。

国家地理游客中心(National Geographic Visitor Center; ☎928-638-2468; www.explorethecanyon.com; 450 Hwy 64, Tusayan; 成人/儿童$14/11; ⏲3月至10月 8:00~22:00, 11月至次年2月 10:00~20:00)位于大峡谷村以南7英里处的图萨扬(Tusayan)。在这里支付$25的机动车入园费后就去公园入口处开始漫长的等待吧,特别是在夏季。IMAX剧场放映片长34分钟的影片《大峡谷——隐藏的秘密》(*Grand Canyon-The Hidden Secrets*)。

北缘游客中心(North Rim Visitor Center; 见395页)位于Grand Canyon Lodge旁,提供地图、书籍、旅游指南和即时情况。

南缘 (South Rim)

要避开大批游客,可以选择秋冬两季前来,工作日更好。从边缘步道(Rim Trail)上的观景点走开一小段距离或进入大峡谷内部也能找到些与世隔绝的清静感。

景点和活动

驾车和徒步

一条**景观道路**从Hermit Rd边的大峡谷村西侧沿着峡谷边缘延伸。3月至11月期间不向私家车开放,这条7英里长的路上有公园免费接驳车。由于交通压力相对小,鼓励游客骑自行车。各站点均有壮丽的景色,还有标示牌介绍峡谷的特点。

沿南缘徒步旅行是公园游客最喜欢的消遣之一,不论是经验丰富的徒步者还是新手,在这里都能找到适合自己的项目。**边缘步道**(Rim Trail)是公园内最受欢迎也最容易走的一段路。它穿行于凯巴布国家森林(Kaibab National Forest)的矮小松树丛中,连接了超过13英里长的一系列风景点和历史景点。部分地方已铺设路面,每个观景点都可经由3条巴士路线中的某条到达。新开的时间步道展览(Trail of Time exhibit)靠近边缘步道，在**亚瓦派地质博物馆**西侧。这里的1米就代表了地质史的100万年，展览介绍了一些细节。

沙漠景观大道(Desert View Drive)从大峡谷村东边开始，沿峡谷边缘延伸26英里，到达公园的东部入口：沙漠景观(Desert View)。这里有壮观的景色，标示牌配有介绍峡谷特点和地质情况的说明性文字。

走廊步道中最受欢迎的是美丽的**光明天使步道**(Bright Angel Trail)。长达8英里的步道风景秀丽，陡降至科罗拉多河谷。步道中途有4个中转点。暑热会使人体力降低，因此白天徒步的人应该在两个休息站之一掉头(往返3~6英里)。如果想安全走完更长的路到达印第安花园(Indian Garden；往返9.2英里)和高原点(Plateau Point；往返12.2英里)，就黎明上路。不要尝试在一天内徒步走到河边。2013年，光明天使步道的起点处经过整修后，增添了有顶的广场和新卫生间，并在步道起点设置了一座石头的起点标石，都在Bright Angel Lodge西侧。

南凯巴布(South Kaibab)大概是公园里最漂亮的步道之一，它将每级台阶与令人惊叹的美景及360度不受遮挡的视角相结合。陡峭、粗糙、完全暴露的岩石，夏季攀登可能很危险。在这个季节，护林员会建议进行最短的白天徒步——否则就是一段往返于河边的12.6英里、令人精疲力竭的旅程。在**雪松岭**(Cedar Ridge；往返大约3英里)掉头，这也许是公园内最恰到好处的短途单日徒步线。

要想获得更深入的体验并且有所回馈的个人和团体，可申请加入**大峡谷志愿者**(Grand Canyon Volunteers；☎928-774-7488；www.gcvolunteers.org)的各种项目。多日区域项目包括栖息地评估、野生动植物监测和植物学培训。

骑车

Bright Angel Bicycles 自行车租赁

(☎928-638-3055；www.bikegrandcanyon.com；10 S Entrance Rd, Grand Canyon Visitor Center；成人/儿童全天$40/30；⏲5月至10月 8:00~18:00，11月、3月、4月、10月 10:00~16:00)这里友善的店员会出租“舒适巡航”自行车，并为每个人量身调整。费用包含头盔。出租轮椅(每天$10)。

团队游

Xanterra

(☎303-297-2757, 888-297-2757；www.grandcanyonlodges.com)公园团队游由Xanterra公司负责运营，它在Bright Angel(见393页)、Maswik(见393页)和Yavapai(见393页)度假屋设有咨询台。提供各种巴士日间游览(票价$22起)。

由于担心土壤受到侵蚀，从南缘进入峡谷的半日骑骡旅行已经取消，国家公园也限制前往Phantom Ranch的游客在峡谷内骑骡旅行。3小时的当日往返短途游($123)沿边缘骑行，经黄松、皮诺和杜松森林，到达深渊观景点(Abyss overlook)。一夜游(1人/2人 $507/895，全年)和两夜游(1人/2人 $714/1192，11月至次年3月)沿光明天使步道行至河边，再沿River Trail向东，由凯巴布浮桥(Kaibab Suspension Bridge)过河。骑行者夜宿鬼魂农场。

如果你到公园后想要参加第二天的骑骡旅行，请在Bright Angel Lodge的交通柜台咨询是否还有名额。

住宿

要入住南缘6家由**Xanterra**(☎888-297-2757, 303-297-2757；www.grandcanyonlodges.com)运营的度假屋，须提前或当天订房。入住以下任何一家旅馆(虽然最好直接致电Phantom Ranch)，需要提前致电预约(极力推荐)。当天订房或接人，请致电**南缘总机**(☎928-638-2631)。如果在国家公园找不到住处，试着到图萨扬(Tusayan，位于南缘入口车站)、威尔(Valle，往南31英里处)、卡梅伦(Cameron，往东53英里处)或威廉姆斯(往南约60英里处)找找看。

除Desert View Campground外，所有露营地和度假屋全年开放。

Phantom Ranch 小屋 $

(☎预订888-297-2727；铺$46，小屋$148；⏲全年；❄)这里不是四季酒店，但这个夏令营似的综合设施有着无法抵挡的魅力。牧场就在Phantom Creek旁边，位于峡谷底部，有能容纳4~10人的普通小屋和独立宿舍，需要提早13个月预订。餐厅提供家庭式餐点（早餐 $21起，晚餐 $29~44）。前一晚没有预订住宿？那就到Bright Angel Lodge交通柜台要求列入等候名单，然后试着在隔天早上6:30到柜台抢一个临时取消预订的铺位。

Desert View Campground 露营地 $

（露营$12；⏲5月至10月中旬）这个先到先得的露营地在大峡谷村以东26英里处的东入口站（East Entrance Station）附近，比Mather更安静。一家小型咖啡店供应餐点。

Mather Campground 露营地 $

（☎877-444-6777；www.recreation.gov；Grand Canyon Village；露营位 $18；⏲全年）露营点在松树和杜松树之间，比较分散，相对安静。附近有付费淋浴和洗衣设施，还提供饮用水、厕所、烧烤架，另外还有一家小杂货店。冬季先到先得。

Trailer Village 露营地 $

（☎888-297-2757；当天预订928-638-2631；www.xanterra.com；Grand Canyon Village；露营位 $35；⏲全年）如果其他地方都满了，可以在这里露营。可提前或当天预订，营地由Xanterra公司负责管理。

Bright Angel Lodge 度假屋 $$

（www.grandcanyonlodges.com；Grand Canyon Village；房间不带/带卫生间 $83/94，套 $185~362，小屋 $120~340；⏲全年；❄@📶）原木和石头砌成的度假屋颇具历史魅力，客房装修完善。最便宜的房间共用公用卫生间。不要指望这些非常基本的房间中会有电视（想想大学宿舍），不过靠近峡谷边缘的小屋风景秀丽，比电视好看得多。

Maswik Lodge 度假屋 $$

（Grand Canyon Village；房间 南/北 $92/176，小屋 $94；⏲全年；❄@📶）离峡谷边缘较远的Maswik拥有16座现代化的双层建筑物。北边的客房有私人庭院、空调、有线电视和森林景观，南边的客房面积较小，设施也较少，没什么能让人留下深刻印象的景观。小屋只在夏天供租用。

Kachina & Thunderbird Lodges 度假屋 $$

（Grand Canyon Village；房间 临街/临峡谷边缘 $180/191；⏲全年；❄）度假屋位于中心位置，拥有不错的汽车旅馆风格的房间，有些还能看到峡谷美景。

Yavapai Lodge 度假屋 $$

（Grand Canyon Village；房间 西/东 $125/166；⏲4月至10月；❄📶）位于清幽的皮诺和杜松林中的简约度假屋。西边的客房没有空调。

★ El Tovar Hotel 度假屋 $$$

（Grand Canyon Village；房间 $183~281，套 $348~440；❄📶）自1905年开业以来，这个周边林木茂密的度假屋鼓励人们多交流，即使你不是这里的住客。富有吸引力的门廊环绕着这栋不规则的木质建筑，而大厅里有很多舒适的座椅，尤其适合坐下来凝望那些让人印象深刻的动物座椅。这些公共空间体现了公园全盛时期时如度假屋一般的、上流社会的优雅。标间虽小但水准一流，套房很棒。

餐饮

Maswik Cafeteria 自助餐厅 $

（Maswik Lodge；主菜 $7~15；⏲6:00~22:00）一个自助餐厅风格的地方。

Yavapai Cafeteria 自助餐厅 $

（Yavapai Lodge；早餐 $6~10，午餐和晚餐 $5~11；⏲6:30~20:00）提供自助餐、服务和座位。

Canyon Village Marketplace 市场 $

（Market Plaza；⏲8:00~19:00）囤积杂货或去熟食店（8:00~18:00）转转。

★ El Tovar Dining Room 各国风味 $$$

（El Tovar；☎928-638-2631，ext 6432；早餐$9~13，午餐 $10.25~16，晚餐 $17.25~33；⏲6:30~10:45、11:15~14:00和16:30~22:00）距离大峡谷边缘仅一步之遥，是州内——如果不说国内的话——景色最棒的餐厅。大石头和深色的橡木餐厅像昔日的高档度假屋，温暖了人们的灵魂。这里的食物，特别是牛排，让人感到不虚此行。如果你没坐在靠近窗户的地方，之后可以去El Tovar Lounge的走廊上，那里一定能看到峡谷的景色。

Arizona Room 美国菜 $$$

（Bright Angel Lodge；午餐 $8~12，晚餐 $8~28；⏲3月至10月 11:30~15:00，3月至12月 16:30~22:00）鹿角吊灯从天花板上垂下，透过落地窗可俯瞰峡谷。主菜包括牛排、鸡肉和鱼类菜肴。不接受预订，通常需要等位。

Bright Angel Bar 酒吧

（Bright Angel Lodge；主菜 $4~9；⏲11:30~22:00）徒步结束后，不妨来这里品尝汉堡和啤酒。这是夜里放松心情的好去处，即使少了窗户和幽暗的装潢也没什么关系。傍晚有时会有音乐表演。酒吧位于乏善可陈的Bright Angel Restaurant旁边。

到达和当地交通

多数人乘私家车或跟随旅游团到达峡谷。在大峡谷里停车是件苦差事。根据“停车乘班车”（Park-n-Ride）计划，夏季游客可以在国家地理游客中心（National Geographic Visitor Center）购买停车票，将私家车停在指定地点，然后乘坐免费的**公园班车**（park shuttle；⏲5月中旬至9月上旬 8:00~21:30）沿图萨扬线（Tusayan Route）到达公园内的大峡谷游客中心。公园门票也可用于该用途。旅途持续20分钟，最早一班车早上8:00从图萨扬出发。从公园开出的末班车晚上9:30出发。

公园内有三条免费班车线，线路分别是：环绕大峡谷村、沿隐士休憩线（Hermits Rest Route）的西线和沿凯巴布步道线（Kaibab Trail Route）开行的东线。日落前1小时到日落后1小时期间，通常每小时开行2班。

夏季，从Bright Angel Lodge开出的免费班车**Hiker's Express**（⏲6月至8月 4:00、5:00和6:00，5月和9月 5:00、6:00和7:00）在野外信息中心（Backcountry Information Center）和大峡谷游客中心（Grand Canyon Visitor Center）搭载游客，然后驶向南凯巴布步道起点。

北缘（North Rim）

来这里享受独处时光吧，在每年到访的440万名公园游客中，只有40万人会跋涉至北缘。厚厚的草甸上长着野花、密集的细长白杨和云杉。空气通常很清新，天空广阔湛蓝。

10月中旬至次年5月中旬，北缘的各种设施关闭，但你可以开车进入公园，在第一场雪封住离开雅各布湖的路之前，都可以待在露营地。

拨打**北缘总机**（North Rim Switchboard；☎928-638-2612）询问相关设施详情。

景点和活动

游览大峡谷一定要走一下通向光明天使点（Bright Angel Point）的步道（0.5英里），这条路短且走起来容易，而且已铺好路面。步道始于Grand Canyon Lodge后廊，通向狭窄的观景点，可以欣赏到令人难以置信的美景。

在科罗拉多河漂流

在科罗拉多河乘筏漂流是一件紧张刺激、令肾上腺素飙升的历险。最惊险之处是在熔岩瀑布（Lava Falls），300码河段内水面陡降37英尺。不过，这趟旅程的真正亮点是让你体验从河上仰望大峡谷，而不是从大峡谷的边缘向下俯视。这些遗址、残骸和岩画也让游客能够以更生动的方式认识人类历史。商业公司组织的行程历时3天至3周不等，视其使用的船只而定。夜晚可以在沙滩上扎营（提供装备），仰望满天的星星。科罗拉多河穿越峡谷的部分全长279英里，若要完成全程大概需要2或3周的时间。即使是较短的河段（大约100英里），也需要4~9天。由于名额有限，再加上这些行程十分受欢迎，所以要尽可能提前预订。不过你也可以碰碰运气，看看能否在最后一分钟从漂流公司的Facebook页面上捡到便宜。

Arizona Raft Adventures（☎800-786-7238，928-526-8200；www.azraft.com；6天上峡谷混合/划桨行程 $2025/2125，10天峡谷全程摩托艇 $2965）

Arizona River Runners（☎800-477-7238，602-867-4866；www.raftarizona.com；6天上峡谷划桨行程 $1925，8天峡谷全程摩托艇 $2650）

北凯巴布步道(North Kaibab Trail)是北缘保存下来的唯一一条从峡谷边缘到河流的步道，与通向南缘的步道相连。最初的4.7英里最陡峭，直下3050英尺到达**咆哮泉**(Roaring Springs)，这是个颇受欢迎的全日徒步点。如果你更喜欢在峡谷边缘以下进行更短的单日徒步，前行0.75英里到**科科尼诺观景点**(Coconino Overlook)，或步行2英里到**苏派隧道**(Supai Tunnel)，尝试一下在陡峭的峡谷内徒步旅行的味道。到科罗拉多河往返28英里，需多日完成。想找适合全家一同游玩的短程徒步线，不妨听从护林员的建议，试一下往返4英里的**Cape Final**步道，它会带你穿过黄松林，眺望大峡谷东部地区的壮丽美景。

Canyon Trail Rides(☎435-679-8665; www.canyonrides.com; ⊙5月中旬至10月中旬)提供1小时($40)和半天($80，最小年龄10岁)的骑骡旅行。半天的旅行路线中，有一条是沿峡谷边缘行进，其他路线则从北凯巴布步道进入峡谷。

住宿

这里的住处只有一个度假屋和一个露营地。如果订满了，就去北面80英里外犹他州的卡纳布(Kanab)或东北84英里处的利斯渡口(Lees Ferry)碰碰运气吧。公园北部的凯巴布国家森林也有露营地。

North Rim Campground 露营地 $

(☎928-638-7814, 877-444-6777; www.recreation.gov; 帐篷位 $6~18, 房车位 $18~25; ⊙5月中旬至10月; 🐾)该露营地位于Grand Canyon Lodge以北1.5英里处，营地的平坦地面上铺满松针，环境怡人。这里有水、一家商店、一个小吃店和投币式淋浴与洗衣设施，但没有房车电源和水源接口。如果有野营许可证，徒步者和越野滑雪者可在冬天使用这片露营地。接受预订。

Grand Canyon Lodge 度假屋 $$

(☎提前订房877-386-4383，境外订房480-337-1320，当天订房928-638-2611; www.grandcanyonlodgenorth.com; 房间 $124，两人小屋 $124~192，超过15岁的额外住客 $10; ⊙5月中旬至10月中旬; 📶)度假屋由木材、石头和玻璃建造而成，坐落在高耸的峡谷边缘旁。这里的住处多数是看似乡土实则现代的小屋。最贵的小屋有两个房间、一个门廊，能看见美丽的峡谷边缘风景。Sun Room的峡谷景色美不胜收，大堂景色更令人印象深刻。尽量提前预订。

餐饮

度假屋会准备外带午餐盒($12)，想在步道上野餐的游客早上5:30即可购买。需提早一天预订。想吃三明治、比萨和墨西哥卷饼的话，可以到**Deli in the Pines**(主菜 $4~8; ⊙5月中旬至10月中旬 7:00~21:00)，度假屋也提供这类食品。

★ **Grand Canyon Lodge Dining Room** 美国菜 $$

(☎928-638-2611, 928-645-6865, 1月1日至4月15日之间可电话预约下一季座位; www.grandcanyonlodgenorth.com; 早餐 $7~12，午餐和晚餐 $12~30; ⊙5月中旬至10月中旬 6:30~10:00、11:30~14:30和16:45~21:45)窗户很大，无论坐在哪里都能看到优美的风景。菜品包括虹鳟、野牛侧腹牛排(bison flank steak)、几种素食和亚利桑那州的精酿啤酒。晚餐需预订。隔壁是颇具情调的**Rough Rider Saloon**(点心 $2~5; ⊙早餐 5:30~10:30，饮料和点心 11:30~22:30)，那里满是关于美国最具冒险精神的总统的纪念品。早上来这里享用咖啡、糕点和墨西哥卷饼早餐，一天的晚些时候可在酒馆小酌一杯。

Grand Canyon Cookout Experience 美国菜 $$

(成人/儿童/6岁以下的儿童 $30/15/免费; ⊙6月至9月 18:15; 👨‍👧)在这场流动食品车风格的野炊中，烧烤和玉米面包是最大的特色，用餐更像是一次活动而非仅仅坐下来吃一顿饭。孩子们最开心了。在大峡谷度假屋预订。

实用信息

北缘游客中心(North Rim Visitor Center; ☎928-638-7864; www.nps.gov/grca; North Rim; ⊙5月中旬至10月中旬 8:00~18:00, 10月16~31日 9:00~16:00)位于Grand Canyon Lodge旁边，提供公园相关的信息。这里也是护林员带领的自然之旅和晚间活动的起点。

到达和当地交通

Transcanyon Shuttle(☎877-638-2820, 928-638-

2820; www.trans-canyonshuttle.com; 单程/往返$85/160; ⌚5月15日至10月31日)每天从大峡谷度假屋出发前往南缘(5小时),最适合从边缘到边缘的徒步者。至少提前1或2周预订。通向北凯巴布步道的免费徒步者班车(hikers' shuttle)早上5:45和7:10从Grand Canyon Lodge出发。必须提前24小时到前台登记报名,如果没有人登记报名,巴士则会停运。

大峡谷周边(Around the Grand Canyon)

哈瓦苏峡谷(Havasu Canyon)

在隐蔽的山谷间,有着壮丽的泉水瀑布和蔚蓝的、可供游泳的深水潭,这里是该地区最美的地点之一。虽然较难到达,不过上下山谷的徒步让这趟旅程变得更特别,同时也增添了一些探险的趣味。

哈瓦苏峡谷位于南缘以西约195英里处的哈瓦苏派印第安保留地(Havasupai Indian Reservation)上。4座瀑布位于峡谷边缘以下10英里处,可以经由挑战性适中的徒步步道到达,旅行至此需在附近的苏派村庄过夜。

苏派(Supai)提供两种住宿选择,必须在出发前预订下来。所有过夜游客均需支付$35的门票费。位于苏派村以北2英里处的**Havasupai Campground**(☎928-448-2180, 928-448-2141, 928-448-2121; www.havasupai.nsn.gov.tourism.html; Havasupai Tourist Enterprise, PO Box 160, Supai, AZ 86435; 每人每晚 $17)有溪畔原始露营地。此外,每个露营者须交纳$5的环境保护费。**Havasupai Lodge**(☎928-448-2111; www.havasupai-nsn.gov/tourism.html; PO Box 159, Supai, AZ 86435; 房间 $145; ❄)的汽车旅馆房间能欣赏峡谷美景,但没有电话和电视。下午5点前入住,5点之后大堂关闭。一家乡村小餐馆提供餐点,接受信用卡。

继续沿哈瓦苏峡谷到达瀑布和蓝绿色的深水谭。如果你不想徒步至苏派,可以拨打度假屋或露营地的电话,让他们安排一匹骡子或马(往返度假屋/露营地$135/197)将你驼过去。骑行之旅从华莱派山顶(Hualapai Hilltop)出发,那里也是徒步步道的起点。通往华莱派山顶的路位于66号公路旁的皮奇斯普林斯(Peach Springs)以东7英里处。寻找有标记的岔道,沿着它开62英里即是。

西大峡谷(Grand Canyon West)

西大峡谷并非大峡谷国家公园的一部分,国家公园位于这里以东开车215英里的地方。这一遥远的地点由华莱派族(Hualapai Nation)人运营,位于金曼(Kingman)东北70英里的地方,其中最后9英里没有铺路,不适合房车进入。

大峡谷人行天桥 公园

(Grand Canyon Skywalk; ☎928-769-2636; www.grandcanyonwest.com; $88每人; ⌚4月至9月 7:00~19:00, 10月至次年3月 8:00~17:00)一个细长的马蹄形透明玻璃体悬浮在4000英尺深的峡谷上空。参观的唯一方式是参加团队游。一辆接驳车沿颠簸的环路运行,在峡谷边缘沿线的各景点停车。团队游包括午餐、在仿造的西部小镇乘马车以及非正式的美洲原住民表演。

亚利桑那州东北部(Northeastern Arizona)

在亚利桑那州最上镜的风景中,有一部分

霍皮族

作为古普韦布洛人的后裔,霍皮族(Hopi)是美国与外界接触最少的部落之一。**老奥莱比村**(Old Oraibi)可能是北美最古老的、一直有人居住的定居点。

霍皮族的土地被纳瓦霍原住民自治区环绕着。Hwy 264途经的3座台地(第一、第二和第三台地)构成了霍皮保留地的核心。第一台地(First Mesa)往西约10英里是第二台地(Second Mesa),上面**Hopi Cultural Center Restaurant & Inn**(☎928-734-2401; www.hopiculturalcenter.com; Hwy 264; 房间 $95~110, 早餐 $5~15, 午餐 $8~20, 晚餐 $13~20; ⌚早、午、晚餐时段)是霍皮保留地内最适合接待游客的地方,提供食物和住处。小型**霍皮博物馆**(Hopi Museum; ☎928-734-6650; 成人/儿童 $3/1; ⌚周一至周五 8:00~17:00, 周六 9:00~15:00)内满是历史照片和介绍性的文化展览。

不允许拍照、写生和录音。

就位于该州东北部。鲍威尔湖(Lake Powell)和石化森林国家公园(Petrified Forest National Park)位于纪念碑谷沉寂的孤峰之间,前者幽幽的蓝色湖水与后者的原木化石正是这片古老土地的历史见证。美洲原住民已在此生活了数百年,大部分地区都成了纳瓦霍原住民的保留地,融入周围各州。霍皮人保留地也在这里,四面全是纳瓦霍领地。

鲍威尔湖(Lake Powell)

位于犹他州和亚利桑那州交界处的鲍威尔湖是美国第二大人工水库,同时也是格兰峡谷国家游乐区(Glen Canyon National Recreation Area; ☎928-608-6200; www.nps.gov/glca; 7日票$15/车)的一部分。鲍威尔湖坐落于醒目的红色岩层、陡峭锋利的峡谷和神奇的沙漠景观之中,是水上运动的天堂。

在湖的南部,目光穿越科罗拉多河一条美丽的支流,看到的是利斯渡口(Lee's Ferry; www.nps.gov/glca; 帐篷位和房车位$12),在先到先得的露营地扎营停留,还可观赏美丽的景致。

该地区的中心城市是佩奇(Page),Hwy 89构成了城市主干道。卡尔·海登游客中心(Carl Hayden Visitor Center; ☎928-608-6404; www.nps.gov/glca; Hwy 89; ⏲6月至8月 8:00~18:00,其余月份开放时间较短)位于佩奇以北2.5英里处的格兰峡谷水坝(Glen Canyon Dam)。格兰峡谷国家历史协会(Glen Canyon Natural History Association)组织的团队游览(☎928-608-6072; www.glencanyonnha.org; 成人/儿童$5/2.50)会带你进入水坝参观。

风景秀丽的羚羊峡谷(Antelope Canyon; www.navajonationparks.org/htm/antelopecanyon.htm)是一处令人称奇的狭缝型砂岩峡谷,主要有两个部分,只能参团游览。上羚羊峡谷(Upper Antelope Canyon)更容易走,游客也更多。几家旅行社有去上羚羊峡谷的线路,途中估计会有点颠簸,还可能碰到一些牛群;不妨向Roger Ekis's Antelope Canyon Tours(☎928-645-9102; www.antelopecanyon.com; 22 S Lake Powell Blvd; 成人/5~12岁儿童 $35/25起)查询。难度较高的下羚羊峡谷(Lower Antelope Canyon)的游客则少得多。

往返1.5英里长的马蹄湾(Horseshoe Bend)是一条极受欢迎的徒步路线,那里有河水绕着露出地表的石块,形成完美的U字形。步道起点在佩奇以南紧邻Hwy 89处,就在541英里的路标对面。

> **ℹ 89号公路**
>
> 旅行者须注意,位于利斯渡口以南,佩奇和比特斯普林斯(Bitter Springs)之间的24英里长的Hwy 89已于2013年2月因土崩堵住道路而关闭。2013年8月起,驾驶者需绕道至纳瓦霍20号公路(Navajo Route 20)。这条公路已铺砌好并命名为89T号公路。直到89A号公路重新开通前,这是最直接的路线。

佩奇的Hwy 89旁排列着很多连锁酒店,8th Ave旁则有很多独立酒店。翻修后的Lake Powell Motel(☎928-645-3919; www.powellmotel.com; 750 S Navajo Dr; 房间 $69~159; ⏲4月至10月; ❄📶)原本属于Bashful Bob,是格兰峡谷水坝工人的住所。这里的4个单元都配有厨房,所以要快点预订。第五间客房较小,没有电梯。

在佩奇吃早餐,可以去Ranch House Grille(www.ranchhousegrille.com; 819 N Navajo Dr; 主菜 $7~16; ⏲6:00~15:00),那里供应的饭菜质优量足,服务也很快。Bonkers(www.bonkerspagaz.com; 810 N Navajo Dr; 主菜 $9~22; ⏲周一至周六 16:00起)的室内装潢把当地的景点都融入壁画中,让人惊叹不已。餐厅供应的牛排、海鲜、意大利面,以及一些汉堡和三明治都十分美味,令人心满意足。

纳瓦霍原住民保留地(Navajo Nation)

亚利桑那州纳瓦霍土地的伤口在愈合,但伤疤仍在。纳瓦霍土地见证了美洲原住民被连根拔起、强迫迁至保留地的历史。

然而,这一片孤立的土地上却有一些北美最壮观的景色,包括纪念碑谷和谢伊峡谷。在这里,人们的文化自豪感仍然很强,很多人仍然将纳瓦霍语作为母语。纳瓦霍严重依赖旅游业,游客可以通过在保留地住宿或购买著名工艺品帮助当地人保护自己的遗产。在路边小摊买东西是种很好的方式,既可以和当地人交流,又能保证钱直接进入工匠的口袋。

与亚利桑那州不同，纳瓦霍原住民保留地采用山区夏令时。因此夏季保留地时间比亚利桑那州早1小时。

欲知徒步行、露营及所需许可证的详情，请登录www.navajonationparks.org网站。

卡梅伦 (CAMERON)

卡梅伦是通往大峡谷南缘的东大门，但人们来这里的另一个原因是为了卡梅伦商栈（Cameron Trading Post; www.camerontradingpost.com），就在Hwy64转向大峡谷路口的北面。这栋历史建筑中有饮食、住房、一个礼品店和一个邮局。它是弗拉格斯塔夫和佩奇之间的Hwy 89上为数不多的几处有参观价值的地方之一。

谢伊峡谷国家保护区 (CANYON DE CHELLY NATIONAL MONUMENT)

在这个仿如多根手指延展开来的峡谷（发音为"duh-shay"）内，有多个美丽的古普韦布洛遗址，在纳瓦霍历史上占有重要地位，其中包括古悬崖民居。时至今日，纳瓦霍家庭仍然在这片土地上耕作，他们在峡谷边缘地区过冬，春夏则迁移到峡谷底部平坦处的泥盖木屋里。如今，这个峡谷属于纳瓦霍人，由国家公园管理局管理。跟着导游才能进入泥盖木屋，不要在未经允许的情况下给当地人拍照。

园区内唯一的住宿地点是**Sacred Canyon Lodge**（☎800-679-2473; www.sacredcanyonlodge.com; 房间 $122~129, 套 $178, 餐厅主菜 $5~17; ⏲早、午、晚餐时段; ❄@📶🐾），其前身为Thunderbird Lodge。该度假屋拥有舒适的客房和一家供应美味纳瓦霍和美式菜肴的廉价餐厅。附近由纳瓦霍人运营的露营地有约90处先到先得的露营地($10)，有水但没有淋浴设施。

谢伊峡谷**游客中心**（☎928-674-5500; www.nps.gov/cach; ⏲8:00~17:00）位于小村庄Chinle内，距Rte 191有3英里。沿着峡谷边缘行驶可以到达两处观景道。想在峡谷内旅游的话，可以去游客中心查看旅游公司的列表，公园网站上也可查看。

四角纳瓦霍部落公园 (FOUR CORNERS NAVAJO TRIBAL PARK)

别害羞，在**四角地纪念碑**（four corners marker; ☎928-871-6647; www.navajonationparks.org; 门票 $3; ⏲5月至9月 8:00~19:00, 10月至次年4月 8:00~17:00）做一回鹰式伸展吧，这个偏远的地标在2010年中心广场翻修后变得更漂亮了。这是美国唯一一个跨四州的地点，即亚利桑那州、新墨西哥州、科罗拉多州和犹他州。是个拍照的好地方，即使以上说法并不是百分百准确。政府测量人员表示，这个纪念碑比正确的位置向东偏了将近2000英尺（但这里仍是法律承认的边界点）。

纪念碑谷纳瓦霍部落公园 (MONUMENT VALLEY NAVAJO TRIBAL PARK)

火红的孤峰和令人难以置信的细长尖顶高耸入云，紧邻Hwy 163的纪念碑谷的这片风景已经在无数好莱坞西部片中出现过了，而这里也是很多人公路旅行的梦想地。

为了近距离观察这些高耸的地层，需要参观**纪念碑谷纳瓦霍部落公园**（Monument Valley Navajo Tribal Park; ☎435-727-5874; www.navajonationparks.org/htm/monumentvalley.htm; 成人/儿童 $5/免费; ⏲驾车 5月至9月 6:00~20:30, 10月至次年4月 8:00~16:30, 游客中心 5月至9月 6:00~20:00, 10月至次年4月 8:00~17:00），在那粗糙、未铺砌的观景驾驶环线上能看到长达17英里的壮丽山谷景色。可自行驾车或在停车场服务亭报团游览（1.5小时$75, 2.5小时$95），团队游可以深入私家车无法到达的区域。

部落公园内有一家**View Hotel at Monument Valley**（☎435-727-5555; www.monumentvalleyview.com; Hwy 163; 房间 $209~265, 套 $299~329; ❄@📶）。该砂岩色的酒店与整体景观十分协调，与周围环境浑然一体。96间客房中多数有正对纪念碑的私人阳台。附近餐厅（主菜$10~30, 无酒精饮料）的纳瓦霍特色菜味道一般，但红岩全景相当震撼。无线网络仅限大堂使用。酒店综合设施内还有一个礼品店和小型博物馆。至截稿时，这里的露营地还因建筑工程而关闭着。

Goulding's Lodge（☎435-727-3231; www.gouldings.com; 房间 $205~242, 帐篷位 $26, 房车位 $5, 小屋 $92; ❄📶🏊🐾）就在边界一侧的犹他州，历史悠久，有旅馆房间、露营地和小木屋。夏季要提前预约。在20英里以南的凯恩塔（Kayenta）有几家不算太差的酒店。如果纪念碑谷一带的酒店全被预订一空的话，不妨到Wetherill Inn（☎928-697-3231; www.wetherill-inn.com; 1000 Main St/Hwy 63; 房间 含早$136; ❄@📶🏊）碰碰运气。

温斯洛 (Winslow)

“站在亚利桑那温斯洛的一个角落里，欣赏如此迷人的风景”听上去很耳熟？由于老鹰乐队（Eagles）20世纪70年代的这首名曲《放轻松》（*Take it easy*），原本名不见经传的温斯洛在流行文化中占有了一席之地。Kinsley Ave上的66号公路上有一个向老鹰乐队致敬的小公园（www.standinonthecorner.com; 2nd St）。

温斯洛在石化森林国家公园（Petrified Forest National Park）以东50英里处，地域优势明显。老牌汽车旅馆分布在66号公路旁，餐厅遍布市内各处。温馨的La Posada（☎928-289-4366; www.laposada.org; 303 E 2nd St; 房间 $119~169; ❄📶🐾）是一座经过修复的庄园，建于1929年，庄园由当时的明星建筑家玛丽·简·科特（Mary Jane Colter）设计。富丽堂皇的琉璃、玻璃和锡吊灯、纳瓦霍地毯等细节无不显露出此地宫殿般的西式优雅。酒店餐厅Turquoise Room（www.theturquoiseroom.net; La Posada; 早餐 $8~12, 午餐 $9~13, 晚餐 $19~40; ⏲7:00~21:00）备受赞誉，提供从弗拉格斯塔夫到阿尔布开克之间最美味的食物，菜品带有新式的西南特色。

石化森林国家公园 (Petrified Forest National Park)

这里的彩色沙漠中到处散落着历史比恐龙还久远的原木化石。这个国家公园（☎928-524-6228; www.nps.gov/pefo; 汽车/步行、自行车和摩托车 $10/5; ⏲ 6月和7月 7:00~20:00, 8月至次年5月 开放时间缩短）非比寻常。游客中心就在I-40州际公路以北0.5英里处，相当好找，提供地图以及导览游和科学讲座的信息。

公园位于霍尔布鲁克（Holbrook）以东25英里，I-40州际公路311号出口处。一条长28英里的铺面公园道路由此出发，带来一段风景绚烂的景观驾乘之旅。这里没有露营地，但有许多短途步道，长度介于不足1英里到2英里之间，途经最美的石化岩和公园内的古印第安民居。打算在崎岖而偏僻的野外露营的游客需要在游客中心领取一张免费的野营许可证。

亚利桑那州西部 (Western Arizona)

在哈苏瓦湖城（Lake Havasu City），科罗拉多河满是热爱阳光的人们。66号公路在金曼附近有保存完好的经典路段。而在I-10州际公路以南，狂野、空旷的景观来自西部最贫瘠的地区之一。如果你已经来到这里，有些地方值得看看，但也没必要为此特别规划行程，除非你是66号公路或划船的狂热爱好者。

金曼及周边 (Kingman & Around)

金曼主干道上有很多斑驳褪色的汽车旅馆和加油站，但几栋19世纪的建筑依然存在。如果沿着66号公路小道（即Andy Devine Ave）走或寻找便宜的住处，这里值得一逛。

在历史悠久的发电厂游客中心（Powerhouse Visitor Center; ☎866-427-7866, 928-753-6106; www.gokingman.com; 120 W Andy Devine Ave; ⏲8:00~17:00）可领取地图和旅游手册，该游客中心还有一个令人印象深刻的66号公路博物馆（Route 66 museum; ☎928-753-9889; www.kingmantourism.org; 120 W Andy Devine Ave; 成人/儿童/老人 $4/免费/3; ⏲9:00~17:00）。

一个很酷的霓虹灯标志将赶路者吸引至66号公路上的Hilltop Motel（☎928-753-2198; www.hilltopmotelaz.com; 1901 E Andy Devine Ave; 房间 $44; ❄@📶🏊🐾）。房间有些旧，但收拾得很好，景色也不错。携带宠物（只能带狗）需交纳5美元。身为乡下人，我们可以确定Redneck's Southern Pit BBQ（www.rednecks southernpitbbq.com; 420 E Beale St; 主菜 $5~22; ⏲周二至周六 11:00~20:00; 👪）烹调的猪肉非常美味，但南方人很少会像这里的菜单上那样使用“sammich”（火腿蛋三明治）这个字眼，如菜单上所示。至于“Big ole tater”（大土豆），还算可以接受。

哈瓦苏湖城 (Lake Havasu City)

20世纪60年代末，当伦敦拍卖他们的1831年大桥时，开发商罗伯特·麦卡洛克（Robert McCulloch）将它买下来、拆掉、运走，然后在因科罗拉多河建坝而形成的哈瓦苏湖城重新组装。这里吸引了一大批来戏水、疯狂开派对的度春假的学生和周末休息的年轻人。桥周围是一个“英国村”(English Village),这里有仿建的英国酒吧和旅游礼品店,同时还有个可以收集旅游信息和上网的**游客中心**(☎928-855-5655;www.golakehavasu.com;422 English Village;⊙9:00~17:00;📶)。

城内最时尚的住处是漂亮的精品酒店**Heat**(☎928-854-2833;www.heathotel.com;1420 N McCulloch Blvd;房间 $209~299,套 $249~439;❄📶),它的前台兼做吧台,客房颇具现代气息,且多数房间有可以看到伦敦桥景色的私人露台。想吃热气腾腾的户外早餐就去热门餐厅**Red Onion**(☎928-505-0302;www.redonionhavasu.com;2013 N McCulloch Blvd;主菜 $7~12;⊙7:00~14:00),这里的菜品包括多种煎蛋和破坏你减肥计划的食物。说到小型酿酒厂和美味的酒吧食物,**Barley Brothers**(☎928-505-7837;www.barleybrothers.com;1425 N McCulloch Blvd;主菜 $9~24;⊙周日至周四 11:00~21:00,周五和周六 至22:00)是个不错的选择,还可看到哈瓦苏湖美景。

图森(Tucson)

亚利桑那州第二大城市位于索诺兰沙漠(Sonoran Desert)中,充满了起伏流动的沙丘和一簇一簇的仙人掌。与菲尼克斯的闪耀、广袤相比,这里透着一种散漫的酷劲儿和舒适感。大学城图森(“Tucson”中的“c”不发音)是拥有40,000名学生的亚利桑那大学(University of Arizona)的所在地。变酷之前,这里曾是一个充满艺术气息、很随意的地方。这片干旱的土地上有各种风格的商店以及很多时髦的餐厅、酒吧。图森在地理和文化上都非常接近墨西哥(沿公路向南65英里处就是了),图森人也以此为傲,当地人口35%以上都是墨西哥裔或中美裔。

景点和活动

图森市中心和历史区位于I-10州际公路258号出口东侧。市中心东北1英里处是亚利桑那大学校园,4th Ave是这里的主要街道,遍布小餐馆、酒吧和有趣的商店。想了解市中心的历史亮点,可以去游客中心(见405页)索取一份Presidio Trail步行游览地图。

仙人掌国家公园 公园

(Saguaro National Park;☎图森山区520-733-5158,总部520-733-5100;www.nps.gov/sagu;2700 N Kinney Rd, western district;7日票 每车/自行车 $10/5;⊙汽车 日出至日落,步行和自行车24小时)这块遍布绿色仙人掌和沙漠灌木的多刺画布被农场和30英里长的高速路一分为二。两部分都在图森的边缘,仍隶属于图森市。

游览公园任何一个部分都会非常愉快,但如果你想在这里玩一整天,可以去**公园西区**(Saguaro West),即图森山区(Tucson Mountain District),园内外都有很多有趣的活动。要拿地图或参加护林员带领的项目,可以去**红山游客中心**(Red Hills Visitor Center;☎520-733-5158;2700 N Kinney Rd;⊙9:00~17:00),那里也是**仙人掌园步道**(Cactus Garden Trail)的起点。步道很短,可供轮椅进出,许多仙人掌旁还配有解释性标识。**冲积平原环路**(Bajada Loop Drive)是一条未铺砌的6英里环路,始于游客中心以西1.5英里处,途中可观赏仙人掌林景观,有几处野餐地点,还能连接至步道起点。

公园东区(Saguaro East)位于市中心以东15英里处。**游客中心**(☎520-733-5153;3693 S Old Spanish Trail;⊙9:00~17:00)提供当日徒步、骑马游览和野外露营信息。野外露营需持有许可证(每个露营位$6每天),最迟需在徒步当日中午取得。这部分的园区有总长约130英里的步道和5.3英里的山地自行车道。蜿蜒8英里的**仙人掌林景观环路**(Cactus Forest Scenic Loop Drive)是一条铺砌好的路,向汽车和自行车开放,通往野餐区、步道起点和观景点。

★亚利桑那-索诺拉沙漠博物馆 博物馆

(Arizona-Sonora Desert Museum;☎520-883-2702;www.desertmuseum.org;2021 N Kinney Rd;成人/儿童 9月至次年5月 $14.50/5,6月至8月 $12/4;⊙10月至次年2月 8:30~17:00)博物馆对索诺兰沙漠来说犹如上天的馈赠,它分为动物园、植物园和博物馆三部分,很容易就能让年轻人和老年人开心地游玩大半天。沙漠中的各种生物,无论是早熟的长鼻浣熊,还是爱嬉戏的草原犬鼠,都在这个被无形围栏圈起来的自然环境中安了家。地面上长着厚厚的一层沙漠植物，身边就有导游解答问题并举例示范。可提供婴儿车和轮椅，还有礼品店、艺术馆、餐厅和咖啡馆。开放时间因季节而异。

老图森影城 电影外景地

(Old Tucson Studios; ☎520-883-0100; www.oldtucson.com; 201 S Kinney Rd; 成人/儿童 $17/11; ⏲时间不定; 👪)亚利桑那-索诺拉沙漠博物馆东南几英里处的老图森影城曾是许多西部片的拍摄场地。如今，这里已经成了关于枪战和驿路之旅的主题公园。请致电或上网查询开放时间。

皮马航空航天博物馆 博物馆

(Pima Air & Space Museum; ☎520-574-0462; www.pimaair.org; 6000 E Valencia Rd; 成人/儿童/老人和军人 $16/9/13; ⏲9:00~17:00，最晚入馆时间16:00; 🐾)这家私人航空博物馆拥有300架飞机，其中SR-71黑鸟(Blackbird)间谍飞机和肯尼迪的空军一号是明星展品。铁杆飞机爱好者应该提前预订游览附近第309号航空维护与重建中心(Aerospace Maintenance & Regeneration Center, AMARG; 成人/儿童 $7/4; ⏲周一至周五，开放时间因季节而异)，也叫废料场，因为停放了将近4000架退役的飞机。可通过Pima Air & Space Museum预订。

节日和活动

牛仔嘉年华 牛仔竞技

(Fiesta de los Vaqueros; Rodeo Week; ☎520-741-2233; www.tucsonrodeo.com; ⏲每年2月最后一周)这场以西部为主题的大型非机动花车游行是当地的一项盛事。

住宿

住宿价格变化相当大，夏秋两季房价较低。要想睡在星空下和仙人掌旁，可以去仙人掌国家公园西区附近的Gilbert Ray Campground(☎520-877-6000; www.pima.gov/nrpr/camping; Kinney Rd; 帐篷位/房车位 $10/20)试试。

Roadrunner Hostel & Inn 青年旅舍 $

(☎520-940-7280; www.roadrunnerhostelinn.com; 346 E 12th St; 铺/房间 含早$22/45; ❄@📶)这家舒适的青旅在艺术区步行距离范围内，有一个大厨房，早上提供免费咖啡和华夫饼，还有大屏幕电视可看电影。中午12点至下午3点之间宿舍关闭进行清洁。只接受现金和旅行支票。

Quality Inn Flamingo Hotel 汽车旅馆 $

(☎520-770-1910; www.flamingohoteltucson.com; 1300 N Stone Ave; 房间 含早$65~80; ❄@📶🏊🐾)尽管不像以前那么耀眼醒目，这家汽车旅馆还是保留了它20世纪50年代的“鼠帮”氛围。猫王曾经在此下榻的事也没什么影响。房间内有时尚的条纹图案床上用品、舒适的床和平板电视。携带宠物下榻需每天支付$20。

★ Catalina Park Inn 民宿 $$

(☎520-792-4541; www.catalinaparkinn.com; 309 E 1st St; 房间 $140~170; ⏲7月和8月不营业; ❄@📶)这家颇具格调、舒适好客的民宿位于亚利桑那大学以西。主人Mark Hall和Paul Richard倾尽心力修复这座1927年地中海风格的别墅。他们的用心体现在6间客房

不要错过

迷你时光机袖珍博物馆

“别插手恐龙的事，因为你涂上调料后非常香脆好吃。”博物馆的口袋型恐龙旁，有个标语这样写道。袖珍恐龙是这家生动有趣的博物馆(Mini Time Machine Museum of Miniatures; www.theminitimemachine.org; 4455 E Camp Lowell Rd; 成人/儿童 $9/6; ⏲周二至周六 9:00~16:00，周日 正午至16:00; 👪)的神奇怪兽之一，生活在魔法王国展厅(Enchanted Realm)里。在这里，你可走过被白雪覆盖的圣诞村，看看建于18世纪和19世纪错综复杂的迷你房子，还能在魔法树里寻找小小的居民。这家博物馆非常适合亲子游，当然也适合童心未泯的成年人。

从市中心前往，可沿E Broadway Blvd往东行驶3.5英里，左转上N Alvernon Way，再行驶3英里至E Fort Lowell Rd。接着驶入Camp Lowell，右转后继续行驶约1英里即可到达。

中，例如超大超夸张、孔雀蓝和金色相间的Catalina客房，以及有一张铁制四柱床的整洁白色East客房。

Hotel Congress 历史酒店 $$

（☎520-622-8848; www.hotelcongress.com; 311 E Congress St; 房间 $89~129; P❄@🛜🐾）这家带有些许时髦、些许历史感的酒店充满乐趣。活动永不停歇，多半是由于酒吧、餐厅和夜店太受欢迎的关系。臭名昭著的银行劫匪约翰·迪林格（John Dillinger）和他的团伙1934年在此被捕，你可在酒店大堂旁的墙上看到相关图片和报导。许多房间有旧家具、手摇电话和木质收音机，但没有电视。如果对噪声敏感，最好挑一间酒店尽头的房间。携带宠物需每天额外支付$10。

Windmill Inn at St Philips Plaza 酒店 $$

（☎520-577-0007; www.windmillinns.com; 4250 N Campbell Ave; 房间 含早$120~134; ❄@🛜🏊🐾）这家现代、友好的酒店以宽敞的两居室套房（18岁以下小孩不收费）、免费的欧式早餐、提供借书服务的图书馆、热水泳池和免费出借自行车而闻名。带宠物入住不额外收费。

Arizona Inn 度假村 $$$

（☎800-933-1093, 520-325-1541; www.arizonainn.com; 2200 E Elm St; 房间 $329~399, 套 $459~579; ❄@🛜🏊）草木繁茂的花园和老亚利桑那的优雅为住客创造了一个逃离城市生活和21世纪的喘息机会。在门廊上喝咖啡，在图书馆里饮下午茶，到小泳池边休息或参加一场槌球比赛，然后回到放置着古董的房间。这里的现场水疗是我们在城中的最爱。

就餐

想吃物美价廉的美食，最好的去处就是4th Ave。我们在下面列出了图森的一些著名店铺。

Mi Nidito 墨西哥菜 $

（☎520-622-5081; www.minidito.net; 1813 S 4th Ave; 主菜 $6~13; ⏲周三至周日 午餐和晚餐时段）在这个喧闹的地点（意思是“我的小巢”，My Little Nest）耐心等待绝对是值得的。比尔·克林顿（Bill Clinton）在这里点的菜已经成为标志性总统菜：一大堆的炸玉米饼、玉米圆饼、墨西哥卷饼、辣酱玉米馅饼等等，在融化的芝士下面吱嘎作响。别忘了尝尝辣仙人掌或“birria”（辣的手撕牛肉）。

★ **Cafe Poca Cosa** 南美菜 $$

（☎520-622-6400; www.cafepocacosatucson; 110 E Pennington St; 午餐 $12~15, 晚餐 $18~26; ⏲周二至周四 11:00~21:00, 周五和周六 至22:00）在这家屡获殊荣的新墨西哥（Nuevo-Mexican）风格小酒馆里，一份黑板菜单在餐桌间传递，因为菜单每天都要换两次。这里的菜品都是新鲜烹制的，富有创意且摆盘精美。如果拿不定主意就点“Plato Poca Cosa”，由主厨Suzana D'avila操刀，肯定不会出错。玛格丽特酒也很好喝。

Cup Cafe 美国菜、各国风味 $$

（☎520-798-1618; www.hotelcongress.com/food; 311 E Congress St; 早餐 $7~12, 午餐 $10~12, 晚餐 $13~23; ⏲周日至周四 7:00~22:00, 周五和周六 至23:00; 🌿）上面是酒瓶枝形吊灯，下面是铺了硬币的地砖，扬声器播放着Up on Crippled Creek乐队的歌曲。是的，我们当然喜欢这里。早餐的选择包括克里奥尔（Creole）菜配辣熏肠、鸡蛋和土豆，以及铸铁锅烤蛋加瑞士干酪。午餐和晚餐混合了各国菜式，还有选择多样的素食主菜。咖啡也不错。

Lovin' Spoonfuls 严格素食 $$

（☎520-325-7766; 2990 N Campbell Ave; 早餐 $7~9, 午餐 $6~8, 晚餐 $8~12; ⏲周一至周六 9:30~21:00, 周日 10:00~15:00; 🌿）汉堡、乡村炸鸡、培根生菜番茄三明治、沙拉……看上去似乎就是典型的小餐馆菜单，但最大的区别是，这家素食餐厅里没有动物产品。

Hub Restaurant & Creamery 美国菜 $$

（☎520-207-8201; www.hubdowntown.com; 266 E Congress Ave; 午餐 $9~16, 晚餐 $10~21; ⏲周日至周三 11:00至午夜, 周四至周六 11:00至次日2:00）主打高档休闲食品、三明治和沙拉。如果不想吃饭，就来一点口味多样的美味冰激凌——培根苏格兰威士忌口味的有人要吗？

El Charro Café 墨西哥菜 $$

（☎520-622-1922; www.elcharrocafe.om; 311 N Court Ave; 午餐 $6~10, 晚餐 $7~18; ⏲午

餐和晚餐时段）Flin家族自1922年起就在这个忙碌的庄园做墨西哥创意菜了。这里的招牌菜是"carne seca"，即加了青椒、洋葱一起烤制的风干牛里脊肉碎。

饮品和娱乐

市中心6th St附近的4th Ave时尚热闹，是流连各个酒吧的地方。Congress St上还有很多夜店。

Che's Lounge 酒吧

（☎520-623-2088；350 N 4th Ave；⏰正午至次日2:00）有点脏兮兮但却广受欢迎的酒吧，每周六晚随现场音乐一起摇摆起来吧。从不收入场费。

Thunder Canyon Brewery 小型酿酒厂

（www.thundercanyonbrewery.com；220 E Broadway Blvd；⏰周日至周三 11:00~23:00，周四至周六 11:00至次日2:00）这家大洞穴似的新酿酒厂就在Hotel Congress的步行范围之内，除了有自酿啤酒，也供应其他酿酒厂的啤酒。40种桶装啤酒随时供应。

Chocolate Iguana 咖啡馆

（www.chocolateiguanaon4th.com；500 N 4th Ave；⏰周一至周四 7:00~20:00，周五 7:00~22:00，周六 8:00~22:00，周日 9:00~18:00）这就是专为咖啡爱好者和疯狂喜爱巧克力的人而开的。

Club Congress 现场音乐

（☎520-622-8848；www.hotelcongress.com；311 E Congress St；服务费 免费至$24）这个非常受欢迎的地方有现场音乐和DJ音乐演奏，它有时是个摇滚聚会地，有时又是舞蹈俱乐部。拥挤程度取决于当晚演出，但它几乎从来没有消停过。

> **绝对热狗**
>
> 图森的标志"菜"是索诺兰热狗（Sonoran hot dog），墨西哥调料、美国加工肉和重口味结合在一起的美味范例。配料是什么？一根培根包裹的热狗，中间分层加入番茄莎莎酱、斑豆、碎芝士、蛋黄酱、番茄酱或芥末或两者都加、碎番茄和洋葱。我们喜欢**El Guero Canelo**（www.elguerocanelo.com；5201 S 12th Ave；索诺兰热狗$3）的热狗。

实用信息

紧急情况和医疗服务

警察局（☎520-791-4444；http://cms3.tucsonaz.gov；270 S Stone Ave）

图森医疗中心（Tucson Medical Center；☎520-327-5461；www.tmcaz.com/TucsonMedicalCenter；5301 E Grant Rd）提供24小时急诊服务。

上网

Joel D Valdez Main Library（☎520-594-5500；101 N Stone Ave；⏰周一至周三 9:00~20:00，周四 9:00~18:00，周五 9:00~17:00，周六 10:00~17:00，周日 13:00~17:00；📶）图书馆提供免费上网及Wi-Fi。

媒体

《亚利桑那每日星报》（*Arizona Daily Star*；http://azstarnet.com）图森地区日报。

《图森周报》（*Tucson Weekly*；www.tucsonweekly.com）免费周报，以娱乐活动和餐厅推荐为主。

邮局

邮局（☎520-629-9268；825 E University Blvd，Suite 111；⏰周一至周五 8:00~17:00，周六 9:00~12:30）

旅游信息

图森旅游局（Tucson Convention & Visitors Bureau；☎800-638-8350，520-624-1817；www.visittucson.org；100 S Church Ave；⏰周一至周五 9:00~17:00，周六和周日 至16:00）可领取免费的《官方目的地指南》（*Official Destination Guide*）。

到达和当地交通

图森国际机场（Tucson International Airport；☎520-573-8100；www.flytucson.com；7250 S Tucson Blvd）位于市中心以南15英里处。**Arizona Stagecoach**（☎520-889-1000；www.azstagecoach.com）在市中心和机场之间提供拼车服务，票价约$25。**灰狗巴士**（☎520-792-3475；www.greyhound.com；471 W Congress St）有班车开往菲尼克斯（$21~23，2小时，每天发车）及其他目的地，车站位于Congress St最西端，距市中心3英里。**美铁站**（☎800-872-7245，520-623-4442；www.amtrak.com；400 E Toole Ave）在

Hotel Congress对面，日落特快号(Sunset Limited)列车开往洛杉矶($56起，10小时，每周3趟)。

Ronstadt Transit Center (215 E Congress St, Congress St和6th Ave交叉路口)是市中心的主要换乘枢纽。服务图森大都会区的**Sun Tran** (☎520-792-9222; www.suntran.com)巴士(日票$3.50)的始发站就在这里。

图森周边(Around Tucson)

下列地点距离图森不到1.5小时车程，是理想的一日游去处。

图森西部(West of Tucson)

想在茫茫荒野中感受到与世隔绝的孤寂感？从图森沿着Hwy 86向西行驶，延伸到索诺兰沙漠中一些最空旷的地方——除了无处不在的绿白色边境巡逻卡车外什么都没有。

壮观的**基特峰国家天文台**(Kitt Peak National Observatory; ☎520-318-8726; www.noao.edu/kpno; Hwy 86; 游客中心接受捐赠; ⏲9:00~16:00)位于塞尔斯(Sells)以西，是全世界光学望远镜数量最多的地方。导览游(成人/儿童 11月至次年5月 $9.75/4.25，6月至10月 $7.75/3.25，时间为10:00、11:30、13:30)时长约为1小时。值得体验的夜间观测项目(成人/儿童 $49/45; 7月中旬至8月由于季风取消)应提前2~4周预订。晴朗、干爽的天空会让人在望向宇宙时顿生敬畏。穿暖和些，在图森加油(最近的加油站距天文台30英里)。注意：出于安全考虑，8岁以下的儿童不允许参加该夜间项目。夜晚，野餐区聚集了很多业余天文爱好者。距离图森约75分钟车程。

如果你想远离一切尘嚣，那么沿墨西哥边境的**烛台掌国家保护区**(Organ Pipe Cactus National Monument; ☎520-387-6849; www.nps.gov/orpi; Hwy 85; $8每车; ⏲游客中心 8:30~16:30)就是最好的选择。这是一片美丽而令人生畏的土地，动植物种类数不胜数，包括28种仙人掌，首先就是与保护区同名的烛台掌。烛台掌身形巨大，呈柱状，其枝干从根部呈辐射状散开，不同于常见的仙人掌。长达21英里的**Ajo Mountain Drive**将带你穿过由染成淡淡血红色的陡峭、锯齿状的峭壁和岩石构成的壮丽景观。游客中心旁的**Twin Peaks Campground**(www.nps.gov/orpi; 帐篷位/房车位 $12)有208个位置，先到先得。

图森南部(South of Tucson)

图森南部，I-19州际公路是通向诺加利斯(Nogales)和墨西哥的主要道路。沿途有几处有趣的地方。

引人注目的**巴克圣哈比尔教堂**(Mission San Xavier del Bac; ☎520-294-2624; www.patronatosanxavier.org; 1950 W San Xavier Rd; 欢迎捐赠; ⏲博物馆 8:30~17:00，教堂 7:00~17:00)位于图森市中心以南9英里处，是亚利桑那州仍在使用中的最古老的欧式建筑。这座建筑的内部装饰出奇地华丽，将摩尔人(Moorish)、拜占庭和墨西哥文艺复兴后期的建筑风格优雅地融合在了一起。

教区以南16英里69号出口处的**泰坦导弹博物馆**(Titan Missile Museum; ☎520-625-7736; www.titanmissilemuseum.org; 1580 W Duval Mine Rd, Sahuarita; 成人/儿童/老人 $9.50/6/8.50; ⏲8:45~17:00)是冷战时期洲际弹道导弹的地下发射场，内容丰富，令人受益匪浅。

如果你对历史或购买手工艺品感兴趣，可以去图森以南48英里处的小村庄**Tubac**(www.tubacaz.com)，那里有一百多家艺术馆、画室和商店。

帕塔哥尼亚和帝国山(Patagonia & the Mountain Empire)

这个迷人的河岸景区夹在墨西哥边界、桑塔丽塔(Santa Rita)和帕塔哥尼亚山脉(Patagonia Mountains)之间，是亚利桑那州这个珠宝盒中最闪耀的一颗宝石，也是个静静地观鸟和品尝葡萄酒的好地方。

观鸟者和自然爱好者可到**帕塔哥尼亚-索诺伊塔河保护区**(Patagonia-Sonoita Creek Preserve; ☎520-394-2400; www.nature.org/arizona; 150 Blue Heaven Rd; 门票 $6; ⏲4月至9月 周三至周日 6:30~16:00，10月至次年3月 周三至周日 7:30~16:00)平缓的步道上漫步。该保护区是大自然保护协会(Nature Conservancy)管理的一片迷人的河岸杨柳林和三叶杨林。候鸟迁徙的高峰季是4月至5月、8月下旬至9月。想度过一个悠闲品酒的下午，就去帕塔哥尼亚北部村庄**索诺伊塔**(Sonoita)和**埃尔金**(Elgin; 参见

www.arizonavinesandwines.com网站)。广阔天空的景致着实令人震撼。

如果在附近吃晚餐，试一下Velvet Elvis(☎520-394-2102; www.velvetelvispizza.com; 292 Naugle Ave, Patagonia; 主菜 $10~26; ⏲周四至周六11:30~20:30，周日 至19:30)的美味比萨。向散发着简单自然魅力的老式西部建筑Stage Stop Inn(☎520-394-2211; www.stagestophotelpatagonia.com; 303 McKeown, Patagonia; 单 $79，双 $89~99，套 $109;)致敬，这里的客房环绕着中央庭院和泳池。当年驿站马车确实曾在这里的Butterfield Trail停靠。

帕塔哥尼亚的Mariposa Books & More内有一个小型游客中心(☎888-794-0060; www.patagoniaaz.com; 307 McKeown Ave, Patagonia; ⏲周一至周四和周六 10:00~17:00，周五 11:00~16:00)。

亚利桑那州东南部(Southeastern Arizona)

在亚利桑那州南部，到处都是狂野西部历史上声名赫赫的地方，有保存得很好的矿业小镇比斯比(Bisbee)、墓碑镇的OK畜栏(OK Corral)，还有奇石林立的奇里卡瓦国家保护区(Chiricahua National Monument)。

卡奇纳洞穴州立公园(Kartchner Caverns State Park)

卡奇纳洞穴州立公园(☎咨询520-586-4100，预订520-586-2283; http://azstateparks.com; Hwy 90; 停放汽车/自行车$6/3，圆形大厅之旅 团队游成人/儿童 $23/13，大房间之旅 10月中旬至次年4月中旬 $23/13; ⏲6月至9月 8:00~17:00，10月至次年5月 7:00~18:00)值得重点介绍。这是一座2.5英里长的湿润的石灰岩公园，岩洞于1974年被发现。如今可以跟随导游从两条线路探索岩洞的不同区域。圆形大厅("正殿")游全年无休，大房间游从4月中旬起关闭5个月，为的是保护迁徙至此的蝙蝠。该公园位于本森(Benson)以南9英里处，走I-10州际公路从302号出口驶出。$6美元包含在预约的团队游费用里。

奇里卡瓦国家保护区(Chiricahua National Monument)

高耸的岩石是奇里卡瓦国家保护区(☎520-824-3560; www.nps.gov/chir; Hwy 181; 成人/儿童 $5/免费)的特色。该公园坐落于奇里卡瓦山，有的地方高达几百英尺，看起来总像要倒下来一样。波尼塔峡谷风景大道(Bonita Canyon Scenic Drive)可以将你带到8英里外的马赛点(Massai Point，6870英尺高)，从那里能看到斜坡上突起的成千上万的岩石尖顶，就像石化的军队一样。这里有无数条徒步路线，但是如果你的时间不够充裕，不妨选择回声峡谷小道(Echo Canyon Trail)，离洞穴(Grottoes)有至少半英里远，到达由巨石构成的"大教堂"以后，你可以静静地躺下来，享受这份轻风拂面的宁静。公园位于紧邻Hwy 186/181的威尔考克斯(Willcox)东南36英里处。

墓碑镇(Tombstone)

19世纪，威士忌酒大量流入处于全盛时期的墓碑镇。在这个小镇里，六发式左轮手枪曾经解决了诸多争端，最出名的地点就是OK畜栏了。现在的墓碑镇是国家历史地标，吸引着大量的游客来参观老式西部建筑、驿站马车，还能亲身模仿当年的枪战。

是的，你必须去看看OK畜栏(☎520-457-3456; www.ok-corral.com; Allen St, 3rd St和4th St之间; 门票 $10，不开枪 $6; ⏲9:00~17:00)，这个地方是1881年10月26日的那场传奇枪战的地点，由厄普兄弟(Earps)和"医生"赫利德(Doc Holliday)对决麦克劳瑞兄弟(McLaurys)和比利·克兰顿(Billy Clanton)。麦克劳瑞兄弟和克兰顿如今都葬在墓碑镇以北Hwy 80沿线的靴山墓园(The Boot Hill Graveyard)。还要挤出时间去看看鸟笼剧院(Bird Cage Theater; ☎520-457-3421; 517 E Allen St; 成人/儿童/老人 $10/8/9; ⏲9:00~18:00)，曾经是舞厅和酒馆，现在则塞满了具有历史意义的零散物件。还有一个人鱼。

游客信息中心(Visitor & Information Center; ☎520-457-3929; www.tombstonechamber.com; 395 E Allen St和4th St交叉路口; ⏲9:00~17:00)提供徒步地图和住宿建议。

比斯比(Bisbee)

比斯比是一座散发着古老气息的小镇。它过去以铜矿闻名，现在的特色则是波希米亚老者、优雅的建筑、华丽的餐厅和富有情调的旅馆。大多数商家都集中在地铁和Main St两旁的历史区内(Historic District)，即比斯比老城(Old Bisbee)。

要参加由退休矿工做导游的地下游,可以选择**Queen Mine Tour**(☎520-432-2071; www.queenminetour.com; 478 Dart Rd, 紧邻Hwy 80; 成人/儿童 $13/5.50; ⏰团队游 9:00~15:30; 👪)。地点就在城外,游程包括**薰衣草矿**(Lavender Pit)和一座难看但令人印象深刻的露天矿。

在**Shady Dell RV Park**(☎520-432-3567; www.theshadydell.com; 1 Douglas Rd; 费用 $87~145, 7月上旬至9月中旬不营业; ❄)稍事休息,这是个略显俗气的家庭拖车停车场。有趣的复古家具不厌其烦地到处出现。从沼泽吹来的风带来了凉爽。在古怪又有趣的**Bisbee Grand Hotel**(☎520-432-5900; www.bisbeegrandhotel.com; 61 Main St, Bisbee; 房间 含早$89~175; ❄📶),你可以睡在有顶的四轮马车上,感觉好似古老的西部年代又回来了(或者它未曾消失过)。旅馆以维多利亚时代的装饰为主,还有一个提神的酒馆。

如果要就餐,可以去Main St逛逛,随便选一家餐馆都不会让你失望。想吃些正宗的美国菜,可以去时尚的**Cafe Roka**(☎520-432-5153; www.caferoka.com; 35 Main St; 晚餐 $17~24; ⏰周四至周六 17:00~21:00)。这里供应的晚餐有四道菜,包括沙拉、汤、果子露和主菜,主菜会令人十分满意。继续沿着Main St往上走,就能去庞克摇滚风格的**Screaming Banshee Pizza**(☎520-432-1300; 200 Tombstone Canyon Rd; 比萨 $7~15; ⏰周二和周三 16:00~21:00, 周四至周六 11:00~22:00, 周日 11:00~21:00)品尝炭烤比萨。酒吧大多集中在Main St最南端的Brewery Gulch。

游客中心(☎520-432-3554; www.discoverbisbee.com; 478 Dart Rd; ⏰周一至周五 8:00~17:00, 周六和周日 10:00~16:00)位于市中心以南的Queen Mine Tour Building内,作为本地游玩的第一站恰如其分。

犹他州(UTAH)

嘘,别说出来。我们不想让其他人知道这个经常被忽略的州其实是大自然最完美的游乐场之一。犹他州崎岖的地形极适合徒步、自行车骑行、激浪漂流、绳降、攀岩、滑雪、雪板、雪地骑行、骑马、驾驶四驱车……还需要再数下去吗?

州内超过65%的土地属于公共土地,包括12个国家公园和保护区——绚烂夺目的地质景观令许多旅行者瞠目结舌。犹他州南部仿佛是个没有边际的风蚀砂岩沙漠,红岩地区由高耸的山峰和多彩的峭壁所构成。海拔11,000英尺、丛林密布、积雪覆盖的瓦萨奇山群峰,与其他山脉、峡谷一起统治着犹他州东北部。

你能在州内找到很多规划良好的城镇,其中一些古老的建筑物甚至还可追溯到首批摩门教徒踏上这块土地的时候直到今日,摩门教徒仍旧占了该州一半以上的人口数。乡间的城镇虽然比较安静保守,但其粗犷的美景却吸引着众多户外活动爱好者和独立的思考者前来。盐湖城和帕克市有精彩丰富的夜生活和美食场所,令人流连忘返。

所以,你在这里可以惊诧于万花筒般的地质构造,可以在广袤的天地间徒步行走,也可以到微酿啤酒厂品味精酿佳品。记住别告诉你的朋友:我们想一直保守这个秘密。

历史

古普韦布洛人[Ancestral Puebloan;或阿纳萨齐人(Anasazi)]和弗里蒙特人(Fremont)是这片土地最早的人类居民,如今我们能在他们留下的岩画和废墟中找到其遗迹。不过,直到大批欧洲拓荒者到来之前,这里一直是现代犹特人(Ute)、派尤特人(Paiute)和纳瓦霍(Navajo)部落生活的地方。为了躲避自19世纪40年代末爆发的宗教迫害,摩门教徒在第二任教长杨百翰(Brigham Young)的带领下逃到犹他州。尽管遭到不友好的对待,甚至曾与美洲原住民发生冲突导致不止一个城镇遭遗弃,摩门教徒仍竭尽所能地在这片新土地定居下来。

美国从墨西哥手中得到犹他州后近50年里,关于建州的吁求多次遭到国会拒绝,原因是摩门教的一夫多妻制(polygamy)在美国属于不合法的行为。摩门教与美国联邦政府之间的关系因此而持续紧张,直到1890年,当时的摩门教主Wilford Woodruff宣称得到上帝的启示并正式终止一夫多妻制。1896年,犹他州成为美国第45个州。而今,现代化的摩门教会,即新摩门教(耶稣基督后期圣徒教会,Church of Jesus Christ of Latter-Day Saints，简称LDS)，仍然在犹他州拥有强大影响力。

实用信息

请注意，出了盐湖城就很难兑换现金，不过到处都有自动柜员机。

犹他州旅游局（Utah Office of Tourism；☎800-200-1160；www.utah.com）出版免费的《犹他州旅行指南》（*Utah Travel Guide*），负责运营州内多个游客中心。

犹他州公园和游乐区管理部（Utah State Parks & Recreation Department；☎801-538-7220；www.stateparks.utah.gov）提供州内40多个州立公园的全面信息；可上网或到游客中心查询。

到达和离开

犹他州唯一的国际机场在盐湖城(SLC)。飞往拉斯维加斯(425英里以南)再租车可能比较便宜。

当地交通

除了盐湖城和帕克市外，其他目的地均需自驾车辆。犹他州城镇的布局一般呈方格状，街道分南北和东西走向。市中心两大主要街道（通常称为Main St和Center St）相交的地点为零点，所有地址和数字街名以此为起点散开，每个街区会依序递增100。因此，500 South 400 East即零点以南5个街区及以东4个街区。这个系统虽然说起来麻烦，但好在用起来方便。

盐湖城(Salt Lake City)

置身于高耸的瓦萨奇山脚下的盐湖城虽是一个小城镇，却有足够的优势满足时髦的城市人。是的，这里的确犹如摩门教的梵蒂冈城，但犹他州的这一首府却非常现代化。重建过的市中心和当地的美食族可与城市深具魅力的时代错乱感相抵。

景点和活动

与教堂相关的重要景点都集中在市中心零点附近的S Temple（东西走向）和Main St（南北走向）的街角。看到那132英尺宽的街道吗？当初街道建得都这么宽，是为了让四头牛拉的车能转身调头。

犹他州概览

别称 蜜蜂之州（Beehive State）

人口 285万

面积 82,169平方英里

首府 盐湖城（人口189,314），大都会区（120万）

其他城市 圣乔治（人口75,561）

消费税 5.95%

诞生于此的名人 Donny Osmond（生于1957年）和Marie Osmond（生于1959年）、受人喜爱的强盗Butch Cassidy（1866~1908年）

发源地/所在地 2002年冬奥会

政治倾向 多数是保守派

著名之处 摩门教徒、红岩峡谷、一夫多妻制

最佳纪念品 瓦萨奇小酒馆和自酿酒吧的T恤上印着："一夫多妻制的拥护者——为何只要一个？"

别忘了，开车只要45分钟即可到达拥有世界级徒步道、攀岩和雪上运动场地的瓦萨奇山脉（见413页）。

寺庙广场地区(Temple Square Area)

寺庙广场 广场

（Temple Square；www.visittemplesquare.com；S Temple St和N State St交叉路口；⏲场地24小时，游客中心 9:00~21:00）免费 该市最著名的景点，占地10英亩的广场满是壮观的新摩门建筑、花园和喷泉，令人惊叹不已。游客中心就在两个入口处（分别在S Temple和N Temple）内，友善的新摩门教徒"兄弟"和"姐妹"义务担任讲解员，为游客提供30分钟的免费导览。

凌驾于广场之上的**盐湖寺**（Salt Lake Temple）高210英尺，夜里亮灯时尤显华丽优雅。顶部是天使Moroni的雕像，他曾在新摩门教创始人约瑟·史密斯（Joseph Smith）前显灵，并引导他找到《摩门经》（*Book of Mormon*）。寺庙仪式是不公开进行的，只有摩门教徒才可以参与。除了这些景点，广场上还有一座教堂历史博物馆、约瑟·史密斯剧院和多家餐厅。

孩子们的盐湖城

不管年轻人还是老人，都会喜欢大学山麓区（University-Foothill District）的名胜地。这里还有一些适合儿童游玩的景点。

探索之门（Discovery Gateway；www.childmuseum.org；444 W 100 South；门票 $8.50；⌚周一至周四 10:00~18:00，周五和周六 10:00~20:00，周日 正午至18:00；👪）是一家趣味盎然的儿童博物馆，可以让孩子们亲自参与实践。位于媒体区的模拟新闻主播台尤其适合初露头角的小记者。

占地42英亩的霍**格尔动物园**（Hogle Zoo；www.hoglezoo.org；2600 E Sunnyside Ave；成人/儿童 $13/10；⌚9:00~17:00；👪）里生活着800多只动物，都住在亚洲高原（Asian Highlands）等区域。每天的"遇见动物"活动帮助孩子们深入了解他们所喜爱的动物。

礼拜堂 宗教

（Tabernacle；http://mormontabernaclechoir.org；Temple Sq；⌚9:00~21:00）**免费** 建于1867年的圆顶大礼堂，内有一个由11,000根管子组成的管风琴，音响效果极佳。在前排掉一根针，后排约200英尺远的地方都能听到。周一至周六中午有免费的管风琴演奏会。关于著名的唱诗班表演，请参见娱乐部分。

蜂巢屋 住宅

（Beehive House；☎801-240-2671；www.visittemplesquare.com；67 E South Temple St；⌚周一至周六 9:00~20:30）**免费** 蜂巢屋是杨百翰在犹他州担任州长和教长时的主要居所。可应需提供团队游，从到访时开始，时长视参观者对这座历史性住宅的细节及所提供的宗教教育的兴趣要求而定。

家族史图书馆 图书馆

（Family History Library；www.churchhistory.org；35 N West Temple St；⌚周一 8:00~17:00，周二至周五 8:00~21:00，周六 9:00~17:00）**免费** 想查看你的家谱？这家图书馆收藏了网罗自超过110个国家的逾350万份与宗谱学相关的缩微胶卷、缩微胶片、书籍和其他记录，简直不可思议。

大市中心（Greater Downtown）

犹他州议会大厦 历史建筑

（Utah State Capitol；www.utahstatecapitol.utah.gov；350 N State St；⌚建筑 周一至周五 7:00~20:00，周六和周日 8:00~18:00，游客中心 周一至周五 8:30~17:00）**免费** 大厦建于1916年，内有由公共事业管理署（Works Progress Administration，WPA）修复的色彩斑斓的壁画装点着圆屋顶，壁画上绘有拓荒者、捕兽者和传教士。游客中心每小时提供免费导览游（周一至周五 9:00~17:00），从一楼开始，也可选择自助导览游。

城溪广场 广场

（City Creek；www.shopcitycreekcenter.com；Social Hall Ave，Regent St和Richards St之间）这个占地20英亩、行人川流不息的广场正处于城市中心，有很多美丽的喷泉和户外壁炉，外加许多餐厅和一个室内外商场。

大学山麓区及以外（University-Foothill District & Beyond）

★犹他自然历史博物馆 博物馆

（Natural History Museum of Utah；http://umnh.utah.edu；301 Wakara Way；成人/儿童 $11/6；⌚周四至周二 10:00~17:00，周三 10:00~20:00）Rio Tinto Center令人惊叹的建筑设计，形成了多层的室内"峡谷"，大大增强了展品的效果。拾级而上，不同楼层的展品进一步展示了这里的原住民和自然历史。

Past Worlds的古生物展品最令人称道。可从下仰望、从旁观察或是向下俯视，利用各种角度窥探代表整个史前历史宽度的恐龙化石藏品。

就是这里遗址公园 古迹

（This Is the Place Heritage Park；www.thisistheplace.org；2601 E Sunnyside Ave；成人/儿童 $10/7；⌚周一至周五 9:00~17:00，周六 10:00~

17:00; 🚻)公园占地450英亩，标明杨百翰当年作出重大决定说“就是这里了”的地点。园内有个古村，至今仍有人居住。6月至8月间，身穿古代服饰的讲解员会为游客阐述19世纪中期的生活。门票包括火车之旅及各项活动。淡季时购买折扣门票即可漫步古村。

红丘公园

花园

（Red Butte Garden; www.redbuttegarden.org; 300 Wakara Way; 成人/儿童 $10/6; ⏲9:00~19:30）红丘公园坐落在瓦萨奇山麓，占地面积150英亩，内有迷人的园林和天然花园，沿着步道就能轻易到达。这里也是举办夏季户外音乐会的热门地点，不妨上网看看有哪些歌手前来表演。

Church Fork Trail

徒步

（Millcreek Canyon，紧邻Wasatch Blvd; 日间门票$3）想在附近找个地方舒展下手脚，最好还能顺便欣赏自然美景？沿着小径登上8299英尺高的Grandeur Peak（往返6英里）看看。可携带宠物一起出游。米尔溪峡谷（Millcreek Canyon）位于市中心西南13.5英里处。

团队游

犹他州遗产基金会

步行游览

（Utah Heritage Foundation; ☎801-533-0858; www.utahheritagefoundation.com; 团队游 每人 $5~20）当地的历史遗产学会负责组织不同社区的步行游览活动，以及“Thirst Fursday”酒吧导览游。如果你喜欢自己逛的话，基金会网站有详尽的自助步行游手册（或到游客中心索取）。

住宿

市中心的房价涨落幅度很大，视当地是否举办节庆活动及每日客房的入住率而定。廉价的连锁汽车旅馆大多集中在I-80州际公路沿线，靠近机场和南部的Midvale郊区。过了滑雪季节，距离市中心约45分钟车程的瓦萨奇山脉度假村的房价会大幅下跌。

Crystal Inn & Suites

汽车旅馆 $

（☎800-366-4466, 801-328-4466; www.crystalinnsaltlake.com; 230 W 500 South; 房间 含早 $78~120; P ❄ @ 📶 🏊）这家多层汽车旅馆属于犹他州，旅馆职员非常亲切友善，提供很多免费的便利设施（包括分量十足的热腾腾自助早餐）。

Avenues Hostel

青年旅舍 $

（☎801-539-8888, 801-359-3855; www.saltlakehostel.com; 107 F St; 铺 $18，单/双 不带卫生间 $40/46，带卫生间 $56/60; ❄ @ 📶）这是一家陈旧的青年旅舍，有长期住客，感觉有点像是中途之家。不过地点十分方便。

★ Inn on the Hill

旅馆 $$

（☎801-328-1466; www.inn-on-the-hill.com; 225 N State St; 房间 含早$135~220; P ❄ @ 📶）这个建于1906年文艺复兴时代的豪宅，如今已摇身一变成了旅馆，精致的木工和由Maxfield Parrish及Tiffany设计制作的彩色玻璃只是部分装饰。客房非常整洁舒适，不会让人感到闷热，此外还有两个露台、一个桌球室、一间图书馆和一家餐厅。由于旅馆比寺庙广场来得高，因此可以欣赏到秀丽的景观，而且从市中心返回便是一段上山的徒步游程。

Peery Hotel

酒店 $$

（☎801-521-4300, 800-331-0073; www.peeryhotel.com; 110 W 300 South; 房间 $90~130; P ❄ @ 📶）这家庄严而又充满历史感的酒店（建于1910年）位于Broadway Ave娱乐区，地点极佳，餐厅、酒吧和剧院都在步行范围之内。提供各种高档设施，如埃及式棉袍、iPod底座和Tempurpedic床垫。

SVEA

民宿 $$

（☎801-832-0970; www.svea.us; 720 Ashton Ave; 房间 含早$155~165; P ❄ 📶）这家建于19世纪90年代的维多利亚式建筑雅致且不拘一格，不过有一些奇特的屋角和房间格局。民宿主人每天会把欧式早餐装在篮子里送到住客房门口。

Grand America

酒店 $$$

（☎800-621-4505; www.grandamerica.com; 555 S Main St; 房间 $199~289; P ❄ @ 📶 🏊）意大利大理石浴室、英国羊毛地毯、缨穗锦缎窗帘及其他舒适的装饰品，盐湖城最豪华的酒店由此可见一斑。如果还嫌不够的话，不妨去享用下午茶或吃一顿奢华的周日早午餐，好好宠爱一下自己。

就餐

盐湖城有很多经营民族餐饮和有机食品的餐厅，它们大多位于市中心的核心地区。此外，在9th and 9th（900 East St和900 South St交叉路口）也有相当不错的选择（中东菜、面馆、高档新派美国菜、咖啡馆……）。

Lion House Pantry Restaurant 美国菜 $

（www.templesquarehospitality.com; 63 E South Temple St; 餐 $7~13; ⏲周一至周六 11:00~20:00）餐厅供应富含碳水化合物的家常菜，就像是你信奉摩门教的祖母所做的一样。杨百翰的数名妻子曾住在这座历史建筑物中（包括这位作者的曾曾曾祖母）。

Ekamai Thai 泰国菜 $

（http://ekamaithai.com/; 336 W 300 South; 菜肴$6~9; ⏲周一至周六 11:00~21:00）天气好的时候可以在店外的露台桌享用美味泰式咖喱外卖。

★ Tin Angel 新派美国菜 $$

（http://thetinangel.com; 365 W 400 South; 小盘菜和三明治 $10~16，晚餐 主菜 $19~25; ⏲周一至周六 11:00~15:00和17:00~22:00）使用本地食材，厨师综合了不同的料理风格创造出新鲜、新颖的美国风味菜肴。试想一下野猪肋骨配戈尔贡佐拉干酪团子。墙上还挂有古董瓷器和当地的艺术品，使得这家餐馆更添异彩。

今日的一夫多妻制

虽然摩门教会在1890年摒弃了一夫多妻制，但还是有一些独立的分支教派认为这是神圣的教旨。犹他州和亚利桑那州边界的希尔斯代尔-科罗拉多城（Hilldale-Colorado City）约7000名居民当中，绝大多数是实行一夫多妻制的摩门教基本教义派（Fundamentalist Church of Jesus Christ of Latter-Day Saints, FLDS）信徒。当你踏入华盛顿县或哈里肯（Hurricane）的沃尔玛超市，看见购物者身穿淡色游牧风格的裙子，梳着长长的发辫或是精巧的发型，她们很可能是共事一夫的妻子姐妹档。本州南部地区也活跃着一些较不引人注目的一夫多妻制教派。

Red Iguana 墨西哥菜 $$

（www.rediguana.com; 736 W North Temple; 主菜 $8~16; ⏲11:00~22:00）如果你无法从7种以辣椒和巧克力做成的mole酱中作出选择的话，不如向店主要求一小盘样品试一试。事实上，在这个挤满了人的家庭经营的餐馆里，每道菜都是厨师用心烹煮的，所以不管点什么都错不了。

Squatters Pub Brewery 美国菜 $$

（www.squatters.com; 147 W Broadway; 菜肴 $10~22; ⏲周日至周四 11:00至午夜，周五和周六 至次日1:00）来这里喝一杯Emigration Pale Ale啤酒，再尝尝熏罗非鱼沙拉。充满活力的氛围有着不少乐趣。

Copper Onion 各国风味 $$$

（☎801-355-3282; www.thecopperonion.com; 111 E Broadway Ave; 早午餐和小盘菜 $7~15，晚餐主菜 $22~29; ⏲11:00~15:00和17:00~22:00）当地人在午餐时段、晚餐时段、周末早午餐及酒吧的快乐时光时段里，全都涌到Copper Onion。原因很简单：小碟的鞑靼和牛（wagyu beef tartare）和培根奶酪意大利面（pasta carbonara）很适合与他人共享。充满乡间气息的设计也使这里的气氛变得非常轻松愉快。

Takashi 日本菜 $$$

（☎801-519-9595; 18 W Market St; 寿司卷 $10~18，主菜 $18~30; ⏲周一至周六 11:30~14:00和17:30~22:00）内陆的盐湖有多家不错的寿司店，而Takashi是其中最棒的一家，就连自命不凡的洛杉矶餐馆也对他们的寿司卷赞不绝口。

饮品和夜生活

Epic Brewing Company 咖啡馆

（www.epicbrewing.com; 825 S State St; ⏲周一至周四 11:00~21:00，周五和周六 10:00~23:00，周日 11:00~19:00）犹他州首家全员啤酒酿酒厂。你必须在这个品酒柜台点些小吃（受犹他州法律所限），然后职员会为你斟上一些样品（$0.40~1）和满杯的爱尔啤酒（30 ales）、印度淡爱尔啤酒（IPAs）、拉格啤酒（lagers）或黑啤（stouts）等。

可否在犹他州饮酒？

当然可以。虽然这里仍有一些针对饮酒的不寻常法律条文，但近年来有关条例已有所放宽。私人俱乐部会员资格之说不复存在："酒吧"就是酒吧（未成年人不可入内），而你也不必非得先点菜才能在酒吧内饮酒。然而这些场所还是很少见，而且很不集中。多数场所，即使是自酿酒吧，都属于"餐厅"，需要点些小吃方可饮酒。另外要注意的是，不是所有餐馆都持有正式酒牌，而且很多也只售卖葡萄酒和啤酒。

其他需注意的条例：

- 只有在持有酒牌的餐厅用餐时才可以点带酒精的饮料。
- 混合鸡尾酒和葡萄酒只在午后供应。酒吧和餐厅上午10:00以后才可供应啤酒。
- 包装酒类只在州营的酒铺售卖（周日不营业），便利店可售卖一些啤酒。
- 你在这里喝的多数啤酒，酒精含量都不超过3.2%（百威啤酒的酒精含量通常为5%）。

Gracie' s 酒吧

（326 S West Temple；⏲11:00至次日2:00）即使建了两层楼、四个酒吧，这家高档的聚会场所仍是相当拥挤。两个大露台是放松心情的最佳地点。多数夜晚会有现场音乐或DJ音乐演奏。

Beerhive Pub 小酒馆

（128 S Main St；⏲正午至次日1:00）位于市中心的这家小酒吧有200多种啤酒供顾客挑选，其中包括犹他州本地生产的多种自酿啤酒。

Coffee Garden 咖啡馆

（895 E 900 South；⏲周日至周四 6:00~23:00，周五和周六 6:00至午夜；📶）盐湖城最具特色的社区咖啡馆之一，供应超棒的烘焙食品和咖啡。

☆ 娱乐

音乐

登录www.cityweekly.net可查阅当地音乐活动的完整列表。交响乐、管风琴、合唱团及其他与新摩门教相关的演出则列在www.mormontabernaclechoir.org。

摩门教礼堂唱诗班 现场音乐

（Mormon Tabernacle Choir；☎801-570-0080；www.mormontabernaclechoir.org）免费 聆听举世闻名的摩门教礼堂唱诗班美妙的歌声，是造访盐湖城必做的事情。每周日9:30，唱诗班会进行半小时的现场广播。教堂在上午8:30开放，入场免费，但访客须在9:15前入座。

9月至11月及1月至5月间，可亲自到礼拜堂（Tabernacle）参与广播。6月至8月及12月，为了容纳更多群众，唱诗班会在拥有21,000张座位的新摩门教会议中心（LDS Conference Center）表演。唱诗班全年每周四晚20:00~21:00在礼拜堂排练，公众可前往参观。

剧院

盐湖城艺术协会（Salt Lake City Arts Council）在网站（www.slcgov.com/city-life/ec）上提供完整的文化活动日程表。演出场所包括**阿布拉瓦内尔音乐厅**（Abravanel Hall；www.slccfa.org；123 W South Temple St）、**国会剧院**（Capitol Theater；http://theatresaltlakecity.com；50 W 200 South）和**罗斯·瓦格纳表演艺术中心**（Rose Wagner Performing Arts Center；www.slccfa.org；138 W 300 South）。可通过**ArtTix**（☎888-451-2787，801-355-2787；www.arttix.org）预订。

运动

Energy Solutions Arena 体育馆

（☎801-355-7328；www.energysolutionsarena.com；301 W South Temple St）犹他爵士队是男子职业篮球队，主场即是这个市中心的体育馆。室内橄榄球联盟的主场也在这里。此外，这里还举办音乐会。

Maverik Center 体育馆

（☎票务800-745-3000；www.maverikcenter.

《摩门经》音乐剧

自2011年起，载歌载舞的摩门教传教士就成了百老汇的一道新的风景。有传闻指音乐剧《摩门经》(*The Book of Mormon*)有可能比原先预测的10年时间还要早的在盐湖城上演。这部暗含宗教讽刺的轻松音乐剧由音乐剧《Q大道》(*Avenue Q*)和电视动画系列《南方公园》(*South Park*)的创作者构思，讲述了摩门教的青年男女被派去乌干达传教的故事，无怪乎这部叫座的音乐剧横扫了九项托尼奖(Tony Awards)。新摩门教如何反应？其实还蛮慎重的。教会清楚地指出，音乐剧《摩门经》是想要娱乐观众，但作为圣经的《摩门经》可以改变你的一生。

com；3200 S Decker Lake Dr, West Valley City)国际曲棍球协会的犹他州灰熊队(Utah Grizzlies)主场场馆，位于城外8.5英里处。

购物

位于市中心的城溪广场(见408页)是个室内外商场，同时也是购买名牌商品的理想地点。100 East和300 East之间的**Broadway Avenue**(300 South)有一整排有趣但规模较小的时装店。你还可在300街区的**W Pierpont Avenue**找到一些售卖手工艺品的商店。

实用信息

紧急情况和医疗服务

盐湖地区医疗中心(Salt Lake Regional Medical Center；☎801-350-4111；www.saltlakeregional.com；1050 E South Temple；⏲24小时急诊)

上网

中心图书馆(Main Library；www.slcpl.org；210 E 400 South；⏲周一至周四 9:00~21:00，周五和周六 9:00~18:00，周日 13:00~17:00；📶)免费提供上网电脑和Wi-Fi。

媒体

城市周刊(City Weekly；www.cityweekly.net)免费双周刊，列有餐厅和娱乐信息。

盐湖论坛报(Salt Lake Tribune；www.sltrib.com)犹他州发行量最大的报纸，娱乐版有餐饮和活动列表。

现金

富国银行(Wells Fargo；www.wellsfargo.com；79 S Main St；⏲周一至周五 9:00~18:00，周六 9:00~15:00)提供现金兑换服务。

旅游信息

公共土地信息中心(Public Lands Information Center；☎801-466-6411；www.publiclands.org；REI Store, 3285 E 3300 South；⏲周一至周五 10:30~17:30，周六 9:00~13:00)位于REI店内，提供藏宝库国家森林(Wasatch-Cache National Forest)的游乐信息。

Visit Salt Lake(☎801-534-4900；www.visitsaltlake.com；游客中心 90 S West Temple, Salt Palace Convention Center；⏲周一至周五 9:00~18:00，周六和周日 9:00~17:00)办公室很大，有很多旅游手册和一家礼品店。

网络资源

Downtown SLC(www.downtownslc.org)提供市中心核心地区的艺术、娱乐和商业信息。

到达和离开

飞机

当地正在规划建造新机场，但目前来说，位于市中心西北5英里处的**盐湖城国际机场**(Salt Lake City International Airport, SLC；www.slcairport.com；776 N Terminal Dr)多数为国内航班，但也有一些短途航班飞往加拿大和墨西哥。**达美**(Delta；☎800-221-1212；www.delta.com)是服务于此的主要航空公司。

长途汽车

灰狗巴士(☎800-231-2222；www.greyhound.com；300 S 600 West)连接盐湖城和西南地区多个城市，如内华达州拉斯维加斯($86，8小时)和科罗拉多州丹佛市($114，10小时)。

火车

美铁(☎800-872-7245；www.amtrak.com)旗下的加州和风号列车(California Zephyr)穿行于芝加哥和奥克兰(Oakland)/Emeryville之间，每日停靠**联合太平洋铁路火车站**(Union Pacific Rail Depot；340 S 600 West)。延误情况有时相当严重，而且列车发车时间很古怪，不过可乘车前往丹佛($150，15小时)和里诺($68，10小时)等目的地。

当地交通

抵离机场

2013年，**犹他州交通局**(Utah Transit Authority, UTA; www.rideuta.com; 单程$2)完成了6英里长的TRAX轻轨延线，将机场和Energy Solutions Arena站(绿线)连接起来。453号巴士也往返于机场和市中心。**Express Shuttle**(☎800-397-0773; www.xpressshuttleutah.com)提供拼车服务，到市中心费用约$16，乘坐出租车大概要花费$25。

公共交通

犹他州交通局仍在继续扩建TRAX轻轨系统。盐湖城市中心的7个车站是免付费的区域，而且全属于三条有颜色代码的路线。到了滑雪季节，UTA的公共汽车也为当地滑雪度假村(单程$4.50)提供班车服务。

帕克市和瓦萨奇山脉(Park City & the Wasatch Mountains)

犹他州有北美首屈一指的滑雪区。这里的雪质格外蓬松干燥，年降雪量介于300英寸和500英寸之间，加上多达数千英亩的高纬度地形，让犹他州赢得了2002年冬奥会的举办权。瓦萨奇山脉俯视着盐湖城，是很多滑雪度假村的所在地，提供丰富的徒步、露营和山地自行车骑行的资源——更不用说那个拥有高档设施和著名电影节的时髦的帕克市。

盐湖城度假村(Salt Lake City Resorts)

瓦萨奇山脉西边有四大滑雪度假村，坐落在小三叶杨峡谷(Little Cottonwood)和大三叶杨峡谷(Big Cottonwood)，距离盐湖城市中心约40分钟车程。所有度假村都具备住宿和餐饮设施。1~10日的**Super Pass通票**(www.visitsaltlakecity.com/ski/superpass; 三日通票 成人/儿童 $219/114)可供你前往所有度假村(每天一个度假村)滑雪，并提供往返盐湖城的交通工具。

登录www.utah.com/saltlake/hiking.htm可查阅夏季徒步和自行车道的完整列表。

大三叶杨峡谷(BIG COTTONWOOD CANYON)

Solitude 雪上运动

(☎801-534-1400; www.skisolitude.com; 12000 Big Cottonwood Canyon Rd; 一日缆车票 成人/儿童 $72/46)高级的欧式村庄，周遭地形非常适合各种雪上运动。滑雪中心在冬季提供越野滑雪项目，夏季则有自然活动和山地自行车骑行。

Brighton Resort 雪上运动

(☎800-873-5512; www.brightonresort.com; 12601 Big Cottonwood Canyon Rd; 一日缆车票 成人/儿童 $57/31)地方虽小，但胜在有非常出色的雪坡，是所有盐湖城人学习滑雪和滑雪板的地方，一直深受传统家庭和初学者的欢迎。

小三叶杨峡谷(LITTLE COTTONWOOD CANYON)

Snowbird 雪上运动

(☎800-232-9542; www.snowbird.com; Hwy 210, Little Cottonwood Canyon; 一日缆车票 成人/儿童 $65/42)这是盐湖城最大也最繁忙的雪上运动度假村，提供全方位的雪上项

值得一游

大盐湖

现在的大盐湖(Great Salt Lake)曾经是史前的邦维尔湖(Lake Bonneville)的一部分，占地面积2000平方英里，湖水比海水咸很多，你可以很容易就浮在水面上。绵延15英里的美丽的**羚羊岛州立公园**(Antelope Island State Park; ☎801-773-2941; http://stateparks.utah.gov; Antelope Dr; 日间门票 $9每车，帐篷位和无接口房车位 $13; ⏲7月至9月 7:00~22:00，10月至次年6月 7:00~19:00)，位于盐湖城西北40英里处，有一流的沙滩，适合湖泊游泳和散步(不过水位低时偶尔会发出臭味)。这里还是美国最大的野牛群居地之一。公园内还有一个设备简陋的露营地，全年开放。在26个露营位当中，6处采取先到先得原则，其余需预约。

目——试想一下那些陡峭幽深的地势。这里有很多有缆车协助的徒步小径，架空索道全年运行。

Alta Ski Area 滑雪

（☎800-258-2716；www.alta.com；Highway 210, Little Cottonwood Canyon；一日缆车票 成人/儿童 $65/42）喜欢悠闲的滑雪者的理想选择。这里的积雪没有受到滑雪板的影响。夏季可在百花盛开的阿尔比恩盆地（Albion Basin）享受徒步的乐趣。

帕克市（Park City）

帕克市（海拔6900英尺）位于盐湖城以东大约35英里处，经由I-80州际公路即可到达。2002年承办冬奥会速降滑雪、障碍滑雪及雪橇等项目，帕克市因此享誉世界。它不仅是西南地区著名的滑雪胜地，也是美国滑雪队之乡。在夏天到来时，居民们（人口7873）会装备齐全，到附近的山峰徒步或骑山地自行车。

19世纪的时候，这里是一个银矿。如今帕克市的主街上林立着画廊、商店、酒店、餐厅和酒吧。尽管山谷里满是公寓大厦，但帕克市的魅力还是丝毫不减。冬季（大约12月下旬至3月）是旺季，其余月份里商店可能休息数日不营业，度假村也仅提供有限的设施。

景点

帕克市博物馆 博物馆

（Park City Museum；www.parkcityhistory.org；528 Main St；成人/儿童 $10/4；⏲周一至周六 10:00~19:00，周日 正午至18:00）这个精心设计的互动博物馆重点介绍了帕克市作为采矿重镇的历史，以及如今的时尚人士聚集地和一流滑雪度假村。

犹他州奥林匹克公园 探险运动

（Utah Olympic Park；☎435-658-4200；http://utaholympiclegacy.com；3419 Olympic Pkwy；团队游 成人/儿童 $10/7；⏲10:00~18:00，团队游 11:00~16:00）**免费** 这里曾在2002年承办了冬奥会的障碍滑雪及滑雪橇等综合项目，可参观公园设施及免费的滑雪博物馆。运气好的话，还可以看到职业运动员练习自由式表演（夏季和冬季；$10）。活动（每趟$15~200）包括雪橇、高山滑雪、高空滑索和缆椅。

活动

除了雪上运动，每个地区的度假村都有靠近雪坡的豪华住宿、众多餐厅和各类夏季活动，包括租用山地自行车和有缆车协助的徒步行。总长超过300英里长的徒步/自行车道纵横交错，横跨整个山区；可以到游客中心或登录http://mountaintrails.org索取地图。两个即将开放的新步道为**Armstrong**（4英里；Park City Mountain Resort的步道起点）和**Pinecone Ridge**（4英里），非常适合山地自行车骑行。

Park City Mountain Resort 探险运动

（☎435-649-8111；www.parkcitymountainresort.com；1310 Lowell Ave；一日缆车票 成人/儿童 $80/50）适合全家一起游玩，而且地理位置非常适中。Park City Mountain Resort有很多丰富多彩的活动：3300多英亩可供滑雪的场地、滑雪胎、高山滑车、全年运行的市内缆车、夏日徒步行和滑索等。

Deer Valley 探险运动

（☎800-424-3337；www.deervalley.com；Deer Valley Dr；一日缆车票 成人/儿童 $100/64）该地区最豪华的度假村，以卓越的餐饮和奢华的山顶酒店如St Regis而闻名，雪坡精心整理过，限制人流，提供滑雪随从。不可使用滑雪板。

Canyons 探险运动

（☎888-226-9667；www.thecanyons.com；

观景自驾游：米勒湖公路（MIRROR LAKE HIGHWAY）

这条高山公路也称为Hwy 150，起点在卡默斯（Kamas），也就是帕克市以东约12英里的地方。它绵延65英里，一直延伸至10,000多英尺海拔的怀俄明州（Wyoming）。沿途有无数湖泊、露营地和山路岔口，向人们展示着犹因塔-藏宝库国家森林（Uinta-Wasatch-Cache National Forest；www.fs.usda.gov/uwcnf）中的山脉那令人屏息的公路风景。请注意，春末部分路段可能因大雪而关闭，记得上网查询。

4000 Canyons Resort Dr；一日缆车票 成人/儿童$80/60）犹他州最大的度假村，包括9座山峰、5个盆地和3个地形公园，一辆厢式缆车全年运行。夏季除了滑索团队游外，还有导游带领的徒步和山地自行车骑行等活动。

节日和活动

圣丹斯电影节 电影节

（Sundance Film Festival；☎888-285-7790；www.sundance.org/festival）时间是1月下旬，为期10天，届时会邀请独立影片、影片制作人、演员及影迷。通行证、观影套票及少量单独的电影票总是提前卖个精光，记得早作安排。

住宿

帕克市有上百座公寓大厦、酒店和度假村供出租，但没有一家是便宜的。登录www.visitparkcity.com可查阅完整的住宿列表。冬天旺季的房价列于下面（可能有最低入住天数要求），淡季时房价可跌过一半以上。在盐湖城和I-40州际公路及Hwy 248的交叉口有连锁汽车旅馆，相对较便宜。

Chateau Apres Lodge 青年旅舍 $

（☎800-357-3556，435-649-9372；www.chateauapres.com；1299 Norfolk Ave；铺 $40，双/四$125/175；📶）这家建于1963年的小屋是市内唯一的廉价住处，只提供非常基本的设施。靠近市内的滑雪缆车，一楼是宿舍。需提前预订。

★ Old Town Guest House 民宿 $$

（☎800-290-6423，435-649-2642；www.oldtownguesthouse.com；1011 Empire Ave；房间 含早$169~199；❄@📶）在这家位于市区的舒适民宿里，你可以穿上法兰绒浴袍，从书架上挑一本平装书，舒适地蜷卧在棉被里阅读，或者在浴缸泡个澡放松身心。民宿主人会腾出空间放置你的装备，并告诉你当地最棒的户外旅行地点。

Park City Peaks 酒店 $$

（☎800-333-3333，435-649-5000；www.parkcitypeaks.com；2121 Park Ave；房间 $149~249；❄@📶≋）这家酒店位于市中心和奥林匹克公园之间，是许多雪橇初学者及其他美国国家队候选人混在一起的地方。客房舒适现代，12月至次年4月期间，房费含早餐。

Sky Lodge 豪华酒店 $$$

（☎888-876-2525，435-658-2500；www.theskylodge.com；201 Heber Ave；套 $400~1000；❄@📶≋）建筑类似都市阁楼，内有时尚的Sky Lodge套房，与周围的三栋历史建筑相互辉映，建筑内是业主的出色餐厅。再没有比住在这里更中心、更时尚的选择了。

St Regis Deer Valley 豪华酒店 $$$

（☎866-932-7059，435-940-5700；www.stregisdeervalley.com；2300 Deer Valley Dr E；房间 $700~1300；❄@📶≋）需乘坐私家缆车才能登上St Regis。所以，不论你是在户外的炉火边闲晃、在宽敞的露台用餐或是坐在房间的阳台栏杆上凝望，都可观赏到宏伟壮丽的景观。精心雕琢出的优雅的乡间气息是Deer Valley奢华住宿的最大亮点。

就餐

帕克市并不以廉价餐饮著称，相反，它有一些异常高档的美食场所。Deer Valley（见414页）内有几家最好的度假村餐厅。欲知更多信息，请参阅*Park City Magazine*（www.parkcitymagazine.com）挑选的餐饮指南。请注意，4月至11月期间很多餐厅会缩短营业时间，并可能延长休假时间。所有顶级餐厅（$$$）都需提前预订。

Java Cow Coffee & Ice Cream 咖啡馆 $

（402 Main St；菜肴 $3~8；⏰7:00~22:00；📶）在这家充满活力的咖啡馆享用现场制作的冰激凌如Mooana（附有机香蕉片），和香醇的Ibis咖啡。也供应三明治和可丽饼。

Uptown Fare 咖啡馆 $

（227 Main St；三明治 $6~11；⏰11:00~15:00）深藏于Treasure Mountain Inn底下，这家舒适的咖啡馆供应的烤火鸡三明治和家常汤非常美味。

★ Silver Star Cafe 新派美国菜 $$

（www.thesilverstarcafe.com；1825 Three Kings Dr；早餐和小盘菜 $9~14，晚餐 主菜 $15~20；⏰8:00~21:00）我们无法断定，究竟是创新的丰盛西式菜肴还是理想的偏远山脚地点吸引了我们。但无论如何，我们喜欢在滑雪后来到这个阳光和煦的露台放松一下，欣赏原创歌手的表演。

Good Karma 创意菜 $$

(www.goodkarmarestaurants.com; 1782 Prospector Ave; 早餐 $7~12, 主菜 $12~22; ⏲7:00~22:00) 餐厅会尽可能选用当地和有机食材，供应亚洲风味的印度-波斯菜。餐厅外挂着西藏的祷告经幡，很容易辨认。

Vinto 意大利菜 $$

(www.vinto.com; 900 Main St, Summit Watch Plaza; 菜肴 $8~17; ⏲周一至周六 11:00~22:00，周日 16:00~21:00) 简约的装潢非常适合时尚的 Main St。不过，让人感到意外的是，这里的炭烤比萨和新鲜、清淡的意大利菜居然不会让你花太多钱。

Riverhorse on Main 新派美国菜 $$$

(☎435-649-3536; http://riverhorseparkcity.com; 540 Main St; 早午餐 $25~35, 晚餐 主菜 $35~45; ⏲周一至周四 17:00~22:00, 周五和周六 17:00~23:00, 周日 11:00~14:30和17:00~22:00) 是市内一直保持高水准的顶级餐厅之一，高档的美国菜，如铺上开心果的犹他州鳟鱼为餐馆赢得无数奖状。冬季每晚都有音乐表演。

Wahso 亚洲菜 $$$

(☎435-615-0300; www.billwhiterestaurantgroup.com/wahso.html; 577 Main St; 主菜 $30~50; ⏲周三至周日 17:30~22:00) 极具吸引力的异国餐饮，很多熟客经常光顾这家精致的中南半岛创意菜餐馆。

不要错过

罗伯特·雷德福的圣丹斯度假村

开车驶入狭窄而盘旋的Hwy 92，就可前往罗伯特·雷德福(Robert Redford)的**圣丹斯度假村**(Sundance Resort; ☎800-892-1600, 801-225-4107; www.sundanceresort.com; 9521 Alpine Loop Rd, Provo; 房间 $199~500; 📶)体验独特的山居乐趣。即使只在这个优雅质朴、注重环保且交通不便的地方待上一晚，你仍可在Treehouse Restaurant或熟食店享用丰盛的一餐，并在圆形露天剧场观赏一场户外表演，或是到艺术小屋观看陶艺制作(可出售)。在这里，可以滑雪、徒步或享受水疗。纵然只是在周围地区漫步，也是一种难得的体验。度假村位于帕克市以南30英里，盐湖城东南50英里处。

饮品和夜生活

Main St有很多酒吧、俱乐部和小酒馆，是市内最热闹的地方。到了冬季，这里每晚都有活动，甚至连餐厅都有音乐表演。淡季时，只有周末才有演出。登录www.thisweekinparkcity.com查阅活动列表。

High West Distillery & Saloon 酒吧

(703 Park St; ⏲11:00~22:00, 团队游 15:00和16:00) 这家从前有徽记的A型年代的车库，如今已摇身一变成了帕克市的小型酿酒厂。四处参观一下，尝一点黑麦啤酒，点一杯威士忌柠檬水等着吃晚餐。

No Name Saloon & Grill 酒吧

(447 Main St; ⏲11:00至次日1:00) 酒吧内有一辆摩托车吊在天花板上，音响里放着约翰尼·卡什(Johnny Cash)的"Jackson"，而关于这家满是纪念品的酒吧的历史，女侍应的话不可尽信。

实用信息

图书馆(☎435-615-5600; http://parkcitylibrary.org; 1255 Park Ave; ⏲周一至周四 10:00~21:00，周五和周六 10:00~18:00，周日 13:00~17:00; 📶) 提供免费上网和Wi-Fi。

主街游客中心(Main Street Visitor Center; ☎435-649-7457; 528 Main St; ⏲周一至周六 10:00~19:00，周日 正午至18:00) 在繁忙的帕克市博物馆内有一张小办公桌。

游客信息中心(Visitor Information Center; ☎800-453-1360, 435-649-6100; www.visitparkcity.com; 1794 Olympic Pkwy; ⏲9:00~18:00; 📶) 游客中心的面积很大，有咖啡厅和露台，还可欣赏到奥林匹克公园(Olympic Park)附近山脉的壮丽景观。提供在线旅游指南。

到达和当地交通

Park City Transportation（☎800-637-3803, 435-649-8567; www.parkcitytransportation.com）和**Canyon Transportation**（☎800-255-1841; www.canyontransport.com）提供往返盐湖城机场的拼车服务（单程$40）和私人小客车出租服务（1~3人$100起）。后者也提供滑雪场的接驳服务（$50起），将客人从帕克市送至盐湖城的雪场度假村。

PC-SLC Connect（902号巴士）从盐湖城中区开往**Park City Transit Center**（www.parkcity.org; 558 Swede Alley）。只要到了帕克市，就无须租车。这里的公交系统非常完善，覆盖整个市镇，包括历史区、金贝尔章克申（Kimbell Junction）和所有三个滑雪度假村。免费的公共汽车从早上8:00穿行至晚上11:00，每小时有1~6趟班车出发（夏季车次较少）。网上有可下载的路线图。

犹他州东北部（Northeastern Utah）

多数人前往犹他州东北部是为了探索恐龙国家保护区（Dinosaur National Monument），但这个石油资源丰富的偏僻地区最具吸引力的还是地势开阔的旷野。所有城镇海拔都只有1英里。

韦纳尔（Vernal）

既然是最靠近恐龙国家保护区的城镇，那么韦纳尔以巨大的粉红色恐龙伙伴（dino-buddy）来迎客就不足为奇了。这一带的石油与天然气工业扩张后，保护区曾被废置多年，如今已全面恢复运营，而城中也开始涌现出很多新事物。

犹他州立公园自然历史博物馆（Utah Field House of Natural History State Park Museum; http://stateparks.utah.gov; 496 E Main St; ⏲周一至周六 9:00~17:00; 🚸）播映信息丰富的影片，全面介绍犹他州的恐龙遗迹。互动性的展品、视频和巨型化石，是了解这里的最佳途径。

Don Hatch River Expeditions（☎435-789-4316, 800-342-8243; www.donhatchrivertrips.com; 221 N 400 East; 一日游 成人/儿童 $99/76）提供在附近的绿河（Green River）和扬珀河（Yampa River）的急流及缓流漂流行程。

沿Main St有很多连锁汽车旅馆，但大都被当地工人预订一空，所以别期待会有折扣。**Holiday Inn Express & Suites**（☎435-789-4654; www.vernalhotel.com; 1515 W Hwy 40; 房间含早 $100~170, 套 $130~200; ❄📶🏊）设施最完善，而**Econo Lodge**（☎435-789-2000; www.econolodge.com; 311 E Main St; 房间 $69~99）经过一番讨价还价后还算过得去。想体验不一样的住宿，试一下**Landmark Inn & Suites**（☎888-738-1800, 435-781-1800; www.landmark-inn.com; 301 E 100 S; 汽车旅馆 房间 含早 $129~169, 民宿 $80~100; 📶），它有一间高档的汽车旅馆和一家外部旅馆。

Backdoor Grille（87 W Main St; 主菜 $5~8; ⏲周一至周六 11:00~18:00）供应新鲜的三明治和饼干，非常适合外带野餐；还可在联营的书店内买一本徒步指南。晚餐到**Porch**（www.facebook.com/theporchvernal; 251 E Main St; 午餐 $8~12, 晚餐 $14~22; ⏲周一至周五 11:00~14:00和17:00~21:00, 周六 17:00~21:00）品尝美国南部风味美食。位于城北的Don**Pedro's Mexican Family Restaurant**（http://klcyads.com/don-pedros; 3340 N Vernal Ave; 菜肴 $8~15; ⏲11:00~14:00和17:00~22:00）供应南部边界的节日菜肴。

韦纳尔商会（Vernal Chamber of Commerce; ☎800-477-5558; www.dinoland.com; 134 W Main; ⏲周一至周五 9:00~17:00）提供整个地区的相关信息，包括探索岩画和恐龙踪迹的众多自驾游手册。

恐龙国家保护区（Dinosaur National Monument）

恐龙国家保护区（www.nps.gov/dino; 紧邻Hwy 40; 7日$10每车; ⏲24小时）横跨犹他和科罗拉多两州，1909年这里发现了恐龙化石床，是北美最大的恐龙化石床之一。虽然犹他州和科罗拉多州的保护区景观都很美丽，但在犹他州可看到恐龙骨骸。别错过**化石场展**（Quarry Exhibit; 9:00~16:00），这是个封闭的化石场，1600多个骨骸从岩墙中部分发掘出来，甚是壮观。

夏季需乘坐接驳车才能去参观化石场，这可能会耽搁一点时间，淡季时就得等候护林员带领的车队驱车前往。从化石场停车场的底下出发，沿着Fossil Discovery Trail（往返2.2英里）可以看到一些巨型股骨及遗留在岩石上的残骸。建议参加由护林员讲解的徒步行。此外，犹他州这边还可看到美洲原住民的岩石艺术，而且很容易到达。

在科罗拉多州的保护区，峡谷区（Canyon Area）地势较高，可俯视周遭景观，但因降雪，冬季会一直关闭至春末。这两个地区有众多的徒步小径、带讲解的乘车游（出售旅游手册）、绿河及扬珀河通道、露营地（帐篷位或房车位 每个$8~15）。化石场位于犹他州韦纳尔东北15英里处，在Hwy 149沿线。再往东行驶约30英里就是科罗拉多州恐龙国家保护区外的峡谷区。

这里有两个游客中心：Quarry Visitor Center（⏲5月中旬至9月下旬 8:00~18:00，9月下旬至次年5月中旬 9:00~17:00）和位于科罗拉多州的Canyon Area Visitor Center（☎970-374-3000; www.nps.gov/dino; Dinosaur, CO; ⏲6月至9月上旬 9:00~17:00，4月中旬至5月 仅周六和周日 10:00~16:00）。

火焰峡谷国家游乐区（Flaming Gorge National Recreation Area）

游乐区因火红的砂岩而得名，这个绚烂无比的公园拥有375英里长的水库岸线，是绿河系统的一部分。可到Red Canyon Lodge（☎435-889-3759; www.redcanyonlodge.com; 790 Red Canyon Rd, Dutch John; 小屋 $115~145）进行飞钓、划船、漂流、骑马等活动。小屋充满乡间气息，但没电视。Flaming Gorge Resort（☎435-889-3773; www.flaminggorgeresort.com; 155 Greendale/Hwy 191, Dutch John; 房间 $90~120，套 $120~160）也提供类似的水上活动，并有汽车旅馆客房和套房。两家旅馆的餐厅都不错。

登录www.flaminggorgecountry.com可了解本地基本信息，公共露营地信息可查询美国林业局火焰峡谷管理处（USFS Flaming Gorge Headquarters; ☎435-784-3445; www.fs.fed.us/r4/ashley; 25 W Hwy 43, Manila; ⏲周一至周五 8:00~17:00）。游乐区海拔6040英尺，即使夏日出游也备感清凉——通常白天最高气温在80°F(27℃)上下。

摩崖和犹他州东南部（Moab & Southeastern Utah）

在科罗拉多高原崎岖不平的一角，远处白雪皑皑的山峰与红岩峡谷形成强烈的对比。6500万年来，河水顺着科罗拉多河和绿河的河道冲刷，形成了蜿蜒、陡峭的峡谷。如今，它们构成了峡谷地国家公园（Canyonlands National Park; 见421页）的边界。不远处是拱岩国家公园（Arches National Park; 见421页），里面有上千个风蚀拱门和岩石层。位处两个公园之间的摩崖（Moab）是游览两地的根据地，同时也是个户外活动中心，可提供山地自行车骑行、水上滑行和四轮驱动车项目。在犹他州东南角一隅，古代普韦布洛遗址散布于遍布岩石的偏僻荒野和公园之间。最著名的是纪念碑谷（Monument Valley），一直延伸至亚利桑那州。

绿河（Green River）

被誉为“世界西瓜之都”的绿河城镇可作为在绿河及科罗拉多河进行水上游览的根据地。1869年和1871年，内战时期极富传奇色彩的一位独臂老兵、地理学家兼种族学者约翰·威斯利·鲍威尔（John Wesley Powell）是首位到科罗拉多河和绿河探险的人。在约翰·威斯利·鲍威尔河流历史博物馆（John Wesley Powell River History Museum; www.jwprhm.com; 885 E Main St; 成人/儿童 $3/1; ⏲4月至10月 8:00~19:00，11月至次年3月 8:00~16:00）去了解他惊人的探险历程吧，同时还可参观弗里蒙特印第安人（Fremont Indians）、地质学和当地历史的相关馆藏。博物馆也是当地的游客中心。

户外旅行商Holiday Expeditions（☎800-624-6323, 435-564-3273; www.holidayexpeditions.com; 10 Holiday River St; 日间行程 成人/儿童 $195/175）和Moki Mac River Expeditions（☎800-284-7280, 435-564-3361; www.mokimac.com; 日间行程 $160）在Westwater Canyon组织一日的激浪漂流活动，并提供多日徒步行程。

家庭经营的Robbers Roost Motel（☎435-564-3452; www.rrmotel.com; 325 W Main St; 单$35, 双 $45; ❄📶🐾）整洁明朗，是个物超所值的廉价汽车旅馆。不然的话，W Main St（Business 70）连接I-70州际公路的地方也有很多连锁汽车旅馆。本地居民和漂流爱好者总是聚在本地啤酒店Ray's Tavern（25 S Broadway; 菜肴 $8~26; ⏲11:00~22:00）大嚼犹他州东南地区最好吃的汉堡和鲜切薯条。

由美铁(☎800-872-7245; www.amtrak.com; 250 S Broadway)运营的加州和风号(*California Zephyr*)每天发往丹佛($90, 10.75小时),绿河是犹他州东南部唯一的停靠站。绿河位于盐湖城东南182英里,摩崖西北52英里。

摩崖(Moab)

摩崖是犹他州东南部最大的城市(人口5093),自诩为犹他州的娱乐之都——确实名不虚传。这里到处都有组织漂流和骑行(山地自行车、骑马、四轮驱动车……)的户外旅行店,带你探索周遭的公共土地。也可把这里作为旅程的根据地,白天去拱岩或峡谷地国家公园徒步,晚上回到旅馆,躺在舒适的床上,或去洗个热水澡,在众多不错的餐厅里挑一家犒劳自己。不过要注意,这个通往冒险旅程的门户城镇早已不是什么秘密地点,所以总是挤满了人,尤其是春季到秋季期间有各种活动之际。如果这里的交通让你备受困扰,别忘了,你可以随时消失在广阔无边的沙漠中。

活动

摩崖游客中心提供数种介绍城镇周边的岩石艺术、徒步小径及自驾游等活动的手册,并列出很多提供从半日到多日探险行程的户外旅行商(从$60欣赏落日的四驱车探险,到$170的一日激浪漂流都有),费用包含交通和活动本身,有的还提供食物。需提前预约。

户外旅行商

Sheri Griffith Expeditions 漂流

(☎800-332-2439; www.griffithexp.com; 2231 S Hwy 191; 日间行程$170)组织漂流活动,口碑很好,也提供一些综合运动的探险行程。

Poison Spider Bicycles 山地自行车

(☎800-635-1792, 435-259-7882; www.poisonspiderbicycles.com; 497 N Main St; 每天租金$45~70)出租山地和公路自行车,并组织团队游。也提供很好的建议和服务。

Farabee's Jeep Rental & Outlaw Tours 探险运动

(☎877-970-5337; www.farabeesjeeprentals.com; 1125 S Highway 191; 租用吉普车 每天$150~225)出租四轮驱动车,并提供自驾游和有导游带领的越野吉普车游。

Moab Desert Adventures 探险运动

(☎877-765-6622, 435-260-2404; www.moabdesertadventures.com; 415 N Main St; 半日/全日 $165/285)组织一流的攀岩活动,带你攀登周遭地区的塔楼和高墙,也提供峡谷探险和综合运动套餐。

Red Cliffs Lodge 骑马

(☎866-812-2002, 435-259-2002; www.redcliffslodge.com; Mile 14, Hwy 128; 半日 $80)每日提供半日骑行活动,有进阶班和野外骑马活动。

住宿

市内多数住宿都设有自行车储放设施和可缓解肌肉酸疼的浴缸。尽管汽车旅馆的数量很多,但还是有可能客满;如果要在3月至10月期间来访,建议提前预订。淡季时房价会显著下跌。

个别的土地管理局露营地(BLM campsites; www.blm.gov/utah/moab; 帐篷位和房车位$10~12; ⊙全年开放)遵循先到先得原则。旺季可到摩崖信息中心(Moab Information Center)查看哪些营地已满。

Adventure Inn 汽车旅馆 $

(☎866-662-2466, 435-259-6122; www.adventureinnmoab.com; 512 N Main St; 房间 含早$80~105; ⊙3月至10月; ❄☜)相当不错的独立小旅馆,有干净整洁的客房(有些配有冰箱)和合宜的床单,还有洗衣设施。

Cali Cochitta 民宿 $$

(☎888-429-8112, 435-259-4961; www.moabdreaminn.com; 110 S 200 East; 乡村小屋 含早$135~170; ❄☜)这家充满魅力的砖砌平房让人有回到家的感觉,而且离市中心不远。露台的长木桌为前来享用社区早餐的人营造了欢愉的氛围。

Sunflower Hill 旅馆 $$

(☎800-662-2786, 435-259-2974; www.sunflowerhill.com; 185 N 300 East; 房间 含早$165~

225; ❄📶🏊)在这个建于20世纪初已有百年历史的农舍里，你可以在精心修剪的花园里放松身心。12间宿舍都有精致优雅的乡村的感觉。

Gonzo Inn 汽车旅馆 $$

(☎800-791-4044, 435-259-2515; www.gonzoinn.com; 100 W 200 South; 房间含早 4月至10月 $160~180; ❄@📶🏊🐾)金属与木材的床头板、水泥淋浴室和色彩鲜艳的复古露台家具，将这个沙漠色的土砖汽车旅馆装点齐整。

Sorrel River Ranch 度假屋 $$$

(☎877-359-2715, 435-259-4642; www.sorrelriver.com; Mile 17, Hwy 128; 房间 $420~530; ❄@🏊)位于犹他州东南部，科罗拉多河岸边，占地面积240英亩，是一处提供全方位服务的豪华度假屋。这座建于1803年的建筑原本是民宅，如今除了提供骑马活动和水疗服务，还设有多家餐馆。

就餐

从背包客咖啡馆到美食店，摩崖从不缺乏用餐的场所。可在住宿处索取一份《摩崖餐饮指南》(*Moab Menu Guide*; www.moabmenuguide.com)。12月至次年3月间，部分餐厅会提早打烊，或在不同日子休息不营业。

Love Muffin 咖啡馆 $

(www.lovemuffincafe.com; 139 N Main St; 菜肴$6~8; ⊙7:00~14:00; 📶)这家充满活力的咖啡馆主要供应有机食品，包括创意三明治、墨西哥卷饼早餐、搭配牛腩和慢烤莎莎酱的鸡蛋菜肴如"Verde"。

Milt's 汉堡包 $

(356 Mill Creek Dr; 菜肴 $5~10; ⊙周一至周六 11:00~20:00)经典的1954年款汉堡，再配上鲜切薯条和浓郁的奶昔。

Miguel's Baja Grill 墨西哥菜 $$

(www.miguelsbajagrill.com; 51 N Main St; 主菜 $14~24; ⊙17:00~22:00)在亮色墙壁和凉风习习的露台享用鱼肉炸玉米饼或墨西哥烤肉，再喝上一口玛格丽特鸡尾酒，真是一大享受。

Cowboy Grill 美国菜 $$

(☎435-259-2002; http://redcliffslodge.com; Mile 14, Hwy 128, Red Cliffs Lodge; 早餐和午餐 $10~16, 晚餐 $14~28; ⊙6:30~10:00, 11:30~14:00和17:00~22:00)一定要坐在露台或大型落地窗前，这样才能看到科罗拉多河壮丽的落日美景。丰盛的肉类和海鲜菜肴也相当不错。

★ **Sabuku Sushi** 创意菜 $$$

(☎435-259-4455; http://sabakusushi.com; 90 E Center St; 寿司卷 $12~18, 小盘菜 $14~19; ⊙周二至周日 17:00~22:00)在如此偏远的沙漠地区竟能吃到如此新鲜的寿司，这真叫人难以置信。试一下创新的寿司卷及小盘菜，如生麋鹿片(味道有点像生牛肉，但多了点亚洲风味)。

Desert Bistro 西南风味菜 $$$

(☎435-259-0756; http://desertbistro.com; 36 S 100 West; 主菜 $20~50; ⊙3月至11月 17:30~22:00)用传统方法处理野味和海鲜是这家餐厅的特色。热情友好，酒单也很不错。

购物

在Center St和Main St的交叉路口附近寻找艺术和摄影画廊，还有T恤和美洲原住民的装饰品。

Arches Book Company & Back of Beyond 书籍

(83 N Main St; ⊙9:00~20:00; 📶)非常不错的独立书局，有大量有关本地区的书籍，包括旅游指南和地图。

实用信息

多数商业活动和服务，如加油站和自动柜员机，都在Hwy 191沿线，也就是市中心的Main St。

土地管理局(Bureau of Land Management, BLM; ☎435-259-2100; www.blm.gov/utah/moab)仅提供公共土地的电话和网上咨询服务。

格兰德县公共图书馆(Grand County Public Library; www.moablibrary.org; 257 E Center St; ⊙周一至周五 9:00~20:00, 周六至17:00)15分钟简易上网，如果使用时间较长则需注册。

摩崖信息中心(Moab Information Center; www.discovermoab.com; Main St和Center St交叉路口; ⊙周一至周六 8:00~19:00, 周日 9:00~18:00)提供本地区公园、步道、活动、露营和天气等的丰富信息，有

一个很大的书店。网上提供免费的旅游手册。

到达和当地交通

大湖航空（Great Lakes Airlines；☎800-554-5111；www.flygreatlakes.com）有定期从**峡谷地机场**（Canyonlands Airport，CNY；www.moabairport.com；紧邻Hwy 191）飞往丹佛和亚利桑那州普雷斯科特的航班。峡谷地机场位于市区以北16英里处，经Hwy 191可达。

Moab Luxury Coach（☎435-940-4212；www.moabluxurycoach.com）运营往返于盐湖城（单程$160，4.75小时）和大章克申（Grand Junction；单程$90，3.75小时）的小客车。**Roadrunner Shuttle**（☎435-259-9402；www.roadrunnershuttle.com）和**Coyote Shuttle**（☎435-260-2097；www.coyoteshuttle.com）则根据客户要求提供峡谷地机场、山地徒步骑行和河上的接驳服务。

摩崖位于盐湖城东南235英里，圆顶礁国家公园东北150英里处。

拱岩国家公园（Arches National Park）

拱岩国家公园（☎435-719-2299；www.nps.gov/arch；Hwy 191；7日$10每车；⏲24小时，游客中心 3月至10月 7:30~18:30，11月至次年2月 9:00~16:00）是西南地区最雄伟壮丽的公园之一，集中了世界上最好的砂岩拱门——据最新统计，这里有2000多个介于3英尺至300英尺宽的拱门。拱岩国家公园位于摩崖以北5英里处，每年有近100万名游客到这里朝圣。通过铺砌好的道路和相对较短的步道即可轻易到达许多宏伟的拱门，旅行者可以在一天内看完公园的多数景点。为了避开人潮，可以考虑踏着月色前去，此时天气较凉，岩石看上去就像幽灵一般阴森。

公园的亮点包括平衡岩(Balanced Rock)、常常被人拍下照片的精致拱门(Delicate Arch；下午较晚的时候拍照最佳)、拱门很长且甚为壮观的风景拱门(Landscape Arch)，以及广受欢迎的窗户拱门(Windows Arches)。护林员每天两次带领游客进入迷宫般的火焰炉(Fiery Furnace)，需提前预约。可亲自前往或在www.recreation.gov预约，最好能提前至少几天。

由于天气炎热又缺水，即使有免费的许可证(可以在游客中心领取)，还是没什么人会来这里背包旅行。景色优美的Devils Garden Campground（☎877-444-6777；www.recreation.gov；帐篷位和房车位 $20）距离游客中心18英里，一定要提前预约。如果要在3月至10月期间入住，最好尽早预订。营地没有淋浴设施和接口。

> **不要错过**
>
> **报纸岩游乐区（NEWSPAPER ROCK RECREATION AREA）**
>
> 这个免费的小游乐区展示着一块巨大的岩石雕刻板，上面刻了300多幅岩画，据说是在一段跨度2000年的时期内由犹特族和古普韦布洛族人留下的。从Hwy 191出发，沿着Hwy 211行驶约12英里即可到达，它就在前往峡谷地国家公园针峰区（再行驶8英里）的半路上。

峡谷地国家公园（Canyonlands National Park）

红岩拱门、桥梁、针峰、尖顶、火山口、平顶山、孤丘——峡谷地(www.nps.gov/cany；7日$10每车，帐篷位和无接口房车位 $10~15；⏲24小时)以碎裂、衰变之态呈现出古老地球的视觉之美。道路和河流指向这527平方英里的沙漠荒野，在这里，绝大部分的地区仍未被驯服，但仍可以徒步、漂流或开着四驱车探险，只是须确保备足汽油、食品和水。在瀑布峡谷(Cataract Canyon)可进行一些最为狂野的激浪漂流活动(请查找摩崖和绿河的户外旅行商)。

科罗拉多河与绿河将公园分成不同的区域。在天空之岛(Island in the Sky)区域有绝妙的俯视美景。游客中心(☎435-259-4712；Hwy 313，Canyonlands National Park；⏲3月至10月 8:00~18:00，11月至次年2月 9:00~16:00)位于摩崖西北32英里处。我们最喜欢的短程步道是往返半英里、常常上镜的梅萨拱门(Mesa Arch)，在细长的悬崖边还能拍摄浣衣女拱门(Washer Woman Arch)和巴克峡谷(Buck Canyon)景观。继续往前行驶一小段路，就可到达Grand View Overlook小径。这条小径沿着峡谷的边缘延伸，止于一处令人赞叹的悬崖之上。针峰(Needles)区更为偏僻荒凉，是背包旅行和越野驾驶的理想地点。沿Hwy 191向南行驶，转入Hwy 211后向西，即可到达距离摩崖40英里的游客中心(☎435-259-4711；

Hwy 211; ⏲3月至10月 8:00~18:00，11月至次年2月 9:00~16:30)。这两个区域的露营地很小，只有基本设施(无淋浴设施)，先到先得。

除门票外，到野外露营、开四驱车探险及坐船游河等活动都需提前申请许可证($10~30)。欲知详情，请联系**Backcountry Reservations Office**(☎435-259-4351; http://www.nps.gov/cany/planyourvisit/backcountrypermits.htm; Canyonlands National Park)。

死马点州立公园 (Dead Horse Point State Park)

死马点州立公园(www.stateparks.utah.gov; Hwy 313; 日间停车 $10每车，帐篷位和房车位 $20; ⏲停车 6:00~22:00，游客中心 3月至10月 8:00~18:00，11月至次年2月 9:00~16:00)虽小，但景色非常好，是许多电影的拍摄地点，其中包括《碟中谍II》(*Mission Impossible II*)和《末路狂花》(*Thelma & Louise*)的部分场景。死马点州立公园位于前往峡谷地国家公园针峰区途中，沿Hwy 313下来即可到达。壮观而迷人的景致绝对值得你绕道前来：眺望白色峭壁环绕的红岩峡谷、科罗拉多河、峡谷地，以及远处的拉萨尔山脉(La Sal Mountains)。露营地有21处露营点，水源有限(建议自备)，无淋浴设施，也没有房车接口。需提前预订。

布拉夫 (Bluff)

位于摩崖以南100英里的这个小小市镇(人口258)，是旅行者前往美丽而荒凉的犹他州东南角之前的休整根据地，舒适而休闲。布拉夫坐落在圣胡安河岸(San Juan River)，Hwy 191和Hwy 162交叉路口附近，被红色的岩石和公共土地所包围。1880年，摩门教的先人建立了这个聚居地。不过除了一个商栈和几个就餐及住宿点外，小镇本身其实没有什么看头。

想去野外探索岩画和遗址，**Far Out Expeditions**(☎435-672-2294; www.faroutexpeditions.com; 半日游 $125起)组织前往偏远地区徒步的单日或多日游行程。此外还可参加**Wild Rivers Expeditions**(☎800-422-7654; www.riversandruins.com; 101 Main St; 一日游 成人/儿童 $175/133)的激浪漂流活动，这家历史悠久并熟悉本地区地质情况的户外旅行商也组织参观古遗址的团队游。

热情友好的**Recapture Lodge**(☎435-672-2281; www.recapturelodge.com; Hwy 191; 房间 含早$70~90; ❄@📶🏊)是充满乡村氛围的舒适旅馆。业主不但出售地图，而且对周遭地区十分熟悉。小径直通河边。此外，**Desert Rose Inn**(☎888-475-7673，435-672-2303; www.desertroseinn.com; Hwy 191; 房间 $105~119，小屋 $139~179; ❄@📶)的木头客房很宽敞，也是个不错的选择。

充满艺术气息的**Comb Ridge Coffee**(www.combridgecoffee.com; 680 S Hwy 191; 菜肴 $3~7; ⏲周二至周日 7:00~17:00，11月至次年2月时间不定; ✎)在砖木咖啡馆内供应意式浓咖啡、玛芬蛋糕和三明治。至于午餐和晚餐，若想吃有机食品可以去**San Juan River Kitchen**(www.sanjuanriverkitchen.com; 75 E Main St; 主菜 $14~20; ⏲周二至周六 17:30~22:00)，食材取自邻近地区，主要供应墨西哥美式菜肴。

豪文卫普国家保护区 (Hovenweep National Monument)

美丽却游人罕至的**豪文卫普**(www.nps.gov/hove; Hwy 262; 停车 7日 $6每车，帐篷位和房车位 $10; ⏲停车 黄昏至黎明，游客中心 6月至9月 8:00~18:00，10月至次年5月 9:00~17:00)在犹特语中的意思是"荒芜的峡谷"。保护区内有令人惊叹的高塔和谷仓，是史前古普韦布洛遗址的一部分。方塔群(Square Tower Group)距离游客中心不远，其他遗址则需徒步很长时间才能够到达。露营地有31处基本露营位(无淋浴设施和房车接口)，先到先得。保护区的主要入口位于Hwy 191东边Hwy 262上的Hatch Trading Post，在布拉夫东北方40多英里外。

纪念碑谷 (Monument Valley)

从布拉夫往西25英里，驶出**墨西哥草帽村**(Mexican Hat; 得名于一个阔边帽形状的岩石)，从Hwy 163向西南方蜿蜒前进，进入纳瓦霍印第安保留地(Navajo Indian reservation)，再往南30英里，**纪念碑谷**(Monument Valley)那不可思议的平顶山和孤丘凭空而起，赫然出现于眼前。纪念碑谷的大部分地区，包括部落公园里环绕巨石层的17英里长的车行土路环线，都处于亚利桑那州的范围之内(见398页)。

天然桥国家保护区 (Natural Bridges National Monument)

在布拉夫西北55英里处，这个极为偏僻的保护区(www.nps.gov/nabr; Hwy 275; 停车 7日 $6每车，帐篷位和房车位 $10; ⏲24小时，游客中心 5月至9月 8:00~18:00，10月至次年4月 9:00~17:00)保护着一个白色的砂岩峡谷(不是红色!)。这里有三座壮观的天然桥，很容易到达。其中最古老的是欧瓦乔默桥(Owachomo Bridge)，跨度为180英尺，厚度仅为9英尺。9英里长的观景环线车道非常平坦，最适合远望周围的景色。露营地有13处基本的露营位(无淋浴设施，无房车接口)，先到先得。这里有一些原始的营地，极为简陋，要知道，在到达布兰丁(Blanding; 往东40英里)之前，沿途没有任何服务设施。

锡安和犹他州西南部 (Zion & Southwestern Utah)

当地的旅游局称这里为“多彩乡村”，但这可爱的称呼还是不足以说明此间的流光溢彩。从锡安(Zion)深红色的峡谷到布莱斯峡谷(Bryce Canyon)精致的粉橙相间的尖塔，再到圆顶礁(Capitol Reef)黄白相间的旋转圆屋顶，这片土地上有着三个国家公园和巨大的大楼梯地区-埃斯卡兰特国家保护区(Grand Staircase-Escalante National Monument, GSENM)，蔚为壮观。

圆顶礁国家公园 (Capitol Reef National Park)

圆顶礁(☎435-425-3791, ext 4111; www.nps.gov/care; Hwy 24和Scenic Dr交叉路口; 入门免费，7日观景道 $5每车，帐篷位和房车位 $10; ⏲24小时，游客中心和观景道 4月至10月 8:00~18:00, 11月至次年3月 8:00~16:30)虽没有其他国家公园那么多游人，但同样不乏优美的景色。在水袋褶曲(Waterpocket Fold)那100英里的总面积中，圆顶礁占了大部分。水袋褶曲是在6500万年前当地球表面拱起又交叉时形成的，展示了地质史的一个横截面，那美妙的色彩简直像画出来的一般。Hwy 24豪迈地从公园穿过，不过建议你走风景更为优美的南部观景道，因为会穿过很多果园——这是当年摩门教聚居地的遗赠。当果实成熟时，你可自由地采摘樱桃、桃子和苹果，并在历史悠久的吉弗德农舍(Gifford Farmhouse)停留，参观古老的农庄，购买水果馅迷你馅饼。这里还有绿草茵茵的露营地(无淋浴设施和房车接口)，营地先到先得，在初春至秋季期间总是爆满。

托雷 (Torrey)

托雷位于圆顶礁以西15英里处，可作为造访各大国家公园的大本营。除了一些古老的西部年代建筑物外，这里还有十几家餐厅和汽车旅馆。

Austin's Chuckwagon Motel(☎435-425-3335; www.austinschuckwagonmotel.com; 12 W Main St; 房间 $75~85, 小屋 $135; ⏲3月至10月; ❄📶🏊🐾)的外观是西部主题，客房舒适干净，略具个性。廉价住处大都集中在杂货店一带，你还可在那里补充一些物品或三明治。

建于1914年的Torrey Schoolhouse B&B(☎435-633-4643; www.torreyschoolhouse.com; 150 N Center St; 房间 含早$118~148; ⏲4月至10月; ❄📶)有着乡村的优雅气质，每间通风凉爽的客房背后都有一个不同的故事(比如，声名狼藉的劫匪Butch Cassidy或许曾在这里跳过交谊舞)。吃过丰盛的早餐后，不妨在花

> **ℹ 海拔高度至关重要**
>
> 与其他地区一样，犹他州南部通常比犹他州北部要热。但在你作出任何天气预测之前，最好先查查目的地的海拔。因为即使两地之间的距离还不到1小时车程，但它们的海拔高度却可能相差了数千英尺，温差也可能达20℉(约11℃)。
>
> - 圣乔治(3000英尺)
> - 锡安国家公园——春谷入口处(3900英尺)
> - 锡达布雷克斯国家保护区(10,000英尺)
> - 布莱斯国家公园度假屋(8100英尺)
> - 摩崖(4026英尺)
> - 盐湖城(4226英尺)
> - 帕克市(7100英尺)

园或一楼大酒廊里慵懒地待上一会儿，然后再外出徒步。

Capitol Reef Cafe（☎435-425-3271；www.capitolreefinn.com；360 W Main St；早餐和午餐 $6~12，晚餐 $16~22；⏲4月至10月 7:00~21:00）会尽可能选用当地食材和有机食材。餐厅自制的馅饼广受欢迎，其他健康菜肴如鳟鱼也深受食客青睐。本书采写时，当地著名餐厅**Cafe Diablo**（☎435-425-3070；http://cafediablo.net；599 W Main St；午餐 $10~14，晚餐 $22~40；⏲4月中旬至10月 11:30~22:00；✍）正在转手过程中。

如果你想进一步探索或寻找本地户外活动，请联系**韦恩县旅游协会**（Wayne County Travel Council；☎800-858-7951，435-425-3365；www.capitolreef.org；Hwy 24和Hwy 12交叉路口；⏲4月至10月 周一至周六 正午至19:00）。

博尔德（Boulder）

博尔德（www.boulderutah.com）很小，人口仅227，虽然只在托雷以南32英里处的Hwy 12沿线上，却得穿过博尔德山脉才可到达。这里的地势险峻，非常偏远，直到1985年才铺砌了Hwy 12将它与外界连接起来。美丽的**Burr Trail Rd**以这儿为起点，向东延伸，横穿大楼梯地区-埃斯卡兰特国家保护区东北角，一直蜿蜒到圆顶礁或鲍威尔湖（Lake Powell）湖畔的牛蛙码头（Bullfrog Marina）。

想要探索当地的峡谷和岩石艺术，可以考虑参加由知识广博的**Earth Tours**（☎435-691-1241；www.earth-tours.com；团队游 每人$150起；⏲3月至10月；🐾）组织的一日徒步游（可携带宠物）。空间虽小但馆藏丰富的**阿纳萨齐州立公园博物馆**（Anasazi State Park Museum；www.stateparks.utah.gov；Main St/Hwy 12；门票 $5；⏲3月至10月 8:00~18:00，11月至次年4月 9:00~17:00）展出史前古器物以及一个自1130年至1175年就有人居住的美洲原住民聚居地。你可到博物馆内的大楼梯地区-埃斯卡兰特国家保护区的综合柜台（GSENM Interagency Desk）咨询当地公共土地信息。

Boulder Mountain Lodge（☎435-335-7460；www.boulder-utah.com；20 N Hwy 12；房间 $110~175；❄@📶）客房虽奢华，但占地15英亩的野生保护区的景观才是无可比拟的。泡在坐拥山景的户外浴池里观鸟，更是令人身心舒畅。度假屋的餐厅**Hell's Backbone Grill**（☎435-335-7464；http://hellsbackbonegrill.com；20 N Hwy 12，Boulder Mountain Lodge；早餐 $8~12，午餐 $12~18，晚餐 $18~27；⏲3月至10月 7:30~11:30和17:00~21:30）供应的美食，食材取自当地农产品，充满了浓浓的乡土情怀。需提前预订。

Burr Trail Grill & Outpost（http://burrtrailgrill.com；Hwy 12和Burr Trail Rd交叉路口；菜肴$8~18；⏲3月至10月，grill 11:00~14:30和17:00~21:30，outpost 7:30~20:00；📶）的有机蔬菜挞、各式汉堡和令人垂涎三尺的自制甜点可媲美附近更有名的Hell's Backbone Grill。这里还有一家咖啡店和一间画廊。

大楼梯地区-埃斯卡兰特国家保护区（Grand Staircase-Escalante National Monument）

大楼梯地区-埃斯卡兰特国家保护区（简称GSENM；www.ut.blm.gov/monument；⏲24小时）免费 占地2656平方英里，坐落在圆顶礁国家公园、格兰峡谷国家游乐区（Glen Canyon National Recreation Area）和布莱斯峡谷国家公园（Bryce Canyon National Park）之间，面积比特拉华州（Delaware）和罗德岛州（Rhode Island）加起来还要大。最近的服务设施和GSENM游客中心在北部Hwy 12沿线的博尔德、埃斯卡兰特（Escalante）和南部US 89沿线的卡纳布（Kanab）。除此以外的旅游基础设施很少，反倒使得这个广阔偏远、无人居住的峡谷区成了那些时间充裕、装备齐全而且见识广博的旅行者乐于探险的地方。请注意：这个没有水源的地区极为荒凉，以致于它是最后才被纳入美国大陆本土的版图之中的。

博尔德和埃斯卡兰特之间的**Lower Calf Creek**（Mile 75，Hwy 12；白天进入 $2，帐篷位和房车位 $7；⏲白天，黎明至黄昏）瀑布往返只需6英里，是最方便也是公园里最多人使用的步道。13个热门的溪畔露营位（无淋浴设施和房车接口）很快就被占满，而且不接受预订。

埃斯卡兰特（Escalante）

这个通往国家保护区的门户城镇拥有792位居民，是方圆数十英里内最接近大都会的地方。在前往邻近的大楼梯地区-埃斯卡兰特国家保护区探索之前，它可作为你备货和规划行程

观景自驾游：12号公路

12号公路观光小路（Highway 12 Scenic Byway; http://scenicbyway12.com）或许是犹他州最丰富多彩、最雄伟壮丽的路线，它穿过偏僻的峡谷地，从布莱斯峡谷向西，直到圆顶礁附近，全程124英里。埃斯卡兰特和托雷之间的路段横穿如月球表面般的蚀刻平滑岩，翻越狭窄的山脊，还要攀上海拔11,000英尺的山峰。

的根据地。**埃斯卡兰特综合办公室**（Escalante Interagency Office; ☎435-826-5499; www.ut.blm.gov/monument; 775 W Main St; ⏱4月至9月 每天8:00~16:30，10月至次年3月 周一至周五）是一个极好的资源中心，提供区域内一切有关保护区和林务局土地的信息。埃斯卡兰特距离博尔德30英里，离圆顶礁国家公园附近的托雷65英里。

Escalante Outfitters & Cafe（☎435-826-4266; www.escalanteoutfitters.com; 310 W Main St; ⏱8:00~21:00）是旅行者的绿洲：书店出售地图、指南、露营装备，还有酒。舒适的咖啡馆是享用店里自制早餐、比萨和沙拉的好去处。也出租乡间小木屋（$45）和山地自行车（每天$35起）。经营多年的**Excursions of Escalante**（☎800-839-7567; www.excursionsofescalante.com; 125 E Main St; 全天$145起; ⏱8:00~18:00）提供峡谷探险、攀岩和摄影徒步行；也有一间咖啡馆。

镇上有很多不错的住宿地点，包括**Canyons Bed & Breakfast**（☎866-526-9667, 435-826-4747; www.canyonsbnb.com; 120 E Main St; 房间 含早$135~165; ❄📶），高档的小屋客房围绕着绿树成荫的院子。**Circle D Motel**（☎435-826-4297; www.escalantecircledmotel.com; 475 W Main St; 房间 $65~75; ❄📶🐾）是一家较旧但已翻修的廉价汽车旅馆，店主热情友好，还有一家提供全方位服务的餐厅。

柯达盆地州立公园 (Kodachrome Basin State Park)

这个**州立公园**（☎435-679-8562; www.stateparks.utah.gov; 紧邻Cottonwood Canyon Rd; 日间游览 $6每车，帐篷位和房车位 有/无接口 $25/16; ⏱日间游览 6:00~22:00）五彩缤纷，有许多红色、粉色和白色的砂岩烟囱，被国家地理学会（National Geographic Society）称为最上镜的风景区之一。部分较完善的露营位（有淋浴设施）可上网预订。现场骑马和入住小屋也可享受优惠。

布莱斯峡谷国家公园 (Bryce Canyon National Park)

大楼梯地区，也就是一系列像台阶一样的岩石层，从大峡谷开始向北逐渐抬升，在这个颇受游客喜爱的**国家公园**（☎435-834-5322; www.stateparks.utah.gov; Hwy 63; 7日汽车通行证 $25，帐篷位和无接口房车位 $15; ⏱24小时; 游客中心 5月至9月 8:00~20:00，10月至次年4月 8:00~16:30）的粉红悬崖（Pink Cliffs）奏出最绚烂的乐章。园内满布色彩透亮缤纷的奇妙石林、尖塔和尖顶，还有模样怪异的“怪岩柱”（hoodoo）。“峡谷”其实就是由这些风蚀绝壁构成的一个圆形大剧场。从Hwy 12出发，在Hwy 63转南，公园就在埃斯卡兰特西南50英里处。

Rim Road Scenic Drive（8000英尺）沿峡谷边缘绵延18英里，沿途经过游客中心、旅馆、景点[不要错过**灵感台**（Inspiration Point）]和很多山径岔口，最后到达公路的尽头**彩虹点**（Rainbow Point; 9115英尺）。5月上旬至10月上旬期间有免费班车（8:00到至少17:30）穿梭于公园北部集合点和最南端的**布莱斯竞技场**（Bryce Amphitheater）之间。

公园有两个露营区，都可经公园网站预订。**Sunset Campground**小树林多，但不是全年开放。杂货铺附近的**North Campground**有投币式淋浴与洗衣设施。夏季时，保留的先到先得露营位通常在中午前就满额。

建于上世纪20年代的**Bryce Canyon Lodge**（☎877-386-4383, 435-834-8700; www.brycecanyonforever.com; Hwy 63, Bryce Canyon National Park; 房间和小屋 $175~200; ⏱4月至10月; @）透着淳朴的山地魅力。房间是现代化宾馆式套房，装饰时髦，薄壁的双层小屋还带有壁炉和前廊。没有电视。旅馆的**餐厅**（☎435-834-8700; Bryce Canyon National Park; 早餐 $6~12，午餐和晚餐 $18~40; ⏱4月至10月

7:00~10:30，11:30~15:00和17:30~22:00）很好，不过也很贵。

在公园边界的北边，**Ruby's Inn**（☎435-834-5341；www.rubysinn.com；1000 S Hwy 63；房间 $115~170，帐篷位 $26~55，带接口的房车位 $35~60；）犹如一个小镇，又像是一个度假村。这里有几个汽车旅馆可供选择，另外还有一个露营地。你甚至可以乘上直升机兜风、观赏牛仔竞技表演、欣赏西部艺术、洗衣服、购买杂货、到加油站加油，或是在任何一家餐厅用餐，然后再寄张明信片。

公园东边11英里是Hwy 12沿线的小镇**特罗皮克**（Tropic；www.brycecanyoncountry.com/tropic.html），镇上有额外的就餐和住宿地点。

卡纳布（Kanab）

在大楼梯地区-埃斯卡兰特国家保护区的南端，偏远的卡纳布（人口3564）被无边无际的粗粝沙漠所围绕。西部电影的创作者们于上世纪20年代至70年代在这里拍摄了几十部影片，小镇至今仍保留着老西部片场景的氛围。

卡纳布GSENM游客中心（Kanab GSENM Visitor Center；☎435-644-1300；www.ut.blm.gov/monument；745 E Hwy 89；⏲8:00~16:30）提供保护区的信息，**凯恩县旅游办公室**（Kane County Office of Tourism；☎800-733-5263，435-644-5033；www.kaneutah.com；78 S 100 East；⏲周一至周五 9:00~19:00，周六 至17:00）着重于提供有关该镇及电影场景的信息。约翰·韦恩（John Wayne）、玛琳·奥哈拉（Maureen O' Hara）和格利高里·派克（Gregory Peck）等好莱坞著名明星都曾下榻于历史悠久的**Parry Lodge**（☎888-289-1722，435-644-2601；www.parrylodge.com；89 E Center St；房间 $70~125；）。

建于1963年的**Quail Park Lodge**（☎435-215-1447；www.quailparklodge.com；125 N 300 W；房间 $115~159；）经整修后，13间客房都装饰得五彩缤纷，带有复古的酷炫风格。住在那里，然后去市中心的**Rocking V Cafe**（www.rockingvcafe.com；97 W Center St；午餐 $9~14，晚餐 $15~29；⏲11:30~22:00；）享用美食，餐厅采用的新鲜食材在水牛里脊和咖喱藜麦（quinoa）等菜肴中大放异彩。

锡安国家公园（Zion National Park）

从东部沿着Hwy 9进入**锡安国家公园**（www.nps.gov/zion；Hwy 9；7日 $25每车；⏲24小时，锡安峡谷游客中心6月至8月 8:00~19:30，其余月份提早关门），会途经黄砂岩柱和**棋盘台地**（Checkerboard Mesa），然后到达壮丽的隧道和3.5英里长的下坡路，一路曲折起伏穿行于绚丽红岩之间。这里总长超过100英里的小径可供悠闲地散步、野外背包徒步或露营。

如果时间有限，只能选择一项游览活动，那么一定就是穿越锡安峡谷核心地带的6英里**观景道**（Scenic Drive）了。4月至10月期间，须在游客中心乘坐免费的接驳车，可在沿途任一景点或步道起点上下车。著名的**Angels Landing Trail**有5.4英里长，颇为艰难，容易引起晕眩（海拔1400英尺，有很多陡峭的悬崖），不过沿途锡安峡谷的景观十分震撼。往返需4小时。

穿越**Narrows**（只在6月至9月）的背包游是一条16英里长的路线，你会需要一辆徒步接驳车（可通过Zion Adventure Company预订；见427页），并在游客中心取得野外徒步的许可证。旺季时，只有在公园网站提前预订才能获得许可证。也可从**Riverside Walk**步行5英里至**Big Springs**，那里的峡谷峭壁非常窄，是单日行程的终点。请记住，不论走哪个方向，你大部分的时间都是在维琴河（Virgin River）徒步。

尽早预订，并在杨木遮荫的**Watchman Campground**（☎预订电话877-444-6777；www.recreation.gov；Hwy 9，Zion National Park；帐篷位$16，有电源和水源接口的房车位 $18~20）要求一个河边的露营位。毗邻的**South Campground**（Hwy 9，Zion National Park；帐篷位和无接口的房车位 $16；⏲3月上旬至10月）先到先得。两个露营地共有近300处露营位。

具有乡村氛围的**Zion Lodge**（☎435-772-7700，888-297-2757；www.zionlodge.com；Zion Canyon Scenic Dr；房间 $185，小屋 $195，套 $225；）在观景道的中段抢下了一片地盘，提供81间设备齐全的汽车旅馆房间和40个配有壁炉的小屋。房间均有木头门廊，可观赏到壮丽的红岩峭壁景观，没有电视。

旅馆餐厅**Red Rock Grill**（☎435-772-7760；Zion Canyon Scenic Dr, Zion Lodge；早餐和三明治$8~14，晚餐$18~30；⏰3月至10月 6:30~10:30，11:30~15:00和17:00~22:00，11月至次年2月 时间不定）提供全方位的服务，景观同样很棒。公园外的春谷镇（Springdale）提供更多服务。

请注意，即使你只是途经此地，也需购买门票后才可在穿过公园的Hwy 9公用公路上行驶。驾驶露营车也需支付$15的护送费，以穿过东入口处1.1英里长的Zion-Mt Carmel隧道。

春谷（Springdale）

春谷地处锡安国家公园的南入口外，是个美丽的公园小镇。在这里，壮观的红色峭壁构成了各种不同风格咖啡馆的布景，餐厅均非常重视有机食材，画廊分散在个体汽车旅馆和民宿之间。

除了国家公园的徒步小径外，你还可在附近土地管理局（BLM）辖下的土地上参加由户外机构带队的攀岩、峡谷探险、山地自行车骑行和四驱车探险活动等（每人$140起，每趟半天）。**Zion Rock & Mountain Guides**（☎435-772-3303；www.zionrockguides.com；1458 Zion Park Blvd；⏰3月至10月 8:00~20:00，11月至次年2月 时间不定）组织的所有徒步项目，包括全家游，皆属私人定制，独自出游的旅客可通过**Zion Adventure Company**（☎435-772-1001；www.zionadventures.com；36 Lion Blvd；3月至10月 8:00~20:00，11月至次年2月 9:00至正午和16:00~19:00）参加现成的旅行团，以节省开支。两者都提供前往Narrows的装备及徒步/自行车接送服务，后者在夏季时提供河流轮胎漂流活动。

春谷有很多不错的餐厅和很好的住宿选择。翻修后的**Canyon Ranch Motel**（☎866-946-6276，435-772-3357；www.canyonranchmotel.com；668 Zion Park Blvd；房间 $99~119，公寓$120~140；❄📶🏊）有阴凉的草坪，以及野餐桌和秋千。占地5英亩的**Cliffrose Lodge**（☎800-243-8824，435-772-3234；www.cliffroselodge.com；281 Zion Park Blvd；房间 $159~189；❄📶🏊）种满了花朵，直抵维琴河畔。

在民宿方面，**Zion Canyon B&B**（☎435-772-9466；www.zioncanyonbandb.com；101 Kokopelli Circle；房间 含早$135~185；❄📶）最为传统，并提供全餐服务。我们喜欢**Red Rock Inn**（☎435-772-3139；www.redrockinn.com；998 Zion Park Blvd；乡村小屋 含早$127~132；❄📶）的个性化高档乡村小屋，点心大师级的美食会被直接送到住客房门口。**Under the Eaves Inn**（☎435-772-3457；www.undertheeaves.com；980 Zion Park Blvd；房间含早 $110~160，套 $185；❄📶）的业主在艺术和手工艺品方面的创意收藏，为这座建于20世纪30年代的大宅增添了活力。早餐是提供一家当地餐馆的礼券。

想要品尝香醇的咖啡和美味的可丽饼，那就把**Meme's Cafe**（www.facebook.com/memescafezion#!；975 Zion Park Blvd；菜肴 $6~10；⏰7:00~21:00）列为当天行程的首站吧。这里也供应帕尼尼三明治（paninis）和华夫饼，旺季时还会在露台举办现场音乐会和烧烤会。傍晚时分，当地人喜爱到铺了墨西哥式地砖和闪亮灯饰的**Oscar's Cafe**（www.cafeoscars.com；948 Zion Park Blvd；早餐和汉堡 $10~15，晚餐 主菜 $16~30；⏰8:00~22:00）和充满乡村氛围的**Bit & Spur Restaurant & Saloon**（www.bitandspur.com；1212 Zion Park Blvd；主菜 $16~28；⏰3月至10月 每天 17:00~22:00，11月至次年2月 周四至周六 17:00~22:00），这是他们聚会和吃喝的地方。

锡安峡谷旅游局（Zion Canyon Visitors Bureau；☎888-518-7070；www.zionpark.com）没有在此地设立办事处，可上网查询或索取该市的指南。每年春季旅游局会出版免费的春谷杂志，可在当地住宿地索取。

圣乔治（St George）

圣乔治（人口75,561）因气候温暖和位置偏南而获得"南方的家乡"的别称，受到很多退休者的青睐。这个地域广阔的摩门教城镇有引人注目的寺庙和古老的建筑，是拉斯维加斯（120英里）和盐湖城（304英里）之间的一个停靠站，位于通往锡安国家公园的途中。占地15,000平方英尺，展示恐龙踪迹和展品的**Dinosaur Discovery Site**（www.dinotrax.com；2200 E Riverside Dr；成人/儿童 $6/3；⏰周一至周六 10:00~18:00）绝对值得你绕道前往。

几乎所有已知的连锁汽车旅馆都可在圣

如果你能多待几天：锡达市与布雷克斯

通往海拔10,000英尺高的**锡达布雷克斯国家保护区**(Cedar Breaks National Monument; ☎435-586-0787; www.nps.gov/cebr; Hwy 148; 7日 $4每人; ⏲24小时，游客中心 6月中旬至10月中旬 9:00~18:00)的道路是冬季雪后最晚开放的道路之一，仅可在夏季通行。但这场等待绝对是值得的，因为从这里放眼眺望，其景致足可与布莱斯峡谷相媲美。附近的**锡达市**(Cedar City; www.scenicsouthernutah.com)以举办长达4个月的莎士比亚文化节(Shakespeare Festival)而闻名，那里也有很多民宿。锡达位于I-15州际公路沿线，距离圣乔治52英里，在布莱斯峡谷以西90英里处，而国家保护区就在锡达城东北22英里处。

乔治找得到。如果你想找一家比东边40英里外(1小时)的春谷更便宜的住宿地点，那么这些汽车旅馆是你的最佳选择。**Best Western Coral Hills**(☎800-542-7733, 435-673-4844; www.coralhills.com; 125 E St George Blvd; 房间 含早$80~139; ❄@📶🏊)离市中心的餐厅和历史建筑不远。**Seven Wives Inn**(☎800-600-3737, 435-628-3737; www.sevenwivesinn.com; 217 N 100 West; 房间和套房 含早$99~185; ❄@📶🏊)位于两座19世纪末的迷人住宅内，这间民宿内还有个小小的中央泳池。

紧邻I-15州际公路的**犹他州接待中心**(Utah Welcome Center; ☎435-673-4542; http://travel.utah.gov; 1835 S Convention Center Dr, Dixie Convention Center; ⏲8:30~17:30)可以解答各种疑问。

新墨西哥州(NEW MEXICO)

这里被称为“魅力之地”是有原因的。阳光洒在布满杜松的绵延群山上，传统的西班牙山村房屋有倾斜的铁皮屋顶和土砖墙，绵延壮丽的基督圣血山(Sangre de Cristo Mountains)高达13,000英尺，还有火山、峡谷和宽广的平地沙漠……这些美景就躺在一片辽阔的天空下，仿佛向你下了咒。这里的文化也很吸引人：泥砖砌成的古老教堂、原生态的印第安村庄、撒满红辣椒的墨西哥菜以及真正的牛仔，这些另类气息让这个州感觉就像另一个国家。

比利小子(Billy the Kid)的传奇故事在这片土地上流传，忠诚的信徒为了神奇的治愈能力而涌到奇马约(Chimayo)，蝙蝠倒挂在卡尔斯巴德洞窟里，有什么在罗斯韦尔(Roswell)附近坠毁……

对于新墨西哥州难以名状的魅力，最好的表达也许是乔治亚·奥基弗(Georgia O' Keeffe)的画作，她是有关这个州的最重要的画家。她自己第一次来时也宣称：“噢！噢！噢！……这里太美妙了！没有人告诉过我这里是这样的。”

可是，说真的，又有谁能够把这里的魅力用言语表达出来呢？

历史

早在公元前10,500年，就有人类出没于此。直到16世纪，在科罗纳多(Coronado)率领远征军到来之前，普韦布洛(美洲原住民村庄)仍是这里的主要社区。圣菲在1610年成为殖民地的首府，待西班牙殖民者和拓荒者探索过新墨西哥北部以后，传教士希望这片区域的普韦布洛人能够成为天主教徒，于是展开了一场带有暴力色彩的传教。1680年，美洲原住民一度反抗成功，占领了圣菲，直到1692年迭戈·德·巴尔加斯(Diego de Vargas)再度夺回这座城市。

1851年，新墨西哥成为美国领土。美洲原住民战争、牛仔和矿工之间的协议，以及圣菲的贸易改变了这个区域，1870年铁路的出现使得经济蓬勃发展。

20世纪初期，画家和作家在圣菲和陶斯创建了艺术区。1943年，一个科学团体落户于洛斯阿拉莫斯(Los Alamos)，制造出了原子弹。过去数年间，新墨西哥州一直备受旱灾困扰。

ℹ 实用信息

这里的景点开放时间是根据季节(而不是月份)而定的，旅行者应该提前致电询问，因为开放时间会因为天气、预算或根本不为什么而变动。

新墨西哥州66号公路协会(New Mexico Route 66

Association; www.rt66nm.org)提供关于横穿全州的这条著名公路的信息。

新墨西哥州州立公园部(New Mexico State Parks Division; ☎888-667-2757; www.emnrd.state.nm.us/SPD)提供州立公园相关信息及露营地预订链接。

公共土地信息中心(Public Lands Information Center; ☎877-851-8946; www.publiclands.org)提供露营和游乐信息。

阿尔布开克(Albuquerque)

这个热闹繁忙的核心地区有股诡秘的魅力,它仰赖的更多是当地人而不是大城市的耀眼光芒。这里的居民为他们的城市感到自豪,并乐于跟你分享当地的历史、亮点和必尝的美食餐厅——正因为这样,这个州内人口最多的城市才不仅仅是66号公路沿线的一个小点。

老城区有很多百年土砖建筑,而时尚的Nob Hill区汇集了商店、餐厅和酒吧,全都在步行范围之内。城外有古老的岩画,现代化的博物馆则探索宇宙和核能源。这里还是个很有特色且充满活力的地方,大学生、美洲原住民、西班牙人、男性和女性同性恋者交融杂处。人们对方块舞和瑜伽班抱有同样的热情,牛仔和房地产经纪人一同挤在狭小的墨西哥快餐店和复古咖啡馆里小酌慢饮。

阿尔布开克的主要边界线为北边的Paseo del Norte Dr,南边的Central Ave,西边的Rio Grande Blvd和东边的Tramway Blvd。Central Ave是城市的主动脉(也叫66号古道),穿过老城、市中心、大学和Nob Hill。该城分为四部分(西北区、东北区、西南区和东南区),Central Ave与铁道在市中心东边交会,是城市的中心。

景点

老城

从1706年成立到1880年铁路贯通,这片广场一直是阿尔布开克的中心,如今的老城是城中最热门的旅游区。

老城的其他景点还包括:建于1793年的**圣菲利普教堂**(San Felipe de Neri Church; www.sanfelipedeneri.org; Old Town Plaza; ⏲每天7:00~17:30,博物馆 周一至周六 9:30~16:30)、¡Explora!(见430页),以及**新墨西哥州自然历史和科学博物馆**(New Mexico Museum of Natural History & Science; www.nmnaturalhistory.org; 1801 Mountain Rd NW; 成人/儿童 $7/4; ⏲9:00~17:00; 👪)。

★ 美国国际响尾蛇博物馆　　博物馆

(American International Rattlesnake Museum; www.rattlesnakes.com; 202 San Felipe St NW; 成人/儿童 $5/3; ⏲5月至9月 周一至周六 10:00~18:00, 周日 13:00~17:00, 9月至次年5月 周一至周五 11:30~17:30, 周六 10:00~18:00, 周日 13:00~17:00)从东部菱斑响尾蛇到罕见的虎斑响尾蛇,你在世界其他地方绝对找不到比这里品种更多的活生生的响尾蛇。一旦克服了恐惧心理,你不但会惊讶于毒蛇品种之多,而且也会对它们的颜色及花纹之美啧啧称奇。不过,但愿你不会在野外如此近距离地看

新墨西哥州概览

别称 魅力之地(Land of Enchantment)

人口 200万

面积 121,599平方英里

首府 圣菲(人口68,700)

其他城市 阿尔布开克(人口553,000)、拉斯克鲁斯(人口99,700)

消费税 5%~8%

诞生于此的名人 约翰·丹佛(John Denver; 1943~1997)、斯摩基熊(Smokey Bear; 1950~1976)

发源地/所在地 国际UFO博物馆和研究中心(International UFO Museum & Research Center,罗斯韦尔),朱莉娅·罗伯茨(Julia Roberts)

政治倾向 中立州,北部更自由,南部保守

著名之处 古老的印第安人村庄、第一颗原子弹爆炸(1945年)、兔巴哥应该在这里左转

最常问到的问题 "红的还是青的(辣酱)?"

最高点/最低点 惠勒峰(13,161英尺)/红布拉夫水库(Red Bluff Reservior; 2842英尺)

车程 阿尔布开克到圣菲50英里,圣菲到陶斯71英里

到它们。夏季工作日的开放时间会有所延长。

阿尔布开克艺术和历史博物馆 博物馆

（Albuquerque Museum of Art & History；www.cabq.gov/museum；2000 Mountain Rd NW；成人/儿童 $4/1；⊙周二至周日 9:00~17:00）西班牙征服者的盔甲和武器是这家博物馆的亮点，参观者可以在这里对城市相关的三种文化追本溯源：印第安文化、西班牙文化及英国文化。新墨西哥州艺术家的作品展也是一大特色。

市中心周边

新墨西哥大学（University of New Mexico, UNM）周围有很多不错的餐厅、休闲酒吧、风格独特的商店及时髦的大学生聚集地。市中心的主要街道是大学和Carlisle Blvds之间的Central Ave。东边是时尚的Nob Hill，这个适合步行的社区有很多个体咖啡店、时尚的服装店和带露台的餐厅。

★印第安人村庄文化中心 博物馆

（Indian Pueblo Cultural Center, IPCC；☎505-843-7270；www.indianpueblo.org；2401 12th St NW；成人/儿童 $6/3；⊙9:00~17:00）由新墨西哥州的19个印第安人村庄经营管理，游览印第安村，这里是必去之地。博物馆记载了新墨西哥州北部的历史，引人入胜的展品追溯了印第安村庄文化的发展史，还有当地民俗和手工艺品展，展品常常更换。

国家核科学和历史博物馆 博物馆

（National Museum of Nuclear Science & History；www.nuclearmuseum.org；601 Eubank Blvd SE；成人/儿童和老人 $8/7；⊙9:00~17:00；👪）展品涉及曼哈顿计划（Manhattan Project）、军备控制历史和核能源作为替代能源的应用。讲解员都是知识渊博的退休军人。

岩画国家保护区 考古遗址

（Petroglyph National Monument；www.nps.gov/petr；⊙游客中心 8:00~17:00）🍃市中心西北的岩画国家保护区里有2万多处蚀刻的岩画。到游客中心（位于Unser Blvd的Western Trail）咨询，以选定三条参观路径中的一条——它们分别通向公园的不同区域。若只是想观赏壮丽景色而不关注岩石艺术，可以走Volcanoes trail。要小心，一些步道起点处的停车场曾发生失窃事件，所以千万别把贵重物品留在车内。沿着横跨格兰德河的I-40州际公路向西行驶，从154号北出口驶出即可到达。

桑迪亚峰索道 缆车

（Sandia Peak Tramway；www.sandiapeak.com；Tramway Blvd；汽车$1，成人/13~20岁的青少年/儿童 $20/17/12；⊙9月至次年5月 周三至周一 9:00~20:00，周二 17:00起，6月至8月 9:00~21:00）2.7英里长的桑迪亚峰索道从仙人掌沙漠地带开始，一直到10,378英尺高的桑迪亚峰顶的松树林，行程约15分钟。峰顶景观十分壮丽，而在峰顶餐厅用餐自然价格不菲。

西南部 阿尔布开克

孩子们的阿尔布开克

精彩万分的**iExplora!**（www.explora.us；1701 Mountain Rd NW；成人/儿童 $8/4；⊙周一至周六 10:00~18:00，周日 正午至18:00；👪）可以让孩子们尽情玩乐一整天。从高高的钢丝骑行到跳水及手工艺工作坊，到处都有能让每个孩子亲身参与体验的东西（别错过升降机）。没带孩子来？那就上网查看镇上是否正在上演广受欢迎的*Adult Night*。这个由当地知名科学家主持的节目已成为镇上最热门的演出。

在深受青少年喜爱的新墨西哥州自然历史和科学博物馆（New Mexico Museum of Natural History & Science；见429页）里，最突出的是Evolator（演变游览梯），参观者乘坐此梯就可以观看新墨西哥州3800万年的地质演变历史。全新的Space Frontiers展示区重点介绍该州对太空探索的贡献——从古老的查科天文台（Chaco observatories）到令人惊叹的、按比例完整复制的火星探测器。博物馆内还有一个**天文馆**（Planetarium；成人/儿童 $7/4）及3D IMAX的大屏幕剧院**DynaTheater**（成人/儿童 $10/6）。

活动

无处不在的桑迪亚山(Sandia Mountains)和游人不多的曼扎诺山(Manzano Mountains)提供了户外活动场所,可进行徒步、滑雪(速降和越野)、山地自行车骑行、攀岩和露营等。想要获取信息和地图,可以到**锡沃拉国家森林办公室**(Cibola National Forest office; ☎505-346-3900; 2113 Osuna Rd NE; ⏲周一至周五 8:00~16:45)或**桑迪亚护林站**(Sandia Ranger Station; ☎505-281-3304; 11776 Hwy 337, Tijeras; ⏲周一至周五 8:00~16:30),从I-40州际公路175号南出口驶出,位于阿尔布开克以东约15英里处。

桑迪亚峰国家观光小路 自驾、徒步

(Sandia Crest National Scenic Byway; I-40 exit 175 north)要到桑迪亚山顶,需由东坡取道美丽的桑迪亚峰国家观光小路,沿途经过许多山径岔口。也可搭乘桑迪亚峰索道,或从普拉西塔斯(Placitas; I-25州际公路242号出口)取道Hwy 165,这是一条穿越Las Huertas峡谷的土路,途经桑**迪亚古人类洞穴**(Sandia Man Cave)史前崖居遗址。

桑迪亚峰滑雪公园 滑雪、骑车

(Sandia Peak Ski Park; ☎505-242-9052; www.sandiapeak.com; 缆车票成人/儿童 $50/40; ⏲12月至次年3月和6月至9月 9:00~16:00)这里的雪有时很棒,有时却挺糟的,所以去之前最好先查清楚。夏季的周末和假日(6月至9月)对山地骑行者开放。你可在设施中心租一辆自行车($58,保证金$650)或携带自行车($14)乘坐登山吊椅到山顶。取道536号观光小路,或搭乘桑迪亚峰索道(可携带滑雪板,但不能携带自行车)即可到达。

Discover Balloons 热气球

(☎505-842-1111; www.discoverballoons.com; 205c San Felipe NW; 成人/12岁以下的儿童 $160/125)好几家公司能够带你坐上热气球飞越阿尔布开克和格兰德河上空,Discover Balloons是其中一家。飞行历时约1小时,很多人选择清晨出发,以捕捉最佳风势并观看日出。

团队游

3月中旬至12月中旬期间,阿尔布开克艺术和历史博物馆(见430页)会组织**老城区步行游览**(Old Town walking tours; ⏲3月至12月 周二至周日 11:00)活动,可增长见识。游览历时45分钟至1小时,持博物馆通行证的人可以免费参加。

节日和活动

印第安人大集会帕瓦节 文化节

(Gathering of Nations Powwow; www.gatheringofnations.com; ⏲4月)全球最大的印第安人帕瓦庆典活动,活动中有传统音乐、舞蹈、食品、手工艺品,并为世界印第安小姐加冕。

国际热气球节 宗教狂欢节

(International Balloon Fiesta; www.balloonfiesta.com; ⏲10月上旬)这个为期一周的狂欢节会吸引到约80万观众参与,亮点是集体升空活动,届时超过500个热气球会同时升空。

住宿

Route 66 Hostel 青年旅舍 $

(☎505-247-1813; www.rt66hostel.com; 1012 Central Ave SW; 铺 $20,房间 $25起; P ❄ 📶)干净、有趣又便宜,这家青年旅舍虽然设施简单,却有能让旅行者备感舒适的气氛。还有厨房、图书馆和户外露台供住客使用。

Hotel Blue 酒店 $

(☎877-878-4868; www.thehotelblue.com; 717 Central Ave NW; 房间 含早$60~99; P ❄ @ 📶 🏊)就在市中心和一个公园旁,地理位置优越。这家酒店的134间客房都配以精美的艺术装饰和Tempurpedic床垫,并提供免费的机场接送服务。大型的泳池和40英寸的平板电视都为酒店额外加分。

★ **Andaluz** 精品酒店 $$

(☎505-242-9090; www.hotelandaluz.com; 125 2nd St NW; 房间 $160~290; P ❄ @ 📶)从富丽堂皇的酒店大堂到意大利制造的低过敏性寝具,这家阿尔布开克的最佳酒店以时尚的风格和精致的细节令人惊喜。大堂的6个弧形角落全摆放了桌子和长沙发椅,让人们可以在公共场合私密地交谈和饮酒。这里有镇上最好的餐厅之一,还有一个美丽的宾客图书馆和天台酒吧。酒店非常注重环保,你还可看到全州最大的太阳能热水器。上网预订可享较多折扣。

Mauger Estate B&B 民宿 $$

(☎800-719-9189, 505-242-8755; www.maugerbb.com; 701 Roma Ave NW, 7th St NW交叉路口; 房间 含早$99~195, 套 $160~205, 联排别墅 $129~195; P 🛜 🐾)这家修复后的安妮女皇大宅(Mauger的发音为"major")有配备了羽绒被的舒适客房，塞满食物的冰箱和新鲜采摘的花朵。这里欢迎小孩。如果携带宠物狗入住(外加$20)，还有一个专门为此准备的狂野西部主题客房间和一个小院子。

Böttger Mansion 民宿 $$

(☎505-243-3639, 800-758-3639; www.bottger.com; 110 San Felipe St NW; 房间 含早$104~179; P ❄ @ 🛜)亲切友善和见多识广的业主，让这家设施齐全的维多利亚时代民宿在激烈的竞争中脱颖而出。大宅建于1912年，内有8间房间，非常靠近老城广场(Old Town Plaza)，附近有一流的博物馆和几家内行人才知道的新墨西哥餐厅。种满金银花的院子是许多观鸟者的最爱。曾在此下榻的名人包括猫王、贾尼斯·乔普林(Janis Joplin)和凯利大盗(Machine Gun Kelly)。

就餐

★ Frontier 新派墨西哥菜 $

(www.frontierrestaurant.com; 2400 Central Ave SE; 主菜 $3~11; ⏲5:00至次日1:00; ✎ 👪)这是一家阿尔布开克的传统餐厅，店主宣称这里有巨大的桂皮香料卷、让人吃了上瘾的青椒炖菜和最好吃的墨西哥式煎蛋。不论是食物还是坐在这里看人都不错，学生们尤爱低价的早餐、汉堡和墨西哥食品。

Flying Star Café 美国菜 $

(www.flyingstarcafe.com; 3416 Central Ave SE; 主菜 $6~12; ⏲周日至周四 6:00~23:00, 周五和周六至午夜; 🛜 ✎ 👪)有7个总是人潮拥挤的场所，包括一间位于**Juan Tabo Blvd**的分店(4501 Juan Tabo Blvd NE; ⏲周日至周四 6:00~22:00, 周五和周六 6:00~23:00; 🛜)，是品尝以本地区食材烹制的创意菜的好去处，供应家常汤品，主菜从三明治到炒菜一应俱全，还有美味的甜点。每个人都可以在这里找到自己喜爱的食物。

Golden Crown Panaderia 面包房 $

(☎505-243-2424; www.goldencrown.biz; 1103 Mountain Rd NW; 主菜 $5~20; ⏲周二至周六 7:00~20:00, 周日 10:00~20:00)有谁不喜欢社区里有家友好的面包房？尤其是这里有和蔼可亲的店员、新鲜出炉的面包和比萨、水果馅饼、醇厚的咖啡以及常常免费供应的饼干。青椒面包很快就售罄，所以最好提前致电预订。上网看看"面包摄影机"。

Annapurna 印度菜 $

(www.chaishoppe.com; 2201 Silver Ave SE; 主菜 $7~12; ⏲周一至周五 7:00~21:00, 周六 8:00~21:00, 周日 10:00~20:00; 🛜 ✎)想要品尝镇上最新鲜最美味的健康食品，就得到色调明亮、墙上挂满壁画的Annapurna餐厅。在这里，加了香料的精致阿育吠陀菜肴全是素食或严格素食(vegan)，但它们的味道之好，就连肉食主义者也赞不绝口。

Artichoke Café 新派美国菜 $$$

(☎505-243-0200; www.artichokecafe.com; 424 Central Ave SE; 午餐 主菜 $10~16, 晚餐 主菜 $19~30; ⏲周一至周五 11:00~14:30, 每天 17:00~21:00, 周五和周六 至22:00)多次当选为阿尔布开克最受欢迎的餐厅，这里的美食吸取了意大利菜、法国菜和美国菜的精华，并以传统方式上菜。

饮品和娱乐

帕皮嘉伊厅(Popejoy Hall; www.popejoypresents.com; Central Ave, 位于Cornell St SE)和历史悠久的**奇摩剧院**(KiMo Theatre; www.cabq.gov/kimo; 423 Central Ave NW, 市中心)是州内著名表演、本地歌剧、交响乐和戏剧演出的主要场所。要知道相关动态，不妨拿一份免费的*Alibi*周报或登录www.alibi.com。阿尔布开克多数的时尚咖啡馆和酒吧都在Nob Hill或新墨西哥大学区，不过市中心还有几家不错的选择。

Satellite Coffee 咖啡馆

(2300 Central Ave SE; ⏲6:00~23:00; 🛜)别因咖啡馆嬉皮的太空时代外观而反感，这里的店员非常热情友好，而且座位全被拿着笔记本电脑和大口喝着饮料的当地人所占据。镇上有8家分店，不妨到**Nob Hill**(3513 Central Ave NE, Nob Hill)的分店碰碰运气。

Anodyne 酒吧

(409 Central Ave NW; ⏲周一至周五 16:00至

次日1:30，周六 19:00至次日1:30，周日 19:00~23:30）Anodyne是一家大而舒适的酒吧，内有10个红色台球桌，还有木质天花板、许多垫得又软又厚的椅子以及100多种瓶装啤酒。到这儿来的人来自各阶层，每个人都可以在这里找到归属感。

Kelly's Brewery
自酿酒吧

（www.kellysbrewpub.com; 3222 Central Ave SE; ⌚周日至周四 8:00~22:30，周五和周六 至午夜）在公共酒桌找个好位子，就安坐在这个从前的福特汽车经销商及加油站内，一边观察游人一边喝上几品脱的自酿啤酒吧，这会是一个轻松愉快的夜晚。春季闷热的夜晚，镇上所有的人似乎都挤到了这儿的大型露台来纳凉。

Launch Pad
现场音乐

（www.launchpadrocks.com; 618 Central Ave SW，市中心）多数夜晚，这里都会上演独立、雷鬼、庞克或是乡村乐队的演出（当然不是同时）。记得要找Central Ave上的太空船。隔壁的**El Rey Theater**（www.elreytheater.com; 620 Central Ave SW，市中心）是另一家深受欢迎的现场音乐演出场所。

购物

要找五花八门的礼品，就去大学东边的Nob Hill。把车停放在Central Ave SE或是任何一条以学院命名的小巷，然后漫步到诱人的时装店和专卖店。

Palms Trading Post
工艺品

（1504 Lomas Blvd NW; ⌚周一至周五 9:00~17:30，周六 10:00~17:30）如果你想购买美洲原住民的手工艺品，并与见多识广的商人交流，那就来这里吧。

Silver Sun
珠宝

（116 San Felipe St NW; ⌚10:00~16:30）位于广场南边的Silver Sun是购买绿松石和银器的好去处，有时候还可以看到工匠正在制作。

Mariposa Gallery
工艺品

（www.mariposa-gallery.com; 3500 Central Ave SE, Nob Hill）这些美丽又时髦的艺术品、工艺品和珠宝大多出自本地区的艺术家之手。

实用信息

紧急情况和医疗服务

警察局（☎505-764-1600; 400 Roma Ave NW）

长老会医院（Presbyterian Hospital; ☎505-841-1234，急诊505-841-1111; 1100 Central Ave SE; ⌚24小时急诊）

新墨西哥大学医院（UNM Hospital; ☎505-272-2411; 2211 Lomas Blvd NE; ⌚24小时急诊）如果你没有保险，那就来这家医院。

上网

大多数餐厅和咖啡馆都有Wi-Fi。

图书馆（Main Library; ☎505-768-5141; 501 Copper Ave NW; ⌚周一、周四至周六 10:00~18:00，周二和周三 10:00~19:00; 📶）花$3购买一张智能卡（SmartCard）即可免费上网。持有通行卡可免费使用Wi-Fi。

邮局

邮局（201 5th St SW; ⌚周一至周五 9:00~16:30）

旅游信息

阿尔布开克旅游局（Albuquerque Convention & Visitors Bureau; www.itsatrip.org; 阿尔布开克国际机场; ⌚周日至周五 9:30~20:00，周六 至16:30）位于下层的行李提取处旁边。

老城信息中心（Old Town Information Center; ☎505-243-3215; www.itsatrip.org; 303 Romero Ave NW; ⌚10月至次年5月 10:00~17:00，6月至9月 至18:00）

参考网站

Albuquerque.com（www.albuquerque.com）提供景点、住宿及餐馆信息。

City of Albuquerque（www.cabq.gov）提供公共交通、地区景点及其他信息。

到达和当地交通

飞机

阿尔布开克国际机场（Albuquerque International Sunport; ☎505-244-7700; www.cabq.gov/airport; 2200 Sunport Blvd SE）是新墨西哥州的主要机场，多数的美国航空公司都有航班飞抵这里。从机场到市中心乘坐出租车费用为$20~25之间，可以试试**Albuquerque Cab**（☎505-883-4888; www.albuquerquecab.com）。

公共汽车

ABQ RIDE(☎505-243-7433; www.cabq.gov/transit; 100 1st St SW; 成人/儿童 $1/35¢, 日票 $2)公交系统的班车停靠**Alvarado Transportation Center**(100 1st St SW, Central Ave交叉路口),周一至周五覆盖阿尔布开克大部分地区,每天有发往主要旅游景点的班车。多数路线运行至18:00。ABQ RIDE Route 50连接机场和市中心(周一至周五 最后一趟班车20:00发车;周六的班车服务时间有限)。可上网查阅地图和具体班次。Route 36在老城区和印第安人村庄文化中心附近停靠。

灰狗巴士(Greyhound; ☎800-231-2222, 505-243-4435; www.greyhound.com; 320 1st St SW)有通往新墨西哥州各处的班车。**Sandia Shuttle**(☎888-775-5696; www.sandiashuttle.com; 单程/往返 $28/48; ⏲8:45~23:45)班车每天往返于机场和圣菲的多家旅馆之间;**Twin Hearts Express**(☎575-751-1201; www.twinheartsexpresstransportation.com)也提供往返于机场和新墨西哥州北部多个地点的班车服务,其中包括陶斯及周边社区。

火车

西南酋长号(Southwest Chief)每天停靠阿尔布开克的**美铁火车站**(Amtrak Station; ☎800-872-7245, 505-842-9650; 320 1st St SW; ⏲10:00~17:00),往东开往芝加哥($173, 26小时),往西则经亚利桑那州的弗拉格斯塔夫($91, 5小时)到达洛杉矶($114起, 16.5小时)。

另一条通勤线**New Mexico Rail Runner Express**(www.nmrailrunner.com)与其共用同一个车站,工作日(单程/日票 $8/9)每天有8趟列车开往圣菲,周六4趟,周日3趟,不过周末也可能暂停服务。车程大约1.5小时。

I-40州际公路沿线

虽然用不了5个小时就可以从阿尔布开克到达弗拉格斯塔夫,但沿线的国家保护区和印第安人村庄还是很值得参观的。从格兰茨(Grants)西南出发,沿着Hwy 53行驶,你就能到达除了阿克莫(Acoma)以外的下述景点。而Hwy 602会带你往北到达加勒普(Gallup)。

阿克莫印第安人村庄(Acoma Pueblo)

这座伟大的"天空之城"坐落在海拔7000英尺的山顶上,比周围平原高出367英尺。精通制陶的美洲原住民部族从11世纪后期开始就一直在此定居,这也是北美最古老的持续有人居住的印第安人居留地之一。**导览游**(成人/老人/儿童 $23/20/15; ⏲4月至11月上旬 9:30~15:30, 每小时一趟,冬季安排可上网或致电查询)从台地脚下的**游客中心**(☎800-747-0181; www.acomaskycity.org; ⏲4月至11月上旬 9:00~17:00, 上

观景自驾游:新墨西哥州最佳路线

比利小子国家观光小路(Billy the Kid National Scenic Byway)这条新墨西哥州东南部的山区-峡谷环路(www.billybyway.com)一路经过比利小子发生枪战的地点、斯摩基熊的墓地和果园林立的Hondo Valley。从罗斯韦尔(Roswell)出发,沿着Hwy 380向西行驶。

陶斯公路(High Road to Taos)圣菲和陶斯之间的小道,穿过砂岩沙漠、松树林和拥有古老土砖教堂及养马场的农村。13,000英尺高的Truchas Peaks就耸立于此。从圣菲沿着Hwy 84/285驶入Hwy 513, 然后跟着路标走就行了。

新墨西哥州96号公路(NM Highway 96)从阿比丘(Abiquiu)到库巴(Cuba),这条小路穿过乔治亚·奥基弗县(Georgia O' Keeffe)的核心地带,也就是独具特色的佩德纳尔山丘(Cerro Pedernal)下方,途经火红的孤丘和紫色、黄色和象牙色相间的砂岩峭壁。

新墨西哥州52号公路(NM Highway 52)从特鲁斯-康西昆西斯(Truth or Consequences)向西行驶,途经Winston和Chloride老矿镇,然后来到引人注目的黑色山脉(Black Range)的山麓。继续北上,经过Monticello Box(这里是当年阿帕奇人首领杰罗尼莫最终投降的地方),就会看到绵延的圣奥古斯丁平原(Plains of San Augustin),最后到达奇异的甚大天线阵(Very Large Array)。

网或致电查询冬季的开放时间)出发，时长约2小时，若仅游览历史老教堂则只需1小时。沿I-40州际公路行进至102号出口驶出，也就是距离阿尔布开克西边约60英里处，再向南行驶12英里即可到达。最好先致电确认村庄没有因仪式或其他原因而关闭。

埃尔莫罗国家保护区 (El Morro National Monument)

保护区(www.nps.gov/elmo；入场免费；⏲9:00~17:00，最晚进入时间16:00) 免费 内矗立着200英尺高的砂岩石，也就是所谓的“碑文石”(Inscription Rock)，一直是旅行者心目中的千年绿洲。从顶部的普韦布洛岩画(约1275年)到西班牙征服者和盎格鲁先驱的详尽碑文记载——无数的镌刻提供了追史溯源的一条独特途径。位于格兰茨西南38英里处，经Hwy 53即到。

祖尼印第安人村庄 (Zuni Pueblo)

精致的镶嵌银制品是祖尼人闻名世界的珍宝，在Hwy 53沿线很多商店均有销售。可到**游客中心**(☎505-782-7238；www.zunitourism.com；1239 Hwy 53；团队游 $10；⏲周一至周五 8:30~17:30，周六 10:30~16:00，周日 正午至16:00)了解更多信息，获取摄影许可证并参加印第安人村庄的团队游。走过石头房子和蜂窝形状的土制烤炉，就会来到装饰着精美壁画的巨大的**瓜达卢佩圣母教堂**(Our Lady of Guadalupe Mission)。**祖尼博物馆和文化遗产中心**(Ashiwi Awan Museum & Heritage Center；www.ashiwi-museum.org；Ojo Caliente Rd；门票认捐；⏲周一至周五 9:00~17:00)陈列着早期的照片和其他的部落古器物。

亲切友好的**Inn at Halona**(☎800-752-3278，505-782-4547；www.halona.com；Halona Plaza；房间 $79起；P 📶)拥有8间客房，用当地祖尼人的艺术品和手工艺品做装饰，这是普韦布洛地区唯一能待下来休息的地方。这里的早餐可与州内最好的民宿相媲美。

加勒普 (Gallup)

加勒普不仅是一个典型的66号公路沿线城镇，同时也是纳瓦霍人和祖尼人主要的交易中心，是新墨西哥州内能以便宜价格买到高品质物品的最好的地方。你会在这个历史悠久的地区发现很多贸易站、当铺、珠宝店和手工艺品展览处。

El Rancho(☎505-863-9311；www.elranchohotel.com；1000 E Hwy 66；房间 $85起；P ❄ 📶 🏊)是镇中住宿场所的首选。20世纪四五十年代有很多伟大的演员曾在此住过。El Rancho有高档舒适的西南地区风格的大厅以及餐厅、酒吧、各种简单客房。大厅里有无线网络。多数连锁酒店位于市中心西部的66号公路沿线。

圣菲 (Santa Fe)

在土砖结构的建筑物之间徜徉，或者去游人如织的广场上看看，你就会发现圣菲完全是座不受时间影响的朴实城市。圣菲建于1610年左右，是美国第二古老的城市，也是美国最古老的首府。它拥有最古老的公共建筑，会举办最古老的年度派对(宗教节日)。然而这座城市的古老与现代气息并不冲突，它拥有美国第二大艺术市场、众多的美食餐馆、出色的博物馆、水疗，还有一家世界级的歌剧院。

这里也是全美海拔最高的首府，海拔7000英尺，位于基督圣血山脉之下，是绝佳的徒步、山地自行车骑行、背包旅行和滑雪的地点。

Cerrillos Rd (I-25州际公路的278号出口)上有一排延伸了6英里的旅馆和快餐店，从这里可以进入城市南部。Paseo de Peralta是市区的环线。St Francis Dr (I-25州际公路的282号出口)是市区西部边界，并连接至Hwy 285，后者向北延伸到洛斯阿拉莫斯和陶斯镇(Taos)。大多数市中心的餐馆、美术馆、博物馆和景点都在广场附近，步行可达，而广场就是城市的历史中心。

景点

艺术爱好者可以在周五赶过来度周末，这样就能享受到很多博物馆周五晚上免费入场的优惠。

★乔治亚·奥基弗博物馆 博物馆

(Georgia O'Keeffe Museum；☎505-946-1000；www.okeeffemuseum.org；217 Johnson St；成人/儿童 $12/免费；⏲10:00~17:00，周五 至19:00)这是收藏有最多乔治亚·奥基弗作品的博物

Santa Fe 圣 菲

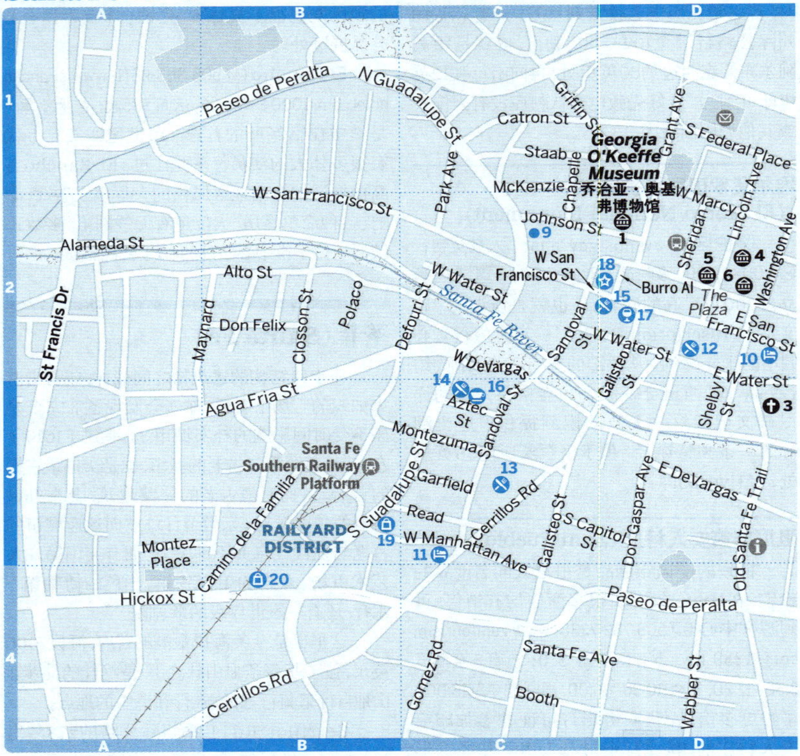

馆，所展出作品包括画家创作的花朵、苍白的头骨画和土砖建筑等。游览乔治亚·奥基弗位于阿比丘（Abiquiu）的故居需要提前预约。

Canyon Rd　画廊

（www.canyonroadarts.com）这条历史悠久的小路是城市的艺术中心，超过100家画廊、工作室、商店、餐馆坐落于此。在这里可以看到圣菲学校（Santa Fe School）的杰作、珍贵的美洲原住民古董以及狂野的当代艺术品。这个区域每逢周五晚上总是人声鼎沸，平安夜那天更是如此。

美洲印第安人车匠博物馆　博物馆

（Wheelwright Museum of the American Indian; www.wheelwright.org; 704 Camino Lejo; ⏲周一至周六 10:00~17:00，周日 13:00~17:00）免费 玛丽·卡波特（Mary Cabot）在1937年建立的这座美洲印第安人车匠博物馆是Museum Hill的一部分，展示了纳瓦霍人的仪式艺术。如今，在继续坚持纳瓦霍展的同时，博物馆还增加了当代美洲原住民艺术品和史前古器物的展览。

圣弗朗西斯大教堂　教堂

（St Francis Cathedral; www.cbsfa.org; 131 Cathedral Pl; ⏲8:30~17:00）拥有北美最古老的圣母像。

史峒铸造厂　花园、画廊

（Shidoni Foundry; www.shidoni.com; 1508 Bishop's Lodge Rd, Tesuque; ⏲周一至周六 9:00~17:00; 👪）位于广场以北5英里处，有露天雕塑花园（开放时间 黎明至17:00）、室内美术馆和现场吹制玻璃制品的工作室（开放时间9:00~17:00）。每周六可以在车间观看艺术家们

制作巨大的青铜艺术品($5)。

洛雷托礼拜堂 教堂

(Loretto Chapel; www.lorettochapel.com; 207 Old Santa Fe Trail; 门票 $3; ⏲周一至周六 9:00~17:00, 周日 10:30~17:00)因其"神奇"的旋转梯而著名,楼梯看起来仿佛完全是被稀薄的空气支撑着。

活动

佩科斯荒野(Pecos Wilderness)和**圣菲国家森林**(Santa Fe National Forest)在城市东部,拥有超过1000英里的徒步路线,其中部分可达12,000英尺高的山顶。景色宜人、广受欢迎的**Winsor Trail**从圣菲滑雪场开始。夏季暴风雨频繁,所以在徒步前记得查看天气预报。可以联系公共土地信息中心(Public Lands Information Center)获得地图和详细介绍。如果你喜欢山地自行车骑行,去**Mellow Velo**(☎505-995-8356; www.mellowvelo.com; 132 E Marcy St; 租车 每天$35起; ⏲周一至周六 9:00~17:30)看看吧,那里出租自行车,并且能够提供这一地区的路线信息。

人们也会乘车去格兰德河(Rio Grande)和里欧卡玛(Rio Chama)进行激浪漂流,有白天和过夜的探险项目可选。联系**Santa Fe Rafting Co**(☎505-988-4914; www.santaferafting.com; ⏲4月至9月),在穿越格兰德峡谷(Rio Grande Gorge; 半天/全天 $65/99)、荒凉的陶斯峡(Taos Box; 全天 $110)或里欧卡玛荒野(Rio Chama Wilderness; 3天 $595)的旅程中保持冷静。

圣菲滑雪区 滑雪

(Ski Santa Fe; ☎505-982-4429, 雪情报告 505-983-9155; www.skisantafe.com; 缆车票成人/儿童 $66/46; ⏲11月下旬至次年4月 9:00~16:00)从广场出发上Hwy 475行驶半小时,你就来到了全美第二高的滑雪区。当积雪新鲜并且阳光充沛时,在这里滑雪感觉好极了。

Ten Thousand Waves 水疗

(☎505-982-9304; www.tenthousandwaves.com; 3451 Hyde Park Rd; 公共浴池 $24, 私人浴池 每人 $31~51; ⏲7月至10月 周二 正午至22:30、周三至周一 9:00~22:30, 11月至次年6月 营业时间缩短)日式水疗馆,8个充满禅意的浴池被绿化带隔开,令人神往。其间还有人造瀑布、冲凉、按摩以及干、湿桑拿。私人浴池需要打电话预约。

课程

Santa Fe School of Cooking 烹饪

(☎505-983-4511; www.santafeschoolofcooking.com; 125 N Guadalupe St; 学费 $75~98; ⏲周一至周五 9:30~17:30, 周六 9:30~17:00, 周日 正午至16:00)如果你对新派墨西哥菜感兴趣的话,不妨报读这里的烹饪课程。课程包括教你亲手烹制青辣椒和红辣椒的讲习班,通常时长2至3小时。

节日和活动

★西班牙集市 文化节

(Spanish Market; www.spanishcolonial.org; ⏲7月下旬)从retablos(木版画)和bultos(木

Santa Fe 圣菲

刻宗教人像），再到手工制作的家具和金属艺术品，传统的西班牙殖民艺术让这个评审展成为了一场艺术的狂想盛宴。

★圣菲印第安集市 文化节

（Santa Fe Indian Market; www.swaia.org）一般在8月的第三个周末举办，这个市场汇聚了全县最好的原住民手工艺人，还有成千上万的游客。

★圣菲节日 文化节

（Santa Fe Fiesta; www.santafefiesta.org; ⊙9月初）为期两周的节庆中举办音乐会、舞蹈、游行和燃烧牵线木偶等活动。

住宿

Cerrillos Rd两边坐落着很多连锁或者独立的旅馆。通往滑雪场的Hwy 475会经过圣菲国家森林和海德州立公园（Hyde State Park），两处都有设施完备的露营地。

Silver Saddle Motel 汽车旅馆 $

（☎505-471-7663; www.santafesilversaddlemotel.com; 2810 Cerrillos Rd; 冬季/夏季 房间 $45/62起; P ❄ @ 📶 🐾）这可能是城里性价比最高的旅馆，拥有荫凉的木头游廊和朴素的牛仔风格的装修，一些房间里还附带迷人的小厨房。猎奇的人可以入住肯尼·罗杰斯（Kenny Rogers）房或者怀亚特·厄普（Wyatt Earp）房。

Rancheros de Santa Fe Campground 露营地 $

（☎505-466-3482; www.rancheros.com; 736 Old Las Vegas Hwy; 帐篷位/房车位/小屋 $25/41/49; ⊙3月至10月; 📶 🏊 🐾）这家林木茂盛的露营地位于城市东南7英里处，十分温馨友好。在这里你可以享受热水澡、低廉的早餐咖啡和晚间电影。

Santa Fe Motel & Inn 酒店 $$

（☎505-982-1039; www.santafemotel.com; 510 Cerrillos Rd; 房间 $89~155, 度假小屋 $129~169; P ❄ @ 📶 🐾）这家位于市中心附近的酒店极具艺术美感，是不错的选择。明亮的瓷砖、黏土做成的旭日图案、液晶电视和一颗表示欢迎的放在毛巾上的辣椒，会让你记住这里。在圆形露台上享用热腾腾的早餐。

El Rey Inn 酒店 $$

（☎505-982-1931; www.elreyinnsantafe.com; 1862 Cerrillos Rd; 房间 含早 $105~165, 套$150起; P ❄ @ 📶 🏊）一家受到强烈推荐的经典庭院旅馆，房间舒适，有游泳池和热水浴缸，甚至还有为孩子们准备的约5英亩大小的温室游乐场。酒店注重资源回收与保护，采取了许多环保措施。大多数房间有空调。

★La Fonda 历史酒店 $$$

（☎800-523-5002; www.lafondasantafe.

com; 100 E San Francisco St; 房间/套 $140/260起; P ❄ @ 📶 ≈)号称是最早的“位于圣菲小道(Santa Fe Trail)终点的酒店”, La Fonda大概建于1610年, 一直以这样或那样的形式存在, 并致力于提供小镇上最高水准的住宿服务。它于2013年新近翻修, 将现代奢华和传统文化完美结合, 是名副其实的、圣菲最现代化的酒店。

就餐

★ San Marcos Café 新派墨西哥菜 $

(☎505-471-9298; www.sanmarcosfeed.com; 3877 Hwy 14; 主菜 $7~10; ⏲8:00~14:00; 👪)这家餐馆沿Hwy 14往南开10分钟就能到, 值得一去。San Marcos让你有回家的感觉, 还能品尝到最美味的辣椒。餐馆连着一个饲料库, 带来一种真实的西部感, 屋外甚至还有火鸡和孔雀在漫步。点心和甜品——尤其是波本酒苹果派——能满足所有热爱甜食的人。周末需预约。

Horseman's Haven 新派墨西哥菜 $

(4354 Cerrillos Rd; 主菜 $8~12; ⏲周一至周六 8:00~20:00, 周日 8:30~14:00; 👪)这里有全城最辣的青椒! 哪怕胆小的人也该叫一份放在旁边调味。服务热情, 上菜速度很快, 很可能一个巨大的玉米卷饼就能让你撑上一整天。

Cleopatra's Cafe 中东菜 $

(www.cleopatrasantafe.com; 418 Cerrillos Rd, Design Center; 主菜 $6~14; ⏲周一至周六 11:00~20:00; 📶)环境不怎么样, 但是有好菜弥补, 巨大的浅盘里盛着美味的烤肉串、中东鹰嘴豆泥和其他著名的中东菜。位于设计中心(Design Center)里面。

Tia Sophia's 新派墨西哥菜 $

(210 W San Francisco St; 主菜 $7~10; ⏲周一至周六 7:00~14:00, 周日 8:00~13:00; 🌶 👪)可能是市中心最好的新派墨西哥菜餐馆。

Tune-Up Café 各国风味 $$

(www.tuneupsantafe.com; 1115 Hickox St; 主

不要错过

新墨西哥州博物馆

新墨西哥州博物馆负责管理镇上4家(或5家, 看你如何计算)独特、优秀的博物馆。16岁及以下的儿童可免费入馆参观, 成人只需购买$20的4日票就可进入所有4家(或5家)博物馆。其中2家(或3家)位于广场, 另两家在Museum Hill。

国际民俗艺术博物馆(Museum of International Folk Art; www.internationalfolkart.org; 706 Camino Lejo; 成人/儿童 $9/免费, 夏季 每周五 17:00~20:00 免费; ⏲10:00~17:00, 9月至次年5月周一闭馆)这些地处Museum Hill的美术馆给人的第一感觉就是异想天开、如梦如幻, 馆内拥有全球最大的传统民俗艺术收藏品。每年7月都有妙不可言的民俗艺术集市。

印第安艺术和文化博物馆(Museum of Indian Arts & Culture; www.indianartsandculture.org; 710 Camino Lejo; 成人/儿童 $9/免费, 夏季 每周五 17:00~20:00 免费; ⏲10:00~17:00, 9月至次年5月 周一闭馆)位于Museum Hill, 是藏品最完整的美洲原住民手工艺品博物馆之一, 与邻近的车匠博物馆相互辉映。

总督府(Palace of the Governors; ☎505-476-5100; www.palaceofthegovernors.org; 105 W Palace Ave; 成人/儿童 $9/免费; ⏲10:00~17:00, 10月至次年5月 周一闭馆)位于广场内, 这个拥有400年历史的土砖建筑物曾是西班牙殖民政府的所在地, 展示了一些地区遗迹, 但如今大部分展品已移至邻近的**新墨西哥州历史博物馆**(New Mexico History Museum; 113 Lincoln Ave)的展示区, 这是一个占地面积为96,000平方英尺的扩建区, 光彩照人。只需购买一张门票, 就可参观这两间博物馆。

新墨西哥州艺术博物馆(New Mexico Museum of Art; www.nmartmuseum.org; 107 W Palace Ave; 成人/儿童 $9/免费; ⏲10:00~17:00, 9月至次年5月 周一闭馆)紧邻广场, 收藏有2万多件美术品, 大多数是西南地区艺术家的作品。

菜 $7~14; ◷周一至周五 7:00~22:00, 周六和周日 8:00起; 👪)这是当地最受欢迎的餐馆,它轻松惬意,人流如织,饭菜可口。主厨来自中美洲的萨尔瓦多,对经典的新墨西哥和美式食物进行了一些改良,也供应萨尔瓦多奶酪猪肉玉米饼(夹心玉米饼)、墨西哥式煎蛋等美食,其中鱼肉做的油炸玉米饼和“mole Colorado enchiladas”(用红辣椒调味,佐以巧克力)特别美味。天气好的话,不妨到露台享受一下。

Cowgirl Hall of Fame 烧烤 $$

(www.cowgirlsantafe.com; 319 S Guadalupe St; 主菜 $8~18; ◷周日至周四 11:00~23:00, 周五和周六 至午夜; 👪)上两级台阶进入铺着圆石头的院子,你可以试试他们的鲑鱼炸玉米饼、胡桃焗南瓜或者烧烤拼盘,所有这些菜的分量都带着男女平等的西部风格。欢迎小朋友来,这里有一个室外游玩场地,有几桶彩色蜡笔来画长长的儿童菜单。也有永远人满为患的现场音乐酒吧和附带的桌球厅。

★ Cafe Pasqual's 各国风味 $$$

(☎505-983-9340; www.pasquals.com; 121 Don Gaspar Ave; 早餐和午餐 主菜 $9~17, 晚餐 主菜 $16~30; ◷7:00~15:00和17:30~21:00; 🖉👪)这里有圣菲最出名的早餐。

Geronimo 新派美国菜 $$$

(☎505-982-1500; www.geronimorestaurant.com; 724 Canyon Rd; 主菜 $30~45; ◷周一至周四 17:45~22:00, 周五和周六 至23:00)位于一座1756年建成的土砖建筑里,这是城里最好也最浪漫的餐馆。菜单不长,但是花样繁多,包括了甜热辣椒、蜂蜜扒大虾,还有配着苹果木熏培根的辛辣麋鹿嫩腰肉。

🍷 饮品和娱乐

大多数夜晚,你都可以在Cowgirl Hall of Fame里享受到现场音乐和好酒(见本页)。

★ 317 Aztec 咖啡馆

(317 Aztec St; ◷周一至周六 8:00~22:00; 📶)即使换了新业主,这家之前名叫Aztec Cafe的咖啡馆仍是我们最推崇的当地最佳咖啡馆和果汁奶昔吧。这里有着色彩鲜艳的室内艺术空间和户外露台。食物很棒,还很健康!

Evangelo's 酒吧

(200 W San Francisco St; ◷周一至周六 中午至次日1:30, 周日 至午夜)每夜都有震耳欲聋的现场音乐,摇滚、蓝调、爵士和拉丁音乐一直响到大街上。

Bell Tower Bar 酒吧

(100 E San Francisco St; ◷5月至10月 周一至周四 15:00至日落, 周五至周日 14:00至日落, 其余时间不营业)位于La Fonda hotel。登上5层楼去看看新近翻修的钟楼(Bell Tower),再欣赏一下新墨西哥州迷人的落日。

★ El Farol 传统舞蹈、现场音乐

(www.elfarolsf.com; 808 Canyon Rd; ◷周一至周六 11:00至午夜, 周日 11:00~23:00)这个酒吧同时也是餐馆,特色是西班牙餐前小吃($8)、现场音乐、世界级的弗拉明戈和圣菲最古老酒吧的氛围。

★ 圣菲歌剧院 歌剧院

(Santa Fe Opera; ☎505-986-5900; www.santafeopera.org; Hwy 84/285, Tesuque; 后台游览 成人/儿童 $5/免费; ◷6月下旬至8月下旬, 后台游览 6月至8月 周一至周五 9:00)你可以盛装出席,也可以穿着牛仔靴和牛仔裤进去。歌剧迷(还有那些从来没有欣赏过歌剧的人)会为了这座歌剧院来到圣菲。剧院本身就是建筑界的奇迹,外面是风蚀的砂岩,带着日落月升的美景,中央舞台上常有显赫名角儿演出咏叹调和传奇巨作。

Lensic Performing Arts Theater 表演艺术

(☎505-984-1370; www.lensic.com; 211 W San Francisco St)可以看到现场表演和电影。这座经过翻新的电影院始建于1930年,是这座城市的表演艺术中心。它如今仍在继续着自己的电影历史,也会放映经典电影($5)。

🛍 购物

有着嚎叫土狼雕刻、绿松石珠宝和艺术品的圣菲,吸引着不同预算的游客。去总督府外面的人行道上转转,直接从制作者的手中买一些印第安首饰。

★ 圣菲农贸市场 市场

(Santa Fe Farmers Market; ☎505-983-4098;

55yd west of Guadalupe St, Paseo de Peralta; ⌚4月至11月 周六和周二 7:00至正午; 👪)别错过这个市场，就在重建的火车站那里。免费样品和节日气氛会带给你一个愉快的早晨。

特苏基村庄跳蚤市场 市场

(Pueblo of Tesuque Flea Market; Hwy 84/285; ⌚3月至11月 周五至周日 8:00~16:00)从圣菲往北行驶，只需几分钟就能到这个露天市场，这里有品质不错的地毯、首饰、艺术品和衣服。

Kowboyz 服装

(www.kowboyz.com; 345 W Manhattan Ave)想装扮成牛仔？这家二手店应有尽有。衬衫每件$10，非常便宜，皮靴的选择很多，不过价格偏高。不少电影服装师常来这里寻找正宗的西部牛仔服饰。

Travel Bug 地图

(www.mapsofnewmexico.com; 839 Paseo de Peralta; ⌚周一至周六 7:30~17:30，周日 11:00~16:00; 📶)有大量的旅行指南、地图和旅行装备，每周六还会放映旅行幻灯片。

ℹ 实用信息

紧急情况和医疗服务

警察局(☎505-955-5000; 2515 Camino Entrada)

圣文森特医院(St Vincent's Hospital; ☎505-983-3361; 455 St Michael's Dr)提供24小时急诊服务。

上网

圣菲公共图书馆(Santa Fe Public Library; ☎505-955-6781; 145 Washington Ave)可预约免费上网1小时。

Travel Bug(☎505-992-0418; 839 Paseo de Peralta; 📶)可使用现场终端免费上网和使用Wi-Fi。

邮局

邮局(120 S Federal Pl)

旅游信息

新墨西哥州旅游局(New Mexico Tourism Bureau; ☎505-827-7440; www.newmexico.org; 491 Old Santa Fe Trail; ⌚8:00~17:00)有旅游小册子、旅馆预约专线、免费咖啡和免费网络。

公共土地信息中心(Public Lands Information Center; ☎505-438-7542; www.publiclands.org; 301 Dinosaur Trail; ⌚周一至周五 8:30~16:00)有大量关于新墨西哥州的国家森林、公园和保护区、荒野地区及其他公共土地的地图和信息。就在Cerillos Rd和I-25州际公路交叉口的南边。

参考网站

《新墨西哥人》(*New Mexican*; www.santafenewmexican.com)新闻日报，报道重大新闻。

SantaFe.com(www.santafe.com)看看新墨西哥州北部有哪些即将开始的音乐会、读书会和开幕式。

《圣菲信息》(*Santa Fe Information*; www.santafe.org)官方在线旅游指南。

《圣菲报道》(*Santa Fe Reporter*; www.sfreporter.com)免费周报，文化版有当下活动列表。

ℹ 到达和当地交通

一些商业航班每天往返于**圣菲市机场**(Santa Fe Municipal Airport, SAF; ☎505-955-2900;

不要错过

奇马约(CHIMAYO)

在圣菲北部28英里的地方，就是"美洲卢尔德"——**奇马约保护区教堂**(El Santuario de Chimayo; www.elsantuariodechimayo.us; ⌚10月至次年4月 9:00~17:00，5月至9月 9:00~18:00)，它是新墨西哥州最重要的文化景点之一。1816年，在这片据说有治愈功能的神奇土地上，这座尖顶的黏土教堂拔地而起，甚至直到现在都有信徒来此，从教堂里的深坑取出圣土，抹在疼痛的地方，有些人还会把圣土掺进水里喝下去。在圣周期间，大约3万名朝圣者从圣菲、阿尔布开克还有其他地方步行到奇马约，这里是美国最大的朝圣之行。这里的艺术品本身就很值得一看。参观以后，可以去**Rancho de Chimayo**(☎505-984-2100; www.ranchodechimayo.com; County Rd 98; 主菜 $8~18; ⌚周六和周日 8:30~10:30，每天 11:30~21:00，11月至次年4月的周一关闭)吃午餐或晚餐。

wwwsantafenm.gov; 121 Aviation Dr)与达拉斯(Dallas)、丹佛、洛杉矶、菲尼克斯之间。从过往记录上看，航空公司对于这些航班的增减调整频繁得惊人，所以记得事先确认具体情况。另有很多航班抵离阿尔布开克(距离圣菲南部1小时车程)。

Sandia Shuttle Express(☎888-775-5696; www.sandiashuttle.com)往返于圣菲和阿尔布开克机场之间($28)。**North Central Regional Transit**(www.ncrtd.org)提供到艾斯巴诺拉(Espanola)的免费班车，在那里可以转车去陶斯、洛斯阿拉莫斯、奥霍卡连特(Ojo Caliente)和其他北部城镇。市中心的站点是Sheridan St，在广场西北大约一个街区处。

Rail Runner(www.nmrailrunner.com)每天都有多趟火车开往阿尔布开克，连接机场和动物园，车程约1.5小时。周末可能停运。**美铁**(☎800-872-7245; www.amtrak.com)列车经停拉米(Lamy)，在那里换乘巴士继续行进17英里可到圣菲。

Santa Fe Trails(☎505-955-2001; www.santafenm.gov; 单程成人/儿童 $1/免费，日票$2)提供本地公共汽车服务。如果需要出租车，可致电**Capital City Cab**(☎505-438-0000; www.capitalcitycab.com)。

如果是开车往返圣菲和阿尔布开克的话，试试Hwy 14，即青绿小路(Turquoise Trail)。它经过圣菲以南28英里处的老矿镇(现在是艺术博物馆镇)马德里(Madrid)。

圣菲周边(Around Santa Fe)

普韦布洛居住区(Pueblos)

圣菲北部是普韦布洛印第安人的居住中心。**八个北部印第安普韦布洛委员会**(Eight Northern Indian Pueblos; www.enipc.org)公司出版了极好的《八个北部印第安普韦布洛旅行指南》(*Eight Northern Indian Pueblos Visitors Guide*)，并在游客中心免费发放。一年一度的艺术工艺品展在7月举办，可以在ENIPC网站上查到具体的日期和地点。

沿着Hwy 502走，在波瓦基(Pojoaque)西边8英里处是古老的**圣埃尔德方索印第安人村庄**(San Ildefonso Pueblo; ☎505-455-3549; $10/车，照相/摄像/写生许可 $10/20/25; ⏲8:00~17:00)。这是玛利亚·马丁内斯(Maria Martinez)的家乡，她在1919年重振独特的黑色陶器风格。一些杰出的陶器制造者(包括玛利亚的直系后代)在村庄里工作并开店出售陶制品，去**玛利亚·波维卡·马丁内斯博物馆**(Maria Poveka Martinez Museum; ⏲周一至周五8:00~16:00)免费看看。

就在圣伊尔德封索的北部，Hwy 30上的**圣克拉拉印第安人村庄**(Santa Clara Pueblo)是**普亚崖居**(Puye Cliff Dwellings; ☎888-320-5008; www.puyecliffs.com; 团队游 成人/儿童 $20/18; ⏲5月至9月 9:00~17:00，10月至次年4月 10:00~14:00，每小时一次)的所在地，你可以在这里参观古老的普韦布洛悬崖和台地顶部遗址。

拉斯维加斯(Las Vegas)

别把它和内华达州那个著名的拉斯维加斯混为一谈，这个维加斯是新墨西哥州一个迷人的小镇，也是基督圣血山区(Sangre de Cristo Mountains)东部最大、最古老的城镇。市中心可以步行参观，有一个很老旧的广场和一些大约有900年历史的建筑物，这些都在《国家史迹名录》上。这里的建筑风格是西南部和维多利亚的混合体。

优雅的**Plaza Hotel**(☎800-328-1882, 505-425-3591; www.plazahotel-nm.com; 230 Old Town Plaza; 房间 含早$89起; P ❄ @ 📶 🐾)建于1882年，历经一个世纪之后，又经过了慎重改造。这是拉斯维加斯最著名也最古老的住宿地。你可以选择入住维多利亚式、有古董装饰的老楼房间，也可以选择侧楼里新建的明亮、现代化的房间。

广场右侧，可到**El Encanto Restaurant**(1816 Plaza; 主菜 $5~9; ⏲6:00~14:00)满足你的辣椒瘾；到**World Treasures Travelers Cafe**(1814 Plaza St; 小吃 $3~6; ⏲周一至周六 7:30~16:30; 📶)满足你的咖啡瘾，到**Plaza Drug**(178 Bridge St; ⏲周一至周六 8:00~18:00)的冷饮柜满足你的冰激凌瘾。

从广场沿着Hot Springs Blvd向北走5英里到Gallinas Canyon，就能看到巨大的**蒙特苏马城堡**(Montezuma Castle)。过去这里曾是酒店，现在是西部联合世界学院(United World College of the West)的所在地。沿途有好几个天然**温泉池**。带上泳衣，试试水温——有些温泉特别热！别错过校园里的**德万光圣**

所(Dwan Light Sanctuary; 免费; ⏲6:00~22:00) 免费，这是个冥想室，墙上的棱镜将自然光折射成彩虹投进室内。

去游客中心(☎800-832-5947; www.lasvegasnewmexico.com; 500 Railroad Ave; ⏲9:00~17:00)拿一份步行游览手册吧。

洛斯阿拉莫斯 (Los Alamos)

绝密的曼哈顿计划(Manhattan Project)于1943年在洛斯阿拉莫斯开始实施，把这个沉睡在台地顶端的村庄变成了一个聚集着秘密天才们的忙碌实验室。在这个“不存在的小镇”上，第一颗原子弹在绝密中被制造出来。如今来到这里，你能感觉到诱人的气氛，还可以在有关普韦布洛的历史和野外徒步的书籍旁找到印有原子弹爆炸图案的T恤和“La Bomba”(炸弹)牌红酒。

洛斯阿拉莫斯国家实验室(Los Alamos National Laboratory)并不开放参观，因为这里仍在进行一些机密实验，但是你可以去设计得很好的布拉德伯里科学博物馆(Bradbury Science Museum; www.lanl.gov/museum; 1350 Central Ave; ⏲周二至周六 10:00~17:00，周日和周一 13:00~17:00) 免费，这里展出了原子能的历史和有关安全科技的新展品，也放映关于这个地区的战时历史和其他机密的短片。洛斯阿拉莫斯历史博物馆(Los Alamos Historical Museum; www.losalamoshistory.org; 1050 Bathtub Row; ⏲周一至周五 10:00~16:00，周六 11:00起，周日 13:00起) 免费 很小但是很有趣，位于原洛斯阿拉莫斯牧场学校(Los Alamos Ranch School)附近。这是一家户外学校，只招收男生，在科学家们来到这里时关闭了。

与当地的天才们一起在Coffee House Cafe(www.thecoffeebooth.com; 723 Central Ave; 主菜 $6~12，比萨 $21~30; ⏲周二至周五 6:00~20:00，周六 7:00~15:00，周日 8:00~15:00，周一 6:00~15:00)吃点东西，它就在Smith超市对面。

班德利国家保护区 (Bandelier National Monument)

过去的古普韦布洛人居住在美丽的菜豆峡谷(Frijoles Canyon)的悬崖边，遗址如今就在班德利(Bandelier; www.nps.gov/band; $12每车; ⏲游客中心 9:00~16:30，停放至黄昏; 👪)内受到保护。爱好冒险的游客可以沿着梯子爬上去，到直至16世纪中期仍在使用的古老洞穴和地穴里看看。这里有大约50平方英里的峡谷和台地适合背包行，旅行者可以在Juniper Campground(露营地$12)露营，它位于保护区入口处的松树林里。请注意，5月下旬至10月中旬9:00~13:00，得乘坐班车方可前往班德利，班车从白石游客中心(White Rock Visitor Center)出发，沿Hwy 4行进。

阿比丘 (Abiquiu)

从圣菲出发，驾车沿Hwy 84往西北方向行驶大约45分钟就能到达迷你社区阿比丘[听起来像是“barbecue”(烧烤)]。著名艺术家乔治亚·奥基弗从1949年到1986年去世，其间一直在此居住和创作，小镇也因此而闻名。农田间蜿蜒流淌的查玛河(Chama River)、壮丽的岩石景观和飘渺若仙境的环境至今仍然吸引着艺术家们来此定居和创作。奥基弗的土砖房屋对游客有限开放，并在3月至11月的每周二、周四和周五，6月至10月的每周二至周六提供长达1小时的团队游(☎505-685-4539; www.okeeffemuseum.org; 团队游 $35~45)，通常需要提前几个月预约。

占地21,000英亩的鬼魂农场(Ghost Ranch; ☎505-685-4333; www.ghostranch.org; US Hwy 84; 建议捐赠 $3; 👪)有着鲜艳的色彩，显然大大启发了乔治亚·奥基弗的创作灵感。它还曾是电影《城市滑头》(*City Slickers*)的拍摄地。这个避世中心如今有徒步路线、一座恐龙博物馆(dinosaur museum; 建议捐赠 $2; ⏲周一至周六 9:00~17:00，周日 13:00~17:00)并提供山脊骑马活动($50起)，包括为4岁以上孩子提供指导($30)。此外也提供基本住处(帐篷位 $19，房车位 $22~29，铺 含早 $50，房间 含早 不带/带卫生间 $70/80)。

可爱的Abiquiú Inn(☎888-735-2902, 505-685-4378; www.abiquiuinn.com; US Hwy 84; 房车位 $18，房间 $110~150，度假小屋 $179起; 🅿📶)是一个不规则的仿土砖建筑群，地处阴凉之下。宽敞的度假小屋附带小厨房。大堂和餐厅提供Wi-Fi。餐厅即Cafe Abiquiú(早餐 主菜 低于$10，午、晚餐主菜 $10~20; ⏲7:00~21:00)，午餐和

晚餐供应多种鱼类菜肴，从干辣椒蜂蜜鲑鱼到鳟鱼玉米饼，应有尽有。

奥霍卡连特（Ojo Caliente）

有140年历史的**奥霍卡连特矿泉度假和水疗中心**（Ojo Caliente Mineral Springs Resort & Spa; ☎800-222-9162, 505-583-2233; www.ojospa.com; 50 Los Baños Rd; 房间 $139~169，乡村小屋 $179~209，套 $229~349; ❄📶）是全美最古老的疗养胜地之一，要知道普韦布洛人早就开始在这里洗浴了！从圣菲出发，沿着Hwy 285公路向北50英里就能到达。这个新近翻修过的度假中心拥有10个浸泡池（公共浴池/私人浴池 $18/40起），混合了多种矿物质。更妙的是，除了舒适（即便无甚出奇）的历史客房外，这里还有12个色彩大胆的豪华房间，配有地穴壁炉和私人浴缸，此外还有11个新墨西哥风格的小屋。大堂有Wi-Fi。这里的**Artesian Restaurant**（早餐 主菜 $5~10，午餐 主菜 $9~12，晚餐 主菜 $16~28; ⏲周日至周四 7:30~11:00、11:30~14:30和17:00~20:30，周五和周六 至21:00）使用当地有机食材烹制菜肴。

陶斯（Taos）

无可否认，陶斯是个拥有壮阔山川景色的地方：海拔12,300英尺的山峰拔地而起，被皑皑白雪覆盖；满布鼠尾草的高原一直向西延伸，然后急降800英尺冲入格兰德峡谷（Rio Grande Gorge）；天空时而是炽热的蔚蓝色，时而又被伴随着隆隆声响的积雨云笼罩，以致整个山脉也显得矮小。当然，这里还有美丽的落日景观……

陶斯普韦布洛（Taos Pueblo）被认为是美国境内最古老的持续有人类居住的社区，它扎根于这个小镇，并在漫长的历史中留下了丰富的文化遗产，包括西班牙征服者、天主教和牛仔。从D·H·劳伦斯（DH Lawrence）到丹尼斯·霍珀（Dennis Hopper），20世纪的陶斯对艺术家、作家和创新思想者有着很强的吸引力。陶斯始终是个奇怪却又让人放松的地方，这里有传统的土砖建筑、美术馆、风格奇特的咖啡馆和超棒的餐厅。而5000位居民里有波希米亚人、替代能源拥护者以及旧式的西班牙裔家庭。它既乡村又国际，还有点儿超凡脱俗。

👁 景点

陶斯博物馆协会（Museum Association of Taos）提供$25的通行证，可参观5家博物馆：哈伍德美术馆、陶斯历史博物馆、蜜丽·罗杰斯博物馆、陶斯艺术博物馆和费欣研究所。

★ 蜜丽·罗杰斯博物馆 博物馆

（Millicent Rogers Museum; www.millicentrogers.org; 1504 Millicent Rogers Rd; 成人/儿童 $10/2; ⏲10:00~17:00，11月至次年3月 周一闭馆）馆内满是陶器、珠宝、篮子和织物，是美国最优秀的美洲原住民和西班牙殖民艺术品收藏地之一。

哈伍德美术馆 博物馆

（Harwood Foundation Museum; www.harwoodmuseum.org; 238 Ledoux St; 成人/儿童 $10/免费; ⏲周二至周六 10:00~17:00，周日 正午至17:00）位于一组19世纪中期的古老土砖建筑群中，展出了新墨西哥州北部古代和当代艺术家的画作、素描、印刷物、雕塑和摄影作品。

陶斯历史博物馆 博物馆

（Taos Historic Museums; www.taoshistoricmuseums.org; 每间博物馆 成人/儿童 $8/4; ⏲周一至周六 10:00~17:00，周日 中午至17:00）陶斯历史博物馆运营着两处场馆：**布卢门沙因宅邸**（Blumenschein Home; www.taoshistoricmuseums.org; 222 Ledoux St; 成人/儿童 $8/4）珍藏着20世纪20年代陶斯艺术家社团（Taos Society of Artists）的艺术珍品；**马丁内斯庄园**（Martínez Hacienda; 708 Hacienda Way，紧邻Lower Ranchitos Rd），共有21间房间，从前是一名殖民商人的家，自1804年开始为其所有。

陶斯艺术博物馆和费欣研究所 博物馆

（Taos Art Museum & Fechin Institute; www.taosartmuseum.org; 227 Paseo del Pueblo Norte; 成人/儿童 $8/免费; ⏲周二至周日 10:00~17:00，冬季时间较短）这是俄国画家尼古拉·费欣（Nicolai Fechin）的住所，建筑物本身与其画作、素描和雕塑等收藏品同样值得一看。

圣弗朗西斯科阿西斯教堂 教堂

（San Francisco de Asís Church; St Francis Plaza; ⏲周一至周五 9:00~16:00）位于陶斯以南4英里的陶斯牧场（Ranchos de Taos），教堂以

其土砖墙的转角与曲线而闻名。它建于18世纪中期，但直到1815年才对外开放。乔治亚·奥基弗的画作及安塞尔·亚当斯（Ansel Adams）的摄影作品使它为世人所熟知。教堂开放的时间不固定，有时周六也会开放。周日早上会举行三次弥撒，其中一次用西班牙语。

格兰德峡谷桥
桥梁、峡谷

（Rio Grande Gorge Bridge）格兰德河上方650英尺处的钢制格兰德峡谷桥是美国第二高的悬桥。从桥上俯瞰下方令人目眩。想要拍下美丽的桥身，可在大桥西端的休息区停车。

地球之舟
建筑

（Earthships；www.earthship.com；US Hwy 64；自助导览游 $7；⏲10:00~16:00）大桥以西1.5英里处就是令人大开眼界的地球之舟社区。这个社区自给自足，房屋采用可回收材料建造，十分环保。你也可以在其中一间房子里住上一晚。

活动

夏季，激浪漂流是陶斯峡（Taos Box）的一大热门活动。格兰德河岸到处都是陡峭的悬崖。一日游大约每人$100起，参与当地的户外旅行，请联系游客中心，那里有不少有关徒步和山地自行车骑行的信息。

陶斯滑雪山谷
滑雪

（Taos Ski Valley；www.skitaos.org；半日/全日缆车票$64/77）这里的山峰海拔11,819英尺，落差2612英尺，是美国挑战性最高的滑雪场之一。不过它比较低调，气氛悠闲。度假村如今允许使用滑雪板。

不 要 错 过

陶斯普韦布洛

陶斯普韦布洛（Taos Pueblo；☎505-758-1028；www.taospueblo.com；Taos Pueblo Rd；成人/儿童 $10/免费，照相/摄像许可证 $6；⏲8:00~16:30）建于1450年左右，从那以后一直有人居住。它是美国现存最大的多层普韦布洛建筑，也是保存完好的传统土砖结构的最好例证之一。在帕瓦节（Pow-Wow；7月）和圣杰罗尼莫节（San Geronimo Day；9月）的庆典仪式上有舞蹈，并开放给公众参观，可致电或上网查看具体日期。陶斯普韦布洛约在2月至3月期间关闭10周。

住宿

Sun God Lodge
汽车旅馆 $

（☎575-758-3162；www.sungodlodge.com；919 Paseo del Pueblo Sur；房间 $55起；P❄📶🐾）这家两层楼的汽车旅馆的主人热情友好，还会告诉你当地的历史和镇上有哪些疯狂的酒吧。客房虽有点幽暗，但干净整洁，装饰以低调的西南地区风格。位于广场以南1.5英里处，是镇上较为理想的廉价旅馆之选。

Abominable Snowmansion
青年旅舍 $

（☎575-776-8298；www.snowmansion.com；476 Hwy 150，Arroyo Seco；帐篷位 $22，铺 $27，房间不带/带卫生间 $50/55，圆锥帐篷 $55；P@📶🐾）位于陶斯东北约9英里处，这家陈旧但友好的青年旅舍地处山腰上，十分舒适，是陶斯中央区以外的另一选择。大而圆的壁炉在冬季让住客备感温暖，夏季时则可搭起圆锥形帐篷。

★ Earthship Rentals
精品酒店 $$

（☎505-751-0462；www.earthship.com；US Hwy 64；地球之舟 $145~305；📶🐾）想体验远离尘世的生活，不妨来这个精致时髦的太阳能居所。它的设计介于高迪的有机建筑和太空时代的幻想之间。这些可持续性的居所是利用再循环轮胎、铝罐和沙等组建而成，并有雨水收集和废水循环系统以减少所占资源。酒店位于山谷之间，群山环绕，说不定是外星人仓促伪装起来的舰艇——谁知道呢。

Historic Taos Inn
历史酒店 $$

（☎575-758-2233；www.taosinn.com；125 Paseo del Pueblo Norte；房间 $75~275；P❄📶）虽然不是镇中最豪华的寓所，这个小旅馆却十分迷人，有舒适的大厅、一流的餐厅、厚重的木头家具和凹陷的壁炉。在它著名的Adobe Bar里还有很多当地音乐现场表演。这个标志性建筑有一部分可以追溯到17世纪，而较旧的客房其实最好。

就餐

Michael's Kitchen
新派墨西哥菜 $

(www.michaelskitchen.com; 304c Paseo del Pueblo Norte; 主菜 $7~16; 周一至周四 7:00~14:30, 周五至周日 7:00~20:00;) 早餐很棒，点心是新鲜烘制的，新派墨西哥菜也很美味。记得品尝油炸蜜糕（sopapilla），然后再去散散步……

El Gamal
中东菜 $

(www.elgamaltaos.com; 12 Doña Luz St; 主菜 $7~12; 周日至周三 9:00~17:00, 周四至周六 9:00~21:00;) 素食者欢呼吧，你可在这里畅快享用无肉的中东菜。餐厅后头有个很大的儿童游乐场，还有一个台球桌，提供免费Wi-Fi。

Taos Pizza Out Back
比萨 $

(www.taospizzaoutback.com; 712 Paseo del Pueblo Norte; 每片 $4~8, 整个比萨 $13~29; 5月至9月 11:00~22:00, 10月至次年4月 11:00~21:00;) 警告：这些比萨可能会让你吃上瘾。餐厅选用有机食材并供应美味套餐，譬如加了生晒番茄干和戈贡佐拉（gorgonzola）芝士的波特贝拉派（Portabella Pie）。每片比萨都很大。

Taos Diner
美式小馆 $

(www.taosdiner.com; 908 Paseo del Pueblo Norte; 主菜 $4~14; 7:00~14:30;) 我们原本不想让你知道这家超棒的餐厅的存在。这家山区城镇的小餐馆有木护墙板、文身的女侍应生、新鲜烘焙的饼干，以及常倒满的咖啡杯。餐馆的菜肴都是精心烹制，带有西南地区风味。不论是山区男子、邋遢的人、孤独的用餐者或是快乐的旅行者，这里全都欢迎。我们很喜欢Copper John's eggs这道佐以青椒酱的煎蛋。广场南面还有另一家分店。

★ Love Apple
有机菜 $$

(575-751-0050; www.theloveapple.net; 803 Paseo del Pueblo Norte; 主菜 $13~22; 周二至周日 17:00~21:00) 餐厅位于一座19世纪的土砖小教堂内，简朴的乡间神圣气氛与其食物一样，都属于这家只在新墨西哥州才有的餐馆。从蔬菜千层面到粗麦粉烤羚羊，每一道菜都是选用有机或是在本地自由放养而得的食材。需预约！

★ Trading Post Cafe
各国风味 $$$

(575-758-5089; www.tradingpostcafe.com; Hwy 68, Ranchos de Taos; 午餐 主菜 $8~14, 晚餐 主菜 $15~32; 周二至周六 11:00~21:00) Trading Post长期以来深受食客喜爱，是悠闲与优雅的完美结合体。不论是西班牙什锦饭或是猪排，这里的食物都令人称道。一些食物的分量很大，所以不妨考虑跟他人分享主菜，而如果想吃得又好又便宜，不妨点一小碗汤和小份沙拉。分量会很多喔！

饮品和娱乐

Adobe Bar
酒吧

(125 Paseo del Pueblo Norte, Historic Taos Inn; 11:00~23:00) 欢迎大家来到"陶斯的客厅"，这里的每样东西都独具特色：座椅、Taos Inn旅馆的历史、随意的气氛，以及龙舌兰酒。夏天时有临街露台，冬天则有室内炉壁，还有一流的玛格丽特鸡尾酒以及整年不断的一系列现场音乐表演。

KTAO Solar Center
现场音乐

(www.ktao.com; 9 Ski Valley Rd; 酒吧 16:00起) 趁"快乐时光"来看看DJ在"全球最有能量的太阳能广播站"的精彩演出吧。这里也是新潮的现场音乐表演场地，有当地或知名乐队的表演。草坪上甚至还有一个供儿童玩耍的游乐场。

Alley Cantina
现场音乐

(121 Terracina Lane; 11:30~23:00) 这家酒吧感觉比较酷，或许是因为它位于镇内最古老的建筑物中，连带得也有了个性。几乎每晚都有摇滚、蓝调、嘻哈或爵士乐的现场表演。

购物

陶斯从古至今一直是艺术家向往的地方，镇子里里外外、大大小小的画廊和工作室就是见证。在连接Bent St和陶斯广场（Taos Plaza）的**John Dunn Shops** (www.johndunnshops.com) 步行道上有很多独立的商店和画廊。这里有藏书丰富的**Moby Dickens Bookshop** (www.mobydickens.com; 124A Bent Street; 10:00~18:00) 和小巧迷人、足以令地图学爱好者沉迷的**G Robinson Old Prints & Maps** (124D Bent St; 11:00~17:00)。

你还可到广场东边的**El Rincón Trading Post**(114 Kit Carson Rd; ⏲10:00~17:00)和**Horse Feathers**(109 Kit Carson Rd; ⏲10:30~17:30)寻找经典的西部纪念品。

实用信息

Taos.org(www.taos.org)网站资源丰富实用，相关链接也易于使用。

陶斯游客中心(Taos Visitor Center; ☎575-758-3873; Paseo del Pueblo Sur, Paseo del Cañon; ⏲9:00~17:00; 📶)

Wired?(705 Felicidad Lane; ⏲周一至周五 8:00~18:00，周六和周日 8:30~18:00，冬季周末营业时间缩短)时髦的咖啡店，备有电脑(每小时$7)。顾客可免费使用Wi-Fi。

到达和离开

从圣菲出发，可以走Hwy 76和Hwy 518沿线的景观道路，沿途有很多值得一游的画廊、村庄和景点，或是顺着笔直延伸的Hwy 68欣赏格兰德河风景。

North Central Regional Transit(www.ncrtd.org)提供到艾斯巴诺拉(Espanola)的免费班车，可在那里转车去圣菲或其他目的地。**Twin Hearts Express**(☎800-654-9456; www.twinheartsexpresstransportation.com)开往圣菲($40)和阿尔布开克机场($50)。

新墨西哥州西北部(Northwestern New Mexico)

之所以把这片区域称为"印第安乡村"是有道理的：这一大片的土地都处于纳瓦霍、普韦布洛、祖尼、阿帕奇和拉古纳(Laguna)部落的控制之下。这块占据了新墨西哥州四分之一的区域既有经典的古印第安遗址，也有遗世独立的印第安人聚居地和色彩斑斓的地质荒野。

法明顿及周边(Farmington & Around)

法明顿是新墨西哥州西北地区最大的城市。要去参观四角区(Four Corners area)，法明顿是最好的根据地。**旅游局**(Visitors bureau; ☎505-326-7602; www.farmingtonnm.org; 3041 E Main St, Farmington Museum at Gateway Park; ⏲周一至周五 8:00~17:00)可提供更多信息。

施普洛克(Shiprock)是西部凭空而起的一座1700英尺高的火山，曾经是盎格鲁拓荒者的地标，如今成了纳瓦霍人的圣地。

萨尔蒙遗迹遗产公园(Salmon Ruin & Heritage Park; www.salmonruins.com; 成人/儿童 $3/1; ⏲周一至周五 8:00~17:00，周六和周日 9:00~17:00; 11月至次年4月 周日 正午起)为古普韦布洛人遗址，是由查科(Chaco)族人于12世纪初建立的一个大村庄。在被查科人遗弃后，这里成为了弗德台地(Mesa Verde)人们的定居地，之后又在1300年前再次遭到遗弃。遗址包括田园废墟、岩石雕刻、一个纳瓦霍人牲口圈和一个窝棚(一种粗糙的用树枝搭的小棚子)。沿Hwy 64往东行驶11英里，即可到达布卢姆菲尔德(Bloomfield)。

法明顿东北14英里处是占地27英亩的**阿兹特克遗址国家保护区**(Aztec Ruins National Monument; www.nps.gov/azru; 成人/儿童 $5/免费; ⏲9月至次年5月 8:00~17:00，6月至8月 8:00~18:00)，这里有美国最大的重建的地穴(kiva)，内部直径接近50英尺。坐在巨大的地穴里面，任你的思绪自由驰骋。夏天的下午，护林员会讲到古代建筑、贸易路线和天文学。

未经开垦的**比斯蒂荒原和德纳金荒野**(Bisti Badlands & De-Na-Zin Wilderness)位于Hwy 371沿线，法明顿以南大约35英里处。这里有奇怪、多彩的岩石构造，让人感觉走进了奇幻的世外仙境，日落前几小时的景色尤为壮观，沙漠爱好者不要错过这个地方。法明顿**土地管理局办公室**(BLM office; ☎505-564-7600; www.nm.blm.gov; 6251 College Blvd; ⏲周一至周五 7:45~16:30)可提供相关信息。

Silver River Adobe Inn B&B(☎800-382-9251, 575-325-8219; www.silveradobe.com; 3151 W Main St, Farmington; 房间 $115~175; ❄📶)这家可爱的、只有三间房间的小旅馆位于圣胡安河(San Juan River)沿岸的树林中，会带给你一种平静的舒适感。

Three Rivers Eatery & Brewhouse(www.threeriversbrewery.com; 101 E Main St, Farmington; 主菜 $8~26; ⏲11:00~21:00; 👪)时髦又友好。这个带点忧郁的地方有美味的

牛排、酒吧食品，以及自己酿制的精品啤酒，是城里远远超过同业的最好餐馆。

查科文化国家历史公园 (Chaco Culture National Historic Park)

位于茫茫沙漠中的查科（Chaco; www.nps.gov/chcu; 每车/自行车 $8/4; ⌚7:00至日落）有面积广阔的古普韦布洛人建筑群，也是人类5000多年文明历史的见证。在全盛时期，查科峡谷（Chaco Canyon）社区曾是该地区主要的交易和庆典中心；普韦布洛人在此地建造的城市无论布局还是设计都是伟大的奇迹。普韦布洛波尼托（Pueblo Bonito）有四层楼高，包含600~800间房间和地穴。除了自驾环游，还可以去各种荒僻小径徒步。4月至10月之间的每周二、周五和周六傍晚，观星爱好者可以前来参加Night Skies活动。

查科文化国家历史公园位于法明顿以南约80英里处的一个偏远区域。Gallo Campground（露营位 $10）在游客中心以东1英里。无房车接口。

查玛 (Chama)

在科罗拉多边境以南9英里外，查玛的堪布里斯和托尔特克观光铁路（Cumbres & Toltec Scenic Railway; ☎575-756-2151; www.cumbrestoltec.com; 成人/儿童 $89/49起; ⌚5月下旬至10月中旬）是美国最长（64英里）和最高（凌驾于10,015英尺高的堪布里斯山口之上）的真正的窄轨蒸汽铁路。铁路沿线风景秀美，有山脉、峡谷和高原沙漠，特别是在9月和10月落叶的季节更是美不胜收。旅程含午餐，而且大多行程儿童可免费乘车。登录网站查阅旅程详情。

新墨西哥州东北部 (Northeastern New Mexico)

圣菲东部的郁郁葱葱的基督圣血山脉也不得不向广阔连绵的大平原俯首称臣。土灰色的草地向远处无限延伸，一直到得克萨斯州。牛群和恐龙的足迹隐现在点缀着火山锥的广袤风景里。经营牧场是一项主要的经济来源，在很多公路上，你所能看到的牛群比汽车多得多。

圣菲小道（Santa Fe Trail），也就是拓荒者赶着马车队挺进西部的路线，一直从新墨西哥州延伸到密苏里。至今在圣菲和拉顿（Raton）之间的I-25公路沿线某些地方仍能看到马车的辙印。如果你只想寻找一些古老的西部气息，不准备大肆消费，纸醉金迷，这个地方将是你的理想之选。

希马龙 (Cimarron)

希马龙是西部最荒凉的小镇之一，它的名字在西班牙语里更是“荒野”之意。根据当地传说，19世纪70年代时这里几乎每天都有谋杀案发生，以致和平与宁静都具有了新闻价值，一家报纸甚至还这么报道：“希马龙一切都很平静，这三天没人被杀害。”

如今的小镇十分安静，吸引了热爱大自然的旅行者前来享受各种户外活动。从陶斯开车往返这里，途中会经过壮丽的希马龙峡谷州立公园（Cimarron Canyon State Park）。这个峡谷的一面陡峭异常，有很多观光小路，也是一流的钓鳟鱼和露营的场所。

你可到建于1872年的St James（☎888-376-2664; www.exstjames.com; 617 Collison St; 房间 $85~135; ❄📶）住宿或用餐（主菜$7~20），这也是全美最著名的曾经闹鬼的酒店之一，其中一间房间的阴气之重，甚至从未租出去过。西部的许多传奇人物都曾停留于此，包括Buffalo Bill、Annie Oakley、Wyatt Earp和Jesse James，前台有一张长长的列表，列出在如今已翻修的酒店吧台里当年谁枪杀了谁。这里经典的客房使它成为新墨西哥州最具历史感的酒店之一。

卡普林火山国家保护区 (Capulin Volcano National Monument)

卡普林（Capulin; www.nps.gov/cavo; $5每车; ⌚8:00~16:00）在平原中拔地而起，高1300英尺，是该地区最容易到达的火山。一条2英里的公路从游客中心开始在山上盘旋上升，一直延伸到边缘（8182英尺）的停车处。周围有小路曲折蜿蜒直到入口。入口处位于卡普林村以北3英里处。卡普林位于Hwy 87沿线的拉顿以东30英里处。

新墨西哥州西南部（Southwestern New Mexico）

格兰德河谷(Rio Grande Valley)从阿尔布开克延伸到特鲁斯-康西昆西斯(Truth or Consequences)冒着泡的温泉以远。河流在流到得克萨斯州的边界之前，滋养了新墨西哥州的农业财宝：哈奇(Hatch)，即所谓的"世界辣椒之都"。第一颗原子弹在格兰德东部的沙漠上爆炸，这片沙漠在西班牙殖民时期被称为"死亡之旅"(Jornada del Muerto)。

在西边，崎岖的希拉国家森林(Gila National Forest)很适合背包游或者钓鱼。山脉的南部斜坡一直下降到奇瓦瓦沙漠(Chihuahuan Desert)，这片沙漠将这个州的第二大城市——拉斯克鲁塞斯(Las Cruces)包围起来。

特鲁斯-康西昆西斯及周边 (Truth or Consequences & Around)

这个时髦的小城于19世纪80年代建于天然温泉的集中地，到处充满着不寻常的生活乐趣。1950年，它从"温泉之城"更名为特鲁斯-康西昆西斯(简称"T or C"，意思是"真心话大冒险")，因为当地有一档特别受欢迎的广播节目就叫这个名字。如今舆论认为维珍银河公司(Virgin Galactic)的总裁理查德·布兰森(Richard Branson)和其他梦想太空旅行的人共同推动了附近**美国航天港**(Spaceport America)的发展，计划在这里把富有的游客送入太空。**航空中心团队游**(Spaceport tours; ☎575-740-6894; www.ftstours.com; 成人/12岁以下儿童 $59/29; ⏱周五和周六 9:00和13:00，周日 9:00)可参观发射场和控制中心。

在小城北部60英里处，沙丘鹤和北极鹅在**阿帕奇森林国家野生动物保护区**(Bosque del Apache National Wildlife Refuge; www.fws.gov/southwest/refuges/newmex/bosque; $5每车; ⏱黎明至黄昏)这片90平方英里的田野和沼泽地过冬。这里有个游客中心，还能自驾游。每年的11月中旬会举办鹤节(Festival of the Cranes)。

食宿

很多当地汽车旅馆同时也提供温泉洗浴。

★ Blackstone Hotsprings 精品酒店 $

(☎575-894-0894; www.blackstonehotsprings.com; 410 Austin St; 房间 $75~135; P ❄ 📶) Blackstone充分体现了小镇的气质，7个房间都是以经典的电视节目为主题，从《杰森一家》(*Jetsons*)到《黄金女郎》(*Golden Girls*)，再到《我爱露西》(*I Love Lucy*)。优点是每一个房间都有自己的温泉浴缸或者淋浴设备。缺点是很难在黑暗中入睡，因为有一些房间，后院的灯光在夜里会照进来。

Riverbend Hot Springs 精品酒店 $

(☎575-894-7625; www.riverbendhotsprings.com; 100 Austin St; 房间 $70起; ❄ 📶)过去曾是青年旅舍的Riverbend Hot Springs现在提供传统的汽车旅馆式的住宿——不是帐篷，而是坐落在格兰德河旁边的旅馆。房间散发着明亮、奇异的魅力，好几个单元可供集体入住。私人温泉浴缸按时计费(住客/非住客 $10/15)，也有公共浴池(住客/非住客 免费/$10)。

Happy Belly Deli 熟食 $

(313 N Broadway; 主菜 $2~8; ⏱周一至周五 7:00~15:00，周六 8:00~15:00，周日 8:00至正午)这家店以新鲜、分量大的早点组合吸引顾客。

★ Café Bellaluca 意大利菜 $$

(www.cafebellaluca.com; 303 Jones St; 午餐 主菜 $8~15，晚餐 主菜 $13~38; ⏱周一、周三和周四 11:00~21:00，周五和周六 至22:00，周日至20:00)意大利菜备受称赞，比萨也棒极了。

拉斯克鲁斯及周边 (Las Cruces & Around)

新墨西哥州第二大城市拉斯克鲁斯是新墨西哥州立大学(New Mexico State University，简称NMSU)的所在地，但是对旅行者来说，那里能看的不多。

景点

对很多游客来说，附近的**梅西亚**(Mesilla，也称老梅西亚Old Mesilla)就是在拉斯克鲁斯的最大亮点了。在老梅西亚的广场附近散散步，感受一下这座19世纪中期西班牙殖民遗迹的西南小镇的精髓所在。

★ 新墨西哥农场牧场遗产博物馆 博物馆

(New Mexico Farm & Ranch Heritage Museum; www.nmfarmandranchmuseum.org; 4100 Dripping Springs Rd; 成人/儿童 $5/2; ⏲周一至周六 9:00~17:00,周日 正午至17:00;) 这个位于拉斯克鲁斯的博物馆可不仅仅只有一些农业历史的展览——还有家畜呢!每天都有现场挤牛奶演示,时不时还有"品种游行",包括牛、马、驴、绵羊和山羊。其他的展览包括打铁(周五至周日)、纺纱编织(周三)和传统烹饪(打电话咨询日程表)。

白沙导弹测试中心博物馆 博物馆

(White Sands Missile Test Center Museum; www.wsmr-history.org; Bldg 200, Headquarters Ave; ⏲周一至周五 8:00~16:00,周六 10:00~15:00) 免费 博物馆位于拉斯克鲁斯东部,沿着Hwy 70走25英里,看到白沙导弹的标志就到了。从1945年起,白沙就是主要的军事实验基地了,现在仍然是航天飞机的备用降落地点。看看户外的那个疯狂的导弹公园吧。因为这是军事基地,每个超过18岁的参观者必须出示身份证,并且司机可能得出示汽车的登记证和保险证明。

住宿

★ Lundeen Inn of the Arts 民宿 $$

(☎505-526-3326; www.innofthearts.com; 618 S Alameda Blvd, Las Cruces; 房间 含早$80~125,套 $99~155;) 在拉斯克鲁斯,这是一家19世纪初墨西哥地方风格的旅馆,有7个房间(全都独一无二)、文雅的旅馆主人、通风的客厅和高高的天花板(压锡的),还有新鲜烹制的美味早餐。

就餐

Nellie's Café 新派墨西哥菜 $

(1226 W Hadley Ave; 主菜 $5~8; ⏲周二至周日 8:00~14:00) 当地极受欢迎的新派墨西哥菜餐馆,早餐和午饭很不错。只接受现金。

La Posta 新派墨西哥菜 $$

(www.laposta-de-mesilla.com; 2410 Calle de San Albino; 主菜 $8~15; ⏲11:00~21:00) 这家老梅西亚最著名的餐馆坐落在有200多年历史的土砖房子里,一开始你可能会觉得它的装饰毫不起眼,但是这里的新派墨西哥菜确实美味,分量又足,服务还很周到。

实用信息

拉斯克鲁斯旅游局(Las Cruces Visitors Bureau; ☎575-541-2444; www.lascrucescvb.org; 211 N Water St; ⏲周一至周五 8:00~17:00)

到达和离开

灰狗巴士(☎575-524-8518; www.greyhound.com; 800 E Thorpe Rd, Chucky's Convenience Store)的长途汽车穿越两条州际公路(I-10号和I-25号)。每天发车开往阿尔布开克($29, 3.5小时)、罗斯韦尔($52, 4小时)和埃尔帕索(El Paso; $12.60, 1小时)。

银城及周边 (Silver City & Around)

狂野西部的精神仍然飘荡在空气中,仿佛从前的比利小子如今还在街头漫步一样。但是时代在变化,山民和牛仔的氛围也向美术馆、咖啡馆和冰激凌屈服了。在银城市中心漫步时一定得注意脚下,尤其是在踏出人行道时。因为夏天总有季风带来的大雨,这里的路缘会比其他地方的高,目的是不让那些有古砖和铸铁建筑的维多利亚风格的房子被快速上涨的雨水侵蚀。

银城是通往希拉国家森林户外活动的门户。原始粗犷的乡村适合越野滑雪、背包徒步、露营、垂钓及其他活动。

顺着银城以北一条42英里长的蜿蜒公路一直往北走2小时,就可到达希拉崖居国家保护区(Gila Cliff Dwellings National Monument; www.nps.gov/gicl; 费用 $3; ⏲小径 9:00~16:00,游客中心 9:00~16:30)。13世纪时这里曾经被莫戈隆人占领。沿着1英里的人行小道,很容易就能到达这些位于相对隔绝的悬崖上的神秘居所,它们看起来和一千年之前没有多少差别。要看象形文字的话,可以停在Lower Scorpion Campground,然后沿着标记好的线路走一段。

奇形怪状的圆形独石使岩石之城州立公园(City of Rocks State Park; www.nmparks.com; Hwy 61; 日间 $5,帐篷位/房车位 $8/10)像一个巨大的游乐场,中间是绝佳的扎营地,还有桌子和生火的火坑。要在一连串的岩石中寻珍,可以去看看第43号露营地(叫作Lynx)。从戴明镇(Deming)沿Hwy 180向西北走24英里,转入Hwy 61后向东北再走3英里就到了。

要略微了解一点银城的建筑史,可以去有22个房间的**Palace Hotel**(575-388-1811; www.silvercitypalacehotel.com; 106 W Broadway; 房间 $51起;)。这个酒店流露出一种低调的、19世纪的氛围(没有空调、家具老旧),对那些厌倦了连锁旅馆的人来说是个不错的选择。在角落里,高耸的**Javalina**(201 N Bullard St; 点心 $2起; 周一至周四 6:00~21:00, 周五和周六 6:00~22:00, 周日 6:00~19:00;)提供咖啡、点心和Wi-Fi,环境舒服,来去方便。

市中心有多家餐馆,包括极受欢迎的**Diane's Restaurant & Bakery**(575-538-8722; www.dianesrestaurant.com; 510 N Bullard St; 午餐 $8~10, 晚餐 $15~30; 周二至周六 11:00~14:00和17:30~21:00, 周日 11:00~14:00),还有可以自己动手制作玉米卷饼的**Peace Meal Cooperative**(www.peacemealcoop.com; 601 N Bullard St; 主菜 $6~10; 周三至周一 11:00~19:00;)。品尝本地菜,可向北行驶7英里到Pinos Altos,去**Buckhorn Saloon**(575-538-9911; www.buckhornsaloonandoperahouse.com; Main St, Pinos Altos; 主菜$10~39; 周一至周六 17:00~21:00)试试招牌牛排,那里大多数晚上都有现场音乐,需电话预约。

实用信息

游客中心(575-538-3785; www.silvercity.org; 201 N Hudson St; 周一至周五 9:00~17:00, 周六和周日 10:00~14:00)和**希拉国家森林保护站**(Gila National Forest Ranger Station; 575-388-8201; www.fs.fed.us/r3/gila; 3005 E Camino Del Bosque; 周一至周五 8:00~16:30)提供这片地区的信息。想了解这个城镇的矿业历史,可以看看被划入黑名单的1954年的电影《社会中坚》(*Salt of the Earth*)。

新墨西哥州东南部 (Southeastern New Mexico)

新墨西哥州最伟大的两个自然奇观都在东南部——迷人的白沙国家保护区(White Sands National Monument)和神奇的卡尔斯巴德洞窟国家公园(Carlsbad Caverns National Park)。这片区域也是这个州最古老的传奇的起源地:罗斯韦尔的外星人、林肯的比利小子和卡皮坦(Capitan)的斯摩基熊。这里的大部分低地都是炙热粗糙的奇瓦瓦沙漠,但是你可以逃到凉快一些的地方去,比如开车到高海拔的丛林小镇克劳德克罗夫特(Cloudcroft)和鲁伊多索(Ruidoso)去。

白沙国家保护区 (White Sands National Monument)

高耸的闪亮沙丘随风翻卷滑动,令人目眩。在阿拉莫戈多(Alamogordo,位于Hwy 82/Hwy 70西南15英里处)西南16英里处,石膏晶体覆盖着这片脆弱、荒凉的**保护区**(www.nps.gov/whsa; 成人/16岁以下儿童 $3/免费; 6月至8月 7:00~21:00, 9月至次年5月 至日落),方圆275平方英里内尽是一片耀眼的白色风景。这些被风吹动的沙丘魅力无穷,是来新墨西哥州旅行的必到景点。别忘了戴墨镜,这里的沙子像白雪那样明亮。

你可以在游客中心的礼品店花上$17买一个塑料盘子,然后就可以找个背阴的沙坡开始滑沙了。很好玩,而且玩了一天以后你还可以把盘子以$5的价格卖回给礼品店(为了避免赖账,概不出租)。查查公园的日程表,看有没有日落漫步或是偶尔才开放的圆月骑行活动(成人/16岁以下$5/2.50),圆月骑行最好提前预约。偏远地区的露营地是没有饮用水和厕所的,营地距离景观车道有1英里远。需要在日落之前至少1小时到游客中心领取许可证($3,数量有限,先到先得)。

阿拉莫戈多及周边 (Alamogordo & Around)

阿拉莫戈多是美国历史上最重要的太空和原子能研究项目基地之一。4层楼高的**新墨西哥州太空历史博物馆**(New Mexico Museum of Space History; www.nmspacemuseum.org; Hwy 2001; 成人/儿童 $6/4; 9:00~17:00;)有一流的太空研究和飞行器展览。馆内的**汤博IMAX影院和天文馆**(Tombaugh IMAX Theater & Planetarium; 成人/儿童 $6/4.50;)在巨大的全景屏幕上放映精彩的科学电影。

White Sands Blvd两边有众多汽车旅馆,其中包括**Best Western Desert Aire Hotel**(575-437-2110; www.bestwestern.com; 1021 S

值得一游

窥看外太空

沿着60号公路，过了马格达莱纳镇（Magdalena）以后就是**甚大天线阵**（Very Large Array，简称VLA；www.nrao.edu；紧邻Hwy 52；8:30至日落）免费，它是个射电天文望远镜设施，由27面巨大的抛物面天线组成，像矗立在高原上的巨大蘑菇。在游客中心可以看到有关天线阵的短片，然后步行并隔窗参观控制中心大楼。这里位于Hwy 60以南4英里处，紧邻Hwy 52。

White Sands Blvd；房间 $78起；），其标间和套房（有些带有小厨房）设有桑拿浴。如果你更愿意露营，那就去**奥利弗·李州立公园**（Oliver Lee State Park；www.nmparks.com；409 Dog Canyon Rd；帐篷位/房车位 $8/14）吧，就在阿拉莫戈多南部12英里处。在友好的**Pizza Patio & Pub**（2203 E 1st St；主菜 $7~15；周一至周四，周六11:00~20:00，周五 至21:00；）吃点东西，那里有比萨、意大利面、大份的沙拉和大罐或大杯的桶装啤酒。

克劳德克罗夫特（Cloudcroft）

克劳德克罗夫特很讨人喜欢，有19世纪风格的建筑，还有众多户外娱乐活动，适合探险，并且气氛低调。它位于高山上，没有东部低地那样的炙热气候。关于徒步的详尽信息、免费丛林地图和付费的地区地图，可联系**林肯国家森林保护站**（Lincoln National Forest Ranger Station；4 Lost Lodge Rd；周一至周五 7:30~16:30）。**High Altitude**（575-682-1229；www.highaltitude.org；310 Burro Ave；周一至周四 10:00~17:30，周五和周六 至18:00，周日 至17:00）出租山地自行车，并且提供当地的路线地图。

Lodge Resort & Spa（888-395-6343；www.thelodgeresort.com；601 Corona Pl；房间 $125起；）是西南部最好的历史酒店之一，这座巴伐利亚风格的酒店为客房配备了维多利亚式家具。酒店的**Rebecca's**（575-682-3131；Lodge Resort & Spa，601 Corona Pl；主菜 $8~36；7:00~10:00，11:30~14:00和17:30~21:00），名字来自一个长住的幽灵，供应的食物是目前全镇最好的。

鲁伊多索（Ruidoso）

鲁伊多索（西班牙语意为"嘈杂"）的夏季熙熙攘攘，赛马场里赌马正欢，因为邻近布兰卡山脉（Sierra Blanca；海拔12,000英尺）而拥有宜人的气候。位于要道Hwy 48（也叫Mechem Dr或者Sudderth Dr）上。

景点和活动

要伸展手脚的话，可以试试轻松的**丛林小道**（forest trails），就在**斯摩基熊保护站**（Smokey Bear Ranger Station；575-257-4095；901 Mechem Dr；全年周一至周五及夏季的周六7:30~16:30）西侧的Cedar Creek Rd上。也可以选择美国林业局的Fitness Trail，或者雪松溪野餐区（Cedar Creek Picnic Area）的蜿蜒步道。长距离的徒步行或者背包行路线是绕怀特山荒野（White Mountain Wilderness）一周，就在城镇的北部。记住首先去查看一下火灾限制——早期森林可能关闭。

阿帕奇滑雪场 滑雪

（Ski Apache；www.skiapache.com；缆车票成人/儿童 $51/33）这是阿尔布开克以南最好的滑雪场，就在鲁伊多索西北部18英里处，建在美丽的布兰卡峰（Sierra Blanca Peak）的雪坡上。沿着Hwy 48走，从532号出口下。

鲁伊多索·唐斯赛马场 赛马

（Ruidoso Downs Racetrack；www.raceruidoso.com；Hwy 70；看台位免费；5月下旬至9月上旬 周五至周一）这里可以看到真正的赛马活动。

哈伯德美国西部博物馆 博物馆

（Hubbard Museum of the American West；www.hubbardmuseum.org；26301 Hwy 70；成人/儿童 $6/2；10:00~16:30；）展出与西部有关的艺术品，重点是老式西部驿站马车、美洲原住民艺术品和关于马的一切。

食宿

街道两边有无数的汽车旅馆、酒店和可爱的小木屋。通向滑雪区的森林道路边有很多简陋的营地。

Sitzmark Chalet 酒店 $

(800-658-9694; www.sitzmark-chalet.com; 627 Sudderth Dr; 房间 $60起;) 这个以滑雪为主题的酒店有17个简洁但漂亮的房间，还有野餐桌、烧烤架和一个可容纳8人洗浴的大浴室。

Upper Canyon Inn 度假屋 $$

(575-257-3005; www.uppercanyoninn.com; 215 Main Rd; 房间/小屋 $79/119起;) 房间和小屋从简单实用到奢华乡村时尚都有。

Cornerstone Bakery 早餐 $

(www.cornerstonebakerycafe.com; 359 Sudderth Dr; 主菜 低于$10; 7:00~14:00;) 如果你在这里待得够久的话，这个餐馆就是你的用餐标准了。菜单上的每一样菜，从煎蛋到牛角面包三明治，都很值得一试，带松叶清香的咖啡的味道好极了。

Café Rio 比萨 $

(2547 Sudderth Dr; 主菜 $8~25, 只接受现金; 11:30~20:00, 淡季周三不营业;) 这家比萨店的服务很好，只是装潢略显破旧。但是尝一口松软的比萨，嗯，一切都不那么重要了。

☆ 娱乐

Flying J Ranch 综合

(888-458-3595; www.flyingjranch.com; 1028 Hwy 48; 成人/儿童 $27/15; 5月下旬至9月上旬 周一至周六 17:30起，周六 只到10月中旬;) 在阿尔托（Alto）北部1.5英里处。这个"西部村庄"的舞台上演枪战表演，并提供小马四轮篷车驾乘体验。

ⓘ 实用信息

商会(chamber of commerce; 575-257-7395; www.ruidoso.net; 720 Sudderth Dr; 周一至周五 8:00~16:30, 周六 9:00~15:00) 可提供旅游信息。

林肯和卡皮坦(Lincoln & Capitan)

西部历史的爱好者肯定不会错过小小的林肯。林肯位于卡皮坦以东12英里处，就在**比利小子国家观光小路**(Billy the Kid National Scenic Byway; www.billybyway.com) 沿线，那是那场将比利小子捧为传奇的枪战的发生地。整个小镇保存完好，主街现在是**林肯州立保护区**(Lincoln State Monument; www.nmmonuments.org/lincoln; 成人/儿童 $5/免费; 8:30~16:30)，这里不允许有现代事物(比如闪着霓虹灯的旅馆、纪念品店和快餐店)出现。

在**安德森·弗里曼博物馆**(Anderson Freeman Museum)购票参观历史小镇建筑，你还能在这里找到关于水牛战士、阿帕奇人和林肯镇战争的展览。让迷人的**法院博物馆**(Courthouse Museum)成为你的最后一站吧，这可是比利小子最惊险(而且暴力)的逃亡之

西南部 新墨西哥州东南部

不要错过

卡尔斯巴德洞窟国家公园（CARLSBAD CAVERNS NATIONAL PARK）

这个独一无二的**国家公园**(575-785-2232, 蝙蝠信息505-785-3012; www.nps.gov/cave; 3225 National Parks Hwy; 成人/儿童 $6/免费; 洞穴 5月下旬至9月上旬 8:30~17:00, 9月上旬至次年5月下旬 8:30~15:30;) 占地73平方英里，无数奇妙的洞穴隐藏在山丘之中。洞中的钟乳石和美妙的地质构造让人如临仙境。你可以在**游客中心**(8:00~17:00, 5月下旬至9月上旬 至19:00) 乘坐电梯，从和帝国大厦高度相仿的顶层下到地面只需要1分钟，也可以从洞口走上一段2英里长的地下通道到达"大房间"(Big Room)，这个地下洞室长1800英尺、高255英尺，深入地表800英尺以下。如果你带着孩子去的话(或者只是不太放心)，可以佩戴有头灯的塑料头盔，这种头盔在礼品店有售。

参加**导览游**(877-444-6777; www.recreation.gov; 成人 $7~20, 儿童 $3.50~10) 还可前往其他洞窟，需要提前预约。记得穿长袖衣服，别穿凉鞋，下面有些冷。

这些洞穴有名的另一个原因是：每年5月中旬到10月中旬之间，有30多万只的墨西哥无尾蝙蝠在此栖息。日落时分，蝙蝠蜂拥而出，去享用昆虫盛宴。

处，还立着一块饰板，指明他的子弹射到墙上的痕迹。

对要在此过夜的人来说，**Ellis Store Country Inn**（☎800-653-6460；www.ellisstore.com；Hwy 380；房间 含早$89~129）是个不错的选择，主屋有3个摆满古董的房间（都有木头火炉），5个侧房则在老磨坊里。周三至周六，旅馆主人会在可爱的餐厅里奉上6道菜的晚餐（每人$75）。这一切都完美而独特，建议预约。

在向西通往卡皮坦的路上，走几英里就到了**笑羊农牧场**（Laughing Sheep Farm and Ranch；☎575-653-4041；www.laughingsheepfarm.com；Hwy 380；主菜 $10~35；⏰周四至周六 17:00~21:00；👪）。这里饲养着羊、牛和野牛，还种着水果和蔬菜，晚餐就是用它们做的。餐厅很舒适，气氛随意，有一张很大的桌子，还准备了儿童座椅，每晚营业时有现场音乐演出。舒适的小屋备有热水浴缸，费用每晚$130起。

就像林肯一样，舒适的卡皮坦被**林肯国家森林**（Lincoln National Forest）的美丽群山环抱着。来这里的主要原因是为了让孩子们看看**斯摩基熊州立历史公园**（Smokey Bear Historical State Park；118 W Smokey Bear Blvd；成人/儿童 $2/1；⏰9:00~17:00），著名的斯摩基熊（是的，确实有过一只真正的斯摩基熊）被埋葬在这里。

罗斯韦尔（Roswell）

如果你相信"真相就在那里"的话，那么罗斯韦尔事件早就存在于你的记忆库里了。1947年，一个神秘物体在附近牧场坠毁。原本没有人会为了它而废寝忘食，可是军方严密关注事态发展，对很多人来说，这就证实了事件的真实性：确实有外星人出现！国际关注和当地的独特性把这个城市变成了一个离奇的天外来客区，市中心的路灯上长出了球状白穗植物，一车又一车的游客过来想要看个究竟。

相信这件事和想探明事实真相的人都应该去看看**国际UFO博物馆和研究中心**（International UFO Museum & Research Center；www.roswellufomuseum.com；114 N Main St；成人/儿童 $5/2；⏰9:00~17:00），这里展出了有关事件真伪的文件和很多前沿艺术品。一年一度的**罗斯韦尔UFO节**（Roswell UFO Festival；www.roswellufofestival.com）在7月上旬举行，届时会有异世界化装游行、特邀演讲者、工作室和音乐会。

沉闷无趣的连锁旅馆排列在N Main St沿线。在罗斯韦尔南部36英里处，阿蒂西亚（Artesia）的**Heritage Inn**（☎575-748-2552；www.artesiaheritageinn.com；209 W Main St, Artesia；房间 含早$119起；❄@📶🐾）拥有11间老式西部风格的房间，是该区域最好的旅馆。

要吃简单可靠的新派墨西哥菜的话，试试**Martin's Capitol Cafe**（110 W 4th St；主菜 $7~15；⏰周一至周六 6:00~20:30）。想找美国菜，**Big D's Downtown Dive**（www.bigdsdowntowndive.com；505 N Main St；主菜 $7~10；⏰11:00~21:00）供应镇上最棒的沙拉、三明治和汉堡。

查看当地信息以及同外星人合影，可至**旅游局**（visitors bureau；☎575-624-6860；www.seeroswell.com；912 N Main St；⏰周一至周五 8:30~17:30，周六和周日 10:00~15:00；📶）。

灰狗巴士停车场（Greyhound Bus Depot；☎575-622-2510；www.greyhound.com；1100 N Virginia Ave）有班车开往卡尔斯巴德（$30，1.5小时）和得克萨斯州的埃尔帕索，途经拉斯克鲁斯（$52，4小时）。

卡尔斯巴德（Carlsbad）

旅行者多半是将卡尔斯巴德作为造访卡尔斯巴德洞窟国家公园和瓜达卢佩山（Guadalupe Mountains）的大本营。**公园服务中心**（Park Service office；☎575-885-8884；3225 National Parks Hwy；⏰周一至周五 8:00~16:30）在小镇的南边，提供这两个地方的相关信息。

在小镇郊区的西北边，紧邻Hwy 285的是**活沙漠州立公园**（Living Desert State Park；www.nmparks.com；1504 Miehls Dr，紧邻Hwy 285；成人/儿童 $5/3；⏰6月至8月 8:00~17:00，9月至次年5月 9:00~17:00），是个了解沙漠植物和动物的好去处。那里有一条长1.3英里的很好的小道，展示了奇瓦瓦沙漠的别样生存环境以及鲜活的羚羊、狼、走鹃和其他动物。

卡尔斯巴德的住宿地大多是连锁汽车旅馆，集中在S Canal St和National Parks Hwy上。性价比最高的是**Stagecoach Inn**（☎575-887-1148；1819 S Canal St；房间 $50起；❄📶🏊），房间干净，有游泳池和为孩子们准备的游乐场。最佳住宿是崭新奢华的**Trinity**

Hotel（☎575-234-9891；www.thetrinityhotel.com；201 S Canal St；房间 $169~219起；❄📶），那是一栋很有年头的建筑，原本是第一国家银行（First National Bank），一间套房的客厅在老金库里！这里的餐馆是镇上最有品位的。

气氛活泼的**Blue House Bakery & Cafe**（609 N Canyon St；主菜 $4~8；⏲周一至周六 6:00至正午）供应这个地区最棒的咖啡，早餐和点心也极具特色。想品尝乡村风味的晚餐，不妨去**Red Chimney Pit Barbecue**（www.redchimneypitbarbecue.com；817 N Canal St；主菜 $7~15；⏲周一至周五 11:00~14:00和16:30~20:30），上好的美味肯定让你舍不得停下来。

更多信息可咨询**商会**（chamber of commerce；☎575-887-6516；www.carlsbadchamber.com；302 S Canal St；⏲周一 9:00~17:00，周二至周五 8:00~17:00）。

灰狗巴士（☎575-628-0768；www.greyhound.com；3102 National Parks Hwy）的长途汽车从Food Jet South里的Shamrock加油站出发，只开往得萨斯州的埃尔帕索（$52，3小时）和卢伯克（Lubbock；$52，4小时）。

了解
美国西部

今日美国西部

西部有什么大新闻吗？2012年，科罗拉多州和华盛顿州的人民通过投票，让出于娱乐目的使用大麻成了一种合法行为，2013年最高法院决定让同性婚姻在加利福尼亚州继续存在。经济方面，西部地区还正在从经济衰退中恢复。而且整个西南部地区持续干旱，科罗拉多州洪水肆虐，全区火情不断，这些使得这里弥漫着一种与气候相关的躁动。

最佳书籍

《孤独的沙漠》（*Desert Solitaire*，爱德华·艾比；1968）关于西南部地区和工业旅游（industrial tourism）的随笔集，作者是一个“肆无忌惮”的环保狂人。

《荒野生存》（*Into the Wild*，强·克拉库尔；1996）超级流浪汉亚历山大跨越西部寻求生命意义的故事。

《纵横四海》（亦舒；2009）讲述北美铁路华工的生活，以及与印第安人的故事。

最佳电影

《唐人街》（*Chinatown*；1974）

《飞越疯人院》（*One Flew Over the Cuckoo's Nest*；1975）

《闪灵》（*The Shining*；1980）

《末路狂花》（*Thelma & Louise*；1991）

《街区男孩》（*Boyz n the Hood*；1991）

《杯酒人生》（*Sideways*；2004）

《宿醉》（*The Hangover*；2009）

《127小时》（*127 Hours*；2010）

政治唱主角

近年来，加州最受关注的政治问题就是同性婚姻。2008年，加州最高法院依据美国宪法推翻了此前对于同性婚姻的禁令，但同年晚些时候，在选民的支持下又出现了《8号提案》（*Proposition 8*），坚称只承认男女之间的结合。2013年，联邦法院又认定《8号提案》违宪。之后，加州对联邦法院的裁决有异议，试图上诉至美国最高法院，但被最高法院以司法权理由驳回，这使得同性婚姻在该州得以继续存在。

2012年秋天，科罗拉多州和华盛顿州的居民通过投票，将出于娱乐目的使用大麻合法化。科罗拉多州的选民通过的《64号修正案》（*Amendment 64*），允许任何21岁及以上年龄的人拥有并使用一定量的大麻，而在2013年9月，有关州内种植和销售大麻的规定也开始执行。目前州内已经有大麻商店获牌营业。但出于社会风气、治安和预防走私的考虑，州政府同时出台规定，对在公共场合吸食大麻或在机场范围内携带大麻者处以罚款，后者罚金最高可达999美金。华盛顿州也通过了一个相似的动议。联邦政府已经表态，说尽管这些州内法律与联邦法律相左，但政府并不会强加干涉。

非法移民仍然是该地区的一个热点问题，在亚利桑那州南部，边境巡逻警相当普遍，其标志性的绿白两色SUV巡逻车在乡间公路上随处可见。亚利桑那州也通过了一项异常苛刻的反移民法案，要求警方一旦怀疑任何人有非法入境的可能，就需让其出示身份证明。这一法案的挑战者——《1070号参议院法案》（*SB 1070*），则仍然在美国的司法体系中酝酿，等待最终通过。

火与水的考验

西部地区最近一直遭受着森林大火的摧残，但其确切原因不明——有人说是因为气候变化，有人说是因为居住用房开发过度，有人说是因为政府政策。2013年6月，亚利桑那州中部的亚内尔发生了惨烈的大火，一个名为“格拉尼特山高手”的精英消防队前往扑救，结果19名队员遇难，27个家庭流离失所。同年，约塞米蒂国家公园内部及附近地区发生了严重的“超级山火”，影响范围超过25万公顷，是加利福尼亚州自20世纪30年代以来发生的第三大火灾。2011年，拉斯康查斯大火将新墨西哥州洛斯阿拉莫斯周边超过244平方英里的土地化作焦土。

但近些年和西部作对的天灾还不止一种。持续10年的干旱使得米德湖的水位降至超低。而在另一个极端，2013年9月的一场严重洪涝灾害袭击了科罗拉多州的前岭地区，约4500平方英里的区域受到影响，至少6人因洪水丧生，数百人失踪，道路和房屋被毁。

向前发展

经济衰退迟迟不去，而科技发展却在昂首向前，只需看看世人是如何赞誉苹果公司的创始人之一、土生土长的加州人史蒂夫·乔布斯，你也就知道这里的科技走得多快多远了。加州的创新可谓“多点开花”：PC机、iPod、谷歌，都是在这里诞生的。但是北加州有的还不止是硅谷，那里的生物科技产业也在蓬勃发展。太平洋沿岸西北部，西雅图在科技方面首屈一指，微软、任天堂和亚马逊的总部都在这一带。英特尔、泰克以及谷歌都在俄勒冈州的“硅林”设有分支机构。

在西南部地区，理查德·布兰森的维珍银河公司正计划将游客从新墨西哥州中部新建的航空发射场送入太空。在大峡谷，生态环保的理念正在生根发芽，萨扬推出了停车换乘式的摆渡车服务（游客可以将自己的车停在萨杨，然后搭乘摆渡车进入大峡谷公园），自行车租赁服务也已展开。网络零售巨头Zappos将总部搬迁到了拉斯维加斯市中心的Fremont St附近，让那一带破旧邋遢的街区又重新焕发出光彩。在环保方面，科罗拉多州一马当先，建立了很有远见的清洁能源标准，通过立法鼓励居民使用清洁能源，太阳能相关产业的就业岗位也有了显著增长。

人口（美国）：

3.17 亿

面积（美国）：

379万平方英里

国内生产总值（美国）：

16.6万亿美元

失业率（美国）：

7.3%

每100个美国人中

65个是白人
15个是西班牙裔
13个是非裔美国人
4 个是亚裔美国人
3 个是其他民族

信仰体系
（占人口百分比）

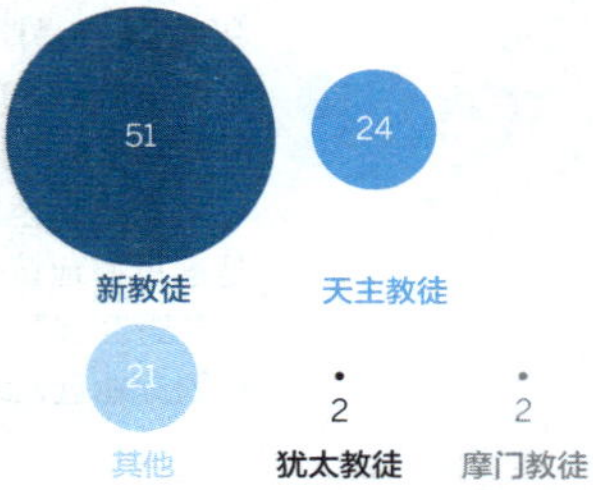

每平方英里人口数

历史

美国西部历史是细节丰富的历史，是充满七情六欲的历史，是能让你愿意用心去感受的历史。圣菲（Santa Fe）的市中心广场，曾经是“圣菲小道”（Santa Fe Trail）的终点，现在依然满是游客，热闹非常。盐湖城（Salt Lake City）的圣殿广场（Temple Sq）历史可以追溯到19世纪初叶，现在依然是摩门教徒（Mormon）的集会地。废弃已久的矿业小镇诉说着各自饱经沧桑的秘密。而且你很快就会发现，每一个之前来到这里的开拓者和定居者——不管是印第安猎人、西班牙征服者、东海岸来的淘金客、摩门教的开拓者，还是来此闯荡的亚洲人，都将自己的印记和梦想深深地镌刻在了这片土地上。

从枪客、淘金者到印第安人的过去与现在，www.desertusa.com网站提供一切相关风土人情的介绍及物品，被称为西南沙漠之家。

大约2万年前，这片土地的第一批定居者跨越如今俄罗斯和阿拉斯加州之间的白令海峡（Bering Strait），从西边来到了这里。这些不畏艰险的人们随后向南方迁徙，为了适应各地不同的气候和地理环境，渐渐形成了一个个各具特色的群体。16世纪40年代，西班牙人来到了西南部地区，寻找传说中的“黄金七城”（Seven Cities of Gold）。随着西班牙人在现今加利福尼亚州的海岸边“安营扎寨”，西班牙教堂和传教士也从18世纪开始出现在这片土地上。

西班牙人，以及随后的英国人和美国人，很快就开始寻找一条贯穿东西的水路通道，名为“西北通道”（Northwest Passage）。然而在1803年，总统托马斯·杰斐逊（Thomas Jefferson）另辟蹊径，捷足先登，买下了路易斯安那，史称“路易斯安那购地案”（Louisiana Purchase）。他派遣梅利韦瑟·刘易斯（Meriwether Lewis）和威廉·克拉克（William Clark）从圣路易斯（St Louis）出发，向西探索美国刚刚获得的这片新土地，为后来蜂拥而至的开拓者们打开了大门。

在1840至1860年，估计有40万人跋山涉水来到美国西部，吸引他们的是这里遍地黄金的传闻、对宗教自由的承诺以及良田万顷的美梦。很快，“狂野西部”（Wild West）的时代到来了，农场主、牛仔、矿工和有钱人纷纷划分地盘，剑拔弩张，社会动荡不安。后来，随着电报网的发展和横贯铁

大事年表

公元前40,000～前20,000年

第一批移民跨越了西伯利亚和阿拉斯加之间一条长长的大陆桥，从中亚来到美洲（当时的海平面比现在低）。

公元前8000年

由于气候变暖以及当地人的联合狩猎，包括长毛猛犸象在内的冰河时代哺乳动物大批灭绝。人们转而猎捕更小型的动物，并开始采食当地植物。

公元前7000年～公元100年

美洲进入了“上古时期”，当地人居无定所，靠狩猎和采摘为生。至这一时期末，玉米、大豆和南瓜等作物以及固定居所已经相当普遍。

路的建设，也因为源源不断涌入的新移民只是想过安生日子，一个法律、秩序和文明的时代最终到来了。

但是美国西部地区土地贫瘠，水资源的缺乏使得这一目标的实现步履维艰，想“过安生日子”并不容易。于是，在20世纪初，人们兴建起了不少规模很大的水坝，缓解了缺水问题，使得人们可以在本不应该建造城市的地方建起了城市，洛杉矶、拉斯维加斯和菲尼克斯无不如此。

第二次世界大战期间，西部在经济和科技方面扮演了一个更为重要的角色。科学家们就是在洛斯阿莫拉斯（Los Alamos）这座城市里“神不知鬼不觉”地开发出了原子弹。木材生产、军舰制造以及飞机制造等战争相关产业在太平洋沿岸西北部地区和加利福尼亚州蓬勃发展。战后，这里的工业改弦更张，硅谷（Silicon Valley）的互联网产业在20世纪90年代将大批企业家吸引到了旧金山湾区（Bay area）。电影业在洛杉矶依然根深蒂固，但是税收方面的优惠政策也吸引了不少电影人前往其他西部飞地，尤其是新墨西哥州开机拍片。

今天，西部也不得不更为严肃地应对过快发展所造成的后果。移民、交通、大面积干旱、水位下降和其他环境问题频频出现在人们的视野中，已经影响到了人们的生活方式。西部的魅力还能持续多久，要看人们如何解决这些问题。

崖居

- 新墨西哥州弗德台地国家公园（Mesa Verde National Park, NM）
- 新墨西哥州班德利国家保护区（Bandelier National Monument, NM）
- 新墨西哥州希拉崖居国家保护区（Gila Cliff Dwellings National Monument, NM）
- 亚利桑那州蒙特祖玛城堡国家保护区（Montezuma Castle National Monument, AZ）
- 亚利桑那州核桃峡谷国家保护区（Walnut Canyon National Monument, AZ）

第一批美国人

两万多年前，美国西部的第一批居民跨越白令海峡（Bering Strait）来到这里。当欧洲人到来时，已约有200万到1800万美洲原住民生活在今墨西哥以北地区，所使用的语言超过300种。

太平洋沿岸西北部

在太平洋沿岸西北部地区，生活在海边的居民要么出海猎捕鲸鱼或海狮，要么靠抓大马哈鱼、鳕鱼或是捡拾贝类为生。在陆地上，他们则猎捕鹿和麋鹿，同时采集浆果和植物的根茎。食物会被储藏起来为漫长的冬季做准备。而在无所事事的冬季，当地人会把闲暇时光花在艺术、宗教和文化等活动上。他们用杉树建造起雕饰华丽的独木舟，从而得以在海岸沿线相当广泛的范围内进行贸易活动。

在内陆地区，一种植根于季节更迭的区域文化开始在各部落中发展起来。在大马哈鱼洄游期间，各部落会在激流、瀑布处撒网或用鱼叉叉鱼。

1300年	1492年	1598年	约1600年
也许是由于干旱，生活在今科罗拉多州弗德台地的古普韦布洛印第安人整体撤出了这片地区，留下了一座精妙的崖居空城。	意大利探险家克里斯托弗·哥伦布“发现”了美洲，并最终三次航行至加勒比地区。他误以为自己到了印度，因此把美洲的原住民称为“印第安人”。	在唐·璜·奥内特（Don Juan de Onate）的率领下，一大批西班牙探险者来到了今得克萨斯州埃尔帕索，宣布从这里一直到今新墨西哥州北部的地界归西班牙所有。	美国最古老的都城圣菲建立。总督宫是城内唯一保存至今的17世纪建筑。除此以外，整个圣菲都在1914年的大火中被摧毁。

在自然环境恶劣的俄勒冈南部沙漠地区，部落多为游牧民族，出没于大盆地（Great Basin）沙漠的北部边界地区打猎或是寻找食物。

加利福尼亚州

到公元1500年时，今加利福尼亚地区已经生活着30多万原住民，使用超过100种不同的语言。中海岸地区靠捕鱼为生的原住民还在地下建造起了圆屋（roundhouse）和桑拿室，在里面举行重要仪式、讲述故事或是赌博取乐。西北部地区的原住民以狩猎为生，建造很大的房子，能把红杉挖空造成独木舟，而西南部的居民则能够做出异常精致的陶器，还发明了灌溉系统，使得沙漠耕种成为可能。加州原住民没有可书写的文字，但他们都会遵守口头的协议以及划分土地方面的规则。

1769年，西班牙殖民者来到了这里，在之后的一百年里，由于欧洲人带来的疾病、强制征用劳动力和饥荒，加利福尼亚地区的原住民人口数锐减至2万。

西南部和科罗拉多州南部

考古学家认为西南部地区的原住民本来是以狩猎为生的。但是随着人口的增长，这里变得无猎可狩，猎人们为了填饱肚子，也开始采集浆果、种子、植物根茎和水果。公元前3000年之后，这里的猎人开始与在今墨西哥中部生活的农耕部落有了接触，使得西南部地区也开始有了农业。

罗伯特·H.李斯特和弗洛伦斯·C.李斯特（Robert H and Florence C Lister）撰写的《前有古人》（*Those Who Came Before*）详细介绍了西南部地区的史前史，以及境内各国家公园和保护区内的考古遗址。

到了公元100年前后，西南部地区出现了三大主流文化群体：沙漠地区的霍霍坎人（Hohokam）、中部高山及河谷地区的莫戈隆人（Mogollon）和古普韦布洛人（Ancestral Puebloan），后者曾被称为阿纳萨齐人（Anasazi）。

霍霍坎人生活在今亚利桑那州的沙漠地区，为了适应沙漠里的生活，创造出了一套不可思议的河水灌溉系统。他们也建造低矮的土质金字塔以及四周有土墙的下沉式球场。然而在1400年左右，霍霍坎人离开了他们的村庄。对于这一部落消失的原因有很多推论，但最可能的解释还是由干旱、过度捕猎、内部冲突和疾病等多种因素共同导致的。

莫戈隆人在公元前200年至公元1400年生活在今墨西哥边境地区。他们分成了一个个小型群体，通常生活在台地或山岭之巅，与外界隔绝，修建单窟洞穴为居。尽管他们也会农耕，但主要食物来源还是狩猎和采集。在13或14世纪左右，莫戈隆人很可能被来自北边的古普韦布洛人以和平的方式同化掉了。

1787~1791年

制宪会议在费城召开，会上起草了《美国宪法》。随后通过的《人权法案》作为对宪法的补充，详述了公民的权利。

1803年

拿破仑以1500万美元的价格将路易斯安那卖给了美国，使得这个新生国家的边界从密西西比河一直扩大到了落基山脉。

STEPHEN SAKS / GETTY IMAGES ©

➡ 科罗拉多州落基山国家公园（见290页）

古普韦布洛人居住在科罗拉多高原(Colorado Plateau)地区，那里也叫做四角地区(Four Corner area)。这个民族留下了最为丰富的考古遗址，其在西南部地区的古定居点依然有人居住。他们的后代现在生活在新墨西哥州的普韦布洛印第安人聚居区内。至今发现与古普韦布洛人渊源最深的，是亚利桑那州北部的霍皮人(Hopi)。位于台地顶部的老奥莱比村(Old Oraibi)自12世纪初便有人居住，是北美最为古老的持续居住地。

欧洲人到来

1540年，弗朗西斯科·巴斯克斯·德·科罗纳多(Francisco Vasquez de Coronado)率领探险队来到了北美洲。队里有300名士兵，数百位原住民向导和成群的牲畜。这是第一个到达北美洲的大型探险队，也带来了西班牙探索者和原住民之间的第一次大规模暴力冲突。

1680年，在普韦布洛叛乱(Pueblo Revolt)中，西班牙人以血腥手段毁掉了普韦布洛族的宗教圣器，导致今新墨西哥州北部的普韦布洛人联合起来，将西班牙人逼退到了格兰德河(Rio Grande)以南，夺取了圣菲，并控制该城直至1682年。

探险队的目的是寻找传说中异常富饶的“黄金七城”(Seven Cities of Cibola)。在两年的时间里，探险队穿越了今亚利桑那州和新墨西哥州，向东行至堪萨斯州。他们没有发现黄金或是珠宝，倒是找到了许多印第安人村庄，随即以暴力手段强行将其霸占。西班牙人在到达今新墨西哥州北部之后的几年里一直试图征服各印第安人村庄，并为此大肆杀戮。1610年前后，西班牙人在这里建立起首府城市，给它取名叫圣菲(Santa Fe)。圣菲今天依然是新墨西哥州的首府，也是美国这片土地上最古老的都城。

18世纪，俄罗斯和英格兰的捕兽人开始出现在上加利福尼亚省(Alta California)，贩卖那里出产的珍贵水獭皮，而此时西班牙人也制定出了一套殖民计划。为了天主的荣耀，也为了口袋里的钞票，西班牙开始在这一地区大肆建造教堂，仅仅在10年之内，这些教堂便被移交到了已经皈依天主的当地人手中管理。

西班牙的传教计划于1769年被批准，在18世纪70年代和80年代期间，圣方济各会的神父朱尼佩罗·塞拉(Junípero Serra)获得支持，得以在加利福尼亚北部和中部的几处传教地边建立“军事基地”(presidios)。有了士兵撑腰，神职人员就可以征募到足够的原住民来建造教堂了。而作为他们辛苦劳动的回报，原住民一天中可以吃上一顿饭(当然，不是每天都有)，而且还能在死后进入“上帝的王国”。由于西班牙人带来的天花，“天堂”其实并没有想象中那么遥不可及。当时西南部地区印第安人村庄中的原住民因天花、麻疹和斑疹伤寒而丧命的超过了总人口的半数之多。

1803~1806年

杰斐逊总统派遣梅利韦瑟·刘易斯和威廉·克拉克向西探索。在肖松尼族部落女子莎卡嘉薇亚的带领下，他们从密苏里州的圣路易斯出发，直抵太平洋后才折返。

1811年

太平洋皮草公司的大亨约翰·雅格布·阿斯特建立了阿斯托利亚堡，即美国在太平洋海岸的第一个定居点。他本人后来也成了这个国家的第一位百万富翁。

1841年

一辆辆马车沿着俄勒冈小道西行，到1847年，每年已有超过6500名移民来到西部的俄勒冈州、加利福尼亚州和摩门教占主导地位的犹他州。

1844年

第一条电报线开通，发送的第一句话就是“上帝创造了何等奇迹!”。1845年，国会批准建造横贯铁路，于1869年竣工。电报和铁路为边疆地区的发展打开了大门。

刘易斯和克拉克

1803年，自美国总统托马斯·杰斐逊花费1500万美元从拿破仑手中购得了路易斯安那地区后，他派遣自己的私人秘书梅利韦瑟·刘易斯西行前去绘制北美洲西部地区的地图。此行的目的，除了探索刚刚买下的路易斯安那，稳固美国在该区域的利益，更是要寻找一条直抵太平洋的水路通道。刘易斯本人在探险方面是个外行，于是他说服了自己的好友、经验丰富的探险家、陆军老兵威廉·克拉克一同前往。1804年，一个由40多人组成的探险队"探索之团"（Corps of Discovery）从圣路易斯启程。

探险过程相对来说还算顺利，其中一个原因是队中有一位名叫莎卡嘉薇亚的年轻女子。她本是肖松尼族印第安人（Shoshone），丈夫是一个法裔加拿大捕兽人，她随夫加入了探险队，此时却成了探险队的向导和翻译，也是探险队与当地印第安人之间的大使，作用十分重要。克拉克有一个仆人叫约克（York），是一名非洲裔美国人，也对缓和探险队与原住民之间的紧张关系起到了一定作用。

阿纳萨齐（Anasazi）在纳瓦霍语中的意思是"敌人的祖先"，这让许多今天的普韦布洛族印第安人很是不满。现在这个名字已经不用了。

探险历时两年左右，行程约8000英里，路上所见到的一切都被队员记录了下来。日志中详细地记载了122种动物和178种植物，也有沿途的一些新发现。1805年，探险队终于到达了失望角（Cape Disappointment），也就是哥伦比亚河（Columbia River）流向太平洋的入海口。在那里，探险队决定安营扎寨，以备寒冬，就此建立了克拉特索普堡（Fort Clatsop）。

1806年，刘易斯和克拉克回到了圣路易斯，他们受到了英雄般的礼遇。

嘿，到西部去！

想详细了解刘易斯和克拉克探险队西行至太平洋并且折返的这段非凡之旅，可登录网站www.pbs.org/lewisandclark，浏览相关的古地图、相册和日志摘录。

随着这个年轻的国家进入了19世纪，空气中弥漫着浓重的乐观情绪。1793年，轧棉机（cotton gin）被发明出来，脱粒机、收割机、割草机以及联合收割机相继出现，促成了农业的工业化，美国的商业同时迅速增长。1803年的路易斯安那购地案（Louisiana Purchase）让美国的领土面积翻了一番，向阿巴拉契亚山脉（Appalachian Mountains）以西地区扩张的运动也正式开始了。

在19世纪40年代里，前去开采西部巨大的资源成了"爱国"的代名词，是"昭昭天命"（Manifest Destiny，19世纪美国民主党的一个政治口号）的重要组成部分。作为对总统詹姆斯·波尔克（James Polk）这一扩张主义信条的呼应，纽约的一位名叫约翰·奥沙利文（John O'Sullivan）的编

1846~1848年

为争夺对西部地区的控制权，美墨战争爆发。1848年，两国签订了《瓜达卢佩-伊达尔戈条约》，美国获得了今亚利桑那州和新墨西哥州的大部分土地。

1847年

伊利诺伊州的摩门教徒为了逃避宗教迫害开始迁入盐湖城；在随后的20年里，超过7万名摩门教徒经由摩门小道抵达犹他州。

1849年

在1848年于萨克拉门托附近发现了黄金后，史诗般的"淘金潮"席卷全国，6万名"49淘金者"奔赴加利福尼亚州的"母矿"。旧金山的人口跃至25,000人。

1859年

内华达州的弗吉尼亚城发现了美国有史以来最富庶的银矿康斯托克矿脉，令这里迅速成为了"狂野西部"时代最为炙手可热的矿镇。

辑撰文，呼吁美国人“在这个天授的大陆上扩张开去，让我们每年增加的数百万美国人得以自由地发展”。在扩张运动的初期，货物和人口从东向西运输的速度很慢。当时，马匹、骡车和驿马车已经属于是“高科技”的交通工具了。

向西部扩张的主要路径就是俄勒冈小道（Oregon Trail）。这条路跨越6个州，非常危险，对于拖家带口沿路迁移的人来说是个很大的考验。他们的马车上面覆着帆布篷，里面藏着财物，后面经常还会拖着牲畜。旅途可能会长达8个月，等这些定居者最终到达俄勒冈东部时，他们的食物已所剩无几。其他几条重要的路线包括圣菲小道（Santa Fe Trail）和老西班牙小道（Old Spanish Trail），后者从圣菲出发进入犹他州中部，穿过内华达，最终抵达加利福尼亚的洛杉矶。1849年，圣菲小道沿路开始有了定期运行的驿马车服务。1847年，直抵盐湖城的摩门小道（Mormon Trail）也贯通了。

随着铁路的出现，更多的人和资源来到了这里，探索活动更为深入，而且经常会有矿藏被人们发现。许多西部的矿镇都是在19世纪70和80年代建立起来的。其中有一些，比如圣利达（Santa Rita），现在已经成了“鬼镇”（ghost town），而另一些像墓碑镇（Tombstone）和银城（Silver City）这样的矿镇至今依然很兴旺。

那些沿俄勒冈小道西进的人大多都会选择带上这些补给品：咖啡（每人15磅）、培根（每人25磅）、橄榄皂（Castile soap，1磅）、柠檬酸（以预防败血症）以及一头母牛（牛奶可以喝，紧急情况下还可以杀了牛吃肉）。

找到了！

有一个名叫山姆·布拉南（Sam Brannan）的人，是一位地产投机客，也是一个不那么虔诚的摩门教徒，还是一家小报的老板。1848年，他正在琢磨怎么把手头位于加州的一片沼泽地卖出去，这时听到一个传言，说在距离旧金山120英里远的萨特锯木厂（Sutter's Mill），有人找到了金砂。嗅觉灵敏的布拉南觉得要是把这话放出去，那他的小报一定卖得好，手里的地产也会升值，于是便把这则谣传当作真事刊登在了自己的报纸上。结果却是毫无影响。于是，他又弄出条消息登了出来。这次，萨特锯木厂的摩门教雇员证实了这个消息，他们要求布拉南发誓保守秘密，随后拿出了一些黄金交给布拉南，托付他转交给摩门教会作为上缴的什一税费（摩门教会规定，教众须将收入的十分之一上缴）。然而，据说“守信的”布拉南随即手举黄金，奔上旧金山城街头大叫：“美洲河（American River，加州境内的一条河流）上找到金子了！”

其他报纸很快也刊登了旧金山附近发现“金山”（这也是旧金山中文

1861~1865年

美国内战在南北方之间爆发。这场南北战争于1865年4月9日结束，而林肯总统在5天后即遇刺身亡。

1864年

基德·卡森强迫9000名纳瓦霍印第安人徒步迁往400英里外萨姆纳堡附近的一处营地，在这场“步行大迁移”的途中，有数百名印第安人死于疾病、饥饿和枪伤。

1881年

1881年，怀特·厄普和他的兄弟维吉尔、摩根以及绰号“医生”的赫利德，在亚利桑那州墓碑镇的OK畜栏激烈交火，杀死了比利·克兰顿以及麦克劳瑞兄弟。

1882年

种族主义情绪甚嚣尘上，尤以加州为最（自1848年，已有超过5万名华人来到了这里），导致了《排华法案》的出现。这是美国唯一一条排挤某一具体民族的移民法案。

名的由来）的消息。到了1850年，加利福尼亚的非原住民人口已从原先的1.5万暴增至9.3万，加州很快便成为了美国的第31个州。新增人口中多数都不是美国人，而是秘鲁人、澳大利亚人、智利人和墨西哥人，此外也有一些中国、爱尔兰、夏威夷原住民和法国淘金客。

许多人在跳伞时都会高喊“杰罗尼莫！”这里面有个故事。1940年的一天晚上，一群美军伞兵刚看过了电影《杰罗尼莫》（*Geronimo*, 1939），于是相约之后跳伞时高喊这位伟大战士的名字，用以给自己鼓劲。

步行大迁移和阿帕奇冲突

几十年来，美国的武装力量在横跨大陆向西推进的过程中尽显凶狠残暴，对于“碍事”的原住民部落，或是血腥屠杀，或是强行迁走。其中最为恶名昭著的，就是1864年强迁纳瓦霍人（Navajo）事件。当时，基德·卡森（Kit Carson）率领下的美军毁掉了纳瓦霍人的土地、果园和房屋，逼迫族人投降或是退到谢伊峡谷（Canyon de Chelly）的偏僻地区。最终，断粮的纳瓦霍人不得不选择离开。约9000名族人被押送，向东步行400英里前往圆河林（Bosque Redondo，今新墨西哥州萨姆纳堡附近）的一处营地。一路上，数百名原住民由于疾病、饥饿和枪伤而丧命。这次事件被纳瓦霍人叫做“步行大迁移”（The Long Walk），至今仍然是其历史中重要的一部分。

原住民与美军之间最后一次严重冲突发生在阿帕奇（Apache）人身上。其中一部分原因是根据阿帕奇人的传统，劫掠是其少年重要的成人礼之一，是他们的一种生活方式。于是，来到阿帕奇人生活的土地上的美国士兵和定居者自然也就成了他们偷袭抢夺的目标。在曼加斯·科罗拉达斯（Mangas Coloradas）、科奇斯（Cochise）和维克托里奥（Victorio）的领导下，阿帕奇人与美军不断交手。最后一位阿帕奇领袖名叫杰罗尼莫（Geronimo），美方向他承诺只要他和他的族人能够投降，他们只需坐两年牢，便可以重回家园。孰料当杰罗尼莫真的放下武器时，这个承诺和那个年代其他所许下的承诺一样没有被信守。

即便在大规模冲突结束后的几十年里，美洲原住民依然还是被当作“二等公民”来对待。美国的非原住民钻法律的空子，仗着原住民所知有限便对其连蒙带骗，并打起了印第安人保留地的主意。许多印第安儿童被从保留地带走，送进了寄宿学校。那里都是英文授课，谁敢说本族语言，或是行为举止“像印第安人”，便会挨罚。这种制度一直延续到了20世纪30年代。

最佳老西部小镇

- *亚利桑那州比斯比（Bisbee, AZ）*
- *亚利桑那州墓碑镇（Tombstone, AZ）*
- *科罗拉多州西尔弗顿（Silverton, CO）*
- *新墨西哥州林肯（Lincoln, NM）*
- *内华达州弗吉尼亚城（Virginia City, NV）*

狂野西部

“狂野西部”几乎是由一个个传奇故事组成的，枪手、偷牛贼、亡命

1919年

大峡谷成为了美国第15个国家公园，从卡纳布出发直抵大峡谷北缘的土路修建完成。仅2007年一年，公园就接待了440万名游客。

1938年

66号公路成了全美第一条贯穿全国的全硬面公路，其中亚利桑那州和新墨西哥州内的路段总长超过了750英里。这条“母亲路”于1984年正式关闭。

1945年

第一颗原子弹在新墨西哥州南部的乔那达阿尔诺特谷（意为“死亡之旅”）成功引爆。这个地名颇具反讽意味，现在是白沙导弹试验场的一部分。

1946年

金碧辉煌的火烈鸟赌场在拉斯维加斯开业，引发了黑帮建楼的狂潮。进入20世纪50年代，这座“罪恶之城”迎来了第一个黄金时代。

徒和火车大盗统统粉墨登场。是非善恶转瞬即变——在这个州还是名凶狠的匪徒，到了另一个州，摇身一变就成了一位受人爱戴的警长。枪战往往是新兴小镇里不同势力之间的利益争斗的结果，而远非传说中的血海深仇。这一时期，新矿镇如雨后春笋一般崛起，镇上总少不了低俗的酒馆和妓院，矿工们常来饮酒赌钱，打架斗殴时有发生。

臭名昭著的林肯县对战（Lincoln County War）的主角是传奇人物比利小子（Billy the Kid）和帕特·杰拉特警长（Sheriff Pat Garrett），他们都活跃于19世纪70年代末。传说在比利小子短短的枪手生涯中，共射杀过20多人，而他本人则在21岁时被杰拉特击中身亡。1881年，厄普家的三兄弟怀特、维吉尔和摩根（Wyatt, Virgil, Morgan Earp），连同"医生"赫利德（Doc Holliday，"医生"既是其众多身份之一，也是其绰号）一起，在墓碑镇的OK畜栏（OK Corral）与比利·克兰顿（Billy Clanton）和麦克劳瑞（McLaury）兄弟展开激烈交火并将三人击毙，整场激战时间都不到1分钟。事件起因是双方都指责对方偷自己的牛，而真相则成了永远的谜。

小马快递服务（Pony Express，1860~1861年）靠着脚下生风的骑手和马匹在密苏里和加利福尼亚之间送信，只需10天！真是惊人。

水资源和西部开发

此时，美国人开始考虑开发东西海岸之间的地域。但是早期探索者讹传出来的所谓"美国大沙漠"的形象依然挥之不去，阻碍了这里的农业和城市发展。尽管西部地区的腹地并非什么沙漠，但随着丹佛（Denver）等城市开始在前岭（Front Range）脚下出现，水资源的匮乏的确成为了限制因素。

20世纪初叶，随着沙漠地区人口的增长，如何获得充足的水资源供给成了一个关键问题。为此联邦政府出资兴建了一系列水利项目，包括1936年的胡佛大坝（Hoover Dam），以及1963年的格兰峡谷大坝（Glen Canyon Dam）和鲍威尔湖（Lake Powell）。今天，水资源依然是该地区持续发展所面临的一个重大挑战。

"驯服"狂野西部

1906年袭击旧金山的大地震和大火为加利福尼亚州的变革吹响了号角。花纳税人的钱修建的水管和消防栓里的水都被腐败的大佬们暗中抽去，结果大火袭城之时，全旧金山只有一处水源可用。烈火浓烟退去后，人们都明白了一件事：是时候该"驯服"一下"狂野"的西部了。

就在旧金山以每天15座建筑的速度开始重建的同时，加州的改革派

1893年11月7日，科罗拉多州经过公民投票，从法律上认可了女性具有选举权。这在美国是首开先河，在当时世界范围内也不多见。

RICHARD CUMMINS / GETTY IMAGES ©

1947年

一个不明物体落在了罗斯韦尔附近的沙漠中。政府首先将其称为"一个坠毁的碟状物"，一天后却改口为"气象气球"，并且神秘地封锁了整个区域。

1963年

饱受争议的格兰峡谷大坝竣工，大坝拦成的鲍威尔湖最终将众多印第安古迹和美景惊人的岩层淹没，但也创造出了1960英里长的湖岸线，使得这里成了划船爱好者的天堂。

1973年

米高梅大酒店的首秀标志着公司化"超级度假村"时代的到来，在拉斯维加斯大道沿线引发了一股建设狂潮，至今仍是势头不减。

➡ 拉斯维加斯火烈鸟赌场（见356页）

也有条不紊地开始清理城市、州和国家的政界。那些关心公共健康和拐卖妇女问题的加州人，在1914年促成了《红灯区控制法案》(*Red Light Abatement Act*)的通过。1910年至1921年发生的墨西哥革命让大批移民来到了这里，也带来了许多革命思想，比如民族自豪感和工人团结性。随着加州港口的增长与发展，西海岸沿线港口在各港口工人工会的组织下于1934年发动了一场空前的大罢工，时间长达83天之久，迫使企业作出让步，为工人提供更为安全的工作环境和更合理的薪酬。

在经济大萧条最为严重的1935年，得克萨斯州和俄克拉何马州的约20万农业家庭不堪忍受干旱造成的"超级沙尘暴"(Dust Bowl)，逃到了加利福尼亚州，在那里的大型农业企业里工作，但薪酬微薄，工作条件令人心酸。加州的艺术家们通过作品让美国的中部地区开始关注这些背井离乡的农民所处的困境。其中，多罗西亚·兰格(Dorothea Lange)拍摄了一组记录受饥荒袭击的家庭的照片，约翰·斯坦贝克(John Steinbeck)于1939年发表了描写该事件的小说《愤怒的葡萄》(*The Grapes of Wrath*)，两者一真一假，但都同样骇人听闻，在全国引起了极大的反响。

1906年2月1日，丹佛造币厂(Denver Mint)造出了第一批金币和银币，这是世界上最大的钱币铸造厂。1922年12月18日，造币厂在光天化日之下被抢走了20万美元。

第二次世界大战和原子时代

洛斯阿拉莫斯

新墨西哥州的洛斯阿拉莫斯(Los Alamos)位于一座海拔7400英尺的台地之上，是一所男校的发源地。1943年，这里被选为曼哈顿计划(Manhattan Project，即研究开发原子弹的计划)的绝密总部。这片772公顷的土地只有两条土路可通，无燃料管线，仅有一处通讯站，四周密林环绕。

"隔绝"和"安全"是"山上"生活的两个关键词。住在这里的人行动受到限制，信件会被审查，无法通过无线电或电话与外界联系。更让人不安的是，住在这里的人多数都不知道自己来洛斯阿拉莫斯干什么。所见所闻均建立在"需要知道"的基础上，即每个人只知道工作需要你知道的那些。

在两年不到的时间里，洛斯阿拉莫斯的科学家们就成功引爆了世界上第一枚原子弹，爆炸地点在特里尼蒂(Trinity)，现在那里是白沙导弹试验场(White Sands Missile Range)。

直到美国在日本投下原子弹之后，洛斯阿拉莫斯这座秘密的城市才为世人所知晓。但是该城仍然神秘不容侵犯，直到1957年才允许外人前往。

1980年	1995年	2000年	2008年
圣海伦火山爆发，57人丧生，250栋住宅被毁，山的高度也从9677英尺下降到了8365英尺，原先的一座山峰被夷平，取而代之的是一个直径1英里的火山口。	亚马逊——世界上首家网上销售商品的大公司之一。最初亚马逊只卖书，直到2003年才开始连年盈利。	科罗拉多州的选民在州大选中投票通过了《20号修正案》，允许向登记备案的病人提供大麻。在随后的10年间，可提供医用大麻的诊所遍地开花。	加利福尼亚州的选民通过了《8号提案》，禁止同性婚姻。联邦法院裁定该提案违宪。2013年，美国最高法院拒绝接受上诉，同性婚姻得以继续存在。

加利福尼亚州的民权运动

1942年，罗斯福总统下令将西海岸沿线的11万日裔美国人送入了拘留营（internment camp），总部位于旧金山的日裔美国公民联盟（Japanese American Citizen's League）立即起诉抗议，官司一路打到了最高法院。这些司法诉讼开创了民权法方面的先河。1992年，被拘留者终于得到了赔偿和一封老布什总统（President George HW Bush）签名的信，为当年的拘留事件致歉。

1962年，工人领袖塞萨尔·查韦斯（César Chávez）和多洛雷斯·胡塔（Dolores Huerta）创立了农业工人联合会（United Farm Workers）组织，效法圣雄甘地（Mahatma Gandhi）和马丁·路德·金（Martin Luther King Jr）提倡的"非暴力不合作"，为那些没有话语权的移民工人争取权利。这边，民权领袖们在华盛顿游行，那边，查韦斯和加州的葡萄采摘工们在萨克拉门托（Sacramento）的街头遥相呼应，使得整个国家都开始关注工人过低的收入以及杀虫剂对工人健康的危害。最终，被派来调查此事的"波比"肯尼迪（Bobby Kennedy，即罗伯特·肯尼迪，Robert Kennedy）同查韦斯站在了同一边，使得拉丁裔成为美国政治中不容小觑的力量。

工人群体的变化和新产业

"二战"期间，妇女和非洲裔美国人被招入工厂进行战时生产，墨西哥的工人也被招来弥补劳动力的短缺，这让加利福尼亚州的工人群体发生了永久性的变化。军事通讯和航空领域的合同也把一批国际精英工程师吸引了过来，正是这些人缔造了后来的加州高科技产业。战后10年的时间里，加州的人口增长了40%，达到了近1300万人。

战争也为太平洋沿岸西北部地区带来了"财运"，那里成了全国最大的木材生产地，而俄勒冈和华盛顿州的造船厂以及威廉·波音（William Boeing）的飞机制造厂也都得以蓬勃发展。区域经济在20世纪下半叶的持续繁荣，吸引了美国的东部和南部的大批受过良好教育、思想开放的人来此定居。

奥斯卡获奖影片《血色将至》（*There Will Be Blood*，2007）改编自厄普顿·辛克莱（Upton Sinclair）的小说《石油》（*Oil!*），里面描绘的那位加州石油巨头的原型，就是南加州大亨爱德华·多赫尼（Edward Doheny）。

好莱坞和反主流文化

1908年，加利福尼亚州凭借总是艳阳高照的天气和丰富多样的风景顺理成章地成为了热门的电影拍摄地。但是那时，它不过是为当时流行的古装剧（period film）充当背景，让电影多了些异国情调。渐渐地，加州随风摇曳的棕榈树和阳光灿烂的沙滩就开始在电影和经典电视剧中"抢戏"了。

2008年	2009年1月	2009年6月	2010年
巴拉克·奥巴马当选美国总统，这是美国第一位非洲裔总统。	阿诺德·施瓦辛格卸任加州州长，完成了他毁誉参半的7年任期，在他担任州长期间，加州的财政赤字增加了约152亿美元。	流行文化的标志性人物迈克尔·杰克逊于加州洛杉矶去世。	亚利桑那州通过了一项饱受争议的法律，要求警方一旦怀疑任何人有非法入境的可能，就应该让其出示身份证明。移民权活动家们号召人们联合抵制该州。

电影《唐人街》(*Chinatown*, 1974)尽管是一个虚构的故事，却真实描绘了洛杉矶和旧金山建城之时人们为了争夺水资源而展开的惨烈争斗。

也不是所有的加州人都甘心让自己的家乡在《快乐海滩》(*Beach Blanket Bingo*)这类电影中跑龙套。在旧金山北海滩(North Beach)上的比波普爵士舞厅(bebop jazz club)、新潮不羁的咖啡屋以及城市之光书店(City Lights Bookstore)里，“二战”中因为违纪和同性恋被赶出军队的水兵们找到了一种“回家”的感觉。旧金山成了自由言论和自由精神的家园。很快，嬉皮诗人劳伦斯·弗林盖蒂(Lawrence Ferlinghetti)因为出版了艾伦·金斯堡(Allen Ginsberg)的惊世名诗《嚎叫》(*Howl*)而被逮捕；喜剧演员莱尼·布鲁斯(Lenny Bruce)因为在舞台表演中说了那个“F”开头的词而被逮捕；凯罗尔·多达(Carol Doda)因为在众目睽睽之下赤裸上身而被逮捕——总之一时之间，有点儿名气的人都被抓起来了。然而，当嬉皮风潮逐渐消退时，湾区(Bay Area)的其他反叛运动却有增无减，比如黑人运动、同性恋运动以及医用大麻俱乐部的出现。

尽管北加州在20世纪40至60年代出现的反主流文化更为吸引眼球，但真正撼动美国内核的却是不守陈规的南加州。1947年，参议员约瑟夫·麦卡锡(Joseph McCarthy)试图清除电影业中那些被怀疑有共产主义倾向的人，于是开始调查审问文艺界人士，其中有10名作家和导演拒绝承认自己与共产主义组织有关，也拒绝告发任何其他人，结果被控藐视国会，被判不得在好莱坞继续工作，史称“好莱坞十人案”(the Hollywood Ten)。十人在法庭上对美国宪法激昂慷慨的维护响遍全国，不少好莱坞大电影公司都勇敢地表达出了自己的愤慨，特意为那些上了政府黑名单的人才提供工作，最终在1962年，加州通过法律程序将麦卡锡主义“扫地出门”。

20岁的艺术家、流浪汉艾佛莱特·拉斯(Everett Ruess)在20世纪30年代初对四角地区(Four Corners region)进行了探索，后于1934年11月在犹他州埃斯卡兰特(Escalante)外离奇失踪。你可以在《艾佛莱特·拉斯：寻美的浪子》(*Everett Ruess: A Vagabond for Beauty*)一书中读到他那充满蛊惑力的信件。

1969年1月28日，20万加仑的石油从一个石油钻井中泄入圣巴巴拉海峡(Santa Barbara Channel)，杀死了大批海豚、海豹和约3600只海鸟。海边居民迅速组织起声势浩大的抗议，最终促成了美国国家环境保护局(Environmental Protection Agency)的建立。

“技”统江湖

1968年，惠普公司(Hewlett-Packard)在加利福尼亚州的硅谷推出了第一台个人电脑，其广告恨不得一口气把这款“轻便”机器(40磅)的所有功能都说出来：“可以给五次多项式求根，解决贝塞尔函数，椭圆积分，进行回归分析。”拥有所有这些功能只需要4900美元(约合现在的2.9万美元)。为了真正把电脑带进千家万户，21岁的史蒂夫·乔布斯(Steve Jobs)和史蒂夫·沃兹尼亚克(Steve Wozniak)在1977年的西海岸计算机

2011年10月

苹果公司的联合创始人史蒂夫·乔布斯于加州病逝，引发全世界的悼念。

2012年

作为第47和48个加入联邦的州，新墨西哥州和亚利桑那州迎来了其加入联邦的一百周年。

2013年

美国最高法院的裁决使得被《8号提案》禁止的同性婚姻重获合法地位。

2013年4月

美国国会参议院未通过关于扩大购枪者背景调查的立法，管制枪械的法案受挫。但是一周之内，华盛顿州西雅图便再次发生枪击案件，致使5人死亡。

展（West Coast Computer Faire）上推出了Apple II电脑，该电脑拥有令人“无法想象”的内存容量（内存4KB）和微处理器速度（1MHz）。

到了20世纪90年代中期，硅谷涌现出了大批新兴互联网公司，一个蓬勃兴旺的互联网产业诞生了。一夜之间，大家都开始通过网络来收邮件、看新闻、关心政治、给宠物买粮食，甚至还能“嘿咻”（你没看错）。可是互联网产业的利润并未如约而至，风投资金也开始见底，靠认股权发财也成了空想，纳斯达克（Nasdaq）在2000年3月10日那天全线崩盘，惨不忍睹。突然之间，那些年纪轻轻便当上了副总裁的网络新贵，发现自己同湾区的服务业员工一样，都丢了饭碗。但因为网络用户依然靠在数以亿计的网页寻找有用的信息和志同道合的人，搜索引擎和社交媒体便开始迅速发展。

同时，加利福尼亚的生物科技产业也在大踏步前进。1976年，一家名为“基因泰克”（Genentech）的新兴公司克隆出了人类胰岛素，还推出了乙肝疫苗。2004年，加州在选民的支持下开始发行总额高达30亿美元的债券，用以进行干细胞研究，到了2008年，加州已经成了干细胞研究的最大资助者，也是纳斯达克新出现的生物科技指数（Biotech Index）的焦点。

2013年10月

美国政府由于民主党和共和党未能就联邦政府新财年预算达成一致，联邦政府下的非核心部门被迫关闭，如黄石国家公园等著名景区也被波及，导致许多游客“望门兴叹”。

2014年

中国旅行者的赴美旅行签证有效期延长至10年。

美国西部人

都是谁住在美国西部呢？你要是只看新闻头条的话，那么亚利桑那人一个个都气势汹汹、“撸胳膊，挽袖子”地对付非法移民；旧金山(San Francisco)尽是喜结连理的同性恋；奥兰治县(Orange County)的家庭主妇们都是“母老虎”；科罗拉多州只有爱抽大麻的闲汉。而根据电视喜剧《波特兰故事》(*Portlandia*)的描述，波特兰到处都是嬉皮士，成天骑个自行车，吃什么都讲究“有机”，而且什么物品上都画个鸟(当地装饰设计界的一个潮流，鸟的形象经常出现在各种物品上，尤其是手工制品)。这些描绘准确吗？准确，也不准确。新闻头条在一定程度上反映了某些当地普遍的态度，但是多数人都只不过想安安稳稳地过日子，不会把自己的生活过得像电视剧那么夸张。

区域身份

长久以来，牛仔一直都是西部人的象征：勇敢无畏，遇事不求人，孤独地追寻着真理和正义，拿过一杯威士忌就“一口闷”。事实真的如此吗？过去在西部定居的人的确勇敢无畏，的确遇事不求人，但那是因为他们别无选择。西部的自然条件艰苦无情，每个机遇背后都隐藏着凶险。不过现在，西部已经凶险不再了，这里的人也都安定了下来，“牛仔”的形象就不那么准确了。岁月如刀，它把这里的丹霞台地雕琢得变了模样，也让这里人的性

运动人生

西部人非常喜欢体育运动，无论自己本身就是运动员还是只为欣赏自己最喜爱的队比赛。按运动类别，西部有以下一些职业队：

国家橄榄球联盟(National Football League) 美国橄榄球联会西部赛区(AFC West)：丹佛野马队(Denver Broncos)、奥克兰突袭者队(Oakland Raiders)、圣迭戈闪电队(San Diego Chargers)；国家橄榄球联会西部赛区(NFC West)：亚利桑那红雀队(Arizona Cardinals)、旧金山49人队(San Francisco 49ers)、西雅图海鹰队(Seattle Seahawks)

美国职业篮球联赛(National Basketball Association) 西部太平洋赛区(Western Conference Pacific)：金州勇士队(Golden State Warriors)、洛杉矶快船队(LA Clippers)、洛杉矶湖人队(LA Lakers)、菲尼克斯太阳队(Phoenix Suns)、萨克拉门托国王队(Sacramento Kings)；西部西北赛区(Northwest)：丹佛掘金队(Denver Nuggets)、波特兰开拓者队(Portland Trailblazers)、犹他爵士队(Utah Jazz)

美国女子职业篮球联赛(Women's National Basketball Association) 洛杉矶火花队(LA Sparks)、菲尼克斯水星队(Phoenix Mercury)、西雅图风暴队(Seattle Storm)

美国职业棒球大联盟(Major League Baseball) 美国联盟(American League)：洛杉矶天使队(LA Angels)、奥克兰运动家队(Oakland Athletics)、西雅图水手队(Seattle Mariners)；国家联盟(National League)：亚利桑那响尾蛇队(Arizona Diamondbacks)、科罗拉多落基山队(Colorado Rockies)、洛杉矶道奇队(LA Dodgers)、圣迭戈教士队(San Diego Padres)、旧金山巨人队(San Francisco Giants)

格发生了变化。今天，不管准确与否，人们仍然对西部不同地方的人有不同的成见，波特兰人、圣迭戈人、圣菲人和菲尼克斯人在人们眼中都各具特色，彼此间区别很大。

加利福尼亚州

典型的加州人都应该是不紧不慢的，关心健康，关注生态，有些自恋，而且思想开放。不过抛开成见，让我们拿数据说话吧。根据美国海洋和大气管理局（National Oceanic and Atmospheric Administration，简称NOAA）的统计，2010年，超过2550万的加州人生活在海岸沿线各县中，这是沿海各州之最。加州的南部海滩阳光充足，最适合游泳，自然也就会让人们联想到冲浪、阳光以及《海滩护卫队》（*Baywatch*）、《橘子郡男孩》（*The OC*）这类黄金时段播出的肥皂剧。自我救助产业（self-help industry）、健身产业和整形产业是加州的重要产业，自20世纪70年代开始便拥有大批市场，而动得多、吃得好也让加州人的健康水平位于美国前列。但是加州的一些城市里有不少医用大麻诊所，每年的相关税收高达数百万美元——2011年，仅奥克兰（Oakland）一处便从这些诊所里获得了140万美元的税收收入。据调查，全州45%的人倾向于在选举中支持民主党，32%的人支持共和党，19%的人则是独立派。说到环保，金州人（加利福尼亚也称“金州”——Golden State）在节能减排方面也远超全国平均水平，这里的车辆实行严格的尾气排放检验制度，混和动力汽车在这里的销量也高于任何其他州。

太平洋沿岸西北部

那么住在华盛顿州和俄勒冈州的人又是什么样的呢？典型的形象是热爱大自然的嬉皮士，有些激进，爱喝拿铁。事实上，这个描述颇为准确。这里的许多人都为自己的独立精神感到骄傲，喜欢公开表达对自然的热爱，而且在垃圾回收时会特意把塑料制品区分出来。他们非常友好，而且多数都是外来人口——尽管人们更爱说加州人多是外地人。选择这里的原因很多，比如郁郁葱葱的景色，比如生活质量很高，而且比起那些更大、更繁华的地方，这里的人活得很真实。精心打扮和装腔作势可不属于西北部人们生活的一部分。穿着戈尔特斯（Gore-Tex）的户外外套进餐厅、听音乐会或是去社交场所，几乎不会让任何在场的人感到意外。

落基山脉各州

还在寻找西部牛仔吗？那就从这里开始吧。开牧场可是这一带的热门营生，而且你依然可以看到一个孤独的牛仔骑着一匹桀骜的野马——可不是真人真马，而是怀俄明州的车辆号牌上特有的图案。这也算是当地的一道独特风景线了。在“风萧萧兮”的荒凉平原上维持生计，只有坚韧独立的当地人才做得到，大城市游客来到这里，可能多少会感到一些迷茫。

在政治方面，落基山脉北部地区——包括怀俄明州、蒙大拿州和爱达荷州的人们相对保守，但是在大学城和度假小镇里也有零星的开明群体。怀俄明州早在1869年便率先赋予女性选举权，这本为政治的开明起了一个好头，可惜人们现在提到怀俄明，总会想到那个曾6次出任该州议员的美国前副总统迪克·切尼（Dick Cheney），他可是一个“唯恐天下不乱”的共和党人。除了牧场经济，能源也是怀俄明州的一个重要产业。

重要体育网站

棒球
www.mlb.com

篮球
www.nba.com

橄榄球
www.nfl.com

冰球
www.nhl.com

赛车 www.nascar.com

足球 www.mlssoccer.com

加州监狱成年人口在2006年达到了顶峰，为16.3万。这个数字在2011年秋季下降到了14.4万。

婚姻面前，众生平等

2004年，旧金山市市长盖文·纽森（Gavin Newsom）不顾加州同性不得结婚的禁令，继续给同性伴侣颁发结婚证，让4000对同性伴侣得以组建家庭，而在此之前，已有4万对同志在加州登记结婚。2008年6月，加州的法院废除了这一禁令，但随后却在2008年11月通过了《8号提案》（*Proposition 8*），试图修正州宪法，禁止同性婚姻。民权人士质疑该提案有违宪法，最终联邦法院作出了裁决，认定该法律违反了宪法中关于平等保护（equal protection）和正当程序（due process）的条款。2013年，美国最高法院拒绝接受加州的上诉请求，同性婚姻得以在金州继续存在。

西部地区政治倾向最不明朗也是民主、共和两党角逐最激烈的州，当属科罗拉多州。这里既有博尔德这种自由主义的坚固堡垒，又有科罗拉多斯普林斯（Colorado Springs）这样保守主义的强大阵营，选举时最终谁能占优，还真说不好。

菲尼克斯太阳队在2010年的一场比赛中，将队服上印着的队名“The Suns”（太阳）改成了“Los Suns”（英文不好的拉丁裔移民的说法），用以抗议亚利桑那州的新移民法。

西南部

西南部地区一直以来吸引的都是内心强大的定居者，比如摩门教徒（Mormon）、牛马成群的牧场主和淘金者，当然，他们来这里的目的其实与普通美国人区别不大。现在，新一代有着理想主义情怀的企业家们已把曾经的矿镇变成了新时代艺术（New Age art）的大本营和展现“老西部”风貌的旅游景点。科学家们也蜂拥着来到这里的空旷地带，开发试射原子弹和火箭。而天文学家们则在荒凉的高山之上建起了观测台，因为这里天空明净深邃，视线不受遮挡。

近年来，该地区高调出台了一些旨在遏制非法移民的措施，扰乱了这里的恬静平和——至少在亚利桑那州的南部边界地带是这样。日常生活中倒也听不到什么反移民的言辞了，但媒体会大肆传播那些最恶毒的反移民论调，再加上无处不在的重装边境巡逻警，本是阳光明媚的天地显得阴沉了不少。西南部的其他地方大多更为包容。

人口和文化多样性

加利福尼亚州有3800万居民，是全美人口最多的州。美国超过30%的亚裔人口都生活在这里。该州的拉丁裔人口目前有1410万，预计到2020年就会成为加州的“多数民族”了。拉丁文化已与加州本土文化密不可分，多数加州人都认为加州是一个轻松友好的多元文化社会，每个人都有机会在这里实现美国梦。据估计，该州有250万未登记的移民。

科罗拉多州年平均日照时间长达300天，2012年在科罗拉多州内河参与漂流的人数超过41.1万。这些听起来不可思议的数字可都是真实的。

科罗拉多州、亚利桑那州和新墨西哥州都有大量美洲原住民和西班牙裔人口。这些居民因保留了自己的传统、以口授的方式传承民族历史而对自己的文化身份颇感自豪。总的来说，西南部各州都形成并保留着一种“和平共处”的处世哲学，只不过在2010年，亚利桑那州立法机构通过了一个饱受争议的法律，要求警察对于任何有非法入境嫌疑的人都应查验其身份证明，所以，共享350英里边境线的亚利桑那州和墨西哥目前关系有些紧张。

宗教

尽管加州人不如主流美国人那么虔诚，而且五分之一的加州人认为自己完全没有信仰，但这里依然是美国宗教体系最为多元的州之一。由于大量拉丁裔人口的存在，约三分之一的加州人都是天主教徒，而还有三分之一的人口是新教教徒。此外，全州还有超过1百万穆斯林，洛杉矶则容纳着全北美第二大的犹太人群体，约2%的加州人自认为是佛教徒。

太平洋沿岸西北部地区的居民约有四分之一认为自己不信奉任何宗教。而信徒们通常信奉的都是基督教、犹太教和摩门教。亚裔美国人为这里带来了佛教、印度教、锡克教和伊斯兰教，而新时代灵学（New Age spirituality）在这里也不乏信徒。

西南部地区也有自己的独特之处。在犹他州，62%的人口是摩门教徒。该教会强调传统的家庭观念，饮酒、吸烟和婚前性行为都是不被允许的。而对于遍布西南部各地的美洲原住民和西班牙裔居民来说，家庭和信仰也都是其价值观的核心所在。霍皮人（Hopi）把部落舞蹈看得无比神圣，因此多数情况下都不让外人观看。尽管许多原住民和西班牙裔人都居住在城市里，都是普通的上班族，可是大型家庭集会和传统习俗依然是他们日常生活中的重要组成部分。

2013年9月，超过61,100名自由奔放的人齐聚内华达沙漠，来参加火人节（Burning Man）。那是一场一年一次的露营狂欢、艺术盛会和狂乱派对，你可以随心所欲地表达自我、穿着打扮或是释放欲望。

美洲原住民

美国西部地区的原住民，其构成极其多元化，由于受到了自然环境的影响，都拥有各自独特的习俗和信仰。现在的他们继承了自己祖先和外来文化的遗产，生活方式也同样千姿百态。有的住在保留地里靠编织为生，有的则在菲尼克斯当起了网页设计员；有的依然在田地里种植着玉米和南瓜，有的则在太阳能发电厂里"收获"阳光；有的仍然是巫医，有的则当上了医院里的外科大夫。总之是一言难蔽。

美国生活着超过五百万名美洲原住民（包括纯种原住民和混血儿），被广泛承认的部落超过556个，使用的语言有175种。加利福尼亚州的原住民人口为全美之首，亚利桑那州和新墨西哥州分别排名第三和第五。纳瓦霍（Navajo）部落是西部最大的部落，从全国范围内来讲，规模仅次于切罗基（Cherokee）部落。

在专门展示西南部地区美洲原住民的生活与文化的博物馆中，菲尼克斯的赫尔德博物馆（Heard Museum）是非常不错的一家。

在文化方面，今天的原住民部落都面临着这样的问题：如何既能在当今美国社会中繁荣发展，又能保护自身传统不受侵蚀，保护自己的家园不继续遭受破坏性开发；如何既能让人民脱离贫困，又能维持其独特的身份感和信仰。

原住民部落

西部地区的大型部落主要集中在西南部。亚利桑那州广袤保留地里的著名部落包括纳瓦霍人（Navajo）、霍皮人（Hopi）和阿帕奇人（Apache）。州内还有两个规模较小的部落，即华莱派人（Hualapai）和哈瓦苏派人（Havasupai），都生活在大峡谷（Grand Canyon）旁的保留地内。新墨西哥州的部落则分布在19个印第安人村庄中，都在该州中央及北部地区。

阿帕奇人

西南部地区有3个主要的阿帕奇保留地：新墨西哥州的吉卡里拉阿帕奇保留地（Jicarilla Apache Reservation）、亚利桑那州的圣卡洛斯阿帕奇保留地（San Carlos Apache Reservation）和城堡阿帕奇保留地（Fort Apache Reservation），最后一个是白山阿帕奇人（White Mountain Apache）的家园。所有阿帕奇部落的祖先都是在1400年前后从今加拿大迁徙到这里的阿萨巴斯卡人（Athabascan）。这些人居无定所，靠狩猎和采集为生，后来成了好战的劫掠者，尤其爱对普韦布洛人（Pueblo tribes）和欧洲定居者下手，对于迁移至保留地一事，他们也进行过勇猛的抵抗。

由斯蒂芬·崔姆博（Stephen Trimble）撰写的《原住民》（*The People*）一书，对西南部地区生活的原住民进行了全面而细微的描述，内有大量原住民的自述和美丽的照片。

最著名的阿帕奇人就是杰罗尼莫（Geronimo）。他属于奇里卡瓦阿帕奇部落（Chiricahua Apache），曾坚决抗拒美国人对于原住民领地的接管，后来美军在白山阿帕奇侦察兵的帮助下才最终将其降服。

哈瓦苏派人

哈瓦苏派保留地（Havasupai Reservation）与亚利桑那州的大峡

谷国家公园（Grand Canyon National Park）相连，就位于峡谷的南缘（South Rim）之下。该部落唯一的村庄名叫苏派（Supai），距离华莱派山顶（Hualapai Hilltop）8英里，山顶到村庄不通公路，只能徒步、骑驴或是乘直升机前往。

“哈瓦苏派”的意思是“青绿水乡人”，科罗拉多河（Colorado River）的支流哈瓦苏溪（Havasu Creek）长久以来一直主宰着部落的生活。因为有了可靠的水源，农田灌溉就有了可能，而村庄也建立起来一种跟随季节变化而变化的生活方式。深深的哈瓦苏峡谷（Havasu Canyon）能够保护族人不受外界骚扰。这个极其祥和的部落在19世纪初之前几乎与西方文明毫无接触。今天，部落靠旅游业维持生计，哈瓦苏峡谷绝美的瀑布吸引着游客源源不断地前来。该部落与华莱派人有着亲缘关系。

霍皮人

霍皮保留地（Hopi Reservation）位于纳瓦霍保留地（Navajo Reservation）内，占地超过150万公顷。黑台地（Black Mesa）的主台周围探出了3座小台地，顶部和底部共分布有11座村庄，多数霍皮人都生活在这些村庄

大山（Big Mountain）是纳瓦霍人和霍皮人的神山。几十年来，美国业界屡次想要在神山上进行露天采矿，都被恪守传统的两族人成功阻止。黑台地原住民支持组织（Black Mesa Indigenous Support; www.supportblackmesa.org）将他们的故事公之于众。

礼节

在参观保留地时，一定要多了解并遵守当地的具体禁忌与规矩。几乎所有的原住民部落都禁酒，有些还会禁止携带宠物和照相机。在任何保留地内露营、捕鱼或进行其他相关活动都必须获得相应的许可证。保留地的入口处可能会张贴着本部落的行为规范，也可以到部落游客办公室或是保留地的网站了解此类信息。

参观一个保留地，实际上就是参观一种独特的文化，你可能会遇到某些非常陌生的习俗。这时候一定要彬彬有礼、心怀敬意、入乡随俗，而且不要指望对方把自己生活中的每一个细节都拿出来分享。

先问再录

一些部落完全禁止拍摄或是写生。有些部落会相应收取一些费用，有些则禁止用镜头或画笔记录仪式或某些特定区域。所以在拍摄或写生之前一定要询问清楚。如果你想拍摄某位当地人，也要先征得对方同意，随后应付一些小费。这样做不但礼貌得体，通常也是规矩。

印第安人村庄不是博物馆

村庄中那些美得难以置信的土屋可是住家。对外开放的建筑上都会有标志。如果没有标志，那么你就该把那儿当成私人领地。不要想去哪儿就去哪儿。大地穴（kiva，也称基瓦会堂，是印第安人村庄中举行宗教活动的地方）几乎在任何时候都不许外人进入。

仪式不是表演

你应该把原住民的仪式想象成教堂礼拜。应该安静、恭敬地看，不能交头接耳、鼓掌喝彩或是拍摄照片，而且衣着也要得体。印第安集会（powwow）相对更为轻松随意，但记住：除非宣传时说明是一场对外演出，否则集会就是为部落成员举办的，不是用来娱乐你的。

隐私和交流

许多原住民都会乐意向你泛泛地描述其部落宗教信仰，但不是什么时候都乐意，也不是什么事都会告诉你。宗教仪式的细节通常被认为是非常私密的事情。在与对方讨论宗教之前一定要先询问清楚，记得尊重对方的底线。另外，原住民认为倾听是很礼貌的，安静地倾听对方讲述是一种表达尊重的方式。

中。位于第三台地（Third Mesa）上的老奥莱比村（Old Oraibi）被认为（与阿克莫普韦布洛保护区一样）是北美洲连续居住时间最久的居住地。和所有的普韦布洛印第安人一样，霍皮人的祖先是古普韦布洛人（Ancestral Puebloan，曾被称作阿纳萨齐人）。

“霍皮”可以译作“和平的人”。若论生活方式的简朴、传统和虔诚，可以说没有任何一个部落能超过霍皮人。他们有一种罕见的、近乎神奇的“旱耕”方式，也就是说，不去耕田，而只是把种子种在防风林和天然形成的蓄水地中。他们的主要作物一直都是玉米（在他们的神话中，这种作物在他们民族的诞生中扮演了至关重要的角色）。

霍皮人的仪式纷繁复杂，极其私密，渗透到了其日常生活的方方面面。他们认为只有恪守“霍皮之道”，才能唤来赋予万物以生命的雨水，也认为奉行“霍皮之道”有助于整个人类的幸福安康。霍皮人为母系氏族，每个人的角色都由其所在氏族决定。即便在霍皮人之间，每个氏族都各自有其密不外传的某些独特传统。

霍皮人是技艺精湛的匠人，除了在仪式上使用的克奇纳神偶(kachina，行善的神)，他们的陶器、编筐和银器也很有名。

华莱派人

霍皮艺术之旅（The Hopi Arts Trail）活动重点介绍了霍皮保留地核心区域3个小台地上的手工艺者和画廊。可登录网站www.hopiartstrail.com获取游览地图，以及一份艺匠和画廊的名录。

华莱派保留地（Hualapai Reservation）占地约一百万公顷，沿大峡谷的南麓绵延108英里。“华莱派”一词的意思是“高松之人”，因为大峡谷的这一片地区并不是很适合农耕，华莱派人最初过的是半游牧式的生活，靠采集野生植物和猎捕小型动物为生。

如今，林业、畜牧业、农业和旅游业是这里的经济支柱。部落的中心位于亚利桑那州的皮奇斯普林斯（Peach Springs），动画电影《汽车总动员》（*Cars*）中那个虚构的小镇“水箱温泉”（Radiator Springs）便是以此地为原型创造出来的。打猎、捕鱼和漂流是保留地的人气旅游项目，但华莱派人最近又增建了一个奇特的旅游景点——“人行天桥”（Skywalk）。

纳瓦霍人

纳瓦霍人（Navajo）在全美共有约30万，是仅次于切罗基人的第二大部落。**纳瓦霍保留地**（Navajo Reservation；www.discovernavajo.com）无疑是美国最大的保留地，论面积、论人口，第二名都与之相距甚远。保留地也叫纳瓦霍国（Navajo Nation）或纳瓦霍地（Navajoland），占地1750万公顷（超过2.7万平方英里），主体位于亚利桑那州，另有部分位于新墨西哥州和犹他州。

纳瓦霍人是令人畏惧的牧人和战士，既会与普韦布洛人做生意，也会抢夺他们的财物，还曾与欧洲定居者和美国军队展开过战斗。他们是思想开放的“拿来主义者”：从西班牙人那里学会了饲养绵羊和马匹；从普韦布洛人那里学会了制陶和编织；从墨西哥人那里学会了银器制作。如今，纳瓦霍人的织毯、陶器、镶嵌银饰以及在治疗仪式中使用的复杂精美的沙画（sandpainting），都已声名远扬。

在“二战”期间的太平洋战场上，纳瓦霍人的“风语者”们使用了本族的阿萨巴斯卡语（Athabascan）为盟军收发军事情报。这种语言极其复杂，日军一直未能破译，人们认为这些“风语者”对于美国的最终获胜至关重要。

普韦布洛人

新墨西哥州有19处普韦布洛保留地。其中4个从阿尔布开克（Albuquerque）依次向西排开，分别是：伊斯莱塔（Isleta）、拉古纳（Laguna）、阿克莫（Acoma）和祖尼（Zuni）印第安人村庄。另外15个印第安人村庄位于阿尔布开克和陶斯（Taos）之间的格兰德河谷（Rio Grande Valley）中，包括：桑迪亚（Sandia）、圣费利佩（San Felipe）、圣安娜（Santa Ana）、兹阿（Zia）、赫梅兹（Jemez）、圣多明各（Santo Domingo）、柯基提（Cochiti）、圣伊尔德丰索（San Ildefonso）、波瓦基（Pojoaque）、南比（Nambé）、特苏基（Tesuque）、圣克拉拉（Santa Clara）、奥凯欧文格（Ohkay Owingeh，或称圣胡安San Juan）、皮格里斯（Picuris），以及陶斯（Taos）。

这些部落既有相同点，又有不同点。"普韦布洛"（pueblo在西班牙语中指"村庄"，现在在英语中既指该族人，又指这些人居住的村庄，作村庄解时也被称为"印第安人村庄"）这个词便是对这些部落共同点最好的概括：他们都被认为是古普韦布洛人的后代，也继承了祖先的建筑风格以及以村庄为中心的农业生活方式，而村庄通常都位于台地顶部。

普韦布洛人的村庄在原住民中独树一帜。其中的房屋建筑可以高达5层，以梯子连接，建筑材料构成不一，主要有泥砖、石头、木头和灰泥。在每个印第安人村落中心会有一个大地穴（kiva，基瓦会堂），那是一个位于地下的仪式场所，族人认为那里与冥界相连。受到了传教士的影响，天主教堂在村庄中也十分显眼，许多普韦布洛人都有着基督教和本族宗教的双重信仰。

艺术

原住民的艺术几乎都有某种仪式性和宗教性。种种图案和符号都有着神秘的意义，为人们提供了一扇窥视各部落族人内心的窗户。

20世纪中期以来，除了保存自身的文化，当代原住民艺术家也开始使用雕塑、绘画、纺织、电影、文学和表演等艺术形式来反映和审视现代性，尤其是在20世纪60年代激烈的民权运动以及70年代的文化复兴之后，这种趋势更为明显。詹妮特·波尔罗（Janet Berlo）和罗斯·菲利普斯（Ruth Philips）撰写的《北美原住民艺术》（*Native North American Art*），对于北美缤纷多彩的原住民艺术进行了精妙的介绍，所涉及时间跨度由欧洲殖民前时代直至后现代主义时期。

由于各部落经济在一定程度上都要依靠旅游收入，所以通过从原住民手中购买艺术品，游客可以对部落经济作出直接、积极的影响。许多部落都经营工艺品销售店和画廊，通常都位于保留地内的主要城镇中。**印第安艺术品及工艺品委员会**（Indian Arts & Crafts Board；www.iacb.doi.gov）的网站上，依照州别列出了原住民拥有的画廊和商店，点击"Source Directory of Businesses"即可查看。

不是所有的印第安人村庄都有自己的网站，但是印第安人村庄文化中心（Indian Pueblo Cultural Center；www.indianpueblo.org）的网站上对所有村庄都有介绍，同时提供了相关村庄网站的链接。

陶艺和篮艺

基本上每个西南部地区的部落都有制陶和编篮的传统。最开始，每个部落，甚至是部落中的每个家庭都有自己独特的风格，但是现在的手工艺人们都善于借鉴杂糅，并对传统设计和工艺进行重新解读。

普韦布洛人的陶器大概是其中最为人所称道的了。陶器的色彩都是由当地黏土的特性决定的，所以兹阿的陶器是红色，阿克莫的为白色，霍皮人的为黄色，而柯基提的却是黑色的……圣克拉拉的陶器以其浮雕式的设计而闻名，而圣伊尔德丰索的陶器则黑得错落有致，这种风格借助世界

N·斯科特·莫马戴（N Scott Momaday）的小说《黎明小屋》（*House Made of Dawn*；1968）讲述的是一个普韦布洛族年轻人的故事，小说获得了普利策奖（Pulitzer Prize），引领了一波原住民文学浪潮。

知名的陶艺家玛利亚·马丁内斯（Maria Martinez）的作品而获得新生。纳瓦霍人和生活在犹特山（Ute Mountain）地区的犹特人生产的陶器也颇受赞誉。

制陶几乎一直以来都是村庄生活的代名词，而更便于携带的篮子则通常受到游牧民族的偏爱。以精美的篮艺知名的部落包括吉卡里拉阿帕奇人（“吉卡里拉”的意思就是“造篮人”）、凯巴布派优特人（Kaibab-Paiute）、华莱派人和图胡诺奥德哈姆人（Tohono O'odham）。霍皮人盘绕编织的篮子，图案生动且多饰有克奇纳神的形象，也相当有名。

纳瓦霍织艺

在纳瓦霍人的传说里，一位“蜘蛛女”教会了人类纺织。今天，蜘蛛女似乎化身成了纳瓦霍人的妇女，在蛛网般的织布机前，耐心地拨动着梭子，用手纺羊毛编织出他们传奇的纳瓦霍织毯（最初是做盖毯的），这种毯子是如此的致密，以至于都能兜得住水。羊毛预处理依然是手工进行的，染色有时也需手工，完成一条织毯需耗时数月（有的甚至要数年）。

真正的纳瓦霍织毯很贵，但贵得有理，价格从几百到几千美元不等。它们可不是普通的旅游纪念品，而是可以使用一辈子的艺术品，可以挂在墙上或是铺在地板上展示。最好能花时间研究研究，多少知道一点，这样才能不花冤枉钱。想了解纳瓦霍织毯，可以登录网站www.gonavajo.com。

银器和绿松石珠宝

用石头和贝壳制作珠宝一直都是原住民的传统。但银器制作是到了19世纪初与英国及墨西哥人接触后才出现的。纳瓦霍人、霍皮人和祖尼人制作的珠宝以银为主体，镶嵌绿松石，在原住民中尤其知名。除了绿松石，原住民的珠宝也经常会用到青金石、珊瑚、玛瑙和贝壳。

正宗的珠宝上，经常会有匠人留下的印记，而且通常会配有印第安艺术品及工艺品委员会颁发的证书。一定要问清楚。看价格也可以分辨真假：贵的不一定真，但便宜得离谱的十有八九是赝品。也可以到8月举行的圣菲印第安集市（Santa Fe Indian Market；见438页）上学习一下，临阵磨枪，不快也光。

美国西部美食

所谓“西部饮食”的说法其实不太恰当。美国西部各地都有自己的特色饮食，不可能用一个简单的词来概括所有。旅行的乐趣很大部分就来自于探索与当地文化及农业密不可分的美食：比如亚利桑那州南部分量十足的牛排、新墨西哥州的青椒酱卷饼（green chile enchilada）、太平洋沿岸西北部地区的烤三文鱼（grilled salmon），当然，也不要忘了圣迭戈的墨西哥鱼肉卷饼（fish taco），虽然吃起来容易弄得满手都是，但真是特别美味。

主食和特色菜

早餐

和美国其他地方一样，对于西部地区的人们来说，早餐都是大事情。不管是在牛仔餐厅享用分量十足的饼干和浓汤，还是去麦当劳的得来速来上一份便捷的腌肉蛋汉堡（Egg McMuffin），或是在周日赖床之后吃一顿丰盛的早午餐，总之，美国人都超爱他们的培根煎蛋（eggs and bacon）、华夫饼（waffle）、薯饼（hash brown）和大杯的橙汁。最重要的是他们都爱在早餐来上一大杯可以无限续杯的滚烫咖啡，这在美国人看来似乎是一项不可剥夺的权利。

午餐

美国的上班族在上午10点左右习惯来个咖啡小憩，所以午餐时间就只够用来吃份三明治、快餐汉堡或是大份沙拉。在像洛杉矶这样的大城市里，正式的“商务午餐”倒是更为常见，但去那儿的人通常都不是冲着食物来的，而是要“谈事情”。

晚餐

工作日的晚餐要比午餐更为丰盛，开饭时间通常不会太晚，而且考虑到美国有大批双职工家庭，工作负担不轻，所以晚餐可能就是叫外卖（如比萨和中餐），或是买预先包装好的微波食物。甜品一般就是冰激凌、馅

地方必尝特色菜

墨西哥鱼肉卷饼（Fish tacos；加利福尼亚州圣迭戈）

炸玉米饼（Frito pie；新墨西哥州）

青椒奶酪汉堡（Green chile cheeseburgers；新墨西哥州）

纳瓦霍卷饼（Navajo tacos；亚利桑那州东北部）

索诺兰热狗（Sonoran dogs；亚利桑那州图森）

落基山牡蛎（Rocky Mountain oysters；科罗拉多州）

早餐墨西哥卷

有一道源自墨西哥的美食已被西部地区掌握得炉火纯青，那就是早餐墨西哥卷（breakfast burrito）。这种食物在科罗拉多州的餐馆和熟食店里找得到，在亚利桑那州的咖啡馆里找得到，在加利福尼亚州常有海滩休闲客光顾的早餐店中也找得到。从很多方面来讲，墨西哥卷都是一款完美的早餐：便宜（通常不到6美元）、富含蛋白质（内有鸡蛋、奶酪和大豆）、有新鲜蔬菜（把鳄梨算作水果也成），最后再辅以辣椒酱（把辣椒酱算作蔬菜也成），一股脑儿地卷在纸或锡纸中。吃的时候就像剥香蕉一样剥开，而且要让你的鼻子充分享受那股热腾腾的香气。

饼和蛋糕。一些传统的美国家庭则依然会在周日的晚上做上一大桌子菜，邀请亲朋好友前来一同享用，也可能会在周末进行户外烧烤或是野餐。

快餐小吃

西部地区到处都是快餐店，配有汽车外卖窗口，每个高速公路主要出口旁通常都能找到至少一家。在市中心的商业区，从街头推车上买个热狗或是在路边餐车来一份墨西哥卷饼，都不失为一个方便的选择。不用担心其对健康的危害，这些摊贩通常都由当地卫生部门监管。如果赶上节日和城镇大集，可以尝尝棉花糖（cotton candy）、玉米狗（corn dog）、糖衣苹果（candy apple）、炸面糊（funnel cake）、巧克力脆皮冻香蕉（chocolate-covered frozen banana）和许多其他地方美食。农夫市场上的小吃则更健康、更便宜。

谨记

- 要付小费：标准是账单总额的15%；服务特别出色的话可以给到20%（或者更多）
- 习惯上应把餐巾铺在腿上
- 不要把胳膊肘架到桌子上
- 等每个人的饭菜都上了再开始用餐
- 在正式场合，通常应等男（女）主人拿起餐刀再开始用餐

加利福尼亚州

由于地域广阔，气候多样，加州本身便是美国当之无愧的"果蔬篮子"，其农产品出口到亚洲各国。该州的物产出奇地丰富，海中盛产野生三文鱼、珍宝蟹（Dungeness crab）以及牡蛎；农产品生产全年不衰；精加工产品包括奶酪、面包、橄榄油、葡萄酒和巧克力。

从20世纪70~80年代开始，在爱丽斯·沃特斯（Alice Waters）和沃夫冈·帕克（Wolfgang Puck）等名厨的努力下，加州的饮食界迎来了一阵变革之风，讲究使用当地最棒的原材料烹饪简单但可口的美食。而亚洲移民的涌入，尤其是在越南战争之后，则使得加州出现了许多唐人街、韩国城、日本城，再加上这里本来就很有规模的墨西哥裔群体，墨西哥独特的饮食传统已然传遍整个加州，可以说，这些都大大地丰富了加州的饮食文化。而兼容并蓄的国际融合菜餐厅则是加州美食地图上的另一道风景线。

北海岸和内华达山脉地区

旧金山的嬉皮士们在20世纪70年代开始奔赴"田间地头"，希望能够过上一种更加"自给自足"的生活，于是，曾经的传统复兴了起来：他们开始从头学习如何制作面包和奶酪，而且只吃自己种的东西。注意：从门多西诺（Mendocino）到洪堡（Humboldt），那一带农场上立着的"禁止闯入（No Tresspassing）"的牌子可不是闹着玩的。这些安定下来的嬉皮士是无公害农业的早期实行者，他们创新出的菜品有机、量大、有益于健康还无愧于味蕾。

这里人气最旺的用餐之处可是有轮子的，那就是餐车(food truck)。从墨西哥蟹肉卷饼(crab-cake taco)到红丝绒纸杯、蛋糕(red-velvet cup-cake)，不管是创意小吃、健康小吃、精致小吃、让人边吃边呼"罪过"的小吃，还是彻头彻尾的古怪小吃，你还真想不到所谓的"快餐"竟可以玩出这么多花样。在洛杉矶、波特兰和拉斯维加斯都可以找到这种餐车。

在北海岸地区，你的舌头可以见证到欧隆尼族印第安人（Ohlone）和米沃克族印第安人（Miwok）对于这里饮食的影响。这些加州北部的原住民以捕鱼打猎为生，能用橡果粉制作面包，也会在海岸沿线打理果园，种植作物。受到如此精心的呵护，老天爷自然是乐意多加关照，于是赐给了这里产量极丰的野花蜂蜜和黑莓。除了传统的贝类捕捞，如今的海岸沿线还出现了奉行可持续发展理念的鱼子酱渔场和牡蛎养殖场。两族人曾经以采集为生，敢于"遍尝百草"，这一带能吃的植物——从内华达山脉的酢浆草（wood sorrel）到门多西诺的海生植物，皆可入菜。不过两族人对野生蘑菇重要的采集地讳莫如深，外人不得而知。

旧金山湾区

旧金山的"饭店人口比"超过美国任何一个大都市。2011年，该城共有

3588家餐厅，这就是说，摊到人头上，每227个人就有一家餐厅。除了餐厅，这里还有约200辆持照餐车和29个农夫市场。

城中的一些新奇食物有着罕见的生命力，比如人气永远那么高的炖珍宝蟹（cioppino）、吉尔德利（Ghirardelli）家族发明的巧克力棒以及发酵面包（sourdough bread；其酵母团从淘金潮时代使用至今，使得当地产的面包拥有一种独特而浓重的味道）。这里有数十家中餐馆，里面卖的东西广东话叫“点心”，普通话叫“小吃”或“茶点”。

墨西哥菜、法国菜以及意大利菜在任何时候都是当地人的大爱，但最近又出现了其他一些异域美食热门，包括：居酒屋（izakaya，即供应小份菜品的日式酒吧）、韩式墨西哥卷饼（Korean taco）、越南法棍（banh mi，越南的三明治，法棍面包里面夹腌肉和泡菜）以及阿尔法茹夹心饼（alfajores，阿拉伯风味的阿根廷美食，即奶油夹心酥饼）。

南加州

洛杉矶以其大腕级主厨和名人老板而久负盛名。位于好莱坞的Brown Derby Restaurant的老板罗伯特·H·科博（Robert H Cobb），凭借一道以自己的名字命名的“科博沙拉”[Cobb salad，包括生菜、西红柿、鸡蛋、鸡肉、培根和罗克福羊乳干酪（Roquefort）]让世界记住了自己。沃夫冈·帕克（Wolfgang Puck）于1982年在Sunset Strip上开了一家金碧辉煌的餐厅，名为Spago，掀起了明星大厨之风。

想在洛杉矶吃到地道的异域美食，那就试试韩国城（Koreatown）满口留香的韩国烤肉排（kalbi，以腌制过的牛短肋排烤制而成）、东洛杉矶（East LA）的墨西哥烤肉卷饼（tacos al pastor，内有先腌后烤的猪肉）和小东京（Little Tokyo）地区每日现做的拉面（ramen）。

再往南，1号公路（Hwy 1）在拉古纳海滩（Laguna Beach）和拉霍亚（La Jolla）之间会经过一串儿海滩小城，冲浪客们喜欢沿路“扫荡”，寻找终极巨浪的同时吃些省时间又饱肚子的食物，比如早餐墨西哥卷和墨西哥鱼肉卷饼。而且每个人都会在纽波特海滩（Newport Beach）南部的Ruby's Crystal Cove Shake Shack那里停下脚步，享用一杯甜蜜奶昔（date shake）。

想看洛杉矶食客最辛辣的点评，可浏览网站www.laweekly.com和www.la.eater.com。

太平洋沿岸西北部

已故美国大厨、美食作家、俄勒冈州本地人詹姆斯·比尔德（James Beard，1903~1985年）有一个观点，认为不加太多调料、不用太复杂的烹饪技巧而做出来的菜肴最能凸显食材的天然滋味。这一理念对于西北部地区的当代饮食界影响很大。西北部的人不喜欢在吃上面去赶时髦，也不喜欢做起来太费事的食物，同时却又对自己的创造力颇感自豪，在“绿色”饮

慢食、土产、有机

“慢食主义”运动（Slow Food movement）以及人们重新对本地有机食物燃起的热情目前正席卷整个美国饮食业。说起慢食运动在美国兴起的功臣，不得不提到大厨爱丽斯·沃特斯及其在伯克利（Berkeley）的餐厅，她在1971年首先倡导了这一运动。近期，美国各地都涌现出了许多农夫市场，到这里不但能有机会结识当地人，更能见识到种类齐全的美国本土食物，其中有常见的水果蔬菜，也有香甜的当地佳肴。

一些太平洋中的海洋生物已经由于过度捕捞而濒临灭绝，这对于当地渔业产生了不小的影响。想知道在某家海鲜餐厅中什么最该点，什么值得点，什么不要点，可以参考《蒙特雷湾水族馆海鲜购买指南》(*Monterey Bay Aquarium's Seafood Watch*; www.montereybayaquarium.org/cr/seafoodwatch.aspx)。

食方面更是几近吹毛求疵。

农田、野味和鱼类

这里拥有多元的地貌和气候——海岸地区温和湿润，夏季阳光充足，但东部的农田却很干旱——出产的农产品种类也是五花八门。水果非常多，有甜瓜、葡萄、苹果、梨、草莓、樱桃、蓝莓等。蔬菜长得也好，土豆、扁豆(lentil)、玉米、芦笋(asparagus)和瓦拉瓦拉甜洋葱(Walla Walla sweet onion)等产量很高，不但美国人自己吃，还出口海外。

许多野菜也是生长得很好，尤其是在海岸山脉这类较为湿润的地区。当地原住民曾靠采集为生，至今他们仍能找到这些食物，比如夏季才有的野生水果和浆果，以及全年都有的野蘑菇。

西北部地区有数百英里长的海岸线和令人叹服的庞大水系，所以西北部的人们自然吃得到大量新鲜海鲜。水产随季节而变化，具体有蛏子(razor clams)、贻贝(mussel)、虾、长鳍金枪鱼(albacore tuna)、珍宝蟹和鲟鱼(sturgeon)。不过三文鱼依然是这里最有名气的食物，可熏可烤，可以拌沙拉，还能做成乳蛋饼(quiche)或寿司(sushi)。

西南部

各吃货听令，赶快抓起你的牛排刀，松开裤腰带，在亚利桑那州、新墨西哥州、犹他州、南科罗拉多州和拉斯维加斯吃饭，谁有那个闲工夫去讲究吃相啊？面对索诺兰热狗、青椒奶酪汉堡、墨西哥煎蛋(huevos rancheros)，再加上鲜嫩多汁的牛排和无穷无尽的自助餐，惺惺作态岂是君子所为？

并不是所有辣椒都被采摘下来了。当地人会留下一些，等成熟变为深红色后再采摘下来串成“辣椒环”(ristras)，这种挂在墙上或是门口的装饰在西南部地区随处可见。

西南部地区的饮食文化受到了两个族群的巨大影响：西班牙人和墨西哥人。其中，墨西哥人直到19世纪还控制着今得克萨斯州到加利福尼亚州的大片领地。尽管美国如今基本没有真正的西班牙菜，但正是西班牙人把牛群带到了墨西哥，让吃惯了玉米和辣椒的墨西哥人学会了吃牛肉，两者一结合，也就诞生了墨西哥卷饼(taco)、玉米圆薄饼(tortilla)、刷酱卷饼(enchilada)、墨西哥卷(buritto)、油炸玉米卷(chimichanga)等食品。所有这些食物都是用玉米或面粉做皮，至于馅儿的花样可就多了：牛肉、禽肉、大豆，什么都有。在亚利桑那州和新墨西哥州的印第安人保留地及部落的节日中，还能吃到几样原住民美食。牛排和烤肉总是西南部地区菜单上的热门，而啤酒则是晚餐和派对上的人气饮品。

如果想吃遍全球，那来拉斯维加斯就行了。在这里，来自纽约、洛杉矶和巴黎的顶级大厨都在争先恐后地开分店。

牛排和土豆

想就着沙拉、烤土豆和大豆来上一块鲜嫩多汁的牛排吗？那就来西南部吧。这里到处都是牧场，吃牛排可以去氛围私密的牛排屋(chop-house)，也可去适合家人同行的牛排馆(steak restaurant)，还能在骑马游玩的途中停下来野餐。犹他州大量的摩门教徒对当地饮食影响很深，实实在在的传统美国菜在这里占于主导地位，包括鸡肉、牛排、土豆、蔬菜、自制馅饼和冰激凌皆在其列。

墨西哥菜和新墨西哥菜

真正的墨西哥菜口味偏辣。如果你口味清淡的话，最好在倒辣椒酱(salsa)之前先蘸一点尝尝，看自己受不受得了。亚利桑那州的墨西哥菜多是"索诺兰风格"（Sonoran type，指经过改良的墨西哥菜），特色菜有干牛肉（carne seca）等，而且通常会配上大豆酱（refried beans）、大米以及用面粉或玉米粉做成的圆薄饼一同食用，辣椒相对也没那么冲。图森人把自己的城市称作"全宇宙墨西哥菜之都"，尽管还有其他几个地方也在激烈争夺这一头衔，但图森的确不算浪得虚名。科罗拉多州的餐馆也卖墨西哥菜，但他们可没坚持要任何赞美之词。

新墨西哥州的菜肴与真正的墨西哥菜之间既有联系，又有不同。在新墨西哥州，配菜使用的是整粒整粒的斑豆（pinto bean）而不是大豆酱；也可能不用大米，改为波索乐玉米糊（posole）；辣椒也不是只当做调味料（比如制成辣椒酱），而更像是每道菜中不可或缺的主料。腌猪肉块（Carne adobada）是招牌。

如果某家饭店的菜单中同时列有红椒或青椒制成的菜品和调味酱，那么这很可能是一家新墨西哥风格的墨西哥菜餐厅。新墨西哥州很有名的一点就是这里的菜比墨西哥菜还爱用辣椒。新墨西哥州的小镇哈奇（Hatch）尤以其出产的青椒而闻名。

原住民美食

现代原住民的饮食与西班牙征服者到来前的饮食几乎没有任何可比性，但也和西南部地区的主流饮食迥然有别。其中的纳瓦霍卷饼和印第安卷饼（Indian taco）在这一带随处可见，事实上，两者虽名为卷饼，却都是平平整整的油炸面包片，上面通常放上大豆、肉、番茄、辣椒和生菜。原住民还有一种食物叫做炉烤面包（horno bread）。"horno"是原住民建在室外的一种土质烤炉，外形像个蜂巢，制作面包时先在炉子里面生上火，然后把火撤了，把面包胚放进去，靠余热把面包烤熟，吃起来很有嚼劲。

至于其他的原住民美食，多数都是以野味为原料，也通常都会放入南瓜和当地采集来的食材，比如浆果和松子（piñon nut）。尽管原住民美食越来越有名气，但想找到却非易事。最可能吃到这类食物的地方是节日食品摊位、原住民集会（powwow）、牛仔竞技表演会（rodeo）、印第安人村庄的宗教节日以及赌场餐厅。

1991年，金·乔丹（Kim Jordan）和她的前夫杰夫·莱巴什（Jeff Lebesch）创办了新比利时啤酒厂（New Belgium Brewery），总部设在柯林斯堡（Fort Collins）。今天，她已是公司的首席执行官，而新比利时也成了美国第七大啤酒厂，最有名的是"肥轮胎"（Fat Tire）牌精酿啤酒。该啤酒厂常年被评为美国工作环境最好的公司之一。

饮品

"卖命工作、拼命娱乐"的美国人可绝对不会滴酒不沾。约66%的美国人都饮酒，而且比起葡萄酒，多数人都更喜欢啤酒。

啤酒

啤酒之与美国人，大约就和雪佛兰汽车、橄榄球、苹果派一样，缺一不可。盖洛普公司（Gallup）进行的一项调查显示，约39%的美国人经常喝啤酒，经常喝葡萄酒的人数比例为35%。排在第三位的是烈酒，有22%的人每周饮用。

精酿啤酒厂（microbrewery）生产的多数啤酒都不会现场销售。而啤酒屋（brewpub）生产的多数啤酒都供现场直售，而且通常都会在旁边附设餐厅。

精酿啤酒和本地啤酒

如今，啤酒发烧友们会像品红酒那样去咂摸啤酒的精妙滋味，而一些城里的饭店甚至开设了"啤酒品尝培训课"，还配备了"啤酒侍酒员"和"啤酒酒窖"。精酿啤酒屋（microbrewery）的数量和精酿啤酒产量正在经历爆炸式增长，2012年已占据了美国市场12%的份额。近年来，精酿啤

"啤"气相投

在西部每一个户外运动胜地里，精酿啤酒屋的地位就如同当地的非官方社区活动中心——人们在那里放松身心，讲述彼此路途上的见闻，和朋友聚会聊天，品尝当季的新酿啤酒。我们最喜欢的精酿啤酒屋包括：

Beaver Street Brewery（384页）位于亚利桑那州的弗拉格斯塔夫。

Four Peaks Brewing Company（380页）位于亚利桑那州的坦佩。

Kelly's Brewery（433页）位于新墨西哥州的阿尔布开克。

Great Divide Brewing Company（283页）位于科罗拉多州的丹佛。

Steamworks Brewing（314页）位于科罗拉多州的杜兰戈。

Snake River Brewing Co（329页）位于怀俄明州的杰克逊。

North Coast Brewing Co（181页）位于加利福尼亚州的布拉格堡。

Amnesia Brewing（249页）位于俄勒冈州的波特兰。

Pike Pub & Brewery（221页）位于华盛顿州的西雅图。

圣迭戈好的精酿啤酒屋实在太多，因此我们额外准备了一份名单，详见112页。

酒屋如雨后春笋般在都市中心区、小镇以及一些出人意料的地方大批出现。可以说，在西部各地都有可能喝到其自酿的特色啤酒。这类酒馆在国家公园外的游客聚集地尤其火爆，比如摩崖、弗拉格斯塔夫和杜兰戈。

葡萄酒

美国目前有超过7000家葡萄酒厂，2010年，美国的葡萄酒实际消费量首次超过了法国。欧洲人一向习惯把加州产的葡萄酒看作"二流货色"，但如今，许多美国产的葡萄酒甚至赢得了声名赫赫的国际大奖，让欧洲同行大跌眼镜。事实上，美国已是世界上第四大葡萄酒生产国，仅次于意大利、法国和西班牙。

葡萄酒在美国并不便宜，但是在烈酒店或葡萄酒商店里，花上大概10至12美元，还是很容易买到一瓶相当不错的葡萄酒的。

葡萄酒产区

当今美国近90%的葡萄酒产自加利福尼亚州，而俄勒冈州和华盛顿州的葡萄酒也已获得了国际声望。

毫无疑问，目前美国葡萄酒旅游的中心当是北加州地区，尤其是紧邻海湾地区的纳帕谷（Napa Valley）和索诺玛河谷（Sonoma Valley）。随着其他地区——如俄勒冈州的威拉梅特谷（Willamette Valley）、加利福尼亚州的中海岸地区（Central Coast）和亚利桑那州的帕塔哥尼亚（Patagonia）地区也已成为了品酒游的目的地，它们发展出了完整的旅游产业链：在民宿（Bed-and-Breakfast）旅游之外，游客还可以就近寻访最美妙的黑品诺（Pinot Noir）葡萄酒。

美国土壤肥沃，自然不乏美酒。在诸多美国产"新世界"好酒中，最受欢迎的白葡萄酒是霞多丽（Chardonnay）和长相思（Sauvignon Blanc）；而最热销的红葡萄酒则有赤霞珠（Cabernet Sauvignon）、梅乐（Merlot）、黑品诺和仙粉黛（Zinfandel）。

玛格丽特酒

在西南部地区，说到酒，就少不了龙舌兰（tequila）。玛格丽特（Margaritas）是这里最流行的酒精类饮料，几乎是该区域的代名词，在西班牙裔人口很多的新墨西哥州、亚利桑那州和科罗拉多州西南部尤甚。玛格丽特酒的味道会因为所用原料品质的不同而发生变化，但不管怎样，风味全都来自于龙舌兰和某一种香橙力娇酒[citrus liqueur；如柑曼怡（Grand Marnier）、橙皮酒（Triple Sec）或君度酒（Cointreau）]，此外还要现挤一些柠檬汁或是加入预先调好的酸甜调酒汁（Sweet & Sour mix）。

玛格丽特酒可以先冰好了再喝（frozen），也可以倒入盛有冰块的杯里喝（on the rocks），还可以直接喝（straight up）。多数人点这种酒时会要求加盐。传统的玛格丽特酒是柠檬味的，但这种人气饮品的口味也可以五花八门。推荐冰过再喝。

咖啡

美国人离不开咖啡因，他们对咖啡的狂热在过去的25年里有增无减。要怪就怪星巴克（Starbucks）吧。这家世界最大的咖啡连锁店就是在西北部地区蓬勃兴旺的咖啡文化氛围中诞生的。1971年，星巴克在西雅图的派克市场对面开了第一家店。店家的想法是想让大家能够在一个舒适的咖啡馆里喝到来自世界各地的烤制咖啡，与当时遍地开花的福格斯咖啡（Folgers）和餐馆里卖的咖啡相比，星巴克的味道更加精致，工艺更加复杂（价格也更加昂贵），这让它人气渐长。到了20世纪90年代初，全国各地都开始出现了这种特色咖啡馆。

而独立咖啡馆中弥漫着的那种氛围则让你来了就不想走：一般都有免费无线网，而且座椅舒适。尽管如此，在使用免费无线网的时候也要记住：一定每个小时都点点儿东西，而且要看管好自己的笔记本，对有事没事就过来问你的服务员也一定要客气。

《葡萄酒爱好者》（*Wine Enthusiast*）杂志西海岸地区的编辑斯蒂夫·赫莫夫（Steve Heimoff）在其博客上介绍加州关于葡萄酒和葡萄酒制造方面最新最热的潮流动态。博客地址为http://steveheimoff.com。

素食餐厅推荐

Lovin' Spoonfuls（亚利桑那州图森）

Macy's（亚利桑那州弗拉格斯塔夫）

Greens（加利福尼亚州旧金山）

Veggie Grill（加利福尼亚州西好莱坞）

艺术和建筑

美国西部艺术的特点是对个性、态度和风景的融合：乔治亚·欧姬芙（Georgia O' Keeffe）画中带着“喜不喜欢悉听尊便”态度的牛头骨；安塞尔·亚当斯（Ansel Adams）的照片中喧宾夺主的半圆丘（Half Dome）阴影；在烈日炎炎的西南部所孕育出的亨特·S·汤普森（Hunter S Thompson）的“刚左”新闻（Gonzo journalism）；就连涅槃乐队（Nirvana）的垃圾摇滚（grunge）似乎也与多雨的西雅图分不开。大自然是这里不可忽视的一种存在，美丽却不近人情。

北加州长大的杰克·伦敦（Jack London）对奥克兰了如指掌，是个职业的“麻烦制造者”，创造出了大量颇具影响力的小说，其中一些故事聚焦19世纪末的克朗代克淘金潮。

文学

加利福尼亚是这一地区人口最多的一个州，一直以来便是小说家、诗人和作家的灵感之源。

社会现实主义

约翰·斯坦贝克（John Steinbeck）1902年出生于萨利纳斯（Salinas），被不少人认为是加利福尼亚州有史以来最具影响力的作家。其社会现实主义大作《愤怒的葡萄》（*The Grapes of Wrath*）讲述了移居西部的农场工人的困境与挣扎。

剧作家尤金·奥尼尔（Eugene O'Neill）用1936年诺贝尔文学奖的奖金，在旧金山附近安了家，并在那里根据自身经历创作了戏剧《长夜漫漫路迢迢》（*Long Day's Journey into Night*）。

厄普顿·辛克莱（Upton Sinclair）的《石油》（*Oil!*）是一部揭发黑幕的历史小说，具有明显的社会主义倾向。保罗·托马斯·安德森（Paul Thomas Anderson）的电影《血色将至》（*There Will Be Blood*），其灵感便是来自这部小说。

黑色小说和悬疑小说

20世纪30年代，旧金山和洛杉矶成为了流行侦探小说的中心。达希尔·哈米特（Dashiell Hammett），代表作《马耳他之鹰》（*The Maltese Falcon*），赋予旧金山的雾以一种不祥的气息。雷蒙德·钱德勒（Raymond Chandler）是公认的犯罪小说之王，其笔法老道，小说中提及的湾城（Bay City），明显就是以他的故乡圣莫尼卡为原型创作的。

全国牛仔赛诗会（National Cowboy Poetry Gathering; www.westernfolklife.org）是牛仔诗歌的一次盛会，每年1月在内华达的埃尔科（Elko）举行。牛仔们放下锁套缰绳，聚集在这里吟风颂月。距今已有超过25年的历史。

20世纪90年代以来，加州犯罪小说迎来了复兴，代表人物包括詹姆斯·艾尔罗伊（James Ellroy），代表作《洛城机密》（*LA Confidential*）；埃尔莫·伦纳德（Elmore Leonard），代表作《危险关系》（*Jackie Brown*）和沃尔特·墨斯利（Walter Mosley），代表作《蓝衣魔鬼》（*Devil in a Blue Dress*）。墨斯利的易希·罗林斯（Easy Rawlins）系列侦探小说便是以洛杉矶中南部的贫民区作为故事背景。

但并不是所有的侦探都在城市里工作。来自阿尔布开克（Albuquerque）的超人气作家托尼·希尔曼（Tony Hillerman）创作了《剥皮行者》（*Skinwalkers*）、《黑暗的子民》（*People of Darkness*）、《骷髅人》

（*Skeleton Man*）和《不祥的猪》（*The Sinister Pig*）等作品。他的所有获奖悬疑小说，故事都发生在纳瓦霍人、霍皮人和祖尼人的保留地中。

大人物

混乱的“二战”结束后，美国文坛迎来了“垮掉的一代”（Beat Generation），其写作风格新颖且富有感染力：简洁、尖锐、不加雕饰、活力四射。该运动的大本营在旧金山，代表人物有杰克·凯鲁亚克（Jack Kerouac），代表作《在路上》（*On the Road*）；艾伦·金斯堡（Allen Ginsberg），代表作《嚎叫》（*Howl*），以及扶持“垮掉的一代”成长的赞助者兼出版商劳伦斯·费林盖蒂（Lawrence Ferlinghetti）。

琼·狄第恩（Joan Didion）在她的散文集《向伯利恒跋涉》（*Slouching Towards Bethlehem*）中毫不留情地批评了20世纪60年代的“花儿的力量”（flower power，嬉皮士运动的一支）以及海特-黑什伯里区（Haight-Ashbury district，著名嬉皮士聚集区），精准地呈现了加尼福尼亚当代文化。汤姆·乌尔夫（Tom Wolfe）在其作品《令人振奋的兴奋剂实验》（*The Electric Kool-Aid Acid Test*）中跟踪记录了以肯·克西（Ken Kesey）为首的“快活的恶作剧者们”（Merry Pranksters）的生活经历，立体再现了20世纪60年代的旧金山。

20世纪70年代，查尔斯·布可夫斯基（Charles Bukowski）的半自传体小说《邮局》（*Post Office*）精致刻画了洛杉矶市区的萧条。理查德·瓦斯凯（Richard Vasquez）的作品《奇卡诺人》（*Chicano*）则生动描写了洛杉矶拉丁裔人群的生活。

亨特·S·汤普森（Hunter S Thompson）创作的小说《赌城风情画》（*Fear and Loathing in Las Vegas*），以纸醉金迷的沙漠之城拉斯维加斯为背景，不管从什么角度来说，都是公路小说中空前绝后的代表。作家本人于2005年初自杀离世。

环保战士和社会评论家

爱德华·艾比（Edward Abbey）以他强硬的环保和政治观点而闻名。他创作的两部作品，《孤独的沙漠》（*Desert Solitaire*）和《旷野旅人》（*The Journey Home: Some Words in Defense of the American West*），发人深省，广为流传。而经典之作《有意破坏帮》（*Monkey Wrench Gang*）讲述了一群人计划炸毁格兰峡谷大坝，阻止格兰峡谷被淹的故事，故事本身虽然荒诞可笑，但人物却是有血有肉。

华莱士·史德格奈（Wallace Stegner）凭借其以西部为背景创作的小说《静安息角》（*Angle of Repose*）赢得了1972年的普利策奖（Pulitzer Prize）。他的散文集《蓝鸟为柠檬泉歌唱》（*Where the Bluebird Sings to the Lemonade Springs*）审视了对于美国西部的种种错误成见所产生的不良后果。来自图森市的芭芭拉·金索沃尔（Barbara Kingsolver）出版了两本以西南部地区为背景的小说，《豆荚树》（*The Bean Trees*）和《旷野里的说书人》（*Animal Dreams*），在散文集《图森高潮》（*High Tide in Tucson*）里，则传达了她对西南部日常生活的思考。

谢丽尔·斯特雷德的畅销回忆录《走出荒野》（*Wild*）记录了在母亲死后，她独自徒步太平洋屋脊步道（Pacific Coast Trail）的漫长旅程。小说的电影版权被瑞茜·威瑟斯彭（Reese Witherspoon）的电影公司买下，威瑟斯彭则担任主演。电影已于2014年12月5日在美国上映。

音乐

美国唱片业的许多企业都驻扎在洛杉矶。南加州（SoCal）的电影和电视产业培养了大量人才。从乡村民谣到城市说唱，音乐文化在几十年间迎来了一场又一场革命，也正是因此，才有了今天的那些麻烦不断的流行天后以及从“美国偶像”（*American Idol*）中脱颖而出的人们。

摇滚吧，少年

想听听那些尚未闯出名堂的独立乐队的歌吗？那就收听南加州KCRW（www.kcrw.com）电台的节目“新歌之际在于晨”（Morning Becomes Eclectic）吧。里面会有新晋乐队的现场演唱和访谈。可以在线听歌、免费下载KCRW电台的节目，或是购买移动客户端。

第一个在20世纪50年代闯出名堂的本土摇滚乐手叫里奇·瓦伦斯（Richie Valens），他的歌曲“La Bamba”是对一首墨西哥民歌的摇滚演绎。等到了琼·贝兹（Joan Baez）和鲍勃·迪伦（Bob Dylan）在20世纪60年代的北加州崭露头角的时候，迪伦已经插上电吉他，开始玩起了民谣摇滚（folk rock）。随后，詹尼斯·乔普林（Janis Joplin）和其乐队“Big Brother & the Holding Company”在旧金山发展形成了一种破碎邋遢的音乐风格，使得民谣摇滚又诞生出一个分支——迷幻乐（psychedelia）。与此同时，吉姆·莫里森（Jim Morrison）、大门乐队（the Doors）和飞鸟乐队（the Byrds）已开始在洛杉矶著名的Sunset Strip上震撼亮相。洛杉矶迷幻摇滚（psychedelic rock）的中心是月桂谷（Laurel Canyon）地区，那里紧邻Sunset Strip，从传奇的Whisky a Go Go夜总会上行不远即是。

说唱乐和嘻哈乐

自20世纪80年代以来，洛杉矶就是西海岸说唱乐和嘻哈乐的“温床”。1989年，由Eazy E、Ice Cube和Dr Dre等人组成的NWA（Niggaz With Attitude）乐队发行了其影响深远的专辑《冲出康普顿》（*Straight Outta Compton*）。Dr Dre等人联合创立的Death Row Records唱片公司推出了不少重量级说唱歌手，包括来自长滩的坏小子Snoop Dog和Tupac Shakur。后者在马林县（Marin County）开始了自己的说唱生涯，后于1996年在拉斯维加斯被枪杀，据说他当时参与了东西海岸说唱界之间的斗殴。

在20世纪80~90年代，以洛杉矶市区以及黑人权利运动大本营奥克兰为中心，加州的草根说唱一直活力不减。20世纪90年代末，旧金山湾区不但出现了E-40这种地下说唱乐手，还兴起了一场“嗨飞运动”（hyphy movement），意在反抗说唱乐愈演愈烈的商业化倾向。从奥克兰还走出了Michael Franti & Spearhead乐队，他们在嘻哈乐中融入了放克（funk）、雷鬼（reggae）、民谣、爵士和摇滚等元素，作品旨在宣扬社会公正与和平。与此同时，在20世纪90年代末至21世纪初期这段时间里，来自贝克斯菲尔德（Bakersfield）的Korn和来自洛杉矶县的乐队林肯公园（Linkin Park），都将说唱、金属摇滚与嘻哈乐进行了融合，使“新金属”音乐（“nu metal”）大行其道。

垃圾摇滚和独立摇滚

在西雅图中心的音乐体验馆(Experience Music Project)中可以看到涅槃乐队(Nirvana)歌手兼歌曲创作者科特·柯本(Kurt Cobain，生于华盛顿州阿伯丁)的歌词手稿。

垃圾摇滚（Grunge）诞生于20世纪80年代中期，深受地下人气乐队“讨厌鬼”（the Melvins）的影响。这种音乐讲究“天然去雕饰”，以扭曲的吉他声、强有力的副歌、重重的鼓点和桀骜的风格为特点。垃圾摇滚初期默默无闻，直到1991年Sub Pop发行涅槃乐队的专辑《无所谓》（*Nevermind*），才开始真正爆发，使得这种被称为“西雅图之声”（Seattle Sound）的音乐瞬间成为了主流。但是一些吹毛求疵的音乐迷却对涅槃乐队很不感冒，认为他们哗众取宠，埋没了其他一些毫不逊色的乐队，比如声音花园（Soundgarden）和被缚的爱丽斯（Alice in Chains）。

垃圾摇滚的热度一直持续到了20世纪90年代初，但是孕育这一音乐的文化最终却也成了葬送这一音乐的推手：垃圾摇滚乐队成员，都是“今朝有酒今朝醉”，并没有什么大的抱负。许多乐队最终都由于内斗或是滥用毒品而惨淡收场。1994年，科特·柯本，涅槃乐队的灵魂人物，自杀身亡，垃圾摇滚从此一蹶不振。

提到独立摇滚，不得不提到几座西部城市。西雅图便是Modest Mouse、Death Cab for Cutie和Postal Service等乐队初闯乐坛的地方。华盛顿州的奥林匹亚（Olympia）一直就是独立摇滚（indie rock）和“暴女音乐”（riot grrrls）的圣地。而俄勒冈州的波特兰，其音乐界风格极其多元化，有民谣电子嘻哈乐队Talkdemonic、独立摇滚乐队the Decemberists、不拘一格的Pink Martini，以及更为知名的the Shins（最初来自新墨西哥州的阿尔布开克）、the Dandy Warhols、Blind Pilot和Elliot Smith。

电影

从电影，以及稍后出现的电视，成为主流娱乐媒体之时开始，加利福尼亚便独霸了世界流行文化舞台。每年大概有40部电视剧和大量电影会选择加州作为拍摄地点，这还不包括那些在模拟南加州的露天片场里拍摄的电影。

推荐电影节

- 美国电影协会电影节（AFI Fest; www.afi.com）
- 洛杉矶国际同志电影节（Outfest; www.outfest.org）
- 旧金山国际电影节（San Francisco International Film Festival; www.sffs.org）
- 圣丹斯电影节（Sundance Film Festival; www.sundance.org）
- 特柳赖德电影节（Telluride Film Festival; www.telluridefilmfestival.org）
- 西雅图国际电影节（Seattle International Film Festival; www.siff.net）

电影业

好莱坞过去叫“好莱坞兰德”（Hollywoodland），是洛杉矶的一片住宅区，长着果园，毫不起眼。20世纪初，一批心怀抱负的电影人——其中许多都是欧洲移民，来到这里开始建厂拍片，让这里成了美国电影业的发源地。1915年，德国出生的卡尔·拉姆勒（Carl Laemmle）建立环球影城（Universal Studios），向那些前来观看电影奇妙制作过程的游客出售午餐。波兰移民萨缪尔·戈尔德温（Samuel Goldwyn）和塞西尔·德米尔（Cecil B DeMille）一起建立了派拉蒙电影制片厂（Paramount Studios）。几年之后，以波兰后裔杰克·华纳（Jack Warner）为首的“华纳兄弟”们从加拿大来到了这里。

洛杉矶气候常年温和，因此大部分外景拍摄都可以在这里轻松搞定。早期流行的是无声电影，查理·卓别林（Charlie Chaplin）和哈罗德·劳埃德（Harold Lloyd）便是当时风靡一时的明星。1920年，道格拉斯·费尔班克斯（Douglas Fairbanks）和玛丽·碧克馥（Mary Pickford）喜结连理，盛况空前，可以说是好莱坞第一对名流夫妇。1927年，华纳兄弟出品音乐剧《爵士歌王》（*The Jazz Singer*），由艾尔·乔逊（Al Jolson）主演，在洛杉矶市中心举行首映，自此“无声电影”让位给了“有声电影”，好莱坞迎来了星光璀璨的黄金时代。

好莱坞内外

从20世纪20年代开始，好莱坞就成为了电影产业的社交中心和金融中心，但事实上，真正位于好莱坞的大型电影制片公司只有派拉蒙一家。大部分电影是在洛杉矶周围的其他地方拍摄的，包括卡尔弗城（Culver City，内有米高梅电影公司，即今索尼电影公司）、斯蒂迪奥城（Studio City，内有环球影城）、伯班克（Burbank，内有华纳兄弟电影公司以及之后的迪士尼）。

如今，高昂的电影制作费用迫使制片商开始在加州以外寻找拍摄地点。比尔·理查森（Bill Richardson）在他担任新墨西哥州州长的两届任期内（2002~2010年）向制片商提供25%的消费退税，用以吸引他们来此拍摄电影。他的努力为当地经济注入了超过30亿美元的资金。电影和电视剧拍摄组也开始北上加拿大，常在温哥华（Vancouver）、多伦多（Toronto）和蒙特利尔（Montréal）进行拍摄。

西部电影

虽然很多西部电影都是在南加州拍摄的，但是犹他州和亚利桑那州有几个地方也频繁地出现在西部电影和电视剧中，以至于这些地方最终成为了“美国西部”的代名词。犹他州的纪念碑谷（Monument Valley）自从被导演约翰·福特（John Ford）选为《关山飞渡》（*The Stagecoach*）的拍摄地之后，便一炮走红。其他热门拍摄地点还包括摩崖（Moab，1991年《末路狂花》拍摄地）、死马点州立公园（Dead Horse Point State Park，2000年《碟中谍2》拍摄地）、鲍威尔湖（Lake Powell，1968年《人猿星球》拍摄地）和墓碑镇（Tombstone，1993年同名电影《墓碑镇》拍摄地）。电影《127小时》（*127 Hours*）中艾伦·洛斯顿（Aron Ralston）被困峡谷地国家公园（Canyonlands National Park）蓝约翰峡谷（Blue John Canyon）的场景就是在这个峡谷实地取景的。

在阿尔布开克，《绝命毒师》的粉丝们可以参观餐厅Twisters（地址4257 Isleta Blvd），电视剧中“炸鸡叔”（Gus Fring）开的Los Pollos Hermanos就是以那里为原型拍摄的。想要吃甜点，可以到Rebel Donut（www.rebeldonut.com；400 Gold Ave），那里有一种“蓝天面包圈”（Blue Sky doughnut），上面撒着蓝色的糖霜，灵感就是来自于沃尔特·怀特（绝命毒师男主角）制作的蓝色冰毒。

电视

1931年，美国第一家电视台在洛杉矶开始播放节目。在接下来的几十年间，洛杉矶成了众多电视剧作品的拍摄地，从《天罗地网》（*Dragnet*，20世纪50年代）、《比弗利山人》（*The Beverly Hillbillies*，20世纪60年代）、《脱线家族》（*The Brady Bunch*，20世纪70年代）、《洛城法网》（LA Law，20世纪80年代）、《海滩救护队》（*Baywatch*）、《飞越情海》（*Melrose Place*）、《新鲜王子妙事多》（*The Fresh Prince of Bel-Air*，20世纪90年代），一直到青春情景喜剧《飞跃比弗利》（*Beverly Hills 90210*，20世纪90年代）和《橘子郡男孩》（*The OC*，21世纪初，摄于奥兰治县纽波特海滩），洛杉矶的形象随着这些电视剧出现在了美国千家万户的电视屏幕上。如果你爱看真人秀，那么你一定曾在《顶级大厨》（*Top Chef*）、《橘子郡主妇真人秀》（*Real Housewives of Orange County*）等众多节目中窥见南加州的身影。

灵活百变的南加州也是各类热门有线电视电视剧的拍摄地。Showtime频道播出的《单身毒妈》（*Weeds*）说的就是一位在南加州种大麻的寡妇的故事，特纳电视网（TNT）播出的警匪片《罪案终结》（*The Closer*）讲的是洛杉矶凶案科警探的故事，至于福克斯电视网（FX）的《盾牌》（*The Shield*），其虚构的警察腐败的故事也发生在这座“天使之城”。

但是南加州也不是电视剧唯一的背景城市。烈日当头的阿尔布开克便是《绝命毒师》（*Breaking Bad*）的拍摄地。《X档案》（*X-Files*）的编剧文斯·吉利甘（Vince Gilligan）在这部电视剧里展现了更为精彩的独特才华，电视剧于2008年开播，曾获得艾美奖（Emmy）。故事讲述了从化学老师变身冰毒贩子的沃尔特·怀特（Walter White）和他运气不佳的副手耶西·皮克曼（Jesse Pinkman）的兴衰史。

大卫·林奇（David Lynch）的奇幻电视剧《双峰》（*Twin Peaks*），

其中部分外景在华盛顿州的斯诺夸尔米（Snoqualmie）和北本德（North Bend）拍摄。因为税收优惠政策，加拿大温哥华一直以来都是电视剧的热门拍摄地，尽管故事本身的背景各不相同，但包括《X档案》、《太空堡垒卡拉狄加》（*Battlestar Galactica*）和《危机边缘》（*Fringe*）在内的许多电视剧其实都是在那里拍摄的。

建筑

西部人盖房子时，会根据当地气候和可选建材对外来的建筑风格进行调整。比如，图森的住房好似原始的土屋，凉爽宜人，而门多西诺的房子则以红杉木板为顶，不怕大雾。

西班牙教堂和维多利亚女王范儿

这里最早的西班牙教堂中间都有一个庭院，建筑材料是印第安人和殖民者随手可以抄来的泥砖、石灰石和草。随着教会影响力的减弱，很多教堂都坍塌失修，但这种建筑风格对于当地气候来说仍然适用。于是，早期的加州定居者将其发展成了一种牧场土屋的建筑。这种风格在洛杉矶古城（El Pueblo de Los Angeles）和圣迭戈的老城仍可以看到。

19世纪中期的淘金潮期间，加利福尼亚的“新贵”们使用进口建材，仿照欧式风格建起了宏大的私宅，在装饰上不惜工本，无所不用其极。很多百万富翁都偏爱金碧辉煌的“安妮皇后风格”（Queen Anne style）。这种浮夸张扬的维多利亚风格建筑，如“彩妆贵妇楼”（Painted Ladies）和姜饼屋（gingerbread），皆为盛行一时的仿维多利亚风格建筑，在旧金山、芬岱尔（Ferndale）和尤里卡（Eureka）等北加州城镇中依然可以找得到。

很多建筑师不喜欢繁琐做作的维多利亚风格，而更青睐简单古朴的西班牙殖民地时期建筑风格。在西班牙教堂复兴运动（Mission Revival movement）中涌现出的建筑，细节适度且兼具功能性，这些特点在其拱门拱窗、长长的门廊、喷泉、庭院、坚实的墙体和红瓦屋顶上都得到了体现。

工艺美术风格和装饰艺术风格

工艺美术风格的标志就是“简约”。此类建筑受到了日本设计理念和英国工艺美术运动的影响，其木质结构和手工打制的细节旨在反抗工业革命时代的建筑风潮。在南加州的建筑师查尔斯·格林（Charles Greene）和亨利·格林（Henry Greene）兄弟以及北加州的伯纳德·梅贝克（Bernard Maybeck）的努力下，单层平房这种多功能的建筑在19世纪末20世纪初风靡一时。其特点是具有下压的屋檐和露台，而且户外门廊可以用来睡觉，融室内外于一体，在今天的帕萨迪纳（Pasadena）和伯克利我们依然可以看到这种建筑。

20世纪20年代，国际装饰艺术风格盛行。这种风格吸取了古代文明中的元素如玛雅的象形文字、古埃及的柱子、古巴比伦金字塔，并将其平面化为现代图案，用以装饰原本光秃秃的建筑外墙和直挺挺的高楼大厦，这在洛杉矶和奥克兰市中心尤其多见。流线形现代主义风格（Streamline moderne）则把装饰降至最简，在造型上模仿远洋客轮和飞机的流线形外观，洛杉矶的联合车站（Union Station）就是其代表。

几年之后，建筑大师弗兰克·劳埃德·赖特（Frank Lloyd Wright）开始用浪漫曲风格（Romanza style）来设计家庭住宅。他的设计理念是

1915年，报业大亨威廉·伦道夫·赫斯特（William Randolph Hearst）委托加州第一位女性认证建筑师茱莉亚·摩根（Julia Morgan）为他建造赫斯特城堡（Hearst Castle）。对于摩根来说，这个活儿可不好干。整个工程耗时数十年，这位大亨的想法总是变个不停，而且西班牙风格、哥特风格和希腊风格都喜欢，如何从中协调让他满意，如何能在这些风格中达成一种微妙的平衡，可以说让摩根伤透了脑筋。

吉姆·海曼（Jim Heimann）的 *California Crazy & Beyond: Roadside Vernacular Architecture* 一书介绍了那些滑稽古怪的加州建筑，千奇百怪、惊喜不断，有长得像颗大柠檬的柠檬汽水摊，还有如印第安帐篷一般的汽车旅馆。

每一个室内空间都拥有一个与之对应的室外空间。他为豪门女继承人爱丽斯·邦斯德尔（Alice Barnsdale）建造的霍利霍克别墅（Hollyhock House）就最为全面地体现了这种流畅的设计风格。亚利桑那州斯科茨代尔（Scottsdale）的西塔里耶森别墅（Taliesin West）是赖特的居所和工作室之一，其设计与周围的沙漠景观相得益彰，也是这一风格的代表。

非热门艺术胜地

- 亚利桑那州比斯比（Bisbee, AZ）
- 亚利桑那州杰罗姆（Jerome, AZ）
- 科罗拉多州阿斯彭（Aspen, CO）
- 犹他州帕克市（Park City, UT）
- 华盛顿州贝灵汉（Bellingham, WA）

后现代的演变

随着后现代建筑风潮的到来，美国的建筑风格开始偏离纯粹的现代主义，一座座奇形怪状的后现代建筑拔地而起。位于西洛杉矶的盖蒂艺术中心（Getty Center）是理查德·梅尔（Richard Meier）的大作，建于山顶之上，仿佛烈日下涌起的一道白浪。建筑师弗兰克·盖里（Frank Gehry）生于加拿大，但后来搬到了圣莫尼卡。他为洛杉矶设计建造了迪士尼音乐厅（Walt Disney Concert Hall），造型如翻滚的波浪，颇具雕塑感，在加州理性刻板的现代竖直线条风格建筑中间显得分外俏皮和自信。伦佐·皮亚诺（Renzo Piano）的作品有着标志性的工业风格，内外不分，洛杉矶县艺术博物馆（Los Angeles County Museum of Art）的分馆布罗德现代艺术馆（Broad Contemporary Art Museum）便是他的作品，其锯齿状的屋顶和红色钢筋骨架充分体现了这一风格。

最近，旧金山出现了一批荣获普利兹克奖（Pritzker Prize）的建筑师，他们的作品模拟甚至是夸大加州的壮美自然，其后现代风格自成一派。这类建筑在金门公园（Golden Gate Park）中尤为集中。园中有一座德扬纪念馆（MH de Young Memorial Museum），由瑞士建筑师赫尔佐格和德梅隆（Herzog & de Meuron）设计，外覆铜衣，最终会氧化为绿色，与公园环境相呼应。旁边还有一座加州科学博物馆（California Academy of Sciences），是伦佐·皮亚诺的大作，荣获了绿色能源与环境设计先锋奖（简称LEED）白金奖，是可持续生态建筑中的扛鼎之作，而博物馆还真的“扛”着一个“顶”——屋顶高悬，上面竟然有一片生机勃勃的花园。

视觉艺术

西部最早的一批白人艺术家是陪同探险者来此的制图师。这些人虽受过专业训练，但却在制图时把加州描绘成一座岛，丰富的想象力远胜严谨的科学态度。这种“臆想”的艺术倾向在淘金潮时代依然不改，那时的西部艺术家要么就是对“狂野西部”的放荡堕落添油加醋，要么就是大力鼓吹所谓的“昭昭天命”，号召开拓者来“遍地黄金”的西部定居。1869年，随着横贯大陆铁路的竣工，西部迎来了一大批具有浪漫情怀的画家，将西部史诗般的荒野美景诉诸画笔。

20世纪初，加州出现了一批批本土印象派画家，以室外作画见长，其中，拉古纳海滩（Laguna Beach）和卡梅尔（Carmel-by-the-Sea）两地尤其活跃。在西南部，乔治娅·欧姬芙（Georgia O'Keeffe, 1887~1986年）着力描绘西南部原始苍凉的风景，其画作在全世界的博物馆中都有展出。

“二战”之后，摄影家皮尔克·琼斯（Pirkle Jones）发现了加州风景摄影中潜在的表现力，而与此同时，旧金山出生的安塞尔·亚当斯（Ansel Adams）已经开始通过其不染凡尘的摄影作品来表现约塞米蒂（Yosemite）的美了。亚当斯与伊莫金·坎宁安（Imogen Cunningham）以及来自卡梅尔的爱德华·韦斯顿（Edward Weston）在旧金山成立了名

新墨西哥州的艺术

陶斯小镇（Taos）和圣菲（Santa Fe）都有规模大、活力强的艺术家群体，他们对西南部艺术的发展起着重要作用。圣菲是全美第三大艺术品市场，尤其适合那些想要淘买艺术品和原住民工艺品的人前来。圣菲的200家画廊中，有100多家都位于Canyon Rd上。广场旁也有原住民商贩销售高品质珠宝和工艺品。每周五17:00还会举办"艺术之旅"活动（Art walk，即画廊的大规模开放宣传活动）。严肃的收藏家也可以前去工作室参观，或是驱车游览风景秀丽的High Rd，这是圣菲和陶斯之间的一条观光小路，沿路有众多画廊、古建筑以及一个艺术品市场。

为"Group f/64"的摄影小组。多罗西亚·兰格（Dorothea Lange）以伯克利为大本营，运用其敢于直面现实的镜头，记录了大萧条时期农业移民的困苦和"二战"期间被强制送入拘留营的日裔美国人的处境。玻璃吹制（Glass blowing）是普吉特海湾（Puget Sound）地区的特色艺术，其支柱便是皮尔查克学校（Pilchuk School）培养的手工艺者。华盛顿州出生的戴尔·奇胡利（Dale Chihuly）就因其吹制的玻璃工艺品而闻名，其作品被全球200多个美术馆所收藏。

"二战"后的美国西部，高速路交错纵横，规划出了众多社区，这种人造风景的主要特征也被加州的画家们捕捉了下来。旧金山兴起了"湾区造型艺术运动"（Bay Area Figurative Art），理查德·迪尔本康（Richard Diebenkorn）和大卫·帕克（David Park）是其领袖。而同城的雕塑家理查德·塞拉（Richard Serra），在作品中完美捕捉到了大都市的美学理念，其创作的巨大无比、锈迹斑斑的石块，外形仿佛船头，好似工业时代的巨石阵。而张扬的消费主义背后的价值观也在许多流行艺术家的作品中得到了反映，比如韦恩·第伯（Wayne Thiebaud）画的口香糖售卖机，旅美英国画家大卫·霍克尼（David Hockney）笔下的洛杉矶游泳池，尤其是埃德·鲁塞（Ed Ruscha）剖析南加州流行文化的一些作品。旧金山的艺术家们可不讲究"专情"，20世纪50年代火的是粗糙随性的嬉皮拼贴画，60年代热的是迷幻梦呓般的菲尔莫尔海报（Fillmore posters），70年代玩的是"接地气儿"的放克艺术和"又乱又美"的朋克艺术，80年代则兴起了涂鸦文化和滑板文化。

西部地区的博物馆，出于对艺术本身的痴迷，利用蕴含高新科技的新媒体，将所有这些风潮汇集到了一处，并站在社会道德角度对其进行解读。洛杉矶当代艺术博物馆布罗德当代艺术馆分馆（LACMA's Broad Contemporary Art Museum）和圣迭戈当代艺术博物馆（Museum of Contemporary Art San Diego）都有相当震撼前卫的展览。其中，后者聚焦20世纪50年代以后的流行艺术和概念艺术（conceptual art）。想要看加州最实验、最先锋的艺术，那就先逛逛洛杉矶市区和卡尔弗市的南加州画廊，再到旧金山看看，那里的教会区（Mission District）有独立的北加州艺术工作室，索玛区（SOMA，South of Market）的芳草地艺术区（Yerba Buena Arts District）里还有实验室一般的画廊。

摄影爱好者在计划加州旅行时应该考虑去旧金山当代艺术博物馆（简称SFMOMA）逛逛。这座博物馆在加州北部首屈一指，藏品超凡，从早期西方的银版照片，到"战后"日本的实验性摄影作品，可谓五花八门。而洛杉矶的盖蒂艺术中心（Getty Center）则拥有10多万张摄影作品，也值得一去。

地貌和野外生物

阅读马克·莱斯纳(Marc Reisner)的《卡迪拉克沙漠:美国西部和那里正在消失的水》(*Cadillac Desert: The American West and Its Disappearing Water*),可以详细了解西部暴增的人口是如何榨干当地的水资源的。

相互撞击的地壳板块、肆虐的洪水、喷涌的火山、坚硬的冰原:几百万年来,美国西部一直是个让人望而却步的地方。但是这冰与火的世界却孕育出了千奇百怪、震撼至极的景观。到了今天,这些景观都拥有了一个共同点:那就是它们都有一种难以抗拒的魅力,吸引和激发着探险家、博物学家、艺术家和户外冒险家前来探索。而对于普通游客来说呢?他们的高级相机在这里可算能派上用场了。

土地

西部小说家和散文家华莱士·史德格奈(Wallace Stegner)在他的书《蓝鸟为柠檬泉歌唱》(*Where the Bluebird Sings to the Lemonade Springs*)中提到,美国西部地区"事实上是由几个亚区域组成的,就像奥林匹克国家公园里的雨林和犹他州里的光滑岩区,或者说就像西雅图和圣菲,彼此之间差异很大"。它们在史德格奈眼中的共同点是什么?那就是这个地区的干旱。干旱,他写到,使大部分西部地区的光线变得更加明亮,使天空变得更加清澈。干旱也导致了对于水资源的争夺,这一历史问题至今仍未解决。

根据美国地质调查局(US Geological Survey)的数据,加州在未来30年中发生6.7级以上等级地震的可能性是99.7%。

加利福尼亚州

加利福尼亚州的面积超过15.5万平方英里,在美国仅次于阿拉斯加州和得克萨斯州。

地质情况和地震

亿万年来,北美大陆一直在向西移动,这使得岩石和地壳在挤压下发生断裂,赋予了加利福尼亚州复杂多样的地质特征。褶皱状的海岸山脉、低平的中央谷地(Central Valley)以及仍在上升的内华达山脉,都是大陆板块和海洋板块相互挤压所产生的巨大力量的证明。

大约在2500万年前,海洋板块停止了相互碰撞,而开始滑蹭,形成了巨大的圣安德烈斯断层(San Andreas Fault)。板块接触的区域滑动得不是很平顺,而是没有规律地滑滑停停,这给加利福尼亚州带来了一连串等级不一的地震,至今还未停止。

达米安·费根(Damian Fagan)在《峡谷中的野花》(*Canyon Country Wildflowers*)一书中介绍了西南部的许多种常见花卉。

加州最有名的地震发生在1906年,里氏7.8级,在地震中旧金山被夷为废墟,有3000多人丧生。1989年又发生了洛马·普里埃塔地震(Loma Prieta earthquake,7.1级),造成了海湾大桥(Bay Bridge)部分坍塌,旧金山湾区再次登上新闻头条。洛杉矶发生的最近的一次大地震是在1994年,即北岭(Northridge)地震(6.7级),地震造成圣莫尼卡高速公路(Santa Monica Fwy)坍塌,是迄今为止美国所遭遇的经济损失最大的地震。

海岸至中央谷地

加利福尼亚的大部分海岸线都是崎岖的海岸山脉，阻挡了冬天饱含雨水的风暴。旧金山位于海岸山脉（Coast Range）的中心点附近，由此向北的北海岸雾气弥漫，一直都人口稀少，而以南的加州中部及南部海岸气候则更温和，人口也多了很多。

在海岸山脉的最北端，肥沃的土地和充足的湿气使得巨树成林。向东，海岸山脉变成了起伏平缓的丘陵，一直通向450英里长的中央谷地。中央谷地是一个农业大区，从坚果到水果、蔬菜，出产作物超过250种，年产总值超过170亿美元。

一棵吸足水的巨型仙人掌（giant saguaro）可以储存一吨多的水。

西部的植物

西部众多巍峨的山脉，为植物创造了极其多元的生存空间。要想理解西部的植物，就要先了解这里的生物带，以及各种植物在自己偏爱的生物带中生长繁衍的方式。

西南部海拔最低，一般都在4000英尺以下，高温和缺水使这里形成了一片沙漠，在这里生长的植物都是耐旱植物，比如仙人掌、山艾（sagebrush）和龙舌兰（agave）。这些植物通常叶子都不大，从而减少水分的丧失，甚至像仙人掌那样将叶表面面积缩到最小，好能留住水分，以对抗漫长炎热的干旱期。

在4000至7000英尺的中海拔地区，空气变凉了一些，水分也更多了，因此木本灌木丛和小型树木可以在此生长。在内华达州、犹他州、亚利桑那州北部和新墨西哥州的很多地方都有大面积的山麓和低山地区，上面长满了矮松（piñon pine）和杜松（juniper）。这两种树都是"五短身材"，因为这样有利于留住水分。

等海拔攀至了7000英尺，西部许多的山岭上只能找到傲然孤立、高贵芳香的美国黄松（ponderosa pine）。这种几乎总是孤零零立在那里的树种是西部最具代表性的一道风景，它们也为许多动物提供了食物和住处。木材公司则把它看作是最赚钱的树种。在西南部海拔最高的山峰上，可以看见高山森林或者高寒森林，它们主要是由云杉（spruce）、冷杉（fir）、颤杨（quaking aspen）以及一些其他针叶树组成的。这里森林凉爽湿润，草地繁茂，野花绚烂。

每年在西南部的沙漠高山上出现的鲜花，其种类都多得令人难以置信。2月，沙漠野花便开始绽放，而夏末，融化的冰雪和当季的暴雨滋润了土壤，让高山草甸化身"花海"。西南部有大约100种仙人掌，它们开出的花最大最气派。

加利福尼亚州南部的沙漠地区在3月便迎来了鲜花开放的高峰期，而加州其他低地地区的野花则要等到4月才开始大批开放。随着内华达山脉高海拔地区的冰雪渐融，约塞米蒂国家公园（Yosemite National Park）的图奥勒米草地（Tuolumne Meadows）也变成了观花徒步和拍摄的另一胜地，这里的花期通常在6月末或7月初。

在太平洋沿岸西北部地区，从海洋飘来的雨云大多都会被卡斯卡德山脉（Cascade Range）的西麓截住，留下所携水分，因此那里气候湿润，风貌原始，森林中植物丛生，挤挤挨挨。而东侧，由于被高大的山脉抢走了雨水，因此气候干燥，状如沙漠，成了山艾和其他半喜干植物的游乐场，不过这里零星也有一些植被茂盛的区域，主要分布在山脚一带。

说到树木，加利福尼亚州占了一大堆"最"：这里有最高的树（海岸红杉，高度近380英尺）、最大的树[内华达山脉上生长的巨杉giant sequoia，其底部最粗的地方直径达36英尺]、最老的树[狐尾松（bristlecone pines），生长在白山山脉（White Mountains），树龄近5000岁]。其中，巨杉是加州特有的植物，独立成林，散布在内华达山脉西麓的约塞米蒂国家公园、红杉国家公园（Sequoia National Park）和国王峡谷国家公园（Kings Canyon National Park）等地。

加利福尼亚州可谓高低通吃：既有美国主体区域（指阿拉斯加、夏威夷以外的美国地区）的最高点（惠特尼山，Mt Whitney，14505英尺），也有北美洲的最低点[位于死亡谷（Death Valley）的巴德沃特Badwater，海平面以下282英尺]。有意思的是，两地之间距离不远，在秃鹫看来，不过90英里。

崇山峻岭

在中央谷地的东面，世界闻名的内华达山脉隐约可见。内华达山脉长400英里，宽50英里，是世界上最大的山脉之一，有13座海拔超过14,000英尺的山峰。内华达山脉又称"高山脉"（High Sierra，因为其大部分地区海拔都在9000英尺以上），辽阔荒蛮，但景色称奇，有冰川地貌，有鬼斧神工的花岗岩山峰，还有人迹罕至的峡谷。高耸的山脉阻挡了风暴的前进，截下了其中的水汽，在海拔超过3000英尺的地方水汽化雪而降。这些水最终汇入6条主要的水系，供给了旧金山、洛杉矶以及中央谷地的大部分农田用水。

沙漠内外

因为内华达山脉的西麓阻挡了大部分的降水，所以山脉以东的土地都变得像沙漠一样干燥，每年的降水量不足10英寸。令人惊讶的是，内华达山脉东麓下的一些山谷因有溪流滋润，而得以发展出繁荣的畜牧业和农业。

加利福尼亚州的北半边，特别是位于加利福尼亚东北部的摩多克高原（Modoc Plateau）则有一片寒冷的沙漠。这片沙漠位于大盆地（Great Basin）的西缘，地面生长着坚韧的山艾和一簇簇的杜松。越往南走温度越高，尤其是从莫诺湖（Mono Lake）下行至内华达山脉东部欧文斯山谷（Owens Valley）一段，温度上升非常明显。死亡谷便在这片南部的炎热沙漠[莫哈韦沙漠（Mojave Desert）的一部分]里，这是世界上最炎热的地方之一。

西南部地区

人们在大峡谷的腹地发现了极其古老的岩石（地球上最古老的岩石之一），证明在20亿年前这里曾是一片汪洋。犹他州南部则有较新的岩层，这表明这一地区长期或者周期性地处于水下。大约在2.86亿年前的古生代（Paleozoic era）末期，大陆的相互碰撞形成了一个叫做"泛大陆"（Pangaea）的巨大大陆，它的出现使地壳变形，产生的压力使得古落基山脉拔地而起。虽然这一早期的山脉位于东边，但是由它形成的河流和沉积物却开始影响到美国西南部的地貌。

沧海桑田的变化大概结束于6000万年前。那时，今天的北美洲与今天的欧洲"割席断交"，在一块叫做"东太平洋板块"的地壳上向西移动，与欧洲的距离越来越远，两者之间的沟壑最终变成了今天的大西洋。漂移过程中，东太平洋板块与北美板块发生了碰撞，是为"拉拉米造山运动"（Laramide Orogeny），造就了今天的落基山脉，同时将一块古老盆地抬升成为高原，即今天的科罗拉多高原（Colorado Plateau）。东太平洋板块的碎片也附着在北美板块的前沿部分，把本来沿海的美国西南部变成了一个内陆地区，渐渐远离了海洋。

2011年7月5号傍晚，一场严重的沙尘暴吞噬了菲尼克斯。这次沙尘暴高度有1英里、宽度估计有100英里，临城时时速超过50英里。当时全城能见度不足0.25英里，到处断电，菲尼克斯国际机场也暂时关闭。

在大约3000万年前，地壳不再像早期那样挤压碰撞，而是开始东西向伸展。今新墨西哥州和得克萨斯州的地壳被越抻越薄，吃不住劲儿的地方便发生了断裂，形成了所谓的"断层"（fault），也就是今天新墨西哥州的格兰德河谷（Rio Grande Valley）。伸展产生的力量也创造出了亚利桑那州北部和犹他州南部的阶梯状高原。

在被称为"更新世"（Pleistocene）的冰川时代，水在美国西南部各地开始大量蓄积。这些冰河时代巨大湖泊的遗迹在今天仍然可以看到，其中最著名的就是犹他州的大盐湖（Great Salt Lake）。曾经的湖泊现在只是一个个水分全无的盆地，原先的湖床表面结起了盐层，驾车穿越内华达州的时候很容易看到。

在过去的几百万年间，影响这一地区地貌的主要力量，很可能要算是侵蚀。暴雨山洪可以毫不费力地在松软的沉积岩上冲出路来，落基山脉的抬升也形成了几条汹涌的大河，在西南部地区蜿蜒盘绕，一路劈凿，创造出了雄伟的峡谷。从拱岩（拱岩国家公园，Arches National Park，拥有2500多个砂岩拱岩）到石林（hoodoo），可以说现在西南部地区几乎所有的地貌特征都是风化和侵蚀的结果。

大地的地理构造

科罗拉多高原面积13万平方英里，地处科罗拉多州、犹他州、亚利桑那州和新墨西哥州交界处，是一个蔚为壮观的、几乎不可征服的高原。高原诞生于一个古盆地之中，由层次分明的沉积岩构成，其主体部分具有异常的完整性，尽管四周的土地在巨大自然力的作用下受到了挤压、抻拉和破坏，高原本身相对来说却并未发生变化。

高原的沉积岩层次分明，可以顺次一直追溯到20亿年前，是高原长期稳定性最好的证明。事实上，所谓的“地层学”（stratigraphy，即通过岩层来认识地球早期历史的科学）的出现，就是因为科罗拉多河（Colorado River）劈开高原将一系列令人惊叹的岩层暴露了出来，引发科学家对大峡谷进行研究，才创立并形成的。在整个西南部，特别是在科罗拉多高原，沉积岩的岩层详细记录着古海洋、海岸泥滩和干旱沙丘的丰富历史。

爱德华·艾比（Edward Abbey）的经典作品《孤独的沙漠：荒原季节》（*Desert Solitaire: A Season in the Wilderness*）分享了作者的沙漠哲学和领悟，是沙漠爱好者和环保主义者的必读书目。

地貌特征

美国西南部到处可见千奇百怪的岩体。其中一个原因是这里的很多沉积岩岩层都很松软，雨水和侵蚀可以轻易将它们雕刻出各种造型。但不是什么雨水都有这个本事。雨的力道要猛，但还不能下得太勤，否则会把岩体都冲掉。而且不下雨的旱季一定要够长，好让受到侵蚀的岩体有时间定型。岩体的颜色则取决于每种岩石的独特矿物成分。

大峡谷的地质情况

说亚利桑那州的大峡谷是美国西南部最著名的地质奇观，这可不算

西南部的独特地貌特征

荒原（Badlands） 松软易碎的岩地，饱含矿物质，如石化森林国家公园（Petrified Forest National Park）中的彩色沙漠（Painted Desert）、圆顶礁国家公园（Capitol Reef National Park）以及比斯蒂荒原（Bisti Badlands）。

石林（Hoodoos） 岩石风化形成的高耸石柱群，鬼斧神工一般，布莱斯峡谷国家公园（Bryce Canyon National Park）和拱岩国家公园都可以找到这种奇景。

天然桥（Natural Bridges） 由水流穿过砂岩岩层而形成，在天然桥国家保护区（Natural Bridges National Monument）可以看见三座这样的桥。

鹅颈（Goosenecks） 天然桥的早期形态，由于水流折转掉头而形成，可以在圆顶礁国家公园的鹅颈观景台（Goosenecks Overlook）看到这种地貌。

台地（Mesas） 块头极大的层状砂岩，是因为周围部分被冲刷侵蚀掉而形成的地貌。典型的台地见于亚利桑那州和犹他州的交界处，尤其是那里的纪念碑谷（Monument Valley）。

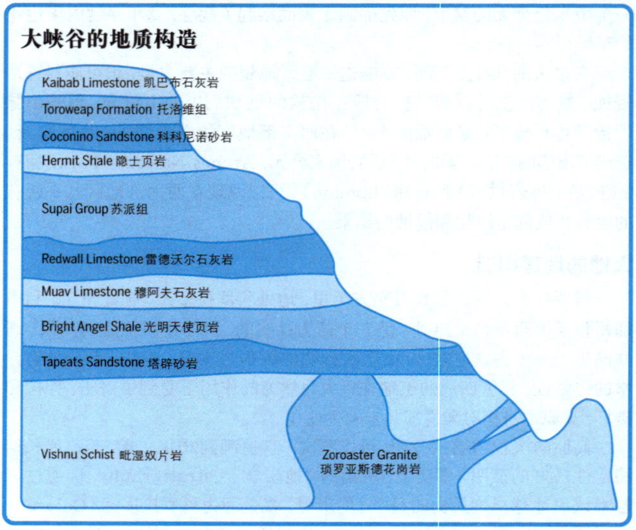

过誉：不但其辽阔雄浑超出人类的想象，大峡谷还记录了地球20亿年的地质史——地球总共也才46亿岁，所以20亿年可以说是相当长的一个时期了。然而峡谷本身却很年轻，不过区区五六百万岁。伴随着地面的抬升，力大无比的科罗拉多河在这里划出了今天这条长277英里的大峡谷，峡谷两壁上的岩层有10层，不同岩层由于硬度不一，扮演的角色也不一样。比如坡地就是由很脆的页岩（shale）构成，而各种造型独特的峭壁则是由石灰岩和砂岩这种"顽固分子"担纲。

大峡谷两壁大的岩层主体是在古生代形成的，距今已有5.42亿至2.51亿年。这些岩层之下有另一组岩层，距今20亿到10亿年，位于峡谷内谷（Inner Gorge）谷底。各自分明的两部分岩层之间存在一个几亿年的时间空白，侵蚀抹去了本该存在的1.2万英尺厚的岩层，找不到任何相关地质信息，留给我们一个被称为"大不整合面"（the Great Unconformity）的巨大谜团。

太平洋沿岸西北部

距今1600万至1300万年前，今俄勒冈州东部和华盛顿州见证了地球上有史以来最为激烈的火山活动之一。由于地壳压力的不断变化，北美洲西部大部分内陆地区的地壳裂出了数千条裂缝，大量岩浆涌出，淹没了整个地区。在很多时候，涌出的岩浆如此之多，以至于填满了哥伦比亚河（Columbia River）河道，并一路流到了今俄勒冈州海岸，形成了许多突出的海岬，路考特角（Cape Lookout）便是其中之一。直到今天，在俄勒冈州东部和华盛顿州的壮观顶岩峭壁和平顶台地上还很容易看见那些硬化的熔岩流遗迹。

距今200万年前，这里又迎来了不甘示弱的冰河时代，形成了巨大的冰原，范围从今华盛顿州一直到加拿大不列颠哥伦比亚省，事实上，这里余下区域的几乎每一条山脉都被覆盖在冰川之下。

只需登录网址www.publiclands.org，你就可以找到西南部政府管辖土地上的一切游乐活动信息，不管该片土地是由哪个机构管理的。网站能提供地图、图书索引、相关机构链接以及关于游览限制和条件的最新信息。

野生动物

第一批欧洲定居者来到这里时，迎接他们的野生动物数量可是多得吓人。如今，往昔不再，但只要找对时间和地点，你还是有可能在西部看见种群丰富的野生动物。

爬行动物和两栖动物

在春季的傍晚，西南部的峡谷可能会回荡着峡谷树蛙（canyon tree frog）或红点蟾蜍（red-spotted toad）的叫声。随着太阳东升，几十种蜥蜴和蛇将取而代之，它们在岩石和灌木丛中爬来爬去。在西部的公园里，蓝腹蜥蜴（fence lizard）特别常见，但游客也随时可能遇见某些稀有品种，比如相貌古怪、满腹毒水的希拉毒蜥（Gila monster）。西南部还有许多五彩斑斓的响尾蛇，也同样让人着迷。这些蛇脾气不好，一旦被咬到的话，要么很疼，要么中毒，但不去惹它们的话，响尾蛇还是很温和害羞的。

鸟类

迁徙

西南部有多达400种有趣的鸟类，许多人到这儿旅游就是冲着这些鸟来的。春天是观鸟的最佳时节，因为这时各种鸣禽会从南部的越冬地飞到这里，开始在每一个角落放声歌唱。秋天，沙丘鹤（sandhill crane）和雪雁（snow goose）会在天空排起长队，沿着格兰德河谷南下，到阿帕奇森林国家野生动物保护区（Bosque del Apache National Wildlife Refuge）过冬。犹他州的大盐湖是北美候鸟的最佳观赏地之一，每年秋天，数以百万计南飞的野鸭和鹛（grebe）在这里停歇进食。

加利福尼亚州位于350多种鸟类的迁徙主路线上，其中有些只是“过客”，而有的则会留在这里过冬，加州也因此成为了北美最主要的观鸟地之一。每年11月，上百万只野鸭、大雁和天鹅会在克拉玛斯盆地国家野生动物保护区群（Klamath Basin National Wildlife Refuge Complex）汇集。冬天，这些水鸟会往南飞到中央谷地内的各保护区，所以这些保护区也是观察当地鸟类和候鸟的好地方。

哈尔卡（Halka）和露西·克罗尼克（Lucy Chronic）的《读石：大峡谷和高原地区国家公园及保护区的地质概况》（*Pages of Stone: Geology of the Grand Canyon & Plateau Country National Parks & Monuments*）很好地介绍了美国西南部的多元地貌。

加州秃鹫和秃鹰

加州秃鹫翼展达9英尺，比你见过的任何其他鸟类都更像翼龙。在史前时期，这些不寻常的鸟以乳齿象和剑齿虎的尸体为食，后来曾一度濒临灭绝，现在正在大峡谷地区逐步复兴。在野生秃鹫绝迹几十年之后，终于又开始有几对“神雕侠侣”在大峡谷边缘筑巢过日子了。最有可能发现它们的地方是亚利桑那州的费米利恩悬崖（Vermilion Cliffs）。而在加利福尼亚，当你驾车穿行大瑟尔（Big Sur）海岸或者群峰国家保护区（Pinnacles National Monument）时，记得抬头看天，保不齐就遇见了。

太平洋沿岸西北部地区的秃鹰很多，它们以每年洄游的大马哈鱼为食，在原始森林里筑巢。秃鹰翼展可达7.5英尺，令人一见难忘，性喜群居，鸟群规模庞大，栖息地包括华盛顿州的上斯加基特秃鹰保护区（Upper Skagit Bald Eagle Area）以及位于加州北部和俄勒冈州南部的克拉玛斯盆地国家野生动物保护区。在加州，秃鹰已经在海峡群岛（Channel Islands）重获立足之地，它们有时也会去洛杉矶附近的大熊湖（Big Bear

据估计，曾经有900万只游离尾蝠（free-tailed bat）栖息在卡尔斯巴德洞窟（Carlsbad Caverns）中。虽然数量在近几年有所减少，但是它们傍晚的集体飞行仍然是北美数一数二的野生动物奇观。

Lake）过冬。科罗拉多州曾经一度只剩下两三对秃鹰繁殖筑巢，但野生秃鹰的数量现在每年都能增加八九对，到2011年的时候，州内已有100多对秃鹰。现在每年在科罗拉多过冬的秃鹰在400至1000只。

哺乳动物

很多西部最迷人的野生动物，如灰熊（grizzly）、美洲野牛（buffalo）、草原土拨鼠（prairie dog），早在20世纪初就差不多都灭绝了。幸运的是，还有许多其他的哺乳动物仍然出没于这里的森林和沙漠之中。如果你留神看的话，最起码也能看见一些黑尾鹿（mule deer）或者一匹郊狼（coyote）。

熊

1990年，北部的西点林鸮（spotted owl）被认定为濒危物种，使得伐木业无权对某些原始森林进行彻底砍伐，由此引发的争议让伐木工人和环保主义者站在了对立的阵营，这在整个西北部地区引发了一场激辩。

黑熊很有可能是落基山脉地区声名最为狼藉的动物。成年公熊体重可以达到275至450磅，成年母熊体重约175至250磅。爬行时高度有3英尺，站立时可以超过5英尺。

太平洋沿岸西北部地区、西南部地区和加州也有黑熊游荡的身影。黑熊一般以浆果、坚果、植物根、草、昆虫、蛋、小型哺乳动物和鱼类为食，但如果人们在营地或是山地木屋中时没有妥善存放食物，也可能会招来这些不速之客。

在加州，现在可能只能在州旗上看到灰熊，但是过去却有大量灰熊在加州的海滩和草原上游荡，从鲸鱼的尸体到橡果，几乎什么都吃。中央谷地的灰熊数量尤其多。由于人类无情的捕杀，灰熊在20世纪初便已灭绝。目前，灰熊在科罗拉多州只是被认定为“濒危物种”，但最后一次有记载的灰熊也在1979年被杀死了，几乎可以肯定该州已经没有灰熊了。2010年，科学家们估计只有603只灰熊生活在黄石国家公园（Yellowstone National Park）地区。近期的一项研究表明，黄石公园引进的狼群可能正在帮助那里的灰熊恢复数量——因为狼可以吃掉麋鹿，这样灰熊就有更多浆果吃了。

麋鹿

大约有2350只麋鹿（Elk）生活在落基山国家公园（Rocky Mountain National Park），其中的定居麋鹿有1700只。成年公麋鹿的体重可达1100磅，成年母麋鹿可达600磅。两者的脖子都是黑色而身体都是淡棕色的。像大角羊（bighorn）一样，由于遭到猎杀，麋鹿在1890年之后就几乎在埃斯蒂斯帕克（Estes Park）附近绝迹了。在1913年和1914年，埃斯蒂斯帕克的人民先后从黄石地区引入了49只麋鹿，当时落基山国家公园尚未建立。而自从公园建立，麋鹿数量便有了增长，这可以说是国家公园管理局（National Park Service）的重大成就之一。

罗斯福麋鹿（Roosevelt elk）是太平洋沿岸西北部地区的标志性动物之一。每年9月和10月，这种麋鹿便会发出怪异的叫声求偶，在当地各处的林地中都听得到。成年公鹿体重可达1100磅，头上顶着的鹿角可达5英尺。冬天，大批罗斯福麋鹿会成群聚集在低地山谷地区，沿着圣海伦火山国家火山保护区（Mt St Helens National Volcanic Monument）的斯必利特湖纪念公路（Spirit Lake Memorial Highway）一路驶去，就能看见它们。奥林匹克国家公园中的野生罗斯福麋鹿群规模为世界之最。

大角羊

落基山国家公园是一个特殊的地方："大角羊穿越区"（Bighorn Crossing Zone）的标志是你在任何其他地方都不可能碰到的。从春末直到整个夏季，羊群（可多达60只，一般只有母羊和小羊）会从高速路北面的冰碛岭下来，穿过高速路，前往马蹄公园（Horseshoe Park）中的羊湖（Sheep Lakes）。成年公羊有着向下弯的大羊角，而母羊的角则是往脑后甩的，样子好像月牙儿，长度也就10英寸。羊湖由一些不断蒸发的池塘组成，池边凝结着盐，对大角羊来说可是美味，5、6月产仔之后，母羊会在早上和正午刚过的时候来这里美餐一顿。8月，这些母羊则会前往木乃伊山脉（the Mummy Range）和公羊重新相会。

加州的山地森林中生活着大概2.5万至3.5万只黑熊（black bear），名为黑熊，实际上其毛色差异很大，从黑到深棕，再到肉桂色甚至是金黄色的都有。

叉角羚羊

俄勒冈州东部和华盛顿州的开阔平原是叉角羚羊（Pronghorn Antelope）的乐园。这些羚羊长相奇怪，像鹿，但却没有复杂的鹿角，取而代之的是两支孤零零的黑角。作为一种特别的羚羊科动物，叉角羚羊只生活在美国西部，而更有名的还是它们能够以高达60英里的时速进行长距离奔跑的本事，它们是世界上奔跑速度第二快的陆地动物。

环境问题

西部地区的发展是有代价的。在太平洋沿岸西北部地区，哥伦比亚河流域的廉价水力发电和大规模灌溉工程对河流的生态系统造成了几乎不可逆转的破坏。水坝阻断了当地大马哈鱼的大部分洄游路线，依然居住在河流边上的原住民，其"靠水吃水"的生活方式也因此遭到了进一步破坏。对原始森林的砍伐给美丽的自然留下了难以抹去的伤疤。随着人口中心区的快速增长，华盛顿州普吉特海湾（Puget Sound）和波特兰市被迫不断外扩，已是不堪重负。

保护大马哈鱼，意味着要保护从俄罗斯远东地区一直到加州北部的整个环太平洋地区的大马哈鱼种群数量。详情参见www.wildsalmoncenter.org。

西南部也是环境争议不断，争论的话题包括核电站的选址及核废料的运输、处理问题，尤其是应否将后者倒在距拉斯维加斯仅90英里的尤卡山（Yucca Mountain）上。2013年，《拉斯维加斯评论报》（*Las Vegas Review-Journal*）以这样一则头条总结了这场论战的进展："尤卡山斗法，结局遥遥无期"。

水资源的分配和使用仍然是整个地区关心的话题。像西南部这样干旱的地区，水是当地很多重要环境问题的焦点。目前的干旱已经对这一地区造成了严重影响，以至于有研究人员发出警告，110英里长的米德湖（Lake Mead）到2021年有50%的可能会干涸。如果真是如此，预计在从拉斯维加斯到洛杉矶和圣迭戈等大城市中生活的1200万到3600万人将会遭遇断水。

千万年来，水资源脆弱的平衡一直都在守护着西南部地区的生命，但是这里到处兴建的大坝和其他水利工程已经彻底地打乱了这种平衡。大坝截断了温暖的水流，使得水中蕴含的营养沉积下来，不得随水前行。富含营养、延续生命的沉积物曾经能让洪水过后的河滩重获生机，曾经能为各种海洋和河流中的食物链补给养分，曾是古老的本地鱼种的生命之源。现在，一年一次、营养丰富的洪水消失了，取而代之的是大坝定量放出来的冷水，这对外来引入的鱼类有利，本地鱼种只能在灭绝边缘苦苦挣扎，水草类植物也因此开始在西部的河流上泛滥肆虐。

2013年8月，在西部的亚利桑那州、加利福尼亚州、爱达荷州、蒙大拿州、内华达州、俄勒冈州、华盛顿州和怀俄明州共发生了50多起森林大火。证据表明，与过去相比，西部地区森林大火发生得越来越频繁，也越来越猛烈。原因是什么？科学家认为有三个。第一是全球变暖使西部大范围的干旱变得更加严峻，干燥的气候又因积雪少而加重。第二个因素可能是这个地区的不断开发使更多的人来到林区，火灾隐患也因而更大。第三，林业部门长期实行的防火灭火系统措施可能已经导致灌木丛过度生长，很容易被引燃导致火灾。

生存指南

出行指南

签证

警告：下列信息很可能发生变化。美国的入境法规会随着国家安全政策的变化而变化。所有旅行者在出发前往美国前都应该反复确认关于签证、护照的现行法规。

美国国务院（US State Department；☎签证咨询 202-663-1225，总机 202-647-4000；www.travel.state.gov）能提供最为全面的签证信息，网站上有供下载的表格、美国驻外领事馆的名单，甚至还有按国家分类的签证等待时间。更多关于进入美国的信息，参见519页。

签证申请

除了多数加拿大公民和那些来自“免签证计划”（Visa Waiver Program）成员国家或地区的公民，所有外国游客都需要向美国领事馆或大使馆处申请办理签证。多数申请人都必须亲自前往使领馆完成面试，面试时需随身携带所有相关文件和签证费缴费证明。等待面试的时间不一定，但是如果没有问题的话，面试后几天到几周内便可发放签证。

所持护照的有效期必须超过在美国预计停留时间的6个月以上。申请签证需要一张近期照片（2英寸×2英寸），并支付$160不予退款的签证费，有些情况还要缴纳“签证发放对等费”（visa issuance reciprocity fee）。此外需在线填写一份DS-160非移民签证电子申请表（切勿找他人代填）。

中国大陆旅行者首次申请美国旅游签证，除了在线填写DS-160表格之外，还需尽量准备足够的证明，包括能够证明你经济稳定性和在本国有“不容割舍的责任”的证明（包括但不限于：收入证明、工作证明、纳税证明、银行卡流水、房产证等）。一份详细的旅游计划也会让你的签证申请过程更为顺利。首次签证需本人面试，续签如最近一份签证过期不足48个月，可申请免面签。详情可查阅chinese.usembassy-china.org.cn，需要特别注意的是，在申请免面签（续签）时，请尽量重新拍摄一张证件照，以免增加不必要的麻烦。

鉴于以上情况，建议计划游玩多个国家且中途才到美国的旅行者，最好在国内时就提前申请好美国签证。

入境

从2013年4月开始，出入境记录表（也称I-94表）不再使用。现在，对于乘飞机或轮船进入美国的游客，其出入境信息一般可以从其旅行记录中通过电子采集的方式获取。而陆路口岸仍旧使用纸质表格（具体参见www.cbp.gov）。游客通常需填写一份美国海关申报表（customs declaration），该表会在飞机上发放。请在前往入境关口之前完成该表格填写。其中一栏的问题是“US Street Address”（意为你在美国具体的居住地址），可以填写在美国首次过夜地点的地址（填写酒店地址就行）。

即使持有签证，美国移民官依然有绝对的权力拒绝你入境，或是只允许你有条件入境。他们会询问你的计划安排，以及是否带有充足的资金。你最好告诉对方详细的旅行日程安排，出示续程或返程机票，而且至少要携带一张主流信用卡。不要大谈特谈自己在美国有朋友、亲人或是商业伙伴，因为移民官可能会据此认定你更有可能逾期停留。此外，应做到衣着整洁，谈吐有礼。

美国国土安全部有一套入境登记系统，之前叫做**US-VISIT**（www.dhs.gov/us-visit），现在负责登记的是美国生物特征识别管理办公室（Office of Biometric Identity Management，简称OBIM）。在发放签证的地点，游客的个人生物特征信息将被采集并会对照一份“禁止入境名单”进行审核。该类信息在入境时也会被审核（具体参见www.dhs.gov/us-visit-traveler-information）。对于大多数游客来说（目前，多数加拿大公民和一些墨西哥公民是例外），指纹采集是免不了的，采集过程不到1分钟。

短期离境和再入境

➡ 跨过美国边境前往加拿大或是墨西哥非常方便，难免令人心痒，但是等你再进入美国时，非美国人得要从头到尾再走一遍完整的入境程序。

➡ 穿越边境时一定要携带护照。

➡ 如果你的入境卡（immigration card）上还留有充裕的时间，那么你在再次入境时很可能仍然可以使用。但是如果入境卡马上就要过期，你就必须要申请一张新的，而且边境管理人员也可能会要求你出示续程机票、充足的资金证明等资料。

➡ 多数西方国家的公民可以免签进入加拿大，所以经加拿大前往阿拉斯加州完全没有问题。

➡ 乘巴士从加拿大进入美国的游客可能会经历严格的审查。最好能拿出一张返回加拿大的机票，这会让美国的移民官少些疑虑。

➡ 墨西哥和美国的边境沿线大部分地区都设有免签区，包括下加利福尼亚半岛（Baja Peninsula）以及蒂华纳（Tijuana）、华雷斯城（Ciudad Juárez）等多数边境城镇。但是如果你想到这些边境免签区之外游览，那么就需要持有墨西哥签证或是游客卡（tourist card）。

保险

我们强烈推荐游客购买旅游保险，以应对可能发生的盗窃、财物损失和医疗情况。有的险种不覆盖某些“危险”活动，如深潜、摩托车、滑雪等，所以要认真阅读详细条款。应确保自己的保险至少要覆盖住院花费，并能在发生紧急情况时为你提供回程航班。

使用信用卡购买机票或租赁汽车也许只能享受有限的旅游意外险。如果你已经投了个人医疗保险，或是享有面向房屋所有者或是租赁者的某些保险政策，那么要弄清楚这些政策的保险范围，随后只需投保补充险即可。如果你在旅程开始前已经预付了一大部分费用，那么花些钱投一份旅行取消险（trip cancellation insurance）还是很值的。

你可以在网址www.lonelyplanet.com/travel-insurance上投保世界各地的旅行保险。通过该网址，你可以随时在线购买保险、扩展保险范围以及办理理赔，哪怕是已经踏上旅程也来得及。

货币

自动柜员机

➡ 在多数银行、购物中心、机场、杂货店以及便利店都可以找到自动柜员机。

➡ 每笔交易可能会收取最低$2至$3的额外费用，本国银行收费另算。拉斯维加斯的一些自动柜员机可能会对现金提取收取$5的服务费。

➡ 多数自动柜员机都是国际联网的，汇率相当划算，银联卡（储蓄卡）可以在美国很多自动柜员机上直接提取美元，一般来说Citibank支持较好。

➡ 使用信用卡在自动柜员机上取现通常会被收取高额费用，利率也很高。请通过你的信用卡发卡方获取相关服务密码（pin码）。

现金

多数人身边不会携带大笔现金，而是依靠信用卡、借记卡和自动柜员机。某些店铺会拒绝接受面额超过$20的钞票。

信用卡

主流信用卡几乎到处都可以使用。如果没有信用卡，基本上无法租车、订房或是电话购票。发生紧急情况时，一张信用卡可能会派上大用场。维萨卡（Visa）、万事达卡（MasterCard）和美国运通卡（American Express）的通行度最高。

货币兑换处

➡ 能够兑换货币的地方包括大型机场、某些银行以及所有的货币兑换机构，后者包括**美国运通**（American Express；☎800-528-4800；www.americanexpress.com）和**通济隆**（Travelex；☎877-414-6359；www.travelex.com）。一定要记得询问汇率和服务费。

➡ 在大城市以外换钱可能会有困难，所以一定要带上一张信用卡和足够的现金。

税

➡ 消费税各州县均有不同。蒙大拿州不征州消费税，而加州的州消费税则是7.5%。

➡ 不同城市的酒店税也不同。

小费

小费是必须给的。除非服务恶劣至极。

机场行李服务员（skycap）和酒店行李员（bellhop） 每包行李$2，每车最低$5。

调酒师 每次点单价格的10%至15%，每杯最低$1。

酒店前台（Concierges） 随便问问的话什么都不用给，要是对方能临时帮你预订到餐厅座位，或是搞到火爆的演出票，那可以给到$20。

客房清洁员（Housekeeping staff） 每天$2至$4，把钱放在专用的卡片下面就行；如果你把房间弄得特乱，那就多给点儿。

停车服务生（Parking valets） 对方交回钥匙时付小费，最低$2。

餐厅服务员和客房服务 消费额的15%至20%，除非账单中已收取服务费。

出租车司机 计价器显示金额的10%至15%，记得把不足1美金的零头给补上。

旅行支票

旅行支票现在基本没什么人用了。较大的餐厅、酒店和百货公司通常也会接受旅行支票（仅限美元支票），但小买卖、市场和快餐连锁可能会不认这个。维萨和美国运通发行的旅行支票接受度最高。

优惠卡

美丽美国通用年票（America the Beautiful Interagency Annual Pass; store.usgs.gov/pass; $80）可允许4名成人以及任意数量的16岁以下儿童，在一年内免费游览所有国家公园和联邦游乐区（比如美国森林服务局USFS和美国土地管理局BLM的监管地）。该年票可以在网上以及任何一个国家公园入门处购买。62岁及以上的美国公民和永久居民可申请终生有效的**老年通票**（Senior Pass, $10），持该票可免费入园，并在如露营等部分娱乐项目中享受半价优惠。另外还有一种优惠力度相同、同样终生有效的**助游通票**（Access Pass; 身患永久性残障的美国公民或永久居民可免费办理）。以上通票可亲自或通过邮寄办理和领取。

美国退休人员协会（American Association of Retired Persons, 简称AARP; ☎888-687-2277; www.aarp.org; 会员年费 $16）美国50岁及以上退休人员的代表组织，其会员在入住酒店、汽车租赁以及许多其他方面可以享受优惠（通常优惠10%）。

美国汽车协会（American Automobile Association, AAA; ☎877-428-2277; www.aaa.com; 会员年费 $48起）该协会及其国外分支机构（如CAA加拿大汽车协会，AA英国汽车协会）的会员，可以在乘坐美铁（Amtrak）列车、租赁汽车、入住汽车旅馆和酒店、到连锁餐厅用餐、购物、参加团队游以及游览主题公园时享受小额折扣（通常为10%）。65岁以上的人（有时候可能是55、60或62岁以上）通常可以享受和学生一样的折扣。任何写有你出生日期的身份证明都可以作为年龄凭证。

国际学生身份卡（International Student Identity Card, ISIC; www.isic.org; 最高 $22）全日制在校学生持卡购买机票、旅游保险和地方景点门票可享受优惠。26岁以下的非在校生可以申请**国际青年旅行卡**（International Youth Travel Card, IYTC; $22），所享优惠类似。发卡单位包括各学生会、青年旅舍组织以及旅行社。

学生优惠卡（Student Advantage Card; ☎877-256-4672; www.studentadvantage.com; $23）对于国际和美国本土的学生，持卡乘坐美铁和灰狗巴士（Greyhound）时可享15%的折扣，在一些航空公司、连锁商店、酒店和汽车旅馆也能享受10%至20%的折扣。

电源

普遍采用110/120伏的交流电，可购买转换插头以使用非美国产电器。

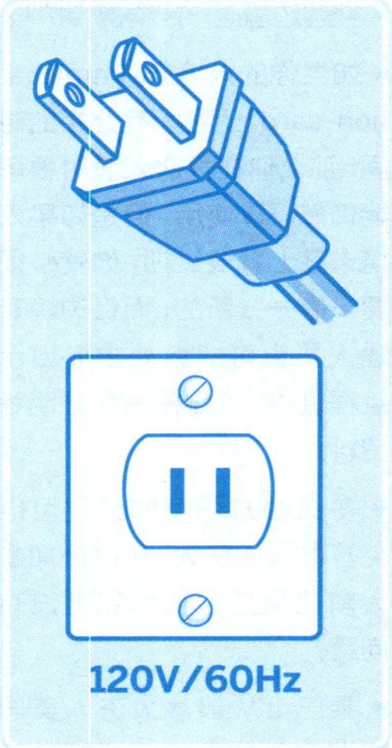

使领馆

国际游客如果想和本国

的驻美国大使馆取得联系，可以访问**Embassy.org**（www.embassy.org）。该网站列有华盛顿特区所有外国使馆的联系方式。多数国家也在纽约设有驻联合国大使馆。某些国家在其他大城市也设有领事馆，可在黄页中"领事馆"（Consulates）类别下查找，也可以借助当地查号电话查询。

中国驻美国大使馆（☎001-202-4952266；us.china-embassy.org/chn/；3505, International Place, N.W., Washington D.C. 20008, U.S.A.）

中国驻洛杉矶总领事馆（☎001-213-8078088, 8078011；losangeles.china-consulate.org；443 Shatto Place, Los Angeles, CA 90020, USA）

中国驻旧金山总领事馆（☎852-5900；chinaconsul_san_us@mfa.gov.cn；sanfrancisco.china-consulate.org；1450 Laguna ST. San Francisco, CA 94115, U.S.A）

中国驻芝加哥总领事馆（☎001-312-8030095；chinaconsul_chi_us@mfa.gov.cn；chicago.china-consulate.org；100 West Erie Street, chicago, IL 60610, U.S.A.）

海关和检疫

可登录**美国海关与边境保护局**（US Customs and Border Protection；www.cbp.gov）的官方门户网站，获取现行的完整海关法规。

主要个人免税定额如下：

- 1升蒸馏酒（需年满21岁）
- 100支雪茄和200支香烟（需年满18岁）
- 价值$200的礼品及商品（对于入境的美国公民则是$800）
- 携带价值超过$10,000的美元或外币入境，必须申报。

试图携带非法药品入境会受到重罚。其他违禁物品包括吸毒工具、枪支、彩票、假冒名牌商品以及大多数、伊朗、缅甸、苏丹大部地区制造的产品。任何水果、蔬菜以及其他食物或植物类物体都必须申报（这意味着你不得不忍受一个颇为耗时的搜查）或是将其留在到达区的专用箱中。

旅游信息

每个地区章节开始处的"实用信息"中都列有州旅游局（tourism office）的信息，而有关市级和县级的游客信息中心（tourist information center）的情况则在书中各处列出。

任何值得你去联系的旅游服务部门都会有自己的网站，可以在上面下载免费的电子旅行指南。它们也会接听电话。某些地方性的旅游服务部门会每天列出当地酒店客房的入住情况，但很少会提供预订服务。任何旅游信息办事处里都有一个宣传架，上面放着宣传手册和优惠券，可自行取用。有些地方也会销售地图和图书。

州政府经营的"迎宾中心"（welcome center）一般都设在州际公路旁，所提供的资料往往涉及更广泛的区域，而且营业时间通常也更长，周末和节假日也开门。

许多城市都有一个官方的"会议及观光局"（Convention and visitor bureau，简称CVB），偶尔可以充当游客服务组织的角色，但是由于其主要目的是为了促进商贸，所以对于普通游客来说用处并不是很大。

在较小的城镇中，游客服务处（tourist bureau）如果是由当地的商会（chamber of commerce）运营的，那么所提供的酒店、饭店和服务机构名单上通常只会列上商会的会员企业，所以有可能找不到镇上最便宜的那种地方。

同样，在热门旅游地，一些打着"游客服务处"旗号的地方实际都是私营的，靠帮游客订房和报团来赚取提成。他们提供的服务和价格可能会很不错，但是你在那里只能了解到他们推荐的地方和活动，别的什么也问不出来。

营业时间

下列营业时间仅供参考；确切时间见内文：

银行	周一至周四 8:30~16:30，周五 至17:30（周六可能为9:00至正午）
酒吧	周日至周四 17:00至午夜，周五和周六 至次日2:00
夜总会	周四至周六 22:00至次日2:00
邮局	周一至周五 9:00~17:00
购物中心	9:00~21:00
商店	周一至周六 10:00~18:00，周日 正午至17:00
超市	8:00~20:00，部分24小时营业

节假日

在下列全国性公共节日

期间，银行、学校和政府部门（包括邮局）会关门，交通、博物馆和其他服务会按周日的时间表运行。如果节日恰逢周末，一般会在之后的周一放假庆祝。

新年（New Year's Day）1月1日

马丁·路德·金纪念日（Martin Luther King Jr Day）1月第3个周一

总统日（Presidents' Day）2月第3个周一

悼念日（Memorial Day）5月最后一个周一

独立日（Independence Day）7月4日

劳动节（Labor Day）9月第1个周一

哥伦布日（Columbus Day）10月第2个周一

老兵节（Veterans Day）11月11日

感恩节（Thanksgiving）11月第4个周四

圣诞节（Christmas Day）12月25日

美国的高中和大学有春假（3月和4月期间），为期一周。各年龄段的学生都会放暑假，时间从6月至8月。

住宿

本书中特别推荐的住处都会标有★符号，而所有推荐的地方都符合该档次基本的住宿标准。住处按价格高低排列。

房费

➡ 本书中所列房费分为3个等级，即**$**（低于$100）、**$$**（$100至200）和**$$$**（高于$200）。除非特别说明，否则所列房费中不包括税费。税费通常不低于房费的10%。

➡ 总的说来，工作日的价格较低，但专门针对工作日商务客的酒店除外。这类酒店反倒会在周末优惠，以便吸引休闲游客。

➡ 所列价格为旺季价格：沙漠和山区滑雪场，旺季从12月一直持续到次年4月；其他地方，旺季为6月到8月。

➡ 每逢主要节假日，需求和价格都会激增，某些住处还可能会规定最短入住天数。

网上订房

要了解Lonely Planet作者的更多住宿报告，请登录lonelyplanet.com/hotels/。你可以在网页上看到独立点评，以及他们推荐的最佳住宿地。更棒的是，还可以在线订房。

折扣

➡ 持有打折卡或汽车俱乐部的会员卡通常能在相关酒店或汽车旅馆享受标准价格10%以上的优惠。

➡ 加油站、旅游中心、高速公路休息区和游客办公室等地均发放免费广告杂志，里面全是各种酒店和汽车旅馆的优惠券。

➡ 专业的旅行折扣网站有可能提供更好的优惠，推荐**Priceline**（www.priceline.com）、**Hotwire**（www.hotwire.com）或**Hotels.com**（www.hotels.com）。在较大的城市里如需临时找寻合算的住处，可以使用"Hotel Tonight"这款App软件。

➡ 没有预订的客人可以尝试还价，尤其在淡季更为可行。

民宿

在美国，许多民宿都相当"高大上"，建筑是经过修复的古宅，氛围浪漫，可让人远离尘嚣，老板友善和蔼，亲力亲为，早餐极其精美。这些民宿也都会着力打造某一主题，比如维多利亚风格、乡村田园风格、科德角风格（Cape Cod）等，内部设施有丰有俭，档次不一。房费通常都要超过$100，最好的能到$200至$300。有的民宿会规定最低入住天数，有的不允许带小孩，许多都不允许带宠物。

此外也有欧洲风格的民宿：这种民宿多是出租个人住房中的某几个房间，装修较简陋，早餐较普通，卫生间是共用的，价格也更便宜，而且通常都会欢迎合家出行的游客。

民宿在非旺季可能会歇业，而且一定要提前预订，尤其是那些最顶级的民宿。建议要提前问清卫生间的情况（是公共的还是独立的），别到时候措手不及。关于民宿代理机构，本书各处都有提及，你也可以在线查看民宿名录：

Bed & Breakfast Inns Online（www.bbonline.com）

BedandBreakfast.com（www.bedandbreakfast.com）

BnB Finder（www.bnbfinder.com）

露营

多数联邦政府管理的公共土地和许多州立公园都提供露营服务。"简易型"营地不提供任何设施，而且无法预订，先到先得，过夜费用从免费到低于$10不等。“基本型”营地通常会提供厕所（可能是冲水式的，可能是茅坑）、饮用水、火坑（fire pit）和野餐餐桌，价格每晚$5至$15不等，部分或全部帐篷接受提前预订。“高配型”营地通常都位于国家或州立公园中，设施更好更全，包括：淋浴、烧烤设备、配有水电系统连接的房车营地等，价格每晚$12至$45，许多都可以提前预订。

在联邦政府管理的土地上露营可通过**Recreation.gov**（☎877-444-6777，国际518-885-3639；www.recreation.gov）预订。联邦政府管理的土地包括国家公园、国家森林、美国土地管理局（Bureau of Land Management，简称BLM）监管地等等。露营时间的上限一般是14天，最多可提前6个月预订。对于某些在州立公园中的营地，可以通过**ReserveAmerica**（☎国家营地办公室 877-444-6777；www.reserveamerica.com）预订。两个网站都列明了营地地址和相关配套设施，可在线查看有无空位并预订，还能提供在线地图和导航。

私营营地则更适合驾驶房车或全家出行的游客（这种营地中能搭帐篷的地方少之又少，而且没有氛围）。其设施可能包括游乐场、便利店、无线网、游泳池，等等。一些私营营地也出租露营木屋（camping cabin），档次不一，有的在木台四周围上一圈帆布就叫木屋，有的则真是用原木盖出来的，里面有正儿八经的床，还有取暖设备和独立卫生间。**Kampgrounds of America**（简称KOA；☎406-248-7444；www.koa.com）是全美私营营地的一个联合组织，下属营地设施齐全。你可以从该组织获取一份免费的年度营地目录（邮费另算），也可以在线浏览完整的营地名录并预订。

度假牧场

如今来度假牧场游玩的人多是都市客，为的是暂时逃离那个快节奏、高科技的世界。牧场提供的服务包罗万象，既有农场劳动体验（包括早上5点叫你起床，把又脏又臭的活分给你干），又有如同地中海俱乐部（Western Club Med）一般的豪奢享受。一般来说，为期一周的游览每人每天$100起，包住宿、就餐、活动和设备。

在度假牧场度假一定要骑马，但许多牧场也建了游泳池，还增设了不少新的活动项目，包括飞钓、徒步、山地自行车、网球、高尔夫、双向飞碟射击（skeet shooting）和越野滑雪（cross-country skiing）。住宿从乡村小木屋到配有按摩浴缸（Jacuzzi）和有线电视的舒适套房都有。饭菜既有以意面为主的家常晚餐，也有含四道菜的盛宴。

亚利桑那州度假牧场协会（Arizona Dude Ranch Association；☎520-823-4277；www.azdra.com）

科罗拉多州度假牧场和游客牧场协会（Colorado Dude & Guest Ranch Association；☎866-942-3472；www.coloradoranch.com）

度假牧场主协会（Dude Ranchers' Association；☎866-3992339，307-587-2339；www.duderanch.org）

青年旅舍

美国西部的青年旅舍主要集中在太平洋沿岸西北部、加利福尼亚州和西南部的城市区。

美国国际青年旅舍（Hostelling International USA，HI-USA；☎240-650-2100；www.hiusa.org）在全美经营超过50家青年旅舍，其中19家在加州。多数都有男女分住的宿舍、几间独立间、公用卫生间和一个公用厨房。宿舍床位价格大约在每晚$23~40之间。会员可以享受小幅优惠。接受预订，旺季出行建议提前预订（可在线预订），但可能会被要求最多住三天。

美国也有许多并不附属于HI-USA的独立青年旅舍，尤其是在西南部地区。可在下列网站查看其名录：

Hostels.com（www.hostels.com）

Hostelworld.com（www.hostelworld.com）

Hostelz.com（www.hostelz.com）

酒店

各类酒店基本都包括客房电话、有限电视、闹钟、独立卫生间和一顿简单的欧式早餐。许多中档酒店还有微波炉、吹风机、网络、空调或供暖设备、游泳池和办公桌，而高端酒店此外还有礼宾服务、健身及商务中心、水疗会所、餐厅和酒吧，装潢也更有派。

即使酒店在广告里说儿童可以“免费入住”，你也可能得另外花钱租婴儿床（cot）或是折叠床（rollaway bed）。一定要问清酒店客房电话的收费，所有酒店对于长途和国际电话

何为“BLM”

美国土地管理局（Bureau of Land Management；www.blm.gov）是美国能源部（Department of Energy）下属机构，负责监管超过2.45亿公顷的公共土地，其中大片土地都位于西部地区。其对资源的管理涉及多方面，从能源生产到放牧，再到监督娱乐活动开发，不一而足。对我们来说，这意味着可以任意选择“高配型”露营（developed camping）和“分散环保型”露营（dispersed camping），并享受户外运动的乐趣。说到在BLM监管地上进行“分散环保型”露营，一般来讲，你可以把营地扎在任何地方，但营地与当地野生动物或牲畜的水源地的距离不得小于900英尺。你不能在同一地点露营超过14天。离开时不得留下任何物品，且营火必须有人照看。一些地区的规则会更为具体，所以你应该先在BLM网站上查阅某一州的露营规则，再致电相关区域的办公室询问具体细则。

的收费都高得离谱，有些甚至对于市内电话和免费电话也要收取费用。

度假屋

度假屋通常在国家公园里面，外表朴素简陋，内部却多半相当舒适。房价基本上不会低于$100，在旺季，翻倍也是常事。对于想在公园过夜又不想露营的人来说，度假屋是唯一的选择，因此经常是早早就被订光了。想到了现找房？甭管成不成，打个电话问问，没准走运能刚巧碰上别人取消预订呢。除了自配餐厅，度假屋还能提供导游服务。

汽车旅馆

汽车旅馆和酒店的区别就是前者的客房房门正对停车场。它们通常都在州际公路出口处扎堆儿，或是开在主要入城公路旁。有些汽车旅馆和从前一样，是规模不大、价格不高的夫妻店，房费里有时包含一顿不甚丰盛的欧式早餐，所谓设施，往多了说，也就一部电话、一台电视（还不一定是有线的）。不过，汽车旅馆通常会有几间客房配有简单的小厨房。

尽管不少汽车旅馆都是“千人一面”，但是想少花钱或是别无选择的时候，住这里也不错。想再划算些的话，可以在游客中心、公路休息区和旅游中心等地免费获取优惠券。在独营的汽车旅馆，如果看到停车场没满，而且你也不怕继续赶路，可以试着在前台砍砍价。

对于汽车旅馆，不能“以貌取人”。某家旅馆，也许外墙破旧褪色，但客房可能被打理得一尘不染。当然，也同样有“金玉其外，败絮其中”的情况。最好能在缴费前先看看要住的房间。

度假村

奢华的度假村需要逗留数日才能领略其妙处，通常它们本身就是个景点。你可以用一轮高尔夫或是一局网球来开启新的一天，随后便去按摩、游泳、晒日光浴、饮酒作乐，怎么享受怎么来。许多度假村都适合携儿童前往，并且能安排各种各样的儿童活动。

饮食

本书中特别推荐的餐厅都标有★符号，餐厅按其价格等级进行排列（分经济、中档、高档）。相同档次的餐厅按作者推荐的力度来排列。评价中提及的餐厅价格通常指的是一道普通晚餐主菜的价格，分为三档：$（低于$10），$$（$10至$20）和$$$（高于$20）。所列价格不包括饮品、开胃菜、甜点、税费和小费。需注意，相同的菜品，在午餐时间通常要比在晚餐时间便宜，甚至可能半价。犹他州的许多餐厅会在周日歇业。

邮政

查询邮局地址及营业时间等邮政信息，可联系**美国邮政总局**（US Postal Service，USPS；☎800-275-8777；www.usps.com），24小时运营，信息可靠，价格低廉。

往国内外寄送紧急或重要信函、包裹，可联系**联邦快递**（Federal Express，FedEx；☎800-463-3339；www.fedex.com）和**联合包裹服务公司**（United Parcel Service，UPS；☎800-742-5877；www.ups.com），两者均提供登门取件送件服务，价格较高。

邮费

本书编写期间，在美国国内邮寄普通邮件（first-class mail）的价格为：重量为1盎司及以下的信件，每封46美分（每超重1盎司，加收20美分）；明信片每张33美分。2013年，美国邮政总局推出了“全球永恒邮票”（Global Forever stamp），价格为$1.10，可将1盎司以下重量的信件邮寄到世界任何地方。

发收邮件

如果所附邮资正确的话，将重量不超过13盎司的邮件直接投入任何一个蓝色邮筒中即可。邮寄13盎司及以上的邮件，需要前往邮局办理。

寄给你的邮件，通常会被送到拥有独立邮编的邮局（即区域内规模较大的邮局），在邮局的“候领处”（General Delivery）存放保管，等待领取。一般来说，邮件超过30天无人领取便会退回给发件人。最好让发件人在信封上注明“Hold for Arrival”（意为“代为保管，等候收件人前来领取”）。

电话

手机

➡ 在美国用手机打电话，你需要一款多频GSM手机。购买一张预付费充值SIM卡通常比使用你本国的网络更便宜。

➡ SIM卡在电信营业厅和电器店有售，一般来说AT&T的信号最好，T-Mobile相对较差。这些商店也销售价格不贵的预付费手机，附带一定量的通话时间。

➡ 如果你没有可以在这里使用的手机，那么你可以购买一个价钱便宜的非合约机（即预付费手机），附带一个当地号码和一定量的通话时间，可以随时充值。Radio Shack和百思买等电器店中有售。

拨打电话

➡ 美国的电话号码开头是三位数的区号，后面加上七位数的当地号码。

➡ 在共享同一区号的地区范围内拨打电话，直拨七位当地号码即可。但是要注意，某些地方即便是区域内通话也需要拨打完整的十位号码。

➡ 拨打长途电话，先拨☎1，再拨区号加当地号码。

➡ 免费电话开头都是800、866、877或888，拨打时必须先拨1。

➡ 直拨国际电话，需先拨☎011，再拨对方国家代码，加区号（通常无须拨区号前的0），最后加当地号码。

➡ 拨打国际电话需要帮助时，可拨打☎00。

➡ 如果你往美国打电话，记住美国的国家代码是1（加拿大的代码也是1，但是两国之间通话依然按国际电话收费）。

付费电话和电话卡

➡ 现在付费电话已经不常见了，通常需要使用硬币，但某些只接受信用卡（国家公园中的付费电话就是这样）。

➡ 市内通话价格通常最低需要35~50美分。

如需拨打长途电话，最好买一张预付费电话卡，便利店、超市、报摊和电器店都有售。

上网

本书中，凡配有联网计算机供公众使用的地方都标有@符号，凡能提供无线网的地方都标有📶符号，其中有的免费，有的则收取上网费。

➡ 书中所列网吧上网费用通常为每小时$6~12。

➡ **联邦快递办事处**（FedEx Office；☎800-463-3339；www.fedex.com）在多数城镇都设有分支，内有自助式电脑操作台可供上网（每分钟30美分），有时有免费无线网，并提供数码照片打印和CD刻录服务。

➡ 大型机场中通常都有无线网（有的免费，有的收费）；许多酒店、汽车旅馆和咖啡馆（如星巴克）也有无线网；其他提供无线网的地方还包括部分游客信息中心、房车营地（如KOA旗下营地）、博物馆、酒吧、餐厅（包括麦当劳和Panera Bread等连锁餐厅）和商店（如苹果店）。

➡ 免费的公共无线网现在越来越多，就连某些州立公园也有了无线信号覆盖。

➡ 公共图书馆中配有上网终端，但是上网时间受限，而且需要预先注册，还会对外来的游客象征性地收取一定费用。但是越来越多的图书馆现在已经有了免费无线网。

➡ 如果你不是美国人，那么记得在使用笔记本电脑时要带上交流变压器（AC adapter），还要有一个适用于美国插线板的电源接口转换器（plug adapter）。这两种东西在大型的电器店都可以买到，比如**百思买**（Best Buy；☎888-237-8289；www.bestbuy.com）。

时间

➡ 在美国，日期的写法是月/日/年。比如6/8/08指的就是2008年6月8日。

➡夏时制（Daylight Saving Time）时钟拨快1小时，实行时间是从3月的第二个周日到11月的第一个周日。

➡亚利桑那州不实行夏时制，因此这期间该州的时间会比西南部其他各州慢1个小时。位于亚利桑那州内部的纳瓦霍保留地（Navajo Reservation）与新墨西哥州、犹他州一样实行夏时制。而位于纳瓦霍保留地内部的霍皮保留地（Hopi Reservation）则与州内其他地方保持同步，不实行夏时制。

法律事宜

如果你被警察拦了下来，请记住，在美国，不管是交通罚款还是其他罚款，都不可能当场缴费。要是你想交点钱“私了”，遭对方白眼算是轻的，弄不好会被控告行贿。如遇交通违章，警察或是公路巡警会向你讲明处理办法。通常会有30天的缴纳罚款期限。多数情况都可以通过信函解决。

如果你被逮捕，你有权请律师，也有权保持沉默。没有法律要求你同警方交谈，但是决不能甩手走人，除非得到对方的允许。任何被逮捕的人都有权拨打一个电话。如果你请不起律师，警方会为你免费安排一位公共律师。如果外国游客无法得到律师、朋友或是亲属的帮助，那么可以向警方提出请求，警方会提供相应使馆的电话，供游客联系。

根据美国司法制度“无罪推定”的原则，一个人直到被证明有罪之前都被视为无罪。每个州都有自己的民事刑事法，在某一个州合法的事情在另一个州可能就是违法的。

驾驶

在美国各州，酒驾或毒驾都是严重的违法行为，将面临罚款甚至监禁。

药品毒品

联邦和多数州的法律都禁止出于娱乐目的使用药品和毒品。华盛顿州和科罗拉多州的选民最近投票允许在两州内出于娱乐目的使用大麻，但具体的管控体系仍未成型，在两州的公共场合吸食大麻仍属违法。在加利福尼亚和阿拉斯加等州，持有少量大麻被视为轻罪（misdemeanor），

基本实用信息

报纸杂志

➡全国性报纸：《纽约时报》（*New York Times*）、《华尔街日报》（*Wall Street Journal*）、《今日美国》（*USA Today*）

➡西部主要报纸：《亚利桑那共和报》（*Arizona Republic*）、《丹佛邮报》（*Denver Post*）、《西雅图时报》（*Seattle Times*）、《洛杉矶时报》（*Los Angeles Times*）、《旧金山纪事报》（*San Francisco Chronicle*）

➡主流新闻杂志：《时代周刊》（*Time*）、《美国新闻》（*US News*）、《世界报道》（*World Report*）

广播电视

➡新闻电台：美国国家公共电台（National Public Radio，简称NPR），位于低兆赫调频波段（FM）。

➡广播电视：美国广播公司（ABC）、哥伦比亚广播公司（CBS）、全国广播公司（NBC）、福克斯广播公司（FOX）、公共电视网（PBS）

➡主要有线频道：有线电视新闻网（CNN，主播新闻）、娱乐与体育节目电视网（ESPN，主播体育节目）、HBO（主播电影）、气象频道（Weather Channel）

视频管理体系

➡视频信号执行NTSC标准（与PAL标准或SECAM标准不兼容）

➡DVD的区域码为1（仅美国和加拿大属于1区）

重量单位和度量衡

➡重量：盎司（ounces，符号为oz）、磅（pounds，符号为lb）、吨（tons）

➡液体：盎司（ounces，符号为oz）、品脱（pints）、夸脱（quarts）、加仑（gallons）

➡距离：英尺（feet，符号为ft）、码（yards，符号为yd）、英里（miles，符号为mi）

但依然可能遭受罚款或监禁。联邦政府最近表示不会干涉那些将大麻合法化的州法律，但是根据联邦《物质管控法案》(*Controlled Substances Act*)，吸食大麻依然是违法行为。

持有任何剂量的非法毒品，包括可卡因(cocaine)、摇头丸(ecstasy)、致幻剂(LSD)、海洛因(heroin)和大麻制剂(hashish)，或者持有超过1盎司的大麻，都属于重罪(felony)，会被判处长期监禁。如任何与毒品相关的罪名成立，政府有权将外国人驱除出境。

残障旅行者

如果你身患残疾，会发现美国是一个非常体贴的地方。《美国残疾人法案》(*Americans with Disabilities Act*，简称ADA)要求所有公共建筑、1993年之后建造的私人建筑(包括酒店、餐厅、剧院和博物馆)以及公共交通工具都必须能够方便轮椅通行。尽管如此，最好还是提前打电话确认对方是否配备相关设施。一些地方性旅游局会出版相关详细指南。

对于有听力障碍的旅行者，电话公司提供传话接线员(relay operator)和电传打字机(teletypewriter，简称TTY)，以便交流。有视力障碍的人可以在大多数银行借助盲文系统(Braille)进行自动柜员机操作，自动柜员机也配有助听器接口，方便有听力障碍的人使用。所有主要的航空公司、灰狗巴士以及美铁列车都提供残疾人服务，你只需提前48小时以上预订，并同时说明自己的诉求即可。乘客可携带服务类动物(如导盲犬)，但须带有相关文件。

一些汽车租赁公司，如Budget租车和赫兹租车(Hertz)，可以出租手动档汽车和客车，配备轮椅升降器，且不会额外收费，但是你必须早早预订。**Wheelchair Getaways**(☎800-642-2042；www.wheelchairgetaways.com)可协助残疾人在全美各地租到方便轮椅上下的客车。许多城镇中的公交汽车也可供轮椅上下，只需告知司机自己需要使用升降器(lift)或斜板(ramp)即可。

相当数量的国家公园以及一部分州立公园和国家游乐区都有硬面路、等级小路或是木板路方便轮椅通行。**Rails-to-Trails Conservancy**(www.traillink.com)的网站上也列出了各州乘轮椅者可以进行野外探索的路线。

身患永久残障的美国公民和永久居民可申请"美丽美国"免费通行证(America the Beautiful Access Pass)，持票可免费进入所有联邦游乐区(如国家公园)。

其他对残疾人旅行者有帮助的资源包括:

Access-Able Travel Source(www.access-able.com)综合性旅行网站，内有许多有用的建议和链接。

Access Northern California(www.accessnca.com)提供众多面向残疾人的信息资源、出版物、团队游和交通服务的大量链接。

Access San Francisco(www.sanfrancisco.travel/accessibility/San-Francisco-Access-Guide.html)可免费下载残疾人旅行信息(信息稍微有点旧，但依然很有用)。

Accessing Arizona(www.accessingarizona.com)关于亚利桑那州乘轮椅者可以参加的活动的最新信息。

Disabled Sports USA(☎301-217-0960；www.disabledsportsusa.org)该机构可以组织面向残疾人游客的体育和娱乐活动，发行有杂志《挑战》(*Challenge*)。

Flying Wheels Travel(☎877-451-5006,507-451-5005；www.flyingwheelstravel.com)该旅行社所提供的服务无所不包，对于行动不便或是有慢性疾病的旅行者，我们强烈推荐这家。

Mobility International USA(☎541-343-1284；www.miusa.org)可以就行动方面的问题提供咨询，但主要负责运营一项教育交流计划。

Moss Rehabilitation Hospital(☎215-663-6000；www.mossresourcenet.org/travel.htm)为残疾人旅游提供大量链接和建议。

Society for Accessible Travel & Hospitality(SATH；☎212-447-7284；www.sath.org)该残疾人援助组织为残疾人旅行者提供综合类信息。

Splore(☎801-484-4128；www.splore.org)在犹他州内组织方便残疾人参与的户外探险旅行。

同性恋旅行者

同性恋(GLBT，包括同性恋、双性恋和变性者)旅行者在西部可以找到许多地方来抛开顾忌，做真实的自己。海滩和大城市一般来说是最为开放友好的地方。

热门地点

旧金山是全美最欢乐的同志之城，这点你应该早有耳闻，那么洛杉矶和拉斯维加斯又能让同志们做些什么呢？恩，基本上做什么都行。事实上，如果这两座城市让你感觉有点儿"玩儿大发"了，那么你也可以去沙漠中的度假小城棕榈泉（Palm Springs）消停消停。

态度

多数美国大城市都有一个清晰而开放的同性恋群体聚集区。这本指南在介绍许多城市时都会专门拿出一部分篇幅，介绍该城最棒的同志地点和活动。

西部不同地区对同性恋的接受程度也不同。一些地方对此绝对是"零容忍"，而在另外一些地方，如果同志不去"大肆炫耀"自己的性取向的话，当地人也会"睁一只眼闭一只眼"。在农村和极其保守的原住民聚集区，公开亮明身份有时会招惹来侮辱甚至是暴力，因此是不智之举。如果你不清楚当地对同性恋的态度，那就和当地人一样，依照"不问不说"的规矩行事就是了。引起了激烈讨论的同性婚姻，如今在少数几个州已经是合法的了。

网络资源

Advocate（www.advocate.com）针对同志群体的新闻网站，报道内容涵盖商务、政治、艺术、娱乐和旅行。

Gay Travel（www.gaytravel.com）数十个美国旅行目的地的在线旅行指南。

同性恋群体国家援助中心（GLBT National Help Center；☎888-843-4564；www.glbtnationalhelpcenter.org；⊙周一至周五 太平洋标准时间PST 13:00~21:00，周六 9:00~14:00）全国性热线电话，可提供咨询、信息查询以及推荐服务。

全国同性恋特别工作组织（National Gay & Lesbian Task Force；www.thetaskforce.org）全国性的活动组织，其网站上包含新闻、政治以及当前时事等信息。

OutTraveler（www.outtraveler.com）针对各种美国及海外旅游目的地，提供有用的在线城市游指南和旅行类文章。

Purple Roofs（www.purpleroofs.com）列有全国范围内由同性恋经营并欢迎同性恋游客的民宿及酒店。

女性旅行者

➡ 不管是独自出游还是结伴而行，女性旅行者都不必担心会在美国碰到什么麻烦。在旅行安全方面，单身女游客依照常识行事就可以了。

➡ 遇到陌生人，不要告诉对方你具体住在哪里，最好连自己单身出行这种事也不要讲。美国人可能会很热情，甚至会邀请单身游客住在自己那里。但是"热心"不等于"好心"。即使你觉得某位邀你留宿的人看着挺靠谱的，也要告诉第三个人（如青年旅舍或是酒店的经理）你要去哪儿。这条建议同样适用于独自徒步的情况。万一出现问题导致你没能按计划返回，至少你知道有人会注意到这点，并且还知道到哪儿去找你。

➡ 一些女游客会携带口哨或辣椒喷雾器（在美国称为mace spray或cayenne-pepper spray），以防遭到侵犯。如果你想购买喷雾器，请和当地警察局联系，了解当地相关管理制度。喷雾器管理办法各州都不一样。联邦法律则禁止将其带上飞机。

➡ 如果你遭到侵犯，在报警前可以先拨打性侵犯危机服务热线，但如果情况危急，则应立即拨打911。请记住，不是所有警察在帮助性侵犯受害者方面都接受过很多培训或是有很多经验，因此处理起来不一定会委婉得体。相比之下，性侵犯危机中心的员工则会站在你这边，不遗余力地为你争取权益，还会帮你联系其他社区服务机构，包括医院和警察。黄页上都列有当地的性侵犯危机中心电话，你也可以拨打24小时**全国性侵犯援助热线**（National Sexual Assault Hotline；☎800-656-4673；www.rainn.org）。或者也可以直接去医院急诊室。

摄像和摄影

使用胶片相机可到相机专卖店购买胶卷。使用数码相机，通常可在百思买或Target等连锁零售店里购买记忆卡。

一些原住民部落领地绝对禁止摄像摄影。就算允许拍摄，也可能需要购买一个许可证。如果想给某人拍摄特写，一定要事先征得同意，拍摄完成后习惯上要给对方一点小费。

更多拍摄方面的建议，可参考Lonely Planet出版的《旅行摄影指南》（*Guide to Travel Photography*）。

摄影爱好者须知

➡ 如果你带的是数码相机，记得携带备用电池和充电器。

➡ 如果是胶片相机，建议使用100ASA胶卷，除了光线极弱的情况都适用。这种胶卷冲洗时间最久，但可以提升清晰度。

➡ 变焦镜头非常有用。多数单反相机都配有这种镜头。可以用这种镜头来聚焦照片的中心形象。一个常见错误就是在中心人物或物体周围加入过多的风景。

➡ 早晨和傍晚是最佳拍摄时间。同一处砂岩峭壁，在一天中可能会变幻出四五种色调，最暖的颜色在日落时出现。想要展示更为丰富的红色色调，可以略微调低曝光度（曝光度调低一半或者更多）。

➡ 拍摄丹霞岩石时，可以在单反镜头上加一个暖色过滤镜，用以增强岩石的色彩并减少阴天或平光下的蓝色。任何数码相机都可以实现同样的效果，只需将白平衡（white balance）调到自动"阴天"模式即可（或调低色温）。

➡ 不要直接拍摄太阳或是让太阳出现在镜头中。你应该拍阳光照射的地方。晴天拍摄近景特写时，所要拍摄的对象应该在阴影中。

健康

医疗服务和保险

➡ 美国的医疗水平世界一流，但贵得要死。许多医师会要求你立即结清费用，尤其是对于外地人和国际游客。

➡ 除非发生了紧急情况（这时可以拨打☎911，或前往最近的24小时急诊ER），否则最好多打几个电话，看看能否找到一位医生愿意接受你的保险。

➡ 一定要保存好所有收据和文件，以便办理后期结算和保险理赔等事宜。

➡ 某些医疗保险要求在求医前需获得医疗服务预授权（pre-authorization for medical treatment）。

➡ 上了旅行医疗保险的海外游客在就医之前，可能需要联系保险公司的呼叫中心，让对方进行评估。

➡ 随身携带的药品应该放置在原来的药瓶中，且进行清晰标注。还要让你国内的医生详细写出你的病历以及用药情况（包括药品的通用名称），签名并写上日期，旅行时带在身边。

自然危险

高原反应

➡ 游客从低海拔地区来到高海拔地区会经历相当剧烈的生理反应。

➡ 一般在到达高海拔地区的第一天就会出现不良反应，可能包括头痛、乏力、食欲减退、恶心、失眠、尿频、易因为疲劳而导致过度换气。

➡ 症状通常在24～48小时之内便会消失。

➡ 经验告诉我们，要等高原反应（Altitude Sickness）"下降"了，才能继续"上行"。

➡ 更严重的反应可能包括方位感严重迷失、共济失调(ataxia，即丧失了手脚协调能力和平衡能力)、呼吸困难(尤其是咳嗽不止)以及呕吐。如遇这些症状，必须立即下到低海拔地区，并前往医院就诊。

➡ 为了避免较轻的反应所带来的不适，应大量饮水，放松身心——在海拔7000英尺的圣菲(Santa Fe)城中散散步，要比你在零海拔地区的陡峭山地中徒步还累人。

脱水、热衰竭和中暑

➡ 适应当地气候不能操之过急，尤其是在炎热的夏季和南加州的沙漠地区。

首先应确保大量饮水。如果户外运动量较大，建议每人每天最少要饮用1加仑（近4升）水。

➡ 脱水（Dehydration）或脱盐可能会造成热衰竭，症状通常是大量出汗、面色苍白、疲劳、倦怠、头痛、恶心、呕吐、眩晕、肌肉痉挛、呼吸急促。

➡ 长时间持续暴露在高温下可能导致中暑，严重的可能危及生命。需要留意以下症状：精神状态失常、过度换气、脸色通红、皮肤干热（停止出汗）。

➡ 这种情况下一定要去医院。与此同时，要将病人移到太阳晒不到的地方，褪去爱吸热的衣物（棉质衣物不用脱掉），用水将病人身体浸湿，随后用扇子不停扇风，也可将冰袋敷在患者颈部、腋窝和腹股沟等处。

体温过低

- 在山区和沙漠中进行滑雪或徒步运动的人可能会发现气温迅速降至冰点以下，尤其是在冬天。即便是一场春季暴雨或突然刮起的大风，也可能使你的体温以危险的速度下降。
- 在这种环境下，不应选择棉质衣物，合成纤维或是羊毛制成的衣物即便在潮湿的情况下依然很保暖。建议携带防水衣物（比如Gore-Tex面料的冲锋夹克、雨披、防水裤等）及高能量、易消化的零食，如巧克力、坚果和果脯。
- 体温过低的症状包括疲劳无力、肢体麻木、发抖、脚步踉跄、口齿不清、阵发性眩晕、肌肉痉挛，以及出现不理智甚至暴力行为。
- 应对体温过低，应迅速离开恶劣环境，换上温暖、干燥的衣物，进食热饮（不能含咖啡因或酒精）和高热量零食。
- 如遇严重低温不适，需将病人小心仔细地放置在睡袋中，睡袋应该舒适温暖，且外层材料应防风防水。接触病人身体时必须轻柔，不能摩擦病人身体。

国家和州立公园

在参观任何一座国家公园之前，都应该登录美国国家公园管理局（简称NPS）的官网（www.nps.gov），使用上面的导航搜索工具找到该公园的网站进行了解。在大峡谷国家公园的网站上（www.nps.gov/grca）可以下载每季发行的报纸《指南》（*The Guide*），了解关于价格、游览时间和专业讲座（ranger talk）的最新信息。该报有两个版，分别针对公园北缘（North Rim）和南缘（South Rim）地区。

国家或州立公园的门票在入口处购买，要准备好现金（信用卡并不总是能被接受）。门票价格不等，有的完全免费，有的地方购买7天通票每车需$25。如果打算游览西南部地区的多座公园，可以购买“美丽美国通用年票”（$80），这样更划算。

由于目前的财政困难，西部许多州的州政府都大幅削减了拨给州立公园的预算。亚利桑那州、加利福尼亚州和犹他州的公园所受影响尤为严重。亚利桑那州的一些州立公园已经将周营业天数缩至5天，即周二、周三关门。游览之前应该登录公园网站确认一下。

交通指南

到达和离开

可通过www.lonelyplanet.com/bookings预订航班和旅游团。

进入美国

如果你是从空中进入美国，无论你是否需要继续转乘飞机，都你必须在着陆的首个机场办理海关入境程序。入境时会进行指纹和生物特征信息采集（参见www.dhs.gov/us-visit-traveler-information）。关于签证以及入境的更多信息，参见506页。

护照

➡ 根据《西半球旅游动议》（*Western Hemisphere Travel Initiative*，简称WHTI），任何旅行者从空中、陆路或海路进入美国时都必须持有有效的可机读护照（简称MRP）。

➡ 所有外国护照都必须符合美国现行相关标准，且有效期必须超过预计停留时间6个月以上。

➡ 2006年10月26日之后签发或更新的MRP护照必须是电子护照（即护照必须配有电子相片并且内置储存有生物特征信息的芯片）。对于2005年10月26日之前签发的护照，护照必须“可机读”（即护照下方必须有两行由字母、数字以及“<<<”符号组成的字符）；对于在2005年10月26日至2006年10月26日之间签发的护照，护照必须可机读，也必须配有电子相片。

➡ 更多信息可咨询www.cbp.gov/travel。

飞机

机场

美国西部地区的主要国际机场包括：

洛杉矶国际机场（Los Angeles International Airport，LAX；☎310-646-5252；www.lawa.org/lax；1 World Way；📶）加州最大、最繁忙的机场，位于洛杉矶市中心西南20英里处，靠近海岸。

旧金山国际机场（San Francisco International Airport，SFO；www.flysfo.com）北加州的主要交通枢纽，距市中心南14英里，位于旧金山湾区（San Francisco Bay）。

西雅图-塔科马国际机场（Seattle-Tacoma International，SEA；www.portseattle.org/Sea-Tac）当地人把该机场称为“西塔科”（Sea-Tac）。

国际航线不多的主要地方

气候变化和旅行

任何使用碳基燃料的交通工具都会产生二氧化碳，这是人为导致气候变化的主要原因。空中旅行耗费的燃料，以每公里人均计算或许比汽车来得低，但飞行的距离却遥远很多。飞机在高空所排放的气体（包括二氧化碳）和颗粒同样对气候变化造成影响。许多网站提供“碳排量计算器”让人们估量个人旅程所产生的碳排量，以及鼓励人们参与降低全球变暖的旅行计划，以抵消个人旅程对环境所造成的影响。Lonely Planet抵消其所有员工和作者旅行所产生的碳排放影响。

性机场（多数都有无线网，具体查询机场网站）包括：

阿尔布开克国际机场（Albuquerque International Sunport；☎505-244-7700；www.cabq.gov/airport；2200 Sunport Blvd SE）航班连接阿尔布开克以及新墨西哥州各处。

丹佛国际机场（Denver International Airport，DEN；☎303-342-2000；www.flydenver.com；📶）主要覆盖科罗拉多州南部。如果在丹佛租车的话，驱车4小时就能到达新墨西哥州东北部。

洛杉矶/安大略国际机场（LA/Ontario International Airport，ONT；www.lawa.org/welcomont.aspx）位于洛杉矶以东的河滨县（Riverside County）。

麦卡伦国际机场（McCarran International Airport，LAS；☎702-261-5211；www.mccarran.com；5757 Wayne Newton Blvd；📶）航班服务覆盖内华达州拉斯维加斯以及犹他州南部。拉斯维加斯距大峡谷国家公园南缘（South Rim of Grand Canyon National Park）290英里，距其北缘（North Rim）277英里。

米内塔圣何塞国际机场（Mineta San José International Airport，SJC；☎408-501-0979；www.sjc.org）位于旧金山的南湾地区（South Bay）。

奥克兰国际机场（Oakland International Airport，OAK；☎510-563-3300；www.oaklandairport.com）位于旧金山的东湾地区（East Bay）。

棕榈泉国际机场（Palm Springs International Airport，PSP；☎760-323-8299；www.palmspringsairport.com；3400 E Tahquitz Canyon Way）位于洛杉矶东部的沙漠之中。

波特兰国际机场（Portland International Airport，PDX；☎503-460-4234；www.flypdx.com；7000 NE Airport Way）距离俄勒冈州波特兰市中心约12英里。

盐湖城国际机场（Salt Lake City International Airport，SLC；www.slcairport.com；776 N Terminal Dr）航班服务覆盖盐湖城和犹他州北部；如果你想前往大峡谷北缘或者亚利桑那州狭地（Arizona Strip）的话，这是个不错的选择。

圣迭戈国际机场（San Diego International Airport，SAN；☎619-400-2404；www.san.org；3325 N Harbor Dr）位于圣迭戈市中心西北4英里处。

天港国际机场（Sky Harbor International Airport；☎602-273-3300；skyharbor.com；3400 E Sky Harbor Blvd；📶）航班服务覆盖菲尼克斯和大峡谷地区，是全美最繁忙的10个机场之一。菲尼克斯距大峡谷国家公园北缘220英里，距南缘335英里。

图森国际机场（Tucson International Airport；☎520-573-8100；www.flytucson.com；7250 S Tucson Blvd）航班服务覆盖图森和亚利桑那州南部。

安检

➡ 过机场安检（通常需等待30分钟）需出示登机牌和带照片的身份证明。

➡ 某些游客可能会被要求进行二次筛查，包括手工人身检查以及对随身行李的搜查。

➡ 机场安检禁止携带到飞机上的物品有很多（如小折刀），现行具体规定可咨询**交通安全管理局**（Transportation Security Administration，TSA；☎866-289-9673；www.tsa.gov）。

➡ 目前，TSA要求所有带上飞机的液体或凝胶状物体必须存放在体积不超过3.4盎司（约100克）的瓶中，并须置于容量为1夸脱（约1升）、带拉链封口的透明塑料袋中。药品除外，但必须向安检人员申报。

➡ 所有行李都需要过安检仪进行爆炸品排除。TSA可能会打开你的行李箱进行手检，必要时甚至会破坏行李锁。所以最好不要给行李上锁，或是使用TSA认可的行李锁，比如**旅安行李锁**（Travel Sentry；www.travelsentry.org）。

陆路

跨越边境

➡ 从美国跨境前往加拿大或墨西哥相对容易。但是如果你在返回美国时没有带上必要的文件，那就可能会有麻烦了。关于护照和签证的法规经常发生变化，应该提前咨询**美国国务院**（US Department of State；☎1888 407 4747；travel.state.gov）。**美国海关与边境保护局**（US Customs and Border Protection；www.cbp.gov）的网站实时更新美墨边境口岸过境的等待时间。

➡ 某些边境口岸24小时开放，但多数不是这样。

➡ 过境时请把相关文件按顺序备好，要讲礼貌，不要和美国边境工作人员开玩笑或是聊天。

➡ 在本书调研期间，与贩毒集团有关的暴力和犯罪行为在美墨边境一带相当猖獗。更多信息参见下页方框。

长途汽车

➡ 美国的**灰狗巴士**（Greyhound；☎800-231-2222，国际客户服务 214-849-8100；www.greyhound.com）和**墨西哥灰狗巴士**（Greyhound Mexico；☎01-800-010-0600；www.greyhound.com.mx）提供合作服务，在美墨两国的主要城镇间开通有直达长途汽车。

➡ 从墨西哥往北开的长途车在穿越美国边境时要花上一些时间，因为美国入境检查人员会对车上每位乘客进行审查。

➡ **加拿大灰狗巴士**（Greyhound Canada；☎800-661-8747；www.greyhound.ca）在美加之间运营的长途车可能需要在边境上换乘。

小汽车和摩托车

➡ 如果你开车从加拿大或墨西哥进入美国，请带上车辆的注册文件、相关责任险以及驾照。国际驾照（international driving permit，简称IDP）不是非带不可，但有的话最好。

➡ 如果租用汽车或摩托车，需事先询问租车公司所租车辆是否可以跨越墨西哥或加拿大边境，一般是不可以的。

抵离加拿大

➡ 加拿大和美国的车险，一般都可以在两国通用。

➡ 如果携带文件齐备，那么自驾车穿过美加边境通常又快又方便。

➡ 周末和节假日期间，尤其是在夏季，过境交通可能会非常繁忙，等待时间较长。

➡ 偶尔，其中一国的相关部门会对某一辆车进行彻底搜查。不要慌张，要礼貌配合。

跨越墨西哥边境

墨西哥与犯罪相关的暴力问题近年来已经成了国际媒体竞相报道的对象。比如，对于游客来说，美国亚利桑那州的诺加利斯（Nogales）是个安全的地方，但墨西哥的诺加利斯则是当地毒品贸易以及相关暴力活动的中心。蒂华纳（Tijuana）也不太平，旅行者应该极其谨慎。在安全状况未得到改善之前，我们不建议在墨西哥境内停留过长。一日游没什么问题，但再长可就不安全了。

美国国务院建议旅行者在前往墨西哥之前应该先访问其**官网**（travel.state.gov/travel/cis_pa_tw/cis/cis_970.html）。在那里，可以查询最新的旅行信息以及危险预警，并确认最新的过境要求。

外国旅客在进入墨西哥和返回美国时都必须携带护照，必要时还需携带签证。相关规定经常发生变化，可通过www.cbp.gov了解最新情况。

抵离墨西哥

➡ 几乎没有哪家租车公司会让你把车从美国开到墨西哥。

➡ 除非你计划在蒂华纳待很久，否则开车越过墨西哥边境给你带来的麻烦要多于便利。你可以从圣迭戈乘有轨电车，或是把车停在美国这边然后步行过境。

➡ 美国的车险在墨西哥不被认可，即便穿过墨西哥边境只待一会儿，也必须购买墨西哥的车险。车险费用约为每天$25，多数边境口岸均可购买，也可通过**美国汽车协会**（AAA；☎800-874-7532；www.aaa.com）购买。

➡ 如果希望在边境地区以外或是下加利福尼亚（Baja California）地区进行较长时间的自驾旅行，则需要一张墨西哥“临时车辆进口许可”（permiso de importación temporal de vehículos）。

➡ 自驾过境等待时间一般会很久，因为近年来安保措施变严了。

➡ 更多信息参见Lonely Planet《墨西哥》指南，或是拨打墨西哥**游客信息专线**的美国咨询电话（☎800-446-3942）。

火车

➡ **美铁**（Amtrak；☎800-872-7245；www.amtrakcascades.com）运营的“卡斯卡德号”列车（Cascades）每天往返加拿大不列颠哥伦比亚省的温哥华和华盛顿州西雅图之间，两地也开通了美铁直通巴士服务（thruway bus service）。

➡ **维亚铁路**（VIA Rail；☎888-842-7245；www.viarail.ca）有列车从温哥华出发，向东或向北前往加拿大各处。

➡ 美加两国的海关和入境检查都是在边境处进行，而非在登车时进行。

➡ 美铁的“海岸星光号”列车（Coast Starlight）从西雅图出发，南行经过加州许多地方，最终抵到洛杉矶。

➡ 目前，墨西哥与亚利桑那或加利福尼亚州之间没有火车通行。

当地交通

飞机

美国国内航空系统四通八达，稳定可靠，有数十家航空公司相互竞争，机场数百座，航班每天数千班。坐飞机一般要比乘坐长途汽车、火车或者自驾更贵，但如果赶时间的话，无疑是最佳选择。

美国西部的航空公司

总的来说，在美国坐飞机非常安全（要比在美国的高速公路上开车安全多了）。想了解各航空公司的详细信息，可以查询**Airsafe.com**（www.airsafe.com）。

西部主要的航空公司包括：

阿拉斯加航空公司（Alaska Airlines；☎800-252-7522；www.alaskaair.com）航线覆盖阿拉斯加和美国西部，有航班前往东海岸和夏威夷。

美国航空公司（American Airlines；☎800-433-7300；www.aa.com）航线覆盖全国。

达美航空公司（Delta Airlines；☎800-221-1212；www.delta.com）航线覆盖全国。

边疆航空公司（Frontier Airlines；☎800-432-1359；www.flyfrontier.com）总部设在丹佛，航线遍布全国，有航班前往阿拉斯加州。

夏威夷航空公司（Hawaiian Airlines；☎800-367-5320；www.hawaiianair.com）航线覆盖夏威夷群岛以及西海岸地区，也有航班前往拉斯维加斯和菲尼克斯。

捷蓝航空公司（JetBlue Airways；☎800-538-2583；www.jetblue.com）在东西海岸各城市间开通有直达航班，航线同时覆盖佛罗里达州、新奥尔良州和得克萨斯州。

西南航空公司（Southwest Airlines；☎800-435-9792；www.southwest.com）航线覆盖美国大陆地区。

精灵航空公司（Spirit Airlines；☎801-401-2200；www.spiritair.com）总部在佛罗里达州，航线

前往阿拉斯加州和夏威夷州

阿拉斯加州（Alaska）

阿拉斯加是美国第49个州，位于北美大陆的西北端。这是美国面积最大的州，第二名与它相去甚远，州内有雄伟的山峰、巨大的冰川以及奇妙的野生动物。麦金利峰（Mt McKinley，北美大陆最高峰）就在这里，数量庞大的座头鲸（humpback whale）和秃鹰（bald eagle）也在这里。详情参见Lonely Planet的旅行指南《阿拉斯加》。

多数前往阿拉斯加州的游客都会选择乘飞机降落在**泰德·斯蒂文斯安克雷奇国际机场**（Ted Stevens Anchorage International Airport，ANC；www.dot.state.ak.us/anc；📶）。**阿拉斯加航空**（Alaska Airlines；☎800-252-7522；www.alaskaair.com）开有从西雅图、芝加哥、拉斯维加斯和洛杉矶前往安克雷奇（Anchorage）的直航航班，其航线也覆盖阿拉斯加州内的许多城镇，其中，全年每天都有南北飞行的航班覆盖阿拉斯加东南部，连接所有主要城镇，包括凯奇坎（Ketchikan）和朱诺（Juneau）。**达美航空**（Delta；☎800-221-1212；www.delta.com）开通有从明尼阿波利斯（Minneapolis）飞往阿拉斯加的直航航班，而**美国联合航空**（United；www.united.com）有从菲尼克斯到这里的直航航班。**捷蓝航空**（JetBlue；www.jetblue.com）有从西雅图到这里的直航航班。西雅图和朱诺之间也有直达航班。

渡轮也是一种选择。**阿拉斯加州海上公路**（Alaska Marine Highway，AMHS；☎800-642-0066；www.dot.state.ak.us/amhs/pubs/）起于华盛顿州的贝灵汉（Bellingham），沿途经过阿拉斯加东南部超过12座港口城镇。整个旅程（从贝灵汉至海恩斯；单程$353，2.5至3天）往返约需耗时1周，会在沿途港口停泊，最好提前预订。阿拉斯加州海山公路渡轮在设计上允许机动车辆登船（单程$462），但地方有限，必须提前数月预订。

驾车的话可以考虑阿拉斯加公路（Alaska Hwy，俗称Alcan），也就是曾经的阿拉斯加—加拿大军用公路（Alaska–Canada Military Hwy）。全长1390英里，起点是不列颠哥伦比亚

覆盖许多美国枢纽城市。

联合航空公司（United Airlines；☎800-864-8331；www.united.com）航线覆盖全国。

全美航空公司（US Airways；☎800-428-4322；www.usairways.com）航线覆盖全国。

维珍美国航空公司（Virgin America；☎877-359-8474；www.virginamerica.com）有航线往返东西海岸各城市以及拉斯维加斯。

自行车

区域性自行车旅行非常流行。这意味着你可以在蜿蜒的乡间小路上畅游（通常公路上是不允许骑自行车的），计算起路程来，也是看一天能跑多少英里，而不是一小时能跑多少英里。自行车所必须遵守的交通规则同机动车是一样的，而且别指望这里的司机会尊重你的路权。加利福尼亚州和西部的许多城市强制要求18岁以下的骑行者必须戴头盔。

下列网络资源对骑行者很有帮助：

Adventure Cycling Association（www.adventurecycling.org）这个网站非常棒，可以在线购买自行车旅行地图以及长途骑行路线指南。

Better World Club（☎866-238-1137；www.betterworldclub.com）如果你成为了该俱乐部的会员（年费$40，外加入会费$12），俱乐部每年可以免费提供两次24小时道路紧急救援，并负责将你的自行车运到30英里内最近的修车店。

租赁和购买

- 在多数城市和大城镇都能租到自行车，方式分为时租、日租和周租。
- 沙滩自行车（beach cruiser）的日租价为约$20起，低端山地车则要$40起。记得问问多租几天或是周租的话是否可以打折。
- 多数自行车租赁公司都会要求用信用卡支付几百美元的押金。
- 在自行车专卖店、运动器材店或是工厂折扣店（discount

省（British Columbia）的道森克里克（Dawson Creek），终点在三角洲口（Delta Junction，位于安克雷奇东北部），沿路蜿蜒经过加拿大西北部和阿拉斯加州的广袤荒野。西雅图至安克雷奇之间的行车距离约为2250英里。

夏威夷州（Hawaii）

夏威夷伶仃海上，距加州海岸超过2500英里，与美国大陆地区相隔很远，自有一种独特的味道。岛上，你可以徒步穿越古老的岩浆流，学习冲浪和桨板冲浪（paddleboard），带上潜水镜和绿海龟共舞，或是划着皮划艇前去独享一座荒岛。州内的主要岛屿包括瓦胡岛（O'ahu）、夏威夷岛（也称大岛Big Island）、毛伊岛（Maui）、拉奈岛（Lana'i）、摩洛凯岛（Moloka'i）和考艾岛（Kaua'i）。无论在哪个岛，无论玩什么，你在与自然接触的时候都会时时体会到夏威夷人"aloha'aina"（意为"热爱土地"）和"malama'aina"（意为"关爱土地"）的情感。详情参见Lonely Planet的《夏威夷》指南。

大约99%的游客都会乘飞机来夏威夷，而多数航班——包括国际和国内航班，都会降落在**檀香山国际机场**（Honolulu International Airport，HNL；☎808-836-6411；hawaii.gov/hnl；300 Rodgers Blvd），机场坐落于瓦胡岛上。毛伊岛上的**卡胡鲁伊机场**（Kahului Airport，简称OGG；☎808-872-3830；www.hawaii.gov/ogg；1 Kahului Airport Rd）距离基黑（Kihei）约25分钟车程，距离拉海纳（Lahaina）约45分钟车程。

多数前往夏威夷的游船都会在檀香山（Honolulu）以及毛伊岛、考艾岛和大岛上停靠。航行时间通常为两周，价格每人每天约$100起。热门游船包括**荷美邮轮**（Holland America；☎877-932-4259；www.hollandamerica.com）、**公主邮轮**（Princess；☎800-774-6237；www.princess.com）和**皇家加勒比邮轮**（Royal Caribbean；☎866-562-7625；www.royalcaribbean.com）。

warehouse）均可买到新车，也可以通过青年旅舍、咖啡厅和大学里的布告栏购买二手车。

➡ 买卖二手自行车可借助网上论坛，如**Craigslist**（www.craigslist.org）。

运输自行车

➡ 如果你蹬累了，可以选择乘坐某些配有自行车架的地方巴士和火车。

➡ 灰狗巴士可以把自行车视为行李来运输（需另付$30~40的运费），但前提是你的车得能拆解并须放在专用的箱子中（$10一个，部分车站有售）。

➡ 美铁旗下的"卡斯卡德号"、"太平洋冲浪者号"（Pacific Surfliner）、"首府通道号"（Capital Corridor）和"圣祖亚昆号"（San Joaquin）的多数列车都配有自行车架，无须打包即可存放。尽量在预订车票时给自行车也预订一个位置（额外收取$5~10）。

➡ 在未配有自行车架的美铁列车上，携带自行车必须将其放入专用箱中（$15），并按行李进行托运（$10）。而且不是所有的车站和火车都能提供托运服务。

➡ 乘飞机的话，需将自行车拆解装箱，按行李进行托运；关于收费等详情，可直接联系相关航空公司（通常为$50~100，有时更贵）。

船

美国西部没有河流或运河公共运输系统，但有许多规模较小的海岸渡轮服务，通常由州政府运营。多数大型渡轮都能够搭载私家车、摩托车和自行车。

在华盛顿州，可以搭乘渡轮前往风景优美的圣胡安群岛（San Juan Islands）。加州海峡群岛（Channel Islands）中的几座岛屿，如卡特琳娜岛（Catalina Island），亦可由洛杉矶乘船前往。在旧金山湾区，有定期发船的渡轮连接旧金山和索萨利托（Sausalito）、拉克斯珀（Larkspur）、蒂伯龙（Tiburon）、天使岛（Angel Island）、奥克兰（Oakland）、阿拉米达（Alameda）以及瓦列霍（Vallejo）。

长途汽车

➡ **灰狗巴士**（Greyhound；☎800-231-2222，国际客户服务214-849-8100；www.greyhound.com）是主要的长途汽车运营公司，线路遍布美国和加拿大。为了提升运营效率和利润，灰狗最近把许多小镇站点都撤销了。巴士一般沿主干道公路行进，在人口较多的中心城镇设站。如果想沿乡村公路前往县镇，可能需要换乘地方或县级公交车。灰狗巴士通常会提供相关联系信息。

➡ 多数行李都需托运，因此一定要标识明确，才不容易弄丢。较大的物品，如滑雪器材、冲浪板、自行车等，也可以带上车，但可能会额外收费。提前电话确认。

➡ 长途汽车发车间隔差别很大。尽管很多小站都撤掉了，但是灰狗巴士的慢车（nonexpress）依然会每50至100英里一停，让旅客上车。长途汽车也会中途停车，以便乘客用餐以及司机交班。

➡ 灰狗巴士通常都很干净、舒适、可靠。最好的是靠前排的座位，那里远离卫生间。车上服务设施有限，空调冷得厉害（记得带件外套），靠椅往后靠不了多大角度。高端长途汽车会配有电源接口和无线网。车上禁止吸烟。

➡ 许多车站也都干净安全，但确实有些地方需要你提高警惕。一些小镇车站属于招手上车那种，如果你在这类车站上车，一定要准备好正好的车费交给司机。

价格

➡ 想要买到便宜的车票，得提

主要长途汽车线路

线路	价格（$）	车程（小时）
拉斯维加斯至洛杉矶（Las Vegas—Los Angeles）	60	5~7
洛杉矶至旧金山（Los Angeles—San Francisco）	59~65	7.5~12
菲尼克斯至图森（Phoenix—Tucson）	18	2
西雅图至波特兰（Seattle—Portland）	30~33	4
丹佛至盐湖城（Denver—Salt Lake City）	101~105	10~12.25

前7至14天购买。往返票可能会更划算，出发日期也可能会影响到票价。

➡ 62岁及以上的老人（优惠5%）和持助学卡（Student Advantage Card）的学生（20%）均可享受优惠（仅适用于非限购票unrestricted fare；限购票即有附加条件的低价票），而对于家庭出行者，购买一张全价票即可享受一张上至50%的优惠票。现役军人、无独立收入者和退役老兵的具体优惠政策可登录灰狗官网查询。

➡ 特价促销票通常可以在灰狗网站上买到，但是可能会有附加条件或者设定“封锁期”（blackout period，一般为运输高峰期，在封锁期内，乘客无法获得平时可以获得的奖励政策，如里程积分、优惠券等）。曾经有一种“探索通票”（Discovery Pass），可持票无限次乘车，现在已经取消了。

预订

➡ 通过电话或网络订购灰狗巴士的车票，可事先将车票打印出来，也可以在始发站通过“现场取票”（Will Call）服务取票（记得携带附有照片的身份证明）。

➡ 座位一般都是先到先得。灰狗公司建议提前1小时到车站候车，以确保座位。

➡ 需要特殊帮助的残疾人旅行者至少应在出发前48小时之前拨打电话☎800-752-4841（聋哑人可借助电传打字机设备TDD/TTY拨打☎800-345-3109）提出诉求。轮椅可视为行李托运，但空间有限。导盲犬等服务类动物可以带上车。

小汽车和摩托车

自驾可以提供最大的灵活性和便捷性，当你想探索美国的乡村地区以及开阔地界时尤其如此。

汽车协会

下列组织可以提供众多服务，包括24小时道路紧急救援、免费地图，以及住宿、景点、娱乐活动、租车等方面的优惠：

美国汽车协会（American Automobile Association，简称AAA；☎800-874-7532；www.aaa.com）协会可为房车和摩托车投保附加险（Add-on coverage），也和一些国际汽车俱乐部签订了互惠协议（如加拿大汽车协会CAA，英国汽车协会AA）。记得带上会员卡。

Better World Club（☎866-238-1137；www.betterworldclub.com）该俱乐部提倡环保出行，支持环保事业发展，也对骑行者提供道路紧急救援。

驾照

➡ 外国游客可以持其本国驾照在美国驾车，合法期限最高12个月。中国不是联合国《日内瓦道路交通公约》和《维也纳道路交通公约》缔约国，因此国内没有机构可核发国际驾照（International Driving Permit，简称IDP），中国人如持国际驾照在美国使用，有可能遇到问题。而鉴于美国各州交通法规略有差异，中国驾照能否在美国使用也有不同。总体而言，西部各州均认可中国驾照，而东部则有部分州不予认可。详情可查阅各州官网或咨询当地汽车租赁公司。

➡ 使用中国驾照，需在出发前先到公证机构办理英文翻译公证件，与驾照配合使用。护照最好随身携带，以备不时之需。

➡ 在美国驾驶摩托车，需要一个有效的美国摩托车驾照。国际游客需要携带本国发放的摩托车驾照。

保险

➡ 在租车前应确认自己在本国所投保的车险以及旅行保险政策，确认保障范畴及条款。你上的保险很可能已经包括了第三方责任险，但如果没有，则需要投保该险，价格通常为每天$7~14。

针对车辆本身受损的保险，称为“碰撞损害放弃索赔协议”（Collision Damage Waiver，简称CDW）或者“车损放弃索赔协议”（Loss Damage Waiver，简称LDW），每天$20~40；一旦出险，你可能被要求先行支付$100~500不等的修理费用。某些信用卡会自动投保该险，前提是你需要使用信用卡支付租车的全部费用。如果发生事故，你可能需要首先向租车公司支付赔偿费用，然后再向信用卡发行机构理赔。租车前一定要仔细确认信用卡相关保险政策。

租车

小汽车

➡ 如想租车自驾的话，通常要求驾驶者年满25岁、持有有效驾照和一张主流信用卡，不能使用支票或借记卡。有一些公司可能会把车租给25岁以下21岁以上的顾客，但需额外收取一笔费用（每天约$15至

道路里程(英里)

	丹佛	大峡谷国家公园(南缘)	拉斯维加斯	洛杉矶	菲尼克斯	波特兰	圣弗朗西斯科(旧金山)	圣菲	西雅图
大峡谷国家公园(南缘)	68								
拉斯维加斯	750	270							
洛杉矶	1020	485	270						
菲尼克斯	825	215	285	375					
波特兰	1260	1330	1020	965	1335				
圣弗朗西斯科(旧金山)	1270	790	570	380	750	635			
圣菲	395	455	635	850	530	1450	1145		
西雅图	1330	1365	1165	1135	1500	175	810	1545	
黄石国家公园	530	810	670	950	920	795	1000	820	875

25)。如果你没有信用卡，那么有时也可能通过支付一大笔现金押金来租到车。

➡ 提前预订的话，通常可以确保租到经济型汽车(economy-sized vehicle，相当于国内的小型车和紧凑型车)，不限里程，日租金$30起，保险、税费、服务费另计。周末的价格通常更便宜。机场附近的门店租金可能低一些，但服务费较高。如果你选择了"飞机-自驾套餐"(fly-drive package)，那么提车时可能还要再缴纳当地相关税费。市中心的门店则可能提供免费接送服务。

➡ 一般来说，租车都不限里程(注意确认所租车辆是否有里程上限)，但对于一车多人驾驶及异地还车的情况，一般会额外收费。一些租车公司会要求你提前支付最后一箱油的油钱(即缴纳整箱油费，随后满油提车，任意油量还车)，这通常都不划算。

主要国际租车公司包括：

爱路美(Alamo；☎877-222-9075；www.alamo.com)

安飞士(Avis；☎800-331-1212；www.avis.com)

Budget(☎800-527-0700；www.budget.com)

道乐(Dollar；☎800-800-3665；www.dollar.com)

Enterprise(☎800-261-7331；www.enterprise.com)

赫兹(Hertz；☎800-654-3131；www.hertz.com)

国家租车(National；☎877-222-9058；www.nationalcar.com)

Thrifty(☎800-847-4389；www.thrifty.com)

通过旅行折扣网站订车可能会更加划算，如**Priceline**(www.priceline.com)和**Hotwire**(www.hotwire.com)；也可以借助在线旅行预订网站，如Expedia(www.expedia.com)、**Orbitz**(www.orbitz.com)和**Travelocity**(www.travelocity.com)。登录**Kayak**(www.kayak.com)可比较各个旅行网站提供的价格。

有几个大型租车公司(包括安飞士、Budget、Enterprise、赫兹和Thrifty)出租"绿色"的混合动力车或者生物燃料车，但是供不应求，最好早早预订。还可以试试洛杉矶的**Simply Hybrid**(☎323-653-0011，888-359-0055；www.simplyhybrid.com)，该公司租车最低天数为3天，限定区域内免费送车上门，或是免费把客户接到门店；汽车共享俱乐部**Zipcar**(☎866-494-7227；www.zipcar.com)面向加利福尼亚州(洛杉矶、圣迭戈以及旧金山湾区)、丹佛、波特兰和西雅图提供服务，会员用车要缴纳使用费(按小时或天数算)，提供免费汽油和车辆保险(最高理赔可达$750)，但有里程限制。你可以在线申请入会(接受外国驾驶员)，年费$60，申请费$25。

比较小型独立租车公司的优劣，可参考**Car Rental Express**(www.carrentalexpress.

com)，该网站对于寻求低价长租的人来说尤其有用。可能会对25岁以下的驾驶员提供租车服务的独立租车公司包括：

Rent-a-Wreck（☎877-877-0700；www.rentawreck.com）不同地区门店对于租车年龄以及相关额外收费的规定也不同。

Super Cheap Car Rental（www.supercheapcar.com）一般会对21至24岁的驾驶员收取额外费用；对18至21岁的驾驶员按天额外收取费用。

摩托车和房车（RV）

如果你梦想骑着哈雷（Harley）漫游美国，那么可以联系**EagleRider**（☎888-900-9901；www.eaglerider.com）。该公司在全美各主要城市都设有门店，除了哈雷，也能租到其他冒险专用座驾。摩托车租金和保险很贵。

专门出租房车的公司包括：

Adventures on Wheels（☎800-943-3579；www.wheels9.com）

Cruise America（☎800-671-8042；www.cruiseamerica.com）

Happy Travel Campers（☎800-370-1262；www.camperusa.com）

加油

西部许多加油站的油枪都配有自动信用卡缴费屏。多数缴费机都会索要你所在地的邮编（zip code），因此对于外国游客或者信用卡为美国以外地区发行的人来说，只能在加油前先到屋内付款。付款时先告诉服务员你想加多少钱的油，对方会刷你的信用卡，然后给你一张缴费机能接受的卡。如果油箱提前就加满了，你可以再回去让对方把多付的钱退给你。

公路路况及危险

- 公路上的危险因素包括坑洼、上下班交通高峰、路过的野生动物以及驾车者情绪激动或注意力分散。

- 在很可能遇到冰雪道路的情况下，许多车辆都会配上嵌有钢钉的雪地胎。在山区行车，有时也会要求车辆装上防滑链。租车公司通常都不允许在野路或是土路上驾驶其车辆，而如果遇上湿滑天气，这样做也非常危险。

- 在沙漠和牧区（range），牲畜有时会在未设有护栏的道路旁觅食。这种地区都会立有专门的警告标牌，上面写着“Open Range”（意为“开放牧区”）或画着一头阉牛的侧面像。在那些鹿等野生动物经常出没的路段，你会看到标牌上画着一只跳跃的鹿。这些标牌不可当成儿戏，晚上尤其要小心。

关于全国交通以及道路封闭信息，可前往www.fhwa.dot.gov/traffic info/index.htm查询。

想了解所在州州内的道路情况，可拨打☎511。对于其他州的道路情况，可尝试下列联系方式：

亚利桑那州（☎888-411-7623；www.az511.com）

加利福尼亚州（☎800-427-7623；www.dot.ca.gov）

科罗拉多州（☎303-639-1111；www.cotrip.org）

爱达荷州（☎888-432-7623；511.idaho.gov/）

蒙大拿州（☎800-226-7623；www.mdt.mt.gov/travinfo/）

内华达州（☎877-687-6237；www.nvroads.com）

新墨西哥州（☎800-432-4269；nmroads.com）

俄勒冈州（☎503-588-2941；www.tripcheck.com）

犹他州（☎866-511-8824；www.commuterlink.utah.gov）

华盛顿州（☎800-695-7623；www.wsdot.com/traffic/）

怀俄明州（☎888-996-7623；www.wyoroad.info）

交通规则

- 车辆右侧通行。

- 各州都要求使用安全带和儿童安全座椅。多数租车公司都出租儿童安全座椅，价格约为每天$12，但必须与车辆一同提前预订。

- 一些州要求摩托车驾驶员佩戴头盔。

- 州际公路上的最高时速限制有时可能会提高到75英里。除非交通标示另有规定，否则，公路的最高时速限制一般都为55英里或65英里，城镇道路为25~35英里，学校附近可低至15英里（学生在校期间监管尤为严格）。校车指示灯闪烁时禁止超车。

- 如遇执行紧急任务的车辆（如警车、消防车、救护车）超车或逆行，必须在确保安全的情况下靠边停车让行。现在有越来越多的州都将开车时接打手提电话或发短信视为违法行为，请使用免提通话设备，或者靠边停车后再接打电话、收发短信。

- 驾驶员血液酒精含量的法定上限为0.08%，对于酒/毒驾（简称DUI）的处理非常严肃。警车可以在路边对司机进行清醒程度测试，以确定你是否饮用过酒精或使用过毒品。

如果未通过该测试，警方会要求你进行呼吸测试、尿检或者抽血检验，以便确定你体内的酒精或毒品水平。拒绝接受测试则等同于测试不通过，并会受到同样的处理。

➡ 在一些州里，车辆中如果有“已开封的酒精容器”，也是违法行为，即使容器是空的。

当地交通工具

除非在城市里，否则公共交通几乎都算不上是最为便捷的出行方式，而且其对周边城镇和郊区的覆盖也可能不够密集。但是公共交通通常便宜、安全、可靠。

机场班车

在多数城市，机场班车都是往返机场的经济便捷的选择。多数为12座的客车，有些设有固定线路和站点（包括会在主要酒店处设站），有些则可以在其服务范围内上门接送乘客。价格通常为每人$15~22。

自行车

某些城市与其他城市相比更适合骑自行车出行，但多数城市都至少有几条自行车专用车道或者专用路，而且自行车通常可以带上公共交通工具。

公共汽车

多数城市和大城镇都有可靠的地方公交系统，只不过通常都是针对上班族设计的，晚上和周末班次很少。价格平均每次$2左右。少量旅游专线提供免费服务。

地铁和城铁

洛杉矶和旧金山湾区的网络最为庞大。其他城市也可能会有规模较小的地铁、城铁网络，通常仅一两条线路，主要承担市中心地区的交通运输。

出租车

➡ 出租车打表收费，起步价$2.50至$5，之后每英里$2至3。有的可接受信用卡。

➡ 如果需运送行李，或者去机场接站，可能额外收费。

➡ 一般应付司机车费10%至15%的小费，可将零头补齐。

➡ 大城市的繁华区域出租车很多，而在其他地方则很可能需要电话叫车。

火车

美铁（Amtrak；☎800-872-7245；www.amtrak.com）运营的铁路网可谓遍布全美。不同车型和

观光铁路线

在西部地区，你可以乘坐古老的机车咔嚓咔嚓地穿越崇山峻岭和其他美景。多数观光列车都只在温暖的季节运行，而且车票可能会极其抢手，所以应提前预订。

堪布里斯和托尔特克观光铁路（Cumbres & Toltec Scenic Railroad；☎575-756-2151；www.cumbrestoltec.com；成人票/儿童票 $89/49起；⏲5月末至10月中旬）这是一座鲜活的移动博物馆，从新墨西哥州的查玛（Chama）出发，深入科罗拉多州的落基山脉（Rocky Mountain）地区。

杜兰戈和西尔弗顿窄轨铁路（Durango & Silverton Narrow Gauge Railroad；☎970-247-2733，免费电话 877-872-4607；www.durangotrain.com；成人票/儿童票 往返 $85/51起；⏲发车时间为8:00、8:45和9:30）终点即科罗拉多落基山脉中的老矿镇西尔弗顿。

胡德山铁路（Mount Hood Railroad）列车蜿蜒穿行于俄勒冈州波特兰城外的哥伦比亚河峡谷（Columbia River Gorge），一路风景如画。

臭鼬铁路（Skunk Train；☎707-964-6371；www.skunktrain.com；成人票/儿童票 $20/10起）一端是加利福尼亚州的海边城市布拉格堡（Fort Bragg），一端是更靠近内陆的威利茨（Willits），途中穿越红杉林。

大峡谷铁路（Grand Canyon Railway；☎928-635-4253，800-843-8724；www.thetrain.com；往返成人票/儿童票 $75/45起）由古老的柴油蒸汽机车牵引，车上有适合全家人参与的娱乐活动，往返于亚利桑那州的威廉姆斯（Williams）和大峡谷国家公园（Grand Canyon National Park）之间。

同样值得搭乘的还有派克斯峰齿轨铁路（Pikes Peak Cog Railway），运行于科罗拉多斯普林斯（Colorado Springs）城外，从一个峡谷中向上攀爬，直至树木稀疏的高山地带，全程8.9英里。

座席等级的价格也不同（分经济舱预订席和非预订席、商务席、卧铺等）。坐火车很舒服，就是可能有点慢，长途列车还配有餐车和休闲车厢。

美铁在西部运营的线路包括：

加州和风号（California Zephyr） 每日有列车往返于芝加哥（Chicago）和旧金山附近的爱莫利维尔（Emeryville，$163起，52小时）之间，途经丹佛、盐湖城、里诺（Reno）和萨克拉门托。

海岸星光号（Coast Starlight） 列车每天从西雅图出发沿西海岸前往洛杉矶（$115起，35小时），途经波特兰、萨克拉门托、奥克兰和圣巴巴拉。部分列车有无线网。

西南酋长号（Southwest Chief） 每日往返芝加哥和洛杉矶之间（$169起，44小时），途经堪萨斯城、阿尔布开克、弗拉格斯塔夫（Flagstaff）和巴斯托（Barstow）。

日落特快号（Sunset Limited） 每周三班列车，往返新奥尔良（New Orleans）和洛杉矶之间（$205起，48小时），途经休斯敦、圣安东尼奥（San Antonio）、埃尔帕索（El Paso）、图森和棕榈泉。

主要火车线路

线路	价格（$）	车程（小时）
洛杉矶至弗拉格斯塔夫（Los Angeles—Flagstaff）	70	10.5
洛杉矶至奥克兰/旧金山（Los Angeles—Oakland/San Francisco）	61	11.25
旧金山/爱莫利维尔至盐湖城（San Francisco/Emeryville—Salt Lake City）	97	17
西雅图至奥克兰/旧金山（Seattle—Oakland/San Francisco）	104	23

票价

➡ 可前往车站或通过电话、网络购买火车票。出发日期、线路和坐席档次都会影响票价。夏季是出行高峰期，价格会稍高一点。一张返程票和两张单程票的花费相等。

➡ 一般来说，62岁以上的老年人、持"老兵优惠卡"（Veterans Advantage Card）的退伍军人，以及持有"国际学生证"（简称ISIC）或"助学卡"的学生，都可以享受15%的优惠，由一位成人陪伴的2至15岁儿童可以半价购票，每位成人限带两名儿童。美国汽车协会（AAA）会员可享受10%的优惠。随时都可能会有特价促销票，可留意相关网站或是亲自问询。

车票预订

最多可提前11个月预订车票。多数火车都空间有限，某些线路可能会相当拥挤，尤其是在夏季和节假日期间，因此订票最好能多早就多早。

火车通票

➡ 美铁发行的**美国铁路通票**（USA Rail Pass; www.amtrak.com）在乘坐经济型席位（coach class）出行时可以使用，有效期分15天（$449）、30天（$679）和45天（$879）三种。2~12岁儿童购买通票可享受半价。三种通票的乘坐次数上限分别为8、12和18个"铁路段"（segment）。注意，一个"铁路段"并不等同于一次单程旅行：如果你在前往目的地的过程中需要换车，那么每换一次车就要多扣除一次乘坐次数。

➡ 需通过网站或当地旅行社购买铁路通票。美国铁路通票不是车票，使用前需预约相应路段的座位并取票。

➡ 如在加州州内乘坐火车，可以考虑购买加利福尼亚州铁路通票（California Rail Pass；成人票/儿童票 $159/79.5），持票可在21天内的任意7天乘车使用。

幕后

说出你的想法

我们很重视旅行者的反馈——你的评价将鼓励我们前行，把书做得更好。我们同样热爱旅行的团队会认真阅读你的来信，无论表扬还是批评都很欢迎。虽然很难一一回复，但我们保证将你的反馈信息及时交到相关作者手中，使下一版更完美。我们也会在下一版特别鸣谢来信读者。

请把你的想法发送到**china@lonelyplanet.com.au**，谢谢！

请注意：我们可能会将你的意见编辑、复制并整合到Lonely Planet的系列产品中，例如旅行指南、网站和数字产品。如果不希望书中出现自己的意见或不希望提及你的名字，请提前告知。请访问lonelyplanet.com/privacy了解我们的隐私政策。

声明

气候图表数据引用自Peel MC, Finlayson BL & McMahon TA (2007) 'Updated World Map of the Köppen-Geiger Climate Classification', *Hydrology and Earth System Sciences*, 11, 1633-44。

140~141页插图由迈克尔·维登绘制。

封面图片：亚利桑那州和犹他州，纪念碑谷，Alan Copson/AWL。

本书部分地图由中国地图出版社提供，其他为原书地图，审图号GS(2014)5341号。

关于本书

这是Lonely Planet《美国西部》的第2版。

本书为中文第一版，由以下人员制作完成：

项目负责 李小坚
内容统筹 谭川遥
翻译统筹 肖斌斌 沐昀
翻　　译 李冠廷 译征
内容策划 杨蔚（本土化内容） 刘维佳
视觉设计 李小棠 刘赫
协调调度 丁立松 富晓敏
责任编辑 马珊 孙经纬
特约编辑 张玉洁
地图编辑 马珊
制　　图 刘红艳
终　　审 朱萌
流　　程 李晓龙
排　　版 北京梧桐影电脑科技有限公司

感谢张琳洁、徐维、舒文慧、洪良、罗霄山、马化文、朱琦、袁璐、谷娜对本书的帮助。

索 引

美国西部各州英文缩写

A

B

000 地图页码
000 图片页码

C

D

E

F

G

000 地图页码
000 图片页码

H

I

J

K

L

M

N

O

P

Q

R

000 地图页码
000 图片页码

S

T

U

V

W

Y

Z

索引 V—Z

000 地图页码
000 图片页码

地图图例

景点
- 海滩
- 鸟类保护区
- 佛教场所
- 城堡
- 基督教场所
- 孔庙
- 印度教场所
- 伊斯兰教场所
- 耆那教场所
- 犹太教场所
- 温泉
- 神道教场所
- 锡克教场所
- 道教场所
- 纪念碑
- 博物馆/美术馆/历史建筑
- 历史遗址
- 酒庄/葡萄园
- 动物园
- 其他景点

活动、课程和团队游
- 人体冲浪
- 潜水/浮潜
- 潜水
- 皮划艇
- 滑雪
- 冲浪
- 游泳/游泳池
- 徒步
- 帆板
- 其他活动

住宿
- 住宿场所
- 露营地

就餐
- 餐馆

饮品
- 酒吧
- 咖啡馆

娱乐
- 娱乐场所

购物
- 购物场所

实用信息
- 银行
- 使领馆
- 医院/医疗机构
- 网吧
- 警察局
- 邮局
- 电话
- 公厕
- 旅游信息
- 其他信息

地理
- 棚屋/栖身所
- 灯塔
- 瞭望台
- 山峰/火山
- 绿洲
- 公园
- 关隘
- 野餐区
- 瀑布

人口
- 首都、首府
- 一级行政中心
- 城市/大型城镇
- 镇/村

交通
- 机场
- 过境处
- 公共汽车
- 缆车/索道
- 自行车路线
- 轮渡
- 地铁
- 单轨铁路
- 停车场
- 加油站
- 出租车
- 铁路/火车站
- 有轨电车
- 其他交通方式

路线
- 收费公路
- 高速公路
- 一级公路
- 二级公路
- 三级公路
- 小路
- 未封闭道路
- 广场
- 台阶
- 隧道
- 步行天桥
- 步行游览路
- 步行游览支路
- 小路

境界
- 国界
- 一级政区界
- 未定国界
- 地区界
- 军事分界线
- 海洋公园
- 悬崖
- 墙

水文
- 河流、小溪
- 间歇河
- 沼泽/红树林
- 暗礁
- 运河
- 水域
- 干/盐/间歇湖
- 冰川
- 珊瑚礁

地区特征
- 海滩/沙漠
- 基督教墓地
- 其他墓地
- 公园/森林
- 运动场
- 一般景点(建筑物)
- 重要景点(建筑物)

注：并非所有图例都在此显示。

我们的故事

一辆破旧的老汽车，一点点钱，一份冒险的感觉——1972年，当托尼（Tony Wheeler）和莫琳（Maureen Wheeler）夫妇踏上那趟决定他们人生的旅程时，这就是全部的行头。他们穿越欧亚大陆，历时数月到达澳大利亚。旅途结束时，风尘仆仆的两人灵机一闪，在厨房的餐桌上制作完成了他们的第一本旅行指南——《便宜走亚洲》（*Across Asia on the Cheap*）。仅仅一周时间，销量就达到了1500本。Lonely Planet 从此诞生。

现在，Lonely Planet 在墨尔本、伦敦、奥克兰、德里和北京都设有公司，有超过 600 名员工及作者。在中国，Lonely Planet 被称为“孤独星球”。我们恪守托尼的信条：“一本好的旅行指南应该做好三件事：有用、有意义和有趣。”

我们的作者

艾米·C·波福尔（Amy C Balfour）

统筹作者；西南部 艾米在西南部地区徒过步、骑过车、滑过雪。在亚利桑那州徒步从大峡谷南缘沿南凯巴布小道（South Kaibab Trail）下探至幽灵牧场（Phantom Ranch），再沿光明天使小道（Bright Angel Trail）返回，深以为乐。艾米已为Lonely Planet独立及联合创作了超过15本书，也为*Backpacker*、*Every Day with Rachael Ray*、*Redbook*、*Southern Living*和*Women's Health*等杂志撰写过文章。

桑德拉·鲍（Sandra Bao）

太平洋沿岸西北部 桑德拉曾在布宜诺斯艾利斯、纽约和加利福尼亚州生活过，但最终在俄勒冈州安了家。她作为作者已与Lonely Planet结缘14载，足迹遍布四大洲，出过数十本旅行指南，有关“河狸州”俄勒冈的研究格外出色。她深知自己家园有多么美，能够为游客和当地人带来多么丰富精彩的体验，亦深知偏远小镇上的居民有多么热情友好。

迈克尔·本纳夫（Michael Benanav）

西南部 迈克尔在1992年来到了新墨西哥州，结果就此着了魔，搬到了圣血山脉（Sangre de Cristo）下的一个小村庄居住至今。从那时起，他长年当起了野外向导，探索州内的山脉、沙漠和河流。除了与Lonely Planet的工作关系，他还撰写了两部非虚构作品，也为杂志报纸写文章及拍照片。要了解他的更多作品，可登录www.michaelbenanav.com。

格莱格·班切维克（Greg Benchwick）

落基山脉 作为科罗拉多州的本地人，格莱格已把这个“百年州”玩了个遍。他在韦尔教过滑雪，走过州内各处营地，也在博尔德学习过新闻写作。现在他生活在丹佛的高地社区（Highlands）。

萨拉·本森（Sara Benson）

加利福尼亚州 就学于芝加哥的萨拉大学一毕业就跳上了飞往旧金山的飞机，身边只有一只行李箱，兜里只有100美元。从那时开始，她便把足迹留在了加州各处，为了节省开支曾在亚洲和夏威夷生活了一段时间，还在国家公园里当过一阵子护林员。萨拉撰写过55部旅行书籍和非虚构作品，在为本书创作进行调研期间，她登上了内华达山脉多座山峰，走了一遭迷踪海岸，闯了一趟死亡谷。可通过 www.indietraveler.blogspot.com和推特 @indie_traveler详细了解其探险之旅。

艾莉森·碧英（Alison Bing）

加利福尼亚州 艾莉森在旧金山生活了15年还多，在这座城市里应该干的事她全干过，不该干的事，她也干了不少，比如在Haight St上的公交车上坠入爱河，再比如放弃了硅谷的一份稳定工作开始从事写作。她为Lonely Planet撰写了43本旅行指南，也在杂志、移动指南和其他媒体上发表了许多评论文章。想了解她正在进行什么新的冒险，可以加她的推特 @AlisonBing。

塞莱斯特·布拉什（Celeste Brash）

太平洋沿岸西北部 太平洋沿岸西北部的美丽，竟能把在大溪地待过15年的塞莱斯特吸引过来，这让当地人很难理解。而她却在探索并了解自己新家园的“宝藏”的过程中兴奋不已。为了撰写本书，她登过白雪覆盖的山峰，找过虎鲸，还围绕牛仔和印第安文化展开了寻根之旅。关于塞莱斯特及其获奖作品的更多信息，参见 www.celestebrash.com。

丽莎·邓福特（Lisa Dunford）

西南部 丽莎最初来到犹他州是因为她的根在这里：她是杨百翰（Brigham Young）的“重重外孙女”之一（类似身份的人可能还有好几千。杨百翰为摩门教宗教领袖，有55位妻子，子孙众多）。但在之后的10年间始终吸引着她的，却是这里不可思议的丹霞岩石。在锡安（Zion）和拱岩（Arches）附近红中带粉的砂石上徒步，直到鞋子沾上的颜色怎么都去不掉；峰回路转之间又可能迎面邂逅深紫、鲜红或是玫瑰色的峭壁，这些都让丽莎感觉怡然自得。丽莎与他人联合撰写了Lonely Planet的《锡安和布莱斯峡谷国家公园》（*Zion & Bryce Canyon National Parks*）一书。

卡洛琳·麦卡锡（Carolyn McCarthy）

落基山脉 卡洛琳第一次爱上落基山时还是科罗拉多学院的一名在校生。她的第一个假期便是在圣血山脉度过的，露营的她当时还赶上了一场暴风雪。为了撰写本书，她品尝了精酿啤酒，追踪过野狼，还听了一个又一个老西部的鬼故事。卡洛琳参与撰写的Lonely Planet书籍现已超过20本，主攻美国西部地区和拉丁美洲，也为《国家地理》（*National Geographic*）、《户外》（*Outside*）、《孤独星球》杂志（*Lonely Planet Traveller*），以及其他出版物撰稿。

克里斯托弗·匹茨（Christopher Pitts）

落基山脉 克里斯第一次同家人驾车穿行美国时，就瞬间爱上了科罗拉多州群星璀璨的夜空。在科罗拉多学院学习了4年之后，他决定去博尔德读研，但想先学好中文再去。到博尔德开车90分钟就行，但他这一拖就拖了15年：15年间，他游历了几大洲，有了两个孩子，最终才在博尔德定居下来。现在的克里斯把时间都花在三件事上：写作、当爹和探索科罗拉多更为原始的角落。你可以通过网站www.christopherpitts.net和他交个朋友。

布兰达·桑百利（Brendan Sainsbury）

太平洋沿岸西北部 布兰达是个旅居海外的“英国佬”，本是英格兰汉普郡人，现在住在加拿大温哥华附近，爱听涅槃乐队，爱品精酿啤酒，爱户外运动，爱欣赏艺术，爱坐公交，爱喝咖啡，在西雅图有不少志同道合的朋友。在过去的9年里，他一直在为Lonely Planet撰写指南，自2009年起便开始围绕西雅图收集素材。他是Lonely Planet现版西雅图旅行指南的作者，也参与撰写了众多关于美国的指南。

美国西部

中文第一版

书名原文：*Western USA*（2nd edition，Apr 2014）

图书在版编目 (CIP) 数据

美国西部 / 澳大利亚 LonelyPlanet 公司编 ; 译征等译 . -- 北京 : 中国地图出版社 , 2015.1
书名原文 : Western USA
ISBN 978-7-5031-8584-7

Ⅰ . ①美… Ⅱ . ①澳… ②译… Ⅲ . ①美国 – 概况
Ⅳ . ① K971.2

中国版本图书馆 CIP 数据核字 (2015) 第 008478 号

出版发行	中国地图出版社
社　　址	北京市白纸坊西街 3 号
邮政编码	100054
网　　址	www.sinomaps.com
印　　刷	北京华联印刷有限公司
经　　销	新华书店
成品规格	197mm × 128mm
印　　张	17
字　　数	925 千字
版　　次	2015 年 1 月第 1 版
印　　次	2015 年 1 月北京第 1 次印刷
定　　价	79.00 元
书　　号	ISBN 978-7-5031-8584-7/Z·214
审 图 号	GS（2014）5341 号
图　　字	01-2015-0403

如有印装质量问题，请与我社发行部（010-83543956）联系

Lonely Planet
（公司总部）ABN 36 005 607 983
Locked Bag 1, Footscray, Victoria 3011, Australia
电话：+61 3 8379 8000
传真：+61 3 8379 8111
联系：lonelyplanet.com/contact